D1740301

Recht und Verfassung in Afrika
Law and Constitution in Africa

Band IV/Volume IV

Herausgegeben/Edited by
Hartmut Hamann, ... , Hamburg & Hermann Rautmann
welte, Stuttgart, ... Harpprecht Professor of Law, University of Hamburg & Oliver
C. Ruppel, Professor of Law University, ... Stellenbosch & Hans-Peter Schneider,
Professor of Law, ... University of Hannover.

Wissenschaftlicher Beirat/Scientific Advisory Council
...

Recht und Verfassung in Afrika –
Law and Constitution in Africa

Band/Volume 37

Herausgeber/Editorial Board:
Hartmut Hamann, Professor of Law, Freie University Berlin & Hamann Rechtsanwälte, Stuttgart | Ulrich Karpen, Professor of Law, University of Hamburg | Oliver C. Ruppel, Professor of Law, University of Stellenbosch | Hans-Peter Schneider, Professor of Law, University of Hannover

Wissenschaftlicher Beirat/Scientific Advisory Council:
Laurie Ackermann, Justice (Emeritus), Constitutional Court of South Africa, Johannesburg | Jean-Marie Breton, Professor of Law (Emeritus), Honorary Dean, University of French West Indies and Guyana | Philipp Dann, Professor of Law, Humboldt University Berlin | Gerhard Erasmus, Professor of Law (Emeritus), Associate, Trade Law Centre, Stellenbosch | Norbert Kersting, Professor of Political Sciences, University of Muenster | Salvatore Mancuso, Professor of Law, Chair Centre for Comparative Law in Africa, University of Cape Town | Yvonne Mokgoro, Justice, South African Law Reform and Development Commission, Pretoria | Lourens du Plessis, Professor of Law, Northwest University, Potchefstroom | Werner Scholtz, Professor of Law, University of the Western Cape, Bellville | Nico Steytler, Professor of Law, Int. Association of Centers for Federal Studies, Bellville | Hennie A. Strydom, Professor of Law, University of Johannesburg | Christoph Vedder, Professor of Law, University of Augsburg | Gerhard Werle, Professor of Law, Humboldt University Berlin | Johann van der Westhuizen, Justice, Constitutional Court of South Africa, Johannesburg | Reinhard Zimmermann, Professor of Law, Managing Director of the Max Planck Institute for Comparative and International Private Law, Hamburg

Oliver C. Ruppel | Emmanuel D. Kam Yogo [eds./dir.]

Environmental law and policy in Cameroon – Towards making Africa the tree of life

Droit et politique de l'environnement au Cameroun – Afin de faire de l'Afrique l'arbre de vie

Nomos

Konrad
Adenauer
Stiftung

The Deutsche Nationalbibliothek lists this publication in the
Deutsche Nationalbibliografie; detailed bibliographic data
are available on the Internet at http://dnb.d-nb.de

ISBN   978-3-8487-5260-7 (Print)
        978-3-8452-9436-0 (ePDF)

British Library Cataloguing-in-Publication Data
A catalogue record for this book is available from the British Library.

ISBN   978-3-8487-5260-7 (Print)
        978-3-8452-9436-0 (ePDF)

Library of Congress Cataloging-in-Publication Data
Ruppel, Oliver C./Kam Yogo, Emmanuel D. [eds./dir.]
Environmental law and policy in Cameroon – Towards making Africa the tree of life
Droit et politique de l'environnement au Cameroun – Afin de faire de l'Afrique l'arbre
de vie
Oliver C. Ruppel/Emmanuel D. Kam Yogo [eds./dir.]
961 p.
Includes bibliographic references.

ISBN   978-3-8487-5260-7 (Print)
        978-3-8452-9436-0 (ePDF)

1st Edition 2018
© Nomos Verlagsgesellschaft, Baden-Baden, Germany 2018. Printed and bound in Germany.

This work is subject to copyright. All rights reserved. No part of this publication may be
reproduced or transmitted in any form or by any means, electronic or mechanical,
including photocopying, recording, or any information storage or retrieval system,
without prior permission in writing from the publishers. Under § 54 of the German
Copyright Law where copies are made for other than private use a fee is payable to
"Verwertungsgesellschaft Wort", Munich.

No responsibility for loss caused to any individual or organization acting on or refraining
from action as a result of the material in this publication can be accepted by Nomos,
Konrad Adenauer Stiftung or the author(s)/editor(s).

This publication was produced by / Cette publication a été produite par
Konrad-Adenauer-Stiftung
Climate Policy and Energy Security Programme for Sub-Saharan Africa /
Programme sur la Politique Climatique et la Sécurité Énergétique
pour l'Afrique Subsaharienne Yaounde, Cameroon / Yaoundé, Cameroun

Konrad
Adenauer
Stiftung

Disclaimer

The contents of the articles, including any errors or omissions are solely the responsibility of the authors. Opinions expressed by the different authors, do not necessarily reflect those of the editors or of the Konrad-Adenauer-Stiftung. The editors did
their best to acknowledge the usage of copyright protected material. In case any
copyright violation should be detected, please contact the editors and any such error
or omission will be rectified in a reprint or 2nd edition.

Avertissement

Les contenus des articles, y compris les erreurs ou omissions définitives, relèvent de
la seule responsabilité individuelle des auteurs. Les opinions exprimées par les auteurs
individuels ne reflètent pas nécessairement celles des éditeurs ou de la Konrad-
Adenauer-Stiftung. Les éditeurs ont fait tout leur possible pour reconnaître l'utilisation
du matériel protégé par le droit d'auteur. En cas de violation du droit d'auteur, veuillez
contacter les éditeurs, et tout sera mis en œuvre pour rectifier les omissions ou les
erreurs, lors de la réimpression ou d'une nouvelle édition.

CONTENTS / CONTENU

FOREWORD

It is with great pleasure that I write a foreword to the first edition of *Environmental Law and Policy in Cameroon – Towards Making Africa the Tree of Life*. I commend the legal and transdisciplinary depth of the work and its expected positive impact it is to enfold on our beautiful country, Cameroon. This impressive book offers a multi-faceted insight into environmental law and policy in Cameroon. It does this by taking stock of existing legal frameworks and Cameroon's environmental commitment at both the local, national, regional, continental and international levels.

It is highly commendable that the editorial team and the authors of this book have eloquently managed to give an overview of sectoral and cross-sectoral legislation and policies relating to environmental concerns. The publication puts environmental law into a broader context of current and future societal needs, economic and social developments. The focus of the publication is on Cameroon. It is, however, notable that the book also puts a strong emphasis on international law and the multi-faceted African legal structure and its particularities, making the publication also highly relevant to Cameroon's neighbours in Central and West Africa.

I have noticed with great respect, that the publication is fully adaptive to Cameroon's bilingual language policy as it equally accommodates English and French chapters. The bilingual language policy in Cameroon is founded by the Constitution and the government strongly encourages bilingual publications such as this one, which equally fosters both our official languages.

In light of the above, I wish to cordially thank Professor Oliver Ruppel of the Konrad-Adenauer-Stiftung and all who have contributed to the first edition of this book. The publication is another successful example of German-Cameroonian development cooperation. It will be a valuable source of information and guidance for lawyers, judges, policymakers, students and all those members of the public interested in environmental law and policy in Cameroon.

H.E. Hélé Pierre
Minister of the Environment, Nature Protection
and Sustainable Development of Cameroon
Yaoundé, June 2018

AVANT-PROPOS

C'est avec grand plaisir que j'écris cet avant-propos de cette première édition de *Droit et Politique de l'Environnement au Cameroun – Afin de faire de l'Afrique l'arbre de vie.* Je salue la profondeur juridique et transdisciplinaire du travail et son impact positif attendu sur notre beau pays, le Cameroun. Cet impressionnant ouvrage offre une vision multifacette du droit et de la politique de l'environnement au Cameroun. Il fait le bilan des cadres juridiques existants et de l'engagement du Cameroun aux niveaux local, national, régional, continental et international dans le domaine de l'environnement.

Il est hautement louable que l'équipe éditoriale et les auteurs de ce livre aient réussi à donner un aperçu éloquent de la législation et des politiques sectorielles et intersectorielles relatives aux préoccupations environnementales. Cette publication place le droit de l'environnement dans un contexte plus large de besoins sociétaux actuels et futurs, puis de développements économiques et sociaux. Cette publication est centrée sur le Cameroun, mais il convient de noter qu'elle met également fortement l'accent sur le droit international et la structure juridique africaine aux multiples facettes et ses particularités, la rendant ainsi très pertinente pour les États voisins du Cameroun en Afrique centrale et de l'Ouest.

J'ai noté avec beaucoup de respect que cette publication s'adapte pleinement à la politique linguistique bilingue du Cameroun, car elle intègre aisément des chapitres en anglais et en français. La politique linguistique bilingue au Cameroun est fondée sur la Constitution et le gouvernement encourage fortement des publications bilingues comme celle-ci, qui favorisent équitablement nos deux langues officielles.

À la lumière de ce qui précède, je remercie cordialement le Professeur Oliver Ruppel de la Konrad-Adenauer-Stiftung et tous ceux qui ont contribué à la première édition de ce livre. Cette publication est un autre exemple de réussite de la coopération au développement entre l'Allemagne et le Cameroun. Ce sera une source précieuse d'informations et d'inspirations pour les avocats, les juges, les décideurs, les étudiants et tous le public intéressé par le droit et la politique de l'environnement au Cameroun.

S.E. Hélé Pierre
Ministre de l'Environnement, de la Protection de la Nature
et du Développement Durable du Cameroun
Yaoundé, Juin 2018

ACKNOWLEDGEMENTS

A multi-authored publication such as this one is an enormous team effort. Therefore, our special thanks go to all the distinguished contributors.

We are very grateful to the Climate Policy and Energy Security Programme for Sub-Saharan Africa (CLESAP) of the Konrad-Adenauer-Stiftung (KAS) which not only made this publication possible through financial means but also provided a platform for discussion and dialogue for those active in the field of environmental law and policy throughout the process of developing the concept for and the realisation of this substantive publication. The objectives of the KAS to promote peace, freedom and justice through civic education at the national, regional and international level and to increase development cooperation have truly been put into practice with this work.

Moreover, we would like to also thank the staff-members of the KAS Yaoundé office for their support. It goes to Ms. Maureen Ngale, Ms. Marie-Stella Tchuente and Ms. Carole Teuntchou.

Last but not least, we would like to express our sincere gratitude to Dr. Katharina Ruppel-Schlichting who *pro bono* has accompanied this publication since the very beginnings of its creation in 2016. Without her legal expertise, her valuable experience and her energetic support with regard to both, contents and technical issues, the completion of this book – within the limited time frame available – would certainly not have been possible.

The Editors
Yaoundé, June 2018

REMERCIEMENTS

Une publication avec plusieurs auteurs comme celle-ci est un énorme travail d'équipe. Par conséquent, nos remerciements distingués vont à tous les contributeurs.

Nous sommes très reconnaissants au Programme sur la Politique Climatique et la Sécurité Energétique pour l'Afrique Subsaharienne (CLESAP) de la Konrad-Adenauer-Stiftung (KAS), qui a non seulement rendu cette publication possible par des moyens financiers mais qui a aussi facilité une plate-forme de discussion et de dialogue entre les parties prenantes dans le domaine du Droit et de la Politique de l'Environnement tout au long du processus de développement du concept et de la réalisation de cette publication substantielle. Les objectifs de la KAS de promouvoir la paix, la liberté et la justice à travers l'éducation civique aux niveaux national, régional et international et aussi d'intensifier la coopération au développement ont vraiment été mis en pratique avec ce travail.

De plus, nous voudrions également remercier le personnel du bureau de KAS Yaoundé pour leur soutien. Ces remerciements s'adressent à Mme Maureen Ngale, à Mme Marie-Stella Tchuente et à Mme Carole Teuntchou.

Enfin, nous tenons à exprimer notre sincère gratitude à Dr. Katharina Ruppel-Schlichting qui a bénévolement accompagné ce projet depuis son lancement en 2016. Sans son expertise juridique, son expérience précieuse et son soutien énergique en ce qui concerne à la fois le contenu et les problèmes techniques, la finalisation de ce livre – dans le délai limité accordé – n'aurait certainement pas été possible.

Les Editeurs
Yaoundé, Juin 2018

ABOUT THE AUTHORS / À PROPOS DES AUTEURS

Prof. Dr. Joseph Armathé AMOUGOU est le Directeur de l'Observatoire national sur les changements climatiques (ONACC) de la République du Cameroun.

Sylvain N. ATANGA is a Ph.D Candidate and Graduate Teaching Assistant in the Faculty of Laws and Political Science at the University of Yaoundé II, Cameroon.

Dr. Marie Jeanne Carolle ATONTSA epse NDEMEFO est enseignant-chercheur et était le point focal changement climatique près le Réseau des parlementaires panafricains sur les changements climatiques de 2012 à 2017.

Marie-Madeleine BASSALANG est juriste et consultante en gestion de l'environnement.

Dr. Jean Marcial BELL est le Directeur de la formation à l'Agence pour la professionnalisation des universites, institutions et structures (APPUIS), Yaoundé, Cameroun. Ancien Directeur du Centre d'excellence pour la gouvernance des industries extractives en Afriqie francophone (CEGIEAF), Université catholique de l'Afrique centrale (UCAC), Yaoundé, Cameroun.

Dr. Jean-Marie Vianney BENDEGUE est Inspecteur Général au Ministère des Domaines, du Cadastre et des Affaires Foncières du Cameroun.

Dr. François Narcisse DJAME est Chargé de cours au département de droit public à l'Université de Douala.

Dr. Frédéric FOKA TAFFO est consultant et enseignant-chercheur en droit international, Directeur exécutif du Centre de recherche A PRIORI, un centre de recherche spécialisé en droits de l'homme, environnement et sécurité humaine et en entrepreneuriat, management des projets et innovation basé à Yaoundé, Cameroun.

Adele FONI FOUTH KINIE est enseignante associée à l' Université catholique d'Afrique centrale (UCAC) et consultante à l'Agence pour la professionnalisation des universites, institutions et structures (APPUIS).

Patrick Mbomba FORGHAB is the Deputy Director of the National Observatory on Climate Change and national designated entity on Climate Technology Centre Network for Cameroon.

Justice Prudence GALEGA is a legal expert and Secretary General of the Ministry of Environment, Protection of Nature and Sustainable Development. She is the National Focal Point for Cameroon for the Convention on Biological Diversity.

Paul Guy HYOMENI titulaire master 2 en droits de l'homme et État de droit, Université de Yaoundé II.

Edwige JOUNDA est juriste, diplômée en gestion de l'environnement de l'Université Senghor de l'Alexandrie.

Andreas KAHLER holds an M.A. degree in social sciences from the Free University Berlin and is a technical adviser and freelance consultant with focus on governance and sustainable development cooperation in Africa. Since 2012 he has especially worked in all regions of Cameroon.

Prof. Dr. Emmanuel D. KAM YOGO est Maître de conférences en droit public à l'Université de Douala et professeur associé à la Faculté de droit de l'Université Laval au Canada et à l'École nationale d'administration et de magistrature (ENAM) au Cameroun. Il est un des *Review Editors* du sixième Rapport mondial sur l'environnement (GEO6) à ONU environnement (ancien PNUE) et Consultant en droit et politique de l'environnement auprès de plusieurs institutions internationales.

Eric KOUA est Magistrat en service à la Cour d'appel de Bafoussam, Cameroun.

Dr. Georges Francis MBACK TINA est Moniteur au Département de droit public et science politique de l'Université de Ngaoundéré, Cameroun. Il s'intéresse particulièrement aux enjeux environnementaux et à la gestion des ressources naturelles.

Dr. Robert MBIAKE is Co-ordinator of the Pluri-disciplinary Research team on Climate Change and former Head Master of Research and Information at CEPAMOQ (*Centre de physique atomique moléculaire et optique quantique*) at the University of Douala, Cameroon.

Paule Jessie NANFAH est diplomate et poursuit ses recherches en droit international de l'environnement.

Durando NDONGSOK is an expert in climate finance and low emission development strategies. He has experience in several African countries and is Co-founder and Managing Director of S2 Services, Douala, Cameroun.

Dr. Joseph Magloire NGANG est Chargé de cours en droit public à l'Université de Yaoundé II, Cameroun.

Emma Marie Solange NGONDJE SONGUE est Assistante au département de droit public à la Faculté des sciences juridiques et politiques à l'Université de Douala, Cameroun.

Dr. Marie NGO NONGA est Chargée de cours au Département de droit privé à l'Université de Yaoundé II, Cameroun.

Samuel NGUIFFO est juriste et dirige le Centre pour l'environnement et le developpement (CED), une organisation active en l'Afrique centrale.

Gideon NGWOME FOSOH is a Graduate Teaching Assistant and a Ph.D Candidate in the Faculty of Laws and Political Science, University of Yaoundé II, Cameroon.

Augustine B. NJAMNSHI is the Executive Secretary of the Bioresources Development and Conservation Program - Cameroon (BDCP-C) and Chair of the Cameroon Climate Change Working Group. His areas of expertise include environmental law and governance, climate justice and environmental politics.

Kaspa K. NYONGKAA is a Graduate Teaching Assistant and a Ph.D Candidate in the Faculty of Laws and Political Science, University of Yaoundé II, Cameroon.

Dr. Michel NYOTH HIOL est consultant international sur l'exploitation des ressources naturelles en Afrique centrale. Il est également enseignant en freelance dans les cycles de Masters professionels au Departement de droit des affaires à l'Université de Douala, Cameroun.

Daniel Armel OWONA MBARGA est Master en droits de l'homme et action humanitaire à l'Université catholique d'Afrique centrale (UCAC), Yaoundé, Cameroun.

Prof. Dr. Oliver C. RUPPEL is the Founding Director of the Climate Policy and Energy Security Programme for sub-Saharan Africa (CLESAP), Konrad-Adenauer-Stiftung, Yaounde, Cameroon. Ordinarily, he is a Professor of public, commercial and international law at Stellenbosch University, South Africa, where he also serves as the Director of the Development and Rule of Law Programme (DROP). He is a Distinguished Fellow at the Fraunhofer Center for International Management and Knowledge Economy (IMW), Leipzig, Germany; and Professor Extraordinaire at the University of Central Africa (UCAC), Yaounde, Cameroon; Strathmore Law School, Nairobi, Kenya; and the European Faculty of Law, Nova University, Slovenia.

Dr. Katharina RUPPEL-SCHLICHTING is an attorney and freelance legal consultant for international law and policy.

41

ABOUT THE AUTHORS / À PROPOS DES AUTEURS

Prof. Dr. Christopher F. TAMASANG holds a Ph.D in environmental law and is Associate Professor of Law, Faculty of Laws and Political Science at the University of Yaoundé II, Cameroon, Vice-Dean in charge of research and cooperation, coordination of research programs in english law, Coordinating Lead Author and co-editor of a book on the national assessment of biodiversity and ecosystem servies; senior international legal consultant for United Nations' organisations and other international institutions.

Prof. Dr. Jean-Marie TCHAKOUA est Agrégé des Facultés de droit et Professeur titulaire à l'Université de Yaoundé II, Cameroun.

Andre Felix Martial TCHOFFO is a Graduate Teaching Assistant and a Ph.D Candidate in the Faculty of Laws and Political Science, University of Yaoundé II, Cameroon. He is also a Lead Author of a book on the national assessment of biodiversity and ecosystem services.

ABBREVIATIONS / ABRÉVIATIONS

ADIE	Agence intergouvernementale pour le développement de l'information environnementale
AEC	African Economic Community
AFLEG	Africa Forest Law Enforcement and Governance
AMCEN	African Ministerial Conference on the Environment
ANAFOR	Agence nationale de développement des forêts
ANOR	Agence des normes et de la qualité
ANRP	Agence nationale de radio protection
APA	Stratégie nationale sur l'accès aux ressources génétiques et le partage juste et équitable des avantages découlant de leur utilisation
AU	African Union
BAD	Banque africaine de développement
BCSAP	Brigade de contrôle et de surveillance des activités de pêche
BDEAC	Development Bank of Central African States
CAPEF	Chambre d'agriculture, des pêches, de l'élevage et des forêts du Cameroun
CAPP	Central African Power Pool
CBD	Convention on Biological Diversity
CDB	Convention sur la diversite biologique
CCIMA	Chambre de commerce, d'industrie, des mines et de l'artisanat
CCM	Climate change mitigation
CCNUCC	Convention cadre des Nations unies sur le changement climatique
CDM	Clean Development Mechanism
CDPM	Caisse de développement de la pêche maritime
CEBEVIRHA	Commission économique du bétail, de la viande et des ressources halieutiques
CEC	Certificate of environmental conformity
CEEAC	Communauté économique des États de l'Afrique centrale
CEFDHAC	Conférence sur les écosystèmes des forêts denses et humides d'Afrique centrale
CEMAC	Communauté économique et monétaire de l'Afrique centrale
CER	Communautés économiques régionales
CERECOMA	Centre spécialisé de recherche sur les ecosystèmes marins
CF	Community forestry
CHG	Community hunting ground
CHM	Clearing-House Mechanism

CICOS	Commission internationale du Bassin Congo-Oubangui-Sangha
CIESPAC	Centre inter-État d'enseignement supérieur en santé publique d'Afrique centrale
CIJ	Cour internationale de justice
CITES	Convention on International Trade in Endangered Species of Wild Fauna and Flora
CMAE	Conseil des ministres africains de l'environnement
CMPO	Comité ministériel de pilotage et d'orientation
CMS	Convention on the Conservation of Migratory Species of Wild Animals
CMSC	Cadre mondial pour les services climatiques
CN-MDP	Comité national pour le mécanisme de développement propre
CNPC	Conseil national de protection civile
CNSP	Corps national des sapeurs-pompiers
CNUED	Conférence des Nations unies sur l'environnement et le développement
COBAC	Central African Banking Commission
COMIFAC	Commission des forêts d'Afrique centrale
COREP	Commission de pêche du golfe de Guinée
CPAC	Comité d'homologation des pesticides d'Afrique centrale
CPAC	Comité inter-État des pesticides d'Afrique centrale
CPF	Comités paysans forêts
CPSP	Comité de pilotage et de suivi des pipelines
CRE	Conseil régional de l'eau
CRGRE	Centre régional de coordination et de gestion des ressources en eau
CTS	Comité technique de suivi
DERME	Direction des énergies renouvelables et de la maitrise des énergies
DFNP	Domaine forestier non permanent
DFP	Domaine forestier permanent
DMN	Direction de la météorologie nationale
DPA	Direction des pêches et de l'aquaculture
DSCE	Document de stratégie pour la croissance et l'emploi
DSDSR	Document de strategie du developpement du secteur rural
DSRP	Document de stratégie de réduction de la pauvreté
ECCAS	Economic community of central African states
EIA	Environmental impacts assessment
EIES	Études d'impact environnemental
EIF	Enhanced integrated framework
EIS	Environmental impact statement
EMP	Environmental management plan
ESIA	Environmental and social impact assessment

ESMP	Environmental and social management plan
FAO	Organisation des Nations unies pour l'agriculture et l'alimentation
FCPF	Forest Carbon Partnership Facility
FEDEV	Foundation for Environment and Development
FEM	Fonds pour l'environnement mondial
FEVAC	Fonds pour l'économie verte en Afrique centrale
FMU	Forest management unit
GFC	Green Climate Fund
GICAM	Groupement inter-patronal du Cameroun
GIEC	Groupe d'experts intergouvernemental sur l'évolution du climat
GIEC	Groupe intergouvernemental sur l'evolution du climat
GIZ	Gesellschaft für Internationale Zusammenarbeit
GMOs	Genetically modified organisms
GRFA	Genetic resources for food and agriculture
HYSACAM	Société hygiène et salubrité du Cameroun
ICDP	Integrated conservation and development projects
ICJ	International Court of Justice
ICSID	International Centre for Settlement of Investment Disputes
IEL	International environmental law
IPLCs	Indigenous peoples and local communities depending on the forest
IPP	Independent power producer
ITLOS	International Tribunal for the Law of the Sea
ITTA	International Tropical Timber Agreement
MAETUR	Mission d'aménagement des terrains urbains et ruraux
MAGZI	Mission d'aménagement et de gestion des zones industrielles
MDP	Mécanisme de développement propre
MEA	Multilateral environmental agreement
MIDEPECAM	Mission de développement de la pêche au Cameroun
MIGA	Multilateral Investment Guarantee Agency
MINCOMERCE	Ministry of Commerce
MINDAF	Ministère des domaines et des affaires foncières
MINEE	Ministry of Water Resources and Energy
MINEF	Ministère de l'environnement et des forêts
MINEPDED	Ministère de l'environnement, de la protection de la nature et du developpement durable
MINEPIA	Ministère de l'élevage, des pêches et des industries animales
MINESUP	Ministry of Higher Education
MINFOF	Ministère des forêts et de la faune
MINHDU	Ministère de l'habitat et du développement urbain
MINIMDIT	Ministère de l'industrie, des mines, et du développement technologique

ABBREVIATIONS / ABRÉVIATIONS

MINPROFF	Ministry of Women's Empowerment and the Family
MINRESI	Ministry of Scientific Research and Innovation
NCA	National Competent Authority
NEMP II	National Environmental Management Plan as revised
NEPAD	Nouveau partenariat pour le développement de l'Afrique
NFAP	National Forestry Action Programme
NGO	Non-governmental organisation
NPFE	Non-permanent forest estate
OAB	Organisation africaine du bois
OAPI	African Intellectual Property Organization
OAU	Organization of African Unity
OCEAC	Organisation de coordination pour la lutte contre les endémies en Afrique centrale
OCFSA	Organisation pour la conservation de la faune sauvage en Afrique
OCHA	Office de coordination des affaires humanitaires
ODD	Objectifs pour le développement durable
OGM	Organismes génétiquement modifiés
OHADA	Organisation pour l'harmonisation en Afrique du droit des affaires
OIE	Office internationale des épizooties
OIPC	Organisation internationale de la protection civile
OMC	Organisation mondiale du commerce
OMD	Objectifs du millénaire pour le développement
OMM	Organisation mondiale de la météorologie
OMS	Organisation mondiale de la santé
OMT	Organisation mondiale du tourisme
ONACC	Observatoire national sur les changements climatiques
ONUDI	Organisation des Nations unies pour le développement industriel
PACEBCo	Programme d'appui à la conservation des ecosystèmes du Bassin du Congo
PADEVAC	Programme d'appui au développement de l'économie verte en Afrique centrale
PAE NEPAD	Plan d'actions environnementales du NEPAD
PANERP	Poverty Reduction Energy Plan
PANGIRE	Plan d'action nationale de gestion integree des ressources en eau
PANGIRE	Plan national de gestion intégrée des ressources en eau
PARGIRE-AC	Plan d'action régional de la gestion intégrée des ressources en eau de l'Afrique centrale
PDSE	Electricity Sector Development Plan
PDSE 2030	Plan de développement du secteur electrique du Cameroun à l'horizon 2030
PEAC	Pool énergétique de l'Afrique centrale

PES	Payment for environmental services
PFE	Permanent forest estate
PMEDP	Programme pour des moyens d'existence durables dans la pêche
PNACC	Plan national d'adaptation aux changements climatiques
PNERP	Plan national énergie pour de réduction de la pauvreté
PNGE	Plan national de gestion de l'environnement
PNLDAH	Plan national de lutte contre les déversements accidentels d'hydrocarbures
PNUD	Programme des Nations unies pour le développement
PNUE	Programme des Nations unies pour l'environnement
PPAs	power purchase agreements
PRASAC	Pôle régional de recherche appliquée des savanes d'Afrique centrale
PSFE	Programme sectoriel forêt et environnement
RAPAC	Réseau des aires protégées d'Afrique centrale
RCD	Revue Camerounaise de Droit
REACEV	Réseau des entreprises d'Afrique centrale sur l'économie verte
ReCTrad	Central African Network of Traditional Rulers for the Conservation of Biodiversity and the Sustainable Management of Forest Ecosystems within the Congo Basin
REFADD	Réseau des femmes africaines pour le développement durable
REJEFAC	Réseau des jeunes pour les forêts d'Afrique centrale
REPALEAC	Réseau des populations autochtones et locales d'Afrique centrale
RNIE	Réseaux nationaux d'information environnementale
ROSECEVAC	Réseau des organisations de la société civile de l'économie verte d'Afrique centrale
SDGs	Sustainable Development Goals
SEA	Strategic environmental and social assessment
SEVAC	Système de l'économie verte en Afrique centrale
SFI	Société financière internationale
SNGDES	Stratégie nationale sur la gestion durable des eaux et des sols
SNH	Société nationale d'hydrocarbures
SONATREL	Société nationale de transport de l'énergie
ST-EP	Initiative Sustainable Tourism - Eliminating Poverty
TJB	Tonneaux de jauge brute
UA	Union africaine
UDEAC	Union douanière et économique de l'Afrique centrale
UEAC	Central African Economic Union
UFA	Unité forestière d'aménagement
UICN	Union internationale pour la conservation de la nature
UMAC	Central African Monetary Union

ABBREVIATIONS / ABRÉVIATIONS

UNCLOS	United Nations Convention on the Law of the Sea
UNGA	United Nations General Assembly
UNOCA	Bureau régional des Nations unies pour l'Afrique centrale
VPA	Voluntary partnership agreement
WTO	World Trade Organization
ZAEs	Zones agro ecologiques
ZEE	Zone économique exclusive

SECTION 1

SETTING THE SCENE

MISE EN SCÈNE

CHAPTER 1:
CAMEROON IN A NUTSHELL – HUMAN AND NATURAL ENVIRONMENT, HISTORICAL OVERVIEW AND LEGAL SETUP

Oliver C. RUPPEL & Katharina RUPPEL-SCHLICHTING

1   Introduction

The following passages are meant to serve as an introduction for the reader who may not be familiar with Cameroon, its human and natural environment, as well as the history and the legal setup of the country. As is already indicated by the title "Cameroon in a nutshell", this chapter most obviously does not claim to be conclusive in any sense.

2   The human environment

According to the world population review, Cameroon is a culturally diverse coastal country in Africa, which lies on the western side of Africa on the Eastern Atlantic Ocean. Cameroon is bordered by Chad, Nigeria, the Central African Republic, Gabon, Equatorial Guinea, and the Republic of the Congo. The 2018 population is estimated at 24.68 million.[1] This makes Cameroon the 54th most populous country in the world. The country is sparsely populated, however, with just 40 people per square kilometre, which ranks 167th in the world. The urbanisation rate is currently 3.3%; 58% of the country is urbanised and that percentage continues to grow annually. Yaoundé is Cameroon's capital. It was founded in the latter part of the 19th century by German traders during the ivory industry's peak. Yaoundé's population is approximately 2.5 million, which makes it the second-largest city in the country after Douala, which has more than 3 million residents. Douala is said to be the 27th most expensive city on earth, and the most expensive African city.[2]

---

1   Cf. http://worldpopulationreview.com/countries/cameroon-population/, accessed 16 April 2018.
2   (ibid.).

2.1 Ethnic groups

Cameroon is an ethnically diverse country with about 250 groups. Some of the groups are interrelated while others have been assimilated into other groups through years of interaction. These ethnic groups mainly fall under the Bantu, Semitic, and Nilotic language groups. Cameroon's ethnic community are known to coexist in peace, and no particular group holds any political influence over the affairs of the country. The groups contribute to the country's cultural diversity.[3]

The Bamileke is a semi-Bantu community in Cameroon with origins from Egypt. The Bamileke occupy the northwest and western highlands of Cameroon. The ethnic group is composed of other related tribes with whom they share a common ancestry forming the largest group at 38% of the total population. The tribes include Bamum, Tikar and other people of the Western highlands. Languages spoken by the Bamileke include variants of Ghomala, Fe'fe, Yemba, Medumba, and Kwa. Traditionally, their system of government was patriarchal and hereditary. Being a dynamic and entrepreneurial community, the Bamileke can be found in almost all parts of Cameroon and some parts of the world. Since they are a Bantu community, their primary activities revolve around agriculture, an activity which is mainly handled by women.

The Beti-Pahuin are a Bantu ethnic community occupying the southern rainforest regions of Cameroon. The Beti-Pahuin share a common origin with the Fang, Njem, Bulu and Baka among others. Though their origins are unclear, it is believed that the Beti-Pahuin people migrated from Sudan. In Cameroon, the group was displaced severally from their locations by the Jihad and Fula who were forcing communities to convert to Islam. During these movements, some of the groups that interacted with the Beti-Pahuin were assimilated. Others, such as the Maka, resisted assimilation and fled south and east. The Beti-Pahuin served as middlemen during the European trade. The Germans exploited them for slave labour, road construction and as sexual prisoners leading to a series of conflict. Due to their involvement in cocoa farming, the Beti-Pahuin have a strong economic influence.

As the first inhabitants of the Cameroonian forest, the so-called Pygmies or authentic indigenous inhabitants today constitute a relatively marginalised minority – both socially, economically and politically. The different groups are constituted of the Baka in the East and South regions, the Bakola in the Ocean region, the Bagyeli in the Southwest of Cameroon and the Bedzam in the Central areas of the country. Some of these ethnic minorities are underrepresented in political, administrative and decision-making structures. Pygmy communities have traditionally lived in the forests, conducting hunter-gatherer lifestyles in harmony with their forest environment.

---

3   Sawe (2017).

Many have historically had little interaction with wider society and had a self-sufficient, subsistence livelihood. These communities have, however, been deeply affected by the logging industry and other natural resource and economic development projects in the areas that they traditionally inhabit.[4]

The Duala (or Douala) are a Bantu coastal Cameroonian ethnic group who are highly educated due to long-term contact with the Europeans. The Duala share a common origin with people such as the Ewodi, Isubu, Batanga, Bakoko, and the Bassa forming 12% of the total population. The primary language spoken is Duala. The Duala trace their origin to Gabon or Congo after which they moved to their present locations. The Duala were mainly traders and cultivators, which have remained part of their economic activities to the present day. Their success in trade declined significantly during the German rule after which they prospered again during the French rule. Most of the Duala are Christians. Kirdi is a group of people occupying northwestern Cameroon. The name Kirdi means pagan and was used to refer to a group of people who refused to join the Islamic faith. The group makes up 18% of the total population. Among the members of Kirdi are Bata, Fata, Mada, Mara, and Toupori. The Kirdi speak Chadic and Adamawa languages. The Fulani are a nomadic tribe in Cameroon which forms about 14% of the total population. The Fulani are Muslims who speak Pulaar language. The Fulani had a religious and cultural dominance over the local people forcing most of them to convert to Islam while others fled from their homes. Their culture is highly influenced by Islamic practices.[5]

2.2 Religious groups

Cameroon is home to many different religious groups. A large part of the population in the country is affiliated with a certain religious community. The Constitution allows the freedom of conscience and religious worship making Cameroon a religion-tolerant country. However, for a religious group (apart from African traditional religions) to be legally functional, it has to be registered by the state after meeting the basic requirements such a having a considerable congregation. In Cameroon, Christianity is the most practiced religion followed by Islam.[6]

About 69.5% of the population of Cameroon are Christians (Protestants, Roman Catholics or other groups). Like in many African countries, the establishment and development of Christianity were introduced to the country by the Christian missionaries. The missionaries arrived in Cameroon during the early nineteenth century dur-

---

4   UN (2014).
5   (ibid.).
6   Sawe (2017).

ing which they established missions, schools, health and other facilities to benefit local communities. The first Catholic priests, from the German Pallotine mission, were
sent into Cameroon in 1890.[7] They returned independent Cameroon in 1964. Today,
members of the Roman Catholic Church make up about 39.2% of the total population making it the largest Christian group in Cameroon. Protestants make up the second largest Christian group in Cameroon with about 28.1% of the population.
Protestant churches were the first to be established in Cameroon with the first missionaries arriving in the early nineteenth century.

After Christianity, Islam is the second most practiced religion in Cameroon with
about 19.5% of the population being Muslims. The religion was introduced by the
Fulani as they migrated from Nigeria and Mali. The Fulani used force to convert the
local people to Islam leading to conflicts with the local people. The Muslims organised themselves into groups called *Lamidats* which were headed by a very powerful
leader called *Lamido*.

While some of the people converted to Islam and Christianity, a section of the
Cameroonian people, mainly in rural areas, still retained their indigenous religious
practices. These people make up about 4.3% of the population. Some of the traditional religions have adopted some practices of Muslims and Christians merging
them with their own. Some of their practices include rituals, animal sacrifices, and
ancestor and spirit worship. Other religious groups in the country include atheists or
agnostics at 4.6%, and other religions such as Hinduism at 2.1%. All these religious
groups impact on the cultural and national practices of the country. For instance,
most religious holidays are made into national holidays while the practices of the religions dictate and influence cultural practices such as food, dress, and moral conduct.[8]

2.3   Regions and official languages

The Constitution divides Cameroon into 10 regions, each headed by a presidentially
appointed governor. The three northernmost regions are the Far North (Extrême
Nord), North (Nord), and Adamawa (Adamaoua). Directly south of them are the
Centre (Centre) and East (Est). The South Province (Sud) lies on the Gulf of Guinea
and the southern border. Cameroon's western region is split into four smaller regions: The Littoral (Littoral) and Southwest (Sud-Ouest) regions are on the coast,
and the Northwest (Nord-Ouest) and West (Ouest) regions are in the western grass-
fields. The Northwest and Southwest were once part of British Cameroons; the other

---

7   Skolaster (1924).
8   For the religious beliefs in Cameroon, see Sawe (2017).

regions were in French Cameroun. The Anglophone Cameroonians are the people of various cultural backgrounds who hail from the English-speaking regions of Cameroon (Northwest and Southwest regions). These regions were formerly known as British Southern Cameroons, being part of the League of Nations mandate and United Nations Trust Territories.

Almost 250 languages are spoken in Cameroon.[9] However, French and English are the both official languages in Cameroon, which are spoken by 70% and 30% of the population respectively. According to Article 1 (3) of the Cameroonian Constitution, the official languages of the Republic of Cameroon shall be English and French, both languages having the same status. The State shall guarantee the promotion of bilingualism throughout the country. It shall endeavour to protect and promote national languages.[10]

3   The natural environment

The natural environment of Cameroon can be described as 'Africa on a small scale' as it accommodates all the major climatic conditions and vegetation features of the continent. Located between West and East Africa and stretching from the Gulf of Guinea to Lake Chad, Cameroon presents specificities in terms of its relief, climate, wildlife and vegetation. Cameroon's 400 km coastline is propitious and holds key attractions of which are picturesque bays, natural and sandy beaches, islands, mangroves and waterfalls dropping directly into the ocean. Cameroon has seven national parks including the Waza Park in the Far North Region which is home to animals that are a reflection of African wildlife (elephants, lions, giraffes, black rhinoceros, panthers, buffalos, antelopes, hippopotamus, hyenas, gorillas, hartebeest, cheetahs, etc.).[11]

Cameroons physical geography is varied, with forests, mountains, large waterfalls, savannahs and deserts, falling into four regions. At the border of the northern Sahel region lies Lake Chad and the Chad basin; further south the land forms a sloping plain, rising to the Mandara Mountains. The central region extends from the Benue (Bénoué) river to the Sanaga river, with a plateau in the north. This region includes the Adamaoua plateau which separates the agricultural south from the pastoral north. In the west, the land is mountainous, with a double chain of volcanic peaks, rising to a height of 4,095 metres at Mount Cameroon. This is the highest and wettest peak in western Africa. The fourth region, to the south, extends from the Sanaga river to the

---

9   Kouega (2007).
10   Cf. Law No. 96/06 of 18 January 1996 to amend the Constitution of 2 June 1972.
11   See also https://www.prc.cm/en/cameroon/useful-information, accessed 16 April 2018.

southern border, comprising a coastal plain and forested plateau. There is a complicated system of drainage. Several rivers flow westwards: The Benue river which rises in the Mandara Mountains and later joins the River Niger, and the Sanaga and Nyong rivers, which flow into the Gulf of Guinea. The Dja and Sangha drain into the Congo Basin. The Logone and Chari rivers flow north into Lake Chad.[12]

Cameroon's climatic conditions and agro-ecological zones are conducive to animal health and suitable for raising livestock. Cameroon's sea coast extends for almost 360 km. The mouths of large rivers constitute privileged zones for fishing, particularly for shrimp, small coastal pelagic fish and demersal species (bass and pike, etc.). Cameroon's forests cover around 20 million hectares, making them the second largest in Africa, with an identified potential of 300 marketable timber species, of which around 60 are currently exploited, with three forming around 60% of the total timber exportation from the country. The area designed for commercial logging covers a little more than seven million hectares, while community forests represent about two million whereas so-called council forests cover 1.8 million hectares.[13] 10% of the Congo Basin forest is found in Cameroon, covering 41.3% of the national territory.[14]

Cameroon is a regional center for trade in goods and services. Cameroon's economy has many assets: favorable conditions for farming, plentiful water resources and rainfall, forests, oil, etc. Agriculture, (including subsistence farming, breeding livestock, hunting, fishing and logging) play a key role. Large quantities of raw materials are exported mainly cocoa, cotton, crude oil, timber and coffee. Other products traded include bananas, natural rubber, palm oil, pineapples etc.[15]

Like energy as a whole, access to electricity in Cameroon is at the lowest compared with other countries of the world.[16] Cameroon has a wealth of minerals e.g. nickel-cobalt, gold, diamonds, limestone and marble. Cameroon's subsoil has abundant reserves of bauxite and iron-ore. It has vast and rich farm land, abundant raw materials and plentiful water resources.[17]

All of these resources constitute the backbone of the Cameroonian economy as well as the life support system for most Cameroonian people, especially in the marginalised rural communities. Many of these resources are traded commercially while others are still used traditionally.[18]

---

12   See http://thecommonwealth.org/our-member-countries/cameroon, accessed 2 April 2018.
13   Cf. MINFOF & WRI (2017).
14   African Development Bank Group (2015).
15   See also https://www.prc.cm/en/cameroon/useful-information, accessed 24 March 2018.
16   With further references see Ndongsok & Ruppel (2017).
17   See for more details https://www.wto.org/english/tratop_e/tpr_e/s285-00_e.pdf, accessed 7 April 2018.
18   Ageh (2017:507).

The wealth in natural resources already had implications during Cameroon's colonial history. The exploitation of natural resources began during this time, which is why it should also be briefly discussed. Certainly, environmental protection did not play a primary role during the colonial era. Interestingly, however, a German imperial decree of 4 April 1900 exists, in which the German governor in Cameroon was authorised – for the purpose of protecting the forest – that persons involved in illegal logging (which was in violation of existing regulations) could be ordered to reforest the deforested areas.[19]

The *United Nations Statistics Division* in its *Environment Statistics Country Snapshot Cameroon* provides a good overview of relevant data about the environment for comparative purposes. The country snapshot of Cameroon, *inter alia*, reflects the following data:

Table 1: Environment statistics snapshot Cameroon[20]

Land and Agriculture		**Year**
Total area (km^2)	475,650	2015
Agricultural land (km^2)	97,500	2015
Arable land (% of agric. land)	64	2015
Permanent crops (% of agric. land)	16	2015
Permanent pasture and meadows (% of agric. land)	21	2015
Change in agricultural land area since 1990 (%)	6	2015
Forest area (km^2)	188,169	2015
Change in forest since 1990 (%)	-23	2015
Population		
Population (1000)	23,344	2015
Population growth rate from previous year (%)	3	2015
Air and climate		
Emissions of:		
CO_2 (million tonnes)	6	2014
CO_2 per capita (tonnes)	0	2014
GHG (million tonnes CO_2 eq.)	166	1994
GHG per capita (tonnes CO_2 eq.)	12	1994
Ozone depleting CFCs (ODP tonnes)	0	2013
Biodiversity		
Proportion of terrestrial marine areas protected (%)	11	2014

---

19 Reichsanz. Nr. 108 vom 5. Mai 1900, Kol. Bl. S. 365; Ruppel (1912).
20 Available at https://unstats.un.org/unsd/envstats/snapshots/, accessed 18 May 2018.

Number of threatened species	774	2016
Fish catch (tonnes)	239,000	2015
Change in fish catchfrom previous year (%)	8	2015
Energy		
Total energy supply (PJ)	326	2015
Energy supply per capita (GJ)	14	2015
Energy use intensity (MJ per USD constant 2011 PPP GDP))	5	2014
Renewable electricity production (%)	75	2015

4 Historical overview

Portuguese sailors were the first Europeans to reach what is Cameroon today. Because there were so many shrimps (Portuguese: camarões) found there, today's river Wouri was called Rio de Camarões. This is where the name Cameroon comes from. Around 1520, there was a proliferation of goods trade between the Europeans and the local tribes, especially the Douala. Preferred commodities were ivory, palm oil and slaves. Initially, the Portuguese were the main supplier of slaves to the new world. Towards the seventeenth century, Portuguese monopoly over the trade was broken by the Dutch.[21] Slave traders from France, Britain and Brandenburg then joined the Dutch and Portuguese in the trade along the Cameroon coast where they were exchanged for European goods. [22] The slave trade officially ended in 1840, when the Douala signed a treaty with the British government. Around this time began the mission of Cameroon. In the mid-19th century, the first researchers arrived in Central Africa.

4.1 German colonial presence

The German explorer to Africa, Heinrich Barth traveled the Sahara and the north of Cameroon in 1851, while the military doctor Gustav Nachtigal was one of the first to explore the region around Lake Chad. Since 1862, German traders were active in neighboring Gabon, including the Hamburg based trading house Woermann. In 1868, Woermann established the first German trading post in Douala. The southern coastal

---

21 Ngoh (1996:40).
22 (ibid.).

tribes developed a fear that the interior ethnic groups would start trading directly with the Europeans, thus undercutting their powerful intermediary status. To avoid this, the Douala-centered chiefs sought a British protectorate that would cement their power; yet, British delays in sending an envoy to meet with the chiefs 'forced' the African leaders to turn to Germany instead. [23]

On 12 July 1884, Johannes Voss and Edward Schmidt, the latter two representing respectively the German firms Jantzen and Thormählen and Woermann met with King Akwa and King Bell and their subordinates in Douala and signed the German-Douala treaty.[24] According to the terms of the treaty, the Douala kings and their subordinates ceded their rights of sovereignty, legislation, and administration over their people and land. Although the treaty was not signed directly by German officials but merely by private German business representatives the German government recognised it as binding on the state and used it to proclaim sovereignty over the territory soon expanding into the hinterland.[25]

Before 1884, Germany was not so much interested in the acquisition of overseas territories. This changed in the wake of the Berlin Conference, which took place from 1884 to 1885. Now Germany became more actively involved in the scrambling and partition of Africa. The territories which were finally annexed by Germany included Cameroon, Tanganyika, Togoland and German South West Africa (Namibia).[26]

Cameroon belonged to the first German colonies, over which the German Reich took over the 'protection rule' in 1884. The German-Douala treaty was one of the 95 treaties that the Germans signed with various ethnic groups in *Kamerun* between 1884 and 1916 with indigenous kings or traditional chiefs.[27]

The Berlin Conference (also called the Berlin West Africa Conference) aimed to shape a basis for a legally regulated occupation of Africa.[28] European powers negotiated and formalised claims to territory in Africa. It marked the climax of the European competition for the scramble for Africa. During the 1870s and early 1880s, European nations such as Great Britain, France, and Germany began looking to Africa for natural resources for their growing industrial sectors as well as a potential market for the goods these factories produced. As a result, these governments sought to safeguard their commercial interests in Africa and began sending scouts to the continent to secure treaties from indigenous peoples or their supposed representatives. The Berlin Conference did not initiate European colonisation of Africa, but it did legiti-

---

23 (ibid.).
24 (ibid.:62).
25 Ames et al. (2005:100).
26 Ngoh (1996:58).
27 (ibid.:67).
28 Ames et al. (2005:97).

mate and formalise the process. In addition, it sparked new interest in Africa. Following the close of the conference, European powers expanded their claims in Africa such that by 1900, European states had claimed nearly 90% of African territories.[29]

This European scramble for Africa radically also changed the power structures in Cameroon. In 1884, the German Chancellor Otto von Bismarck appointed the researcher and consul general in Tunis, Dr. Gustav Nachtigal to Imperial Commissioner for the West Coast of Africa. Nachtigal was commissioned to place the areas of interest for German trade under German protectorate. In 1884, Germany assumed sovereignty of the territory and, in exchange, conferred special trade privileges upon the chiefs of Douala and Bamiléké.[30] Nachtigal proclaimed German patronage over Cameroon on 14 July 1884 and hoisted the German flag. In 1889, the officers Hans Tappenbeck and Richard Kund founded the research station Yaoundé, from which emerged the now state capital of Cameroon.

Matters related to these territories were initially administered in the Political Department of the German Foreign Office until in April 1890, a Colonial Department was established. In contrast to the other departments, it was directly responsible to the Chancellor. This special regulation followed from the constitutional status of the colonial protected areas. A compromise ended the initial discussion as to whether those areas should be treated national or foreign under state law. Although the colonies were not considered foreign territory they were not included in Article 1 of the Reich Constitution, which defined the territory of the Reich. Consequently, the colonial subjects did not receive the German nationality and the laws applicable to the German Reich did not automatically come into force for the colonies. In 1907, the Colonial Department of the Foreign Office became the *Reichskolonialamt.*

4.2   German rule

The German administration in Cameroon was established by the German colonial constitution of 1886-1888. At the head of the colonial administration in Cameroon was the Governor. Formally subject to the authority in Berlin, he had extensive executive, judicial and legislative powers. The Governor received instructions from the *Kaiser* and the German Chancellor. The courts were under the Governor who was also the highest paid judge in the territory although the Imperial Chancellor also examined appeals by criminals against sentences of the Governor. Although the Governor was authorised to issue decrees for general administration, taxes and tariffs, these decrees were approved by the Imperial Chancellor. It was difficult to carry out effective

---

29   Gates & Kwame (2010).
30   See http://www.cameroonconstitution.com/about/history/, accessed 10 April 2018.

administration because of the vastness of the territory and because of the lack of a good means of communication. The Governor therefore delegated some of his powers to local administrators for effective administration. The governorship was in the early years of German domination was situated in Douala, but was relocated to Buea in 1901, due to the prevailing strenuous climatic and health conditions in Douala.[31]

On 3 July 1885, Julius Baron Soden arrived in Cameroon. He was the first German Governor and ruled from 1885 to 1891. Soden advocated a gradual rather than a rapid military expansion inland. During Soden's tenure of office, the German flag was hoisted at Buea. Other stations were opened in Barombi, Bali and Yaoundé. It was also during this period that the Germans acquired Victoria (today Limbe) from the British. The Germans consolidated their position on the coast of Cameroon during his reign. Von Soden created the *Schiedsgericht* (forerunner of the mixed court) to replace the outworn Court of Equity which was created by the British. In 1891, Eugen von Zimmerer succeeded von Soden who resigned because of poor health.[32] The administration of von Zimmerer lasted from 1891 to 1895.[33] It was under the Governorship of von Zimmerer that the exploration of the *hinterland* of Cameroon and the establishment of stations was carried on in earnest. A large part of the *hinterland* was opened to German trade and administration. Von Zimmerer did much to protect the interest of German traders in Cameroon. The Bakweri, Bassa and Bulu uprisings were subdued during his reign.[34]

Jesko von Puttkamer was the longest serving German Colonial Governor in Cameroon, he ruled from 1895 to 1907. Puttkamer encouraged penetration into northern Cameroon and sanctioned brutal military campaigns to conquer inland 'countries'.[35] He contributed greatly to the opening of plantations on a large scale and created the *Gesellschaft Süd Kamerun,* which established a German monopoly in rubber and ivory trade in southeastern Cameroon. The *Gesellschaft Nordwest Kamerun,* which was established in 1899 succeeded in monopolising commerce in the northwestern grasslands.[36] The *Gesellschaft Süd Kamerun* was able to obtain, sovereign rights over a concession of about 7,200,000 ha, lying between 120 degrees east longitude, latitude 40 north, and the south and south-east boundaries of the territory. Within this vast area, the *Gesellschaft Süd Kamerun* had an exclusive right of occupation on the vacant lands in accordance with the relevant imperial decree of 15 June 1896, as well as an equally exclusive right to purchase lands from with the natives.[37]

---

31 Ngoh (1996:72).
32 (ibid.).
33 (ibid.).
34 (ibid.).
35 (ibid.).
36 (ibid.).
37 Etoga Eily (1971:182).

On the initiative of Governor Jesko von Puttkamer, the seat of government of Douala was moved to Buea. The governor's palace (so-called *Puttkamerschlösschen)* is still an impressive monument of German colonial past in Cameroon, located at the scenic foot slopes of Mount Cameroon. In those days, the soil of Mount Cameroon was presented as one of the best and richest tropical soils; this soil offered, among other guarantees, the advantage of not being exposed to drought; the humid and hot climate with almost assured rains provided conditions for a natural greenhouse, while the different altitude belts of this gigantic structure offered a favorable environment for the cultivation of different crops. In a little while, the slopes of Mount Cameroon were to be covered with plantations of a remarkable variety. The European farmers had succeeded in taking advantage of the crops which grew there naturally, and whose immense potential was hardly exploited by the natives.[38]

Theodor Seitz, who was the fourth German Governor to Cameroon, ruled for three years from 1907 to 1910.[39] Otto Gleim ruled Cameroon from 1910 to 1912. One of the greatest problems Gleim faced was the Douala land problem. In 1910, the local administration decided to transfer the local population from Douala town to a different location. This was intended to improve on the health situation of Europeans who were living in the town and also to prevent speculation on land from the natives. Gleim did not support this measure and supported the local inhabitants in objecting it. Karl Ebermaier was the sixth and last German Governor to rule Cameroon from 1912 to 1916.[40]

4.3   After the German domination

The German domination over Cameroon did not endure very long. In 1914, the First World War broke out. The poorly equipped German *Schutztruppe* was able to stay in Cameroon for another two years. In 1916, their last garrison capitulated to the British colonial army. After the First World War and the defeat of Germany, Cameroonian territories fell to the League of Nations in 1919, according to the Treaty of Versailles.

Article 22 of the Treaty of Versailles proclaims as follows:

> To those colonies and territories which as a consequence of the late war have ceased to be under the sovereignty of the States which formerly governed them and which are inhabited by peoples not yet able to stand by themselves under the strenuous conditions of the modern world, there should be applied the principle that the well-being and development of such peoples form a sacred trust of civilisation and that securities for the performance of this trust

---

38   Eily Etoga (1971:163).
39   Ngoh (1996:72).
40   (ibid.:74).

should be embodied in this Covenant. The best method of giving practical effect to this principle is that the tutelage of such peoples should be entrusted to advanced nations who by reason of their resources, their experience or their geographical position can best undertake this responsibility, and who are willing to accept it, and that this tutelage should be exercised by them as Mandatories on behalf of the League. The character of the mandate must differ according to the stage of the development of the people, the geographical situation of the territory, its economic conditions, and other similar circumstances. Certain communities formerly belonging to the Turkish Empire have reached a stage of development where their existence as independent nations can be provisionally recognised subject to the rendering of administrative advice and assistance by a Mandatory until such time as they are able to stand alone. The wishes of these communities must be a principal consideration in the selection of the Mandatory. Other peoples, especially those of Central Africa, are at such a stage that the Mandatory must be responsible for the administration of the territory under conditions which will guarantee freedom of conscience and religion, subject only to the maintenance of public order and morals, the prohibition of abuses such as the slave trade, the arms traffic, and the liquor traffic, and the prevention of the establishment of fortifications or military and naval bases and of military training of the natives for other than police purposes and the defence of territory, and will also secure equal opportunities for the trade and commerce of other Members of the League. There are territories, such as South-West Africa and certain of the South Pacific Islands, which, owing to the sparseness of their population, or their small size, or their remoteness from the centres of civilisation, or their geographical contiguity to the territory of the Mandatory, and other circumstances, can be best administered under the laws of the Mandatory as integral portions of its territory, subject to the safeguards above mentioned in the interests of the indigenous population. In every case of mandate, the Mandatory shall render to the Council an annual report in reference to the territory committed to its charge. The degree of authority, control, or administration to be exercised by the Mandatory shall, if not previously agreed upon by the Members of the League, be explicitly defined in each case by the Council. A permanent Commission shall be constituted to receive and examine the annual reports of the Mandatories and to advise the Council on all matters relating to the observance of the mandates.

According to Article 118 of the Treaty of Versailles Germany had to renounce its rights over the Cameroonian territories:

In territory outside her European frontiers as fixed by the present Treaty, Germany renounces all rights, titles and privileges whatever in or over territory which belonged to her or to her allies, and all rights, titles and privileges whatever their origin which she held as against the Allied and Associated Powers.

Germany hereby undertakes to recognise and to conform to the measures which may be taken now or in the future by the Principal Allied and Associated Powers, in agreement where necessary with third Powers, in order to carry the above stipulation into effect.

In particular, Germany declared in more general terms, regarding its Colonies in Article 119 of the Treaty of Versailles that:

Germany renounces in favour of the Principal Allied and Associated Powers all her rights and titles over her oversea possessions.

The Milner-Simon Declaration of 1919 confirmed the division of former German *Kamerun* between French and British administration. The two zones were established as "class B" mandates by the League of Nations in 1922. The British part of *Kamerun* became part of Nigeria, administered from Lagos, and the French part became the protectorate of Cameroun. Class B mandates required that the colonial power send an annual report to the League of Nations, but they were not very restrictive. In practice, French and British Cameroon were administered as colonies. The narrow strip of land forming the British Cameroons was divided in two parts: the territories of the north became part of the Nigerian provinces of Bornu and Yola, while the south (present-day English-speaking Cameroon) became the Cameroons province, with its capital at Buea. When the League of Nations was dissolved in 1946, the mandates became trust territories of the United Nations. Nigeria and Cameroon both gained independence in 1960. Since the 1940s, political parties in French Cameroon and in Nigeria had been demanding reunification of the two territories.[41]

4.4 The Independence process

In 1961, a referendum was organised in English-speaking Cameroon: the northern population voted to join Nigeria while the southern population voted to join the French-speaking Republic of Cameroon, which became the Federal Republic of Cameroon.[42] It becomes apparent, that the role of the international community, especially in the genesis of the Republic of Cameroon played a prominent role.[43]

Following the historic vote by English speaking southern Cameroonians in the UN-sponsored plebiscite of 11 February 1961 to accede to independence by joining the already French-speaking independent Republic of Cameroon arose the need for a constitution governing the organisation and functioning of the union. It was for this purpose that the equally historic constitutional conference was convened in Foumban in July that same year. There, the leaders of the Southern Cameroons and the Republic of Cameroon came up with the Federal Constitution enacted on 1 September 1961.[44]

In 1972 and especially in 1984, the Constitution was further revised, which led to the establishment of the Unitary Republic of Cameroon and twelve years later, to the birth of the Republic of Cameroon.[45] In that process, the federal system was abolished and the line of succession to the presidency redefined. The contemporary institutional and political organization of the Republic of Cameroon derives its legitimacy

---

41 With further references see Dupraz (2015).
42 See https://www.prc.cm/en/the-president/constitutional-function, accessed 10 April 2018.
43 Nfobin & Nchotu Nchang épse Minang (2014:255).
44 Nfobin Ngwa (2017:538).
45 See Olinga (2006).

and basis from Law No. 96/06 of 18 January 1996 on the revision of the Constitution of June 1972.

In the Preamble of the Constitution, the Cameroonian people, proud of its linguistic and cultural diversity, solemnly proclaimed that it constitutes a single and one Nation, engaged in a common destiny. It affirms "its firm will to build the Cameroon fatherland on the ideological base of brotherhood, justice and progress". The preamble also proclaims the adhesion of the Republic of Cameroon to fundamental universally recognised democratic principles, the principle African unity and to that formulated by the United Nations Charter. Cameroon's people affirm their attachment to fundamental liberties inscribed in the Universal Declaration of Human Rights, the UN Charter, the African Charter for Human and Peoples Rights and all international conventions related to it, and dully ratified.[46]

4.5   Cameroon today

Today, Cameroon is a developing country where the economic conditions of the majority of the people are not so different from many other African countries. Such conditions include over 70% of the population are trapped below the poverty line, transmissible diseases are rife, the costs of education are fast rising and becoming unaffordable, health infrastructure is rudimentary and outdated, medical facilities are beleaguered with numerous resource problems which in turn affects access to quality healthcare. There is an increase in the tide of corruption perpetrated by top administrative political actors and the realisation of economic and social rights is selective and influenced by factors such as political attitudes and choices made by the communities in question.[47]

Despite economic and political crises, a steadily growing population, high levels of corruption, crusted governmental structures with a president who has led the country since 1982, Cameroon has been considered in recent decades as a haven of peace in Central Africa. Cameroon has never been a country that lacked opportunities. It has all the right prospects. But the challenge it faces is to create an enabling environment to encourage Cameroonians and foreign investors to invest.[48] The country is not only divided between domestic politics but also surrounded by violent conflicts

---

46   Cf. with further references https://www.prc.cm/en/cameroon/constitution, accessed 9 April 2018.
47   Agbor (2017:177).
48   See Douglas (2017); Cameroon is ranked 166 out of 190 countries in the World Bank's *Ease of doing business* index. The economy is one of Africa's more difficult markets to operate in, ranking particularly poorly in areas such as registering property, paying taxes and trading across borders.

and humanitarian crises (for example in the Lake Chad region). Missed reforms, local, national and cross-border conflicts are putting increasing pressure on Cameroon, which was long regarded as an anchor of stability in the Central African region. Cameroon is experiencing restless times. Three themes are at the center of the current political challenges in the country: Refugees from the Central African Republic crossing the Cameroonian border in the east; the old Anglo-Francophone conflict which has rekindled in the form of protests in the English-speaking regions; and an army which is deployed in the north of the country to counter the threat of Boko Haram's terrorists.[49]

5 The legal setup

In the pre-colonial Cameroonian society, there existed diverse unwritten indigenous laws and usages which applied in varying degrees to the different ethnic groups. The only exception was in the north where the Foulbe tribes, who originally invaded the territory from North Africa in the early nineteenth century, had introduced islamic laws in some areas. Despite the differences in the structures, content and institutions which applied these indigenous and islamic laws or traditional laws as they are referred to today, there were many similarities. A German attempt to ascertain and codify the different traditional laws was frustrated by the outbreak of the First World War, but the results from the six tribes that were studied showed that there were substantial similarities in basic concepts and practices.[50]

In the discussions and resolutions of the Berlin Conference, the forces and institutions that were supposed to realise this transformation were named: religion, science, philanthropic movements, commerce, and administration. These have all been subject of research, yet there was another force that is implicit in the conference's resolutions and aims: the law.[51]

The introduction of colonial jurisdiction as a means of control and domination and specifically as a means of education and domestication of the natives, intended to force them into the new dynamics of colonial society and make them useful in the exploitation and transformation of their country. Since the German constitution contained no provision for governing colonies, the Reichstag was tasked in 1885 to adopt a Colonial Constitution (*Kolonialverfassung*). The Reichstag accepted the bill, after a difficult debate, on 10 April 1886. Traders and colonial lobbyists in the German Colonial Society *(Deutsche Kolonialgesellschaft)* had influenced this Colonial

---

49   Ruppel & Stell (2017).
50   See Fombad (2007).
51   See Ames et al. (2005:97).

Constitution. They hoped to exclude the Reichstag from control over the colonies, and therefore sought to place the greatest power possible in the hands of the *Kaiser*. The first article of the Colonial Constitution did indeed concentrate authority in the *Kaiser*, who had the power to issue decrees on almost all matters concerning the protectorates. The chancellor was given limited powers, most of which were actually delegated to him by the *Kaiser*. The budget for administering the colonies had to be submitted to the Reichstag, however, and this was the only opening for that representative body to discuss the German government's actions in the colonies.[52]

The colonial law concerning the legal relations of the German protected areas (*Schutzgebiete*), was the *Schutzgebietsgesetz* of 17 April 1886, modified by the *Schutzgebietsgesetz* of 10 September 1900. Paragraph 1 of the *Schutzgebietsgesetz* states that all executive and legislative matters were to be decided by the *Kaiser* in the name of the Reich. The statute delegated all powers to the German Emperor, making him the *Schutzherr*, Lord Protector, of the colonies.[53]

The legal system in Cameroon subordinated the African and European population to different laws and different courts. The decision of legal cases over the African population was – especially in criminal matters – placed under colonial authority. In addition, African authorities (kings) were authorised by the colonial administration. The colonial law provisions were published in the *Reichsgesetzblatt* in the Central Journal for the German Reich or *Reichsanzeiger* and from 1890 in the German Colonial Journal (*Deutsches Kolonialblatt*). In addition, several collections, some of them continuous, brought together the legal provisions of the various German colonies. For Cameroon, the relevant colonial law provisions were collected in 1912 and published (*Landesgesetzgebung für das Schutzgebiet Kamerun*).[54]

After the end of the First World War and the division of former German *Kamerun* between the French and the British administration German law was no longer applicable as the incoming powers introduced their own set of legal traditions upon their arrival.[55] The legal system as well as the sources of law applicable in the country have been significantly shaped by the dual English-French colonial legal heritage that has given rise to its dual legal system in the country. It consists of two distinct and often conflicting legal systems, the English common law and the French civil law operating in some sort of tenuous coexistence. Cameroon's legal system consists of a large number of heterogeneous, not always organically interconnected elements. The Cameroonian legal system can therefore – at least to a certain extent – be described as bi-jural in which French law applies in the eight French speaking regions;

---

52 (ibid.:101).
53 Cf. with further references Hartmann (2007:54).
54 Ruppel (1912).
55 Tchakoua (2014:19).

English law substantially applies in the two English speaking regions, although most of the uniform laws that are now being introduced are essentially based on French legal concepts.[56] Moreover, and especially after Cameroonian Independence, it becomes apparent that the influence of the French law tradition also had strong impacts in the English speaking regions.

Both the British and the French recognised and enforced customary law. However, not every custom or usage was recognised and enforced as customary law. For example, in Anglophone Cameroon, Section 27 (1) of the Southern Cameroons High Court Law, 1955, provided for the recognition and enforcement of only customary law which is not repugnant to natural justice, equity and good conscience or incompatible either directly or by implication, with any existing law. Generally, today in Cameroon, customary law has limited application. It only applies to certain persons and governs only a few matters. It applies only to persons traditionally subject to it, effectively meaning the rural population and even then, only if they desire that this law should regulate their relationship. The only exception to this is in the northern part of the country, where sharia law and sharia courts still play a large part in regulating the lives of rural people.

Traditional leadership still plays an important role in Cameroon today. According to Presidential Decree No. 77/245 of 15 July 1977 on the Organisation of Traditional Chiefdoms, as stipulated in Article 2 thereof, are organised on a territorial basis and classified into three categories: 1st degree, 2nd degree and 3rd degree chiefdoms. Article 3 states that 1st degree chiefdoms have a territorial influence which doesn't exceed a division and which covers at least two 2nd degree chiefdoms. This article goes on to state that 2nd degree chiefdoms cover at least two 3rd degree chiefdoms with a territorial influence not exceeding a sub-division. 3rd degree chiefdoms are villages or districts. Article 4 states that traditional rulers can be classified as 1st or 2nd degree chiefs, depending on the population and economy under their responsibility. In Article 7, it is stated that 1st degree chiefdoms are created by Prime Ministerial Orders, 2nd degree chiefdoms by the Ministry of Territorial Administration and 3rd degree chiefdoms by the Senior Divisional Officer. However, Articles 31-32 states that certain urban agglomerations can be grouped by the Ministry of Territorial Administration into zones and districts which are headed by sub chiefs. Articles 8-18 state that traditional chiefs are chosen from culturally designated families and in case of the vacancy of this post, the competent administrative authority is responsible for the designation of a replacement in conformity with traditions and in consultation with the traditional elders. Traditional chiefs are forbidden from holding public office except by authorization. Articles 19-21 state that the role of the traditional chief is to

---

56   Fombad (2007).

assist administrative authorities in doing the following: transmitting and executing orders from administrative authorities; maintaining public order; ensuring economic, social and cultural development; collecting taxes and other fees for the State, as well as any other duties conferred by the administration. In Articles 22-24 of this decree it is stated that 1st and 2nd degree chiefs receive a fixed taxable allowance and other benefits depending on the population under their responsibility. These clauses were modified by Decree No. 2013/332 of 13 September 2013, which states that chiefs will receive a monthly non-taxable allowance categorized as follows: 200,000 FCFA for 1st degree chiefs, 100,000 FCFA for 2nd degree chiefs and 50,000 FCFA for 3rd degree chiefs. These allowances cannot, however, be cumulated with parliamentary, civil service and public administration benefits.

Since Independence and the reunification of the former British Southern Cameroons and the French Cameroun, the country can be said to have had at least three different Constitutions and numerous constitutional amendments. What can be considered to be the first Constitution was in reality the Constitution under which French Cameroun became independent on 1 January 1960. The second Constitution was in reality simply an amendment of the 1960 Constitution of the French Cameroun in 1961, when the British and French administered parts of the country were reunited and was styled as the Constitution of the Federal Republic of Cameroon, which ushered in a highly centralised federal system. On 2 June 1972, after a referendum, a new unitary Constitution was adopted and the name of the country was changed to the United Republic of Cameroon. In 1984, the appellation 'United Republic' was replaced with 'Republic'. What is currently in force is this 1972 Constitution, which was substantially amended in 1996.

Although not explicitly so-stated, the Cameroonian Constitution is treated as the supreme law of the land.[57] The Constitution takes precedence over all other national legal instruments. Below the Constitution (in descending order of importance) come laws, ordinances, decrees, orders, decisions, instructions, and circulars. International treaties and agreements are ratified by the President. Those whose ratification requires legislation are submitted for (legislative) approval by Parliament. Immediately after they are published, duly signed and ratified, international treaties and agreements override national legal instruments, provided that each agreement or treaty is implemented by all the parties.

The 1996 Constitution of the Republic of Cameroon is clear on the reception of international law in Cameroon as well as the status of such laws in relation to other municipal pieces legislation. On the applicability and supremacy of treaties and international agreements in Cameroon's legal system, the Constitution provides as fol-

---

57   (ibid.).

lows: Duly approved or ratified treaties and international agreements shall, following their publication, override national laws, provided the other party implements the said treaty or agreement (Article 46, Constitution of Cameroon). Article 45 of the Constitution, in effect, makes treaties and international agreements not just applicable but also acquire a supreme status over national laws. The supremacy enjoyed by treaties and international agreements is inferred from the phrase override national laws. Therefore, all ratified treaties and international agreements automatically become law in Cameroon, and do enjoy a supreme status over domestic legislation.[58]

The courts in the country can be divided into two main categories viz, courts with ordinary jurisdiction and courts with special jurisdiction. The former, have powers to hear all matters, such as, civil, criminal and labour disputes. Safe for the Supreme Court which has jurisdiction over the whole national territory,[59] the ordinary courts are highly decentralised. Within this category, there are two types. The first are courts which have original jurisdiction in the sense that they have the power to hear matters at first instance. These consist of traditional (law) courts, which operate at village or tribal level; magistrates' courts, which operate at sub-divisional level, although they usually cover several subdivisions, and high courts, which operate at divisional level, but they also often cover several divisions.

The second consists of courts with appellate jurisdiction. While the High Court has limited appellate jurisdiction, the main appellate courts are the Court of Appeals which are located in the headquarters of each of the ten regions. The Supreme Court sometimes operates as an 'appellate' court, in the sense that it can quash, on an application to it, a judicial decision which it considers to have mistakenly interpreted the law. It does not decide the matter itself, but usually instructs a lower court of similar standing to the one from which the matter came to do so. Nevertheless, the Supreme Court has exclusive jurisdiction over all administrative, institutional and constitutional disputes in the country. Since it is usually saddled with a heavy backlog of administrative and institutional disputes, and has generally been slow and inefficient, a party who 'appeals' a matter from the Court of Appeal to it usually does so more to delay and frustrate the other party than to achieve anything else. Courts with special jurisdiction deal with either specified matters provided for by law, or a particular class of persons.

In 1996, the twelfth amendment of the Constitution, *inter alia* made provisions for an autonomous constitutional justice organ, the so-called Constitutional Council.[60] Only recently, that is twenty-two years later, the members and president of the con-

---

58   Agbor (2017:185).
59   According to Article 38 (1) the Supreme Court shall be the highest court of the State in legal and administrative matters as well as in the appraisal of accounts.
60   See Articles 46 to 52 of the 1996 Constitution of the Republic of Cameroon.

stitutional council were finally announced through Decrees No. 2018/105 and No. 2018/106 on 7 February 2018.[61] Article 46 of the Cameroonian Constitution of 1996 states that, "the Constitutional Council shall have jurisdiction in matters pertaining to the Constitution. It shall rule on the constitutionality of laws. It shall be the organ regulating the functioning of the institutions".[62] Further, according to Article 47, the Constitutional Council gives the final ruling on the following:

- the constitutionality of laws, treaties and international agreements;
- the constitutionality of the standing orders of the National Assembly and the Senate prior to their implementation;
- conflict of powers between State institutions; between the State and the Regions, and between the Regions;
- ensures the regularity of presidential elections, parliamentary elections and referendum operations. It shall proclaim the results thereof; and
- provides advice in matters falling under its jurisdiction.

It is this Council that receives the resignation of the President of the Republic, declares the position vacant and opens the interim period before elections. The council is also responsible for judging the eligibility of parliamentarians and senators. Article 48 stipulates that, the Constitutional Council watches over the regularity of presidential and parliamentary elections as well as referendum operations. The Constitutional Council also proclaims the results of these various elections. In this light, the Constitutional Council serves as a constitutional judiciary organ, an institutional regulator, an electoral committee as well as an adviser on constitutional matters.

The duties of the members of the Constitutional Council are incompatible with those of members of Government, of members of Parliament, of the Supreme Court, economic and social council, civil servants, military and private individuals whose integrity and neutrality affects the job. Councilors are supposed to be politically neutral and should not have partisan or syndicate affiliations.[63]

According to Article 12 of the Law of 21 April 2004, the Constitutional Council sits only if it is seized on matters within its jurisdiction. This is done through a letter which should state the facts and legal backing motivating the request. Each query is overseen by a designated Councilor who after research and investigations should produce a report and propose related decisions to the other Councilors for closed doors deliberation (except in cases concerning elections and referendums) and voting. The quorum for decision taking is nine members and decisions are based on majority votes. In case of parity, the vote of the session chair is preponderant except

---

61   Enyegue (undated).
62   Gras (2018).
63   Olinga (2006).

when it comes to confirming the vacancy of the Presidency of the Republic, in such a case the majority vote of two-thirds of the Councilors is sufficient.

In cases of election contestation, the Constitutional Council can be seized by any candidate, political party or any government agent directly linked to the election. For referendums, the constitutionality of laws as well as treaties, queries can be made by the Presidents of the Republic, Senate, Assembly and also two-third of the members of the Senate and Assembly. In cases where the vacancy of the position of Head of State needs to be confirmed, the request is made by the President of the National Assembly after consultation with the bureau. The Constitutional Council should arrive at decisions within a limit of 15 days except in cases where the query is made by the President of the Republic. In this case, the deadline is eight days. Decisions should clearly make reference to the legal texts, the facts of the request and the basis on which it was arrived at. It should also contain the names of the Councilors who sieged and be published in the official news outlets.

Besides the Constitutional Council, the amended Constitution also provided for the creation of a set of Administrative and Audit Courts decentralised along the lines of the ordinary courts. The courts within the country operate within a unified but decentralised court structure at the summit of which is a single Supreme Court for the whole country that operates more like the French *Cour de Cassation* rather than an English Court of Appeal. The highest court within each of the regions is the Appeal Court.

Unlike legislation, the role of judicial precedent as a source of law in Cameroon depends on whether one is in the English speaking Anglophone or French speaking Francophone regions of the country. The English legal system on which the law applied in the Anglophone regions is based treats judicial precedent differently from the way the French civil law on which the law applied in the Francophone regions is based. The English law doctrine of binding precedent or *stare decisis* under which judicial precedent is a major source of law was received in the Anglophone regions as part of the general reception of English law. For the two Anglophone regions, the doctrine of binding precedent operates in the sense that the precedents laid down within each region constitute binding authority within that region. However, judicial precedent as a binding source of law in the English provinces plays but a rather limited role because of the 'regionalised' system. Although appeals may be taken from the Court of Appeal to the Supreme Court, these are not usually handled as appeals in the strict sense of the word and the decisions taken by the Supreme Court are at best only of persuasive authority. To this extent, whilst judicial precedents remain an important source of law in the Anglophone regions, because of the way the courts are structured and actually operate, it may not be as significant as it should have been. Generally, the attitude towards judicial precedent in Francophone Cameroon is different. Judiciary precedent is not regarded as a primary source of law. However, precedents, especially of the superior courts, although not strictly binding, are of highly persuasive value in the Francophone courts.[64]

6   Concluding remarks

As mentioned at the outset, this chapter aimed to provide an introductory basic overview of Cameroon, aspects of its human and natural environment, its history and the legal setup of the country. The chapter raises no claim to completeness and will be complemented by a vast variety of topics to be discussed in the following chapters.

References

African Development Bank Group, 2015, *Cameroon, joint 2015-2020 country strategy paper and country portfolio performance review (CPPR) report*, Abidjan, African Development Bank, https://www.afdb.org/fileadmin/uploads/afdb/Documents/Project-and-Operations/Cameroon_-_Joint_2015-2020_Country_Strategy_Paper_and_Country_Portfolio_Performance_Review_report_-_06_2015.pdf, accessed 4 April 2018.

Agbor, AA, 2017, Shifting the matrix from legal passivity to a new domestic legal order: towards the justiciability of economic, social and cultural rights in Cameroon, 25 (2) *African Journal of International and Comparative Law*, 176-198.

Ageh, AP, 2017, Ethical dilemma with respect to CBD regulations in genetic modification of biological resources in Cameroon, 25 (4) *African Journal of International and Comparative Law*, 507-518.

Ames, E, M Klotz & L Wildenthal, 2005, *Germany's colonial pasts*, Lincoln and London, University of Nebraska Press.

Douglas, K, 2017, *Understanding Cameroon's untapped business opportunities*, https://www.howwemadeitinafrica.com/understanding-cameroons-untapped-business-opportunities/, accessed 20 March 2018.

Dupraz, Y, 2015, *French and British colonial legacies in education: a natural experiment in Cameroon*, at http://Www.Parisschoolofeconomics.Eu/IMG/Pdf/, accessed 3 April 2018.

Enyegue, M, undated, Le Cameroun a-t-il besoin d'un conseil constitutionnel ? *Cameroon-Camer.be* at http://camer.be/39851/30:27/le-cameroun-a-t-il-besoin-dun-conseil-constitutionnel-g-cameroon.html, accessed 10 April 2018.

Etoga Eily, F, 1971, *Sur les chemin du développement: Essai d'histoire des faits économiques au Cameroun*, Pennsylvania, Pennsylvania State University.

Fombad, CM, 2007, *Researching Cameroonian law*, at http://www.nyulawglobal.org/globalex/Cameroon.html, accessed 23 March 2018.

---

64   Fombad (2007).

Gates, HL & Kwame AA, 2010, *Encyclopaedia of Africa*, Oxford, Oxford Press, at http://www.oxfordreference.com/view/10.1093/acref/9780195337709.001.0001/acref-9780195337709-e-0467, accessed 10 April 2018.

Gras, R, 2018, Paul Biya nomme les membres du Conseil Constitutionelle, *Jeune Afrique*, at http://www.jeuneafrique.com/528921/politique/cameroun-paul-biya-nomme-les-membres-du-conseil-constitutionnel/, accessed 10 April 2018.

Hartmann, W, 2007, Making South West Africa German? Attempting imperial, juridical, colonial, conjugal and moral order, 2 *Journal of Namibian Studies*, 51-84.

Kouega, JP, 2007, The language situation in Cameroon, 8 (1) *Current Issues in Language Planning*, 3-94.

MINOF / Ministère des forêts et de la faune & WRI / World Resources Institute, 2017, *Domaine forestier du Cameroun*, Yaoundé, MINFOF & WRI.

Ndongsok, D & Ruppel, OC, 2017, *Country report: state of electricity production and distribution in Cameroon*, Berlin, Konrad-Adenauer-Stiftung e.V., European and International Cooperation Department.

Nfobin Ngwa, EH, 2017, The Francophone / Anglophone split over Article 47 of the Constitution of the Federal Republic of Cameroon: An abiding malaise with an explosive charge, 25 (4) *African Journal of International and Comparative Law*, 538-560.

Nfobin, EH & Nchotu Nchang épse Minang, V, 2014, The Cameroon 'Anglophone Question' in international law, 22 (2) *African Journal of International and Comparative Law*, 234-257.

Ngoh, VJ, 1996, *History of Cameroon since 1800*, Limbe, Presprint, Presbyterian Printing Press.

Olinga, A, 2006, *La Constitution de la Republique du Cameroun*, Yaoundé, Les Presses de l'Université Catholique d'Afrique Centrale.

Ruppel, J, 1912, *Die Landesgesetzgebung für das Schutzgebiet Kamerun. Sammlung der in Kamerun zur Zeit geltenden völkerrechtlichen Verträge, Gesetze, Verordnungen und Dienstvorschriften mit Anmerkungen und Registern*, Berlin, E.S. Mittler.

Ruppel, OC & M Stell, 2017 (unpublished, on file with the authors), *Länderbericht: Kamerun, die ehemalig deutsche Kolonie: Stabilitätsanker Zentralafrikas in politisch unruhigen Gewässern?*, Berlin, Konrad-Adenauer-Stiftung e.V., European and International Cooperation Department.

Sawe, BE, 2017, Ethnic groups of Cameroon, in Worldatlas, at https://www.worldatlas.com/articles/ethnic-groups-of-cameroon.html, accessed 16 April 2018.

Skolaster, H, 1924, *Die Pallottiner in Kamerun. 25 Jahre Missionsarbeit 1890 – 1916*, herausgegeben 2014 von Hannappel, N, Reihe Bischof Heinrich Vieter – Leben und Vermächtnis des Glaubensboten Kameruns, Band 2, Friedberg, Pallotti.

Tchakoua, JM, 2014, *Introduction générale au droit Camerounais*, Yaoundé, Presses de l'UNAC.

UN / United Nations, 2014, Report of the Independent Expert on minority issues, Rita Izsák, Addendum, Mission to Cameroon (2 to 11 September 2013), United Nations General Assembly, Human Rights Council on the promotion and protection of all human rights, civil, political, economic, social and cultural rights, including the right to development (A/HRC/25/56/Add), at http://www.ohchr.org/EN/HRBodies/HRC/RegularSessions/Session25/Pages/ListReports.aspx, accessed 16 April 2018.

SECTION 2

ENVIRONMENTAL LAW – INTRODUCTION AND INTERNATIONAL LEGAL FRAMEWORK

DROIT ENVIRONNEMENTAL – INTRODUCTION ET CADRE JURIDIQUE INTERNATIONAL

CHAPTER 2:
INTRODUCING ENVIRONMENTAL LAW[1]

Katharina RUPPEL-SCHLICHTING

1   Terminology

At the outset, it is important to explain the term environmental law, as there is more than one valid definition. This is obvious in the light of the fact that environmental law is a highly complex subject. The Oxford Advanced Learner's Dictionary broadly defines environment as "the conditions, circumstances, etc. affecting a person's life"[2]. This definition can serve as a good starting point for our analysis and definition of the term environment. Academics from various disciplines, including humanists, natural scientists and economists have made various attempts to shed light on this issue, and thus definitions vary. The etymological origin of the term environment is to be found in an ancient French word, *environner*, which means to encircle. This implicates the existence of a centre in which someone or something is situated observing the circumstances, objects, or conditions by which he, she or it is surrounded. Based on this etymological origin, it is reasonable – though not necessarily correct – for the term environment to often be used synonymously with other terms such as nature, ecology or habitat.

A commonly-used definition is that environment is

> the complex of physical, chemical, and biotic factors (like climate, soil and living things) that act upon an organism or an ecological community and ultimately determine its form and survival

and "the aggregate of social and cultural conditions that influence the life of an individual or community."[3]

Academics and decision-making bodies have dealt with the notion 'environment' in the process of drafting documents, academic papers, statutes or other legal texts, as well as judicial decisions. Most approaches describe the term very widely, whilst others are more specific, as shown by the examples below.

---

1   This chapter is a partially revised and updated version of Ruppel-Schlichting (2016).
2   Oxford Advanced Learner's Dictionary (1995).
3   Merriam Webster's Collegiate Dictionary (2004).

The Declaration of the United Nations Conference on the Human Environment, which was discussed and decided at the United Nations Conference on the Human Environment in Stockholm in 1972, is considered to be one of the basic legal foundations of international environmental protection. Part I proclaims that "the protection of the human environment is a major issue which affects the well-being of peoples and economic development throughout the world". While the declaration lacks a definition of the term itself, it is more precise in specifying what natural resources are:

> The natural resources of the earth, including the air, water, land, flora and fauna and especially representative samples of natural ecosystems, must be safeguarded for the benefit of present and future generations through careful planning or management as appropriate.

The encompassing nature of the term has also been emphasised by the International Court of Justice in its advisory opinion on the *Legality of the Threat or Use of Nuclear Weapons*:[4]

> The environment is not an abstraction, but represents the living space, the quality of life, and the very health of human beings, including generations unborn.

By way of summary it can be stated that the term environment denotes the entire range of living and non-living factors that influence life on earth, and their interactions. Everything living, humans, animals, plants and micro-organisms are thus part of our environment, as well as non-living resources such as air, water, land, in addition to historical, cultural, social and aesthetic components; this includes the built environment.

In a very broad sense, environmental law can generally be described as the body of rules which contain elements to control the human impact on the environment. However, given that all human activities, as well as all natural events have a direct or indirect impact on the environment, environmental protection virtually forms part and should be integrated into all areas of law and policy. Thus, environmental law cannot be seen as a distinct domain of law but rather as an assortment of legal norms, contained in a number of conventional fields of law or an[5]

> ensemble of norms, statutes, treaties and administrative regulations to ensure or to facilitate the rational management of natural resources and human intervention in the management of such resources for sustainable development.

In more detail, environmental law can thus be defined as the group of norms, rules, procedures and institutional arrangements found in civil and common law, statutes and implementing regulations, case law, treaties and soft law instruments, which deal

---

4   Advisory Opinion, ICJ Rep. 1996, 241, para. 29.
5   Okidi (1988:130).

with or relate to protection, management and utilisation of the environment and natural resources for sustainable development and/or intergenerational equity.[6]

Whatever the scope of environmental law, it cannot be disputed that an interdisciplinary and holistic approach is needed in order to adequately address environmental threats and concerns from a legal perspective. Disciplines that are relevant for the area of environmental law include the natural, physical and social sciences, history, ethics, and economics.

2   Foundations of environmental protection

Although environmental law is considered to be a relatively new area of law, one must go far back in the world's history when tracing the foundations of environmental protection. As stated above, environmental law is of interdisciplinary nature, and as such, it is anchored in various fields and disciplines: religion, philosophy, ethics, science, economics, national and international law. All world religions contain rules and principles regarding the conservation of the environment.[7] In the Judeo-Christian religious tradition, one basic conceptual foundation of environmental protection in terms of human guardianship for the earth and its resources can be found in the Old Testament:[8]

> God blessed them, and God said to them, "Be fruitful and multiply, and fill the earth and subdue it; and have dominion over the fish of the sea and over the birds of the air and over every living thing that moves upon the earth."

Christian environmental commitment has been stressed for example by former Pope Benedict XVI and his predecessor, John Paul II:[9]

---

6   See also Sands & Peel (2012:13) for a detailed discussion.
7   For a detailed description see Kiss & Shelton (2004:9ff.).
8   Gen.1:28.
9   Message of His Holiness Pope Benedict XVI for the celebration of the World Day of Peace 1 January 2008 see http://www.vatican.va/holy_father/benedict_xvi/messages/peace/documents/ hf_ben-xvi_mes_20071208_xli-world-day-peace_en.html, accessed 15 January 2018; in his message for the celebration of the World Day of Peace 1 January 1990, His Holiness Pope John Paul II stated the following: "Faced with the widespread destruction of the environment, people everywhere are coming to understand that we cannot continue to use the goods of the earth as we have in the past. The public in general as well as political leaders are concerned about this problem, and experts from a wide range of disciplines are studying its causes. Moreover, a new ecological awareness is beginning to emerge which, rather than being downplayed, ought to be encouraged to develop into concrete programmes and initiatives." see http://www.vatican.va/holy_father/john_paul_ii/messages/peace/documents/hf_jp-ii_mes_19 891208_xxiii-world-day-for-peace_en.html, accessed 24 January 2018.

The family needs a home, a fit environment in which to develop its proper relationships. For the human family, this home is the earth, the environment that God the Creator has given us to inhabit with creativity and responsibility. We need to care for the environment: it has been entrusted to men and women to be protected and cultivated with responsible freedom, with the good of all as a constant guiding criterion. Human beings, obviously, are of supreme worth vis-à-vis creation as a whole. Respecting the environment does not mean considering material or animal nature more important than man. Rather, it means not selfishly considering nature to be at the complete disposal of our own interests, for future generations also have the right to reap its benefits and to exhibit towards nature the same responsible freedom that we claim for ourselves.

In June 2015, Pope Francis, with his second encyclical called *Laudato si*[10] released an environmental compass, focusing among others on climate change as a common concern and lamenting pollution, waste and the throwaway culture, a lack of clean water, loss of biodiversity, and an overall decline in human life and a breakdown of society.

Principles of environmental protection can also be found in the Islamic tradition:[11]

The right to utilise and harness natural resources, which God has granted man, necessarily involves an obligation on man's part to conserve them both quantitatively and qualitatively. God has created all the sources of life for man and all resources of nature that he requires, so that he may realise objectives such as contemplation and worship, inhabitation and construction, sustainable utilisation, and enjoyment and appreciation of beauty. It follows that man has no right to cause the degradation of the environment and distort its intrinsic suitability for human life and settlement. Nor has he the right to exploit or use natural resources unwisely in such a way as to spoil the food bases and other sources of subsistence for living beings, or expose them to destruction and defilement.

The religious belief systems of indigenous peoples contain concepts of environmental protection to a wide extent as well, as natural resources are basic to their existence. Thus, the relationship with the land is a foundation for their beliefs, customs, tradition and culture.[12]

Semi-detached from religious concepts and traditions are the concepts of equity and justice, which are of rather philosophical or ethical nature. Three kinds of relationships can be listed in this context: Inter-generational equity, dealing with the relationships among existing persons; intra-generational equity, governing the relationships between present and future generations; and inter-species equity, covering the relationships between humans and other species. These concepts have been laid

---

10   See Encyclical Letter *Laudato Si'* of The Holy Father Francis on care for our common home, at http://w2.vatican.va/content/francesco/en/encyclicals/documents/papa-francesco_201505 24_enciclica-laudato-si.html, accessed 15 January 2018.

11   Bagader et al. (1994) Section one: A general introduction to Islam's attitude toward the universe, natural resources, and the relation between man and nature.

12   Hinz & Ruppel (2008:6).

down in many environmental legal texts[13] and form basic principles for environmental jurisprudence on international[14] and national[15] level.

Science, especially biology, chemistry and physics, has been and remains one of the most important foundations in the history and the development of environmental law, as it uses science to predict and regulate the consequences of human behaviour on natural phenomena. On the other hand, environmental law must be developed in a manner that is flexible enough to respond to scientific uncertainty, possible irreversibility and the dynamics of a constantly evolving environment.[16]

Last, but not least, environmental law also rests on the world's economic system and its challenge to environmental protection[17] as economic growth – at least in its early stages – more often than not brings about environmental degradation.[18] Measures for environmental protection are expensive and therefore increase the costs of goods and services; this in turn has an impact on the free trade in goods and services, and might influence the issue of competitive advantage. This, the economic North-South divide[19], and the fact that natural resources are exhaustible, tie the need for environmental protection and economic development together. This can be addressed through environmental law mechanisms.

3   Functions of environmental law

During the past decades, environmental concerns have been high on the legal agenda, with good reason. Mankind is part of nature and life depends on the uninterrupted functioning of natural systems as this ensures the supply of energy and nutrients. Humans are directly dependent on the ecosystems and natural resources. The dependence of people on ecosystems is often more apparent in rural communities where lives are directly affected by the availability of resources such as water, food,

---

13   See for example Principle 1 of the Declaration of the United Nations Conference on the Human Environment (Stockholm Declaration); Preamble to the Convention on Biological Diversity; Section 3 (2) of the Environmental Management Act No. 7 of 2007.

14   E.g. *Maritime Delimitation in the Area between Greenland and Jan Mayden Denmark v Norway ICJ* 14 June 1993 separate opinion by Weeramantry available at http://www.icj-cij.org/docket/index.php?p1=3&k=e0&case=78&code=gjm&p3=4, accessed 4 November 2010.

15   E.g. *Oposa and others v Factoran and another* G.R.NO: 101083 Supreme Court of the Philippines. Summary at http://www.unescap.org/drpad/vc/document/compendium/ph1.htm, accessed 4 November 2010. See also Gatmaytan (2003).

16   Kiss & Shelton (2004:14).

17   (ibid.:15).

18   Hypothesis advanced by Simon Kuznet in his Environmental Kuznet's Curve. Kuznet (1955 and 1956). For a critical discussion see Yandle et al. (2002).

19   Beyerlin (2006).

medicinal plants and fire wood. Further, ecosystems provide cultural, aesthetic, spiritual and intellectual stimulation. Every form of life is unique and merits respect, regardless of its worth to man. Humans can, however, alter nature and exhaust natural resources by action or its consequences and must therefore fully recognise the urgency of maintaining the stability and quality of nature and of conserving natural resources. Thus, environmental concerns have become subject to multiple law-making processes.

But why is law needed to conserve our environment? Given that environmental degradation is largely caused by human intervention, the public authority responsible for preventing such negative effects will act by developing legal rules in order to have at hand binding norms. The obligatory character of environmental law and enforcement mechanisms are designed to prevent acts detrimental to the environment. Not only does environmental law establish rules and regulations, it also provides for other forms of intervention such as management tools, incentives and disincentives. However, binding rules are not the only element in environmental law; other, non-binding principles such as declarations or plans might just as well be appropriate to enhance environmental protection. Thus, environmental law is an essential remedy to pollution and to the depletion of the world's natural resources. International law is needed because most environmental challenges cross boundaries in their scope.[20]

From a legal perspective, environmental protection can be achieved by international treaties and declarations, through national constitutions, and environmental policies determining the objectives and strategies which should be used in order to ensure the respect of environmental values, and further, through statutory legal instruments to reach the objectives fixed by the environmental policy. The main function of environmental law is thus to safeguard and protect non-renewable resources for future generations. Further to this, renewable resources have to be managed in such a way that continuous supply is ensured and resource depletion is avoided, e.g. deforestation, which can also trigger climate change and desertification. Habitats upon which various species of animal life depend for survival have to be protected in order to retain the food chain. Also the essential character of natural treasures has to be preserved for future generations.[21]

4   Historical development of environmental law

Although much has been written, especially with regard to the historical development of international environmental law, the following paragraphs will complementarily

---

20   Kiss & Shelton (2004:3).
21   Sands (2003:252); Kidd (2008:13).

provide a short overview on how international environmental has developed.[22] Writing, however, from a Cameroonian perspective, the African context will also be addressed.

International environmental law has only come into its own during the second half of the 20th century, although some international environmental legislative measures had already been taken earlier. The 1902 Paris Convention to Protect Birds Useful to Agriculture granted protection to certain birds by prohibiting their killing or destruction of their nests, eggs or breeding places, except for scientific research or repopulation purposes. The 1933 London Convention Relative to the Preservation of Fauna and Flora in their Natural State applied to Africa – then largely colonised. It did not, however, cover the metropolitan areas of the colonial powers.[23] The Convention provided for the creation of national parks, included measures regulating the export of hunting trophies, banned certain methods of hunting and provided for measures to be taken to protect animals and plants perceived to be useful to man or of special scientific interest. On the North American continent, the 1940 Washington Convention on Nature Protection and Wildlife Preservation in the Western Hemisphere provided for the establishment of national parks and reserves, the protection of wild plants and animals, and for cooperation between governments in the field of research.[24] Following these precursors of present-day environmental law concepts, the founding of the United Nations and its specialised agencies in 1945 marks a milestone in the development of international environmental law.

In the 1950s, states increasingly entered into water-related agreements. Such boundary water agreements, including provisions on the problem of water pollution and efforts to combat marine pollution, were addressed by the 1954 London Convention for the Prevention of the Pollution of the Sea by Oil.[25] In 1956, the first United Nations Conference on the Law of the Sea (UNCLOS I) was held at Geneva, Switzerland. Four treaties were concluded as a result in 1958: the Convention on the Territorial Sea and Contiguous Zone,[26] the Convention on the Continental Shelf,[27] the

---

22 For an extensive overview of the history of international environmental law see, for example, Kiss & Shelton (2004:25), Sands & Peel (2012:16) and Sands (2003:25).
23 This convention was replaced by the 1968 African Convention on the Conservation of Nature and Natural Resources.
24 Legal instruments predating the establishment of the United Nations are the 1909 Agreement Respecting Boundary Waters between the United States and Canada or the 1921 Geneva Convention Concerning the Use of White Lead in Painting. Cf. Sands (2003:25) and Kiss & Shelton (2004:25).
25 Amended in 1962 and 1969 and replaced in 1972 by the International Convention for the Prevention of the Pollution of the Sea by Oil.
26 Entry into force: 10 September 1964.
27 Entry into force: 10 June 1964.

Convention on the High Seas,[28] and the Convention on Fishing and Conservation of Living Resources of the High Seas.[29] The four Conventions on the Law of the Sea aimed at achieving international cooperation to solve the problems related to the conservation of the living resources of the high seas. Among others, it prohibited ocean pollution by oil, pipelines and by radioactive waste; further, damage to the marine environment caused by drilling operations on the continental shelf was also addressed. The 1959 Antarctic Treaty outlawed all nuclear activity on the sixth continent and envisaged the adoption of measures to protect animals and plants.

The present ecological era is considered to have started at the end of the 1960s, when it became apparent that the world's resources were not limitless and something needed to be done to prohibit industrial and developing nations from destroying the world's water, air, biological and mineral resources. Public opinion increasingly demanded action to protect the quantity and quality of the environment.[30] New technologies, especially the development and deployment of nuclear technology led to further environmental legislation such as the 1963 Moscow Treaty Banning Nuclear Weapons in the Atmosphere, Outer Space and Underwater. It was adopted to obtain an agreement on general and complete disarmament under strict international control and in accordance with the objectives of the United Nations.

It is noteworthy, that even before the United Nations officially took up the protection of the environment with its Stockholm conference in 1972, it was at regional level, where environmental law history was written as early as 1968. On the European level, the Council of Europe adopted the first environmental texts.[31] But more remarkably, the heads of states and governments of the Organisation of African Unity in 1968 signed a comprehensive document on environmental protection, namely the African Convention on the Conservation of Nature and Natural Resources. This was remarkable in that such a document was signed despite the common view in the region that environmental degradation was primarily a problem of industrial pollution in the northern hemisphere.

Within the United Nations, which strongly shaped the evolution of international environmental law, several conferences and the results thereof are of particular relevance. In 1972, the General Assembly convened a Conference on the Human Environment in Stockholm. This environmental conference was the first of its kind and it was attended by about 6,000 participants, delegations from 113 states, representatives of every major intergovernmental organisation, 700 observers sent by 400

---

28 Entry into force: 30 September 1962.
29 Entry into force: 20 March 1966.
30 Kiss & Shelton (2004:27).
31 The Declaration on Air Pollution Control; the European Water Charter; and the European Agreement on the Restricting of the Use of Certain Detergents in Washing and Cleaning Products. See Kiss & Shelton (2004:27).

NGOs and 1,500 journalists.[32] The two-week conference resulted in several documents, which remain basic foundations of today's international environmental law: The Declaration on the Human Environment included 26 principles that greatly shaped future international environmental law. In its basic statements, the 1972 Stockholm Declaration on Human Environment recognises that the natural elements and man-made things are essential to human well-being and to the full enjoyment of human rights including the right to life. The protection of the environment is viewed as a major issue for economic development. It furthermore recognises that the natural growth of the world's population continuously poses problems for preserving the environment and that human ability to improve the environment is complemented by social progress and the evolution of production, science and technology. The Action Plan for Human Environment, also a result of the 1972 Stockholm conference, is made up of 109 resolutions for action with three major themes: a global environmental assessment programme;[33] environmental management activities;[34] and supporting measures focused on information and public education, and on the education of environmental specialists. One further important outcome of the 1972 Stockholm Conference was the recommendation for a central organisation charged with environmental matters, today's United Nations Environment Programme (UNEP).

Subsequent to the Stockholm Conference, a multitude of environmental conventions were adopted.[35] The 1971 Ramsar Convention on Conservation of Wetlands of International Importance was adopted to stem the progressive encroachment on and subsequent loss of wetlands, while recognising the fundamental ecological functions of wetlands, including their economic, cultural, scientific and recreational value. The 1972 UNESCO Convention on the Protection of the World Cultural and Natural Heritage, adopted in Paris, established a system to protect cultural and natural heritage of outstanding universal value. In 1972 the UN Conference on the Law of the Sea produced the Convention on the Law of the Sea (UNCLOS) adopted in 1982 after ten years of work. UNCLOS encompasses, inter alia, the issue of marine environmental protection. In 1973 the Convention on International Trade in Endangered Species of Wild Flora and Fauna (CITES) was adopted in Washington to protect certain endangered species from over-exploitation by means of a system of import-export permits. The 1979 Bonn Convention on the Conservation of Migratory Species of Wild Ani-

---

32   See http://www.unep.org/Documents.multilingual/Default.asp?DocumentID=97&articleID=15 19&l=en, accessed 4 November 2010. Also see Kiss & Shelton (2004:28).
33   Establishing 'Earthwatch' a mechanism for evaluation and review, research and monitoring and information exchange.
34   Containing provisions concerning pollution (dumping of toxic and dangerous substances; elaboration of norms limiting noise; control of contaminations in food); protection of the marine environment; and protection of wildlife and natural spaces.
35   For a collection of international environmental treaties see UNEP (2005).

mals protects those species that migrate across national boundaries. The 1982 United Nations World Charter for Nature was not endorsed as a binding legal instrument, but it continues to have a strong influence on environmental law. This charter proclaims that mankind itself is part of nature, that civilisation is rooted in nature and that every form of life is unique and therefore merits respect, regardless of its worth to man. In its principles it sets forth that nature shall be respected; population levels of all wild forms, wild and domesticated shall be at least sufficient for their survival; special protection shall be afforded to the unique areas of the globe (land and sea); and that ecosystems, organisms and other natural resources shall be managed to achieve and maintain their optimum sustainable productivity and continuity.

Emerging new environmental challenges, such as long-range air pollution and the depletion of the ozone layer resulted in the adoption of the 1985 Vienna Convention for the Protection of the Ozone Layer and the 1987 Montreal Protocol, creating an international system to reduce emissions of ozone-depleting substances. The Chernobyl Disaster of 1986[36] led to the Vienna Convention on Early Notification of a Nuclear Accident and the Vienna Convention on Assistance in the Case of a Nuclear Accident or Radiological Emergency of the same year.

In 1987, Our Common Future, also known as the Brundtland Report, was drafted by a special UN Commission.[37] This report stated that individual states, and the international community at large, had come to recognise sustainable development as the single most important paradigm to maintain and improve the quality of human life. The newly-coined term, sustainable development, meant that natural resources, renewable or non-renewable, and the environment must be used in such a manner that may equitably yield the greatest benefit to present generations while maintaining its potential to meet the needs and aspirations of future generations. Sustainable development includes the maintenance and improvement of the capacity of the environment to produce renewable resources and the natural capacity for regeneration of such resources. This concept was taken up by the United Nations Conference on Environment and Development held in Rio in 1992. It was the next big conference after Stockholm 1972, and hosted 10,000 participants, 172 states, 1,400 NGOs and 9,000

---

36 On April 26, 1986, the fourth reactor of the Chernobyl Nuclear Power Plant exploded. After the explosion, graphite fires broke out due to the high temperatures of the reactor. All permanent residents of Chernobyl and the zone of alienation were evacuated because radiation levels in the area had become unsafe. The nuclear meltdown produced a radioactive cloud that floated over neighbouring nations. Two hundred and thirty-seven people suffered from acute radiation sickness, of which thirty-one died within the first three months. An international assessment of the health effects of the Chernobyl accident is contained in a series of reports by the United Nations Scientific Committee of the Effects of Atomic Radiation (UNSCEAR). The radioactive contamination of aquatic systems as well as the degradation of flora and fauna became major issues in the immediate aftermath of the accident.

37 World Commission on Environment and Development (1987).

journalists.[38] Two legally binding instruments resulted from the Rio Conference, namely the 1992 United Nations Framework Convention on Climate Change (UNFCCC) and the 1992 Convention on Biological Diversity (CBD). The UNFCCC was drafted prior to the Rio Conference, adopted in New York, and then opened for signature at the Rio Conference. It regulates levels of greenhouse gas concentration in the atmosphere, so as to avoid climate change on a level that would impede sustainable economic development or compromise initiatives in food production, while the CBD aims at conserving biological diversity, promoting the sustainable use of its components, and encouraging equitable sharing of the benefits arising out of the utilisation of genetic resources.

Other texts resulting from the Rio Conference were the Non-Legally Binding Authoritative Statement of Principles for a Global Consensus on the Management, Conservation and Sustainable Development of all Types of Forests; the Declaration on Environment and Development (Rio Declaration) as well as Agenda 21. The Rio Declaration, a soft law mechanism, reaffirms the Stockholm Declaration and provides 27 principles guiding environment and development, the core concepts being sustainable development and integrating development and environmental protection. Concepts contained in the Rio Declaration include inter-generational equity; prevention; environmental impact assessment; the polluter pays and precautionary principles; public rights such as participation and access to justice; and the special status of indigenous peoples.

Agenda 21, which is a Programme of Action and, like the Rio Declaration, a soft law and thus a non-binding document, was drafted to serve as a guide for the implementation of the treaties agreed to at the summit and the principles of sustainable development. Agenda 21 also established the United Nations Commission on Sustainable Development (CSD) and the Global Environment Facility (GEF). Agenda 21 remains of particular importance for international environmental law and consists of 40 Chapters with 115 specific topics. Agenda 21 is sub-divided in four main parts: conservation and resource management (e.g. atmosphere, forest, water, waste, chemical substances); socio-economic dimensions (e.g. habitats, health, demography, consumption and production patterns); strengthening the role of NGOs and other social groups; and measures of implementation (funding, institutions). Sector-specific Chapters on the atmosphere (9); biodiversity and biotechnology (15); oceans (17); freshwater resources (18); toxic chemicals (19); and waste (20ff) form part of Agenda 21.

After the Rio Conference, virtually every multilateral agreement included environmental protection, be it of particularly environmental, economic, or human rights

---

38   Kiss & Shelton (2004:33).

or humanitarian law nature.[39] An emerging issue in international environmental law after the Rio Conference was a new weapons system which called for the 1993 Paris Convention on the Prohibition of the Development, Production, Stockpiling and Use of Chemical Weapons and their Destruction. New technologies such as biotechnology and the handling of living modified organisms (LMOs) in the laboratory resulted in the adoption of the 2000 Cartagena Protocol on Biosafety to the CBD, drafted to ensure an adequate level of protection in the field of safe transfer, handling and use of LMOs that may have adverse effects on the conservation and sustainable use of biological diversity, taking into account risks to human health, and specifically focusing on trans-boundary movements.

Ten years after the Rio Conference, the next big UN Conference of environmental relevance was the Johannesburg World Summit on Sustainable Development held in 2002. Although this summit was considered to be less successful in environmental terms by environmentalists and environmental lawyers, it emphasised the interrelation between combating poverty and improving the environment. The Declaration on Sustainable Development, which emerged from the summit, focuses on development and poverty eradication and recognises three components of sustainable development: economic development, social development, and environmental protection. The Johannesburg Summit was followed by a further World Summit of the United Nations General Assembly in 2005, which reaffirmed the commitment to achieve the goal of sustainable development through implementation of Agenda 21 and the Johannesburg Plan of Implementation. The 2005 World Summit Outcome, adopted by the UN General Assembly, specifically envisages promoting a recycling economy to tackle climate change, to promote clean energy, to fight hunger, and to provide access to clean drinking water and basic sanitation.

Undoubtedly, the UN has played a vital role in the development of environmental law. However, it must also be emphasised, that environmental law has gradually developed on the regional, sub-regional and of course on the national levels as well. Seen from a Cameroonian perspective, international environmental law within the African Union and the Economic Community of Central African States (ECCAS) is of particular importance. As early as 1968, the Organisation of African Unity (OAU), which later became the African Union (AU), signed a comprehensive document on environmental protection, namely the African Convention on the Conservation of Nature and Natural Resources to enhance environmental protection; foster the conservation and sustainable use of natural resources; and to harmonise and coordinate policies in these fields. The 1968 Convention was revised in 2003 to improve institutional structures to facilitate effective implementation and mechanisms to encourage

---

39   (ibid.).

compliance and enforcement, but the revised convention is yet to come into force.[40] One further piece of AU legislation of environmental relevance is the African Nuclear Free Zone Treaty, which was adopted in 1995 and entered into force on 15 July 2009 to establish an African nuclear-weapon-free zone, thereby, *inter alia*, keeping Africa free of environmental pollution from radioactive waste. Within the ECCAS legal framework, environmental concerns are of increasing importance and have a place in the legal setting of the regional institution within the Treaty Establishing the ECCAS (Article 51) and its various Protocols (e.g. the Protocol on Cooperation in Natural resources between member states of the ECCAS).

The evolution of international (and national) environmental law was not restricted to the drafting of legal treaties, agreements or similar documents. Jurisprudence also played and continues to play a significant role in the process of developing environmental law standards and contributed to the protection of the environment. One early landmark decision in this regard was a case involving the United States and Canada in 1941, namely the Trail Smelter Arbitration (with involvement of the Governments of Canada and the United States).[41] The arbitration affirmed that no state has the right to use its territory or permit it to be used to cause serious damage by emissions to the territory of another state or to the property of persons found there.

Jurisprudence of the International Court of Justice (ICJ) also contributed to environmental protection. The Corfu Channel case[42] (UK v Albania), decided by the ICJ in 1949, did not specifically deal with environmental matters but addressed general principles of state responsibility also applicable to environmental matters. In 1996, the ICJ issued two advisory opinions relating to the use of nuclear weapons, one requested by the General Assembly of the United Nations,[43] the other by the World Health Organisation[44]. The latter dealt directly with environmental concerns as the question in the request was formulated as follows:

---

40 As of January 2017, 42 states have signed the Convention, sixteen member states have deposited their instrument of ratification. The revised Convention came into force on 23 July 2016, 30 days after the 15th country (Burkina Faso) had deposited its ratification instrument. Cameroon has not yet signed the Convention.

41 Trail Smelter Arbitration (1938/1941) 3 RIAA 1905 Arbitral Tribunal: US and Canada.

42 ICJ Corfu Channel (*United Kingdom of Great Britain and Northern Ireland v Albania*) judgment available at http://www.icj-cij.org/, accessed 5 November 2010.

43 ICJ Legality of the Threat or Use of Nuclear Weapons; Request for Advisory Opinion by the General Assembly of the United Nation, 8 July 1996, at http://www.icj-cij.org/docket/index.php?p1=3&p2=4&k=e1&case=95&code=unan&p3=4, accessed 5 November 2010.

44 ICJ Legality of the Use by a State of Nuclear Weapons in Armed Conflict; Request for Advisory Opinion by the World Health Organisation, 8 July 1996, at http://www.icj-cij.org/docket/index.php?p1=3&p2=4&k=e1&p3=4&case=93; last accessed 5 November 2010.

> In view of the health and environmental effects, would the use of nuclear weapons by a State in war or other armed conflict be a breach of its obligations under international law including the WHO Constitution?

The court in its advisory opinion denied the request by the WHO because the legality of the use of nuclear weapons "does not relate to a question which arises within the scope of activities of that organisation". The court held that although negative effects on human health and the environment may result from the use of nuclear weapons, the WHO needs to undertake measures irrespective of the legality of their use. The request by the United Nations General Assembly was, however, accepted and with regard to environmental concerns the court recognised that[45]

> the environment is under daily threat and that the use of nuclear weapons could constitute a catastrophe for the environment. The Court also recognises that the environment is not an abstraction but represents the living space, the quality of life and the very health of human beings, including generations unborn. The existence of the general obligation of States to ensure that activities within their jurisdiction and control respect the environment of other States or of areas beyond national control is now part of the corpus of international law relating to the environment.

And further the court stated that[46]

> while the existing international law relating to the protection and safeguarding of the environment does not specifically prohibit the use of nuclear weapons, it indicates important environmental factors that are properly to be taken into account in the context of the implementation of the principles and rules of the law applicable in armed conflict.

One further case of particular importance decided by the ICJ was the case concerning the Gabcíkovo-Nagymaros Project.[47] This case raised a multitude of environmentally related legal issues, such as the concept of sustainable development, the principle of continuing environmental impact assessment and the handling of *erga omnes* obligations in *inter partes* judicial procedure.

---

45 ICJ Legality of the Threat or Use of Nuclear Weapons; Request for Advisory Opinion by the General Assembly of the United Nation, 8 July 1996, 21 para. 29, at http://www.icj-cij.org/docket/index.php?p1=3&p2=4&k=e1&case=95&code=unan&p3=4, last accessed 5 November 2010. For a discussion of the ICJ's advisory opinion and of the question whether or not the use of nuclear weapons during international armed conflict would violate existing norms of public international law relating to the protection and safeguarding the environment see Koppe (2008).

46 ICJ Legality of the Threat or Use of Nuclear Weapons; Request for Advisory Opinion by the General Assembly of the United Nation, 8 July 1996, 21 para. 33, at http://www.icj-cij.org/docket/index.php?p1=3&p2=4&k=e1&case=95&code=unan&p3=4, accessed 5 November 2010.

47 ICJ Gabcíkovo-Nagymaros Project (*Hungary v Slovakia*), 25 September 1997, at http://www.icj-cij.org/docket/index.php?p1=3&p2=3&k=8d&case=92&code=hs&p3=4, accessed 5 November 2010.

But not only the jurisdiction of the ICJ contributed to the development of environmental law and to the protection of the environment. Other international and national judicial bodies had to deal with environmental concerns as well. The Dispute Settlement Body of the WTO, for example, was frequently confronted to resolve issues regarding environmental protection.[48]

Environmental protection was also a burning issue in the Ogoni case, a case which was heard in national courts of Nigeria[49] and the United States,[50] as well as by the African Commission on Human and Peoples' Rights[51] and which was also subject to a United Nations Special Rapporteur's Report on Nigeria,[52] which accused Nigeria and Shell of abusing human rights and failing to protect the environment in oil-producing regions, and called for an investigation of Shell. Subject to judicial review in this case was the fact that, since Shell began drilling for oil in Ogoniland in the Niger Delta in 1958, the people of Ogoniland have had pipelines built across their farmlands and in front of their homes, have suffered constant oil leaks from these very pipelines, and have been forced to live with the constant flaring of gas fires. This environmental assault has drenched land with oil, killed masses of fish and other aquatic life, and introduced devastating acid rain to the land of the Ogoni, a people dependent upon farming and fishing. The poisoning of the land and water has had devastating economic and health consequences.

Summarising, it can be stated that the history of modern environmental law originated in the second half of the past century and is strongly influenced and developed by international and national political action and legislative measures, as well as by international and national jurisprudence.

---

48 See for example the following cases: Panel Report, *United States – Import Prohibition of Certain Shrimp and Shrimp Products* WT/DS58/R and Corr.1, adopted 6 November 1998, modified by Appellate Body Report, WT/DS58/AB/R, DSR 1998:VII, 2821; Panel Report, *European Communities – Measures Affecting Asbestos and Asbestos-Containing Products*, WT/DS135/R and Add.1, adopted 5 April 2001, modified by Appellate Body Report, WT/DS135/AB/R, DSR 2001:VIII, 3305; Panel Report, *Brazil – Measures Affecting Imports of Retreaded Tyres*, WT/DS332/R, adopted 17 December 2007, as modified by Appellate Body Report, WT/DS332/AB/R.

49 Judgment delivered by the Nigerian High Court on 14 November 2005.

50 *Kiobel v. Royal Dutch Petroleum*; United States Court of Appeals for The Second Circuit, Docket Nos. 06-4800-cv, 06-4876-cv. http://www.ca2.uscourts.gov/decisions, last accessed 5 November 2010. For a comment on this decision see Ikari (2010).

51 Communication 155/96. *The Social and Economic Rights Action Center and the Center for Economic and Social Rights v. Nigeria*, at http://www.achpr.org/english/_info/decision_article_24.html, accessed 5 November 2010.

52 Released 15 April 1998. The report condemned Shell for using a "well-armed security force which is intermittently employed against protesters." The report was unusual both because of its frankness and its focus on Shell, instead of only on member countries.

References

Bagader, AA, AT El-Chirazi El-Sabbagh, M As-Sayyid Al-Glayand & MY Izzi-Deen Samarrai in collaboration with O Abd-ar-Rahman Llewellyn, 1994, *Environmental protection in Islam*, 2nd edition, Gland, IUCN/International Union for the Conservation of Nature & MEPA/the Meteorological Protection Administration of the Kingdom of Saudi Arabia, at http://cmsdata.iucn.org/downloads/environemental_protection_in_islam.pdf; accessed 1 March 2017.

Beyerlin, U, 2006, Bridging the North-South divide in international environmental law, 66 *Zeitschrift für ausländisches öffentliches Recht und Völkerrecht* (ZaöRV), 259.

Gatmaytan, DB, 2003, The illusion of intergenerational equity: Oposa v. Factoran as pyrrhic victory, 15 *Georgetown International Environmental Law Review*, 457.

Hinz, MO & OC Ruppel, 2008, Legal protection of biodiversity in Namibia, in: Hinz, MO & OC Ruppel (eds), 2008, *Biodiversity and the ancestors: Challenges to customary and environmental law, case studies from Namibia*, Windhoek, Namibia Scientific Society, 3-62.

Ikari, B, 2010, U.S. Appeals Court dismisses Ogoni lawsuit against Shell – no corporate liability, means more corporate killings, genocide and instability, *Sahara Reporters*, 22 September 2010, at http://www.saharareporters.com/article/us-appeals-court-dismisses-ogoni-lawsuit-against-shellno-corporate-liability-means-more-cor, accessed 5 November 2010.

Kidd, M, 2008, *Environmental law*, Cape Town, Juta.

Kiss, A & D Shelton, 2004, *International environmental law*, New York, Transnational Publishers.

Koppe, E, 2008, *The use of nuclear weapons and the protection of the environment during international armed conflict*, Oxford, Hart Publishing.

Kuznets, S, 1955, Economic growth and income inequality, 45 (1) *American Economic Review*, 1.

Kuznets, S, 1956, Quantitative aspects of the economic growth of nations, 5 *Economic Development and Cultural Change*, 1.

Ruppel-Schlichting, K, 2016, Introducing environmental law, in: Ruppel, OC & K Ruppel-Schlichting, *Environmental law and policy in Namibia*, Windhoek, Hanns-Seidel-Foundation, 9-21.

Sands, P & J Peel, 2012, *Principles of international environmental law*, Cambridge, Cambridge University Press.

Sands, P, 2003, *Principles of international environmental law*, 2nd edition, Cambridge, Cambridge University Press.

UNEP / United Nations Environment Programme, 2005, *Register of international treaties and other agreements in the field of the environment,* Nairobi, UNEP.

World Commission on Environment and Development, 1987, *Our common future*. Report transmitted to the General Assembly as an Annex to document A/42/427 - Development and International Cooperation: Environment, at http://www.un-documents.net/wced-ocf.htm, accessed 2 March 2017.

Yandle, B, M Vijayaraghavan & M Bhattarai, 2002, The environmental Kuznets Curve – a primer, 2 (1) PERC/Property Environment and Research Centre Study, 1.

CHAPITRE 3 :
INTRODUCTION AU DROIT INTERNATIONAL DE L'ENVIRONNEMENT[1]

Oliver C. RUPPEL & Daniel Armel OWONA MBARGA

1 Introduction

Le présent chapitre traite de plusieurs aspects du droit international de l'environnement en mettant l'accent sur la manière dont ils sont reliés à la situation du Cameroun. Il convient de reconnaître d'emblée que de nombreux juristes de renommée internationale[2] ont écrit sur le sujet, surtout en matière de sources du droit international. Cependant, afin de donner un aperçu aussi complet que possible de ce domaine juridique, sans toutefois déborder le cadre de cette publication, nous résumons dans ce chapitre les caractéristiques les plus fondamentales du droit international de l'environnement.

2 L'applicabilité du droit international au Cameroun

Parler de l'applicabilité du droit international à un État revient à s'interroger sur les modalités d'application des règles d'origine externe[3] dans un ordre juridique interne. En effet, l'application de ces normes dans un État est assujettie à la mise en œuvre de divers mécanismes consacrés par la constitution qui établit leurs conditions d'internalisation.

Avant toute présentation des mécanismes sus-évoqués, il sied de rappeler que l'application du droit international dans un État peut s'effectuer selon deux systèmes, en l'occurrence le monisme et le dualisme. Le premier affirme une unité juridique entre le droit international et le droit interne dont les règles seraient hiérarchisées en fonction d'un principe,[4] tandis que le second considère que ces ordres juridiques sont

---

1 Ce chapitre est partiellement basé sur Ruppel (2016).
2 Cf. par exemple Sands & Peel (2018) ; Kiss & Shelton (2004) ; Dugard (2011).
3 Pour reprendre l'expression d'Ondoua qui l'utilise pour désigner tant le droit international que le droit communautaire. Cf. Ondoua (2014:295).
4 Pellet (2006:827).

indépendants l'un de l'autre en ce qui concerne leurs sources, leur objet et leurs destinataires.[5] Dans le premier cas, nous pouvons avoir un monisme avec primauté du droit international sur le droit interne.[6] La nature de la règle internationale reste intacte dans un système postulant une homogénéité entre les sources du droit international et du droit national.

Dans le second cas par contre, une hétérogénéité des systèmes juridiques international et national est prônée, justifiant ainsi la nécessité d'une réception du droit international dans le droit interne. Par ce mécanisme, les règles du droit international mutent pour devenir de simples normes de droit national.[7]

Au Cameroun, le constituant a opté pour un monisme avec primauté du droit international. En effet, l'article 45 de la loi constitutionnelle du 18 janvier 1996 établit que les traités et accords internationaux régulièrement approuvés ou ratifiés ont, dès leur publication, une autorité supérieure à celle des lois, sous réserve pour chaque accord ou traité, de son application par l'autre partie. L'on peut ainsi voir dans cet article la valeur infra constitutionnelle et supra-législative des traités et accords internationaux dans l'ordre juridique camerounais. Il ressort donc de cet article que les modalités d'insertion du droit international dans l'ordre juridique interne camerounais sont une ratification régulière des traités et accords internationaux, leur publication, et une réciprocité dans leur application.

2.1   La ratification régulière des traités et accords internationaux

La ratification peut se définir comme l'acte par lequel l'organe compétent d'un État confirme la signature apposée sur un traité par un plénipotentiaire et marque ainsi le consentement définitif de l'État à être lié par ce traité.[8] Au Cameroun, c'est le Président de la République qui dispose de cette prérogative. En effet, l'article 43 de la loi constitutionnelle du 18 janvier 1996 lui accorde la compétence exclusive de négociation et de ratification des traités et accords internationaux. Cet article institue donc la prééminence des pouvoirs du Président de la République dans l'exercice des fonctions diplomatiques de l'État. D'aucuns ont, pour cette raison, affirmé que le chef de

---

5   Metou (2009:132, note 10).
6   Le monisme avec primauté du droit international est le système qui prévaut dans les États ayant opté pour le monisme. Ce choix est d'ailleurs appuyé par la jurisprudence internationale. En effet, le Tribunal arbitral mixte franco-mexicain a affirmé, dans sa sentence du 19 octobre 1928, qu'« il est incontestable et incontesté que le droit international est supérieur au droit interne ». Cf. *Georges Pinson (France) v. United Mexican States*, (1928:393), décision n° 1, 1928 Recueil de sentences arbitrales, Volume V.
7   Mouelle Kombi (1996:137).
8   Cornu (2011:842).

l'État « reste le seul initiateur et conducteur de la politique et des relations internationales ».[9] Toutefois, il faut noter que l'exercice de ce pouvoir peut s'effectuer avec l'intervention de certains acteurs, notamment le Parlement, le Conseil constitutionnel et le Peuple. Relativement au Parlement, la ratification par le chef de l'État doit au préalable faire l'objet d'une approbation en forme législative lorsque le traité ou l'accord international en question concerne l'une des matières qui ressort du domaine de la loi énuméré à l'article 26 de la Constitution.[10] Cependant, cette condition ne peut être considérée que comme une norme d'habilitation du fait de son caractère plus formel que substantiel.[11] De plus, cette idée est confortée par le fait que la Constitution n'institue pas une juridiction chargée de contrôler le respect de cette formalité.

Pour ce qui est du Conseil constitutionnel, il faut tout d'abord préciser qu'il est mis en place depuis 2018. Il ne peut être saisi que par voie d'action par des autorités habilitées, en l'occurrence le Président de la République, le Président du Sénat, le Président de l'Assemblée nationale, un tiers des membres de l'une des deux chambres parlementaires, et les Présidents des exécutifs régionaux lorsque les intérêts de leur région sont en cause.[12]

Au regard de la loi constitutionnelle du 18 janvier 1996, lorsque le Conseil constitutionnel déclare qu'un traité ou un accord international comporte une clause contraire à la Constitution, sa ratification ou son approbation en forme législative ne peut intervenir qu'après une révision de la Constitution.[13] C'est dire que le contrôle de constitutionnalité des conventions est un contrôle préventif,[14] mais surtout non systématique pour reprendre l'expression d'Olinga.[15] Cependant, ce contrôle n'a encore, à notre connaissance, jamais été effectué. Cela constitue un risque pour la garantie de la primauté de la Constitution dans l'ordre juridique camerounais, car le caractère non systématique de la saisine du Conseil constitutionnel peut contribuer à l'insertion dans l'ordre juridique camerounais de conventions internationales contraires à la Constitution.[16] Ainsi, une saisine obligatoire du Conseil constitutionnel serait indiquée pour une meilleure protection de la Constitution.[17] Par ailleurs, il serait égale-

---

9 Tcheuwa (1999:93).
10 Voir article 43, loi constitutionnelle n° 96/06 du 18 janvier 1996 portant révision de la Constitution.
11 Ondoua (2014:299).
12 Voir article 47 (2), loi constitutionnelle n° 96/06 du 18 janvier 1996 portant révision de la Constitution.
13 Voir article 44, loi constitutionnelle n° 96/06 du 18 janvier 1996 portant révision de la Constitution.
14 Atangana-Malongue (2014:314).
15 Olinga (2005:5).
16 Atangana-Malongue (2014:314).
17 (ibid.).

ment opportun d'attribuer à tout plaideur la qualité pour saisir le Conseil constitutionnel que ce soit par voie d'action[18] ou par voie d'exception[19] afin que la saisine de cette juridiction ne soit pas conditionnée par la configuration politique des institutions. En effet, un Parlement dans lequel les députés de l'opposition politique n'atteignent pas, par exemple, le tiers requis pour la saisine du Conseil constitutionnel ne saisira jamais cette juridiction. Par ailleurs, il serait difficile d'imaginer le parti politique majoritaire au Parlement saisir la juridiction constitutionnelle sauf fronde massive en son sein.

Enfin, en ce qui concerne le Peuple, le Chef de l'État peut, après consultation des Présidents du Conseil constitutionnel, de l'Assemblée nationale et du Sénat, soumettre au référendum des projets de loi tendant à la ratification des accords ou traités internationaux présentant, par leurs conséquences, une importance particulière.[20] Cependant, une telle consultation n'a encore jamais été réalisée, ce qui conduit pour certains à une « ...désuétude du référendum en matière de ratification des instruments conventionnels ».[21]

Ainsi, la ratification est une étape primordiale à l'application du droit international au Cameroun. Dès lors qu'elle a été effectuée, il faut publier ce consentement à être lié par les dispositions du traité ou de l'accord international ratifié afin qu'il soit connu de tous.

2.2   La publication des traités et accords internationaux

En droit camerounais, la publication est un acte assuré par le Président de la République ou les autorités subordonnées consistant à porter un texte à la connaissance de ses destinataires, les sujets de droit.[22] Elle s'effectue selon une procédure comprenant une solution de principe à laquelle des aménagements ont été apportés.

---

18   La saisine par voie d'action permettrait à tout plaideur de saisir directement le Conseil constitutionnel comme le ferait les autorités habilitées que nous avons énumérées. L'article 122 de la Constitution béninoise par exemple consacre cette modalité : « Tout citoyen peut saisir la Cour constitutionnelle sur la constitutionnalité des lois, soit directement, soit par procédure de l'exception d'inconstitutionnalité invoquée dans une affaire qui le concerne devant une juridiction.... ».

19   La saisine par voie d'exception consiste à soulever une exception d'inconstitutionnalité au cours d'un procès devant une juridiction autre que le Conseil constitutionnel. Dans ce cas, cette juridiction sursoit à statuer sur le litige en attendant la décision du juge constitutionnel. C'est par exemple le cas en Côte d'Ivoire où l'article 96 de la Constitution dispose que tout plaideur peut soulever l'exception d'inconstitutionnalité d'une loi devant toute juridiction.

20   Voir article 36 (2), loi constitutionnelle n° 96/06 du 18 janvier 1996 portant révision de la Constitution.

21   Moulle Kombi (2003:23).

22   Tchakoua (2008:113-114).

En principe la publication d'un texte s'effectue par le biais de son insertion matérielle au Journal officiel publié en anglais et en français et exécutoire à Yaoundé le jour même de sa publication.[23] Cependant, en raison de l'impossibilité d'assurer la parution quotidienne du Journal officiel, cette solution de principe ne peut pas toujours être respectée.[24] Pour pallier à cette difficulté, le texte est publié, sur décision du Président de la République, suivant la procédure d'urgence.[25] Selon l'article 4 de l'ordonnance n° 72/11 du 26 août 1972 relative à la publication des lois, des ordonnances, décrets et actes réglementaires, cette procédure consiste en la communication du texte à la population par tous moyens, notamment par la radio aux heures de grande écoute ou dans des émissions spécialisées. Mais par la suite, le texte sera publié au Journal officiel. C'est à ces modalités qu'obéit également la publication des traités et accords internationaux. En effet, le décret de ratification signé par le chef de l'État témoigne de ce que la convention est ratifiée et implique sa publication par insertion au Journal officiel.[26] Mais dans le cas des normes communautaires qui sont d'applicabilité directe, ce sont les traités eux-mêmes qui organisent les modalités de leur entrée en vigueur. Par exemple, le Traité créant l'Organisation pour l'harmonisation en Afrique du droit des affaires dispose en son article 9 que les actes uniformes entrent en vigueur 90 jours après leur adoption, sauf modalités particulières d'entrée en vigueur prévue par l'acte uniforme lui-même. Ils sont opposables trente jours francs après leur publication au Journal officiel de l'Organisation.[27]

La question de la publication est très importante dans la mesure où une incompréhension de sa procédure peut amener un juge à rendre de mauvaises décisions. C'est ce qui a été le cas dans l'affaire *Liman Saïbou* du 27 février 2006 devant le Tribunal de grande instance du Mfoundi dans laquelle le juge avait confirmé la vente d'un immeuble, bien commun d'un couple, effectuée par le mari sans l'autorisation de son épouse au motif que la Convention sur l'élimination de toutes les formes de discrimination à l'égard des femmes[28] n'avait pas été publiée conformément à l'article 45 de la loi constitutionnelle du 18 janvier 1996.[29] Pourtant, cette convention avait été ratifiée le 15 juillet 1988[30] et publiée au Journal officiel du 15 août 1988.[31] Non seulement le décret de ratification valait déclaration officielle de l'applicabilité de ladite convention, mais encore, cette convention avait fait l'objet d'une insertion au Journal

---

23   (ibid.:113).
24   (ibid).
25   (ibid).
26   Mouelle Kombi (1996:141).
27   Tchakoua (2008:115).
28   Adoptée le 18 décembre 1979 et entrée en vigueur le 3 septembre 1981.
29   Atangana-Malongue (2014:327).
30   Décret n° 88-993 du 15 juillet 1988.
31   Atangana-Malongue (2014:327).

officiel. Nous ne pouvons donc que partager le point de vue de Atangana-Malongue qui déplore le fort nationalisme juridique des juridictions de fonds qui rechignent encore à appliquer le droit international.[32] Mais une lueur d'espoir subsiste tout de même de voir diminuer la réticence des juges du fond au regard des décisions de la Cour suprême, notamment la jurisprudence *Michel Zouhair*[33] confirmée dans l'affaire *Dame Veuve Yamsi c/ Dame Gomdjim*.[34]

2.3 La réciprocité dans l'application des traités et accords internationaux

Par réciprocité il faut entendre le fait que la plupart des traités établissent des droits et obligations d'application réciproque qui ne doivent être respectés et exécutés par une partie qu'autant qu'ils le sont par l'autre.[35] Ainsi, dans le cas où l'une des parties ne respectait pas ses obligations, l'autre ne serait pas tenue de les respecter. Seulement cette obligation n'est véritablement pertinente que dans le cadre de conventions bilatérales et devient inopérante en matière de droits de l'homme. En effet, les conventions relatives aux droits de l'homme mettent à la charge des États parties des obligations dont le respect s'impose non à titre de contrepartie des droits consentis par les autres États signataires, mais à raison des engagements pris à l'égard des bénéficiaires,[36] en l'occurrence les individus. De ce fait, les normes internationales relatives aux droits de l'homme contenues dans les conventions internationales ratifiées par le Cameroun ne sont pas assujetties à l'obligation de réciprocité. C'est par exemple le cas des normes internationales de protection de l'environnement telles que les principes de prévention et de précaution consacrés dans la Déclaration de Rio de 1992.

Au terme de cette analyse, l'on constate que la loi constitutionnelle du 18 janvier 1996 ne fait pas référence à d'autres sources du droit international qu'aux conventions. Le Cameroun s'inscrit alors dans la même lancée que bon nombre d'États afri-

---

32   (ibid.:329).
33   Dans cette affaire, la Cour suprême a établi qu'en cas de conflit entre une convention internationale et une norme interne contraire, la seconde est écartée du champ de contentieux de l'espèce. Cf. Cour suprême, 15 juillet 2010, arrêt n° 21/Civ, affaire *Michel Zouhair Fadoul contre Omaïs Kassim Sélecta SARL.*
34   Dans cette affaire la Cour suprême a cassé l'arrêt attaqué dont la motivation était fondée sur l'article 1241 du Code civil, au motif qu'il était discriminatoire à l'égard des femmes et contrevenait donc à la Convention sur l'élimination de toutes les discriminations à l'égard des femmes. En appliquant cet arrêt, les juges d'appel avaient violé les engagements internationaux du Cameroun souscrits par la ratification de cette convention. Cour suprême, ordonnance n° 498 du 5 novembre 2013, *affaire Dame Veuve Yamsi c/ Dame Gomdjim*, inédit.
35   Guinchard & Debard (2015:866).
36   Boukongou (2009-2010:5-6).

cains d'expression française dont les constitutions ont consacré des articles non au droit international en général, mais davantage au droit international conventionnel.[37] Les autres sources du droit international telles que la coutume internationale ne sont pas citées, pourtant elles n'en sont pas moins des sources invocables devant un juge. Seulement, la constitution n'ayant pas précisé leurs modalités d'application, il est difficile d'y faire appel. Metou dit d'ailleurs à ce propos que « C'est certainement pour cette raison que le moyen fondé sur les normes coutumières internationales est moins fréquent devant les juridictions nationales ».[38]

3 Les sources du droit international de l'environnement

Les sources du droit international de l'environnement font partie des sources du droit international en général. Le régime juridique international doit par conséquent être consulté pour retracer les sources du droit international de l'environnement. Le droit international, comme le droit national, comprend différents types de droit, à savoir le droit dur et le droit mou. Le droit dur désigne les dispositions ou accords de nature obligatoire, et par conséquent contraignants à l'égard de ceux auxquels ils s'appliquent. Le droit mou est par contre constitué de textes à caractère non impératif tels que les Déclarations résultant des Conférences de Rio et de Stockholm. Il a une grande influence en droit international en ce que son acceptation et son observation produisent le droit international coutumier. Le principal problème consiste à déterminer à quel moment le droit mou devient un tel droit, c'est-à-dire un droit dur. Nous examinerons cette situation plus loin.

Le droit international de l'environnement comprend autant le droit dur que le droit mou. Les sources du droit international en général sont énumérées à l'article 38 du Statut de la Cour internationale de justice (CIJ) qui constitue l'organe judiciaire principal des Nations unies:

1. La Cour, dont la mission est de régler conformément au droit international les différends qui lui sont soumis, applique :
   a. les conventions internationales, soit générales, soit spéciales, établissant des règles expressément reconnues par les États en litige ;
   b. la coutume internationale comme preuve d'une pratique générale acceptée comme étant que droit ;
   c. les principes généraux de droit reconnus par les nations civilisées ;
   d. sous réserve de la disposition de l'article 59, les décisions judiciaires et la doctrine des publicistes les plus qualifiés des différentes nations, comme moyen auxiliaire de détermination des règles de droit....

---

37 Foumena (2014:327).
38 Metou (2009:148).

Étant donné que l'article 38 du Statut de la CIJ a été rédigé pour la première fois en 1920, les présentes dispositions ne reflètent plus aujourd'hui toutes les sources du droit international. Il convient dès lors de tenir compte de l'évolution des sources du droit qui s'ajoutent aux sources déjà reconnues à l'article 38.[39] Toutefois, nous développerons uniquement dans les paragraphes qui suivent les quatre catégories de sources du droit international décrites à l'article 38 en soulignant leur incidence sur les préoccupations liées à l'environnement.

3.1 Conventions internationales : accords multilatéraux sur l'environnement (AME)

Les conventions internationales ou traités visés à l'article 38 de la CIJ sont définis par l'article 2.1 (a) de la Convention de Vienne sur le droit des traités (1969) comme des accords internationaux « conclus par écrit entre États et régis par le droit international, qu'ils soient consignés dans un instrument unique ou dans deux ou plusieurs instruments connexes, et quelle que soit leur dénomination particulière ».

Les Traités internationaux sur l'environnement ou Accords multilatéraux sur l'Environnement (AME), ainsi communément dénommés, régissent les relations en matière d'environnement entre États. Même si, en général, le premier objectif de tout AME est de protéger et de conserver l'environnement, il reste que les AME sont aussi bénéfiques sur le plan économique, politique ou administratif. C'est ainsi qu'ils peuvent protéger la santé publique, améliorer la gouvernance, autonomiser le public pour qu'il puisse s'impliquer dans les actions environnementales, accroître la solidarité, renforcer le respect politique international et améliorer l'assistance et le réseautage techniques et financiers.[40]

En règle générale, les AME demeurent par nature contraignants et en conséquence doivent être distingués des instruments internationaux non contraignants (droit mou) qui ne disposent d'aucun caractère exécutoire, mais servent plutôt de directives. Le caractère contraignant des AME provient du principe du *pacta sunt servanda*, qui a été réaffirmé à l'article 26 de la Convention de Vienne sur le droit des traités.

Même si le droit international se focalise principalement sur les obligations entre États, il dispose d'un potentiel d'influence au niveau national en matière de droit environnemental. Dans certains cas, les parties à de tels accords sont des organisations

---

39   Cette liste de sources peut être complétée par d'autres sources du droit international telles que les obligations *erga omnes* et *ius cogens. L'estoppel* et l'acquiescement peuvent s'ajouter à la liste des sources du droit international ainsi que les actes juridiques unilatéraux. Voir Dugard (2005:27).

40   UNEP (2006:44f.).

gouvernementales ou non-gouvernementales, au lieu des États ou en sus de ces derniers.

3.1.1 Comment est-ce que les AME sont établis

Les traités internationaux sont établis suivant un processus à plusieurs étapes.[41] Généralement, une organisation internationale telle que les Nations unies, l'Union africaine ou le Conseil européen élabore un projet de texte. À l'étape suivante, le projet de texte est négocié par les parties prenantes, à savoir les délégations nationales, y compris les autorités gouvernementales, les hommes de sciences et les représentants des ONG. La phase de négociation se clôture par l'adoption d'un texte convenu qui sera par la suite signé par les plénipotentiaires. Certains traités sont signés après la session de clôture des négociations à une période déterminée. Après celle-ci, les États non contractants peuvent adhérer ou accéder au traité. La ratification qui se fait au niveau national dans les formes prévues par le droit national est l'étape qui suit la signature. Les dispositions du droit national prévoient habituellement qu'un traité soit ratifié par le chef de l'État après approbation du parlement ou l'acceptation de l'exécutif. Le procédé par lequel un AME devient applicable en vertu du droit national dépend des dispositions constitutionnelles du pays concerné. Ce procédé peut suivre une approche moniste ou dualiste, comme expliqué plus haut dans ce chapitre.[42] Le processus de ratification est dans la plupart des cas conclu par le dépôt de l'instrument de ratification[43], approbation ou autre communication, au secrétariat de l'organisation internationale et le traité entre ensuite en vigueur à une date déterminée par le traité lui-même, la plupart du temps après le dépôt d'un certain nombre d'instruments de ratification ou après un délai déterminé.

3.1.2 Portée générale des AME

Le droit international de l'environnement peut être établi au niveau mondial et comporter des règles applicables, sinon à l'ensemble, du moins à la quasi-totalité de la communauté internationale.[44] Au niveau régional, le droit international crée un cadre

---

41 Cf. Sands (2003:128) ; Dugard (2005:408).
42 Pour une discussion plus détaillée sur la relation entre le droit international et le droit municipal, voir Dugard (2005:47).
43 Il s'agit généralement d'un document délivré par l'État concerné indiquant que le traité a été ratifié.
44 Les AME bénéficient d'une adhésion effective du monde entier et comprennent la Convention sur la biodiversité (CBD) et son protocole, le Protocole de Carthagène sur la biosécurité

juridique pour des régions particulières, par exemple le droit européen de l'environnement (dont les directives de la Communauté européenne) ou de manière similaire au sein de l'Union africaine.[45] La dimension régionale ou continentale peut évidemment être aussi subdivisée en blocs plus petits tels que le cadre juridique de la Communauté économique et monétaire de l'Afrique centrale (CEMAC), souvent appelé niveau sous régional. Les accords bilatéraux sur l'environnement sont des traités conclus la plupart du temps entre deux États qui partagent les mêmes ressources naturelles, par exemple des rivières, des lacs ou des parcs.

Comme nous l'avons souligné, la large portée du droit international de l'environnement s'explique en partie par la couverture géographique des accords internationaux. Une autre raison de cette portée est la grande variété des secteurs couverts par ce domaine juridique tels que l'eau, le sol, la biodiversité, l'air et le climat, pour ne citer que ceux-là. Ainsi, le nombre d'accords internationaux se rapportant directement ou indirectement à l'environnement se trouve extraordinairement élevé[46] et aucun autre domaine juridique n'a généré autant de conventions sur un sujet aussi précis que le droit international de l'environnement au cours des dernières décennies.

3.1.3 Structure type des AME

De nombreux AME ont des caractéristiques communes, utilisent les mêmes techniques juridiques et ont souvent des structures similaires.[47] Comme d'autres traités internationaux, les AME sont généralement présentés de la manière suivante : le préambule, qui peut être utile dans l'interprétation des traités, explique les motivations

---

(2000), la Convention de Ramsar sur les zones humides d'importance internationale (1971) et la Convention de Washington sur le commerce international des espèces de faune et de flore sauvages menacées d'extinction de 1973 (CITES), entre autres.

45   L'AME le plus pertinent pour Afrique est la Convention africaine sur la conservation de la nature et des ressources naturelles. Concernant certains aspects de la mise en œuvre de la législation de l'UA au niveau national, voir Dinokopila (2015:479).

46   Kiss & Shelton (2004:41) parle de plus de mille. Le Registre des traités internationaux et autres accords dans le domaine de l'environnement d'UNEP (2005) contient 272 accords environnementaux, sans compter les accords et traités bilatéraux axés sur d'autres questions, mais qui établissent des obligations dans le domaine de l'environnement, comme les accords du GATT/OMC ou des accords régionaux de libre-échange. Le site web des accords internationaux sur l'environnement énumère sur ce domaine 1309 accords multilatéraux, 2294 accord bilatéraux, 250 autres accords (non multilatéraux, non bilatéraux), 215 instruments non contraignants (non-accords), 241 instruments bilatéraux non contraignants (non-accords) ainsi que 100 autres instruments environnementaux (non multilatéraux, non bilatéraux) non contraignants (non-accords), voir http://iea.uoregon.edu/page.php?query=home-contents.php, visité le 15 février 2018.

47   Cf. Kiss (2004:42).

des parties contractantes, mais ne contient en son sein aucune disposition contraignante. La partie principale de l'AME comprend les règles de fond qui définissent les obligations des parties, les modalités d'application, les dispositions institutionnelles (comme celles créant les organes du traité tels que la Conférence des parties) et les dispositions finales relatives à la durée du traité. De nombreux AME comportent des Annexes contenant des réglementations spécifiques relatives aux détails techniques tels que des listes de substances ou d'activités, des normes en matière de pollution, des listes d'espèces protégées, etc.

3.1.4   Respect et application des AME

Le respect et l'application des AME[48] sont, comme dans d'autres domaines juridiques, essentiels pour que les AME ne restent pas lettre morte.

Le respect, c'est-à-dire la conformité par les parties contractantes aux obligations engendrées par l'AME, est assuré par différents moyens juridiques. Les mesures visant à l'observation des AME peuvent être adoptées par les États ou par les secrétariats et conférences des parties à chaque AME spécifique. Ce dernier contient généralement des dispositions relatives au respect ou non des termes de l'Accord.[49] L'organe compétent de l'AME[50] peut, lorsqu'il est autorisé, passer régulièrement en revue la mise en œuvre globale des obligations découlant de cet instrument juridique et les difficultés rencontrées.

Les parties ont l'obligation d'appliquer les AME en adoptant et en promulguant des lois, des règlements, des politiques et d'autres mesures et initiatives à l'effet de respecter leurs engagements. Les organisations internationales ont ainsi élaboré des directives générales sur le respect et l'application des AME.[51] Le respect de ces der-

---

48   Pour une discussion plus détaillée sur le respect et l'application des AME, voir UNEP (2006).

49   Voir par exemple l'article 34 du Protocole de Carthagène sur la biosécurité, l'article XII de la Convention sur le commerce international des espèces de faune et de flore sauvages menacées d'extinction (CITES), ou l'article 18 du Protocole de Kyoto à la CCNUCC relative la Décision 27/CMP.1 sur les Procédures et mécanismes relatifs au respect du Protocole de Kyoto, disponible à http://unfccc.int/resource/docs/2005/cmp1/eng/08a03.pdf#page=92, consulté le 15 février 2018.

50   Tel que la Conférence des parties, avec le secrétariat, établi conformément aux articles 23-25 de la Convention sur la biodiversité.

51   En 2002, le PNUE a adopté les Lignes directrices sur le respect et l'application des Accords multilatéraux sur l'environnement ; d'autres Lignes directrices pertinentes comprennent les Lignes directrices 1999 des Caraïbes pour l'application des AME ; les Principes directeurs 2002 pour la réforme des autorités chargée de la mise à exécution des normes environnementales dans les pays en transition de l'Europe orientale, du Caucase et de l'Asie centrale (EOCAC) élaborés par les États membres de l'EOCAC et l'Organisation de coopération et de développement économique (OCDE) ; ou les Lignes directrices 2003 pour le renforcement du

niers est renforcé, entre autres, par des plans nationaux de mise en œuvre, dont le suivi et l'évaluation des améliorations en matière d'environnement, le rapport et la vérification, la création des comités dotés d'une expertise appropriée, l'inclusion aux AME des dispositions et mécanismes d'examen du respect de mise en conformité.[52]

L'efficacité des AME doit être réexaminée. À cet égard, le suivi pourrait constituer une mesure appropriée de renforcement du respect des dispositions. Il comprend la collecte des données, l'élaboration des rapports, l'obligation pour les parties de présenter des rapports réguliers et à temps sur le respect des AME en utilisant une présentation commune appropriée, la vérification des données et des informations techniques afin d'aider à déterminer si la partie se conforme aux AME. Les États parties peuvent être tenus de présenter des rapports sur les progrès accomplis et sur des mesures qu'ils auront adoptées à l'effet de donner suite aux droits reconnus dans les AME. L'article 26 de la Convention sur la biodiversité (CBD) constitue un exemple de disposition instituant cette revue applicable au titre de l'AME. Les parties sont par conséquent invitées à produire des rapports à la Conférence des parties (COP) sur des mesures prises pour appliquer la convention et leur efficacité dans la réalisation des objectifs de la convention. Un des problèmes majeurs concernant les rapports nationaux régis par les accords internationaux en général est la question de la non-soumission dans les délais. Parmi les raisons invoquées, on peut citer l'insuffisance des ressources humaines, techniques et financières. En prenant encore comme exemple la CBD, force est de constater qu'au 14 février 2018, 190 sur 196 États parties à la CBD avaient soumis le cinquième rapport national.[53] Le Cameroun a soumis tous ses cinq rapports nationaux au titre de la CBD.

Les dispositions relatives au règlement des différends complètent les dispositions visant le respect d'un accord. Plusieurs formes de mécanismes de règlement des différends, dont les bons offices, la médiation, la conciliation, les commissions d'établissement des faits, les groupes spéciaux de règlement des différends, l'arbitrage et d'autres formes de mécanismes juridiques possibles sont disponibles en fonction des dispositions spécifiques contenues dans l'AME applicable. L'organe judiciaire principal des Nations unies est un organe compétent pour connaître certains différends en matière d'environnement. Les autres instances judiciaires environnementales comprennent le Tribunal international du droit de la mer ou la Cour internationale d'arbitrage et de conciliation sur l'environnement.

---

respect et de l'application des Accords Multilatéraux sur l'Environnement (AME) dans la Région CEE (Commission économique des Nations unies pour l'Europe).

52 Cf. les Lignes directrices 2002 du PNUE sur le Respect et l'application des accords multilatéraux sur l'environnement.

53 Voir https://www.cbd.int/reports/default.shtml, consulté le 18 février 2018.

Alors que le respect est généralement relatif au contexte international, l'application se réfère au contexte national. Celle-ci peut donc être définie comme l'ensemble des procédures et actions employées par l'État, ses autorités et ses agences compétentes pour veiller à ce que les organisations ou les personnes qui ne se conforment pas à la législation sur l'environnement soient amenées à s'y conformer ou remises à la conformité et/ou soient punis suite à une procédure civile, administrative ou pénale.[54] L'application de la loi est essentielle pour assurer les avantages des AME, protéger l'environnement, la santé et la sécurité publiques, décourager les violations de la loi et encourager l'amélioration de la performance.[55] L'application comprend un ensemble de mesures qui peuvent être mises en œuvre, comme l'adoption des lois et règlements, le contrôle des résultats et diverses activités et étapes que l'État peut entreprendre sur le territoire national afin de garantir la mise en œuvre d'un AME. En outre, de bons programmes de mise en œuvre renforcent la crédibilité des efforts de protection de l'environnement et du système juridique qui les soutient tout en assurant l'équité à l'égard de ceux qui se conforment volontairement aux exigences environnementales.[56]

Afin de parvenir à une application efficace, il convient entre autres de prévoir des mesures de lutte contre les infractions aux lois et règlements nationaux d'application des accords multilatéraux sur l'environnement (violation de la législation environnementale) ou en cas de violations multiples des lois et règlements nationaux sur l'environnement, que l'État prévoit sa propre responsabilité pénale en conformité avec ses lois et règlements (crimes environnementaux).

3.2   Le droit international coutumier

Le droit international coutumier est constitué de normes et de règles que les pays suivent traditionnellement et qui lient tous les États du monde.[57] Il n'est cependant pas évident de déterminer à quel moment un principe devient un droit coutumier et par conséquent contraignant. Cette situation a entraîné des différends entre États.

Deux critères se sont cependant cristallisés en matière de conditions requises pour qu'une règle devienne un droit international coutumier.[58] Le prérequis du premier

---

54   UNEP (2006:294).
55   (ibid.:289).
56   (ibid.:33).
57   Sands (2003:143f.).
58   Ces critères qui sont également appliqués par des juridictions nationales, ont été développés par la jurisprudence internationale, entre autres dans les cas suivants : *Cas d'asile* Rapports 1950 de la CIJ 266 ; *Cas du Plateau Continental de la mer du Nord (Allemagne de l'Ouest c/*

critère est qu'une pratique soit établie, *usus,* c'est-à-dire un usage constant et uniforme ou une acceptation généralisée de la règle. Le second critère est l'acceptation qu'une obligation soit contraignante *(opinio juris sive necessitatis).*[59]

De nombreuses règles de droit international coutumier concernant particulièrement le domaine du droit de l'environnement ont été élaborées.[60] Le principe selon lequel aucun État ne peut utiliser ou permettre d'utiliser son territoire de manière à causer un préjudice au territoire d'un autre État est devenu par exemple un principe de droit international coutumier. Ce principe remonte à l'arbitrage de la Fonderie de Trail en 1941[61] et a été repris par la Déclaration de Stockholm, répété dans la Déclaration de Rio et réaffirmé dans l'Affaire des armes nucléaires.[62]

L'obligation d'informer sans délai les autres États concernant des situations d'urgence environnementale et les préjudices environnementaux auxquels un ou plusieurs autres États seraient exposés est énoncée dans les Principes relatifs aux ressources partagées de 1978 rédigés par le PNUE. Cette obligation se trouve également à l'article 192 de la Convention des Nations unies sur le droit de la mer de 1982. Ce devoir a été négligé par le gouvernement de l'Union Soviétique dans le cas de la catastrophe de Tchernobyl en 1986. La conséquence est l'adoption en 1986 de la Convention sur la notification rapide d'un accident nucléaire qui, en son article 2, impose explicitement une obligation aux États de notifier les États qui sont ou pourraient être affectés par un accident nucléaire.

3.3 Les concepts et principes généraux du droit international de l'environnement

Un large éventail de principes généraux guide le droit et la politique sur des questions relatives à l'environnement, aux niveaux national et international. La plupart de ces principes comportent de nombreux chevauchements. Tous établissent le cadre fondamental en matière de protection de l'environnement.

Les Pays-Bas et le Danemark) Rapports 1969 de la CIJ 3 ; *Cas du Nicaragua (Nicaragua c/ États-Unis)* Rapports 1986 de la CIJ 14.

59 Pour une discussion plus détaillée voir Sands (2003:143) ou Dugard (2005:29).
60 Pour plus de détails voir Sands (2003:147) et Kiss (2004:49).
61 *Arbitrage de la fonderie de Trail* (1938/1941) 3 RIAA 1905 Tribunal arbitral : États-Unis c/ Canada.
62 Avis consultatif, CIJ Rep. 1996, 226 ss. et paragraphe 64 ss.

Aperçu des concepts et principes généraux du droit de l'environnement

- Souveraineté des États
- Coopération
- Préservation et protection de l'environnement
- Précaution
- Prévention
- Principe pollueur-payeur
- Information et assistance en situation d'urgence environnementale
- Information et consultation dans des relations transfrontalières
- Droits de la personne : information, participation et accès à la justice
- Accès et partage des avantages en matière de ressources naturelles

- Bonne gouvernance
- Développement durable, intégration et interdépendance
- Equité intergénérationnelle et infra-générationnelle
- Responsabilité des dommages transfrontaliers
- Transparence, participation du public, accès à l'information et recours
- Préoccupation commune à l'humanité
- Droits des générations futures
- Héritage commun de l'humanité
- Responsabilités communes mais différenciées

Plusieurs concepts établissent le fondement du droit international de l'environnement. La protection des droits des générations futures peut être appréhendée comme un des moteurs essentiels de protection de l'environnement. Aussi, le droit international de l'environnement et de nombreuses conventions internationales expriment-ils l'obligation de protéger l'environnement pour les générations présentes et futures.

Le plus important des concepts qui encadrent le droit de l'environnement, particulièrement pour les pays en développement, est probablement le concept de développement durable. Il a été défini dans le Rapport de la Commission mondiale pour l'environnement et le développement de 1987 comme « un développement qui rencontre les besoins du présent sans compromettre ceux des générations futures. »[63] Le développement durable est ainsi composé d'une grande variété d'aspects interreliés, parmi lesquels le développement économique et social et la protection de l'environnement.[64] Le concept de développement durable est étroitement lié au concept de préoccupation commune à l'humanité. La protection de la préoccupation

---

63 Commission mondiale sur l'environnement et le développement (1987).
64 Pour une analyse détaillée, voir Voigt (2009).

commune à l'humanité peut entraîner l'imposition des obligations aux États et le soutien ou la limitation des droits et libertés individuelles. La préoccupation commune à
l'humanité se matérialise dans le concept d'héritage commun de l'humanité avec
l'idée sous-jacente que la préoccupation générale de l'humanité doit être sauvegardée
par des régimes juridiques spéciaux appliqués à des domaines et sites spécifiques tels
que l'Antarctique ou des sites qui peuvent être considérés comme des parties essentielles de l'héritage culturel de l'humanité.

Un des plus vieux principes du droit international général est celui de la souveraineté des États. Le principe énonce que l'État dispose d'une compétence exclusive sur
son territoire, qu'il constitue la seule autorité qui peut adopter des règles juridiques
contraignantes pour son territoire ; il est dépositaire du pouvoir exécutif (administration, police) et ses tribunaux sont ceux qui sont compétents pour connaître des litiges.[65] Le principe de la souveraineté des États est confronté à des défis, particulièrement en ce qui concerne les questions environnementales, comme la pollution de la
mer, des rivières, des lacs et de l'air ainsi que la migration transfrontalière des espèces, qui ne respectent pas la compétence territoriale nationale. Il est par conséquent
indispensable que les traités et le droit international coutumier imposent des limites à
la souveraineté des États. Dans le Rapport dénommé Sutherland,[66] la souveraineté est
présentée comme l'un des « concepts les plus utilisés et aussi les plus mal utilisés
dans les domaines des affaires internationales et du droit international. »
L'acceptation dans la quasi-totalité des traités implique le transfert d'une partie du
pouvoir décisionnel des États vers certaines institutions internationales. En général,
les raisons pour lesquelles les pays acceptent ces traités sont qu'ils réalisent que les
avantages d'une action concertée que renforce le traité sont meilleurs par rapport à la
situation qui prévaudrait en d'autres circonstances.[67] Il devient dès lors indéniable
que des unités étatiques, bien que distinctes et bénéficiant d'un territoire, ne disposent plus du contrôle exclusif sur le processus de gouvernance de leur société. Dans
ce contexte, la gouvernance se conceptualise à plusieurs niveaux,[68] étant donné que
le pouvoir s'est largement dispersé sur un éventail d'institutions et d'acteurs.

L'obligation internationale générale de coopérer avec les autres dans la résolution
des problèmes concernant la communauté internationale est essentielle pour une conservation entière et mondiale de l'environnement.[69] Ce principe général est contenu
et développé dans de nombreux AME. C'est ainsi que l'article 5 de la Convention sur
la biodiversité (CBD) souligne l'importance de ce principe. La coopération est essen-

---

65   Sands (2003:235).
66   Sutherland et al. (2005).
67   (ibid.).
68   Cf. Winter (2006).
69   Sands (2003:249).

tielle pour rationaliser l'utilisation des ressources partagées, éradiquer la pauvreté comme prérequis au développement durable, renforcer les capacités par le transfert de connaissances, d'informations et de technologies. Cette coopération permet également de garantir le financement et l'assistance technique.

Le principe général de prévention peut être considéré comme l'intention la plus importante du droit de l'environnement. Le principe de prévention exige que des mesures soient prises à un stade précoce et, si possible, avant que les dommages ne se produisent. Les mécanismes juridiques visant à la satisfaction des conditions du principe de prévention comprennent l'évaluation des dommages environnementaux (étude d'impact), l'octroi des licences ou autorisations, l'adoption des normes nationales et internationales ou des stratégies et des politiques préventives.

Comme le principe de prévention, le principe de précaution a pour but d'éviter les dommages environnementaux. Cependant, il doit être appliqué lorsque les conséquences de la non-action peuvent être particulièrement graves ou irréversibles. L'approche précautionneuse vise à fournir des orientations en matière d'élaboration et d'application du droit de l'environnement en cas d'incertitude scientifique. Elle a été formulée dans le Principe 15 de la Déclaration de Rio sur l'environnement et le développement comme suit :[70]

> Pour protéger l'environnement, des mesures de précaution doivent être largement appliquées par les États selon leurs capacités. En cas de risque de dommages graves ou irréversibles, l'absence de certitude scientifique absolue ne doit pas servir de prétexte pour remettre à plus tard l'adoption de mesures effectives visant à prévenir la dégradation de l'environnement.

Un autre principe important qui cadre davantage avec l'économie et qui a trouvé sa place dans bon nombre d'AME et de législations nationales est le principe pollueur - payeur dont le but est d'imposer à la personne responsable de la pollution les coûts relatifs aux dommages environnementaux. Le principe pollueur-payeur constitue un moyen d'imputation des frais des mesures de prévention et de contrôle de la pollution afin d'encourager l'utilisation rationnelle des ressources naturelles limitées.

Le principe de responsabilités communes mais différenciées tel qu'établi dans le principe 7 de la Déclaration de Rio se reflète dans différents accords sur l'environnement, par exemple la Convention des Nations unies sur le changement climatique (article 3(1)). Le principe de responsabilités communes mais différenciées est composée de la commune responsabilité des États en matière de protection de l'environnement et de la reconnaissance de la différence dans la contribution des États à la dégradation de l'environnement ainsi que de la différence dans les capacités de remédiation à cette dégradation. Ces différentes responsabilités se traduisent par des obligations différenciées pour les États.

---

70   (ibid.:267).

Aux niveaux international et national, les besoins spécifiques des communautés autochtones en matière d'accès aux avantages découlant des ressources naturelles dont elles dépendent pour leur subsistance sont de plus en plus reconnus. Leur participation autant dans la prise de décision que dans la gestion est d'une haute importance pour la protection des écosystèmes en raison de leurs connaissances traditionnelles et de leur prise de conscience. Le principe d'accès aux ressources et le partage des avantages a été relevé dans le principe 22 de la Déclaration de Rio :

> Les populations et communautés autochtones et les autres collectivités locales ont un rôle vital à jouer dans la gestion de l'environnement et le développement en raison de leurs connaissances du milieu et de leurs pratiques traditionnelles. Les États ont l'obligation de reconnaître leur identité, leur culture et leurs intérêts ; ils doivent en conséquence leur accorder tout l'appui nécessaire et leur permettre de participer efficacement à la réalisation d'un développement durable.

L'illustration de ce principe se trouve également à l'article 8 (j) de la Convention sur la biodiversité, qui impose aux États l'obligation du respect, de la préservation et de l'entretien des connaissances, des innovations et des pratiques des peuples indigènes et des collectivités locales. Il impose également d'encourager le partage équitable des avantages qui découlent de l'utilisation des connaissances, des innovations et des pratiques indigènes.

La transparence et l'accès à l'information sont tous deux requis pour assurer l'effectivité de la participation du public et le développement durable. La participation du public dans un contexte de développement durable requiert, entre autres, la possibilité de recueillir et d'exprimer les opinions et celle de chercher, recevoir et répandre les idées. Elle exige aussi un droit d'accès, à temps, à l'ensemble des informations rapportées par les gouvernements et les entreprises sur les politiques économiques et sociales en matière d'utilisation durable des ressources naturelles et de protection de l'environnement. Cette participation doit se faire sans imposer de charges financières indues aux demandeurs d'informations tout en assurant une protection adéquate de la vie privée et de la confidentialité des affaires. La réalisation des études d'impact, avec une large participation du public en termes d'accès à l'information et le droit de présenter des observations sur les déclarations en matière d'environnement et d'impact, constitue l'un des mécanismes juridiques permettant de garantir les droits des populations.

Le principe 10 de la Déclaration de Rio se réfère aux droits du public comme suit :

> La meilleure façon de traiter les questions d'environnement est d'assurer la participation de tous les citoyens concernés, au niveau qui convient. Au niveau national, chaque individu doit avoir dûment accès aux informations relatives à l'environnement que détiennent les autorités publiques, y compris aux informations relatives aux substances et activités dangereuses dans leurs collectivités, et avoir la possibilité de participer aux processus de prise de décision. Les États doivent faciliter et encourager la sensibilisation et la participation du public en mettant les informations à la disposition de celui-ci. Un accès effectif à des actions judiciaires et administratives, notamment des réparations et des recours, doit être assuré.

3.4 Décisions judiciaires et doctrine

Le droit international de l'environnement intègre également les avis des cours et tribunaux internationaux. Bien qu'il y ait peu de cours et tribunaux de ce genre et que leur autorité soit limitée, leurs décisions ont beaucoup de poids auprès des commentateurs juridiques et une grande influence sur le développement du droit international de l'environnement. Ces juridictions sont : la Cour internationale de justice (CIJ), le Tribunal international du droit de la mer, l'Organe de règlement des différends (ORD) de l'Organisation mondiale du commerce (OMC) ainsi que les tribunaux régionaux.

La doctrine des publicistes les mieux qualifiés constitue une autre source du droit international de l'environnement. La doctrine joue également un rôle dans la jurisprudence des organes judiciaires internationaux. L'affaire Essai nucléaire[71] et celle de Projet Gabčíkovo-Nagymaros[72] ont été sans nul doute influencées entre autres par la doctrine.

4 Accords multilatéraux sur l'environnement pertinents pour le Cameroun[73]

Le Cameroun est un État partie à de nombreux AMEs, ce qui confirme son engagement considérable dans le domaine de l'environnement. Chaque adhésion à un AME apporte des avantages et des obligations pour le Cameroun. En dehors des avantages immédiats que confère une protection environnementale performante, il existe également des effets à long terme. Tel est le cas des problèmes de santé publique liés à l'environnement et ayant une incidence sur le développement qui, en effet, sont traités internationalement et de façon proactive.[74] De nombreux AMEs améliorent la gouvernance environnementale et promeuvent de manière générale la transparence,

---

71 Légalité de la CIJ en matière de menace et d'utilisation des armes nucléaires ; demande d'avis consultatif de l'Assemblée Générales des Nations unies, le 8 Juillet 1996. Un autre exemple est l'affaire de la délimitation maritime dans la zone située entre Groenland et Jan Mayen *Danemark c/ Norvège* CIJ le 14 juin 1993, opinion individuelle de Weeramantry.

72 CIJ *Projet Gabčíkovo-Nagymaros* (Hungrie/Slovaquie), le 25 septembre 1997.

73 Les informations contenues dans cette section sont tirées du site ecolex qui est un service d'information sur le droit de l'environnement géré conjointement par l'Organisation des Nations unies pour l'alimentation et l'agriculture, l'Union internationale pour la conservation de la nature et le Programme des Nations unies pour l'environnement. Rassemblant les fonds documentaires de ces organismes, il constitue une source d'informations parmi les plus complètes en matière de droit de l'environnement. Seules les informations sur le Protocole de Carthagène relatif à la biosécurité ont été tirées d'un autre site, en l'occurrence celui de la Convention sur la diversité biologique. Cf https://www.ecolex.org/fr/ ; http://bch.cbd.int/protocol/parties/, consultés le 13 mars 2017.

74 UNEP (2006:44).

la prise de décision participative, la résolution des conflits et ont une influence positive directe en termes de processus de démocratisation dans n'importe quel contexte de pays en développement. Dans certains cas, il est avantageux d'adhérer à un AME afin d'obtenir l'assistance financière pour faire face aux problèmes environnementaux. Plus important encore, les AMEs peuvent également faciliter l'assistance technique, par exemple à travers le transfert des connaissances et des technologies.

Il existe aussi des obligations. L'application des AMEs requiert une bonne dose de ressources humaines, techniques et financières. Afin qu'un AME ait un impact sur le terrain, il est essentiel d'adopter et d'appliquer des mesures législatives et administratives et de renforcer les capacités en matière de mise en œuvre et d'exécution forcée aux niveaux local et national.

Le tableau suivant dresse la liste des traités internationaux et des instruments afférents dans le domaine de l'environnement dont le Cameroun est partie. Il donne également un aperçu des obligations du Cameroun en vertu du droit international de l'environnement.

Tableau 1 : Cameroun et les AMEs

Conventions	Informations spécifiques sur les Conventions			Informations relatives à la participation du Cameroun		
	Lieu d'adoption	Date d'adoption	Entrée en vigueur	Type [75]	Date	Entrée en vigueur
Convention-cadre des Nations unies sur les changements climatiques	New York, États-Unis d'Amérique	09.05.1992	21.03.1994	R	19.10.1994	17.01.1995
Protocole de Kyoto	Kyoto, Japon	11.12.1997	16.02.2005	R	28.08.2002	16.02.2005
Convention sur la diversité biologique	Rio de Janeiro, Brésil	05.06.1992	29.12.1993	R	19.10.1994	17.01.1995
Convention de Vienne pour la protection de la couche d'ozone	Vienne, Autriche	22.03.1985	22.09.1988	R	30.08.1989	28.11.1989
Protocole de Montréal relatif aux substances qui appauvrissent la couche d'ozone	Montréal, Canada	16.09.1987	01.01.1989	R	30.08.1989	28.11.1989
Convention sur le commerce international des espèces de faune et de flore sauvages menacées d'extinction	Washington D.C., États-Unis d'Amérique	03.03.1973	01.07.1975	A	05.06.1981	03.09.19981

---

75   Ratification (R), Adhésion (A).

Conventions	Informations spécifiques sur les Conventions			Informations relatives à la participation du Cameroun		
	Lieu d'adoption	Date d'adoption	Entrée en vigueur	Type [75]	Date	Entrée en vigueur
Convention de Bâle sur le contrôle des mouvements transfrontières des déchets dangereux et de leur élimination	Bâle, Suisse	22.03.1989	05.05.1992	A	09.02.2001	10.05.2001
Protocole de Carthagène sur les risques biotechnologiques	Montréal, Canada	29.01.2000	11.09.2003	R	20.02.2003	21.03.2003
Convention des Nations unies sur la lutte contre la désertification	Paris, France	17.06.1994	26.12.1996	R	29.05.1997	27.08.1997
Convention des Nations unies sur le droit de la mer	Montego Bay, Jamaïque	10.12.1982	16.11.1994	R	19.11.1985	16.11.1994
Accord relatif à l'application de la partie XI de la Convention des Nations unies sur le droit de la mer	New York, États-Unis d'Amérique	28.06.1994	28.07.1996	R	28.08.2002	27.09.2002
Convention internationale sur la protection des végétaux	Rome, Italie	06.12.1951	03.04.1952	A	05.04.2006	05.04.2006
Convention de Bamako sur l'interdiction d'importer en Afrique des déchets dangereux et sur le contrôle des mouvements transfrontières	Bamako, Mali	30.01.1991	22.04.1998	R	21.12.1995	22.04.1998
Convention relative aux zones humides d'importance internationale particulièrement comme habitats des oiseaux d'eau	Ramsar, Iran	02.02.1971	21.12.1975	A	20.03.2006	20.07.2006

Conventions	Informations spécifiques sur les Conventions			Informations relatives à la participation du Cameroun		
	Lieu d'adoption	Date d'adoption	Entrée en vigueur	Type [75]	Date	Entrée en vigueur
Protocole en vue d'amender la Convention relative aux zones humides d'importance internationale particulièrement comme habitats des oiseaux d'eau	Paris, France	03.12.1982	01.02.1986	A	20.03.2006	20.07.2006
Convention de Stockholm sur les polluants organiques persistants	Stockholm, Suède	22.05.2001	17.05.2004	R	19.05.2009	17.08.2009
Convention sur la protection physique des matières nucléaires	Vienne, Autriche	26.10.1979	08.02.1987	A	29.07.2004	29.07.2004
Convention internationale pour la prévention par les navires (MARPOL) telle que modifiée par le Protocole de 1978	Londres, Royaume-Uni de Grande-Bretagne et d'Irlande du Nord	17.02.1978	02.10.1983	A	18.09.2009	18.12.2009
Protocole portant amendement à la Convention internationale sur la responsabilité civile pour des dommages dus à la pollution par les hydrocarbures	Londres, Royaume-Uni de Grande-Bretagne et d'Irlande du Nord	27.11.1992	30.05.1996	A	15.10.2001	15.10.2002
Convention sur l'interdiction de la mise au point, de la fabrication, du stockage et de l'emploi des armes chimiques et sur leur destruction	Paris, France	03.09.1992	29.04.1997	R	16.09.1996	29.04.1997
Convention-cadre de l'OMS pour la lutte antitabac	Genève, Suisse	21.05.2003	27.02.2005	R	03.02.2006	04.05.2006

Étant donné qu'une présentation succincte de tous les instruments internationaux contenus dans le tableau ci-dessus nous amènerait à dépasser les limitations rédactionnelles établies pour cet article, nous ne nous appesantirons que sur les plus importants.

La Convention internationale sur la protection des végétaux de 1951 est née du constat des États de la nécessité d'une coopération internationale en matière de lutte contre les organismes nuisibles aux végétaux et aux produits végétaux, en vue de prévenir leur dissémination internationale. C'est dans cette optique que les États parties à cette convention s'engagent à prendre des mesures législatives, techniques et réglementaires telles que la mise en place d'une organisation nationale officielle de la protection des végétaux,[76] ou encore la délivrance de certificats phytosanitaires conformes au modèle contenu dans la convention.[77]

La Convention internationale sur la responsabilité civile pour des dommages dus à la pollution par les hydrocarbures de 1969 établit des règles et procédures uniformes à l'échelle internationale sur les questions de responsabilité en cas de dommages de pollution[78] survenus sur le territoire ou dans la zone économique exclusive d'un État contractant.[79] Ceci est fait dans l'optique de garantir une réparation équitable.[80]

La Convention relative aux zones humides d'importance internationale particulièrement comme habitats des oiseaux d'eau de 1971 vise à enrayer les empiétements progressifs sur les zones humides ainsi que leur perte.[81] En effet, au regard de leur importance écologique fondamentale en tant que régulateur des régimes des eaux et en tant qu'habitats d'une faune et d'une flore caractéristiques, les zones humides constituent une ressource d'une grande valeur dont la perte serait irréparable.[82] Afin de les protéger, les États parties doivent recenser les zones humides appropriées sur leur territoire et établir une liste des zones d'importance internationale.[83] Par ailleurs, les parties contractantes devront élaborer et appliquer leurs plans d'aménagement de façon à favoriser la conservation des zones humides inscrites sur la liste et, autant que possible, leur exploitation rationnelle.[84]

La Convention sur le commerce international des espèces de faune et de flore sauvages menacées d'extinction de 1973 a pour objectif de protéger certaines espèces de faune et de flore contre une surexploitation par suite du commerce international.[85] Pour ce faire, elle catégorise les différentes espèces dans trois annexes selon des critères déterminés. L'annexe I comprend toutes les espèces menacées

---

76   Article IV (1).
77   Article V (2) (b).
78   Préambule.
79   Article II.
80   Préambule.
81   Préambule.
82   Préambule.
83   Article 2.
84   Article 3.
85   Préambule.

d'extinction qui sont ou pourraient être affectées par le commerce.[86] L'annexe II quant à elle comprend des espèces susceptibles de devenir des espèces menacées d'extinction et certaines espèces qui doivent faire l'objet de réglementation afin de rendre efficace le contrôle du commerce des spécimens qu'elle contient.[87] Enfin, l'annexe III contient toutes les espèces qu'une Partie déclare soumises, dans les limites de sa compétence, à une réglementation ayant pour but d'empêcher ou de restreindre leur exploitation et nécessitant la coopération des autres Parties pour le contrôle du commerce.[88] En outre, cette convention impose diverses obligations aux États parties telles que l'établissement de sanctions pénales à l'égard de contrevenants à ses dispositions.[89]

La Convention des Nations unies sur le droit de la mer de 1982 établit un nouveau cadre juridique international des mers et des océans au regard des faits nouveaux intervenus depuis les conférences des Nations unies sur le droit de la mer de 1958 et 1960.[90] En ce qui concerne l'environnement, elle traite de questions telles que la pollution par les navires. En effet, entre autres obligations, ces derniers doivent se conformer aux règlements, procédures et pratiques internationaux généralement acceptés visant à prévenir, réduire et maîtriser la pollution par les navires dans l'exercice de leur droit de passage.[91]

La Convention de Vienne pour la protection de la couche d'ozone de 1985 oblige ses États parties à prendre des mesures dans le but de protéger la santé humaine et l'environnement contre les effets néfastes des activités humaines qui modifient ou sont susceptibles de modifier la couche d'ozone.[92] Ces mesures peuvent être législatives ou administratives.[93] Elles peuvent également consister en une coopération entre les parties au moyen d'observations systématiques.[94]

La Convention-cadre des Nations unies sur les changements climatiques de 1992 a pour objectif de stabiliser les concentrations de gaz à effet de serre dans l'atmosphère à un niveau qui empêche toute perturbation anthropique dangereuse du système climatique.[95] Pour ce faire, les États parties doivent, entre autres obligations, établir et publier des inventaires nationaux à jour, des émissions anthropiques par leurs sources qui seront transmis à la Conférence des parties.[96]

---

86 Article II (1).
87 Article II (2).
88 Article II (3).
89 Article VIII (1) (a).
90 Préambule.
91 Article 39 (2) (b).
92 ˙ Article 2 (1).
93 Article 2 (2) (b)
94 Article 2 (2) (a).
95 Article 2.
96 Article 4.

Enfin, la Convention de Bamako sur l'interdiction d'importer en Afrique des déchets dangereux et sur le contrôle des mouvements transfrontières de 1991. Elle constitue un instrument régional phare de la protection de l'environnement. Elle organise le contrôle des mouvements des déchets dangereux entre plusieurs États et oblige également ses parties à sanctionner tout trafic illicite de ces déchets. Son article 9 (2), par exemple, contraint les États à adopter une législation nationale appropriée pour imposer des sanctions pénales à toute personne qui planifie ou effectue ces importations illicites ou y collabore.

Bibliographie indicative

Atangana-Malongue, T, 2014, Le juge camerounais et le droit international, dans : Atangana Amougou, JL (ed.), *Le Cameroun et le droit international*, Paris, Pedone, 309-334.

Boukongou, JD, 2009-2010, *Droit international des droits de l'homme*, Manuel de cours, inédit.

Cornu, G (ed.), 2011, *Vocabulaire juridique*, Paris, QUADRIGE/PUF.

Dinokopila, B, 2015, The implementation of African Union law in South Africa, in : de Wet, E, H Hestermeyer, R Wolfrum (eds), 2015, *The implementation of international law in Germany and South Africa*, Pretoria, Pretoria University Law Press, 468-495.

Dugard, J, 2011, *International law, a South African perspective*, Cape Town, Juta.

Dugard, J, 2005, *International law, a South African perspective*, Cape Town, Juta.

Foumena, GT, 2014, Le juge administratif camerounais face aux normes d'origine internationale: le cas des conventions, dans : Atangana, JL (ed.), *Le Cameroun et le droit international*, Paris, Pedone, 335-348.

Guinchard, S & T Debard (eds), 2015, *Lexique des termes juridiques 2015-2016*, Paris, Dalloz.

Kiss, A & D Shelton, 2004, *International environmental law*, New York, Transnational Publishers.

Metou, BM, 2009, Le moyen de droit international devant les juridictions internes en Afrique : Quelques exemples d'Afrique noire francophone, 22 (1) *Revue québécoise de droit international*, 129-165.

Mouelle Kombi, N, 1996, La loi constitutionnelle camerounaise du 18 janvier 1996 et le droit international, dans : Melone, S et al., *La réforme constitutionnelle du 18 janvier 1996 au Cameroun. Aspects juridiques et politiques*, Yaoundé, Fondation Friedrich Ebert, 126-144.

Moulle Kombi, N, 2003, Les dispositions relatives aux conventions internationales dans les nouvelles Constitutions des États d'Afrique francophone, 57 (1) *RJPIC*, 5-38.

Olinga, AD, 2005, Réflexions sur le droit international, la hiérarchie des normes et l'office du juge au Cameroun, dans : Olinga, AD (ed.), *Le droit international devant le juge camerounais : bilan et perspectives*, Actes de la journée d'étude du 18 juin 2004 à l'École Nationale de l'Administration et de la Magistrature (ENAM), (63) Juridis Périodique, Édition spéciale.

Ondoua, A, 2014, Le droit international dans la constitution camerounaise, dans : Atangana Amougou JL (ed.), *Le Cameroun et le droit international*, Paris, Pedone, 295-307.

Pellet, A, 2006, Vous avez dit « Monisme » ? Quelques banalités de bon sens sur l'impossibilité du prétendu monisme constitutionnel à la française, dans : De Béchillon, D et al. (eds), *L'architecture du droit : Mélanges en l'honneur de Michel Troper*, Paris, Economica, 827-857.

Ruppel, OC, 2016, Introduction to international environmental law, in : Ruppel, OC & K Ruppel-Schlichting (eds), *Environmental law and policy in Namibia – towards making Africa the tree of life*, Windhoek, Hanns-Seidel-Foundation, 55-64.

Sands, P, 2003, *Principles of international environmental law*, 2nd edition, Cambridge, Cambridge University Press.

Sands, P, & J Peel, 2018, *Principles of international environmental law*, 4th edition, Cambridge, Cambridge University Press.

Sutherland P, J Bhagwati, K Botchwey, N FitzGerald, K Hamada, JH Jackson, C Lafer, T de Montbrial, 2005, The future of the WTO: addressing institutional challenges in the new millennium, Geneva, WTO Consultative Board, at http://www.wto.org/english/thewto_e/10anniv_e/future_wto_e.htm; consulté 21 février 2018.

Tchakoua, JM, 2008, *Introduction générale au droit camerounais*, Yaoundé, Presses de l'UCAC.

Tcheuwa, JC, 1999, Quelques aspects du droit international à travers la nouvelle Constitution camerounaise du 18 janvier 1996, 53 (1) *RJPIC*, 85-102.

UNEP / United Nations Environment Programme, 2005, *Selected texts of legal instruments in international environmental law*, Nairobi, UNEP.

UNEP / United Nations Environment Programme, 2006, Manual on compliance with and enforcement of multilateral environmental agreements, Nairobi, UNEP Division of Environmental Conventions.

Voigt, C, 2009, *Sustainable development as a principle of international law*, Leiden, Martinus Nijhoff Publishers.

Winter, G, (ed.), 2006, *Multilevel governance of global environmental change: perspectives from science, sociology, and the law*, Cambridge, Cambridge University Press.

CHAPTER 4:
ENVIRONMENTAL LAW IN THE AFRICAN UNION[1]

Oliver C. RUPPEL

1   Introduction

The historical foundations of the African Union (AU) originated in the Union of African States, an early confederation that was established in the 1960s. The Organisation of African Unity (OAU) was established on 25 May 1963. On 9 September 1999, the heads of state and governments of the OAU issued the Sirte Declaration,[2] calling for the establishment of an African Union. The Declaration was followed by summits in Lomé in 2000, when the Constitutive Act of the African Union was adopted, and in Lusaka in 2001, when the Plan for the Implementation of the African Union was adopted. During the same period, the initiative for the establishment of the New Partnership for Africa's Development (NEPAD) was also established. The AU was launched in Durban on 9 July 2002 by the then South African President, Thabo Mbeki,[3] at the first session of the Assembly of the African Union. The Union's administrative centre is in Addis Ababa, Ethiopia and the working languages are Arabic, English, French, Portuguese, and Swahili. The African Union has 54 member states with Morocco being the only African State that is not a member. Geographically, the African Union covers an area of 29,757,900 km² and the United Nations Population Division estimated a population total of 1,256,000,000 for 2017.[4]

Given the African continent's bounty of natural resources, the protection and conservation of the environment must be an overarching aim within the AU; this is reflected in the African Union's legal framework.

---

1   This chapter is a revised and updated version of Ruppel (2016).
2   Named after Sirte, in Libya.
3   Thabo Mbeki was the African Union's first President.
4   UN (2017).

2   Institutional structure in the AU

The Assembly is the supreme organ of the Union, and is composed of Heads of State and Government or their duly accredited representatives. The Assembly determines common policies. The Executive Council, composed of ministers or authorities designated by the governments of members states, is responsible to the Assembly and coordinates and makes decisions on common policies.

Together, a Chairperson, the Deputy Chairperson, eight Commissioners and staff members form the Commission. Each Commissioner is responsible for one portfolio (peace and security; political affairs; infrastructure and energy; social affairs; human resources, science and technology; trade and industry; rural economy and agriculture; and economic affairs). The Commission is comparable to a secretariat and plays a central role in the day-to-day management of the AU. The Commission *inter alia* represents the African Union and defends its interests; elaborates draft common positions of the African Union; prepares strategic plans and studies for the consideration of the Executive Council; elaborates, promotes, coordinates and harmonises the programmes and policies of the Union with those of the regional economic communities (RECs); and ensures the mainstreaming of gender in all programmes and activities of the African Union. The Executive Council is assisted by the Permanent Representatives Committee and the following Specialised Technical Committees, which assist the Executive Council in substantive matters: The Committee on Rural Economy and Agricultural Matters; the Committee on Monetary and Financial Affairs; the Committee on Trade, Customs and Immigration Matters; the Committee on Industry, Science and Technology, Energy, Natural Resources and Environment; the Committee on Transport, Communications and Tourism; the Committee on Health, Labour and Social Affairs; and the Committee on Education, Culture and Human Resources. The Pan-African Parliament implements policies, while the Economic, Social and Cultural Council is an advisory organ composed of different social and professional groups of the Member States. The Peace and Security Council makes decisions on prevention, management and resolution of conflicts. The financial institutions of the AU will consist of the African Central Bank, the African Monetary Fund, and the African Investment Bank. The African Court of Justice and Human Rights will ensure compliance with the law as outlined below.

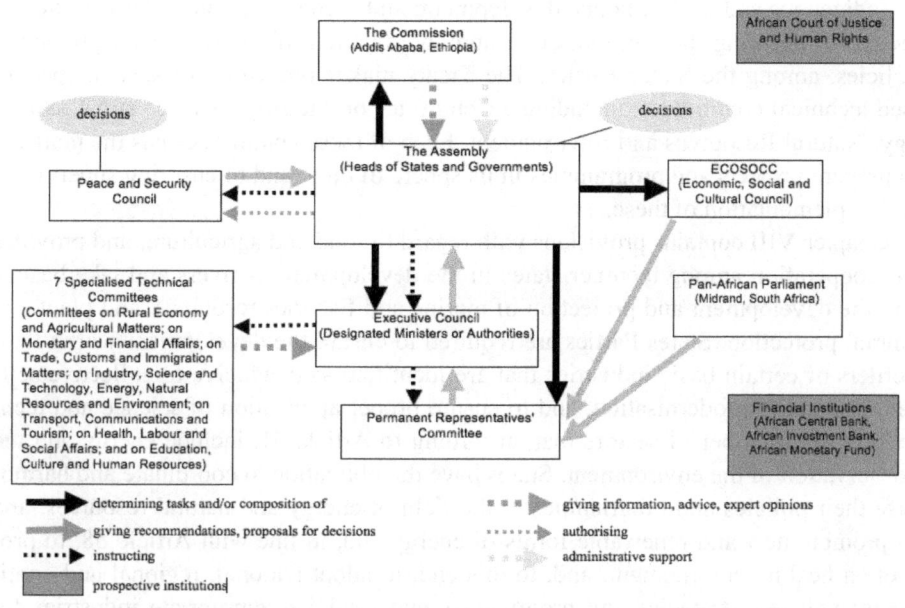

Figure 1: Structure of the African Union[5]

3   Environmental issues within the AU's general legal framework

The Constitutive Act of the African Union, which was adopted in Lomé, Togo in 2000, provides in Article 13 that the Executive Council coordinates and takes decisions on policies in areas of common interest to the member states. This includes, foreign trade; energy, industry and mineral resources; food, agricultural and animal resources; livestock production and forestry; water resources and irrigation; and the environment and its protection.

The African Economic Community, the African Union's economic institution was established in 1991 by the Abuja Treaty Establishing the African Economic Community. Cameroon signed this treaty in 1991. It contains specific provisions regarding environmental protection and the control of hazardous wastes. The Treaty contains broad economic objectives, which touch on the environment, firstly by the general objective of promoting economic, social and cultural development and the integration of African economies in order to increase economic self-reliance and to promote

---

5   Chart compiled by C Luedemann based on Ouazghari (2007:5).

an indigenous and self-sustained development; and secondly, through the specific objective of ensuring the harmonisation and coordination of environmental protection policies, among the States Parties. The Treaty makes provision for several specialised technical committees, including a Committee on Industry, Science and Technology, Natural Resources and Environment. Each of these committees has the mandate to prepare projects and programmes in its sphere of duty, and of ensuring supervision and implementation of these.

Chapter VIII contains provisions with regard to food and agriculture, and provides for cooperation among member states in the development of rivers and lake basins, and the development and protection of marine and fisheries resources, and plant and animal protection. States Parties are required to ensure the development within their borders of certain basic industries that are identified as conducive to collective self-reliance and to modernisation, and to ensure proper application of science and technology to a number of sectors that, according to Article 51, include energy and the conservation of the environment. States have the obligation to coordinate and harmonise their policies and programmes in the field of energy and natural resources, and to promote new and renewable forms of energy and, in line with Article 58, to promote a healthy environment, and, to this end, to adopt national, regional and continental policies, strategies and programmes and establish appropriate industries for environmental development and protection. The Treaty requires member states to take appropriate measures to ban the importation and dumping of hazardous wastes in their territories, and to cooperate among themselves in the trans-boundary movement, management and processing of such wastes, where these emanate from a member state.

The African Charter for Human and Peoples' Rights has progressively taken up the issue of environmental protection by explicitly incorporating a human right to environment, a third generation human right.[6] Article 24 of the African Charter for Human and Peoples' Rights reads, "[a]ll peoples shall have the right to a general satisfactory environment favourable to their development".

4   Specific environmental conventions[7]

The following table provides an overvies of environmental conventions at AU level and Cameroon's involvement.

---

6   See Glazewski (2000:17); Ruppel (2008). For a detailed discussion on the right to environment under the African Charter on Human and Peoples' Rights see also Mekouar (2001).

7   Table compiled by the author based on information from http://www.au.int/en/treaties, accessed 24 January 2015.

Table 1: Important African environmental conventions

Treaty / Agreement	Treaty / Agreement Particularities			Cameroonian Participation		
	Date of Adoption	Date Entry into Force	Date of Last Signature / Deposit	Date of Signature	Date of Ratification / Accession	Date Deposited
Phyto-Sanitary Convention for Africa	13.09.1967	06.10.1992	02.10.2016	-	11.04.1987	08.06.1987
African Convention on the Conservation of Nature and Natural Resources	15.09.1968	16.06.1969	24.01.2013	15.09.1968	18.07.1977	29.09.1978
Bamako Convention on the Ban of the Import into Africa and the Control of Transboundary Movement and Management of Hazardous Wastes within Africa	01.01.1991	22.04.1998	07.03.2017	01.03.1991	11.07.1994	21.12.1995
African Maritime Transport Charter	11.06.1994	-	27.01.2012	-	-	-
The African Nuclear-Weapon-Free Zone Treaty (Pelindaba Treaty)	11.04.1996	15.07.2009	22.02.2017	11.04.1996	11.06.2009	28.09.2010
African Convention on the Conservation of Nature and Natural Resources (Revised Version)	01.07.2003	23.07.2016	07.03.2017	-	-	-
African Union Convention for the Protection and Assistance of Internally Displaced Persons in Africa	23.10.2009	06.12.2012	24.05.2017	-	06.04.2015	24.05.2017

	Treaty / Agreement Particularities			Cameroonian Participation		
Treaty / Agreement	Date of Adoption	Date Entry into Force	Date of Last Signature / Deposit	Date of Signature	Date of Ratification / Accession	Date Deposited
Revised African Maritime Transport Charter	26.07.2010	-	04.07.2017	-	-	-
African Charter on Maritime Security and Safety and Development in Africa (Lomé Charter)	15.10.2016	-	30.01.2017	24.01.2017	-	-

4.1   The African Convention on Conservation of Nature and Natural Resources, 1968

The 1968 African Convention on the Conservation of Nature and Natural Resources (also referred to as the African Nature Convention or the Algiers Convention), and the forerunner to the 2003 Revised Algiers Convention, which is outlined in the next paragraph, is arguably one of the centrepieces of the AU's environmental texts.

This regional African Convention was originally adopted in Algiers in 1968 under the auspices of the Organisation of African Unity (OAU) and came into force in 1969. As such it was the successor to the 1900 Convention for the Preservation of Wild Animals, Birds and Fish in Africa, which was later superseded by the 1933 Convention Relative to the Preservation of Fauna and Flora in their Natural State (the London Convention). The need for a treaty to address nature conservation had already been expressed in the Arusha Manifesto of 1961.[8] Hence, in 1963, the African Charter for the Protection and the Conservation of Nature was adopted, followed soon after by the Algiers Convention.

The objectives of the 1968 Convention encouraged individual and joint action for the conservation, utilisation and development of soil, water, flora and fauna for the present and future welfare of mankind, from an economic, nutritional, scientific, educational, cultural and aesthetic point of view. To this end, states undertake to adopt the measures necessary to ensure conservation, utilisation and development of soil, water, floral and faunal resources in accordance with scientific principles and with due regard to the best interests of the people (Article II); to take effective measures to

---

8   IUCN (2006:4).

conserve and improve the soil and to control erosion and land use (Article IV); and to establish policies to conserve, utilise and develop water resources, prevent pollution and control water use (Article V). Furthermore, the Convention imposes on states the obligation to protect flora and ensure its best utilisation, the management of forests and control of burning, land clearance and overgrazing (Article VI); and to conserve faunal resources and use them wisely, manage populations and habitats, control hunting, capture and fishing, and prohibit the use of poisons, explosives and automatic weapons in hunting (Article VII). States are required to tightly control traffic in trophies, to prevent trade in illegally killed and obtained trophies and to establish and maintain conservation areas (Article X). A list of protected species that enjoy full total protection, and a list of species that may be taken only with authorisation is part of the Convention.

4.2 The Revised (Algiers) Convention on the Conservation of Nature and Natural Resources, 2003

The Algiers Convention was revised in 2003 (Maputo) to take into account recent developments on the African environment and natural resources scenes, while bringing the Convention to the level and standard of current multilateral environmental agreements.[9] The revised Convention, which was adopted by the African Union in Mozambique in July 2003,[10] was described as "the most modern and comprehensive of all agreements concerning natural resources".[11]

As of January 2018, 42[12] of the 54 member states have signed the Convention, and 16 member states[13] have deposited their instrument of ratification. The revised Convention thus still has to come in force, which will be 30 days after 15 countries have

---

9   Decision of the Revised 1968 African Convention (Algiers Convention) on the Conservation of Nature and Natural Resources, Doc. EX/CL/50(III), Assembly/AU/Dec. 9(II).
10 At the second ordinary session of the African Union Assembly held in Maputo, Mozambique in July 2003.
11 Kiss & Shelton (2007:183).
12 The Convention has been signed by Angola, Benin, Burkina Faso, Burundi, Central African Republic, Chad, Cote d'Ivoire, Comoros, the DRC, Congo, Djibouti, Democratic Republic of Congo, Equatorial Guinea, Ethiopia, Gabon, Gambia, Ghana, Guinea-Bissau, Guinea, Kenya, Libya, Lesotho, Liberia, Madagascar, Mali, Malawi, Mozambique, Namibia, Nigeria, Niger, Rwanda, São Tomé and Príncipe, Senegal, Sierra Leone, Somalia, South Africa, Sudan, South Sudan, Swaziland, Tanzania, Togo, Uganda, Zambia and Zimbabwe.
13 i.e. Angola, Benin, Burkina Faso, Burundi, Chad, Cote d'Ivoir, Comoros, Congo, Ghana, Libya, Lesotho, Liberia, Mali, Niger, Rwanda and South Africa, see http://www.africaunion.org/root/au/Documents/Treaties/List/Revised%20Convention%20on%20Nature%20and%20Natural%20Resources.pdf, accessed 25 January 2018.

deposited their ratification instruments. Cameroon, being a signatory to the 1968 Convention, has not signed the revised Convention.

The revised Convention follows a comprehensive and general approach to environmental protection. It defines natural resources, addresses economic and social development goals, and stresses the necessity to work closely together towards the implementation of global and regional instruments supporting the goals of the Rio Declaration and Agenda 21.[14]

The Preamble sets the tone by providing that its "objectives would be better achieved by amending the 1968 Algiers Convention by expanding elements related to sustainable development". In this vein, Article 4 on fundamental obligation, states:

> The Parties shall adopt and implement all measures necessary to achieve the objectives of this Convention, in particular through preventive measures and the application of the precautionary principle, and with due regard to ethical and traditional values as well as scientific knowledge in interest of present and future generations.

The main objective of the Convention is to enhance environmental protection, to foster the conservation and sustainable use of natural resources, and to harmonise and coordinate policies in these fields with a view to achieving ecologically rational, economically sound and socially acceptable development policies and programmes. In realising these objectives, the Parties should be guided by the principles of a right to a satisfactory environment and the right to development – the so-called third-generation human rights.[15] Parties are required to adopt and implement all measures necessary to achieve the objectives of the Convention, in particular through preventive measures and the application of the precautionary principle, and with due regard to ethical and traditional value as well as scientific knowledge in the interest of present and future generations (Article IV).

The provisions of the Convention address the following areas:[16] Land and soil (Article VI), water (Article VII), vegetation cover (Article VIII), species and genetic diversity (Article IX), protected species (Article X), trade in specimens and products thereof (Article XI), conservation areas (Article XII), process and activities affecting the environment and natural resources (Article XIII), sustainable development and natural resources (Article XIV), military and hostile activities (Article XV), procedural rights (Article XVI), traditional rights of local communities and indigenous knowledge (Article XVII), research (Article XVIII), development and transfer of technology (Article XIX), capacity building, education and training (Article XX), national authorities (Article XXI), cooperation (Article XXII), compliance (Article XXIII), liability (Article XXIV), and exceptions (Article XXV).

---

14   IUCN (2006:5).
15   (ibid.:6).
16   For a discussion on each of these areas see IUCN (2006:8).

The Conference of the Parties and the Secretariat are established by Articles XXVI and XXVII respectively. Article XXXIV relates to the relationship with the 1968 Algiers Convention and provides that for Parties that are bound by the revised Convention, only this Convention is to apply. The relationship between parties to the original Convention and parties to this Convention is to be governed by the provisions of the original Convention (Article XXXIV).

It has to be noted that unlike its predecessor, the 2003 Convention excludes reservations, which reflects the necessity for the parties to apply common solutions to common problems. If the parties had the right to make reservations, differing obligations would jeopardise the attainment of the Convention's objectives.[17]

Disputes regarding the interpretation and application of the Convention are primarily subject to alternative dispute resolution otherwise the African Court of Justice has jurisdiction.

4.3 Bamako Convention on the Ban of the Import into Africa and the Control of Transboundary Movement and Management of Hazardous Wastes within Africa

The Convention was adopted in Bamako, Mali on 30 January 1991 and entered into force on 22 April 1998. As of January 2018, it had 35 signatories, of which 27 including Cameroon had ratified the Convention.

The Convention creates a framework of obligations to strictly regulate the transboundary movement of hazardous wastes to and within Africa. The Bamako Convention in Article 3 categorises hazardous wastes and enumerates general obligations of state parties in respect of the enforcement of a ban on hazardous waste import, and on the dumping of hazardous wastes at sea and internal waters in respect of waste generation, and the adoption of precautionary measures. States are furthermore required to establish monitoring and regulatory authorities to report and act on transboundary movement of hazardous wastes. A Secretariat to serve a Conference of the Parties is established. A list of categories of wastes which are hazardous waste and a list of hazardous characteristics are annexed to the Bamako Convention as well as annexes on disposal operations; information to be provided on notification; information to be provided on the movement document; and on arbitration.

Included as part of the 2003 Convention are three Annexes: on the Definition of Threatened Species; on Conservation Areas; and on Prohibited Means of Taking.

---

17   IUCN (2006:7).

4.4   The Maritime Transport Charters

Considering the importance of cooperation among African countries in the maritime transport sector and in order to find appropriate solutions to the problems impeding the development this sector, the Charter was adopted in 1994 but has not come into force as of yet.[18] Cameroon has not signed the Charter. In 2010, the Revised African Maritime Transport Charter has been adopted. This Charter has so far been signed by 19 and ratified by nine member states, not by Cameroon. Ratification by 15 states is required for the Charter to come into force. The revised African Maritime Transport Charter, in contrast to its predecessor, puts a strong emphasis on the protection of the marine environment. The Charter recognises the interdependence between economic development and a sustainable policy for the protection and preservation of the marine environment. One of the objectives of the Charter is to develop and promote mutual assistance and cooperation between states parties in the area of maritime safety, security and protection of the marine environment. Article 28 provides that parties are to seek intensify their efforts to ensure the protection and preservation of the marine environment and to promote measures aimed at preventing and combating pollution incidents arising from marine transport. Furthermore, parties "commit themselves to the creation of a sustainable compensation regime to cover marine incidents of pollution of the sea that are not covered by existing international compensation regimes."

4.5   The African Nuclear Free Zone Treaty (Treaty of Pelindaba)

The Treaty, to which Cameroon became a signatory in 1996, entered into force in July 2009.[19] The Treaty establishes the African nuclear-weapon-free zone, thereby achieving, inter alia, the promotion of regional cooperation for the development and practical application of nuclear energy for peaceful purposes in the interest of sustainable social and economic development of the African continent, and keeping Africa free of environmental pollution by radioactive wastes and other radioactive matter.

Each party has the obligation to renounce nuclear explosive devices, prohibit in its territory the stationing of any nuclear explosive device, and prohibit testing of nuclear explosive devices. Any capability for the manufacture of nuclear explosive devices has to be declared and parties undertake to dismantle and destroy any nuclear explo-

---

18   As of January 2018, 13 States have ratified the charter, while ratification of two-thirds of the member States is required for the Charter to come into force.

19   http://www.au.int/en/sites/default/files/pelindaba%20Treaty.pdf, accessed 25 January 2018.

sive device, destroy facilities for the manufacture of nuclear explosive devices or where possible to convert them to peaceful uses. Furthermore, the measures contained in the Bamako Convention on the Ban of the Import into Africa and Control of Trans-boundary Movement and Management of Hazardous Wastes within Africa have to be implemented according to Article 7 in so far as it is relevant to radioactive waste and not to take any action to assist or encourage the dumping of radioactive wastes and other radioactive matter anywhere within the African nuclear-weapon-free zone. The use of nuclear science and technology for economic and social development is to be promoted, including cooperation under the African Regional Cooperation Agreement for Research, Training and Development Related to Nuclear Science and Technology. Each party undertakes not to take, or assist, or encourage any action aimed at an armed attack by conventional or other means against nuclear installations in the African nuclear weapon-free zone. The Treaty of Pelindaba establishes the African Commission on Nuclear Energy for the purpose of ensuring compliance with their undertakings under the Treaty. Annual reports have to be submitted by the parties to the Commission and a Conference of the Parties is to be convened.

The Treaty has four Annexes, including a map of the African-nuclear free zone; and Annexes on Safeguards of the International Atomic Energy Agency and on the African Commission on Nuclear Energy; and an Annex on the complaints procedure and settlement of disputes.

4.6   The Phyto-Sanitary Convention for Africa

The Phyto-Sanitary Convention for Africa was adopted in Kinshasa, DRC, on 13 September 1967. The Convention does not contain any provision relating to its entry into force. However, as of September 2015, 10 member states have deposited their instruments of ratification. The aim of this Convention is to control and eliminate plant diseases in Africa and prevent the introduction of new diseases. To this end, parties undertake to control import of plants and to take measures of quarantine, certification or inspection in respect of living organisms, plants, plant material, seeds, soil, compost and packing material. Cameroon is a party to this Convention.

4.7 The African Union Convention for the Protection and Assistance of Internally Displaced Persons in Africa

The African Union Convention for the Protection and Assistance of Internally Displaced Persons in Africa (hereafter the Kampala Convention)[20] was adopted on 23 October 2009 in Kampala. So far, the Kampala Convention has 40 signatories. Twenty-seven countries have so far ratified the Kampala Convention and it has entered into force on 6 December 2012. Cameroon ratified the Convention in 2015. The Convention is the first regional legal instrument in the world containing legal obligations for states with regard to the protection and assistance of internally displaced persons. It applies to displacement caused by a wide range of causes including conflict and human rights violations but also to natural or man-made disasters and has thus an environmental component. Member states commit themselves to establish early warning systems and adopt disaster preparedness and management measures to prevent displacement caused by natural disaster. The Convention provides standards for the protection of internally displaced people from arbitrary displacement, protection of internally displaced people while they are displaced and durable solutions to their displacement.

4.8 African Charter on Maritime Security and Safety and Development in Africa (Lomé Charter)

The African Charter on Maritime Security and Safety and Development in Africa has been adopted in Lomé, Togo in October 2016. As of January 2018, it has 34 signatories, including Cameroon, whereas only Togo has ratified the Charter so far. The Charter will come into force after it has been ratified by 15 member states. One main focus of the Charter is the prevention of transnational crime such as terrorism, piracy, smuggling of migrants, trafficking in drugs and persons, etc. at sea. Besides, many of the objectives laid down in the Charter's Article 2 are relevant for environmental protection. It states that the protection of the environment in general and the marine environment in particular are objectives of the charter, just as the promotion of a flourishing and sustainable Blue/Ocean Economy, which refers to the sustainable economic development of the oceans. Communities living next to the sears are to be sensitised for sustainable development of African coastline and biodiversity. En-

---

20 Text available online at http://www.au.int/en/sites/default/files/AFRICAN_UNION_CONVENTION_FOR_THE_PROTECTION_AND_ASSISTANCE_OF_INTERNALLY_DISPLACED_PERSONS_IN_AFRICA_(KAMPALA_CONVENTION).pdf, accessed 24 January 2018.

hanced cooperation in various fields of the maritime domain is one of the tools envisaged by the Charter to realise its objectives. The Charter covers many areas of relevance for environmental protection, including illegal fishing; prevention of pollution at sea; sustainable exploitation of marine resources. State parties are encouraged to explore and exploit their maritime resources sustainably and to implement fisheries and aquaculture policies for the preservation of marine resources.

5 The African Union's judicial system and the consideration of environmental rights

Environmental agreements under the umbrella of the AU each have their own provision on how disputes are to be settled. Alternative dispute resolution plays an important role in this regard as it is the favourable mechanism, as e.g. provided for in the African Convention for Nature Conservation. The judicial system in the AU has subject to continuous development and several amendments in recent years.[21]

In 1998, the African Court on Human and Peoples' Rights (ACHPR) has been established by the Protocol to the African Charter on Human and Peoples' Rights on the Establishment of an African Court on Human and Peoples' Rights, which came into force in 2004. The ACHPR is situated in Arusha, United Republic of Tanzania and has received cases since June 2008.

In 2003, the African Court of Justice as ultimate organ of jurisdiction in the African Union was established by the Protocol of the Court of Justice of the African Union, which entered into force in February 2009. However, the Protocol on the Statute of the African Court of Justice and Human Rights adopted in 2008 during the African Union Summit of Heads of State and Government in Sharm El Sheikh, Arab Republic of Egypt provides for the 1998 and the 2003 Protocols to be replaced and the African Court on Human and Peoples' Rights and the Court of Justice of the African Union to be merged into a single Court to become what is now known as the 'African Court of Justice and Human Rights'. However, the 2008 Protocol on the merger of the courts has so far only been ratified by six[22] states and ratification by 15 states is required for the Protocol to come into force. Once operational, the merged court will have two sections, a General Affairs Section and a Human Rights Section, both composed of eight Judges. The court will have jurisdiction over all disputes and ap-

---

21 For more details on the creation of judicial structures in the AU see Franceschi (2014:141).
22 As of 24 January 2018, the Protocol has been ratified by Benin, Burkina Faso, Congo, Liberia, Libya, and Mali. See http://www.au.int/en/sites/default/files/Protocol%20on%20Statute%20of%20the%20African%20Court%20of%20Justice%20and%20HR_0.pdf, accessed 24 January 2018.

plications referred to it, which *inter alia* relate to the interpretation and application of the AU Constitutive Act or the interpretation, application or validity of Union Treaties, as well as human rights violations.

In June 2014, a Protocol on Amendments to the Protocol on the Statute of the African Court of Justice and Human Rights[23] has been adopted to extend the jurisdiction of the African Court of Justice and Human Rights to cover individual criminal liability for serious crimes committed in violation of international law – making the African Court the first regional court with criminal jurisdiction over genocide, war crimes and crimes against humanity once the Protocol comes into operation upon ratification of 15 member states.[24] At the same time, the Protocol gives immunity to sitting Heads of State and Government, and to other senior officials based on their function, before the African Court, which has been subject to criticism as no other international tribunal that provides individual criminal liability for serious crimes allows such immunity.[25]

The African Commission on Human and Peoples' Rights (hereafter African Commission) is a quasi-judicial body established by the 1981 African (Banjul) Charter on Human and Peoples' Rights (hereafter African Charter) and is responsible for monitoring compliance with the African Charter. The African Charter is a human rights treaty that already proclaims environmental rights in broadly qualitative terms. It protects the right of peoples both to the 'best attainable state of physical and mental health' (Article 16) and to a 'general satisfactory environment favourable to their development' (Article 24). Article 24 of the African Charter establishes a binding human-rights-based approach to environmental protection, linking the right to environment to the right to development.[26]

One famous case related to some environmental issues heard by the African Commission was the *Ogoni* case. The African Commission held, *inter alia*, that Article 24 of the African Charter imposed an obligation on the state to take reasonable measures to "prevent pollution and ecological degradation, to promote conservation, and to secure ecologically sustainable development and use of natural resources".[27] The *Ogoni* case is considered to be a landmark decision with regard to the effective protection of economic, social and cultural rights in Africa, particularly the protection of the right of peoples to a satisfactory environment.

---

23 Available at http://www.au.int/en/content/protocol-amendments-protocol-statute-african-court -justice-and-human-rights, accessed 16 September 2015.
24 While this Protocol has received ten signatures so far, no state has ratified it.
25 See HRW (2014); Du Plessis (2012).
26 Van der Linde & Louw (2003).
27 The Social and Economic Rights Action Center (SERAC) & the Center for Economic and Social Rights (CESR) v. Nigeria.

The recognition of a right to a satisfactory environment by the African Charter and progressive jurisprudence by the African Commission emphasise the issue of environmental protection from a human rights perspective and underline the linkage between climate change and human rights, in a modern holistic approach to one of the most burning issues of today.[28] The impacts of climate change on human rights have been explicitly recognised by the African Commission. In its AU Resolution 153 the African Commission called on the Assembly of Heads of State and Government to take all necessary measures to ensure that the African Commission is included in the African Union's negotiating team on climate change.[29] In the same communication it decided to carry out a study on the impact of climate change on human rights in Africa.[30]

6 Selected institutions and initiatives particularly relevant for environmental protection

6.1 The African Ministerial Conference on the Environment (AMCEN)

The African Ministerial Conference on the Environment (AMCEN) has a strong regional and sub-regional focus. AMCEN thus builds on the potential that regional economic communities (RECs) have to integrate adaptation measures into regional policies and socio-economic development.[31] AMCEN is a permanent forum where African ministers of the environment discuss matters of relevance to the environment of the continent. It was established in 1985 when African ministers met in Egypt and adopted the Cairo Programme for African cooperation. The Conference is convened every second year. In the 2010 Bamako Declaration on the Environment for Sustainable Development, at the thirteenth session of the African Ministerial Conference on the Environment, the Conference's contribution in providing political guidance and leadership on environmental management to Africa since its creation in 1985 in Cairo was appreciated. AMCEN was established to provide advocacy for environmental protection in Africa; to ensure that basic human needs are met adequately and in a sustainable manner; to ensure that social and economic development is realised at all levels; and to ensure that agricultural activities and practices meet the food security needs of the region.

---

28   Ruppel (2010).
29   ACHPR/Res. 153 (XLV09).
30   See http://www.achpr.org/english/resolutions/resolution153_en.htm, accessed 14 February 2012.
31   Scholtz (2010), AMCEN (2011).

6.2 Relevant departments within the AU Commission

Several departments within the AU Commission play an important role when it comes to issues related to environmental protection. The most relevant one is probably the Department of Rural Economy and Agriculture and the Department of Infrastructure and Energy.

One of the objectives for establishing the Department of Rural Economy and Agriculture was to promote sustainable development and sound environmental and natural resources management while ensuring food and nutrition security. Located within the Department of Rural Economy and Agriculture are the Division of Agriculture and Food Security and the Division of Environment, Climate Change, Water and Land Management among others. The mission of the Department of Rural Economy and Agriculture is to[32]

> develop and promote the implementation of policies and strategies aimed at strengthening African agriculture and sound environmental management; by working with AU Member States, RECs, African Citizens, Institutions and other Stakeholders.

With a view to foster the African agenda on agricultural growth and transformation and sound environmental Management, the Department of Rural Economy and Agriculture has launched its second Strategic and Operational Plan (2014-2017)[33] in January 2014, spanning multiple sectors such as environment in general, agriculture, water, fisheries and aquaculture, land, climate change and many more.

Other departments that can be involved with issues pertaining to environmental protection include the Departments of Political Affairs; Infrastructure and Energy; Human Resources, Science and Technology; Trade and Industry; and Peace and Security.

6.3 The Peace and Security Council (PSC)

Article 3 of the AU Constitutive Act contains the objectives of the AU, including, among other things, the promotion of sustainable development, international cooperation, continental integration, and the promotion of scientific and technological research to advance development of the continent. In the Protocol relating to the Establishment of the Peace and Security Council (PSC) of the African Union, member states committed themselves to various guiding principles (Article 4), including early responses to contain crises situations, the recognition of the interdependence between

---

32   See www.rea.au.int, accessed 16 September 2015.
33   Available at http://rea.au.int/en/sites/default/files/DREA%202014-2017%20Strategic%20and %20Operational-%20%20Plan.pdf, accessed 16 September 2015.

socio-economic development and the security of peoples and states. Moreover, in Article 6 of the AU Constitutive Act, the functions of the PSC are outlined as, among others, the promotion of peace, security and stability in Africa; early warning and preventive diplomacy; peace-making; humanitarian action and disaster management. All of the aforementioned provisions provide a clear mandate for addressing environmental problems, especially when it comes to natural or man-made disasters.

6.4   The New Partnership for Africa's Development (NEPAD)

The New Partnership for Africa's Development (NEPAD) was adopted in 2001 in Lusaka, Zambia by African Heads of State and the Government of the OAU in 2001 and was ratified by the AU in 2002. Its overall aim is to promote partnership and co-operation between Africa and the developed world and it envisages the economic and social revival of Africa. Its founding document states:[34]

> This New Partnership for Africa's Development is a pledge by African leaders, based on a common vision and a firm and shared conviction, that they have a pressing duty to eradicate poverty and to place their countries, both individually and collectively, on a path of sustainable growth and development, and at the same time to participate actively in the world economy and body politic. The Programme is anchored on the determination of Africans to extricate themselves and the continent from the malaise of underdevelopment and exclusion in a globalising world.

NEPAD includes an environmental component, in that:[35]

> It has been recognised that a healthy and productive environment is a prerequisite for the New Partnership for Africa's Development, that the range of issues necessary to nurture this environmental base is vast and complex, and that a systematic combination of initiatives is necessary to develop a coherent environmental programme.

NEPAD recognises that the region's environmental base must be nurtured, while promoting the sustainable use of its natural resources. To this end, the environmental initiative targets eight sub-themes for priority intervention:

- combating desertification;
- wetland conservation;
- invasive alien species control;
- coastal management;
- global warming;

---

34   NEPAD founding document available at http://www.nepad.org/resource/new-partnership-africas-development, accessed 25 January 2018.
35   Preamble to Chapter 8 of the NEPAD documentation, titled The Environmental Initiative; see generally Van der Linde (2002).

- cross-border conservation areas;
- environmental governance; and
- financing.

A process aimed at a specific NEPAD Environment Action Plan commenced early in the NEPAD initiative, and a framework for the action plan was endorsed by the African Ministerial Conference on the Environment (AMCEN) in 2002 by the AU in the same year. The Environment Action Plan is underpinned by the notion of sustainable development in that it takes account of economic growth, income distribution, poverty eradication, social equity and better governance.

References

AMCEN / African Ministerial Conference on the Environment, 2011, *Addressing climate change challenges in Africa, a practical guide towards sustainable development*, at http://www.africa-adapt.net/media/resources/778/guidebook_CLimateChange.pdf, accessed 24 January 2018.

Du Plessis, M, 2012, *Implications of the AU decision to give the African court jurisdiction over international crimes*, Institute for Security Studies Paper No. 235, at https://www.issafrica.org/uploads/Paper235-AfricaCourt.pdf, accessed 16 September 2015.

Franceschi, LG, 2014, *The African human rights judicial system*, Newcastle upon Tyne, Cambridge Scholars Publishing.

Glazewski, J, 2000, *Environmental law in South Africa*, 2nd edition, Durban, Butterworths.

HRW / Human Rights Watch, 2014, *Statement regarding immunity for sitting officials before the expanded African Court of Justice and Human Rights*, at https://www.hrw.org/news/2014/11/13/statement-regarding-immunity-sitting-officials-expanded-african-court-justice-and, accessed 17 September 2015.

IUCN / The World Conservation Union, 2006, *An introduction to the African Convention on the Conservation of Nature and Natural Resources,* 2nd edition, Gland, IUCN.

Kiss, A & D Shelton, 2007, *Guide to international environmental law*, Leiden, Martinus Nijhoff Publishers.

Mekouar, MA, 2001, Le droit a l'environnement dans la Charte africaine des droits de l'homme et des peuples, FAO Legal Papers Online No. 16, at http://www.fao.org/3/a-bb049f.pdf, accessed 13 November 2010.

Ouazghari, KL, 2007, *Grund zur Hoffnung? Die Afrikanische Union und der Darfur-Konflikt*, HSFK-Report 14/2007.

Ruppel, OC, 2008, Third-generation human rights and the protection of the environment in Namibia, in: Horn, N & A Bösl (eds), *Human rights and the rule of law in Namibia*, Windhoek, Macmillan Education, 101-120, at http://www.kas.de/upload/auslandshomepages/namibia/Human Rights/ruppel1.pdf, accessed 24 January 2018.

Ruppel, OC, 2010, Environmental Rights and Justice in Namibia, in: Bösl, A, N Horn & A du Pisani (eds), *Constitutional democracy in Namibia. A critical analysis after two decades*, Windhoek, Macmillan Education, 323-360.

Ruppel, OC, 2016, Environmental law in the African Union, in: Ruppel, OC & K Ruppel-Schlichting, *Environmental law and policy in Namibia,* 3rd edition, Windhoek, Hanns-Seidel-Foundation, 71-84.

Scholtz, W, 2010, The promotion of regional environmental security and Africa's common position on climate change, 10 *African Human Rights Law Journal*, 1-25.

UN / United Nations, Department of Economic and Social Affairs, Population Division, 2017, *World population prospects: the 2017 revision*, New York, United Nations.

Van der Linde, M, 2002, African responses to environmental protection, 35 *CILSA* 99.

Van der Linde, M & L Louw, 2003, Considering the interpretation and implementation of Article 24 of the African Charter on Human and Peoples Rights in light of the SERAC Communication, 3 (1) *African Human Rights Law Journal*, 167-187.

CHAPITRE 5 :
DROIT ET POLITIQUE DE L'ENVIRONNEMENT AU SEIN DES COMMUNAUTÉS ÉCONOMIQUES RÉGIONALES EN AFRIQUE CENTRALE

Emmanuel D. KAM YOGO

1   Introduction

L'Afrique centrale abrite le bassin du Congo, le deuxième massif forestier le plus vaste du monde après l'Amazonie. En dehors de ses forêts, l'Afrique centrale regorge d'importantes ressources naturelles dont une diversité de ressources minières, des ressources halieutiques et fauniques. Le processus d'intégration régionale en Afrique centrale s'inscrit dans l'élan du régionalisme qui gagne le monde[1] et est marqué par la cohabitation[2] de deux communautés économiques régionales : la Communauté économique des États de l'Afrique centrale (CEEAC) et la Communauté économique et monétaire de l'Afrique centrale (CEMAC). La CEEAC est créée en 1988 par 11 États d'Afrique centrale[3] pour promouvoir le « développement économique et social dans le but d'améliorer le niveau de vie de leurs peuples ».[4] Organisation de coopération économique s'inscrivant dans le processus d'intégration panafricaine, la CEEAC a étendu ses compétences sur plusieurs domaines comme la paix et la sécurité, ainsi que l'environnement.

La CEMAC a été créée en 1994 par six États[5] et a pour principale mission de réaliser l'intégration de ses membres en s'appuyant sur les acquis du passé générés par l'Union douanière et économique de l'Afrique centrale (UDEAC) et la coopération monétaire. La CEMAC apparaît comme l'une des plus petites communautés économiques en Afrique.

La CEEAC et la CEMAC ont, chacune, une dimension environnementale dans leurs processus respectifs d'intégration avec une tendance pour la première à prendre

---

1   Crawford et al. (2010).
2   Kam Yogo (2016:3).
3   Il s'agit de l'Angola, du Burundi, du Cameroun, de la RCA, du Congo, du Gabon, de la Guinée équatoriale, du Rwanda, de Sao Tomé-et-Principe, de la R.D. Congo et du Tchad.
4   Préambule du Traité constitutif de la CEEAC.
5   Il s'agit du Cameroun, de la RCA, du Congo, du Gabon, de la Guinée équatoriale et du Tchad.

le leadership dans ce domaine, alors que la dernière en ferait une question moins prioritaire par rapport aux préoccupations économiques.

2 Le leadership de la CEEAC sur les questions environnementales en Afrique centrale

En 2007 lors du 13e sommet des chefs d'État et de gouvernement de la CEEAC, trois axes prioritaires avaient été identifiés : la paix et sécurité déjà évoquées, les infrastructures de communication, puis l'environnement et gestion des ressources naturelles. Cette communauté a été désignée comme l'organisation sous régionale chargée d'implémenter les politiques environnementales régionales, notamment l'initiative environnementale du Nouveau partenariat pour le développement de l'Afrique (NEPAD) sur toute l'étendue de l'Afrique centrale. De plus, elle doit exécuter les décisions du Conseil des ministres africains de l'environnement (CMAE) au niveau de l'Afrique centrale.

La protection de l'environnement dans la CEEAC s'opère à travers un cadre normatif et institutionnel et un cadre politique.

2.1 Le cadre institutionnel et normatif de la gestion de l'environnement dans l'espace de CEEAC

La CEEAC a un cadre institutionnel et normatif de plus en plus dense et varié. Ceci résulte de la diversification de ses missions dans le domaine de l'environnement où de nombreuses institutions et textes juridiques régionaux ont été générés.

2.1.1 Les institutions de gestion de l'environnement au sein de la CEEAC

Parmi ces institutions se trouvent des organismes spécialisés de la CEEAC et une direction du secrétariat exécutif.

2.1.1.1 La direction de l'agriculture et de l'environnement du secrétariat exécutif de la CEEAC

La problématique de la préservation de l'environnement et de la gestion des ressources naturelles relève de la compétence du secrétariat exécutif qui est l'organe d'opérationnalisation des politiques sous régionales de l'espace CEEAC. Le secrétariat exécutif comprend une direction de l'agriculture et de l'environnement. C'est au

sein de cette dernière qu'est logé le service de l'environnement et des ressources naturelles qui fonctionne avec les quatre composantes que sont : la valorisation de la
biodiversité et économie de l'environnement, l'économie forestière et gestion durable
des forêts, les écosystèmes marins et ressources halieutiques, la gestion des risques et
catastrophes naturelles. La mission assignée à ces quatre composantes est la mise en
œuvre de la politique sous régionale en matière d'environnement et de gestion des
ressources naturelles adoptée par les chefs d'État des dix États membres.

2.1.1.2 Les organismes spécialisés de la CEEAC dans le domaine de l'environnement

La CEEAC est dotée d'organismes spécialisés qui sont créés en fonction des missions qui lui ont été assignées dans le domaine de l'environnement. On peut notamment répertorier plusieurs dont les plus importants sont : la Commission des forêts
d'Afrique centrale (COMIFAC), le Pool énergétique de l'Afrique centrale (PEAC) et
la Commission de pêche du golfe de Guinée (COREP).

2.1.1.2.1 La Commission des forêts d'Afrique centrale

Le traité relatif à la conservation et à la gestion durable des écosystèmes forestiers
d'Afrique centrale et instituant la Commission des forêts d'Afrique centrale (COMI-
FAC)[6] a été signé le 5 février 2005 par dix pays.[7]

Selon ce traité, cette Commission est chargée de « l'orientation, de
l'harmonisation et du suivi des politiques forestières et environnementales en Afrique
centrale ».[8] À ce titre, elle doit :

- favoriser les actions visant à la participation des populations rurales et des
  opérateurs économiques dans la gestion durable des écosystèmes forestiers
  d'Afrique centrale ;
- favoriser la coopération, la mise en place d'un réseau entre les organisations
  nationales et internationales impliquées dans la gestion de l'écosystème ;
- assurer la coordination et l'harmonisation des politiques forestières et environnementales des États membres ;

---

6   Voir l'article 5 dudit traité.
7   Il s'agit du Burundi, du Cameroun, de la RCA, du Congo, du Gabon, de la Guinée équatoriale,
     du Rwanda, de Sao Tomé-et-Principe, de la R.D. Congo et du Tchad.
8   Voir l'article 5 § 2 dudit traité.

- initier des actions en vue de la lutte contre le braconnage et l'exploitation non durable des ressources forestières ;
- encourager la création des aires protégées en Afrique centrale ; et
- faciliter le développement de la fiscalité forestière.

Pour y parvenir, elle a été organisée comme la plupart des organisations internationales de coopération, à savoir : le Sommet des Chefs d'État et de gouvernement, le Conseil des ministres (les organes politiques), le Secrétariat exécutif (l'organe administratif et technique).

Aux termes de l'article 18 de ce traité, la Commission peut conclure des accords de coopération avec d'autres organisations universelles ou sous régionales dans l'accomplissement de ses missions. Il s'agit notamment de :

- l'Organisation pour la conservation de la faune sauvage en Afrique (OCFSA), pour la biodiversité et la lutte anti-braconnage transfrontalière ;
- la Conférence sur les écosystèmes des forêts denses et humides d'Afrique centrale (CEFDHAC) dont les organes sont : le forum sous régional, le comité de pilotage sous régional, l'agence de facilitation sous régionale et les fora nationaux. À côté de ces organes, il existe de nombreux réseaux : le Réseau des jeunes pour les forêts d'Afrique centrale (REJEFAC), le Réseau des populations autochtones et locales d'Afrique centrale (REPALEAC),[9] le Réseau des femmes africaines pour le développement durable (REFADD).
- le Réseau des aires protégées d'Afrique centrale (RAPAC) qui a pour mission « de mettre en œuvre les dispositions du Plan de convergence de la COMIFAC relatives à la création et à la gestion des aires protégées transfrontalières ».[10] Son objectif global est « de promouvoir le développement des actions de conservation et de valorisation de la biodiversité de la sous-région d'Afrique centrale, à travers l'aménagement et la gestion efficace des aires protégées ».[11] Le RAPAC est une association sous régionale à vocation environnementale, à caractère technique, scientifique et à but non lucratif.[12] L'activité du RAPAC porte sur trois thèmes : la biodiversité en Afrique centrale, l'éducation environnementale et la lutte contre le braconnage.[13]
- l'Agence intergouvernementale pour le développement de l'information environnementale (ADIE) dont les statuts ont été signés à Douala, le 4 septembre 2008. C'est un organisme spécialisé de la CEEAC. Placée sous l'autorité du Conseil des ministres en charge de l'environnement de la Com-

---

9   Kam Yogo (2015:12).
10   Voir le préambule des statuts du RAPAC.
11   Voir l'article 3 des statuts du RAPAC.
12   Voir l'article 1er des statuts du RAPAC.
13   Mankoto Mambaelele & Agnangoye (2016).

munauté, l'Agence est chargée de collecter, traiter, diffuser, archiver, développer des bases de données et échanger des informations environnementales à des fins de développement durable, d'appuyer les initiatives visant à améliorer la gestion de l'information environnementale des divers écosystèmes d'Afrique Centrale ; renforcer les capacités des Réseaux nationaux d'information environnementale (RNIE). Les organes de l'ADIE sont : le Conseil d'administration, le secrétariat exécutif, les coordinations nationales, les réseaux nationaux d'information environnementale.

• l'Organisation africaine du bois (OAB) dont la coopération avec la COMIFAC concerne les questions d'économie forestière, de certification et de commerce des produits forestiers.

2.1.1.2.2 Le Pool énergétique de l'Afrique centrale (PEAC)

Le Pool énergétique de l'Afrique centrale (PEAC) est créé le 12 avril 2003 et, par décision des chefs d'État et de gouvernement, il est érigé par la suite en un organisme spécialisé de la CEEAC.[14]

Le PEAC est structuré ainsi qu'il suit : d'abord, les organes de direction (le conseil des ministres de l'énergie, le comité exécutif, le comité de direction, le secrétariat permanent), ensuite les organes consultatifs (comité des experts, l'organe de régulation et l'organe de conciliation), puis les organes techniques (sous-comité planification, sous-comité exploitation, sous-comité environnement), enfin le centre de coordination.

2.1.1.2.3 La Commission de pêches du golfe de Guinée (COREP)

La COREP a été créée le 21 juin 1984.[15] Depuis 2007 cette commission est devenue un organisme spécialisé de la CEEAC.[16] Elle a pour mission d'harmoniser les politiques et législations des États membres, préserver et protéger l'écosystème aquatique, y compris marin et des eaux douces. La structure de la COREP comporte les organes suivants : le conseil des ministres, le comité technique, le sous-comité scientifique, le secrétariat exécutif.

---

14 Voir l'accord intergouvernemental du 11 avril 2003 sur la création du PEAC.
15 Voir la convention signée à Libreville au Gabon le 21 juin 1984.
16 L'érection de la COREP en une institution spécialisée de la CEEAC est intervenue par décision n° 9/CEEAC/CCEG /XIII/07 prise par la Conférence des Chefs d'État et de gouvernement de la CEEAC au cours de la 13e session ordinaire tenue à Brazzaville au Congo le 30 octobre 2007.

2.1.2 Le cadre normatif de la CEEAC en matière de protection de l'environnement

Ce cadre normatif comprend le traité instituant la CEEAC et certains protocoles, ainsi que d'autres actes juridiques sectoriels.

2.1.2.1 Le traité instituant la CEEAC et ses protocoles

Signé en 1983, le traité instituant la CEEAC comporte des dispositions relatives à la protection de l'environnement. C'est dire que la protection de l'environnement est une préoccupation non négligeable dans l'ordre juridique de cette organisation. Comme nous l'avons relevé plus haut, l'environnement et les ressources naturelles figurent parmi les axes prioritaires de la Communauté depuis le sommet des chefs d'État et de gouvernement de 2007. Le traité constitutif prédisposait cette organisation à s'occuper de l'environnement. Ainsi, l'article 4 du traité évoque la préservation de l'environnement parmi les objectifs.

Dans le cadre de la construction d'un marché commun, il est nécessaire que l'espace susceptible de former ledit marché soit débarrassé de toute entrave (tarifaire et non) et soit ouvert à la libre circulation des personnes et des biens. C'est ainsi que l'alinéa b de l'article 4 préconise comme objectif pour la Communauté « l'abolition, entre les États membres, des restrictions et autres entraves au commerce ». Dans la même lancée, l'alinéa f du même article assigne comme objectif à l'organisation sous régionale « l'harmonisation des politiques nationales en vue de la promotion des activités communautaires... ». Des domaines variés sont ciblés à l'instar de l'industrie, les ressources naturelles, les transports, etc. En procédant à l'harmonisation des politiques, la Communauté met en cohérence les différentes législations et politiques pour une saine concurrence. Cette mise en cohérence est aussi valable pour les législations et politiques environnementales. Le mécanisme d'harmonisation n'est pas encore très développé[17] au sein de la CEEAC. Le traité énonce que les États membres conviennent de coopérer pour « la satisfaction des besoins alimentaires des populations et le renforcement de la sécurité alimentaire, notamment par l'amélioration quantitative et qualitative de la production vivrière ».[18] En effet, assurer la sécurité alimentaire requiert le relèvement de la qualité des produits. Or la qualité n'est possible que si la production respecte les conditions environnementales. Dans le cadre de la production agricole par exemple, l'usage des pesticides non con-

---

17 Il faut néanmoins noter que la COMIFAC enregistre quelques succès en matière d'harmonisation des politiques forestières.
18 Article 43 (1) du traité CEEAC.

formes à la législation internationale peut entraîner des conséquences importantes sur la santé humaine et animale, et sur la flore. La culture des organismes génétiquement modifiés (OGM) peut constituer un risque pour la biodiversité qui fait l'objet de protection. Par ailleurs le chapitre XI sur la coopération en matière d'énergie et des ressources naturelles prescrit que les États membres puissent promouvoir les énergies renouvelables».[19]

Ensuite la protection de l'environnement est envisagée dans les protocoles au traité de la CEEAC. Ces protocoles portent pour l'essentiel sur les questions sectorielles. Le protocole XIV relatif à la coopération dans le domaine des ressources naturelles entre les États membres de la Communauté économique des États de l'Afrique centrale porte également sur la préservation de l'environnement. Ce protocole exige que les États membres s'engagent à « élaborer une politique commune en vue de la prévention de la dégradation de l'environnement et de l'exploitation effrénée des ressources naturelles ».[20] Le comité de l'énergie et des ressources naturelles est créé, en vertu de l'article 26 du traité, pour l'application de ce protocole.

Par ailleurs, le protocole IX relatif à la coopération dans le domaine du développement agricole entre les États membres de la Communauté économique des États de l'Afrique centrale, fondé sur les articles 4 et 43 du traité constitutif de la CEEAC, intègre également les dispositions relatives à la protection de l'environnement. Ce protocole envisage la coopération entre les États membres dans des secteurs divers de l'agriculture : les ressources forestières, la pêche et la mise en valeur des fleuves et lacs ainsi que la chasse. Pour le cas spécifique de la chasse, ce protocole précise que les États membres s'engagent à « prendre des mesures propres à assurer la conservation et la valorisation de la faune sauvage ainsi que l'organisation de la lutte anti-braconnage ».[21]

Enfin, le protocole XII renforce en réalité les dispositions du traité CEEAC selon lesquelles les États membres conviennent « d'assurer une application appropriée de la science et de la technologie au développement de l'agriculture, des transports ... ainsi que la préservation de l'environnement ».[22] En somme, le développement scientifique et technologique doit prendre en considération les exigences environnementales.

---

19   Article 54 (1) du traité CEEAC.
20   Article 2 (f) dudit protocole.
21   Article 9 (b) du protocole IX.
22   Article 51 (b) du traité de la CEEAC.

2.1.2.2   Le Code du marché de l'électricité

Par décision n° 15/CEEAC/CCEG/XIV/09 du 24 octobre 2009 à Kinshasa, la Conférence des chefs d'État et de gouvernement de la CEEAC a décidé d'adopter le Code du marché régional de l'électricité en Afrique centrale. Cette décision assigne au PEAC de « veiller à la mise en pratique »[23] de ce code.

En fait, la production, le transport, le transit et la distribution de l'électricité peuvent avoir un impact environnemental, y compris sur la santé et sécurité humaine, la flore, faune, sol, l'eau, le climat et le paysage. C'est sans doute la raison pour laquelle le code du marché de l'électricité de l'Afrique centrale accorde une place importante aux dispositions environnementales. Le code a pour objet de définir et régir les règles communes concernant la production, le transport, le transit et la distribution de l'électricité en Afrique centrale.[24] Pour s'assurer que ces activités n'auront pas d'impact négatif sur l'environnement, le code énonce qu'il « détermine les règles de protection de l'environnement et des intérêts des consommateurs ».[25] Par ailleurs, le code permet aux États d'imposer aux entreprises du secteur de l'électricité « des obligations... qui peuvent porter sur la sécurité... ainsi que la protection de l'environnement y compris l'efficacité énergétique et la protection du climat ».[26] À cet effet, ces États doivent s'assurer que les entreprises d'électricité soient exploitées conformément aux principes de ce code du marché.[27] Ils peuvent enfin prendre des mesures nécessaires pour atteindre les objectifs en matière de cohésion économique et sociale et de protection de l'environnement.[28] Enfin, obligation est faite aux États membres d'informer le PEAC des mesures prises dans le cadre de la mise en œuvre du code pour remplir leurs obligations de service universel et de service public de protection de l'environnement.[29]

2.2   L'esquisse d'un cadre politique régional de gestion de l'environnement par la CEEAC

Le cadre politique régional de gestion de l'environnement est dense et riche. Il couvre de nombreux secteurs de l'environnement. La gestion de l'environnement au

---

23   Article 2 de la décision n° 15/CEEAC/CCEG/XIV/09 du 24 octobre 2009.
24   Voir article 2 du code du marché de l'électricité.
25   L'article 2 alinéa d) du code du marché de l'électricité.
26   Voir l'article 4 (2) de ce code.
27   Voir l'article 4 (1) de ce code.
28   Voir l'article 4 (6) de ce code.
29   Voir l'article 4 (8) de ce code.

sein de la CEEAC fait l'objet d'un cadre d'une politique générale. Ce cadre général est complété par des politiques et programmes sectoriels.

2.2.1 La politique générale de gestion de l'environnement au sein de la CEEAC

La sous-région Afrique centrale se positionne comme une actrice importante dans la protection de l'environnement. Cela s'explique pour au moins deux raisons : d'abord parce qu'elle est victime de ces dysfonctionnements de l'environnement ; ensuite parce qu'elle dispose d'un massif forestier important dans l'équilibre de l'écosystème terrestre. Conscients de cet enjeu, les États de cette sous-région étant regroupés au sein de Communauté économique des États de l'Afrique centrale ont marqué leur intention de préserver l'environnement. À cet effet, la Communauté a adopté, en vertu des articles 4, 43 et 54 de son traité constitutif, une politique générale en matière d'environnement et de gestion des ressources naturelles en mars 2007. Cette politique fait ressortir les objectifs et des orientations de coopération entre les États membres.

Les objectifs de la politique régionale de l'environnement et de la gestion des ressources naturelles sont au nombre de cinq. D'abord, l'harmonisation des politiques et stratégies de gestion durable de l'environnement et des ressources naturelles au niveau de la région Afrique centrale. Ensuite, la coopération avec les organisations régionales et internationales sur l'environnement de la région. À titre d'exemple, dans le nouveau cadre de coopération entre la CEEAC et le Bureau régional des Nations Unies pour l'Afrique centrale (UNOCA) signé le 15 juin 2016, la lutte contre le braconnage figure au rang des priorités. Par ailleurs, la CEEAC et la Banque africaine de développement (BAD) entretiennent une coopération dense en matière de protection de l'environnement. Dans ce cadre, on peut relever la coopération financière dans le cadre de la mise en œuvre du Programme d'appui à la conservation des ecosystèmes du Bassin du Congo (PACEBCo) en vue de la préservation de la diversité biologique en Afrique centrale, le projet d'information satellitaire et météorologique pour la réduction des risques de catastrophes naturelles en Afrique centrale. Puis, développer les capacités humaines et institutionnelles. C'est ce qui ressort de l'article 59 sur les ressources humaines du traité de la CEEAC. En outre, adopter une approche concertée et convergente des thèmes environnementaux majeurs dans la région. Enfin, suivre la mise en œuvre des conventions internationales.

L'orientation de coopération est définie en 12 axes stratégiques majeurs, assortis des actions à mener et des résultats attendus. Ces axes correspondent aux thématiques d'intervention prioritaire de la région Afrique centrale dans le cadre du plan d'actions environnementales du NEPAD (PAE NEPAD). Ces axes sont :

- axe d'orientation stratégique 1 : lutte contre la dégradation des sols, la sécheresse et la désertification ;

- axe d'orientation stratégique 2 : conservation et gestion durable des zones humides et des ressources en eaux douces d'Afrique centrale ;
- axe d'orientation stratégique 3 : prévention et contrôle des espèces allogènes envahissantes ;
- axe d'orientation stratégique 4 : conservation et gestion durable des ressources forestières d'Afrique centrale ;
- axe d'orientation stratégique 5 : lutte contre les changements climatiques en Afrique centrale ;
- axe d'orientation stratégique 6 : conservation et gestion durable des ressources naturelles transfrontalières d'Afrique centrale ;
- axe d'orientation stratégique 7 : renforcement des capacités pour la mise en œuvre des conventions internationales ;
- axe d'orientation stratégique 8 : population, santé et environnement ;
- axe d'orientation stratégique 9 : commerce et environnement ;
- axe d'orientation stratégique 10 : le transfert des technologies environnementales durables ;
- axe d'orientation stratégique 11 : évaluation et alerte rapide pour la gestion des catastrophes naturelles ou provoquées ; et
- axe d'orientation stratégique 12 : la banque des données environnementales en Afrique centrale.

Les États conviennent de mettre en place un système d'information environnementale, élaborer une banque des données sur les organisations et institutions nationales ou internationales, élaborer une banque des données sur les ressources forestières, et environnementales, ainsi que sur les aires protégées d'Afrique centrale.[30]

À côté de cette politique générale, il existe les politiques régionales sectorielles.

2.2.2 Les politiques et plans régionaux sectoriels

Plusieurs politiques régionales sectorielles sont à recenser au sein de la CEEAC. Elles portent sur des secteurs divers comme l'eau ou la conservation des écosystèmes.

---

30 Il a été plus question de recenser les différents axes d'orientation stratégiques assortis de quelles actions prévues pour leur mise en œuvre.

2.2.2.1   La politique de l'eau

La politique régionale de l'eau, basée sur les principes de la gestion intégrée des ressources en eau, a été élaborée en octobre 2009. Elle vise la réduction de la pauvreté et la croissance économique dans l'espace de la Communauté. Les actions mises en œuvre pour atteindre cet objectif doivent respecter les autres fonctions de l'eau, notamment ses fonctions environnementales. Cette politique définit des objectifs spécifiques parmi lesquels la nécessité de gérer durablement les écosystèmes aquatiques. Elle définit également des priorités parmi lesquelles, la satisfaction des besoins environnementaux (notamment les débits minimaux pour la durabilité des écosystèmes aquatiques et des zones humides). Quant au cadre institutionnel régional de mise en œuvre de la politique régionale de l'eau de la CEEAC, il a été approuvé à Kinshasa le 24 octobre 2009. L'on dénombre les organes décisionnels et les organes consultatifs.

Les organes de décision sont : le Comité ministériel de pilotage et d'orientation (CMPO),[31] le Comité technique de Suivi (CTS),[32] le Centre régional de coordination et de gestion des ressources en eau (CRGRE). Sur le plan administratif et fonctionnel, le centre fait partie intégrante des structures du Secrétariat général de la CEEAC. Mais dans le cadre de la mise en œuvre de la politique de l'eau, il est sous l'égide du CMPO. Le Centre a pour fonction de coordonner la mise en œuvre de la politique régionale de l'eau.

Les organes consultatifs sont : le Conseil régional de l'eau (CRE). Il regroupe des acteurs étatiques et non étatiques de la région pour des consultations relatives à la politique régionale de l'eau et les Conseils ou Comités nationaux de l'eau qui jouent le même rôle et ont la même configuration que le Conseil régional au niveau national.

Le Plan d'action régional de la gestion intégrée des ressources en eau de l'Afrique centrale (PARGIRE-AC) a été validé le 14 juin 2014 par le Conseil des ministres en charge de l'eau de la Communauté économique des États de l'Afrique centrale. C'est un instrument de facilitation de la mise en œuvre de la politique régionale de l'eau adoptée le 24 octobre 2009. La mise en œuvre de ce plan est confiée à l'Unité de démarrage pour la gestion intégrée des ressources en eau du Secrétariat général de la CEEAC avec l'appui de la BAD, de la facilité africaine de l'eau et du NEPAD.

Ainsi, la composante 1 du plan concerne l'appui à l'amélioration des connaissances et de la gestion durable des ressources en eau et porte sur deux actions :

---

31   Il est composé des ministres en charge de l'eau des États membres de la Communauté. Il donne les orientations de la politique de l'eau.
32   Il est composé d'experts qui proviennent de divers milieux : des ministères en charge de l'eau, des organisations sous régionales de gestion de l'eau, représentants de la société civile, des organisations spécialisées de la CEEAC, des principaux donateurs. Ce Comité a pour fonction d'assister techniquement le CMPO.

d'abord, la préservation des écosystèmes et des ressources naturelles, ensuite l'appui à la mise en place de systèmes d'information communs pour le suivi efficace des ressources. Les actions contenues dans le PARGIRE-AC sont regroupées en six programmes, parmi lesquels le programme visant la préservation de la ressource et l'amélioration de l'accès à l'eau potable ainsi que l'assainissement en milieu urbain. Ce programme prévoit des actions relatives à la préservation de l'environnement telles que la promotion de la gestion des zones humides et des mangroves, l'appui à la sauvegarde des écosystèmes côtiers et lacustres, l'appui à l'assainissement en milieux urbain, périurbain et semi-urbain. Un autre programme envisage l'appui au développement et la promotion des énergies renouvelables, l'élaboration d'un programme de promotion de l'industrie du tourisme écologique et des loisirs.

Dans le cadre de la mise en œuvre de la politique de l'eau, le Cameroun a entamé le processus d'élaboration du Plan national de gestion intégrée des ressources en eau (PANGIRE)[33].

2.2.2.2   Le système de l'économie verte en Afrique centrale

Le système de l'économie verte en Afrique centrale (SEVAC) est élaboré en vue de promouvoir une approche innovante visant à concilier la protection de l'environnement, notamment la lutte contre les changements climatiques et le développement économique.[34] Adoptée lors d'une conférence des ministres des forêts, de l'environnement, des ressources naturelles et du développement durable de la CEEAC, la vision du SEVAC porte sur la volonté des États membres à faire de l'économie verte un secteur clé du développement économique des États de l'Afrique centrale.

Le système a pour mission de coordonner et faciliter la mise en œuvre du Programme d'appui au développement de l'économie verte en Afrique centrale (PADE-VAC) et les programmes sectoriels visant à contribuer au développement économique des États. Il vise à développer un cadre politique, institutionnel, financier, opérationnel et promotionnel favorable au développement de l'économie verte en Afrique centrale.

Après l'adoption par la conférence des ministres de la déclaration sur le développement et la promotion de l'économie verte en Afrique centrale, une stratégie sous régionale en matière de développement de l'économie verte et des structures ont été

---

33   Voir Cameroon Tribune du 21 février 2017.
34   Voir   http://www.ceeac-eccas.org/index.php/en/actualite/dipem/41-conference-des-ministres-de-la-ceeac-sur-le-fonds-pour-l-economie-verte-en-afrique-centrale-et-la-transformation-structurelle-de-l-economie-des-ressources-naturelles, consulté le 10 mars 2017.

mises sur pied telles que : le Réseau des entreprises d'Afrique centrale sur l'économie verte (REACEV), le Réseau des organisations de la société civile de l'économie verte d'Afrique centrale (ROSECEVAC), le Fonds pour l'économie verte en Afrique centrale (FEVAC),[35] le réseau des éco-juristes, le réseau des parlementaires de l'économie verte, les programmes sectoriels (programme de développement de l'écotourisme, de l'économie des zones humides, de l'éco-agri business), et le forum sur le green business.

2.2.2.3 Programme d'appui à la conservation des écosystèmes du bassin du Congo

Le Programme d'appui à la conservation des écosystèmes du bassin du Congo (PACEBCo) a effectivement été lancé en 2010 à Kinshasa.[36] L'idée de ce programme germe en 2005 au cours du lancement du plan de convergence de la COMIFAC. À cette occasion en effet, la BAD s'était engagée à accompagner la COMIFAC dans la mise en œuvre de ce plan de convergence. Le PACEBCo intègre les enjeux écologiques, sociaux et économiques et contribue à la mise en œuvre des axes 3, 4, 6 et 7 du Plan de Convergence. Le PACEBCo couvre quatre composantes : d'abord le renforcement des capacités des institutions du traité de la COMIFAC, ensuite la gestion durable de la biodiversité et adaptation aux changements climatiques (élaboration et/ou actualisation des plans d'aménagement et de gestion des ressources naturelles (PAGRN), réalisation des plans d'aménagement des aires protégées, développement d'une réponse appropriée à la vulnérabilité liée aux changements climatiques dans les paysages du bassin du Congo, développement et mise en œuvre des projets pilotes REDD et d'adaptation au changement climatique), puis la promotion durable du bien-être des populations, enfin la gestion et la coordination du programme.

Le PACEBCo couvre six paysages : le tri-national de la Sangha (Cameroun, RCA, Congo), Virunga (RDC, Rwanda), Maringa-Lopori-Wamba (RDC), Maiko-Tayna-Kahuzi-Biega (RDC), Monte Alen-Monts de Cristal (Gabon, Guinée équatoriale) et le lac Tumba (RDC, Congo).

---

35   Le FEVAC vise à financer, entre autres, les programmes sectoriels pour le développement de l'économie verte en Afrique centrale. Parmi ceux-ci figurent le programme de développement de l'économie de l'hydroélectricité, le programme de développement de l'économie solaire, le programme de développement de l'économie de reboisement, le programme de développement de l'économie de bois, le programme de développement de l'économie des déchets et de l'assainissement et le programme de développement de l'écotourisme. Ce Fonds a été créé par les chefs d'État et de gouvernement de la CEEAC à travers le projet de décision n° 27/CEEAC/CCEG/XVI/15 du 25 mai 2015.

36   Voir http://www.pacebco-ceeac.org, consulté le 10 mars 2016.

3 La prise en compte timide des préoccupations environnementales dans la CEMAC

Lors de sa création en 1994, la CEMAC avait une orientation purement économique. Mais, la prise en main de certaines anciennes institutions issues de l'UDEAC et la création de nouvelles institutions ont permis un début de prise en compte de l'environnement au sein de la CEMAC.

3.1 Les institutions de la CEMAC intervenant dans le domaine de l'environnement

Il s'agit notamment de l' Organisation de coordination pour la lutte contre les endémies en Afrique centrale (OCEAC), la Commission internationale du Bassin Congo-Oubangui-Sangha (CICOS), la Commission économique du bétail de viande et des ressources halieutiques (CEBEVIRHA) et le Comité inter-État des pesticides d'Afrique centrale (CPAC).

3.1.1 L'Organisation de coordination et de coopération pour la lutte contre les grandes endémies en Afrique centrale (OCEAC)

L'OCEAC a été créée en 1963 à Yaoundé par la volonté des ministres de la Santé du Cameroun, du Congo, du Gabon, de la RCA et du Tchad. Il s'agit donc d'une institution consacrée aux questions de santé publique de la sous-région Afrique centrale. Jusqu'en 1965, l'OCEAC porte le nom de l'OCCGEAC.[37]

Depuis 1983, l'institution sous régionale de santé publique a révisé ses statuts. Les missions de l'OCEAC ont donc été reformulées et consistent en l'institution d'un pôle scientifique régional pour le développement de la santé publique, la participation à la formation des personnels de santé publique dans les États membres, la fourniture d'une expertise de santé publique, et à susciter l'intérêt des partenaires privés et publics.

Étant donné que plusieurs maladies proviennent des pollutions que subit l'environnement, l'OCEAC a pris conscience de la protection de celui-ci. Au regard de cette réalité, l'OCEAC a également orienté sa stratégie vers la prévention en essayant d'éliminer dès la souche, les vecteurs de nombreuses maladies. Les actions d'éradication d'une épidémie peuvent également constituer un facteur de pollution

---

37 Voir http://www.oceac.org, consulté le 10 mars 2017.

susceptible d'aboutir à d'autres maladies. Par exemple, les déchets du matériel de vaccination contre une épidémie peuvent polluer l'environnement.

Dans le cadre de ses interventions sur la sécurité sanitaire, l'OCEAC est chargée :

- de l'élaboration, du suivi et de l'application des normes sanitaires régionales de production, de conservation, de transport et de consommation des aliments, des médicaments, des liquides biologiques et des eaux, etc. ;
- de l'évaluation des risques environnementaux sur la santé ;
- de l'élaboration des mesures d'hygiène et leur application ; et
- de la promotion de l'assainissement du milieu.

Quant à sa mission de participation à la formation des personnels de santé publique dans les États membres, l'OCEAC a créé en 1981 le Centre inter-État d'enseignement supérieur en santé publique d'Afrique centrale (CIESPAC) basé à Brazzaville au Congo. Ce Centre a intégré un master en santé publique dans son offre de formation. Ce master comprend les options suivantes : Hygiène et santé, puis santé et environnement. C'est dire que l'OCEAC est résolument engagée à la protection de l'environnement.

3.1.2 La Commission internationale du bassin Congo-Oubangui-Sangha (CICOS)

La création de cette institution est le fruit d'un travail mené par les experts de la CEMAC et ceux de la République Démocratique du Congo (RDC), avec le concours technique de la Commission économique pour l'Afrique et de la Commission du Rhin entre 1998 et 1999. Ce travail a abouti à la signature de l'Accord instituant un régime fluvial uniforme le 6 novembre 1999[38] et à la création de la CICOS, une organisation sous régionale dont la mission est de promouvoir la navigation intérieure. Cette mission a été élargie à la gestion intégrée de ressources en eau par l'additif à l'accord signé le 22 février 2007.

La CICOS comprend un organe de décision (le comité des ministres), un organe consultatif (le comité de direction), un organe d'exécution (le secrétariat général). Le secrétariat général comprend quatre directions, parmi lesquelles il y a la direction de l'environnement, de la prévention des pollutions et des risques.

Les normes adoptées dans le cadre de la CICOS sont favorables à la protection de l'environnement. Le titre IV de l'additif à l'accord signé le 22 février 2007 porte sur la protection et la préservation de l'environnement. Ce titre porte essentiellement sur

---

38 Cet accord a été signé par la République du Cameroun, la République du Congo, la République Centrafricaine et la République Démocratique du Congo qui n'est pas membre de la CEMAC.

les missions de la CICOS en matière de protection des écosystèmes riverains du fleuve et ses affluents contre tout type de pollution et contre les éventuelles modifications de l'écosystème,[39] sur la planification de l'aménagement et de la gestion des eaux,[40] et sur des modalités de réparation des dommages causés à l'environnement.[41] À ce niveau, il est question pour la Commission d'appliquer les principes bien connus de droit international de l'environnement : le principe pollueur-payeur et celui de l'utilisateur-payeur. À cet effet, certains outils économiques ont été envisagés : des taxes et redevances par les États à l'encontre des pollueurs et utilisateurs de l'eau à des fins économiques.

La CICOS a par ailleurs adopté des règles dérivées et conventionnelles. Ainsi, le Conseil des ministres de la CEMAC a adopté le code de la navigation intérieure CEMAC/RDC du 17 décembre 1999[42]. Le titre VII de ce code est intitulé « des dispositions relatives à l'environnement » et est constitué de deux chapitres dont le premier est consacré aux définitions et le second à la protection des eaux et élimination des déchets provenant des bâtiments.[43] Dans ce dernier chapitre, les États contractants énoncent des interdictions à l'endroit du capitaine et tout membre d'équipage de déverser des substances usées et polluantes dans l'eau.

De plus, un accord de coopération entre la CICOS et le Global Water Partnership Afrique centrale dans le but de « faciliter et de promouvoir la coopération entre les parties contractantes dans le but de renforcer le développement de programmes communs d'intervention pour la mise en valeur de la gestion intégrée des ressources en eau ».[44] Ces programmes communs comme l'indique l'article 2, portent également sur la préservation de l'environnement.

Enfin, il existe un règlement commun relatif au contrat de transport des marchandises par voie d'eau intérieure dans l'espace CICOS[45] qui dispose que le transporteur ou toute partie exécutante peut refuser de recevoir ou de charger les marchandises et peut prendre toute autre mesure raisonnable, notamment les décharger, détruire ou les neutraliser, si celles-ci présentent ou risquent, selon toute vraisemblance raisonnable, de présenter un danger réel pour les personnes les biens ou l'environnement pendant la durée de sa responsabilité.[46]

---

39   Voir l'article 14.
40   Voir l'article 15.
41   Voir l'article 16.
42   Voir le règlement n° 14/99/CEMAC/036/CM/03 du 17 décembre 1999.
43   Voir les articles 125 à 130 du code de la navigation intérieure CEMAC/RDC.
44   Voir l'article 1 de cet accord.
45   Ce règlement commun a été adopté par décision n° 07/CICOS/CM/08 du Conseil des ministres de la CICOS du 7 mars 2011 à Brazzaville (Congo).
46   Voir l'article 17 de ce règlement.

Les textes fondamentaux de la CICOS lui ont assigné des objectifs en matière de protection de l'environnement tels que : garantir la gestion durable des voies navigables et harmoniser la réglementation en matière de transport pour la sécurité de la navigation et la promotion de l'environnement.

La CICOS dispose d'un schéma directeur d'aménagement et de gestion des eaux. Il s'agit d'un vaste programme de mesures à mettre en œuvre au cours de la période 2016-2020. Ainsi, trois mesures sont envisagées dans le cadre de la protection de l'environnement : il s'agit de la sensibilisation pour une meilleure gouvernance, du système d'information pour la gestion et de l'évaluation pour une infrastructure environnementale adéquate.

3.1.3 La Commission économique du bétail, de la viande et des ressources halieutiques (CEBEVIRHA)

La Commission économique du bétail, de la viande et des ressources halieutiques (CEBEVIRHA) a été créée le 18 décembre 1987[47]. La terrible sécheresse qui a sévi en 1973-1974 a motivé les acteurs de la CEMAC à créer cette commission pour contribuer à l'alimentation de la population. Elle est a priori une organisation de coopération. La quête de développement durable a amené les autorités de la CEMAC à intégrer la protection de l'environnement dans les missions de la CEBEVIRHA. Ainsi, cette Commission a pour mission, d'abord de contribuer au développement durable, harmonieux et équilibré des secteurs de l'élevage et des industries animales, ensuite d'assurer le contrôle sur les lieux de conditionnement des troupeaux et des poissons.

Les objectifs de la CEBEVIRHA sont d'appuyer le développement quantitatif et qualitatif des secteurs de l'élevage, de la pêche et de l'aquaculture et d'assurer la surveillance et le contrôle de la pêche dans les eaux territoriales des États membres de la CEMAC. Dans cette optique, la CEBEVIRHA lutte contre l'exploitation abusive des ressources halieutiques biotique[48]. À ce propos, elle a conclu un accord de coopération avec la COREP, mais également avec d'autres partenaires.

Ces accords sont conclus dans le domaine de compétence de la CEBEVIRHA et intègrent des dispositions sur la protection de l'environnement. Il s'agit entre autres de :[49]

---

47 Voir http://www.cemac.int/service/cebevirha-commission-economique-du-b%C3%A9tail-de-la-viande-et-des-ressources-halieutiques, consulté le 10 mars 2017.
48 Mevono Mvogo (2015:82).
49 Pour ce qui est des différents accords, voir http://www.cemac.int/service/cebevirha-commission-economique-du-b%C3%A9tail-de-la-viande-et-des-ressources-halieutiques, consulté le 11 mars 2017.

- l'accord de coopération entre la CEBERVIRHA et la COREP, visant à assister les États membres en vue de protéger et de mettre en valeur, de façon durable, les ressources halieutiques. À travers cette coopération, ces deux institutions sous régionaux collaborent pour garantir la sécurité alimentaire aux populations de la sous-région ;
- l'accord de coopération entre la CEBEVIRHA et l'Union internationale pour la conservation de la nature (UICN). Dans le cadre de cette coopération, l'UICN a lancé en 2010 le projet « Élevage comme moyen de subsistance », lequel repose sur le renforcement des stratégies d'adaptation aux changements climatiques à travers la gestion améliorée au niveau de l'interface bétail-faune sauvage-environnement ;
- l'accord de coopération a également été conclu entre la CEBVIRHA et l'Office internationale des épizooties (OIE). D'après l'article 2 de cet accord, l'OIE assiste la commission sur plusieurs volets dont l'établissement de normes dans les échanges intra et extracommunautaires des animaux, et des produits halieutiques ; et
- l'accord de coopération entre la CEBEVIRHA et la COMIFAC dans le cadre du Programme d'actions sous régionales de lutte contre la dégradation des terres et la désertification en Afrique centrale. Du fait de sa mission de sécurité alimentaire, la CEBEVIRHA est interpellée par ce programme dans la mesure où l'aspect 'élevage' pour lequel elle agit ne peut être optimal que si les éleveurs ont la garantie que le pâturage est disponible. Pour cela, la lutte contre la désertification est une préoccupation de Commission du bétail.

3.1.4 Le Comité inter-États des pesticides d'Afrique centrale (CPAC)

Le CPAC est créé par la CEMAC en 2007[50] comme cela avait été prévu par le règlement n° 09/06/UEAC/114/CM/15 du 10 mars 2006 portant réglementation commune des pesticides en zone CEMAC. Plusieurs textes internationaux ont influencé l'action des autorités communautaires en ce sens. Il s'agit de :

- la convention de Stockholm sur les polluants organiques persistants. Elle a pour but de protéger la santé humaine et l'environnement des produits chimiques qui demeurent intacts dans l'environnement pendant de longues périodes et s'accumulent dans les tissus adipeux des êtres humains et de la faune ; et

---

50 Règlement n° 011/07/UEAC/114/CM/05 du 11 mars 2007.

- la convention de Bâle du 22 mars 1989 sur le contrôle des mouvements transfrontières des déchets dangereux et leur élimination.

Le CPAC applique le règlement portant harmonisation des pesticides et son règlement d'application. Il ressort de ces textes que le Comité est chargé :[51]
- de définir les méthodes de contrôle, la composition, la qualité et l'évaluation des produits à l'égard de l'homme, des animaux et de l'environnement ; et
- d'assister les comités nationaux dans l'élimination des pesticides périmés.

L'acte additionel n° 07/CEMAC/CCE/11 du 25 juillet 2012 a érigé le CPAC en institution spécialisée de la CEMAC. Et le règlemen n° 09/12//UEAC/CPAC/CM/23 di 22 juillet 2012 a organisé le fonctionnement du CPAC.

En conférant cette mission au Comité, les instances dirigeantes de la CEMAC ont mesuré l'ampleur des menaces de pollution que les pesticides font peser sur l'environnement. Il revient dès lors à l'institution en charge de l'homologation des pesticides d'être un acteur de premier plan dans la prévention des pollutions qui pourrait provenir des pesticides. D'où l'assistance des comités nationaux dans la destruction des pesticides périmés. En plus, en délivrant les autorisations provisoires de vente, le Comité s'appuie aussi sur des considérations environnementales.

3.2   La lutte contre la pollution du milieu marin au sein de la CEMAC

Le code communautaire de la marine marchande est divisé en livres. Le livre IV de ce code porte sur la pollution marine. Ce livre s'applique aux cas de pollution marine qui pourraient survenir dans l'espace maritime des États membres de la CEMAC. Ce livre prévoit la lutte contre la pollution marine autour de trois articulations majeures : l'énumération des potentiels cas de pollution, les actions préconisées en cas de violation et l'action en responsabilité en cas de pollution. Ce code intervient en application de nombreux instruments internationaux de protection de l'espace maritime contre les pollutions.[52] Les dispositions de ce code ne s'appliquent pas lorsque les jets et rejets des substances polluantes sont effectués pour la sécurité du navire ou pour sauver des vies humaines en mer, ou lorsqu'ils résultent d'une avarie de l'équipement du navire dont le capitaine peut justifier avoir pris les précautions nécessaires, lorsque les liquides ou mélanges contenant de telles substances sont déversés pour lutter contre une pollution, pour ce qui est des filets en fibres synthétiques, et lorsque l'abandon est dû à la perte accidentelle.

---

51   Voir article 3 du règlement n° 11/07/UEAC/114/CM/15, portant création, composition et fonctionnement du CPAC.
52   Il s'agit par exemple de la convention de Montego Bay.

Dans le cadre de ce code, il est interdit aux navires de procéder aux rejets d'hydrocarbures ou de mélanges d'hydrocarbures dans les eaux maritimes.[53] Par ailleurs, obligation est faite à tout navire d'avoir un plan d'urgence contre la pollution par les hydrocarbures et les autres substances polluantes établi conformément aux dispositions adoptées par l'Organisation maritime internationale.[54] L'article 319 du code admet que les interdictions de jets et de rejets ne s'appliquent pas en cas d'avarie lorsque le capitaine a justifié qu'il a fait preuve de précaution. Cela est également valable en cas de perte accidentelle des filets en fibre synthétique ou de matériaux utilisés pour les réparer.

En matière de prévention de la pollution par les immersions de déchets à partir des navires, l'article 339 énonce que les immersions de déchets dans des zones définies doivent être autorisées par arrêtés des ministres compétents en matière de défense nationale, des télécommunications et des ressources faunistiques et touristiques.

Les dispositions du code prévoient une procédure de délivrance de permis d'immersion de déchets.[55] L'article 338 prévoit une procédure de permis spécifique pour les déchets ou autres matières énumérées dans l'annexe II de la Convention LDC 72 (Convention de Londres de 1972 sur la prévention de pollution par l'immersion de déchets à partir de navires). Une procédure de permis général est également prévue pour les déchets ou autres matières énumérées dans les annexes I et II de la Convention LDC 72. L'article 40 désigne les autorités maritimes et celles chargées de l'environnement pour délivrer ce permis après étude d'impact sur le site d'immersion proposé. Un certificat international de conformité antisalissure est délivré (et renouvelé lors de carénage de la coque) aux navires de jauge brute égale ou supérieure à 400 battant pavillon des États membres et effectuant des voyages internationaux, pour prévenir la pollution par les peintures de coques des navires.

Selon le code de la marine marchande, en cas de pollution, le propriétaire, l'armateur ou l'exploitant du navire peuvent être mis en demeure afin de prendre toutes les dispositions nécessaires pour faire face au danger. Si les mesures prises ne produisent pas le résultat escompté, l'autorité maritime peut prendre des mesures nécessaires aux frais, risques et périls de l'armateur, du propriétaire ou de l'exploitant. Par ailleurs, tout propriétaire d'un navire transportant d'hydrocarbures en vrac est responsable des dommages causés par la pollution engendrée par cette cargaison,[56] de même que des dommages de pollution provoqués par des hydrocarbures provenant des soutes de ce navire.[57] Enfin toute autre personne que le propriétaire peut

---

53 Voir les articles 325, 326, 330, 333, 334, 335 du code communautaire de la marine marchande.
54 Voir l'article 329 de ce code.
55 Les articles 338 et 340 du code.
56 Voir l'article 359 de ce code.
57 Voir l'article 368 du code.

voir sa responsabilité engagée si elle a concouru à la réalisation des dommages de pollution par omission, par témérité ou intentionnellement.

En outre, le propriétaire d'un navire battant pavillon d'un État membre transportant plus de 2,000 tonnes d'hydrocarbures est tenu de souscrire à une police d'assurance en responsabilité civile.[58]

La réparation des dommages causés peut être exigée contre le propriétaire, l'assureur ou la personne dont émane la garantie financière. La responsabilité du propriétaire ne peut être écartée s'il est admis que les dommages proviennent d'un acte ou omission qu'il a commis personnellement soit avec l'intention de causer le dommage, soit témérairement en sachant qu'un tel dommage en résulterait probablement[59].

Les victimes de dommages de pollution d'hydrocarbures causés par un accident de mer qui n'ont pas pu obtenir entière réparation au titre du code, peuvent formuler une demande d'indemnisation auprès du Fonds international d'indemnisation des dommages de pollution par les hydrocarbures.

3.3   Les règles pharmaceutiques communautaires

La politique pharmaceutique communautaire est conçue par l'OCEAC en collaboration avec la commission de la CEMAC. Rédigée en coopération avec l'Union européenne et l'Organisation mondiale de santé, cette politique est censée engendrer le cadre juridique et institutionnel, les ressources humaines, l'assurance qualité et l'accessibilité.

Il est vrai que la qualité par exemple porte essentiellement sur le produit, mais il n'en demeure pas moins vrai que cet objectif est fondé sur certains aspects extérieurs comme l'environnement. En effet, un médicament serait de bonne qualité s'il est conforme aux normes établies. Ces normes devraient intégrer celles relatives à la lutte contre la pollution. C'est par exemple le cas de nombreux emballages servant au conditionnement de ces médicaments. Ces emballages devraient être écologiques c'est-à-dire, entre autres biodégradables ou recyclables.

Par ailleurs, le règlement n° 05/13/UEAC/OCEAC/CM/SE/2 du 10 juin 2013, portant référentiel d'harmonisation des procédures d'homologation des médicaments à usage humain dans l'espace CEMAC prévoit par exemple les bonnes pratiques de fabrication des médicaments qui sont un facteur de l'assurance de la qualité. Ces bonnes pratiques garantissent que les produits sont fabriqués et contrôlés de façon

---

58   Voir l'article 363 et suivant du code.
59   Voir l'article 362 du code.

cohérente et selon les normes de qualité.[60] En outre, ce règlement prévoit une déclaration sur l'évaluation environnementale[61] au rang des renseignements administratifs pour le dossier de demande d'homologation d'un médicament à usage humain dans un pays de la CEMAC. Il pourrait s'agir d'une présentation des risques que le produit en cours d'homologation pourrait présenter pour l'environnement. Enfin, ce règlement exige que les précautions particulières d'élimination des produits non utilisés ou des déchets de ces produits soient prises.[62]

3.4   Les programmes de la CEMAC en matière de l'environnement

Premièrement le Pôle régional de recherche appliquée des savanes d'Afrique centrale (PRASAC) créé en 1997 est devenu en 2008, le pôle régional de recherche appliquée des systèmes agricoles d'Afrique centrale.[63] La gestion des ressources naturelles s'est positionnée comme un objectif de ce programme. En effet, la zone d'intervention du PRASAC est considérée comme exposée aux effets néfastes des changements climatiques, les ressources en eau étant de plus en plus rares, et l'assèchement du lac Tchad étant plus persistant. Il n'est d'ailleurs pas rare que des conflits naissent entre éleveurs et agriculteurs pour l'usage du peu d'eau disponible. En plus, le pâturage devient rare à cause de la sécheresse et la désertification qui avancent à grands pas. De plus, la dégradation des sols entraîne des baisses des potentialités de récoltes. Le PRASAC qui a un rôle de sécurité alimentaire ne pouvait donc prétendre remplir ses fonctions sans intégrer la protection de l'environnement dans ses missions. Ceci d'autant plus que les actions de production agricole sont aussi constitutives de dégradation de l'environnement. Ainsi, le programme agricole a commencé à intégrer la protection de l'environnement dans ses missions et activités. À titre d'exemple, de nombreux projets ayant un lien plus ou moins étroit avec la protection de l'environnement existent, notamment :

- le projet d'appui à la recherche régionale pour le développement durable des savanes d'Afrique centrale ; et
- le « projet Manioc » qui porte sur la production durable du manioc en Afrique centrale. Il est financé par la Commission de l'Union européenne.

De plus, il est prévu une évaluation des impacts environnementaux liés aux pesticides et aux engrais dans le programme thématique pour la sécurité alimentaire.

---

60   Voir l'article 3 de ce règlement.
61   Voir l'article 20 de ce règlement.
62   Voir l'article 41 de ce règlement.
63   Voir http://www.prasac-cemac.org/index.php/paysmembres/tchad, consulté le 11 mars 2017.

Deuxièmement le système qualité en Afrique centrale qui vise à instaurer un système de normes communautaires en conformité avec les standards internationaux. Dans le cadre de l'atelier de validation de l'étude et plan d'action sur le système qualité, il en ressort cinq projets, dont celui sur la sécurité sanitaire des produits alimentaires en Afrique centrale. Protéger l'environnement peut être un moyen de sécurisation sanitaire des aliments. En effet, en observant les dispositions environnementales relatives à l'usage des pesticides, cela pourrait épargner les produits alimentaires des cas de pollution.

Par ailleurs, le plan d'action du système qualité de la CEMAC comprend cinq axes d'intervention, dont le renforcement des services nationaux d'inspection de la qualité en matière de sécurité sanitaire, phytosanitaire et zoo sanitaire. Le système qualité CEMAC porte également sur les infrastructures. Il s'agit du Programme infrastructure et qualité de l'Afrique centrale.

4   Conclusion

Au regard de tout ce qui précède, il est juste de conclure que la protection de l'environnement figure bel et bien dans les agendas des deux communautés économiques régionales de l'Afrique centrale que sont la CEEAC et la CEMAC. Certes la CEEAC, à partir même de son texte fondateur, avait déjà une prédisposition à développer des règles communautaires de protection de l'environnement appuyées par une politique régionale en la matière, contrairement à la CEMAC qui n'a fait qu'insérer les soucis environnementaux dans ses activités de manière progressive. Il est encourageant de constater qu'une synergie sous régionale pour la protection de l'environnement est envisagée entre les deux communautés régionales comme le témoigne l'accord COMIFAC-CEMAC et l'accord la CEBERVIRHA et la COREP.

Le processus visant à jumeler la CEMAC et la CEEAC devra sûrement permettre, sous réserve de son aboutissement, l'éclosion du droit et de la politique communautaire de l'environnement en Afrique centrale.

Bibliographie indicative

Crawford, JA, R Fiorentino & C Toqueboeuf, 2009, The landscape of regional trade agreements and the WTO surveillance, in : Baldwin, R & P Low (eds), 2009, *Multilaterilizing regionalism: challenges for the global trading system*, Cambridge, Cambridge University Press.

Kam Yogo, E, 2015, Le principe de participation du public à la gestiondes forêts dans le bassin du Congo: forces et faiblesses, dans : Lofts, K, S Duych & S Jodoin, *Public participation and climate governance*, Montréal, Working Paper Series CISDL.

Kam Yogo, E, 2016, *Le processus d'intégration régionale en Afrique centrale : état des lieux et défis*, Bonn/Praia, WAI-ZEI Paper.

Mankoto Mambaelele, S & JP Agnangoye, 2016, *Le Réseau des aires protégées d'Afrique centrale (RAPAC) et la dynamique de conservation de la biodiversité dans le bassin du Congo,* Présentation à la réunion du partenariat pour les forêts du bassin du Congo, http://pfbc-cbfp.org/tl_files/archive/evenements/paris2006/reunion230606/rapac.pdf, consulté le 30 janvier 2018.

Mevono Mvogo, D, 2015, *La protection de l'environnement dans le processus d'intégration de la Communauté économique et monétaire de l'Afrique centrale (CEMAC),* Mémoire de master 2, Université de Douala.

SECTION 3

GENERAL ASPECTS OF ENVIRONMENTAL LAW IN CAMEROON

ASPECTS GENERAUX DU DROIT DE L'ENVIRONNEMENT AU CAMEROUN

CHAPITRE 6 :
LE CAMEROUN ET SON ENVIRONNEMENT

Emmanuel D. KAM YOGO

1 Introduction

Souvent considéré comme l'Afrique en miniature, le Cameroun comprend un environnement qui, à quelques exceptions près, peut être considéré comme une synthèse de l'environnement du continent africain avec des zones côtière, forestière, montagneuse, maritime et sahélienne. Le Cameroun est situé pleinement au milieu de l'Afrique, fait partie du bassin du Congo et du golfe de Guinée. Il s'étend du Lac Tchad en zone sahélienne à l'océan atlantique[1] en passant par les monts Mandara, divers types de savanes, les hauts plateaux et divers types de forêts. Le Cameroun comprend environ 20 millions d'habitants[2] qui se répartissent de manière inégale entre plusieurs ethnies ayant des pratiques coutumières diversifiées vis-à-vis de l'environnement. Alors que certaines coutumes se caractérisent par des pratiques de chasse, d'autres insistent sur des pratiques d'élevage ou d'agriculture et même, dans des cas rares, sur la pratique de la pêche.

C'est après la conférence des Nations unies sur l'environnement et le développement tenue à Rio de Janeiro en 1992 que le Cameroun inaugure véritablement une politique environnementale systématique qui se traduit sur le plan institutionnel par la création d'un ministère chargé particulièrement des questions environnementales[3] en 1992, suivie de l'élaboration du Plan national de gestion de l'environnement (PNGE). Cette politique s'est traduite sur le plan normatif par l'adoption de la toute première loi-cadre sur la gestion de l'environnement[4] en 1996. Cette loi précise que la politique nationale de l'environnement est définie par le Président de la Répu-

---

1   Le Cameroun est ouvert à l'océan atlantique sur une distance de près de 402 km.
2   Selon le Bureau central des recensements et des études de la population (Bucrep), l'effectif de la population du Cameroun au 1er janvier 2010 était de 19,406,100 habitants. Le taux d'accroissement annuel dépasse 2.5%.
3   Voir le décret n° 92/265 du 29 décembre 1992 portant organisation du ministère de l'environnement et des forêts.
4   Il s'agit de la loi n° 96/12 du 5 août 1996 portant loi-cadre relative à la gestion de l'environnement.

blique.[5] Ceci va dans le même sens que la constitution qui dispose que le Président de la République définit la politique de la nation.[6]

La loi-cadre sur l'environnement définit celui-ci comme « l'ensemble des éléments naturels ou artificiels et des équilibres biogéochimiques auxquels ils participent, ainsi que des facteurs économiques, sociaux et culturels qui favorisent l'existence, la transformation et le développement du milieu, des organismes vivants et des activités humaines » ;[7] elle présente l'environnement comme « un patrimoine commun de la nation »[8] qui est « une partie intégrante du patrimoine universel »[9] et sa protection ainsi que sa gestion rationnelle relèvent de « l'intérêt général ».[10]

Plusieurs zones écologiques composent l'environnement au Cameroun et quelques instruments politiques visant à orienter sa protection et sa gestion rationnelle ont été mis au point par le gouvernement.

2   Les zones écologiques du Cameroun

On peut distinguer les zones écologiques suivantes : la zone soudano-sahélienne, la zone de savane, la zone maritime et côtière et la zone de forêts tropicales.

2.1   La zone soudano-sahélienne

La zone soudano-sahélienne est constituée des monts Mandara, des plaines de l'Extrême-Nord et de la vallée de la Bénoué. Cette zone couvre les régions administratives de l'Extrême-Nord et du Nord. Sa végétation est constituée de steppes arbustives diverses, des plaines herbeuses périodiquement inondées qui servent souvent des pâturages aux éleveurs de la région et des pays voisins, des savanes boisées soudano-sahéliennes plus ou moins dégradées aux bords du fleuve Bénoué. Les principales aires protégées sont : les parcs nationaux de la Bénoué[11], de Bouba Njidah[12], de

---

5   Voir l'article 3 de la loi n° 96/12.
6   Article 5 (2) de la Constitution camerounaise.
7   Voir l'article 4 (k) de la loi n° 96/12.
8   Voir l'article 2 (1) de la loi n° 96/12.
9   (ibid.).
10   Voir l'article 2 (2) de la loi n° 96/12.
11   Créé en 1968, ce parc est estimé à une superficie de 180,000 hectares, voir l'arrêté n° 120/SEDR du 5 décembre 1968.
12   Créé en 1968, ce parc est estimé à une superficie de 220,000 hectares, voir l'arrêté n° 120/SEDR du 5 décembre 1968.

Waza[13], et de Kalamaloué.[14] Parmi les problèmes écologiques majeurs de cette zone, il y a la menace permanente de désertification, caractérisée par la rareté des boisements et de l'eau. Ce phénomène est souvent imputé à deux facteurs : les déficits pluviométriques quasi-permanents et une mauvaise répartition des pluies dans l'espace et dans le temps. La dégradation des sols est due à la diminution du couvert végétal, aux pratiques agropastorales inadaptées et à la mauvaise utilisation des ressources en eau.

Le relief de cette zone comprend les montagnes (chaines montagneuses de Poli et des monts Mandara, les pics de Roumsiki et de Mindif), les surfaces inondées, les plaines et les vallées. On y trouve des eaux douces, notamment le lac Tchad, les fleuves Benoué, Mayo Louti, Mayo Sava, Mayo Kaliao. La flore comprend des plantes ligneuses et des arbustes tandis que la faune comprend des mammifères sauvages, des mammifères domestiques ou domestiqués, des poissons d'eau douce et crustacés, plusieurs types de serpents, lézards, grenouilles ou crapauds, plusieurs types d'oiseaux[15], etc.

Le climat de cette zone est caractérisé par une pluviométrie de type monomodale de durée et d'intensité variables. Les températures sont aussi variables, les maxima pouvant être de l'ordre de 40 à 45°C en avril. On peut y distinguer quatre espaces agro-climatiques,[16] à savoir :

- les plaines de Mora, Maroua, Kaélé et le Bec-de-canard, où le risque pluviométrique est élevé ;
- les piémonts et les montagnes où le risque climatique est plus limité du fait d'une pluviométrie un peu plus abondante (800-900 mm) et mieux repartie ;
- la zone intermédiaire des pénéplaines de Guider et de Garoua où le risque de sécheresse est assez faible ; et
- la zone allant de Ngong à Touboro où le risque climatique est très limité et la période favorable à la mise en place des cultures atteint généralement deux mois.

---

13   Créé en 1968, il est estimé à une superficie de 170,000 hectares, voir l'arrêté n° 120/SEDR du 5 décembre 1968.
14   Ce parc est estimé à une superficie de 4,500 hectares, voir l'arrêté n° 7 du 4 février 1972.
15   Bird Life International (2012).
16   Voir le rapport sur l'état des ressources phytogénétiques pour l'alimentation et l'agriculture au Cameroun, http://www.fao.org/pgrfa-gpa-archive/cmr/Cameroon_2nd_PGRFA_Report.pdf, consulté le 5 mars 2017.

2.2   La zone de savane

La zone des savanes comprend la savane d'altitude de l'Adamaoua, les savanes basses du Centre et de l'Est (zone de transition, zone de savane et forêts galeries), la plaine Tikar et les hauts plateaux de l'Ouest et du Nord-Ouest (zones des montagnes, zone de plaine à bas-fonds, Savannah Woodland, afro-alpine zone, Crater Lakes zone). La zone des savanes couvre les régions administratives de l'Adamaoua et de l'Ouest et partiellement les régions administratives de l'Est, du Centre et du Nord-Ouest.[17] C'est une zone qui est dominée par les savanes arbustives que l'on rencontre dans les environs de Bamenda, de Kambé, du Noun, et sur les hauts plateaux de l'Adamaoua et des formations de savanes herbeuses. Son climat est de type tropical avec deux saisons dans la savane d'altitude de l'Adamaoua, la plaine Tikar et les hauts plateaux de l'Ouest et du Nord-Ouest et quatre saisons dans les savanes basses du Centre et de l'Est. Ces différentes savanes sont dans l'ensemble favorables aux activités agropastorales ainsi qu'aux activités sylvicoles. Ceci figure parmi les potentialités de cette zone, à côté des ressources minières importantes dans les basses savanes de l'est. Le potentiel de cette zone en matière faunique est important. On y note l'existence de plusieurs parcs nationaux, notamment : le parc national de la vallée du Mbéré,[18] le parc national du Mbam et Djérem.[19]

De manière générale, la flore de cette zone se caractérise par des plantes ligneuses et les arbustes, des plantes herbacées, des plantes cultivées. Dans l'agroforesterie, les espèces sont choisies par les agriculteurs sur la base de leurs besoins en vue de satisfaire divers usages ; par exemple, les arbres ombrophiles, arbres pour le pâturage (alimentation du bétail), gomme arabique. La faune de cette zone se caractérise par des mammifères sauvages, mammifères domestiques ou domestiqués, des petits ruminants. On compte 437 espèces d'oiseaux dont 379 sont résidentes et 58 sont migratrices.[20] Plusieurs insectes terrestres, les sauterelles, les papillons, les termites et de champignons qui ont une importance agricole et sur la sécurité alimentaire y sont trouvés. Il existe aussi des abeilles (production du miel dans les régions de l'Adamaoua et du Nord-Ouest), des termites ailées et les criquets verts, les larves de coléoptère et des champignons.

Dans une partie de la zone de savane, notamment dans l'Adamaoua, les cultures destinées à l'alimentation humaine ou du bétail dépassent celles destinées à

---

17   Il faut reconnaître qu'une grande partie de la région du Nord-Ouest est dans la savane et que seule une petite partie, Highland zone et Lowland zone, fait partie de la forêt équatoriale.

18   Créé en 2004, ce parc national est estimé à une superficie de 77,760 hectares (voir le décret n° 2004/0352/PM du 4 février 2004).

19   Créé en 2000, ce parc national mesure 416,512 hectares. (Voir le décret n° 2000/005/PM du 6 janvier 2000).

20   Voir Decoux & Njoya (1997).

l'exportation. Ainsi, le maïs constitue la principale culture dont l'adoption par une bonne partie de la population a freiné la production du mil et du sorgho. On y cultive aussi l'arachide, ainsi que les ignames. Alors que dans les hauts plateaux de l'Ouest, toutes sortes de cultures y sont pratiquées : caféier, théier, bananier, maïs, arachide, riz, cultures maraîchères, etc.

2.3   La zone maritime et côtière

Le Cameroun partage le littoral atlantique d'environ 402 km s'étendant de la frontière avec le Nigeria au sud à la frontière avec la Guinée équatoriale.[21]

La zone côtière et maritime représente la zone écologique la plus petite. Elle se situe au fond du golfe de Guinée et est marquée par une concentration humaine importante et le développement des activités industrielles, agricoles, portuaires et pétrolières. Cette zone couvre partiellement les régions administratives du Sud-Ouest, du Littoral et du Sud. La végétation côtière est principalement constituée de la mangrove et des cocotiers. Au-delà de cette végétation côtière, on trouve la forêt dense notamment dans la partie sud du littoral. La zone côtière constitue le principal pôle économique du Cameroun. En marge des industries dont la majorité est localisée dans les centres urbains, plusieurs sociétés agro-industrielles y sont installées. Des pêcheurs artisanaux et les sociétés de pêches industrielles y exploitent des ressources halieutiques marines. Le problème central de la côte maritime est la dégradation progressive des écosystèmes marins et côtiers. Cette dégradation est entretenue par la surexploitation des ressources halieutiques, l'érosion côtière, les pollutions diverses. L'exploitation désordonnée des ressources halieutiques provient des techniques et méthodes de pêche inadaptées et la pêche illégale. L'occupation anarchique des mangroves se traduit entre autres par la coupe abusive des palétuviers avec pour conséquence de favoriser l'érosion. Par ailleurs, l'érosion des berges est causée par de déboisement des rives, l'exploitation anarchique des carrières de sable, le non-respect de l'emprise maritime dans l'occupation des côtes. La forte urbanisation, l'industrialisation incontrôlée de nos côtes, le développement des activités portuaires et maritimes, l'exploitation des produits pétroliers exposent les côtes et les eaux maritimes camerounaises aux dangers de pollutions diverses, notamment par le déversement illégal des déchets. Le Cameroun est signataire de plusieurs conventions internationales sur le droit de la mer, malheureusement, une législation interne lacunaire, les difficultés liées à la coordination entre les différents intervenants et l'inefficacité de contrôle n'ont pas toujours permis de veiller à une gestion saine et durable de la côte maritime. Les stratégies préconisées pour une gestion durable des

---

21   Sayer (1992).

ressources de la côte maritime visent, outre l'exploitation rationnelle des ressources halieutiques, le contrôle de l'érosion côtière et l'élimination des pollutions diverses. Les chutes de la Lobé, les sites naturels rares comme le rocher du loup, les splendides plages de sable blanc, la présence du Mont Cameroun (4,070 m) qui surplombe l'Océan Atlantique, sont autant d'atouts pour le développement de l'activité touristique dans la région côtière. À l'instar du reste du golfe de Guinée. La météorologie de l'équateur influence le climat de la zone côtière du Cameroun. Le climat est de type 'camerounien', très humide et chaud, une variante du climat équatorial. Les pluies sont abondantes, en moyenne 2,500 à 4,000 mm, à l'exception de la localité de Debundscha considérée comme l'une des localités les plus pluvieuses du monde, avec 11,000 mm d'eau par an. La pluie tombe suivant un régime monomodal avec une saison sèche très courte.[22]

Cette zone se caractérise par des habitats marins et côtiers (l'herbier marin et récifs coralliens, forêts de mangroves et autres zones côtières humides, forêts côtières).[23] La diversité des poissons marins dans les eaux marines et côtières du Cameroun atteint un total de 557 espèces, y compris 51 espèces endémiques, 43 espèces menacées, 131 espèces pélagiques et 187 espèces d'eaux profondes.[24]

2.4   La zone de forêts tropicales

La zone de forêts tropicales comprend les forêts dégradées du Centre et du Littoral et la forêt dense humide du Sud-Ouest et de l'Est. Cette zone qui couvre en partie les régions administratives du Centre, de l'Est, du Littoral, du Sud-Ouest et du Nord-Ouest et en entier la région du Sud, dispose d'un réseau hydrographique important et son climat est de type équatorial avec quatre saisons. Il y existe des forêts dégradées à cause d'une forte pression sur les forêts denses. L'occupation anarchique de l'espace forestier est le fait entre autres de la présence des activités agropastorales, des activités de braconnage et de l'exploitation illégale des forêts. Le système de production agricole est extensif et est basé sur le brûlis incontrôlé dont les effets sur la forêt sont très désastreux. Les forêts tropicales denses et humides constituent la majorité des forêts du Cameroun et on estime qu'elles couvrent 17 millions d'hectares.[25] Les données fournies par le ministère de l'environnement montrent que la zone de forêts tropicales est la plus diversifiée et représente plus de 60% de la bio-

---

22   Voir deuxième rapport sur l'état des ressources phytogénétiques pour l'alimentation et l'agriculture au Cameroun, 23, http://www.fao.org/pgrfa-gpa-archive/cmr/Cameroon_2nd_ PGRFA_Report.pdf, consulté le 5 mars 2017 ; Folack & Gabche (1989).
23   République du Cameroun (2012:12).
24   (ibid.:16).
25   (ibid.:22).

diversité camerounaise au total. Concernant les arbres identifiés et nommés, il existe environ 235 familles, 1,179 genres et 8,500 à 10,000 espèces.[26]

En ce qui concerne la faune, on y note une grande diversité d'espèces dans la forêt tropicale humide (340 espèces de mammifères, 920 espèces d'oiseaux et 274 reptiles. les reptiles sont bien représentés avec une collection de serpents, de lézards et les fleuves abritent des populations de crocodiles).[27] Parmi les aires protégées, il y a le parc national de Boumba Bek,[28] le parc national de Korup,[29] le parc national de Lobeke,[30] le parc national de Bakossi,[31] le parc national de Takamanda,[32] le parc de Mpem et Djim,[33] le parc national de Nki[34] et le parc national de Deng Deng.[35]

Une bonne partie de cette zone se caractérise par la pratique de la culture itinérante sur brûlis suivie de jachères pour la restauration de la productivité du sol. On y trouve aussi des cultures pérennes (cacao, caféier, divers arbres fruitiers) et annuelles et pluriannuelles (bananier plantain, canne à sucre, maïs, tabac, cultures maraîchères, tubercules, etc.).

3   Les instruments politiques de gestion de l'environnement au Cameroun

L'instrument politique transversal est le PNGE. Il est accompagné d'une diversité d'instruments sectoriels.

3.1   Le Plan national de gestion de l'environnement

Le PNGE est le premier instrument de politique de gestion de l'environnement élaboré par le Cameroun au lendemain de la Conférence de Rio sur l'environnement et le développement en 1992. En réalité, le PNGE peut être considéré comme la version camerounaise de l'Agenda 21. Le PNGE élaboré pour la première fois en 1996 constitue un cadre politique idéal concernant les actions à mener en matière de protection

---

26   (ibid.).
27   (ibid.:23).
28   Créé en 2005 (voir le décret n° 2005/3284/PM du 6 octobre 2005).
29   Créé en 1986 et estimé à environ 125900 hectares (voir le décret n° 86/1283 du 30 octobre 1986).
30   Créé en 2001 (voir le décret n° 2002/107/PM du 19 mars 2001)
31   Créé en 2007 et s'étend sur 29,320 hectares (voir le décret n° 2007/1459/PM du 28 novembre 2007).
32   Créé en 2008 avec 67,599 hectares (voir le décret n° 2008/2751 du 21 novembre 2008).
33   Créé en 2004 avec 97,480 (voir le décret n° 2004/0836/PM du 12 mai 2004).
34   Créé en 2005 avec 309,362 hectares (voir le décret n° 2005/3283/PM du 6 octobre 2005).
35   Créé en 2010 avec 52,347 hectares (décret n° 2010/0482/PM du 18 mars 2010).

de l'environnement. La version préliminaire du PNGE est présentée en quatre volumes. Le volume I contient un rapport principal avec une présentation succincte des stratégies du PNGE par secteur d'intervention et des chapitres du cadre général concernant, notamment, l'analyse du problème central, des objectifs et des résultats à atteindre, la description de l'espace géographique, les perspectives de l'évolution démographique et l'analyse des effets sur l'environnement, l'analyse du contexte économique et des effets sur l'environnement, l'analyse du cadre juridique et institutionnel. Le volume 2 contient l'analyse des secteurs d'intervention concernant la description et la formulation des politiques et stratégies sectorielles. Le volume 3 contient la présentation des fiches de projets et des tableaux récapitulatifs (les projets identifiés au niveau central dans le cadre des études sectorielles et les projets identifiés au niveau régional avec la participation des populations dans le cadre des séminaires de concertation et de planification) et enfin, le volume 4 qui contient des tableaux de planification. Élaboré dans une approche visionnaire, le PNGE reconnaît la protection de l'environnement comme étant partie intégrante du processus de développement, consacrant ainsi un lien entre l'environnement et le développement. Il considère l'accès à la croissance comme devant nécessairement se faire à travers une économie verte qui réduit les émissions de gaz à effet de serre tout en évitant les pertes de biodiversité. Révisé en 2012, le PNGE prévoit quatre programmes essentiels accompagnés de onze composantes stratégiques en réaction aux menaces actuelles et aux régressions observées dans l'état de l'environnement au Cameroun. Ces programmes visent à réduire de manière significative les pertes de la biodiversité, ensuite à atténuer les impacts des changements climatiques et de la désertification, puis à lutter contre les pollutions et les nuisances, et enfin à promouvoir le développement durable. Le PNGE est mis en œuvre à travers plusieurs programmes, stratégies et plan d'action couvrant divers secteurs.

3.2   Les programmes, plans d'action et stratégies par secteurs

3.2.1   Les instruments concernant les espaces aquatiques, côtiers ou marins

3.2.1.1   La gestion des ressources en eau

En matière de gestion des ressources en eau, on peut relever le Plan d'Action Nationale de Gestion Intégrée des Ressources en Eau (PANGIRE). Étant donné qu'il existe plusieurs facteurs qui empêchent une bonne gestion des ressources en eau, le processus de gestion intégrée cherche à promouvoir la rationalité et la durabilité dans l'usage de l'eau et vise à s'assurer que l'eau est utilisée pour permettre le développement économique et social au Cameroun. De manière globale les principaux enjeux à prendre en considération en matière de gestion intégrée des ressources en eau au Cameroun sont : l'alimentation en eau potable et l'assainissement des villes et des villages, l'amélioration des rendements agricoles et de la sécurité alimentaire par le développement de l'irrigation, l'alimentation du cheptel et des grandes zones d'élevage du pays en eau, la production hydroélectrique, la navigabilité des principaux cours d'eau du pays, les eaux transfrontalières, la pêche, et la protection des ressources en eau contre diverses sources de dégradation.

Hormis le PANGIRE, il y a la Stratégie Nationale sur la Gestion Durable des Eaux et des Sols (SNGDES) dont l'objectif est de constituer un cadre pour harmoniser et mettre en cohérence des initiatives de gestion durable des eaux et des sols afin de répondre aux objectifs de production soutenue dans le secteur agro-sylvo-pastoral, tels que fixés dans le Document de stratégie du développement du secteur rural (DSDSR). Cette stratégie met en relief la problématique de la maîtrise des eaux et des sols ainsi que les contraintes et les solutions y relatives notamment en termes de promotion de la gestion intégrée de ces ressources. Elle a été élaborée avec le concours de Global Water Partnership (GWP-Cameroun) et du Programme des Nations Unies pour le Développement (PNUD).

3.2.1.2 Gestion durable des mangroves

Un certain nombre d'initiatives ont été engagées pour la protection des mangroves à l'instar de la stratégie nationale de gestion durable des mangroves et des écosystèmes côtiers.[36] Cette stratégie vise la conservation et l'exploitation durable des ressources des écosystèmes des mangroves et de la zone côtière pour qu'ils contribuent efficacement à la satisfaction des besoins locaux, nationaux des générations actuelles et futures. Pour cela, il est nécessaire de diminuer et même de supprimer la dégradation de ces écosystèmes afin de garantir durablement leurs fonctions écologiques, biologiques, économiques et socioculturelles. Il faut reconnaître que la loi-cadre de 1996 n'évoque les écosystèmes de mangroves que dans ses dispositions diverses et finales en indiquant qu'ils « font l'objet d'une protection particulière qui tient compte de leur rôle et de leur importance dans la conservation de la diversité biologique... ».[37] La mention de « protection particulière » pourrait laisser croire que les écosystèmes de mangroves devraient être régis par une loi « particulière » organisant leur gestion durable. Pour le moment, telle n'est pas l'option prise par le gouvernement.

---

36   Voir ladite stratégie dans http://www.minep.gov.cm/index.php?option=com_content&view= category, consulté le 14 mars 2017.
37   Voir l'article 94 de la loi n° 96/12.

3.2.1.3 Le projet COAST

Le projet COAST a été initié par le Fonds pour l'environnement mondial (FEM) et est exécuté par l'Organisation des Nations unies pour le développement industriel (ONUDI) en collaboration avec l'Organisation mondiale du tourisme (OMT) et le Programme des Nations unies pour l'environnement (PNUE). Le Cameroun fait partie, pour l'Afrique centrale, des pays dans lesquels ce projet doit être mis en œuvre. Les principaux objectifs du projet sont : d'abord, mettre en évidence les meilleures pratiques et technologies existantes pour les investissements en matière de gestion des contaminants et préservation du tourisme collaboratif durable, ensuite élaborer et mettre en œuvre des mécanismes de gouvernance et de gestion durable qui réduisent sensiblement la dégradation des écosystèmes côtiers par les sources terrestres de pollution et de contamination, puis évaluer et répondre aux besoins de formation et de renforcement des capacités en mettant l'accent sur une approche intégrée de la réduction durable de l'écosystème côtier et de la dégradation de l'environnement au sein du secteur touristique, enfin élaborer et mettre en œuvre des mécanismes de saisie, de traitement et de gestion de l'information pour promouvoir la diffusion et le partage de l'information. Au niveau du Cameroun, ce projet a été baptisé « tourisme côtier durable à Kribi ».

3.2.1.4 Le projet sur la jacinthe d'eau

La jacinthe d'eau est une plante aquatique envahissante. Elle se prolifère en couvrant la surface de l'eau et menace ainsi la navigation, l'irrigation, la pêche et même la production de l'électricité. Elle provoque également la disparition des nombreuses espèces de faune et de flore. Le projet pilote a commencé en 2010 dans le bassin hydrographique du Wouri avant de s'étendre sur d'autres sites comme le Nyong.[38] Ce projet vise à éliminer ces plantes, à maîtriser leur prolifération et dans la mesure du possible les valoriser.

---

38 Voir http://www.minep.gov.cm/index.php?option=com_content, consulté le 14 mars 2017.

3.2.2   Les instruments concernant les forêts, la faune et la lutte contre la désertification

3.2.2.1   Le Programme sectoriel foret-environnement

Le Programme sectoriel foret-environnement (PSFE) a vu son implémentation commencée en 2005. C'est un instrument de planification de la politique forestière du Cameroun. Au cours de sa première phase, le PSFE avait cinq composantes pour la gestion environnementale des activités forestières, la gestion de la production forestière et la valorisation des produits forestiers, la conservation de la biodiversité et la valorisation des ressources fauniques, la gestion des forêts communautaires et de la faune, ainsi qu'une composante transversale en matière de renforcement des capacités institutionnelles, la formation et la recherche. La seconde phase du PSFE est déjà opérationnelle et comporte des changements institutionnels majeurs en termes de partenaires donateurs et d'organismes d'exécution.

3.2.2.2   La Stratégie nationale des contrôles forestiers et fauniques

Cette stratégie a été adoptée en 2005 et se présente comme un instrument d'opérationnalisation des lois et règlements relatifs à la gestion durable des ressources forestières et fauniques. Elle prend en compte les engagements internationaux du Cameroun découlant des conventions multilatérales comme la *Convention on International Trade in Endangered Species of Wild Fauna and Flora* (CITES) ou des accords bilatéraux comme celui issu du processus *Africa Forest Law Enforcement and Governance* (AFLEG). Les objectifs de cette stratégie sont, entre autres, d'augmenter les revenus de l'État et des communautés locales, de garantir le respect des droits des communautés locales, de garantir la durabilité de la production forestière et de préserver la biodiversité et les écosystèmes.

3.2.2.3   La Stratégie 2020 du sous-secteur forets et faune

Adoptée en 2012 la stratégie 2020 du sous-secteur forêts et faune[39] se veut la traduction de la vision 2035 pour le développement du Cameroun dans le secteur des forêts, de la faune et de la conservation. Les programmes, actions et activités de la stratégie des forêts et de la faune visent, entre autres, à contribuer à la croissance économique,

---

39   Voir ce document dans http://extwprlegs1.fao.org/docs/pdf/Cmr146461.pdf, consulté le 29 janvier 2018.

à créer des emplois et à réduire la pauvreté des populations des zones forestières. Cette stratégie s'adosse entièrement sur le Document de stratégie pour la croissance et l'emploi (DSCE).

3.2.2.4   Le Plan national de lutte contre la desertification

Le Plan national de lutte contre la désertification a été élaboré au titre des engagements du Cameroun dans le cadre de la Convention des Nations unies sur la lutte contre la désertification. Cette convention a pour objectif de

> lutter contre la désertification et d'atténuer les effets de la sécheresse dans les pays gravement touchés, en particulier en Afrique, grâce à des mesures efficaces à tous les niveaux, appuyés par des arrangements internationaux de coopération et de partenariat, dans le cadre d'une approche intégrée en vue de contribuer à l'instauration d'un développement durable.[40]

Le Plan national de lutte contre la désertification est un instrument essentiel pour la mise en œuvre de cette Convention au Cameroun et est le résultat d'un fructueux processus de concertation tant au niveau national que régional sous l'impulsion de certains partenaires au développement notamment le PNUD avec l'appui du Secrétariat de la Convention sur la lutte contre la désertification. C'est le résultat d'un large consensus entre toutes les parties prenantes. Toutes les grandes orientations stratégiques issues des concertations régionales et nationales sur la lutte contre la désertification ont été synthétisées et présentées dans les cinq axes prioritaires d'intervention suivants : d'abord, l'aménagement et la gestion participative de l'espace, ensuite la gestion durable des ressources naturelles (eau, sols, couvert végétal, faune), puis la restauration des terres dégradées et l'amélioration de la fertilité des sols, en outre le renforcement des capacités des acteurs en matière de lutte contre la désertification, enfin la gestion concertée des ressources partagées au niveau sous régional. Le projet le plus important de ce plan est l'opération sahel vert qui consiste à reboiser certains sites bien identifiés et à aménager d'autres par des plantations d'arbres, la maîtrise de l'eau, et la vulgarisation des actions qui contribueront à freiner la coupe du bois en zone du sahel.

3.2.3   Le Plan national d'adaptation aux changements climatiques au Cameroun

L'élaboration du Plan national d'adaptation aux changements climatiques (PNACC) a fait l'objet d'une vaste concertation préliminaire entre 2012 et 2015 dans le respect

---

40   Voir l'article 2 (1) de la Convention des Nations unies sur la lutte contre la désertification.

des recommandations de la convention-cadre sur les changements climatiques[41] et du cadre pour l'adaptation de Cancún. C'est un document de stratégie nationale dont la finalité est d'accompagner le gouvernement et tous les acteurs de la lutte contre les changements climatiques dans leurs activités d'adaptation à ce phénomène. Il présente un cadre pour guider, orienter, coordonner et mettre en œuvre des initiatives d'adaptation au Cameroun. C'est en définitive un instrument de planification visant à définir et à faire le suivi des activités à réaliser dans les secteurs clés et dans les zones agro-écologiques selon des critères établis de façon concertée entre les différentes parties prenantes.

Les objectifs du plan national d'adaptation aux changements climatiques sont : d'abord, la réduction de la vulnérabilité du pays aux incidences des changements climatiques en renforçant sa capacité d'adaptation et de résilience ; ensuite, la facilitation de l'intégration cohérente de l'adaptation aux changements climatiques dans les politiques, programmes et travaux pertinents, nouveaux ou en cours, en particulier dans les processus et stratégies de planification du développement et dans tous les secteurs concernés.

3.2.4 Les instruments concernant la biodiversité

3.2.4.1 Stratégie et plan d'action national pour la biodiversité

Le Cameroun a élaboré en 1999 sa première Stratégie et le plan d'action national pour la biodiversite (SPANB 1) qui avait été officiellement validée en 2000. Ce premier document avait été élaboré en application des engagements internationaux du Cameroun dans le cadre de la Convention sur la diversite biologique (CBD). Dix ans après sa validation, la première version de la stratégie et du SPANB 1 a montré quelques faiblesses dues à l'émergence de nouveaux défis et de nouveaux enjeux. Cette situation a rendu nécessaire l'élaboration d'une deuxième version (SPANB 2) qui a été adoptée en 2012. La deuxième version a permis une refonte complète de la première version.[42] La SPANB 2 se structure en six chapitres qui présentent notamment l'importance de la biodiversité pour le bien-être des hommes et la nation, la situation actuelle et les tendances en matière de biodiversité, les causes et conséquences de la perte de biodiversité, les buts et objectifs stratégiques de la biodiversité, le plan d'action, et le mécanisme de mise en œuvre, de suivi et d'évaluation.

---

41 Le Cameroun a ratifié la Convention-cadre sur les changements climatiques en octobre 1994 et l'Accord de Paris sur les changements climatiques a été ratifié en juillet 2016.
42 République du Cameroun (2012).

3.2.4.2 La Stratégie nationale sur l'acces aux ressources genetiques et le partage juste et équitable des avantages decoulant de leur utilisation (APA)

Cette stratégie nationale a été élaborée avec l'appui du Programme des Nations unies pour l'environnement, la Coopération allemande et le FEM et a été adoptée en 2012, avant même la ratification du protocole de Nagoya par le Cameroun. La vision de cette stratégie est qu'à l'horizon 2020, l'accès aux ressources génétiques soit entièrement réglementé et le partage juste et équitable des avantages découlant de leur utilisation participe à améliorer des conditions de vie des populations et des recettes de l'État.[43] De manière globale, cette stratégie vise à orienter l'élaboration d'un cadre national APA conformément aux instruments internationaux. De manière spécifique, cette stratégie vise à permettre au Cameroun de définir les procédures administratives pour l'accès aux ressources génétiques, à définir des mécanismes d'identification et de participation des différentes parties prenantes ainsi qu'à identifier des actions à mener, et à orienter l'intégration de la valorisation des ressources génétiques et des savoirs traditionnels associés dans les politiques nationales de développement.

3.2.4.3 Le Clearing-house mechanism

Le Clearing-house mechanism (CHM) est un centre d'implémentation de la Convention sur la diversité biologique qui a été mis sur pied par la première conférence des parties à cette convention. Il constitue un lieu de centralisation et de diffusion de toutes les informations relatives à la diversité biologique. Les objectifs spécifiques du CHM sont : d'abord, favoriser et promouvoir la coopération scientifique et technique à tous les niveaux entre les parties de la convention, ensuite, faciliter l'accès et le transfert de technologies sur la biodiversité, et enfin participer à l'échange d'informations sur la biodiversité.

Le Cameroun a ratifié la CBD en 1994 et a également ratifié plus tard le Protocole de Carthagène. Une bonne mise en œuvre de ces instruments internationaux exige la disponibilité d'informations fiables et exhaustives sur la biodiversité. Afin de rendre ces informations accessibles aux différents acteurs, le Cameroun a aussi lancé son Centre d'échange d'informations de la convention sur la diversité biologique dont les activités ont démarré en 1999. En 2011 une Stratégie du CHM Cameroun pour la collecte et diffusion des données sur la biodiversité a été adoptée. Cette stratégie a pour objectif de contribuer à la mise en œuvre de la Convention sur la diversité biologique

---

43 MINEPDED (2012).

à l'échelle nationale afin de promouvoir la communication, la coopération technique et scientifique entre toutes les parties prenantes.[44]

3.2.5 Les instruments concernant d'autres secteurs

3.2.5.1 L'Initiative ST-EP au Cameroun

La pauvreté avait été classée par les Nations unies comme l'un des plus grands défis pour le développement du monde lors du Sommet du Millénaire en 2000. Pour relever ce défi, l'OMT a lancé l'Initiative ST-EP (*Sustainable Tourism - Eliminating Poverty*) lors du Sommet Mondial sur le Développement Durable en 2002 à Johannesburg.[45] Étant donné que le Cameroun avait inscrit dans son document de Stratégie de Réduction de la Pauvreté, le tourisme comme un des axes prioritaires de développement, il a été choisi par l'OMT comme pays pilote des régions de l'Afrique centrale et de l'ouest.

3.2.5.2 La Stratégie nationale de gestion des dechets au Cameroun

Cette stratégie a été adoptée en 2008 et son objectif global est d'améliorer le cadre de vie des populations par une gestion efficiente des déchets produits sur le territoire national. Les objectifs spécifiques de cette stratégie sont : premièrement d'améliorer l'accès au service de pré-collecte et de collecte des déchets dans les agglomérations, deuxièmement d'améliorer la gestion des déchets par la promotion des méthodes appropriées de traitement des déchets, de recyclage et de valorisation, troisièmement de mettre en place un système durable de gestion des déchets dangereux produits par les ménages, les entreprises et les établissements de santé, quatrièmement de promouvoir les mesures incitatives en vue de susciter l'engagement volontaire des parties prenantes à la gestion efficiente des déchets, et cinquièmement de promouvoir et renforcer la coopération internationale dans la gestion des mouvements transfrontières des déchets dangereux. La mise en œuvre de cette stratégie doit être fixée par les principes fondamentaux de protection de l'environnement.[46]

---

44 Voir MINEPDED (2011).
45 Voir http://step.unwto.org/fr/content/contexte-et-objectifs, consulté le 14 mars 2017.
46 MINEP (2008).

4 Conclusion

En somme, la diversité naturelle de l'environnement du Cameroun a aussi entraîné l'adoption d'une diversité d'instruments politiques et stratégiques nationaux pour une meilleure gestion de celui-ci. On dénombre plus d'une dizaine de programmes, plans d'action et stratégies au niveau national dans le domaine de l'environnement dont les résultats sont pour le moment mitigés. Puisque le développement du Cameroun semble se tourner vers l'horizon 2035, il reste à souhaiter que cet objectif se poursuive dans une parfaite convergence avec les exigences du développement durable pour réaliser cette équité tant recherchée entre les générations actuelles et les générations futures en matière d'utilisation des ressources naturelles de la nation.

Bibliographie indicative

Bird Life International, 2012, *Important bird areas factsheet: Lake Maga*, Blasco.

Decoux, JP & SI Njoya, 1997, *Saving the forests birds of Cameroon,* Faculty of Sciences, University of Yaoundé I.

Folack, J & Gabche, CE, 1989, *Natural and anthropogenic characteristics of the Cameroon coastal zone*, Yaoundé, Institute of Agricultural Research for Development.

MINEP / Ministère de l'Environnement et de la Protection de la Nature, 2008, Stratégie Nationale de Gestion des Déchets au Cameroun (période 2007 – 2015).

MINEPDED / Ministère de l'Environnement, de la Protection de la Nature et Développement Durable, 2011, Stratégie du CHM Collecte et diffusion des données sur la biodiversité, Yaoundé, MINEPDED.

MINEPDED / Ministère de l'Environnement, de la Protection de la Nature et Développement Durable, 2012, Stratégie Nationale sur l'Accès aux Ressources Génétiques, Yaoundé, MINEPDED.

République du Cameroun, 1996, Plan National de Gestion de l'Environnement, Volumes I, II, III, et IV, Yaoundé, MINEP & PNUD.

République du Cameroun, 2012, Stratégie et Plan d'Action National pour la Biodiversité – Version II, Yaoundé, MINEPDED.

Sayer, JA, (ed.), 1992, *The conservation atlas of tropical forests – Africa*, London, Palgrave Macmillan.

CHAPITRE 7:
LA QUESTION ENVIRONNEMENTALE DANS LE SYSTÈME JURIDIQUE DU CAMEROUN

Jean-Marie TCHAKOUA

1   Introduction

L'histoire des institutions et des faits sociaux permet de mieux comprendre le droit camerounais, notamment dans ses sources et sa structuration qu'on juge en général complexes.[1] Le Cameroun est un pays qui, de 1884 à 1960, a vécu sous domination étrangère, même s'il n'a jamais été formellement une colonie. Il est en effet passé tour à tour, du régime du protectorat à ceux du mandat et de la tutelle, avant son indépendance. Mais, concrètement, avant cette indépendance, le Cameroun a toujours été administré comme une colonie. C'est pourquoi autant par commodité de langage que pour tenir compte de la réalité des faits, nous utiliserons l'adjectif 'colonial' ou le substantif 'colonie' pour parler de la période de domination étrangère.

Lorsqu'il entame le processus de sa construction dans la configuration territoriale actuelle, le Cameroun est sous protectorat allemand, en vertu du traité de protectorat signé entre l'Allemagne et les rois Douala le 12 juillet 1884. Le pays est dans cette situation jusqu'à la fin de la première guerre mondiale. L'Allemagne ayant perdu la guerre, ses possessions en Afrique passent aux mains des vainqueurs ; le Cameroun est ainsi partagé[2] entre l'Angleterre, qui prend la partie occidentale, et la France, qui prend la partie orientale du pays. Ce partage sera entériné plus tard par le traité de Londres conclu en 1922 dans le cadre de la Société des Nations.

Les nouveaux maîtres du Cameroun vont s'employer à effacer toutes les traces de la présence allemande. Cette entreprise va réussir assez bien sur le terrain du droit, raison pour laquelle le droit camerounais actuel ne contient aucune marque visible[3] de la présence coloniale allemande.

---

1   Tchakoua (2008:30).
2   Le partage a eu lieu le 6 mars 1916.
3   Il faudrait cependant reconnaître que la France a repris à son compte un certain nombre de solutions contenues dans de textes allemands, notamment en matière foncière. Le régime foncier et domanial résultant des décrets français du 11 août 1920, du 21 juillet 1932, du 12 janvier 1938, du 20 mai 1955 et du 21 juillet 1956 reprend l'essentiel du régime mis en place par

Dans la partie occidentale du Cameroun, l'Angleterre introduit le droit anglais et le système juridique anglo-saxon, tandis que dans la partie orientale, la France introduit le droit français et le système juridique romano-germanique. Il y a là une première segmentation qui va durablement marquer le droit camerounais puisque la fin de la domination étrangère n'a pas été synonyme de fin d'application des droits et systèmes juridiques étrangers.

Les droits étrangers vont cependant faire face aux coutumes locales qu'ils ne pourront pas toujours évincer. Il a donc fallu rechercher une bonne articulation entre les règles en présence, ce qui va donner naissance à une seconde segmentation, visible notamment au niveau des organes appelés à rendre la justice. L'accession du Cameroun à la souveraineté internationale, le 1er janvier 1960 pour la partie orientale, la réunification intervenue le 1er octobre 1961[4] et l'unification de l'État intervenue le 2 juin 1972, n'ont pas créé l'homogénéité dans l'ordre juridique camerounais. Le système juridique reste en effet construit sur une double combinaison, d'une part, entre les systèmes juridiques anglo-saxon et romano-germanique, d'autre part, entre le droit dit moderne et le droit dit traditionnel, sans qu'à chaque fois on puisse tracer infailliblement la ligne de démarcation entre les différentes composantes.

Il faudrait cependant noter que le Cameroun a, depuis l'indépendance, réalisé une abondante production législative, ce qui a fait perdre une bonne partie de leur influence au système juridique anglo-saxon et aux coutumes. La matière environnementale a bénéficié de cette production législative, ce qui la situe en gros hors du champ des complexités du système juridique camerounais. En effet, même s'il a des ramifications dans d'autres domaines, le droit de l'environnement se trouve, pour l'essentiel, dans la loi n° 96/12 du 5 août 1996 portant loi-cadre relative à la gestion de l'environnement et ses textes d'application. Il ne serait cependant pas juste d'affirmer que les composantes du droit camerounais en recul sont complètement évacuées du jeu, car elles vont retrouver une certaine influence dans des espaces laissés par les textes en vigueur.

Ce chapitre montrera que sans être complètement engluée dans les complexités du système juridique camerounais, la question environnementale n'y échappe pas complètement. Il faudrait donc la situer d'une part par rapport au double héritage anglais et français, d'autre part par rapport à l'opposition entre le droit traditionnel et le droit moderne.

---

l'Allemagne à travers le décret du 15 juillet 1896, l'ordonnance du 18 avril 1910 et l'arrêté du 27 décembre 1910.

4   Cette date est aussi celle de la cessation de la domination étrangère sur le Cameroun occidental administré par l'Angleterre.

2   La question environnementale et le double héritage anglais et français

Parce qu'il a durablement subi la double influence anglaise et française, le Cameroun est écartelé entre les systèmes juridiques anglo-saxon et romano-germanique. L'ex-Cameroun occidental se rattache au premier tandis que l'ex-Cameroun oriental se rattache au second. Naturellement, les colonisateurs n'ont pas introduit seulement leur architecture juridique, mais aussi leur droit substantiel. Lorsqu'il a fallu qu'ils se retirent, ils ont laissé un héritage qui s'est transformé avec l'évolution du Cameroun. Il convient de présenter séparément les éléments reçus en héritage avant de montrer la gestion qui en a été faite après l'indépendance. Sur ce dernier terrain, on voit bien que l'opposition entre les deux systèmes juridiques s'affaiblit, ce dont profite la question environnementale.

2.1   Le système anglo-saxon et le droit applicable dans l'ex-Cameroun occidental

Le système juridique anglo-saxon regroupe l'Angleterre, les États-Unis, l'Australie, la Nouvelle-Zélande, le Canada (à l'exclusion du Québec) et tous les pays de l'empire colonial anglais. Dans ce système, le droit n'a pas, en principe, à être recherché dans un corps de règles préétablies d'expression législative ; il est plutôt jurisprudentiel. Il s'est construit au fil des décisions rendues par les juridictions. Qui cherche dans le droit anglais, par exemple, le correspondant du célèbre article 1165 du Code civil applicable au Cameroun sur l'effet relatif des contrats, se verra proposer non pas un article d'un texte, mais la décision rendue dans l'affaire *Dunlop Pneumatic Tyre Co. Ltd v. Selfridge and Co. Ltd*[5]. On pourrait trouver d'autres célèbres décisions de justice dans les pays de *common law*, qui répondent bien aux articles des codes ou autres lois édictées dans d'autres systèmes.

On pourrait craindre que, construit sur des décisions de justice, ce système crée de l'insécurité juridique, parce que la solution à un problème peut changer d'un juge à un autre. Pour éviter cette issue, le système anglo-saxon est fondé sur la règle dite du précédent. Il y a nécessité, pour le juge, de s'en tenir aux règles posées par ses prédécesseurs, à propos de cas analogues (*stare decisis*). Cela dit, le précédent qui lie ne peut provenir que d'une cour d'un certain degré dans la hiérarchie judiciaire. En An-

---

5   *Dunlop Pneumatic Tyre Co. Ltd v. Selfridge and Co. Ltd* Appeal, Court, Case n° 847 (1915), All England Reports, Rep. 333.

gleterre, le précédent à respecter vient de la Chambre des Lords, de la *Court of Appeal*, et même de la *High Court*. Au Cameroun, le précédent à respecter doit provenir de la Cour suprême ou, à tout le moins, de la Cour d'appel.

Dans ces conditions, il est tentant de conclure à la rigidité du système anglo-saxon. Mais ce n'est pas le cas, parce que l'obligation de suivre le précédent n'exclut pas la prise en considération de circonstances particulières des diverses espèces, ce qui permet, par la mise en lumière de ces particularités, d'infléchir la solution précédemment adoptée. Concrètement, le juge ne remet pas en cause le précédent, il le contourne.

Le système ne peut bien fonctionner que si les décisions de justice sont publiées et accessibles. Aussi d'importants efforts doivent-ils être faits pour mettre les décisions de justice à la disposition du public, notamment dans le cadre de recueils de décisions. Malheureusement, ces efforts ne sont pas entrepris au Cameroun, ce qui complique singulièrement la tâche des praticiens du droit.

L'importance du droit jurisprudentiel (respect du précédent) ne doit cependant pas faire oublier la seconde source du droit dans les pays du système anglo-saxon : la loi proprement dite, qu'on appelle ici 'statute'.[6] Certains auteurs[7] pensent même qu'elle est en passe de devenir la source principale du droit dans les pays de *common law*. Ce jugement est très pertinent pour un pays comme le Cameroun qui compte de plus en plus de lois et règlements, mais aussi qui a ratifié plusieurs conventions internationales applicables sur toute l'étendue du territoire national.

La grande division dans la famille de droit anglo-saxonne se fait entre la *common law* et l'*equity*. Ce dernier est un corps de règles, comme la *common law*, et ne doit donc pas être confondu avec l'équité qui est une valeur. On pourrait simplement souligner que l'*equity* est innervé par l'équité.

Le dernier trait caractéristique des droits anglo-saxons est l'importance accordée aux règles d'administration de la justice. Plus précisément, les règles de preuve et de procédure ont autant sinon plus d'importance que les règles substantielles.

Il est sûr que la *common law* et certains *statutes* anglais sont toujours en vigueur dans l'ex-Cameroun occidental.[8] Il est cependant très difficile de prendre la mesure exacte de la survie du droit anglais dans cette partie du territoire camerounais. Au départ, il y a un texte de l'époque coloniale, le *Southern Cameroons High Court Laws* de 1955. En son article 11, il prévoit l'application, à la partie du territoire camerounais administrée par la Grande-Bretagne de :

- la *common law* ;

---

6   Il s'agit de lois adoptées par le parlement et d'autres textes pris par des autorités compétentes.
7   Anyangwe (1987:90).
8   Pour ces textes anglais entrés par l'intermédiaire du Nigeria, voir Anyangwe (1984:315) et Ngwafor (1993).

- l'*equity* ; et
- les textes d'application générale (*statutes of general application*) en vigueur en Angleterre au 1er janvier 1900.

Une doctrine autorisée soutient qu'il est raisonnable de penser que la *common law* applicable dans l'ex-Cameroun occidental est celle applicable en Angleterre aujourd'hui.[9] En revanche, a été sérieusement discutée la question de savoir si les textes anglais pris postérieurement à 1900, et parfois après l'indépendance du Cameroun, sont applicables dans ce dernier pays. Pour y répondre, on a raisonné en deux temps. D'abord à partir de la notion de texte d'application générale : selon le *Southern Cameroons High Court Laws*, seuls les textes d'application générale antérieurs au 1er janvier 1900 sont applicables dans l'ex-Cameroun occidental ; un exemple est fourni par le *Fatal Accidents Act 1846-1864*[10] ; *a contrario*, soutient-on, les textes qui ne sont pas d'application générale, comme le *Matrimonial Causes Act* de 1857, ne sont pas applicables dans l'ex-Cameroun occidental. Dans un second temps, on a invoqué l'article 15 du *Southern Cameroons High Court Laws,* qui dispose que la *High Court* juge, en matière de testament, de divorce, de questions relatives au mariage, conformément aux règles et pratiques en vigueur à ce moment-là en Angleterre. En conséquence, en ce qui concerne les matières énumérées, le droit applicable dans l'ex-Cameroun occidental changerait aussitôt qu'il y a changement en Angleterre. C'est le cas avec le *Matrimonial Causes Act* anglais de 1973, que les juges[11] appliquent dans l'ex-Cameroun occidental.

On doit cependant se demander s'il est judicieux de convoquer ainsi le droit colonial pour dire dans quelle mesure le Cameroun doit faire recours aux textes coloniaux. Ces textes, pris à l'initiative de l'Angleterre, s'inscrivaient dans la logique du mandat[12] que cette dernière avait reçu de la Société des Nations pour administrer le Cameroun occidental comme partie de son territoire. L'accession du Cameroun à la souveraineté internationale a bouleversé la donne, justement parce que le Cameroun a désormais l'entière responsabilité de ses choix législatifs. Dans l'exercice de sa souveraineté, le peuple Camerounais a, dans le cadre de la Constitution, prévu, à titre transitoire, le maintien des textes antérieurs. Ces textes sont forcément et exclusive-

---

9   (ibid.:2).
10 Dans l'affaire *Solomon Mukete and 7 others v. Joseph Tarh and 2 others*, le juge a refusé la qualité d'ayant droit aux frères d'une victime d'accident de la circulation en se fondant sur le Fatal Accident Act de 1846 qui exclut les frères du cercle des ayants droit. Les amendements ultérieurs de ce texte, en 1976, qui reconnaissent les frères et sœurs, oncles et tantes comme ayants droit ont été repoussés (Appeal case n° CASWP/49/80, inédit).
11 Voir l'affaire *Enongenekang v. Enongenekang*, Suit n° HCSW/28MC/82 inédit (avec une éloquente justification de l'application du texte anglais).
12 Ce mandat a, par la suite, été transformé en tutelle.

ment ceux antérieurs à la date de la Constitution, ainsi qu'il est indiqué à l'article 68[13] de la Constitution actuellement en vigueur.

Il ne s'agit pas de dire qu'on ne doit plus recourir à la *Southern Cameroons High Court Laws*, ou à un autre texte de l'époque coloniale. Le propos est plutôt qu'on ne peut aujourd'hui lire et interpréter les textes coloniaux que sous réserve du respect de la souveraineté internationale du Cameroun.

L'attitude des juges, dans l'ex-Cameroun occidental, consistant à suivre les changements intervenus en Angleterre, est une sorte d'abdication judiciaire de la souveraineté[14], en même temps qu'un dangereux blanc-seing donné au Parlement anglais. L'attitude est d'autant plus curieuse qu'elle vient des juges de culture anglo-saxonne, supposés professionnellement préparés à la création des règles de droit. Tout se passe finalement comme si sans le secours des *statutes* (les textes), on ne peut pas trancher les différends. Or, dans le système anglo-saxon, les *statutes* sont considérés comme des règles dérogatoires, la solution de principe étant fournie par la *common law*.

2.2 Le système romano-germanique et le droit applicable dans l'ex-Cameroun oriental

Le système romano-germanique est issu du droit romain auquel s'est superposé l'apport des coutumes germaniques. Il est très éparpillé à travers le monde : pays d'Europe, d'Afrique, du Proche-Orient et d'Amérique latine. Dans ce système, et contrairement au système anglo-saxon, la loi est la source principale du droit. Les textes applicables à telle ou telle matière font très souvent l'objet de codes accessibles aux citoyens : code civil, code pénal, code du travail, code général des impôts, code de la route, etc. Ce phénomène de codification marque l'avènement du règne de la loi, qui est désormais la source officielle du droit.

A côté des codes, sont édictées d'autres lois dont le très grand nombre a parfois été dénoncé. On assiste en effet à une sorte d'inflation législative, qui complexifie le droit et le rend parfois indigeste ou, à tout le moins, difficile à connaître.

Dans le système romano-germanique, la grande division est faite entre le droit privé et le droit public, chacun de ces domaines étant divisé en plusieurs branches. Pour

---

13 « La législation résultant des lois et règlements applicables dans l'État fédéral du Cameroun et dans les États fédérés à la date de prise d'effet de la présente Constitution reste en vigueur dans ses dispositions qui ne sont pas contraires aux stipulations de celle-ci, tant qu'elle n'aura pas été modifiée par voie législative ou réglementaire. »

14 Cette abdication contrarie le préambule de la Constitution de la République, qui affirme que le Peuple camerounais est « Jaloux de l'indépendance de la Patrie camerounaise chèrement acquise et résolu à préserver cette indépendance. » Toute disposition antérieure, notamment de droit colonial, qui remettrait en cause cette indépendance est contraire à la Constitution et, conformément à l'article 68 de ce texte, n'est pas concernée par le maintien du droit antérieur.

le droit privé, on a le droit civil, le droit pénal, le droit du travail, etc. ; pour le droit public, on a le droit administratif, le droit constitutionnel, etc. Mais loin d'être étanches, ces divisions sont, au contraire, circonstancielles et parfois arbitraires.

Les règles d'origine française encore en vigueur dans l'ex-Cameroun oriental sont assez bien identifiables, contrairement à la situation qui prévaut dans l'ex-Cameroun occidental. Au départ de la construction, il y a la volonté d'étendre le droit français aux colonies françaises. Mais cette idée est tempérée par la règle de la spécialité législative, qui voudrait que les seules règles françaises applicables dans chaque territoire administré par la France soient celles qui ont été prises pour ce territoire ou qui lui ont été expressément étendues. Sur cette base, le Cameroun sous administration française était régi par beaucoup de textes pris par les autorités coloniales locales ou pris par la métropole et étendues au Cameroun avec ou sans adaptation.

Au lendemain de l'indépendance, on pouvait espérer que les autorités du jeune État abrogent tous les textes étrangers introduits pendant la colonisation. Cela n'était possible que si étaient prêts des corps de règles pouvant être adoptées en remplacement du droit colonial. Ces corps de règles n'existaient pas, les coutumes qu'on trouvait çà et là étant liées à des tribus et non applicables à l'échelle nationale (coutume *bamiléké*, coutume *bassa*, coutume *béti*, coutume *duala*, etc.). Par réalisme, la Constitution du 4 mars 1960[15] a posé que le droit antérieur (le droit colonial) restera en vigueur jusqu'à son abrogation et son remplacement par de nouvelles dispositions. Cette solution a été reprise par l'article 68 de la Constitution actuellement en vigueur, et la Cour suprême veille à son respect[16]. C'est pour cette raison que les textes comme le Code civil français de 1804 restent en vigueur au Cameroun. La solution doit être bien comprise : la version du Code civil qui intéresse notre propos est celle en vigueur au Cameroun au 1er janvier 1960. Depuis lors, en France, plusieurs modifications ont été apportées au Code civil, mais ne concernent pas le Cameroun.

2.3 L'affaiblissement de l'opposition entre les deux ex-parties du Cameroun

Au plan de leurs caractéristiques, les systèmes juridiques anglo-saxon et romano-germanique s'opposent, entre autres, en ce qui concerne les sources du droit : tandis qu'il est essentiellement jurisprudentiel dans le premier, le droit est essentiellement législatif dans le second. Au plan territorial, chaque système a son champ de départ : l'ex-Cameroun occidental pour le système anglo-saxon et l'ex-Cameroun oriental pour le système romano-germanique. Or, l'évolution qui a commencé avec les indé-

---

15   Voir article 51 de la Constitution du 4 mars 1960.
16   CS, arrêt n° 58 du 12 avril 1978, affaire *A Georges / K Ernest*, Revue Camerounaise de Droit (RCD) n° 9 (1976) 63.

pendances autorise de nouvelles analyses. En effet, la réunification des deux ex-parties du Cameroun, intervenue en 1961, puis l'unification de l'État intervenue en 1972, se sont accompagnées d'un vaste mouvement d'unification législative qui a fait perdre du terrain à la règle du précédent en usage dans l'ex-Cameroun occidental. C'est dans ce vaste mouvement d'unification législative qu'on peut situer l'adoption, en 1967, des premiers codes applicables à l'échelle nationale, à savoir le code pénal et le code du travail. Il faudrait aussi y situer toutes les lois adoptées par le parlement ainsi que tous les actes réglementaires pris par les autorités centrales que sont le Président de la République, le Premier ministre et les ministres. On comprend alors que s'appliquent sur toute l'étendue du territoire national la réforme foncière de 1974 et ses textes dérivés, la législation sur la forêt et la faune, la loi-cadre relative à la gestion de l'environnement et ses textes dérivés, etc.

Dans le même temps, le Cameroun a ratifié des conventions internationales en matière environnementale. Comme les lois et règlements, ces conventions sont applicables sur toute l'étendue du territoire national. Même si dans leur contenu elles ont été influencées par les pays anglo-saxon, le fait que les solutions qu'elles consacrent soient fixées dans des textes les rapproche davantage du système juridique romano-germanique que du système anglo-saxon, tout au moins lorsqu'on réfléchit en termes de source formelle du droit.

Dès lors qu'en droit interne ou en droit international ces textes existent, il paraît impertinent, dans l'ex-Cameroun occidental, de recourir à la règle du précédent pour rechercher la solution aux problèmes qu'ils résolvent. Ces textes ont forcément abrogé tout précédent judiciaire contraire, pour s'imposer désormais comme seules sources pertinentes.

L'effacement du système anglo-saxon ne doit cependant pas être exagéré. Il faudrait en effet prendre conscience que l'uniformisation législative ci-dessus décrite concerne davantage le droit substantiel que le droit procédural. Or, il ne fait pas de doute que lorsque l'unification ne concerne pas à la fois et dans la même mesure les aspects substantiel et procédural, il y a peu de chance que le résultat souhaité soit atteint, ce qui peut se vérifier si l'on réfléchit sur le contentieux environnemental.

Actuellement, le contentieux environnemental pourrait être soit pénal, soit administratif, soit encore civil. La procédure pénale a récemment été uniformisée[17], ce qui donne à penser que le droit pénal de l'environnement pourrait s'appliquer de la même façon sur toute l'étendue du territoire camerounais, au moins lorsque dans la même affaire le juge ne doit pas statuer sur les intérêts civils. Le contentieux administratif a, lui aussi, été uniformisé aussi bien dans ses règles de fond que dans celles de forme. Mais il faudrait peut-être un peu de temps pour que le personnel et les usa-

---

17   Loi n° 2005/007 du 27 juillet 2005 portant Code de procédure.

gers des tribunaux administratifs récemment créés dans l'ex-Cameroun occidental s'habituent au contentieux administratif inconnu de la tradition juridique anglo-saxonne[18]. Au demeurant, le contentieux administratif n'a jamais fonctionné sans emprunt à la procédure civile, laquelle n'est pas encore uniformisée. C'est justement sur le terrain de cette procédure civile, non encore uniformisée, que se montrera la résistance du système juridique anglo-saxon dans l'ex-Cameroun occidental. Dans certaines de ses configurations, le contentieux environnemental pourrait être un contentieux civil entre personnes privées, et le fait que le juge soit obligé d'appliquer tel texte couvrant tout le territoire national ne garantit pas que la solution finale ne variera pas selon qu'on soit dans l'ex-Cameroun occidental ou dans l'ex-Cameroun oriental.

Sur le terrain de l'expression des particularismes, il ne faudrait pas négliger le rôle des acteurs du droit, notamment les auxiliaires de justice. Il faudrait à cet égard se rappeler que la tradition juridique suivie dans l'ex-Cameroun occidental ignore le notaire, acteur très important dans la mise en œuvre du droit dans l'ex-Cameroun oriental. Dans l'ex-Cameroun occidental, le rôle dévolu au notaire est joué par un autre acteur, précisément l'avocat. Mais on ne peut raisonnablement penser que les actes passés le soient dans les mêmes conditions et modalités chez les notaires ou chez les avocats.

Tous ces points où pourraient s'exprimer les particularismes de la tradition juridique anglo-saxonne montrent que l'abondance des textes applicables à l'échelle nationale en matière environnementale ne signifie nullement l'uniformisation complète du droit. On verra aussi que les coutumes n'ont pas totalement perdu vocation à s'appliquer.

---

18 C'est depuis la loi constitutionnelle n° 61/24 du 1er septembre 1961 que le contentieux administratif, connu depuis l'époque coloniale dans l'ex-Cameroun oriental, est étendu à tout le territoire camerounais, avec la création de la Cour fédérale de justice. L'ordonnance n° 61/0F/6 du 4 octobre 1961 fixant la composition, les conditions de saisine et la procédure devant la Cour fédérale de justice et le décret n° 64/DF/218 du 19 juin 1964 relatif au fonctionnement de la Cour fédérale de justice statuant en matière administrative viendront fixer les règles procédurales applicables. Mais après une courte période d'éparpillement, le contentieux administratif va être concentré à Yaoundé, devant la juridiction suprême. Cette situation va durer jusqu'à la création des tribunaux administratifs au niveau des régions. Les derniers textes en date, en matière de contentieux administratif, sont la loi n° 2006/016 du 29 décembre 2006 fixant l'organisation et le fonctionnement de la Cour suprême et la loi n° 2006/022 du 29 décembre 2006 fixant l'organisation et le fonctionnement des tribunaux administratifs.

3   La question environnementale et l'opposition entre le droit traditionnel et le droit moderne

L'histoire de l'opposition entre le droit dit moderne et le droit dit traditionnel est celle d'une progressive prise d'hégémonie du premier face au second. La tendance est tellement forte qu'on avait pronostiqué que lorsque va être adopté le code des personnes et de la famille, les coutumes vont disparaître en tant que source directe du droit.[19] La lecture de la loi-cadre relative à la gestion de l'environnement permet de nuancer ce pronostic, car cette dernière ménage dans une certaine mesure les coutumes.

3.1   L'hégémonie du droit moderne face au droit traditionnel

A l'origine, les sociétés camerounaises étaient régies exclusivement par les coutumes pouvant varier sensiblement d'un espace à un autre. Le déclin des coutumes commence avec la pénétration et la domination étrangères. Les puissances colonisatrices avaient pour ambition de remplacer les coutumes par leur droit, étendu au Cameroun dans sa consistance d'origine ou moyennant quelques adaptations. Le point de départ de ce projet est souvent situé dans la Constitution coloniale allemande de 1886 prévoyant que la législation allemande s'appliquera à l'ensemble des possessions de ce pays. Même comme le Cameroun n'était formellement que sous protectorat allemand, cela ne devait rien changer. Au demeurant, le traité de protectorat conclu le 12 juillet 1884, soit deux ans avant la Constitution coloniale allemande, disposait très clairement que la partie camerounaise abandonnait totalement à la partie allemande ses droits concernant la législation et l'administration. Mais l'Allemagne ne donnait nullement l'impression de vouloir abolir les coutumes locales, notamment dans les rapports entre indigènes.

L'organisation judiciaire[20] mise en place par l'Allemagne semblait conçue pour ménager les coutumes, puisque les tribunaux coutumiers ont été créés pour les indigènes en 1892. Mais le recours contre les jugements de ces tribunaux était exercé devant un tribunal présidé par un administrateur colonial. L'ordonnance du 25 décembre 1900, qui va restructurer l'organisation judiciaire, ne changera rien à l'hégémonie du droit allemand.

Au lendemain de la première guerre mondiale, l'Allemagne vaincue est contrainte de céder le Cameroun à la France et à l'Angleterre. L'entreprise d'imposition du

---

19   Tchakoua (2008:30).
20   Sur la question, lire Sockeng (2005:4).

droit de l'occupant va se poursuivre, aussi bien avec les Français[21] qu'avec les Anglais[22]. Elle va cependant échouer, surtout en droit foncier et en droit de la famille où les populations ont montré une résistance farouche. Au juste, durant toute cette période, les coutumes locales ont, autant que faire se peut, résisté[23] à la pression du droit d'origine étrangère, notamment dans les rapports entre indigènes. Comme le prédécesseur allemand, les Anglais et Français vont louvoyer, jusqu'à l'accession du Cameroun à l'indépendance.

Au lendemain des indépendances, la question de la place des coutumes dans l'ordre juridique camerounais s'est posée aux autorités du jeune État. Fallait-il les supprimer ou les maintenir ? La doctrine politique de l'unité nationale adoptée par le nouveau pouvoir rendait peu souhaitable le maintien des coutumes qui, toutes, ont un champ d'application personnel et territorial limité parce que rattachées à des tribus. Il n'y avait cependant pas encore un corps complet de règles applicables à l'échelle nationale. C'est pourquoi, comme en ce qui concerne le droit colonial, la solution choisie pour les coutumes fut le maintien.

La segmentation droit dit traditionnel / droit dit moderne va naître de ce maintien des coutumes et du droit d'origine coloniale. Le droit colonial est ainsi présenté comme le droit moderne, ce qui va légitimer un certain nombre de manœuvres d'éviction des coutumes très souvent jugées dépassées par l'évolution de la société camerounaise. Au demeurant, on va très facilement mettre dans le bloc du droit dit moderne, qu'on oppose naturellement au bloc du droit traditionnel, toute l'œuvre législative des autorités du Cameroun indépendant, ce qui empêche de bien saisir les nuances de la segmentation. Il est cependant certain que par réalisme, est instituée une concurrence entre le droit écrit et les coutumes. Et pour donner un sens à cette concurrence, la Cour suprême a affirmé que l'option de juridiction emporte l'option

---

21   Lire à cet égard les décrets du 16 avril 1924 fixant le mode de promulgation et de publication des textes réglementaires au Togo et au Cameroun, et du 22 mai 1924 rendant exécutoires dans les territoires du Cameroun placés sous le mandat de la France les lois et décrets promulgués en Afrique équatoriale française antérieurement au 1er janvier 1924, modifié par le décret du 5 mai 1926. Est aussi à lire la Circulaire du Ministre des colonies du 10 septembre 1931 relative à la promulgation et à la publication aux colonies de certains textes législatifs et réglementaires.

22   Lire à cet effet le Southern Cameroons High Court Laws 1955, qui encadre l'application du droit local. Son article 27 (1) dispose : « The High Court shall observe, and enforce the observance of every native law and custom which is not repugnant to natural justice, equity and good conscience, nor incompatible either directly or by implication with any law for the time being in force, and nothing in this law shall deprive any person to the benefit for any such native law and custom. » Et la Cour suprême a jugé que la coutume qui écarte la fille de la succession est contraire à la Constitution et « repugnant to natural justice » (CS n° 14/L du 14 février 1993, affaire Zancho Florence Lum C v Chibikom Peter Fru and Others, Juridis-Info n° 21 (1995), 29, note Ewang.

23   Melone (1972:12).

de législation.[24] Autrement dit, devant le juge, on appliquera la coutume ou le droit dit moderne selon que les parties au litige ont choisi une juridiction de droit traditionnel ou une juridiction de droit moderne.

Les autorités ont cependant fait savoir que le maintien des droits coutumiers était provisoire. La solution résultait implicitement du maintien à titre provisoire des juridictions chargées d'appliquer le droit coutumier[25] et d'une importante décision de la Cour suprême, rendue en 1962, qui a affirmé que dans toutes les matières où il a été légiféré, cette législation doit l'emporter sur la coutume.[26] Certes, dans cet arrêt, les textes qui s'imposaient devant la coutume n'étaient pas des textes pris par le législateur national après l'indépendance ; il s'agissait plutôt de textes datant de l'époque coloniale (décrets des 13 novembre 1945 et 14 septembre 1951) et, sans doute, porteurs du vieux projet colonial de remplacement intégral des coutumes locales par la législation venue de la métropole. Mais ce n'est pas dans le respect de ce projet colonial que la Cour suprême a élaboré sa solution. La haute juridiction a simplement posé la règle de l'effacement de la coutume devant les textes pris spécialement dans le cadre camerounais pour régir une matière. Dans le contexte actuel, il s'agit essentiellement des textes pris par les autorités du Cameroun indépendant, ce qu'on peut appeler, avec une certaine approximation, 'loi nationale'.

Les juridictions du fond ne comprennent pas toujours la règle posée par la haute juridiction. Ainsi, saisie d'une demande d'expulsion d'un terrain immatriculé, la Cour d'appel du Sud, statuant en matière de droit local, a affirmé :

Considérant que l'expulsion sollicitée est fondée sur un titre foncier relevant du droit écrit et non sur une quelconque coutume des parties ; que dès lors la Cour sta-

---

24 CS, arrêt n° 28/CC du 10 décembre 1981, affaire *Angoa Parfait C v. Dame Angoa née Biyidi Pauline*, RCD n° 21/22, 301 ; n° 120/CC du 15 septembre 1982, affaire *Asso'o Benoît c/ Moutikoue Jacqueline* ; n° 35/CC du 25 main 1982, affaire *Bihina Gabriel c/ Ngamba Jacqueline* ; n° 144/CC du 17 mai 1983, affaire *Nguele Nsia F. Biloa et autres*, RCD n° 29/196. Mais la règle va connaître une grave mésaventure dans plusieurs arrêts de la Cour suprême, n° 86/CC du 18 juillet 1985, affaire *Kemajou née Makugam Jeanne c/ Kemajou François* et n° 64/CC du 16 avril 1987, Anoukaha et al. (1989:97), commentaire Anoukaha ; voir aussi CS, n° 24/CC du 14 octobre 1992, Juridis-Info, n° 20/1994, 72, note Tchakoua.

25 L'ordonnance n° 72/04 du 26 août 1972, en son article premier, ne citait pas les juridictions de droit traditionnel parmi les juridictions chargées de rendre la justice, mais indiquait, dans les dispositions transitoires, que l'organisation et la procédure des juridictions traditionnelles sont maintenues provisoirement. Ces juridictions ont connu un léger retour en grâce avec la loi n° 2006/015 du 29 décembre 2006 portant organisation judiciaire. Celle-ci cite les juridictions traditionnelles parmi les juridictions chargées de rendre la justice (article 3), même si elle souligne aussi que leur maintien est provisoire (article 31).

26 CS cor, arrêt n° 445 du 3 avril 1962, affaire *Bessala Awona c/ Bidzogo Geneviève*, *Penant* 1963, 230, note Lampué. Voir aussi CS cor, 5 mars 1963, Bull. n° 8, 541.

tuant en matière de droit traditionnel, ainsi que le premier juge sont incompétents à connaître d'un tel litige, l'option de juridiction emportant l'option de législation.[27]

Sur cette motivation, la Cour a annulé la décision du premier juge qui avait ordonné l'expulsion[28]. Il s'agit là d'une compréhension erronée de la jurisprudence de la Cour suprême sur les conséquences à tirer de l'option de juridiction, le texte en cause, l'ordonnance n° 74/01 du 6 juillet 1974 fixant le régime foncier, étant de ceux qui s'imposent devant toutes les juridictions.[29]

A l'opposé, la Cour d'appel du Centre a fait montre d'une très bonne compréhension de la jurisprudence de la Cour suprême, dans un arrêt rendu le 12 octobre 1989.[30] Un jugement du Tribunal du premier degré de Yaoundé avait admis la reconnaissance d'un enfant adultérin conformément à la coutume. Le ministère public avait relevé appel du jugement en se fondant sur la violation de l'article 335 du Code civil qui prohibe ce type de reconnaissance. Pour y répondre, la Cour d'appel, qui avait constaté que la question était traitée par l'article 43 de l'ordonnance n° 81/02 du 29 juin 1981 portant organisation de l'état civil et diverses dispositions relatives à l'état des personnes physiques, a renvoyé dos à dos le ministère public et le Tribunal du premier degré en soulignant qu'il « s'agit d'une matière qui n'est soumise ni à la coutume, ni au Code civil, puisque légiférée par l'ordonnance n° 81-02 du 29 juin 1981. »

La solution est justifiée par le fait qu'une législation nationale est forcément l'expression du génie législatif national et donc la résultante de toutes les coutumes camerounaises[31]. Dans l'optique de l'unité nationale, une telle législation doit s'imposer face aux coutumes particulières à telle ou telle tribu.

Logiquement, il faudrait aussi penser qu'une règle d'origine internationale s'applique devant toutes les juridictions et sur toute l'étendue du territoire national et évince donc toute coutume qui prétendrait s'appliquer.

C'est pour toutes ces raisons que le droit coutumier ne s'exprime plus abondamment qu'en droit de la famille[32], où n'existe pas encore une législation uniforme et où les conventions internationales ne sont pas souvent d'application directe en droit interne.

---

27   CA du Sud, n° 05/LO du 17 février 2006, affaire *Ondoua J Collins c/ ASSIANE Richard*, inédit.
28   TPI d'Ebolowa, n° 171/PD du 6 août 2003 (en réalité TPD d'Ebolowa), inédit.
29   De surcroît, il n'était pas demandé au juge de reconnaître un droit en appliquant ce texte, mais seulement de tirer des conséquences d'un droit déjà établi.
30   CA du Centre, 12 octobre 1989 affaire *MP c / Amougou François et Mballa Victorine*, Juridis-Info n° 5 (1991), 62, obs. Youégo.
31   Dans ce sens Ombiono (1989:7).
32   Le contentieux devant les juridictions de droit traditionnel tourne autour de deux sujets majeurs : le divorce et la succession.

Il faudrait aussi dire, à la vérité, que la concurrence entre le droit écrit et le droit coutumier a toujours été une lutte entre inégaux, les autorités ayant toujours pris le parti du droit écrit.[33] Des dispositifs subtils sont mis en place pour réduire l'influence du droit coutumier au profit du droit écrit.

Au plan national, et conscient du fait que certains éléments de la coutume peuvent être inacceptables, le constituant a affirmé que « La République... reconnaît et protège les valeurs traditionnelles conformes aux principes démocratiques, aux droits de l'homme et à la loi ».[34] Bien avant l'introduction de cette solution dans la constitution, la Cour suprême avait affirmé que :

Le juge doit écarter la coutume lorsqu'elle est contraire à l'ordre public et aux bonnes mœurs ou encore lorsque la solution à laquelle son application aboutit est moins bonne que celle du droit écrit.[35]

Dans son principe, la règle posée par la constitution et la Cour suprême est judicieuse. Mais dans sa formulation, elle expose à une confusion sur la 'loi' ou le 'droit écrit' qui doit prévaloir sur la coutume. Or, dans la logique de l'analyse ci-dessus faite de l'arrêt *Bessala Awono*, c'est la loi nationale qui doit pouvoir s'imposer sans la moindre discussion face à la coutume.

Dans l'ex-Cameroun oriental, le règne des coutumes est menacé, en premier lieu, par la règle de l'article 3 du décret n° 69/DF/544 du 19 décembre 1969 fixant l'organisation judiciaire et la procédure devant les juridictions traditionnelles du Cameroun oriental, qui prévoit qu'en cas de conflit de coutumes pour les questions concernant le mariage, le divorce, la puissance paternelle et la garde des enfants, il est statué d'après la coutume sous le régime de laquelle le mariage avait été contracté ou, dans l'incertitude, d'après les principes généraux du droit moderne. Il est arrivé qu'on comprenne cette règle comme signifiant que la coutume ne doit s'appliquer que si son contenu ne contrarie pas celui du Code civil. La Cour d'appel du Sud[36] statuant en matière de droit local sur un différend relatif au partage, a ainsi jugé que « les règles régissant ledit domaine par la loi et la coutume étant en conflit, il convient d'appliquer ici les règles du Code civil. »

Le règne des coutumes est menacé, en deuxième lieu, par l'organisation judicaire qui ne permet l'expression du droit coutumier qu'au niveau des juridictions du premier degré, de sorte qu'au second degré et à la Cour suprême on n'a véritablement

---

33 Sur la question, lire Banamba (2000:12).
34 Constitution du 2 juin 1972 telle que modifiée par la loi du 18 juin 1996, article premier, alinéa 2.
35 CS n° 70 du 8 juillet 1976, affaire *Ateba Victor contre dame Ateba*.
36 CA du Sud, n° 12/L du 21 avril 2006, affaire *Mbazoa Bernadette c/ Nkotto Menguele Michel*, inédit.

affaire qu'au droit écrit. On sait bien qu'il n'y a d'assesseur[37] ni à la Cour d'appel, ni à la Cour suprême. A ceux qui se méprendraient sur cette réalité au niveau de la Cour d'appel, la Haute juridiction[38] a fait savoir que les assesseurs n'entrent pas dans la composition de la Cour d'appel, même lorsque celle-ci statue sur les appels des jugements des juridictions de droit traditionnel.[39] Certes, on pourrait douter de cette solution lorsque la Cour d'appel examine les jugements rendus par les *Customary Courts* et les *Alkali Courts* de l'ex-Cameroun occidental. En effet, la loi n° 79/04 du 29 juin 1979 rattachant ces juridictions au ministère de la justice indique, en son article 3 alinéa 2 b) et c), que :

> b) La Cour d'appel statuant sur les jugements des Customary Courts et des Alkali Courts, est complétée par deux assesseurs ayant voix consultative et représentant la coutume des parties.
>
> c) Les assesseurs sont choisis parmi ceux des Customary Courts et Alkali Courts n'ayant pas connu de l'affaire en première instance.

Intervenue après l'ordonnance n° 72/04 du 26 août 1972 portant organisation judiciaire qui ne prévoyait pas l'intervention des assesseurs en appel, la loi de 1979 établissait une solution dérogatoire qui a pu coexister avec la règle générale posée par l'ordonnance citée. On devrait tenir le même raisonnement en ce qui concerne les rapports entre cette loi de 1979 et la nouvelle loi portant organisation judiciaire[40], même s'il ne semble pas déraisonnable de penser que c'est par inadvertance que cette dernière n'a pas explicitement abrogé cette dérogation que rien ne semble justifier.

A l'absence d'assesseurs en appel et devant la Cour suprême, il faudrait ajouter le fait que la composition des juridictions du premier degré d'instance statuant en matière traditionnelle les prédispose très peu à appliquer véritablement les coutumes. Ces juridictions sont dominées par des personnes dont on peut raisonnablement penser qu'elles ne connaissent pas le contenu de la coutume à appliquer[41].

En troisième lieu, et dans la logique de ce qui précède sur la composition des juridictions de droit traditionnel, les juges ont souvent maquillé les règles du Code civil qu'ils présentent tantôt comme le contenu originel de la coutume, tantôt comme le

---

37 Les assesseurs sont des personnes qui entrent dans la composition des juridictions de droit traditionnel, avec pour rôle de permettre la connaissance, et donc la bonne application, de la coutume (Voir infra, la 3ème partie de l'ouvrage sur l'organisation judiciaire).

38 CS, 28 février 1974, RCD n° 13 et 14, 166 ; n° 14/L du 21 novembre 2002, affaire *Oloa Michel c/ Olao Balla et autres*, Juridis-Périodique n° 64 (2005), 46.

39 La notion de juridiction traditionnelle est consacrée dans nos textes et renvoie, bien sûr, à celle de juridiction de droit traditionnel. Nous l'utiliserons malgré les réserves qui peuvent être faites sur la pertinence de l'expression.

40 Loi n° 2006/015 du 29 décembre 2006.

41 Le Tribunal du premier degré est présidé par un fonctionnaire en service dans le ressort du tribunal et, en cas d'empêchement, par le Sous-Préfet de l'arrondissement du siège ou par un adjoint d'arrondissement.

résultat de l'évolution de celle-ci.[42] On peut y ajouter le fait d'appliquer régulièrement le Code civil, sous le prétexte que la coutume est silencieuse sur telle ou telle
question.[43] Il est aussi arrivé que le juge applique le Code civil sans la moindre explication, sans doute parce qu'il trouve son application naturelle. Le Tribunal du premier degré de Bafoussam a ainsi appliqué, en matière de sortie d'indivision, l'article
828 du Code civil sur la forme notariée des actes de partage[44] et, en matière de divorce, l'article 232 du même code sur l'abandon de foyer conjugal.[45]

En quatrième lieu, l'option de juridiction ne s'applique pas de la même façon selon qu'on choisit une juridiction de droit moderne ou une juridiction de droit traditionnel. Dans le premier cas, lorsque le demandeur saisit le juge, l'instance est définitivement engagée devant cette juridiction. En revanche, lorsqu'il opte pour une juridiction de droit traditionnel, l'instance ne peut être définitivement liée que pour autant que le défendeur, *in limine litis*, ne s'y oppose pas. Si le défendeur formule un
déclinatoire de compétence, le tribunal se déclare incompétent et le demandeur peut
saisir la juridiction compétente de droit dit moderne.[46]

Dans l'ex-Cameroun occidental, et jusqu'à ce que la loi n° 79/04 du 29 juillet
1979 ne rattache les *Customary Courts* et les *Alkali Courts* au ministère de la justice,
le système des voies de recours prévues contre les jugements de ces juridictions donnait aux autorités administratives (le Sous-préfet, le Préfet et le Premier ministre de
l'État fédéré, pendant la République fédérale), le droit de réviser les jugements. La
loi de 1979 prévoit désormais que ces décisions peuvent faire l'objet d'un appel devant la Cour d'appel. Mais là encore, ce sont les magistrats professionnels, dont on
peut douter de la connaissance de la coutume, qui statuent sur l'appel. Par ailleurs, le
Préfet conserve le droit d'ordonner le transfert de toute affaire, du *Customary Court* à
la juridiction de droit moderne.

Le dispositif le plus puissant, dans l'entreprise de réduction de l'emprise de la
coutume dans l'ex-Cameroun occidental, est cependant la règle de l'article 27 de la
Southern Cameroons High Court Laws 1955, qui n'admet l'application de la coutume qu'autant que celle-ci n'est pas « *repugnant to natural justice, equity and good
conscience* ». Les données de référence du contrôle sont floues, ce qui ne peut que
donner plus de pouvoirs à celui qui contrôle la 'validité' de la coutume. Le contrôle
se fera en tout cas à partir d'une référence extérieure à la coutume.

---

42 CS, arrêt 30 du 12 janvier 1971, affaire *Dayas Tokoto Loth c/ Dayas Christine* in Anoukaha et
    al. (1989:92).
43 CS, arrêt n° 68/L du 28 juillet 1985, affaire *Chimi Moïse c/ Mme Chimi née Tchouanqué Jac-
    queline*, Juridis-Info n° 10, 30, note Anoukaha.
44 TPD de Bafoussam, jugement n° 329/C du 6 juillet 2006, affaire *Fonkoua Maurice*, inédit.
45 TPD de Bafoussam, jugement n° 289/C du 1er juin 2006, affaire *Takam Jean-Marie c/ Takam
    née Malla Elodie*, inédit.
46 Voir article 2 de la loi n° 69/DF/544 du 19 décembre 1969.

Dans les parties du territoire national dominées par l'Islam, ce sont parfois les principes de cette religion qui se sont substitués aux coutumes locales.[47] Pourtant, dans un jugement remarquable, le Tribunal du premier degré de Yokadouma explique : « ... le principe constitutionnel de laïcité de l'État interdit l'érection de prescriptions religieuses en règles de droit applicables dans le règlement des différends », et conclut qu'un « partage successoral effectué selon la coutume islamique manque de base légale ».[48] Le tribunal s'inscrit ainsi dans la jurisprudence de la Cour suprême, qui s'était déjà élevée contre la substitution des prescriptions religieuses à la coutume en soulignant que « La coutume est la manifestation du génie national camerounais dans sa diversité, en dehors de toutes influences religieuse ou étrangère ».[49] On voudrait bien suivre la Haute juridiction dans cet arrêt rendu sur un rapport très argumenté[50], qui fait le point sur la pénétration et les influences étrangères au Cameroun, ce qui lui permet d'apporter les précisions nécessaires. Mais on peut parier que les assesseurs chargés de dire le contenu de la coutume ne sont pas toujours aussi discursifs et rigoureux. En fait, notre droit dit traditionnel tel que présenté devant les juridictions n'est plus aujourd'hui qu'un amalgame de règles d'origines diverses.[51] Et l'existence des *Alkali Courts,* juridictions de droit traditionnel pour musulmans de l'ex-Cameron occidental, est une preuve que le phénomène religieux n'est pas complètement tenu à l'écart de la recherche de la règle de droit applicable. Le phénomène religieux vient ainsi ajouter un élément supplémentaire à la complexité, même s'il faut reconnaître qu'il n'a pas créé une segmentation comparable à celles qui ont été présentées ci-dessus. Et lorsque la loi-cadre relative à la gestion de l'environnement aménage une place pour les us et coutumes locaux, il faudrait penser que la donnée religieuse peut être prise en compte à cette occasion-là.

3.2 La survie des coutumes

Pour comprendre la survie des coutumes dans la matière environnementale qui a fait l'objet de plusieurs textes, il faudrait partir de deux indications fortes de la loi-cadre relative à la gestion de l'environnement. Le texte indique, d'une part, que la protection et la gestion de l'environnement comportent des aspects sociaux et culturels[52],

---

47   CA de Garoua, arrêt n° 42/L du 13 mai 1882 inédit.
48   TPD de Yokadouma, jugement n° 33 du 16 février 2004, inédit.
49   CS, n° 2/L du 10 octobre 1985, RCD n° 30, 427 ; Juridis-Info n° 8, 53, note Anouhaha.
50   Le rapport est du Conseiller Maurice Njeudji.
51   Dans ce sens, Anyangwe (1984:254) ; Danpullo Hamisu (2000:105) ; Ngwafor (1993:1).
52   Voir article 2, alinéa 2, de la loi n° 96/12 du 5 août 1996 portant loi-cadre relative à la gestion de l'environnement.

d'autre part que les communautés de base sont associées à la mise en œuvre de la politique nationale de l'environnement.

La loi-cadre relative à la gestion de l'environnement aménage un premier espace à l'application de la coutume lorsqu'elle énonce l'un des principes qui doivent inspirer la gestion de l'environnement et des ressources naturelles, à savoir le principe de subsidiarité. C'est le principe, selon lequel :[53]

> en l'absence d'une règle de droit écrit, générale ou spéciale en matière de protection de l'environnement, la norme coutumière identifiée d'un terroir donné et avérée plus efficace pour la protection de l'environnement s'applique.

Il est loisible d'observer que le principe de subsidiarité s'inscrit dans une démarche bien compréhensive de relégation de la coutume au rang de source secondaire du droit. Il faudrait cependant voir qu'ici, on n'est pas dans le schéma classique de confinement de la coutume aux instances spécialisées chargées d'appliquer le droit dit traditionnel. Ainsi, sur le terrain contentieux, la coutume palliera l'absence de la norme écrite, qu'on soit devant une juridiction de droit traditionnel ou devant une juridiction de droit moderne.

Mais la formulation du principe de subsidiarité pose quelques problèmes de compréhension qui, mal résolus, pourraient compromettre l'applicabilité des coutumes. Il était peut-être suffisant de prévoir purement et simplement l'application de la coutume pour pallier l'absence de règle écrite, quitte à rejeter la coutume si elle est contraire à l'ordre public. Le législateur s'est montré plus nuancé, ajoutant l'exigence de la plus grande efficacité pour la protection de l'environnement. Dans une première interprétation, on peut retenir que l'application de la coutume est conditionnée au fait qu'elle soit plus efficace pour la protection de l'environnement. Mais alors, on se demande avec quelle norme la comparaison doit être faite, puisque par hypothèse on convoque la coutume parce qu'il n'existe aucune norme écrite applicable. Cette première interprétation conduit donc à l'impasse et doit être rejetée.

Dans une seconde interprétation, on pourrait dire que le législateur pose ici une règle de solution de conflit entre les coutumes, règle forcément dérogatoire de celles qui s'appliquent en droit commun. Il s'agirait alors de comparer les coutumes en présence pour retenir celle qui s'avère la plus efficace. Cela suppose qu'on soit en présence de plusieurs coutumes qui revendiquent leur application sur un même terroir, ce qui est peu probable. Pourrait-on aller chercher la coutume jugée plus efficace même hors de l'espace où se pose le problème ? La formulation de la solution légale autorise une réponse affirmative à la question. Mais alors, il faudrait s'attendre à voir appliquer une coutume non seulement inconnue des personnes impliquées dans le problème à résoudre, mais aussi que ces dernières ne sont pas supposées connaître.

---

53   Voir article 9 (f) de la loi n° 96/12 du 5 août 1996.

L'insécurité juridique qui en résulterait est grande, d'autant plus qu'on ne sait pas jusqu'où on pourrait aller chercher la coutume à appliquer et que la solution donnée dans un cas ne peut être qu'une solution d'espèce, non une règle de droit.[54]

Il en résulte que le principe de subsidiarité ne pourrait être facilement mis en œuvre.

La coutume pourrait s'appliquer plus sûrement dans le cadre du règlement des différends. En effet, l'article 93 de la loi-cadre relative à la gestion de l'environnement dispose :

(1) Les autorités traditionnelles sont compétentes pour régler des litiges liés à l'utilisation de certaines ressources naturelles, notamment l'eau et le pâturage, sur la base des us et coutumes locaux, sans préjudice du droit des parties au litige d'en saisir les tribunaux compétents.

(2) Il est dressé un procès-verbal du règlement du litige. La copie de ce procès-verbal dûment signé de l'autorité traditionnelle et des parties au litige ou leurs représentants est déposée auprès de l'autorité administrative dans le ressort territorial de laquelle est située la communauté villageoise où a eu lieu le litige.

Il faudrait sans doute admettre que dans ce cadre, les autorités traditionnelles pourront appliquer les us et coutumes, peu importe que ceux-ci soient conformes ou non à la loi. Le différend est en effet réglé non seulement suivant un mode alternatif, mais également par des personnes à qui on demande d'appliquer leurs us et coutumes. La solution retenue ne devrait cependant pas être contraire à l'ordre public.

Il reste que l'article 93 ci-dessus repris ne donne pas de solution à un certain nombre de problèmes qu'il pose, notamment en ce qui concerne son articulation avec les autres modes de règlement des différends disponibles au Cameroun. Il est intégré dans un chapitre intitulé « De la transaction et de l'arbitrage ». Les premiers articles du chapitre traitent de la transaction et de l'arbitrage. La transaction ici prévue permet d'éteindre l'action pénale contre les auteurs d'infractions à la législation environnementale. L'arbitrage est prévu sans autre précision, ce qui signifie qu'il faudrait se reporter aux règles relatives à l'arbitrage, notamment dans le cadre de l'Organisation pour l'Harmonisation en Afrique du Droit des Affaires (OHADA). On voit bien que la solution qu'on pourrait obtenir devant les autorités traditionnelles ne serait ni une transaction ni une sentence arbitrale. La voie prévue par l'article 93 n'est pas non plus un mode de règlement qu'on peut intégrer dans l'appareil judiciaire, car le législateur prévoit que les parties conservent le droit de s'adresser aux tribunaux compétents. Il reste à dire dans quelle mesure ce recours aux tribunaux est possible. Il est tendant de soutenir que le choix de la voie de l'autorité traditionnelle

---

54 La solution se comprend tout de même lorsqu'on la prend sous l'angle de la confrontation des intérêts en présence : l'intérêt général en œuvre dans le souci de protection de l'environnement par le recours à la coutume la plus efficace et l'intérêt particulier des personnes impliquées dans le problème à résoudre. Le législateur fait prévaloir l'intérêt général.

ferme celle des tribunaux. Mais une telle position est lourde de conséquences, notamment parce que la loi n'a organisé aucun recours contre la décision qui pourrait être prise.

Bibliographie indicative

Anoukaha, F, Elomo-Ntonga, L & S Ombiono, 1989, *Tendances jurisprudentielles et doctrinales du droit des personnes et de la famille de l'ex-Cameroun oriental*, Polycopié, Université de Yaoundé.

Anyangwe, C, 1987, *The Cameroonian judicial system*, Yaoundé.

Anyangwe, C, 1984, *Introduction to law and legal systems*, Cours polycopié, University of Yaoundé.

Banamba, B, 2000, Regard nouveau sur un texte déjà trentenaire : le cas du décret du 19 décembre 1969 portant organisation et fonctionnement des juridictions traditionnelles de l'ex-Cameroun oriental, 1 (2) *Revue Africaine de Sciences Juridiques*.

Danpullo Hamisu, R, 2000, Interaction, conflict and concord between Islamic Dower and customary bride-price: the case of Cameroon, 43 *Juridis-Périodique*, 105.

Melone, S, 1972, Le Code civil contre la coutume : fin d'une suprématie (A propos des effets patrimoniaux du mariage, *Revue Camerounaise de Droit* (RCD), 1.

Ngwafor, NE, 1993, *Family law in Anglophone Cameroon*, Regina-Saskatchewan, University of Regina Press.

Ombiono, S, 1989, Etude générale des sources du droit des personnes et de la famille, dans : Anoukaha, F, Elomo-Ntonga, L & S Ombiono, *Tendances jurisprudentielles et doctrinales du droit des personnes et de la famille de l'ex-Cameroun oriental*, Polycopie, Université de Yaoundé.

Sokeng, R, 2005, *Les institutions judiciaires au Cameroun,* 4ème édition, Douala, Macacos.

Tchakoua, JM, 2008, *Introduction générale au droit camerounais*, Yaoundé, Presses de l'Université Catholique d'Afrique Centrale.

CHAPITRE 8 :
LE DROIT PÉNAL DE L'ENVIRONNEMENT AU CAMEROUN

Frédéric FOKA TAFFO

1   Introduction

Le droit pénal de l'environnement fait référence à l'ensemble des règles qui visent à réprimer les atteintes à l'environnement au Cameroun. A ce jour, ce droit reste en construction et n'est pas codifié dans un texte juridique unique mais se retrouve plutôt de manière épars dans divers instruments juridiques qui portent sur des aspects variés de la protection de l'environnement. L'objectif de ce travail, loin d'avoir une quelconque prétention holistique, est de présenter les différentes dispositions pénales sur le fondement desquels le législateur camerounais protège l'environnement. La Cour internationale de justice, dans l'Avis consultatif sur la licéité de la menace ou de l'utilisation des armes nucléaires définit l'environnement comme « l'espace où vivent les êtres humains et dont dépend la qualité de leur vie et de leur santé, y compris pour les générations à venir ».[1] Au-delà de cette définition, l'environnement peut aussi se comprendre comme l'ensemble formé par « la faune et la flore sauvages appelées la 'vie sauvage', le milieu marin, les cours d'eau et lacs ainsi que l'atmosphère ».[2]

Dans le cadre camerounais, l'environnement ne se limite pas simplement à des éléments naturels mais couvrent également des éléments artificiels et des équilibres biogéochimiques. Il se définit également comme des ressources naturelles abiotiques et biotiques telles que l'air ambiant, les eaux de surface, les eaux souterraines, les sols, la superficie terrestre, la faune et la flore et les interactions entre les éléments qui tous font partie intégrante du patrimoine culturel et des spécificités sous juridiction du Cameroun.[3] Sur le fondement de ces définitions, le droit pénal camerounais de l'environnement est donc constitué de l'ensemble des règles qui prohibent et répriment non seulement les atteintes à la forêt, la faune et la pêche, mais aussi les in-

---

1   Licéité de la menace ou de l'emploi d'armes nucléaires, Avis consultatif, C.I.J. Recueil 1996, 226, para. 29.
2   Kiss (2005:3).
3   Loi n° 2003/2006 du 21 avril 2003 portant régime de sécurité en matière de biotechnologie moderne au Cameroun, article 5 (22).

fractions de pollution de l'eau, du sol et de l'atmosphère. Dès lors, le droit pénal de l'environnement porte à la fois sur la répression des atteintes à l'espace où vivent les êtres humains et sur l'interdiction de toutes activités dont l'impact peut être dommageable, durablement ou non, à l'environnement et avoir un effet nuisible sur la santé humaine.

2   Les infractions contre la forêt, la faune et la pêche

La protection de la nature, la préservation des espèces animales et végétales et de leurs habitats, le maintien des équilibres biologiques et des écosystèmes, et la conservation de la diversité biologique et génétique contre toutes les causes de dégradation et des menaces d'extinction sont d'intérêt national. Il est du devoir des pouvoirs publics et de chaque citoyen de veiller à la sauvegarde du patrimoine naturel[4] qui, selon ce qui précède, est entre autres constitué de la forêt, de la faune et des ressources halieutiques.

2.1   Les atteintes à la forêt

La forêt se définit comme l'ensemble des terrains comportant une couverture végétale dans laquelle prédominent les arbres, arbustes et autres espèces susceptibles de fournir des produits autres qu'agricoles. La protection du patrimoine forestier est garantie par l'État.[5] Ce patrimoine forestier est constitué des domaines forestiers permanent ou non permanent. Le domaine forestier non permanent est constitué de terres forestières susceptibles d'être affectées à des utilisations autres que forestières. Le domaine forestier permanent, encore appelé forêts permanentes ou forêts classées, est constitué de terres définitivement affectées à la forêt et/ou à l'habitat de la faune. Sont considérées comme en faisant partie les forêts domaniales et les forêts communales. Ces forêts permanentes doivent couvrir au moins 30% de la superficie totale du territoire national et représenter la diversité écologique du pays. Chaque forêt permanente doit faire l'objet d'un plan d'aménagement arrêté par l'administration compétente.[6]

---

4   Loi n° 96/12 du 5 août 1996 portant loi-cadre relative à la gestion de l'environnement, article 62.

5   Loi n° 94/01 du 20 janvier 1994 portant régime des forêts, de la faune et de la pêche, articles 2 et 11.

6   (ibid.:articles 20-22).

L'aménagement d'une forêt permanente se définit comme étant la mise en œuvre sur la base d'objectifs et d'un plan arrêtés au préalable, d'un certain nombre d'activités et d'investissements, en vue de la protection soutenue de produits forestiers et de services, sans porter atteinte à la valeur intrinsèque, ni compromettre la productivité future de ladite forêt, et sans susciter d'effets indésirables sur l'environnement physique et social. Cet aménagement comprend entre autres les opérations de reboisement et de régénération naturelle ou artificielle. La violation des prescriptions d'un plan d'aménagement d'une forêt permanente ou communautaire, ou la violation des obligations en matière d'installations industrielles, ou des réalisations des clauses des cahiers de charges entraîne soit la suspension, soit en cas de récidive, le retrait du titre d'exploitation ou le cas échéant, de l'agrément.[7]

Par ailleurs, du fait de la prédation de ses produits végétaux ligneux et non ligneux, de la demande en terrains agricoles et de la poussée de l'urbanisation, la forêt est en proie à de nombreuses atteintes qui sont réprimées par le droit camerounais. A titre d'exemple, il est interdit de provoquer, sans autorisation préalable, un feu susceptible de causer des dommages à la végétation du domaine forestier national. De même, tout feu tardif est interdit.[8] En ce qui concerne le défrichement de tout ou partie d'une forêt domaniale, celui-ci ne peut se faire qu'en cas de déclassement total ou partiel de cette forêt. Le défrichement renvoie au fait de supprimer les arbres ou le couvert de la végétation naturelle d'un terrain forestier, en vue de lui donner une affectation non forestière, quels que soient les moyens utilisés à cet effet. Quels que soient les cas, la mise en œuvre de tout projet de développement susceptible d'entraîner des perturbations en milieu forestier est subordonnée à une étude préalable d'impact sur l'environnement.[9] Il convient de rappeler que la réalisation d'un projet sans étude d'impact préalable, alors que celui-ci tombe dans le champ des projets le commandant, est punie d'une amende de 2,000,000 à 5,000,000 de francs CFA et d'une peine d'emprisonnement de six mois à deux ans.[10]

Au surplus, la mise en défens ou le classement des terrains en forêts domaniales entraînent l'interdiction de défricher ou d'exploiter les parcelles auxquelles ils s'appliquent. De même, l'affectation en zone à écologie fragile permet de réglementer l'utilisation des ressources naturelles desdits terrains. Un terrain peut être mis en défens, déclaré zone à écologie fragile, ou classés, selon les cas, forêt domaniale de protection, réserve écologique intégrale, sanctuaire ou réserve de faune, lorsque la

---

7   (ibid.:articles 23, 64 et 65).
8   Décret n° 94/436/PM du 23 août 1995 fixant les modalités d'application des régimes des forêts, article 6.
9   Loi n° 94/01 du 20 janvier 1994 portant régime des forêts, de la faune et de la pêche, article 14-16.
10 Loi n° 96/12 du 5 août 1996 portant loi-cadre relative à la gestion de l'environnement, article 79.

création ou le maintien d'un couvert forestier est reconnu nécessaire à la conservation des sols, à la protection des berges d'un cours d'eau, à la régulation du régime hydrique ou à la conservation de la diversité biologique.[11]

Les auteurs des infractions aux mesures de protection des forêts ci-dessus présentées sont pénalement responsables et passibles des peines prévues à cet effet. La loi de 1994 sur les forêts au-delà de la responsabilité pénale individuelle, consacre également la responsabilité pénale des personnes morales pour toutes les infractions contre la forêt, la faune et les produits halieutiques. Comme autre innovation, les administrations chargées des forêts, de la pêche et de la faune sont civilement responsables des actes de leurs employés commis dans l'exercice ou à l'occasion de l'exercice de leurs fonctions.[12]

De façon plus concrète, il est prévu une peine d'emprisonnement de dix jours et une amende de 5,000 à 50,000 francs CFA à l'encontre des auteurs des infractions telles que l'allumage d'un incendie dans une forêt du domaine national ; la circulation sans autorisation à l'intérieur d'une forêt domaniale ; l'exploitation par autorisation personnelle de coupe dans une forêt du domaine national pour une utilisation lucrative, ou au-delà de la période ou de la quantité accordée ; le transfert ou la cession d'une autorisation personnelle de coupe.[13] Les peines sont un peu plus rigoureuses et varient entre vingt jours et deux mois d'emprisonnement et une amende de 50,000 à 200,000 francs CFA pour les personnes auteurs des violations des normes relatives à l'exploitation des produits forestiers spéciaux ; l'exploitation par permis, dans une forêt du domaine national, de produits forestiers non autorisés, ou au-delà des limites du volume attribué et / ou de la période accordée en violation de la loi ; le transfert ou la cession d'un permis d'exploitation en violation de la loi ; et l'abattage sans autorisation d'arbres protégés en violation de la loi.[14]

Au surplus, sont également punis le défrichement ou l'allumage d'un incendie dans une forêt, une zone mise en défense ou à écologie fragile ou d'affectation à une vocation autre que forestière d'une forêt appartenant à un particulier en violation de la loi ; l'exploitation forestière non autorisée dans une forêt du domaine national ou communautaire en violation de la loi ; l'exploitation par vente de coupe dans une forêt du domaine national au-delà des limites de l'assiette de coupe délimitée et/ou la période accordée en violation de la loi ; la non délimitation des licences d'exploitation forestière et assiettes de coupe en cours ; l'usage frauduleux, la contrefaçon ou la destruction des marques, marteaux forestiers, bornes ou poteaux utilisés

---

11 Loi n° 94/01 du 20 janvier 1994 portant régime des forêts, de la faune et de la pêche, article 17. Voir aussi décret n° 94/436/PM du 23 août 1995 fixant les modalités d'application des régimes des forêts, article 3.
12 (ibid.:articles 150 et 153).
13 (ibid.:article 154).
14 (ibid.:article 155).

par les administrations chargées des forêts, de la faune et de la pêche. Les auteurs de ces infractions encourent une peine d'emprisonnement d'un mois à six mois et une amende de 200,000 à 1,000,000 de francs CFA.[15] La peine d'amende est de 1,000,000 à 3,000,000 de francs CFA et la peine d'emprisonnement est de six mois à un an en cas d'exploitation par vente de coupe, dans une forêt domaniale, au-delà des limites de l'assiette de coupe délimitée et/ou du volume et de la période accordée en violation de la loi ; et en cas d'exploitation frauduleuse par un sous-traitant dans le cadre d'un contrat de sous-traitance s'exerçant dans une forêt domaniale en violation de la loi. Ces différentes peines sont aggravées pour des infractions quasi similaires mais contrevenant à des dispositions légales différentes. L'amende peut alors aller de 3,000,000 à 10,000,000 de francs CFA et d'un an à trois ans d'emprisonnement.[16] Les peines ci-dessus prévues sont doublées en cas de récidive, en cas d'implication d'un officier de police judiciaire ou avec sa complicité ; et en cas de violation d'une barrière de contrôle forestier.[17]

2.2   Les atteintes à la faune

La faune peut être définie comme l'ensemble des espèces faisant partie de tout écosystème naturel ainsi que toutes les espèces animales ayant été prélevées du milieu naturel à des fins de domestication. Ces espèces animales vivant sur le territoire du Cameroun sont réparties en trois classes de protection A, B et C. Les espèces animales relevant de la classe A sont intégralement protégées et ne peuvent, en aucun cas, être abattues. Toutefois, leur capture ou détention est subordonnée à l'obtention d'une autorisation délivrée par l'administration chargée de la faune. Les espèces de classe B bénéficient d'une protection, mais peuvent être chassées, capturées ou abattues après obtention d'un permis de chasse. Enfin, les espèces de la classe C sont partiellement protégées. Nonobstant ce qui précède, la chasse de certains animaux peut être fermée temporairement sur tout ou partie du territoire national par l'administration chargée de la faune.[18]

Avant de s'appesantir sur les dispositions encadrant et réprimant la chasse et les méthodes de chasse, il est au premier chef intéressant de noter que les atteintes à la faune n'impliquent pas que celles qui sont liées au braconnage, mais également celles qui peuvent porter atteinte à la santé ou à l'intégrité physique des animaux. En effet, la protection de la nature, la préservation des espèces animales et végétales et

---

15   (ibid.:article 156).
16   (ibid.:articles 157 et 158).
17   (ibid.:article 162).
18   (ibid.:articles 3, 78 et 79).

de leurs habitats, le maintien des équilibres biologiques et des écosystèmes, et la conservation de la diversité biologique et génétique contre toutes les causes de dégradation et les menaces d'extinction sont d'intérêt national. Il est du devoir des pouvoirs publics et de chaque citoyen de veiller à la sauvegarde du patrimoine naturel.[19] Par conséquent, la production, la distribution ou l'utilisation d'engrais contenant des substances nocives à la santé animale est une infraction.[20] De même, est puni d'une amende de 5,000,000 à 25,000,000 de francs CFA et d'un emprisonnement d'un mois à deux ans, tout titulaire d'un titre minier, d'un permis ou d'une autorisation qui mènent des activités sans veiller à la protection de la faune et de la flore.[21] Au surplus, il est interdit de déverser dans le domaine forestier national, ainsi que dans les domaines public, fluvial, lacustre et maritime, un produit toxique ou déchet industriel susceptible de détruire ou de modifier la faune et la flore.[22]

A ces mesures protégeant la santé animale se greffent d'autres règles juridiques qui ont pour but de réglementer les méthodes et procédés de chasse. Ainsi, tout procédé de chasse, même traditionnel, de nature à compromettre la conservation de certains animaux peut être interdit ou réglementé par l'administration chargée de la faune. Qui plus est, sauf autorisation spéciale de ladite administration, sont interdites les méthodes telles que la poursuite, l'approche et le tir de gibier en véhicule à moteur ; la chasse nocturne, notamment la chasse au phare, à la lampe frontale et, en général, au moyen de tous les engins éclairants conçus ou non à des fins cynégétiques ; la chasse à l'aide des drogues, d'appâts empoisonnés, de fusils anesthésiques et d'explosifs ; la chasse à l'aide d'engin non traditionnel ; la chasse au feu ; l'importation, la vente et la circulation des lampes de chasse ; la chasse au fusil fixe et au fusil de traite ; la chasse au filet moderne. Concernant les armes de chasse, est prohibée toute chasse effectuée au moyen d'armes ou de munitions de guerre composant ou ayant composé l'armement réglementaire des forces militaires ou de police. Il en est de même pour toute chasse effectuée à l'aide d'armes à feu susceptibles de tirer plus d'une cartouche sous une seule pression de la détente ; de projectiles contenant des détonants ; de tranchées ou de fusils de traite ; et de produits chimiques.[23]

L'exercice du droit de chasse est subordonné à l'octroi d'un permis ou d'une licence de chasse qui est personnelle et incessible. Est considéré comme acte de chasse, toute action visant à poursuivre, tuer, capturer un animal sauvage ou guider

---

19   Loi n° 96/12 du 5 août 1996 portant loi-cadre relative à la gestion de l'environnement, article 62.

20   Loi n° 2003/007 du 10 juillet 2003 régissant les activités du sous-secteur engrais au Cameroun, article 17.

21   Loi n° 001-2001 du 16 avril 2001 portant Code minier, articles 87 et 107.

22   Loi n° 94/01 du 20 janvier 1994 portant régime des forêts, de la faune et de la pêche, article 18.

23   (ibid.:articles 80, 81 et 106).

des expéditions à cet effet ; et le fait de photographier et filmer des animaux sauvages à des fins commerciales. La chasse traditionnelle est autorisée sur toute l'étendue du territoire, sauf dans les forêts domaniales pour la concession de la faune et dans les propriétés des tiers.[24] Les interdictions concernant les actes de chasse ne s'appliquent pas aux actes de légitime défense. En effet, personne ne peut être sanctionné pour un fait d'acte de chasse contre un animal protégé, commis dans la nécessité immédiate de sa défense, de celle de son cheptel domestique et / ou celle de ses cultures. La légitime défense existe toutes les fois où des animaux constituent un danger pour les personnes et / ou les biens ou sont de nature à leur causer des dommages. La preuve de la légitime défense, ainsi que les trophées résultant de cet acte, doivent être fournis dans un délai de soixante-douze heures au responsable de l'administration chargée de la faune le plus proche.[25]

Concernant les peines, les infractions ci-dessus présentées peuvent être, suivant les cas, punies d'une amende de 5,000 à 10,000,000 francs CFA et d'un emprisonnement de dix jours à trois ans ; ou doublées en cas de récidive ou de complicité avec les officiers de police judiciaire, ou de chasse à l'aide de produits chimiques ou toxiques.[26]

2.3   Les atteintes aux ressources halieutiques

Les ressources halieutiques désignent les poissons, les crustacés, les mollusques et les algues issus de la mer, des eaux saumâtres et des eaux douces, y compris les organismes vivant appartenant à des espèces sédentaires dans ce milieu. L'activité d'exploitation de ces ressources est la pêche ou la pêcherie qui renvoie à la capture ou le ramassage des ressources halieutiques ou toute autre activité pouvant conduire à la capture, ou au ramassage desdites ressources, y compris l'aménagement et la mise en valeur des milieux aquatiques, en vue de la protection d'espèces animales par la maîtrise totale ou partielle de leur cycle biologique.[27] Pour la protection et la sauvegarde de ces ressources, la loi interdit le déversement, l'immersion et l'incinération dans les eaux maritimes, de substances de toute nature susceptibles de porter atteinte à la santé de l'homme et aux ressources biologiques maritimes ; et de nuire aux activités maritimes, y compris l'aquaculture et la pêche.[28]

---

24   (ibid.:articles 85-87). Voir aussi décret n° 94/436/PM du 23 août 1995 fixant les modalités d'application des régimes des forêts, article 3.

25   (ibid.:articles 82-84).

26   (ibid.:articles 154-162).

27   (ibid.:articles 4 et 5).

28   Loi n° 96/12 du 5 août 1996 portant loi-cadre relative à la gestion de l'environnement, article 31. Voir aussi l'article 62 de la même loi.

Les différents types de pêche se distinguent suivant les moyens mis en œuvre pour obtenir des ressources halieutiques et les permis de pêche sont répartis en quatre types.[29] Le droit de pêche dans le domaine maritime et le domaine public fluvial appartient à l'État. La pêche y est toutefois ouverte sous certaines conditions. L'exercice de la pêche est subordonné à l'obtention d'une licence en ce qui concerne la pêche industrielle, d'un permis de pêche en ce qui concerne les autres catégories de pêche, à l'exception de la pêche traditionnelle ou artisanale de subsistence.[30] Toutefois, des restrictions peuvent être apportées à l'exercice du droit de pêche en vue notamment de garantir la protection de la faune et des milieux aquatiques, ainsi que celle de la pêche traditionnelle ; et de maintenir la production à un niveau acceptable.[31]

Pour ce faire, de nombreux procédés, méthodes ou engins de pêche sont proscrits. Il s'agit entre autres de l'utilisation d'engins traînant sur une largeur de trois mille marins à partir de la ligne de base (cette ligne de base est définie par le pouvoir réglementaire) ; de l'utilisation pour tous les types de pêche, de tous les moyens ou dispositifs de nature à obstruer les mailles de filets ou ayant pour effet de réduire leur action sélective, ainsi que le montage de tout accessoire à l'intérieur des filets de pêches, à l'exception des engins de protection fixés à la partie supérieure des filets, à condition que les mailles aient une dimension au moins double du maillage minimum autorisé et qu'ils ne soient pas fixés à la partie postérieure du filet ; et l'utilisation dans l'exercice de la pêche sous-marine fluviale, lagunaire, lacustre de tout équipement tel qu'un scaphandre autonome. Sont également interdites la pratique de la pêche à l'aide de la dynamite ou de tout autre explosif ou assimilé de substances chimiques, de poisons, de l'électricité ou de phares, d'armes à feu, de pièges à déclenchement automatique ou de tout autre appareil pouvant avoir une action destructrice sur la faune ou le milieu aquatique ; la capture, la détention et la mise en vente des ressources halieutiques protégées ou la pêche dans toute zone ou secteur interdit par l'administration chargée de la pêche.[32] Les peines prévues pour ces pratiques hostiles aux ressources halieutiques sont les mêmes que celles prévues en cas d'atteintes à la faune tel que nous les avons présentées ci-haut.

---

29   Loi n° 94/01 du 20 janvier 1994 portant régime des forêts, de la faune et de la pêche, articles 109 et 120.
30   (ibid.:articles 115 et 117).
31   (ibid.:article 126).
32   (ibid.:article 127).

3   Les infractions de pollution de l'eau, de l'atmosphère et du sol

La pollution se définit entre autres comme :

> Les déchets produits ou détenus dans des conditions de nature à entraîner des effets nocifs sur le sol, la flore et la faune, à dégrader les sites ou les paysages, à vicier l'air ou les eaux et, d'une façon générale, à porter atteinte à la santé de l'homme ainsi qu'à l'environnement....[33]

Le droit camerounais prohibe et punit toute action qui résulte en la pollution de l'eau, de l'atmosphère, du sol ou du sous-sol.

3.1   Les atteintes à l'eau

D'après la loi de 1998 portant régime de l'eau, « l'eau est un bien du patrimoine commun de la Nation dont l'État assure la protection et la gestion et en facilite l'accès à tous ». La protection dont il est ici question vise les eaux de surface, les eaux souterraines, les eaux de source et les eaux minerals.[34] La loi enjoint toute personne physique ou morale, propriétaire d'installations susceptibles d'entraîner la pollution des eaux, de prendre toutes les mesures nécessaires pour limiter ou en supprimer les effets. A ce titre, sont interdits le nettoyage et l'entretien des véhicules à moteur, des machines à combustion interne et d'autres engins similaires à proximité des eaux. De même, sont interdits ou soumis à autorisation préalable selon les cas, le rejet, le déversement, le dépôt, l'immersion ou l'introduction de manière directe ou indirecte dans les eaux de certaines substances nocives ou dangereuses.[35]

S'inscrivant dans le sens de la lutte contre la pollution des eaux, le Code pénal camerounais punit d'un emprisonnement de quinze jours à six mois et d'une amende de 5,000 à 1,000,000 de francs CFA celui qui, par son activité pollue une eau potable susceptible d'être utilisée par autrui.[36] Les sanctions sont aggravées par la loi portant régime de l'eau à l'encontre de toute personne qui pollue et altère la qualité des eaux. Dans ce cas, la peine d'emprisonnement encourue est de cinq à quinze ans et d'une amende de 10,000,000 à 20,000,000 de francs CFA.[37] Par conséquent, une interdiction absolue est prévue à l'encontre de tout déversement, écoulement, jet, infiltration, enfouissement, épandage, dépôt, direct ou indirect, dans les eaux de toute matière solide, liquide ou gazeuse et, en particulier, les déchets industriels, agricoles et atomiques. Cette interdiction vise de manière spécifique ces matières lorsqu'elles sont

---

33   Cornu (2014:772).
34   Loi n° 98-005 du 14 avril 1998 portant régime de l'eau, article 2 et 3.
35   (ibid.:article 6 et 5).
36   Loi n° 2016/007 du 12 juillet 2016 portant Code pénal, article 261 (a).
37   Loi n° 98-005 du 14 avril 1998 portant régime de l'eau, article 16.

susceptibles d'altérer la qualité des eaux de surface ou souterraines ou des eaux de la mer dans les limites territoriales ; ou de porter atteinte à la santé publique ainsi qu'à la faune et la flore aquatiques ou sous-marines.[38]

L'interdiction et la répression de tout déversement dans les eaux des déchets toxiques sont réaffirmées par la loi portant régime des forêts, de la faune et de la pêche[39] et par la loi-cadre sur l'environnement. Cette dernière loi interdit le déversement, l'immersion et l'incinération dans les eaux maritimes sous juridiction camerounaise, de substances de toute nature. Sont spécifiquement visées les substances susceptibles de porter atteinte à la santé de l'homme et aux ressources biologiques maritimes ; de nuire aux activités maritimes ; d'altérer la qualité des eaux maritimes ; et de dégrader les valeurs d'agrément et le potentiel touristique de la mer et du littoral.[40] Sont également strictement interdits l'immersion, l'incinération ou l'élimination par quelque procédé que ce soit, des déchets dans les eaux continentales et/ou maritimes sous juridiction camerounaise.[41]

Toutes ces infractions de pollution et d'altération de la qualité des eaux sont punies d'une amende de 1,000,000 à 5,000,000 de francs et d'un emprisonnement de six mois à un an. Le montant maximal de ces peines est doublé en cas de récidive.[42] La peine d'emprisonnement est cependant la même que celle mentionnée ci-dessus mais le montant des amendes réévalué de 10,000,000 à 50,000,000 de francs à l'encontre de tout capitaine de navire qui se rend coupable d'un rejet dans les eaux maritimes sous juridiction camerounaise d'hydrocarbures ou d'autres substances liquides nocives pour le milieu marin et qui constitue une pollution conformément aux dispositions de la loi-cadre sur l'environnement et aux conventions internationales auxquelles le Cameroun est partie.[43]

3.2 Les atteintes à l'atmosphère

Les peines ci-dessus énoncées en cas de pollution d'une eau potable par le Code pénal s'appliquent également à celui qui, par son activité pollue l'atmosphère au point

---

38 Loi n° 98-005 du 14 avril 1998 portant régime de l'eau, article 4. Voir aussi la loi n° 96/12 du 5 août 1996 portant loi-cadre relative à la gestion de l'environnement, articles 29 et 53. Voir également la loi n° 2003/003 du 21 avril 2003 portant protection phytosanitaire, article 36.
39 Loi n° 94/01 du 20 janvier 1994 portant régime des forêts, de la faune et de la pêche, article 161 (2).
40 Loi n° 96/12 du 5 août 1996 portant loi-cadre relative à la gestion de l'environnement, article 31.
41 (ibid.:article 49 et 50).
42 (ibid.:article 82).
43 (ibid.:article 83).

de le rendre nuisible à la santé publique.[44] Ces peines s'appliquent également à celui qui, par maladresse, négligence ou inobservation des règlements, occasionne la pollution avant, pendant ou après un traitement phytosanitaire.[45] Ces dispositions sont également applicables aux cas où le rejet dans l'air, l'eau ou le sol d'un polluant est soumis à une autorisation préalable et que ladite autorisation n'a pas été délivrée à la personne responsable du rejet dans l'atmosphère d'un agent polluant.[46] Les peines encourues dans ce cas sont une amende de 1,000,000 à 5,000,000 de francs et un emprisonnement de six mois à un an.[47]

De façon spécifique, ces peines sanctionnent celui qui porte atteinte à la qualité de l'air ou provoque toute forme de modification de ses caractéristiques susceptibles d'entraîner un effet nuisible pour la santé publique ou pour les biens. Elles sanctionnent également celui qui émet dans l'air toute substance polluante notamment les fumées, poussières ou gaz toxiques corrosifs ou radioactifs, au-delà des limites fixées par la réglementation en vigueur. Les peines ci-dessus indiquées sanctionnent enfin celui qui émet des odeurs qui, par leur concentration ou leur nature, s'avèrent particulièrement incommodantes pour l'homme.[48]

3.3   Les atteintes au sol et au sous-sol

D'après la loi-cadre sur l'environnement, le sol, le sous-sol et les richesses qu'ils contiennent, en tant que ressources limitées, renouvelables ou non sont protégés contre toutes formes de dégradation. Ainsi, le législateur camerounais a prévu des mesures particulières de protection destinées à lutter contre la pollution du sol et de ses ressources par les produits chimiques, les pesticides et les engrais.[49] C'est dans ce sens que la loi sur la protection phytosanitaire encourage l'utilisation des produits phytosanitaires sans danger pour la santé humaine, animale et pour l'environnement.[50] Pour rendre cette mesure effective, l'importation ou l'exportation des végétaux ou produits végétaux, sols et milieux de culture contaminés par des organismes nuisibles est prohibée. Il en est de même de la détention des produits phytosanitaires obsoletes.[51]

---

44   Loi n° 2016/007 du 12 juillet 2016 portant Code pénal, article 261 (b).
45   Loi n° 2003/003 du 21 avril 2003 portant protection phytosanitaire, article 36.
46   Loi n° 96/12 du 5 août 1996 portant loi-cadre relative à la gestion de l'environnement, article 53.
47   (ibid.:article 82).
48   (ibid.:articles 21 et 60).
49   Loi n° 96/12 du 5 août 1996 portant loi-cadre relative à la gestion de l'environnement, articles 36 et 53.
50   Loi n° 2003/003 du 21 avril 2003 portant protection phytosanitaire, article 2.
51   (ibid.:articles 9 et 24).

La pollution des sols ne résultant pas uniquement de l'utilisation des produits phytosanitaires mais pouvant avoir des origines diverses et variées, le Code minier prohibe et punit également les techniques et méthodes d'exploitation minières non conformes aux nécessités de protection de l'environnement.[52] Au surplus, la loi-cadre sur l'environnement punit d'une amende de 1,000,000 à 5,000,000 de francs CFA et d'un emprisonnement de six mois à un an celui qui pollue et dégrade les sols et sous-sols. Cette sanction vient se greffer à celle qui est prévue à l'encontre de toute personne qui réalise un projet nécessitant une étude d'impact sans avoir au préalable mener une étude visant à déterminer l'impact de ce projet sur l'environnement, notamment en termes de pollution et de dégradation des sols et sous-sols. Les contrevenants visés dans ce cas risquent un emprisonnement de six mois à deux ans et une amende de 2,000,000 à 5,000,000 de francs.[53]

Cette étude d'impact environnemental est notamment exigée en cas d'utilisation intensive d'engrais dans une exploitation agricole. En effet, l'utilisation intensive d'engrais dans une exploitation agricole est soumise à une évaluation préalable de l'état physique et chimique du sol. Cette évaluation de l'impact des engrais sur l'exploitation et sur l'environnement doit être faite régulièrement. Au-delà de cette obligation d'étude d'impact environnemental, un contrôle de la qualité des engrais utilisé est institué.[54] Par conséquent, le refus de se prêter aux formalités de contrôle de la qualité des engrais ou de se soumettre aux procédures de contrôle de l'utilisation des engrais constitue une infraction. Il en est de même de la production, la distribution et/ou l'utilisation d'engrais contenant des substances nocives ou des propriétés nuisibles, même utilisées à faibles doses et pouvant porter atteinte à la santé humaine, animale et à l'environnement. Les personnes reconnues coupables de ces infractions encourent une peine d'emprisonnement d'un à cinq ans et une amende de 50,000 à 100,000,000 de francs CFA.[55]

4   Les autres infractions au droit à un environnement sain

Les autres infractions au droit à un environnement sain dont il s'agit ici font référence à la gestion des déchets et des substances radioactives, les atteintes à la santé publique et les atteintes aux biens culturels.

---

52   Loi n° 001/2001 du 16 avril 2001, articles 87 et 107.
53   (ibid.:article 82 et 79). L'article 79 est à lire conjointement avec l'article 17.
54   Loi n° 2003/007 du 10 juillet 2003 régissant les activités du sous-secteur engrais au Cameroun, articles 6, 7 et 9.
55   (ibid.:article 17 et 18).

4.1   La gestion des déchets et des substances radioactives

Le législateur camerounais dispose de manière assez rigoureuse sur la protection de l'homme et de de son environnement contre les risques susceptibles de découler de l'utilisation, soit d'une substance radioactive, ou de l'exercice d'une activité impliquant une radio exposition. Ainsi, le régime de protection offert par la loi sur la radioprotection vise entre autres la préservation de l'air, de l'eau, du sol, de la flore et de la faune ; et la préservation ou la limitation des activités susceptibles de dégrader l'environnement.[56] Les peines prévues par cette loi sont assez dures et peuvent aller d'un emprisonnement de cinq à vingt ans et d'une amende de 200,000 à 20,000,000 de francs CFA pour tout contrevenant aux dispositions de la loi sur la radioprotection. Les infractions visées sont le fait de provoquer, par négligence ou par imprudence, une exposition aux rayonnements ionisants ou un accident nucléaire ; et le fait d'exercer, sans autorisation préalable, des activités relatives au cycle du combustible nucléaire ainsi que l'installation de dispositifs et d'équipements nucléaires. Il s'agit également du fait de détruire, aux fins de sabotage, tout ou partie d'une installation radioactive ou d'une installation nucléaire. Cette dernière infraction est passible de la peine de mort.[57]

Le traitement, le rejet et l'élimination des déchets radioactifs sont régis par la législation portant sur les déchets toxiques, radioactifs et dangereux.[58] Cette législation prévoit également la peine de mort pour toute personne non autorisée qui procède à l'introduction, à la production, au stockage, à la détention, au transport, au transit ou au déversement sur le territoire camerounais des déchets toxiques et/ou dangereux sous toutes leurs formes. De même, elle punit d'un emprisonnement de cinq à dix ans et d'une amende de 5,000,000 de francs CFA toute personne non autorisée qui ne procède pas à l'élimination immédiate des déchets toxiques et/ou dangereux générés par son entreprise.[59]

Le Code pénal, reprenant cette incrimination, élargit l'intervalle de l'amende susceptible d'être payée en disposant qu'elle peut aller de 5,000,000 à 500,000,000 de francs CFA.[60] Ce montant qui paraît bien lourd vient faire écho à la peine de mort et démontre à suffisance l'attachement du législateur camerounais à protéger l'environnement et les citoyens camerounais de toute nuisance résultant du déversement des déchets toxiques, radioactifs ou dangereux. Notons cependant la perplexité du juge lorsqu'il est appelé à se prononcer sur cette infraction. Cette perplexité naît

---

56   Loi n° 95/08 du 30 janvier 1995 portant sur la radioprotection.
57   (ibid.:articles 7 à 9).
58   (ibid.:article 13).
59   Loi n° 89-27 du 29 décembre 1989 portant sur les déchets toxiques et dangereux, article 4.
60   Loi n° 2016/007 du 12 juillet 2016 portant Code pénal, article 229-1.

du fait que pour les mêmes faits, la loi-cadre sur l'environnement prévoit une peine d'amende dont le plancher est fixé à 50,000,000 au lieu de 5,000,000 de francs même si le plafond reste quant à lui maintenu à 500,000,000 de francs CFA. Notons que d'après cette loi-cadre l'amende s'accompagne automatiquement d'une peine d'emprisonnement à perpétuité.[61]

Il ressort de tout ce qui précède que les déchets doivent être traités de manière écologiquement rationnelle afin d'éliminer ou de réduire leurs effets nocifs sur la santé de l'homme, les ressources naturelles, la faune et la flore, et sur la qualité de l'environnement en général. Il est ainsi mis à la charge de toute personne ou entité qui produit ou détient des déchets la charge de les éliminer ou de les recycler elle-même, ou de les faire éliminer ou recycler auprès des installations agréées par l'Administration, notamment celle en charge de l'environnement. En outre, ces personnes ou entités sont tenues d'assurer l'information du public sur les effets sur l'environnement et la santé publique des opérations de production, de détention, d'élimination ou de recyclage des déchets, ainsi que sur les mesures destinées à en prévenir ou à en compenser les effets préjudiciables.[62] Ces déchets se rapportent à ceux qui sont produits sur le territoire national. Par conséquent, sont formellement interdits, compte dûment tenu des engagements internationaux du Cameroun, l'introduction, le déversement, le stockage ou le transit sur le territoire national des déchets produits hors du Cameroun.[63]

On peut donc souligner en conclusion qu'il est interdit de déverser dans le domaine forestier national, ainsi que dans les domaines public, fluvial, lacustre et maritime, un produit toxique ou déchet industriel susceptible de détruire ou de modifier la faune et la flore.[64] Le Code minier lui aussi oblige tous les titulaires de titres miniers et de carrières à assurer une exploitation rationnelle des ressources minières en harmonie avec la protection de l'environnement. Ils doivent notamment veiller entre autres à la prévention ou à la minimisation de tout déversement dans la nature ; à la diminution des déchets dans la mesure du possible ; et à la disposition des déchets non recyclés d'une façon adéquate pour l'environnement et après information et agrément des Administrations chargées des mines et de l'environnement. Le défaut d'observer ces règles peut être puni d'une amende de 5,000,000 à 25,000,000 de francs CFA et d'un emprisonnement d'un mois à deux ans.[65]

---

61 Loi n° 96/12 du 5 août 1996 portant loi-cadre relative à la gestion de l'environnement, article 80.
62 (ibid.:articles 42 et 43).
63 (ibid.:article 44).
64 Loi n° 94/01 du 20 janvier 1994 portant régime des forêts, de la faune et de la pêche, article 18.
65 Loi n° 001-2001 du 16 avril 2001 portant Code minier, articles 87 et 107.

4.2 Les atteintes à la santé publique

Il existe une connexité entre protection de la santé humaine et protection de l'environnement. L'on ne peut dès lors envisager de façon autonome les atteintes à l'environnement en occultant les atteintes à la santé humaine, causées directement ou incidemment par l'activité de l'homme sur l'environnement. C'est dans ce sens que la définition de l'environnement donnée par la Cour internationale de justice prend tout son sens vu qu'elle commande de protéger non seulement l'espace où vivent les êtres humains et dont dépend la qualité de leur vie et de leur santé, mais aussi de protéger directement la santé humaine.[66] Sur ces prémisses, la loi sur la protection phytosanitaire prévoit que les traitements chimiques doivent être exécutés dans le respect des bonnes pratiques agricoles édictées par l'autorité compétente, afin de préserver la santé humaine et animale et de protéger l'environnement des dangers provenant de la présence ou de l'accumulation de résidus de produits phytosanitaires. Par conséquent, les méthodes de traitement des denrées stockées doivent garantir l'absence ou la présence à des teneurs tolérées, des résidus des produits phytosanitaires, et préserver les qualités organoleptiques des produits traités.[67]

Dans le même ordre d'idée, l'exploitation minière ne peut se faire sans veiller à la promotion ou au maintien de la bonne santé générale des populations. C'est ainsi qu'est puni d'une amende de 5,000,000 à 25,000,000 de francs CFA et d'un emprisonnement d'un mois à deux ans, celui qui se livre à des activités minières sans se conformer aux règles relatives aux mesures de sécurité et d'hygiène des populations et à la protection de l'environnement.[68] La loi-cadre sur l'environnement met aussi à la charge de toute personne désireuse d'ouvrir un établissement classé l'obligation de mener une étude des dangers afin de déterminer notamment les risques pour l'environnement et le voisinage. Ces dangers sont entre autres ceux qui peuvent porter atteinte à la santé, la sécurité, la salubrité publique, l'agriculture, la nature et l'environnement en general.[69] Cette même loi exige un contrôle sur toutes les substances chimiques nocives et/ou dangereuses qui, en raison de leur toxicité, ou de leur concentration dans les chaînes biologiques, présentent ou sont susceptibles de présenter un danger pour la santé humaine, le milieu naturel et l'environnement en général. L'Administration chargée de l'environnement est mandatée pour en surveiller la

---

66   Voir note 1.
67   Loi n° 2003/003 du 21 avril 2003 portant protection phytosanitaire, article 19. Voir aussi la loi n° 2003/007 du 10 juillet 2003 régissant les activités du sous-secteur engrais au Cameroun, article 17.
68   Loi n° 001-2001 du 16 avril 2001 portant Code minier, articles 87 et 107, lus conjointement avec l'article 84.
69   Loi n° 96/12 du 5 août 1996 portant loi-cadre relative à la gestion de l'environnement, articles 55 (2) et 54.

production ou l'importation au Cameroun.[70] Toute infraction aux dispositions de la loi sur l'importation, la production ou la détention et / ou l'utilisation des substances nocives ou dangereuses est sanctionnée d'une peine d'emprisonnement variant entre deux et cinq ans et d'une amende pouvant aller de 10,000,000 à 50,000,000 de francs CFA.[71]

Toujours dans le souci de préserver la santé humaine, les émissions de bruits et d'odeurs susceptibles de nuire à la santé de l'homme, de constituer une gêne excessive pour le voisinage ou de porter atteinte à l'environnement sont interdites.[72] La peine encourue dans ce cas est de quinze jours à six mois d'emprisonnement et d'une amende de 5,000 à 1,000,000 de francs CFA pour celui qui, par son activité pollue l'atmosphère au point de la rendre nuisible à la santé publique. Cette peine est aggravée si celui-ci, par sa conduite, facilite la communication d'une maladie contagieuse et dangereuse ; auquel cas la peine d'emprisonnement varie de trois mois à trois ans.[73]

4.3 Les atteintes aux biens culturels

D'après la loi-cadre sur l'environnement, la protection, la conservation et la valorisation du patrimoine culturel et architectural sont d'intérêt national et, à ce titre, font partie intégrante de la politique national de protection et de mise en valeur de l'environnement. Dans sa définition de l'environnement, cette la loi-cadre vise au-delà de la géosphère, l'hydrosphère et l'atmosphère, les aspects culturels.[74] Inclure les biens culturels dans la définition de l'environnement n'est pas étrange. Cornu, en définissant l'environnement, y inclut « la conservation des sites et monuments ».[75] La Convention de l'UNESCO de 1972 rappelle la connexité entre les patrimoines culturel et naturel. Le patrimoine culturel est constitué entre autres des monuments (œuvres architecturales, de sculpture ou de peinture monumentales qui ont une valeur universelle exceptionnelle du point de vue de l'histoire, de l'art ou de la science) et des sites (œuvres de l'homme ou œuvres conjuguées de l'homme et de la nature, ainsi que les zones, y compris les sites archéologiques qui ont une valeur universelle ex-

---

70   (ibid.:articles 57 (1) et 59 (1)).
71   (ibid.:article 81).
72   (ibid.:article 60(1)).
73   Loi n° 2016/007 du 12 juillet 2016 portant Code pénal, articles 261 et 260.
74   Loi n° 96/12 du 5 août 1996 portant loi-cadre relative à la gestion de l'environnement, articles 39 et 2.
75   Cornu (2014:408).

ceptionnelle du point de vue historique, esthétique, ethnologique ou anthropologique).[76]

Une fois ces préalables clairement posés, l'on comprend mieux les dispositions du Code pénal qui sanctionnent la dégradation des biens publics ou classés et les atteintes au patrimoine culturel et naturel national. Sur ces fondements, toute personne qui détruit ou dégrade soit un monument, statut ou tout autre bien destiné à l'utilité ou à la décoration publique et élevé par l'autorité publique ou avec son autorisation, soit un immeuble, objet mobilier, monument naturel ou site, inscrits ou classés, encourt une peine d'emprisonnement d'un mois à deux ans et une amende de 20,000 à 120,000 francs CFA.[77] Les peines prévues pour la seconde infraction sont un emprisonnement de six mois à deux ans et une amende de 100,000 à 3,000,000 de francs CFA pour toute personne qui, entre autres et sans l'autorisation de l'autorité compétente, procède à la destruction, à la dégradation et à la pollution des biens culturels.[78]

5   Conclusion

Il découle de l'ensemble de ce qui précède que le droit pénal de l'environnement est assez dense au Cameroun. En effet, il apparaît comme un déphasage déconcertant lorsque l'on observe la réalité de l'environnement au Cameroun après avoir pris connaissance de ce corpus de règle. Dans la réalité, les cours d'eau continuent d'être continuellement pollués aussi bien par les ménages que par les industries et les commerces sans qu'aucune sanction concrète ne soit prise à leur égard. La faible épaisseur du contentieux pénal de l'environnement au Cameroun est symptomatique de la méconnaissance ou de la défiance à l'égard de ce corps de règle qui, à l'évidence, est pourtant très dense. Par conséquent donc, le grand chantier de la protection de l'environnement au Cameroun, but et fin ultime de cet arsenal normatif, ne sera possible qu'à travers une mise en œuvre effective des normes qui ont été discutées ci-haut.

Toutefois, ceci suppose une appropriation de ces règles par les différents acteurs du processus judiciaire à savoir non seulement les juges, mais aussi les populations, les organisations de la société civile et les autorités municipales. Cette appropriation passe irrémédiablement par la sensibilisation, la formation et l'information aux nécessités de protéger l'environnement que ce soit au moyen d'actions individuelles ou collectives, ou à travers l'ouverture de procédures judiciaires à l'encontre de tous ceux qui attentent à la sécurité et à l'intégrité de l'environnement.

---

76   Convention concernant la protection du patrimoine mondial culturel et naturel, article 1.
77   Loi n° 2016/007 du 12 juillet 2016 portant Code pénal, article 187.
78   (ibid.:article 187-1 (2)).

Bibliographie indicative

Ambomo, M, 2013, Le juge pénal international face à la protection de l'environnement, 00-2013 *Revue africain de droit de l'environnement*, 57.

Capo-Chichi, A, 2008, Le droit pénal de l'environnement dans l'espace francophone, dans : *Actes de la Réunion constitutive du comité sur l'environnement de l'AHJUCAF,* Porto-Novo, AH-JUCAF.

Cornu, G, 2014, Vocabulaire juridique, 10e edition, Paris, PUF.

Foka Taffo, F, 2016, La protection pénale internationale de l'environnement in Cahier africain des droits de l'homme, 13 *Développement Durable en Afrique,* 231.

Fotso Chebou Kamdem, FV, 2015, *La répression des infractions relatives à la protection de la nature dans les systèmes juridiques français et camerounais,* Thèse de doctorat, Université Jean Moulin Lyon 3.

Kiss, A, 2005, Du régional à l'universel : la généralisation des préoccupations environnementales, 60 *Revue Internationale et stratégique,* https://www.diplomatie.gouv.fr/IMG/pdf/0504-KISS-FR-2.pdf, consulté le 30 janvier 2018.

Robert, P, 1993, Les défis du droit pénal de l'environnement : les régimes de responsabilité pénale de Sault Ste-Marie à Wholesale Travel, 34 (3) *Les Cahiers du Droit,* 803, https://www.erudit.org/fr/revues/cd1/1993-v34-n3-cd3796/043235ar.pdf, consulté le 30 janvier 2018.

Thoca Fanikoua, F, 2012, *La contribution du droit pénal de l'environnement à la répression des atteintes à l'environnement au Bénin,* Thèse de doctorat, Université de Maastricht.

SECTION 4

ENVIRONMENTAL MANAGEMENT IN CAMEROON

GESTION ENVIRONNEMENTALE AU CAMEROUN

CHAPITRE 9 :
LE CADRE INSTITUTIONNEL DE LA GESTION DE L'ENVIRONNEMENT AU CAMEROUN

Emmanuel D. KAM YOGO

1   Introduction

Le passage de la théorie à la pratique dans le processus de protection de l'environnement nécessite la création et le fonctionnement réel d'institutions adéquates sur le plan national. Si depuis les années soixante-dix déjà des institutions de protection de l'environnement ont commencé à voir le jour sur le plan international, ce n'est qu'au cours de la dernière décennie du 20e siècle que le Cameroun a commencé à se doter d'institutions spécifiquement consacrées à cette cause. De manière très claire, la Constitution de 1996 dispose que « L'État veille à la défense et la promotion de l'environnement ».[1]

En dehors du Président de la République qui définit la politique nationale de l'environnement[2], du gouvernement qui en assure la mise en œuvre[3], du Parlement[4] qui vote toutes les lois à l'instar de celles relatives à l'environnement et du pouvoir judiciaire qui doit rendre justice y compris dans le domaine de l'environnement, les institutions nationales de protection de l'environnement sont éparpillées et multiples. Dans cet éparpillement et cette multiplicité, la coordination entre institutions est inefficace. Cet état des choses peut se justifier soit par la jeunesse de certaines institutions soit par la nouveauté des prérogatives attribuées en matière environnementale à des institutions déjà anciennes. Même si on assiste à la montée de quelques institutions privées, l'œuvre de protection de l'environnement est surtout menée au sein des

---

1   Voir le préambule de la Constitution de 1996.
2   Voir l'article 3 de la loi n° 96/12.
3   Selon la loi n° 96/12 le gouvernement élabore des stratégies, plans ou programmes nationaux pour assurer la conservation et l'utilisation durable des ressources de l'environnement.
4   Même si l'article 26 (2) de la Constitution de 1996 n'indique pas clairement l'environnement comme faisant partie du domaine de la loi, on peut considérer les dispositions relatives au régime domanial, foncier et minier et au régime des ressources naturelles (article 26 (2) d)) comme englobant toutes les questions environnementales. Par ailleurs, il convient de préciser que le Parlement camerounais a un Réseau des parlementaires pour la gestion durable des écosystèmes (REPAR).

institutions publiques. Parmi celles-ci, certaines se trouvent au niveau central du pouvoir de l'État et d'autres sont décentralisées.

2 Les institutions centrales de protection de l'environnement

Parmi les institutions centrales, on peut distinguer les départements ministériels et des structures centrales de coordination.

2.1 Les départements ministériels

Certains ministères ont une compétence générale en matière d'environnement, d'autres sont spécialisés dans des secteurs précis.

2.1.1 Les ministères ayant des compétences transversales

C'est dans la mouvance de la conférence des Nations Unies sur l'environnement et le développement tenue en 1992 à Rio de Janeiro que le Cameroun se dote d'une structure ministérielle ayant une compétence générale en matière d'environnement. En effet, c'est par le décret n° 92/069 du 9 avril 1992 portant organisation du gouvernement que le Ministère de l'environnement et des forêts (MINEF) voit le jour pour la toute première fois au Cameroun ; ceci illustre la prise dc conscience suscitée auprès des pouvoirs publics par les préparatifs du Sommet de Rio. Ce nouveau ministère est organisé par le décret n° 92/265 du 29 décembre 1992 et se voit confier la gestion des secteurs qui, jusqu'alors, relevaient notamment du Ministère de l'agriculture, du Ministère du plan et de l'aménagement du territoire, du Ministère du tourisme...etc. Près de douze ans après sa création, le Ministère des forêts et de la faune est scindé en deux départements ministériels distincts :[5] le Ministère des forêts et de la faune et le Ministère de l'environnement, de la protection de la nature et du développement durable.[6]

Le Ministère de l'environnement, de la protection de la nature et du développement durable est responsable de l'élaboration et de la mise en œuvre de la politique gouvernementale en matière d'environnement et de protection de la nature dans une

---

5   Voir le décret n° 2004/320 du 8 décembre 2004 portant organisation du gouvernement.
6   C'est en 2011 que le 'développement durable' est ajouté dans la dénomination de ce Ministère par le décret n° 2011/408 du 9 décembre 2011 portant organisation du gouvernement.

perspective de développement durable.[7] Il est notamment chargé de la définition des modalités et des principes de gestion rationnelle et durable des ressources naturelles, de la définition des mesures de gestion environnementale en liaison avec les ministères et organismes spécialisés concernés, de l'élaboration des plans directeurs sectoriels de protection de l'environnement en liaison avec les départements ministériels intéressés, de la coordination et du suivi des interventions des organismes de coopération régionale ou internationale en matière d'environnement et de la nature en liaison avec le Ministère des relations extérieures et les administrations concernées, du suivi de la conformité environnementale dans la mise en œuvre des grands projets, de l'information du public en vue de susciter sa participation à la gestion, à la protection et à la restauration de l'environnement et de la nature, de la négociation des conventions et accords internationaux relatifs à la protection de l'environnement et de la nature et de leur mise en œuvre en liaison avec le Ministère des relations extérieures. Il exerce la tutelle sur l'Observatoire national sur les changements climatiques (ONACC).

Quant au Ministère des forêts et de la faune il a également vu le jour en décembre 2004, sa mission est d'élaborer, de mettre en œuvre et d'évaluer la politique de la nation en matière de forêt et de faune. Il est ainsi chargé de la gestion et de la protection des forêts du domaine national, de l'aménagement et de la gestion des aires protégées, de la mise au point et du contrôle de l'exécution des programmes de régénération, de reboisement, d'inventaire et d'aménagement des forêts, du contrôle du respect de la réglementation dans le domaine de l'exploitation forestière par les différents intervenants, de l'application des sanctions administratives lorsqu'il y a lieu, de la liaison avec les organismes professionnels du secteur forestier, de l'aménagement et de la gestion des jardins botaniques, de la mise en application des conventions internationales ratifiées par le Cameroun en matière de faune de forêts et de chasse en liaison avec le Ministère des relations extérieures et du suivi des organisations sous régionales actives dans la préservation des écosystèmes. Il assure la liaison entre le gouvernement camerounais et l'Organisation internationale des bois tropicaux et la Commission des forêts d'Afrique centrale en relation avec le Ministère des relations extérieures. Par ailleurs, il exerce la tutelle sur l'Agence nationale de développement des forêts (ANAFOR), l'École nationale des eaux et forêts et l'École de faune de Garoua.

---

7   Voir le décret n° 2012/431 du 1er octobre 2012 portant organisation du Ministère de l'environnement, de la protection de la nature et du développement durable.

2.1.2   Les ministères ayant des compétences sectorielles

Plusieurs départements ministériels à travers les missions qui leur sont assignées interviennent dans des secteurs précis de protection de l'environnement complétant ainsi les activités déployées par les deux ministères qui ont des compétences transversales.

C'est ainsi que le Ministère de l'administration territoriale et de la décentralisation est, entre autres, responsable de la protection civile ;[8] à ce titre, il assure l'élaboration, la mise en œuvre et le suivi de la réglementation et des normes en matière de prévention, de gestion des risques et des calamités naturelles ainsi que la coordination des actions nationales et internationales en cas de catastrophe naturelle.

Le Ministère de l'agriculture s'occupe, entre autres, du génie rural, de la protection phytosanitaire des végétaux, de la planification des programmes d'amélioration du cadre de vie en milieu rural et de l'élaboration et du suivi de la réglementation du secteur agricole. Il assure la liaison entre le gouvernement et l'Organisation des Nations unies pour l'agriculture et l'alimentation, le Fonds international du développement agricole ainsi que le Programme alimentaire mondial en collaboration avec le Ministère des relations extérieures. Il exerce la tutelle sur la Chambre d'agriculture, des pêches, de l'élevage et des forêts (CAPEF) et sur plusieurs entreprises publiques du secteur agricole.[9]

Le Ministère des arts et de la culture est responsable, entre autres, de la préservation des sites et monuments historiques, des musées, et de la protection du patrimoine culturel.[10]

Le Ministère de l'habitat et du développement urbain est chargé, entre autres, du suivi de l'application des normes en matière d'assainissement et de drainage et du suivi du respect des normes en matière d'hygiène et de salubrité, d'enlèvement et de traitement des ordures ménagères.[11]

Le Ministère des domaines, du cadastre et des affaires foncières est en charge, entre autres, de l'élaboration des textes législatifs et réglementaires relatifs aux secteurs domaniaux, cadastraux et fonciers, de la gestion du domaine public et du domaine privé de l'État, de la gestion du domaine national et des propositions d'affectation, de la protection des domaines public et privé de l'État contre toute atteinte, en liaison avec les administrations concernées.[12]

---

8   Voir l'article 8 (5) b, du décret n° 2011/408 du 9 décembre 2011.
9   Voir l'article 8 (7) du même décret.
10   Voir l'article 8 (8) du même décret.
11   Voir l'article 8 (23) du même décret.
12   Voir l'article 8 (11) du même décret.

Le Ministère de l'élevage, des pêches et des industries animales est chargé, entre autres, de l'élaboration et de la mise en œuvre de la politique du gouvernement en matière d'élevage, des pêches et de développement des industries animales et halieutiques. Il assure la tutelle de la société de développement et d'exploitation des productions animales, de la mission de développement de la pêche artisanale maritime et du laboratoire national vétérinaire.[13]

Le Ministère de l'eau et de l'énergie a pour mission d'élaborer, de mettre en œuvre et d'évaluer la politique de l'État en matière de production, de transport et de distribution de l'énergie et de l'eau. À ce titre, il est chargé de l'élaboration des stratégies et des plans gouvernementaux en matière d'alimentation en eau et en énergie, de la prospection, de la recherche et de l'exploitation des eaux en milieu urbain et rural, de l'amélioration quantitative et qualitative de la production d'eau et d'énergie, de la promotion des investissements dans les secteurs de l'eau et de l'énergie en liaison avec le Ministère de l'économie, de la planification et de l'aménagement du territoire et les administrations concernées, de la promotion des énergies nouvelles en liaison avec le Ministère de la recherche scientifique et de l'innovation, de la régulation de l'utilisation de l'eau dans les activités agricoles, industrielles et sanitaires en liaison avec les administrations concernées, du suivi de la gestion des bassins d'eau, du suivi de la gestion des nappes phréatiques, du suivi du secteur pétrolier et gazier aval, et du suivi des entreprises de régulation dans les secteurs de l'eau et de l'énergie. Il exerce la tutelle sur les établissements et les sociétés de production, de transport, de distribution et de régulation de l'eau, de l'électricité, du gaz et du pétrole.[14]

Le Ministère des mines, de l'industrie et du développement technologique a pour mission d'élaborer des stratégies de développement des industries en valorisant les ressources naturelles et les mines du pays. Il est chargé de l'élaboration de la cartographie minière, de la prospection géologique et des activités minières, de la valorisation des ressources minières, pétrolières et gazières, de la gestion des ressources naturelles minières et gazières, du suivi du secteur pétrolier amont, de la promotion de l'industrie locale, du développement des zones industrielles, de la promotion des investissements dans le secteur des mines, de l'industrie et du développement technologique en relation avec le Ministère de l'économie, de la planification et de l'aménagement du territoire et les administrations concernées, de l'élaboration et de la mise en œuvre du plan d'industrialisation du pays, de la transformation locale des produits miniers, agricoles et forestiers en relation avec le Ministère de l'agriculture et du développement rural et du Ministère des forêts et de la faune, du développement technologique en relation avec le Ministère de la recherche scientifique et de

---

13   Voir l'article 8 (15) du même décret.
14   Voir l'article 8 (12) du même décret.

l'innovation, de la veille technologique en matière industrielle en liaison avec les administrations concernées, de la promotion et de la défense d'un label de qualité pour les produits destinés au marché local et à l'exportation en relation avec les administrations concernées, du suivi des activités de l'Office national des zones franches industrielles et de la mission d'amenagement et de gestion des zones industrielles et du suivi des normes et de la qualité en liaison avec les administrations concernées. Il exerce la tutelle sur les sociétés publiques ou parapubliques intervenant dans son secteur de compétence, des organismes d'intervention et d'assistance aux industries et des sociétés d'encadrement du secteur minier, notamment : l'Agence des normes et de la qualité (ANOR), l'Office national des zones franches industrielles, la Chambre de commerce, d'industrie, des mines et de l'artisanat (CCIMA), et la Mission d'aménagement et de gestion des zones industrielles.[15]

Le Ministère l'économie, de la planification, et de l'aménagement du territoire est chargé, en matière d'aménagement du territoire, de la coordination et de la réalisation des études d'aménagement du territoire, tant au niveau national que régional, du suivi de l'élaboration des normes et règles d'aménagement du territoire et du contrôle de leur application, du suivi et du contrôle de la mise en œuvre des programmes nationaux, régionaux ou locaux d'aménagement du territoire, du suivi des organisations sous régionales s'occupant de l'aménagement en liaison avec les ministères concernés. Il suit les activités de la Commission du Bassin du Lac Tchad et de l'Autorité du Bassin du Niger.[16]

Le Ministère de la recherche scientifique et de l'innovation est responsable de l'élaboration et de la mise en œuvre de la politique du gouvernement en matière de recherche scientifique et d'innovation. Il exerce la tutelle sur plusieurs structures techniques qui jouent un rôle non négligeable dans la gestion de l'environnement. Il s'agit notamment de la Mission de promotion des matériels locaux, de l'Agence nationale de radio protection (ANRP) et des instituts de recherche tels que l'Institut de recherche agricole pour le développement, l'Institut de recherche géologique et minière, l'Institut de recherche des plantes médicinales, et l'Institut national de cartographie.[17]

Le Ministère de la santé publique ayant pour mission, entre autres, de veiller au développement des actions de prévention et de lutte contre les épidémies et des pandémies et de promouvoir la médecine préventive[18], devra en principe mener des actions en direction de la protection de l'environnement et ce, d'autant plus qu'il doit

---

15   Voir l'article 8 (26) du même décret.
16   Voir l'article 8 (13) du même décret.
17   Voir l'article 8 (30) du même décret.
18   Voir l'article 8 (32) du même décret.

contribuer à la meilleure gestion des déchets médicaux et pharmaceutiques conformément à la réglementation en vigueur.[19]

Le Ministère du tourisme et des loisirs est, entre autres, en charge de l'inventaire et de la mise en valeur des sites touristiques. Il peut à ce titre promouvoir l'écotourisme.

Le Ministère des transports est chargé, entre autres, de l'aviation civile, des navigations fluviale et maritime, des transports routiers et ferroviaires et de la météorologie. Il devra normalement jouer un rôle important dans la lutte contre la pollution dans les activités de transports. Il suit les affaires de l'Organisation mondiale de la météorologie.[20]

Le Ministère des travaux publics est, entre autres, chargé d'effectuer toutes études nécessaires à l'adaptation des infrastructures, des bâtiments publics et des routes aux écosystèmes locaux en liaison avec le Ministère chargé de la recherche scientifique, les institutions de recherche ou d'enseignement et de tout autre organisme compétent.[21]

La direction générale des douanes du Ministère des finances est chargée, entre autres, de la protection de l'environnement.

2.2 Les structures centrales de coordination et de consultation en matière de gestion de l'environnement

Ce sont des organes qui regroupent plusieurs ministères et d'autres institutions publiques ou privées. Ces structures contribuent à l'harmonisation et à la coordination de la politique gouvernementale en matière d'environnement. On peut y classer notamment, le Comité interministériel de l'environnement, la Commission nationale consultative pour l'environnement et le développement durable et le Comité national de l'eau.

2.2.1 Le Comité interministériel de l'environnement

Placé auprès du ministre charge de l'environnement,[22] ce Comité assiste le gouvernement dans ses missions d'élaboration, de coordination, d'exécution et de contrôle

---

19 Voir l'arrêté n° 003/MINEPDED du 15 octobre 2012 fixant les conditions spécifiques de gestion des déchets médicaux et pharmaceutiques.
20 Voir l'article 8 (32) du décret n° 2011/408.
21 Voir l'article 8 (37) du même décret.
22 Voir le décret n° 2001/718/PM du 3 septembre 2001 créant ce Comité.

des politiques nationales en matière d'environnement et de développement durable. À ce titre, il doit :

- veiller au respect et à la prise en compte des considérations environnementales notamment dans la conception et la mise en œuvre des plans et programmes économiques, énergétiques et fonciers ;
- approuver le rapport bisannuel sur l'état de l'environnement établi par l'administration chargée de l'environnement ;
- coordonner et orienter l'actualisation du Plan national de gestion de l'environnement ;
- donner un avis sur toute étude d'impact sur l'environnement ; et
- assister le gouvernement dans la prévention et la gestion des situations d'urgence ou de crise pouvant constituer des menaces graves pour l'environnement ou pouvant résulter de sa dégradation.

Présidé par une personnalité nommée par le ministre en charge de l'environnement, ce Comité se réunit en tant que de besoin et au moins une fois par trimestre sur convocation de son président. Son secrétariat est assuré par la direction du développement des politiques environnementales.

2.2.2 La Commission nationale consultative pour l'environnement et le développement durable

Cette commission assiste le gouvernement dans le domaine de l'élaboration de la politique nationale relative à l'environnement et au développement durable, ainsi que dans la coordination et le suivi de la mise en œuvre de ladite politique.[23] À ce titre, elle doit :

- veiller sur la réalisation des activités découlant de l'Agenda 21 telles qu'adoptée à l'issue de la conférence des Nations Unies sur l'environnement et le développement ;
- assurer l'évaluation des progrès accomplis dans l'exécution des engagements souscrits par le gouvernement dans le cadre de l'Agenda 21 ;
- analyser les divers rapports établis dans le cadre du suivi de l'application des différentes conventions internationales relatives à l'environnement et au développement durable ; et
- préparer les contributions du gouvernement destinées à la commission de développement durable de l'ONU et en exploiter les comptes rendus et recommandations.

---

23 Voir le décret n° 94/259/PM du 31 mai 1994 créant cette commission.

Présidée par le Premier ministre ou, sur délégation de ce dernier, par le ministre en charge de l'environnement, cette commission comprend des représentants de plusieurs ministères, des églises, de l'islam, des ONG, du Parlement, de la CCIMA et de la CAPEF.

Cette commission se réunit deux fois par an en session ordinaire sur convocation du président et peut aussi se réunir en session extraordinaire.

2.2.3 Le Comité national de l'eau

Le comité national de l'eau est institué par la loi n° 98/005 du 14 avril 1998, en son article 26. Il a été organisé par un texte réglementaire en 2001[24] qui abroge le décret n° 85/758 du 30 mai 1985 créant déjà à l'époque un comité national de l'eau au Cameroun. Il est chargé d'étudier et de proposer au gouvernement les mesures et actions tendant à assurer la conservation, la protection et l'utilisation durables de l'eau, d'émettre des avis sur des problèmes concernant l'eau, et de proposer aussi des mesures qui concourent à la gestion rationnelle de l'eau. Présidé par le ministre de l'eau, ce comité comprend des représentants des ministères chargés des finances, de la santé publique, de l'environnement, de l'aménagement du territoire, de l'urbanisme et habitat, de l'administration territoriale, de l'agriculture, des pêches, de la météorologie, du développement industriel et du commerce. Les concessionnaires des services publics de l'eau et de l'électricité en sont aussi membres ainsi que le président de la CAPEF et un représentant de l'association des maires.

2.2.4 Le Comité national *Man and the Biosphere*

Ce comité a été créé en février 2017 par le Premier ministre.[25] Il est un organe consultatif placé sous l'autorité du ministre chargé de la faune et a pour mission de trouver un équilibre durable entre les nécessités de conservation de la diversité biologique, de promotion du développement économique et de sauvegarde des valeurs sociales et culturelles associées. De manière spécifique, ce comité est chargé de soumettre au gouvernement les recommandations du conseil international de coordination du programme sur l'homme et la biosphère au sujet des sites inscrits sur la liste du réseau mondial des réserves de biosphère, de veiller à la cohérence et à

---

24 Voir le décret n° 2001/161/PM du 8 mai 2001 fixant les attributions, l'organisation et le fonctionnement du Comité national de l'eau.
25 Voir le décret n° 2017/0593/PM du 15 février 2017 portant création, organisation et fonctionnement du Comité national *Man and the Biosphere*.

l'harmonisation des différentes interventions dans les réserves de biosphère, d'élaborer et d'actualiser le fichier national des réserves de biosphère, de promouvoir les échanges d'expertise, d'assurer le développement des systèmes de communication et de base des données du programme sur l'homme et la biosphère, d'assurer la promotion des activités du développement durable autour des sites des réserves de biosphère, de participer aux activités des réseaux régionaux et du réseau mondial des réserves de biosphère, de préparer les rapports à transmettre au comité international de coordination du programme sur l'homme et la biosphère.

Présidé par le ministre de la faune assisté du ministre de l'environnement comme vice-président, ce comité comprend un représentant du Ministère en charge de la recherche scientifique, un représentant du ministère en charge de l'éducation de base, un représentant du ministère en charge de la culture, un représentant du ministère en charge de l'agriculture, un représentant du ministère en charge des pêches, un représentant du ministère en charge de l'enseignement supérieur, un représentant du ministère en charge de l'eau, un représentant du ministère en charge des transports, un représentant du ministère en charge des relations extérieures, un représentant du ministère en charge des domaines, deux représentants des organisations non gouvernementales opérant dans le domaine de la conservation et de l'environnement autour des sites de réserve de biosphère, un représentant de l'autorité traditionnelle des communautés vivant autour de chaque site de réserve de biosphère.

3 Les institutions décentralisées et les chambres consulaires

3.1 Les institutions de la décentralisation territoriales et les chefferies traditionnelles

La décentralisation consiste en un transfert par l'État, aux collectivités territoriales décentralisées, des compétences particulières et de moyens appropriés.[26] Les collectivités territoriales sont des personnes morales de droit public et ont pour mission de promouvoir le développement économique, social, sanitaire, éducatif, culturel et sportif.

À ce titre, elles jouent un rôle dans la protection de l'environnement dans l'étendue de leurs différents territoires. La loi n° 2004/018 fixant les règles applicables aux communes et la loi n° 2004/19 fixant les règles applicables aux régions déterminent les compétences respectives des communes, des communautés urbaines et des régions en matière d'environnement. Ces lois viennent donc renforcer certaines dispositions de la loi n° 96/12 du 5 août 1996 sur la gestion de

---

26   Voir l'article 1 de la loi n° 2004/17 du 22 juillet 2004 d'orientation de la décentralisation.

l'environnement selon lesquelles les collectivités territoriales décentralisées assurent l'élimination des déchets produits par les ménages, conformément à la réglementation en vigueur.[27]

3.1.1 Les compétences des communes en matière d'environnement

Les compétences suivantes sont transférées aux communes[28] dans le domaine de l'environnement :

- l'alimentation en eau potable ;
- le nettoiement des rues, chemins et espaces publics communaux ;
- le suivi et le contrôle de gestion des déchets industriels ;
- les opérations de reboisement et la création de bois communaux ;
- la lutte contre l'insalubrité, les pollutions et les nuisances ;
- la protection des ressources en eaux souterraines et superficielles ;
- l'élaboration de plans communaux d'action pour l'environnement ;
- la création, l'entretien et la gestion des espaces verts, parcs et jardins d'intérêt communal ;
- la gestion au niveau local des ordures ménagères ;
- la création et l'aménagement d'espaces publics urbains ;
- l'élaboration des plans d'occupation des sols, des documents d'urbanisme, d'aménagement concerté, de rénovation urbaine et de remembrement ;
- l'organisation et la gestion des transports publics urbains ;
- les opérations d'aménagement ;
- la délivrance des certificats d'urbanisme, des autorisations de lotir, des permis d'implanter, des permis de construire et de démolir ;
- l'aménagement et la viabilisation des espaces habitables ;
- la création de zones d'activités industrielles ; et
- l'autorisation d'occupation temporaire et de travaux divers.

En l'absence d'un service de police municipale, le maire peut créer un service d'hygiène chargé de la police sanitaire dans la commune[29] et le responsable d'un tel service doit prêter serment avant d'entrer en fonction,[30] car sa mission est très proche du travail d'un officier de police judiciaire à compétence spéciale dans la mesure où il devra engager des procédures sanctionnant les infractions en matière d'hygiène et de salubrité. Cette formalité de prestation de serment rappelle l'exigence faite aux

---

27 Voir l'article 46 de la loi n° 96/12 du 5 août 1996 relative à la gestion de l'environnement.
28 Loi n° 2004/018 du 22 juillet 2004, articles 16 et 17.
29 Voir l'article 92 (1) de la loi de 2004 sur les communes.
30 (ibid.).

agents publics appelés à exercer les fonctions d'inspecteurs ou de contrôleurs de l'environnement[31]. Le maire est chargé de la police municipale[32] dont l'objet est d'assurer le bon ordre, la sûreté, la tranquillité, la sécurité et la salubrité de la localité où il a été élu.[33] C'est dans ce sens que la loi n° 96/12 du 5 août 1996 portant loi-cadre sur la gestion de l'environnement indique que « les communes doivent prendre toutes mesures exécutoires destinées, d'office, à faire cesser le trouble » provoqué par des nuisances sonores ou olfactives, lorsque l'urgence le justifie.[34]

Enfin la loi n° 94/01 du 20 janvier 1994 portant régime des forêts, de la faune et de la pêche prévoit l'existence des forêts communales qui relèvent du domaine privé des communes concernées.[35] La forêt communale est celle qui fait l'objet d'un acte de classement au profit d'une commune précise ou qui a été plantée par celle-ci. Les produits forestiers résultant de l'exploitation d'une forêt communale appartiennent exclusivement à la commune qui en est propriétaire. Par ailleurs, pour les zones urbaines, il est exigé des communes de respecter un taux de boisement au moins égal à 800 m² d'espaces boisés pour 1,000 habitants.[36]

3.1.2 Les compétences des communautés urbaines en matière d'environnement

Les compétences suivantes sont transférées à la communauté urbaine[37] dans le domaine de l'environnement :

- la création, l'entretien, la gestion des espaces verts, parcs et jardins communautaires ;
- la gestion des lacs et rivières d'intérêt communautaire ;
- le suivi et le contrôle de la gestion des déchets industriels ;
- le nettoiement des voies et espaces publics communautaires ;
- la collecte, l'enlèvement et le traitement des ordures ménagères ;
- la création, l'aménagement, l'entretien, l'exploitation et la gestion des équipements communautaires en matière d'assainissement et des eaux usées et pluviales ;

---

31 Voir le décret n° 2012/2808/PM du 26 septembre 2012 fixant les conditions d'exercice des fonctions d'inspecteur et de contrôleur de l'environnement.
32 Voir l'article 86 de la loi n° 2004/18 du 22 juillet 2004 fixant les règles applicables aux communes.
33 Voir l'article 87 de la loi n° 2004/18 du 22 juillet 2004.
34 Voir l'article 60 (3) de la loi n° 96/12.
35 Voir l'article 30 de la loi n° 94/01.
36 Voir l'article 33 de la loi n° 94/01.
37 Voir l'article 110 de la loi n° 2004/018 du 22 juillet 2004 fixant les règles applicables aux communes.

- l'élaboration des plans communautaires d'action pour l'environnement, notamment en matière de lutte contre les nuisances et les pollutions, et en matière de protection des espaces verts ;
- les opérations d'aménagement d'intérêt communautaire ;
- la constitution des réserves foncières d'intérêt communautaire ;
- la planification urbaine, les plans et schémas directeurs, les plans d'occupation des sols ou les documents d'urbanisme en tenant lieu. À cet effet, la communauté urbaine donne son avis sur le projet de schéma d'aménagement du territoire avant son approbation ;
- la création, l'aménagement, l'entretien, l'exploitation et la gestion des voiries communautaires primaires et secondaires, de leurs dépendances et de leurs équipements, y compris l'éclairage public, la signalisation, l'assainissement pluvial, les équipements de sécurité et les ouvrages d'art ; et
- la coordination des réseaux urbains de distribution d'énergie et d'eau potable.

3.1.3   Les compétences des régions en matière d'environnement

Les compétences suivantes transférées aux régions[38] dans le domaine de l'environnement :
- la gestion, la protection et l'entretien des zones protégées et des sites naturels relevant de la compétence de la région ;
- la mise en défens et autres mesures locales de protection de la nature ;
- la gestion des eaux d'intérêt régional ;
- la création de bois, forêts et des zones protégées d'intérêt régional suivant un plan dûment approuvé par le représentant de l'État ;
- la réalisation de pare-feu et de mise à feu précoce, dans le cadre de la lutte contre les feux de brousse ;
- la gestion des parcs naturels régionaux, suivant un plan soumis à l'approbation du représentant de l'État ;
- L'élaboration, la mise en œuvre et suivi des plans ou schémas régionaux d'actions pour l'environnement ;
- l'élaboration de plans régionaux spécifiques d'intervention d'urgence et de prévention des risques ;
- la coordination des actions de développement ;

---

38   Voir l'article 19 de la loi n° 2004/019 du 22 juillet 2004 fixant les règles applicables aux régions.

- l'élaboration conformément au plan national, du schéma régional d'aménagement du territoire ;
- la participation à l'élaboration des documents de planification urbaine et des schémas directeurs des collectivités territoriales ; et
- le soutien à l'action des communes en matière d'urbanisme et d'habitat.

3.1.4 Les compétences des chefferies traditionnelles en matière d'environnement

Selon la loi n° 96/12 portant loi-cadre relative à la gestion de l'environnement, les autorités traditionnelles ont compétence pour régler des litiges liés à l'utilisation de certaines ressources naturelles, notamment l'eau et le pâturage, sur la base des us et coutumes locaux.[39] Lorsqu'un tel litige est réglé par une autorité traditionnelle, un procès-verbal est dressé et signé conjointement par ladite autorité et les parties concernées ou leurs représentants. Une copie dudit procès-verbal est déposée auprès de l'autorité administrative territorialement compétente. Le règlement d'un litige environnemental par l'autorité traditionnelle n'annule pas le droit des parties concernées de saisir les tribunaux compétents en cas de non-satisfaction. La compétence reconnue aux autorités traditionnelles pour régler certains litiges dans le domaine de l'environnement peut être considérée comme un renforcement du principe de subsidiarité en droit de l'environnement. Selon ce principe, lorsqu'il n'existe pas une règle juridique écrite, générale ou spéciale en matière de protection de l'environnement, la norme coutumière identifiée d'un terroir donné et adéquate pour protéger l'environnement s'applique.[40] Bien entendu, l'autorité traditionnelle va appliquer les us et coutumes, puisque la loi le lui permet. Bien que ne faisant pas juridiquement partie des institutions de la décentralisation territoriale au Cameroun au sens de la loi sur la décentralisation, les chefferies traditionnelles que l'on considère toujours comme des auxiliaires de l'administration sont de véritables autorités locales jouissant d'une légitimité qui, dans la plupart des cas, ne dépend pas du pouvoir central, mais plutôt du terroir concerné. Ces autorités traditionnelles ne se retrouvent donc pas dans le registre de la déconcentration ; elles sont de facto administrativement décentralisées.

---

39 Voir l'article 93 (1) de la loi n° 96/12.
40 Voir l'article 9 (f) de la loi n° 96/12.

3.2 Les institutions de la décentralisation technique

La décentralisation technique permet aux entités décentralisées, notamment les établissements publics, de gérer un service public en bénéficiant de la personnalité morale et de l'autonomie financière. Ces entités ne disposent que d'une compétence d'attribution qui correspond à l'objet du service public qui leur est confié. Dans le domaine de l'environnement, on peut dénombrer des entités comme l'ANAFOR, l'ANOR, l'ANRP et l'ONACC parmi les institutions de la décentralisation technique.

3.2.1 L'Agence nationale d'appui au développement forestier (ANAFOR)

L'ANAFOR est une société à capital public ayant l'État comme actionnaire unique.[41] Elle est dotée de la personnalité morale et de l'autonomie financière. L'ANAFOR a pour objet d'appuyer la mise en œuvre du programme national de développement des plantations forestières privées et communautaires. Pour cela, elle doit réaliser des études, planifier, suivre et évaluer le programme, coordonner, promouvoir, puis rechercher des financements nationaux et internationaux. Ensuite, elle doit fournir des semences et des plants aux opérateurs privés et communautaires, ainsi qu'un appui-conseil pour les projets de plantations. Enfin, elle est appelée à exécuter toute tâche qui lui est confiée par le ministère chargé des forêts, sa tutelle technique.

3.2.2 L'Agence nationale de radioprotection (ANRP)

Créée en octobre 2002,[42] l'ANRP est un établissement public administratif doté de la personnalité juridique et de l'autonomie financière. Il est sous la tutelle technique du ministère chargé de la recherche scientifique et sous la tutelle financière du Ministère des finances. L'ANRP a pour objet d'assurer la protection des personnes, des biens et de l'environnement contre les effets de rayonnements ionisants. De manière spécifique, ses missions consistent à :
- proposer des normes en matière de radioprotection ;
- enregistrer, examiner et soumettre à la tutelle, les demandes d'acquisition, de détention, de fabrication, de cession, de transformation, d'utilisation,

---

41 Voir le décret n° 2002/156 de juin 2002 approuvant les statuts de l'Agence nationale d'appui au développement forestier.
42 Voir le décret n° 2002/250 du 31 octobre 2002 portant création, organisation et fonctionnement de l'Agence nationale de radioprotection.

d'entreposage, de transport, d'importation, d'exportation de substances radioactives et sources radioactives, d'installation de dispositifs et équipements nucléaires ;

- donner son avis sur les demandes d'autorisation d'exploration et d'extraction des minerais uranifères et de thorium dans le respect des dispositions du Code minier ;
- exécuter les opérations de contrôle de qualité des équipements et faire des inspections destinées à vérifier au niveau de tout établissement utilisant des rayonnements ionisants ;
- appliquer la réglementation en matière radiologique ;
- mettre en place des dispositifs permettant de prévenir les accidents radiologiques ou intervenir en cas de besoin ;
- proposer des plans d'urgence radiologique ;
- enregistrer les données relatives à la dosimétrie de l'environnement et des milieux professionnels ;
- soumettre à l'appréciation de l'autorité compétente, des recommandations sur les questions relatives à l'utilisation pacifique de l'énergie nucléaire ;
- organiser la formation, acquérir et diffuser l'information et la documentation relatives à la radioprotection ;
- développer avec les organismes nationaux et internationaux intéressés la coopération scientifique et technique en matière de radioprotection ;
- émettre un avis sur les projets de textes législatifs ou réglementaires en matière de radioprotection ; et
- offrir, dans le domaine de ses missions et de son expertise, des prestations aux administrations publiques ou aux particuliers à travers des études, des consultations ou encore en soumissionnant à des appels d'offres.

3.2.3   L'Agence des normes et de la qualité (ANOR)

Créée en septembre 2009[43], l'ANOR est un établissement public administratif doté de la personnalité juridique et de l'autonomie financière. Elle est placée sous la tutelle technique du ministère chargé de l'industrie et sous la tutelle financière du ministère chargé des finances. La principale mission de cette agence est de contribuer à l'élaboration et à la mise en œuvre de la politique gouvernementale dans le domaine de la normalisation et de la qualité au Cameroun. À cet effet, elle est chargée d'élaborer et d'homologuer des normes, de certifier la conformité aux normes, de

---

43   Voir le décret n° 2009/296 du 17 septembre 2009 portant création, organisation et fonctionnement de l'Agence des normes et de la qualité.

promouvoir les normes et la qualité auprès des institutions publiques, parapubliques et privées, de suivre la coopération internationale en la matière, de conduire des études sur la normalisation, de proposer des mesures pour améliorer la qualité des produits et des services, et de diffuser des informations sur les normes et la qualité. L'ANOR publie annuellement un rapport sur la promotion des normes et de la qualité des produits et services au Cameroun adressé au ministre de l'industrie qui, à son tour, transmet une copie au Premier ministre et au Président de la République avec ses observations. Le Conseil d'administration de l'ANOR comprend des représentants de plusieurs départements ministériels[44] à côté de ceux de la présidence de la république et des services du Premier ministre. On y trouve également des représentants du secteur privé, des associations des consommateurs et du personnel. La grande surprise dans la composition de ce conseil d'administration est l'absence d'un représentant du Ministère de l'environnement. Cette absence est très surprenante parce que le système national de normalisation comprend aussi des normes de protection de l'environnement[45] et des préoccupations environnementales sont perceptibles dans la loi camerounaise relative à la normalisation.[46]

3.2.4   L'Observatoire national des changements climatiques (ONACC)

Créé en décembre 2009[47], l'ONACC est un établissement public administratif doté de la personnalité juridique et de l'autonomie financière. Il est placé sous la tutelle technique du Ministère de l'environnement et sous la tutelle financière du Ministère des finances. Sa mission est de suivre et d'évaluer les impacts socio-économiques et environnementaux, des mesures de prévention, d'atténuation et/ou d'adaptation aux effets néfastes et risques liés à ces changements. Ainsi, il est spécifiquement chargé d'établir les indicateurs climatiques pertinents pour le suivi de la politique environnementale, de mener des analyses prospectives visant à proposer une vision sur l'évolution du climat, de fournir des données météorologiques et climatologiques à tous les secteurs de l'activité humaine concernés et de dresser le bilan climatique annuel du Cameroun. Par ailleurs, il est aussi chargé d'initier et de promouvoir des études sur la mise en évidence des indicateurs, des impacts et des risques liés aux changements climatiques, de collecter, analyser et mettre à la disposition des décideurs publics, privés ainsi que des différents organismes nationaux et internationaux,

---

44   Tels que les ministères chargés notamment de l'industrie, du commerce, des finances, de l'économie, de la santé publique, de l'agriculture.
45   Article 5 (1) de la loi n° 96/11 du 5 août 1996 relative à la normalisation.
46   Voir, entre autres, l'article 7 de ladite loi.
47   Voir le décret n° 2009/410 du 10 décembre 2009 portant création, organisation et fonctionnement de l'Observatoire national des changements climatiques.

les informations de référence sur les changements climatiques au Cameroun, d'initier toute action de sensibilisation et d'information préventive sur les changements climatiques, de servir d'instrument opérationnel dans le cadre des autres activités de réduction des gaz à effet de serre, de proposer au gouvernement des mesures préventives de réduction d'émission de gaz à effet de serre, ainsi que des mesures d'atténuation et/ou d'adaptation aux effets néfastes et risques liés aux changements climatiques, de servir d'instrument de coopération avec les autres observatoires régionaux ou internationaux opérant dans le secteur climatique, de faciliter l'obtention des contreparties dues aux services rendus au climat par les forêts à travers l'aménagement, la conservation et la restauration des écosystèmes et de renforcer les capacités des institutions et organismes chargés de collecter les données relatives aux changements climatiques, de manière à créer, à l'échelle nationale, un réseau fiable de collecte et de transmission desdites données.

3.3   Les chambres consulaires et l'assemblée consultative

Les chambres consulaires sont une catégorie spécifique d'établissements publics, dotés de la personnalité juridique et de l'autonomie financière, chargés de représenter et de défendre les intérêts de leurs ressortissants auprès des pouvoirs publics. Elles assument des missions d'intérêt professionnel et des missions de service public[48]. Dans le cadre de leurs missions, les chambres consulaires comme la chambre d'agriculture, des forêts et des pêches et la chambre de commerce, d'industrie, des mines et de l'artisanat peuvent jouer un rôle non négligeable pour la bonne gestion de l'environnement. C'est d'ailleurs dans cette perspective que ces deux chambres consulaires ont des représentants au sein de la Commission nationale consultative pour l'environnement et du développement durable[49] et le président de la chambre d'agriculture est membre du Comité national de l'eau.[50] En dehors de ces chambres consulaires, il y a le Conseil économique et social qui est une assemblée consultative.

---

48   Loi n° 2001/016 du 23 juillet 2001 fixant le statut des Chambres consulaires.
49   Voir le décret n° 94/259/PM du 31 mai 1994 portant création de ladite commission.
50   Voir le décret organisant le Comité national de l'eau.

3.3.1   La chambre de commerce, d'industrie, des mines et de l'artisanat (CCIMA)

Anciennement connue sous la dénomination de Chambre de commerce, d'industrie, des mines[51], cette chambre consulaire a connu un changement de dénomination en 2001 en devenant la CCIMA.[52] Elle est placée sous la tutelle du Ministère du commerce et son siège est fixé à Douala, contrairement à la plupart des institutions qui ont leurs sièges à Yaoundé. Son rôle auprès des pouvoirs publics est celui d'un organe consultatif qui représente les intérêts commerciaux, industriels, miniers et artisanaux. Elle est consultée, entre autres, sur les projets de lois et de textes réglementaires relatifs aux activités commerciale, industrielle, minière, artisanale et de prestations de services ainsi que sur toutes questions relevant de sa compétence dans lesdits secteurs.

3.3.2   La Chambre d'agriculture, des pêches, de l'élevage et des forêts du Cameroun (CAPEF)

Antérieurement connue sous l'appellation de Chambre d'agriculture, de l'élevage et des forêts du Cameroun,[53] cette chambre consulaire a connu un changement de dénomination en 2009 pour devenir la Chambre d'agriculture, des pêches, de l'élevage et des forêts du Cameroun en abrégé CAPEF.[54] Cette Chambre est un établissement public doté de la personnalité juridique et de l'autonomie financière. Elle est placée sous la tutelle technique du ministre chargé de l'agriculture et sous la tutelle financière du ministre chargé des finances. Son siège est fixé à Yaoundé, au contraire de la chambre de commerce dont le siège est à Douala. C'est un organe consultatif qui représente les intérêts des professionnels de l'agriculture, de la pêche, de l'élevage, de la forêt et de la faune auprès des pouvoirs publics. Elle assure des missions de consultation, de promotion économique, de formation professionnelle et des missions spécifiques. Elle est consultée notamment sur les projets de lois et de textes réglementaires des activités relevant de son domaine de compétence. Elle est également consultée sur la création des offices, des organismes publics et privés ou la recon-

---

51   Voir le décret n° 86/231 du 13 mars 1986 portant statuts de la Chambre de commerce, d'industrie et des mines.

52   Voir le décret n° 2001/380 du 27 novembre 2001 portant changement de dénomination et réorganisation de la chambre de commerce, d'industrie des mines et de l'artisanat du Cameroun.

53   Voir le décret n° 78/525 du 12 décembre 1978 portant statut de la Chambre d'agriculture, de l'élevage et des forêts du Cameroun, modifié et complété par le décret n° 84/004 du 10 janvier 1984.

54   Voir le décret n° 2009/249 du 6 août 2009 portant changement de dénomination et réorganisation de la chambre d'agriculture, de l'élevage et des forêts du Cameroun.

naissance des associations d'utilité publique, à caractère national ou international dans son domaine de compétence. Ainsi, copies de tous les actes signés y relatifs lui sont transmises pour exploitation, de même que sur toute autre question en matière d'agriculture des pêches, d'élevage, des forêts et de la faune. Dans le cadre de ses missions de promotion économique, elle organise des campagnes promotionnelles visant à accroître les ventes de la production agricole, animale, halieutique, forestière et faunique, à l'intérieur et à l'extérieur du pays. À ce titre, elle a un rôle déterminant dans la mise en œuvre d'une gestion rationnelle des ressources naturelles. En outre, elle participe au développement de la recherche scientifique ainsi qu'à la vulgarisation des techniques agricoles, animales, halieutiques, sylvicoles et fauniques dans le cadre des conventions de partenariat établies avec les administrations publiques et les organismes privés nationaux et internationaux et présente semestriellement des notes de conjoncture sur l'évolution et les moyens d'accroître la prospérité desdits secteurs.

3.3.3 Le Conseil économique et social

Le Conseil économique et social est une assemblée consultative créée par l'article 54 de la Constitution de 1996. Il a été réorganisé en 2017 par une loi[55] abrogeant celle de 1986 et élargissant ses attributions au domaine de l'environnement. Selon cette loi, la mission du Conseil économique et social est de conseiller le pouvoir exécutif en matière économique, sociale, culturelle et environnementale. À la demande du Chef du gouvernement, il peut mener des enquêtes sur la mise en œuvre du plan de développement économique, social, culturel et environnemental et peut être associé à l'évaluation des politiques publiques dans le domaine de l'environnement. Par ailleurs, il peut soumettre au Président de la République ou au gouvernement des propositions de réforme impliquant l'environnement.

4 Conclusion

En somme les institutions publiques de protection de l'environnement au Cameroun sont nombreuses et interviennent dans plusieurs secteurs. Mais toute la question reste au niveau de leur efficacité qui reste limitée par deux facteurs : le manque de moyens financiers et techniques, puis dans une moindre mesure, l'absence de l'expertise dans certains secteurs. Plusieurs institutions publiques bénéficient de la coopération bilatérale et multilatérale qu'entretient le Cameroun avec les autres États ainsi que des ins-

---

55 Voir la loi n° 2017/009 du 12 juillet 2017 fixant les attributions, l'organisation et le fonctionnement du Conseil économique et social du Cameroun.

titutions internationales à travers le monde. Mais cette coopération ne leur permet pas encore, en tout cas la plupart, de surmonter leur inefficacité. Cette inefficacité des institutions environnementales étatiques entraîne presque automatiquement l'ineffectivité de plusieurs règles juridiques de protection de l'environnement au Cameroun. Heureusement que les communautés de base et les associations de défense de l'environnement dont le rôle est reconnu par la loi[56] prennent le relai.

---

56 Voir notamment les articles 3 et 8 de la loi n° 96/12 du 5 août 1996 portant loi-cadre relative à la gestion de l'environnement.

CHAPTER 10:
PRINCIPLES OF ENVIRONMENTAL MANAGEMENT IN CAMEROON

Christopher F. TAMASANG & Andre Felix Martial TCHOFFO

1   Introduction

Environmental degradation in general and its threat to human wellbeing has become one of the most unavoidable topics in general international, and consequently domestic discourse. One of the major stakes in environmental discourse in particular is how to balance the offsets between development and protection of the environment. It is true that each state has the sovereign right to design and pursue her development objectives as she deems fit but in recent years, the *modus* of development opted for by each state is no longer a thing reserved within her exclusive purview, but one that attracts the general attention of states that make up the international community. Within the context of developing countries like Cameroon, this sort of new trend which comprises international scrutiny of domestic development becomes a bit delicate because development needs are hoisted in urgency meanwhile international concerns for environmental protection constitutes the rope with which the length of the said development is measured.

   The considerations highlighted above only reveal that environmental protection and the pursuit of development are two hands of which one cannot wash itself clean without the help of the other so as to achieve human wellbeing. In the same spirit, international law rules and principles cannot be dissociated from domestic policy and decision making processes relating to the environment and development *nexus*. It may be expected from the latter consideration that domestic policy makers should simply refer to some sort of international environmental code that contains the general orientations and directions of the international community, but there is no such code. Rather, bits and patches of environmental exigencies are scattered into assorted multilateral environmental agreements (MEAs) and related instruments, each with its own specificity. So in the absence of an international environmental law compendium, the general orientations relating to the conservation and management of natural resources may only be obtained through a synergy and cluster of these MEAs which, it should be said, is not an easy task. Some of the prescriptions contained in these texts are said to be soft, and others hard,[1] and so it may be a pretty meticulous exercise for a state to tap out the general environmental considerations from these texts through the abovementioned clusters and synergy. What then may be a simpler formula?

Almost every legal discipline has some rules, values, principles and even maxims which, for the most part, constitute expressions that synthesise the subject matter of the whole discipline so that with just a few of these expressions, we may be able to discern the substratum of that particular area of studies.[2] Environmental law is not an exception; in effect, there are a number of principles which, it may be argued, make up the foundations of this discipline as well as a general guidance and orientation for policy makers and state action. So rather than referring to particular texts in a bid to determine the rules that guide or shape action relating to environmental management, it may be more practical to simply look at these principles to see how they have been received by international texts and case law and then translated into the national environmental management processes.

This chapter therefore sets out to make an appraisal of the extent to which Cameroonian law relating to environmental management incorporates principles of international environmental management. To this end, the work devolves in six sections of which the first is an introduction; the second, deals with conceptual clarifications; the third is an analysis of the fundamental principles of environmental management in Cameroon while the fourth section indicates the limited extent to which these principles are treated under Cameroonian law. The fifth and sixth sections consider some of the challenges which hinder smooth incorporation of principles of environmental management into legislative crafting, general conclusion and way forward respectively. It is hoped that that this paper may inform policy and decision-makers on how to better translate general environmental law principles into policy considerations that guarantee a more sustainable management of the environment and its resources.

---

1   'Soft Law' refers to the category of texts that do not contain rigorous legal provisions but rather general principles, breach of which may not really invite immediate and deterring sanctions. They are either inspirational sources of law or later on mature into hard law. An example includes the Rio Declaration of 1992 from the United Nations Conference on Environment and Development. An example of a 'hard law' on the other hand is the Convention on Biodiversity (1992).

2   A good example of a discipline whose subject matter is contained in its principles or maxims is equity. Some of the relevant maxims that constitute the bedrocks of equity include: equity acts *in personam* and not *in rem*; delay defeats equity; equality is equity; equity follows the law; he who seeks equity must do equity and he who comes to equity must come with clean hands; equity looks at that as done which ought to be done and equity looks at the intent to impute an obligation.

2   Why principles of environmental law in general and principles of
       environmental management in particular?

2.1   Theoretical foundations of principles of (environmental) law

Whether we talk of principles of law or principles of environmental law, they all are
abstract. In a generic manner, these principles are all founded on equity, ethics and
good conscience. Most of them are therefore said to be imbedded in natural law. It
should be said immediately that founded on these basis, principles of law remain abstract, general in nature and most of all non-binding. The reason is because abstract
rules – such as the rules of morality and good conduct in society are not enforceable
at law. It is the reason why it is common to hear people say general principles of law
are non-binding. But are these the only foundations of principles?

    At this juncture, it may be interesting to highlight the fact that some – most of
these so-called general principles of (environmental) law are identified and consecrated in legal texts and instruments. This sort of legal consecration not only plays
the same role that codification of customary norms[3] play in relation to these principles, but most of all, it gives the principles some judicial viability and enforceability.
We may like to single out the example of the legal recognition and consecration of
principles of law in Article 38 (1) (c) of the Statutes of the International Court of Justice. At the national level, principles of environmental management are contained in
Article 9 (a) – (f) of the 1996 Law Establishing the Regime of Environmental Management in Camerooon[4] (herinafter referred to as the '1996 Law'). The only problem
is that the law referred to here above is a framework law and its legal enforceability
is not as enough as to command any specific legal enforceability of these principles.
In any case, the baseline is that principles of law may also be founded on legal texts
once they are identified and ascribed some particular legal regimes. This is not as if
to mean that legal texts create principles of law, they rather constitute solid basis or
foundations for these principles. This is the same case with the principles that are upheld and consecrated by powerful *locus classicus* decisions of precedents.[5] Once this

---

3   The codification of customary norms serves a number of purposes. First, it is to secure the
     customary rule and make it long-lasting without any dangers of modification of the rule of its
     disappearance in time. Through codification, the customary rule can also become an *erga om-
     nes* rule which becomes binding to all states, whether they are members of the treaty of codifi-
     cation or not. Codification equally and arguably provides easier judicial enforceability since
     the custom is henceforth covered by a text. It should be said in passing that the principal organ
     in charge of codification in international law is the International Law Commission that pre-
     pares draft instruments of codification.
4   Law No. 96/12 of 5 August 1996 Establishing the Regime of Environmental Management in
     Camerooon.
5   The *Trail Smelter Arbitration* was between USA and Canada, 3 RIAA 1907 (1941).

happens, the court decision through which the principle is consecrated as a precedent consequently becomes the basis – jurisprudential basis – of the principle.

Writers sometimes identify and elaborate generously on the scope and significance of certain principles which may not be based on any text or court decision yet. Viewed from this angle, we may refer to the consecration by scholars as the doctrinal consecration. Almost every contemporary writer[6] in international environmental law devotes some time to consider principles of environmental law at length.

2.2   Sources and role of principles in law and environmental law in particular

If we go by the general formula for determining the sources of international law in general provided by the Article 38 (1) of the Statutes of the International Court of Justice, general principles of law constitute a non-negligible source of international environmental law. But the question is to know whether the principles of environmental law can be given the same status as the general principles of international law. Both categories of principles are abstract, come from equity, ethics and natural law. In this way, they usually inspire judges and policy makers in taking decisions on a given subject. With this similitude, one may say that the principles of environmental law can be accorded same status with those of international law in general. These principles are philosophical and ideological in nature and are of general application and recognition, for the most part, unlike environmental values that are usually more context-specific.

It may be interesting to make the clarification here at once that general principles of environmental law, just like general principles of international law are not direct sources of law like written law for instance. We consider principles only to be secondary or inspirational sources of law. Taking the famous separation of powers theory[7] into consideration, every legal system should have a legitimate authority competent to make laws. It is the law that comes from such authority that is considered to be of direct application. So general principles of environmental law are not of that category, but only inspire and guide judges and policymakers in the decisions that they take.

---

6   See notably authors like Bell & McGillivray (2008:41-75); Sands & Peel (2012:187-236); Fisher et al. (2013:402-457); Louka (2006:49-57); Sand (2003:231-289); Ebbeson & Okowa (2009:411-429); Sunkin et al. (2002:1-91); Philippopoulos-Mihalopoulos (2011:83-105).

7   The separation of powers theory is the theory according to which every legal system should have three arms of government: the legislative, the executive and the (federative, that is in the original version of the theory by John Locke) judiciary, as systematised by Baron Charles Louis de Seconda alias Montesquieu. The law making organ is the legislative, the organ if implementation is the executive and the organ of enforcement is the judiciary.

2.3   Some conceptual clarifications

2.3.1   What is environmental management?

Environmental management within the context of Cameroon includes all the operations geared towards the improvement and preservation of the state of the environment, both in its natural resources in general and ecosystem, as well as how to interfere with the environment rationally in order to achieve human wellbeing as highlighted in Article 2 (2) of the 1996 Law. Any project aimed at achieving development in whatever form that must pass through interference with natural resources is subject to a set of stringent rules aimed at ensuring that the said development is not achieved at the expense of environmental sanity.

2.3.2   What do we mean by the environment?

At the national level, the environment, in the light of the provisions of the 1996 Law refers to:[8]

> all the natural or artificial elements and biogeochemical balances they participate in, as well as the economic, social and cultural factors which are conducive to the existence, transformation and development of the environment, living organism and human activities.

From the above definition, what can one consider to be environmental law?

Generally, law is defined as a body of rules and regulations that govern human life in a given society and at a given time. If we go by this definition and with respect to the definition of the environment above, then one may say that environmental law is the body of rules and regulations that govern human life in and man's interaction with the environment at a given time and place.

3   Fundamental principles of environmental management under Cameroonian law

For purpose of smooth understanding of the role of each, the principles may be split into three categories: there are principles that seek to make a blend between environmental control and socio-economic development; principles that seek to reduce or prevent likely harm to the environment; and finally, principles that affix liability for damage caused on the environment. The first part of this section will be consecrated

---

8   See Article 4 (k) of the 1996 Law.

to the theoretical formulation of the principles while the second part will be dedicated to an assessment of the practical utility and implementation of these principles in Cameroon. Relevant statutory provisions are contained in Articles 1 and 9 (a) – (f) of the the 1996 Law.

3.1 Theoretical presentation of the principles

3.1.1 Principles that reconcile environmental management and socio-economic development

There are at least four principles that guide and orientate state action: the principle of sustainable development, the principle of permanent sovereignty over natural resources, the principle of integration and the principle of participation. Each of these deserves some individual consideration in turns.

3.1.1.1 The principle of sustainable development

3.1.1.1.1 Meaning of sustainable development

Of all the principles of environmental law, the principle of sustainable development has the most contested definition because it means different things to different people. This is why the meaning of the principle is said to be context-specific and purpose-driven. One of the gist from the Stockholm Conference was that the environment was to be protected for the sake of it, thereby overlooking the development aspects of it.[9] The United Nations then created the Brundtland Commission in Nairobi to give it a thought. The result of the works of that Commission was, *inter alia*, one of the most solicited definitions of sustainable development. According to that Report, sustainable development is "…development that meets the needs of the present generation without compromising the ability of future generations to meet their own needs".[10]

The principle of sustainable development does not really feature under Chapter III of the 1996 Law entitled 'Fundamental Principles'. This sends the signal that the Cameroonian legislator does not exactly consider the concept as a principle. The leg-

---

9 Tamasang (2008:146).
10 Brundtland Commission Report (1987).

islator however defines sustainable development, even though not as a principle, but as a key word under Chapter I of the 1996 Law that deals with "Definitions".[11]

3.1.1.1.2 Some manifestations of the principle

Writers identify different sets of elements that spring from the principle, but others treat some of these components of the principle as independent principles on their own. The most common elements of the principle include intra-generational equity (or wise use[12] and equitable utilisation) and intergenerational equity. From these two, we can be able to explain how the principle manifests itself through certain obligations.

First, there is the obligation of equitable utilisation[13] which translates the requirement of intra-generational equity. This duty or obligation was articulated in early judicial decisions regarding the sharing of freshwater resources.[14] The duty is also contained in the 1997 United Nations Watercourses Convention. It should be remarked that equity is a principle that is hard to pin down[15] and many authors[16] have argued that equitable considerations introduce an especially subjective element in the interpretation of international environmental law. On the one hand, the principle may be interpreted to mean that the use of natural resources of the earth should be done on a 50/50 proportion. From another viewpoint, it may be interpreted to mean that those who have priority in the use of certain resources should benefit from maximum protection. Yet again, the principle may suggest that the use of natural resources is based

---

11 The definition of sustainable development under the 1996 Law is provided by Article 4 (d). According to that section, sustainable development "shall be a mode of development which aims at meeting the development needs of present generations without jeopardizing the capacities of future generations".

12 See Tamasang (2015).

13 Louka (2006:53). The author considers equitable utilization to be a distinct principle of international environmental law on its own but we prefer to treat it here as a subset of the principle of sustainable development.

14 *Lac Lanoux Case* (Spain v. France), 12 RIAA, 285. See also *Gabcikovo-Nagymaros Project* between Hungary and Slovakia (1998) 37 ILM 162 (Danube Dam).

15 The concept of equity is hard to pin down because several meanings can be given to it. Among the most common one, equity is understood to mean good conscience, moral rectitude and natural justice. It also refers to a shield that was developed in England to protect the law from its own inherent weaknesses and limitations (see Lord Cowper in the Case of *Dudley and Ward v. Lady Dudley*). Today, equity is no longer absolutely associated with discretion and conscience because the rules are now as formalistic and systematised as those of Common Law so that the meaning of equity today may not really be same as the meaning it got in the 16th Century.

16 Notably Louka (2006:53).

on factors that are independent of where the property is situated within national confines.

Another manifestation of the principle is the responsibility that we owe future generations. Richard Driss[17] notes that at the start of the Century, cities were not crowded, rural areas were more active and pollution was not known to be an international problem. Today, "science has given birth to monsters" and the threat of a polluted planet looms. As time evolves, the question receives a bolder imprint: what kind of environment do we want to leave to future generations? In fact, if a child is born today, by 2035 he will be 18 years old. Are the efforts that we put in place sufficient to guarantee the achievement of the goals designed by the international community? Our responsibility to future generations is coded in our very existence; we come from the past and study our ancestors as well as their behaviour. So one unavoidable component of our development and wellbeing is how much we are able to guarantee the wellbeing of future generations.

3.1.1.2   The principle of permanent sovereignty over natural resources

3.1.1.2.1 Significance and foundation of the principle

Before saying anything about this principle, it may be good to point out that the 1996 Law does not make mention of it in the famous Article 9 (a)-(f) that contains all the principles envisaged by the legislator in matters of environmental management. This is not as if to mean that this principle is completely disregarded in matters of environmental management in Cameroon. On the contrary, even if the principle does not come out clearly in the 1996 Law, it is specifically alluded to in the Cameroonian Constitution[18] as the basis for development and the principle that governs the cooperation between Cameroon and any other state to achieve the said development.[19] The 1996 Law being subject to the Constitution must therefore take on board the provisions of the latter in the process of environmental management in Cameroon.

What are the foundations of the principle? First, the principle is announced in Principle 21 of the Stockholm Conference[20] according to which "states have, in ac-

---

17   Driss (1998:21).
18   The Constitution referred to above is Law No. 2008/1 of 14 April 2008 to amend and supplement some provisions of Law No. 96/6 of 18 January 1996 to amend the Constitution of 2 June 1972.
19   See paragraph 3 of the Cameroonian Constitution.
20   The 1972 United Nations Conference on Human Environment is popularly known and referred to as the Stockholm Conference that held in Sweden. This meeting is the first remarkable gathering of the international society to try and shape environmental policy. It was attended by

cordance with the UN Charter, and the principles of international law, the sovereign right to exploit their own resources pursuant to their own environmental policies...". This enunciation by Principle 21 became a cornerstone of international environmental law and twenty years after – in the Rio Declaration[21], states were almost absolutely unable to change the language or modify the enunciation. It should be indicated that the principle of permanent sovereignty over natural resources is enunciated simultaneously with the obligation not to cause environmental harm and since 1972, both principles have been respected as such without decoupling. We have decided to untangle them in our present analysis by reason of the different categories into which we have classified them such that it may not be convenient to discuss both of them under the same category.

It should also be made clear that the principle of permanent sovereignty over natural resources was not born in the Stockholm Conference; since about 1952, the principle had been seen in many UN Resolutions[22] geared towards the need to balance the rights of sovereign states over their resources with the desire of foreign companies to ensure legislative certainty and stability of investment.

Besides the Stockholm and Rio Conferences, the principle is also contained in a number of texts[23] such as the Convention on Biological Diversity (1992) which provides that states have "sovereign rights...over their natural resources" and that the

---

113 countries (even though only India and Sweden were represented by their respective Heads of States).

21 Summit took place in Rio de Janeiro, Brazil 1992. This is history's single most reported event (over 9,000 journalists), 178 nations represented and 115 heads of states present. Unlike in Stockholm, the South had taken consciousness of environment and development concerns. The South therefore expressed the concern at Rio that environmental protection should not be done at the expense of their development and that the North should bear primary responsibility for suffering caused by environmental degradation so far. The North on its part, even more conscious of the need to protect the environment and interfere with it rationally seemed to lay much emphasis, logically, on sustainable development. From the summary of the two positions (between North and South), it appears that while the South paid more attention to intra generational equity, the North laid emphasis but on intergenerational equity.

22 For more details see van Wyk (2017). See for instance UNGA Resolution 1803 (XVII) (1962). In this Resolution, it was indicated that, "the right of peoples and nations to permanent sovereignty over their natural wealth and resources must be exercised in the interest of their national development of the wellbeing of the people of the state concerned".

23 The principle is contained in the preamble of the United Nations Framework Convention to Fight against Climate Change in which parties are urged to "respect state sovereignty in international cooperation to fight against climate change". The International Tropical Timber Agreement (ITTA) also acknowledges "the sovereignty of producing members over their natural resources" in its Article 1 (old) and preambular paragraph (d) of the 2006 amendment of the Agreement. The Ramsar Convention of 1971 makes it clear that the inclusion of national wetland sites in its list of wetlands does not "prejudice the exclusive sovereign rights of...the party in whose territory the wetlands is situated" (Article 2 (3) of the Convention).

authority to determine access to genetic resources rests with the national governments and is subject to national legislation.[24]

Besides international texts and MEAs specifically, the principle of permanent sovereignty over natural resources is also enunciated in a number of court decisions. An example in perspective is the decision of the International Court of Justice in the case of *Kuwait v. American Independent Oil Company*[25] in which the ICJ had the opportunity to bring clarity on the significance of the principle. In effect, the ICJ equally indicated several years after this case that the principle is one that can be considered as part of customary international law.[26]

3.1.1.2.2 The principle of permanent sovereignty as an enhancement to democracy

An interesting issue on which to ponder, especially within the context of developing countries and Cameroon in particular, is what connection there is between sovereignty over natural resources and democracy. Some scholars[27] hold the view that the mutual democratisation of states and their societies appears to operate in a virtuous relationship with more reflective ecological modernisation at the domestic level as well as more effective environmental citizenship by such states. It is also true that this virtuous relationship cannot be deepened without a move from liberal democracy to ecological democracy.[28] Despite growing levels of environmental recognition and awareness, liberal democratic states have been unable to resolve or significantly minimise many ecological problems.

Liberal democracies continue to construct decisions and design policies geared towards acceleration of investment, production and consumption all to be championed by the private sector. When these states permit social actors to displace ecological costs on to others, it restricts the ability for environmental victims to enjoy the full range of freedoms that liberalism supposedly upholds. This includes the freedom to participate or otherwise be represented in the making of decisions that bear upon their own lives.

Ecological democracy (green democratic state) is most suited in this context and field of studies than liberal democracy as it enables a more concerted political questioning of traditional boundaries between what is public and private, domestic and international, intrinsically valuable and instrumentally valuable. The rationale behind

---

24 See Article 15 (1) of the CBD. See also Article 6 of the 2010 Nagoya Protocol to the CDB that governs access to genetic resources.
25 *Kuwait v. American Independent Oil Company* 21 ILM 976 (1982).
26 ICJ Advisory Opinion on the Legality of the Threat or Use of Nuclear Weapons (1996).
27 See for instance Eckersley (2004:241).
28 (ibid.).

ecological democracy is that all those potentially affected by ecological risks ought to have some meaningful opportunity to participate, or be represented in the determination of policies or decisions that may generate risks.[29] A flipside however of perceiving sovereignty in green democratic states as a shield is the responsibility for neighbouring states not to cause environmental harm which will be discussed later.

3.1.1.3   The principle of integration

The principle of integration is not included in the list of principles outlined in Article 9 of the 1996 Law. This notwithstanding, the principle is observed in practice especially in the actions and plans of the administration as we shall see in the second part of this section in which we discuss the practical utility of principles of environmental management in Cameroon. The principle is equally identified in section five below as one of the principles that are developed and observed more in practice but without any much legislative consideration.

Environmental protection requirements must be integrated into the definition and implementation of all areas of policy in particular with a view to promoting sustainable development.[30] The European Community Treaty provides that environmental protection requirements must be integrated into other community policies such as policies that have to do with agriculture and industry-related policies.[31]

The principle of integration seeks to incorporate environmental consideration into all policy areas. The aim here is to avoid otherwise contradictory objectives that result from a failure to take into account environmental protection or resources conservation goals. For instance, the failure to consider environmental consequences of liberalising air travel or road construction programmes designed to meet priority transport objectives may possibly ensue when environmental concerns are not sufficiently integrated in the drafting of the budgetary law.

3.1.1.4   The principle of participation

The principle of participation is constructed on the premise that in order to ensure effective implementation of environmental laws and actions at all levels, individuals

---

29   (ibid.:243).
30   Article 6 of the European Community Treaty. This Article lends more impetus to the allegation that sustainable development is the paramount consideration of all which the other principles must strive to attain.
31   (ibid.:Article 175).

should be able to participate in environmental decision making.[32] The principle may be understood as if to mean that it only seeks to ensure or guarantee procedural rights for citizens. This will be an erroneous interpretation because the principle of participation requires a little more than just procedural rights. For instance, the principle seeks to ensure the flow of information as well as guarantee the mainstreaming of local and indigenous people in every decision making process.

In this light, it may be fair to say that environmental issues are best handled with the participation of all citizens concerned at the respective levels of society. For instance, at the national level, every individual should have appropriate access to information relating to the environment that is held by public authority; including information on hazardous materials and activities in their communities and the opportunity to participate in decision making processes. In this way, at the national level, states must facilitate and encourage public awareness, effective access to judicial and administrative proceedings as well as guarantee the availability of redress and remedy through these processes.

The principle of participation is contained in Article 9 (e) of the 1996 Law. Under this law, the principles manifests through three points: access to information, the duty to protect the environment and consultation or public debate before certain decisions are taken. The enunciation of the principle under that section of the law is rather vague and limited in scope. Just one isolated example may strengthen this argument: the Article is silent on the issue of access to justice especially the extension of *locus standi* for public-interest litigations. Issues of access to justice are instead addressed in Article 8 (2) of the 1996 Law which does not fall under the title of 'Fundamental Principles', and even then, the issue of public interest litigation which is a contemporary development is apparently missing in the law.

In a nutshell therefore, the principle of participation, from the above presentation, has three major canons: first we have participation in decision making; availability and access to information; and finally, access to judicial procedures.

3.1.2 Principles that relate to the reduction or prevention of likely harm

3.1.2.1 The precautionary principle

The 1996 Law simply retakes the view that lack of certainty, given the current scientific and technological knowledge should not retard the adoption of effective and commensurate measures aimed at preventing a risk entailing serious and irreversible

---

32   Sunkin et al. (2002:53).

damage to the environment at an economically acceptable cost.[33] We have adopted a binary approach to the presentation of this principle: on the one hand, we will look at the significance and foundation of the principle while on the other, we will consider the manifestation of the principle through its link with future generations which in turn links up the principle to sustainable development.

The precautionary principle is to the effect that in case of serious and imminent harm which is irreversible, lack of scientific certainty shall not be a reason for postponing cost-effective measures to prevent environmental degradation. The principle is founded upon the assumption that science cannot absolutely predict how or why adverse impacts will occur or what their effects may be on man and the ecosystem. So the principle applies where there is absence of proof but availability of information sufficient enough to prevent risk. Where reasonable evidence exists, actions aimed at avoiding adverse impacts of harm become necessary. In this sense, the precautionary principle is all about "being safe rather than being sorry".[34]

Very often, our experience in environmental matters reveals that when we are certain, we rather become impotent because it is too little too late to repair the damage. The precautionary principle carries with it a structure of ideas which enable us to take decisions which seek ecological balance for the benefit of our human society. It offers guidance, within the embrace of the law, as to how we might interfere least, or least damagingly in the ecosystems that support life on earth. In addition, the principle provides a philosophical authority to take decisions in the face of uncertainty. Thus the principle becomes symbolic of the need for change in human behaviour towards the environment that sustains our existence; it challenges science but respects the basic principles of ecology.[35]

It should be clarified that the precautionary principle is not the same as the preventive principle. In effect, much of the confusion surrounding the principle's interpretation relates to its distinction from the more traditional standards of environmental prevention. According to Agius and Busuttil,[36] the precautionary principle in both its conceptual core and its practical implications, is preventive, but not all preventive standards are precautionary. In fact, any particular preventive standard may be either non-precautionary or precautionary and in various degrees, but it cannot be 'unpreventive'.

Prevention and elements of sustainable development can be traced back even to the 1930s but precautionary language made its grand apparition in the mid-1980s. This is why the UN Secretary General in 1990 said that the principle "has been en-

---

33 See Article 9 (a) of the 1996 Law.
34 Bell & McGillivray (2008:55).
35 Agius & Busuttil (1998:93).
36 (ibid.:99).

dorsed by virtually all recent international forums".[37] From inception, the principle has constantly provided disagreement as to its meaning and effects among states and international judicial practice. Opponents of the principle have decried its potential to over-regulate and thus limit human activity.[38] This notwithstanding, the principle is considered as one of general application and is linked to sustainable development.[39] There is some evidence that states now begin to support this interpretation even though there is no unanimity on this viewpoint. The ICJ in 1995 described the principle in the *Nuclear Test Case* (between New Zealand and France) as a widely accepted and operative principle in international law even though France claimed that the status of the principle in international law was « *tout à fait incertain* ». We understand why when it was proposed that the principle should be included in the French Constitution as part of the Environmental Charter, the French Scientific Establishment went radical about the idea.[40] The longstanding conceptual debate about the principle has accordingly been supplemented by discussion of its implementation which has in turn given rise to a number of related questions about its nature and practicability:

- Is the principle scientific (rather than being ideological)?
- If so, can it be made operational in policy and regulation settings?
- If yes, can its implementation be subjected to meaningful judicial review?
- If not, does that call the practical usefulness of the principle to question?[41]

Besides this jurisprudential consecration and recognition,[42] the principle has equally attracted a wide range of textual consecration through diverse international texts.[43]

---

37 An example is the Ministerial Declaration of the Second International Conference on the Protection of the North Sea on in November 1986, London. The states affirmed that: "...in order to protect the North Sea from possibly damaging effects of the most dangerous substances, a precautionary approach is necessary..." Again, signatories to the Baltic Sea Declaration adopted at the Baltic Environmental Conference held at Ronneby, Sweden, on 2 September 1990, agreed to "apply the precautionary principle, that is to take effective action to avoid potentially damaging impacts of substances that are persistent, toxic and liable to bioaccumulate" see 1 Year Book of International Environmental Law (1990), 423-429. Finally, the principle reappears in COP 9 of the Convention on the prohibition of International Trade in Endangered Species held in Fort Lauderdale – USA, 7-8 November 1994.

38 Sands & Peel (2012:218).

39 See the Bergen Ministerial Declaration on Sustainable Development in the United Nations Economic Commission for Europe (UNECE) Region, 16 May 1990. In effect, paragraph 7 of that Declaration is to the effect that in order to achieve sustainable development, policies must be based on the precautionary principle.

40 Paterson (2011).

41 For a detailed discussion on these questions and the precautionary principle, see Paterson (2011:85).

42 See further The *Southern Bluefish Tuna* Cases – New Zealand v. Japan and Australia v. Japan (2001) IRL 148; see also the *Mox Plant* Case – Ireland v. The United Kingdom (2002) 41 ILM 405.

It should be indicated that the implementation of intergenerational and intra-generational equity has been more explicit in practice than most of the other principles of environmental law. One significant by-product of intergenerational rights is the position that everyone has the right to live in a balanced, ecologically safe and healthy environment. This places an obligation on the present generation to take all precautionary means necessary to conserve the diversity of culture and natural resource base just in same way as we obtained the right to access the legacy of the past generation.[44] The precautionary principle interpreted in this way lends more credence to the assertion that most, if not all, the other principles of environmental law seek to achieve the objective of sustainable development.

3.1.2.2   The principle of preventive action

Under the 1996 Law still, the legislator makes mention of preventive action and correction of threats to the environment by using the best available techniques at an economically acceptable cost.[45] It may be expedient for us to consider the significance and foundations of the principle in international and national law.

The principle of preventive action is to the effect that states bear the responsibility to ensure that activities within their jurisdiction or control do not cause damage to the environment of other states or areas beyond the limits of national jurisdiction. It has been clarified above already that the principle of preventive action may be muddled with the precautionary principle but the two mean different things even though both of them promote the prevention of environmental harm as an alternative to bringing remedy to harm that is already caused. In a nutshell, the precautionary principle works well in moments of scientific uncertainty meanwhile the preventive principle may even be pursued by relying on scientific certainty.

The principle is contained in a number of international instruments of which one of the most common is the 1992 United Nations Conference on Environment and Development (Principles 2, 11 and 14). But before then, the principle was already enunciated in Principles 6, 7, 15, 18 and 24 of the Stockholm Declaration of 1972.

---

43   The principle is contained in the preamble of the 1985 Vienna Convention on the Protection of the Ozone Layer as well as in the preamble of the 1987 Montreal Protocol to that Convention and the June 1990 amendment to the Protocol. Many scholars consider that the core of the principle lies in Principle 15 of the Rio Declaration. The principle features in the UNFCCC in Article 3 (3); The 1979 Convention on Long-Range Transboundary Air Pollution as well as in the preamble of its Additional Protocol II relating to Further Reduction of Sulphur Emissions – 1994, UN DOC.GE. 94. 31969.

44   Weiss (1990).

45   Article 9 (b) of the 1996 Law.

The preventive principle had equally featured, before 1992, in the United Nations Convention on the Law of the Sea, 1982 (Article 194) as well as the 1985 Vienna Convention on the protection of the ozone layer, Article 2 (2) (b) and in the preamble of the 1987 Montreal Protocol to the said Convention. The Convention on Biological Diversity as well as the Climate Change Convention all give some legality to the principle.[46]

3.1.2.3 The responsibility not to cause environmental harm

This principle is one of the many principles that are left out of the list of principles presented in the 1996 Law. In any case, the requirements of the principle can be deduced from the reading of the principles of prevention and precautionary action discussed under the said law.

The obligation not to cause environmental harm is a principle that is associated with the principle of permanent sovereignty over natural resources. In this way, the principle acts as a measure to limit or prevent absolute sovereignty of states by imposing on them the duty to make sure that the exercise of sovereign rights does not damage their immediate environment or that which is beyond national confines. All states have pledged their loyalty to this principle and the ICJ in the *Nuclear Test Cases* indicated that the principle has become an *erga omnes* in international law. The principle thus presented raises a few pertinent questions: What is environmental damage? What type of environmental damage is prohibited (is it just any type of damage or the most serious and significant ones)? What standard of care is applicable to the obligation; is it absolute, strict or fault-based? What is the measure of damage? These questions have been considered at length by Sands and Peel.[47]

It is posited that this principle gets its source from customary international law.[48] If we buy this idea, then it may be worthy to point out that custom stands as one of the major sources of international law in general and IEL in particular. The obligation not to cause environmental harm also enjoys some international recognition.[49]

This principle signifies that no state has the right to cause damage to the environment in breach of international standards. In effect, this principle is closely associat-

---

46   See Article 8 (h) and 14 (1) (d) of the CDB; Article 2 of the Biosafety Protocol to the CBD and Article 2 (2) (d) (i) and Article 5 of the Nagoya Protocol. The United Nations Framework Convention on Climate Change makes provision for the principle of preventive action in its Article 2.

47   Sands & Peel (2012:Chapter 17).

48   See Hunter et al. (1998:345).

49   In effect, we notice that this principle is consecrated in a number of international instruments such as in Section 21 of the Stockholm Declaration and Article 2 of the Rio Declaration.

ed with other principles such as good neighbourliness.[50] It is not because a state has permanent sovereignty over her natural resources that the exercise of this right should breach the rights of her neighbours (to a healthy environment for instance), and the interests of the world at large. Any sustainable development process which passes through green trade must be done with respect to this obligation not to cause environmental harm.

The scope and contours of the principle however remain an issue of construction in international doctrine because the issue has not yet been subject to any international judicial clarification. So for instance, what is the degree of harm that can trigger the obligation and what standard should be made binding on the state are all questions of construction.

It has been indicated above already that the principle is founded on Principle 21 of the Stockholm Declaration that makes provision for permanent sovereignty over natural resources as well as the obligation not to cause environmental harm. It must however be pointed out that the principle predates the Stockholm Conference; its origin can be traced as far back as the *Trail Smelter Arbitration*[51] in which it was held that:

> under the principles of international law...no state has the right to use or permit the use of her territory in such a manner as to cause injury by fumes in or to the territory of another of the parties or persons therein...

Several years later, Judge De Castro in the *Nuclear Test Cases* stated in his dissent that the rule laid down in the *Trail Smelter Arbitration* was one of customary international law. In this light, one may say that the obligation not to cause environmental harm derives from the customary rule of good neighbourliness.

Again, the UN Charter in its Article 71 reminds the members that: "their policies in the metropolitan areas must be based on the general principle of good neighbourliness". The principle is again contained in Article 3 of the United Nations Environmental Programme Draft Principles as well as Article 193 of the Law of the Sea Convention, 1982. Besides the *Trail Smelter*, other cases have recognised by principle, such as the *Corfu Channel Case* between UK and Albania (1949);[52] the *Lac Lanoux Case*[53] brings out the clarification that states must not enjoy their rights to the extent that it encroaches on the rights of others.

---

50 See Hunter et al. (1998:374) for details on this principle.
51 The *Trail Smelter Arbitration* was between USA and Canada, 3 RIAA 1907 (1941).
52 ICJ Reports 4, at 22.
53 *Spain v. France*, 12 RIAA, at 285.

3.1.2.4   The principle of substitution

The principle of substitution enunciated under the 1996 Law is to the effect that in the absence of a written general or specific rule of law on environmental protection, the identified customary norm of a given land, accepted as more efficient for environmental protection, shall apply.[54] The latter principle is quite important and contextual as it gives some room for customary rules and practices to apply in matters of environmental management and protection. This principle is not commonly found in the doctrine of international environmental law and so some credit must be given to the Cameroonian legislator for consecrating this principle which is an expression of the intention to uphold and include customary laws and practices in the general environmental management process.

At this point, it may be good to indicate, in passing, that other principles of environmental law that fall under this category include the principle of substitution and the principle of common heritage of humankind.[55]

3.1.3   Principles that seek to affix responsibility for environmental harm

3.1.3.1   The principle of common but differentiated responsibility

The principle of common but differentiated responsibility is contained in Principle 7 of the Rio Declaration. In Article 3 (i) of the UNFCCC, it is provided that "parties should act to protect the climate system on the basis of equity and in accordance with their common but differentiated responsibilities and respective capacities." The principle further gives rise to two sets of obligations: the obligation to protect the environment (expressed in form of common responsibilities) and the obligation to consider differing circumstances in relation to each state's contribution (this is otherwise referred to as differentiated responsibilities).

It must be pointed out that this is a principle that mostly concern the relationship and cooperation between states at the international level to handle or address environmental concerns. So even though we may not see it in the principles identified in the 1996 Law, Cameroon demonstrates her commitment to respect her own share of international responsibility to minimise environmental worries translated through the management plans and actions contained in other legal instruments.

---

54   See Article 9 (f) of the 1996 Law.
55   Hunter et al. (1998:335-343).

3.1.3.2 The polluter pays principle

According to Principle 10 of the Rio Declaration, the polluter should bear the expenses for carrying out pollution control and prevention measures so as to ensure that the environment is in an acceptable state. In other words, the cost of these measures should be reflected in the cost of goods and services which cause pollution in their production and/or consumption. The polluter pays principle is based on the fact that those who are responsible for pollution should meet the cost of its consequences.

This principle is however highly contested and may bring to light retrospective liability for historic pollution. As such, the principle may turn around to impose a duty to pay for pollution control measures as well as a wider responsibility on the producers of waste.

The principle of liability and the polluter pays principle are contained in Article 9 (d) and (c) respectively. The former is not very common in international environmental discourse unlike the later which is one of the most notorious of the principles of environmental management in international environmental law doctrine and legal instruments. There appears to be a problem with the way the polluter pays principle is couched in the English version of the 1996 Law which we will point out here below and then advice the use of the French version which is the original version of the text while the English version is only an inexact translation.

According to Article 9 (d) of the 1996 Law, the author of any act that endangers human health and the environment shall or cause the said conditions to be eliminated in such a way as to avoid the said effect. The so-called 'pollute and pay' principle provides that charges resulting from measures aimed at preventing, reducing and fighting against pollution and the rehabilitation of polluted areas shall be borne by the polluter.[56] In effect, the contention we are raising here begins from the expression used in the law, to wit, 'the pollute *and* pay principle.' If this is intended to be an incorporation of the famous polluter pays principle of international environmental law, then we humbly submit that the two expressions do not seem to convey the same technical message. The first expression appears to be an incentive while the second appears to be more deterrent. The pollute and pay suggests that one who has the ability to pay may go ahead and pollute and this may work out to the advantage of bigger entities that interfere with natural resources and the environment in general, to the detriment of smaller but 'clean' corporations. Again, even if this were to be the case, the general objective of sustainable development which is the virtue that all principle must strive to attain would be defeated. On the other side, this interpretation may not have been the intention of the legislator, in which the expression still betrays his in-

---

56   See Article 9 (c) of the 1996 Law.

tention and thus becomes misleading. If we take away the conjunction 'and', we may arrive at 'polluter pays' which means that the conjunction rather opens a leeway in the law making it possible for polluters to escape through the cracks.

The French version of the 1996 Law appears to be better in its caption than the English version. The former version talks of the principle of *'pollueur-payeur'* which is not the same as the 'pollute and pay' principle captioned in the English version. While awaiting the revision and proper translation of the said 1996 Law, we submit that the English caption should be avoided as it is misleading.

3.2 Practical utility and implementation of the principles of environmental management

The utility and implementation of these principles in Cameroon will be assessed from two perspectives; from an administrative and from a judicial perspective. Each one of them needs to be considered independently.

3.2.1 Utility and implementation through administrative regulations and actions

3.2.1.1 Administrative regulations that consecrate principles of environmental management

It must be pointed out that there is a plethora of administrative regulations that enhance the implementation of specific principles either in specific texts or more than one principle enshrined in such texts. We will use a selected few of these texts to illustrate the fact that the principles enunciated in the 1996 Law do not remain only in the said law but are followed up in administrative regulations.

The first law we will like to identify is Order No. 0070/ MINEP/05 of 22 April 2005 to determine the different types of operations the realisation of which is subject to the rule of Environmental Impact Assessment (EIA; since 2013, we refer to it as Environmental and Social Impact Assessment).[57] It is true that EIA is not exactly a principle of environmental law, but a subset of the polluter pays principle (Article 9 (c) of the 1996 Law) as well as the principle of precaution (Article 9 (a) of the 1996 Law). The 2005 Order above makes a list of all the types of activities that will be subject to assessment[58] and this is not only precautious but also an indication to any

---

57   See Decree No. 2013/0171/PM of 14 February 2013 on Environmental and Social Impact Assessment.
58   See to this effect Articles 3 and 4 of the 2005 Order.

potential polluter that in case his activity will be more damaging to the environment than economically gainful, he may be estopped from carrying out such activity. Even when the EIA is positive, the person carrying out the activity shall be responsible for cleaning up any pollution and treating resultant wastes.

There is, in same vein, a regulation jointly enacted by Ministry of Environment, Nature Protection and Sustainable Development (MINEPDED) and the Ministry of Commerce (MINCOMMERCE). The instrument in question is Order No. 004/12 of 24 October 2012 on the Regulation of the Manufacture, Importation and Commercialisation of Non-Biodegradable Packages. Pursuant to the polluter pays principle, the responsibility not to cause environmental damage and the principle of liability, the 2012 Order above provides that all dealers in non-biodegradable packages shall be responsible for the management of the resultant waste.[59] In addition, for anyone to deal in such packages, such an operator must obtain a prior permit[60] from the competent instance. The adoption of this law by the two ministries in question is an isolated example of the readiness of the government to be bound by the cannons of the principles of environmental management.

Finally, we have Order No. 002/MINEPDED/2012 of 15 October 2012 that establishes Special Conditions for the Management of Industrial and Dangerous Waste. The provisions of this law relating to the subject matter identified seek to enhance the implementation and respect of the same principles indicated in the previous paragraph. Yet again, this is another manifestation of the fact that the principles legislated upon in the 1996 Law inspire and guide the executive arm of government in adopting regulations on environmental management. But how then are these principles translated into practice? The following subsection answers the question.

3.2.1.2 Principles of environmental management in the practical actions of the cameroonian administration

With a single example, we will be able to illustrate how government action is planned and executed with respect to the principles of environmental management. We will like to use the example of recent initiatives of the Ministry of Forestry (MINFOF) to taste genetically modified species and organisms in Cameroon pursuant to the Law on Biosafety.[61] Section II of the 2007 enabling instrument[62] to the

---

59 This provision is contained in Article 3 (1) and (2) of the 2012 Order.
60 See Article 4 (1) of the 2012 Law.
61 Law No. 2003/006 of 21 April 2003 to Lay down Safety Regulations governing Modern Biotechnology in Cameroon.
62 The enabling instrument to this Law is Decree No. 2007/0737/PM of 31 May 2007 Establishing the Modalities for the Application of Law No. 2003/006 of 21 April 2003.

above mentioned law is entitled Public Consultation and Participation. Under that section, Articles 46 and 47 of the 2007 Decree provide that in order for any action of modern biotechnology to be carried out in Cameroon, the project team must be able to do public consultations in view of sampling the opinions of the populations in the project site. Once the opinions are obtained they are handed over to the Technical Committee on Biosafety[63] of MINFOF. This Committee carefully studies the opinions of the populations and then give a reasoned (motivated) opinion which may be positive or negative in relation to the execution of the project. The technical opinions of these experts will then be transmitted to the Minister in charge of Forestry and Wildlife for him to either authorise or cancel the particular project that has been initiated. This is the *modus operandi* for the execution of any project that has to do with the testing of species to see whether they are genetically modified or not.[64]

Through this example, we see that the principle of participation is taken to be a principle that guides the actions of the administration as well as it plays a vital role in determining whether a plan or project initiated by the government can be achieved or not.

3.2.2 The judiciary and the implementation of principles of environmental management in Cameroon

The practical implementation of the principles of environmental management as contained in the 1996 Law is not left in the hands of the administration alone; it is as well an objective of the law-enforcement organ which is the judiciary. Through a selected few cases, we will show how the irrational exploitation of resources as well as pollution of the environment is sanctioned by the courts. It must however be indicated that the judicial implementation of the principles of environmental management is not exactly absolutely admirable; in the course of our discussion under this section, we will indicate where the judiciary did not meet up with the role expected of her and consequently what would be ideal in the respective circumstances.

---

63   The Technical Committee on Biosafety at MINFOF was created by Decree No. 039/CAB/PM of 30 January 2012 on the Creation, Organisation and Functioning of the National Committee on Biosafety.
64   The procedure for execution of projects relating to Biosafety was confirmed to us by Angèle Ziekine, Sub-director at MINFOF.

3.2.2.1   Implementation of the responsibility not to cause environmental damage
           and the principle of liability

We can see the role of the judiciary in the practical implementation of these principles through the famous case of *The People of Cameroon v. Bisong Daniel Nkwo alias Bucande*.[65] The case was entertained in the Court of First Instance of Nguti,
Southwest Region of Cameroon, in which the defendant stood trial on four counts for
poaching with respect to the 1994 Wildlife Law.[66] Among his charges, the defendant
was accused of killing 19 elephants (a class A protected specie under the 1994 Law)
and for illegally hunting in the Bayang-Mbo wildlife sanctuary which is equally a
highly protected area. Mr. Batuo Paul led the prosecution as the Senior State Counsel
for Bangem. In her reasoned judgement delivered on 11 March 2004 the court found
the accused guilty and sentenced him to two years imprisonment with a fine of one
million francs CFA. Alternatively, the defendant could serve another two years imprisonment in lieu of the said fine. In addition, the court ordered that the elephant
teeth should be handed to the World Conservation Society (WCS) as exhibit 'A' for
preservation.

Through this judgement, we see that the court was guided by and strictly applied
the principle of liability and obligation not to cause environmental harm. The principles of environmental management therefore consolidated the sanctions previewed
by the 1994 Wildlife Law above.

The same principles inspired the court and were upheld in the case of *The People
v. Sadou Mana and Three Others*.[67] The case was filed before the Court of First Instance of Garoua in the Northern Region of Cameroon in which the defendants were
tried for poaching, receiving and trafficking black rhinoceros which again is a class
A protected specie under the 1994 Wildlife Law in the Benue National Park. The
first defendant was sentenced to two years imprisonment and a fine of 300,000 francs
CFA for poaching. The other defendants were found guilty for receiving and each
one of them were sentenced to six months imprisonment with a fine of 200,000
francs CFA each.

---

65   2004 (unreported) CFING/107c/03/04.
66   The Wildlife Law in question is Law No. 94/01 of 20 January 1994 on Forestry, Wildlife and
      Fisheries Regulation. In effect, the defendant was held, *inter alia*, to have violated Articles 18
      (2) and 158 of the said Law.
67   The case was filed in its original French version as *Affaire Ministère Public et Ministère de
      l'Environnement et de Forets v. Sadou MAna, Bowana Raoul, Nana Augustin and Haoua Bo-
      lade* (unreported), Judgement No. 568/COR of 6 January 1998.

3.2.2.2   The judiciary and the principle of participation

On many occasions, the courts have had to permit and recognise the participation of Non-Governmental Organisations (NGOs) in the identification, investigation, prosecution of offenders and execution of judgements. These NGOs give tremendous and most often much needed technical support to the entire legal process. Evidence of this was seen in the case of *The People of Cameroon v. Bisong Daniel* mentioned above, in which the judicial machinery was triggered by WCS. The complaint in that case was actually presented to the State Counsel by David Hoyle the then director of WCS. The director in question testified in court as the first prosecution witness while the other staff of the NGO gave evidence to the prosecution. It should be recalled to this effect that the court, after landing her sentence ordered that the teeth of the animal be handed to WCS for preservation. This tells of the willingness of the court to acknowledge and consolidate the participation of other stakeholders in the process of environmental management.

In the same vein, in the case of *The People (MINEF) v. Bertrand Van Den Brink and Groupement Coop Buns*,[68] investigations were conducted with the assistance of the Foundation for Environment and Development (FEDEV). It is this NGO that actually visited the *locus* and recorded the polluting activities of the defendants.[69] FEDEV actually played the role of the plaintiff in the case of *Foundation on Environment and Development (FEDEV) v. Bamenda Urban Council*[70] in which the NGO filed the action on behalf of the population. The possibility for an NGO such as this one is a clear manifestation of the principle of participation that takes into account the aspect of extension of *locus standi* for public interest litigations. Unfortunately, this case is one of those which still await judgement in the High Court of Bamenda which will be discussed below.

3.2.2.3   The judiciary fails to apply the polluter pays principle

In the case of *The People (MINEF) v. Bertrand Van Den Brink*, the Bamenda Court of First Instance missed the opportunity to enforce the observance of the polluter pays principle. The case was investigated by the Northwest Provincial Chief of Brigade Control for MINEF, as then it was. After investigation, the case was forwarded to the legal department. The director of the defendant company faced an eight charge

---

68   CFIB/87c/03-04.
69   The Report can be obtained from Ref. No. MINEF / PDEF / NWP / PSCB / 43, Report of Pollution of Natural Waterways Chum, Bafut-Wum Road.
70   Suit No. HCB/117M/04-05.

count for pollution of natural waters, air pollution, harvesting communal forest without prior assessment and failure to rehabilitate degraded sites caused by exploitation of laterite in violation of the 1994 Wildlife Law and the 1996 Law. The defendant was a European and after being served with the court process, he left Cameroon and failed to show up. The court was therefore frustrated by the absence of the defendant.

The facts of this case reveal that the defendant potentially committed gross violation against the polluter pays principle and challenged the readiness of the authorities that be to enforce the principle. A few procedural issues were ignored in this case. In the first place, absence of a defendant may be a cause for discontinuity of criminal action but not the same for a civil action. If the criminal action was discontinued, there was still possibility to pursue a civil action. On the other hand, service of a process and subsequent departure of the latter does not exactly frustrate the action considering that there is what we refer to as substituted service which may happen with the collaboration of the ministries in charge of external relations of the two countries. Again, an international arrest warrant may be sought or the defendant tried by any other court if we consider that the nature of the damage caused was not only a problem for Cameroon but raised common concern for humankind. Taken from this viewpoint, the offence committed by the defendant can be said to be *hosti humanum generis* (hostile to humanity as a whole) and thus give rise to universal jurisdiction. We therefore think that had the competent authorities pressed harder and further, justice would have been achieved but the apparent disinterestedness and may be ignorance of the authorities is one of the reasons that pushes us to advocate for the creation of specialised environmental courts below.

4 Addressing the insufficient consideration of principles of environmental management in the 1996 law

4.1 Absence in Cameroonian law of some basic principles of contemporary environmental management

The principles of environmental management discussed in this write-up are those contained in the 1996 Law on Environmental Management in Cameroon. The principles envisaged by this law are six in number and contained in Article 9 (a)-(f). It may be logical to argue that at the time the law was enacted, the principles of environmental law were not as developed as we find them today. In effect, the majority of contemporary writers in the discipline identify a dozen of these principles or something around that neighbourhood. The consequence is that some of the most outstanding principles of environmental management that obtain today are not contained in the law and while we may strive to observe them in practice, they have no legal backing and regime at the national level. In the following subsection, we will pick out a few glaring examples of the principles of environmental management that are either absent or poorly addressed under the 1996 law.

4.1.1   Absence of the *Erga Omnes* principle in the 1996 law

The expression *'erga omnes'* is a Latin phrase which means towards everyone or again towards all. Legally speaking therefore, an *erga omnes* obligation is one that binds everybody, so we say it is generally binding. In international law, the fulfilment of the obligations or requirements contained in this principle is of interest to all states considering that the subject matter of such obligations is of importance to the international community as a whole. So breach of such an obligation raises concerns not only to the victimised state but also to all the other members of the international community. Therefore once these obligations are breached, every state must be considered justified in invoking the responsibility of the guilty state committing the internationally wrongful act. An example of an *erga omnes* rule is the right to self-determination.

At the national level, the principle urges judges to give a wider interpretation to cases on breach of environmental principles in order that this covers the harm that has been caused on the environment since the environment is a universal common heritage of which that of Cameroon is only an integral part.[71] What this means is that the judge who is seised of an environmental matter, has according to this principle, to give the widest interpretation that considers such a harm as having been perpetrated to the universal environment. This is therefore different from the traditional interpretation which is always limited to serving the interest of the parties to a case brought before the judge. The absence of this principle in the 1996 law really betrays the extent of reconciliation of the provisions of the law with contemporary developments in the discipline.

4.1.2   Absence of the principle of common concern for humankind

The principle of common concern for humankind has been discussed in earlier parts of this work and so we need not duplicate the explanations at this point. What is important to point out here is the fact that the major environmental concerns today are addressed at the international level not as the particular problems of the places that give rise to these concerns, but as the common and shared responsibility of all states.

---

71   Section 2 (1) of the 1996 Law.

Issues such as climate change, global warming, loss of biodiversity and forest loss all constitute issues of concern for the community of states in general. In the same light, any developmental project or initiatives must be guided by the principle of common concern for humankind. Cameroon being one of those countries that distinguish themselves in natural wealth and capital, she depends a lot on this natural capital for her development. But if the development itself is not sustainable, its adverse effects may create common concerns for humankind.

Failure of the 1996 law to properly address this principle despite its role and status in international environmental law exposes a huge vacuum in the said law and its inability to take on board contemporary trends contained in these principles.

4.1.3   Misplacement of the principle of sustainable development

The 1996 Law in effect does not mention the principle of sustainable development anywhere in the section consecrated for 'fundamental principles' split into the various subsections of Article 9. One may be tempted to argue that the principle of sustainable development is, according to the dominant opinion, the most paramount principle of all and has become a virtue which all the other principles of environmental management must seek to enhance. If this argument sells through, one may understand why the Cameroonian legislator failed to include sustainable development under the section consecrated for principles of environmental management.

The above argument notwithstanding, we still think that sustainable development as a cardinal principle of international environmental law deserved to be identified and elaborated in Article 9 of the 1996 Law. It becomes even more worrying when we read earlier sections of the said law which make explicit reference to sustainable development, but in those parts it becomes unclear whether the concept is intended to be understood as a principle or an environmental value. In Chapter 1 of the 1996 Law that defines key terminologies of the law, Article 4 (d) clearly defines the concept of sustainable development, which definition is not very distant from most of the definitions resorted to in international environmental law. This gives the impression that sustainable development will only be treated as a key term in the dispositions of the law and not exactly one of the fundamental and why not most paramount principle of environmental management.

If the 1996 Law above has to be subject to any revision, at least for purposes of clarity, we suggest that the principle of sustainable development be considered under the section of the law dedicated to fundamental principles and under that category, it must be made to feature as the most dominant or basic of the principles.

4.2 Challenges to the development of principles on environmental management in Cameroon

4.2.1 Impasse between what obtains in theory and in practice

One major challenge that is faced in Cameroon in matters of development of principles of environmental management is that there is absence of legal basis or backing for some of the principles that are developed in practice. On the one hand, the reason may be due to the fact that the law only mentions such principles superficially without any comprehensive details or an enabling instrument. On the other hand, it may happen that some of the principles that are taken into consideration by the diversity of actors in environmental management such as the ministries of environment and of forestry in the execution of plans and projects are not actually found in the law. This is the case with principles such as common but differentiated responsibility and common concern for humankind, just to name these two. This situation makes it rather difficult to legislate on such principles that exist in practice while the law is still silent or unsatisfactory about them. As such, the legal regime governing such principles usually comes from international prescriptions rather than domestic legislation that best translates the readiness and willingness of a state to comply and enforce the observance of the same international requirements.

4.2.2 Timidity of doctrine in the discipline

Environmental law being a relatively new discipline in general and in Cameroon in particular, we expect to witness the type of doctrinal timidity in the discipline especially on sensitive issues such as the role of principles in matters of environmental management. It may be good to recall here that legislators may not necessarily be experts in the discipline of law but with the duty to make law, they sometimes hugely depend on the contributions of experts and scholars to achieve their mission. We may therefore begin to understand why the 1996 law on environmental management in Cameroon does not really treat the subject of 'fundamental principles' of environmental management comprehensively. Yet again, since the passage of the law in 1996 as a framework legislation, we expect some modification of the said law over twenty years afterwards today but the literature as well on the subject within the time frame indicated cannot be very reliable and inspiring for the legislator.

4.2.3 The 1996 law challenged by contemporary trends

The 1996 Law on Environmental Management in Cameroon was enacted just a few years after the Rio Summit of 1992 and the passage and entry into force of some of its outcome documents like the CBD and UNFCCC. While it may be good to laud the effort and promptitude with which the Cameroonian legislator adopted the 1996 Law, we may not also continue relying on that twenty years afterwards. The intensity and emphasis of environmental exigencies in the modern society is not exactly the same as they were at the time of enactment of the law. The following illustration may be worthwhile.

The parties to the Rio Declaration of 1992 thought it wise to convene another summit in the same venue twenty years later; that was in 2012, to take stock of the level and extent of achievement of the objectives set out in 1992 as well as change the emphasis and attention so that which marries contemporary trends. In 1972 in the Stockholm Declaration, the emphasis was on human environment (man and his relationship with the environment); in 1992 in Rio, the emphasis was on environment and development while in 2002 in Johannesburg and 2012 in Rio, sustainable development and poverty eradication were the guiding considerations. If the 1996 law was adopted at the wake of the Rio Summit of 1996 as if inspired by it, then the time is rather ripe for the revision of the said law since the agenda of the initial Rio summit has taken a wider dimension. We may begin to see why sustainable development is not included in the 1996 law as a fundamental and all englobing principle meanwhile it was a major concern in Johannesburg in 2002 and in Rio+20 in 2012. In same way, no mention is made of the principle of common concern of humankind and the *erga omnes* principle. Therefore, if there is no room for the modification of this law, it may be hard to envisage the development of principles of environmental management to suit the purpose and status that befits them today. It may be added that the 1996 law in question is only a framework legislation and not an environmental code for instance which is still highly desired and awaited.

5 Conclusion and way forward

5.1 Conclusion

A global appreciation of the above write up only leads to the conclusion that there is some synchronisation between international environmental requirements contained in its general principles and Cameroonian Law on environmental management. This harmony is not however a perfect one because some of the founding principles of international environmental law are not given proper consideration under the 1996 Law while others are simply poorly conceived. It may be quite biased to say that principles of environmental management in Cameroon are properly put in practice without any hitches. In the light of the challenges relating to the crafting and implementation of principles of environmental management discussed in the previous section of this work, some recommendations have been designed in view of enhancing the role of principles in general environmental management.

5.2 Way forward

5.2.1 Revision of the 1996 Cameroonian law on environmental management

It may be good to recall here that the 1996 Law in question was adopted just four years after the Rio Summit on Environment and Development and not very distant from the date of entry into force of most of the Rio-outcome instruments. This makes the 1996 Law not entirely obsolete today but void of provisions that espouse contemporary environmental trends and issues. Principles such as *erga omnes* and common concern for humankind are completely neglected in the law meanwhile such principles are modern fabrics of international environmental management. The law therefore needs to be revised in order to broaden the scope and substances of the principles of environmental management.

5.2.2 The need for enabling instruments to enhance the implementation of some principles

There is need for the adoption of enabling instruments that will give more effect to some of the fundamental and guiding principles of environmental management in Cameroon. An enabling instrument for instance is necessary for the rehabilitation of polluted areas as a subset of the polluter pays principle. This has already been done for some of the principles such as the principle of participation whose implementation is enabled by the law on Environmental Impact Assessment as modified by the 2013 Law on Environmental and Social Impact Assessment.

5.2.3 The creation of specialised environmental courts or tribunals

A while ago we made mention of the *erga omnes* principle whose pointers are specifically poised at the judge. We do not expect judges to have the same level of training and knowledge in environmental matters as much as he/she does in other legal branches. In the case of Cameroon, there is yet no branch consecrated for the training of environmental judges in the National School of Administration and Magistracy. It is not therefore unexpected for magistrates (whether standing or sitting) who leave from this institution to have the kind of disinterestedness in enforcing environmental considerations and principles as they do. It is only fairly recently that environmental studies were introduced in the National School of Administration and Magistracy (ENAM). The introduction of environmental education in institutions in charge of training of magistrates in French-speaking and English-speaking African countries is still under preparation and negotiation. The last meeting on the subject was organised in Yaoundé under the auspices of UNEP, Francophonie and ECOWAS in February 2018. On the basis of such developments, we see that the issue of insufficient capacity of judges and traditional court systems in building environment-related issues is not an allusion but a reality.

References

Agius, E & S Busutil (eds), 1998, *Future generations and environmental law*, London, Earthscan Publications.

Bell, S & D McGillivray, 2008, *Environmental law*, 7th edition, Oxford, Oxford University Press.

Coyle, S & K Morrow, 2004, *Philosophical foundations of environmental law: property, rights and nature*, Cambridge, Hart Publishing.

Driss, R, 1998, The responsibility of the state towards future generations, in: Agius, E & S Busutil (eds), 1998, *Future generations and environmental law*, London, Earthscan Publications, 21-26.

Ebbeson, J & P Okowa, 2009, *Environmental law and justice in context*, Cambridge, Cambridge University Press.

Eckersley, E, 2004, *The green state: rethinking democracy and sovereignty*, Cambridge, The Massachusetts Institute of Technology.

Fisher, E, B Lange & E Scotford, 2013, *Environmental law: texts, cases and materials*, Oxford, Oxford University Press.

Hunter, H, J Salzmann & D Zaelke, 1998, *International environmental law and policy*, New York, Foundation Press.

Louka, E, 2006, *International environmental law: fairness, effectiveness and world order*, Cambridge, Cambridge University Press.

Paterson, J, 2011, The precautionary principle: practical reason, regulatory decision-making and judicial review in the context of fuctional differentiation, in: Philippopoulos-Mihalopoulos, A, *New environmental foundations*, 3rd edition, Routledge, Taylor and Francis Group, 83-104.

Philippopoulos-Mihalopoulos, A, 2011, *New environmental foundations*, 3rd edition, Routledge, Taylor and Francis Group.

Sands, P & J Peel, 2012, *Principles of international environmental law*, 3rd edition, Cambridge, Cambridge University Press.

Sunkin M, DM Ong & R Wight, 2002, *Source book on environmental law*, 2nd edition, London, Cavendish Publishing.

Tamasang, CF, 2008, Sustainable development: some reflections with regards to the new constitutional dispensation in Cameroon, 15 (1) *African Law Review*, 142.

Tamasang, CF, 2015, Crafting and implementation of multilateral environmental agreements: are parliamentarians useful actors? 4 (6) *Revue Africaine de Droit Public*, 44.

Tchoffo, AFM, 2013, *Green trade, sustainable development and the protection of basic human rights in Africa: the case of Cameroon*, Dissertation for *Diplome d'Etudes Approfondies*, University of Yaoundé II.

Weiss, EB, 1990, Our rights and obligations to future generations for the environment, 84 *The American Journal for International Law*, 198.

van Wyk, S, 2017, *The impact of climate change law on the principle of state sovereignty over natural resources*, Baden-Baden, Nomos.

CHAPTER 11:
ENVIRONMENTAL IMPACT ASSESSMENT UNDER CAMEROONIAN LAW

Christopher F. TAMASANG & Sylvain N. ATANGA

1   Introduction

Environmental concerns have been at the centre of economic, social and political considerations both at the national and international levels since the last half of the 20th century. This is because of increased awareness and recognition of the fact that the protection and improvement of the environment is a major issue which affects the wellbeing of peoples and economic development throughout the world,[1] which is a necessity for the survival and continuous existence of humans on the planet. This global recognition comes against a background of direct and indirect unprecedented deleterious effects of man's developmental activities on the environment especially since the industrial revolution, which has resulted into unmeasurable environmental degradation and the depletion of natural resources. These concerns made the need for information on the potential effects (environmental, social, economic, etc.) of developmental initiatives imperative. The most effective solution to this need is the development of environmental impact assessment (EIA) which has not only been prescribed by most soft law and hard law instruments of a global character, but has been domesticated into the local legislations of most countries in the world including Cameroon. EIA has become a major environmental management tool/technique in almost all national legal jurisdictions. EIA has also become a condition for funding by international finance donors. For instance, funding from the World Bank is subject to EIA since 1989, especially for 'category A' projects.[2]

Environmental and social impact assessment is also used as conditionality for the African Development Bank's 'category 1' projects, i.e. operations likely to cause

---

1   This was recognised in para. 2 of the Preamble to the Declaration of the United Nations Conference on the Human Environment held in Stockholm in1972.

2   A proposed project is classified as 'category A' if it is likely to have significant adverse environmental impacts that are sensitive, diverse, or unprecedented. These impacts may affect an area broader than the sites or facilities subject to physical works; Stuart & McGillirray (2008:434).

significant environmental and social impacts, to ensure compliance with the Bank's environmental and social policies.[3] At the national level, banks have set up departments that implement the banks' loan policy by making EIA a condition for granting loans for projects that impact on the environment. They term it 'loans for green environment'.[4] EIA is the process of predicting the likely deleterious effects of a proposed project, policy, plan or programme on the environment prior to a decision being made about whether or not the promoter of the project should proceed. It is a technique that presents in a systematic manner a technical assessment of impacts on the environment that the project is likely to cause and explains the significance of predicted impacts and as a result, it indicates the scope for modification or mitigation.[5] EIA describes a process that produces a written statement to be used to guide decision-making, with several functions. First, it should provide decision-makers with information on environmental consequences of proposed activities and in some cases, programmes and policies, and their alternatives. Second, it requires decisions to be influenced by that information. And thirdly, it provides a mechanism for the participation of potentially affected persons in the decision making process.[6]

The objective of this chapter is to examine how in theory and practice, EIA is regulated under Cameroonian law. This will necessitate a conceptual clarification of EIA, establishment of the legal basis for its application at the international and national levels, a critical analysis of EIA procedure and practice in Cameroon and finally, the assessment of the effectiveness of IEA practice in Cameroon

1.1   Conceptual clarification of EIA

Before we arrive at what environmental impact is, it will be expedient to have an understanding of the various words that make up the expression EIA:

'Impact assessment' (IA) simply defined is the process of identifying the future consequences of a current or proposed action. The 'impact' is the difference between what would happen with the action and what would happen without it.[7]

The concept of 'environment' in impact assessment evolved from an initial focus on the biophysical components to a wider definition, including the physical-chemical, biological, visual, cultural and socio-economic components of the total en-

---

3   AfDB (2001:10); AfDB (2015:37).
4   One would for example find in this category at Afrikland First Bank, Union Bank of Africa, United Bank of Cameroon SCB- Credit Lyonnais, National Financial Credit Bank, etc.
5   Japanese Environmental Agency (1999:1).
6   Sands (2012:601).
7   International Association for Impact Assessment (IAIA), see www.iaia.org/resources accessed on 28 January 2018.

vironment. The Cameroonian legislator seems to have wholeheartedly adopted this evolution of defining environment in a holistic manner. The framework law on environmental management[8] (hereinafter referred to as the Framework Law on Environmental Management) defines the environment as[9]

> all the natural or artificial elements and biogeochemical balances they participate in, as well as the economic, social and cultural factors which are conducive to the existence, transformation and development of the environment, living organisms and human activities.

The International Association for Impact Assessment (IAIA) defines EIA as[10]

> the process of identifying, predicting, evaluating and mitigating the biophysical, social, and other relevant effects of development proposals prior to major decisions being taken and commitments made.

Increasing concerns in developed economies about the impact of human activities on human health and on the biophysical environment led to the development of the concept of EIA in the 1960s, and to its adoption as a legally-based decision-support instrument later in that decade to assess the environmental implications of proposed development. The National Environmental Policy Act (NEPA) in the USA, which became effective on 1st of January 1970, was the first of many EIA laws and procedures in countries around the world. The NEPA required federal agencies to integrate environmental values into their decision making processes by considering the environmental impacts of their proposed actions and reasonable alternatives to those actions. NEPA defines EIA as a[11]

> systematic interdisciplinary approach which will ensure the integrated use of the natural and social sciences and the environmental design arts in planning and decision making which may have impact on man's environment.

The European Union approved a Directive on EIA in 1985.[12] Currently, EIA is a requirement in most countries of the world including Cameroon.

Some EIA systems or jurisdictions constrain EIA to the analysis of impacts on the biophysical environment while others include the social and economic impacts of development proposals. Some financial institutions (e.g. the African Development Bank) use the expression 'environmental and social impact assessment' (ESIA) to emphasise the inclusion (and the importance) of the social impacts.[13] This is also the case in Cameroon since 2013.

---

8   Law No. 96/12 of 5 August 1996 relating to Environmental Management in Cameroon.
9   Article 4 of Law No. 96/12 of 5 August 1996 relating to Environmental Management.
10   IAIA (2009:1).
11   Section 102 (A) of the National Environmental Policy Act (NEPA) of 1969.
12   Council Directive 58/337/EEC on Assessment of the effects on certain public and private projects on the environment.
13   Economic Commission for Africa (2005).

The need to apply IA to strategic levels of decision-making (e.g., policies, legislation, plans, and programs) led to the development of strategic environmental assessment (SEA). SEA is generally understood as an impact assessment process that aims to mainstream environmental, social, economic, and health issues and ensure the sustainability of strategic decisions. Legal provisions for SEA are emerging, in many cases associated with EIA institutions and legislation. The European Union approved a directive on the environmental assessment of plans and programs in 2001. The SEA is gaining increasing acceptance as a tool that is used early in decision-making to help inform decisions at the sectoral and regional level and to set the parameters for alternatives analysis. In Cameroon, the current decree laying down procedures for carrying out EIA in Cameroon[14] recognises three types of impact assessments including the SEA.

In Cameroon, EIA was first echoed in 1996 in the Framework Law on Environmental Management, Article 17, whose 2005 enabling Decree defined EIA as "...a systematic study in view of determining whether or not a project has negative effects on the environment".[15] This Decree was later replaced in 2013 to extend EIA to include three different studies including ESIA, SEA and environmental impact statement (EIS) which will be seen subsequently.

1.2   The legal bases for EIA in international environmental law

The importance of EIA can never be undermined for it has been recommended and prescribed by many soft law as well as hard law international environmental instruments:

As early as 1972, Principles 13 and 14 of the Stockholm Declaration 1972 identify the adoption of an integrated and coordinated approach by States to their development planning as a means of achieving rational management of resources, which constitutes an essential tool for reconciling any conflict between the needs of development and the need to protect and improve the environment. This was EIA in its embryonic stage.

IEA was fully recognised in 1992 at the United Nations Conference on Environment and Development, held in Rio de Janeiro. Principle 17 of the Final Declaration is dedicated to EIA:

---

14   Decree No. 2013/0171/PM of 14 February 2013 laying down rules for conducting environmental and social impact studies.
15   Section 2 of Decree No. 2005/0577/PM of 23 February 2005 on the procedures for carrying out EIA.

> Environmental impact assessment, as a national instrument, shall be undertaken for proposed activities that are likely to have a significant adverse impact on the environment and are subject to a decision of a competent national authority.

In Chapter 37 (Capacity Building) of Agenda 21,[16] capacity building (both public and private) to evaluate the environmental impact of all development projects is underscored. Furthermore, Chapter 8 of Agenda 21 articulates the requirement for integrating environment and development at policy, planning and management levels for improved decision-making. These include conducting national reviews of economic, sectoral and environmental policies, strategies and plans; strengthening institutional structures; developing or improving mechanisms to facilitate the involvement of all concerned; and establishing domestically determined procedures.

Five years after United Nations Conference on Environment and Development (UNCED) (Rio+5), the Programme for Further Implementation of Agenda 21, an outcome of the review of progress achieved in implementing UNCED agreements, identified yet again, environmental and social impact analysis based on participatory principles, as an important policy instrument for integrating the economic, social and environmental objectives of sustainable development.

The Millennium Development Goals, adopted by 189 nations and signed by 147 heads of state and governments during the UN Millennium Summit in 2000, provide a framework for the integration of the principles of sustainable development into country policies and programs, which is one of the aims of SEA.

Ten years after UNCED, at the World Summit on Sustainable Development in 2002, the Johannesburg Declaration on Sustainable Development was adopted. An important element contained in this declaration is the collective responsibility to advance and strengthen the interdependent and mutually-reinforcing pillars of sustainable development – economic, social and environment at all levels. In addressing the challenges of unsustainable patterns of consumption and production, the Johannesburg Plan of Implementation identifies the use of EIA procedures as a key action to be undertaken.[17]

There are other international conventions that contain specific provisions relating EIA. In the domain of conservation and sustainable use of biological diversity, the Convention on Biological Diversity (CBD) urges member countries[18]

> to introduce appropriate procedures requiring environmental impact assessment of its proposed projects that are likely to have significant adverse effects on biological diversity with a view to

---

16 Agenda 21 is an action plan and outome of the Earth Summit (UN Conference on Environment and Development) held in Rio de Janeiro, Brazil, in 1992.
17 UN (2003).
18 Article 14 of the CBD.

avoiding or minimizing such effects and, where appropriate, allow for public participation in such procedures.

The United Nations Convention on the Law of the Sea (UNCLOS), Article 206 provides as follows:

> when states have reasonable ground for believing that planned activities under their jurisdiction or control may cause substantial pollution of or significant and harmful changes to the marine environment, they shall, as far as practicable assess the potential effects of such activities on the marine environment.

1.3 Legal bases for the application of environmental impact assessment in Cameroon

Cameroon has been actively involved in international environmental action since the birth of environmental law especial in terms of participating in international meetings on the subject, and in signing and ratifying multilateral environmental agreements (MEAs).[19] It is therefore not surprising that Cameroon has domesticated the spirit and prescriptions of these international instruments into national legal frameworks on environment and environment related sectors like the forestry, wildlife and mining. The Cameroonian Constitution facilitates this task by giving the possibility and setting out modalities for adopted and ratified treaties to be applicable in Cameroon as national law. It provides that that duly approved or ratified treaties and international agreements, shall following their publication override national laws, provided the other parties implement the said treaty or agreement.[20]

EIA origin in Cameroon can be traced back to the enactment of Law No. 94/001 of 20 January 1994 that lays down the requirements for the management of forestry, wildlife and fisheries. It was however limited to projects that may affect the equilibrium of the forest only. This law provides that "the initiation of any development project that is likely to perturb a forest or aquatic environment shall be subject to a prior study of the environmental hazard".[21]

EIA was introduced fully into the local law through Law No. 96/12 of 5 August 1996 relating to environmental management which was the first national legislation on environmental management. Section 17 of this law provides as follows:

> (1) The promoter or owner of any development, project, labour or equipment, which is likely to endanger the environment, owing to its dimension, nature or the impact of its activities on the

---

19 As early as 1972, she was a participant to the Stockholm Conference on the Human Environment.
20 Article 45.
21 Section 16 (2).

natural environment shall carry out an environmental impact assessment. This assessment shall determine the direct or indirect incidence of the said project on the ecological balance of the zone where the plant is located or any other region, the physical environment and quality of life of populations and the impact on the environment in general.

(2) The environment impact assessment shall be included in the file submitted for public investigation where such a procedure is provided for.

(3) The impact assessment shall be carried out at the expense of the promoter.

The above law equally provides that the conditions for the implementation of the EIA provisions will be laid down by another instrument.[22] It was not until February 2005, that is, nine years later, that a Prime Ministerial Decree No. 2005/0577/PM to lay down the procedure for carrying out EIA formally launched the EIA procedure. According to Alemagi et al.[23] the Decree is monumental because it represents the first attempt made by the Government of Cameroon to incorporate the legal and procedural framework governing EIA into a comprehensive legal document. This was consolidated by the publication and enactment of Order No. 0070/MINEP of March 2005 by MINEP (as then it was) prescribing the different categories of projects that would necessitate an EIA.[24]

Later on, Decree No. 2013/0171/PM to lay down rules for conducting environmental and social impact assessment (hereinafter referred to as the 2013 Decree) will amend and replace Decree No. 2005/0577. The 2013 decree explicitly mentions the social aspect of the impact study, as it is refers to environmental and social impact assessment (ESIA) rather than to environmental impacts assessment (EIA). This caused a change in appellation from EIA to ESIA. This appellation has officially been recognised and became a peculiarity of Cameroon. The 2013 decree also introduced strategic environmental and social assessment (SEA) and the environmental impact statement (EIS) as tools for environmental assessment.

The latest improvement on ESIA was carried out in February 2016 with two Ministerial Orders; one to elaborate on the categories of operations subject to ESIA and SEA, and the other to define the content for a modelled terms of reference (ToR).

---

22   Section 17(4).
23   Alemagi et al. (2007:1).
24   This was to implement the provisions of Section 19 of the Environmental Management Law which provided that "the list of categories of operations whose implementation is subject to an impact assessment as well as the conditions under which the impact assessment is published shall be laid down by an enabling decree of this law".

2   The procedure and practice of environmental impact assessment in Cameroon

From the foregoing, it becomes clear that the current legislation for EIA in Cameroon is the Framework Law on Environmental Management, the application of which is enabled by Decree No. 2013/0171/PM. These legislations provide for three types of EIA that must be conducted under Cameroonian law by the promoter or owner of any development, project, labour or equipment, which is likely to endanger the environment, owing to its dimension, nature or the impact of its activities on the natural environment. These include ESIA, the SEA and the EIS. This is in conformity with the trend in international legal practice which has evolved to lay emphasis on the social aspect of the impact study and also the development of strategic environmental impact assessment. In fact, Article 7 of the 2013 Decree provides that the promoter or owner of any development project, establishment, programme or policy, must carry out an ESIA, SEA or EIS under pain of sanctions envisaged in the law inforce. The 2013 Decree also provides that the list of activities subject to ESIA and SEA and the content of the ToR will be provided by an Order of the minister in charge of environment[25] while the list of activities subject to EIS shall be provided by local councils in consultation with the decentralised services of the ministry in charge of the environment.[26]

It will be pertinent to examine the procedure for carrying out each type of impact assessment and most importantly, analyse the extent to which the provisions of the laws in inforce are complied with. A distinction can be made between the ESIA and the SEA process on the one hand that have similar procedures, and the EIS procedure on the other.

2.1   Environmental and social impact assessment (ESIA)

Section 2 (1) of the 2013 Decree defines ESIA as an study that is aimed at determining the negative and positive effects of a project on the environment. This definition has not changed much from that contained in the 2005 Decree for even though 'social' has been added to the new appellation, the definition does not expressly make mention of the social aspect of the assessment. But environment here must be interpreted broadly as defined by Article 4 of the Framework Law on Environmental Management to include social, economic and cultural dimensions.

---

25   Section 8 (1).
26   Section 8 (2).

Ministerial Order No. 00001/MINEPDED of 9 February 2016 fixes different categories of operations whose realisation is subject to ESIA and SEA. This Order amends and replaces the 2005 Order that defines activities subject to EIA.

The Order classifies projects requiring an ESIA into two categories. Category 1 projects are those projects requiring a simple ESIA while Category 2 projects are those projects requiring a detailed ESIA study. Articles 9 and 10 of the 2013 Decree prescribe the requisite contents for reports emanating from a simple and a detailed EIA study. According to Article 9, a report originating from a 'simple EIA study' must comprise: the summary of the study in a simple language and in English and French, the description of the current environment where the project is envisaged, a description of the project, a review of the legal and institutional provisions and requirements relevant to the activity, a report of the field work, an inventory and the description of the impacts of the project on the environment including envisaged mitigating measures together with an estimate of the corresponding cost, the approved terms of reference of the study, environmental and social management plan and the bibliographic references.

The contents of a report emanating from a 'detailed ESIA study' as prescribed by Article 10 of the 2013 Decree must include: the summary of the study in a simple language, and in English and French: a description and analysis of the initial state of the site and its physical, biological, human, and socio-economic environment; a description and analysis of all the components as well as natural and socio-cultural resources likely to be affected by the project, including reasons for choosing the site; a description of the project; the presentation and analysis of the different alternatives; the reason for choosing the project amongst other possible solution; the identification and evaluation of the possible effects of implementing the project on the natural and human environment; an indication of the envisaged measures for avoiding, reducing, eliminating or compensating the detrimental effects of the project on the environment together with an estimate of the corresponding cost; a program for the sensitization and information including minutes of meetings held with the public, NGOs, syndicates and other organized groups affected by the project; an environmental management plan comprising surveillance mechanisms and the environmental follow up of the project and, where necessary, a compensation plan; and the terms of reference of the study including the bibliographic references.

To go about the ESIA, the promoter shall submit to the competent administration and MINEPDED in addition to the general project file his application for the conduct of the ESIA with the ToR of the study and a receipt of payment of examination fees amounting to FCFA 1,500,000 for the ToR for a summary ESIA and FCFA

3,000,000 for a summary ESIA and FCFA 2,000,000 for the ToR for a comprehensive ESIA and FCFA 5,000,000 for a comprehensive ESIA.[27]

The general project file shall contain the following information:

(i)   a general description of the project or activity,

(ii)   a request for completion of the ESIA mentioning the social relevance of the project, social capital, the respective sector of the activity and the number of jobs provided through the project,

(iii)   the ToRs of ESIA accompanied by a descriptive checklist describing and supporting the project, with the emphasis on preservation of the environment and the reasons for choosing the site,

(iv)   the receipt of payment of examination fees as provided for in Article 17 of the 2013 Decree. Article 8 (3) of the Decree prescribes that the MINEPDED shall provide a standard model of Terms of Reference (ToR) for the EIS, the ESIA and SESA depending on the activities. This Order was promulgated in 2016.[28]

Upon receipt of the application, the competent authority has a maximum of ten days to transmit same together with its reasoned comments in relation to the ToRs to MINEPDED. The MINEPDED has 20 days from the date of receipt of the application with reasoned opinion of the competent authority, to take its decision regarding the approval of the ToRs, failure of which the terms of reference shall be considered approved. This decision comprises of a checklist of the content of the ESIA study to be carried in relation to the type of project, the type of analysis required and the responsibilities and obligations of the proponent.[29] This approval gives the proponent the go-ahead to do a full-scale environmental impact study based on the set of specifications of the ToRs and any other indications contained in the approval.

The conduct of summary and comprehensive ESIA is to be entrusted, at the choice of the proponent, to a consultant, a consulting firm, a non-governmental organisation or an association approved by the MINEPDED with a priority given to nationals in the case of equal qualifications.[30] This is unlike the case of EIS where the proponent can recruit any expert by reason of his competence to conduct it. The law lays gives the ministry the authority to approve experts for ESIA because of the gravity to the potential risks the project poses on the environment. This prevents the possibility of having incompetent persons or structure carrying out assessments which may result to inaccurate reports thereby defeating the very purpose of the study.

The law makes public consultations an integral part of the assessment process after the approval of the ToR. These consultations consist of meetings between the

---

27   Article 13 (1) of the 2013 Decree.

28   Through Order No. 00002/MINEPDED of 8 February 2016 to define modelled types and content of the term of reference.

29   Art 13 (4) of the 2013 Decree.

30   Article 14 of the 2013 Decree.

promoter and/or his consultants and the population affected by the project in the locality within which the project is executed. These consultations are aimed at informing the population about the study, registering any eventual opposition to the project and permitting the opinion of the population to be expressed in the conclusions of the study.[31] The 2013 Decree guarantees a high involvement and effective participation of the population by providing that the proponent must transmit to the representative of the population 30 days before the first meeting, a programme of the public consultation which must be approved by the administration in charge of the environment comprising; the dates and places of meetings, a descriptive and explicit essay of the project and the purpose of the consultation.[32] Minutes of every consultation meeting are produced and signed by the representatives of the population and appended to the report of the ESIA study. The law does however not make provisions or defines who is considered 'population' and 'representative of the population' respectively. We propose that persons who make up these consultation meetings should be those whose stakes can be hampered by the implementation of a project and representatives should be local chiefs who should hire the services of experts in case they lack the competence to understand the issues at stake. The law therefore leaves a loophole by not defining who should be present in such meetings, giving the promoter or consultancy firm the liberty to select who shall take part in the meeting. Often the persons who attend these meetings barely understand the purpose for which they are called. This makes the public consultations baseless and futile.

After the ESIA study, two copies of the environmental and social impact report are submitted to the competent administration (CA) and twenty to the administration in charge of the environment. As soon as the CA receives the Report, it evaluates and forms an opinion which is transmitted to Ministry for Environment, Nature Conservation and Sustainable Development (MINEPDED). It is at this stage that the MINEPDED puts in place a mixed team (MINEPDED and CA) to conduct field trips for the purpose of checking or verifying qualitatively as well as quantitatively, information contained in the report and collecting the views of the population concerned in a public meeting. This public meeting enables the team to correlate the information in the report with the views of the public. The mixed team has 15 days within which to forward its findings to the Inter-Ministerial Committee for the Environment (CIE) for simple ESIA studies and 20 days for detailed studies.

MINEPDED forwards to CIE the report of the ESIA, the report of the assessment of the EIA made by the MINEPDED, and the report of the assessment of records of public consultations and public hearings for consideration. When the CIE is summoned to examine an EIA report, it analyses the report in terms of form and content.

---

31   Article 20 (3) of the 2013 Decree.
32   Article 21 of the 2013 Decree.

CIE concludes its review with an advice report, which summarises the major findings or observations that captured the attention of members at the end of the evaluation of the report. The opinion of the CIE is essential prior to the approval of an EIA by the Minister for the environment. MINEPDED then decides on the admissibility of the ESIA and notifies the promoter 20 days upon receipt of the mixed committee report. The Minister in charge of the environment informs the proponent of the admissibility of the report and have it published in the press, radio, etc. or they formulate comments for making the ESIA admissible.[33] The approval of the EIA report is a prerequisite for the decision to carry on the project. In practice, the approval of the EIA report means the granting of environmental compliance certificate.

The decision is based on the following documents: the EIA report, the evaluation report of the mixed team as an outcome of the review process, the public participation documents and the recommendations of the CIE.

The Minister decides on the impact study. Three possible decisions can be arrived at:

- a favourable decision: an environmental compliance certificate is issued. This is the document that authorises the promoter to execute his project and serves as prima facie proof that he has complied with the regulations inforce;
- a conditional decision: the minister tells by writing the promoter what to do to comply and get the environmental compliance certificate; or
- a non-favourable decision: it implies the prohibition of the implementation of the project.

The ESIA procedure is quite complex and this is a guarantee for proper screening to ensure greater efficacy in the impact assessment study.

2.2   Strategic environmental assessment (SEA)

This is a formal and exhaustive systematic process which permits the evaluation of the environmental effects of a policy, plan or programme that has multiple components.[34] Proponents of the above type of policies, plans or programs which can have effects on the environment can carry out SEA, but during execution or extension of the project, each project phase can be subject to a separate ESIA. The type of activity subject to SEA is determined by the Ministerial Order No. 00001/MINEPDED of 9 February 2016 fixing different categories of operations whose realisation is subject to

---

33   Article 18 of the 2013 Decree.
34   Article 2 (3) of the 2013 Decree.

ESIA and SEA. The procedure for the carrying out SEA is not different from that of ESIA.

2.3   Environment impact statement (EIS)

EIS is made for small-scale projects or business / facilities that are not subject to an audit or ESIA but are likely to have significant effects on the environment. It can be carried out either before the establishment of the project, during its establishment and installation or in the course of its execution. The list of activities subject to EIS is defined by the local council in consultation with the decentralised department of MINEPDED.[35] The involvement of communal units in EIA is a commendable novelty for it permits for effective monitoring and a sense of participation in regulating activities that affect them.

Before starting an EIS, the promoter must have the related draft ToRs approved. In this regards, a file containing the following contents has to be submited to the municipality of the locality where the project would be implemented:

- the general dossier with information on the project or activity;
- a request for completion of the EIS mentioning the social relevance of the project, social capital, the respective sector of the activity and the number of jobs provided through the project;
- the ToRs of EIS accompanied by a descriptive checklist describing and supporting the project, with the emphasis on preservation of the environment and the reasons for choosing the site; and
- the receipt of payment of examination fees to be determined by the municipalities.

Two copies of the file are sent to decentralised services of MINEPDED.[36] The decentralised services of MINEPDED have 15 days to give its opinion on the ToRs. If the municipality does not react within 30 days after the deposit of the draft ToRs, the latter shall be deemed approved[37] permitting the proponent to carry out the study.

The realisation of the EIS is under the responsibility of the promoter of the project or activity which is to be undertaken. An EIS can be conducted by anyone with the required expertise and who may be hired by the proponent for it.

Once the EIS is finalised, the proponent shall submit the report to the municipality (number of copies not specified) and pay the fees for the report review whose

---

35   Article 8 (2) of the 2013 Decree.
36   Article 15 of the 2013 Decree.
37   (ibid.).

amounts and methods of collection would be determined and specified by relevant municipalities.[38]

The municipality has 30 days from the date of receipt of the EIS to give an answer to the proponent after receiving the advice of the local responsible services of the MINEPDED. Three answers are possible after the impact statement was examined:

- a favourable decision: the attestation of conformity is issued by the municipality to the promoter;
- a conditional decision: the municipality tells to the promoter by writing which measures have to be taken to comply and receive the attestation of conformity; or
- a non-favourable decision: prohibition of implementation of the project or suspension of activities concerned.[39]

3   Adjudication mechanisms in environmental impact assessment in Cameroon

Enforcement is indispensable to the effectiveness of any law or regulation. Cameroonian EIA Law provides a number of guarantees and safeguards to ensure compliance with EIA provisions. These measures which are both administrative and judicial are available to various stakeholders involved in the process to redress violations of the law and resolve conflicts.

3.1   Administrative mechanisms

These are mechanisms that are used by the central authority in charge of EIA, that is the ministry in charge of the environment to ensure compliance with the environmental and social management plan (ESMP) approved in the EIA study. These mechanisms are available only after the issuance of the certificate of environmental conformity (CEC).

3.1.1   Routine checks and surveillance

Article 27 of the 2013 Decree gives MINEPDED the responsibility to ensure administrative and technical surveillance of the implementation of the ESMP after the issu-

---

38   Article 19 (2) of the 2013 Decree.
39   Article 19 (3) of the 2013 Decree.

ance of the CEC to ensure compliance. There are three scenarios that can be envisaged at the end of the said surveillance.

3.1.2   Reporting obligation

According to Article 27 (3), the promoter is required to produce quarterly reports of the implementation of the environmental and social management plan addressed to the ministry in charge of the environment. The law is rather silent on what happens where the promoter fails to produce such a report.

3.1.3   Adoption of corrective or additional measures

The ministry in charge of the environment is empowered to adopt corrective or additional measure where upon submission of the quarterly report of implementation of the ESMP, it is realised that some effects where initially insufficiently considered. In such a case, the administration in charge of the environment may also hire the services of private experts following public contract rules to carryout studies on the aspects of the assessment that were initially not sufficiently considered.

Where in the course of surveillance the administration detects cases of non-compliance with the ESMP or the promoter fails to comply with reporting obligations, the law does not make any specific provisions on measures to be taken to ensure regularity. However it is discernible from previous dispositions of the law that the following administrative measures may be taken by the ministry in charge of environment:

- warnings;
- suspention of CEC; or
- withdrawal of CEC.

The question that becomes obvious is whether there are any administrative recourse mechanisms available to communities that are directly affected by the activities requiring EIA, where the promoter fails to comply with the provisions of the law by for instance, non-execution of the project in conformity with the ESMP. Even though the law is silent on this question, members of such a community can address a complaint to the minister in charge of the environment, who may, if the complaint is founded, adopt any of the administrative measures mentioned above.

Another case worth addressing is that of blatant disregard of EIA procedures by a project proponent or where after carrying out ESIA and SEA, a negative response is given by the competent authority but the promoter goes ahead to execute the project. Again the promoter may start executing his project before a final decision is made on his application file. Once again, even though the law is silent on this question, practice shows that the promoter may either be suspended definitely or indefinitely without prejudice to penalties under the Law on Environmental Management. Where the suspension is indefinite, the project owner may be required to carry out an environment audit in compliance with Decree No. 2013/0172 on environmental audit, for the suspension to be uplifted.

3.2   Judicial mechanisms

Besides the administrative measures envisaged above, there are also judicial mechanisms that can be adopted by different stakeholders of the EIA. The following stakeholders may have *locus standi* in an EIA related judicial action:

3.2.1   The administration in charge of the environment

As indicated above, the law gives the administration in charge of the environment the competence to oversee the EIA process. The said administration may bring an action against a promoter to whom CEC has been issued in an administrative court where administrative actions prove to be abortive.

More so, where a promoter implements a project needing impact assessment, without carrying out such assessment, the administration may, besides taking suspension measures, also sue in ordinary law courts to have the promoter pay damages for causing harm on the environment through its activities which ought to have been guided by EIA processes if one was undertaken. This can happen where the promoter causes harm on the environment through his/her own fault, through no fault of his or through others under his authority and control. Still within ordinary courts of law, the criminal judge is competent and has been trying criminal violations of environmental prescriptions especially involving violations of EMP. Such competence is conferred on the criminal judge by the Penal Code[40] but also the Framework Law on Environmental Management in Cameroon.[41]

---

40   Law No. 2016/007 of 12 July 2016.
41   Article 79.

3.2.2   Local communities

Local communities can bring an action in an administrative court against the administration in charge of the environment. Such action will premised on the ground that local communities are involved in the assessment process through public consultations[42] which is one of the conditions for the grant of the CEC. Where the administration is bias, corrupt and produces inaccurate reports in the course of validation of the EIA report, against the interest of the community or in disregard of their observations, the latter can bring an action in an administrative court against the administration in charge of the environment and join the promoter of the project as a co-defender. This can also be done on behalf of the communities by a civil society organisation and recognised under existing laws (associations, non-governmental organisations) working in the field of environmental protection. This then justifies not only their *locus standi* but also public interest in the prejudice that has been caused on the environment by violating the EMP. This can result in the suspension/withdrawal of the CEC by the administration in charge of the environment by a decision of the court without prejudice to criminal/civil sanctions.

Another basis for local community action is the principle of participation through which *locus standi* is extended to local communities that can bring an action on a public as a whole interest basis or through representatives in the interest of the community at large as per Article 8 (2) of the Law of Environmental Management. Such an action can be brought against the promoter who is acting in irregularity. Civil society organisations may also act as plaintiff on behalf of the local communities against violators of EIA regulations.[43]

3.2.3   Action by the promoter of the project

The promoter can bring an action in an administrative court against the competent administration. Considering the fact that the CEC on the basis of which the project is executed is an administrative act, the promoter has valid ground to bring an action against the administration before an administrative judge. This action can arise where the administration is bias or makes false appreciation of the ESIA application leading to inaccurate results.

---

42   Tamasang (2008).
43   Article 8 of the Law on Environmental Management.

3.3 Alternative dispute resolution mechanisms

A range of other mechanism exist regarding disputes between the administration in charge of the environment and promoters of projects as well as other stakeholders in the environment sector. Such alternative dispute resolution (ADR) mechanisms include compromise and arbitration.

3.3.1 Compromise

The Framework law provides that the administration in charge of the environment[44] has full rights to effect a compromise but this must be done only at the behest of the defaulter. This is what is called a compromise. In fact, the objective of the law is actually to reconcile the interest of business operators with that of protecting the environment so that business can prosper and at the same time services are paid to the environment and its resources. In any event, this seems to be the spirit that guided the 1996 legislator in crafting the compromise provisions. This may be legitimate thinking because of the advantages that a compromise may bring to the promoter of the project in terms of saving the costs of proceedings. However, considering the difficulties involved and time constraints, one may equally see it as a provision for the administration in charge of the environment to fill its coffers while sacrificing court action. However, it must be stated that the amount to be paid in relation to the compromise must not be lower than the minimum of the corresponding sanction provided for by the law.[45] Although compromise is encouraged, it must be effected before any court procedures are engaged, otherwise such a compromise may be challenged and rendered null and void.

3.3.2 Arbitration

Arbitration has been held to be the most common ADR mechanism. It is a formal measure where parties to an environmental dispute may settle their differences through a joint agreement before an arbitrator, in this case not usually named in advance because of the nature of the dispute. This is a provision of the Framework law.[46] One may equally highlight the fact although the parties to the dispute have chosen arbitration, the outcome of it may not prejudiced a subsequent court action at

---

44   Article 91 (1).
45   Article 91 (2).
46   Article 92.

the initiative of either of the parties intended to challenge the arbitral award, the competence of the arbitrator.

4 Challenges to the effective implementation of environmental and social impact assessment in Cameroon

4.1 Inadequate scientific and baseline data

The EIA law of Cameroon fully dictates the administrative procedures that need to be followed in order to obtain planning permission. The use of baseline information ensures that identified and evaluated impacts are traced within the EIA process, thus providing an efficient method of predicting the significance of impacts through existing environmental conditions. Insufficient or inadequate scientific and baseline data on the environment in most sectors in Cameroon undermine the efficiency and quality of ESIA and the whole EIA process.

4.2 Incompetent personnel and over-centralisation

A Prime Ministerial Decree[47] designating the Inter-Ministerial Advisory Committee for Environmental Impact Study was found to be inappropriate. In fact, in a series of personal communications with a senior specialist in the environmental management of highway projects in the Ministry of Public Works, a senior policy officer with a local NGO and a Director at the MINEP, it was revealed that the committee is composed of persons who lack the necessary expertise. A committee of this sort is supposed to include scientists and a multidisciplinary technical staff with the requisite knowledge of ESIA and its applicability in their respective sectors. The problem probably stems from the fact that the ESIA review and approval is centralised in Yaoundé and the officials lack a robust mastery of the ecological, physical, chemical, socio-economic and cultural environment of communities where EIA projects are envisaged. This will often lead to judgements and opinions that are flawed and baseless.

---

47   See Article 15 (2) of Decree No. 2005/0577/PM.

4.3   Ineffective public participation in ESIA processes

Indeed, public participation is a fundamental component of the ESIA process. As Wood[48] explains, EIA is not EIA without consultation and participation. The European Commission strongly advocates public participation arguing that it increases the accountability and transparency of the decision – making process. The role and importance of public participation in environmental decision-making cannot be overlooked. The European Commission further established that effective public participation in the taking of decisions enables the public to express their views, and the decision maker has to take account of options and concerns which may be relevant to those decisions, thereby increasing the accountability and transparency of the decision-making process and contributing to public awareness of environmental issues and support for the decisions taken. However, looking at the current legal and procedural disposition regulating EIA in Cameroon, it is glaring that public participation is not statutorily protected. Indeed, it is poorly represented in terms of timing and communicational hurdles. Even though Article 17 of the 2005 Decree states that the promoter or proponent shall send to the representatives of the population concerned at least thirty days before the date of the first meeting the program of public consultations comprising the date and venue of meetings, the descriptive and an explanatory report of the project and the purpose of consultations. But looking at the legal provision, it is not clear when this first meeting should be scheduled during the EIA process and under what circumstances these consultations should be made. In fact, it would even seem that the first public participation is at the discretion of the proponent. This epitomises the fact that the public is treated with disdain in the current legal disposition. Indeed, the public should know exactly when the law mandates them to take part in public consultation within the framework of the EIA procedure in Cameroon. Although Article 20 (1) of the 2013 Decree states that

> the environmental impact study shall be carried out with the participation of the population concerned, through consultations and public meetings, for the purpose of sampling the opinion of the population on the project.

Paragraph 2 of the same Article further stipulates that "public consultation shall refer to meetings held during the study in the locality concerned by the project". As for public audience, it shall aim at advertising the study, recording possible oppositions to the project and enabling the population to give their say on the findings of the study. What impedes effective public participation with regard to the aforementioned provision is ineffective communication. Although Pidgin English and French are used to transmit fundamental knowledge about proposed EIA projects to the illiterate

---

48   Wood (2002).

Cameroon populace during public consultation, available information to enable the public to participate effectively during public meetings is difficultly grasped by the lay person. The problem is accentuated by the lack of public knowledge on legal issues and the fact that most legal documents in Cameroon are in French, presenting a constraint to the English speaking population.

4.4 Problem of specialisation of judicial personnel

Most judges in Cameroon today were trained in an era in which environmental law was not a component of their training. They therefore have inadequate competence in environmental issues and so fail to fully appreciate EIA matters brought before them. This leads to decisions that at times do not adequately reflect the law in force.

4.5 Inadequate human resources

One of the factors that impede effective EIA implementation in Cameroon is the inadequacy of scientists and technical staff or personnel. It would seem that so far only one institution[49] offers a post-graduate program in EIA in Cameroon.

4.6 Corruption within the EIA Processes

Corruption is a canker-worm that has eaten deep into the fabrics of the Cameroonian society affecting every area and sector, not leaving out EIA enforcement institutions. Corruption in the form of bribes, preferential treatment, nepotism, cronyism and even state capture can be observed in every stage of the law enforcement process in Cameroon.

5 Conclusions and recommendations

The provisions of the Framework Law on Environmental Management addressing Environmental and Social Impact Assessment and its numerous enabling instruments which are undergoing amendments to suit the emerging society, constitutes a milestone in the management of environment in Cameroon for it takes EIA to another level to cover dimensions that are yet to be covered by the environmental laws of

---

49   *CRESA-Forêt-Bois* – a regional centre affiliated to the University of Dschang.

most African countries. But as it is the general phenomenon in Cameroon, like in many African countries, implementation of these legal instruments lags behind. There is a need to improve on the implementation of this law in order to dwindle the gap between theory and practice. We therefore recommend the following:

- community and public participation should be heightened in the public consultation process by ensuring that parties concerned are educated on the importance of participating in such consultations and also on real effects of such projects on their environment;
- decentralisation of ESIA and SEA processes by amending the law to give decentralised organs more role in the process;
- eradication of corruption in EIA processes and inclusion of environmental education in the training of personnel of the judiciary; and
- increase the involvement of experts in different commissions and bodies in charge of validating and monitoring EIA processes.

References

AfDB / African Development Bank, 2001, *Environmental and social impact procedures for African Development Bank's public sector operation*, https://www.afdb.org/fileadmin/uploads/afdb/Documents/Policy-Documents/ENVIRONMENTAL%20AND%20SOCIAL%20ASSESSMENT%20PROCEDURES.pdf, accessed 6 February 2018.

AfDB / African Development Bank, 2015, Environmental and social assessment procedures (ESAP), 1 (4) *Safeguard and Sustainabitly* series, Abidjan, African Development Bank, https://www.afdb.org/fileadmin/uploads/afdb/Documents/Publications/SSS_–vol1_–_Issue4_-_EN_-_Environmental_and_Social_Assessment_Procedures__ESAP_.pdf, accessed 6 February 2018.

Alemagi, D, VA Sondo & J Ertel, 2007, Constraints to environmental impact assessment practice: a case study of Cameroon, 9 (3) *Journal of Environmental Impact Assessment Review*, 357.

Economic Commission for Africa, 2005, *Review of the application of environmental impact assessment in selected African countries*, Addis Abeba, UNECA.

IAIA / International Association for Impact Assessment, 2009, *What is impact assesment?*, https://www.iaia.org/uploads/pdf/What_is_IA_web.pdf, accessed 6 February 2018.

Japanese Environment Agency, 1999, *Environmental impact assessment for international cooperation: furthering the understanding of environment impact assessment systems for experts engaged in international cooperation activities*, Japan, Overseas Environmental Cooperation Centre.

Sands, P, J Peel, A Fabra & R Mackenzie, 2012, *Principles of international law*, Cambridge, Cambridge University Press.

Stuart, B & D McGillirray, 2008, *Environmental law*, 7th edition, Oxford, Oxford University Press.

Tamasang, CF, 2008, Sustainable development: some reflections with regards to constitutional dispensation in Cameroon, 2 *African Law Review*.

Wood, C, 2002, *Environmental impact assessment: a comparative review*, 2nd edition, Harlow, Prentice Hall.

CHAPITRE 12 :
LA REGLEMENTATION DES ÉTABLISSEMENTS CLASSÉS AU CAMEROUN ET LA PROTECTION DE L'ENVIRONNEMENT

Paule Jessie NANFAH

1 Introduction

Les préoccupations environnementales ont fait l'objet d'une réelle prise en compte par le droit positif camerounais dans les années 1990,[1] dans la dynamique de grandes rencontres internationales sur le sujet, inaugurées par la Conférence des Nations unies à Rio sur l'environnement et le développement en 1992.

> [L']introduction fort significative des préoccupations environnementales dans un corpus institutionnel et normatif qui, jusque-là, en avait été sevré, traduit l'intérêt que les pouvoirs publics camerounais ont voulu marqué à la protection de l'environnement dans ce pays à la fin du XXe siècle.[2]

Cette mobilisation nationale en faveur de la protection de l'environnement, soutenue par les efforts internationaux en la matière, ne s'est pas démentie avec le temps. Avec l'«insertion des dispositions à vocation environnementale dans la Constitution nationale»[3], l'adoption d'une loi-cadre relative à la gestion de l'environnement, de nombreuses lois sectorielles, d'un plan national pour la gestion de l'environnement, ainsi que l'adoption de tous les textes juridiques qui ont suivi en cette matière, « l'ordre juridique camerounais s'est…enrichi d'un important arsenal en matière de protection de l'environnement ».[4]

Par ailleurs, on a pu constater que[5]

> la dynamique environnementaliste, qui préconise un nouvel art de vivre à travers les notions de gestion écologiquement rationnelle et de développement durable, s'accroît. Il ne peut en être autrement car l'Homme, par ses œuvres, sape inconsciemment ou non, avec une puissance redoutable son propre climat, et risque de se placer dans une situation irréversible d'autodestruction.

---

1   Andela (2009:422).
2   (ibid.).
3   (ibid.).
4   Foumena (2017:308).
5   (ibid.:306).

Dans le même sens, en tenant compte de l'impact des activités humaines sur l'environnement, et en évoquant de ce fait le lien entre environnement et développement, on peut convenir que, « s'il est vrai que le développement excessif est préjudiciable à l'environnement, il est vrai aussi qu'un environnement pollué est un obstacle au développement ».[6]

De ce point de vue, on peut noter que le Cameroun, concerné par la problématique du développement, s'est engagé dans un processus de relance de son industrialisation. Dans ce sens, il a élaboré et s'efforce de mettre en œuvre des politiques et stratégies pour accélérer ce processus.

Pour atteindre ce résultat, le gouvernement camerounais,[7]

> convaincu du rôle moteur des infrastructures dans la facilitation des échanges et la promotion d'une croissance forte et durable..., entend investir massivement dans les infrastructures...tout en mettant l'accent sur la modernisation de l'appareil de production.

De telles perspectives supposent l'existence d'un tissu industriel structuré et performant, et donc, un accroissement du nombre d'entreprises susceptibles de figurer dans la catégorie des établissements classés en raison des dangers que présentent leurs activités.

L'arrêté du 1er octobre 1937 fixant les règles à appliquer en matière d'hygiène et de salubrité publique, semble être le premier élément à prendre en compte pour l'identification d'une réglementation des établissements classés au Cameroun, même si son apparition n'était que l'expression du[8]

> souci de la puissance coloniale de transporter ou d'étendre sur les territoires d'outre-mer dont elle assure l'administration, certains textes touchant notamment à l'hygiène et à la salubrité publique.

À partir d'une jurisprudence relative aux troubles de voisinage, notamment dans les litiges impliquant des entreprises ou des industries, le juge camerounais a contribué à dessiner les premiers contours de cette réglementation.[9] Ces premiers indices de l'existence d'une réglementation sur les établissements dangereux, insalubres ou incommodes seront suivis par des textes plus récents comme la loi n° 96/12 du 5 août 1996 portant loi-cadre relative la gestion de l'environnement et la loi n° 98/015 du 14 juillet 1998 relative aux établissements classés dangereux, insalubres ou incommodes.

---

6   Treves (1998:348).
7   Document de stratégie pour la croissance et l'emploi. Cadre de référence de l'action gouvernementale pour la période 2010-2020, août 2009, 14-18. Voir également, Ministère de l'economie, de la planification et de l'aménagement du territoire (2009:9).
8   Kamto (1992).
9   (ibid.).

Si chacun de ces textes législatifs propose une définition des établissements classés qui n'est pas tout à fait la même, la loi du 14 juillet 1998 présente l'avantage principal d'être plus précise dans sa définition que la loi-cadre. En effet, alors que cette dernière se contente de donner un aperçu général de ce qu'elle entend par établissements classés, la première formule sa définition avec une énumération assez détaillée de ce qu'il faut identifier comme établissements classés, ainsi que des intérêts qu'elle entend protéger.

Il en ressort que sont considérés comme des établissements classés dangereux, insalubres ou incommodes :[10]

> les usines, les ateliers, les dépôts, les chantiers, les carrières, et de manière générale, les installations industrielles, artisanales ou commerciales exploitées ou détenues par toute personne physique ou morale, publique ou privée, et qui présentent ou peuvent présenter soit des dangers pour la santé, la sécurité, la salubrité publique, l'agriculture, la nature et l'environnement en général, soit des inconvénients pour la commodité du voisinage.

La nature des entreprises concernées suggère que le secteur économique est visé et que le contenu de cette réglementation peut avoir des incidences sur les perspectives de développement du Cameroun.

Dans la vision programmée du Cameroun, il apparaît clairement que le développement de l'industrie, manufacturière notamment, joue un rôle clé pour son émergence économique.

De ce fait, on peut craindre une augmentation des pollutions, des nuisances et autres dangers pour la sécurité et la salubrité publique, la santé, et l'environnement. Ainsi qu'on a déjà pu le remarquer, au Cameroun[11]

> l'accroissement et la densification du tissu industriel ont engendré une augmentation considérable des risques d'accidents et autres désagréments .... La nécessité de prévenir ces risques a pris de l'ampleur ces derniers temps, au regard du nombre d'accidents et des nuisances survenues tant au niveau des installations classées publiques ou privées.

Si les risques sont actuels et réels, il convient de relever que les établissements classés font l'objet d'un encadrement juridique. On peut considérer qu'il s'agit d'un aspect positif sur lequel le processus de développement économique du Cameroun peut utilement s'appuyer pour prendre son essor, même si son contenu interroge, notamment en ce qui concerne son efficacité, au regard de la diversité des intérêts à protéger.

Dans un monde dominé par le système capitaliste qui recherche avant tout l'efficacité économique,[12]

---

10 Article 2, du loi du 14 juillet 1998 relative aux établissements classés dangereux, insalubres ou incommodes.
11 Ministère des mines, de l'industrie et du développement technologique (2016:3).
12 Hugon (2005:113).

l'environnement pose avec acuité, les questions de la viabilité du modèle de développement des pays industrialisés et de leur généralisation à l'échelle mondiale et celle de la compatibilité entre la pauvreté des pays en développement et la priorité donnée à l'environnement.

Le Cameroun étant concerné par ces enjeux, il a semblé important de s'intéresser, à la réglementation des établissements classés dans ce pays au regard de ses effets sur la protection de l'environnement, la question de savoir dans quelle mesure cette réglementation prend en compte et contribue à la protection de l'environnement. C'est à partir de deux piliers, le contrôle des pollutions et des nuisances (2) et la prévention des risques (3), sur lesquels semble reposée la réglementation des établissements classés, qu'un début de réponse peut être amorcé.

2 Le contrôle des activités polluantes et dangereuses

Le contrôle des activités polluantes et dangereuses est à la base de la réglementation des établissements classés. En effet, cette réglementation a pour but d'organiser l'exercice de l'activité industrielle, commerciale, agricole et artisanale tout en garantissant la protection d'un certain nombre d'intérêts.

2.1 Les intérêts protégés

L'une des caractéristiques de la réglementation des établissements classés est la diversité des intérêts pris en compte. Ces intérêts, énumérés à l'article 2 de la loi relative aux établissements classés,[13] concernent la santé, la sécurité et la salubrité publique, l'agriculture, la nature, l'environnement et la commodité du voisinage. Il s'agit d'une délimitation qui révèle le souci du législateur de garantir l'ordre public, de protéger le cadre de vie des populations, tout en réaffirmant le droit à un environnement sain consacré par la Constitution.[14]

En incluant la salubrité et la sécurité publiques au rang des intérêts qu'elle protège, la loi relative aux établissements classés s'inscrit dans la perspective de l'exercice de la police administrative qui a pour objet le maintien de l'ordre public, par les autorités publiques compétentes. Dans ce cadre il s'agit d'une police spéciale,[15] dans la mesure où cette loi s'applique à une catégorie particulière de bâti-

---

13 Loi n° 98/015 du 14 juillet 1998 relative aux établissements classés dangereux, insalubres ou incommodes.

14 Loi n° 96/06 du 18 janvier 1996 portant révision de la Constitution du 2 juin 1972, modifiée et complétée par la loi n° 2008/01 du 14 avril 2008.

15 La réglementation sur les installations classées pour la protection de l'environnement est considérée comme une police spéciale en France et rien ne permet de supposer qu'il n'en est

ments, en l'occurrence les établissements classés que sont les usines, les ateliers, les dépôts, les chantiers, les carrières et, de manière générale, les installations industrielles, artisanales ou commerciales qui présentent ou peuvent présenter des dangers pour les intérêts que ladite loi protège.

Ainsi, il apparaît que la protection des différentes composantes de l'environnement contre les nuisances et les risques liés aux activités humaines participent du maintien de l'ordre public. À cet égard, on a pu affirmer que[16]

> l'existence de nombreuses polices spéciales en matière d'environnement souligne avec force la multiplicité des intérêts publics qui s'attachent à sa protection et la variété des facettes de... [l]'ordre public environnemental.

Il convient par ailleurs de souligner qu'en raison du caractère contingent et évolutif attaché à l'ordre public, on a noté que « l'objectif de salubrité a donné une acception plus large : celle de la sécurité sanitaire liant santé et protection de l'environnement ».[17]

Au Cameroun, on peut identifier cette dynamique en se référant à l'article 1 de la loi relative aux établissements classés qui dispose que « la présente loi régit, dans le respect des principes de gestion de l'environnement et de protection de la santé publique, les établissements classés dangereux, insalubres ou incommodes. » Cette affirmation fait clairement apparaître l'importance accordée à l'environnement et à la santé dans cette réglementation et paraît en constituer le pilier. Le souci ici étant de protéger les populations et l'environnement contre les nuisances causées par les activités des entreprises.

De fait, il apparaît que la protection de l'environnement, et donc le droit y relatif, sont au cœur de la réglementation des établissements classés et cette unité se cristallise autour de la notion du cadre de vie. Bien que les textes juridiques camerounais relatifs aux établissements classés ne mentionnent pas de manière expresse le cadre de vie, rien a priori n'interdit de penser que cette réglementation vise à offrir aux populations un cadre de vie d'une certaine qualité, notamment lorsqu'on met cette finalité en lien avec le droit à un environnement sain que la Constitution garantit à chaque individu et l'exigence qui est faite aux établissements classés de prendre en compte et de respecter, dans la conduite de leurs activités, la commodité du voisi-

---

pas de même au Cameroun étant donné que les règles juridiques de ce pays en la matière, remplissent les conditions qui permettent d'identifier une police spéciale : une police administrative qui s'applique à certaines catégories d'administrés, à certaines activités, et/ou à certains bâtiments. Elle est définie par des textes spécifiques aux dispositions plus précises que celle de la police administrative générale ; en outre, les autorités compétentes sont différentes de celle de la police administrative générale. Voir Morand-Deviller (2005:576).

16 Sauvé (2017:6).
17 Morand-Deviller (2005:564).

nage. L'idée étant de limiter les inconvénients résultant de ces activités au strict minimum pour les riverains et donc, d'éviter les conflits de voisinage.

Ces conflits peuvent naître des perturbations[18] résultant du voisinage, d'une proximité plus ou moins directe, avec l'entreprise, l'établissement classé qui en est la source. Le trouble qui en résulte[19], lorsque son anormalité est établie, est susceptible d'engager la responsabilité civile de son auteur, sans qu'il soit nécessaire de prouver sa faute. Cependant, ce régime de responsabilité semble affaibli par l'énoncé de l'article 32 de la loi relative aux établissements classés, notamment en son alinéa 2 qui insiste sur la prise en compte de la faute de la victime dans la réparation du préjudice.

Cela paraît d'autant plus regrettable que le législateur camerounais semble n'avoir abordé la question des troubles de voisinage qu'à partir de l'angle des accidents et sinistres éventuels qui peuvent survenir en raison du mauvais fonctionnement de l'établissement classé en cause. Ce qui semble être en contradiction avec les dispositions qui renvoient aux inconvénients pour la commodité du voisinage, résultant des activités des établissements classés.

2.2 Les activités concernées

Pour que les textes juridiques relatifs aux établissements classés s'appliquent à une activité, il faut que cette activité soit susceptible de porter atteinte aux intérêts protégés par la loi. En effet, la définition des établissements classés précise que les activités concernées doivent présenter des dangers ou des inconvénients pour les intérêts énumérés. Le critère de la nuisance, réelle ou potentielle, étant déterminant dans ce cadre. Mais, comme le souligne Michel Prieur, « le fait de présenter de tels inconvénients, s'il est nécessaire, n'est pas suffisant, il faut de plus que l'activité en question ait fait l'objet d'un classement dans une nomenclature ».[20]

La prise en compte du critère de la nuisance, entendue comme un facteur de trouble et son résultat dommageable,[21] est une manifestation de la volonté de protéger la santé des populations, la salubrité, la sécurité de leur cadre de vie, mais aussi l'environnement et les autres éléments qui entrent dans le champ des intérêts protégés par les règles juridiques sur les établissements classés. De plus, elle révèle la

---

18 Nuisances sonores, olfactives, visuelles, dégradations, pollutions, contamination du cadre de vie, etc.
19 Conceptualisé dans la théorie juridique des troubles anormaux du voisinage, notamment en droit civil. Mais on observe que le domaine d'application de cette théorie se développe avec la multiplication des atteintes à l'environnement.
20 Prieur (2004:490).
21 Cornu (2004:611).

place de la lutte engagée contre les pollutions et les nuisances dans un monde où on observe une industrialisation constante des économies et une urbanisation des modes de vie, et qui est de manière permanente à la recherche d'un équilibre entre les exigences de développement économique, d'innovation technologique, de protection de la santé et préservation du patrimoine naturel et architectural.[22] Elle permet également de reconnaître l'influence des règles de lutte contre les pollutions et les nuisances, et donc des prémisses de la réglementation des établissements classés, sur le développement du droit de l'environnement.[23]

La nomenclature quant à elle, peut être comprise comme la classification méthodique des éléments d'un ensemble,[24] ou de manière plus précise, comme une liste positive des activités présentant des risques potentiels et dès lors soumises à un contrôle. Elle permet de considérer qu'« une installation est dite classée lorsque du fait de ses inconvénients ou dangers, elle a fait l'objet d'une inscription sur une liste appelée nomenclature ».[25] Cette nomenclature étant le reflet de la vision qu'ont ceux qui procèdent à son élaboration sur les installations qui font l'objet d'un classement[26], elle constitue par essence, une donnée appelée à changer afin de s'adapter aux évolutions technologiques et industrielles, du contexte dans lequel la réglementation des installations classées doit être mise en œuvre et du niveau d'efficacité recherché.[27]

Enfin, l'importance de cette nomenclature peut s'apprécier en fonction du régime auquel les installations classées sont soumises : déclaration, ou autorisation, suivant la gravité des dangers ou inconvénients que l'installation est susceptible de provoquer.

Il faut cependant noter qu'à ce jour, contrairement à ce qui a été annoncé par la loi, la nomenclature et donc le classement des établissements n'a pas encore fait l'objet d'un acte réglementaire.[28] Il existe simplement une liste qui répertorie les établissements classés par région et par filière, élaborée par le ministère compétent en la matière.[29] L'absence d'une nomenclature dans ce cadre est de nature à affecter l'effectivité d'une réglementation qui se révèle alors incomplète, malgré les efforts du ministère compétent pour se doter d'une liste qui pourrait constituer un point de départ dans la formalisation de la nomenclature. D'autre part, l'inexistence de la no-

---

22 Sauvé (2016:2).
23 Morand-Deviller (2015).
24 Cornu (2004:602).
25 Prieur (2004:490).
26 Massard-Guilbaud (2011:23-29).
27 Ces développements, qui traduisent les évolutions sont de la matière, sont effectués à partir de la réglementation française des installations classées qui, à ce jour, est l'une des plus aboutie.
28 Article 2 (2) de la loi relative aux établissements classés dangereux, insalubres ou incommodes.
29 Ministère des mines, de l'industrie et du développement technologique (2014).

menclature fait perdre sa consistance, et dans une certaine mesure sa pertinence, à la typologie des établissements classés qui sont répartis par la loi en établissements de première classe et en établissements de deuxième classe, car c'est par l'effet de la nomenclature que le classement des activités polluantes est opéré et que les industriels et autres propriétaires d'établissements classés sont soumis au régime de police administrative.

En conclusion, on peut dire qu'un établissement classé ne peut être reconnu comme tel que si ses activités sont inscrites dans une liste faisant office de nomenclature et si le risque de nuisance, réel ou potentiel, de celles-ci sur les intérêts protégés mentionnés plus haut est avéré. Ce qui confirme la nécessité de l'existence d'une nomenclature afin de mieux organiser, la prévention des risques industriels et environnementaux.

3 La prévention des risques et la sanction des atteintes à l'environnement

La réglementation des établissements classés apparaît comme le cadre légal dont l'objet est de connaître et de prévenir les pollutions, les dangers et les risques que leurs activités génèrent ou sont susceptibles de générer. De manière générale, on regroupe ces risques dans deux catégories : les risques industriels et les risques environnementaux. La violation des règles destinées à limiter, voire à éviter la survenance d'accidents ou de troubles anormaux de voisinage entraîne des sanctions qui peuvent prendre diverses formes.

3.1 La prévention des risques industriels et environnementaux

Entendu comme un évènement accidentel se produisant sur un site industriel mettant en jeu des produits et/ou des procédés dangereux et ayant des conséquences graves pour le personnel, le voisinage et l'environnement, le risque industriel est l'objet de la réglementation des établissements classés. Si d'une manière générale les sites apparaissant comme les plus dangereux sont classés, il ne faut pas en conclure qu'un site qui n'est pas classé ne présente pas de danger.

Quant au risque environnemental, plus difficile à définir, il renvoie à la survenance possible d'incidents ou d'accidents causés par des activités et qui peuvent affecter l'environnement. Il est généralement évalué en tenant compte de la probabilité de survenance d'un évènement et du niveau de danger.

Pour limiter la probabilité de survenance des accidents liés à l'existence des risques industriels et/ou environnementaux, la réglementation sur les établissements classés met à la charge des exploitants l'obligation d'identifier les risques de leurs activités et de proposer des mesures correctives avant de les éliminer ou les réduire.

Dans cette perspective, ils doivent fournir un certain nombre d'études d'incidence[30] et mettre en œuvre des prescriptions techniques formulées par l'Administration compétente en vue de garantir la sécurité du fonctionnement de l'établissement classé.

Les études dites d'incidence sont des études scientifiques imposées par les textes[31] et que les exploitants doivent généralement fournir dans leur dossier de demande d'autorisation. Il s'agit notamment d'une étude d'impact, d'une étude de dangers et du plan d'urgence.

En ce qui concerne l'étude d'impact, l'article 3 du décret n° 99/818/PM du 9 novembre 1999 fixant les modalités d'implantation et d'exploitation des établissements classés dangereux, insalubres ou incommodes, l'identifie comme l'une des pièces du dossier de demande d'autorisation en vue de l'implantation d'un établissement classé. Cette étude d'impact doit être élaborée selon les modalités prévues par la législation et la réglementation en vigueur.[32] L'étude d'impact a pour vocation de décrire toutes les incidences prévisibles de la mise en service de l'établissement classé. Elle a pour finalité d'éclairer la décision de l'autorité compétente pour accorder l'autorisation et d'informer le public s'agissant des conséquences environnementales du fonctionnement du futur établissement.

Si l'étude d'impact et l'étude des dangers[33] ont en commun d'identifier les incidences possibles résultant du fonctionnement de l'établissement classé et bien qu'elles relèvent du principe de prévention et dans une certaine mesure du principe de précaution, « elles se distinguent par la vocation de l'étude d'impact à se saisir des conséquences d'un fonctionnement normal de l'installation et celle de l'étude des dangers à appréhender les accidents sur le site ».[34]

Avec l'étude des dangers, l'exploitant s'inscrit dans une dynamique prospective qui lui permet d'envisager les risques d'accidents internes et externes liés à l'établissement autorisé :[35]

---

30 Deharbe (2007:203).
31 Au Cameroun, par la loi-cadre sur la gestion de l'environnement, la loi relative aux établissements classés, les textes relatifs aux études d'impact et à l'audit environnemental, notamment.
32 Loi n° 96/12 du 5 août 1996 portant loi-cadre relative à la gestion de l'environnement. Décret n° 2013/0171/PM du 14 février 2013 fixant les modalités de réalisation de l'étude d'impact environnemental et social. Décret n° 2013/0172/PM du 14 février 2013 fixant les modalités de réalisation de l'audit environnemental et social. Arrêté n° 00001/MINEPDED du 8 février 2016 fixant les différentes catégories d'opérations dont la réalisation est soumise à une évaluation environnementale stratégique ou à une étude d'impact environnemental et social. Arrêté n° 00002/MINPDED du 8 février 2016 définissant le canevas type des termes de référence et le contenu de la notice d'impact environnemental.
33 Article 3 du décret n° 99/818/PM du 9 novembre 1999 fixant les modalités d'implantation et d'exploitation des établissements classés dangereux, insalubres ou incommodes.
34 Deharbe (2007:205).
35 (ibid.:220).

Consacrée aux conséquences environnementales d'un fonctionnement anormal des activités…, l'étude des dangers a pour objet de rendre compte de l'examen effectué par l'exploitant pour caractériser, analyser, évaluer, prévenir et réduire les risques d'une installation ou d'un groupe d'installations…,que leurs causes soient intrinsèques aux produits utilisés, liées aux procédés mis en œuvre ou dues à la proximité d'autres risques d'origine interne ou externe à l'installation. Elle précise l'ensemble des mesures de maîtrise des risques mises en œuvre à l'intérieur de l'établissement, qui réduisent le risque à l'intérieur et à l'extérieur de l'établissement, à un niveau jugé acceptable par l'exploitant.

L'étude des dangers présente en outre l'avantage de poser les bases pour l'élaboration du plan d'urgence de l'établissement classé. Celui-ci est destiné « à assurer l'alerte des autorités compétentes et des populations avoisinantes en cas de sinistre ou de menace de sinistre, l'évacuation du personnel ainsi que les moyens pour circonscrire les causes du sinistre ».[36] Cette énonciation lapidaire semble indiquer que le contenu du plan d'urgence est laissé à la discrétion de l'exploitant. Il est seulement précisé que ce plan doit être agréé par les Administrations compétentes qui s'assurent périodiquement du bon état et de la fiabilité des matériels prévus pour la mise en œuvre dudit plan.

Il convient également de retenir que l'étude d'impact, l'étude des dangers et le plan d'urgence sont des pièces du dossier exigibles à tous les exploitants qui font une demande en vue soit d'obtenir l'autorisation d'une implantation d'un établissement classé (établissement de première classe), soit pour en faire la déclaration (établissement de deuxième classe). Il en va de même pour ce qui concerne les prescriptions techniques, même si dans les textes relatifs aux établissements classés on fait référence aux prescriptions techniques lorsqu'on parle d'un établissement de première classe et de prescriptions générales ou additionnelles lorsqu'on réfère à un établissement de deuxième classe. Ces prescriptions ont pour objet de sauvegarder les intérêts protégés, bien que les deux textes soient muets sur leur contenu, qu'il appartient à l'Administration de définir. En outre, la possibilité est laissée à l'exploitant d'un établissement de deuxième classe de solliciter du ministre compétent, la suppression ou l'atténuation de certaines prescriptions auxquelles il est soumis.

Les études d'incidence et les prescriptions techniques visent à garantir que l'établissement classé fonctionne de manière à générer le moins de dangers, de risques et donc d'accidents ou de troubles anormaux de voisinage. Ce sont des obligations à la charge des exploitants et pour s'assurer que ces obligations sont respectées et mises en œuvre, des inspections et contrôles sont organisés.

---

36 Article 12 de la loi relative aux établissements classés dangereux, insalubres ou incommodes et articles 3 et 14 du décret n°99/818 PM du 9 novembre 1999 fixant les modalités d'implantation et d'exploitation des établissements classés dangereux, insalubres ou incommodes.

L'inspection et le contrôle des établissements classés renvoient à l'ensemble des opérations menées dans lesdits établissements dans le cadre de la surveillance administrative et technique et visant à prévenir les dangers et les inconvénients de leurs activités.[37] Cette inspection permet d'assurer les missions de police en matière de sécurité des installations, de préservation de la santé et de protection de l'environnement. Conduites par des inspecteurs assermentés, les inspections sont organisées par le décret n° 2014/2379/PM du 20 août 2014 fixant les modalités de coordination des inspections des établissements classés dangereux, insalubres ou incommodes.

Si ce texte a fait œuvre utile en précisant les conditions et les modalités des inspections, le problème du nombre insuffisant d'inspecteurs reste entier, au regard du nombre des établissements classés à évaluer sur l'ensemble du territoire national. Si on peut également se féliciter de la création d'un Comité national des inspections, il faut encore s'assurer de son fonctionnement, et veiller à ce que tous les inspecteurs disposent des compétences qui leur permettront d'effectuer des contrôles efficaces, de prescrire des mesures réellement en mesure de garantir la sécurité industrielle, la commodité du voisinage et la protection de l'environnement.

Les constatations inscrites dans les procès-verbaux et autres rapports à l'issue des missions de contrôle des inspecteurs peuvent donner lieu à des sanctions, notamment lorsque les établissements inspectés ne fonctionnent pas d'une manière conforme à la réglementation et portent atteinte aux intérêts protégés.

3.2 La sanction des atteintes à l'environnement

Le non-respect des règles juridiques relatives à l'autorisation, à la déclaration et / ou au fonctionnement d'un établissement classé, constaté à l'issue d'une inspection et après une mise en demeure de se conformer à la réglementation signifiée à l'exploitant dans les conditions et délais prévus, peut entraîner la responsabilité dudit exploitant et donner lieu à une variété de sanctions.

3.2.1 Les sanctions administratives

La réglementation des établissements classés confère à l'autorité compétente, une fonction de police administrative et met à sa disposition un arsenal de sanctions à l'encontre des exploitants d'établissements classés.

---

37 Article 17, loi relative aux établissements classés dangereux, insalubres ou incommodes.

Les comportements sanctionnés au titre de cette réglementation concernent le non-respect par l'exploitant d'un établissement classé des conditions qui lui sont imposées et le fonctionnement d'un établissement classé sans le titre exigé en vertu de la réglementation. Ainsi, les articles 28 et suivants de la loi relative aux établissements classés prévoient qu'en cas d'inobservation des conditions imposées à l'exploitant, le ministre compétent peut prendre des sanctions administratives. Mais avant, l'inexécution de la réglementation doit être constatée par un inspecteur assermenté dans le cadre d'un contrôle effectué et après une mise en demeure invitant l'exploitant à se conformer à la réglementation en vigueur dans un délai ne pouvant excéder trois mois, ou deux mois lorsqu'on est dans l'hypothèse du fonctionnement d'un établissement classé en l'absence de titre.

Une fois ces conditions remplies, et si l'exploitant n'a pas obéi à la mise en demeure, le ministre en charge des établissements classés[38]

> peut procéder d'office, aux frais de l'exploitant, à l'exécution des mesures prescrites, obliger l'exploitant à consigner entre les mains d'un comptable public une somme correspondant au montant des travaux à réaliser, laquelle sera restituée à l'exploitant au fur et à mesure de l'exécution desdits travaux et le cas échéant, procéder au recouvrement forcé de cette somme, suspendre par arrêté, le fonctionnement de l'établissement jusqu'à exécution des conditions imposées.

Mais une porte de sortie a été aménagée pour l'exploitant à l'effet de lui permettre d'échapper à ces sanctions. En effet, par une saisine de l'autorité compétente, il peut solliciter une transaction. Cette procédure doit être antérieure à toute procédure judiciaire éventuelle et aboutir à la fixation d'un montant à verser par l'exploitant à l'Administration.

À ce stade il convient de souligner, pour le regretter, la faiblesse du contentieux administratif dans ce cadre. En effet, bien qu'il y ait de la matière[39], la relative indifférence du juge administratif camerounais sur les questions environnementales de manière générale, et en particulier en ce qui concerne les établissements classés, interpelle d'autant plus qu'il est susceptible de connaître des questions y afférentes.[40] Les enjeux liés à une plus grande implication du juge administratif camerounais s'agissant de la protection de l'environnement devraient susciter chez celui-ci une plus grande prise de conscience de la[41]

> mesure de la consécration juridique de la notion d'environnement sain dans l'ordre juridique camerounais. Il devrait, comme son homologue judiciaire, s'inviter dans le « combat écologiste ».

---

38   Article 28 de la loi relative aux établissements classés dangereux, insalubres ou incommodes.
39   Tcheuwa (2006:40).
40   Foumena (2017:311).
41   Expression de Dupuy reprise par Maljean-Dubois et cité par Foumena (2017).

Tant la protection de l'environnement par ses soins apparaît d'autant plus indispensable que le risque d'atteinte grave à la sécurité de l'environnement n'est plus une éventualité, la menace étant grandissante et inéluctable[42], notamment lorsqu'on évoque la matière des établissements classés.

3.2.2 La responsabilité civile et pénale de l'exploitant

En raison des préjudices causés par les activités de son établissement classé, l'exploitant peut voir sa responsabilité civile engagée sur la base des articles 1382 et suivants du Code civil, même s'il dispose d'un titre autorisant son établissement à fonctionner et qu'il respecte les conditions qui lui sont imposées. Et dans l'hypothèse du mauvais fonctionnement de l'établissement classé, la faute de l'exploitant n'aura pas besoin d'être prouvée.[43] En principe, la responsabilité de l'établissement classé est engagée dès qu'il est établi que sa présence et son fonctionnement affectent gravement le voisinage.

Dans ce cadre, il convient de signaler qu'en ce qui concerne le contentieux relatif aux établissements classés, le juge camerounais a davantage été saisi des litiges concernant les troubles de voisinage. À cet égard, Kamto a indiqué que, bien que[44]

> la notion de 'trouble de voisinage' paraît étrangère à notre culture sociale, elle est en pratique reçue par la jurisprudence camerounaise qui admet « la responsabilité du propriétaire dans tous les cas où il cause à des voisins des inconvénients résultant du voisinage ». Il en est ainsi, notamment d'usine ou d'industrie répandant des odeurs malsaines, des émanations putrides ou des fumées délétères... ;[45]
>
> d'une société des travaux publics dont les activités entraînent la stagnation des eaux de pluie à l'entrée de la concession d'un particulier... ;[46]
>
> d'un propriétaire qui, par des travaux d'aménagement effectués sur son propre terrain, cause un 'trouble de fait' à son voisin, c'est-à-dire une 'agression matérielle contre la possession', en l'occurrence un déséquilibre de niveau entre les deux fonds résultants des travaux de terrassement et entraînant un éboulement... ;[47]
>
> de deux entreprises industrielles qui, en orientant exclusivement vers la propriété d'un voisin toutes les eaux recueillies sur leurs terrains, accroissent le volume initial des eaux et leur nocivité, « ce qui a pour conséquence regrettable une érosion considérable »... ;[48]
>
> d'une entreprise dont les activités produisent un bruit insupportable pour les voisins ....[49]

---

42 (ibid.).
43 Article 32 de la loi relative aux établissements classés dangereux, insalubres ou incommodes.
44 Kamto (1992).
45 Cour d'Appel de Yaoundé, 16 août 1975, Société Paterson Zochonis cl Atangana Protais.
46 Tribunal de Grande Instance de Yaoundé, 12 octobre 1983, Nkouedjin Yotnda cl Société EXARCOS.
47 C.A. de Yaoundé, 3 juin 1987, Nguema Mbo Samuel cl Anoukaha François.
48 TGI de Douala, 3 octobre 1983, Dimite Thomas c/CICAM et GUINNESS – CAMEROUN.

Quant à la responsabilité pénale, elle vient en soutien des sanctions administratives lorsqu'elles ne suffisent pas à obtenir de l'exploitant qu'il respecte ses obligations. Mais il semble que le contentieux pénal relatif aux établissements classés, de même d'ailleurs que le contentieux civil, se caractérise encore par une grande pauvreté, le juge camerounais n'ayant apparemment pas encore eu l'occasion de se prononcer à ce sujet. Pourtant,[50]

> l'organisation de la gestion de l'environnement en République du Cameroun représente une terre fertile pour l'action en justice, soit devant le juge judiciaire (civil et pénal) soit devant le juge administratif suite à un excès de pouvoir résultant de l'action de l'administration chargée de l'environnement. Le juge pénal tout particulièrement voit son domaine considérablement précisé et clarifié par la loi du 5 août 1996, nonobstant quelques renvois généraux au Code pénal. En effet cette loi est revenue très largement sur les infractions, crimes et autres délits non seulement en prévoyant leur nature, mais aussi en fixant le montant des amendes et des peines d'emprisonnement encourues,

et la loi relative aux établissements classés est venue renforcer ces dispositions pénales et ouvrir un nouveau champ d'action au juge pénal.

4 Conclusion

En guise de conclusion, il apparaît que la réglementation des établissements classés est une pièce importante de l'architecture juridique de protection de l'environnement et de la santé des hommes au Cameroun. Au regard des intérêts qu'elle protège, elle se situe au cœur du dispositif juridique de lutte contre les pollutions et les nuisances. Cette réglementation repose sur la préservation des intérêts qu'elle énonce à partir de deux grands principes, la nécessité d'informer les pouvoirs publics avant l'implantation de l'établissement classé par le moyen d'une demande d'autorisation ou de déclaration, et l'obligation de respecter les prescriptions techniques formulées par l'Administration compétente, ces prescriptions visant à assurer une meilleure protection de l'environnement.

Si on peut se féliciter de l'existence de cette réglementation qui apparaît néanmoins être assez sommaire, on peut regretter qu'une nomenclature n'ait pas encore été élaborée et ne permette pas d'avoir une pleine visibilité sur ce qu'est un établissement classé au Cameroun. La liste utilisée par le ministère en charge des établissements classés est un bon point de départ, mais pour produire tous ses effets juridiques, il faudrait encore qu'elle soit formulée dans les conditions prévues par la

---

49 Ordonnance de référé du 10 juin 1985.
50 Tcheuwa (2006:41).

loi.[51] Bien que son effectivité en soit atténuée, cette réglementation constitue une opportunité pour la prévention des risques et la sanction des atteintes à l'environnement. Mais il faut bien admettre que le contentieux environnemental, et donc des établissements classés, reste limité.[52]

À cet égard, le rôle du juge, tant judiciaire qu'administratif apparaît déterminant pour faire progresser la jurisprudence en faisant face au défi environnemental que peuvent suggérer les litiges dont il est saisi, en particulier celles qui résultent de l'activité des établissements classés. Du point de vue jurisprudentiel, cette matière paraît être un champ vierge que le juge camerounais tarde à investir, malgré toutes les promesses qu'il suppose s'agissant de la réaffirmation du droit de l'homme à vivre dans un environnement sain consacré par la Constitution.

Bibliographie indicative

Andela, JJ, 2009, Les implications juridiques du mouvement constitutionnel du 18 janvier 1996 en matière d'environnement au Cameroun, 4 *Revue Juridique de l'Environnement*, 421.

Cornu, G, 2004, *Vocabulaire juridique*, 2e edition, Paris, PUF.

Deharbe, D, 2007, *Les installations classées pour la protection de l'environnement*, Paris, Litec.

Foumena, GT, 2017, Le juge administratif, protecteur de l'environnement au Cameroun ?, 2 *Revue de Droit International et de Droit Comparé*, 303.

Hugon, P, 2005, Environnement et développement économique : les enjeux posés par le développement durable, 60 (4) *Revue Internationale et Stratégique*, 113.

Kamto, M, 1992, Rapport introductif. Droit et politiques publiques de l'environnement au Cameroun, Yaoundé, CERDIE.

Massard-Guilbaud, G, 2011, L'élaboration de la nomenclature des établissements classés au XIXe siècle, ou la pollution définie par l'État, 62 (2) *Annales des Mines - Responsabilité et environnement*, 23.

Ministère de l'economie, de la planification et de l'aménagement du territoire, 2009, *Cameroun Vision 2035*, Yaoundé, Ministère de l'economie, de la planification et de l'aménagement du territoire.

Ministère des mines, de l'industrie et du développement technologique, 2016, *Guide d'inspection des établissements classés au Cameroun*, Yaoundé, Ministère des mines, de l'industrie et du développement technologique.

Morand-Deviller, J, 2005, *Cours de droit administratif*, 9e edition, Paris, Montchrestien.

Morand-Deviller, J, 2015, *Le droit de l'environnement*, Paris, PUF.

Prieur, M, 2004, *Droit de l'environnement*, Paris, Dalloz.

---

51   Article 2 (2) de la loi relative aux établissements classés dangereux, insalubres ou incommodes.
52   Tcheuwa (2006:42).

Sauvé, JM, 2017, *L'ordre public. Regards croisés du Conseil d'État et de la Cour de cassation, L'ordre public. Regards croisés du Conseil d'État et de la Cour de cassation.*

Tcheuwa, JC, 2006, Les préoccupations environnementales en droit positif camerounais, 1 *Revue Juridique de l'Environnement*, 21.

Treves, T, 1998, Le rôle du droit international de l'environnement dans l'élaboration du droit interne de l'environnement : quelques réflexions, dans : Kiss, MA, *Les hommes et l'environnement*, Paris, éd. Frison-Roche.

CHAPITRE 13 :
DROIT ET POLITIQUE DE GESTION DES CATASTROPHES ET RISQUES AU CAMEROUN

Emmanuel D. KAM YOGO

1   Introduction

Situé dans le bassin du Congo et au centre du golfe de Guinée, le Cameroun est exposé à une variété de catastrophes. La Fédération internationale de la croix rouge a développé une loi type en partenariat avec d'autres institutions internationales[1] qui définit la catastrophe comme :[2]

> Toute perturbation grave du fonctionnement de la société, constituant une menace réelle et généralisée à la vie, à la santé, aux biens ou à l'environnement, que la cause en soit un accident, un phénomène naturel ou une activité humaine, et qu'il s'agisse d'un événement soudain ou du résultat de processus de longue durée, à l'exclusion des conflits armés.

Les catastrophes auxquelles le Cameroun est exposé sont, entre autres, les inondations, les tremblements de terre et secousses séismiques, les gaz mortels d'origine lacustre, les éruptions volcaniques, les avalanches rocheuses, les glissements de terrain, les feux de brousse et les sécheresses. Ces catastrophes comportent un certain nombre de dangers éventuels, plus ou moins prévisibles, considérés comme des risques. La protection civile indique que le Cameroun est menacé par des risques écologique, technologique, sanitaire, sismique, d'inondation et de mouvement de masse.[3]

Pour permettre au Cameroun de mieux s'organiser face aux catastrophes, la loi-cadre sur la gestion de l'environnement prescrit l'établissement[4]

> [d']une carte nationale et des plans de surveillance des zones à haut risque de catastrophes naturelles, notamment les zones à activité sismique ou volcanique, les zones inondables, les zones

---

1   Notamment le Bureau des Nations unies pour la coordination des affaires humanitaires (OCHA) et l'Union interparlementaire (UIP) et l'Organisation mondiale des douanes (OMD).

2   Voir l'article 3 de la loi type relative à la facilitation et à la réglementation des opérations internationales de secours et d'assistance au relèvement initial en cas de catastrophe.

3   Voir la typologie des risques présentée par le ministère de l'administration territoriale et de la décentralisation : http://minatd.cm/dpc/index.php, consulté le 3 mars 2017.

4   Voir l'article 70 de la loi n° 96/12 du 5 août 1996 portant loi-cadre sur la gestion de l'environnement.

à risque d'éboulement, les zones à risque de pollution marine et atmosphérique, les zones de sécheresse et de désertification, ainsi que les zones d'éruption magmato-phréatique.

Par ailleurs, la prévention des risques doit obéir aux principes consacrés[5] en matière de protection de l'environnement tels que le principe de prévention, le principe de précaution, le principe de responsabilité, le principe de subsidiarité, le principe de participation et le principe pollueur-payeur.[6]

La gestion des catastrophes et risques implique la prévision et la prévention de ceux-ci, ainsi que la préparation et l'organisation des interventions sur le terrain et la réhabilitation des sites touchés. Aucune loi ne peut interdire la survenance d'une catastrophe, surtout naturelle. La première catastrophe naturelle de l'humanité, le déluge dont Noé fut le principal rescapé,[7] fut une décision punitive divine contre la race humaine. Le début et la fin de cette catastrophe furent décidés par Dieu, ainsi que le moyen de sauvetage qui fut l'arche et les rescapés. Aucun humain n'y put rien. La vidéo du président américain Donald Trump appelant à la prière devant les ouragans en septembre 2017 aux États-Unis illustre largement cette impuissance de l'humain devant les catastrophes naturelles. Les effets des catastrophes naturelles ont toujours été au-dessus des capacités de résistance de l'être humain, d'où la nécessité d'organiser en permanence la gestion de ces phénomènes.

La gestion des catastrophes et risques au Cameroun s'opère dans un cadre normatif, institutionnel et politique en pleine évolution et bénéficie de l'appui de la coopération internationale aussi bien au niveau régional qu'au niveau universel.

2 L'évolution du cadre institutionnel, normatif et politique de la gestion des catastrophes et risques au Cameroun

Après la survenance de la catastrophe du lac Nyos en août 1986[8] le Cameroun s'est progressivement doté d'un cadre institutionnel, normatif et politique qui a connu une évolution cohérente depuis les années 80 jusqu'à nos jours.

2.1 L'évolution des institutions de gestion des catastrophes et risques

Depuis presque deux décennies, le Cameroun a entrepris de renforcer son cadre institutionnel de gestion des catastrophes et risques afin de réduire leurs effets directs et

---

5   Voir l'article 71 de la loi n° 96/12.
6   Voir l'article 9 de la loi n° 96/12.
7   Voir la Bible dans Genèse 7, versets 1-21.
8   Ministère de l'administration territoriale et décentralisation (2006:24).

indirects sur son territoire. Ce renforcement institutionnel s'est manifesté par la création des structures appropriées.

2.1.1 La direction de la protection civile du Ministère de l'administration territoriale et de la décentralisation

La protection civile est une mission régalienne de l'État à vocation interministérielle et transversale qui incombe au Président de la République, qui en définit la politique générale.[9] Cette mission régalienne « consiste à assurer en permanence la protection des personnes, des biens et de l'environnement contre les risques d'accidents graves, de calamités ou de catastrophes, ainsi que contre les effets de ces sinistres »,[10] ce qui implique des mesures de prévention, de protection et d'organisation des secours. La protection civile interpelle l'intervention de plusieurs acteurs tels que les collectivités territoriales décentralisées, le système des Nations unies, les organisations intergouvernementales, les agences de développement, les organisations non gouvernementales et les populations. La structure administrative chargée de la protection civile a évolué au fil des années, passant d'un simple service à une cellule, puis d'une cellule à une direction.[11] C'est au cours des années 90 que la direction de la protection civile a effectivement vu le jour à la faveur d'une nouvelle organisation du Ministère de l'administration territoriale.[12] Quelques années plus tard, en 2004 précisément, à l'occasion d'une nouvelle organisation du gouvernement, la protection civile était devenue un des trois axes stratégiques de l'action du Ministère de l'administration territoriale et de la décentralisation, les deux autres étant l'administration du territoire et la décentralisation.[13] En 2011, toujours à l'occasion d'une nouvelle organisation du gouvernement, la protection civile est consacrée comme un des domaines de compétences du Ministère de l'administration territoriale.[14] La direction de la protection civile qui figure parmi les structures techniques de ce ministère est chargée :

- de l'organisation générale de la protection civile sur l'ensemble du territoire national ;
- des études sur les mesures de protection civile en temps de guerre comme en temps de paix ;
- des relations avec les organismes nationaux et internationaux de protection civile ;

---

9   Voir l'article 2 de la loi n° 86/016 du 6 décembre 1986.
10   Voir l'article 1 de la loi n° 85/016 du 6 décembre 1986.
11   Sur cette évolution, voir le rapport sur l'état de la protection civile au Cameroun 2006, 85.
12   Voir le décret n° 98/147 du 17 juillet 1998 portant organisation de ce ministère.
13   Voir le décret n° 2004/320 du 8 décembre 2004 portant organisation du gouvernement.
14   Voir le décret n° 2011/408 du 9 décembre 2011 portant organisation du gouvernement.

- de la préparation des stages de formation du personnel de la protection civile en liaison avec la sous-direction des ressources humaines ;
- de l'examen des requêtes en indemnisation et aides financières des personnes victimes de calamités ;
- du contrôle de l'utilisation des aides ;
- de la coordination des moyens mis en œuvre pour la protection civile, notamment les secours, le sauvetage, la logistique, l'utilisation des forces supplétives et auxiliaires ;
- des transferts des corps ; et
- du suivi et de la gestion des aides.

L'organigramme du Ministère de l'administration du territoire et de la décentralisation indique que la direction de la protection civile comprend une cellule des études et de la prévention et une sous-direction de la coordination et des interventions.[15]

2.1.2   Le Corps national des sapeurs-pompiers

Le Corps national des sapeurs-pompiers (CNSP) est une formation militaire interarmées spécifique de protection civile.[16] Il est placé sous l'autorité directe du ministre chargé de la défense et mis pour emploi à la disposition du ministre chargé de l'administration territoriale et de la décentralisation.[17] En outre, le CNSP peut agir au profit des autres départements ministériels dans le cadre des missions qui lui sont dévolues. Les formations en unités du CNSP sont placées sous réquisition permanente et peuvent agir auprès des autorités administratives et des collectivités territoriales décentralisées pour les missions suivantes :
- la lutte contre les calamités et leurs séquelles ;
- les secours aux personnes et aux biens en péril ;
- la participation à la gestion des catastrophes ;
- la participation aux études et aux actions préventives intéressant son domaine de compétence.

En période de crise, le CNSP peut être placé dans sa spécificité, par décret du Président de la République, sous le commandement du chef d'état-major général des armées. Dans ce cas, il reçoit ses missions de l'autorité militaire compétente. Le CNSP

---

15   Voir le décret n° 2005/104 du 13 avril 2005 portant organisation du ministère de l'administration territoriale et de la décentralisation.
16   Voir l'article 1er du décret n° 2001/184 du 25 juillet 2001 portant réorganisation du corps national des sapeurs-pompiers.
17   (ibid.).

est dirigé par un commandant, officier supérieur nommé par décret du Président de la République. Le commandant est alors chargé de la conduite des activités spécifiques du corps, de la conception générale de l'action et de la permanence des services, de la mise sur pied, de la préparation, de l'instruction et du maintien en condition des unités de sapeurs-pompiers. Ainsi, à ce titre, sous l'autorité du ministre de la défense, participe-t-il entre autres, à la conception et à la mise en place des plans d'urgence pour faire face aux catastrophes et aux accidents graves. Le CNSP comprend : l'État-major, le centre national d'instruction et des formations et unités territoriales.

2.1.3   Les organes et mécanismes de supervision et de coordination

Ils sont de plusieurs ordres et on peut citer, entre autres, le Conseil national de protection civile, l'observatoire national des risques, la plate-forme nationale pour la réduction des risques de catastrophes, la commission d'analyse des risques de construction et la commission d'agrément des plans d'urgence.

2.1.3.1   Le Conseil national de protection civile

Le Conseil national de protection civile (CNPC) est un organisme consultatif auprès du Président de la République en matière de protection civile. Il a été créé en 1986[18] et organisé en 1996[19] et regroupe l'essentiel des hauts responsables gouvernementaux du secteur sous les auspices du Secrétaire général de la Présidence de la République. Présidé par le secrétaire général de la Présidence de la République ou par son représentant en tant que de besoin, le Conseil comprend les membres ci-après :[20]

- le secrétaire général des services du Premier ministre ;
- le ministre chargé de l'administration territoriale et de la décentralisation ou son représentant ;
- le ministre chargé de la défense ou son représentant ;
- le ministre chargé de la santé publique ou son représentant ;
- le ministre chargé des relations extérieures ou son représentant ;
- le ministre chargé des finances ou son représentant ;
- le ministre chargé de la justice ou son représentant ;
- le ministre chargé de la communication ou son représentant ;

---

18   Voir l'article 3 de la loi n° 86/016 du 6 décembre 1986.
19   Voir le décret n° 96/054 du 12 mars 1996 qui fixe la composition et les attributions du Conseil national de la protection civile.
20   Article 3 du décret n° 96/054.

- le ministre chargé des transports ou son représentant ;
- le ministre chargé des affaires sociales ou son représentant ;
- le ministre chargé de l'environnement, de la protection de la nature et du développement durable ou son représentant ;
- le secrétaire d'État à la sécurité intérieure ou son représentant ;
- le directeur général de la recherche extérieure ou son représentant ; et
- le président national de la croix-rouge camerounaise ou son représentant.

Le CNPC est chargé de la mise en œuvre de la politique générale de protection civile, en temps normal comme en période de crise, telle que définie par le Président de la République, et peut faire toute suggestion utile en la matière.[21] Aussi, pour l'accomplissement de ses missions, le Conseil procède, notamment, tout d'abord à une évaluation nationale détaillée des risques de catastrophes naturelles et technologiques, d'accidents graves et de calamités, ensuite à la mise à jour permanente d'un inventaire de fournitures, de matériels, de moyens et de personnels pouvant être mobilisés en cas de situation d'urgence et enfin, aux études générales sur les mesures de protection civile en temps de paix comme en temps de guerre. En outre, il propose au Président de la République des mesures de prévention appropriées. Bien plus, il coordonne les moyens mis en œuvre pour la protection civile, notamment les secours, le sauvetage, la logistique et l'utilisation des forces supplétives et des corps auxiliaires. Le Conseil arrête, après approbation du Président de la République, un plan national d'intervention et d'organisation des secours.[22]

En cas de crise, de calamité ou de catastrophes déclarées, le CNPC se réunit de plein droit et s'érige en cellule de crise en vue de la coordination au niveau national des activités des organismes de protection civile. Toutefois il siège au moins une fois l'an sur convocation de son président. En effet, pour l'exécution de ses missions, le CNPC est assisté par un comité technique permanent qui en est l'organe exécutif, par des comités techniques régionaux et par des comités techniques départementaux. Ses ressources proviennent notamment du budget de l'État, des interventions ponctuelles de ce dernier ainsi que des dons et legs.

2.1.3.2 L'Observatoire national des risques

Il constitue l'une des structures de concertation et de coordination entre les différentes administrations concernées, les organismes publics ou privés, nationaux et internationaux impliqués dans la gestion préventive des risques et ayant été mises en

---

21 Article 4 du décret n° 96/054.
22 Article 6 du décret n° 96/054.

place pour faciliter le développement et l'efficacité des mesures de protection civile sur l'étendue du territoire national. À cet effet, il représente un mécanisme de veille sécuritaire mis en place par arrêté du Premier ministre.[23] Sa mission consiste à collecter, analyser, stocker et diffuser les informations sur les risques naturels, technologiques, industriels et anthropiques. À ce titre, il veille notamment à :

- la mise en place à l'échelle nationale, d'un dispositif d'observation des sites et autres installations à risque, assorti d'un système fiable de collecte et de transmission des données et informations sur les risques ; et
- la publication d'un bulletin conjoncturel des risques et à la mise en œuvre de toute autre action de sensibilisation et d'information préventive sur les risques.

L'Observatoire est placé sous l'autorité du ministre chargé de l'administration territoriale et de la décentralisation. Sa structuration comprend une coordination, des correspondants et un secrétaire permanent. Le coordonnateur est le secrétaire général du MINATD, les membres sont désignés par les administrations et organismes auxquels ils appartiennent. La coordination se réunit en tant que de besoin au moins une fois par trimestre.

Les points focaux se recrutent aussi bien au niveau des autres administrations que dans les services de l'État dans chaque région.

2.1.3.3   La Plate-forme nationale pour la réduction des risques de catastrophes

La plate-forme nationale pour la réduction des risques de catastrophes quant à elle est un cadre permanent de concertation et de collaboration entre l'ensemble des partenaires nationaux et internationaux de la protection civile créée par le ministre de l'administration territoriale et de la décentralisation.[24] Cette plateforme visait la mise en œuvre du cadre d'action de Hyogo 2005-2015 qui préconisait l'intégration des préoccupations de protection civile dans tous les plans et programmes de développement afin que les nations et communautés soient plus résilientes face aux catastrophes.

---

23   Cet arrêté n° 037/PM a été signé le 19 mars 2003 portant création, organisation et fonctionnement d'un Observatoire national des risques.
24   Voir l'arrêté n° 0120/A/MINATD/DPC/CEP/CEA2 du 17 septembre 2010.

2.1.3.4 La Commission d'analyse des risques de construction

Cette commission fonctionne au sein du Ministère des travaux publics et regroupe les principaux intervenants de la chaîne de la protection civile en matière de bâtiment. Elle est considérée comme l'une des structures de concertation et de collaboration ayant été mises en place pour faciliter le développement et l'efficacité des mesures de protection civile sur l'étendue du territoire national au plan opérationnel, et elle est un cadre de concertation en matière des normes de construction des immeubles de grande hauteur ou à usage public.

2.1.3.5 La Commission d'agrément des plans d'urgence

Elle est une plate-forme interministérielle sous l'autorité du ministère chargé de l'industrie. Son rôle est d'approuver les outils d'opération interne en cas de crise que les établissements classés (entreprises potentiellement pourvoyeuses de risques) soumettent à la validation des pouvoirs publics avant le démarrage de leurs activités en application de l'article 56 de la loi n° 96/012 du 5 août 1996 portant loi-cadre relative à la gestion de l'environnement[25] et de l'article 12 de la loi n° 98/015 du 14 juillet 1998 relatif aux établissements classés dangereux, insalubres ou incommodes.[26]

2.2 L'évolution des règles juridiques de gestion des catastrophes et risques

Les règles juridiques générales en matière de gestion des catastrophes et risques au Cameroun ont évolué au lendemain de la catastrophe du lac Nyos en 1986 jusqu'au début du 21ᵉ siècle avec la prise de conscience des risques biotechnologiques.

---

25 Cet article exige que l'exploitant de tout établissement de première ou deuxième classe établisse un plan d'urgence propre à assurer l'alerte des autorités compétentes et des populations avoisinantes en cas de sinistre ou de menace de sinistre, l'évacuation du personnel et les moyens pour circonscrire les causes du sinistre. Ce plan doit être agréé par les administrations compétentes.

26 Cet article stipule : « L'exploitant de tout établissement classé est tenu d'établir un plan d'urgence propre à assurer l'alerte des autorités compétentes et des populations avoisinantes en cas de sinistre ou de menace de sinistre, l'évacuation du personnel, ainsi que les moyens pour circonscrire les causes du sinistre ». Puis, « le plan d'urgence doit être agréé par les administrations compétentes qui s'assurent périodiquement du bon état et de la fiabilité des matériels prévus pour la mise en œuvre du dit plan ».

2.2.1 La loi de 1986 sur la protection civile et le décret de 1998 sur l'organisation des plans d'urgence

La loi de 1986[27] est celle qui porte sur la réorganisation générale de la protection civile. Cette loi présente la protection civile sous plusieurs angles notamment : l'objet et l'organisation générale de la protection civile, les moyens de celle-ci et leur emploi et les dispositions pénales en la matière. Les fautes et infractions commises par les personnels utilisés dans l'exécution des tâches de protection civile relèvent en temps normal des organes disciplinaires des corps d'origine de ces personnels et des juridictions de droit commun. En temps de mise en garde, d'état d'urgence ou d'exception, de mobilisation, les mêmes fautes et infractions ressortirent aux organismes disciplinaires et juridictions militaires.[28]

Quant au décret sur l'organisation des plans d'urgence[29], il contient des prescriptions non seulement au niveau des plans d'urgence, mais aussi au niveau du secours en cas de catastrophes ou de risque majeur.

2.2.2 La loi de 1995 portant sur la radioprotection

Cette loi vise à assurer la protection de l'homme et de son environnement contre les risques susceptibles de découler de l'utilisation d'une substance radioactive ou de l'exercice d'une activité impliquant une radio-exposition.[30] La protection envisagée par cette loi concerne d'abord la préservation de l'air, de l'eau, du sol, de la flore et de la faune, ensuite la préservation ou la limitation des activités susceptibles de dégrader l'environnement, enfin le maintien ou la restauration des ressources que la nature offre à l'homme.[31] Les activités autorisées sur la base de cette loi ne doivent pas impliquer des risques incontrôlables pour la santé et la sécurité des personnes et doivent comporter la mise en œuvre des mesures et précautions suffisantes pour protéger de façon optimale les biens, les personnes et l'environnement. Enfin, l'exploitant d'une source radioactive ou d'une installation nucléaire doit couvrir les risques liés au fonctionnement de celle-ci par une police d'assurance. Cette police d'assurance doit être étendue aux personnes, aux biens et à l'environnement.[32]

---

27 Loi n° 86/016 du 6 décembre 1986 portant réorganisation générale de la protection civile.
28 Article 10 de la loi n° 86/016 du 6 décembre 1986 portant réorganisation générale de la protection civile.
29 Décret n° 98/031 du 9 mars 1998 portant organisation des plans d'urgence et de secours, en cas de catastrophe ou de risque majeur.
30 Voir l'article 1 de la loi n° 95/08 du 30 janvier 1995 portant sur la radioprotection.
31 Voir l'article 2 de la loi n° 95/08.
32 Voir l'article 12 de la loi n° 95/08 du 30 janvier 1995 sur la radioprotection.

2.2.3 La loi-cadre de 1996 sur la gestion de l'environnement

Afin de prévenir et de contrôler les accidents dans les établissements classés, cette loi exige que leurs responsables procèdent, avant toute ouverture, à une étude des dangers.[33] Celle-ci doit comporter les indications suivantes :

*   le recensement et la description des dangers suivant leur origine interne ou externe ;
*   les risques pour l'environnement et le voisinage ;
*   la justification des techniques et des procédés envisagés pour prévenir les risques, en limiter ou en compenser les effets ;
*   la conception des installations ;
*   les consignes d'exploitation ; et
*   les moyens de détection et d'intervention en cas de sinistre.

L'exploitant de tout établissement de première ou de deuxième classe, tel que défini par la législation sur les établissements classés, est tenu d'établir un plan d'urgence propre à assurer l'alerte des autorités compétentes et des populations avoisinantes en cas de sinistre ou de menace de sinistre, l'évacuation du personnel et les moyens pour circonscrire les causes du sinistre.[34] Le plan d'urgence doit alors être agréé par les administrations compétentes qui s'assurent périodiquement du bon état et de la fiabilité des matériels prévus pour la mise en œuvre du plan. Aussi, s'agissant des risques et catastrophes naturelles, il est établi à l'initiative de chaque administration compétente, de concert avec les autres administrations concernées, et sous la coordination de l'administration chargée de l'environnement, une carte nationale et des plans de surveillance des zones à haut risque de catastrophes naturelles, notamment les zones à activité sismique ou volcanique, les zones inondables, les zones à risques d'éboulement, les zones à risque de pollution marine et atmosphérique, les zones de sécheresse et de désertification, ainsi que les zones d'éruption magmato-phréatique.[35]

2.2.4 La loi n° 98/015 du 14 juillet 1998 relative aux établissements classés dangereux, insalubres ou incommodes

Cette loi divise les établissements classés dangereux, insalubres ou incommodes en deux classes suivant les dangers ou la gravité des inconvénients inhérents à leur exploitation. La première classe comprend les établissements dont l'exploitation ne

---

33 Article 55 (alinéa 1) de la loi-cadre de 1996 portant sur la gestion de l'environnement.
34 Article 56 de la loi n° 96/012.
35 Article 70 de la loi n° 96/012.

peut être autorisée qu'à la condition que des mesures soient prises pour prévenir les dangers ou les inconvénients ; ceux d'entre eux qui sont générateurs de pollutions solides, liquides ou gazeuses doivent procéder à l'auto surveillance de leurs rejets. Le ministre chargé des établissements classés délimite autour des établissements de première classe un périmètre de sécurité à l'intérieur duquel sont interdites les habitations et toute activité incompatible avec le fonctionnement desdits établissements.[36] La deuxième classe comprend les établissements qui ne présentent pas des dangers et inconvénients importants.[37] L'exploitant de tout établissement classé est tenu d'établir un plan d'urgence propre à assurer l'alerte des autorités compétentes et des populations avoisinantes en cas de sinistre ou de menace de sinistre, l'évacuation du personnel, ainsi que les moyens pour circonscrire les causes du sinistre.

2.2.5 Les règles juridiques particulières aux risques biotechnologiques

Selon la loi sur le régime de sécurité en matière de biotechnologie moderne au Cameroun, la gestion des risques est définie comme toutes[38]

> mesures appliquées pour s'assurer que la manipulation d'un organisme est saine. Les conditions requises pour la gestion des risques changent souvent en fonction d'une évaluation des risques. Une expérimentation à haut risque par exemple peut être gérée grâce à l'application des mesures de confinement appropriées visant à réduire les risques. L'évaluation des risques de moindre degré peut indiquer dans quelle mesure les procédures d'évaluation de risques peuvent être allégées ou supprimées.

Les travaux biotechnologiques sont classés en quatre niveaux de sécurité :[39] niveau de sécurité 1 (projets de biotechnologie reconnus comme ne présentant pas de risque pour la communauté et pour l'environnement), niveau de sécurité 2 (projets de biotechnologie reconnus comme présentant des risques mineurs pour la communauté ou l'environnement), niveau de sécurité 3 (projets de biotechnologie reconnus comme présentant de légers risques pour la communauté ou l'environnement), niveau de sécurité 4 (projets de biotechnologie reconnus comme présentant des risques certains ou à probabilité élevée, pour la communauté ou l'environnement).

---

36 Voir l'article 7 de la loi n° 98/015 du 14 juillet 1998 relative aux établissements classés dangereux, insalubres ou incommodes.
37 Voir l'article 3 de la loi n° 98/015.
38 Voir l'article 5 (27) de la loi n° 2003/006 du 21 avril 2003 portant régime de sécurité en matière de biotechnologie moderne au Cameroun.
39 Voir l'article 6 de la loi n° 2003/006.

Cette loi prévoit que l'évaluation des risques[40] dans toute activité en rapport avec les organismes génétiquement modifiés doit tenir compte du principe de précaution, et doit être menée convenablement afin de garantir la sécurité humaine, animale et végétale, ainsi que la protection de la biodiversité de l'environnement.[41] Elle peut en outre prendre en compte les avis des experts et les lignes directrices élaborées par les organisations internationales. L'absence des connaissances scientifiques ou du consentement des hommes de science ne doit pas être interprétée comme indicateur d'un certain niveau de risque acceptable. L'évaluation des risques a cinq objectifs : identifier les risques probables, évaluer la probabilité des risques, gérer les risques, analyser les coûts / bénéfices liés aux risques, et considérer l'efficacité des alternatives durables à l'introduction des organismes génétiquement modifiés, ainsi que le principe de précaution.[42] L'évaluation des risques est entreprise au cas par cas.

Avant toute dissémination intentionnelle dans l'environnement ou toute mise en circulation des organismes vivants modifiés, des organismes génétiquement modifiés ou des produits dérivés, une évaluation minutieuse des risques doit être réalisée.[43] Elle intègre plusieurs autres paramètres parmi lesquels : les spécificités relatives à l'organisme doté de nouveaux traits, les dangers potentiels, les connaissances ou expériences que l'on a de l'organisme, l'indication de ce que l'organisme génétiquement modifié libéré sera utilisé comme alimentation humaine ou animale, etc. Aussi, est-il interdit de procéder au mouvement vers d'autres pays ou de s'engager dans des activités d'importation et de mouvement dont le but consisterait à relocaliser ou exporter des substances en rapport avec les organismes génétiquement modifiés susceptibles d'avoir ou ayant la capacité de provoquer une dégradation de l'environnement ou un changement irréversible dans l'équilibre écologique de la diversité biologique, ou dont le caractère dangereux pour la santé humaine, animale, végétale est prouvé. Par ailleurs, concernant la gestion des risques proprement dite,la responsabilité de proposer des mesures de gestion des risques proportionnelles au niveau des risques réels ou virtuels inhérents à la dissémination de l'organisme ou flux des gènes de l'organisme incombe à l'utilisateur de tout organisme génétiquement modifié, ou produit dérivé, au cours de l'utilisation en milieu confiné ou de la dissémination intentionnelle dans l'environnement[44]. Bien plus, afin de s'assurer de la stabilité dans l'environnement, des génomes et des traits, les spécialistes de l'évaluation des risques sont chargés de veiller à ce que tout organisme génétiquement modifié ou

---

40 Dans le contexte de cette loi, le risque est défini comme la « conjugaison de l'ampleur des conséquences d'un danger, s'il survient, et la probabilité que les conséquences vont se produire » (article 5 (43)).
41 Voir l'article 18 de la loi n° 2003/006.
42 Voir l'article 19 de la loi n° 2003/006 du 21 avril 2003.
43 Article 20 (alinéa 1) de la loi n° 2003/006 du 21 avril 2003.
44 Article 23 (1) de la loi n° 2003/006 du 21 avril 2003.

produit dérivé, importé ou de production locale, soit soumis à une période d'observation proportionnelle, selon le cas, à son cycle de vie ou à sa période de re-production avant son passage à l'utilisation envisagée.[45] En outre, en cas d'importation des organismes génétiquement modifiés, ou de produits dérivés, l'exportateur ou promoteur se charge d'assurer l'appui technique et financier néces-saire à l'évaluation et à la gestion des risques.[46]

2.3   L'évolution du cadre politique de gestion des catastrophes et risques

Le cadre politique de gestion des catastrophes et risques est établi dans trois docu-ments qui présentent les orientations et les options des pouvoirs publics en la ma-tière. Il s'agit du Programme national de prévention et de gestion des catastrophes (PNPGC), du plan national de convergence et du plan national d'adaptation aux changements climatiques.

2.3.1   Le Programme national de prévention et de gestion des catastrophes

Le Programme national de prévention et de gestion des catastrophes (PNPGC) est un document qui a été mis en place par le gouvernement avec la coopération du Pro-gramme des Nations unies pour le développement. Le PNPGC vise donc à doter le gouvernement d'une vision proactive, apte à rendre son action plus efficace. Les études suivantes ont été menées dans le cadre de ce programme :

- la révision de la réglementation et de la législation en vigueur ;
- l'élaboration d'un plan d'action national des interventions ;
- l'élaboration d'un programme de formation des personnels et structures chargés de la protection civile ;
- la recherche sur les risques et catastrophes naturelles et technologiques ;
- l'étude sur le volet sectoriel transport en matière de prévention et gestion des catastrophes ;
- le volet santé et programme national de sensibilisation ; et
- l'élaboration d'un plan national de transmission en matière de prévention et gestion des catastrophes.

Le PNPGC a permis le renforcement des capacités des structures de l'État en matière de gestion des catastrophes et risques.

---

45   Article 23 (alinéa 2) de la loi n° 2003/006 du 21 avril 2003.
46   Article 24 de la loi n° 2003/006 du 21 avril 2003.

2.3.2 Le Plan national de contingence

Afin de renforcer les moyens de lutte contre les catastrophes tant sur le plan opérationnel que sur le plan stratégique, le Cameroun s'est doté d'un Plan national de contingence. Ce document constitue un cadre d'orientation politique et technique de l'action des partenaires internationaux, des organismes nationaux et autres intervenants dans la gestion des risques et catastrophes. En plus, il présente des synergies et des actions coordonnées pour des situations de crise que peuvent générer les risques. À cet égard, chaque intervenant doit élaborer son propre plan sectoriel de contingence en tenant compte de son mandat et de ses missions régaliennes. Ce n'est qu'à ce prix que le plan national de convergence sera plus visible, efficient et efficace pour la politique nationale de gestion des catastrophes et des risques.

2.3.3 Le Plan national d'adaptation aux changements climatiques

Les changements climatiques constituent sûrement l'enjeu majeur de notre siècle et préoccupent la communauté scientifique internationale ainsi que les pays du monde entier en raison de leurs impacts négatifs, potentiels et avérés, sur les hommes et les écosystèmes. Le Cameroun n'est pas exempté de cette situation et fait déjà face à une récurrence anormale de phénomènes climatiques extrêmes tels que la violence des vents, les températures élevées ou de fortes précipitations qui mettent en danger les communautés humaines, les écosystèmes et les services qu'ils fournissent. Les changements climatiques sont à l'origine de plusieurs catastrophes et risques qu'il convient de prévenir à court, moyen et long terme. C'est ainsi que le Plan national d'adaptation aux changements climatiques (PNACC) a été réalisé afin de permettre au Cameroun de faire face à ce phénomène ainsi qu'à ses effets néfastes.

Le PNACC est un document de stratégie nationale qui donne un cadre pour guider la coordination et la mise en œuvre des mécanismes d'adaptation du Cameroun aux changements climatiques. C'est aussi un instrument de planification visant à définir et à suivre les activités prioritaires à réaliser dans les secteurs clés et pour chacune des cinq zones agro-écologiques du Cameroun.

Le PNACC a pour objectifs :
- de réduire la vulnérabilité du pays aux incidences des changements climatiques en renforçant sa capacité d'adaptation et de résilience ; et
- de faciliter l'intégration de l'adaptation aux changements climatiques dans les politiques, programmes et travaux pertinents, nouveaux ou en cours, en particulier les processus et stratégies de planification du développement, dans tous les secteurs concernés et à différents niveaux, selon qu'il convient.

Ce document suit les recommandations de la sixième session de la conférence des parties à la convention-cadre des Nations unies sur les changements climatiques. Son élaboration a fait l'objet au préalable d'une vaste concertation de 2012 à 2015 et a suivi un processus à la fois intégratif, participatif, inclusif, spécifique et dynamique. Présentant l'état des lieux des changements climatiques au Cameroun, il ressort qu'au cours des cinq dernières décennies, l'on a observé une régression des précipitations, une augmentation de la température moyenne annuelle et une recrudescence des catastrophes telles que des éboulements, des coulées de boues, des sécheresses, des chutes de pierres, des glissements de terrain, etc.

En somme, la stratégie nationale d'adaptation aux changements climatiques présente des mesures d'ensemble interpellant les secteurs du pays, publics et privés, pour les aider à structurer leurs propres projets. En somme, les mesures proposées dans ce plan vont permettre une plus grande résilience et une plus grande capacité d'adaptation aux impacts des changements climatiques, et donc une meilleure gestion des catastrophes et risques engendrés par ce phénomène.

Le cadre politique de gestion des catastrophes et risques nécessite un appui de la coopération internationale pour l'implémentation de toutes les mesures qui y sont proposées.

3 La coopération internationale et la gestion des risques et catastrophes au Cameroun

Le Cameroun s'implique dans des programmes de coopération internationale en matière de gestion des risques et catastrophes aussi bien au niveau africain qu'au niveau universel.

3.1 La coopération au niveau africain

La coopération africaine relative à la gestion des risques et catastrophes se situe au niveau continental et au niveau sous régional de l'Afrique centrale.

L'Afrique est le seul continent au monde ayant connu une augmentation du nombre de catastrophes déclarées au cours de la dernière décennie. Vivement préoccupée par les souffrances et la perturbation des activités de développement qu'engendrent les catastrophes en Afrique et inspirée par la nouvelle donne interplanétaire, la troisième session ordinaire du sommet de l'Union africaine tenue en Éthiopie du 6 au 8 juillet 2004 a favorablement accueilli la stratégie régionale africaine de réduction des risques de catastrophes[47], élaborée en collaboration avec le secrétariat du NEPAD, avec l'appui de l'ONU ainsi que de la Banque africaine de développement. Ce document qui présente la stratégie mise en place par les pays africains pour la réduction des risques de catastrophes afin de contribuer à l'avènement d'un développement durable et à l'éradication de la pauvretéen intégrant la réduction des risques de catastrophes aux initiatives de développement, a été entériné lors de la 10e réunion ministérielle africaine sur l'environnement. Il suggère un certain nombre de grands axes d'action qui s'accordent avec le Cadre d'Action de Hyogo,[48] et qui sont susceptibles de faciliter la gestion des catastrophes sur le continent.

Le Conseil exécutif de l'Union africaine, lors de la huitième session ordinaire tenue du 16 au 21 janvier 2006 à Khartoum au Soudan, a approuvé le programme d'action africain 2006-2010 sur la réduction des risques de catastrophes élaboré conformément à la stratégie et a exhorté tous les États membres de l'Union et les communautés économiques régionales (CER) à la mettre en œuvre. Par ailleurs, la prorogation et l'enrichissement du programme d'action pour couvrir la période jusqu'en 2015 ont été débattus et acceptés à la deuxième réunion consultative de la plateforme régionale en mai 2009, et adoptés par la conférence des ministres, puis approuvés par le conseil exécutif de l'Union africaine en 2010. Les CER ont de ce fait la responsabilité de coordonner les initiatives entre les États dans le cadre de la stratégie régionale africaine et d'opérationnaliser le programme d'action sur la base de leurs stratégies régionales de réduction des risques de catastrophes. C'est sous ce prisme que s'inscrit la stratégie régionale de la CEEAC pour la prévention des risques et la gestion des catastrophes et l'adaptation aux changements climatiques.[49] Elle s'appuie alors sur les priorités du Cadre d'Action de Hyogo et s'inscrit sur la vision tracée par l'Union africaine.

L'Afrique centrale est exposée à des risques de catastrophes de divers types, induisant une forte prévalence de vulnérabilité qui influe sur les efforts que mènent les États pour sortir du sous-développement. Aussi, au cours des trente dernières années, la région Afrique centrale a enregistré une série de catastrophes, dont les plus importantes auront été entre autres, les émanations de gaz toxiques, les éruptions volcaniques, les inondations, les glissements de terrain, les incendies et l'afflux des réfugiés. De surcroît, elle fait face à des intempéries, épidémies et à une multitude d'accidents de la voie publique. Ces populations sont exposées aux risques liés aux dangers suivants : les séismes, les éruptions volcaniques, les émanations de gaz, les

---

47 Voir ce document dans https://www.unisdr.org/2005/task-force/workinggroups/wg-africa/NEPAD-DRR-Strategy-FRENCH.pdf, consulté le 10 mars 2017.

48 Le cadre d'action de Hyogo est le principal instrument que les États membres des Nations unies ont adopté pour réduire les risques de catastrophes.

49 Voir ce document dans http://www.fao.org/fileadmin/user_upload/drought/docs/CEEAC_2012_Stratégie-PRGC_adopte.pdf, consulté de 10 mars 2017.

coulées boueuses, les cyclones tropicaux, les inondations, les sécheresses, les tornades, les orages, les foudres, la pollution environnementale ou la déforestation, les diverses épidémies, pandémies, les incendies, les risques chimiques, les accidents aériens, maritimes, ferroviaires et routiers, les risques liés au terrorisme et les conflits armés avec leurs caravanes de réfugiés, etc. Face à cet état de choses, les États membres de la CEEAC reconnaissent le besoin de mettre en place une approche proactive, globalisante et soutenue de gestion des risques de catastrophes de manière à les prévenir et à réduire l'impact désastreux des aléas sur les vies et le développement socio-économique des populations de la région. C'est ainsi que l'élaboration d'une stratégie régionale Afrique de prévention des risques de catastrophe avait été décidée en juin 2003 au cours de la réunion consultative sur la prévention des risques de catastrophes en Afrique. Ce travail avait été précédé d'un état des lieux de la prévention des risques de catastrophes en Afrique dont les conclusions indiquaient des lacunes dans les domaines suivants : les structures institutionnelles, l'identification des risques, la gestion du savoir, la gouvernance et les réponses d'urgence.

Au terme d'un processus consultatif qui avait impliqué les Communautés économiques régionales et les États, la stratégie avait été officiellement reconnue en juillet 2004 lors du Sommet de l'Union africaine, tenu à Addis-Abeba en Éthiopie. Le but de la stratégie de la CEEAC pour la prévention des risques et la gestion des catastrophes dans la région Afrique centrale est de contribuer à l'atteinte du développement durable et à la diminution de la pauvreté à travers la réduction substantielle des impacts sociaux, économiques et environnementaux des catastrophes conformément à la stratégie régionale africaine et au Cadre d'Action de Hyogo. Au niveau des États de la CEEAC, la promotion des partenariats avec le secteur privé, les organisations intergouvernementales et non gouvernementales pourra constituer un apport important aux efforts de financement public.

3.2   La coopération au niveau mondial

Le Cameroun coopère avec l'Organisation internationale de la protection civile et avec le système des Nations unies en matière de gestion des catastrophes et de prévention des risques.

3.2.1   La coopération avec l'Organisation internationale de la protection civile

L'Organisation internationale de la protection civile (OIPC)[50] est une institution intergouvernementale qui a pour objectifde contribuer au développement par les États de systèmes propres à assurer la protection et l'assistance aux populations, ainsi qu'à sauvegarder les biens et l'environnement face aux catastrophes naturelles et dues à l'homme. L'OIPC fédère des structures nationales créées par les États dans le but de les unir et de favoriser la solidarité entre elles. En outre, elle a plusieurs missions visant entre autres à :

- développer et maintenir une liaison étroite entre les organisations s'occupant de la protection et du sauvetage des populations et des biens ;
- encourager et assurer l'échange d'informations, d'expériences, de cadres et d'experts entre les différents pays en matière de protection et de sauvegarde des populations et des biens ;
- recueillir et diffuser les informations sur les principes d'organisation, de protection et d'intervention concernant les dangers qui peuvent menacer les populations par suite d'inondations, de tremblements de terre, d'avalanches, de grands incendies, tempêtes, ruptures de barrage ou autres formes de destruction, de la contamination de l'air et de l'eau, ou par suite d'attaques au moyen d'engins modernes de guerre ;
- aider les membres à former parmi la population une opinion éclairée en ce qui concerne la nécessité viable de la prévention, de la protection et de l'intervention en cas de catastrophe ; et
- stimuler les recherches dans le domaine de la protection et du sauvetage des populations et des biens par la voie de l'information, de la publication d'études et par tout autre moyen approprié, etc.

Son fonctionnement est assuré par l'assemblée générale, le conseil exécutif et le secrétariat. Le Cameroun est admis comme membre de l'OIPC en 1989[51] et entretient un excellent niveau de partenariat avec celle-ci, notamment dans le domaine de la formation des cadres de la direction de la protection civile et du corps national des sapeurs-pompiers. Le Cameroun a ratifié la convention- cadre d'assistance en matière de protection civile adoptée sous les auspices de l'OIPC le 22 mai 2000.[52] À travers cette convention, les États-parties s'engagent à favoriser la coopération entre

---

50   La constitution de l'OIPC a été adoptée le 17 octobre 1966 et entrée en vigueur le 1er mars 1972.

51   Voir http://www.icdo.org/fr/propos-de-loipc/membres/etats-membres, consulté le 10 mars 2017.

52   Voir le décret n° 2002/018 du 18 janvier 2002 portant ratification de la convention-cadre d'assistance en matière de protection civile.

services de protection civile en matière de formation de personnel, d'échanges d'informations et d'expertise et à réduire les délais d'intervention.[53]

3.2.2 La coopération avec le système des Nations unies

La survenance des catastrophes au Cameroun a permis de prendre conscience non seulement de la pertinence de la politique de protection civile dans le pays, mais aussi de la nécessité d'un appui de la coopération bilatérale et multilatérale, notamment avec le système des Nations unies. À cet effet, parmi les institutions onusiennes la coopération avec l'Office de coordination des affaires humanitaires (OCHA) et celle avec le Programme des Nations unies pour le Développement (PNUD) en matière de gestion des catastrophes et risques sont remarquables.

Dans le souci de renforcer les moyens de lutte contre les catastrophes non seulement sur le plan opérationnel, mais aussi et surtout sur le plan stratégique, le Cameroun bénéficie de l'appui technique de l'OCHA. Cet appui technique s'est manifesté dans le cadre de l'élaboration du PNPGC en 1998. En septembre 2010, lors de l'atelier portant sur la préparation aux situations d'urgence et la familiarisation avec le système des Nations unies pour l'évaluation et la coordination en cas de catastrophe tenu à Yaoundé au Cameroun, il a été recommandé à l'OCHA de désigner un conseiller humanitaire auprès de la CEEAC.

Dans le but de faire face à la forte prévalence des risques, le gouvernement camerounais a opté pour une politique vigoureuse de prévention et de gestion des catastrophes. C'est ainsi que grâce au concours du PNUD, le plan national de contingence et le programme national de prévention et de gestion des catastrophes ont été élaborés. Le PNUD a en outre soutenu l'accompagnement technique et opérationnel de l'ensemble du processus de formulation du plan national d'adaptation aux changements climatiques.

En 2005, le Cameroun a participé à la conférence mondiale sur la prévention des catastrophes qui a adopté le cadre d'action de Hyogo pour 2005-2015 : pour des nations et des collectivités résilientes face aux catastrophes. Ce cadre d'action de Hyogo a suscité, au niveau du Cameroun, la création de la plate-forme nationale pour la réduction des risques de catastrophes.

Pour le reste, le Cameroun coopère aussi avec le Fonds des Nations unies pour l'enfance, la Fédération internationale des sociétés de Croix-Rouge et du Croissant rouge ainsi qu'avec des partenaires techniques et financiers bilatéraux dans le domaine de la gestion des catastrophes et risques.

---

53 Voir l'article 2 de la convention-cadre d'assistance en matière de protection civile.

4 Conclusion

Trois décennies après la survenance de la catastrophe naturelle la plus meurtrière du Cameroun indépendant, la catastrophe du lac Nyos, les pouvoirs publics semblent avoir pris conscience de ce que la prévention est la meilleure approche pour faire face à toute sorte de calamité. Même si aucune loi ne peut interdire la survenance des catastrophes, une politique préventive peut bien limiter les impacts de celles-ci. Cette politique préventive doit mettre l'accent sur l'éducation des populations en matière de risques et catastrophes et s'appuyer sur les communautés de base et la société civile afin de vulgariser les réflexes pour prévenir, sauver et secourir dans le contexte actuel de dégradation de l'environnement. Cette implication des populations à la base semble faire défaut actuellement au Cameroun.[54]

Bibliographie indicative

Dauphiné, A & D Provitolo, 2013, *Risques et catastrophes : observer, spatialiser, comprendre, gérer*, Paris, Armand Colin.

Ministère de l'administration territoriale et de la décentralisation, 2006, *1986-2006 : Remember Lake Nyos, Rapport sur l'état de la protection civile au Cameroun*, Yaoundé, Ministère de l'administration territoriale et de la décentralisation.

Picard, M & E Powrie, 2016, Disaster risk management law and policy, in: Ruppel, OC & K Ruppel-Schlichting (eds), 2016, *Environmental law and policy in Namibia*, 3rd edition, Windhoek, Hans-Seidel-Foundation, 371-388.

Yanou Tchingankong, M, 2014, La gestion par le haut des catastrophes au Cameroun. Une expression de l'apprentissage étatique des politiques publiques, 18 & 19, (1-2), *Polis-Revue Camerounaise de Science Politique*, 101-127.

---

54 Yanou Tchingankong (2014).

SECTION 5

LAND, AGRICULTURE AND URBANISATION

LA TERRE, L'AGRICULTURE ET L'URBANISATION

CHAPITRE 14 :
LE RÉGIME FONCIER ET DOMANIAL AU CAMEROUN

Jean-Marie Vianney BENDEGUE

Le régime foncier et domanial camerounais est le produit de son histoire (1), issue d'un processus de parturition jonché d'étapes et de séquences successives marquées par les apports des diverses influences dont il est la synthèse et qui justifie sa substance (2), mais dont les faiblesses, en partie source de litiges (3), appellent des réformes en perspective (4).

1   La genèse

En sus de son socle traditionnel de base, le régime foncier et domanial camerounais s'est constitué au fil du temps, à la faveur des trois principaux grands moments qui structurent le processus de son élaboration, à savoir : les périodes précoloniale, coloniale et postcoloniale.

1.1   La période précoloniale

La tenure foncière au Cameroun précolonial n'est pas isolée. Elle s'insère dans une coutume totalisante qui considère l'espace comme un tout dont la terre est un élément constitutif axial. Trois piliers émergent de cette tenure foncière. La terre est considérée comme un bien sacré, un bien commun, mais aussi et surtout un bien patrimonial et productif. Triptyque de base auquel se superpose le rôle prégnant des monarchies et des chefferies traditionnelles dans la gouvernance foncière des sociétés.

1.1.1 Le triptyque de base

Au Cameroun, la terre n'a pas qu'une simple portée utilitaire ou usuelle. Elle a une valeur religieuse, une dimension sacrée incontestable. La nature sacrée des biens fonciers est en phase avec l'esprit général des coutumes.[1] Il existerait ainsi un 'Chef de la pluie' dans la région de Mokolo.[2] Chez les Bassas, le berceau de leur race serait la *Ngok-litouba*, pierre à trou, montagne pourvu d'un orifice à son sommet.[3] Chez les Bamilékés, la terre serait en relation étroite avec les aïeux de la tribu ; les crânes des ancêtres, représentés par des basaltes, seraient utilisés pour marquer les frontières de la terre tribale et il s'établirait ainsi une confusion, d'une part, entre la terre des aïeux et les aïeux eux-mêmes, d'autre part, entre le chef et la terre, celui-ci étant « un homme qui sort de la terre pour devenir un Mfom ».[4] Chez les Bakokos, l'idée d'appropriation individuelle ne se posait même pas, puisque la terre appartenait au *Ngué*, génie souterrain.[5] Dans la région de Kribi, les Batangas ne pouvaient procéder à l'achat ou à la vente d'aucun terrain sur leur propre territoire, mais un Batanga pouvait acheter un champ à un ressortissant d'une autre tribu, et le revendre.[6] Les camerounais tiennent à garder les terres en propriétés coutumières puisque « Les terres appartiennent aux ancêtres ; elles doivent rester propriétés coutumières même si elles ne sont pas mises en valeur »[7] Le sacré apparaît ainsi comme la fondation et le ciment du collectif.

Selon le degré variable des organisations ou des groupes qui structurent la société, la terre est gérée au sein des familles, lignages, clans, villages, sous-tribus, tribus, chefferies, lamidats, royaumes, sultanats ou autres. Dans l'ensemble, la propriété est collective et non privée. L'habitant est titulaire d'un droit à l'intérieur de sa collectivité ; il n'est pas détenteur d'un titre de propriété.[8] La notion de propriété privée n'est donc pas complètement absente de la tenure foncière traditionnelle, mais celle-ci n'est pas envisagée en dehors du tissu serré des relations sociales et communautaires. L'appartenance à la communauté apparaît comme la précondition pour l'accès à la propriété foncière. Le rapport au foncier en dehors de la famille, du groupe ou de la communauté d'appartenance est difficile à appréhender. Les droits individuels ne sont pas niés. Mais ils n'existent que comme des démembrements de la propriété collective. D'où une certaine forme de patrimonialité foncière collective.

---

1   Binet (1951:2 et 5).
2   (ibid.:2).
3   (ibid.:3).
4   (ibid.:3-4).
5   (ibid.:4).
6   (ibid.).
7   Tjouen (1981:7).
8   Gourou (1970:80).

Le Cameroun précolonial est une société essentiellement paysanne et la terre constitue la base même de sa survie. La terre est donc à la fois un bien patrimonial et un bien économique. La notion de bien patrimonial telle qu'envisagée ici n'a pas le même contenu mais n'est pas très différente de celle inhérente au Code civil, d'un bien ou d'un droit appréciable en argent, ayant une valeur d'échange, cessible et transmissible à un nouveau titulaire, susceptible d'être échangé contre d'autres droits, transmissibles aux héritiers, saisissable et prescriptible par voie de prescription acquisitive ou extinctive.[9] A la différence fondamentale que tout se déroule en vase clos, à l'intérieur du groupe social, la cession à des tiers extérieurs étant formellement proscrite.

L'économie dans ce contexte de sociétés fermées ou faiblement ouvertes sur le monde, est d'abord une économie véritablement circulaire, de subsistance. L'homme en est la véritable valeur. Un tel système n'est pas autorégulé. Les institutions de commandement traditionnel y jouent un rôle clé.

1.1.2 Le rôle prégnant des monarchies et des chefferies traditionnelles

Très schématiquement, le Cameroun précolonial est structuré en[10]

> trois grandes zones à la fois humaines et physiques : les savanes du Nord où s'opposent musulmans et païens, le Sud forestier, domaine des Bantou, et l'Ouest, ou plus exactement les hauts plateaux appelés Grassfields (terres herbeuses) à l'originalité si puissante.

Au regard de la tenure foncière traditionnelle, c'est principalement le Roi, le Sultan ou le Chef[11], selon les cas, qui assure la gestion des droits sur la terre. Les variations contextuelles relèvent pour l'essentiel de la dichotomie entre les sociétés dites organisées, caractérisées par une emprise forte du pouvoir central sur la gestion des terres, ce qui est notamment le cas dans les féodalités musulmanes du septentrion et les monarchies et dynasties traditionnelles de l'ouest, et les sociétés dites acéphales, caractérisées par un leadership foncier faible, à l'aune du leadership politique global, comme dans les villages païens du nord et la plupart des sociétés bantous du sud forestier et côtier, nonobstant l'existence ci et là que quelques grands chefs mythiques, à l'instar de Rudolph Douala Manga Bell, Martin Paul Samba, Charles Atangana, Manimben, Somo et autres.

---

9   Terre & Simler (2014:34).
10   Marguerat (1976:1-2).
11   En l'espèce qui peut être chef de village, de canton, de lignage, de famille ou autre.

1.2   La période coloniale

Dans le cadre de la période coloniale, le Cameroun a principalement subi une triple influence : le protectorat allemand de 1884 à 1916, puis le mandat et la tutelle franco-britannique, jusqu'aux indépendances en 1960-1961.

1.2.1   L'héritage allemand

L'héritage allemand consiste principalement en l'instauration de la Commission foncière en 1896, notamment pour combattre la spéculation foncière et assurer le contrôle des ressources foncières des indigènes, tradition qui sera perpétuée par l'institution des diverses commissions foncières actuelles et la mise en place du *Grundbuch,* ou livre foncier en allemand, en vue d'assurer la publicité des droits réels immobiliers. On trouve des traces de cet important legs, dans les dispositions de l'article 2 de l'ordonnance n° 74/1 du 6 juillet 1974 en vertu desquelles font notamment l'objet du droit de propriété privé, « les terres consignées au Grundbuch ». On pourrait également établir un parallèle entre la pratique de la prénotation judiciaire ou inscription conservatoire des droits réels immobiliers, et celle du contredit en droit allemand.

En effet, pour assurer, à titre provisoire, la protection du véritable titulaire du droit, la loi Allemande prévoit l'inscription d'un contredit à l'exactitude du livre foncier. Cette inscription intervient soit sur la base de l'approbation donnée par l'intéressé, soit lorsque cette approbation ne peut être obtenue, à la suite d'une ordonnance provisoire du tribunal. Le titulaire légitime du droit non inscrit ou inexactement inscrit, a la faculté d'obtenir cette ordonnance selon une procédure simplifiée et accélérée, en faisant simplement valoir son droit d'obtenir une rectification du livre foncier de façon plausible. Il suffit, à cet égard, que l'existence du droit invoqué soit rendue vraisemblable, par exemple par une déclaration faite sous serment. Le droit n'a pas à être prouvé. L'inscription du contredit n'empêche pas toute inscription ultérieure, mais elle exclut une acquisition de bonne foi au cas où le titulaire apparent du droit en disposerait.

1.2.2   La touche britannique

La présence britannique au Cameroun a été principalement marquée, au plan de la gestion foncière, par la vassalisation des souverains locaux, qui exerçaient néanmoins au plan local un réel pouvoir d'administration foncière dans le cadre de l'*indirect rule*, notamment en tant que juges de premier ressort de tous les litiges fonciers avant la saisine des juridictions de droit moderne, par le Gouverneur de la République Fédérale du Nigéria et la dualité des statuts et des régimes fonciers. Avec l'avènement de l'unification en 1972, les pouvoirs desdits souverains locaux seront transférés à l'Administration qui va les exercer désormais dans le cadre des commissions foncières présidées par les autorités administratives. Concernant la dualité des statuts fonciers, sous administration coloniale anglaise, la législation foncière distingue à partir de 1927 deux catégories de terres. La première comprend les terres ex-ennemies (*Freehold Lands*) constituées des vastes plantations allemandes anciennement dites 'vacantes et sans maître', donc les terres de l'État. La deuxième englobe toutes les terres coutumières *Native Lands* occupées par les autochtones. Il s'agit essentiellement de portions de terre stériles et dispersées.[12] Les différents textes en vigueur organisaient une tenure foncière articulée autour de deux principaux piliers que sont notamment le régime du *right of occupancy* dédié aux aborigènes et celui de l'*autorisation of occupancy,* sanctionné par un *certificate of occupancy,* destiné aux étrangers.[13] Ce *certificate of occupancy* sera éligible à la transformation en titre foncier, dans le cadre d'un délai de dix ans pour les terrains en zone urbaine et 15 pour les terrains en zones rurales, après l'avènement de l'ordonnance n° 74/1 du 6 juillet 1974 fixant le régime foncier.

1.2.3   Le système français

Le système colonial français, quant à lui, a été principalement caractérisé, notamment en marge de la poursuite de la domanialisation des terres, par l'instauration, à la faveur de deux décrets successifs du 21 juillet 1932, d'une part, d'un régime de la constatation des droits fonciers indigènes, sanctionné par la délivrance d'un livret foncier qui bénéficiera par la suite du régime de la transformation en titre foncier suite à l'avènement de l'ordonnance n° 74/1 susmentionnée ; d'autre part, du régime foncier de l'immatriculation, inspiré de l'*Act Torrens*, d'origine australienne. Le régime foncier de l'immatriculation, tant par voie directe que par voie de concession, actuellement pratiqué au Cameroun, est profondément tributaire de ce texte.

1.3   La période postcoloniale

Quant à la période post coloniale, celle-ci est principalement caractérisée par un processus de camerounisation du régime foncier et domanial notamment sanctionné par les textes de loi suivants : la loi n° 59/47 du 17 juin 1959 portant organisation doma-

---

12   Tjouen (1981:30).
13   Lire à ce propos, Ngwasiri Nforti (1980).

niale et foncière ; le décret-loi n° 63/2 du 9 janvier 1963 fixant le régime foncier et domanial au Cameroun oriental ; la loi n° 66/LF/4 du 10 juin 1966 réglementant la procédure d'expropriation pour cause d'utilité publique dans l'État fédéré du Cameroun oriental ; les ordonnances de 1974 fixant le régime foncier et domanial. Il s'agit en l'occurrence de trois ordonnance que sont : l'ordonnance n° 74/1 du 6 juillet 1974 fixant le régime foncier ; l'ordonnance n° 74/2 du 6 juillet 1974 fixant le régime domanial ; l'ordonnance n° 74/3 du 6 juillet 1974 fixant le régime des expropriations et des indemnisations.

Ces ordonnances seront complétées le 27 avril 1976 par trois décrets numéros 76/165, 76/166 et 76/167 fixant respectivement les conditions d'obtention du titre foncier, les modalités de gestion du domaine national et les modalités de gestion du domaine privé de l'État. La dernière ordonnance citée sera ultérieurement modifiée, par la loi n° 85/09 du 4 juillet 1985 relative à l'expropriation pour cause d'utilité publique et aux modalités d'indemnisation, dont les modalités d'application sont fixées par les dispositions du décret n° 87/1872 du 16 décembre 1987.

2   La substance des régimes

En vertu des ordonnances susmentionnées et des textes pris pour leur application, la gouvernance foncière au Cameroun est tributaire des statuts des terrains qui relèvent de trois principales catégories que sont les terrains du domaine public, les terrains du domaine privé et les terrains du domaine national.

2.1   Les statuts des terrains

Les terrains du domaine privé font partie de la propriété privée et/ou font l'objet d'un titre foncier. Les terrains du domaine public sont par nature ou par destination destinés au public ou à l'usage du public. Les terrains du domaine national ne font partie ni de l'une ni de l'autre catégorie de terrain.

En effet par domaine national, il faut entendre les terrains qui appartiennent à la nation et qui sont en conséquence le lieu d'expression de tous les droits et de toutes les prétentions légitimes de toutes les catégories d'acteurs, que ce soit l'État, les collectivités coutumières, les personnes physiques et morales. Le Cameroun fait ainsi partie, notamment avec le Niger, le Sénégal, le Togo et certains autres États post coloniaux, des pays qui ont opté dans les années 60 et 70 pour l'institution d'un domaine national. Ce dernier se situe à l'intersection d'un domaine public insusceptible d'appropriation privée et des différents domaines privés, sur lesquels les propriétaires peuvent exercer en toute plénitude leurs prérogatives en termes d'usage (*usus*), d'exploitation (*fructus*) et d'aliénation ou de disposition (*abusus*), à condition que cet exercice ne soit pas en contradiction avec la loi.

2.2   Le régime des transactions

Diverses opérations et transactions peuvent ainsi être exercées librement sur le domaine privé des personnes physiques ou des personnes morales, tant publiques que privées, à l'instar des morcellements ou des mutations de titres fonciers sanctionnant les ventes de gré à gré ou par adjudication, dons ou legs, des fusions des parcelles contiguës, l'inscription des hypothèques tenant lieu de sûretés réelles en matière foncière. En marge de ces diverses procédures, les terrains relevant du domaine privé de l'État peuvent faire l'objet de cession à des services ou organismes publics, d'affectation auxdits services ou à la réalisation des projets d'intérêt public, d'attribution en participation au capital des entreprises publiques. Les dépendances du domaine publique aussi bien artificiel constitué notamment des routes et de leurs emprises, des marchés, des halles et des espaces publiques, des conduites d'eau et d'énergie, que naturel comprenant les emprises fluviales, lacustres et maritimes paraissent quant à elles faiblement ou insuffisamment exploitées, au regard du fort potentiel qu'elles représentent.

L'appropriation des terres à partir domaine national, dont la gestion incombe à l'État, se fait à la faveur de deux principales procédures que sont notamment la concession et l'immatriculation directe. A travers la concession, l'attributaire bénéficie tout d'abord d'une concession provisoire qui lui permet dans un intervalle déterminé de temps de réaliser son projet afin de pouvoir bénéficier à terme d'une concession définitive qui débouche sur l'immatriculation du terrain concerné ou d'un bail ordinaire ou emphytéotique en vue d'une exploitation durable dudit terrain.

L'immatriculation directe est ouverte aux collectivités coutumières, leurs membres ou les personnes physiques ou morales de nationalité camerounaise ayant mis en valeur le terrain en cause avant le 5 août 1974, date de publication de l'ordonnance n° 74/1 du 6 juillet 1974 fixant le régime foncier de s'y faire établir des titres fonciers. Cette procédure, à l'instar d'autres dispositions du régime foncier qui confèrent un droit d'usage, de chasse et de cueillette aux collectivités coutumières et à leurs membres sur les terres qu'elles occupent ou exploitent, consacrent la coexistence entre un droit législatif moderne faisant du titre foncier la certification officielle de la propriété immobilière et le prérequis à toutes transactions concernant notamment les actes constitutifs, translatifs ou extinctifs de la propriété qui doivent à peine de nullité être établis en la forme notariée, et le droit coutumier fondé sur des usages ou des transactions qui tirent leur essence de la coutume et en vertu de laquelle les collectivités coutumières se considèrent comme propriétaires légitimes des espaces qu'elles occupent et qu'elles peuvent en conséquence exploiter ou gérer selon leurs propres règles et traditions, sans s'embarrasser de la contrainte préalable de se faire établir des titres fonciers qui limiteraient du reste leurs droits fonciers.

2.3   Les questions de gouvernance foncière

La coexistence, entre un droit traditionnel d'essence coutumière et un droit moderne d'essence républicaine et législative est donc loin d'être harmonieuse et en partie à l'origine des conflits multiformes qui portent tant sur les contestations des limites entre les villages, les localités et les circonscriptions, les limites administratives ne correspondant pas toujours aux limites ancestrales ou traditionnelles, les conflits ethniques d'appropriation des terres, les conflits entre agriculteurs et éleveurs pour la maîtrise des espaces.

Par-delà ces conflits et dans leur prolongement, le domaine national apparaît ainsi comme une sorte de zone grise où se pratiquent et se développent la spéculation foncière permettant à des opérateurs de conclure ou non des arrangements avec les propriétaires dits coutumiers des terres à l'effet de les immatriculer sans mise en valeur probante et revendre les parcelles, les immatriculations de grandes superficies qui prospèrent selon le même mode opératoire, les accaparements de terre par des personnes n'ayant aucun lien avec les localités mais qui s'y implantent ou les immatriculent en se servant de la force de l'argent et du manteau républicain, les immatriculations multiples des mêmes espaces, sans oublier les occupations anarchiques des terres qui loin de se cantonner au domaine national, sévissent également sur les terres privées ou immatriculées et le domaine public, via l'occupation des emprises, des marécages, des flancs de collines ou de montagnes, les constructions sur les zones non constructibles, etc.

Il en résulte d'importants désordres, générateurs de multiples litiges fonciers qui constituent environ 85% du rôle des juridictions administratives et 65% de celui des juridictions judiciaires et qu'il importe de juguler harmonieusement.

3   Le règlement des litiges

Le règlement des litiges se fait sur la base d'un certain nombre de recours intentés aussi bien devant l'Administration que devant les juridictions compétentes.

3.1   Les recours administratifs

Les recours administratifs dans le cadre du règlement des litiges fonciers et domaniaux relèvent de la compétence de trois principales instances que sont notamment :

la commission consultative, les Gouverneurs de région et le Ministre des domaines, du cadastre et des affaires foncières.

3.1.1   Le rôle des commissions consultatives

Conformément aux dispositions de la loi n° 19 du 26 novembre 1983, modifiant et complétant celles de l'article 5 de l'ordonnance n° 74/1 du 6 juillet 1974 fixant le régime foncier, en son article 3 :

> Les compétences des juridictions judiciaires et celles des Commissions Consultatives ... en matière de règlement des litiges fonciers sont définies comme suit :
> a) relève de la compétence des Commissions Consultatives, le règlement des litiges fonciers ci-après :
> - les oppositions à l'immatriculation en instance au service des domaines à l'entrée en vigueur de la présente ordonnance ;
> - les oppositions à l'immatriculation des terrains formulées dans le cadre de l'application du décret prévu à l'article 7 de la présente ordonnance ;
> - toutes les revendications ou contestations d'un droit de propriété sur les terrains non-immatriculés introduites par les Collectivités ou les individus devant les tribunaux.
> b) est de la compétence des Juridictions judiciaires, le règlement de tous les autres litiges fonciers à l'exclusion de ceux relatifs aux conflits frontaliers.

Concernant tout d'abord les oppositions et les demandes d'inscription des droits sur le titre foncier, les personnes intéressées, notamment lorsque leurs droits sont menacés dans le cadre d'une procédure d'immatriculation, peuvent y faire obstacle en intentant une opposition ou une demande d'inscription des droits. L'opposition ou la demande d'inscription des droits est adressée au Sous-Préfet du lieu de situation du terrain avant la descente de la commission consultative pour le constat des mises en valeur ou au Conservateur foncier qui dispose d'un registre spécialisé à cet effet. L'initiateur de la procédure d'immatriculation en est alors notifié en vue, soit de produire une main levée d'opposition dans un délai de 30 jours, soit d'y acquiescer.

3.1.2   Les prérogatives des gouverneurs de région

En cas de persistance du conflit, l'affaire est portée à la connaissance du gouverneur de région territorialement compétent.

En effet, conformément aux dispositions de l'article 20 du décret n° 76/165 du 26 avril 1976 mentionné ci-dessus :

> (1) Les oppositions ou demandes d'inscription de droits non levées à l'expiration du délai prévu à l'article 18 alinéa (2) ci-dessus, sont soumises au Gouverneur territorialement compétent pour règlement après avis de la Commission Consultative.

(2) Sur proposition du Chef du Service Régional des Affaires Foncières, le Gouverneur peut par arrêté, selon le cas, autoriser le Conservateur Foncier:

- Soit à immatriculer le terrain au nom du requérant, avec inscription des droits, le cas échéant ;
- Soit à faire exclure, avant immatriculation, la parcelle contestée ;
- Soit enfin à rejeter la demande d'immatriculation.

(3) La décision du Gouverneur est susceptible de recours hiérarchique devant le Ministre chargé des Affaires Foncières. »

3.1.3 Les compétences du Ministère des domaines, du cadastre et des affaires foncières (MINDCAF)

En marge de l'examen des recours hiérarchiques intentés contre les décisions des Gouverneurs de région en matière de règlement des oppositions ou des demandes d'inscription des droits, le Ministre des domaines, du cadastre et des affaires foncières est chargé de l'examen de divers recours dans le cadre du contentieux foncier et domanial.

Le fondement de cette compétence se situe en partie dans la règle du recours gracieux préalable, en vertu de laquelle, tout recours juridictionnel devant le Tribunal administratif est subordonné à une saisine préalable et obligatoire de l'administration.[14]

Les recours portés à la connaissance du MINDCAF sont notamment les suivants :

- le recours en retrait de titre foncier ;
- le recours en constat de nullité de titre foncier ;
- le recours en rectification du titre foncier ; et
- les recours divers en annulation ou en rectification des actes liés à la gestion du régime foncier et domanial.

Le recours en retrait de titre foncier est le principal recours en cas de faute de l'administration, de vice de procédure ou de fraude. Dans ce cadre, le ministre chargé des affaires foncières organise des investigations par tout moyen pertinent et procède, lorsque les faits sont avérés, au retrait du titre foncier en cause. Le Ministre doit pour cela être saisie dans le délai règlementaire de trois mois à compter de la date à laquelle ce titre foncier a été établi ou à défaut, lorsque la victime en a eu connaissance. Cette exigence de respect des délais n'est pas de rigueur lorsque le recourant excipe la fraude et que celle-ci peut être prouvée par des documents authentiques. La procédure de retrait du titre foncier est organisée par les dispositions des articles 2, alinéas 3, 4 et 5 du décret n° 76/165 fixant les conditions d'obtention du titre foncier.

---

14 Voir sur cette question : Nlep (1986:259) et Binyoun (2016:28-30).

En marge du retrait, la procédure de constat de nullité d'ordre public de titre foncier a été instituée pour armer l'administration face à des situations d'incongruité manifestes et inadmissibles juridiquement. En vertu des dispositions de l'article 2, alinéa 6, du décret n° 76/165 du 27 avril 1976 susvisés, un titre foncier est nul d'ordre public dans quatre principaux cas, à savoir :

- quand plusieurs titres fonciers sont établis sur la même parcelle de terrain. Ils sont déclarés nuls de plein droit. Les procédures sont réexaminées et un nouveau titre foncier est établi au profit du légitime propriétaire ;
- lorsqu'un titre foncier est établi en partie ou en totalité sur le domaine public ;
- quand le titre foncier est établi en partie ou en totalité sur le domaine privé de l'État ou d'une personne morale de droit public ; ou
- si le titre foncier est établi, sans suivi d'une quelconque procédure ou par une autre procédure que celle prévue à cet effet.

Le recours en rectification de titre foncier est prévu par les articles 39 à 40 du décret n° 76/165 susmentionné, la rectification consistant en la correction des omissions ou erreurs commises dans le titre de propriété ou dans les inscriptions dans le livre foncier. La rectification peut être opérée d'office par le conservateur foncier sous sa responsabilité, en cas d'erreur commise par lui-même ou un de ses prédécesseurs dans les documents ayant servi à l'établissement du titre foncier. Lorsque la rectification porte atteinte aux droits des tiers, elle est autorisée par un décret du Premier ministre.

Les décisions du Ministre sont susceptibles de recours devant les juridictions compétentes.

3.2   Les recours juridictionnels

Les recours juridictionnels sont principalement de deux ordres, à savoir les recours relevant de la compétence des juridictions judiciaires et les recours relevant des juridictions administratives.

3.2.1   Les juridictions judiciaires

Les juridictions judiciaires sont compétentes pour connaître des recours concernant les cas ci-après :

- Le dol : en l'espèce, le décret n° 76/165 du 27 avril 1976 fixant les conditions d'obtention du titre foncier, en son article 2, alinéas 1 et 2, dispose que :

Toute personne dont les droits ont été lésés par suite d'une immatriculation, n'a pas de recours sur l'immeuble, mais seulement en cas de dol, une action en dommage-intérêts contre l'auteur du dol.

L'action est portée devant la Juridiction civile du lieu de situation de l'immeuble.

- La résolution d'une vente : ce contentieux est régi par les dispositions de l'article 24 du décret n° 76/165 du 26 avril 1976 mentionné ci-dessus. L'action est portée devant la juridiction civile du lieu de situation de l'immeuble. En cas de résolution de la vente, l'immeuble est muté au profit du propriétaire initial.

- Les litiges nés des transactions immobilières privées : le règlement des litiges nés des transactions immobilières privées se fait conformément aux dispositions de l'article 8 de l'ordonnance n° 74/1 du 6 juillet 1974 fixant le régime foncier et de celles de la loi n° 19 du 26 novembre 1983 susmentionnée.

- La répression des atteintes à la propriété foncière et domaniale : Cette répression se fait en application de la loi n° 80/22 du 14 juillet 1980. Ladite loi prévoit des cas de nullité des actes, des amendes et des sanctions diverses relevant de la compétence du Juge judiciaire.

- L'emprise et la voie de fait administrative : conformément aux dispositions de l'article 3, alinéa 2, de la loi n° 2006/022 du 29 décembre 2006 fixant l'organisation et le fonctionnement des tribunaux administratifs, les tribunaux de droit commun connaissent des emprises et des voies de fait administrative et ordonnent toute mesure pour qu'il y soit mis fin. Toutefois, en vertu de l'alinéa 3, « Il est statué par la Chambre administrative de la Cour suprême sur l'exception préjudicielle soulevée en matière de voie de fait administrative et d'emprise ».

- Le contentieux de l'authenticité et de la validité des actes produits dans le cadre des procédures domaniales, cadastrales et foncières : lorsqu'on conteste l'authenticité ou la validité d'un acte produit dans le cadre des procédures susmentionnées, le contentieux qui en résulte relève de la compétence du Juge judiciaire. Il en est ainsi notamment lorsqu'est mis en cause la véracité des mentions, constats ou assertions contenues dans un procès-verbal de bornage ou dans le cadre de l'inscription en ou de faux contre les actes établis par le Conservateur foncier ou les responsables assermentés du cadastre.

- L'édiction des mesures conservatoires ou d'urgence : Il s'agit notamment, d'une part, de l'ordonnance autorisant l'établissement d'un *duplicatum* de titre foncier ; d'autre part, de l'ordonnance de prénotation judiciaire. Le régime concernant cette dernière ordonnance demeure fixé, par défaut, par les dispositions du décret formellement abrogé du 21 juillet 1932 instituant au Cameroun le régime foncier de l'immatriculation, notamment en ses articles 163, 168 et 169. Deux principales étapes sont observées dans le cadre de la pratique camerounaise : l'obtention d'une ordonnance de prénation judiciaire chez le juge de référé, en l'occurrence le Président du tribunal de première instance du lieu de situation de l'immeuble ; et l'assignation en validité de prénotation chez le même juge dans le délai de vingt jours mentionnés ci-dessus, en vue d'une inscription définitive jusqu'à extinction de l'affaire.

• Les voies d'exécution : la saisie immobilière. Cette dernière consiste pour le créancier titulaire d'un titre exécutoire, à faire mettre sous mains de justice un ou plusieurs immeubles appartenant à son débiteur, à les faire vendre le moment venu et à se faire payer sur le prix. Cette procédure est aujourd'hui organisée par les dispositions de l'Acte uniforme OHADA du 10 avril 1998 portant organisation des procédures simplifiées de recouvrement et des voies d'exécution.

3.2.2   Les juridictions administratives

Les juridictions en cause sont principalement les Tribunaux administratifs et la Chambre administrative de la Cour suprême. Les Tribunaux administratifs sont des juridictions inférieures en matière de contentieux administratif. Ils connaissent en premier ressort des différents recours dont l'examen est précédemment porté à la connaissance du Ministre des domaines, du cadastre et des affaires foncières.

La chambre administrative quant à elle est compétente pour connaître :

• des pourvois formés contre les décisions rendues en dernier ressort par les ju-ridictions inférieures en matière de contentieux administratif ;

• des exceptions préjudicielles soulevées en matière de voie de fait et d'emprise devant les juridictions inférieures en matière de contentieux admi-nistratif ; et

• de toute autre matière qui lui est expressément attribuée par la loi.

Dans le prolongement de la Chambre administrative se situent les interventions de la formation des chambres réunies et celle de la formation des sections réunies.

Néanmoins, ce nouvel attelage comprenant les Tribunaux administratifs à la base et une pluralité d'instances au niveau de la Cour suprême, qui exercent leurs compé-tences sur la base des différentes voie de recours dont peuvent se prévaloir les justi-ciables à l'instar de l'appel, l'opposition, la tierce opposition, le pourvoi, le recours en rectification, est certes de nature à renforcer le maillage juridictionnel du territoire en rapprochant les justiciables des instances judiciaires, mais il demeure pour le moins insuffisant à juguler les nombreux problèmes que soulève la gestion foncière et domaniale au Cameroun et qui rendent nécessaire la mise en œuvre des réformes.

4   Les reformes et perspectives

La finalité des réformes est d'assainir l'environnement du foncier, de moderniser le droit, de rationnaliser les procédures domaniales, cadastrales et foncières. Les ordonnances n° 74/1 et 74/2 du 6 juillet 1974 qui constituent le socle du régime foncier et domanial ne sont certainement pas des fossiles juridiques. Mais elles ont près de cinquante ans d'existence et ont montré leur impotence à contrer tous les phénomènes et les désordres fonciers ci-devant relevés. Leur mise en œuvre n'est même demeurée que parcellaire, puisque des textes importants d'application, à l'instar des textes sur les inscriptions conservatoire (la prénotation judiciaire), suite à l'abrogation du décret colonial du 21 juillet 1932 et du décret régissant la gestion du domaine public n'ont jamais été édictés, entretenant ainsi des vides juridiques préjudiciables à la bonne gouvernance foncière sur ces matières.

Par ailleurs, le foncier au Cameroun est régi par une panoplie de textes complexes et pas faciles d'appropriation pour le profane et certains acteurs du secteur. La gestion de la terre s'est longtemps faite par prélèvements successifs des populations et des opérateurs, sans planification stratégique. Les critères d'âge retenus en 1974 pour discriminer les collectivités coutumières des autres occupants est aujourd'hui très largement dépassé et source de controverses. La croissance démographique (plus de 3%) et ses corollaires aux plans économique, social et urbanistique, ajouté à la bureaucratie foncière, ont engendré de nombreuses pesanteurs dans la conduite des procédures. L'infrastructure cadastrale qui tient lieu de substrat technique à la gestion foncière n'a pas été mise en place depuis les indépendances.

Il importe en conséquence, de bien maîtriser les limites du territoire de l'État, des circonscriptions administratives, des terroirs, des villes et des villages. De mettre en place un système de coordonnées infaillibles pour la délimitation des parcelles et éviter ainsi les doubles bornages et les superpositions de titres. D'informatiser et de numériser les procédures pour les rendre plus fiables et fluides, les simplifier et en raccourcir les délais en vue notamment de faciliter l'accomplissement des transactions foncières et améliorer le climat des affaires. Il faudrait sanctuariser l'environnement du crédit hypothécaire, qui devrait se construire autour des titres fonciers ou de propriétés véritablement inattaquables, intangibles et définitifs et en élargir la sphère et en y intégrant autant que faire se peut les concessions et les baux domaniaux sur le modèle de la loi française de 1994 et, dans le même ordre d'idées d'assurer la maîtrise des coûts et la rentabilité des transactions foncières par une fiscalité appropriée. Tout en préservant naturellement les droits des couches vulnérables de la population que sont notamment les jeunes, les femmes, les populations autochtones et stopper le développement anarchique des villes par des politiques d'allocation et d'aménagement de l'espace appropriées. Il faudrait dans cette perspective renforcer la coexistence harmonieuse entre le foncier rural et le foncier urbain et, de façon générale, entre les systèmes modernes et traditionnels de tenure foncière. Ce qui ne signifie certainement pas un retour en arrière à des systèmes de 'droit personnel' fondés sur des pratiques féodales surannées mais la poursuite des efforts en vue de la garantie des 'droits réels' en organisant un savant dosage entre ce qui relève des droits individuels et ce qui ressortit aux droits collectifs.

Le Cameroun a certainement fait d'énormes progrès sur ces différents plans. Le réseau géodésique unique de référence matérialisé au sol est en cours de mise en place pour asseoir une meilleure délimitation des espaces et donner une fiabilité millimétrique au système de coordonnées désormais en vigueur. Mais il faut mener rapidement à terme un tel projet dont le caractère structurant n'échappe à personne et mettre en place les financements nécessaires. La loi n° 2011/008 du 6 mai 2011 d'orientation pour l'aménagement et le développement durable du territoire au Cameroun permet d'envisager la mise en œuvre d'une politique nationale d'aménagement fondée sur des choix stratégiques clairement identifiés et celle n° 2013/011 du 16 décembre 2013 sur les zones économiques est porteuse de perspectives heureuses et audacieuses en la matière. La taxe foncière est désormais une réalité vivante notamment dans nos cités, aussi bien pour les propriétaires de droit que pour les occupants de fait. La loi sur la copropriété du 21 décembre 2010 et ses textes d'application organisent la possibilité pour une pluralité de personnes de devenir propriétaire de lots ou d'appartements sur les immeubles bâtis ou des ensembles immobiliers communs. Toutefois, il faudrait avant et par-dessus tout, une politique et une législation foncière adéquate. Et c'est l'immense challenge du processus de réforme en cours.

Bibliograhie indicative

Binet, J, 1951, Droit foncier coutumier au Cameroun, Extrait du 18 *Monde non Chrétien*, http://horizon.documentation.ird.fr/exl-doc/pleins_textes/pleins_textes_5/b_fdi_02-03/03674.pdf, consulté le 19 février 2018.

Binyoun, J, 2016, Séminaire sur la défense des intérêts de l'État en justice à l'intention des responsables du Ministère des domaines, du cadastre et des affaires foncières, mars 2016, cahier du participant.

Gourou, P, 1970, *L'Afrique*, Paris, Hachette.

Marguerat, Y, 1976, *Les peuples du Cameroun*, Paris, ORSTOM.

Ngwasiri Nforti, C, 1980, The impact of the present land tenure reforms in Cameroon on the former west Cameroon, 2 *Revue Camerounaise de Droit, Edition clé*, 19.

Nlep, RG, 1986, *L'administration publique camerounaise : contribution à l'étude des systèmes africains d'Administration publique*, Paris, LGDJ.

Terre, F & P Simler, 2014, *Droit civil : les biens*, 9e édition, Paris, Dalloz.

Tjouen, AD, 1981, *Droits domaniaux et techniques foncières en droit camerounais (étude d'une réforme législative)*, Paris, Economica.

CHAPITRE 15 :
POLITIQUE AGRICOLE ET GOUVERNANCE FONCIÈRE AU CAMEROUN

Marie NGO NONGA

1   Introduction

Le développement de la politique foncière et de la politique agricole au Cameroun a été marqué par plusieurs facteurs qui ont permis l'enrichissement et la valorisation de ces politiques dans le temps. L'appropriation et le contrôle de la terre avaient été introduits au Cameroun par le législateur colonial. Pour gérer les territoires conquis, les maîtres s'étaient dotés de garanties autres que celles reposant sur une reconnaissance du droit par les seules autorités villageoises. Parmi les exigences nouvelles, il a paru commode d'instaurer le principe des concessions foncières fixant un droit de propriété à titre perpétuel. L'inscription de ce droit dans un registre public, tenu sous le contrôle de la nouvelle autorité administrative, en assure l'opposabilité. Ainsi fut instauré le régime de 'l'immatriculation foncière' et du 'livre' ou du 'registre foncier', par pur mimétisme avec le régime de conquête, et par nature, totalement artificiel par rapport aux pratiques traditionnelles africaines. Selon l'administration coloniale, le droit foncier traditionnel et les règles coutumières y afférentes n'étaient pas suffisamment protectionnistes pour assurer la sécurité des aménagements et investissements coloniaux. Les problèmes fonciers au Cameroun, ramenés à l'essentiel, s'inscrivent généralement dans deux processus : celui de l'extension de l'intervention de l'État, et celui de la diffusion du système capitaliste. C'est cette dernière qui va principalement influencer les premières politiques agricoles camerounaises.

Le Cameroun dispose d'abondantes ressources foncières encore largement sous-exploitées. Sur une superficie totale de 47 millions d'hectares, 9.2 sont utilisables à des fins agricoles. Les terres arables s'étendent sur environ 7.2 millions d'hectares auxquels il faut ajouter près de 2 millions d'hectares de pâturages. Seulement 1.8 million d'hectares actuellement sont effectivement cultivés (26% de la surface cultivable). La faible densité moyenne de la population place le Cameroun dans une situation favorable en termes de disponibilité de terres. Le domaine agricole est un domaine clé du développement économique du Cameroun. En effet, selon l'institut national de la statistique (INS), le produit interieur brut (PIB) agricole du Cameroun a été évalué à 1,587 milliards de FCFA en 2004, soit un peu plus de 20% du PIB. On note une prépondérance des productions végétales, 75.31% du produit interieur brut annuel (PIBA) (entre 2000 et 2005) avec 66.56% pour les seules cultures vivrières dont l'importance relative s'est accrue au fil des années au détriment des cultures industrielles et d'exportation. Des parts du PIBA relativement modestes des sous-secteurs des productions animales et halieutiques (17.51%) et de la forêt (7.95%) avec pour chacun de ces deux sous-secteurs une contribution inférieure à celle de la production de banane plantain ou de manioc. Par ailleurs, le secteur agricole participe également à l'alimentation de la population. Près de 50% de la population camerounaise vit en milieu rural et périurbain, avec l'agriculture comme principale activité. Les produits tirés de cette activité servent aussi bien à l'autoconsommation qu'à l'alimentation des populations urbaines. Le secteur agricole est le premier employeur au Cameroun avec 59% de la population active, soit 3.7 millions d'actifs agricoles en 2002.[1] Il assure un rôle irremplaçable dans la création des revenus dans les campagnes. Il fonde la base du pouvoir d'achat des populations rurales. Les contributions indirectes en termes d'emplois générés en amont et en aval sont mal connues, surtout en raison du caractère informel de certaines activités, notamment de la commercialisation. Toutefois, malgré ses atouts et ses potentialités, les performances du secteur agricole et rural restent à tous égards en deçà des attentes.

La politique économique essentiellement rentière conduite par les pouvoirs publics camerounais place la terre au centre du dispositif de production. En effet, depuis la colonisation européenne, l'État camerounais a voulu asseoir le développement économique sur l'exploitation de la terre afin de contrôler la mise en valeur du territoire ou d'en disposer à des fins d'utilité publique. C'est ainsi que dans les premières années de l'indépendance, l'État met sur le pied une politique agricole au travers des plans quinquennaux dans laquelle il joue un rôle primordial. Il apparaît à la fois comme maître d'ouvrage et comme maître d'œuvre et contrôle toute l'activité agricole d'un bout à l'autre. La crise économique du milieu des années 1980 va permettre de déceler les limites de cette omniprésence de l'État dans le développement des activités agricole et impulser la mise en place d'une nouvelle politique agricole.

En outre, les ambitions de développement économique fondées sur l'exploitation agro-industrielle des terres vont se heurter à la réticence des populations locales. Car, il existe un principe séculaire dans les mentalités africaines qui considère la terre non comme la propriété d'un seul homme ou d'une institution, mais plutôt comme la propriété d'une communauté ou d'une famille.[2] Une telle perception socioculturelle de la terre en fait un bien précieux, voire un patrimoine entretenant des problématiques dont l'intérêt se mesure par l'acuité des conflits que suscitent sa convoitise et

---

1   Selon les statistiques de l'INS (ECAM I), DSCN, IITA et CIRAD, Yaoundé.
2   La famille n'est pas entendue au sens restreint, regroupant exclusivement les personnes encore en vie. Au sens plus large, elle rassemble les personnes déjà mortes et celles à naître, les ancêtres et les descendants.

son exploitation. Cette conception s'oppose à la logique moderne qui voudrait que tout pouvoir dans la société s'exprime dans sa capacité à inscrire sa logique de domination sur le territoire qui circonscrit son domaine de compétence. Le territoire en faisant partie des trois éléments constitutifs de l'État, représente un enjeu central dans le processus de son développement, le socle de la manifestation de sa souveraineté. C'est donc l'État qui a seul le droit d'organiser l'appropriation des terres agricoles. C'est également lui qui a le pouvoir d'établir les relations entre les différentes composantes de la société camerounaise et de définir des politiques nécessaires à un développement national harmonieux. Ainsi, l'État dépossède légalement de leurs terres les agriculteurs locaux pour la réalisation de gros investissements publics.

Mais ces relations varient dans le temps et dans l'espace. En Afrique tropicale, les enjeux fonciers ont suscité dès l'époque coloniale, et entretenu depuis la période postcoloniale un conflit permanent. Au Cameroun, la terre est la principale ressource dont disposent de manière séculaire les populations rurales pour survivre, et sur laquelle les générations présentes misent pour tenter d'améliorer leurs conditions de vie en l'absence d'un tissu économique et industriel pourvoyeur d'emplois.

Dans un tel contexte, la compétition pour l'appropriation de la terre prend toute son importance. Elle s'accentue au gré d'une croissance démographique soutenue, des migrations de retour imputables à la crise économique dont un des corollaires est la rareté d'emplois salariés en milieu ville.[3] Et la coexistence difficile entre le droit traditionnel ou droit coutumier et le droit moderne d'inspiration française ou anglaise selon le passé de chaque région vient exacerber les conflits fonciers. Même si en principe le droit moderne devrait primer en cas de conflit, on en est loin dans la pratique dans la mesure où le droit coutumier l'emporte très souvent. L'esprit de ces différentes lois n'est pas le même et cela crée un problème sérieux dans la gestion des problèmes fonciers au Cameroun. Par exemple, une personne qui a obtenu un droit de propriété légal sur un terrain ne pourra véritablement en jouir en vertu des usages coutumiers qui seraient contre la reconnaissance de son droit de posséder cette terre en l'absence de lien ancestral avéré. Cette situation justifie la résistance des populations à adhérer à un droit foncier qui, parce qu'il réclame davantage de stabilité (ne serait-ce que pour assurer la sécurité des droits recensés) et consacre des modes d'appropriation de la terre autrement que par le lignage, s'accommode mal de l'incertitude et de la variabilité des coutumes.

Comme on le peut aisément le constater, la question de la gouvernance foncière au Cameroun est une problématique sensible. En effet, elle renvoie à des enjeux politiques, économiques, sociaux et culturels qui en expriment le caractère multidimensionnel. Si la gouvernance foncière est une problématique délicate, c'est parce que la

---

3   Ngo Balepa (2010:313).

terre fait l'objet d'appréhensions et d'appropriations à la fois concurrentes et divergentes révélatrices de l'hétérogénéité des orientations des acteurs sociaux individuels ou collectifs à ce sujet. C'est que la perspective dominante de capitalisation et de marchandisation de la terre au Cameroun n'est pas partagée par tous les acteurs et les opérateurs sociaux. Dans ce contexte, comment donc concilier avec un maximum d'efficacité les aspirations au développement économique du pays et la nécessité de la préservation des terres pour les communautés rurales qui en sont dépendantes. Cette question semble récurrente. En effet, l'analyse des politiques foncières et agricoles développées au Cameroun depuis de nombreuses décennies permet de se rendre compte de la difficulté à apporter une solution satisfaisante à ce problème et surtout de l'incapacité de l'État à mettre en place une politique agricole durable.

2 L'évolution des politiques foncières et agricoles au Cameroun

L'appropriation de la terre en Afrique d'une manière générale et au Cameroun en particulier a été définie pendant la mise en valeur moderne initiée par les européens, au moyen des normes juridiques importées de l'occident. L'État colonial va ainsi se substituer[4] aux autorités traditionnelles dans l'assignation des terres. Il s'approprie les 'terres vacantes et sans maîtres' dont on sait qu'elles n'existent nulle part, même pas dans les zones désertées. Il ne retiendra que des champs itinérants tout en excluant les jachères qui les accompagnent ainsi que les territoires de chasse et de cueillette. C'est ainsi que des secteurs domaniaux réglementés, conçus dans un premier temps pour faciliter la création des lignes de chemin de fer deviennent en 1935 des forêts classées dans lesquelles agriculture et élevage sont prohibés et seule la chasse autorisée. À partir des années 1950, la protection de la nature devient la justification de ces spoliations. L'État concentre l'essentiel des pouvoirs en matière foncière et dans le développement et la mise en œuvre de la politique agricole.

2.1 Généralité sur l'évolution de la politique foncière camerounaise

L'histoire domaniale du Cameroun est marquée par trois périodes : allemande, française et des réformes nationales. Pour asseoir sa domination sur les populations, l'administration allemande va exproprier les indigènes de leurs terres et les attribuer aux missionnaires et aux firmes agricoles. Deux principaux textes vont servir de fond à la mise en place de la législation allemande.

---

4   Filleron (2001).

Tout d'abord, le décret du 15 juin 1896 sur la création, la prise de possession et l'aliénation du domaine de la couronne, l'acquisition et l'aliénation des terres du Cameroun. S'appuyant sur le décret impérial du 21 novembre 1902 relatif aux droits fonciers dans les colonies allemandes, ce texte fut parmi les premiers à réglementer le régime des terres dans la colonie du Cameroun. Son article premier dispose qu'au Cameroun, les terres réputées sans maîtres font partie du domaine de la couronne et appartiennent au Reich. À l'exception des terres sur lesquelles les particuliers ou les personnes civiles, les chefs ou les collectivités indigènes pourront prouver des droits de propriété ou d'autres droits réels ; et de celles sur lesquelles des tiers auront acquis des droits d'occupation par des contrats passés avec le gouvernement impérial. Ce décret réglemente successivement en ces articles 2 à 14 la prise de possession des terres de la couronne (articles 2 à 5), l'aliénation des terres de la couronne, soit par voie de transfert de la propriété, soit par voie de location (articles 6 à 9), et pose enfin les règles générales concernant l'aliénation et l'acquisition des terres (articles 10 à 14). Dans le souci d'unifier sa législation et de l'étendre à ses colonies, l'Allemagne va voter un autre texte.

Ensuite, le décret du 21 novembre 1902 entré en vigueur le 1er avril 1903 va harmoniser les législations des colonies allemandes à celles de la métropole en les adaptant aux conditions locales. Toutefois, ce nouveau texte n'abroge pas totalement le texte de 1896 notamment les articles 6 à 9 (aliénation des terres de la couronne) et 11 (aliénation des terrains indigènes) pour faciliter la mise en œuvre du nouveau texte.

Ces décrets allemands avaient institué les régimes foncier et domanial. Afin d'assurer la garantie des droits fonciers, le décret du 21 novembre 1902 étend aux colonies allemandes le régime d'inscription au livre foncier prévu par le Code civil (livre troisième) et les lois métropolitaines.[5] Les livres fonciers sont réels et non personnels, autrement dit chaque terrain a sur le livre un feuillet individuel où il est inscrit à la suite d'une procédure de publicité dont le but est de révéler les droits réels déjà constitués. Ces droits au livre foncier sont mentionnés sur le même feuillet.[6] En plus, le décret de 1902 fixait également la législation applicable aux différentes catégories de terrains. Ainsi, dans un souci d'unification du droit, le protectorat allemand a tenté de supprimer les droits coutumiers, en leur substituant un ensemble de solutions calquées sur le droit impérial et applicables à l'ensemble du territoire.[7]

---

5   Il est donc identique dans son principe, au régime de l'immatriculation que l'administration française instituera au Cameroun par le décret du 21 juillet 1932.
6   Cependant, avant l'entrée en vigueur du décret du 21 novembre 1902, le Cameroun était déjà doté d'un système de garantie des droits réels inspiré de l'*act Torrens* : un livre foncier avait été ouvert en 1893 au siège du tribunal impérial de Douala dont le ressort jusqu'en 1901 comprenait l'ensemble de la colonie. Sur ce point, le décret de 1902 n'avait donc pas innové.
7   Nguiffo et al. (2009:5).

À la différence de l'Allemagne métropolitaine, la législation applicable en matière foncière dans les colonies variait, d'une part, selon que le terrain est inscrit ou non au livre foncier, d'autre part, selon qu'il appartient à un 'non-indigène' ou au *Fiskus* (terrain de la couronne). Lorsqu'ils sont inscrits au livre foncier, les terrains des non-indigènes sont soumis à toutes les dispositions métropolitaines[8] applicables en matière foncière[9], article premier du décret de 1902 y compris celles relatives à l'administration et à l'appropriation forcées.[10] Pour les terrains des non-indigènes qui ne sont pas inscrits au livre foncier, le décret du 21 novembre 1902 en son titre III prévoit un régime spécial.[11] Toutefois, ceux-ci ne peuvent être grevés de droit autre que les hypothèques et les dettes foncières, à condition que la délivrance d'une dette hypothécaire ou d'un bon foncier soit exclue. Enfin la vente et l'administration forcées sont réglementées si les terrains sont inscrits au registre des terres, par des dispositions métropolitaines. En effet, le décret de 1902 donne au propriétaire la faculté de faire inscrire sur un registre des terres, les terrains qui ne sont pas encore inscrits au livre foncier. Pour les terrains appartenant aux indigènes, ils peuvent être inscrits au livre foncier ou au registre des terres avec l'autorisation du gouverneur.[12] Il importe pourtant de relever l'absence de tout document dans les archives nationales mentionnant l'existence de registre des terres du Cameroun. Si l'arrêté du 27 décembre 1910 évoque le registre des terres, il ne semble pas que ce texte ait été effectivement mis en application.

Pour les terrains indigènes qui ne sont ni inscrits au livre foncier, ni au registre des terres, le décret du 21 novembre 1902 ne réglemente que leur aliénation aux non-indigènes.[13] Par contre, il laisse subsister les dispositions de l'article 11 du décret du 15 juin 1896 aux termes duquel cette aliénation doit être approuvée par le gouverneur.[14] Le législateur n'avait pas prévu de procédé qui permette aux détenteurs coutumiers de faire constater officiellement leurs droits fonciers. Mais ces droits étaient protégés, d'une part, grâce à la création des réserves (régime domanial), d'autre part,

---

8   Parmi ces dispositions, on peut relever les articles 313 et 873 du code civil qui posent les principes relatifs au transfert de la propriété foncière et à la constitution des droits réels. Aux termes de l'article 925 alinéa 2 « les non-indigènes peuvent vendre ou céder à bail sans autorisation des autorités les terrains dont ils sont propriétaires ou locataires ».

9   Article 1er du décret de 1902.

10   Article 2 du décret de 1902.

11   Les dispositions des lois métropolitaines ne sont pas applicables au transfert du droit de propriété. Ce transfert s'effectue par simple accord de l'aliénateur et de l'acquéreur (par dérogation à l'article 373 du Code civil) homologué sous la forme administrative (par dérogation à l'article 313 du Code civil).

12   Article 6 du décret de1902 et article 2 de l'arrêté du 27 décembre 1910.

13   Par exemple la cession ou bail de plus de 15 ans.

14   Ainsi, ceux-ci restaient soumis à la coutume et il revenait uniquement à leurs détenteurs de les aliéner au profit des non-indigènes dans les conditions fixées par l'article 6 du décret de 1902 ; ou de les faire inscrire au livre foncier ou registre des terres.

grâce à la faculté donnée aux intéressés de faire inscrire leurs terrains au livre foncier ou au registre des terres. Les détenteurs coutumiers pouvaient aliéner leurs terrains, que ceux-ci aient été ou non-inscrits au livre foncier ou au registre des terres. L'aliénation était soumise, dans tous les cas, à l'approbation du gouverneur. En outre, lorsque le terrain n'était pas inscrit, l'administration effectuait une procédure de publicité.

Le régime domanial s'articulait autour des conditions de création et de prise de possession du domaine de la couronne d'une part, et celles relatives à l'aliénation des terres de la couronne d'autre part. Ici le principe est identique à celui qui inspire pratiquement toutes les législations domaniales. Les terres qui sont réputées sans maîtres font partie du domaine de la couronne.[15] Ainsi[16]

> sous réserve des droits de propriété ou d'autres droits réels que les particuliers ou des personnes morales, que des chefs ou des collectivités indigènes pourraient prouver, de même que sous réserve des droits d'occupation de tiers fondés sur des contrats passés avec le gouvernement impérial, toute terre à l'intérieur du territoire du protectorat du Kamerun est terre de la couronne, considérée comme étant sans maître, sa propriété échoit à l'empire.

Ainsi, les terrains acquis par l'administration allemande n'appartenaient pas au domaine de l'État allemand, mais à celui du territoire colonisé. L'originalité du système allemand réside cependant dans la création de commissions foncières chargées de rechercher méthodiquement les terres sans maîtres et de les déclarer propriété de la colonie.

De ce fait, lorsqu'un commerçant ou un agriculteur demandait un terrain, la commission foncière se rendait très rapidement sur les lieux pour constater la domanialité du terrain et créer les réserves nécessaires à la protection des droits coutumiers. Les terrains de la couronne inscrits ou non au livre foncier sont aliénés dans les formes prévues par le Code civil, à cette différence près que, l'aliénation définitive ou temporaire est faite sous condition.[17] Les terrains de superficie plus grande à usage agricole sont tout d'abord cédés en location aux demandeurs. Ceux-ci ont ensuite la faculté d'acquérir par voie d'achat, soient les parcelles qu'ils ont mises en valeur, soit la totalité du terrain. La législation domaniale allemande au Cameroun céda brusquement place à celle de la France à l'issue de la défaite de l'Allemagne au terme de la Première Guerre mondiale.

Lorsque la France prend possession de l'ancienne colonie allemande, elle y trouve une législation domaniale découlant du droit allemand. Dès lors, son souci est de

---

15 Voir les articles 1 à 5 du décret du 15 juin 1896, l'arrêté du 17 octobre 1896 du Chancelier du *Reich* à Berlin (articles 1 à 5 et 14), les arrêtés du 10 octobre 1904 du Gouverneur du Kamerun.

16 Barbier et al. (1984).

17 Voir l'article 925 alinéa 2 du Code civil métropolitain.

mettre rapidement en place une législation provisoire pour rompre avec les anciennes structures juridiques qui régissent le territoire camerounais, tout au moins dans la partie sous tutelle française. C'est ainsi que le régime de la transcription, alors en vigueur en France depuis le 23 mars 1855, est rendu applicable au Cameroun par une loi du 24 juillet 1921 et l'arrêté du 15 septembre 1921. Le texte du 24 juillet 1921 classe les terres du territoire camerounais en quatre catégories.[18] Cette classification complète utilise le régime de la transcription en facilitant son application sur les terrains domaniaux et ceux des indigènes. Le régime de la transcription est prévu par les articles 2146 à 2203 du Code civil. En plus du régime de la transcription, la France avait introduit au Cameroun par deux décrets du 21 juillet 1932 un nouveau régime foncier dualiste : le premier étant relatif à l'immatriculation, le second portant régime de la constatation des droits coutumiers des indigènes et organisant les transcriptions de leurs droits sur des livrets fonciers. Le second décret semble plus intéressant en ce sens qu'il organise la constatation des droits fonciers des indigènes au Cameroun. Le régime des livrets fonciers ne concerne que les terres détenues par les autochtones, suivant les règles du droit coutumier local sans titre écrit. La possibilité est donnée au détenteur du sol, individu ou collectivité, de faire constater et d'opposer ses droits réels aux tiers et à l'égard du domaine privé du territoire, à la suite d'une procédure donnant lieu à l'établissement d'un livret foncier. L'article 9 de ce décret dispose que les titres authentiques ainsi établis et transcrits confirment définitivement leurs titulaires dans les droits réels énoncés au livret. S'il s'agit d'un droit individuel et aliénable, ce droit peut être transmis entre indigènes par testament, ou entre vifs à titre onéreux ou gratuit. Le régime mixte introduit par la France restera en vigueur jusqu'à la proclamation de l'indépendance du Cameroun en 1960.

L'État camerounais indépendant va se déclarer « propriétaire de l'ensemble du territoire national, confortant ainsi l'héritage colonial et niant une seconde fois le patrimoine traditionnel ».[19] Mais, dans les années 1960, ce sont surtout la croissance démographique exceptionnelle et le développement très rapide de l'économie de plantation dans les terres forestières qui vont bouleverser les anciennes colonies françaises. L'État va alors tenter d'adapter[20] la législation foncière héritée de la colonisation à la

---

18   Les terres domaniales qui appartenaient à l'État allemand et qui, en vertu des articles 120 et 297 du traité de Versailles, seront transférées dans le domaine privé de l'État, en qualité de puissance mandataire ; les terres appartenant, soit à des allemands ou à des sociétés contrôlées par eux, soit à des ressortissants des États membres de la Société des Nations et qui étaient inscrits au *Grundbuch* ; les terres détenues par les indigènes suivant les règles du droit coutumier sans titre écrit ; les terres vacantes et sans maître qui faisaient partie du domaine de l'État.

19   Filleron (2001).

20   Les réformes entreprises, sans être exhaustives, englobent les lois et les décrets suivants : Loi n° 59/47 du 17 juin 1959 portant suppression de la notion de terres vacantes, reconnaissance de la propriété individuelle ou collective coutumière, ainsi que celle de l'État ; loi n° 61/20 du

nouvelle donne socio-économique. Au moment où le Cameroun accède à la souve-raineté, il compte théoriquement deux régimes fonciers : le régime foncier de la transcription et le régime foncier de l'immatriculation. La réforme du 17 juin 1959 va supprimer la notion de terres vacantes et sans maître[21] et reconnaître la constatation des droits fonciers coutumiers par la transcription.[22] Ce texte va pourtant représenter un handicap sérieux pour le gouvernement dans son objectif de réaliser une meilleure

---

27 juin 1961 portant institution de l'obligation d'authentifier tous les actes relatifs aux droits réels immobiliers ; loi n° 66/3/COR du 7 juillet 1966 et décret n°66/385/COR du 30 décembre 1966 portant l'introduction de la notion de mise en valeur des terres et suppression concomi-tante du système de la constatation des droits fonciers coutumiers ; loi n° 80/22 du 14 juillet 1980 portant répression des atteintes à la propriété foncière domaniale (modifiée par la loi n° 85/05 du 4 juillet 1985) et son décret d'application n° 84/311 du 22 mai 1984 ; loi n° 81/03 du 7 juillet 1981 sur la copropriété des immeubles bâtis et son décret d'application n°83/609 du 26 novembre 1983 ; loi n° 97/003 du 10 janvier 1997 relative à la promotion immobilière ; décret-loi n° 63/2 du 9 janvier 1963, ratifié et modifié par la loi n° 63/COR/6 du 3 juillet 1963 : introduction de la notion de patrimoine collectif national et de la procédure d'immatriculation du domaine privé de l'État ; décret n° 64/9/COR du 30 janvier 1964 portant l'organisation du régime de la constatation des droits coutumiers fonciers individuels ; décret n° 64/10/COR du 30 janvier 1964 : organisation des modalités de redistribution des terres tant du domaine privé de l'État que du patrimoine collectif national ; décret n° 77/193 du 23 juin 1977 portant création de la mission d'aménagement et d'équipement des terrains urbains et ruraux (MAETUR) ; décret n° 79/17 du 13 janvier 1979 relatif aux transactions immobilières privées ; décret n° 79/1183 du 17 mai 1979 réglementant la délimitation des centres urbains ; décret n° 79/194 du 19 mai 1979 fixant les règles relatives à la création des lotissements (complété par le décret n° 90/1481 du 9 novembre 1990) ; décret n° 81/185 du 4 mai 1981 réglementant les conditions de réalisation de lotissements spéciaux par la MAETUR ; ordon-nance n° 74/1 du 6 juillet 1974 et décret n° 76/165 du 27 avril 1976 : consécration d'un mode unique d'accession à la propriété, à savoir l'immatriculation après mise en valeur ; ordonnance n° 74/2 du 6 juillet 1974 et décret n° 76/166 et 76/167 du 27 avril 1976 portant la définition et organisation du domaine public, du domaine privé de l'État et du domaine national ; ordon-nance n° 74/3 du 6 juillet 1974 relative à la procédure d'exploitation pour cause d'utilité publique et aux modalités d'indemnisation, abrogée et remplacée par la loi n° 85/009 du 4 juil-let 1985 ; arrêté n° 79/PM du 10 juillet 1981 fixant les modalités d'attribution de lotissements sociaux ; suivi par l'arrêté n° 126 du 17 mars relatif aux lotissements de standing créés par la MAETUR, etc.

21 La loi du 17 juin 1959 portant organisation domaniale et foncière constitue la première réfor-me entreprise en ce domaine par le législateur camerounais. Elle coïncide avec le plan de dé-veloppement du Nord-Cameroun qui avait été conçu notamment pour réinstaller dans les plai-nes les habitants des massifs montagneux surpeuplés. En confirmant les droits coutumiers exercés collectivement ou individuellement sur toutes les terres, à l'exception de celles qui font partie du domaine public et privé de l'État et de celles qui ont fait l'objet d'une appropria-tion selon les règles du Code civil ou du régime de l'immatriculation (article 3), la loi du 17 juin 1959 supprime *de facto* la notion de terres vacantes et sans maître.

22 Allant plus loin, la loi de 1959 reconnaît le système de la constatation des droits coutumiers par la transcription de livrets fonciers, qualifiés de titres authentiques. Ces livrets consacrent les droits réels de leurs titulaires. S'ils comportent droit de disposition et emprise évidente et permanente sur le sol, basée sur une occupation effective du terrain, ils peuvent être trans-formés en droits de propriété par la procédure de l'immatriculation.

utilisation des ressources disponibles notamment en ouvrant des zones faiblement peuplées ou particulièrement occupées, afin de diminuer la pression démographique dans certaines régions fortement peuplées.[23] De son côté, la loi n° 61/20 du 27 juin 1961 relative aux actes notariés va imposer l'authentification des actes portant sur les transactions immobilières pour en réduire l'insécurité. Les textes du 9 janvier 1963 et du 30 janvier 1964 vont définir la notion du patrimoine collectif national et organiser sa gestion. L'objectif visé par ceux-ci est d'offrir aux individus la possibilité d'accéder à la propriété immobilière autrement que par la détention coutumière.

Et pour régulariser la situation des allogènes installés hors du territoire de leur tribu, une modification spéciale sera apportée à la loi du 9 janvier 1963 par la loi n° 63/COR/6 du 3 juillet 1963 qui confère à tout citoyen camerounais de naissance occupant effectivement un terrain urbain ou rural, cédé à titre onéreux ou gratuit par le détenteur coutumier, la possibilité d'obtenir la constatation de ses droits dans un délai maximum de cinq ans. Mais la nouveauté ici est que le mode de détermination de ces superficies est désormais fixé réglementairement, l'administration procédant à la diligence de l'État ou des collectivités, à la délimitation des terres. Le patrimoine collectif national ainsi étendu peut être cédé aux individus par l'État sous forme de concessions. De même, l'État peut en distraire certaines portions pour les incorporer à son domaine privé. La réforme ainsi faite est assurément difficile à appliquer, d'autant plus qu'elle fait appel à de nombreuses procédures très coûteuses. Au demeurant, elle n'est applicable que dans la partie orientale du Cameroun. La législation foncière du Cameroun occidental issue de la loi du 1er janvier 1948, la *land and native rights ordinance*, reste en vigueur. Elle ne reconnaît aux attributaires que l'usufruit des terres qu'ils exploitent, autrement dit de simples droits de jouissance attestés par des *certificate of occupancy*.

L'année 1966 se caractérise par l'introduction dans la législation foncière et domaniale de conditions objectives permettant la reconnaissance du droit de propriété coutumier à savoir l'occupation effective de la terre. En 1974, l'ordonnance n° 74/1 du 6 juillet 1974 fixe le régime foncier. Elle est suivie par l'ordonnance n° 74/2 sur le régime domanial et l'ordonnance n° 74/3 relatives à la procédure d'expropriation pour cause d'utilité publique et aux modalités d'indemnisation. Cette dernière ordonnance sera remplacée plus tard par la loi n° 85/09 du 4 juillet 1985 relative à l'expropriation pour cause d'utilité publique et aux modalités d'indemnisation et par son décret d'application n° 87/872 du 16 décembre 1987. Tout en reconnaissant que les terres immatriculées, les *freehold lands*, les terres acquises sous le régime de la transcription, celles consignées au *Grundbuch* et les terres des concessions domaniales définitives font l'objet de propriété privée, l'ordonnance n° 74/1 du 6 juillet

---

23   Voir Document de référence de la Conférence mondiale sur la réforme agraire, FAO (1966:57).

1974 a institué un seul régime foncier, celui de l'immatriculation, ou régime des livres fonciers encore appelé régime du titre foncier. La réforme du 14 juillet 1980 avait pour objectif de combattre la multiplication de différentes formes d'escroquerie foncière relative aux transactions immobilières portant sur des propriétés indivises, ainsi que l'occupation et l'exploitation anarchiques des terrains. Le Cameroun renforce dans les années 2000, le mouvement d'harmonisation de son droit foncier, s'inscrivant dans une visée résolue d'unification de celui-ci. Le train de mesures normatives et procédurales à travers lequel s'exprime et s'organise la mise en forme de la politique foncière au Cameroun, participe de l'alignement des autorités aux nouvelles exigences sociales.

L'analyse de la législation foncière et domaniale camerounaise prouve que l'accaparement de la terre reste encore marqué par des techniques modernes et traditionnelles. L'État colonial, dans le souci de satisfaire les besoins de la métropole et l'État indépendant dans le but d'assurer le développement économique et social, ont progressivement mis en place des normes de gestion de la terre autres que celles des communautés locales. Les législations héritées de la colonisation ont été progressivement réaménagées de l'indépendance à nos jours afin d'impulser le développement socio-économique en donnant les moyens de contrôler les initiatives de mise en valeur des terrains, agricoles ou non. La dépossession progressive des droits fonciers des communautés locales et autochtones amorcée dès la colonisation a été figée par la réforme foncière de 1974, qui a laissé les populations rurales sans droit de propriété sur les ressources terrestres. La création du domaine national a néanmoins permis la cohabitation du droit écrit et des droits coutumiers dans toute leur diversité. La précarité reste cependant la caractéristique essentielle des droits fonciers des populations rurales du Cameroun. Et dans ce contexte, les communautés autochtones sont les plus fragiles, aucune reconnaissance de leurs droits coutumiers n'étant assurée par le droit en vigueur.[24]

2.2   La mutation de la politique agricole camerounaise

Le Cameroun dispose d'importants atouts naturels qui rendent la pratique des activités agricoles très attrayantes. L'analyse de la production agricole camerounaise a montré qu'il existe trois grands types d'agriculture au point de vue structurel : l'agriculture familiale pratiquée par les petits exploitants agricoles ; la petite et moyenne entreprise agricole qu'on rencontre dans les exploitations agricoles de moyenne et grande importance et enfin l'agriculture de plantation qui est celle des entreprises agro- industrielles. Ainsi, l'agriculture occupe une place de choix dans les

---

24   Nguiffo et al. (2009:24).

politiques et stratégies de développement du pays. À cet effet, l'État a élaboré depuis l'indépendance du pays en 1960, différents types de mesures et instruments en matière de politique agricole. L'un des objectifs de politique du développement du secteur agricole est l'amélioration des conditions de vie des populations rurales, qui vise d'une part, à créer un cadre de vie permettant aux populations les plus démunies de s'insérer dans les circuits économiques, et d'autre part la satisfaction des besoins primaires.

L'agriculture apparaît comme le secteur prioritaire de l'économie dans le discours des autorités politiques camerounaises. C'est ainsi dans son discours du 24 février 1983, le Président Paul Biya déclarait : « parmi les secteurs de l'activité économique nationale, et loin de négliger les secteurs industriels et des services, l'agriculture demeure le premier, celui qui, complémentaire des autres, offre le plus de débouchés et rapporte le plus de devises, celui qui assure l'autosuffisance alimentaire... ». Vingt ans après, dans son message à la nation du 31 décembre 2005, le Chef de l'État affirme encore que « le moment est venu de lancer cette grande politique agricole pour laquelle nous sommes si bien dotés...nous sommes en train de reconstruire les fondations de notre nouvelle économie ». Et lors du comice agropastoral d'Ebolowa, il reprendra la même idée en indiquant que le moment est venu pour mettre en pratique de manière résolue la grande politique agricole qui se résume en quelques directives à savoir, la mise en place d'une unité de production d'engrais ; la mise en activité de l'usine de montage de machines agricoles d'Ebolowa ; la réhabilitation des fermes semencières ; la préparation d'une réforme foncière visant à répondre aux exigences de l'agriculture de seconde génération et le renforcement du dispositif de financement des activités rurales par l'ouverture de la banque agricole et de la banque des PME-PMI. Pour cela, il a promis qu'un effort financier exceptionnel sera fait par l'État au bénéfice de l'agriculture, de l'élevage et de la pêche au cours des prochains exercices. Toutefois, cette politique a connu une évolution dans le temps.

L'analyse des politiques agricoles au Cameroun constitue l'opportunité d'examiner le contexte et les mesures de politiques relatives au secteur agricole mises en œuvre au Cameroun depuis l'indépendance. Cet examen permet de distinguer différentes périodes.

Jusqu'au milieu des années 80, le secteur agricole est comme tous les autres secteurs de la vie économique, tributaire de l'interventionnisme de l'État à travers les plans quinquennaux de développement. En raison du choix politique de l'agriculture comme base de l'économie, les quatre premiers plans quinquennaux de développement (1960-1980) viseront les mêmes objectifs fondamentaux : accroître la production agricole aussi bien vivrière que d'exportation et améliorer sa qualité ; accroître le revenu paysan ; accroître la productivité agricole ; valoriser la production agricole par une transformation locale. Dans le domaine agro-industriel, on note l'omniprésence de l'État à tous les niveaux. Celui-ci contrôle l'essentiel des investissements du secteur agricole et régule sa vitalité par un système de prix administrés.[25] C'est le modèle d'industrialisation étatique qui prédomine. L'État ambitionne alors favoriser le passage de l'agriculture de subsistance à l'agriculture moderne. Des entreprises publiques et parapubliques sont créées par l'action volontariste de l'État et coexistent ou non avec quelques entreprises privées étrangères sur les filières de l'huile de palme, de la banane d'exportation, du sucre de canne, du thé et du caoutchouc.

La période des plans quinquennaux qui démarra avec l'indépendance du pays en 1960, était caractérisée par la promotion des cultures d'exportation et industrielles qui étaient sources des devises pour l'État et qui devaient participer à l'amélioration du niveau et des conditions de vie en milieu rural. Les petits producteurs étaient considérés dans ce système comme des instruments destinés à asseoir la production de masse, parfois forcée. L'État, pour sa part, garantissait les prix et contrôlait strictement les opérations d'achat des intrants et de vente des produits agricoles d'exportation à l'instar du cacao et des cafés (mécanismes de stabilisation des prix). Les autres instruments de cette politique étaient la création de grands projets de développement, la mise en place des sociétés de développement qui permettaient à l'État d'être présent auprès des agriculteurs, de leur apporter les conseils techniques nécessaires et de développer les infrastructures nécessaires à l'amélioration du cadre de vie de ces populations. À côté des productions agricoles traditionnelles d'exportation, et en dehors du riz et du blé qui étaient promus par l'État comme substitut aux importations, les produits vivriers de base (manioc, taro, igname, pomme de terre, maïs, sorgho, arachide, haricot, banane plantain, etc.) étaient produits traditionnellement sans soutien spécifique hormis le conseil technique prodigué dans la mouvance des idées de maintien et de consolidation de l'autosuffisance alimentaire.[26]

La mise en œuvre de cette politique s'est basée sur des programmes se voulant incitatifs à l'endroit des producteurs pour l'amélioration de leurs performances et sur des efforts de mise en place des infrastructures économiques favorables au développement de l'agriculture.

À la fin de cette période, le bilan négatif des 20 années de mise en œuvre de ces plans quinquennaux est imputé à de nombreux facteurs tels que le vieillissement continu et marqué des plantations paysannes et de la population active agricole ; l'accès

---

25 L'essentiel de la dynamique du secteur et de l'économie nationale repose ainsi sur l'exportation de quelques produits de rente (cacao, café, coton) produits par de petites unités familiales. Les droits assis sur les exportations agricoles représentent une part importante des recettes publiques voire la principale source de recettes parafiscales.

26 Achancho (2013:135).

insuffisant des paysans aux intrants et autres facteurs de production ; la prééminence du droit traditionnel sur la législation foncière ; le retard accumulé par la recherche agricole en matière de cultures vivrières, etc.

C'est ainsi qu'à partir des années 1985, on assiste à une profonde mutation sur le plan institutionnel. En effet, le 6e plan quinquennal de développement qui devait couvrir la période 1985-1990 sera brutalement interrompu après deux ans de mise en œuvre en raison de la grave crise[27] économique qui va frapper le pays. Pourtant, dans la Déclaration de stratégie et de relance économique publiée en 1989, le Gouvernement réaffirme la place prioritaire du secteur agricole dans la relance de l'économie.[28] Mais la crise économique va mettre en exergue les défaillances de la politique agricole conduite jusque-là, notamment l'incapacité de l'État à assurer la production de certains biens et services (production, transformation et commercialisation de produits agricoles en régie ; importation et distribution des engrais...). De plus, dans le cadre des plans d'ajustement structurel conclus avec les institutions de Bretton Woods, l'État doit se désengager de la sphère productive et se recentrer sur ses missions régaliennes de facilitation de l'activité des opérateurs privés. Ce faisant, il essaie de mettre en place, à travers différentes mesures, un environnement attractif et sécurisant pour l'économie de marché. L'ouverture introduite dans le pays par le vent des libertés de 1990 va encourager des changements dans l'orientation de la politique agricole au Cameroun. Ainsi, on assiste à la mise sur pied des organisations de producteurs et d'autres entités de la société civile dont le rôle est de plus en plus croissant dans la fourniture de certains biens et services collectifs autrefois assurée par l'État.

Toutefois, malgré une volonté perceptible de part et d'autre, ni la participation des différents acteurs à l'élaboration et à la mise en œuvre des politiques agricoles ni les résultats obtenus de cette politique ne semblent encore pleinement satisfaisants. On va alors assister à l'élaboration en 1990 de la nouvelle politique agricole qui cherche à consolider les acquis tout en améliorant les performances déjà enregistrées. Elle développe une stratégie axée sur une meilleure valorisation du riche potentiel de production et des potentialités de commercialisation offertes. Elle a cinq objectifs principaux : la modernisation de l'appareil de production ; la sécurité alimentaire ; la promotion et la diversification des exportations ; le développement de la transformation des produits agricoles et l'équilibre des filières de production. Dans le cadre de la nouvelle politique agricole, l'État s'efforce de créer un cadre stratégique favorable

---

27 À partir de l'exercice 1986/1987, l'économie camerounaise connaît une crise sans précédent en raison d'une régression de plus de 50% des cours mondiaux des cultures d'exportation ; par ailleurs, la parité du dollar par rapport au FCFA diminue de 25%.

28 Ce secteur continue en effet à occuper près de 75% de la population active, à générer 30% des recettes en devises et à représenter 15% des ressources budgétaires et 24% du PIB.

à l'initiative privée en mettant en place des mesures de déréglementation et de privatisation[29] dont l'objectif est la réduction des gaspillages, la rationalisation des ressources et à l'élaboration d'un mode de gestion plus efficient.[30]

En 1998, cette nouvelle politique a fait l'objet d'une évaluation au niveau du Ministère de l'agriculture. Le bilan des huit années de mise en œuvre fait ainsi ressortir parmi les mesures de réformes engagées : la restructuration réussie de certaines entreprises publiques, qui a permis d'amorcer une reprise des investissements dans certaines filières (banane, coton, caoutchouc et certaines unités de production d'huile de palme) ; l'adoption de nouvelles lois[31] en 1992 et 93 régissant le mouvement coopératif ; la promotion des partenariats avec les organisations interprofessionnelles comme agriculture et communications (AGROCOM) et le Conseil interprofessionnel du cacao et du cafe (CICC) ; la libéralisation de la commercialisation, et la diminution des taxes à l'exportation qui ont permis une meilleure répartition de la rente vers les producteurs de cacao et de café ; le développement des systèmes de microfinance qui amorce une nouvelle approche décentralisée du financement des besoins sociaux et économiques dans les zones rurales ; la mise en œuvre d'une nouvelle démarche de vulgarisation agricole devant associer la recherche et les autres départements techniques. La mise en place de ces mesures et la dévaluation du FCFA survenue en janvier 1994 vont redonner un regain de compétitivité au secteur agricole.

Cependant, les résultats restent insuffisants au regard des attentes vis-à-vis du secteur agricole et des objectifs fixés qui ont été revus. Il s'agit désormais de rechercher pour les prochaines décennies une croissance moyenne réelle de la production agricole de l'ordre de 4% par an. Le nouveau cadre opérationnel de la stratégie agricole actualisée en 2005 essaie de corriger certaines défaillances décelées. L'admission du Cameroun à l'initiative PPTE renforcée en 2000 a en effet nécessité la rédaction d'un Document de strategie de reduction de la pauvrete (DSRP) avec la contribution des

---

29 La privatisation de la gestion du capital des entreprises parapubliques vise à réduire les effets d'éviction du secteur public. Les entreprises inefficientes sont liquidées et celles qui connaissent des dysfonctionnements réhabilitées.

30 En janvier 1998, la Banque mondiale appuie le Ministère de l'agriculture dans la réalisation d'un projet de priorisation des programmes du secteur agricole, de manière à ce que les ressources soient consacrées aux investissements prioritaires.

31 La loi n° 92/006 du 14 août 1992 concernant les sociétés coopératives et les groupes d'initiatives communes (GIC), en remplacement de la loi n° 73/15 du 7 décembre 1973 portant statut des sociétés coopératives. À travers cette loi, de nombreuses organisations de base, ayant un nombre réduit de membres, ont été légalisées et se sont engagées dans un processus de structuration en unions et fédérations de GIC. Cette loi a permis également aux producteurs agricoles, en particulier dans les filières café et cacao, de se libérer du long passé coopératif dirigiste où la non-transparence dans la gestion a créé des attitudes de rejet du terme 'coopérative' chez les agriculteurs. La loi de 1993 sur les groupements d'intérêt économique (GIE). Cette forme d'association est plus contraignante sur la responsabilité des membres vis-à-vis des dettes du groupe. L'enregistrement se fait dans ce cas au registre du commerce.

différents secteurs. La stratégie de développement du secteur rural élaborée comme contribution au DSRP a repris l'essentiel des nouveaux défis de la politique agricole. Ceux-ci insistent sur le développement et la gestion durable des productions, des ressources et de l'offre agricole ; la promotion du développement local et communautaire ; le développement de mécanismes de financement adaptés, de l'emploi et de la formation agricole ; la gestion des risques d'insécurité alimentaire[32] et le développement du cadre institutionnel.

Malheureusement, l'État ne propose aucune mesure dans les orientations de la nouvelle politique agricole qui permettrait de résoudre les conflits fonciers récurrents en matière de gestion des ressources agricoles, qui pourtant constituent un véritable frein à l'épanouissement du secteur agricole au Cameroun.

3 La problématique de la gouvernance foncière et agricole au Cameroun

L'État s'arroge donc la totale propriété de certaines terres gérées par l'administration coloniale et postcoloniale. Ce qui va se heurter au droit coutumier, d'autant plus que, malgré l'irruption de la modernité postindépendance et ses contraintes, le système juridique traditionnel a conservé ses normes non écrites pour régler ses différends. Cette situation continue de générer des conflits permanents et rend difficile la mise en place d'une politique agricole cohérente et durable.

3.1 La persistance des conflits fonciers

L'évocation de la concentration foncière suscite de l'étonnement au regard des densités démographiques actuelles et des discours politiques. Le fait de la rareté de la terre est réel, mais les transferts actuels ne font qu'amplifier les disparités entretenues par la hiérarchie sociale, à savoir, la concentration des terres aux mains des classes nobles ou aisées et le morcellement à outrance des propriétés des plus démunies. Les législations héritées de la période coloniale et celles définies par l'État indépendant vont instaurer un régime de propriété individuelle qui remplace la propriété communautaire ou familiale. Elles tentent alors de faire coexister un ordre juridique idéalisé par les nouvelles dispositions textuelles, et un ordre social formel pratiqué par les populations dans la réalité. Ainsi, l'État s'est arrogé le titre de gardien de toutes les

---

32 La partie septentrionale du pays connaît la plus grande précarité en matière de sécurité alimentaire. Selon la FAO, la couverture des besoins alimentaires varie de 25 à 85% dans la province de l'Extrême-Nord et dans certaines parties de celle du Nord. Il convient d'accorder une priorité à ces zones rurales vulnérables, qui connaissent de plus un indice de pauvreté élevé.

terres et, en cette qualité, le pouvoir d'intervenir à tout moment en vue d'en assurer un usage rationnel ou pour tenir compte des impératifs de la défense ou des options économiques de la nation. Mais les mentalités des populations traditionnelles de différentes cultures tribales n'ont pas compris cette nouvelle rationalité technique amorcée par le législateur. Dans la mesure où la conception traditionnelle de la propriété foncière est demeurée tenace malgré le caractère parfois révolutionnaire des lois foncières d'après l'indépendance. Cette situation perdure et continue de générer de nombreux conflits fonciers au Cameroun.

En pays Bamileké par exemple, la course pour l'occupation et l'exploitation des terres périphériques est plus que d'actualité. Elle est particulièrement active autour des noyaux de fortes densités de population. D'un côté, elle souligne les faiblesses d'un système foncier traditionnel – encore vivace – dans un contexte de démographie galopante et d'individualisme. De l'autre, elle traduit le décalage grandissant entre d'une part, la législation coutumière héritée d'un passé prestigieux, solidement ancré dans les mentalités, et d'autre part, les imprécisions de la législation foncière en vigueur depuis 1974. Les diverses stratégies actuellement déployées dans la course à l'occupation des terres résultent de la confusion des droits fonciers dont les conséquences sont indéniables sur l'évolution des paysages. Un peu partout, l'occupation puis la volonté d'appropriation des terres se traduisent par un marquage de plus en plus systématique de l'espace. Suivant la logique des appropriations coutumières, des clôtures apparaissent dans les zones ouvertes jusque-là réservées à l'élevage bovin extensif. Un bocage pionnier se met progressivement en place. Les conflits agropastoraux limitent son extension dans certains cas, ou accélèrent son déploiement dans d'autres.[33]

Les crises foncières reflètent la pénurie ou faim de terre dans certaines régions du pays engendrant des conflits, soit entre les locaux eux-mêmes, soit entre les autochtones et les allochtones, ou sur les fronts pionniers, entre agro-industries, autochtones et migrants anciens ou de retour. Les conflits terriens sont imputables à l'urbanisation sur fond d'altercations territoriales entre autochtones, immigrants et pouvoirs publics dans un contexte de gestion urbaine précaire, surtout dans les métropoles de Yaoundé et de Douala. On peut relever ici à titre d'exemple, les disputes foncières opposant la CDC au peule Bakwéri, ou encore la protestation des chefs traditionnels kribiens contre la spoliation de leur terre par les projets du port de Kribi et du pipeline Tchad-Cameroun, ou encore, les conflits entre concessions forestières et populations locales à l'est du pays ; entre sociétés de développement et communautés autochtones (conflits fonciers sur l'ex-domaine de la Sodérim à Santchou …), etc.

---

33 Fotsing (1995).

Par ailleurs, en milieu rural, les disputes foncières sont liées d'une part, à la pression démographique sans cesse croissante, et d'autre part, à la concurrence spatiale entre les activités économiques a priori incompatibles (agriculture-élevage) et les projets de développement ne cadrant pas toujours avec les réalités locales. Condensé de l'Afrique dans sa diversité naturelle et humaine, le Cameroun est le théâtre des conflits socio-économiques et politiques liés à l'appropriation et/ou à la gestion des terres. Ceux-ci suscitent la résurgence des questions identitaires dues tout d'abord, au développement des activités économiques dominantes, notamment l'accaparement de meilleures terres arables par les cultures spéculatives ou les concessions forestières. Ce qui génère souvent des affrontements entre locaux (agriculteurs-éleveurs...). On peut évoquer ici l'affrontement meurtrier entre Balinyonga et Bawok aux plaines du Diamaré via les monts Mandara à l'Extrême-nord. On peut aussi souligner l'empoisonnement des bœufs appartenant aux éleveurs nomades en octobre 2006 par les agriculteurs autochtones, en représailles des récurrentes divagations dommageables des troupeaux dans leurs parcelles de cultures. Cette scène macabre témoigne des difficultés d'une cohabitation paisible entre agriculteurs et éleveurs sur les hauts plateaux Ouest-camerounais en général, englobant les régions de l'Ouest et du Nord-Ouest. On peut enfin évoquer la construction des grandes villas luxueuses par les élites Bamiléké dans les campagnes de l'Ouest-Cameroun qui réduisent la superficie des terres agricoles dans cette région de hautes terres très escarpées, réputée densément peuplée[34] (environ 300 habitants au km²). La diversité socioculturelle singulière du Cameroun associée à la forte densité des populations dans certaines régions entraîne comme conséquence l'intensification de la pression exercée sur le sol. Ce conflit est exacerbé par la politique environnementale du gouvernement qui insiste sur la conservation des ressources naturelles.

En outre, la spoliation des terres par la colonisation et plus tard par l'État indépendant va également engendrer un important contentieux en matière foncière. On peut ici souligner le rassemblement insurrectionnel des populations autochtones en août 1997 sur l'ex domaine colonial Lagarde à Penka-Michel (Ouest-Cameroun). Celles-ci tentent depuis de nombreuses années de se réapproprier ce domaine de leur patrimoine ancestral jadis spolié par l'administration coloniale et hérité par l'État postcolonial.

Comme on peut le remarquer, la question de la gouvernance foncière au Cameroun est une problématique sensible. En effet, elle renvoie à des réalités multidimensionnelles. Car, la terre continue de faire l'objet d'appréhension et d'appropriation à la fois concurrentes et divergentes révélatrices de l'hétérogénéité des orientations des acteurs sociaux individuels ou collectifs à ce sujet. La politique capitaliste et mar-

---

34   Nkankeu & Bryant (2010:2).

chande développée par l'État en matière foncière au Cameroun n'emporte pas l'adhésion de tous les opérateurs sociaux. Le développement des plantations industrielles, la mise sous concession de la quasi-totalité des forêts du Cameroun, laisse entrevoir une accentuation des frustrations des populations, exposées à la pénurie en matière foncière.[35] Cette politique a incontestablement un impact considérable sur la mise sur pied d'une gouvernance cohérente en matière agricole au Cameroun.

3.2   La problématique de la définition d'une gouvernance agricole durable

Après les indépendances, presque tous les gouvernements africains ont créé ou favorisé la création de sociétés agro-industrielles pour le développement de cultures telles que la canne à sucre, l'hévéa, le palmier à huile, etc. L'installation de ces sociétés s'est faite très souvent sur plusieurs milliers d'hectares de terres cultivables et très fertiles qui appartenaient aux populations autochtones. Citons pour exemple au Cameroun, la Société sucrière du Cameroun (SOSUCAM).

La libération introduite en matière foncière aujourd'hui n'offre aucune garantie pour les producteurs agricoles de moindre envergure. En effet, régulièrement, l'État dépossède légalement de leurs terres les agriculteurs locaux pour la réalisation de gros investissements publics. Tel a été le cas pour la construction de l'aéroport international de Yaoundé Nsimalen au Cameroun. Ainsi, de nombreux paysans sont dépouillés de leurs terres cultivables au profit de l'État. Et ceux-ci ne sont pas correctement dédommagés et relogés dans des zones leur permettant de continuer la pratique de leurs activités agricoles. Et les politiques d'indemnisation éventuelles se concentrent sur la prise en charge des personnes titulaires des droits fonciers sur des terres jusque-là occupées par les locaux. Tous ceux qui détiennent les droits coutumiers sont ignorés et expropriés purement et simplement. Il s'en suit un conflit une opposition des populations concernées à l'évacuation des zones sollicitées pour cause d'utilité publique. C'est ainsi que des populations se sont opposées à la pose de la première pierre par le Premier Ministre pour la construction d'un hôpital pédiatrique dans une banlieue de Yaoundé sur des terrains dont ils avaient été expropriés.

Par ailleurs, de nombreux industriels achètent de grands espaces en milieu rural à des prix dérisoires et les immatriculent à leur nom propre. Cette dépossession des terres a pour conséquence, la diminution voire la suppression des espaces réservés aux activités agricoles et surtout l'aggravation de la pauvreté en milieu rural et périurbain. Les terres ainsi acquises sont affectées à la pratique d'activités nouvelles susceptibles de générer d'importantes devises pour les promoteurs. Ainsi, ceux-ci in-

---

35   Nguiffo et al. (2009:24).

vestissent parfois dans l'agrobusiness ou dans la promotion immobilière. Les petits paysans sont ainsi convertis en ouvriers agricoles sur leurs propres terres.

Or pour moderniser l'appareil de production au Cameroun, il paraît essentiel à notre sens de redynamiser les activités agricoles du monde rural. Pour ce faire, il importe de mettre sur pied une politique agricole qui protège à la fois les intérêts des populations locales face aux industriels et qui insiste sur une gestion durable des ressources naturelles nécessaires au développement des activités agricole. Pour y parvenir, il faudrait non seulement mettre en place des mécanismes de facilitation de l'accès aux facteurs de production que sont la terre, l'eau et les intrants agricoles entres autres, et surtout garantir la promotion des innovations technologiques à travers le renforcement de la liaison recherche / vulgarisation, et la dynamisation de la compétitivité dans les filières de production.

L'activité agricole a des conséquences graves sur l'environnement. Et celles-ci par rétroaction affectent la production agricole et partant le bien-être des populations. La dégradation des ressources du secteur agricole est le fait de trois contraintes principales parmi lesquelles l'épuisement des sols. Celui-ci résulte de deux causes majeures qui sont d'une part, les dérives de la gestion minière notamment la non-restauration de la fertilité des terres. À ceci s'ajoute le raccourcissement de la durée de la jachère ; l'insécurité associée au droit d'usage et la faible valeur économique accordée à la terre. D'autre part, l'érosion qui résulte des mauvaises pratiques culturales et de la non-application des méthodes de lutte antiérosive. Cette situation est aggravée par les conflits liés à un usage concurrentiel de l'espace rural pour différentes activités, et notamment dans les zones à écologie fragile (soudano-sahéliennes et soudano-guinéennes) qui sont densément peuplées, à forte production ainsi que dans les savanes arbustives où les pratiques extensives recourant aux feux de brousse sont utilisées.

Pour parvenir à une gestion durable des ressources naturelles nécessaires au développement d'une politique cohérente en matière agricole, l'État devrait mettre en place de nombreuses mesures et élaborer des plans sectoriels essentiels orientés vers la résolution des problèmes identifiés. Il semble urgent d'apporter des solutions aux trois problèmes prioritaires y relatifs que sont l'allocation des terres aux différents usages ; le maintien de la fertilité des sols et la maîtrise de la gestion de l'eau. Il importe alors de déterminer les sols disponibles et de définir les pratiques les plus conservatrices susceptibles de maintenir et d'améliorer durablement la fertilité des sols. Il est également important d'élaborer un plan concerté de gestion des espaces agricoles qui permettrait notamment de résoudre les différents conflits liés à l'appropriation des terres et de faciliter l'accès des jeunes au foncier et qui encouragerait la création de nouvelles exploitations agricoles. En ce qui concerne la restauration et le maintien de la fertilité des sols, nous recommandons la poursuite et l'amplification des actions déjà entreprises en matière de lutte contre l'érosion et surtout la promotion de nouvelles pratiques culturales qui tiendraient compte des caractéristiques socio-physiques de chaque zone.

Par ailleurs, l'insécurité foncière étant un handicap à toute politique de maintien de la fertilité des sols, il importe de sécuriser le droit d'usage des terres en développant les modalités de formalisation des contrats de fermage. S'agissant de la maîtrise de l'eau, la mise en place d'une gestion rationnelle de l'eau permettrait à la fois d'étendre les surfaces irriguées et de valoriser des zones humides. Le Cameroun dispose d'une bonne pluviométrie et d'un réseau hydrographique dense comprenant des rivières, des lacs et des plaines d'inondation, des réserves souterraines importantes. Même si les potentialités totales en eau sont difficiles à estimer parce qu'elles dépendent de nombreux facteurs, la maîtrise de l'eau se pose plutôt en termes de qualité et de répartition spatiale pour les eaux de surfaces et météoriques, et de mobilisation pour les eaux souterraines. Il importe alors de mettre sur pied des programmes et des politiques qui permettraient de maîtriser la gestion de l'eau en matière agricole.

4   Conclusion

En définitive, nous pouvons dire que l'histoire foncière du Cameroun est marquée par trois principales étapes qui ont influencé les politiques foncières et agricoles menées par l'État. Dans un premier temps, l'État a cherché à définir ses droits en les faisant cohabiter avec ceux des populations autochtones. Ensuite, sous la pression des considérations économiques et démographiques, la nécessité d'une grande mobilisation des terres a finalement conduit à l'imposition d'un mode unique d'accession à la propriété, basé sur l'exploitation effective des sols. Cette politique foncière coïncide avec la politique interventionniste de l'État dans le développement, la gestion et le contrôle de la commercialisation des produits agricoles. Enfin cette évolution est perceptible au travers de l'analyse des fondements juridiques de la législation foncière et domaniale au Cameroun. Par ailleurs, en matière de politique agricole et foncière, l'accent semble parfois avoir été mis plus sur les objectifs à atteindre que sur les méthodes et les moyens d'y parvenir. Pourtant à notre sens, l'une des conditions indispensables pour la réussite de l'intensification de l'agriculture paysanne aujourd'hui est la disponibilité de débouchés rémunérateurs. Pendant un certain temps, on s'est préoccupé de rendre les circuits de commercialisation officiels, alors qu'ils avaient surtout besoin d'être viables. Ainsi, la modernisation de l'appareil de production se trouve être la voie sans laquelle la volonté de redynamisation du monde rural ne peut se faire. Elle passe par la facilitation de l'accès aux facteurs de production que sont la terre, l'eau et les intrants agricoles entres autres, la promotion des innovations technologiques à travers le renforcement de la liaison recherche/vulgarisation, et la dynamisation de la compétitivité dans les filières de production.

Bibliographie indicative

Achancho, V, 2013, Revue et analyse des stratégies nationales d'investissements et des politiques agricoles en Afrique du Centre : cas du Cameroun, dans : Elbehri, A (ed.) *Reconstruire le potentiel alimentaire de l'Afrique de l'Ouest*, FAO/FIDA, 126-158.

Barbier, JC, J Champaud, & F Gendreau, 1984, *Migration et développement : la région du Moungo au Cameroun*, Paris, ORSTOM.

Filleron, JC, 2001, *La terre et le sang, territoires, patrimoines et épuration ethnique,* IXe Journées de Géographie Tropicale, la Rochelle, https://www.geo-phile.net/IMG/pdf/La_terre_et_le_sang_JC_Filleron_.pdf, consulté le 10 avril 2018.

Fotsing, JM, 1995, Compétition foncière et stratégies d'occupation des terres en pays Bamiléké Cameroun, dans Blanc-Pamard, C & L Cambrézy (eds), *Dynamique des systèmes agraires : terre, terroir, territoire : les tensions foncières*, Paris, ORSTOM.

Ngo Balepa, ASS, 2010, Enjeux et perspectives des conflits fonciers dans l'arrondissement de Sa'a département de la Lékié, Cameroun, dans : Nkankeu, F & C Bryant, *Regards multidisciplinaires sur les conflits fonciers et leurs impacts socio-économico-politiques au Cameroun*, Laboratoire Développement Durable et Dynamique Territoriale, Département de Géographie, Université de Montréal.

Nguiffo, S, PE Kenfack & N Mballa, 2009, L'incidence des lois foncières historiques et modernes sur les droits fonciers des communautés locales et autochtones du Cameroun, dans : Forest Peoples Programme, *Les droits fonciers et les peuples des forêts d'Afrique. Perspectives historiques, juridiques et anthropologiques*, Moreton-in-Marsh, Forest Peoples Programme, http://www.forestpeoples.org/sites/fpp/files/publication/2010/05/cameroonlandrightsstudy09fr.pdf, consulté le 10 avril 2018.

Nkankeu, F & C Bryant, 2010, *Regards multidisciplinaires sur les conflits fonciers et leurs impacts socio-économico-politiques au Cameroun*, Laboratoire Développement durable et dynamique territoriale, Département de Géographie, Université de Montréal.

CHAPITRE 16 :
LES RÈGLES D'URBANISATION ET LA PROTECTION DE L'ENVIRONNEMENT AU CAMEROUN

Joseph Magloire NGANG

1   Introduction

L'urbanisme et l'environnement entretiennent une relation très complexe.[1] Le second s'est imposé au premier comme un défi majeur à l'aune des mutations contemporaines de peuplement qui caractérisent le processus d'urbanisation mondiale. Depuis pas mal d'années, le discours environnemental est devenu de mode dans la planification urbaine, mais en raison des impacts diversement vécus, l'appréciation du lien entre les deux concepts met en présence de deux thèses relativement opposées. La première est une thèse optimiste incarnée par des auteurs comme Pigeon, qui défendent toute conception selon laquelle la transformation des environnements que constitue l'urbanisation conduit souvent à des adaptations positives et non pas inéluctablement destructrices.[2] La seconde, empreinte des théories 'malthusianistes' et véhiculée par des auteurs comme Davis, est jugée catastrophiste. Elle se rallie à l'idée que l'environnement dans les villes a vu la dégradation de ses ressources naturelles, une dégradation généralement d'origine anthropique devant le silence des instruments d'urbanisme.[3]

Quoi qu'il en soit, la relation entre l'urbanisme et l'environnement dépend des réalités propres à chaque contexte. C'est à la faveur du Sommet de la terre tenu à Rio de Janeiro en juin 1992 que la question acquiert toute son importance. La déclaration adoptée lors du sommet attirait l'attention non seulement sur la détérioration de l'environnement, mais aussi sur sa capacité à entretenir la vie, et l'interdépendance

---

1   Jacquot & Priet (2008:12). Lire aussi utilement, Aubril & Traoré (2009) ; Chabi (2001).
2   Pigeon (2007). C'est aussi dans une certaine mesure l'avis des auteurs comme Morand-Deviller, pour qui l'esthétique et l'urbanisation ne sont pas antagonistes. Lire Morand-Deviller (1996).
3   Mekouar (1996:148). Lire aussi Delfau (2005).

372

de plus en plus manifeste entre le progrès économique à long terme et la nécessité d'une protection de l'environnement.[4] Les États étaient appelés à inscrire cet objectif dans des cadres stratégiques animés par des acteurs et comprenant tous les secteurs du développement. Le Cameroun n'a pas fait exception à la règle. Le pays adopte dès 1996 un Plan national de gestion de l'environnement (PNGE) faisant la nette adéquation entre les prescriptions du Sommet de la terre et leur mise en œuvre au niveau national.[5] Cet outil qui se veut un cadre d'orientation prévoit le renforcement au plan interne des mécanismes et actions permettant une protection efficace de l'environnement et une gestion rationnelle des ressources pour un développement durable. Les questions d'urbanisation y sont abordées de manière sectorielle sous le volet « des conséquences d'évolution démographique et de l'urbanisme sur l'environnement », avec une emphase sur le traitement des ordures au niveau des centres urbains et la résolution des problèmes financiers et administratifs afin d'assurer la gestion des déchets solides provenant des industries et des ménages.

Conséquence d'un changement global qui associe la protection de l'environnement à tous les secteurs du développement humain, au nom du développement durable, les questions d'urbanisation et d'environnement vont se lier dans une dynamique d'évolution du droit.[6] En raison des nécessités de protéger l'intégrité du système mondial de l'environnement et d'assurer un développement équilibré, l'environnement intègre les outils de planification urbaine à partir d'une prise de conscience du fait que le nouveau degré atteint dans l'urbanisation du monde, attire l'attention non seulement sur les profonds changements de modes de vie et des paysages, mais aussi sur les effets que de telles concentrations d'humains vont nécessairement entrainer dans les modifications environnementales[7]. Ainsi qu'on le remarquera après la première Conférence sur l'habitat tenue en 1976 à Vancouver, et à la faveur de la Conférence de Rio de 1992, le deuxième examen mondial de la question de l'habitat qui eût lieu à Istanbul en 1996 a permis aux États d'aller plus loin en liant la question de l'habitat à celle de l'urbanisation.

Cependant, bien que la démarche environnementaliste structure les évolutions récentes des règles d'urbanisme, il est assez remarquable qu'il s'agit là d'un effort qui

---

4   Conférence des Nations unies sur l'environnement et le développement (1992).
5   Elaboré sous les auspices du Ministère de l'environnement et des forêts, avec le soutien du Programme des Nations unies pour le développement, le PNGE est adopté en février 1996. Ce document de politique vise de à définir un cadre institutionnel adéquat pour la gestion de l'environnement. En ce qui est du cas particulier de l'environnement urbain, un diagnostic approprié est fait au sujet de la dynamique et la répartition des populations ainsi que les conséquences de l'évolution démographique et urbaine sur les ressources disponibles. Le Plan exprime l'idée que la pauvreté est le problème central de la dégradation de l'environnement. Lire Plan national de gestion de l'environnement, 221.
6   Gauthier (2009:5). Lire aussi en ce sens Damon & Nghiem (2008).
7   Pinson (2004:2).

n'a pas résulté d'une dynamique d'anticipation. Le développement urbain dépend d'une somme de facteurs historiques qui se sont formés par accumulation. Dès son accession aux indépendances, le Cameroun fait face à un immense défi de construction nationale tant au plan économique, social, que politique. Le pays hérite d'une organisation sociopolitique, dont une capitale et quelques villes ne disposant pas d'équipements de qualité, et se doit d'affronter assez prématurément d'importants problèmes d'aménagement à réaliser dans un temps assez court. L'avènement d'un État nouveau correspondait immédiatement au besoin de doter le pays d'une infrastructure urbaine adéquate où devaient s'expérimenter les conditions d'une vie nouvelle. Les premières villes, essentiellement coloniales, furent trop calquées sur les modèles de la métropole, et furent construites pour héberger l'administration coloniale sans tenir compte des autochtones. Ceux-ci abandonnés à eux-mêmes ont commencé à s'installer à côté des quartiers des blancs étendant de fait les villes au gré de leurs moyens de subsistance.[8] Cela explique qu'avant les indépendances, mais aussi quelque temps encore après celles-ci, la gestion urbaine au Cameroun s'appuie sur le plan de développement économique et social de la nation, et cela avec toutes les conséquences dommageables d'une urbanisation menée sans un schéma national d'aménagement du territoire.[9]

Non point certes que l'État n'a pas eu auparavant de soucis à l'égard de la nature dans le développement urbain ; des embryons de dispositions allant dans ce sens existent dans la législation telle qu'elle s'est succédé de la loi n° 66/10/COR du 18 novembre 1966 portant partie du Code de l'urbanisme au Cameroun Oriental, à l'ordonnance n° 73/20 du 29 mai 1973 régissant l'urbanisme en République du Cameroun. Mais, que la prise en compte de l'environnement dans l'aménagement urbain résulte d'une obligation juridique, cela date effectivement de la loi n° 2004/018 du 21 avril 2004 régissant l'urbanisme au Cameroun.

Ce texte marque une étape majeure de réforme qui a servi d'occasion pour revisiter le contenu matériel de l'urbanisme en l'étendant autant que possible à l'ensemble des mesures législatives, réglementaires, administratives, techniques, économiques, sociales et culturelles visant le développement harmonieux et cohérent des établissements humains, en favorisant l'utilisation rationnelle des sols, leur mise en valeur et

---

8   Guiffo (2007:10).
9   Immédiatement après les indépendances le Premier ministre avait sollicité le Secrétariat français des Missions d'urbanisme et de l'habitat (SMUH) pour étudier les problèmes en matière d'urbanisme et de faire au gouvernement des propositions concernant l'organisation des divers services s'occupant de l'urbanisme et de l'habitat ; la définition d'un programme d'action pour les services de l'habitat ; le choix des zones à aménager dans les villes du Cameroun. La mission des experts avait abouti à de nombreuses consultations et à l'élaboration d'un important document intitulé « Principes généraux pour une politique d'urbanisme au Cameroun ». Les recommandations formulées dans le document ne furent jamais prises en compte par les pouvoirs publics. Guiffo (2007:19). Lire aussi Tientcheu Njiako (2012).

l'amélioration du cadre de vie, ainsi que le développement économique et social.[10] Développement harmonieux, cohérence des établissements humains, utilisation rationnelle des sols, amélioration du cadre de vie...etc., constituent les armes de la nouvelle politique urbaine. Tout ce qui fait partie de l'environnement est désormais contenu dans la définition de l'urbanisme. Il faut remarquer au demeurant l'influence du droit à un environnement sain constitutionnellement consacré[11] et son interdépendance vis-à-vis des droits sociaux et économiques. Mais faute de résultat dans la réduction de la pauvreté, l'urbanisme est crédité de peu de progrès dans l'espace social et la connaissance de ce qui est inscrit dans les textes est à la limite du peu d'intérêt que justifie l'enseignement de la matière. Dès lors se pose derrière l'intitulé d'un sujet pas très évocateur, le problème fondamental de l'efficacité de l'action publique. Si l'environnement bénéficie d'un régime relativement consolidé au plan textuel, une distance existe entre la théorie et la pratique. Il découle de la mise en lien des deux concepts le problème de savoir dans quelle mesure les règles régissant l'urbanisme au Cameroun s'accommodent des exigences de protection de l'environnement ?

Cette question éclaire l'intérêt du sujet ainsi que l'hypothèse qui tend à se confirmer à savoir que le régime juridique de protection de l'environnement s'est positivement traduit en droit camerounais. L'influence des questions environnementales sur les opérations d'intérêt national visant en particulier la réalisation des grands projets d'aménagement est aujourd'hui en pleine croissance. Que les mesures juridiques et l'ensemble des opérations matérielles tendant à assurer un développement ordonné des agglomérations intègrent des préoccupations de protection du milieu naturel, urbain, industriel ou social et économique[12] au sein duquel ce développement s'opère constitue désormais un fait. Compte tenu des difficultés économiques, la solution des problèmes sociaux l'a emporté pendant un moment sur des préoccupations environnementales. Nombreux ont été les secteurs qui ont durement souffert de délaissement : habitat, régulation foncière... etc. S'en est suivi un urbanisme de débrouille où le désordre urbain est caractéristique. Toutefois, même si le Cameroun n'est pas parvenu à des résultats très appréciables dans la maîtrise des grandes fonctions urbaines (habitat, équipements, assainissement), la chaine des mesures prises a permis de jeter les bases d'un urbanisme de plus en plus compatible avec la protection de l'environnement, que ce soit au plan réglementaire ou au plan opérationnel.

---

10   Loi n° 2004/003 du 21 avril 2004 régissant l'urbanisme au Cameroun, article 3.
11   La loi n° 96/06 du 18 janvier 1996 portant révision de la Constitution du 2 juin 1972 dispose en son préambule que « Toute personne a droit à un environnement sain. La protection de l'environnement est un devoir pour tous. L'État veille à la défense et à la protection de l'environnement ».
12   L'environnement fait partie des concepts aux contours fuyants, mais les critères de milieu naturel, urbain, industriel ou social et économique sont les plus couramment mobilisés pour le définir. Lire Martinand (1993).

2 Aménagement urbain et étiologie des problèmes environnementaux

Volet essentiel de l'aménagement du territoire, visant à assurer la maitrise de la croissance démographique et l'occupation des sols par les masses, l'urbanisme s'est heurté, comme la plupart des secteurs de la construction nationale, à des difficultés structurelles qui ont diminué l'intervention du pouvoir réglementaire ainsi que son apport au financement des opérations. Même si l'existence des règles d'utilisation des sols n'apparaît pas en soi contestée, leur application pendant longtemps a été négligée et contrarie le respect de la réglementation environnementale en la matière.

2.1 La liaison défectueuse entre l'environnement et les composantes de l'urbanisme

L'aménagement des villes au Cameroun procède d'une évolution globalement marquée du sceau de l'informel, où les acteurs étatiques ainsi que les collectivités territoriales décentralisées se sont manifestés par la cacophonie.[13] Autant dans les dispositifs de planification, que dans les procédures de gestion urbaines, les questions de protection de l'environnement n'ont pas été une priorité.

2.1.1 La faible imprégnation des outils conceptuels

Le droit de l'urbanisme au Cameroun est parti sur des bases réglementaires et institutionnelles très fragiles. Il a fallu attendre, après les indépendances, le décret n° 62/DF/1254 du 16 juillet 1962 portant création du Conseil federal de l'amenagement du territoire,[14] pour voir la création, avec des compétences limitées, du premier organe institutionnel. La législation, elle, ne sera dotée d'un corps de règles matérielles qu'après l'adoption de la loi n° 66/10/COR du 18 novembre 1966 portant partie du Code de l'urbanisme au Cameroun Oriental, et sa révision par l'ordonnance n° 73/20 du 29 mai 1973,[15] intervenue avec l'avènement de l'État unitaire dans un souci d'uniformiser les règles. Sans résister à l'explosion urbaine, ni empêcher la dégradation de l'environnement urbain, l'œuvre normative va se poursuivre avec en particulier les ordonnances n° 741 et 74/2 du 6 juillet 1974 sur le ré-

---

13 Communauté urbaine de Yaoundé (2008:4).
14 Le Conseil est un organe consultatif chargé d'élaborer une politique d'aménagement du territoire et de coordonner les actions des différents ministères dans ce domaine.
15 Ordonnance n° 73/20 du 29 mai 1973 régissant l'urbanisme en République Unie du Cameroun.

gime foncier et domanial, le décret n° 79/194 du 19 mai 1979 fixant les règles relatives à la création des lotissements, modifié par le décret n° 90/1481 du 9 novembre 1990, le décret n° 79/189 du 17 mai 1979 réglementant la délimitation des centres urbains. Des textes dont la portée s'est globalement limitée à une classification des terres et à la restriction de leur utilisation.

C'est à l'après Rio qu'on doit les avancées essentielles des politiques urbaines, dont les objectifs qui étaient jusqu'à lors essentiellement quantitatifs, permettant l'accueil du plus grand nombre possible de logements, sont devenus qualitatifs, avec en prime la protection de l'environnement reconnue d'intérêt général.[16] S'inspirant du Plan national de gestion de l'environnement et de la loi n° 96/12 du 5 août 1996 portant loi-cadre relative à la gestion de l'environnement, la loi n° 2004/003 du 21 avril 2004 régissant l'urbanisme au Cameroun institue le principe de l'étude d'impact environnemental comme conditionnalité dans les opérations d'urbanisme.[17] Cette évolution imprègne ensuite l'activité réglementaire en particulier les décrets d'application n° 2008/0740/PM du 23 avril 2008 fixant le régime de sanctions applicables aux infractions aux règles d'urbanisme ; n° 2008/0737 du 23 avril 2008 fixant les règles de sécurité, d'hygiène et d'assainissement en matière de construction ; n° 2008/0736 du 23 avril 2008 fixant les modalités d'élaboration et de révision des documents d'urbanisme ; le décret n° 2005/0577/PM du 23 février 2005 fixant les modalités de réalisation des études d'impact environnemental ; ainsi que l'arrêté n° 0070/MINEP du 22 avril 2005 fixant les différentes catégories d'opérations dont la réalisation est soumise à une étude d'impact.

Définitivement marquée des influences de l'environnement, l'urbanisme s'est doté de règles de fond permettant de réaliser les objectifs de développement durable tout en respectant dans le renouvellement urbain l'équilibre entre le développement urbain maîtrisé, le développement de l'espace rural, d'une part, et la préservation des espaces affectés aux activités agricoles et forestières et la protection des espaces naturels et des paysages, d'autre part.[18] L'analyse du dispositif réglementaire assis sur l'ensemble des textes évoqués démontre en tout au regard de l'inefficacité à promouvoir un développement ordonné que les villes ont en partie émergé en décalage avec le milieu naturel faute d'une réception rapide des questions environnementales par les règles d'urbanisme. Ce n'est qu'avec les outils de la deuxième génération qu'apparaissent formulés des principes de protection de l'environnement de mieux en mieux conçus.

---

16 Jacquot & Priet (2008:43). Au plan législatif, loi n° 96/12 du 5 août 1996 portant loi-cadre relative à la gestion de l'environnement.
17 Loi n° 2004/003 du 21 avril 2004 régissant l'urbanisme au Cameroun, article 10.
18 Blanc & Glatron (2005).

2.1.2   L'occupation inorganisée du sol par les masses

La ville offre des possibilités, mais la pauvreté sur une plus grande échelle menace son avenir.[19] Pour plusieurs raisons ; exode rural, concentration des services, le Cameroun connait à l'image de tous les pays d'Afrique un niveau exponentiel de croissance des villes. Le pays compte dix capitales régionales avec de nombreuses villes secondaires, pour un total à l'horizon 2020, de 25.5 millions d'habitants répartis sur 475,000 km². Les deux plus grandes villes que sont Douala et Yaoundé[20] concentrent à elles seules et respectivement selon les mêmes projections, environ 2,741,065 et 2,704,433 d'habitants. L'on estime à 6.8% le taux moyen de croissance démographique pour les deux villes. Le niveau actuel de l'urbanisation est de 45% environ pour l'ensemble du pays, alors qu'en 2020 près de 70% de la population sera concentrée dans les villes.[21] Généralement heurté à des reliefs qui opposent d'énormes défis de construction, l'espace urbain camerounais est très cosmopolite et mélange malencontreusement trois types d'habitats : un habitat moderne, un habitat rural, et un habitat spontané de loin le plus dense, qui représente 60% de la superficie de la ville et regroupe 70% de la population avec des voiries peu développées.

Le cosmopolitisme s'enracine et devient difficile à repousser dans des villes a fortiori qui connaissent un urbanisme à deux vitesses où 'la ville de droit' côtoie la 'ville de fait', où le normatif court loin derrière le spontané.[22] Le concept de villes – champignons a ici son illustration la plus parfaite. L'évasion urbanistique ainsi que l'informel dans lesquels se développe très généralement l'espace urbain l'exposent naturellement à un développement anarchique. Les populations investissent jusqu'à saturation les quartiers centraux anciens, tant qu'une reconquête urbaine ne les affecte pas au profit d'activités tertiaires, mais aussi des zones interstitielles ou péri urbaines souvent impropres à la construction. Ces quartiers illégaux disposent d'infrastructures médiocres ou inexistantes, tant en ce qui concerne les voiries, l'adduction d'eau, alimentation en électricité que les réseaux d'assainissement tandis que les équipements de santé, éducation y sont nettement insuffisants.[23]

En raison de la pauvreté, et ce en dépit de sa population jeune, la situation des villes au Cameroun est confrontée à des problèmes majeurs ; une végétation luxuriante, mais grignotée par une insuffisance et une inadaptation des infrastructures et

---

19   Si l'on s'en tient au critère du nombre, la ville se définit au Cameroun comme une agglomération de plus de 5,000 habitants. Dans ce contexte, le Cameroun compte une soixantaine de villes de plus de plus de 15 mille habitants, et au final plus de 147 villes. Tientcheu Njiako (2012:10).
20   Plan directeur d'aménagement urbain de la ville de Yaoundé (2008).
21   Plan national de gestion de l'environnement (1996:213 et 214).
22   Tientcheu Njiako (2012:113).
23   Masure (2008).

un développement urbain incontrôlé et anarchique en contradiction avec les outils de planification. L'environnement relève certes des droits que l'État ne pouvait réaliser que progressivement, mais le vécu en matière d'urbanisation ne correspond qu'en partie à l'orientation législative et la protection de l'environnement est encore moins ressentie au Cameroun dans les tendances jurisprudentielles.

2.2 Les problèmes environnementaux inhérents aux faiblesses de l'aménagement urbain

De nombreuses études démontrent que la croissance démographique est intimement liée à la dégradation de l'environnement ; elle engendre la pollution de l'eau, de l'air et des sols par le transport ou les industries, ainsi que l'accumulation dans l'atmosphère du gaz à effet de serre qui est la principale cause du réchauffement climatique.[24] En bref, le faible impact des politiques environnementales dans l'aménagement urbain est aujourd'hui ressenti avec des conséquences de plus en plus manifestes à la fois sur le cadre de vie des populations et sur les ressources disponibles.

2.2.1 Les problèmes affectant le cadre de vie

Instituer les normes d'urbanisation dans un pays au potentiel naturel très riche, avec un climat diversifié, était sans doute un atout favorable à l'éclosion des activités compatibles à l'environnement. Mais, même si la volonté politique généralement exprimée démontre l'existence auprès des pouvoirs publics d'un souci écologique, la solution aux problèmes sociaux l'a emporté sur les préoccupations environnementales. À titre d'exemple, l'État se préoccupe de résoudre les problèmes d'approvisionnement en eau, en reléguant à une place secondaire la collecte et le traitement des déchets. En raison du manque d'infrastructures d'une manière générale, les milieux marginalisés tendent à se multiplier et s'identifient par des formes d'habitat précaire, des marchés insalubres. Il en découle un déséquilibre immédiat qui installe le cosmopolitisme avec ses nombreuses tares sur la reproduction de la hiérarchie sociale. Les écarts sociaux entre quartiers pauvres et riches, remarquables

---

24 S'agissant de la pollution par les nitrates, les automobiles et l'électricité, une étude faite par B. Commoner établit bien que si la responsabilité incombe pour plus de 50% aux techniques de production, on peut tout de même l'attribuer pour 24% à 31% à la croissance de la population. Plan national de gestion de l'environnement (1996:130). Lire aussi utilement Haumont (1996).

par les conditions d'hygiène, la qualité de l'habitat ou les voies d'accès n'expriment pas de ce point de vue un choix d'urbanisation.

En plus d'un état de saturation et d'insalubrité notoires, l'urbanisation échoue à assurer le respect de l'environnement par l'occupation illégale du domaine de l'État, un habitat établi en violation des règles d'urbanisme, une collecte des déchets rudimentaire et inefficace ; ce qui a pour conséquence l'établissement autour du centre administratif des quartiers (Briqueterie, Mokolo, Mvog-Ada, Mvog-Mbi, Elig-Edzoa...) très enclavés et qui résistent à toute forme de rénovation, ou encore, que les établissements dangereux, insalubres et incommodes ainsi que les infrastructures industrielles dont la position n'est plus conforme aux normes de l'urbanisme fassent encore partie de l'espace urbain.

La ville vit chaque jour la résistance des coutumes et les limites qu'imposent les faibles capacités de l'État impactent sur ce point la gestion opérationnelle de l'espace urbain devenue malheureusement sélective. À l'exemple de Nkongsamba, Nyete, Mbandjock, Edea...etc., quelques villes avaient été développées sur la base du concept de ville industrielle, mais inversement, les deux grandes capitales du pays que sont Yaoundé et Douala hébergent l'essentiel des zones industrielles sans que la tendance ne songe à s'inverser comme l'a témoigné il y a encore récemment le choix de la ville de Douala comme site pour la construction de la cimenterie de Dangote.

Globalement tournée vers des préoccupations de développement économique et de promotion sociale, la ville concentre un maximum d'infrastructures et de services autour desquelles s'installent de nombreuses activités ; mais au-delà de l'augmentation des humains, la concentration multipliée d'urbains qui l'accompagne et l'accroissement des activités qu'ils déploient en ville constituent, en dehors de la lutte qu'elles suscitent entre eux, des facteurs avancés pour expliquer une dégradation de l'environnement.[25] Face au surpeuplement qui est un fait, l'aménagement urbain n'apporte que peu de solutions efficaces dans le sens des précautions à prendre pour préserver l'environnement. Si le potentiel économique des villes en termes d'offre d'énergie, de services, de pouvoir d'achat, d'infrastructures ferroviaires, portuaires et aéroportuaires est incomparable et explique la poussée d'une forte industrialisation à l'intérieur des agglomérations urbaines, il s'agit là des atouts écologiquement pervers. Dans le temps, on demande plus de ressources forestières pour le bois de chauffage et le bois d'œuvre, les matières premières, les routes... ; la déforestation accroît la vulnérabilité des zones urbaines à la sécheresse, aux feux, aux inondations, au glissement de terrain, à la sédimentation, aux polluants et aux maladies.[26]

---

25 Pinson (2004:3).
26 Munasinghe (2008:69). Lire également PRIPODE (2006).

2.2.2   Les problèmes affectant les ressources urbaines

Qu'il s'agisse du cadre de vie ou des ressources en milieu urbain, un même constat s'impose, à savoir que l'augmentation de la pauvreté met davantage de pression sur les ressources accroissant la vulnérabilité à des nouvelles catastrophes environnementales.[27] En effet, l'équilibre du couple 'population – espace' est un besoin naturellement induit. De par leur densité, les agglomérations urbaines imposent une pression accrue sur les ressources de l'environnement immédiat des villes. Dès lors, il est possible de cerner l'impact de l'action des populations sur l'environnement particulièrement par le biais de l'expression de leurs besoins en ressources disponibles et la recherche de la satisfaction de ces besoins ;des caractéristiques socio-économiques qui permettent d'apprécier la plus ou moins grande aptitude de ces populations à faire face à leurs besoins en respectant un minimum de normes vis-à-vis de l'environnement ; de la nature et de l'importance des nuisances et externalités que l'activité de cette population peut causer sur l'environnement en général et sur l'environnement urbain en particulier.[28]

Plus clairement, l'aménagement des villes se développe dans un souci d'hygiène, mais la vitesse de l'expansion urbaine a mené à une amplification de la pression sur l'environnement en termes de hausse de pollution de l'air lié aux transports et aux industries, d'une recrudescence des déchets solides et des émissions de gaz, de l'épuisement et de la dégradation des réserves de l'eau douce, de la détérioration des côtes et de la dégradation des sols.[29] Le seuil de risque atteint explique qu'au cours de ces dernières années, l'effort des pouvoirs ait consisté, avec le concours de financements extérieurs (Pays pauvres très endetté, Banque mondiale), à la reconquête urbaine à travers quelques actions majeures comme la constitution des forêts urbaines ou les déguerpissements. Cependant, en plus d'être socialement mal vécues, ces mesures ne suffisent pas à apporter les solutions aux problèmes qui augmentent au gré de l'incivisme des citoyens et de la tolérance administrative. L'infrastructure urbaine témoigne d'énormes problèmes d'ordre primaire de drainage des eaux, d'entassement des ordures aux abords des routes, de dépôt des bouteilles plastiques dans les cours

---

27   Munasinghe (2008).
28   Plan national de gestion de l'environnement (1996:120).
29   Munasinghe (2008). Lire aussi à ce sujet les conclusions de Desailly et al. (2009) : « la consommation énergétique par habitant augmente lorsque la densité de l'espace urbanisé décroît. Il en va de même des émissions de gaz carbonique et de divers polluants atmosphériques. L'artificialisation des sols entraîne une réduction de leur capacité de stockage de carbone et accélère en outre la circulation des eaux, conduisant parfois à des inondations par ruissellement urbain. Dans le même registre, l'urbanisation a pu gagner des zones exposées à des aléas naturels : inondations dans le lit majeur de la Garonne et de ses affluents, retrait et gonflement des argiles dans la zone des coteaux, fissurant les constructions ». Desailly et al. (2009:1).

d'eau qui provoquent des inondations au cours des saisons pluvieuses. De même, le couvert végétal tout le temps en diminution subit une agression rarement observée de la part d'un côté, des constructions anarchiques qui investissent les flancs des collines et qui imposent à très court terme des mesures pour réduire la vulnérabilité actuelle de l'espace urbain aux catastrophes naturelles- vents violents et glissements de terrain -, et compte tenu de l'autre côté, de la nouvelle politique d'urbanisation qui tient, malgré l'introduction de l'étude d'impact environnemental, à faire prévaloir dans l'aménagement urbain le développement économique et la promotion sociale.

3   Urbanisation et résolution des problèmes environnementaux

Le phénomène d'urbanisation au Cameroun s'est accommodé progressivement des exigences de respect de l'environnement dans des conditions qui donnent certes à tirer des conclusions, mais également à faire des projections. À l'aune des problèmes soulevés par les différentes situations précédemment évoquées, un droit de l'environnement urbain s'est développé.[30] Il s'exprime sous différents aspects de développement durable des villes, de ville et nature et d'esthétique des villes.[31] Cela signifie qu'après quelques années de mauvais départ, la conscience environnementale a gagné la sphère de la planification urbaine et les problèmes tendent à se manifester différemment selon l'endroit où on les observe. Le cadre de l'urbanisme réglementaire concrétise le premier niveau de cette prise de conscience, plus les problèmes environnementaux deviennent nombreux et les règles juridiques complexes, plus apparait la nécessité d'une protection reposant sur un ordre matériel et institutionnel assorti de sanctions. Ensuite, est mis à contribution le volet opérationnel qui est devenu un domaine foisonnant d'interventions publiques et privées et constitue à ce titre un secteur qui capitalise un taux d'investissement public en nette progression.

3.1   L'urbanisme réglementaire et la protection de l'environnement

Le doute que l'aménagement urbain soit protecteur de l'environnement devient aujourd'hui de moins en moins important au vu de la structure des textes régissant l'urbanisme qui ont globalement axé leur combat sur la planification urbaine, l'étude d'impact environnemental ainsi que la répression.

---

30   Lire notamment, Ouzir & Khalfallah (2016).
31   Lire en ce sens, *Vers un droit de l'environnement urbain*, Actes des 2e journées scientifiques du Réseau Droit de l'Environnement (1996). En particulier les contributions de Morand-Deviller (1996:159-176) ; Gouguet (1996:1-25) ; Guibbert (1996:25-44).

3.1.1   La planification urbaine et le principe d'étude d'impact

Non sans vouloir rompre avec des décennies d'une gestion urbaine chaotique, le Cameroun s'est favorablement engagé à apporter des réponses aux recommandations des instruments internationaux en menant des actions dans plusieurs domaines afin de prévenir et de sanctionner les atteintes à l'environnement. Des résultats au plan législatif se sont concrétisés par l'adoption de deux textes majeurs dont la loi n° 96/12 du 5 août 1996 portant loi-cadre relative à la gestion de l'environnement, et la loi n° 2004/003 du 24 avril 2004 régissant l'urbanisme au Cameroun.

Si des deux lois, la première se veut un cadre législatif global régissant la protection de l'environnement, on doit à la seconde l'intégration du principe de l'étude d'impact en matière d'urbanisme, qui constitue une avancée permettant d'aller au-delà des études d'environnement pour servir de pilier social de l'aménagement urbain.[32] L'article 10 du texte, dont l'évocation est éclairante quant à la nécessaire détermination d'un cadre de coordination de l'action de différents secteurs d'activité en matière de protection de l'environnement, prévoit que les études d'urbanisme doivent intégrer les études d'impact environnemental prescrites par la législation relative à la l'environnement. Aussi, outre les établissements dangereux, insalubres incommodes, l'étude d'impact détaillé concerne un large éventail d'infrastructures sociales, économiques et communautaires qui sont des secteurs de choix de l'aménagement urbain. Il en est ainsi de l'adduction d'eau et de l'assainissement, des transports, de l'énergie et de l'industrie, et en ce qui concerne le cas particulier de la construction, de l'aménagement des zones industrielles, de grandes unités hospitalières, de grande unité d'éducation et de recherche, de l'aménagement des zones urbaines, de l'installation et du recasement des populations, de la restructuration des zones, des projets immobiliers de plus de 100 logements, des projets d'établissement commercial de grande taille et de construction des marchés.[33]

En substance, les modalités de réalisation des études d'impacts environnementaux ainsi que les différentes catégories d'opérations dont la réalisation est soumise à cette condition sont l'œuvre du décret n° 2013/0171/PM du 14 février 2013 fixant les modalités de réalisation des études d'impact.

L'étude d'impact peut être sommaire ou détaillée.[34] Le rapport de l'étude d'impact sommaire comprend, entre autres, l'environnement du site du projet et de la région, l'inventaire et la description des impacts du projet sur l'environnement ainsi que les

---

32   Monediaire (2008:13) ; Michel (2001).
33   Arrêté n° 0070/MINEP du 22 avril 2005 fixant les différentes catégories d'opérations dont la réalisation est soumise à une étude d'impact environnemental, article 4.
34   Décret n° 2013/0171/PM du 14 février 2013 fixant les modalités de réalisation des études d'impact, article 3 (1).

mesures d'atténuation envisagées et l'estimation des dépenses correspondantes.[35] Le rapport d'étude d'impact détaillé comprend la description et l'analyse de l'état initial du site et de son environnement physique, biologique, socio-économique et humain ; la description et l'analyse de tous les éléments et ressources naturels, socioculturels susceptibles d'être affectés par le projet ainsi que les raisons du choix du site ; la présentation de l'analyse des alternatives ; l'identification et l'évaluation des effets possibles de la mise en œuvre du projet sur l'environnement naturel et humain ; l'indication des mesures prévues pour éviter, réduire, éliminer ou compenser les effets dommageables du projet sur l'environnement et l'estimation des dépenses correspondantes ; le plan de gestion environnementale comportant les mécanismes de surveillance du projet et de son suivi environnemental et le cas échéant, le plan de compensation.[36]

Qu'ils soient couplés d'étude d'impact ou d'audit environnemental, les outils de planification urbaine, importants déjà par leur nombre, consolident le dispositif de gestion prévisionnelle. Avec la plus-value de servir d'outils d'aide à la décision, ils permettent de mieux prévoir les espaces constructibles pour les activités économiques et d'intérêt général et apportent la rationalité nécessaire dans l'aménagement des échelles de temps à travers la faculté de limiter l'utilisation de l'espace, de maîtriser les besoins de déplacements, de préserver les activités agricoles, de protéger les espaces forestiers, le patrimoine culturel, les sites et paysages naturels ou urbains, de prévenir les risques naturels et les risques technologiques, ainsi que les pollutions et nuisances.

3.1.2   La répression des atteintes à l'environnement en milieu urbain

Ainsi qu'on peut le remarquer, l'adaptation des instruments juridiques de l'urbanisme aux exigences de protection de l'environnement a été tardive, mais positive. Positive, d'abord, au vu de l'introduction de l'étude d'impact environnemental dans les opérations d'aménagement urbain, qui génère de son caractère d'ordre public des obligations, y compris à la charge de l'administration. Ensuite, parce que comme dans toute discipline du droit, la sanction reste la condition d'efficacité de protection de l'environnement. Le rôle du juge s'avère déterminant, il épouse la cause, devenue irrésistible, de la protection de l'environnement et ne craint pas d'annuler les projets de construction et d'aménagement d'envergure, irrespectueux de la légalité.[37] Les dispositions de l'article 261 du code pénal camerounais sont donc

---

35   (ibid.:article 9).
36   Décret n° 2013/0171/PM du 14 février 2013, article 10.
37   Morand-Deviller (1996:176).

appropriées lorsqu'ils sanctionnent celui qui, du fait de son activité, porte à l'environnement des atteintes susceptibles de nuire à la santé publique. Le code vise en cela les infractions de la pollution de l'eau et de l'atmosphère.[38] D'autres moyens coercitifs mis entre les mains des municipalités leurs confèrent un pouvoir de police spéciale leur permettant de prescrire les démolitions de murs, bâtiments ou édifices quelconques dans les cas où ceux-ci menacent ruine, sont insalubres ou enfreignent à la réglementation, plus particulièrement au droit des réserves foncières reconnu pour répondre aux besoins futurs liés au développement urbain.

La loi du 21 avril 2004 régissant l'urbanisme s'adosse, s'agissant des problèmes de lutte contre la pollution urbaine[39], sur les principes de la législation relative à la gestion de l'environnement, affichant de la sorte une flexibilité qui confère un rôle de choix aux institutions, plus particulièrement au Ministère de l'environnement, de la protection de la nature et du développement durable qui assure aux termes du décret n° 2012/431 du 1 octobre 2012, la définition des modalités et des principes de gestion rationnelle et durable de ressources naturelles ainsi que des mesures de gestion environnementales en liaison avec les administrations concernées, le suivi de la conformité environnementale dans la mise en œuvre des grands projets.[40] Un rôle spécifique est conféré à la direction des normes et du contrôle, qui est chargée des inspections et des contrôles environnementaux.[41] Par le biais de cette institution ministérielle, qu'on voit à l'œuvre dans la répression de la pollution industrielle, des amendes sont infligées à des sociétés pour divers cas de pollution. Ainsi, au terme d'une mission d'inspection environnementale effectuée à Douala les 25 et 26 juillet 2001, plusieurs sociétés dont l'Union Camerounaise des Brasseries (UCB)[42], le Complexe Chimique du Cameroun (CCC)[43], la Société Anonyme des Brasseries (SABC)[44], FERMENCAM[45], CIMENCAM[46], SIAC Brasseries Isenbeck[47], ont été sanctionnées pour des faits semblables de pollution des eaux dans la nature sans traitement préalable, de pollution par déversement d'hydrocarbure, pollution due à un dépotage aléatoire et à l'absence d'un bac de rétention de la cuve à fuel, pollution par dépôts de boues industrielles, rejet des eaux usées, de compositions inconnues, utili-

---

38 Le code pénal prévoit pour ces cas spécifiques, un emprisonnement de quinze jours à six mois et une amende de 5,000 à une million de francs ou de l'une des deux peines seulement.
39 Loi n° 2004/08 du 21 avril 2004 régissant l'urbanisme au Cameroun, article 131.
40 Décret n° 2012/431 du 1 octobre 2012, Ministère de l'environnement, de la protection de la nature et du développement durable, article 1 (2).
41 (ibid.:article 58).
42 Une caution de 5,000,000 francs CFA, sous réserve de réponses à apporter.
43 Une amende définitive de 5,000,000 francs CFA.
44 Une amende définitive de 5,000,000 francs CFA.
45 Une amende définitive de 5,000,000 francs CFA.
46 Une amende définitive de 2,500,000 francs CFA.
47 Une caution de 5,000,000 francs CFA, dans l'attente de la poursuite des investigations.

sation de substance appauvrissant la couche d'ozone.[48] Des infractions constitutives d'atteintes à l'environnement qui ne résultent pas seulement des pratiques interdites, mais aussi comme on peut le constater de l'inobservation du principe de précaution.

3.2   L'urbanisme opérationnel et la gestion des problèmes environnementaux

La révision progressive des règles d'urbanisme transforme profondément le paysage des opérations urbaines. Les préoccupations écologiques ont eu un large écho dans l'ensemble des opérations d'aménagement foncier, même si au Cameroun, l'existant n'était guère favorable à une réforme nourrie d'instruments nouveaux comme ce fût par exemple le cas en France où le législateur est allé plus loin en substituant au schéma directeur, le schéma de cohérence territoriale dont l'élaboration tient compte éventuellement des schémas régionaux de cohérence écologique et des plans climat-énergie territoriaux.[49]

3.2.1   Les qualités environnementales des opérations d'aménagement foncier

Le dispositif des aménagements fonciers a été étoffé au mieux des intérêts de développement durable : organiser l'occupation des sols, restructurer les agglomérations urbaines, procéder à des remembrements fonciers pour équiper les terrains destinés à recevoir les constructions, rénover le tissu urbain[50]…etc. L'objectif général qui est d'introduire la souplesse dans la planification urbaine dépend de la matérialisation de ces opérations dans le cadre de la mise en œuvre d'une gamme d'outils compatibles entre eux du sommet à la base. On est emmené à constater la récurrence avec laquelle les dispositions d'ordre fixées par les règles générales d'urbanisme manifestent leur attachement à la législation relative à la gestion de l'environnement, pour interdire de construction ou rendre impropre à l'habitat, les terrains exposés à un risque naturel dont les inondations, l'érosion, l'éboulement et les séismes ; les parties du domaine public classées comme telles et les aires écologiquement protégées ; les terrains exposés à un risque industriel ou à des nuisances graves telles les pollutions industrielles et acoustiques, et ceux de nature à porter atteinte à la santé publique et aux valeurs culturelles.[51] Dans ce contexte, les responsabilités spécifiques qui incombent aux différentes administrations de l'État – défense, mines, environnement, tourisme

---

48   Cameroon Tribune n° 7428/3717 du vendredi 7 septembre 2001.
49   Camous (2012:86).
50   Jacquot & Priet (2008:448).
51   Loi n° 2004/003 du 21 avril régissant l'urbanisme, article 9 (1).

et domaines[52] – autant que celles dévolues aux communautés urbaines et aux groupements de communes, impliquent d'entretenir une plus large concertation.

Dans la pyramide des outils, la place qu'occupe le Plan directeur d'urbanisme est importante pour fixer les orientations fondamentales de l'aménagement d'un territoire urbain, la destination générale des sols et la programmation des équipements.[53] Devenu également un outil important dans le nouveau cadre spatial de l'urbanisme, le Plan d'occupation des sols fixe les conditions d'affectation des sols et les règles qui les régissent. Il détermine le périmètre des zones d'affectation des sols et édicte pour chacune d'entre elles, les règles, les restrictions liées aux servitudes particulières d'utilisation des sols.[54] L'ancrage plus local de cet outil le place au cœur des interventions réglementaires et leur aspect prospectif[55] les rend plus adéquats aux objectifs de protection de l'environnement. Des mesures à caractère provisoire l'accompagnent pour ne pas faire l'impasse entre le passé et la transition à l'urbanisme écologique. Ces mesures s'appuient sur le Plan sommaire d'urbanisme destiné aux communes non dotées de plan d'occupation des sols pour leur permettre de fixer l'affectation des sols et de définir le périmètre de chaque zone d'affectation et de déterminer les règles, restrictions et servitudes particulières d'utilisation du sol.[56] Elles concernent aussi les plans de secteur permettant aux administrations locales de préciser de façon détaillée sur une partie d'agglomération donnée, l'organisation et les modalités techniques d'occupation du sol, les emplacements réservés, et les caractéristiques techniques et financières des différents travaux d'infrastructures.[57]

Compte tenu du lien direct qui existe entre l'utilisation des sols et les atteintes à l'environnement, les opérations d'aménagement foncier se sont orientées vers l'objectif d'organiser le maintien, l'extension ou l'accueil de l'habitat ou les activités, de réaliser des équipements collectifs, de sauvegarder ou de mettre en valeur le patrimoine bâti ou non bâti et les espaces naturels.[58] À terme c'est sur fond de combat en faveur de l'environnement qu'il y a évolution, notamment pour celles des opérations qui visent l'amélioration des conditions de vie et de sécurité des populations en touchant à l'état des constructions, l'accès des habitations, les espaces verts, ou à l'environnement proprement dit. La restructuration urbaine et la rénovation urbaine qui sont deux solutions de contexte requièrent pour cela un consensus. Comme bien

---

52 (ibid.:article 9 (4)).
53 (ibid.:article 32).
54 (ibid.:article 37 et suivants).
55 Soit un terme moyen de 10 à 15 ans retenu par la loi de 2004 régissant l'urbanisme, article 37 (1).
56 (ibid.:article 44 et suivants).
57 (ibid.:article 40 et suivants).
58 (ibid.:article 51).

d'autres opérations qui associent les populations et la société civile[59], elles tentent de refaire l'image de la ville dans un souci plus écologique que simplement esthétique. La première comporte des actions d'aménagement sur des espaces bâtis de manière anarchique, dégradés ou réalisés en secteur ancien, visant l'intégration d'équipements déterminés ou à l'amélioration du tissu urbain des agglomérations.[60] La deuxième se décline en un ensemble de mesures et d'opérations entrainant la démolition totale ou partielle d'un secteur urbain insalubre, défectueux ou inadapté.[61]

Au demeurant, après que l'essentiel des opérations de maîtrise foncière comme les lotissements aient échouées à l'objectif de conduire à une meilleure division de l'espace urbain, il reste à répondre au problème de rendre compatible l'exigence fondamentale du respect de l'environnement avec le droit de propriété individuelle. C'est là le principal défi de l'urbanisme moderne.

3.2.2   Les interventions structurantes des acteurs étatiques et municipaux

L'urbanisme ne relève pas de l'action d'un seul organisme public. Avec l'ouverture aux questions d'environnement, plusieurs institutions entrent en jeu dont le Ministère de l'habitat et du développement urbain, le Ministère des domaines, du cadastre et des affaires foncières, mais aussi le Ministère de l'environnement, de la protection de la nature et du développement durable. Cette organisation très singulière est le fruit d'une longue série de solutions initiées au plan institutionnel. Après des ballades infructueuses entre plusieurs départements ministériels, dont celui du plan et de l'aménagement du territoire, et celui des domaines, de l'urbanisme et l'habitat, le développement urbain est dissocié des affaires domaniales et foncières, et est confié au Ministère du développement urbain et de l'habitat, placé à côté du Ministère des domaines, du cadastre et des affaires foncières. L'idée fut même venue plus tôt, de créer un Ministère de la ville (MINVILLE). Celui-ci fut institué par le décret n° 97/205 du 7 décembre 1997 portant organisation du Gouvernement, mais convaincu qu'il n'a pas eu d'emprise réelle sur le développement urbain en dehors de l'embellissement de quelques villes, les pouvoirs publics l'ont supprimé aux termes du décret n° 2004/320 du 8 décembre 2004.

À la lecture du décret n° 2012/384 du 14 septembre 2012 portant organisation du Ministère du developpement urbain et de l'habitat (MINDUH), ce département ministériel est chargé de l'élaboration et du suivi de la mise en œuvre des stratégies d'aménagement, de restructuration des villes ; de l'élaboration et de la mise en œuvre

---

59   Loi n° 2004/003 du 21 avril régissant l'urbanisme, article 49.
60   (ibid.:article 53 (1)).
61   (ibid.:article 53 (2)).

des stratégies de développement social intégré des différentes zones urbaines ; de l'élaboration et de la mise en œuvre des stratégies de gestion des infrastructures urbaines en liaison avec le Ministère des travaux publics ; de l'élaboration et de la mise en œuvre des stratégies d'amélioration de la circulation dans les grands centres urbains avec les départements ministériels concernés et les collectivités territoriales décentralisées ; de la planification et du contrôle du développement des villes ; du suivi et de l'élaboration des plans directeurs des projets d'urbanisation en liaison avec les collectivités territoriales décentralisées ; du suivi du respect des normes en matière d'hygiène et de salubrité, d'enlèvement et de traitement des ordures ménagères.[62] Ce département ministériel remplit un rôle qui est déjà primordial. Mais les compétences de l'État en matière d'urbanisme environnemental s'identifient à plusieurs niveaux : l'établissement des normes d'encadrement, c'est-à-dire poser les règles et contraintes diverses qui s'imposent aux autorités locales dans l'exercice des compétences qui leurs sont transférées, ce qui a pour objet de faire prendre en compte les intérêts supranationaux et d'assurer la cohérence des opérations d'aménagement ; la participation à l'exercice des compétences décentralisées ; et, l'exercice des compétences non décentralisées.[63] À cet effet d'autres administrations au rang desquelles figurent le Ministère de l'environnement[64] et le Ministère du cadastre et des affaires foncières[65] paraissent doter de missions spécifiques destinées à rendre le développement urbain plus compatible avec le respect de l'environnement.

La détérioration de l'environnement en milieu urbain est liée à la pauvreté qui y règne et cela appelle à des méthodes rentables dans les politiques publiques, notamment le renforcement de la gestion municipale. L'urbanisme se classe parmi les compétences décentralisables par nature. La responsabilité des acteurs municipaux est aussi importante dans l'élaboration et la conduire de l'élaboration des documents d'urbanisme que dans le financement. L'une des avancées essentielles de Rio a été de ce point de vue la mise en évidence du rôle des gouvernements urbains dans la prise de conscience et l'intervention sur les incohérences et les désordres qui affectent les territoires urbanisés et leurs populations.[66] L'État au Cameroun a pris des dispositions dans le processus de décentralisation, qui accentuent la responsabilité des gouvernements locaux en matière de protection de l'environnement dans la conduite des opérations d'urbanisme. Elles ont pour cadre les lois n° 2004/017 du 22 juillet 2004

---

62   Décret n° 2012/384 du 14 septembre 2012 portant organisation du Ministère du développement urbain et de l'habitat, article 1 (2) (b).
63   Jacquot & Priet (2008:59).
64   Décret n° 2012/431 du 1 octobre 2012 portant organisation du Ministère de l'environnement, de la protection de la nature et du développement durable.
65   Décret n° 2012/384 du 14 septembre 2012 portant organisation du Ministère du développement urbain et de l'habitat.
66   Munasinghe (2008:70).

d'orientation de la décentralisation, et, n° 2004/018 du 22 juillet 2004 fixant les règles applicables aux communes. On peut en citer quelques-unes dont le décret n° 2011/0006/PM du 13 janvier 2011 fixant les modalités d'exercice de certaines compétences transférées aux communes en matière de planification urbaine, de création et d'entretien des voiries en terre ; l'arrêté n° 0001/E2/A/MINDUH du 29 mars 2011 portant cahier de charges précisant les conditions et modalités techniques d'exercice des compétences transférées par l'État aux communes en matière de planification urbaine, de création et d'entretien des voiries en terre ; le décret n° 2012/0882/PM du 27 mars 2012 fixant les modalités d'exercice de certaines compétences transférées par l'État aux Communes en matière d'environnement ; le décret n° 2012/0878/PM du 27 mars 2012 fixant les modalités d'exercice de certaines compétences transférées par l'État aux Communes en matière de promotion des activités de reboisement dans les périmètres urbains et les réserves forestières.

Les deux derniers textes évoqués suscitent un grand intérêt. Le premier prévoit que les compétences transférées aux communes en matière d'environnement concernent d'une part l'élaboration des plans d'action pour l'environnement et la lutte contre l'insalubrité, les pollutions et les nuisances sonores.[67] Le plan d'action est un outil efficace qui contient des mesures à prendre et les actions à mener en vue de préserver l'environnement, c'est-à-dire la lutte contre l'insalubrité, la gestion des déchets ménagers, la création et l'entretien des jardins botaniques dans les espaces urbains, la couverture végétale des espaces publics, le reboisement de l'espace urbain, la conduite d'opération Ville verte, Sahel vert, la gestion des sites reboisés. Les communes veillent, dans le cadre de la lutte contre l'insalubrité, les pollutions et les nuisances, à ce que les promoteurs de projets ou établissements et installations qui ne sont pas assujettis à l'étude d'impact, mais qui pourraient avoir des effets négligeables sur l'environnement réalisent une notice d'impact environnemental assortie de cahier de charges.[68]

Le deuxième précise le contenu des compétences communales en matière de reboisement dans les périmètres et les réserves forestières concédées. Entendons par là la création des bois communaux à un taux égal au moins à 800 m^2 d'espace boisé pour 1,000 habitants, la création des plantations d'alignement le long des routes et berges de cours d'eau, la promotion de la foresterie urbaine à travers les incitations.[69] Pour des raisons économiques, certaines opérations visées sont défavorisées, mais

---

67 Décret n° 2012/0882/PM du 27 mars 2012 fixant les modalités d'exercice de certaines compétences transférées par l'État aux Communes en matière d'environnement, articles 1, 5 et 6.

68 (ibid.:article 7).

69 Décret n° 2012/0878/PM du 27 mars 2012 fixant les modalités d'exercice de certaines compétences transférées par l'État aux Communes en matière de promotion des activités de reboisement dans les périmètres urbains et les réserves forestières, article 1.

d'autres, si l'on ne cite que le bois Sainte Anastasie du carrefour Warda à Yaoundé, sont devenues des exemples de réussite. En tout état de cause les nécessités de protection de l'écosystème urbain restent prégnantes ; le renouvellement des ressources forestières dans les réserves forestières ainsi que la création des bois communaux et des plantations d'alignement étant destinés à assurer la gestion durable des forêts domaniales et à promouvoir le service de l'environnement au bénéfice des populations locales à travers les objectifs de lutte contre l'érosion éolienne et hydrique, l'assèchement des marécages, la lutte contre la pollution de l'air et contre la pollution sonore.

En somme, la combinaison des interventions d'acteurs publics, privés, nationaux et locaux a amélioré le paysage de l'aménagement urbain au Cameroun malgré l'image du foisonnement institutionnel qu'elle peut refléter. La synergie entre les services aménageurs et les services protecteurs de l'environnement demeure, quant à elle, la condition indispensable dans la transition entamée vers un urbanisme d'environnement.

4 Conclusion

Au bout des interrogations sur l'urbanisme et l'environnement au Cameroun, s'en trouve posé le problème du bilan de plus d'un demi-siècle d'urbanisation au plan national. En effet, la pénétration des règles d'urbanisme par les questions d'environnement pose un problème dont la réponse dépend de la période où l'on se situe.

La première période, qui s'est écoulée des indépendances jusqu'à la fin des années 1990, s'est caractérisée par un lien défectueux entre les composantes de l'urbanisme et l'environnement. La sociologie des villes a pris le pas sur l'application des textes : les problèmes environnementaux ont trouvé leurs causes dans l'aménagement urbain.

La deuxième période, qui s'ouvre à l'aube des années 2000, bénéficie de l'appui des ajustements structurels et tente par la reconquête urbaine de rétablir la légalité. Si cela nécessite des épreuves de force – déguerpissements, démolitions – qui poussent l'État à saisir le taureau par les cornes, l'idée a été comprise que derrière toutes les faiblesses de protection de l'environnement se trouve hypothéquée une partie des droits de l'homme : la protection de l'environnement a trouvé des solutions dans l'aménagement urbain.

Au résultat, l'aménagement des villes fait des progrès depuis l'ère de la colonisation dont elle a porté les stigmates. Malgré les obstacles, on ne peut pas affirmer plus d'un demi-siècle après les indépendances qu'il présente un visage qui n'a pas changé. L'environnement en milieu urbain n'est pas sans avenir, mais l'état actuel des villes, en particulier de la capitale Yaoundé, demande la mobilisation d'importantes ressources financières à la fois pour reconquérir l'espace, recaser les populations, reconstituer la nature, et, pourquoi ne pas, penser la construction d'une ville nouvelle ?

Bibliographie indicative

Aubril, L & S Traoré, 2009, *Droit de l'urbanisme, droit de l'environnement*, Paris, édition du CNFPT.

Blanc, N & S Glatron, 2005, Du paysage urbain dans les politiques nationales d'urbanisme et d'environnement, 34 *L'espace géographique*, 65.

Camous, DA, 2012, *L'essentiel du droit de l'urbanisme*, 3e édition, Paris, Ellipses.

Chabi, N, 2001, *L'homme, l'environnement, l'urbanisme*, Thèse de doctorat, Université Mentouri de Constantine.

Communauté Urbaine de Yaoundé, 2008, *Plan Directeur d'Urbanisme de Yaoundé (PDU),* Horizon 2020, Yaoundé, Cellule de Développement Urbain.

Conférence des Nations unies sur l'environnement et le développement, 1992, *Déclaration de Rio sur l'environnement et le developpement, principes de gestion des forets*, Rio de Janeiro, 3-14 juin 1992, Département de l'information, ONU, New York, NY 100017, E–U – DPI/1299, mai 1993, www.un.org/french/events/rio92/rio-fp.htm, consulté le 27 février 2018.

Damon, J & T Nghiem, 2008, À la recherche de l'urbanisme durable, *Ville et Développement Durable*, Conférence, compte rendu.

Desailly, B, P Béringuier, G Briane & JF Dejoux, 2009, Les impacts environnementaux de l'étalement urbain, *Perspectives Ville*, https://halshs.archives-ouvertes.fr/halshs-00914585/document, consulté le 25 février 2018.

Delfau, E, 2005, *Périurbanisation et environnement : quels impacts réciproques et quels enjeux pour l'aménagement du territoire ?*, Rapport professionnel de Thèse, Clermont-Ferrand, ENGREF.

Gauthier, M, 2009, *Urbanisme et développement durable*, Dossier thématique, vol. 3, http://journals.openedition.org/eue/892, consulté le 25 février 2018.

Gouguet , JJ, 1996, Développement durable des villes : analyse critique d'un concept, dans : *Vers un droit de l'environnement urbain,* Actes des 2e journées scientifiques, 29-31 octobre, Réseau Droit de l'Environnement de l'AUPELF – UREF, Dakar, Université Cheik Anta Diop.

Guibbert, JJ, 1996, Vers un changement significatif et durable des villes du tiers – monde, dans : *Vers un droit de l'environnement urbain*, Actes des 2e journées scientifiques, 29 - 31 octobre, Réseau Droit de l'Environnement de l'AUPELF – UREF, Dakar, Université Cheik Anta Diop.

Guiffo, JP, 2007, *Le droit de l'urbanisme et de la construction au Cameroun*, Yaoundé, Éditions de l'ESSOAH.

Haumont, F, 1996, Planification urbaine et prise en compte de l'environnement, dans : *Vers un droit de l'environnement urbain,* Actes des 2ème journées scientifiques, 29-31 octobre, Réseau Droit de l'Environnement de l'AUPELF – UREF, Dakar, Université Cheik Anta Diop.

Jacquot, H & F Priet, 2008, *Droit de l'urbanisme*, 6e édition, Paris, Dalloz.

Martinand, C, 1993, L'introuvable écologie urbaine, Génie rural, urbanisme et environnement, 110 *Aménagement et nature*, 6.

Masure, P, 2008, *Gestion du risque et planification préventive dans les grandes villes : approches scientifiques pour l'action*, Actes de la Conférence Mondiale sur la Réduction des Désastres Naturels, Comité Technique, session 6.

Mekouar, MA, 1996, La ville et la nature, dans : *Vers un droit de l'environnement urbain*, Actes des 2e journées scientifiques, 29-31 octobre, Réseau Droit de l'Environnement de l'AUPELF – UREF, Dakar, Université Cheik Anta Diop.

Michel, P, 2001, *L'étude d'impact sur l'environnement*, Paris, édition BCEOM.

Ministère de l'environnement et des forêts, 1996, *Plan national de gestion de l'environnement*, Rapport principal.

Monediaire, G, 2008, *L'étude d'impact social : un instrument procédural au service du changement durable*, http://www.sifee.org/static/uploaded/Files/ressources/actes-des-colloques/paris//pleniere-3/5_MONEDIAIRE_TXT.pdf, consulté le 27 février 2018.

Morand-Deviller, J, 1996, Esthétique et ville, dans : *Vers un droit de l'environnement urbain*, Actes des 2e journées scientifiques, 29-31 octobre, Réseau Droit de l'Environnement de l'AUPELF – UREF, Dakar, Université Cheik Anta Diop.

Munasinghe, M, 2008, *Dégradation de l'environnement urbain et vulnérabilité aux désastres*, Conférence mondiale sur la réduction des désastres naturels, Comité technique, session 6, http://www.eird.org/bibliovirtual/riesgo-urbano/pdf/eng/doc4952/doc4952-4b.pdf, consulté le 27 février 2018.

Ouzir, M & B Khalfallah, 2016, Vers une intégration de l'environnement dans les instruments d'urbanisme : cas de la ville de Bou – Saada, Algérie, 6 (13) *Revue Roumaine de Géographie*, 134, http://cinqcontinents.geo.unibuc.ro/6/6_13_Ouzir.pdf, consulté le 27 février 2018.

Pigeon, P, 2007, *L'environnement au défi de l'urbanisation*, Rennes, Presses Universitaires de Rennes.

Pinson, D, 2004, Environnement et urbanisation, dans : Domenach, H & M Picouet *Environnement et populations : la durabilité en question*, Paris, l'Harmattan.

PRIPODE / Programme international de recherches sur les interactions entre la population, le développement et l'environnement, 2006, *Rapport de synthèse de la recherche du projet VN5*, Développement économique, urbanisation et changements climatiques de l'environnement à Hô Chi Minh Ville, Vietnam, inter relations et politiques.

Tientcheu Njiako, A, 2012, *Droits fonciers et urbain au Cameroun*, Yaoundé, Presses Universitaires d'Afrique.

SECTION 6

WASTE AND POLLUTION

LES DÉCHETS ET LA POLLUTION

CHAPITRE 17 :
LA GESTION DES DÉCHETS AU CAMEROUN

Adele FONI FOUTH KINIE

1 Introduction

Les déchets que nous produisons au quotidien représentent un risque environnemental certain. D'où la nécessité d'assainir. En effet, la gestion des déchets et corrélativement l'assainissement dans les grandes villes africaines en général et camerounaises en particulier, sont difficiles à maîtriser à cause de plusieurs facteurs que sont :[1]

> la forte croissance démographique (plus de 5% par an en moyenne dans les villes), qui s'accompagne d'un développement spatial anarchique qui échappe à tout contrôle des pouvoirs publics. L'autre facteur tient au fait que les populations s'installent sans avoir la possibilité d'accéder aux services urbains.

Avant toute chose il sied de définir ce que l'on entend par déchet. Ce mot est défini à l'article 4 de la loi n° 96/12 du 5 août 1996 portant loi-cadre relative à la gestion de l'environnement au Cameroun comme : « Tout résidu d'un processus de production, de transformation ou d'utilisation, toute substance ou tout matériau produit ou, plus généralement, tout bien meuble ou immeuble abandonné ou destiné à l'abandon ». La gestion des déchets quant à elle est définie comme « la collecte, le transport, le recyclage et l'élimination d'un déchet, y compris la surveillance des sites d'élimination ».[2]

Au Cameroun, les déchets sont regroupés en quatre grandes catégories :

- déchets ménagers toxiques en quantités dispersées ;
- déchets ménagers gazeux ;
- déchets industriels, commerciaux et artisanaux (déchets industriels solides ; déchets industriels liquids ; et déchets industriels gazeux) ; et
- déchets hospitaliers.

---

[1]   Wethé et al (2003).
[2]   Cf. article 4 (q) de la loi n° 96/12 du 5 août 1996 portant loi-cadre relative à la gestion de l'environnement au Cameroun.

Grâce à cette catégorisation des déchets, la gestion devient plus aisée dans la mesure où à chaque type de déchet correspond une méthode particulière pour son traitement. À la réalité, la procédure de gestion du déchet est instituée pour prévenir ou réduire la pollution due aux déversements anarchiques des déchets dans l'environnement. Et de préserver la santé publique. Notre analyse consistera à faire ressortir l'aspect juridique, mais aussi technique de la gestion des déchets au Cameroun tout en relevant ses insuffisances et quelques propositions en vue de son amélioration.

2 L'encadrement normatif et institutionnel de la gestion des déchets au Cameroun

La question de la gestion des déchets est étroitement liée à la problématique de l'assainissement. Car ladite gestion repose sur un ensemble de textes régissant l'accès à l'assainissement. Elle implique à la fois la gestion des déchets solides et des déchets liquides. Et s'arrime aux normes internationales en la matière. Aussi, ladite gestion fait appel à une kyrielle d'institutions en charge de sa mise en œuvre. Il faut noter qu'au Cameroun, c'est la stratégie nationale de gestion des déchets qui donne l'économie de comment est-ce que la gestion est effectuée. L'analyse portera d'une part, sur le cadre normatif de la gestion des déchets (2.1). D'autre part, de l'encadrement institutionnel de ladite gestion (2.2).

2.1 Les normes[3] en matière de gestion des déchets au Cameroun

L'assainissement est d'une importance capitale dans une société. Au regard de cette importance dans la protection de la santé publique, de l'environnement et son rôle spécifique dans l'efficience des projets et programmes de l'eau, le législateur camerounais s'est engagé dans une campagne de protection de ses populations. A travers l'érection d'un arsenal des textes au nombre desquels on peut citer :
- les conventions internationales auxquelles le Cameroun est partie ;
- les lois ;
- les décrets ; et
- les arrêtés.

---

3   Les informations sont tirées de République du Cameroun (2007).

2.1.1   Les conventions internationales relatives à la gestion des déchets

Aux termes de l'article 25 alinéa 1 de la Déclaration universelle des droits de l'homme, « toute personne a droit à un niveau de vie suffisant pour sa santé, son bien-être et ceux de sa famille, notamment pour l'alimentation, l'habillement, le logement... ». En effet, la gestion des déchets concourt non seulement à un niveau de vie suffisant, mais encore à l'amélioration des conditions d'existence. En faisant place à l'exercice par les États parties du droit à un logement suffisant dans un environnement salubre, le Pacte international sur les droits économiques, sociaux et culturels (PIDESC) implique l'accès à l'assainissement, gage de prévention des risques sanitaires. C'est d'autant plus vrai que dans les Principes directeurs de l'Organisation mondiale de la santé (OMS) sur la santé et logement, l'OMS recommande une meilleure gestion des déchets ménagers et des effluents liquides comme des ingrédients nécessaires contribuant à l'efficacité de la santé publique en l'article 24 dispose que « tous les peuples ont droit à un environnement satisfaisant et global propice à leur développement ». Signataire de ladite Charte, l'État du Cameroun a l'obligation, à travers des plans d'action et des programmes nationaux de protection de l'environnement, de garantir aux populations, via des allocations financières pour une gestion saine des eaux usées, des excrétas et des eaux résiduaires, un environnement qui soit propice à son équilibre écologique et promeuve sa sécurité sanitaire et alimentaire.

D'un autre côté, on a :

- la convention de Bâle sur le contrôle des mouvements transfrontières des déchets dangereux et leur élimination. Conclue à Bâle le 22 mars 1989 cette dernière a été ratifiée le 11 février 2001. Elle vise l'interdiction d'importation des déchets dangereux ou d'autres déchets en informant d'autres parties ; l'interdiction de l'exportation des déchets dangereux ou d'autres déchets dans les parties qui ont interdit l'importation des tels déchets ; l'interdiction de l'exportation des déchets dangereux et d'autres déchets si l'État d'importation ne donne pas par écrit son accord spécifique pour l'importation de ces déchets dans le cas ou cet État d'importation n'a pas interdit l'importation de ces déchets ;
- la Convention de Bamako sur l'interdiction d'importer des déchets dangereux et le contrôle de leurs mouvements transfrontières en Afrique. Signée par le Cameroun le 1er mars 1991, ratifiée le 22 avril 1998 et entrée en vigueur le 21 décembre 1995. Ses objectifs sont : l'interdiction d'importation en Afrique de tous les déchets dangereux, pour quelque raison que ce soit, en provenance des Parties non contractantes. Leur importation est déclarée illicite et passible de sanctions pénales ; l'interdiction de déverser des déchets dangereux dans la mer, les eaux intérieures et les voies d'eau ; la réduction au minimum de la production des déchets dangereux et d'autres déchets à

l'intérieur des pays, compte tenu des considérations sociales, techniques et économiques ;

- la Convention de Stockholm sur les polluants organiques persistants. Signée par le Cameroun le 5 octobre 2001 et ratifiée le 19 mai 2009, elle vise la protection de la santé humaine et l'environnement des polluants organiques persistants. Elle dispose à cet effet à son article 6, que des « mesures propres à réduire ou éliminer les rejets émanant de stocks et déchets » ;
- la Convention-cadre des Nations unies sur les changements climatiques ; ratifiée le 19 octobre 1994 et entrée en vigueur le 17 janvier 1995, elle vise à stabiliser les concentrations de gaz à effet de serre dans l'atmosphère à un niveau qui empêche toute perturbation anthropique dangereuse du système climatique ;
- le Protocole de Kyoto. Le protocole de Kyoto a été ratifié par le Cameroun le ratifié le 28 août 2002. Il vise à réduire les émissions de gaz à effet de serre qui sont à l'origine des changements climatiques et des diverses autres conséquences (catastrophes, inondations, réchauffement de la planète...) qui en découlent. Dans le cadre du Mécanisme de développement propre (MDP) y associé, le protocole promeut la revalorisation des déchets dans l'optique d'un développement propre, notamment dans le secteur énergétique ; et
- la Convention de Vienne pour la protection de la couche d'ozone. Le Cameroun a adhéré à cette convention le 30 août 1989. Elle vise la promotion des mesures appropriées pour protéger la santé humaine et l'environnement contre les effets néfastes résultant ou susceptibles de résulter des activités humaines qui modifient ou sont susceptibles de modifier la couche d'ozone.

2.1.2 Les textes et lois camerounais relatifs à la gestion des déchets

Plusieurs textes et lois régissent la gestion de déchets au Cameroun, au nombre desquels :

- la loi n° 86/016 du 6 décembre 1986 portant réorganisation générale de la protection civile au Cameroun ;
- la loi n° 89/027 du 29 décembre 1989 portant sur les déchets toxiques et dangereux ;
- la loi n° 94/01 du 20 janvier 1994 portant régime des forêts, de la faune et de la pêche et ses deux décrets d'application ;
- la loi n° 96/12 du 5 août 1996, portant loi-cadre relative à la gestion de l'environnement ; les dispositions du Chapitre IV traitent de la gestion des déchets notamment les articles 42, 43, 44, 45 et 46 ;
- la loi n° 96/117 du 5 août 1996 relative à la normalisation ;
- la loi n° 98/005 du 14 avril 1998 portant régime de l'eau ;

- la loi n° 98/015 du 14 juillet 1998 relative aux établissements classés dangereux, insalubres ou incommodes ;
- le décret n° 98/031 du 9 mars 1998 portant organisation des plans d'urgence et des secours en cas de catastrophe ou de risque majeur ;
- le décret n° 99/821/PM du 9 novembre 1999 fixant les conditions d'agrément des personnes physiques ou morales aux inspections, contrôles et audits des établissements classes dangereux, insalubres ou incommodes ;
- le décret n° 99/821/PM du 9 novembre 1999 fixant les conditions d'agrément des personnes physiques ou morales aux inspections, contrôles et audits des établissements classes dangereux, insalubres ou incommodes ;
- la loi n° 99/013 du 22 décembre 1999 portant code pétrolier ;
- l'arrêté n° 0233/MINEF du 28 février 2000 portant création des postes de contrôle et de protection de l'environnement ;
- la loi n° 2000/017 du 19 décembre 2000 portant réglementation de l'inspection sanitaire vétérinaire ;
- la loi n° 001 du 16 avril 2001 portant code minier ;
- le décret n° 2002/07/PM du 17 janvier 2002 fixant les normes de conditionnement et de transport des produits de la pêche ;
- l'arrêté n° 037/PM du 19 mars 2003 portant création, organisation et fonctionnement d'un observatoire national des risques ;
- la loi n° 2003/003 du 21 avril 2003 portant protection phytosanitaire ;
- la loi n° 2004/018 du 22 juillet 2004 fixant les règles applicables aux communes ;
- la loi n° 2004/003 du 21 avril régissant l'urbanisme au Cameroun ;
- l'arrêté n° 0070/MINEP du 22 avril 2005 fixant les différentes catégories d'opérations dont la réalisation est soumise à une étude d'impact environnemental ;
- le décret n° 737/PM du 23 avril 2008 fixant les règles de sécurité, d'hygiène et d'assainissement en matière de construction. Si les dispositions contenues dans ce texte sont de nature à encadrer, en matière de construction, les problèmes liés à l'hygiène et à l'assainissement, elles requièrent davantage une importance capitale. En ce sens, le décret consacre des inspecteurs d'hygiène à qui sont dévolus entre autres des missions de contrôle et de surveillance de l'état des latrines, des canaux d'épuration et d'évacuation des eaux usées, des eaux pluviales, des eaux résiduaires et des excrétas ; et
- le décret n° 2013/PM du 14 février 2013 fixant les modalités de réalisation des études d'impact environnemental et social.

Nous pouvons dire au terme de cette partie que la gestion des déchets connaît une dynamique normative au Cameroun. Ce qui traduit d'une manière implicite l'importance que l'assainissement peut avoir dans un État et par ricochet un certain intérêt porté au droit à l'assainissement. Cependant il convient de faire l'économie de la gestion institutionnelle et celle des autres acteurs chargés des déchets au Cameroun.

2.2 Les institutions et les autres acteurs de la gestion des déchets au Cameroun

Au Cameroun, la gestion des déchets mobilise une kyrielle d'acteurs parmi lesquels les institutions étatiques et les acteurs privés.

2.2.1 Les institutions en charge de la gestion des déchets au Cameroun

Au nombre de ces ministères, on peut mentionner :

- Le Ministère de l'habitat et du développement urbain (MINHDU) organisé par le décret n° 2005/190 du 3 juin 2005 ce ministère est chargé entre autres de l'établissement des plans d'aménagement, de restructuration, d'assainissement et de drainage des villes et quartiers ; de la maîtrise d'ouvrage des travaux d'aménagement, de restructuration, d'assainissement et de drainage ainsi que du contrôle desdits travaux ; du suivi et du contrôle des travaux de construction, d'entretien et de réhabilitation des voiries urbaines, des réseaux divers, ainsi que des ouvrages d'art, en liaison avec les administrations concernées.[4]
- Le Ministère de l'environnement, de la protection de la nature et du développement durable (MINEPDED). Selon le décret n° 2012/431 du 1er octobre 2012 portant l'organisation du MINEPDED, les attributions de ce Département ministériel relatives à la gestion des déchets, sont les suivantes : du contrôle et du respect des normes environnementales en matière d'assainissement ; de l'examen des dossiers relatifs à l'élimination, au recyclage et à l'enfouissement des déchets, en liaison avec les administrations concernées ; de l'information du public en vue de susciter sa participation à la gestion, à la protection et à la restauration de l'environnement ; du contrôle et de la surveillance de la pollution transfrontalière ; du contrôle périodique des décharges ; de la collecte et de la centralisation des données statistiques, en matière d'environnement et de protection de la nature ; du contrôle de la réglementation ; de la promotion d'un meilleur cadre de vie, tant en milieu urbain que rural ; de la participation à la définition des politiques de finan-

---

4   Cf. Ministère de l'énergie et de l'eau (2011:49).

cement des activités du ministère ; de la protection des ressources naturelles ; de la promotion de la recherche en matière d'environnement ; de servir de point focal de toutes les questions relatives à l'environnement et de la protection de la nature sur le plan national et international.

- Par ailleurs, en sa qualité de responsable du contrôle et du suivi de l'exécution des plans et programmes d'investissements publics, le Ministère de l'économie de la programmation et de l'aménagement du territoire (MINEPAT) recherche, contrôle et oriente les dépenses d'investissements de façon générale et en matière d'eau et d'assainissement en particulier sur l'ensemble du territoire national. Ce département assure également la tutelle des missions d'aménagement, de certains projets et programmes, et des sociétés industrielles publiques ou parapubliques. Il a compétence dans le secteur de l'eau et de l'assainissement sous les aspects transfrontaliers, car il est le point focal des organisations telles que la Commission du bassin du Lac Tchad (CBLT), l'Autorité du bassin du Niger (ABN) au Cameroun. En tant que planificateur, il est chargé d'effectuer les statistiques nécessaires pour orienter les politiques en matière d'eau et d'assainissement.

- Dans le cadre de ses attributions dans le secteur de l'assainissement, le Ministère de la santé publique (MINSANTE) est chargé de l'étude et de la mise en œuvre de la politique gouvernementale en matière d'hygiène et d'assainissement en milieu urbain et rural ; de la surveillance sanitaire des collectivités et de la promotion de la salubrité de l'environnement ; mais aussi de l'identification et de la résolution de tous les problèmes sanitaires significatifs de la nation ; enfin du contrôle de la qualité des eaux de consommation.

- Le Ministère de l'industrie, des mines, et du développement technologique (MINIMDIT) intervient dans les problèmes environnementaux en ce qui concerne la pollution et l'assainissement. Il est chargé entre autres de l'étude et de l'application du plan directeur d'industrialisation ; de la définition de la politique d'organisation des zones industrielles et des zones franches industrielles ; de l'inventaire et du répertoire des normes en usage sur le territoire national ; du contrôle de qualité ; et de la fixation du coût de l'eau en relation avec les autres ministères impliqués et le concessionaire.

- Le Ministère des domaines et des affaires foncières (MINDAF) est le garant de l'occupation du territoire camerounais et du titre foncier national. Et à ce titre, il participe à l'aménagement du territoire en définissant les domaines d'intérêt public et les domaines privés. En tant que gestionnaire du cadastre national, il assure la tutelle de la Mission d'aménagement des terrains urbains et ruraux (MAETUR), organisme paraétatique chargé de l'urbanisme et de la construction, qui assure la mise en place des réseaux secondaires d'adduction d'eau et d'assainissement dans les lotissements sociaux qu'elle met en œuvre. La MAETUR a été créée par le décret n° 77/193 du 23 juin 1977. Cette Mission est placée sous la tutelle du MINHDU. Ses attributions ont été régulièrement modifiées entre 1979 et 1983 à travers six textes spécifiques. En effet, la MAETUR réalise les opérations d'aménagement et d'équipement de terrains en vue de la promotion immobilière et de l'habitat social. À ce titre, elle conçoit et exécute les travaux d'assainissement et de drainage des terrains urbains ou ruraux dans le cadre de la viabilisation des espaces. Elle agit en tant que maître d'œuvre pour le compte de l'État et des collectivités concernées.

- La Mission d'aménagement et de gestion des zones industrielles (MAGZI). Créée en 1971 par le décret n° 71/DF/95 du 1er mars 1971, la MAGZI est placée sous la tutelle du MINEPAT et est chargée de la création des zones industrielles. Ses missions en matière d'eau et d'assainissement sont limitées à la conception, la réalisation et la gestion des ouvrages secondaires dans les zones industrielles équipées.

2.2.2   Les autres acteurs de la gestion des déchets au Cameroun

La gestion des déchets dans les différentes villes camerounaises se fait par le concours des acteurs qui agissent conformément à la loi. Chacun d'eux s'occupant d'un aspect de la gestion. Il s'agit des collectivités territoriales décentralisées et de la Société hygiène et salubrité du Cameroun (HYSACAM).

2.2.2.1   Les collectivités territoriales décentralisées

Ce sont les communes, les communautés urbaines et les régions régies par la loi n° 2004/018 du 22 juillet 2004 fixant les règles applicables aux communes et la loi n° 2004/17 du 22 juillet 2004 portant orientation de la décentralisation. Les communautés urbaines sont les organes d'exécution des politiques de gestion des déchets. « Le rôle principal des communautés urbaines est la gestion technique et financière, et l'exécution intégrale des projets d'hygiène et de salubrité ».[5] Les communautés urbaines ont délégué la gestion technique des déchets à HYSACAM. « La délégation consiste à charger une entreprise privée d'assurer le service public de gestion des déchets ménagers sous le contrôle d'une institution publique qui a un droit de regard sur l'administration du service ».[6]

---

5   Ngambi (2015:92).
6   (ibid.).

2.2.2.2 Les communes d'arrondissement

L'organisation, le fonctionnement et les attributions des communes sont définis par la loi. Dans les attributions de ces collectivités locales en matière d'assainissement, on peut noter :

- la mise en œuvre et l'approbation des permis de bâtir, autrement dit de la programmation des travaux d'assainissement ;
- l'adoption des règlements en matière de police et de voirie municipale en ce qui concerne la tranquillité, l'hygiène et la salubrité publique, l'entretien des voiries et réseaux de drainage urbains ; et enfin
- la collecte et le traitement des déchets solides urbains.

En effet, les communes d'arrondissement sont responsables de la gestion des déchets ménagers au niveau local. Elles se déploient dans cette tâche sous la responsabilité du service d'hygiène et de salubrité. Mais, on note que ces dernières « ont plus orienté leurs activités dans la sensibilisation des populations pour limiter la multiplication des dépôts sauvages et promouvoir les règles d'hygiène et de salubrité ».[7]

2.2.3 La société HYSACAM

HYSACAM est la principale société privée de traitement des déchets ménagers au Cameroun. Elle opère ladite gestion sur la base des contrats de gestion signés avec 14 villes camerounaises. En effet, HYSACAM assure la collecte, le transport, la mise en décharge et l'élimination des déchets solides ménagers ramassés dans les villes partenaires.

En effet, HYSACAM signe des contrats d'objectifs avec les communautés urbaines ; ces contrats encadrent très précisément le contenu du service à rendre par ce dernier. La communauté urbaine fixe par zone des objectifs précis de circuits et de nettoiement. Le tonnage collecté est contrôlé quotidiennement par la municipalité, qui sanctionne par des pénalités conséquentes les éventuels manquements aux objectifs. L'administration contrôle aussi la disponibilité du matériel, le respect du calendrier et les fréquences de collecte et de nettoiement. Chaque équipe d'HYSACAM est responsabilisée et peut facilement être identifiée en cas de manquement à ses objectifs. Pour collecter les déchets ménagers de villes de plusieurs millions

---

7   (ibid.).

d'habitants, il faut disposer de ressources de qualité : personnel formé, flotte de véhicule adaptée.[8]

Cependant, depuis le 28 décembre 2017, le Premier ministre, chef du gouvernement camerounais au sortir du conseil de cabinet a instruit l'ouverture à la concurrence les activités de pré collecte, de collecte, de transport et de traitement des déchets faisant ainsi perdre à la société HYSACAM le privilège qu'elle avait notamment dans les villes de Yaoundé et de Douala.

À côté de cette société, on a d'autres acteurs qui interviennent dans la gestion des déchets pour soutenir les actions des précédents acteurs. Ils agissent de manière 'informelle', mais leurs actions sont non moins négligeables.

2.2.3.1   Les acteurs du système informel de gestion des déchets

« Environ 45% de la population a accès au service public de gestion des déchets ».[9] Les autres 65% doivent faire appel au service offert par les agents du système informel de gestion des déchets. Ces derniers s'occupent de la pré collecte des déchets moyennant le paiement d'une somme comprise entre 500 FCFA et 1,000 FCFA. On entend par pré collecte, l'opération qui consiste à ramasser les déchets auprès des domiciles et à les déposer aux endroits accessibles à la société HYSACAM.

En effet, la mise en place des structures de pré collecte dans les métropoles répond aux besoins des populations pour améliorer leur cadre de vie. En effet la pré collecte est une 'bouée de sauvetage' pour faire face aux énormes carences des services publics de gestion des déchets pour pouvoir une solution d'ensemble efficace à la collecte des déchets auprès des ménages.

La prolifération des groupes de pré collecte trouve son explication dans les lois n° 90/053 du 19 décembre 1990 portant sur les libertés d'association au Cameroun, loi n° 92/006 du 14 août 1992 et le décret n° 92/455/PM du 23 novembre 1992, sont créés et rendent opérationnels les groupes d'initiatives communes (GIC) et les sociétés coopératives.[10]

Les normes, les parties prenantes dans la gestion des déchets ne s'appliquent et ne se déploient pas au hasard, elles découlent des stratégies mises en place pour assurer un environnement de qualité aux populations.

---

8   Voir https://blog.secteur-prive-developpement.fr/2012/10/29/la-voie-camerounaise-vers-une-meilleure-gestion-des-dechets/, consulté le 3 mars 2018.
9   Ngambi (2016).
10   (ibid.).

3   Les grandes orientations stratégiques de la gestion des déchets au Cameroun

Au Cameroun, les déchets sont gérés suivant des méthodes qui garantissent un environnement sain aux populations.

3.1   Les mécanismes de lutte contre la pollution occasionnée par les déchets

Une gestion responsable des déchets contribue au développement durable par la mise en place des meilleures pratiques économiques, sociales et environnementales, ainsi que des meilleures technologies disponibles qui favorisent l'environnement tout en créant des emplois.

Au Cameroun, la protection de l'environnement et de la santé publique est l'un des objectifs des pouvoirs publics dans la gestion des déchets. Pour cela ladite gestion est sous tendue par deux mécanismes de gestion bien précis. D'une part, on a une gestion modélisée et d'autre part, une gestion hiérarchisée des déchets.

3.1.1   La gestion modélisée des déchets au Cameroun

Elle concerne plus les déchets liquides. En effet, l'assainissement des eaux usées au Cameroun est de la responsabilité des communautés locales. Dans les grandes métropoles, on note la prépondérance des communautés urbaines dans la mission de l'assainissement des villes. Pour ce faire, l'assainissement des villes devrait répondre aux attentes de la population cible et contribuer à l'amélioration de son cadre de vie. L'atteinte de cet objectif passe par la proposition des solutions d'assainissement appropriées.

C'est dans ce contexte qu'intervient le mécanisme de gestion modélisée. On entend par gestion modélisée des effluents liquides, une gestion qui se fait suivant des systèmes d'assainissement bien précis. Au Cameroun, « [t]rois systèmes d'assainissement sont autorisés: le système unitaire, le système séparatif et le système individuel ou autonome ».[11] Mais, les systèmes les plus utilisés sont : le système d'assainissement individuel et le système d'assainissement collectif.

Le système d'assainissement individuel est le plus utilisé et il est développé dans tous les quartiers sous réserve que la nature du sol le permette. On entend par assainissement individuel, les ouvrages tels les fosses septiques et les latrines. D'après les

---

11   Décret n° 2008/0737/PM du 23 avril 2008 fixant les règles de sécurité, d'hygiène et d'assainissement en matière de construction.

études de Wethé[12], les latrines sont utilisées par les ménages qui ne sont pas raccordés au réseau potable. Et sont réalisés soit par des puisatiers et tâcherons non qualifiés, soit par des maçons.

Le système d'assainissement collectif quant à lui dessert les quartiers à forte densité. Les ménages sont branchés moyennant une somme de 28,000 FCFA en guise de frais de raccordement à l'égout et entre 800 et 5,000 FCFA/mois et par ménage pour l'exploitation mensuelle du système.[13] En effet, l'assainissement collectif concerne les dispositifs à mettre en œuvre pour le traitement et l'évacuation des eaux usées par un système d'assainissement collectif qui s'appuie sur l'établissement d'une infrastructure composée essentiellement :

- d'un réseau de collecte public d'eaux usées et eaux vannes ; et
- d'une station d'épuration pour le traitement des eaux usées collectées avant leur rejet dans le milieu naturel par des modes compatibles avec l'exigence de la santé publique et de l'environnement.

L'assainissement pris dans sa dimension collective est meilleur dans la mesure où cette opération vise à dépolluer un bien commun, l'eau. Elle assure la pérennité du droit à l'eau en organisant le rejet des eaux usées de telle sorte que les eaux résiduaires urbaines ne polluent pas l'environnement. Grâce à ces modèles de gestion, à la fois individuelle et collective, les pouvoirs publics donnent la possibilité à chacun d'avoir accès à l'assainissement. Toutefois, l'État porte un intérêt plus important au système unitaire d'assainissement ; le 'tout à l'égout'. À côté de ce type de gestion, on a la gestion hiérarchisée pour une meilleure prise en compte de l'assainissement dans la gestion des déchets solides.

3.1.2   La gestion hiérarchisée des déchets

La gestion hiérarchisée des déchets est en fait l'ordre de priorité dans la pratique de gestion des déchets. Toute orientation ou activité dans le domaine de la gestion des déchets devrait essayer de respecter au mieux ces priorités. Dans la hiérarchie des options pour la gestion des déchets, le sommet est représenté par la prévention, ensuite la promotion du recyclage et la réutilisation, et enfin l'élimination définitive pour les déchets non réutilisables, ce dernier aspect étant soumis à un processus d'optimisation.

---

12   Wethé et al. (2003).
13   (ibid.).

3.1.2.1   La prévention ou minimalisation de la nocivité des déchets

La prévention consiste à assurer le développement de technologies propres et plus économes en ressources naturelles et par la mise sur le marché des produits générant moins de déchets.

Au Cameroun, les stratégies et les politiques de gestion des déchets urbains se fondent sur les principes de l'action préventive et de correction par priorité à la source des atteintes à l'environnement. C'est ainsi qu'il y' a des dispositions législatives dans le but de prévenir la pollution des eaux. Cette mesure préventive vise nécessairement la protection des eaux à la fois contre les pollutions diverses et contre le gaspillage. Aux termes de l'article 4 de la loi de 1998 portant régime de l'eau au Cameroun

> sont interdits les déversements, écoulements, jets, infiltrations, enfouissements, épandages, dépôts directs ou indirects dans les eaux de toute matière solide, liquide ou gazeuse et en particulier, des déchets industriels, agricoles et atomiques susceptibles :
> - d'altérer la qualité des eaux de surface ou souterraines, ou des eaux de mer dans les limites territoriales ;
> - de porter atteinte à la santé publique ainsi qu'à la faune et à la flore aquatique sousmarine ; de mettre en cause le développement économique et touristique des régions.

L'article 6 de la même loi va dans le même sens que le précédent article. Il exprime l'idée de prévention en ces termes : « Toute personne physique ou morale, propriétaire d'installation susceptible d'entraîner la pollution des eaux doit prendre des mesures nécessaires pour limiter ou en supprimer les effets ».

Anticiper la pollution, permet de protéger la ressource en eau de manière efficace. Tel est l'analyse qu'on peut dégager de la loi sur l'eau au Cameroun. Cette anticipation passe nécessairement par la construction des ouvrages d'assainissement permettant une collecte en bonne et due forme des eaux usées qui seront plus tard valorisées ou éliminées.

3.1.2.2   La valorisation et l'élimination des déchets

La valorisation du déchet est une étape importante dans la vie du déchet. Les déchets doivent dans toute la mesure du possible être valorisés en priorité en vue de leur réintroduction dans le circuit économique. Cette étape de la gestion des déchets se fait par recyclage, réemploi, récupération ou toute autre action visant à détenir des matières premières secondaires. La revalorisation permet en priorité la réduction du volume de déchets.

Au regard de leur importance et de l'impact qu'elles peuvent avoir sur l'environnement, l'eau et la santé, le législateur camerounais a consigné leurs modalités d'exécution à l'article 6 (2) de la loi de 1998 portant régime de l'eau :

Toute personne qui produit ou détient des déchets doit en assurer elle-même l'élimination ou le recyclage ou les faire éliminer dans les installations agréées par l'administration chargée des établissements classés après avis obligatoire de l'Administration chargée de l'environnement. Elle est en outre, sous réserve des règles liées à la confidentialité, tenue d'informer le public sur les effets de la production, la détention, l'élimination ou le recyclage des déchets sur l'eau, l'environnement et la santé publique, ainsi que sur les mesures destinées à en prévenir ou à en compenser les effets préjudiciables.

Au Cameroun, le rapport national[14] souligne l'absence à l'heure actuelle d'une politique volontariste de valorisation des déchets. Les initiatives sont exclusivement le fait des populations et notamment des ONG. On y note cependant l'existence d'une quinzaine de sites de micro-compostage artisanal dans la ville de Yaoundé. Mais ils sont plus tolérés qu'admis par les pouvoirs publics. Ces unités de compostage exploitent des sites libres et non aménagés à cet effet, ce qui préfigure, dans la perspective d'une extension de leurs activités, des conflits fonciers. Par ailleurs, il n'existe pas vraiment de contrôle de la qualité du compost, or il n'est pas exclu qu'il soit lui-même pollué par des substances toxiques susceptibles de contaminer les sols et la chaîne alimentaire.[15]

L'élimination des déchets qui ne sont pas susceptibles d'une valorisation doit se faire selon la meilleure technologie disponible n'entraînant pas de coûts excessifs. C'est ainsi qu'elle doit être sûre et donc soumise à des normes strictes. L'impact sur l'environnement est trop important et les sites appropriés sont de plus en plus difficiles à trouver. En effet, les installations de traitement et élimination sont des installations classées pour la protection de l'environnement et sont soumises à de prescriptions spéciales (études d'impact, remise en état du site en fin d'exploitation, d'obligation d'information, etc.).

Compte tenu des précédents développements, la mise en œuvre de la gestion des déchets au Cameroun est suffisamment élaborée. À côté nous avons encore des mécanismes qui cette fois ci responsabilisent les différents acteurs de la gestion.

3.2 Les mécanismes de responsabilité en matière de gestion des déchets au Cameroun

Ici, il est question de montrer que la gestion des déchets entraîne la responsabilité des uns et des autres et peut s'ouvrir à des sanctions.

---

14   Ministère de l'énergie et de l'eau (2011:68).
15   Uliescu (1996:125).

3.2.1 L'engagement de la responsabilité dans la gestion des déchets

Sur la question de la responsabilité en matière de gestion des déchets, l'article 77 de la loi-cadre de 1996 dispose : « (1) Sans préjudice des peines applicables sur le plan de la responsabilité pénale, est responsable civilement, sans qu'il soit besoin de prouver une faute... ». Toutefois, il faut relever que la problématique de l'assainissement, tel qu'elle se pose avec acuité dans les villes camerounaises, nécessite que des solutions adaptées soient prises. La responsabilisation de toutes les parties prenantes en est l'une des modalités. Les usagers ont droit à ce que les services de distribution d'eau potable et d'assainissement soient gérés de manière rationnelle en fonction de l'intérêt général et que leur prix soit étroitement contrôlé par les pouvoirs publics et fixé à un niveau équitable qui garantisse la continuité et la durabilité du service. Chaque usager a droit pour satisfaire ses besoins essentiels à bénéficier de mesures qui rendent ces services abordables.

En effet, les pouvoirs publics et en particulier les municipalités doivent exercer leurs responsabilités sur les services qu'ils soient en régies ou en délégation. Cette responsabilité peut aller jusqu'à aborder des questions d'ordre financier et managérial. C'est ainsi que toute affectation financière relative au maintien en bon état d'une station d'épuration par exemple, doit être connue par la communauté urbaine. Toutefois, à ce niveau de responsabilité, tout est question d'un exercice social, politique mais aussi juridique.

Relevons que la population bénéficiaire est responsable dans la bonne utilisation de toilettes tant publiques que privées. Ceci étant, tout logement sans assainissement au regard de la loi-cadre de 1996 est sanctionné. D'où, outre la réparation des préjudices causés, le principe de responsabilité se veut également innovant en s'appuyant sur la transparence, la bonne gouvernance et sur des institutions responsables.[16]

3.2.2 Sanctions civiles et pénales

En droit positif camerounais, il existe des sanctions dans le domaine de la gestion des déchets. Si la loi-cadre de 1996 aborde le cadre général sur l'environnement et, de, manière incidente sur l'assainissement, la loi de 1998 porte spécialement sur le régime de l'eau et décret n° 2001/216 du 2 août 2001 porte création d'un compte d'affectation spécial pour le financement des projets de développement durable en matière d'eau et d'assainissement, décret n° 2008/0737/PM du 23 avril 2008 fixant les règles de sécurité, d'hygiène et d'assainissement en matière de construction. Ces

---

16   de Albuquerque (2012:172).

textes disposent sur les sanctions encourues en ce qui est de l'assainissement et de ses effets négatifs sur l'environnement.

Dans un procès sur des questions d'assainissement et relatif à l'environnement, le juge se base sur une responsabilité du fait de la personne, du fait de l'imprudence ou de la négligence. Le contentieux civil de l'environnement se base sur les articles 1382, 1383 et 1384 du Code civil de 1804. En effet, mutatis mutandis, « [t]out fait quelconque d'un sujet qui cause dommage a l'environnement oblige celui par la faute duquel ce dommage est arrivé à le réparer ». Ainsi, quatre éléments fondamentaux doivent être présents pour constituer une action civile en justice :

- le pollueur sera considéré comme responsable s'il commet une faute (la pollution) ;
- la responsabilité sans faute est possible ;
- l'indemnisation des victimes de troubles de voisinage ou de pollution de l'air par une odeur nauséabonde du fait de la putréfaction des ordures ménagères présentent dans un bac à ordures qui n'a pas été vidangé par le concessionnaire et/ou d'une fuite ou d'un débordement des excrétas de la station d'épuration peut être mise en œuvre dès lors que les nuisances ou les troubles dépassent un seuil admissible, compte tenu des circonstances de temps et de lieu ; et
- les victimes d'une pollution visuelle causée par des tas d'immondices résultant de la démission de HYSACAM dans ses missions.

Cependant, il faut relever que beaucoup reste à faire dans ce sens. En effet, il s'agit de combiner droit à un juge et droit économique. La question de la pauvreté doit être abordée en même temps que les questions environnementales et celles relatives à l'assainissement. Ceci est utile car une action en justice participe également à l'efficacité de service rendu par les acteurs de la gestion des déchets.

En effet, en plus du Code pénal qui contient des dispositions spécifiques relatives aux atteintes à l'environnement issues d'une mauvaise gestion des déchets, les amendes, les taxes d'assainissement sont autant des sanctions que le juge pénal peut prendre. Susceptible d'application dans le domaine de l'assainissement, l'article 79 de la loi-cadre portant gestion de l'environnement au Cameroun dispose que :

> Est punie d'une amende de deux millions (2,000,000) a cinq millions (5,000,000) de FCFA et d'une peine d'emprisonnement de six (6) mois à deux (2) ans ou de l'une de ces deux peines seulement, toute personne ayant :
>
> - réalisé, sans étude d'impact, un projet nécessitant une étude d'impact ;
> - réalisé un projet non conforme aux critères, normes et mesures énoncés pour l'étude d'impact ;
> - empêche l'accompagnement des contrôles et analyses prévus par la présente loi et/ou par ses textes d'application.

Relevons que le législateur camerounais a renforcé la sanction dans le domaine de l'environnement car la sévérité de cette disposition spéciale apparait dans la fixation d'un quantum de peine d'emprisonnement et d'amende plus rigoureux et la fixation des peines cumulatives d'emprisonnement et d'amende. Face à ce type de situation, le spécial déroge au general.[17] Malgré toutes ces mesures, la gestion des déchets au Cameroun connait encore des limites d'où la nécessité de revoir certaines choses pour que le droit à un environnement sain des uns et des autres soit garanti.

4   Les limites inhérentes à la gestion des déchets au Cameroun

Les questions environnementales sont au cœur des débats depuis ces trente dernières années. Et elles ont eu le mérite de mettre autour de la table de discussion la planète dans son entièreté. En effet, on ne peut parler d'environnement, mieux de la protection de l'environnement sans au préalable faire intervenir le respect des normes en matière d'assainissement. Autrement dit, l'assainissement sera la plate forme sans laquelle l'environnement ne peut être qualifié de sain. Néanmoins, l'assainissement qu'il soit solide ou liquide, connaît de véritables problèmes au Cameroun :

- la pléthore des intervenants en matière d'assainissement au Cameroun. Dans la pratique, on constate que la mise en œuvre des activités d'assainissement est confrontée à d'énormes difficultés opérationnelles à cause de la pléthore des intervenants. Altérant ainsi l'efficacité des actions engagées, réduisant ainsi l'impact de l'ensemble des efforts de chacun d'eux. À la réalité la surpopulation institutionnelle en matière d'assainissement liquide au Cameroun cause un problème dans la mesure où, c'est le nombre élevé d'intervenants, qui entraîne parfois une fragmentation des responsabilités, des doubles emplois, et une mauvaise coordination ;
- une faible participation des populations. « Une gestion responsable des déchets contribue au développement durable par la mise en place des meilleures pratiques économiques, sociales et environnementales, ainsi que des meilleures technologies disponibles qui favorisent l'environnement tout en créant des emplois ».[18] Cependant, on relève que la gestion des déchets urbains dans les villes camerounaises ne se fait pas de manière aisée. Elle fait face à certains obstacles qui déteignent tous les efforts fournis en vue d'un assainissement effectif au Cameroun. Et ceci se vérifie que l'on soit en face de la gestion des déchets solides ou en face de la gestion des déchets liquides. En effet, « L'inefficacité de la collecte des déchets ménagers solides trouve ses racines dans l'incompatibilité entre le système mis en place (col-

---

17   Cf. l'article 90 du Code pénal du Cameroun.
18   République du Cameroun (2007:3).

lecte, transport, mis en décharge) et la structure vallonnée de la ville qui rend inaccessible certains quartiers (surtout en saison pluvieuse) » ;[19]

- l'unique mode de traitement des déchets collectés à Yaoundé étant la mise en décharge (l'enfouissement), les opérations de récupération et de recyclage sont rendues difficiles ;[20]
- d'un autre côté, l'organisation de la pré collecte[21] des déchets ménagers dans la ville de Yaoundé est non adaptée ni par rapport aux infrastructures, ni par rapport aux habitudes des ménages, ni au niveau de la production des ordures ménagèrs ;
- le problème de l'accessibilité aux points de pré collecte se pose avec acuité. En effet, il existe certains quartiers de la ville de Yaoundé qui ne sont pas accessibles pour la société HYSACAM. La conséquence immédiate est que les déchets n'y sont pas collectés du moins pas de manière systématique ;
- les outils de pré collecte des déchets sont inappropriés et non adaptés, l'incidence logique c'est que le taux de collecte est bas ;
- la gestion des eaux usées fait face à des obstacles sévères que sont la précarité du réseau de collecte des eaux usées et le défaut d'entretien des canalisations ; et
- l'incivisme des populations est l'obstacle majeur d'une bonne gestion des déchets dans la ville de Yaoundé. Leur manque de souci sur les questions liées à l'assainissement porte à croire qu'ils sont ignorants sur leurs obligations dans la gestion de leurs propres déchets.

5   Quelques éléments pour une meilleure gestion des déchets à Yaoundé

La gestion des déchets au Cameroun nécessite d'être repensée. Il s'agira de mettre un point d'honneur sur la promotion de l'assainissement en cette situation sanitaire critiquée. Cette amélioration concerne quatre dimensions principales :

---

19   Sotamenou (2005:5).
20   (ibid.).
21   La pré-collecte est l'opération qui consiste à ramasser les déchets auprès des domiciles et à les déposer aux endroits accessibles à la société en charge de la collecte des déchets dans la ville de Yaoundé (HYSACAM).

5.1 Les éléments qui interviennent en amont

- La mise sur pied d'un programme de sensibilisation sur l'apport d'un bon assainissement dans la société. Des campagnes massives d'information, d'éducation et de communication pour le Changement de Comportement peuvent être organisées au travers des ONG et autres structures spécialisées (notamment les structures déconcentrées du Ministère en charge de la santé. Lesdites campagnes se concentreront sur deux objectifs : la promotion de l'assainissement, dans le but de déclencher l'investissement des ménages et des opérateurs économiques pour améliorer leur dispositif existant ou leur processus de production ; et l'éducation à l'hygiène, en vue de modifier les comportements. Les communes, les opérateurs économiques et la société civile seront fortement impliqués dans la mise en œuvre de ces campagnes.

- L'amélioration de l'information et de la participation du public dans la prise des decisions. Le secteur de l'assainissement est un service public où l'information des citoyens est assez limitée tout comme sa participation aux décisions alors que le droit en vigueur prévoit des obligations nombreuses dans ce domaine (Charte de l'environnement, Convention d'Aarhus, etc.). « L'amélioration de l'information et de la participation du public concernant les services de l'assainissement ne dépend pas tant de nouveaux textes législatifs que de la mise en œuvre des textes existants au niveau des collectivités territoriales »[22]. À cet égard, l'État camerounais gagnerait car la participation de tous les acteurs concernés par la protection de l'environnement est à prendre en compte dans la mise en œuvre des actions relatives à l'assainissement. Autrement dit, les communautés ont le droit de déterminer le type de services d'eau et d'assainissement dont ils ont besoin, la manière de gérer ces services et, si possible, de choisir et gérer leurs propres services avec l'aide de l'État. L'accès à l'information étant essentiel afin de garantir une participation réelle et effective des communautés dans le processus de prise de décisions en matière d'eau et d'assainissement.

- Les individus quant à eux pourraient identifier les besoins suivant une politique d'actions communes et si possible les soumettre à l'État ou aux associations de défense des droits de l'homme. Pour pouvoir s'informer sur le droit à l'assainissement afin de pouvoir légitimement le revendiquer en temps opportun. Ils pourraient aussi contribuer régulièrement à la gestion des effluents liquides en adoptant un comportement sain et antipollution et de coopérer avec les autres acteurs suscités.

---

22   Smets (2011:61).

5.2   Les mesures à prendre en aval

Pour que le système de gestion des déchets dans les villes camerounaises soit plus efficace, il faudrait que le service de collecte desdits déchets soit décentralisé à travers la multiplication des acteurs de la collecte.

> Il s'agit en réalité d'institutionnaliser la pré collecte afin de faire face à l'insalubrité généralisée qui caractérise certains quartiers de la ville. Beaucoup d'associations de pré collecte ont vu le jour à Yaoundé, mais seulement faute de moyens logistiques (portes – tout, brouettes, pelles, bottes, etc.) et financiers, elles sont en cessation d'activité.[23]

En effet, le secteur des ordures ménagères a besoin d'une part, d'une main d'œuvre compétente pour pouvoir le rendre efficace. Il s'agit des techniciens, d'urbanistes, d'économistes, de rudologues, d'experts et d'acteurs de terrain qui interviennent sous l'égide d'autorités locales assumant pleinement leurs responsabilités de maître d'ouvrage.[24]

D'autre part, d'une volonté politique forte au niveau national. Qui à elle seule peut poser un cadre de référence qui permettra ensuite de mobiliser les financements nécessaires pour la mise en place de filières de gestion des ordures ménagères.

La récupération et le recyclage des déchets ménagers doivent être encouragés et intégrés dans le système de gestion des déchets de la ville de Yaoundé. En effet, la fabrication du compost dans les bas-fonds inaccessibles aux camions de ramassage et par là améliorer le taux de collecte des déchets ménagers à Yaoundé, la construction des centres de regroupement de déchets s'impose. Un centre de regroupement ou de transfert des déchets est une enceinte clôturée de 1,000 m² environ servant au stockage des ordures issues de la pré collecte ainsi qu'aux opérations de tri et de compostage.

Aussi, les services techniques des communautés urbaines devraient procéder régulièrement à l'évaluation du délégataire, aux contrôles techniques des projets, des chantiers et des équipements. Ils peuvent aussi en cas de nécessité réceptionner et transférer des équipements utiles à une bonne gestion des déchets. Et peuvent également ment apporter un soutien financier et logistique aux communes d'arrondissement pour leur permettre d'assurer un minimum de service des ordures ménagères au niveau local.

---

23   Sotamenou (2005:5).
24   (ibid.).

6   Conclusion

Le constat est clair, l'urbanisation rapide des villes africaines a des conséquences sévères sur l'environnement. En effet, plus les populations s'accroissent, plus le taux de consommation augmente et la quantité de déchets produits par la même occasion. Ainsi va se poser le problème de la gestion de ces déchets. Au Cameroun en général, la gestion des déchets urbains est encore limitée et ne donne pas entière satisfaction. En effet, les Communautés urbaines et les Communes d'arrondissement se voient transférer les fonctions d'assainissement avec en même temps les contraintes existant dans les départements centraux : définition imparfaite des responsabilités, compétences insuffisantes des tâches concernant l'assainissement, insuffisance de personnel qualifié, insuffisance de moyens.

Bibliography indicative

de Albuquerque, C, 2012, Bonnes pratiques de réalisation des droits à l'eau et a l'assainissement, Lisbonne, Conseil mondial de l'eau.

Ministère de l'énergie et de l'eau, 2011, Rapport diagnostic Stratégie nationale d'assainissement liquide au Cameroun, Aspects institutionnels, financiers et techniques, Yaoundé, Ministère de l'énergie et de l'eau https://www.pseau.org/outils/ouvrages/minee_strategie_nationale_d_assainissement_liquide_au_cameroun_rapport_diagnostic_aspects_institutionnels_financiers_et_techniques_2011.pdf, consulté le 5 mars 2018.

Ngambi, JR, 2015, Déchets solides ménagers dans la ville de Yaoundé-Cameroun : De la gestion linéaire vers une économie circulaire, Thèse de doctorat en droit, Université du Maine.

Ngambi, JR, 2016, Les pratiques populaires à la rescousse de la salubrité urbaine : la précollecte, un service alternatif aux insuffisances du système formel de gestion des déchets à Yaoundé, Cybergeo : *European Journal of Geography, Espace, Société, Territoire*, document 789, http://cybergeo.revues.org/27782, consulté le 31 juillet 2017.

République du Cameroun, 2007, Stratégie nationale de gestion des déchets au Cameroun (période 2007-2015), Yaoundé, MINEP.

Smets, H, 2010, L'accès à l'assainissement, un droit fondamental, Paris, Éditions Johanet.

Sotamenou, J, 2005 Efficacité de la collecte des déchets ménagers et agriculture urbaine et périurbaine dans la ville de Yaoundé au Cameroun, Université de Yaoundé II.

Uliescu, M, 1996, Les déchets urbains, dans Vers un droit de l'environnement urbain, Actes des 2èmes journées scientifiques du Réseau droit de l'environnement de L'AUPELF-UREF à l'Université Cheikh Anta Diop Dakar, Sénégal.

Wethé, J, M Radoux & E Tanawa, 2003, Assainissement des eaux usées et risques socio- sanitaires et environnementaux en zones d'habitat planifié de Yaoundé (Cameroun), 4 (1) Vertigo- La revue électronique en sciences de l'environnement, http://journals.openedition.org/vertigo/4741, consuté le 3 mars 2018.

CHAPITRE 18 :
LE CONTRÔLE DE LA POLLUTION AU CAMEROUN

Jean Marcial BELL & Adele FONI FOUTH KINIE

1   Introduction

« Le Cameroun dans sa quête permanente de la gestion durable de son environnement fait des efforts nécessaires pour adhérer aux grandes préoccupations internationales en matière de développement ».[1] Malheureusement, tous les ans, ce sont, des millions de déchets qui sont déversés dans les cours d'eau et à même le sol. Cette augmentation exponentielle et dangereuse de la masse des déchets est due à la fois par la révolution industrielle et l'avènement de la société de consommation. Et les conséquences sont visibles. On observe la destruction des lois de la nature, les dégradations graves et irréversibles de l'environnement et des risques technologiques majeurs. Indépendamment du fait que :[2]

> La protection et l'amélioration de l'environnement est une question d'importance majeure qui affecte le bien-être des populations et le développement économique du monde entier ; elle correspond au vœu ardent des peuples du monde entier et constitue un devoir pour tous les gouvernements.

L'environnement au Cameroun est sujet à des agressions multiformes, notamment la pollution. En effet, étymologiquement, le mot pollution vient du verbe polluer qui signifie : profaner, souiller, salir, dégrader. Il s'agit à la réalité des actions qui dégradent d'une façon ou d'une autre le milieu naturel. Au Cameroun, la pollution est définie comme :[3]

> Toute contamination ou modification directe ou indirecte de l'environnement provoquée par tout acte susceptible: d'affecter défavorablement une utilisation du milieu favorable de l'homme ; de provoquer ou qui risque de provoquer une situation préjudiciable pour la santé, la sécurité, le bien-être de l'homme, la flore et la faune, l'air, l'atmosphère, les eaux, les sols et les biens collectifs et individuels.

---

[1]   République du Cameroun (2007:1).
[2]   Principe 2 de la Conférence des Nations unies sur l'environnement (1972).
[3]   Cf. article 4 (v) de la loi n° 96/12 du 5 août 1996 portant loi-cadre relative à la gestion de l'environnement.

Mais, quels sont les différents mécanismes de contrôle de la pollution ? Sont-ils efficaces ? Si non comment faire pour y remédier ? Pour répondre à ces questions, il sera question de présenter le phénomène de pollution au Cameroun (2), les mécanismes de contrôle de la pollution au Cameroun (3), les limites du contrôle de la pollution au Cameroun (4), et enfin, les perspectives pour l'amélioration du contrôle de la pollution au Cameroun (5).

2   Le phénomène de pollution au Cameroun

Le phénomène de pollution au Cameroun est une réalité qui s'observe dans plusieurs secteurs. En effet, la pollution se situerait à deux niveaux. D'une part, la pollution de masse qui est perpétrée par la population dans sa majorité et d'autre part, la pollution restreinte perpétrée par les industries. Dès lors, parler du contrôle de la pollution revient à identifier tous les moyens mis en place pour avoir la maîtrise du phénomène de pollution. Avant d'y arriver, il est important de mettre la lumière sur ce qu'est en réalité la pollution.

2.1   La typologie de pollution au Cameroun

Le phénomène de pollution est une réalité au Cameroun. Au-delà de la typologie classique de la pollution c'est-à-dire : pollution chimique, pollution radioactive, pollution organique, pollution due aux hydrocarbures, pollution par les déchets solides et pollution atmosphérique, les pouvoirs publics camerounais ont adopté une classification qui présente la pollution dans une triple dimension.

En effet, on distingue :

- la pollution de l'eau : c'est celle qui touche les eaux aussi bien superficielles, marines que souterraines en altérant la qualité desdites eaux et les rendant impropres à la consommation et dangereuses pour les animaux qui y vivent. « En effet, la pollution de l'eau dans nos villes est d'autant plus préoccupante que l'eau peut être considérée comme le milieu récepteur final de toutes les autres formes de pollution notamment de l'air et du sol. Les eaux superficielles telles que les lacs, les étangs et les cours d'eau ainsi que les aquifères font très souvent les frais des pollutions diverses » ;[4]

- la pollution des sols : cette pollution concerne aussi bien les sols et les sous-sols ;

---

4   Voir http://www.cipcre.org/ecovox/eco27/actual7.htm consulté le 2 mars 2017.

- la pollution de l'air ou pollution atmosphérique : elle se manifeste par la présence dans l'air de particules ou de gaz nocifs ou non, qui entraînent, en fonction de leur concentration, un inconvénient quelconque qui peuvent nuire aux ressources biologiques et aux écosystèmes, à influer sur les changements climatiques, à détériorer les biens matériels, à provoquer des nuisances olfactives ; et
- la pollution visuelle : on appelle pollution visuelle les dégradations visuelles qui portent atteinte aux paysages et au cadre de vie. Exemples sont : sacs plastiques transportés par le vent, enseignes et panneaux publicitaires, lignes à haute tension, champs d'éoliennes.[5] En effet, la pollution visuelle est courante au Cameroun avec le phénomène des emballages plastiques qu'on retrouve partout.

2.2   Les causes de la pollution au Cameroun

Les causes de la pollution au Cameroun sont nombreuses et spécifiques aux réalités camerounaises :

- l'urbanisation qui entraîne un flux migratoire vers les métropoles et qui augmente la production des déchets aussi bien solides que liquides étant donné que la population est plus importante. Si nous prenons en exemple les villes de l'Afrique au sud du Sahara, chaque habitant consomme en moyenne 53 litres d'eau par jour, ce qui entraîne logiquement une production de déchets liquides équivalente par personne. Il suffit de multiplier ce chiffre par sa population totale pour évaluer la quantité d'eaux usées produite par jour dans une ville comme Yaoundé au Cameroun ;[6]
- la mauvaise gestion des déchets dans les villes camerounaises. En effet, le système de gestion des déchets est défaillant à toutes les étapes de la gestion. En amont, on note les limites dans le système de collecte des déchets. En effet, la société HYSACAM, étant donné qu'elle est presque la seule société de collecte des déchets solides, se voit dépassée par la quantité de travail. La conséquence qui en résulte c'est qu'à certains moments, les ordures ménagères se décomposent et laissent s'échapper des odeurs nauséabondes. Pour ce qui est de la gestion des eaux usées, les égouts collecteurs sont presqu'inexistants et mal entretenus. Et en aval, le dysfonctionnement du système de traitement des déchets (mauvais fonctionnement des stations d'épuration et des décharges). Notons que le véritable problème de

---

5   Voir http://www.toupie.org/pollution/les/différentes /formes.htm consulté le 20 février 2017.
6   (ibid.).

l'assainissement au Cameroun est celui de 'l'efficacité', on a pour preuve, les dysfonctionnements des ouvrages d'assainissement dans les quartiers comme Biyem-assi, Cité verte et Messa. Les eaux qui n'arrivent plus à être contenues s'échappent et à ce moment-là, elles sont nocives à la fois pour l'homme et pour son environnement. C'est pourquoi on observe un fort taux de maladies hydriques dans ces zones ;

- selon le Cercle international pour la promotion de la creation (CIPCRE) l'utilisation des cours d'eau ou des torrents comme dépotoir de déchets ou encore comme lieux de vidange des fosses septiques engendre une pollution par les excrétas. Les eaux souterraines sont le plus souvent polluées dans des villes comme Yaoundé et Douala au Cameroun par une diffusion interne à travers la porosité du sol des agents pathogènes provenant des fosses de WC ;[7]

- l'industrialisation est l'une des causes majeures de la pollution de l'eau dans nos villes. Et ceci s'explique par le fait que les industries installées ne se dotent pas d'un bon système de traitement des déchets liquides et gazeux qu'elles produisent avant de les jeter dans la nature. L'impact de la pollution est plus grand quand on sait qu'on retrouve des maisons d'habitation dans les zones industrielles. Au Cameroun, on vit cette réalité dans la ville de Douala précisément dans les zones de Bassa et Bonaberi ; et

- la dernière et non la moindre, c'est l'incivisme des populations. En effet, ce sont les populations qui sont à l'origine de la pollution de masse de par leur manque d'adhésion aux mesures d'assainissement. C'est ainsi qu'on retrouve des ordures en pleine chaussée, des emballages qui obstruent les cours d'eau. Du point de vue du CIPCRE :[8] le problème est plus prononcé dans une ville plate comme Douala dans la mesure où, l'écoulement des eaux usées n'y est pas favorisé, ce qui entraîne leur stagnation, leur infiltration dans le sol et partant la pollution des nappes d'eau souterraines qui dans ce cas précis ne sont pas profondes.[9]

2.3   Les conséquences de la pollution au Cameroun

L'environnement est le bien commun de l'humanité. Cependant, bien que le Cameroun ne produise pas assez de gaz à effet de serre, il n'en demeure pas moins vrai que le changement climatique y est perceptible car, le climat y est de plus en plus ins-

---

7   Voir http://www.cipcre.org/ecovox/eco27/actual7.htm, consulté le 2 mars 2017.
8   (ibid.).
9   (ibid.).

table. Dans de nombreuses villes camerounaises ces dernières années, la variation climatique a fait l'objet de nombreuses inondations au sein des villes telles que Douala et Yaoundé quoique les rapports indiquent que le Cameroun connaît une baisse considérable de la pluviométrie depuis bientôt une dizaine année. [10] Cela a des répercussions sur les récoltes.

À l'ouest du Cameroun, on remarque l'assèchement de nombreux points d'eau, le problème d'accès à l'eau au sein de nombreuses régions de cette province devient de plus en plus invivable et au Nord du pays, la sécheresse fait obstruction aux pâturages ce qui fait en sorte que le prix de la viande est sans cesse en élévation. Enfin on observe au Sud du pays une baisse de la productivité agricole, en plus on observe la prolifération des maladies vectorielles et l'augmentation des problèmes respiratoires chez les populations.

Au regard de ces conséquences qui affectent à la fois l'homme et son environnement, des mesures ont été prises pour atténuer, mieux pour contenir le phénomène de pollution dans la société camerounaise. Les mesures sont prises d'une part sur le plan normatif et d'autre part, sur le plan institutionnel.

3   Les mécanismes de contrôle de la pollution au Cameroun

Le Cameroun n'étant pas étranger aux questions de pollution, il s'est doté d'un arsenal juridique et institutionnel pour pouvoir maîtriser la pollution et par ricochet garantir à ses populations le droit à un environnement sain.

3.1   Les mécanismes sur le plan normatif

Pour ce qui est des normes en matière de contrôle de la pollution, on a des normes sur le plan international d'une part et sur le plan nation d'autre part.

3.1.1   Normes internationales

Le Cameroun est lié par un nombre important d'instruments internationaux consacrés à la lutte contre les pollutions, à la protection de certains espaces et en vertu de l'article 45 de la constitution camerounaise qui dispose que « les traités et accords internationaux approuvés ou ratifiés ont dès leur publication, une autorité supérieure à

---

10   Voir http://www.alternativesdurables.org/informations/effets-du-changement-climatique-au-cameroun, consulté le 28 février 2017.

celles des lois, sous réserve pour chaque accord ou traité de son application par l'autre partie » :

- la Convention internationale pour la prévention de la pollution par les navires, dite convention Marpol (Marine Pollution) de 1973, est le traité international majeur dans le domaine de la protection de l'environnement marin ;
- la Convention cadre sur les changements climatiques ratifiée le 19 Octobre 1994 et entrée en vigueur le 17 janvier 1995 ;
- la Convention de Montego-Bay ratifiée par le Cameroun le 17 Mai 1984 et entrée en vigueur le 12 août 1984 ;
- la Convention de Bâle sur le contrôle des mouvements transfrontières de déchets dangereux et de leur élimination conclue à Bâle le 22 mars 1989 ;
- le Protocole de Kyoto de 1997 ;
- la Convention de Vienne pour la protection de la couche d'ozone de 1985 ;
- le Protocole de Montréal à la Convention de Vienne de 1987 ;
- la convention de Bamako de 19991 sur l'interdiction d'importer en Afrique des déchets dangereux et sur le contrôle des mouvements transfrontières et la gestion des déchets dangereux produits en Afrique ratifiée par le Cameroun par le décret n° 93/302 du 22 octobre 1993 ;
- la Convention sur la diversité biologique ratifiée le 19 octobre 1997 ; et
- la Convention de Stockholm sur les polluants organiques persistants de 2001.

Ce qu'il faut retenir de ces normes, c'est qu'elles organisent la gestion des différentes composantes de l'environnement pour assurer une meilleure qualité de l'environnement. Et lutter ainsi contre la pollution d'une manière ou d'une autre. Ce sont des bases ainsi jeter pour que chaque État partie à la convention, puisse à son tour prendre des mesures pour vivifier lesdites conventions.

3.1.2 Normes nationales

La norme principale au Cameroun c'est la loi n° 96/12 du 5 août 1996 portant loi-cadre relative à la gestion de l'environnement au Cameroun ; ensuite on a :

- la loi n° 94/01 du 20 janvier 1994 portant régime des forêts, de la faune et de la pêche ;
- la loi n° 89/027 du 29 décembre 1989 portant sur les déchets toxiques et dangereux ;
- la loi n° 98/005 du 14 avril 1998 portant régime de l'eau ;
- la loi n° 98/015 du 14 juillet 1998 relative aux établissements classés dangereux, insalubres ou incommodes et son décret d'application n° 99/821/PM du 9 novembre 1999 fixant les conditions d'agrément des personnes physiques

ou morales aux inspections, contrôles et audits des établissements classes dangereux, insalubres ou incommodes ;

- la loi n ° 96/11 du 5 août 1996 relative à la normalisation ;
- la loi n° 95/08 du 30 janvier 1995 portant sur la radioprotection ;
- la loi n° 2003/006 du 21 avril 2003 portant régime de sécurité en matière de biotechnologie moderne au Cameroun ;
- la loi n° 99/013 du 22 décembre 1999 portant Code pétrolier ;
- la loi n° 2004/018 du 22 juillet 2004 fixant les règles applicables aux communes ;
- le décret n° 74/990 du 16 décembre 1974 fixant les modalités de conditionnement et de transport des produits de la pêche ; et
- l'arrêté n° 0222/A/MINEF fixant les procédures d'élaboration, d'approbation, de suivi et de contrôle de la mise en œuvre, des plans d'aménagement des forêts de production du domaine forestier permanent.

Aussi nombreuses qu'elles puissent être, les normes nationales en matière de contrôle de pollution au Cameroun sont la preuve que le gouvernement camerounais tient à la bonne qualité de l'environnement qu'il offre à ses populations. De manière spécifique, il faut noter que ces normes sur le plan national ne sont qu'un continuum. Lequel, est d'une part une emphase sur cette obligation de ne pas polluer, et d'autre part, il s'agit de rendre possible l'activité de contrôle qui a désormais une base légale. Les textes ainsi présentés, il faut relever que le contrôle véritable de la pollution est assuré par certains organes spécifiques.

3.2   Les mécanismes de contrôle sur le plan institutionnel

La pollution est un réel fléau. C'est la raison pour laquelle elle doit être contrôlée. Au-delà des normes, il existe des organes au Cameroun qui veillent à l'application de ces normes. Cependant, avec la diversité des acteurs institutionnels en présence et les préoccupations des uns et des autres, le législateur camerounais a défini de façon appropriée les prérogatives des uns et des autres afin d'éviter toute confusion dans la mise en œuvre des actions de contrôle au Cameroun.

En tête de lice on a le Ministère de l'environnement, de la protection de la nature et du développement durable (MINEPDED) : en tant que pilier sur lequel repose la politique gouvernementale camerounaise sur les questions environnementales, il joue un rôle des plus essentiels. De ce fait, il a la charge d'élaborer et de mettre en œuvre la politique du gouvernement en matière d'environnement et de protection de la nature, dans une vision de développement durable. Pour ce qui est du contrôle de la pollution, la charge incombe à la Direction des normes et du contrôle. Cette direction joue un rôle fondamental dans le contrôle de la pollution en ce sens que c'est elle qui est chargée :

- de la définition et du suivi du respect des normes, des directives et des standards environnementaux ;
- de la définition et de la mise en œuvre des paramètres environnementaux ;
- de la définition des modes de gestion des déchets plastiques, toxiques et dangereux, en liaison avec les administrations concernées ;
- de la définition des normes de gestion des emballages non-biodégradables en liaison avec les administrations et organismes concernés ;
- de l'élaboration et de la mise en œuvre des guides de bonnes pratiques environnementales, en liaison avec les administrations et les organismes concernés ;
- de la participation à l'élaboration et à la mise en œuvre du système général harmonisé de codification et d'étiquetage des produits chimiques, en liaison avec les administrations concernées ;
- des inspections et contrôles environnementaux ;
- de l'inventaire et du contrôle de la nocivité environnementale des produits chimiques ;
- du suivi de la traçabilité et de la gestion des produits chimiques, en liaison avec les administrations concernées ;
- du suivi des activités des cellules environnementales des autres administrations ;
- de la participation à l'homologation des matières actives potentiellement nocives ; et
- de la participation aux négociations et de la mise en œuvre des accords et conventions internationales relatifs aux normes environnementales, aux déchets et aux produits chimiques.

Notons que la direction des normes et du contrôle compte trois Sous-directions il s'agit de : la Sous-direction des normes, des agréments et des visas, de la Sous-direction de la gestion des déchets, des produits chimiques, toxiques et dangereux et de la Brigade des inspections environnementales. Les deux premiers organes ont des missions de normalisation tandis que le dernier a pour mission le contrôle.

En effet, la Brigade des inspections environnementales, est la branche opérationnelle du MINEPDED autrement dit, c'est le gendarme de l'environnement ; un organe de terrain en ce sens qu'elle est chargée :

- du suivi, de l'application de la règlementation nationale et des normes internationales en vigueur en matière de l'environnement et du développement durable ;
- du contrôle du respect des normes environnementales en matière d'assainissement ;

- du contrôle de la pollution, des nuisances et des normes d'établissement ;
- du contrôle et de la surveillance de la pollution transfrontalière ; et
- du contrôle périodique des décharges.

Elle est organisée en 3 Unités : l'Unité d'inspection du milieu terrestre ; l'Unité d'inspection du milieu aquatique, côtier et marin ; et l'Unité d'inspection de l'air et de l'atmosphère. Chacune de ces Unités d'inspection est placée sous l'autorité d'un Chef d'Unité et ces unités sont respectivement chargées des inspections et des contrôles environnementaux ; du contrôle du respect des normes environnementales en matière d'assainissement ; du contrôle de la pollution et des normes d'établissement ; du contrôle et de la surveillance de la pollution transfrontalière ; du contrôle périodique des décharges ; du contrôle des nuisances sonores et olfactives ; du suivi de l'application de la règlementation nationale et internationale en vigueur relative à l'environnement, à la protection de la nature et au développement durable ; et de l'exploitation et de la publication des résultats d'inspection.

On doit noter ici qu'outre le Chef d'Unité, chaque Unité d'inspection comprend trois inspecteurs de l'environnement et cinq contrôleurs de l'environnement. Cette sous-direction travaille sur le front du contrôle de la pollution en partenariat avec d'autres institutions telles que :

- l'administration des douanes : Elle joue un rôle primordial dans le contrôle de la pollution au Cameroun en ce sens qu'elle a une mission d'appui aux autres administrations. En effet, de par sa position stratégique, la Douane, pose des actions qui vont dans le sens de l'interdiction d'entrée sur le territoire national de certains produits (matériel de guerre, médicaments, drogues, stupéfiants, pesticides…) ; du contrôle des quotas d'importation et d'exportation ; du contrôle du respect de la réglementation sur les mouvements transfrontaliers de certains produits classés (par exemple par la Convention CITES, la protection de l'environnement, la protection de la propriété intellectuelle …) ; du recouvrement de droits au profit de certains organismes (par exemple PAD, FEICOM, service phytosanitaire …).[11] Ceci explique bien la présence douanière dans les aéroports, dans les ports et les frontières terrestres ;
- les Collectivités territoriales décentralisées (CTD) sont aussi des acteurs du contrôle de la pollution avec des missions bien définies. Il faut relever que c'est avec le processus de mise en place de la décentralisation que la protection de l'environnement a cessé d'être uniquement l'apanage du pouvoir central. La configuration actuelle axée sur la décentralisation prend essence avec

---

11   Voir http://www.logistiqueconseil.org/articles/Transit-douane/Douanes-cameroun.htm consulté le 7 Mars 2017.

la loi n° 96/12 du 5 août 1996 en son article 4 qui dispose que « Le Président de la République définit la politique nationale de l'environnement. Sa mise en œuvre incombe au Gouvernement qui l'applique, de concert avec les collectivités territoriales décentralisées... ». S'agissant des déchets, cette loi précise en son article 46 (1) que « les collectivités territoriales décentralisées assurent l'élimination des déchets produits par les ménages, éventuellement en liaison avec les services compétents de l'État, conformément à la réglementation en vigueur ». Voilà donc situé approximativement le fondement législatif de la compétence des collectivités territoriales en matière environnementale où, peut-on dire, elles disposent de compétences propres attribuées pas la loi.

En sus, avec le décret n° 2012/0882/PM du 27 mars 2012 fixant les modalités d'exercice de certaines compétences transférées aux communes en matière d'environnement, la Commune est compétente pour « l'élaboration des plans d'action pour l'environnement ; et pour la lutte contre l'insalubrité ; les pollutions et les nuisances ».[12]

Toute chose restant égale par ailleurs, retenons que les institutions chargées du contrôle de la pollution au Cameroun méritent chacune d'exister. L'effort de chacune de travailler en synergie est louable ce qui leur permet d'impacter le plus grand nombre et cela contribue même à sensibiliser le plus grand nombre, et à sanctionner les pollueurs.

Au regard de ce qui précède, on remarque que la pollution et les stratégies mises en place pour son contrôle nécessitent une mobilisation adéquate du cadre juridique. Cependant, cette mobilisation semble être insuffisante. Ceci s'explique par le fait que le contrôle de la pollution connait des limites et qu'il faille revoir le dispositif pour parvenir à un contrôle efficace pour parvenir à jouir d'un environnement sain.

4   Les limites du contrôle de la pollution au Cameroun

L'inefficacité du contrôle de la pollution au Cameroun est due à la fois à une défaillance technique des responsables du contrôle et à un système de prévention pas assez élaboré.

---

12   Article 1er du décret n° 2012/0882/PM du 27 mars 2012 fixant les modalités d'exercice de certaines compétences transférées aux communes en matière d'environnement.

4.1 Un système d'assainissement précaire

La mise en œuvre d'un bon système d'assainissement permet de lutter efficacement contre la pollution. Cependant, au Cameroun il s'avère précaire. Il faut le dire, la recrudescence de la pollution au Cameroun est l'une des conséquences de l'insuffisante prise en compte du droit de toute personne de jouir d'un environnement sain et assaini. Ceci dit, ce ne serait pas un abus de dire que l'assainissement est le vaccin contre la pollution. Le manque d'un assainissement adéquat constitue aujourd'hui au Cameroun une entrave majeure au développement du pays et au bien-être de ses habitants. Cette situation constitue à la fois une catastrophe sanitaire, environnementale et économique, mais aussi une bombe à retardement pour les générations futures. Il faut noter que, l'assainissement est la plate- forme sans laquelle l'environnement ne peut être qualifié de sain. Néanmoins, l'assainissement qu'il soit solide ou liquide, connait de véritables problèmes au Cameroun. Raison pour laquelle le contrôle de pollution reste inefficace et ineffectif. Cette inefficacité ou ineffectivité des moyens de contrôle se justifie par le fait que la question de l'assainissement n'est pas bien pensée au Cameroun.

On entend par assainissement, « l'action visant l'amélioration de toutes les conditions qui, dans le milieu physique de la vie humaine, influent ou sont susceptibles d'influer défavorablement sur le bien-être physique, mental et social ».[13] En d'autres mots c'est « un ensemble de mesure destinées à préserver la salubrité et la santé publiques, par l'évacuation et le traitement des déchets en minimisant les risques pour la santé et l'environnement dans les milieux urbains ».[14]

Mais, force est de noter que[15]

> malgré les bénéfices de l'amélioration de l'assainissement tant en terme de préservation de la ressource, de protection de la santé, mais aussi en terme économique et d'amélioration de l'éducation et des conditions de vie, l'assainissement n'est toujours pas une priorité pour les responsables politiques nationaux et locaux, les partenaires au développement et les bailleurs de fonds. Les causes de ce manque d'engagement sont liées pour une large part au fait que ces décideurs ne sont pas suffisamment informés et convaincus des bénéfices d'investir dans l'assainissement, mais aussi au fait qu'il s'agit d'une filière compliquée à appréhender et à mettre en place, tout particulièrement quand elle relève pour une large part de l'assainissement autonome. La mobilisation des ressources, tant nationales que locales, pour le secteur de l'assainissement reste difficile. Cette tendance est renforcée par la perception encore prépondérante de l'assainissement comme une composante des projets d'eau potable et non comme une priorité qui peut être traitée de manière spécifique.

---

13 Comité des experts de l'assainissement (1951:3).
14 Mpessa (2010:177).
15 Voir http://fseg.univ-tlemcen.dz/rev%2010%20en%20pdf/KAMGHO%20TEZANOU%20 Bruno%20Magloire.pdf consulté le 28 février 2017.

L'assainissement est une activité technique qui nécessite un respect scrupuleux des exigences en matière de construction, d'entretien et de fonctionnement des ouvrages d'assainissement. En effet :[16]

> L'assainissement est une mission essentielle à l'environnement et à l'hygiène [d'une ville] ainsi qu'à la santé et au bien-être de ses habitants. C'est une tâche difficile, opiniâtre, souterraine menée avec professionnalisme et efficacité par les personnels de la ville : égoutiers, ouvriers, ingénieurs, techniciens, agents de maîtrise, dessinateurs et administratifs.

Au Cameroun, l'on se rend compte que le professionnalisme dans la gestion des déchets connaît une certaine atomie. Les problèmes de maintenance et d'entretien se posent encore pour les ouvrages d'assainissement. Les réseaux primaires sont envasés, les caniveaux ne sont pas écurés, presque toutes les stations d'épurations sont pour la plus part en mauvais état. Alors intervient la pollution des eaux de surface et souterraines suite à la défaillance dans la procédure de traitement des eaux usées.

On convient que le contrôle de la pollution au Cameroun a pour premier obstacle, le défaut d'assainissement ce qui le rend inefficace et ineffectif. Ce n'est pas le seul obstacle quand on sait que la corruption est l'un des fléaux qui aggrave la propension de la pollution.

4.2 La corruption une réelle limite pour le contrôle de la pollution au Cameroun

Aucun pays au monde ne peut prétendre être entièrement exempt de corruption.

> Mais lorsque la corruption prend des proportions telles qu'elle risque de freiner la croissance économique et de contrarier les efforts accomplis en vue d'instaurer une bonne gouvernance, elle entraîne la dégénérescence générale du tissu social. Obstacle au développement durable, la corruption peut éventuellement aggraver les disparités économiques et favoriser la criminalité organisée. En fait, si la corruption se développe sans entrave, la démocratie peut difficilement s'épanouir, la liberté se répandre, la justice prévaloir.[17]

En effet, la contrebande des produits pétroliers bat son plein au Cameroun. Plus particulièrement à Douala, les zones côtières et les régions limitrophes du Nigéria. Toutefois, le pays est engagé depuis bon nombre d'années dans le combat contre ce fléau. Les raisons sont simples, les contrebandiers amplifient ainsi le phénomène de pollution. Ce fléau est répandu, mais on ne sait comment les auteurs ne sont toujours pas inquiétés. Peut-on le justifier par le fait de l'accessibilité au juge et des difficultés de déclencher l'action publique du fait de la corruption. Dans la mesure où les pollueurs sont des multinationales et par conséquent elles sont influentes et peuvent in-

---

16 L'ancien maire de Paris, Bertrand Delanoë.
17 Voir https://www.legrandsoir.info/Comprendre-la-corruption-au-Cameroun.html, consulté le 14 Mars 2017.

fluencer le gouvernement. On peut aussi relever, la méconnaissance et/ou l'absence de la technicité des enquêtes portant sur l'environnement. Les officiers de police judiciaire n'ont pas toujours les moyens techniques et financiers pour mener ce type d'enquêtes. Bien que le système de contrôle de la pollution présente des limites, il existe des méthodes dont l'application dissipe le spectre de l'ineficacité et de l'ineffectivité.

5 Les perspectives pour l'amélioration du contrôle de la pollution au Cameroun

La pollution peut encore être maîtrisée au Cameroun. Mais, il faut des préalables les renforcement des capacités professionnelles et la responsabilisation des pollueurs.

5.1 Le renforcement des capacités professionnelles

Un vaste plan de développement des ressources humaines et des capacités du secteur de l'assainissement devrait être défini et mis en œuvre dans un avenir proche. En effet, le déficit en ressources humaines qualifiées est patent, mais aussi les services de l'État, les acteurs privés et la société civile. Le renforcement des capacités devra aussi inclure une amélioration des outils et équipements des structures sectorielles. Le Cameroun gagnerait à copier le Burkina Faso. Ce dernier a prévu dans son Plan national d'assainissement que jusqu'en 2020, au moins 5% des budgets consacrés à l'assainissement seront affectés aux programmes de renforcement des capacités. En parallèle, cet État associe les ministères en charge de l'enseignement de base et secondaire et de l'enseignement supérieur pour développer les formations nécessaires et créer les nouveaux cursus correspondant au niveau de technicien et au niveau de cadre.

5.2 La responsabilisation des pollueurs

La qualité de l'environnement est nécessaire au plein épanouissement des personnes dans une société. La qualité de l'eau l'est encore plus. C'est compte tenu de leur importance que le pouvoir législatif camerounais dans la loi n° 98/005 du 14 avril 1998 portant régime de l'eau en son article 16 (1) punit et réprime toute activité qui causerait un dommage à ces biens publics. Ainsi, « [e]st punie d'un emprisonnement de cinq ans à quinze ans et d'une amende de dix millions (10.000.000) à vingt millions (20.000.000) de FCFA, toute personne qui pollue et altère la qualité des eaux ». L'application de cette sanction aurait pour effet de responsabiliser les pollueurs et limiter ainsi la pollution dans nos villes. Aussi, pour ce qui est des populations de manière générale, elles devraient dénoncer ceux qui s'impliquent dans les œuvres de pollution pour qu'ainsi leur responsabilité soit engagée au pénal. Mais aussi, le juge pourrait intégrer le principe du pollueur-payeur pour sanctionner ceux qui font montre d'incivisme.

6 Conclusion

Bien qu'étant un terme que l'on entend chaque jour, la pollution reste encore un phénomène dont la plus grande partie ignore les conséquences sur l'environnement. C'est ainsi que, des mesures sont prises dans le but de contrôler ce phénomène en vue de réduire ses impacts sur l'homme et sur son environnement. Toutefois, l'effectivité du contrôle de la pollution au Cameroun est sujette à des contraintes d'ordre juridique, institutionnel, financier et technique. En effet, la réglementation sur la question de la pollution est un compendium de textes régissant divers secteurs dans lesquels l'obligation de ne pas polluer s'impose. Aussi, les institutions en charge du contrôle de la pollution existent, mais leurs actions s'avèrent inefficaces à cause de l'absence d'une véritable coordination entre ces différentes institutions. On a pu noter qu'au Cameroun, le contrôle de la pollution pose le problème sur le comment préserver la salubrité et respecter les équilibres naturels. Les moyens mis en œuvre devraient aboutir notamment à des réseaux d'assainissement sûrs et fiables, et des stations d'épuration capables de faire face à une grande diversité de flux. Sans écarter la capacité de traiter à la fois les déchets non dangereux et les déchets dangereux qui au demeurant constitue l'un des enjeux majeurs dans ce domaine.

Bibliographie indicative

Comité des experts de l'assainissement, 1951, 2e rapport, Genève, 15-20 octobre 1951, dans OMS, Recueil des documents fondamentaux, 4e édition, Genève.

Diesse, LN, sans date, *La pollution de l'eau dans nos villes,* Ecovox, http://www.cipcre.org/ecovox/eco27/actual7.htm, consulté le 2 Mars 2017.

Djoko, C, 2010, Comprendre la corruption au Cameroun, *Le grand soir*, 3 octobre 2010, https://www.legrandsoir.info/Comprendre-la-corruption-au-Cameroun.html, consulté le 14 Mars 2017.

Mbohou, M, M Niee Foning & JJ Ambagna, *La corruption dégrade t- elle la qualité de l'environnement dans les pays africains ?*, https://www.sfer.asso.fr/source/jrss2013/jrss 2013_c3_mbohou.pdf, consulté le 4 mars 2018.

Mpessa, A, 2010, Le droit à l'assainissement : une priorité cruciale au Cameroun, dans : Smets, H (ed.), *L'accès à l'assainissement, un droit fondamental,* Paris, Editions Johanet, 177.

République du Cameroun, 2007, Stratégie nationale de gestion des déchets au Cameroun (période 2007-2015), Yaoundé, MINEP.

SECTION 7

FLORA AND FAUNA

LA FAUNE ET LA FLORE

CHAPTER 19:
A PARADIGM SHIFT IN THE LEGAL PROTECTION OF BIODIVERSITY IN CAMEROON

Prudence GALEGA

1   Introduction

Cameroon's biodiversity is a composite of a wide diversity of plant and animal species and ecosystems including one of the most intact forest ecosystems in the world and of invaluable support to the livelihood of its people. As a complex dynamic system with diverse values and interests that generate ecological, economic and social relationships, this system and its relationships are regulated by policy, legal and regulatory instruments.

The arsenal of new legal and institutional tools that characterise the current framework for the protection of Cameroon's biodiversity is a paradigm shift from two parallel global and national processes. With the introduction of the concept of sustainability in development came the emergence within the last three decades of multilateral and regional environmental agreements of national import in the conservation, sustainable use and sharing of benefits from its biodiversity and ecosystem services. In a parallel process, the upsurge of a national quest for urgent responses to development challenges in the fight against poverty brought shifts from obsolete and fragmentary legal instruments to an array of national policy, legislative and institutional tools with innovative mechanisms and traditional norms to boost the natural resource industries and reduce negative impacts of sectoral activities and development projects.

Notwithstanding the significant progress in developing biodiversity related global and national legal instruments, the loss of valuable plant and animal species, loss of habitat, genetic erosion and ecosystem degradation continue with the unsustainable and inequitable utilisation of biodiversity. Findings from various assessments globally and nationally highlight or confirm this trend. Globally, the Millennium Ecosystem Assessment commissioned by the United Nations, highlighted the unprecedented loss of biodiversity and decline in ecosystem services caused by human activity over the last 50 years.[1] The decline in biodiversity is also highlighted in the periodic assessments carried out by the Convention of Biological Diversity[2], continuous decline of biodiversity with significant habitat loss is highlighted in the Global Environment Outlook of the United Nations Evironment Programme (UNEP).[3] Although there is an increase in awareness and shared responsibility in addressing the key drivers of biodiversity loss, the extrapolation for a range of indicators for the global biodiversity targets within the Global Biodiversity Outlook,[4] suggests that based on current trends, pressures on biodiversity will continue to increase at least until 2020, thus the status of biodiversity will continue to decline which urgently calls for accelerated collective action.

Various assessments of the state of the nation's biodiversity[5] highlight a corresponding loss and threat from multiple drivers. This trend is expected to hamper current national efforts in promoting the well-being of its people and the national economy. From the current trajectory of Cameroon's development within its 2035 vision for emergence[6] and the productivity options of its rural production sector largely dependent on biodiversity, there is an expected increase in pressure on biodiversity. The negative impact of biodiversity loss for the development processes will equally have a most severe negative impact on vulnerable people and local communities who depend on natural resources for their livelihoods. This regressive trend will further hinder the attainment of internationally and nationally agreed targets to reduce significantly the rate of biodiversity loss by 2020.

In recognising the importance of the current shift to an innovative legal architecture, addressing challenges of legal effectiveness and efficiency within this paradigm is a concern of environmental legal experts and organisations.[7] This chapter has been prepared as a contribution to the current reflection process carried out within the Konrad-Adenauer-Stiftung in 2017. In setting the scene for this, a focused attention has been given to understanding the biodiversity related multilateral instruments of national import in the national legal architecture and the arsenal of nationally developed legal tools, customs and practice as well as governance options within the design of these instruments.

As the outcome of an on-the desk study, this chapter provides in this present section, an introduction with the contextual setting for the work. In the following section, an analysis of the shifts in global processes will be provided, followed by a dis-

---

1   Millennium Ecosystem Assessment (2005a) and (2005b); Ash et al. (2010).
2   CBD (2010).
3   UNEP (2012).
4   CBD (2014).
5   Republic of Cameroon (2014); MINEPDED (2012).
6   Republic of Cameroon (2009).
7   Onang Egute et al. (2015).

cussion on the emergence of novel national tools that set policy options, legal and regulatory prescriptions that establish mechanisms and define conditions for protecting biodiversity. The chapter then highlights current challenges in ensuring effectiveness and efficiency and, in conclusion, proposes options for an implementation structure likely to strengthen the current dynamics within the paradigm of the new legal structure for biodiversity protection.

2   Shifts in internalised global norms

Positive shifts in the internalisation of international norms into the national legal architecture for protecting biodiversity highlight the critical role of legal norms in translating the Recommendations of the Brundtland Commission of 1987[8] on the link between environment and development into binding commitments by states. Cameroon's active engagement in international negotiations, its key role as part of lead negotiators for the UN Africa Region in the negotiations and adoption of major biodiversity related conventions and protocols, generated a national process with the political momentum resulting in national ratification or adherence to the multiple multilateral environmental agreements to which Cameroon is a party. The fundamental role of these norms and practices as part of the national legal framework for the protection of biodiversity is of constitutional prescription[9] in the Preamble which provides:

> ...affirm our attachment to the fundamental freedoms enshrined in the Universal Declaration of Human Rights, the Charter of the United Nations and The African Charter on Human and Peoples' Rights, and all duly ratified international conventions relating thereto...
> - every person shall have a right to a healthy environment. The protection of the environment shall be the duty of every citizen. The State shall ensure the protection and improvement of the environment...

Of overarching importance is the ratification by Cameroon of the 1992 Convention on Biological Diversity (CBD) which provides the framework for global action on biodiversity with the objective to ensure the conservation of biodiversity, the sustainable use of its components and the fair and equitable sharing of benefits arising from the utilisation of genetic resources. The strategic approach of the CBD to safeguard biodiversity and its benefits is defined by the 2011-2020 Strategic Plan and its 20 Aichi targets.[10] This instrument and its strategic orientation have provided the fundamental basis for developing major national policy and legal tools, assessing and

---

8   World Commission on Environment and Development (1987).
9   Preamble of Law No. 96/08 of 18 January 1996.
10   CBD (2013).

reporting on the application and impacts of the instruments in ensuring the conservation and sustainable use of the nation's rich natural heritage.

The objectives of the CBD further find emphasis in the 2000 Cartagena Protocol on Biosafety which seeks to ensure an adequate level of protection in the safe movement and use of living modified organisms from biotechnology likely to adversely affect biodiversity.

A new and innovative norm introduced with the entry into force of the 2010 Nagoya Protocol recognises the contribution of genetic resources and information from genetic material in promoting research and development in fast growing pharmaceutical, cosmetic, biotech and food industries and the inadequate contribution of its benefits to conservation. By obligating prior informed consent for access and mutually agreed terms in sharing benefits with providers and holders of traditional knowledge (TK) associated with genetic resources, a major transformative shift is expected towards an increase in the contribution of research and development to conservation efforts and the valorisation of traditional knowledge. In recognising national sovereignty and competence in defining conditions for access and benefit sharing, this innovative tool has triggered a recent ambitious process of developing a national legal regime for an ABS system.[11]

An analysis of the focus of other major biodiversity related multilateral agreements introduced by acts of ratification or adhesion confirm the contribution of international legal tools in shaping national responses and intervention actions in the protection of national critical ecosystems,[12] endangered species,[13] crimes on protected species and trade in endangered species,[14] specific uses of genetic resources[15] and major threats to biodiversity.[16] Successful legal outcomes of internalised international norms equally comprise regional level environmental agreements of general application or specific to species or fragile ecosystems and to which Cameroon is a party.

Within these multilateral environmental agreements different types of governance structures within which Cameroon has participated actively have emerged. These have been established as governing bodies, standing or Ad-hoc subsidiary advisory

---

11 Galega (2017).
12 Convention on Wetlands of International Importance Especially as Waterfowl Habitat (Ramsar) 1971; Convention on the Law of the Sea 1973.
13 Convention on Migratory Species of Wild Animals 1979; Convention on the Protection of World Heritage, Culture and Nature 1972.
14 Convention on International Trade in Endangered Species of Wild Plants and Animals 1973.
15 International Treaty on Plant Genetic Resources for Food and Agriculture 2001.
16 Convention on Oil Pollution Preparedness, Response and Co-operation 2001; Convention on the Control of Transboundary Movements and Disposal of Hazardous Wastes 1989; Convention on Climate Change 1992 and its Kyoto Protocol; Convention to Combat Desertification 1994.

bodies to provide scientific and technical advice, and inter-governmental platforms to inform global decision-making processes on biodiversity.

The existing national compendium of norms of international import and direct application provides core elements in defining biodiversity specific principles, measures and procedures and in shaping multiple levels of governance systems in the protection of biodiversity. The National Biodiversity Strategy and Action Plan version II (NBSAP II) recognises the significance of these international norms in providing the framework for international and regional cooperation in the protection and valorisation of Cameroon's biodiversity as well as regional legal tools in the management of shared trans-boundary ecosystems. This recognition is highlighted with the identification of 21 biodiversity-related international agreements and 21 regional agreements ratified by Cameroon and demonstrates a long-standing national commitment to collectively defined norms.[17]

The emphasis on the need for sustainability in the choices of key development sectors in the recently adopted 2030 Agenda for Development and the Sustainable Development Goals highlights the need for greater attention in ensuring effective compliance with the nation's commitments to the norms of the plethora of ratified biodiversity related international agreements.

3   Innovative shifts in national legal tools

National efforts to ensure compliance with commitments to international norms and the national quest for urgent responses to address poverty challenges brought shifts from obsolete and fragmentary legal instruments to an array of national policy, legislative and institutional outcomes. These have defined innovative approaches, mechanisms and traditional norms to boost the natural resource industries and seek to reduce negative impacts of sectoral activities on biodiversity, recognised as a common heritage that should contribute to national development.

3.1   Legal recognition of biodiversity as common national heritage

Major shifts in the legal protection of biodiversity have been defined to comply with the recognition of state ownership and responsibility for biodiversity which constitutes an integral part of the national heritage which should underpin development as established by constitutional recognition in the preamble which reads as follows:

---

17 First ratification in 1978 of the Algiers Convention on the Conservation of Nature and Natural Resources in Africa.

> Resolved to harness our natural resources in order to ensure the well-being of every citizen...-
> The protection of the environment shall be the duty of every citizen. The State shall ensure the
> protection and improvement of the environment.[18]

State ownership and responsibility over biological and genetic resources is further established in several statutory provisions, specifically under the Framework Law for Environmental Management.[19] The Forest, Wildlife and Fisheries Laws[20] impose state ownership and responsibility for the protection of the forest, wildlife and fisheries heritage.

It further recognises the *usufruct* rights of indigenous and local communities living in forest riparian communities, a right which is limited to traditional collections with no reference to rights over their traditional knowledge.

The 1994 Forest Code in Section 7 further regulates ownership by stating that

> the State, local councils, village communities and private individuals may exercise on their forest and aquacultural establishments all the rights that result from ownership subject to restrictions laid down in the regulations governing land tenure and State lands and by this law.

The Forest Code grants usage rights while stipulating that:

> usufruct rights (or customary rights) are those recognized to local populations to exploit all forest, wildlife and fish products, with the exception of protected species, for their personal use. They may be temporarily or permanently suspended when the need arises for reasons of public interest.

A major point of contention with the 1994 Forest Code is its failure to recognise indigenous peoples' rights to the lands, territories, and resources they have traditionally owned, occupied or otherwise used and acquired. This has been a major issue during Cameroon's recent Forest Code reforms.

3.2   Policy outcomes for biodiversity protection

The National Environmental Management Plan as revised (NEMP II) in 2012, provides the current policy framework for intervention in environmental matters. In a visionary approach, NEMP II recognises the protection of the environment as an integral part of the process of development and thus envisions the pathway for growth as one with a green economy which reduces carbon emissions, pollution, and prevents biodiversity loss. The long-term objective of NEMP II is to significantly reduce the loss of biodiversity, mitigate the impacts of climate change and desertification, fight against pollution and noise, and to promote sustainable development. Based on this

---

18   Preamble of Law No. 96/08.
19   Framework Law No. 96/12, Article 2 (1).
20   Law No. 94/01.

new orientation, the NEMP II provides for four key programs with 11 strategic components in response to the current threats and regressive trends in the state of the environment. A specific objective of the program on conservation of terrestrial biodiversity is to integrate biodiversity in national policies and sectoral plans that have a negative impact on biodiversity. Within its design, the NEMP II is being operationalised through several thematic strategies. The adaptive approach of this document to the evolving responses to protecting the environment, provides for periodic revisions and thus ensures and adaptive response in filling gaps and weaknesses in policy orientations for intervention in protection biodiversity. Within the monitoring program for this five year management plan, the document was due revision in 2017.

The Environment Sector Strategy developed in 2013 constituted a major sectoral response to government's dispensation within its structural development and the national policy for growth and development, to adopt a policy, strategy and a budget-programmatic approach in all development sector. This Strategy, developed as a maiden effort of the Ministry of Environment and Protection of Nature (as it then was), is based on a diagnostic analysis that identifies major achievements of the sector and highlights problems and challenges. The recommended response is presented in what constitutes the four program areas of intervention in the sector today with defined priority actions which form the basis of triennial and annual budgeted action plans adopted by Parliament. Within this framework, the diagnostic analysis recognises biodiversity protection as a major focus of several policy and intervention actions that have been undertaken. Under Program 2 of the Environment Sector on the Sustainable Management of Biodiversity, the follow up on the conservation of biodiversity is defined as a key intervention action.

The National Biodiversity Strategy and Action Plan II (NBSAP II) revised in 2012 as a second-generation version of the 2000 NBSAP, recognises the central role biodiversity and genetic resources can play for a sustained economic growth and poverty alleviation. Designed in coherence with the Strategic Plan of the Convention on Biological Diversity and the (global) Aichi Biodiversity targets, this document provides compliant evidence to the nations obligations to the CBD, the Nagoya Protocol and other biodiversity related global instruments. Of specific relevance, the NBSAP recognises as a regressive trend the loss of biodiversity and genetic diversity attributed to multiple causes with negative social, economic and ecological consequences. In proposing a new policy orientation to reverse and halt the trend in loss of biodiversity and its genetic components, the NBSAP II provides a visionary direction set for 2035:

> a sustainable relationship with biodiversity is established in its use and sharing of benefits to meet the development needs and well-being of the people, and ecosystem balance is preserved through sector and decentralized mainstreaming with the effective participation of all stakeholders including local communities.

It further defines a mission for 2020:

Take all necessary measures to reduce the rate of national biodiversity loss and ensure long-term sustainability of critical ecosystems in order to guarantee by 2020 the continuous contribution of biodiversity and other ecosystem services to wealth creation including through mainstreaming, capacity building and funding biodiversity that is driven by a strong partnership with the involvement of indigenous and local communities and a focus on gender as a guarantee for future generations.

To realise its vision, the Strategy document defines four national strategic goals to guide all interventions in biodiversity and these are aimed at addressing the causes of biodiversity degradation/loss by reducing the direct and indirect pressures on biodiversity. This goal seeks to provide responses relating to the lack of awareness and knowledge on the values and potentials of biodiversity, the weak import of science to inform decision-making and weaknesses in the policy and legal sphere (Strategic Goal A). It also seeks to maintaining and improving the status of biodiversity by safeguarding ecosystems, habitats, species and genetic diversity through responses that address changes in landscapes and habitat fragmentation, reduction of ecosystem resilience and disruption of its stability and functions (Strategic Goal B). Promoting the sustainable utilisation of biodiversity for wealth creation is an important goal (Strategic Goal C). Aimed at promoting coordination and integration of biodiversity and provides responses through options of coordination, sector and local level planning and development, gender mainstreaming and funding of biodiversity (Strategic Goal D). A set of 20 general plus ten ecosystem-specific national biodiversity targets with key actions have been identified in this document to ensure attainment of the defined goals.

The 1993 National Forestry Action Programme (NFAP) established a major policy shift with innovative natural resource management options. This policy document set the objectives of the forestry and wildlife sector and provided a new orientation for defining legal safeguards for forest biodiversity. In opting for a decentralised forest management and the participation of forest riparian indigenous and local communities in the management of forests, this innovative policy tool is also recognised for setting the steps for the current decentralisation in state management approaches that go beyond the forest sector.

3.3   Environmental protection

Law No. 96/12 of 5 August 1996 on Framework Law on Environmental Management (FLEM) is the overarching legal instrument for managing the environment. Of relevance is the incorporation of the precautionary and the polluter pays principles as fundamental principles for environmental management. In establishing within the law the conduct of environmental impact assessments (EIA) for development projects likely to have significant adverse impacts on the environment and defining conditions and procedures for its application.[21] In compliance with the principle of participation, the regulatory tool[22] institutes public participation through consultations and public hearings as the approach of involving communities in decision-making processes within development projects with likely negative impacts on biodiversity. The conservation outcomes of these EIA legal tools have been significant.[23] Decree No. 2001/718/PM, amended in 2006 establishes the Inter-ministerial Environmental Committee as the organ responsible for EIAs.

3.4   Innovative legal tools for the protection of forest biodiversity

National legislative and regulatory instruments which characterise the current framework for protecting forest ecosystems and specific forest species and wildlife have been largely shaped by the options adopted in the forest policy. A major instrument is the 1994 Forest, Wildlife and Fisheries Law enacted to facilitate the implementation of the Forest Policy. This instrument, in translating the options of the forest policy into legal realities, defines further innovative mechanisms and approaches, the application of which has enabled Cameroon to effect significant progress in developing regulatory tools and accelerating national efforts in the conservation of biodiversity, protection of important wildlife and plant species under threat of loss, sustainable exploitation of forests and forest resources, involvement of indigenous and local communities in forest management and benefit-sharing schemes.

The forest zoning system of the national forest estate into distinct domains of Permanent Forest Estate (PFE) and Non-Permanent Forest Estate (NPFE), as an establishment of the Forest law has facilitated state allocation in the management of forest ecosystems and resources for different types of uses of biodiversity based oen state ownership. As a result, different types of forest rights and relationships have emerged between the state and several legal entities including local councils, communities and private individuals. Under this system, the PFE establishes permanent forest domain under state ownership and local council ownership to be used for forestry purposes including the creation of protected areas and research, while NPFE consists of forests for uses other than forestry and within private forest estates by individuals or corporate entities, forest estates allocated for community forest management and residual local council forest estates.

---

21   Decree No. 2005/0577/PM of 23/02/2005; Order No. 0070/MINEP.
22   Decree No. 2005/0577/PM of 23/02/2005, Article 11.
23   The creation of the Ma'an National Park and the Mbam and Djerem National Park in 2000 as mitigating measures for biodiversity loss along the Chad-Cameroon pipeline.

Community Forestry (CF) introduced as an innovative concept of legal creation also translates the forest policy option of participatory management with local communities. Through the state allocation of portions of permanent forest estate to local community entities, community forest management was ushered into the forest management system as a viable legal mechanism for transferring power to local communities, integrating traditional knowledge and practice systems in the sustainable use of forest biodiversity. The participatory and consultative procedure for the development of simple management plans for CF provide opportunities for traditional knowledge and long-standing traditional practices that have favoured conservation and the use of forest resources to inform management options of specific allocated permanent forest areas. It further provides opportunities for increasing benefits offered by biodiversity and ecosystem services to local livelihoods and economies. The multiple uses of community forests including ecotourism provide opportunities for indigenous and local communities to generate and manage benefits from forest resources under their control.

Significant national progress in conservation efforts through protected area management have largely been influenced by a statutory setting of the target for protected areas. Per definition of the 1994 Forest Law Article 22 (1), the national target is set at 30% of the total area of national territory for the creation of protected areas within the permanent forest domain and representative of all major ecosystems or biomes in proportion to their occurrence. Target 11 of the NBSAP in ensuring coherence of the biodiversity policy with the protected area target of 30% has adopted the following as a national priority by the year 2020:

> By 2020, at least 30% of the national territory, taking into consideration "ecosystem representativeness" is under effectively and equitably managed protected areas.

The current trend in protected area in implementation of this law depicts an increase of 76.5% in the creation of protected areas between 2000 (with a baseline of 17 Protected Areas) and 2012 (having a total of 30 Protected Areas). By 2012 there was a wide protected area network of 19 National Parks, 7 Wildlife Reserves, 5 Wildlife Sanctuaries, 3 Botanical Gardens, 47 Cynergetic Zones and 26 Community Managed Cynergetic Zones with a total cover of 16,683,779 ha in protected areas and 9,159,135 ha specifically for wildlife.[24] This represents 19.25% of the national territory and has enabled national progress beyond the global target of the Aichi Targets set at 15% for terrestrial protected areas. Management plans have been developed and adopted to ensure the protection of most of the protected areas.

In obligating the development of management plans for various forest uses, protected areas, community forests, production forests, etc. the Forest Law established a

---

24   Law No. 94/01, page 52.

mechanism for ensuring the sustainable use of biodiversity and restoration of degraded forest lands. Specifically, in the forest exploitation sector, the obligation to produce management plans for each Forest Management Unit (FMU) granted to logging companies, seeks to ensure exploitation activities within each FMU is compliant with the priorities of the plan defined within clear procedural conditions.

3.5   Wildlife protection regime

Wildlife protection within the forest and wildlife regime is based on a three-level species classification,[25] of A, B, and C. Rare species threatened with extinction and categorised in class A are granted total protection and prohibition from being hunted with the exception of authorised captures for purposes of research or protection. A series of regulatory tools set the conditions for implementation of this wildlife legislation[26] and specify animal species in each class[27] with class A species consisting of species in Annex 1 of the Convention on International Trade in Endangered Species of Wild Fauna and Flora (CITES), those of class B consist of species in Annex II of CITES and benefiting from partial protection and requiring hunting authorisations and licences, while those of class C consist of species in Annex III of CITES protected through regulated capture and hunting in cases out of the previous two categories. Other instruments set the list of species with authorised killing[28] and those for sports hunting. Further to this is the hunting permit system introduced by the law which categorises hunting permits in three categories for traditional or subsistence hunting, sporting and commercial hunting. Further to this, the policy option of participatory management involving local communities is translated in the wildlife sector with the introduction of the notion of Community Hunting Ground (CHG) through state allocation of hunting rights in a non-permanent forest domain to a local community.[29] Through this community use rights and incentives, traditional knowledge and traditional practices can again be integrated in the protection of wildlife and provide opportunities for contributing to improve the subsistence living of hunting indigenous and local communities.

---

25   Law No. 94/01, Article 78.
26   Decree No. 95/466 of 20 July 1995.
27   Order No. 0648/MINFOF of 18 December 2006.
28   Order No. 0649/MINFOF of 18 December 2006.
29   Decree No. 95/466, Article 2 (19).

3.6 Legal regime for benefit sharing from biological and genetic resources

The objectives of the CBD recognise the need for a balance in conservation, sustainable use and benefit sharing of biological resources. In the logic of the interdependence of these goals, conservation can be effective where there is fairness and equity in sharing the benefits generated from the use of biodiversity with local communities. This constitutes a key incentive for conservation as favourable traditions and practices of local knowledge holders can be integrated in national conservation efforts. The CBD in this regard obligates parties to adopt incentive measures and benefit sharing mechanisms for biological and genetic resources. In compliance with this obligation, several benefit sharing mechanisms have been defined.

3.6.1 Benefit sharing from forest royalties

The Forest Law makes provision for revenue generated through annual forest royalties paid by logging companies to be shared with forest riparian communities through which a quota gets to the forest neighbouring communities; quota from hunting fees paid to community hunting areas through local management committees; expected social and economic benefits to indigenous and local communities living in and around protected areas. Benefits are also expected from Local Council Forests and Community Forests.

A major forest and wildlife benefit sharing mechanism established by legal definition[30] at the national level is the model annual forest royalty scheme with a benefit distribution scheme of 50% to the State, 40% to the local Council and 10% to the riparian village community, from total forest revenue. Several regulatory instruments revised over a period of time give effect to this statute by laying down detailed rules and procedures for its implementation[31] and implementation of the wildlife provisions,[32] the measures for collection of royalty and taxes on forestry activities. Decree No. 96/642/PM of 17 September 1996 covers the basis and methods of collection of royalty and taxes on forestry activities, establishing management committees responsible for managing forest royalties,[33] and modalities for monitoring the use of the revenue.[34]

---

30 Law No. 94/01.
31 Decree No. 95/531 of 23 August 1995.
32 Decree No. 95/466-PM.
33 Order No. 00122/MINEFI/MINAT 29 April 1998.
34 Joint Order No. 0000076/MINADT/MINFI/MINFOF of 26 June 2012.

3.6.2   Benefits sharing from genetic resources

The current dynamics for access and benefits sharing (ABS) in Cameroon depicts an existing political will, a strong partnership with private sector and development partners all committed to capitalising on the current shifts from the international and national processes to develop innovative ABS legal regimes and establish ABS mechanisms which are informed by new international rules and principles on dealing with genetic resources. On-going initiatives within the Ministry of Environment, Nature Protection and Sustainable Development are supported by several projects,[35] which all seek to give effect to the National ABS Strategy which defines as a national priority, the development of a specific national law on access to genetic resources and benefit sharing from its utilisation.

Cameroon's recent accession to the Nagoya Protocol on Access to Genetic Resources and the Fair and Equitable Sharing of Benefits Arising from their Utilization is preceded by an effective engagement as one of the country leads in the negotiation of the Protocol and Coordinator of the Africa Region for the Intergovernmental Committee that worked towards the entry into force of the Protocol in 2014. This engagement was endorsed in July 2014, with the adoption of the Ratification Bill by Parliament[36] and its promulgation into Law by the Head of State.[37] The deposit of this instrument in November 2016, marked Cameroon's accession to the Protocol as announced at the opening of the Second Meeting of the Parties to the Convention serving as the Meeting of the Parties to the Protocol, in Cancun, Mexico. Based on the 90 days rules after the deposit of the instrument of accession, the Protocol entered into force for Cameroon on 28 February 2017. By acceding to the Protocol, Cameroon has contributed to the achievement of Aichi Biodiversity Target 16 which provides that

> by 2015, the Nagoya Protocol on Access to Genetic Resources and the Fair and Equitable Sharing of Benefits Arising from their Utilization is in force and operational, consistent with national legislation.

This political commitment is obligated to full compliance in the adoption of appropriate ABS legislative and institutional tools. An early policy response to this commitment was the 2012 National Strategy on Access to Genetic Resources and the Fair and Equitable Sharing of Benefit arising from its Utilisation, developed upon the heels of the Nagoya Protocol. The prevalence of a wanton ABS legal and

---

35   For example the GIZ/COMIFAC Sub-Regional Project on ABS, the GEF/UNEP/COMIFAC Sub-Regional Project on ABS, the JICA/COMIFAC Sub-Regional Project on ABS and the GEF/UNDP Support Project to Cameroon on ABS.
36   Law No. 2014/009 of 18 July 2014.
37   Decree No. 2014/262 of 22 July 2014.

institutional framework as highlighted by several studies, greatly influenced the spirit of this policy tool as defined in its overall objective: "to give orientation for developing a national ABS framework law in accordance with the provisions of the Convention on Biological Diversity (CBD) and the Nagoya Protocol on ABS". Its specific objectives however widen this scope by addressing several implementation issues that go beyond the development of an ABS framework law per se. Within the strategic objectives set to attain this overall goal, five thematic issues are identified which set the framework for intervention actions in ABS matters. The key areas relate to capacity building and development, the putting in place of a legal and institutional framework, adopting administrative measures, strengthening mechanisms for stakeholder participation and promoting the valorisation of genetic resources and associated traditional knowledge. Of major significance in this document is the orientation for strengthening the existing legal and institutional framework for ABS. Although the strategy document is not a binding instrument, it seeks to ensure compliance with key provisions of the Nagoya Protocol by providing an innovative guidance for establishing legal tools and measures that deal in a comprehensive approach with key ABS issues.

Within the option for a specific legislation, elements to be taken into consideration in the development of an ABS law have been defined. Although the elements in this maiden planning tool provided guidance for an ABS regime, these elements have not been presented in any structured form but are relevant for developing both legal tools that establish rights and obligations and regulatory tools that deal with purely procedural matters.

Complying with the call for a mutually supportive implementation of the Food and Agriculture Organization's (FAO) Plant Treaty and the Nagoya Protocol, the document thus recognises current efforts[38] that address issues relevant to the interface between the two instruments. It provides guidance for policy and administrative actors and builds capacity for their mutually supportive implementation at the national level. This provides a framework for integrating the guidance on ABS elements by the FAO Commission on Genetic Resources for Food and Agriculture (GRFA)[39] which highlights key issues for consideration in the mutually supportive assist governments considering developing, adapting or implementing ABS measures to take into account the importance of GRFA, their special role for food security and the distinctive features of the different subsectors of GRFA, and complying, as applicable, with international ABS instruments.

In coherence with the policy objective of the ABS Strategy, NEMP II and the Environment Strategy have identified several key ABS legal and regulatory measures to

---

38   Bioversity International (2015).
39   FAO (2016).

be developed which include the development of an ABS National legislation, an institutional mapping and establishment of a data bank of national structures with potential to transform and valorise genetic resources, the development of relevant regulations/measure on ABS, and a manual on modalities of certification and the protection of genetic resources.

Multi sectoral legal tools provide ABS relevant provisions for forestry activities,[40] seed[41] and phytosanitary interventions[42] etc. and determine authorities with mandates for granting research permits,[43] authorisation in the field of modern biotechnology[44], and establish governing structures for seeds and plant varieties.[45]

The adoption by the African Ministerial Conference on the Environment (AMCEN) and subsequent endorsement by the AU Summit in June 2015 of the African Union Guidelines for the Coordinated Implementation of the Nagoya Protocol in Africa[46] constitutes a major regional drive to ensure the effective internalisation of the Nagoya Protocol and development of ABS legal regimes in the continent. The Strategic Guidelines provide a regional policy direction to the AU Member States and set out commonly agreed principles on ABS to be coordinated at the AU level.

On-going international dialogue and negotiations on ABS, intellectual property (IP) and traditional knowledge (TK) issues are important in ensuring that the evolving national frameworks for ABS are adapted to international standards and markets for which ABS products are intended.

Of importance with regard to genetic resources beyond national borders is the ongoing work under the United Nations Convention on the Law of the Sea (UNCLOS) with implications for Cameroon to clearly define its marine borders which equally determine the geographic limits of its marine genetic resources. The meetings of a preparatory working group set up by a resolution of the United Nations General Assembly (UNGA) will provide the elements of a draft text for a legally binding future agreement on the conservation and sustainable use of marine biological diversity beyond areas of national jurisdiction under UNCLOS. A key issue of focus in this negotiation for the future instrument is on marine genetic resources, including benefit-sharing questions. This discussion raises serious concerns on the limits of Cameroon's marine genetic resources. As a coastal state engaged in the sustainable management of its marine environment with ongoing proposals for protected area management and high biodiversity conservation value areas in the marine ecosystem,

---

40   Law No. 94/01.
41   Law No. 2001/014 of 23 July 2001.
42   Law No. 2003/003 of 21 April 2003.
43   Order No. 00002/MINRESI/B00/C00 of 18 May 2006.
44   Law No. 2003/006 of 21 April 2003.
45   Law No. 2001/014, Article 25.
46   African Union Commission (2015).

there is need to appropriate the outcome of these negotiations with the urgent delimitation of Cameroons continental plateau with the exclusive economic zone. Given the national option of a coherent approach in dealing with ABS, marine genetic resources need to be taken into consideration in ABS regimes to be developed.

3.7 The role of customs and traditions

The current system recognises the contribution of knowledge and practices of local communities as an important contribution to the protection of biodiversity and ecosystem services. The integration of customs and traditions in the legal architecture of national norms is guaranteed by statute and common law where the custom or practice is not contrary to the law or repugnant to natural justice. An innovative introduction of this national option into natural resource policy development is contained in the 1994 Forest Policy,[47] the NEMP II and the NBSAP II of 2012. In opting for an inclusive and decentralised management approach for the environment, biodiversity and specifically forest, wildlife, fisheries resources, these policy tools recognise the role of traditional knowledge and practices of indigenous and local communities in the protection and management of biodiversity.

Several TK related mechanisms have thus been established to translate these orientations into realities. A major legislation is the Forest Law which recognises, the usage rights of local communities by stipulating that:

> usufruct rights (or customary rights) are those recognized to local populations to exploit all forest, wildlife and fish products, with the exception of protected species, for their personal use. They may be temporarily or permanently suspended when the need arises for reasons of public interest.

The right to use natural resources under this instrument does not confer ownership rights over the resources or the lands or territories, an exclusion considered to be a major hurdle to the effective exercise of traditional knowledge. Also of importance, the establishment of community forest or wildlife management systems and the sharing of forest royalties with communities provide opportunities to integrate and compensate traditional knowledge systems in biodiversity protection.

Although these selected provisions establish community systems where traditional knowledge is accessed as a finding of assessments within the NBSAP II,

> traditional knowledge (TK) is not fully valued and preserved rather TK is accessed and exploited for purposes of research and development and used, especially with respect to genetic resources, without the prior informed consent of the knowledge holders.

---

47   Law No. 1994/01.

Studies carried out[48], also highlight a wanton legal framework to explicitly recognise or protect the traditional knowledge of indigenous and local communities and specifically traditional knowledge associated to genetic resources. Under IP regimes, studies[49] on Cameroon's genetic resource and traditional knowledge in patent systems confirm that current patent processes and documents are unclear on the precise origin or source of genetic resources and associated TK and very limited information is available on the terms and conditions of acquisition of genetic resources and the associated TK.

For IP protection measures for plant varieties, the law recognises the key role of the Bangui Agreement of 1977 on the establishment of the African Intellectual Property Organization (OAPI), revised in 1999 is highlighted[50] as the institutional structure for administering the IP system in the Central Africa region. Although OAPI plays the role of national industrial property service for member countries such as Cameroon within the meaning of Article 2.2 of the Bangui Agreement and of a central patent documentation and information agency of invention, great concerns prevail on the extent to which these organisations and IP tools can effectively provide protection for TK generally and TK specifically associated to genetic resources.

Current efforts at developing legal tools for the protection of TK to ensure an effective integration of tradition and customs for conservation benefits, call for understanding the links between a national ABS legal regime and IPR[51] and on-going discussions within WTO and WIPO. Strengthening national efforts and developing legal tools to facilitate indigenous and local communities' organisation, representation and participation is also considered a critical step for a very inclusive policy development and engagement of indigenous and local communities in several development sectors that depend on biodiversity and the benefits offered by traditional knowledge and practices.

3.8   Biosafety and biosecurity

Justified by the increase in trade within the region and threats presented by the transboundary movement of genetically modified organisms (GMOs) to increase agricultural production, for pharmaceutical and cosmetic industries, and research purposes, the 2003 Biosafety Legislation and its implementation Decree, seek to ensure safety

---

48   Nnah Ndobe & Djeukam (2011).
49   Oldham et al. (2013).
50   Nchoutpouen (2011).
51   Mahop (2010) and (2011).

to humans, animals and the environment through monitoring and control mechanisms for GMOs through modern biotechnology.

The introduction of invasive alien species including living modified organisms in the national territory and the acceptance that these biological invaders are likely to pose threats to biodiversity, food security, human, plant and animal health, and economic development, generated a national consciousness and commitment to develop a cooperative and comprehensive policy response and management strategy. Within the current national biosecurity project,[52] several management and strategic planning tools have been developed for an invasive alien species program, the identification of pathways and risk assessments of invasive alien species, contingency and emergency response plans, training programs, all towards developing a national monitoring and control system for living modified organisms and invasive alien species. A draft National Biosecurity Law is currently being discussed.[53]

3.9   Legal tools for transparency on biodiversity products for trade

In response to the provisions for transparency in the forest sector, a major initiative has been undertaken to promote transparency relevant for forest markets. As a member of the Economic Community of Central African States (CEMAC), Cameroon is part of the sub regional processes with common trade rules.

Cameroon signed a voluntary partnership agreement (VPA) with the European Union in 2010. VPAs aim to ensure timber exported to the European Union has been produced according to Cameroonian laws and regulations. The VPA of 2010 introduces a new legal tool for increased transparency in the forest exploitation industry and specifically seeks to ensure timber exported to the European Union is produced in accordance with the forest laws and regulations and relevant national legal instruments.

Cameroon is currently in the systems development phase, meaning it is developing its legality assurance systems including a rigorous tracking system. The Cameroonian definition of legality used by the VPA was developed with strong stakeholder input. For Cameroonian timber to be legal, it must abide by all legislation applicable to Cameroon's forest sector (including forestry, environment, human rights, labour and trade) and ratified international agreements. The 'legality grid' however, a matrix which defines each legislative reference and the means of verifying that it has been implemented, is complicated. The implementation of the VPA should address further shortcomings identified during the development of the legality grid (e.g. in-

---

52   UNEP (2010).
53   MINEPDED (2017).

coherencies between laws, the need to define social criteria etc.) but strong civil society input and vigilance will be required.

4   Institutional tools

The significant changes in the institutional landscape for the protection of biodiversity constitutes an important outcome of the transformative shift to new policies and national norms and highlights major reforms of key government departments and non-government organisations within the last three decades.

4.1   Institutional reforms of biodiversity focal institution

The NBSAP recognises that the heightened awareness on the link of the environment to sustainable development during the Rio Summit of 1992 led to the creation of the ex-Ministry of Environment and Forest (MINEF). In an evolving trend, this focal institution for biodiversity has experienced profound changes in its structural set up and mandate to enable it to provide the required coordination and appropriate institutional response to the increasing threats on the environment. The split in 2004 by a regulatory instrument of the MINEF led to the creation of two separate entities: The Ministry of Environment and Protection of Nature (MINEP) charged with the coordination of the development and follow up of environmental policy and the Ministry of Forest and Wildlife charged with the development and implementation of the forest and wildlife policies. Further to this, the recent creation in 2012 of the Ministry of the Environment, Nature Protection and Sustainable Development (MINEPDED)[54] constitutes a major institutional reform which expands the mandate of the former MINEP to include matters of sustainable development and establishes this focal institution for biodiversity protection as a key stakeholder in the nation's economic development process.

The main tasks of MINEPDED are defined in the new instrument to include the development and implementation of Government policy on the environment and the protection of nature within the perspective of a sustainable development, and the definition of conditions and principles for the rational and sustainable management of natural resources. This provides a stronger mandate for MINEPDED to coordinate the development of policies, laws and regulatory measures in a manner that ensures an effective contribution to the nation's economic growth. The new institution is fur-

---

54   Decree No. 2012/431 of 1 October 2012.

ther mandated to define environmental management measures, working in collaboration with relevant ministries and specialised bodies and thus provides a platform for addressing the multi-sectoral and multi-stakeholder nature of dealing with biodiversity issues. From an international perspective, MINEPDED is charged with coordinating and monitoring the interventions of regional or international cooperation agencies that work on the environment, negotiating international conventions and agreements relating to the protection of the environment, and follow up of their implementation. This provides a mandate for the National Focal Institution as the technical administration to represent and negotiate biodiversity agreements at international and regional levels in collaboration with the Ministry of Foreign Affairs.

4.2 Institutional reforms within biodiversity dependent sectors (rural development sectors)

In the rural development sector which depends largely on biodiversity are the subsectors for Forest, Agriculture and Fisheries. Institutional reforms within these subsectors have equally been profound, defined by legal and regulatory tools that create key structures and organs with specialised mandates for biodiversity protection and management. The Ministry of Forestry and Wildlife (MINFOF) established in 2004 as a split off the ex-MINEF and revised in 2011[55] is responsible for the development, implementation and evaluation of the Government's policy for the sustainable management of forests and wildlife. Its mandate includes the management of protected areas with a supervisory authority over Botanical Gardens. It is the national focal institution for CITES and the Convention on the Conservation of Migratory Species of Wild Animals (CMS). Order No. 067/PM of 27 June 2006 provides the organisational set-up and operational procedure of the Inter-Ministerial Coordination and Monitoring Committee for the implementation of the CITES.[56]

Institutional reforms in the agricultural sector have equally been profound with the adoption of an innovative an ambitious policy of increasing agricultural productivity and mechanising agriculture in the rural sector as well as the expansion of the mandate of the Ministry responsible for the national policy for agriculture to include rural development. The Ministry of Agriculture and Rural Development (MINADER)[57] thus coordinates the development of policies, legal and regulatory tools for agricultural biodiversity and its utilisation for developing rural economies. This includes as-

---

55 Decree No. 2005/099 of 6 April 2005 and modified by Decree No. 2005/495 of 31 December 2005.
56 Decision No. 104/D/MINFOF/SG/DF/SDAFF/SN of 2 March 2006.
57 Decree No. 2011/408.

sessing and reporting on the effectiveness of the policies on agricultural biodiversity as highlighted in major agricultural biodiversity reports for the FAO,[58] phyto-sanitary protection of plants and plant genetic resources for food and agriculture for which MINADER is focal Institution. The policy and law development process in this sector is of critical importance to ensuring biodiversity mainstreaming and a balance in the implementation of the new policy and the protection of biodiversity that supports production activities in the sector.

Fisheries and livestock resources are the responsibility of the Ministry of Livestock, Fisheries and Animal Industries (MINEPIA)[59] and within this specific mandate, MINEPIA ensures the development, implementation and assessment of national policy and legal tools for the protection of aquatic and marine biodiversity.

4.3   Support role of biodiversity relevant institutions

Of increasing relevance to strengthening the science policy link on biodiversity and ecosystem services is the Ministry of Scientific Research and Innovation (MINRESI)[60] responsible for the development and implementation of Government's policy on scientific research and innovation and thus coordinating and authorising scientific research activities with further oversight over several national research institutions i.e. the Agricultural Research Institute for Development, the Institute of Medical Research and Studies of Medicinal Plants, the Biotechnology Centre and the National Herbarium, which have generated invaluable scientific data relevant in justifying biodiversity mainstreaming and informing on-going reforms of policies, legislations and regulations in biodiversity-relevant sectors.

Education and awareness on the values of biodiversity and the role of legal and regulatory tools in ensuring protection from threats and loss fall within the statutory mandates of several institutions which also include the Ministry of Higher Education (MINESUP).[61.] Through its supervisory authority over Universities, MINESUP ensures legal training on the environment and constitutes a key national user of genetic resources for educational purposes with material transfers under exchange and collaboration programs with foreign research institutions.

Institutional reforms in other relevant sectors include the creation of the Ministry of Women's Empowerment and the Family (MINPROFF)[62] with the mandate for de-

---

58   Republic of Cameroon (2015).
59   Decree No. 2011/408.
60   Decree No. 2012/383 of 14 September 2012.
61   Decree No. 2012/433 of 1 October 2012.
62   Decree No. 2005/088.

veloping policies tools for the promotion of gender mainstreaming, and reforms in the Ministry of Social Affairs (MINAS) is responsible for the development and implementation of Government's policy on social protection of vulnerable groups[63] to include guarantees for respect of the rights of indigenous and local communities through several sectoral interventions.

4.4   Coordination options

MINEPDED in exercise of its mandate as the national focal institution for biodiversity has carried out major institutional changes in the designation of national focal points for various ratified conventions and these include the national focal points for the CBD, the Cartagena Protocol on Biosafety, the Nagoya Protocol, the United Nations Framework Convention on Climate Change (UNFCCC), the United Nations Convention to Combat Desertification (UNCCD), the Ramsar Convention, the Clearing House Mechanism for Biodiversity, the ABS Clearing House, and several regional level agreements.

The conservation and sustainable use of biodiversity is relevant to a wide range of different sectors and provides varied services while other sectors including transport, energy or mining have a potential impact on biodiversity. Regulatory tools in defining coordination mechanism have widely adopted multi stakeholder approaches resulting in the putting in place of key biodiversity organs in the key biodiversity and natural resource management sectors. In the Environment Ministry, these include the National Advisory or Inter-Ministerial Committees for Biodiversity, the Environment Fund, ABS, Biosafety, EIA etc., all tasked with advising the Minister of Environment on specified decision-making processes. Within the MINFOF various relevant inter-ministerial structures have been set up for plant, wildlife species and forest ecosystem activities. Notwithstanding these institutional changes, the regulatory status of most advisory committees of relevance to biodiversity have been based on project driven processes and thus require statutorily recognition.

4.5   Other major stakeholders

The liberation of associations in 1999[64] led to changes in the management of state affairs with the explosion of registered associations and NGOs advocating for inclusion in decision-making processes of major development sectors. This approach, aligned

---

63   Decree No. 2011/408 of 9 December 2011.
64   Law No. 99/014 of 22 December 1999.

with the natural resource policy option of participatory management, significantly contributing in ushering in a major shift towards non-state actor consultations and contributions in the development of national biodiversity legal and regulatory instruments and recognising their role in creating awareness and disseminating policy and legal tools in local communities. Major stakeholders today include a wide range of CSOs and NGOs, other private sector investors and industries, associations of local community groups, etc.

4.6   Implementation challenges

Dynamics within the current legal paradigm for protection biodiversity, highlight coherence, implementation and governance as constituting the major challenges today in ensuring compliant behaviours that favour biodiversity. Notwithstanding the significant shifts in developing legal tools, obsolete legal tenure regimes[65] and incoherence in sectoral policies and regulatory responses required to integrate biodiversity prevail.

With a focus on key governance determinants of participation or inclusiveness, institutional capacity, access principles of information and justice, effectiveness in implementation has been greatly hampered. Specific weaknesses in coordination and in promoting inclusive approaches of all stakeholders including indigenous and local communities have largely negated national efforts towards achieving satisfactory social and economic outcomes as benefits from biodiversity.

Implementation challenges have equally been linked to the current state of knowledge on the policy and legal options within existing legal frameworks. Accessing legal information or legal instruments constitute major challenges for major users and the general public in the absence of a well-established legal information system.

5   Improving legal effectiveness

Options for improving legal effectiveness call for a range of policy, practice, enforcement and funding measures to strengthen the current legal protection framework for biodiversity.

---

65   Ordinance No. 74/1 of 6 July 1974; Ordinance No. 74/2 of 6 July 1974.

5.1 Policy options

Recommended policy options to address the current challenges will need to focus on sector and local level mainstreaming to ensure coherence in existing policies and laws in rural development sectors and most importantly the conflicts with the mining sector. Mainstreaming biodiversity strategic options within sector policies as defined within the NBSAP II and aligned with the CBD Strategic Plan and Aichi Target constitutes a major national priority. Effecting this requires regular assessment of legal tools in informing the law development process. Assessments will improve the current state of knowledge on the policy and legal options within these specific sectors and highlight areas of regulatory gaps and conflicts. Of specific importance is the need for a transformative shift from the fragmented and obsolete land tenure system to an innovative land reform legal structure.

5.2 Practical options

Adopting a wide range of practical options include support measures of building capacities for developing coherent sectoral legal frameworks that mainstream biodiversity. Legal awareness with greater attention on the legal information system and improving access to legal information through dissemination and training on biodiversity law are of great importance. Furthermore, is the need to strengthen cross-sectoral and multi-stakeholder dialogues with informed biodiversity policy options.

5.3 Enforcement options

With regard to enforcement, options in addressing the weak state of law enforcement of both national and international environmental crimes that pose serious threats to biodiversity are critical to giving effectiveness to biodiversity laws and regulatory instruments.

5.4 Funding options

Although increasing biodiversity financing is a major preoccupation at global and national level, investing in the process of developing a viable legal framework for biodiversity protection, provides great opportunities for strengthening national efforts in protecting the natural capital offered by biodiversity for Cameroon's development.

6 Conclusion

The outcome of global and national law development processes within the last decade to protect the environment for human well-being is a legal paradigm shift for the protection of Cameroon's rich biodiversity. With the introduction of the concept of sustainability in development came the emergence of multilateral and regional environmental agreements of national import in the conservation, sustainable use and sharing of benefits from biodiversity and ecosystem services. In a parallel process, the national quest for urgent responses to poverty challenges brought shifts from obsolete and fragmentary legal instruments to an array of national policy, legislative and institutional tools with innovative mechanisms and norms to boost the natural resource industries and to reduce negative impacts of sectoral activities and development projects on biodiversity. Current dynamics within this paradigm highlight implementation challenges in ensuring coherence in sectoral policies and regulatory responses required to integrate biodiversity and governance and coordination challenges in promoting inclusive approaches of all stakeholders with the effective participation of indigenous and local communities.

Ensuring legal effectiveness and efficiency in the implementation of biodiversity protection instruments today constitutes a major challenge. Building capacities for developing coherent frameworks, mainstreaming biodiversity, strengthening law enforcement and strengthening cross-sectoral and multi-stakeholder dialogues with informed policy options are critical options to improve the legal effectiveness of global and national tools in contributing to the achievement of the overarching goal of human living in harmony with biodiversity.

Bibliography

African Union Commission, 2015, *African Union guidelines for the coordinated implementation of the Nagoya Protocol on ABS*, at https://absch.cbd.int/database/A19A20/ABSCH-A19A20-SCBD-207246, accessed 10 February 2018.

Ash, N, H Blanco, C Brown, K Garcia, T Henrichs, M Lucas, C Raudsepp-Hearne, RD Simpson, R Scholes, TP Tomich, B Vira & M Zurek (eds), 2010, Ecosystems and human well-being: a manual for assessment practitioners, Washington, D.C., Island Press, at https://www.unep-wcmc.org/system/dataset_file_fields/files/000/000/109/original/EcosystemsHumanWellbeing.pdf?1398679213, accessed 10 February 2018.

Bioversity International, 2015, *Mutually Supportive Implementation of the Plant Treaty and the Nagoya Protocol*, at http://www.bioversityinternational.org/e-library/publications/detail/mutually-supportive-implementation-of-the-plant-treaty-and-the-nagoya-protocol/, accessed 20 February 2018.

CBD / Secretariat of the Convention on Biological Diversity, 2010, *Global biodiversity outlook 3*, Montreal, CBD, at https://www.cbd.int/doc/publications/gbo/gbo3-final-en.pdf, accessed 11 February 2018.

CBD / Secretariat of the Convention on Biological Diversity, 2014, *Global biodiversity outlook 4*, Montreal, CBD, at https://www.cbd.int/gbo/gbo4/publication/gbo4-en.pdf, accessed 11 February 2018.

FAO Commission on Genetic Resources for Food and Agriculture (CGRFA), 2016, *ASB elements to facilitate domestic implementation of access and benefit-sharing for different subsectors of genetic resources for food and agriculture*, at http://www.fao.org/3/a-i5033e.pdf, accessed 16 November 2017.

Galega, P, 2017, *Consultant report GEF/UNEP project on updated study on the national legal and regulatory framework for access and benefit sharing from the utilisation of genetic resources in Cameroon*, Yaoundé, GEF/UNEP Project.

Mahop, MT, 2010, *Intellectual property, community rights and human rights: the biological and genetic resources of developing countries*, Abingdon, Routledge.

Mahop, MT, 2011, *Rapport sur l'état des lieux des dispositions règlementaires d'accès aux ressources génétiques et le partage juste et équitable des avantages découlant de leur utilisation (APA) et les rapports avec les droits de propriété intellectuelle (DPI) au Cameroun*, Yaoundé, MINEP.

Millennium Ecosystem Assessment, 2005a, *Ecosystems and human well-being: policy responses*, Washington, DC, Island Press.

Millennium Ecosystem Assessment, 2005b, *Ecosystems and human well-being: synthesis*, Washington, DC, Island Press.

MINEPDED / Ministry Ministry of Environment, Nature Protection and Sustainable Development 2017, *Report of consultative meeting on draft biosecurity law*, MINEPDED/GEF/UNEP Project, on file with the author.

Nchoutpouen, C, 2011, *Study on the state and consideration of access to genetic resources and the fair and equitable sharing of benefits from their utilisation in the laws and regulatory instruments in Cameroon*, Yaoundé, at http://www.abs-initiative.info/fileadmin//media/Events/2015/The_Echinops_ABS_Case/Rapport_Final_Etude_APA_du_Cameroun.pdf, accessed 10 February 2018.

Nnah Ndobe, S & R Djeukam, 2011, Rapports entre les connaissances traditionnelles associées aux ressources génétiques et APA, Yaoundé, MINEP.

Oldham, P, C Barnes, S Hall, 2013, *Biodiversity in the patent system: a country study of genetic resources and traditional knowledge in the patent system of relevance to Cameroon*, at https://www.researchgate.net/publication/301625313_Biodiversity_in_the_Patent_System_Cameroon, accessed 11 February 2018.

Onang Egute, T, E Albrecht, S Ajonina, in press, The legal protection of biodiversity in Cameroon, *Journal of Environment and Human*.

Republic of Cameroon, 2009, *Cameroon Vision 2035*, Yaoundé, Ministry of Economy, Planning and Regional Development, at http://cm.one.un.org/content/dam/cameroon/docs-one-un-cameroun/2017/vision_cameroun_2035%20(1).pdf, 11 February 2018.

Republic of Cameroon, 2014, *Cinquième rapport national du Cameroun a la Convention de la diversite biologique*, Yaoundé, MINEPDED, at http://cm.chm-cbd.net/implementation/documents/rapports-natinaux/cinquieme-rapport-national/cm-nr-05-fr.pdf, accessed 11 February 2018.

UNEP / United Nations Environment Programme, 2010, *Project document: Project on the development and institution of a national monitoring and control system (framework) for living modified organisms and invasive alien species*, at http://www.inspiralpathways.com/uploads/1/6/7/1/16715958/cameroon_bs_unep_project.pdf, accessed 10 February 2018.

UNEP / United Nations Environment Programme, 2013, *Quick guide to the aichi biodiversity targets*, at https://www.cbd.int/doc/strategic-plan/targets/T20-quick-guide-en.pdf, accessed 11 February 2018.

UNEP / United Nations Environment Programme, 2012, *Global environment outlook 5*, Nairobi, UNEP.

World Commission on Environment and Development, 1987, *Brundtland report – our common future*, at www.un-documents.net/our-common-future.pdf, accessed 10 February 2018.

CHAPITRE 20 :
L'ENCADREMENT JURIDIQUE D'UN PHÉNOMÈNE NOUVEAU – LES CONVERSIONS DE FORÊTS EN AFRIQUE CENTRALE

Samuel NGUIFFO & Marie-Madeleine BASSALANG

1 Introduction

Les textes en vigueur en matière de gestion forestière dans les pays du Bassin du Congo (Cameroun, République du Congo (RDC), Gabon et République Centrafricaine (RCA)) sont tous postérieurs au Sommet de la terre de Rio de Janeiro tenu en 1992, dont les conclusions en ont été l'une des sources d'inspiration. Ces nouvelles législations ont été conçues sous l'ajustement structurel, et à une période où le discours sur la protection de l'environnement et la gestion durable des ressources naturelles était à la mode, et irriguait les politiques publiques des pays en développement, par le biais des agences internationales de coopération.

À partir du Cameroun, pays ayant fait figure de laboratoire pour ces nouvelles normes, le droit forestier de la nouvelle génération s'est progressivement étendu aux autres pays du Bassin du Congo. Le nouveau droit forestier de ces pays reposait sur trois piliers principaux ; (i) la poursuite de l'exploitation du bois d'œuvre et de sa rentabilité pour le trésor public, (ii) l'amélioration de la participation publique notamment dans la gestion des espaces et d'une portion des ressources[1] et, (iii) la protection de la biodiversité (espaces et espèces). Le pari était ici d'assurer, par le droit, la préservation de la forêt sur le long terme, afin de maintenir ses principales fonctions et ses usages pour les communautés locales, l'économie nationale et l'humanité dans son ensemble. Ce schéma prévoyait également une affectation des terres forestières nationales en diverses catégories (exploitation du bois, chasse sportive, et usages multiples que l'on retrouve, sous des appellations diverses, dans tous les pays du Bassin du Congo.

Dans les premières années de la mise en œuvre de ces nouvelles législations forestières, les usages forestiers étaient rarement en concurrence avec d'autres activités

---

1 Forêts communautaires et communales, territoires communautaires de chasse, redevances forestières, etc.

économiques à grande échelle sur les mêmes espaces.[2] Cette situation a bien évolué depuis les années 2000, la plupart des forêts d'Afrique centrale suscitant un intérêt croissant des investisseurs pour la construction des grandes infrastructures (barrages, ports, routes, chemin de fer, etc.), l'exploitation minière, et l'agro-industrie. La montée en puissance de la Chine et d'acteurs de nouveaux pays industrialisés dans la liste des principaux investisseurs de la sous-région, due à la hausse de la demande mondiale en matières premières a bouleversé le schéma initial de l'organisation spatiale de la forêt, en augmentant les sollicitations d'autres acteurs économiques sur des espaces n'ayant initialement pas été prévus pour abriter leurs activités. On a ainsi assisté à une augmentation sensible des attributions de terres forestières pour des projets de natures diverses, conduisant à un nombre croissant de cas de conversions des forêts.

Pour le Dictionnaire Larousse, la conversion est « le changement de quelque chose en quelque chose d'autre », une mutation. Appliquée à la forêt, la conversion de forêts peut se définir comme étant le défrichement[3] total ou partiel d'un espace forestier en vue de lui apporter une affectation différente de sa nature précédente. On distingue au moins deux cas de figure : dans le premier cas, la forêt naturelle défrichée est transformée en une plantation d'arbres, généralement en monoculture (hévéa et palmier à huile notamment) ; dans le second cas, aucune activité de plantation n'a lieu, et l'espace défriché accueille soit un chantier d'extraction minière, soit un projet d'infrastructure (barrage, port, route, chemin de fer, etc.). Des études récentes montrent que les superficies des forêts concernées par ce phénomène sont en nette croissance et varient d'un pays à l'autre.

Le débat sur la conversion des forêts en Afrique centrale est donc aujourd'hui d'actualité en raison de la conjonction d'au moins trois facteurs : d'abord la croissance démographique, qui augmente les densités de populations dans les zones rurales abritant les projets considérés ; la convergence, sur une période réduite, des activités sollicitant des terres agricoles et enfin ; le lien établi entre la forêt et le climat, dans le cadre du processus REDD. Le débat s'apparente souvent à celui de l'opportunité du développement, provoquant des protestations justifiées des pays de la région contre la volonté de mettre la forêt, et plus généralement la nature, sous cloche. L'ambition semble être moins d'arrêter le 'développement' que de bien comprendre la nécessité de l'optimisation des décisions d'attribution des terres fores-

---

2   La RCA connaissait l'exploitation de l'or et du diamant, mais à petite échelle, la RDC exploitait de l'or et du diamant, y compris de manière industrielle, mais la compétition avec la gestion des forêts restait faible, au moins en raison de l'insécurité à laquelle faisait face ce pays.

3   Selon l'article 26 de la loi camerounaise n° 94/01 portant régime des forêts, de la faune et de la pêche, « constitue un défrichement…le fait de supprimer les arbres ou le couvert végétal d'un terrain forestier, en vue de lui donner une affectation non forestière, quels que soient les moyens utilisés à cet effet ».

tières, afin de réduire la taille des forêts à convertir, et les impacts des défrichements sur les fonctions de la forêt, au moins aussi importantes que le 'développement'.

L'objectif de cette étude est de s'interroger sur la capacité du droit forestier des pays du Bassin du Congo à encadrer efficacement le phénomène de conversion des forêts en permettant, à la fois, le respect de la rhétorique de durabilité et l'aménagement d'espaces pour les nouveaux investissements. À l'analyse on constate une carence de la planification et de l'aménagement des espaces forestiers, (2), accentuée par les faiblesses du régime de l'attribution des terres forestières (3), qui constituent un défi pour le respect de la législation en cours, et appellent des réformes urgentes.

2   Une planification insuffisante de l'espace forestier

Depuis au moins la fin de la seconde guerre mondiale et les efforts de reconstruction des États affectés par ce conflit, l'aménagement du territoire est apparu comme un outil de planification du développement socio-économique. Sa mise en œuvre suppose que soient connus plusieurs paramètres tels les caractéristiques du sol et du sous-sol, les opportunités économiques qu'ils offrent pour l'État, les populations et les éventuels investisseurs, les dynamiques démographiques, les contraintes sécuritaires et de protection des espaces et des ressources, les besoins des différentes régions du pays, etc. Ces données sont mises en relation avec les moyens dont dispose l'État pour assurer l'équipement du territoire, et réparties suivant un équilibre déterminé dans le cadre d'un arbitrage réalisé en tenant compte de critères préétablis. Les résultats de l'aménagement du territoire ne sont pas destinés à rester figés dans le temps. Des révisions restent en effet toujours possibles, soit pour affiner les résultats, soit pour les ajuster, en fonction de considérations nouvelles ou de modifications substantielles dans les paramètres ayant présidé aux choix initiaux. Il est cependant important que l'exercice soit conduit de manière méticuleuse pour orienter dans la durée l'action de développement de l'État. On constate qu'en Afrique centrale les espaces forestiers ont fait l'objet d'une planification plus avancée que dans les autres secteurs, qui peinent à s'arrimer aux dispositifs embryonnaires de zonage en place.

2.1 Une planification limitée au seul secteur forestier

L'aménagement du territoire reste une quête au Cameroun[4], en République du Congo, au Gabon et République Centrafricaine, ces États ne s'étant lancés que récemment dans la planification de l'utilisation de l'espace. Dans tous ces pays, le secteur forestier a été précurseur de ces efforts, avec des résultats d'inégale qualité.

Ainsi, au Cameroun, c'est par un décret du 18 décembre 1995 que le gouvernement a institué un plan de zonage forestier. Ce plan de zonage présente quelques caractéristiques ; (i) il s'agit d'un cadre indicatif, notamment en ce qui concerne les limites des zones de protection ou de production et celles destinées à rentrer dans le domaine privé de l'État les limites définitives devant être arrêtées au cas par cas, dans le cadre des procédures de classement ; (ii) le décret confine le zonage à la seule zone forestière du Cameroun méridional, indiquant par là-même la priorité accordée à la forêt, comme espace et comme ressource ; (iii) le zonage est destiné à servir d'outil de planification, d'orientation et d'exploitation des ressources naturelles à l'intérieur de la zone citée enfin ; (iv) le décret précise que « toute activité susceptible de rentrer en conflit avec la vocation prioritaire arrêtée pour chaque domaine forestier est interdite ». Cependant, on note au moins une contradiction dans le décret du 18 décembre 1995. En effet, alors qu'il indique, dans son article 1 (2) la vocation du texte à couvrir « les ressources naturelles » (et pas les seules ressources forestières) dans les zones considérées, allant jusqu'à y interdire toute activité contraire à la vocation prioritaire de chacune des zones de forêts identifiées, il ne tient compte, dans la carte qui l'accompagne, que des seules ressources forestières.

En République du Congo[5], il n'existe pas de zonage forestier national. Le schéma national d'aménagement du territoire publié par le Ministère de l'aménagement du territoire et de la planification en 2005, donne de bonnes indications sur la gestion des forêts mais ce dernier n'a pas été suivi d'une planification spatiale. Il en va de même de la loi sur l'aménagement du territoire et le développement qui quoiqu'adoptée en octobre 2014, n'a toujours pas été suivie d'un plan national d'affection des terres. Ainsi, en l'absence de ces différents documents, la stratégie d'aménagement des forêts adoptée par l'État congolais s'est faite à travers le découpage des forêts en deux domaines ; le domaine forestier permanent (DFP) et domaine forestier non permanent (DFNP). Par ailleurs, toutes les catégories de forêts prévues dans le Code forestier ne sont pas matérialisées sur les cartes du pays. Les cartes ma-

---

4   Le schéma d'aménagement du territoire est présenté par le Guide méthodologique de planification régionale et locale au Cameroun comme étant « un cadre de référence pour la planification spatiale des investissements physiques à réaliser de manière à permettre le développement économique durable tout en préservant les équilibres territoriaux ». Voir MINEPAT (2010:17).
5   Sartoretto et al. (2017).

térialisent uniquement les aires protégées, les concessions forestières attribuées, et les permis miniers.

La situation au Gabon est presque identique à celle de la République du Congo, avec une absence de zonage forestier, bien que la loi forestière y décrive également les catégories d'espaces forestiers. Les cartes existantes quant à elles ne matérialisent que les permis forestiers et miniers, et les aires protégées.

En RCA, le zonage forestier reste également attendu, et les cartes publiées indiquent les concessions forestières, les aires protégées et, progressivement, quelques permis miniers.

A l'observation de la situation dans les différents pays d'Afrique centrale, on peut dresser les constatations suivantes ; (1) la volonté de procéder à une gestion des espaces forestiers sur la base d'une catégorisation stricte des zones et des usages qui y sont permis transparait dans toutes les législations forestières, mais ne se traduit pas partout par un effort de zonage exhaustif et systématique des forêts. En dehors du Cameroun, où il existe un zonage systématique, les autres pays ont procédé à une cartographie des espaces 'utiles' (aires protégées, concessions forestières attribuées, et permis miniers), à l'exclusion des zones non encore attribuées ; (2) la forêt reste la porte d'entrée principale du processus de planification de l'utilisation des espaces forestiers, même lorsque, comme en RDC, l'initiative est prise dans le cadre du processus REDD ; (3) lorsqu'elle existe, la planification accorde très peu de place aux usages non forestiers. Et là où elle n'existe pas, les espaces prioritaires sur les cartes publiées sont surtout ceux relevant des législations forestières en vigueur (aires protégées et permis forestiers notamment).

2.2 Une difficulté à incorporer les activités non forestières sur les espaces forestiers

Les usages non forestiers des espaces forestiers présentent la particularité d'être difficiles à introduire dans le moule rigide de la planification spatiale, surtout pour des pays caractérisés par l'importance parfois démesurée des investissements étrangers dans les stratégies de développement. Les sites des permis miniers par exemple dépendent plus de la localisation des gisements viables, que des considérations d'aménagement du territoire. De même, les barrages ne peuvent être construits de manière optimale qu'à des endroits précis, en fonction du débit du fleuve, de la qualité des sols, et de critères qui ne tiennent pas forcément compte de la richesse de la biodiversité. C'est également le cas pour la construction de port, ou d'autres infrastructures de transport, pour lesquels une modification du choix du site pourrait avoir des conséquences sur l'opportunité et la pertinence même de la poursuite du projet. Les investisseurs sollicitant des concessions foncières pour le développement de plantations s'orientent quant à eux vers des sites en fonction de leur capacité à assurer une production abondante et à moindre coût. Une fois le site idéal choisi, sur la base de seuls critères techniques, des mesures sont envisagées par la législation pour atténuer les impacts de la présence des compagnies sur l'environnement et les communautés.

Le secteur forestier n'a pas prévu de règles d'incorporation des autres secteurs dans le zonage forestier. En dehors du Cameroun qui prohibe formellement le développement de toute activité susceptible d'entrer en conflit avec la vocation prioritaire arrêtée pour chaque domaine forestier[6], les autres pays ne le mentionnent pas, et le silence indique, au mieux, une simple tolérance de leur présence. Chacun des secteurs sus-cités évolue ainsi sur la base de la législation sectorielle, qui détermine les modalités de cession des droits d'exploitation, en marge des règles du droit forestier, ou en contradiction avec elles. Il résulte de cette gestion cloisonnée des ressources naturelles et des espaces qui les abritent, une généralisation des conflits entre usages forestiers et usages non forestiers des espaces forestiers, qui hypothèque fortement les efforts de planification et d'optimisation de la gestion des forêts.

À cette faiblesse de la planification se superpose le caractère sommaire des textes régissant l'attribution des terres forestières à des fins non forestières. Ceux-ci semblent obéir davantage à des logiques foncières qu'à des impératifs de protection des forêts empêchant un contrôle efficace de cette planification par l'État.

3   Un régime de l'attribution des terres forestières à parfaire

Les terres forestières présentent la particularité d'abriter une biodiversité a priori plus riche que celle des espaces non forestiers, qui justifient que des mesures strictes de protection soient prises dans leur gestion. Dans les pays du Bassin du Congo, les règles gouvernant l'attribution des terres forestières ne reflètent pas l'importance de ces espaces et l'on assiste à de nombreuses attributions de droits commerciaux susceptibles d'hypothéquer la gestion durable des forêts, soit parce qu'ils empiètent sur des aires protégées, soit parce qu'ils recouvrent des zones à très forte biodiversité destinées à être préservées, y compris dans le cadre de permis d'exploitation forestière à grande échelle.[7] Une réforme urgente semble s'imposer pour préserver les principales fonctions et la richesse de ces forêts.

---

6   Décret du 18 décembre 1995, article 6.3.
7   Hoyle et al. (2012).

3.1   Le régime de l'affectation des terres forestières à des usages non forestiers

Les modalités de cession des terres forestières pour des usages non forestiers varient selon les pays et les affectations de terres considérées. Leur examen permet de voir que les conversions de terres forestières sont possibles partout dans le Bassin du Congo, et qu'y sont exposées toutes les forêts, permanentes ou non, qu'elles soient originellement destinées à la production ou à la conservation.

S'agissant des ressources extractives, les législations minières en vigueur dans ces pays sont toutes postérieures à la nouvelle génération des lois forestières, avec lesquelles elles présentent des incompatibilités. La répartition des gisements miniers ne correspond pas au zonage forestier (là où il y en a un, comme au Cameroun), et ne respecte pas les zones prévues pour abriter soit la conservation, soit l'exploitation forestière envisagée à long terme, dans le respect d'un plan d'aménagement. Au Cameroun, la loi minière du 14 décembre 2016 pose le principe de la disponibilité de l'ensemble du territoire pour les activités minières. Les espaces forestiers, sauf rares exception (« les aires protégées[8] faisant l'objet d'un accord international »), peuvent donc, a priori, abriter des concessions minières. L'investisseur intéressé détermine lui-même les espaces sur lesquels il souhaite conduire la recherche, et l'attribution d'une concession lui est acquise s'il trouve des gisements qu'il estime rentables. L'investisseur minier a pour interlocuteur le ministère en charge des mines, et la prise en compte de la planification des espaces forestiers ne fait pas partie des critères à prendre en compte dans la décision d'attribution des permis miniers.

Au Congo, la loi prévoit que les activités minières ne peuvent être réalisées dans le domaine forestier permanent qu'après une demande préalable de déclassement de la forêt concernée. Cette mesure est cependant très peu respectée, car dans la plupart des cas, les activités minières se superposent aux activités d'exploitation forestière.

---

8   Voir les articles 126 (1) et (2) du Code minier du 14 décembre 2016, qui prévoit la possibilité d'instaurer des « zones de protection » à l'intérieur desquelles la prospection, la recherche et l'exploitation de substances minérales ou des carrières sont interdites. Ces zones sont destinées à assurer la protection des édifices, des agglomérations, des lieux culturels, des sépultures, des lieux d'endémisme, des sites touristiques, des points d'eau, des voies de communication, des ouvrages d'art, des travaux d'utilité publique, des sites archéologiques, des exploitations agricoles, des aires protégées au sens des lois forestières et environnementales, et de tous les points jugés nécessaires pour la préservation de l'environnement et de l'intérêt général. La loi minière n° 001 du 16 avril 2001 était moins favorable à la protection de l'environnement. Son article 62 était ainsi libellé ; « Aucun travail de prospection, de recherche ou d'exploitation ne peut être fait sans autorisation des autorités compétentes; à la surface dans une zone de moins de cinquante mètres ; à l'entour des propriétés bâties, villages, groupes d'habitations, parcs nationaux, puits, édifices religieux, lieux de sépulture et lieux considérés comme sacrés, sans le consentement du propriétaire ; de part et d'autre des voies de communication, conduites d'eau et généralement, à l'entour de tous travaux d'utilité publique et ouvrages d'art ; dans tout parc national faisant l'objet d'une convention internationale ».

Ceci provoque des conflits d'usage entre permis miniers et forestiers et droits des populations des zones concernées, souvent surprises par le développement des activités minières dans des superficies aménagées par l'administration forestière. Au Gabon, les textes en vigueur prévoient la possibilité d'obtenir le déclassement de zones interdites aux opérations minières, lorsque « l'intérêt général » l'exige.[9] L'article 12 de la loi du 27 août 2007 relative aux parcs nationaux confirme cette option ; « En cas de découverte minière ou pétrolière, il pourra être procédé à une exploitation, après le déclassement de tout ou partie du parc ». Ces dispositions sont contraires à l'esprit de l'article 14 du Code forestier qui interdit le défrichement en dehors d'un permis forestier.[10] Enfin, en RCA, comme dans les autres pays de la sous-région, le schéma prévoit la possibilité d'octroyer des permis miniers dans des espaces forestiers. Il est cependant possible d'exclure tout terrain des recherches, de l'exploitation industrielle ou artisanale de substances minérales. La législation prévoit également la possibilité d'établir des zones de protection de dimensions quelconques à l'intérieur des sites miniers, autour de tous points jugés nécessaires pour la protection de l'environnement ou concernant tout autre site d'intérêt général, moyennant une juste indemnité payée au concessionnaire minier.

L'intérêt des investisseurs pour les terres agricoles a été tardif sur le continent, et particulièrement dans la sous-région. Les investisseurs se sont déployés en Afrique à la faveur de la crise financière de 2007-2008 et ont surtout manifesté un intérêt pour des cultures non alimentaires (palmier à huile et hévéa), qui représentent l'essentiel des demandes de terres agricoles dans la sous-région.[11] Ces deux cultures présentent la particularité d'avoir les écosystèmes forestiers comme zone de prédilection, et leur développement se fait dans la sous-région aux dépens de la forêt. Aucune des législations des pays d'Afrique centrale n'a prévu des zones destinées aux projets agricoles à grande échelle. Les attributions se font donc sur la base du choix des sites fait par les investisseurs, en fonction des exigences particulières de leurs projets. Au Cameroun, une fois le choix du site fait par l'investisseur, le décret n° 76-166 du 27 avril 1976 fixant les modalités de gestion du domaine national prévoit que le dossier est adressé à la commission consultative locale compétente, qui a la responsabilité d'identifier les terres susceptibles d'être cédées à la compagnie.

Les textes en vigueur ne prévoient cependant pas que le représentant local du ministère en charge des forêts siège au sein de la commission. Cette absence peut s'expliquer par le fait que les textes organisant la composition et le fonctionnement

---

9   Voir l'article 254 du Code minier.
10   Article 14 ; « nul ne peut, dans les domaines des eaux et forêts, se livrer à titre gratuit ou commercial à l'exploitation, à la récolte ou à la transformation de tout produit naturel, sans autorisation préalable de l'administration des eaux et forêts ».
11   Voir par exemple Hoyle & Levang (2012).

de la commission datent d'avant la création de ministères spécialement chargés de la gestion des forêts et de l'environnement. Ces compétences relevaient à l'époque respectivement des Ministères de l'agriculture (Direction des forêts) et de l'aménagement du territoire (Direction de l'environnement). La prise en compte des considérations liées à la protection de l'environnement forestier dans le processus de décision d'attribution des concessions foncières sur des terres forestières devient dès lors particulièrement difficile. De plus, la commission n'a qu'un avis consultatif, le ministre en charge des domaines et des affaires foncières disposant de la latitude de modifier les propositions de la commission. On a ainsi vu des concessions foncières chevauchant des concessions foncières (Biopalm[12] et SGSOC[13]) ou des sites écologiques sensibles (proximité immédiate de la réserve de biosphère du Dja[14], ou de la forêt d'Ebo, abritant une population unique de primates[15]). En RDC, en dehors de celles faisant l'objet d'une immatriculation, les terres rurales relèvent toutes de la propriété étatique, qui jouit de la possibilité de les céder en concession pour l'agro-industrie. Le requérant est alors assujetti à l'obtention d'une autorisation expresse d'occuper[16], délivrée par le Ministre de l'agriculture et par laquelle l'État donne à un bénéficiaire privé la jouissance de son domaine public. Les conditions de délivrance du permis d'occupation n'ont cependant pas encore été précisées par la réglementation. Au Gabon, l'aliénation du domaine forestier n'est pas permise par la législation en vigueur, et la seule possibilité offerte aux investisseurs désireux d'utiliser des terres forestières à des fins agricoles à grande échelle reste la location, dans le cadre de baux emphytéotiques[17] ne pouvant dépasser 50 ans.[18] En RCA, les investisseurs disposent de deux possibilités pour obtenir des superficies de terres à des fins d'agriculture à grande échelle ; soit ils s'adressent au service des domaines pour obtenir l'attribution de terres non affectées dans le domaine privé de l'État, soit ils les sollicitent de l'administration des forêts qui prépare la cession d'un espace forestier, par décret du président de la République ou arrêté du ministre en charge des forêts.

Pour les projets d'infrastructure, le choix des sites dépend de critères techniques, et une fois le site choisi, la procédure suivie est presque la même dans les pays

---

12   Freudenthal et al. (2013).
13   Nguiffo & Schwartz (2013).
14   Voir Greenpeace (2016).
15   Nguiffo & Sonkoué (2017).
16   La procédure d'obtention d'une autorisation expresse d'occuper est détaillée dans le décret n° 2005/515 fixant les modalités d'occupation du domaine public. Cependant, les textes d'application manquent pour ce qui concernent les conditions d'octroi de l'autorisation temporaire d'occuper des terres forestières pour les projets agricoles.
17   Article 20, décret n° 257/2012PR/MECIT du 19 juin 2012 réglementant les cessions et les locations des terres domaniales.
18   Article 2, ordonnance n° 50/70PR/MFB/DE du 30 septembre 1970, portant réglementation des baux emphytéotiques consentis par l'État sur les terrains faisant partie de son domaine privé.

d'Afrique centrale, qui tirent leurs solutions du droit français ; un texte déclarant le projet d'utilité publique est signé, et les terres considérées font l'objet d'une expropriation pour cause d'utilité publique ou d'intérêt national. Au Gabon, les modalités de cession des terres pour les grands projets d'infrastructures sont négociées au cas par cas.

On constate, à l'examen des textes en vigueur dans ces pays, que l'attribution des terres forestières à des fins non forestières obéit à une logique opportuniste, qui n'aurait pas pu être perçue par les éléments de planification à long terme de la gestion des forêts adoptée dans quelques-uns des pays de la sous-région. On observe donc des conflits récurrents dans les usages des terres forestières, qui doivent abriter des droits mutuellement exclusifs sur les forêts, la mine, l'agriculture à grande échelle, les infrastructures, et la conservation.

3.2 Le défrichement, enjeu nouveau favorisant les conversions des forêts

L'analyse des législations des pays d'Afrique centrale montre que les défrichements de forêts sont autorisés. À l'analyse, on se rend compte que le dispositif législatif et réglementaire en vigueur dans la plupart de ces pays n'a pas été conçu pour encadrer des cessions de terres à très grande échelle, comme celles auxquelles on a assisté depuis 2008 sur le continent. Les expériences précédentes dans la sous-région ne concernaient que des superficies réduites[19], et peu à même de modifier de manière durable le couvert forestier dans une région donnée.

Les législations nationales du Cameroun, du RDC, du Gabon et de la RCA distinguent entre deux catégories de forêts, dont la dénomination peut varier ; la première est composée de forêts dites du domaine forestier permanent (forêts de production et aires protégées), et l'autre est constituée des forêts du domaine non permanent, qui regroupe les forêts pouvant accueillir des activités forestières et non forestières.

Les forêts de cette seconde catégorie sont celles qui sont susceptibles de subir des conversions, pour divers usages. Au Gabon, la législation est muette sur la question des conversions, aucun texte n'indiquant lesquelles des forêts peuvent être converties, ni ne l'interdisant formellement.[20] Au Congo, la législation indique une liste d'activités susceptibles d'être conduites dans les forêts non permanentes, et d'y donner lieu à des conversions.[21] L'administration en charge des forêts est tenue de collaborer avec les autres administrations concernées pour réduire les impacts des défrichements sur les principales fonctions de la forêt. Au Cameroun, le décret de 1995

---

19 FES et al. (2012).
20 Sartoretto et al. (2017:6-7).
21 Article 62, loi n° 16/2000 du 20 novembre 2000 portant Code forestier.

fixant les modalités d'application du régime des forêts prévoit la possibilité des con-versions,[22] mais indique aussi qu'elles doivent être conformes aux objectifs de ges-tion des forêts nationales.[23]

S'agissant du domaine forestier permanent, le principe est que les terres qui le constituent ne peuvent faire l'objet de conversion qu'après un déclassement, qui les reversera dans le domaine forestier non permanent, ouvrant la possibilité au défri-chement. Ce déclassement ne peut intervenir que si le projet envisagé revêt un carac-tère 'd'intérêt public ou national' pour le pays. Au Cameroun, la législation soumet le déclassement total ou partiel d'une forêt du domaine permanent « au classement d'une forêt de catégorie et d'une superficie équivalente dans la même zone écolo-gique »[24]. En République du Congo, il existe également une procédure de déclasse-ment, bien plus rigoureuse dans sa description, bien que les critères de détermination de la pertinence de la demande de déclassement ne soient pas encore publiés.[25] Au Gabon et en RCA, la législation est muette sur cette question. On note cependant, dans tous ces pays, une grande tolérance dans la pratique des conversions, et le Ca-meroun envisage d'assouplir considérablement les règles de défrichement des forêts classées. La dernière mouture du document de révision de la loi forestière de 1994 indique en effet que l'obligation de reclassement d'une forêt de même superficie ne se fera plus que « dans la mesure du possible ».[26] Ce document fait également dispa-raître l'exigence du reclassement dans la même zone écologique, qui s'expliquait par une volonté de préservation de la biodiversité. Si elles étaient finalement adoptées, ces deux mesures constitueraient une menace pour la biodiversité et pour le couvert forestier, puisqu'elles soustrairaient les investisseurs et les différentes administra-tions publiques de l'obligation d'inscrire leur action dans la logique de la préserva-tion du domaine forestier permanent.

Les terres forestières concédées à des fins non forestières contiennent des volumes importants de bois, que le défrichement rendra disponibles pour le commerce. Quel est le sort de ce bois, dont la valeur peut susciter des convoitises ? Ici également, le régime varie dans les différents pays du Bassin du Congo.

S'agissant d'abord du droit de prélever le bois, au Congo le concessionnaire fon-cier jouit du droit de prélever le bois, du seul fait de l'obtention des droits sur les

---

22 Voir l'article 3 du décret n° 95/531/PM du 23 août 1995 fixant les modalités d'application du régime des forêts.
23 Article 35.2, loi n° 94/01 fixant le régime des forêts, de la faune et de la pêche.
24 Article 28.2 de la loi n° 94/01 du 19 janvier 1994.
25 Voir Faure & Henriot (2015).
26 Voir l'article 36 (2) de la proposition du Ministère des forêts et de la faune pour la révision de la loi forestière, qui est ainsi rédigé : « Le déclassement total ou partiel d'une forêt ne peut in-tervenir qu'après classement, *dans la mesure du possible*, d'une forêt de même catégorie et d'une superficie au moins équivalente, sauf pour cause d'utilité publique ». C'est nous qui soulignons.

terres. Cette situation peut s'avérer dangereuse dans le contexte actuel des pays d'Afrique centrale, où l'exploitation illégale du bois reste un fléau permanent. La tentation est en effet forte de se servir de la perspective de projets conduisant à des conversions de forêts comme prétexte pour accéder au bois. En RDC, le concessionnaire foncier a accès au bois sans aucune autre formalité :[27] aucune exigence d'agrément ou d'aménagement forestier, ce qui réduit considérablement ses coûts et crée une situation de concurrence déloyale avec les exploitants forestiers classiques, soumis aux exigences de compétition dans l'accès aux titres (appels d'offres publics) et à des règles strictes d'aménagement et de rotation dans l'exploitation du bois. Il est donc beaucoup plus facile, au Congo, de solliciter une concession foncière sur des terres forestières si le but ultime est l'exploitation du bois ; rien n'oblige l'investisseur, une fois les défrichements effectués, à réaliser le projet pour lequel les droits sur la terre ont été cédés.

Au Cameroun, les droits sur la terre sont dissociés, dans les textes, des droits sur le bois ; le bois doit être attribué à un exploitant forestier agréé, dans le cadre d'un appel d'offres réalisé après un inventaire du bois sur pied[28]. Dans la pratique, de nombreuses tentatives de détournement de cette procédure ont été observées, et s'expliquent sans doute par la valeur élevée du bois, qui continue de susciter de nombreuses convoitises.[29] Ainsi, en 2013, les deux plus gros exportateurs de grumes du Cameroun ne disposaient pas de titre d'exploitation forestière de longue durée, et opéraient dans le cadre de forêts de conversion. Cette situation soulève le problème de l'absence d'efficacité dans le suivi et le contrôle des conversions de forêts. L'accès facile aux terres forestières pour des usages non forestiers permet ainsi à des investisseurs de solliciter des superficies plus grandes que celles dont ils ont besoin (ou à l'État de céder des espaces bien plus grands que ceux nécessaires), dans la perspective de prélever le bois, suivant des procédures généralement peu documentées, peu traçables et non publiées.

4 Conclusion

Riches d'une biodiversité forestière finalement très peu protégée, les pays du Bassin du Congo sont aujourd'hui à un tournant de leur histoire ; ils doivent renforcer le dispositif de protection de leurs forêts contre les conversions anarchiques et de com-

---

27 Articles 109 (1) et (2) du Code minier du 14 décembre 2014.
28 L'article 110 (2) du décret n° 95/531/PM du 23 août 1995 fixant les modalités d'application du régime des forêts prévoit ainsi : « la récupération des produits forestiers du domaine forestier national se fait, soit en régie, soit par vente aux enchères publiques, *sur la base des résultats d'inventaire* ». C'est nous qui soulignons.
29 Voir le rapport de Greenpeace (2014).

plaisance, ou les voir disparaître à un rythme encore plus effréné qu'aujourd'hui. Ils ont sous les yeux des exemples de pays au passé forestier radieux, que les choix de gestion suspects, hasardeux ou mal informés, ont conduit au désastre. La faiblesse du dispositif juridique relatif aux attributions de droits sur les terres forestières et au défrichement des forêts s'explique par la survenance tardive de ce phénomène de conversion à grande échelle des forêts, que le législateur n'avait pas anticipée au moment de l'adoption des législations foncières et forestières en vigueur dans les pays du Bassin du Congo. Face aux pressions croissantes sur les terres, il est urgent de légiférer, en mettant un accent sur un dispositif garantissant une véritable inclusion de toutes les administrations publiques concernées par la gestion des ressources naturelles et des espaces, et en regroupant l'ensemble des attributions de terres sur un cadastre unique qui permettra de s'assurer de l'absence de conflit d'usage avant la finalisation de toute attribution de terres. Enfin, s'agissant de manière plus spécifique des terres forestières dont l'attribution à des fins non forestières ne pourra être évitée, une révision à la hausse du prix des terres agricoles et des droits superficiaires dans le secteur des ressources extractives contribuerait à réduire les superficies sollicitées à des proportions raisonnables, conduisant à plus d'efficacité dans l'utilisation des terres forestières.

Bibliographie indicative

Faure, N & C Henriot, 2015, *The legal framework for forest conversion in the Republic of Congo*, ClientEarth, June 2015, https://namati.org/wp-content/uploads/2016/03/the-legal-framework-for-forest-conversion-in-the-republic-of-congo-ce-en.pdf, consulté le 6 mars 2016.

FES, CED & ACDIC, 2012, *Plaidoyer pour une réforme du régime juridique des cessions de terres à grande échelle en Afrique centrale*. Document cadre, Yaoundé, Presses Universitaires d'Afrique.

Freudenthal, E, T Lomax & M Venant, 2013, The BioPalm oil palm project: a case study in the Département de l'océan, Cameroon, in: Colchester, M & S Chao (eds), *Conflict or consent? the palm oil sector at a crossroads*, Moreton-in-Marsh, FPP, Sawit Watch and TUK Indonesia, http://www.forestpeoples.org/sites/fpp/files/publication/2013/11/conflict-or-consentenglishlowres.pdf, consulté le 6 mars 2018.

Greenpeace, 2014, *Permis de piller. Les forêts du Cameroun et l'APV menacées par le commerce de bois illégal d'Herakles Farms*, Amsterdam, Greenpeace, https://www.greenpeace.org/africa/ Global/africa/publications/Herakles_Permis%20de%20piller_02_BD.pdf, consulté le 6 janvier 2018.

Greenpeace, 2016, *UNESCO fails to protect Cameroon's Dja Reserve from multiple threats including the Sudcam rubber plantation*, Feature story, 23 August 2016, http://www.greenpeace.org/ africa/en/News/news/UNESCO-fails-to-protect-Cameroons-Dja-Reserve-from-multiple-threats-including-the-Sudcam-rubber-plantation/, consulté le 6 janvier 2018.

Hoyle, D & P Levang, 2012, *Oil palm development in Cameroon*, Yaoundé, WWF and CIFOR.

Hoyle, D, B Schwartz & S Nguiffo, 2012, *Emerging trends in land-use conflicts in Cameroon. Overlapping natural resource permits threaten protected areas and foreign direct investment*, Yaoundé, WWF-CED-RELUFA.

MINEPAT / Ministère de l'economie, de la planification et de l'amenagement du territoire, 2010, *Guide methodologique de planification regionale et locale*, Yaoundé, MINEPAT, https://www.pseau.org/outils/ouvrages/minepat_guide_methodologique_de_planification_region ale_et_locale_au_cameroun_2010.pdf, cosulté le 6 mars 2018.

Nguiffo, S & B Schwartz, 2013, *Herakles' 13th labour? a study of sgsoc's land concession in South-West Cameroon*, Yaoundé, CED.

Nguiffo, S & M Sonkoué, 2017, *Mortgagging apes' conservation? the challenges of ensuring the preservation of apes' habitats in the context of agri-business developments in Cameroon*, Yaoundé, CED.

Sartoretto, E, C Henriot, MM Bassalang & S Nguiffo, 2017, *How existing legal framework shape forest conversion to agriculture*, Rome, FAO.

CHAPITRE 21 :
ELEMENTS D'INTRODUCTION AU DROIT FORESTIER CAMEROUNAIS

François Narcisse DJAME

1   Introduction

Le droit forestier, comme discipline scientifique et académique, est relativement récent au Cameroun. Toutefois, cette composante du droit de l'environnement a des origines lointaines, qui révèlent certaines sources qui ont contribué à sa formation. Le droit forestier est aussi considéré comme la branche la plus fertile du droit des ressources naturelles en Afrique.[1]

Le cadre juridique du droit forestier camerounais dévoile sa complexité, du fait notamment de la triple expérience coloniale, d'abord allemande, anglaise et française, par la suite, que le Cameroun a connue et de la multiplicité des textes subséquents. La forêt, bien qu'étant en elle-même une réalité complexe, trouve une définition légale précise. Sont ainsi considérés comme des forêts, au sens de la loi forestière de 1994,[2]

> les terrains comportant une couverture végétale dans laquelle prédominent les arbres, arbustes et autres espèces susceptibles de fournir des produits autres qu'agricoles.

L'objet de l'étude, en lui-même, n'est pas d'accès facile, en raison de ce que les forêts tropicales, en particulier, sont très complexes et diversifiées pour que la maîtrise de leur fonctionnement soit évidente.[3] Les multiples fonctions attribuées à la forêt, liées à sa complexité, révèlent également son importance, tant sur les plans écologique, social, culturel, et économique. Du point de vue écologique, la forêt participe à la protection des sols contre les érosions de toute nature. Elle contribue également à l'enrichissement des sols par ses nombreux apports en matière organique et en humus, notamment, et joue un rôle de premier plan dans la régulation des climats.[4] La forêt constitue aussi l'habitat naturel de la faune et participe, à ce titre, à l'entretien

---

1   Doumbe-Billé (2004:1).
2   Voir l'article 2 de la loi n° 94/01 du 20 janvier 1994 portant régime des forêts, de la faune et de la pêche (dispositions générales).
3   Faohom (1996:30).
4   Bouthillier (1996:55).

de la diversité biologique.[5] Elle joue également un rôle social et culturel à travers la participation des populations dans l'élaboration et la conduite des politiques publiques concourant à sa conservation et à sa mise en valeur[6]. La dimension spirituelle et religieuse de la forêt n'est pas à négliger, étant donné qu'elle constitue le lieu de culte de certaines religions animistes d'Afrique, comme c'est le cas des forêts sacrées dans la région de l'Ouest du Cameroun.

La fonction économique de la forêt retient davantage l'attention. En effet, en raison de sa richesse issue en particulier de l'exploitation des produits forestiers ligneux, la forêt fait l'objet d'une valorisation économique et occupe une place dans le budget de l'État, contribuant ainsi au financement de l'économie du pays. L'ampleur des productions économiques tirées des forêts est indéniable[7], celles-ci sont avant tout des richesses naturelles à valeur économique d'un pays au même titre que le pétrole, l'or ou le diamant, même si la forêt doit être gérée de façon compatible avec le développement durable.[8]

Le Cameroun fait partie du Bassin du Congo, qui comporte une réserve forestière considérée comme la deuxième forêt tropicale du monde, après l'Amazonie, avec une superficie de 20% de la surface des forêts tropicales, non encore exploitées. Le Cameroun compte 22.5 hectares de forêts composées des espèces ligneuses et non ligneuses, et d'une faune riche et variée. Ainsi, au regard de sa richesse et des multiples enjeux dont elle est l'objet, la forêt camerounaise nécessite une protection efficace par le droit, afin de participer à la préservation de l'environnement dans son ensemble et au développement du pays.

Le cadre d'intervention du droit forestier au Cameroun doit toutefois se démarquer de celui des pays industrialisés. En effet, par rapport aux pays du Nord qui ont maîtrisé, par le développement de la science et de la technique l'expansion des forêts artificielles, dans les pays du Sud en développement dont le Cameroun, la forêt est davantage perçue dans les politiques publiques comme un instrument de lutte contre la pauvreté.[9] Une nécessaire conciliation s'impose par conséquent entre le souci pour les pouvoirs publics de permettre aux populations riveraines d'accéder aux ressources de la forêt pour leur survie, et celui d'une gestion rationnelle et durable de ladite forêt, pour le bien de tous.

L'étude du droit forestier camerounais nécessite d'abord un examen de ses sources et des acteurs de sa mise en œuvre. La consistance du domaine forestier national sera

---

5   Linjouom (2008:25).
6   (ibid.).
7   Bouthillier (1996:57).
8   Kamto (1996:85-87).
9   Linjouom (2008:21).

examinée par la suite avant une étude des règles de gestion des forêts et la répression des infractions à la législation forestière.

2   Les sources et les acteurs de la mise en œuvre du droit forestier camerounais

Il convient de présenter, dans un premier temps, les sources du droit forestier et, dans un deuxième temps, les acteurs qui interviennent dans la préservation du patrimoine forestier national.

2.1   Les sources du droit forestier

Les sources du droit forestier camerounais sont à la fois externes et internes.

2.1.1   Le cadre normatif international du droit forestier

Les règles forestières nationales actuelles applicables au Cameroun, se sont adaptées aux évolutions du contexte international de gestion rationnelle et durable des forêts. Aussi le droit forestier camerounais tire-t-il sa substance des Conférences de Stockholm et de Rio et, en Afrique Centrale, de la Commission des forêts d'Afrique centrale (COMIFAC).

La Conférence de Stockholm sur l'environnement humain, tenue en 1972 en Suède, reconnaît l'importance de l'environnement dans la vie de l'homme, et la nécessité de le préserver. La question de la protection de l'environnement se pose avec beaucoup plus d'acuité dans les pays en développement, alors que dans les pays du Nord, en particulier, les problèmes de l'environnement sont liés à l'industrialisation.

L'amélioration de la qualité de la vie passe par la défense et la préservation de l'environnement, devenue pour l'humanité un objectif primordial. Pour atteindre cet objectif, les acteurs, à tous les niveaux (citoyens, collectivités, pouvoirs publics, etc.) se doivent de conjuguer leurs efforts et d'assumer leurs responsabilités. Des 16 principes posés par la Conférence et interpellant les États, on peut citer, entre autres : la rationalisation par les États de la gestion des ressources ; l'application des mesures de protection et d'amélioration de l'environnement ; l'adoption des politiques nationales d'environnement de nature à renforcer le potentiel de progrès des pays en voie de développement.

La Conférence sur l'environnement et le développement s'est tenue à Rio de Janeiro au Brésil, en juin 1992. Elle se situe dans le prolongement de la Conférence de Stockholm, qui n'a pas prospéré du fait des crises pétrolières successives de 1973 et 1974.[10] Cette conférence a adopté la Déclaration de Rio sur l'environnement et le développement, l'Agenda 21 ainsi que 27 principes pour le développement durable. L'Agenda 21, en ce qui le concerne, est un plan d'actions complet contenu dans un document de 800 pages qui précise les objectifs à atteindre pour parvenir à un développement durable pour le XXIe siècle, et le couple 'environnement-développement' constituant, dans ce cadre, une priorité.[11]

La Conférence de Rio vise à établir un partenariat mondial équitable par la création de nouveaux niveaux de coopération interétatique, la population, la société civile, etc. La notion de développement durable est au cœur des préoccupations de ladite Conférence. Elle offre d'exprimer des préoccupations quant aux conséquences futures du comportement actuel de l'Homme.[12] La Conférence de Rio insiste par conséquent sur le fait que les êtres humains se situent au centre du développement durable et ont pour cela droit à une vie saine, en harmonie avec la nature. Elle reconnaît que l'environnement et les ressources naturelles des peuples soumis à oppression, domination et occupation doivent être protégés. À cet effet, les populations et communautés autochtones et les autres collectivités locales ont un rôle vital à jouer dans la gestion de l'environnement et le développement par leurs connaissances du milieu et de leurs pratiques traditionnelles. Les États doivent donc reconnaître l'identité de ces groupes, leurs cultures, leurs intérêts et leur accorder tout l'appui nécessaire pour leur permettre de participer efficacement à la réalisation d'un développement durable.

Au niveau sous-régional, le traité de Brazzaville relatif à la conservation et la gestion durable des écosystèmes forestiers d'Afrique centrale, signé le 5 février 2005, institue la COMIFAC. Cette institution est chargée de l'orientation, de l'harmonisation et du suivi des politiques forestières et environnementales en Afrique centrale.

Cette organisation internationale sous-régionale, constituée d'un Sommet des Chefs d'État et de Gouvernement, d'un Conseil des ministres et d'un Secrétariat exécutif, assure le suivi de la Déclaration de Yaoundé du 17 mars 1999, issue de la Conférence des ministres en charge des forêts d'Afrique centrale, ainsi que du Plan de convergence de la COMIFAC. Le Plan de convergence est le cadre de référence et de coordination de toutes les interventions en matière de conservation et de gestion durable des écosystèmes forestiers en Afrique centrale. Il contribue au renforcement des

---

10   Linjouom (2008:32).
11   (ibid.:33).
12   Bouthillier (1996:59).

actions engagées par les Etats membres de la Commission et les autres acteurs de développement. Ses axes prioritaires sont, notamment, l'harmonisation des politiques forestières et environnementales, la gestion et la valorisation durable des ressources forestières ainsi que la communication, la sensibilisation, l'information et l'éducation.

Ces différentes conférences et la COMIFAC vont influencer l'encadrement juridique des forêts, sans toutefois écarter les préoccupations des bailleurs de fonds, qui ont exercé une influence considérable dans l'élaboration du nouveau droit forestier camerounais.

Le droit forestier camerounais est aussi le fruit des exigences des bailleurs de fonds, en particulier les institutions de Bretton Woods, dans le cadre des programmes d'ajustement structurel (PAS). En effet, vers la fin des années 1980, le Fonds monétaire international (FMI) et la Banque mondiale avaient souhaité, que le Cameroun se dotât d'une législation forestière lui permettant d'une part, de tirer des revenus substantiels de son riche patrimoine forestier et, d'autre part, de mettre fin à l'exploitation abusive de ses forêts.[13] Il s'agissait là de l'une des conditionnalités ouvrant au Cameroun la possibilité de poursuivre sa coopération avec lesdits bailleurs de fonds, l'objectif étant de limiter l'exploitation forestière dans le but de pérenniser les ressources.

Le rôle des bailleurs de fonds n'a par conséquent pas été négligeable dans la mise en place d'une nouvelle politique forestière, en ce sens qu'ils ont exercé des pressions qui ont contribué à faire monter les enjeux de la gestion durable des forêts au Cameroun.[14]

2.1.2   Les sources internes du droit forestier

La nouvelle politique forestière mise en place depuis 1994 tire ses sources des textes coloniaux consacrés à la gestion forestière. On distingue les sources coloniales de celles issues de la nouvelle politique forestière.

2.1.2.1   Les sources coloniales du droit forestier

Colonie allemande depuis 1884, date de la signature du Traité germano-duala, c'est en 1900 que le premier régime forestier est institué au Cameroun (*Kamerun*) allemand. Il s'agit de l'ordonnance du 4 avril 1900 autorisant le Cameroun à protéger les

---

13   Kam Yogo (2012:238).
14   Linjouom (2008:59).

richesses forestières de la colonie, et de l'ordonnance du 22 décembre 1900 fixant les conditions d'exploitation des forêts au Cameroun, signées à Berlin par le Gouverneur von Putkammer.[15] L'auteur souligne que ces deux textes constituent la base de la législation forestière au Cameroun.[16] Ils ont connu un début d'application jusqu'en 1919, date à laquelle le Cameroun a été placé sous mandat franco-britannique par la Société des nations (SDN), à la suite de la fin de la Première Guerre Mondiale.

Les premiers textes français en vigueur dans le Cameroun-Oriental sont, l'arrêté du 15 mars 1921, approuvé par le décret du 12 janvier 1922 et le décret du 8 mai 1926 fixant le régime forestier dans le territoire du Cameroun. Le premier texte cité se bornait à réglementer l'exploitation forestière tandis que le second fixait le régime des exploitations forestières au Cameroun. Cette situation a fait dire à Linjouom que ces textes avaient institué un droit forestier de nature utilitariste[17], dans la mesure où cette réglementation traitait uniquement de l'exploitation forestière, sans se préoccuper des fonctions écologiques de la forêt. Kamto clarifie le contenu de cette approche de protection utilitariste adoptée par la politique coloniale française, par l'institution des réglementations sectorielles portant sur l'environnement (régimes domanial, forestier ou minier). Il souligne, à juste titre, que :[18]

> Le droit colonial assure une protection indirecte et essentiellement utilitariste de l'environnement, d'une part parce qu'il ne pourvoit pas en normes spécifiques de protection de l'environnement, d'autre part parce que, en fait de protection, il organise l'appropriation publique ou privée et une exploitation absolument libérale des ressources naturelles.

C'est avec le décret du 8 mai 1926 fixant le régime forestier dans le territoire du Cameroun que la France avait jeté les premières bases de la gestion et de la protection des forêts au Cameroun, au-delà du seul domaine de l'exploitation forestière.[19] Ces textes s'inspiraient de la réglementation ivoirienne, considérée comme le moule de référence de la réglementation forestière africaine, applicable notamment en Afrique Occidentale française (AOF).[20]

Le décret du 3 mai 1946 fixant le régime forestier du Cameroun présentait plus tard des améliorations en contenant des mesures propres à encourager les reboisements par les collectivités et les particuliers, ainsi que celles de protection des forêts des facteurs de dégradation tels que les feux de brousse ou les défrichements. Ce texte restera en vigueur jusqu'à l'indépendance du Cameroun oriental en 1960.

---

15   (ibid.:76).
16   (ibid.).
17   (ibid.:82).
18   Kamto (1996:77).
19   Linjouom (2008:77).
20   (ibid.).

Le régime forestier applicable dans le Cameroun Occidental britannique était inspiré du Nigéria voisin. Il comportait des ordonnances forestières de 1937 et de 1948
ainsi que certaines réglementations complémentaires établies par les populations locales.[21] En dehors des textes écrits, les coutumes et traditions locales ont influencé le
législateur colonial qui n'a pas manqué de chercher à s'y adapter.[22] Le parent pauvre
de cet arsenal juridique est la jurisprudence dans le domaine du droit forestier.[23]

Ces différents textes coloniaux vont connaître des refontes successives jusqu'à la
mise en place d'un nouveau cadre législatif forestier en 1994.

2.1.2.2   Les bases juridiques de la nouvelle politique forestière

Le nouveau cadre législatif forestier national est consacré par la loi du 20 janvier
1994[24], qui revêt un caractère révolutionnaire. Cette loi s'apparente à un véritable
Code forestier, en ce sens qu'elle couvre tous les aspects de la gestion durable du patrimoine forestier du Cameroun.[25] Elle a abrogé la loi n° 81/13 du 27 novembre 1981
portant régime des forêts, qui présentait des limites, notamment, en matière de protection de la nature et de la biodiversité, thèmes sur lesquels la loi de 1994 insiste désormais en énonçant dans son Titre 2 des principes. Cette loi a apporté beaucoup
d'innovations en matière de répression des infractions forestières et de gestion durable des forêts.

La loi forestière de 1994 s'ouvre par des dispositions générales concernant la définition de la forêt, de la faune, de la pêche, des ressources halieutiques et des produits
forestiers.[26] Cette loi fixe le régime de propriété des forêts, qui appartiennent à l'État
ou soumise à sa gestion, aux communes, aux communautés autochtones et aux particuliers, contrairement au droit gabonais, par exemple,[27] qui réserve la seule propriété
des forêts à l'État. Kamto[28] estime que l'État reste néanmoins le plus gros propriétaire des forêts, à côté des autres collectivités publiques, des communautés villageoises et des particuliers.

La loi n° 94/01 du 20 janvier 1994 insiste sur les droits d'usage ou coutumiers reconnus aux populations riveraines d'exploiter tous les produits forestiers, fauniques
et halieutiques en vue d'une utilisation personnelle, à l'exception de certaines es-

---

21   (ibid.:79).
22   (ibid.).
23   (ibid.).
24   Voir la loi n° 94/01 du 20 janvier 1994 portant régime des forêts, de la faune et de la pêche.
25   Linjouom (2008:286).
26   Voir les articles 2, 3, 4, 5 et 8 de la loi n° 94/01.
27   Doumbe-Billé (2004:5).
28   Kamto (1996:183).

pèces.[29] S'agissant de son volet forestier en particulier, la loi de 1994 comporte dans l'ensemble une série de dispositions relatives à la protection de la nature et de la biodiversité, la typologie des forêts ainsi que les règles concernant l'inventaire, l'exploitation et l'aménagement des forêts. Sa mise en œuvre se fait par le décret n° 95/531 du 23 août 1995 fixant les modalités d'application du régime des forêts et d'autres arrêtés subséquents. Ce texte procède à la catégorisation des différents domaines forestiers et fixe les règles de protection de la nature et de la biodiversité. Il s'intéresse également à l'inventaire et à l'aménagement des forêts et détermine les conditions d'exploitation et de commercialisation des produits forestiers, en insistant sur la répression des infractions à la législation forestière.

D'autres sources législatives viendront par la suite asseoir et renforcer les bases juridiques nationales du droit forestier. On cite, en premier lieu, la Constitution du 18 janvier 1996[30] qui, dans son préambule (qui a au Cameroun valeur constitutionnelle),[31] affirme l'attachement du Peuple camerounais notamment à la promotion de l'environnement (et du droit des ressources naturelles) qui interpelle toute la communauté nationale, sous le regard bienveillant de l'État qui doit en assurer la défense. Dans le même texte, le Peuple camerounais est « résolu à exploiter ses richesses naturelles afin d'assurer le bien-être de tous en relevant le niveau de vie des populations sans aucune discrimination ». On constate alors la détermination des pouvoirs publics à inscrire la question de l'environnement et des ressources naturelles parmi lesquelles les forêts, au cœur de leurs préoccupations.

Par ailleurs, la loi-cadre de 1996 portant gestion de l'environnement[32] dévoile son inspiration des principes de la Déclaration de Rio, s'agissant en particulier du droit au développement, qui doit être réalisé à travers une gestion rationnelle des ressources naturelles de façon à satisfaire les besoins des générations actuelles, sans compromettre ceux des générations futures.[33]

2.2 Les acteurs de la mise en œuvre du droit forestier

Ce sont les institutions, les communautés et les particuliers qui interviennent dans la mise en œuvre du droit forestier. Il convient de distinguer les acteurs institutionnels des acteurs non institutionnels.

---

29 Voir l'article 36 de la loi n° 94/01 du 20 janvier 1994.
30 Voir la loi n° 96/06 du 18 janvier 1996 portant révision de la Constitution du 2 juin 1972.
31 Voir l'article 65 de la loi n° 96/06 du 18 janvier 1996.
32 Voir la loi n° 96/12 du 5 août 1996 portant loi-cadre relative à la gestion de l'environnement.
33 Voir l'article 63 de la loi n° 96/12 du 5 août 1996.

2.2.1 Les acteurs institutionnels du droit forestier

Les acteurs institutionnels du droit forestier national sont les administrations, les organismes et les collectivités territoriales décentralisées.

2.2.1.1 Le Ministère des forêts et de la faune, acteur principal du droit forestier

Le Ministère de l'environnement et des forêts (MINEF), créé à la faveur du décret n° 92/069 du 9 avril 1992 portant organisation du gouvernement, dans la mouvance des préparatifs de la Conférence de Rio, est chargé de s'occuper, pour la première fois, des questions environnementales au Cameroun. Il a engendré le Ministère des forêts et de la faune (MINFOF), et le Ministère de l'environnement, de la protection de la nature et du développement durable (MINEPDED), organisés respectivement par le décret n° 2005/099 du 6 avril 2005, et le décret n° 2012/431 du 1 octobre 2012. Le MINFOF est chargé de l'élaboration, de la mise en œuvre et de l'évaluation de la politique du gouvernement en matière de forêt et de faune. À ce titre, ce ministère est responsable essentiellement, en ce qui concerne la question forestière :

- de la gestion et de la protection des forêts du domaine national ;
- de la mise au point et du contrôle de l'exécution des programmes de régénération, de reboisement, d'inventaire et d'aménagement des forêts ; et
- du contrôle du respect de la réglementation dans le domaine de l'exploitation forestière par les différents intervenants et de l'application éventuelle des sanctions administratives.

Le MINFOF est en outre responsable de la mise en application des conventions internationales ratifiées par le Cameroun en matière de forêt, de faune et de chasse, en liaison avec le Ministère des relations extérieures, ainsi que du suivi des organisations sous-régionales de préservation des écosystèmes. Il assure la liaison entre le gouvernement camerounais et l'Organisation internationale des bois tropicaux (OIBT) ainsi que la COMIFAC, en relation avec le Ministère des relations extérieures.

Ce Ministère dispose d'une structure principale, la Direction des forêts, chargée, entre autres, de l'élaboration et de la mise en œuvre de la politique gouvernementale en matière de forêts ; de l'élaboration et de la mise en œuvre de la carte forestière ; de la délivrance des agréments et des titres d'exploitation forestière ; de l'élaboration et du suivi de la mise en œuvre des plans d'actions forestiers.

2.2.1.2 Les autres administrations, organismes et collectivités territoriales décentralisées

En plus du MINFOF, d'autres structures institutionnelles contribuent à la mise en œuvre du droit forestier national. Sans prétendre à l'exhaustivité, on peut citer, s'agissant des administrations : le Ministère de l'agriculture et du développement rural, le Ministère du tourisme et des loisirs, le Ministère de l'environnement, de la protection de la nature et du développement durable ; et le Ministère des domaines, du cadastre et des affaires foncières. Ces administrations œuvrent en synergie avec le MINFOF, étant donné que leurs champs d'action ou d'intervention se situent dans les espaces concernés par la forêt et la faune.

Parmi les organismes, on cite l'Agence nationale d'appui au développement des forêts (ANAFOR) et la Chambre d'agriculture, des pêches, de l'élevage et des forêts du Cameroun (CAPEF).

Les collectivités territoriales décentralisées participent également à la promotion du droit forestier, à travers la gestion des forêts communales dont la plantation est aujourd'hui encouragée au Cameroun pour l'amélioration de la qualité de vie, y compris en zone urbaine. C'est ainsi que dans le cadre des transferts des compétences en matière de droit de l'environnement, les communautés urbaines sont désormais compétentes dans la création, l'entretien, la gestion des espaces verts, des parcs et jardins communautaires.[34] Cette nécessité de mieux préserver la biodiversité au sein des collectivités locales décentralisées est encadrée par le Programme d'appui à la gestion durable des forêts communales.[35] Il s'agit essentiellement, pour les communes, dans le cadre de ce programme, d'assurer la pérennité des écosystèmes et la diversité des espèces et d'intensifier la préservation de la biodiversité à travers les plans d'aménagement.[36]

2.2.2 Les acteurs non institutionnels du droit forestier

Les acteurs non institutionnels comprennent les communautés villageoises et les particuliers.

---

34 Voir l'article 110 de la loi n° 2004/018 du 22 juillet 2004 fixant les règles applicables aux communes.
35 Voir *Cameroon Tribune* du 21 mars 2016 (25).
36 (ibid.).

2.2.2.1 L'implication des communautés villageoises

La loi forestière de 1994 reconnaît aux populations riveraines, constituées en communautés villageoises, organisées et reconnues par la loi, le droit d'exploiter les ressources de la forêt. Tout comme l'État, les communes ou les particuliers, les communautés villageoises exercent sur leurs forêts tous les droits résultant de la propriété, sous réserve des restrictions prévues par les législations foncière et domaniale, et par la loi forestière.[37]

L'État à travers l'administration chargée des forêts accorde son assistance technique aux communautés villageoises qui le souhaitent, sur la base d'une convention de gestion.[38] Leur implication dans la gestion des forêts constitue un gage d'une meilleure conservation du patrimoine forestier.

2.2.2.2 L'apport des particuliers

Les particuliers interviennent, tout comme les collectivités villageoises ou autochtones, à la mise en œuvre du droit forestier. La loi forestière leur accorde un droit de propriété sur les forêts plantées par leurs soins. Ils deviennent ainsi propriétaires des domaines sur lesquels ils ont planté leurs forêts. Toutefois, la loi ne leur reconnaît guère le droit de propriété sur l'ensemble des produits forestiers contenus dans ces domaines. Ces produits appartiennent à l'État, sauf en cas d'acquisition légale par le particulier qui le desire.[39] Les particuliers qui veulent acquérir certains produits spéciaux tels que l'ébène, ou certaines espèces végétales ou médicinales présentant un intérêt particulier sont tenus d'élaborer un plan de gestion de la forêt avec l'aide de l'administration compétente, sous le contrôle de cette dernière.[40]

3 La consistance du domaine forestier national

Le domaine forestier camerounais s'étend sur une superficie d'environ 22.5 millions d'hectares, et divisé en cinq zones écologiques : il s'agit des zones soudano sahélienne, de savane soudanaise, des hauts plateaux, forestière et agro-écologique. Ce couvert forestier comprend une multitude d'essences ligneuses et non ligneuses. Parmi les produits ligneux, on peut citer : l'ébène, le fraké, l'iroko, le bubinga, etc.

---

37 Voir l'article 7 de la loi n° 94/01.
38 Voir l'article 37 de la loi n° 94/01.
39 Voir l'article 39 (4) de la loi n° 94/01.
40 Voir l'article 39 (1) et (2) de la loi n° 94/01.

Les produits forestiers non ligneux comprennent les produits secondaires comme le rotin, le palmier, le raphia, etc. Le domaine forestier camerounais comprend le domaine permanent et le domaine non permanent.

3.1   Le contenu du domaine forestier permanent

La législation et la réglementation forestières ne donnent pas une définition précise et détaillée des forêts permanentes. Le domaine forestier permanent contient des surfaces restées de façon permanente sous le couvert forestier. Ce sont des terres définitivement affectées à la forêt ou à l'habitat de la faune. Ces terres sont assises sur un domaine forestier couvrant au moins 30% de la superficie totale qui représente la diversité écologique du Cameroun. Il s'agit des forêts classées, constituées d'une part des forêts domaniales et, d'autre part, des forêts communales.

3.1.1   Les forêts domaniales

Les forêts domaniales constituent le domaine forestier de l'État. Elles sont classées par un acte réglementaire qui fixe les limites géographiques ainsi que les objectifs assignés à la forêt, qui sont notamment, de production, de récréation, de protection de l'environnement et de conservation de la diversité du patrimoine biologique national. Le classement de la forêt tient compte du plan d'affectation des terres de la zone écologique concernée, lorsqu'il en existe un. L'acte de classement ouvre droit à l'établissement d'un titre foncier au nom de l'État, consacrant l'incorporation de ladite forêt dans son domaine privé.

Les forêts domaniales comportent deux catégories : les aires protégées et les réserves forestières.[41] Les aires protégées sont les zones géographiques délimitées et gérées en vue d'atteindre les objectifs spécifiques de conservation et de développement durable d'une ou de plusieurs ressources.[42] Il s'agit des parcs nationaux, des réserves de faune, des zones d'intérêt cynégétique, des *game-ranches* et des jardins zoologiques appartenant à l'État, des sanctuaires de faune et des zones tampons. Pour ce qui est des réserves forestières, ce sont des réserves écologiques intégrales, des fo-

---

41   Voir l'article 24 de la loi n° 94/01.
42   Voir l'article 2 du décret n° 95/466/PM du 20 juillet 1995 fixant les modalités d'application du régime de la faune.

rêts de production, de protection, de récréation, d'enseignement et de recherche, des sanctuaires de flore, des jardins botaniques et des périmètres de reboisement.[43]

L'accès du public dans les différents domaines des forêts permanentes peut être réglementé ou interdit par l'État. Toutefois, le classement d'une forêt domaniale tient compte de l'environnement social des populations autochtones ou riveraines qui conservent leurs droits d'usage ou coutumiers. Ces droits d'usage peuvent néanmoins connaître des limitations s'ils s'avèrent contraires aux objectifs fixés pour la forêt. Dans ce cas, les populations autochtones bénéficient d'une compensation selon les modalités fixées par décret du Premier ministre.

Le classement d'une forêt domaniale ne peut intervenir qu'après dédommagement des personnes qui ont réalisé des investissements sur le terrain concerné, avant le démarrage de la procédure administrative de classement.

3.1.2   Les forêts communales

Une forêt communale est un domaine forestier qui a été planté par une commune ou qui a fait l'objet d'un acte de classement au profit de ladite commune.[44] Cet acte fixe les limites et les objectifs de gestion de cette forêt ainsi que l'exercice des droits d'usage des populations riveraines.

Le but visé par les forêts communales est d'assurer la pérennité des écosystèmes et la diversité des espèces, d'intensifier la préservation de la diversité à travers les plans d'aménagements et de veiller à ce que les exigences de préservation soient intégrées dans les aménagements. Les forêts communales contribuent également à l'esthétique urbaine et surtout à la protection de l'environnement, en raison de ce que la loi forestière impose aux communes un taux de boisement au moins égal à 800m² d'espaces boisés pour 1,000 habitants.[45]

Par ailleurs, en matière d'environnement et de gestion des ressources naturelles et s'agissant des compétences de l'État transférées aux communes dans le cadre de la décentralisation, ces entités sont désormais responsables des opérations de boisement et de création des bois communaux ainsi que de création, d'entretien et de gestion des espaces verts, parcs et jardins d'intérêt communal.[46] Cette loi élargit les compé-

---

[43]   Voir les définitions de ces différentes notions à l'article 3 du décret n° 95/53/PM du 23 août 1995 fixant les modalités d'application du régime des forêts.

[44]   Voir l'article 30 (1) de la loi n° 94/01.

[45]   Voir l'article 33 de la loi n° 94/01.

[46]   Voir l'article 16 de la loi n° 2004/18 du 22 juillet 2004 fixant les règles applicables aux communes.

tences des communautés urbaines en particulier, qui se limitaient aux domaines des parcs et jardins.[47]

3.2   Le domaine forestier non permanent

Le domaine forestier non permanent est constitué de forêts non classées. Il comporte trois catégories : les forêts du domaine national, les forêts communautaires et les forêts des particuliers.

Les forêts du domaine national sont celles qui n'entrent dans aucune catégorie des forêts permanentes, des forêts communales et des forêts des particuliers.[48] Elles ne comprennent ni les vergers, ni les plantations agricoles et leurs boisements accessoires, ni les jachères, ni les aménagements pastoraux ou sylvicoles.

Les populations riveraines des forêts du domaine national y conservent leurs droits d'usage. Ceux-ci consistent en l'accomplissement à l'intérieur de ces forêts, de leurs activités traditionnelles ou coutumières, telles que la collecte des produits forestiers secondaires, notamment le raphia, le palmier, le bambou, le rotin, le bois de chauffage, etc. Lesdits droits d'usage sont maintenus, à l'exception des zones interdites d'accès (zones mises en défens) et de celles où les règlements sont pris par le ministre chargé des forêts ou le ministre en charge des mines.

L'objectif de l'utilisation des produits forestiers du domaine national est la satisfaction des besoins des populations riveraines, tels que le bois de chauffage et de construction. Ces populations sont ainsi autorisées à abattre un nombre d'arbres correspondant à leurs besoins, et sont tenues d'en justifier l'utilisation lors des contrôles organisés par les services de l'administration forestière.

La loi forestière de 1994 ne livre pas une définition des forêts communautaires. C'est le décret n° 95/53/PM du 23 août 1995 fixant les modalités d'application du régime des forêts qui définit cette catégorie de forêt comme étant « une forêt du domaine forestier non permanent, faisant l'objet d'une convention de gestion entre une communauté villageoise et l'Administration chargée des forêts ».[49]

Les forêts communautaires au Cameroun constituent une catégorie nouvelle dans la loi forestière de 1994 et une avancée par rapport à sa devancière, la loi n° 81/13 du 27 novembre 1981, qui n'envisageait pas expressément cette composante.[50] Ces forêts appartiennent aux communautés villageoises, et la loi leur reconnaît le droit de

---

47   Voir l'article 3 de la loi n° 87/015 du 15 juillet 1987 portant création des communautés urbaines.
48   Voir l'article 35 de la loi n° 94/01.
49   Voir l'article 3 (11) du décret n° 95/53/PM du 23 août 1995.
50   Kamto (1996:184).

préemption en cas d'aliénation des produits naturels compris dans leurs forêts. La loi forestière de 1994 précise que « les produits forestiers de toute nature résultant de l'exploitation des forêts communautaires appartiennent entièrement aux communautés villageoises concernées ».[51] Il faut souligner que toute forêt susceptible d'être érigée en forêt communautaire est attribuée en priorité à la communauté villageoise la plus proche et les membres de la communauté ont un droit exclusif d'exploitation des produits de ladite forêt.[52]

La loi forestière de 1994 est peu diserte sur les forêts des particuliers ou privées. Aux termes de l'article 39 de ladite loi, les forêts des particuliers sont plantées par les personnes physiques ou morales et assises sur leur domaine acquis conformément aux textes en vigueur. Les propriétaires de ces forêts sont tenus d'élaborer un plan simple de gestion avec l'aide et l'assistance de l'administration des forêts, en vue d'un rendement soutenu et durable. La mise en œuvre de ce plan de gestion relève du propriétaire de la forêt, sous le contrôle technique de l'administration chargée des forêts.

4 Les règles de gestion et d'exploitation des ressources forestières

Ces règles sont liées à la protection des forêts et sont relatives à leur exploitation. Elles concernent ainsi les modes d'exploitation des forêts et l'implication des populations à la gestion du patrimoine forestier national, en vue d'une meilleure conservation des écosystèmes forestiers.

4.1 Les règles générales de protection des forêts

Les règles générales de protection des forêts concernent la réglementation de certaines activités en zone forestière, en vue de préserver la forêt de nombreuses atteintes dont elle est l'objet et préserver l'équilibre des écosystèmes forestiers. Aussi les activités minières sont-elles encadrées, en raison de ce qu'elles peuvent porter atteinte à l'équilibre des écosystèmes au regard de la dégradation des sols qu'elles entrainent dans de vastes domaines forestiers. Ainsi, la forêt s'est trouvée menacée partout où se produit l'activité minière et pétrolière en Afrique. La loi forestière de 1994 ne contient pas de disposition explicite à ce sujet. Toutefois, souligne Kamto[53], le décret n° 83/169 du 12 avril 1983 fixant le régime des forêts, abrogé, visait les seules

51 Voir l'article 37 (3) de la loi n° 94/01 du 20 janvier 1994.
52 Nkou Mvondo (2000:229).
53 Kamto (1996:201).

carrières situées dans les forêts domaniales ; les activités d'extraction du sable, du gravier ou de la latérite à l'intérieur de ces forêts devaient s'effectuer après avis du ministre en charge des forêts, et conformément à la réglementation portant sur les carrières.

S'agissant de la réglementation de certaines activités agropastorales, elle concerne en particulier l'interdiction des défrichements et des feux de brousse. Pour leurs besoins domestiques multiples, les populations riveraines ont besoin de défricher des espaces. La question qui se pose est alors de savoir si l'interdiction des défrichements ne va pas à l'encontre des droits d'usage autorisés par la loi. Si la loi forestière de 1994 considère comme un défrichement le fait de supprimer les arbres ou le couvert de la végétation naturelle d'un terrain forestier, en vue de lui donner une affectation non forestière, quels que soient les moyens utilisés à cette fin ;[54] ce qui est proscrit, c'est davantage les coupes incontrôlées des essences forestières.

De même, les feux de brousse, parfois utilisés comme un moyen de défrichement, et les incendies sont prohibés en zone forestière. La protection des forêts contre les feux de brousse et les incendies est à la fois préventive et curative. Les mesures préventives sont édictées dans le but de préserver les forêts des activités nécessitant leur mise à feu. Les feux de brousse sont interdits dans les forêts permanentes. Toutefois, l'autorité préfectorale compétente peut autoriser d'allumer les feux précoces dans les zones de pâturage.

S'agissant des mesures curatives, elles sont déployées une fois que le feu de brousse ou l'incendie sont déclarés. Dans ce cas, l'autorité administrative compétente, assistée du responsable local du MINFOF peut réquisitionner toute personne ou tout bien en vue d'y mettre fin. Dans tous les cas et de manière instantanée, les populations riveraines ont tout intérêt à contribuer à l'extinction des feux de brousse et des incendies par les moyens traditionnels, au risque de leur propagation.

4.2   La protection des forêts liée à leur exploitation

L'encadrement de l'activité forestière par les pouvoirs publics contribue à une meilleure protection des forêts. Elle nécessite des modes d'exploitation qui varient en fonction de la typologie des forêts. L'efficacité des mécanismes mis en place est conditionnée par l'implication des communautés locales à la préservation des écosystèmes forestiers.

---

54   Voir l'article 15 de la loi n° 94/01 du 20 janvier 1994.

4.2.1   L'exploitation contrôlée des forêts

L'exploitation des forêts constitue un volet important de leur gestion, à côté de leur conservation et de leur protection. Elle se fait sous le contrôle de l'administration des forêts chargée de veiller au respect des conditions et modes d'exploitation des forêts, s'agissant en particulier des produits ligneux.

Il faut distinguer l'exploitation domestique, qui renvoie à la question des droits d'usage, de l'exploitation commerciale. Si cette dernière forme d'exploitation retient davantage l'attention au regard de l'importance des forêts ainsi que les différents enjeux dont elles sont l'objet, il convient de s'attarder sur la question des droits d'usage, encadrée par la loi.

4.2.1.1   L'encadrement des droits d'usage

De tout temps, en zone tropicale et au Cameroun en particulier, la forêt a été la mamelle nourricière pour les populations autochtones. Elles y tirent tous les moyens indispensables à leur survie et ont toujours vécu en communion avec la nature et l'environnement. Nkou Mvondo[55] précise que les droits coutumiers exercés sur ces forêts, que le législateur a appelés 'droits d'usage', n'ont jamais permis l'exploitation des biens offerts par la nature, à des fins d'enrichissement individuel et égoïste. Ne pas permettre aux populations riveraines ou vivant au sein de la forêt comme les pygmées d'accéder à ses ressources, suivant leurs usages traditionnels, aurait constitué une condamnation à mort de ces populations et une menace sérieuse à l'ordre public. Ainsi, aux termes de l'article 26 du décret n° 95/53/PM du 23 août 1995, les droits d'usage que les populations conservent dans les forêts du domaine national « consistent dans l'accomplissement à l'intérieur de ces forêts, de leurs activités traditionnelles de collecte des produits forestiers secondaires, notamment le raphia, le palmier, le bambou, le rotin ou les produits alimentaires et le bois de chauffage ». Dans ce cadre, en vue de satisfaire leurs besoins domestiques, ces populations sont autorisées à abattre un certain nombre d'arbres correspondant à leurs besoins, comme le bois de chauffage ou la construction d'une case d'habitation. Lorsque l'exercice des droits d'usage s'avère incompatible avec les objectifs assignés à la forêt, les populations concernées bénéficient d'une compensation.[56] De même, les droits des populations locales sont sauvegardés puisque le classement d'une forêt ne peut interve-

---

55   Mvondo (2000:223).
56   Article 26 de la loi de 1994.

nir qu'après dédommagement des personnes ayant préalablement réalisé des investissements sur le terrain concerné.[57]

L'exercice de ces droits d'usage est encadré par la loi, afin de permettre une utilisation rationnelle des ressources forestières dans un souci de conservation de la biodiversité et pour les besoins de développement. Ainsi, le ministre en charge des forêts peut suspendre temporairement ou à titre définitif l'exercice du droit d'usage en cas de nécessité, pour cause d'utilité publique et en concertation avec les populations concernées.[58] La loi précise que cette suspension obéit aux règles générales de l'expropriation pour cause publique, qui exige une indemnisation préalable des populations.

Par ailleurs, l'exercice du droit d'usage se fait sous le contrôle de l'État. Les agents assermentés de l'administration des forêts sont ainsi autorisés à contrôler lors des tournées périodiques, l'utilisation effective par les populations riveraines des arbres abattus, à des fins domestiques, avec interdiction absolue de commercialiser ou d'échanger ces produits.[59]

4.2.1.2   L'exploitation des forêts à des fins commerciales

L'exploitation des forêts à des fins commerciales exige au préalable, pour l'administration des forêts, de procéder à l'inventaire des espèces et à l'aménagement des forêts. Cette précaution s'avère indispensable si l'on veut avoir la maîtrise des essences à exploiter. L'inventaire forestier est l'évaluation des ressources forestières en vue d'en planifier la gestion.[60] Il consiste en un recensement des essences suivant les éléments que l'on choisit d'inventorier et les moyens dont on dispose à cet effet.[61] Il existe donc, pour une zone forestière donnée, plusieurs types d'inventaires. Kamto[62] précise que l'on distingue, dans l'ensemble, l'inventaire en vue d'une exploitation forestière immédiate et l'inventaire pour un aménagement.[63] Les inventaires d'aménagement et d'exploitation sont fonction des objectifs fixés à la forêt. L'inventaire d'aménagement consiste à évaluer quantitativement et qualitativement la richesse des peuplements forestiers qui composent un massif déterminé, en vue d'une gestion rationnelle de l'ensemble des ressources.[64] L'inventaire d'exploitation,

---

57   (ibid.:article 26).
58   Article 8 de la loi n° 94/01.
59   Article 26. 2 du décret n° 95/53.
60   Article 41 du décret n° 95/53.
61   Kamto (1996:188).
62   (ibid.).
63   (ibid.).
64   Article 42 du décret n° 95/53.

en ce qui la concerne, consiste en une énumération exhaustive de toutes les essences commerciales, sur une aire géographique donnée, conformément aux normes arrêtées par le ministre chargé des forêts.[65] L'exploitation de toute forêt est subordonnée à un inventaire d'exploitation dont les frais sont supportés par le bénéficiaire du titre d'exploitation.[66]

S'agissant de l'aménagement forestier, il consiste à décider de l'orientation à donner à la forêt en tenant compte d'une planification. L'aménagement d'une forêt permanente se définit comme la mise en œuvre, sur la base d'objectifs et de plans préalablement arrêtés, d'un certain nombre d'activités et d'investissements, en vue de la production soutenue de produits forestiers et de services.[67] Cet aménagement comprend les inventaires, les reboisements, la régénération naturelle ou artificielle, l'exploitation forestière soutenue et la réalisation des infrastructures.[68]

4.3 Les modes d'exploitation du patrimoine forestier

L'exploitation libre et anarchique du patrimoine forestier national constitue un grand risque contre la préservation de la biodiversité et la survie des populations. L'exploitation des forêts varie selon qu'il s'agit des forêts permanentes ou des forêts non permanentes.

Dans le cadre des forêts permanentes, l'exploitation des forêts domaniales se fait soit en régie, soit par la procédure de vente de coupe ou par une convention d'exploitation. L'exploitation en régie d'une forêt domaniale est ordonnée par le ministre chargé des forêts.[69] Cette exploitation n'intervient que lorsque l'enlèvement des produits s'impose dans le cadre d'une coupe de récupération de produits forestiers, d'un projet expérimental ou lors des travaux d'amélioration sylvicoles prévus par le plan d'aménagement.[70] Les produits forestiers extraits ou prélevés d'une forêt domaniale de production exploitée en régie sont vendus aux enchères publiques.

S'agissant de l'exploitation d'une forêt domaniale par la procédure de la vente de coupe, elle est favorable aux nationaux, puisqu'elle n'est autorisée qu'aux personnes physiques de nationalité camerounaise ou à des sociétés où ces personnes détiennent la totalité du capital ou des droits de vote, sauf dérogation législative expresse. Toutefois, toute attribution de vente de coupe sur une forêt domaniale doit préalablement être précédée d'un avis d'appel d'offres public.

---

65 Article 43 du décret n° 95/53.
66 Article 50 du décret n° 95/53.
67 Article 23 loi n° 94/01.
68 Article 63 loi n° 94/01.
69 Article 53 (2) loi n° 94/01.
70 Article 153 (1) loi n° 94/01.

La convention d'exploitation est un contrat administratif qui confère au concessionnaire le droit de prélever un volume de bois dans une concession forestière dans le but d'approvisionner à long terme son ou ses industrie(s) locale(s) de transformation de bois.[71] Ce contrat ne peut intervenir qu'au terme d'une convention provisoire d'exploitation dont la durée ne peut excéder 36 mois. Comme en matière de vente de coupe, l'attribution d'une convention d'exploitation est entourée de garanties d'objectivité, d'équité et d'impartialité. L'article 63 du décret n° 95/53/PM du 23 août 1995 fixant les modalités d'application du régime des forêts précise, en effet, que toute attribution d'une concession forestière est au préalable précédée d'un avis d'appel d'offres public.

L'exploitation d'une forêt communale, quant à elle, se fait sur la base de son plan d'aménagement et sous la supervision de l'administration chargée des forêts. Ladite exploitation peut se faire en régie, par vente de coupe, par permis d'exploitation ou par autorisation personnelle de coupe. Les modalités d'attribution des titres d'exploitation des forêts communales sont définies par chaque commune.

Si l'exploitation des forêts communales est réservée en priorité aux nationaux ou aux sociétés où les Camerounais détiennent la totalité du capital social ou des droits de vote, les ventes de coupes ou les permis d'exploitation ne peuvent être attribués qu'aux personnes agréées à l'exploitation forestière.[72]

En ce qui concerne l'exploitation des forêts non permanentes, il faut distinguer selon qu'il s'agit des forêts du domaine national, des forêts communautaires ou des forêts des particuliers. L'exploitation des forêts du domaine national se fait suivant le mode de la vente de coupes, du permis d'exploitation ou de l'autorisation personnelle de coupe.

L'exploitation par vente de coupes sur une superficie unitaire ne peut excéder 2,500 hectares.[73] Cette superficie est fixée annuellement par l'administration chargée des forêts pour chacune des zones écologiques mentionnées à l'introduction de la présente étude. L'autorisation de vente de coupes est attribuée par le ministre chargé des forêts, qui arrête annuellement les superficies réservées aux nationaux agréés à l'activité forestière ou aux sociétés où ces derniers détiennent la totalité du capital social ou des droits de vote. Dans tous les cas, l'administration en charge des forêts veille à ce que seules les essences inventoriées et marquées soient abattues.

Le permis d'exploitation délivré pour le bois de chauffage, les perches ou le bois d'œuvre en vue de la transformation artisanale est exclusivement réservé aux nationaux ou aux sociétés où ces personnes détiennent la totalité du capital social ou des droits de vote. S'agissant de certains produits forestiers spéciaux, le permis

---

71   Article 61.1 du décret n° 95/053 fixant les modalités d'application du régime des forêts.
72   Article 79 du décret n° 95/53.
73   Article 81 du décret n° 95/53.

d'exploitation les concernant est délivré par le ministre chargé des forêts, après avis de la commission ministérielle prévue à cet effet.

L'autorisation personnelle de coupe est délivrée par le représentant régional du ministère chargé des forêts aux personnes de nationalité camerounaise en vue de satisfaire leurs besoins domestiques en bois de chauffage et de construction, après paiement par les intéressées du prix de vente des produits forestiers concernés. Ces personnes sont ainsi autorisées à abattre un nombre limité d'arbres dans les forêts du domaine national. Toutefois, cette disposition ne s'applique pas aux riverains qui conservent leurs droits d'usage. L'administration en charge des forêts veille à la bonne utilisation de l'autorisation personnelle de coupe par son titulaire, en interdisant à tout exploitant d'abattre les arbres marqués en réserve ou de prélever un volume supérieur à 30m^3 de bois brut.

L'exploitation des forêts communautaires se déroule avec le concours des communautés villageoises. Cette exploitation se fait sur la base de son plan simple de gestion dûment approuvé par l'Administration des forêts. Contrairement aux forêts du domaine national, l'exploitation d'une forêt communautaire peut se faire en régie, en plus des autres modes d'exploitation (vente de coupes, permis d'exploitation, autorisation personnelle de coupe). Il appartient à chaque communauté de définir les modalités d'attribution des titres d'exploitation forestière.[74] Toutefois, l'administration des forêts veille à la bonne exploitation de la forêt. Aussi, le responsable désigné de la forêt communautaire est-il tenu d'adresser annuellement un plan d'opération au responsable territorialement compétent du ministère chargé des forêts, ainsi que le rapport d'activités réalisées durant l'année précédente.[75]

On note également une implication des particuliers à l'exploitation de leurs forêts. Cette exploitation peut se faire par le propriétaire de la forêt ou par toute personne de son choix. Ici également, l'administration des forêts n'est pas dépouillée de ses pouvoirs de contrôle des activités forestières exercées par le particulier. Elle peut ainsi suspendre cette exploitation lorsqu'elle s'avère de nature à porter atteinte à l'environnement.

4.4 La gestion participative comme moyen de conservation et de protection des forêts

L'objectif de gestion durable des forêts mise en place par la nouvelle politique forestière fait appel au concours et à la participation des populations riveraines à la gestion des forêts. Cette 'co-gestion' État-communautés villageoises se fait à travers la con-

---

74 Article 95 du décret n° 95/53.
75 (ibid.).

vention de gestion, qui est un contrat administratif par lequel l'administration chargée des forêts confie à une communauté, une portion de forêt du domaine national, en vue de sa gestion, de sa conservation et de son exploitation pour l'intérêt de cette communauté.[76]

La participation des populations riveraines à la gestion durable des forêts constitue une composante importante de la conservation du patrimoine forestier national. Il s'agit d'une préoccupation de la Conférence de Rio, qui préconise que tous les citoyens, quelles que soient leurs catégories sociales, puissent participer à la réalisation du développement durable dans tous les États. Cette préoccupation se manifeste notamment à travers le droit de préemption,[77] qui constitue une innovation dans la loi forestière de 1994 et une spécificité du droit camerounais. Ainsi, seuls les particuliers et les communautés villageoises sont titulaires du droit de préemption et en jouissent en cas d'aliénation de tout produit naturel compris dans leurs forêts. Le droit de préemption est une prérogative qui est reconnue aux communautés villageoises et leur permet d'obtenir la gestion d'une forêt riveraine par préférence à toute autre personne, lors de l'aliénation des produits naturels de la forêt par l'État. A travers le droit de préemption, les populations autochtones ont le privilège de créer une forêt communautaire. Pour Kam Yogo[78], « le droit de préemption en matière forestière est un maillon important dans les mécanismes de protection des forêts des populations autochtones ».

La gestion participative des forêts est aussi encouragée au sein des organes consultatifs en matière d'environnement en général. Plusieurs mécanismes sont ainsi mis en place tels que l'organisation par les pouvoirs publics des campagnes d'information et de sensibilisation à travers les médias et tous les autres moyens de communication. La participation des paysans à la gestion des forêts se fait à travers l'information, la formation et le transfert de technologie, et aussi par la participation directe des populations à la réalisation des travaux d'aménagement rémunérés.

À travers les Comités paysans forêts (CPF), par exemple, les populations contribuent à l'exécution des travaux en forêt, notamment au suivi des activités d'aménagement ou d'exploitation, ainsi qu'à la surveillance et au contrôle de l'exploitation illégale des ressources forestières, en étroite collaboration avec le Chef de poste forestier.

---

76 Article 3 (16) du décret n° 95/53.
77 Kam Yogo (2012:237-254).
78 (ibid.:243).

5   La répression des infractions à la législation forestière

Les titulaires des titres d'exploitation forestière sont tenus de se conformer aux prescriptions de la législation et de la réglementation, au risque de subir la répression de la loi.

5.1   La nature des infractions

Les infractions à la législation et/ou à la réglementation forestière, concernent notamment, la violation de la législation et de la réglementation sur le droit d'usage, l'allumage sans autorisation d'un incendie dans une forêt du domaine national, l'exploitation par autorisation personnelle de coupe dans une forêt du domaine national pour une utilisation lucrative, l'abattage sans autorisation d'arbres protégés, le défrichement ou l'allumage d'un incendie dans une forêt domaniale, une zone mise en défens ou à écologie fragile, l'exploitation forestière non autorisée dans une forêt du domaine national ou communautaire, la falsification ou la fraude sur les documents émis par l'administration des forêts, etc. Ces différentes infractions sont sanctionnées administrativement et pénalement.

5.2   Les sanctions encourues

Les sanctions auxquelles s'expose tout contrevenant à la législation et/ou à la réglementation forestière sont de nature administrative et pénale.

5.2.1   Les sanctions administratives

Les titulaires des titres d'exploitation qui se trouvent en porte-à-faux avec la loi ou la réglementation s'exposent à deux types de sanctions administratives, à savoir la suspension ou le retrait de l'agrément. La suspension de l'agrément est prononcée par le ministre chargé des forêts, en cas de récidive dans la commission d'une infraction passible d'une amende au moins égale à 3,000,000 francs CFA. La récidive consiste en la commission par le contrevenant d'une même infraction à la législation et/ou à la réglementation forestière(s). La suspension emporte le retrait de l'agrément ou du titre d'exploitation, l'arrêt des activités forestières du mis en cause ainsi que la saisie des produits forestiers non évacués.

La période de suspension de l'agrément est de six mois au maximum. Elle peut être levée après la cessation des activités illégales et le paiement par le contrevenant de toutes les taxes et charges dues et exigibles.[79]

La sanction la plus lourde est le retrait de l'agrément, prononcé de plein droit, par le ministre chargé des forêts, en cas de non levée de la suspension, pendant la période de six mois sus-indiquée. Cette sanction intervient lorsque le contrevenant poursuit ses activités après notification de la suspension et commet une nouvelle infraction ou refuse d'exécuter les travaux d'aménagement (inventaire d'aménagement, élaboration d'un plan d'aménagement, établissement du plan de gestion quinquennal) exigés pour la délivrance de la convention provisoire d'exploitation.

Dans un souci de transparence administrative, la réglementation exige que les décisions de suspension et de retrait de l'agrément soient motivées et notifiées aux mis en cause.[80]

L'article 136 du décret n° 95/53/PM souligne que les infractions à la législation et / ou à la réglementation forestière(s) peuvent donner lieu à transaction, sans préjudice du droit de poursuite du ministère public. La procédure de transaction est instituée dans le but de permettre un règlement négocié des infractions au droit de l'environnement. Elle privilégie les sanctions pécuniaires en lieu et place de la répression pénale. En plus de la marchandisation de la forêt qui peut lui être reprochée, l'administration a seule la maîtrise de la procédure de transaction, ce qui la place dans une position favorable, susceptible d'entraîner la corruption. Seule l'intervention du juge, organe neutre, devrait garantir une meilleure répression des infractions à la législation et à la réglementation forestières.

5.2.2 Les sanctions pénales

Les personnes physiques ou morales qui contreviennent aux dispositions de la présente loi et de ses textes réglementaires d'application sont pénalement responsables et passibles des peines prévues à cet effet. Les mis en cause peuvent être condamnés au paiement des amendes et être éventuellement punis d'une peine d'emprisonnement, en fonction de la gravité de l'infraction commise.

Les amendes et les peines d'emprisonnement sont fixées par tranches, en fonction de la nature de l'infraction. Ces tranches varient entre 5,000 francs CFA à 50,000 francs CFA d'amende et dix jours d'emprisonnement ou de l'une seulement de ces peines, pour les infractions considérées comme légères, comme l'allumage d'un incendie dans une forêt du domaine national ; et entre 3,000,000 francs CFA à

---

79   Articles 131 et 132 du décret n° 95/53.
80   Article 130 du décret n° 95/53.

10,000,000 francs CFA et de un à trois ans d'emprisonnement, pour les infractions d'une grande gravité, telle que la falsification ou la fraude sur les documents émis par l'administration chargée des forêts.[81]

Tout ce dispositif juridique, suffisamment dissuasif, confirme le droit autoritaire mis en place par les pouvoirs publics camerounais, « orienté vers la protection de l'environnement et le développement ».[82]

6 Conclusion

Pour conclure, on peut dire que les lignes qui précèdent ont uniquement permis d'entamer l'étude du droit forestier camerounais. En effet, il n'est pas aisé de rendre compte, dans son ensemble, d'une réalité aussi complexe dans le cadre d'une brève étude ou d'un seul chapitre d'un ouvrage. Cette difficulté découle de la nature même de l'écosystème forestier, en ce sens que, comme le relèvent Prieur et Doumbe-Billé[83], la forêt est une entité qui associe les végétaux et les animaux de toutes les tailles et qui constitue l'une des formes les plus complexes du monde vivant.

Les pouvoirs publics camerounais doivent, au quotidien, relever le défi de concilier les préoccupations des populations riveraines ou autochtones – qui considèrent toujours les forêts comme 'leur propriété', à eux léguée par leurs ancêtres – avec la nécessité de protection de l'environnement et du développement. Ce conflit latent justifie des résistances observées de la part des populations locales et trouve son explication scientifique dans l'opposition droit coutumier–droit moderne, caractéristique des droits africains. Si le droit mis en place tient suffisamment compte de cet aspect des choses à travers les multiples droits et prérogatives reconnus aux populations villageoises, l'État camerounais manque cruellement de moyens lui permettant de veiller efficacement à la sauvegarde de son patrimoine forestier, de plus en plus menacé de disparition. Bomba[84] a, par exemple, souligné l'insuffisance des mesures de contrôle dans les chantiers d'exploitation. Cet aspect des choses constitue un obstacle à la mise en œuvre effective du droit forestier. Ces carences laissent la porte ouverte aux comportements propices à la corruption, le plus souvent entretenue entre les agents forestiers et les contrevenants, qui ont institué leurs propres règles et pratiques de fonctionnement, en marge des normes étatiques établies.

---

81   Articles 154, 155, 156, 157 et 158 de la loi n° 94/01.
82   Mvondo (2000:220).
83   Prieur & Doumbe-Bille (1996:30).
84   Bomba (1996:122).

Bibliographie indicative

Bomba, CM, 1996, Rapport national du Cameroun, dans : *Droit, forêts et développement durable*, Actes des 1ères journées scientifiques du Réseau Droit de l'Environnement de l'AUPELF-UREF, colloque de Limoges, France, 7-8 novembre 1994, Bruxelles, Bruylant, 115-135.

Bouthillier, L, 1996, Forêts : aspects économiques et développement durable, Rapport introductif n° 2, dans : *Droit, forêts et développement durable*, Actes des 1ères journées scientifiques du Réseau Droit de l'Environnement de l'AUPELF-UREF, colloque de Limoges, France, 7-8 novembre 1994, Bruxelles, Bruylant, 45-65.

Doumbe-Billé, S, 2004, *Le droit forestier en Afrique centrale et occidentale : Analyse comparée*, Rome, FAO, http://www.fao.org/3/a-bb074f.pdf, consulté le 1 may 2018.

Faohom, B, 1996, Forêts et équilibre écologique mondial, Rapport introductif n° 1, dans: *Droit, forêts et développement durable*, Actes des 1ères journées scientifiques du Réseau Droit de l'Environnement de l'AUPELF-UREF, colloque de Limoges, France, 7-8 novembre 1994, Bruxelles, Bruylant, 29-42.

Kamto, M, 1996, Les forêts, patrimoine commun de l'humanité et droit international, dans : *Droit, forêts et développement durable*, Actes des 1ères journées scientifiques du Réseau Droit de l'Environnement de l'AUPELF-UREF, colloque de Limoges, France, 7-8 novembre 1994, Bruxelles, Bruylant, 79-90.

Kamto, M, 1996, *Droit de l'environnement en Afrique*, Paris, EDICEF.

Kam Yogo, ED, 2012, Droit de préemption et foresterie communautaire en droit camerounais de l'environnement, 2 *Revue Juridique de l'Environnement*, 237.

Linjouom, I, 2008, *L'évolution de la politique, du droit et de l'administration des forêts au Cameroun*, Thèse de doctorat en droit public, Paris, Université Paris II-Panthéon-Assas.

Nkou Mvondo, P, 2000, Les droits des populations locales sur les richesses de la forêt et de la faune au Cameroun, 2 *Revue Juridique et Politique*, 220.

Prieur, M, & S Doumbe-Billé (eds), 1996, *Droit, forêts et développement durable*, Actes des 1ères journées scientifiques du Réseau Droit de l'Environnement de l'AUPELF-UREF, colloque de Limoges, France, 7-8 novembre 1994, Bruxelles, Bruylant.

CHAPITRE 22 :
LA PROTECTION DE LA FAUNE EN DROIT CAMEROUNAIS

François Narcisse DJAME

1   Introduction

Dans sa livraison du 20 janvier 2017, le quotidien gouvernemental, *Cameroon Tribune*[1], faisait état d'une saisie à Douala, par les services du Ministère des forêts et de la faune (MINFOF) et le concours de l'association LAGA (*The Last Great Ape Association*), entre les mains de deux ressortissants chinois, d'une cargaison de cinq tonnes d'écailles de pangolin géant, espèce faunique de classe A[2], intégralement protégée par la loi camerounaise. Cette information ne pouvait laisser indifférent le chercheur soucieux de la protection de l'environnement en général, et des ressources fauniques en particulier.

Au cœur des préoccupations de protection de la faune, se trouve la lutte contre le braconnage. Cette lutte était acharnée au Moyen Age et se caractérisait par une répression impitoyable qui se soldait par la condamnation à mort et l'exécution du braconnier.[3] Cette sentence, qui peut paraître excessive et absurde de nos jours, témoigne de l'intérêt qui a toujours été porté à la protection de la faune, au fil des âges, dans certaines sociétés.

A l'échelle internationale, la Convention de Paris de 1902 sur la protection des oiseaux utiles à l'agriculture est, sans doute, la première qui ait été conclue sur la protection d'espèces animales.[4] La Convention de Bonn du 23 juin 1979 sur la conservation des espèces migratrices appartenant à la faune sauvage participe également du souci de préserver les oiseaux qui franchissent plusieurs frontières nationales.

Mais l'idée de protéger la faune, le gibier, plus particulièrement, est relativement récente et se situe dans la décennie 1960-1970.[5] En Afrique, la Convention d'Alger de 1968 fait obligation à ses parties d'adopter une législation appropriée sur la chasse

---

1   *Cameroon Tribune* (20 janvier 2017:4).
2   Arrêté n° 0648/MINFOF du 18 décembre 2006 fixant la liste des animaux de protection A, B et C.
3   Souto Moura & Littmann (1999:142).
4   De Klemm (1999:25).
5   Fromageau (1999:21).

et la capture d'animaux sauvages,[6] en requérant d'elles, notamment, qu'elles interdisent l'utilisation des drogues, poisons, explosifs, engins à moteur, etc.[7]

Hormis les conventions relativement anciennes signées, la protection de la faune constitue également une préoccupation récente de la communauté internationale, exprimée dans les conventions internationales et intégrée dans les législations nationales.

C'est davantage avec la Conférence de Rio de Janeiro de 1992 sur l'environnement et le développement que le Cameroun prend résolument la décision de protéger l'environnement en créant un ministère à cet effet. Dans cette mouvance, le Ministère de l'environnement et des forêts est d'abord créé en 1992[8] puis, sans doute au regard du poids important des missions assignées à ce ministère et dans un souci de cohérence – la faune étant inséparable de la forêt – et d'efficacité, le Président de la République a créé le Ministère des forêts et de la faune.[9] La principale mission dévolue à ce ministère est l'élaboration, la mise en œuvre et l'évaluation de la politique du gouvernement en matière de forêt et de faune.

La protection de l'environnement, dans son ensemble, est une préoccupation constitutionnelle. La loi constitutionnelle de 1996,[10] dans son Préambule, dispose clairement que « toute personne a droit à un environnement sain. La protection de l'environnement est un devoir pour tous. L'État veille à la défense et à la promotion de l'environnement ». Cette préoccupation du constituant est confortée par la loi n° 96/12 du 5 août 1996 portant loi-cadre relative à la gestion de l'environnement qui dispose, en son article 2 que « l'environnement constitue en République du Cameroun un patrimoine commun de la nation. Il est une partie intégrante du patrimoine universel ».

Le thème étudié est donc d'une actualité constante et d'un intérêt pratique, puisque la préservation de l'environnement et de la faune en particulier, est présentée non seulement comme un droit, mais aussi comme un devoir pour tout citoyen.[11] Elle tend aussi à rappeler que les ressources fauniques ne sont pas inépuisables et qu'il faudrait les protéger pour le bien des générations présentes et à venir, et dans le souci du développement durable. Il convient par conséquent de se demander comment les pouvoirs publics parviennent à réaliser cet objectif noble. L'observation révèle que la protection de la faune est une réalité affirmée en droit positif camerounais, en ce sens qu'elle dévoile une volonté des pouvoirs publics de préserver les ressources fau-

---

6   De Klemm (1999:26).
7   (ibid.:27).
8   Décret n° 92/245 du 26 novembre 1992.
9   Décret n° 2005/099 du 6 avril 2005.
10   Loi n° 96/06 du 18 janvier 1996.
11   Tcheuwa (2005:90).

niques[12] des dilapidations de toute nature, pour une meilleure conservation. Toutefois, le cadre juridique de préservation de la faune camerounaise comporte des lacunes, tant dans sa formulation que dans sa mise en œuvre, qui nécessitent d'être comblées, pour une protection plus efficace des ressources fauniques.

2 Le constat de l'existant : l'affirmation de la protection de la faune par le droit positif

Le fondement constitutionnel de la protection de l'environnement dans son ensemble justifie la conservation des ressources fauniques. Cette préservation est encadrée au Cameroun par les textes, mais aussi par l'action du juge qui sanctionne les comportements contraires aux prescriptions textuelles.

2.1 Le cadre légal et réglementaire de protection de la faune sauvage

Il s'agit, dans un premier temps, de déterminer les acteurs en charge de la protection de la faune sauvage, avant d'apprécier les mesures contenues dans les textes y afférents.

2.1.1 Les acteurs de protection de la faune sauvage

Au cœur de la protection de la faune sauvage, se trouve le Ministère des forêts et de la faune, à travers ses services qui agissent tant au niveau national que régional et local. Ce ministère est chargé, en matière de faune, de l'élaboration, de la mise en œuvre et de l'évaluation de la politique de la nation dans ce domaine, au travers de la Direction de la faune. Cette Direction, outre la mission générale ci-dessus qui lui est assignée, est responsable, entre autres :[13]

- de l'inventaire, de l'aménagement, de la gestion et de la protection des espèces fauniques ;
- de la délivrance des agréments et des titres d'exploitation des ressources fauniques ;
- de la surveillance continue du patrimoine faunique ; et

---

12 (ibid.:88).
13 Voir par exemple, la Convention internationale des espèces de faune et de flore sauvage menacées d'extinction (CITES).

- du suivi de la mise en œuvre des conventions signées par le Cameroun en matière de faune.

Pour accomplir cette lourde et délicate mission, la Direction de la faune s'appuie sur deux sous-directions dont l'une est chargée de la conservation de la faune et l'autre, de la valorisation et de l'exploitation de la faune.

Dans le cadre de la mise en œuvre de la politique de conservation, de valorisation et d'exploitation de la faune, des prérogatives sont reconnues au ministère public et aux officiers de police judiciaire à compétence générale, ainsi qu'aux agents assermentés des administrations chargées des forêts, de la faune et de la pêche, dans l'intérêt de l'État, des communes, des communautés ou des particuliers. Ces personnalités sont chargées de la recherche, de la constatation et des poursuites en répression des infractions commises en matière de faune. Les agents assermentés des administrations sus-mentionnées, en ce qui les concerne, sont les officiers de police judiciaire à compétence spéciale. Ces agents, ainsi que les officiers de police judiciaire à compétence générale procèdent à la constatation des faits, à la saisie des produits indûment récoltés et des objets ayant servi à la commission de l'infraction, et dressent le procès-verbal à leurs responsables hiérarchiques, pour suite de la procédure à l'encontre des contrevenants.

2.1.2 Les mesures de protection de la faune sauvage

Ces mesures sont consignées dans un cadre général et renvoient à une réglementation spécifique à la chasse. Elles concernent aussi les dispositions administratives et pénales de protection de la faune.

2.1.2.1 Le cadre général de conservation de la faune

Le cadre général de protection de la faune est fixé par la loi n° 94/01 du 20 janvier 1994 portant régime des forêts, de la faune et de la pêche. En matière de faune, cette loi contient des dispositions concernant la protection de la faune et de la biodiversité,[14] l'exercice du droit de chasse[15] et les différents types d'armes de chasse.[16] Elle se préoccupe également de la protection des personnes et de leurs biens contre les animaux.[17]

---

14 Articles 78 à 81 de la loi n° 94/01 portant régime des forêts, de la faune et de la pêche.
15 Articles 85 à 105 de la loi n° 94/01.
16 Articles 106 à 108 de la loi n° 94/01.
17 Articles 82 à 84 de la loi n° 94/01.

D'autres mesures générales de protection de la faune sont consignées à l'article 154 de la loi de 1994. Elles concernent l'interdiction de l'allumage d'un incendie dans une forêt du domaine national, la détention d'un outil de chasse à l'intérieur d'une aire interdite à la chasse, et la provocation des animaux lors d'une visite dans une réserve de faune. Les mesures de protection de la faune sont, pour l'essentiel, précisées dans le décret n° 95/466/PM du 20 juillet 1995 fixant les modalités d'application du régime de la faune. Elles sont relatives à l'aménagement des espaces de conservation et de préservation des ressources fauniques.

On peut mentionner, à ce niveau, sans prétendre à l'exhaustivité, les aires protégées, les réserves de faune, les parcs nationaux, les sanctuaires de faune, les *game-ranches* et les *game-farming*.

Une aire protégée est, au sens du décret n° 95/466/PM du 20 juillet 1995 fixant les modalités d'application du régime de la faune, une zone géographique délimitée et gérée en vue d'atteindre les objectifs spécifiques de conservation et de développement durable d'une ou plusieurs données. Aussi tout projet industriel, minier, agro-sylvo-pastoral notamment, susceptible d'affecter l'objectif de conservation d'une aire protégée doit-il être assorti d'une étude d'impact sur l'environnement.[18]

S'agissant des réserves de faune, il s'agit des aires mises à part pour la conservation, l'aménagement et la propagation de la vie animale sauvage, ainsi que pour la protection et l'aménagement de son habitat. La chasse est interdite dans ces espaces, tout comme les habitations et les autres activités humaines qui sont, soit réglementées, soit interdites.[19]

Les parcs nationaux sont des périmètres de conservation du milieu naturel en général et des espèces animales en particulier, présentant un intérêt spécial qu'il importe de préserver contre tout effort de dégradation naturelle, et de soustraire à toute intervention susceptible d'en altérer l'aspect, la composition et l'évolution. Le Cameroun compte plusieurs parcs nationaux. Parmi les plus célèbres, on peut citer Waza (170 ha), Bouba-Njida (220 ha) dans la partie septentrionale, et Ma'an-Campo dans le Sud (264,064 ha).

Les sanctuaires, en ce qui les concerne, sont les aires de protection des espèces animales nommément désignées et bénéficiant d'une protection absolue. Le repeuplement des animaux est assuré dans le cadre des *game-ranches* en vue de leur exploitation éventuelle dans un but alimentaire ou autre. L'élevage des spécimens d'animaux prélevés à l'état sauvage quant à lui s'effectue dans les *game-farming*, en vue de leur commercialisation.

---

18 Article 2 du décret n° 95/466/PM du 20 juillet 1995 fixant les modalités d'application du régime de la faune.
19 (ibid.).

L'objectif visé par la création de ces espaces est la préservation des espèces animales et de leur habitat en vue de leur pérennisation pour une meilleure conservation de la biodiversité, bénéfique à tous.

2.1.2.2   La réglementation de la chasse

La réglementation de la chasse poursuit l'objectif de réaliser une gestion rationnelle des espèces animales et la faune sauvage n'est protégée efficacement que dans la mesure où elle intéresse la chasse. Ce cadre juridique constitue également une arme efficace de protection de la faune et de lutte contre le braconnage.

La réglementation de la chasse a une histoire lointaine. Jusqu'à la fin du XVIIIe siècle, la chasse était le privilège de la noblesse, surtout au profit du roi,[20] au détriment des roturiers, qui n'étaient pas autorisés à chasser, même sur leurs propres terres et ne pouvaient donc pas se défendre contre les dégâts causés par certaines bêtes sauvages.[21] Cette situation ne pouvait manquer de provoquer des résistances liées aux coutumes favorables aux roturiers. C'est avec la Révolution française de 1789 que le « nouveau droit de la chasse, très marqué par les revendications bourgeoises et paysannes, va se constituer dans un climat généralisé d'agression contre la nature ».[22] Le droit exclusif de la chasse est supprimé au profit des seigneurs et tout propriétaire peut désormais l'exercer en détruisant ou en faisant détruire toute sorte de gibier, uniquement sur ses possessions.[23] Mais cette démocratisation de la chasse a engendré l'anarchie et le développement considérable du braconnage au début du XIXe siècle. Certaines mesures de police ont par la suite été prises et c'est surtout sous l'impulsion des scientifiques, des associations de protection de la nature et des chasseurs que l'action des pouvoirs publics sera orientée vers une gestion globale de la faune,[24] par une planification et une exploitation rationnelle de la chasse.

Le décret n° 95/466/PM du 20 juillet 1995 fixant les modalités d'application du régime de la faune au Cameroun définit l'acte de chasse comme toute action visant à poursuivre, tuer, capturer un animal sauvage ou guider des expéditions à cette fin, ou encore, à photographier et filmer des animaux sauvages à des fins commerciales.[25] La chasse est encadrée par certaines dispositions réglementaires. On peut citer :

---

20   Fromageau (1999:10).
21   (ibid.).
22   (ibid.:14).
23   (ibid.:15).
24   (ibid.:21).
25   Article 3 du décret n° 95/466/PM du 20 juillet 1995 fixant les modalités d'application du régime de la faune.

- l'autorisation des battues par l'administration : tout en préservant la faune, les pouvoirs publics se sont préoccupés de la protection des personnes et de leurs biens. Ainsi, en cas de menace, ou dans le cadre des préventions ou à la demande des populations intéressées, l'administration chargée de la faune peut autoriser des battues. Sur la base d'une enquête préalable, cette administration autorise la poursuite, le refoulement, ou l'abattage des animaux ayant causé de dommages ou susceptibles d'en causer. Ces battues sont conduites par les préposés de l'administration chargée de la faune qui peut requérir le concours des chasseurs bénévoles détenteurs d'un permis réglementaire ;[26]
- l'agrément à l'activité faunique :[27] toute personne physique ou morale désireuse d'exercer une activité faunique doit être agréée à l'un des domaines[28] et justifier des connaissances techniques et professionnelles particulières. L'agrément est individuel et ne peut être ni loué, ni cédé ou transféré ; et
- la surveillance de l'exploitation de la faune : l'exploitation de la faune ou des aires protégées est subordonnée à l'obtention des permis de chasse, de capture et de collecte, ainsi que des licences de guide de chasse, d'exploitation de *game-ranches* ou des *game-farming* et de chasse cynégétique et photographique.

La loi camerounaise de 1994 prévoit deux types de chasse, l'une traditionnelle et l'autre sportive. La chasse traditionnelle est libre et est dirigée contre les petits rongeurs, les petits reptiles, les petits oiseaux et les petits animaux de la classe C, uniquement pour des besoins domestiques, et est ouverte à tous, populations locales ou non. Nkou Mvondo[29] observe ainsi que la marge de manœuvre des populations locales est limitée en matière de faune, dans le cadre de leurs droits d'usage coutumiers, par rapport au régime des forêts.

La chasse sportive, quant à elle, concerne les animaux de classe B et est davantage réservée aux touristes étrangers, pour leur plaisir. Cette chasse nécessite la détention d'un permis de chasse délivré dans un but sportif, par le responsable régional ou départemental de la faune, pour la petite chasse, et par le ministre en charge de la faune, pour le permis sportif de moyenne et de grande chasse, en fonction du calibre de la carabine. S'agissant du permis de capture, il est délivré par le responsable local de l'administration chargée de la faune à toute personne désirant capturer des animaux sauvages dans un but scientifique, commercial, d'élevage ou de détention, sur la base

---

26 Article 12 de la loi n° 95/466.
27 Article 32 du décret n° 95/466.
28 Les différents domaines sont : l'inventaire faunique ; l'exploitation de la faune en qualité de guide de chasse et des zones de chasse ; la capture ; l'exploitation des aires protégées en qualité de guide ; l'aménagement des aires protégées et des zones de chasse.
29 Nkou Mvondo (2000:225).

d'un dossier administratif. Toutefois, en ce qui concerne les animaux de classe A (ceux qui bénéficient d'une protection intégrale et ne peuvent, en aucun cas, être abattus), ils ne peuvent être capturés qu'après autorisation exceptionnelle et préalable du ministre chargé de la faune. S'agissant du permis de collecte des trophées ou d'animaux sauvages de classes B et C, à des fins commerciales ou non, ou le permis de détention de l'ivoire travaillé à des fins commerciales ainsi que les différentes licences mentionnées ci-dessus, ces documents sont délivrés par le ministre chargé de la faune, au vu d'un dossier.[30]

La chasse sportive se déroule dans la limite des périodes déterminées par l'administration et doit être effectuée avec des armes appropriées, signalées plus haut. Est par conséquent prohibée, notamment, toute chasse sportive effectuée au moyen des munitions de guerre, des drogues, d'appâts empoisonnés, de fusil anesthésique et d'explosifs. Par ailleurs, la chasse nocturne, celle qui s'effectue au phare ou à la lampe frontale ainsi que la chasse au feu ou au filet moderne sont interdites.[31]

Le souci de préservation de la faune a suscité l'émergence de certaines activités : il s'agit des guides de chasse et des travailleurs d'ivoire. Ces professionnels dont les activités sont compatibles avec la conservation de la faune doivent se conformer aux prescriptions légales.

2.1.2.3   Les mesures administratives et pénales de protection de la faune

L'autorisation de l'exercice des activités fauniques entraîne le contrôle et le suivi desdites activités par le personnel de l'administration de la faune. Les infractions sont constatées sur un procès-verbal transmis dans les 48 heures au responsable compétent de l'administration de la faune.

L'administration réprime les infractions ci-après, prévues par la loi. Il s'agit, d'une part, de la chasse sans licence ou permis, ou la détention d'un outil de chasse à l'intérieur d'une aire interdite à la chasse, qui expose le contrevenant à une amende de 5,000 à 50,000 FCFA et d'un emprisonnement de dix jours ou de l'une seulement de ces peines.[32] De même, l'abattage ou la capture d'animaux protégés, soit pendant les périodes de fermeture de la chasse, soit dans les zones interdites ou fermées à la chasse expose l'auteur de l'infraction à une amende de 3,000,000 à 10,000,000 francs

---

30   Articles 38, 40 et 45 du décret n° 95/466.
31   Article 30 du décret n° 95/466.
32   Article 154 de la loi n° 94/01 du 20 janvier 1994 portant régime des forêts, de la faune et de la pêche.

CFA et d'un emprisonnement de un an à trois ans ou de l'une seulement de ces peines.[33]

La répression des infractions peut donner lieu à la suspension ou au retrait motivés de l'agrément en cause.[34] La suspension entraîne le retrait de l'agrément et l'arrêt des activités du mis en cause par le ministre en charge de la faune. Le retrait est prononcé de plein droit, en cas de non-levée de la suspension.

2.2   L'action du juge dans la protection de la faune

Le juge pénal contribue efficacement à la protection de la faune sauvage. Il procède au préalable à la qualification de l'infraction, examine l'affaire avant de prononcer la sentence.

2.2.1   La nature des infractions

Les infractions réprimées par la loi de 1994 concernent, dans l'ensemble, la chasse sans permis ou licence de chasse ; la détention et la circulation d'animaux protégés à l'intérieur du territoire, sans délivrance d'un certificat d'origine par l'administration de la faune ; la détention et la circulation à l'intérieur du territoire national d'animaux protégés vivants, de leurs dépouilles ou de leurs trophées, sans obtention d'un certificat d'origine ; la capture d'animaux sauvages sans permis ; la possession d'un animal protégé vivant ou mort[35] ou l'abattage sans autorisation des espèces protégées.

Les infractions retenues par le juge dans les cas examinés, découlant de la violation des dispositions légales ci-dessus sont : la détention illégale des trophées (peau de panthère),[36] la détention et la commercialisation illégales de peau de panthère,[37] la détention de trophées d'animaux protégés,[38] la détention illégale des pointes d'ivoire, la tentative d'exportation des espèces protégées[39] ou encore, l'abattage et la commer-

---

33   Article 158 de la loi n° 94/01.
34   Article 71 du décret n° 95/466/PM du 20 juillet 1995 du 20 juillet 1995 fixant les modalités d'application du régime de la faune.
35   Articles 87, 91, 98, 99 et 101 de la loi n° 94/01 du 20 janvier 1994.
36   Jugement n° 511–COR du 24 septembre 2007, affaire *Ministère public et administration des forêts c/ Fontsa Pierre Marie*, jugement n° 511/COR du 24/09 (2007).
37   Affaire *Ministère public et Ministère de la forêt et de la faune c/ Nkoutengam Aboubakar*, jugement n° 1044/FD/COR du 18/03 (2011).
38   Affaire *Ministère public c/ Bate Valentin Osong, NKengoung Dieudonné*, jugement n° 679/FD/COR du 19/03 (2010).
39   Affaire *Ministère public et MINFOF c/ Eroko Roger*, arrêt n° 10/CCI du 27/04 (2009).

cialisation d'un animal sauvage.[40] Dans tous les cas examinés, le juge établit la responsabilité pénale du prévenu, sur la base de l'article 74 du Code pénal et des dispositions pertinentes de la loi n° 94/01 du 20 janvier 1994 portant régime des forêts, de la faune et de la pêche.

L'élément de preuve de la commission de l'infraction, fondement de la poursuite judiciaire, est le procès-verbal de constatation de l'infraction, établi au moment de l'interpellation du prévenu. On note la forte implication dans certaines affaires de la société civile (l'association LAGA, en particulier, est très active dans la protection de la faune)[41] auprès des agents de l'administration de la faune et des officiers de police judiciaire.

2.2.2 La typologie des peines et les amendes

Les peines prononcées à l'encontre des prévenus vont de la condamnation à des peines d'emprisonnement avec sursis, à l'emprisonnement ferme, assorties parfois de fortes amendes. Les lourdes peines infligées sont justifiées par l'ampleur des dégâts causés à la faune. On peut citer le cas des nommés Bate Valentin Osong et Nkengoung Dieudonné, coupables de détention d'animaux protégés, qui « ont été appréhendés en possession de 283 pointes d'ivoire correspondant à 141 éléphants abattus ». On comprend alors qu'ils aient été condamnés à payer à la partie civile (MIN-FOF), la lourde somme de 56,027,500 FCFA et à un an de prison ferme chacun. Les réparations exigées au profit de l'administration de la faune englobent, souvent, les pertes liées à l'activité touristique, preuve du manque à gagner que ces activités illégales causent au budget de l'État.

Les mesures de protection de la faune exposées ainsi que les lourdes peines prononcées en cas de violation des dispositions légales et réglementaires attestent de la détermination des pouvoirs publics à préserver la faune sauvage des agissements délictueux de certains individus. Toutefois, ces mesures comportent des lacunes qu'il convient de relever avant de proposer des pistes pour une meilleure préservation de la faune sauvage.

---

40 Affaire *Ministère public c/ Siani Tchassi Joseph Durant*, jugement n° 1626/COR du 15 julliet 2009.
41 *Cameroon Tribune*, 20 janvier 2017, 4.

3   Le constat des carences et le nécessaire renforcement des mesures de
     protection de la faune

Les mesures de protection de la faune examinées comportent certaines lacunes qu'il convient de présenter dans un premier temps, avant de suggérer des solutions d'amélioration de la conservation de la faune sauvage au Cameroun.

3.1   La carence des mesures de protection de la faune

Parmi les zones d'ombre constatées dans les mesures de préservation de la faune, on peut citer sa faible pénalisation, les limites du système de transaction et l'extrême tolérance de l'administration dans la mise en œuvre des mesures de protection de la faune.

3.1.1   La faible pénalisation des mesures de protection de la faune

L'on observe que le Code pénal camerounais,[42] dans sa partie législative, ne consacre aucune de ses dispositions spécifiques à la protection de la faune. Il s'agit d'un choix délibéré du législateur qui pouvait tout aussi choisir de réserver dans ce texte une place à cette matière. On peut néanmoins signaler que la partie réglementaire du Code pénal punit d'une amende de 4,000 à 25,000 FCFA exclusivement et d'un emprisonnement de cinq à dix jours ou de l'une de ces peines seulement, « ceux qui, hors la chasse, laissent divaguer leurs chiens à la recherche ou la poursuite du gibier ».[43] Cette disposition participe certainement de la volonté des pouvoirs publics de protéger la faune par le souci de ne pas perturber les animaux dans leurs habitats.

Toutefois, elle présente des difficultés à s'appliquer en zone rurale, en raison de son imprécision. On peut se demander, en effet, à quel moment l'infraction peut être constituée. Si *a priori* l'élément matériel de l'infraction est établi lorsque le contrevenant est 'hors la chasse', comment peut-on prouver qu'il est dans cette position et qui va en témoigner ? Si l'auteur de l'infraction se trouve en brousse, comment peut-il maîtriser ses chiens qui flairent naturellement le gibier ? Et, au village en Afrique, comment peut-on maîtriser les chiens qui ne sont jamais tenus en laisse puisque la recherche de leur alimentation leur incombe, même si l'on est civilement responsable de la garde des animaux ?

---

42   Loi n° 2016/007 du 12 juillet 2016 portant Code pénal.
43   Article 370 du décret n° 2016/319 du 12 juillet 2016 portant partie réglementaire du Code pénal définissant les contraventions.

L'imprécision de ce texte est renforcée par le fait que l'infraction qui pourrait être constituée n'est pas adaptée au contexte et à l'environnement africain, malgré la volonté des pouvoirs publics de pénaliser la protection de la faune. Cette disposition du Code pénal est donc inopérante et inefficace. Mais les pouvoirs publics pouvaient aller plus loin dans la recherche des infractions pouvant donner lieu à des contraventions, en s'appuyant sur la loi de 1994 et son décret d'application de 1995, étant donné leur volonté indéniable de protéger le gibier.

3.1.2   Les limites de la transaction

La transaction est un mode de règlement non juridictionnel des conflits, une sorte de règlement amiable de nature à terminer ou prévenir une contestation. C'est la preuve, comme l'affirmait Carbonnier, que « la plupart des rapports de droit n'accèdent pas à la litigiosité. Ils s'accomplissent à l'amiable ».[44] La transaction a même été considérée comme une mesure de clémence accordée par le législateur camerounais aux auteurs de certaines infractions à la loi faunique.[45] La transaction est prévue par l'article 146 (1) de la loi n° 94/01 du 20 janvier 1994 portant régime des forêts, de la faune et de la pêche, puis par l'article 77 du décret n° 95/466/PM du 20 juillet 1995 fixant les modalités d'application du régime de la faune. Elle est considérée, en matière de protection de la forêt et de la faune comme un mode privilégié de règlement des conflits, hors du prétoire du juge.

Ainsi, les infractions à la législation et / ou à la réglementation fauniques peuvent donner lieu à transaction, sans préjudice du droit de poursuite du Ministère public. La demande de transiger est initiée par le contrevenant. Une fois la transaction approuvée, elle est concomitamment signée par le responsable compétent de l'administration de la faune. Elle a pour conséquence d'éteindre l'action publique et entraîne l'abandon des poursuites judiciaires.

Le ministre chargé de la faune et les responsables régionaux sont seuls habilités à transiger, en fonction du montant (le ministre est seul compétent lorsque le montant de la transaction est supérieur à 500,000 FCFA). Toutefois, en cas d'atteinte à la faune sauvage, sont exclus du régime de la transaction, une infraction commise dans les aires protégées et l'abattage d'un animal intégralement protégé. Par ailleurs, compte tenu de sa mauvaise foi, le contrevenant récidiviste ne saurait bénéficier de la transaction.

Ainsi perçue, la transaction participe du souci de conservation de la faune. Toutefois, la doctrine a souvent critiqué la transaction en ce sens qu'elle contribue à la

---

44   Carbonnier (1988:22).
45   Ononino (2012:81).

marchandisation de la faune sauvage.[46] En effet, la transaction donnant lieu à un arrangement entre deux parties (le contrevenant d'un côté et l'administration de la faune, de l'autre côté), rien ne rassure que les récidivistes qui en sont exclus ne puissent pas en bénéficier avec la complicité des agents de l'administration.[47] Dans le même sens, le droit (de protection de la faune) supposé prévenir les atteintes à la législation semble plutôt faciliter l'illégalité. En effet, au regard de l'environnement camerounais, la seule maîtrise de la transaction par l'administration ne peut manquer de favoriser les actes de corruption.[48]

Une autre limite de la transaction réside dans le fait qu'elle sert les intérêts des riches (qui seuls peuvent transiger), tandis que la justice répressive reste acquise aux plus démunis, incapables de mobiliser les fonds souvent élevés compte tenu de leur faible pouvoir d'achat.[49] Ces derniers s'entourent par conséquent de précautions au moment de la commission des infractions afin de réduire les risques d'interpellation des autorités chargées de la police de conservation de la faune. Cette forme de résistance des populations autochtones au système de la transaction contribue au braconnage et à la destruction des populations d'animaux sauvages.[50]

3.1.3   L'extrême tolérance de l'administration

Le contrôle efficace de la chasse et du braconnage révèle de sérieuses lacunes liées à la tolérance administrative. Il s'agit d'une attitude de l'administration consistant à supporter des agissements sans droit des particuliers ou des usagers. Cette tolérance génère des comportements faisant croire aux individus qu'ils sont dans leur bon droit. Ainsi, la chasse traditionnelle s'étend au-delà des espèces animales autorisées et n'est pas toujours destinée à la consommation domestique.[51]

Plusieurs dépouilles d'animaux protégés, tels que les civettes, les hyènes, les phacochères ou et de gros reptiles comme les pythons, sont fréquemment exposées et commercialisées le long des axes routiers camerounais. On a ainsi l'impression que l'administration chargée de la faune, qui a reçu mission de surveillance continue de la faune, à défaut d'être parfois complice, est incapable de faire appliquer la loi. On peut en déduire que le contrôle de la faune sauvage par les pouvoirs publics n'est toujours pas efficace et certaines mesures et actions peuvent être suggérées, en vue de son amélioration.

---

46   Talla (2010:114).
47   (ibid.).
48   (ibid.).
49   Talla (2010:116).
50   (ibid.).
51   Article 24 du décret n° 95/466 du 20 juillet 1995.

3.2 Les propositions d'amélioration de la protection de la faune

Les mesures proposées concernent le renforcement du contrôle juridictionnel sur la gestion de la faune et l'amélioration de sa gestion participative.

3.2.1 Le renforcement du contrôle juridictionnel

Le juge pénal a été seul mis à contribution dans les affaires étudiées. Il s'appuie sur les textes (les dispositions du Code pénal et de la loi de 1994) pour trancher les litiges portés à sa connaissance. Une bonne partie de l'activité faunique échappe par conséquent au droit, puisque l'administration occupe une position dominante dans la gestion de la faune sauvage et ses agissements ne sont pas toujours contrôlés. Ce constat est source de confusion et favorise les actes de corruption. Il justifie par conséquent l'intervention une autorité neutre chargée de contrôler la légalité des actes pris par l'administration dans sa gestion quotidienne de la faune. Le juge devrait aussi vérifier la conformité des actes de la transaction aux prescriptions de la loi.[52] Ce renforcement va certainement réduire l'impact négatif du système de la transaction, relevé plus haut.

Talla[53] pense que les ONG et la société civile devraient stimuler l'intervention du juge administratif sur la violation des droits des populations locales, en particulier, ceux liés aux conditions d'accès à la ressource faunique, afin d'obtenir l'annulation des actes administratifs sur la faune sauvage, contraires aux intérêts desdites populations. Nous sommes aussi d'avis avec cet auteur, que l'absence du contrôle de la légalité des actes administratifs en matière de conservation de la faune sauvage participe de l'improductivité et de l'inefficacité du contrôle de l'application des mesures de protection de la faune.[54] La présence de deux juges sur le terrain du contentieux serait bénéfique dans la mesure où elle s'inscrirait dans le sens du renforcement de la répression de la criminalité faunique.

3.2.2 L'amélioration de la gestion participative dans la conservation de la faune

Dans le jugement *Ministère Public (Louis Tcheugeu) contre Siani Tchassi Joseph Durant*, le contrevenant a déclaré « qu'il ignorait que l'abattage et la commercialisa-

---

52   Talla (2010:116).
53   (ibid.:144).
54   (ibid.:145).

tion de cet animal (le chimpanzé) sont interdits ».[55] Si cet argument ne pouvait prospérer devant le juge en raison de l'adage 'nul n'est sensé ignoré la loi', il n'empêche que le droit doit être suffisamment accessible et diffusé, au risque de demeurer au stade d'une fiction. L'argument de l'ignorance des règles établies n'est donc pas à exclure, sans toutefois rejeter celui de la résistance des populations autochtones au droit moderne, qui ne leur est pas toujours favorable.

Nous proposons par conséquent de vulgariser les textes législatifs et réglementaires afin d'éviter les actes de criminalité faunique. Cette entreprise revient à l'administration qui doit organiser des descentes sur le terrain, avec l'aide des ONG, en mettant à contribution les chefs traditionnels, auxiliaires de l'administration et maillons essentiels de la mise en œuvre des politiques du gouvernement au sein des communautés de base. Cette intervention des chefs traditionnels se justifie par leur rôle d'encadrement et d'éducation des populations. En effet, la liberté de la chasse traditionnelle proclamée par la loi ne semble pas engager les populations autochtones qui, comme en matière d'exploitation forestière, s'estiment autorisées, par leurs droits ancestraux, à chasser sur leurs terres toute sorte de gibier. Tout est question de rapport de force, car le 'chasseur traditionnel' qui se trouve en face d'un gorille ou d'un chimpanzé en forêt, par exemple, s'estime en position de légitime défense et s'il a le dessus sur l'animal, il croit tout naturellement disposer de sa dépouille, en toute quiétude. Nous pensons ainsi que seule une gestion participative de la faune sauvage associant l'État, les collectivités territoriales décentralisées, les collectivités traditionnelles, la société civile est susceptible d'assurer une meilleure protection de la faune et une application efficace des textes en vigueur.

Bibliographie indicative

Cameroon Tribune, n° 11368 du 20 janvier 2017.

Carbonnier, J, 1988, *Flexible droit*, 6e édition, Paris, LGDJ.

De Klemm, C, 1999, Les sources internationales du droit de la chasse, dans : *La chasse en droit comparé,* Colloque de Strasbourg, SFDE, Paris, L'Harmattan, 23.

Fromageau, J, 1999, Genèse du droit de la chasse dans les pays européens, dans : *La chasse en droit comparé,* Colloque de Strasbourg, SFDE, Paris, L'Harmattan, 7.

Nkou Mvondo, P, 2000, Les droits des populations locales sur les richesses de la forêt et de la faune au Cameroun, *Revue Juridique et Politique*, 220.

Ononino, AB, 2012, *Lois et procédures en matière faunique au Cameroun,* Association LAGA et WWF Programme Eléphant d'Afrique.

Romi, R, 1999, Acteurs et sources du droit de la chasse, dans : *La chasse en droit comparé,* Colloque de Strasbourg, SFDE, Paris L'Harmattan, 55.

---

55 Voir le jugement n° 1626/COR du 15 juillet 2009.

Souto Moura, J, & MJ Littmann-Martin, 1999, Le droit pénal de la chasse, dans : *La chasse en droit comparé*, Colloque de Strasbourg, SFDE, Paris, L'Harmattan, 141.

Talla, M, 2010, *Régime de la faune au Cameroun,* Yaoundé, éd. Clé.

Tcheuwa, JC, 2005, L'environnement en droit positif camerounais, 63 *Juris Périodique*, 87.

CHAPTER 23:
BIOSAFETY LAW AND POLICY IN CAMEROON

Augustine B. NJAMNSHI

1 Introduction

Cameroon is a Party to the Convention on Biological Diversity (CBD) concluded at the Earth Summit of Rio de Janeiro in June 1992. Since then, Cameroon has indicated its willingness to conform to the prescriptions of this Convention at the international level as well as making much effort to implement it at the national level. Over the last decade, Cameroon has invested great efforts to preserve its rich biological heritage. The value of biodiversity as a raw material for pharmaceutical and biotechnology industries is only a portion of its value to society. It makes good economic sense, and often meets ethical norms, for countries and communities to conserve biodiversity whether or not they become biodiversity prospectors.[1] Diversity means life; diversity means choice. Unfortunately, around the world, the space for the maintenance and creation of (new) diversity are becoming more and more confined. Biological diversity, in environments increasingly disturbed by human intervention is under threat. Globalisation forces are imposing limits on the ways people shape and reshape socio economic, cultural, and political diversity.[2]

At the national level, Cameroon has passed some laws as a measure to integrate several international environment-related Conventions into its national policies and laws. For instance, in 1994, the Law to lay down Forestry, Wildlife and Fisheries Regulations was enacted. The Forest Policy and the National Environmental Management Plan closely followed this. In 1996, the Framework Law relating to Environmental Management was enacted. Cameroon also adopted the National Biodiversity Strategy and Action Plan (NBSAP II). The validation of NBSAP II demonstrates the recognition of Cameroon's rich biodiversity as an invaluable natural asset for the wellbeing and development of its people, and the need to safeguard this asset.[3]

Biotechnology and more specifically biotech crops have been projected (by its promoters) not only as one of the tools for biodiversity conservation, but also tool to

---

1 World Resources Institute (1993).
2 Vernooy (2003).
3 Republic of Cameroon (2012).

increase crop productivity and reducing the environmental foot prints of agriculture. In fact, they uphold that it can also help in mitigating some of the challenges associated with climate change (increased severity of droughts, floods, changes in temperature, rising sea levels exacerbating salinity and changes in temperature) and reducing greenhouse gases by using biotech applications for 'speeding the breeding' in crop improvement programs to develop well adapted germplasm for changing climatic conditions and optimise the sequestration of CO_2.[4] In spite of all these promises, if biotech in left uncontrolled, it can pose great danger to human health and the environment. It is for this reason the international community negotiated a protocol to the Convention on Biological Diversity specifically to address risks associated to biotechnology called the Cartagena Protocol. The Cartagena Protocol on Biosafety is one of the most important international treaties of recent times. It marks the commitment of the international community to ensure the safe transfer, handling and use of living modified organisms. It is an historic commitment as it is the first binding international agreement dealing with biosafety, thereby addressing novel and controversial issues.[5]

Cameroon also took active part in negotiating the Cartagena Protocol on the prevention of biotechnological risks. Law No. 2003/006 of April 2003 to lay down Safety Regulations Governing Modern Biotechnology in Cameroon (the 'Biosafety Law') came along to crown the efforts of the Government to implement international Conventions at national level. This law broke new grounds in Cameroon as far as biosafety is concerned. However, the law relegated several aspects of its application to enabling instruments, which are the preserves of the President of the Republic, in keeping with the provisions of the Constitution. These aspects are covered by Decree No. 2007/0737 of 31 May 2007 on modalities on implementing the Law and Decree No. 039/CAB/PM of 30 January organising the National Biosafety Committee of Cameroon.

2   The scope and objectives of the 2003 Biosafety Law

The 2003 Biosafety Law covers the following areas: the safety, development, use including contained use, manipulation and crossborder movement, including the transit of genetically modified organisms that may negatively affect human and animal health, biodiversity and the environment. It also governs the safeguarding of products thereof that may negatively affect human and animal health, biodiversity and the environment. This, notwithstanding, the Biosafety Law does not apply to organisms

---

4   Clive (2009).
5   Mackenzie et al. (2003).

whose genetic material has been modified using traditional reproduction and coupling methods to develop and nurture plants and animals in natural conditions.

3 Basic environmental law principles within the biosafety legal framework

An interpretation of the Biosafety Law leads us to determine that it is directly or implicitly based largely on some key international environmental law principles.

3.1 The precautionary principle[6]

In the section of definitions, the Biosafety Law provides that "in case of suspicion of serious threat, or of irreversible damage, the absence of scientific proofs should not be a pretext to delay the taking of preventive measures". In Section 3 (1) it states that the services in charge of biosafety may prohibit any activity involving genetically modified organisms on the basis of the precautionary principle or new scientific knowledge.

3.2 The prevention principle[7]

The prevention principle is implied in Sections 10 and 11 of the Biosafety Law as follows:

Section 10: Users shall be responsible for ensuring that appropriate measures have been taken to prevent any negative impact on the environment that may result from the use and handling of genetically modified organisms.

Section 11 (1) goes on by stating that liability for any damage resulting from the release of genetically modified organisms shall be borne by the implicated user. Arguably, it can also be stated that the polluter pays principle is implied in these sections.

---

6   The 1998 Wingspread Statement on the Precautionary Principle summarises the principlethis way: "When an activity raises threats of harm to human health or the environment, precautionary measures should be taken even if some cause and effect relationships are not fully established scientifically."

7   The prevention principle: Although much environmental legislation is drafted in response to catastrophes, preventing environmental harm is cheaper, easier, and less environmentally dangerous than reacting to environmental harm that already has taken place.

4   Institutional framework

4.1   The National Competent Administration (NCA)

In keeping with the Cartagena Protocol on Biosafety and in accordance with the Cameroon Biosafety Law, the National Competent Administration (NCA) is the Ministry of in charge of environment, which takes its decision in this field, on the advice of a National Biosafety Committee made up of the services and bodies concerned (Section 5 (2) of the Biosafety Law). The other key administrations involved are the Ministries of Agriculture; Livestock, Fisheries and Animal Industries; Health; Technical and Scientific Research; Industrial and Commercial Development; and five other support Ministries. Other private sector representatives including civil society stakeholders are also included in the Committee.

4.2   The National Biosafety Committee

The National Biosafety Committee was created by Prime Ministerial Order No. 039/CAB/PM of 30 January 2012. Placed under the Minister of Environment, Protection of Nature and Sustainable Development, which is the competent national authority, this Committee is a consultative body charged with opining on questions related to prevention of risks emanating from modern biotechnology in Cameroon.

4.2.1   The composition of the National Biosafety Committee

The Committee is chaired by the Minister of Environment, Protection of Nature and Sustainable Development and is composed of members representing the other administrations in charge of agriculture, forestry and wildlife, scientific research, public health, higher education, commerce, fisheries and animal industry, technology development, Cartagena Protocol, agricultural research and medicinal plant research. Representatives from associations in the area of consumer's rights and that of biotechnology. While those of the administrations are designated by their various institutional heads, the two from the associations are designated by the ministers of commerce and of environment respectively. This, however, poses a problem of representation because it is very likely that those organisations will pay allegiance to the ministers that appointed them than to the civil society.[8] The Minister also has the right to

---

8   The ideal situation would have been for the civil society to have a self-selection process using their own criteria. This would guarantee the independence and true representation of the non-

invite competent physical or moral persons to sit in the committee depending on the need at hand. This composition is effected through a decision of the minister in charge of the environment. The Committee is assisted by a Technical Secretariat, that handles issues related to meeting agenda, preparation of files for examination, follow up of Committee resolutions, invitations of committee members and archives.

4.2.2 The powers and duties of the National Biosafety Committee

As a consultative body is charged with opining on questions related to prevention of risks emanating from modern biotechnology in Cameroon, the National Biosafety Committee, among other things, is charged with the following:

- to ensure compliance with and implementation of international conventions duly ratified by Cameroon on biosafety;
- to prepare and disseminate information on the prevention of risks related to genetically modified organisms (GMOs), living modified organisms (LMOs) and their derived products;
- to promote and facilitate public awareness, education and participation in the security of movement, handling and use of GMOs, LMOs or derived products;
- to elaborate, adopt, simulate practical exercises and implement emergency response strategies in the event of the accidental release of GMOs, LMOs or products into the environment;
- to define the packaging, labeling and marketing standards to be respected by the producer and the consignor of the products based on GMOs, LMOs and their derivatives put into circulation on the national territory;
- to define general safety measures such as good laboratory practices, good industrial practices and their good production practices to be followed by the user of GMOs, LMOs and their by-products and revise them every two years;
- to define the measures to be taken in order to transport GMOs, LMOs or derived products within the national territory;
- to request requests for prior informed consent for the import or export of genetically modified organisms;
- to instruct applications for the testing and use of GMOs, LMOs or byproducts in an open environment;

---

state-actors position on opining freely on the issues such as applications and risk assessment reports.

- to investigate requests for experimentation and use of GMOs, LMOs or by-products in confined areas;
- to prepare and submit to the Competent National Authority the report on the assessment of the risks likely to be caused by GMOs, LMOs or derived products on human, animal and plant health and on the protection of biodiversity and taking into account the precautionary principle, the opinions of experts and the guidelines developed by the appropriate international organisations;
- to issue a notice to the Competent National Authority on management methods and their safety measures for tests in confined or open environments;
- to issue a notice to the Competent National Authority on the risk assessment reports;
- to issue a notice of approval, approval subject to, rejection or revocation of an agreement, in relation to the various applications submitted to the Competent National Authority in the field of biosafety;
- to design and certify experts and laboratories or reference centers for quality verification tests, review of requests for environmental risk assessment from institutions or groups of experts;
- to participate in post-control to halt or minimise latent risks, even after approval of environmental dissemination;
- to issue an opinion on the nature and rate of compensation or compensation for damage caused or resulting from the use of GMOs or LMOs prohibited or introduced in violation of the laws and regulations in force; and
- to propose to the Competent National Authority any relevant measures, including the withdrawal of approval or authorization, destruction of GMOs or LMOs, with a view to preventing or managing all risks posed by organisations or their products.

5   Procedure for submitting applications

According to Article 45 of the Prime Ministerial Decree No. 2007/0737/PM of 31 May 2007, any natural or corporate body wishing to carry out any activity in research, development, production manipulation and marketing of GMOs or products thereof in contained conditions or intended to be released must obtain authorisation from the competent national administration (minister in charge of the environment) with the recommendation of the National Biosafety Committee. Article 45 sets the basic requirements which also include a treasury receipt of payment of application fee. The National Biosafety Committee helps the competent national administration in studying the application and their opinion is based on information which range from:

- a stamped application bearing the applicant's full name, nationality, profession, place of residence and full address;
- name of person(s) responsible for planning and carrying out the activity, including those responsible for supervision, monitoring and safety, in particular, name and qualification(s) of the responsible scientist(s);
- brief description of the proposed project objective of the project, what is the aim of the proposed project, of what benefits is the proposed project to Cameroon and to the applicant;
- information relating to the GMOs or products thereof;
- information relating to conditions of release, contained use or placing on the market;
- information on monitoring, control, waste treatment and emergency response plans; in case of an application for contained use, an impact assessment setting out the consequences of unintentional release of the genetically modified organisms or product thereof;
- an engagement to do public consultation, proven by a copy of a press release informing the public of the GMOs project or general release of GMOs;
- information on the geographical site chosen for the project; and risk level (1-4); and
- any other information as may be required by the competent national administration.[9]

5.1 Importation, confined trial, release, placing in the market, transit and or transportation of GMOs

According to the Biosafety Law, for biotechnological products to be imported or exported, the competent national administration in charge of biosafety in the exporting country concerned shall issue, to whom it may concern, information attesting the safety of the products concerned. GMOs developed within the national territory and designed for export shall be subject to the same procedure. As for transportation of

---

9 This any other information that could be requested for to help the authority make an informed decision is generally wide depending on the file at hand. This could include, but is not limited to: a) A report on the impacts and risks posed by the genetically modified organism(s) or product thereof to human and animal health, biological diversity and the environment in accordance the manual of risk assessment in force; b) Information as to whether this project on genetically modified organisms has been carried out in the country of origin before; c) What were the consequences, both adverse and beneficial as well personal information of the personal conduct of the promoter proven by a certificate of non-conviction.

GMOs on the national territory, all users shall, in accordance with the provisions governing the transportation of transgenic animals, take sufficient measures:

- to prevent the escape of animals, given such possibilities as accidents on the way so that they are not crossed with domesticated indigenous populations;
- to be sure that they are well identified and that they reach their destination as intended;
- to ensure that the process is supervised by a competent biologist with experience in the management of stockbreeding-related problems; and
- to institute accounting procedures that will ensure that the number of animals shipped remain same at delivery.

Again, only cages and containers approved by the competent national administration may be used for transportation. For this reason, exporters and importers are obliged to contact the competent national administration for directives related to the purchase of cages approved by airline companies for the transport of specific non-pathogenic animals. During the transportation of transgenic insects and their pathogenic agents, the following measures must be taken:

- the insects must be put in an unbreakable locking container clearly labelled and hermetically sealed in order to avoid leakages;
- the locking container must be put in another container clearly labelled and properly sealed for transportation;
- the insects must be transferred from the container to another container immediately they arrive at their destination;
- all the transport equipment must be decontaminated by autoclave after the transported insects are transferred into new containers; and
- accounting procedures must be set up to ensure that the number of containers and insects exported are the same upon delivery.

Any transgenic material to be transported within and between institutions, must first be put in a primary container, such as polythene bags for seeds and placed in unbreakable secondary containers. The outer container must also be labelled to show that it contains transgenic material. The label bears the address of the sender to be contacted in case of loss or damage of the parcel. The labels on the parcels of seeds shall indicate the quantity transported. Complete transgenic plants must be covered with nets and devoid of flowers before they are transported. They may be transported in pots, placed in boxes or racks. The plants shall not be transported when they start bearing seeds. As for transportation of micro-organisms, these must be done in accordance with international norms in force and shall not, for any reason, be transported in personal luggage by public or private transport.

Cameroon acts like a transit hub for her land locked neighbours such as Chad and the Central African Republic. For that reason the Biosafety Law is very stringent on transit of GMOs. It states that any person or company transporting genetically modified organisms through the national territory in transit to other countries shall inform the competent national administration far in advance, and comply with the national requirements relating to containment and transport, as laid down in this law. The competent national administration must grant the prior approval with full knowledge of the facts before the transit is effected. Moreover, the following safety measures must be respected:

- every importer/exporter of GMOs transiting through the national territory, shall ensure that the imported/exported GMOs have been inspected, at own expense, by the competent services;
- all GMOs transiting through the national territory shall be granted a period of 60 days during which they shall be escorted out of the country. This period shall be indicated on the documents accompanying the escorted containers, and certified by the competent national administration in collaboration with the other authorities involved at the exit or entry ports.

Detailed transit conditions and procedures are laid down by the Prime Ministerial Decree No. 2007/0737/PM of 31 May 2007.[10]

5.2 Packaging and labelling of GMO for food

The Biosafety Law states that any GMOs or products thereof intended for intentional release or marketing on the national territory shall be packaged and labelled in order to safeguard ethical and cultural values, and to avoid risks to human and animal health. All the GMOs perfected and marketed on the national territory must be packaged and labelled by the producer and sender as follows: "Product based on genetically modified organisms", or "contains genetically modified organisms", in compliance with other supplementary norms defined by the competent national administration in collaboration with the other authorities involved. For that reason the following information has to be specified:

- distinctive marks of the model or specifications of packaging, irrespective of the container, generally used by the manufacturer of packages;
- packaging with marks indicating content, donor and consignor; and
- labels with specific colours corresponding to dangerous contents.

Moreover, the consignor is obliged to fill in and sign two copies of a manifest. The said manifest attest to the respect, by the sender, of the requirements of the advance

---

10   Articles 69 to 74 of this decree give details as to timelines, costume declarations, conditions of escort of the consignment, and conditions of refusal of authorisation to transit GMOs through the national territory.

informed agreement. The distributor of genetically modified organisms has to regularly register his commercial activities in accordance with the regulations in force. All importers and commercial agents involved in the distribution of genetically modified organisms and products thereof must pay expenses whose amounts are to be fixed annually by the Finance Law.

5.3   Approval and authorisation

Any activity in the research, development, production, manipulation and marketing of GMOs or products thereof in contained conditions, or intended to be released shall be subject to approval by the competent national administration in collaboration with the other services concerned. The procedure for applying for authorisation are spelled out by the Prime Ministerial Decree No. 2007/0737/PM of 31 May 2007.[11] All applications for approval for activities in the research, development, production, manipulation, use and movement of GMOs and products thereof shall be subject to payment of charges the amounts of which are determined by the finance law.

5.4   Approval of rDNA pharma products

Recombinant-DNA (rDNA) vaccines and other pharmaceutical products manufactured through genetic modification and marketed on the national territory shall be subjected to the same safety norms provided for in the Law. Recombinant-DNA products and other imported pharmaceutical products must be quarantined at entry ports until samples which shall be tested by the competent national administration shall prove that the said products are not dangerous, before they are placed on the market. In the absence of any proof of danger, the competent national administration has to, in collaboration with the other services involved, take the responsibility to authorise the release of the products. Consequently, the manufacturer is obliged to set up strategies and to ensure the follow-up of the products, in order to fully guarantee their safety to human and animal health as well as to the environment. The method of work in the field of rDNA vaccines and other pharmaceutical products manufactured through genetic modification determined by Articles 26 to 35 of the Prime Ministerial Decree No. 2007/0737/PM of 31 May 2007.[12] With regard to GMOs perfected on

---

11   The details are spelled out by Articles 7 to 13 of the Decree.
12   A permit authorisation must be obtained for manufacturing, importation, distribution and marketing of rDNA vaccines and other pharmaceuticals from the national competent administration in collaboration with the NBC. Chemical trials protocol and procedure must be submitted to the Competent National Authority and the Drug Regulatory Authority (Ministry of Health)

the basis of genetic resources taken from the national heritage, the provisions of the regulations in force relating to access to genetic resources and sharing of benefits have to be applied mutatis mutandis. However, products based on GMOs intended for human or animal consumption are subject to specific norms determined by special instruments.

5.5   Conditions to ban activities related to GMOs

Any approval given to a user may be revoked on the basis of the precautionary principle, or subject to conditions in addition to those originally imposed, if in the opinion of the National Biosafety Committee:
- new or additional information has been made available since the date of the consent and such new and additional information affects the environmental risk assessment in respect of the GMO or the product thereof;
- a reassessment of existing information in respect of the GMO or product thereof on the basis of new or additional scientific information proves it is most likely to cause damage to the environment, human health and biological diversity if such an activity was allowed to be executed.

In the circumstances the National Competent Administration has to:
- serve a prohibition notice on the user to prohibit any approved or authorised activity involving GMOs or its products thereof previously granted to the user, requiring such measures to be taken, as it may consider appropriate;
- order the cessation of any activity so that measures may be taken to prevent or limit harm;
- the prohibition notice must be served on the user with proof of acknowledgement of receipt;
- once any work required by the notice has been carried out it enters details of it on the register;
- order the seizure and destruction of the prohibited GMOs. The procedure for such seizures and destruction must be done in accordance with the regulations in force;

---

for control and approval before commencement of the trial of pharmaceuticals of genetically modified organism origin. Samples to be used in such trials should have been sent to the National Quality Control Laboratory for control. The manufacturer, importer or distributor must monitor all rDNA vaccines and other pharmaceuticals and report all adverse reactions of these products to the ministry in charge of public health. The first marketing authorisation will be issued for a period of 18 months after which the authorisation will be renewed for a period of five years. The competent national administration may in certain circumstances waive some of these requirements, considering the therapeutic interest of such drugs in the society.

- order for repairs or compensation for any damages caused or arising as a result of the use of the genetically modified organisms now under prohibition following the modalities provided for in the regulations in force.

In cases where an activity has been prohibited as stated above, the NCA shall immediately inform the user of such prohibition, and must at the same time provide the public with the following information:

- its reason for taking such actions;
- the results of its review of the environmental risk assessment;
- its opinion as to whether the conditions of the consent should be varied, and if so, how or whether the consent should be revoked; and
- where appropriate, the new and additional information on which its decision to take action was based.

5.6 Request to revise the decision to ban activities related to GMOs

Any user or aggrieved party who intends to continue with the import, export, release, use in contained conditions or place in the market, GMOs or products thereof after the prohibition decision, may, at any time within a period of three months beginning from the date of receipt of the decision, appeal to the NCA for the said prohibition decision to be reviewed. Without prejudice to the requirements for applications for approvals provided by the law and regulations in force, the appeal shall include an update of all information required for applications for approvals of the prohibited GMOs or products thereof, in compliance with the specifications provided for by the law to lay down safety regulations governing biosafety and modern biotechnology in Cameroon, and any other information as may be required by the NCA. The appeal shall in no circumstance act as a stay of the execution of the repairs or damages ordered in case there were damages caused. The NCA has the duty to publish the appeal and as for fresh public consultations before taking a decision on the appeal.

5.7 Socio economic considerations

According to Section 32 of the Biosafety Law, prior to any deliberate release of GMOs into the environment, a thorough study of their ethical and socio-economic impact on the local population must be conducted by the competent authority in collaboration with the government services concerned. Such a study shall include the effects on:

- the traditional market and export earnings;
- health;

- production systems;
- ethical, moral and social considerations; and
- the actual economic value of traditional species likely to be affected by the introduction of the GMOs.

It goes further to saying that funding of the study shall be provided by the user. Moreover, the Biosafety Law insists that appropriate emergency response strategies must be applied in the event of accidental release and in order to reduce its socio-economic impact by the competent national administration in collaboration with the other services concerned.

5.8 Transparency, public participation and awareness and right to information

According to Section 35 of the Biosafety Law, the NCA shall, in collaboration with the other services concerned, foster and facilitate the sensitisation, education and participation of the public with regard to the safe movement, manipulation, and use of GMOs concerned in relation to the conservation and sustainable management of biodiversity, taking into consideration the risks on human health. It shall require that any person involved in modern biotechnology should sensitise and educate the public on the risks and benefits that such organisms entails. This could also be done through public hearing which has been defined by the law as meeting with the local or neighbouring population through which they can react, after having been duly informed of any activity on the environment which, according to them, could adversely affect human or animal health or the environment. According to Articles 46 and 47 of the Prime Ministerial Decree No. 2007/0737/PM of 31 May 2007, the NCA must prove that it took into consideration the opinions and concerns of the public before taking its decision.

5.9 Confidentiality and commercial information

During the appeal proceedings, the NCA shall protect information, which it determines as being confidential after a claim for confidentiality is made by the appellant. In no case may the following information supplied by the appellant be kept confidential:

- description of the GMOs or products thereof, names and addresses of the appellant, purpose and location of the import, deliberate release (including the location and scale of the release), contained use or placing on the market of the GMOs or products thereof;

- methods and plans for monitoring of the GMOs or products thereof and for emergency response;
- the evaluation of foreseeable effects, in particular any pathogenic and/or ecologically disruptive effects; and
- the fact that the GMOs or products thereof have been banned or subject to stringent conditions.

The NCA may make available the information, referred to above to the public pursuant to provisions of the law on public participation and public hearing, notwithstanding that the information may be commercially confidential, if it decides that it is in the public interest to do so. Without prejudice to the provisions of the law on confidentiality, if the appellant withdraws the appeal before the appeal decision, the competent NCA must respect the confidentiality of the information determined as being confidential. Any appellant carrying out any activity under this decree shall supply information necessary for the competent authority to carry out its supervisory, monitoring or enforcement tasks or to deal with any emergency measures in relation to the activity and there shall be no claim of confidentiality in relation to such information. Any person aggrieved by any decision of the NCA may, at any time within the period of three months beginning from the date of receipt of the decision, appeal to such adjudicatory authority as may be set up by law. In this case, 'decision' includes any act, omission, refusal, direction, imposition of condition(s) or order.

6   GMO related liability general environmental liability

According to the Biosafety Law, all users shall be responsible for ensuring that appropriate measures have been taken to prevent any negative impact on the environment that may result from the use and handling of genetically modified organisms. GMO related liability can be the following circumstances: (1) Liability for any damage resulting from the release of GMOs shall be borne by the implicated user. (2) When an inspector or controller seizes such an organism as stipulated in Section 56 of this law, the user concerned at the time of use or of the release thereof shall not be liable for any damage caused, except where the latter had anticipated or was in a position to foresee and prevent the said damage, and had however failed to take acceptable action to that effect.

7 Offences, penalties and settlements

According to the Biosafety Law, offences include but are not limited to:

- refusal to provide information or any explanation to an inspector or controller in the discharge of their duties; and
- posing as a sworn inspector or controller.

The Biosafety Law further states that without prejudice to the prerogatives granted to the prosecution and judicial police officers of general competence, sworn inspectors and controllers of the competent national administration in charge of biosafety or other services concerned shall be responsible for the investigation, establishment and repression of offences against the provisions of this law. The officers referred to above shall be sworn in before competent courts at the request of the authority concerned, in accordance with the conditions laid down by regulation. In the discharge of their duties, sworn officers must put on professional identity cards. Any offence that is established must be subject to a regular report. Investigation and establishment of offences is carried out by two officers who shall co-sign the report. The report shall be valid until the contrary is proven. Any report on the establishment of an offence must be transmitted immediately to the competent national administration in charge of biosafety who shall notify the accused. The accused shall, within a period of 20 days, with effect from the date of notification, be free to contest the report. Beyond the above mentioned period, no protest shall be accepted. In case of protest within the time-limit indicted above, the claim shall be examined by the competent national administration in charge of biosafety.

Where the accused's claim is right, the matter shall be closed. Where the claim is unfounded and no settlement is carried out, the competent national administration in charge of biosafety shall, in conjunction with the authority in charge of classified establishments, take the matter to court in accordance with the regulations in force.

Penalties either in the form of imprisonment and/or fines. Specifically the following sections of the Biosafety Law spell out the penalties:

- Section 60: Whoever is found guilty of violating the safety measures provided for in sections 7, 9, 13, 14, 20, 22 and 55 of this law, shall be punished with imprisonment for from six months to two years or with a fine from 100,000 to 1,000,000 FCFA or with both such imprisonment and fine;
- Section 61: Whoever violates the approval, authorisation, notification and urgent intervention measures provided for in sections 25, 26, 28, 30 and 36 shall be punished with imprisonment for from two to five years or with a fine of from 1,000,000 to 5,000,000 FCFA or with both such imprisonment and fine;
- Section 62: Whoever is found guilty of putting GMOs and products thereof into dangerous use shall be punished with imprisonment for from five to sev-

en years or with a fine of from 5,000,000 to 10,000,000 FCFA or with both such imprisonment and fine;

- Section 63: Whoever is found guilty of an offence committed in relation to a micro-organism shall be punished with imprisonment for from seven to ten years or with a fine of from 10,000,000 to 100,000,000 FCFA or with both such imprisonment and fine;
- Section 64: any second offender, shall be liable to twice the maximum of the penalties provided for above.

The Biosafety Law permits settlements. According to Section 65, the competent national administration in charge of biosafety shall have full powers to work out a compromise. To this end, the accused must refer the matter to the authority concerned. The amount of money paid as settlement shall be determined in consultation with the authority in charge of finance. The said amount shall not be less than the minimum amount of the corresponding penal fine. It further states that under pain of nullity, the settlement procedure shall be carried out before any possible court proceeding. The method of collecting and allocating the proceeds of the settlement shall be determined by regulation.

8 Concluding remarks

Cameroon is one of the most important countries in Africa in terms of the biodiversity of its forests. The rich biological diversity of the lowland forests is attributable to their very stable existence even during periods of cool, dry weather such as occurred in the Pleistocene during which rain forests were considerably reduced elsewhere. High endemism occurs in the montane forests, which were isolated from one another during these same periods. The different forest types are subject to different pressures as Cameroon heavily depends on its biodiversity for its development. Way beyond the economic value of Cameroon's biodiversity, the cultural value attached to biodiversity by the communities is immeasurable. In the current climate constrained context, the country's biodiversity is a sine qua non for the survival of the population. Indeed, it will be in the interest of Cameroon, and this is entirely possible, to invest in biodiversity conservation without ever seeking to commercialise its genetic and biochemical resources. Having adopted the Cartegena Protocol followed by its domestication with national laws and other regulations, there is need for enforcement. This can only be realised if the judiciary is well engaged, especially as environmental laws are still finding their way to the front desk of judicial decisions in Cameroon. It is held that some importation of genetically modified maize took place under conditions that did fully the applied the provisions of the laws and regulations on biosafety in force. It is true that the promotion of sustainable development through legal means at national and international levels has led to recognition of judicial efforts to develop and consolidate environmental law. The intervention of the judiciary is necessary to the development of environmental law, particularly the implementation and enforcement of laws and regulations dealing with environmental conservation and management. This is what Cameroon urgently needs, for the problem of Cameroon is not the lack of legal instruments, but mostly the non-implementation and non-enforcement of existing ones. This leaves the environment and its population in a challenging situation, because, in normal circumstances, when all else fails, the victims of environmental tort turn to the judiciary for redress. However, as of today, environmental problems are still a challenge to Cameroonian legislators and the judiciary alike by their very novelty, urgency, dispersed effect and technical characteristics.

References

Government of the Republic of Cameroon, 2012, *National biodiversity strategy and action plan –* Version II, Yaoundé, MINEPDED.

James, C, 2009, *Global status of commercialized biotech/GM crops*, 41 ISAAA Brief, Ithaca, ISAAA.

Mackenzie, R, F Burhenne-Guimin, AGM La Vina & JD Weksman, 2003, *An explanatory guide to the Cartagena Protocol on Biosafety*, Gland, IUCN.

Vernooy, R, 2003, *Seeds that give, participatory plant breeding*, Ottawa, IRDRC.

World Resources Institute, 1993, *Biodiversity prospecting: using genetic resources for sustainable development*, Baltimore,WRI Publications.

SECTION 8

WATER AND FISHERIES

L'EAU ET LA PÊCHE

CHAPITRE 24 :
LA PROTECTION DES EAUX CÔTIÈRES AU CAMEROUN

Marie NGO NONGA

1   Introduction

La façade maritime du Cameroun s'étend du 2°20' à la rivière Akwayafé à 4°40' de latitude nord. On y distingue quatre zones caractéristiques qui intègrent le plateau continental, les mangroves, les plages sableuses et les milieux marécageux des eaux saumâtres. Du sud au nord on distingue :

- la zone méridionale qui va de la frontière sud avec la Guinée Équatoriale jusqu'à l'embouchure avec le Nyong. Ici les baies de sable alternent avec les affleurements rocheux. Les principaux cours d'eau qui arrosent cette partie sont le Ntem, la Lobé, la Kienké, la Loukoundjé et le Nyong ;
- la zone située entre l'embouchure du Nyong et la localité de Limbé. Elle est marécageuse et est dominée par les mangroves ; elle comprend l'estuaire du Wouri, l'embouchure de la Sanaga et de Tiko. Cette zone est arrosée par les cours d'eau Sanaga, Kwakwa, Dibamba, Wouri et Moungo ;
- la zone volcanique qui va de Limbé à Bibundi surplombée par le Mont Cameroun qui culmine à 4,100 m au-dessus du niveau de la mer. Elle est marquée par les plantations industrielles de la CDC ; et
- la zone qui va de la localité de Bibundi jusqu'à la frontière avec le Nigeria. C'est également une côte marécageuse dans laquelle on trouve des mangroves et des îles situées au large de l'estuaire Rio del Rey.

Sur le plan administratif, cet espace couvre les cinq départements côtiers que sont du nord au sud le Ndian et le Fako dans la région du Sud-ouest, le Wouri et la Sanaga Maritime dans le Littoral et l'Océan dans la région du Sud.

La zone côtière et marine constitue un espace vital d'intérêt stratégique en raison de son importance sur le plan socio-économique, culturel et de la biodiversité. La zone côtière du Cameroun est très peuplée. On y compte environ 3,600,000 âmes dans et autour des écosystèmes côtiers du Cameroun, avec 300,000 personnes (7.6%) résidentes dans les formations de mangroves. Elle touche des chefs-lieux de régions comme Douala, capitale économique du pays et des villes importantes (Kribi, Limbé, Tiko, etc.). On y trouve aussi de nombreux villages et hameaux ainsi que des campements de pêches.

Les grands bassins versants au Cameroun sont : la Sanaga, le Nyong, le lac Tchad et la Sangha. Les zones humides[1] couvrent une grande étendue de notre pays. La mangrove est un type de zone humide dans la catégorie de zone humide marine et côtière.[2] Les zones humides sont très importantes dans la régulation de la quantité et de la qualité de l'eau. Elles sont connues pour leur rôle de tampon hydrologique[3] et offrent de nombreux avantages en matière agricole notamment pendant les saisons sèches, pour les populations tributaires d'une agriculture irriguée de subsistance. Les écosystèmes des zones humides sont aussi capables d'assimiler quelques déchets biodégradables, offrant d'importantes capacités de traitement pour les substances telles que les excédents de nutriments et de sédiments, tout en améliorant la qualité de l'eau pour les consommateurs en aval. Certaines zones humides piègent les polluants toxiques tels que les métaux lourds, qui peuvent, le cas échéant, être évacués ultérieurement en vue d'une élimination sans danger.[4] Les zones humides et les écosystèmes associés régulent également le cycle hydrologique en absorbant de l'eau qu'elles rejettent dans l'atmosphère.[5]

Au total, la côte camerounaise est une zone riche, qui jouit d'un climat généreux, d'une grande diversité biologique, de ressources naturelles abondantes et d'une position géographique favorable aux échanges internationaux. Mais la côte camerounaise comme partout dans le monde subit de nombreuses pressions liées à l'expansion urbaine, au développement économique (agro-industries, infrastructures industrielles, activités portuaires, exploration et exploitation des hydrocarbures, exploitation fores-

---

1   Selon la définition de la Convention de Ramsar, les zones humides comprennent une grande diversité d'habitats : marais, tourbières, plaines d'inondations, cours d'eau et lacs, zones côtières telles que les marais salés, les mangroves et les lits de zostères, mais aussi récifs coralliens et autres zones marines dont la profondeur n'excède pas six mètres à marée basse et zones humides artificielles telles que les bassins de traitement des eaux usées et les lacs de retenue.

2   Selon la classification de la convention de Ramsar, les zones humides sont classées en trois catégories : zones humides marines et côtières (les mangroves, les zones tidales, etc.), les zones humides continentales y compris les zones d'inondations, rivières, etc. et les zones humides artificielles sur l'influence de l'homme comme les rizières, les excavations.

3   En effet, les zones humides réduisent le niveau de crue et les débits de pointe par rétention d'eau en surface et par absorption en nappes aquifères et diminuent les risques de dommages causés par des inondations en aval.

4   L'intérêt de ces services peut être considérable, car les moyens techniques de régulation hydrodynamique et de maintien de la qualité de l'eau sont souvent plus coûteux que les coûts afférents au maintien des fonctions naturelles des écosystèmes des zones humides.

5   Si l'on retire le couvert forestier, elles risquent de devenir plus chaudes et plus sèches puisque l'eau serait soustraite au cycle végétation atmosphère. Il peut en résulter, par rétroaction positive, un cycle de désertification, aggravant les pertes de ressources en eau locales. Le recyclage de l'eau par les forêts, y compris les zones humides forestières, est un service précieux pour la régulation du climat local et planétaire et pour le maintien des ressources en eau locales.

tière artisanale, pêche non contrôlée, navigation maritime, etc.[6]) avec des niveaux de pollutions marines et fluviales très élevés associés à ces activités. C'est dans cette mesure que l'État camerounais a mis sur pied un ensemble de mesures visant à protéger l'environnement côtier et défini des organes chargés de l'application des règles élaborées à cet effet.

2   L'existence d'un cadre législatif et politique concernant les eaux côtières

En dehors de l'abondante législation relative à la zone côtière camerounaise issue des conventions internationales régulièrement ratifiées par le Cameroun, de nombreux textes nationaux fixent des règles relatives à la gestion des eaux côtières. Parmi ceux-ci on compte les textes de portée générale et des textes spécifiques.

2.1   Les textes généraux de protection des eaux côtières au Cameroun

De nombreux textes et documents généraux contiennent des dispositions applicables à la zone côtière camerounaise. Parmi ceux-ci on peut citer au premier plan le préambule de la Constitution camerounaise de 1996 qui consacre le droit à un environnement sain à l'égard de tous les citoyens camerounais et l'obligation subséquente pour chacun de participer à la protection de l'environnement. De même, on peut aussi évoquer la loi-cadre de 1996 relative à la gestion de l'environnement dont l'article premier fixe le cadre juridique général de la gestion de l'environnement au Cameroun.

Le développement durable et la prise en compte des questions environnementales ont été renforcés à la suite du Sommet de Rio de 1992. Aussi, le Gouvernement camerounais a pris des dispositions pour protéger son environnement. À cet effet, de nombreux programmes et stratégies ont été adoptés pour gérer au mieux les questions environnementales. Parmi ceux-ci, les plus importants sont :

2.1.1   Le Document de stratégie de réduction de la pauvreté

Le Document de stratégie de réduction de la pauvreté adopté en 2003 constitue le cadre de référence de toute intervention en matière de développement au Cameroun ;

---

6   Les premières études sur la pollution marine au Cameroun ont commencé dans les années 1980 dans le cadre des activités du projet conjoint FAO/COI/OMS/AEA/PNUE sur la surveillance de la pollution en Afrique de l'Ouest et du Centre (WACAF/2).

Ce document est devenu le Document stratégique pour la croissance et l'emploi (DSCE). Il a comme domaines prioritaires d'intervention, entre autres, le développement des infrastructures de base, la gestion des ressources naturelles et la protection de l'environnement.

2.1.2   Le Plan national de gestion de l'environnement

Le plan national de gestion de l'environnement (PNGE)[7] adopté en 1996 à la suite d'un long processus participatif de planification, il constitue le cadre de référence en matière de planification des actions de gestion de l'environnement. Le PNGE identifie les zones marines et côtières comme des zones écologiquement fragiles et nécessitant une protection intégrale à travers une gestion soutenue de ses ressources. Pour les zones marines et côtières, le PNGE a adopté les stratégies suivantes :
- la prévention et le contrôle de la pollution (source tellurique et marine) ;
- le contrôle de l'érosion côtière ;
- le renforcement de la capacité des populations locales pour la gestion des écosystèmes marins et côtiers ; et
- la prise en compte des options politiques des instruments régionaux et internationaux.

2.1.3   Le Document de stratégie de développement du secteur rural

Le Document de stratégie de développement du secteur rural dont le Programme national de développement participatif et le Programme d'appui au développement communautaire constituent le cadre opérationnel, visent plus spécifiquement à concilier l'amélioration de la production et la gestion durable des ressources naturelles et à encourager toutes les initiatives en faveur du développement durable à travers : la coordination et la mise en œuvre d'une gestion concertée des ressources naturelles renouvelables ; et la préservation et la restauration des potentiels de production (protection/restauration de la fertilité des sols, conservation de la ressource en eau, protection restauration des pâturages, conservation de la biodiversité, etc.).

---

7   Le PNGE, actuellement en voie d'actualisation en vue de le rendre plus opérationnel, compte 16 axes d'intervention dont : (i) l'agriculture durable et la protection des sols ; (ii) la gestion des pâturages et des productions animales ; (iii) la gestion des ressources forestières et de la filière bois ; (iv) la gestion des ressources en eau et (v) la prise en compte de l'approche genre.

2.1.4   Le Programme national de développement participatif

Le Programme national de développement participatif vise à définir et mettre en place des mécanismes de responsabilisation des communautés à la base et des collectivités décentralisées en vue d'en faire des acteurs de développement. Il se propose de développer une synergie fonctionnelle de partenariats entre les communautés à la base, l'État, la société civile, les ONG et les bailleurs de fonds.

2.1.5   Le Programme sectoriel forêt et environnement

Le Programme sectoriel forêt et environnement (PSFE) initié en 1999 et opérationnel depuis 2006, se concentre sur les activités et projets dont la majorité découle du Plan d'action forestier national, du PNGE et du Plan d'action d'urgence. À travers le PSFE, le gouvernement entend disposer d'un tableau de bord lui permettant d'assurer le suivi et le contrôle efficace des exploitations forestières. Il s'articule autour de cinq composantes à savoir : (i) la gestion environnementale des activités forestières ; (ii) la valorisation et la transformation des produits forestiers non ligneux ; (iii) la conservation de la biodiversité et la valorisation des produits fauniques ; (iv) la gestion communautaire des ressources forestières et fauniques ; et (v) le renforcement institutionnel, la formation et la recherche.

D'autres plans programmes ou stratégies nationales ont également été développés dans le cadre de la protection de l'environnement au Cameroun. Il s'agit notamment :

- le Plan d'action national stratégique sur la biodiversité ;
- le Plan d'action national de lutte contre la désertification ;
- la Communication nationale initiale sur les changements climatiques ;
- le Plan d'action national de lutte contre les pollutions marines d'origine terrestre ;
- le Programme de développement intégré de la côte atlantique ; et
- le Plan d'action national de la gestion intégrée des zones marines et côtières.

Le Cameroun est également partie prenante à plusieurs processus régionaux dont l'objectif est la gestion durable des ressources naturelles, notamment :

- Conférence sur les écosystèmes forestiers denses et humides d'afrique centrale ;
- *Central Africa programme on environment* ;
- Conférence des ministres en charge des forêts d'Afrique centrale ;
- Écosystèmes forestiers d'Afrique centrale ;
- *Man and biosphère* ;
- Organisation pour la conservation de la faune en Afrique ;
- Programme d'action forestier tropical ;

- Réseau des aires protégées d'Afrique centrale ;
- Réseau africain des mangroves ; et
- Fondation pour l'environnement et le développement au Cameroun.

Tous ces normes et programmes contiennent des dispositions relatives à la protection des eaux côtières au Cameroun. Toutefois, il existe dans de nombreux textes réglementaires et législatifs des dispositions spécifiquement orientées vers la protection de l'environnement et des ressources naturelles du littoral camerounais.

2.2 Les textes et programmes spécifiques à la zone côtière

L'environnement marin et côtier est un milieu d'une importance primordiale pour les populations côtières et pour l'ensemble du pays. Même si l'article 2 du décret n° 20 11/2585/PM du 23 août 2011 fixant la liste des substances nocives ou dangereuses et le régime de leur rejet dans les eaux continentales qualifie à tort, de milieu peu sensible, « les eaux maritimes ou toute eaux peu susceptibles d'être affectées par le déversement des eaux usées » ; il s'agit bien d'un environnement vulnérable nécessitant une protection efficace face aux atteintes diverses dont il est victime. C'est certainement la raison qui justifie le silence du législateur par rapport à la zone côtière camerounaise, car en dehors de la multitude de plan et programmes qui y interviennent tantôt directement tantôt de manière indirecte, il n'existe pas encore de texte spécifique qui y soit consacré.

De la sorte, les dispositions applicables à la zone côtière ou littorale camerounaise sont éparpillées dans différents textes législatifs et réglementaires. Ceux-ci interviennent dans la réglementation des activités maritimes et terrestres susceptibles d'avoir un impact négatif sur l'environnement marin et côtier. Ils posent tous un principe général d'interdiction de toutes les activités représentant un risque pour le milieu marin et côtiers. Mais cette interdiction n'est pas absolue et définit des sanctions à l'encontre des contrevenants.

2.2.1 Un régime général d'interdiction des atteintes aux eaux côtières

Aux termes de l'article 2 alinéa 1 de la loi n° 98/005 du 14 avril 1998, l'eau est un bien du patrimoine national dont l'État assure la protection et la gestion et en facilite l'accès à tous. A cet effet, toute forme d'altération ou de dégradation de la qualité de l'eau est strictement interdite. Ainsi, l'article 31 alinéas 1 de la loi-cadre de 1996 relative à la gestion de l'environnement au Cameroun prévoit :

> Sans préjudice des dispositions pertinentes des conventions internationales relatives à la protection de l'environnement marin, dûment ratifiées par la République du Cameroun, sont interdits

le déversement, l'immersion et l'incinération dans les eaux maritimes sous juridiction camerounaise, de substances de toute nature susceptibles :
- de porter atteinte à la santé de l'homme et aux ressources biologiques maritimes ;
- de nuire aux activités maritimes, y compris la navigation, l'aquaculture et la pêche ;
- d'altérer la qualité des eaux maritimes du point de vue de leur utilisation ;
- de dégrader les valeurs d'agrément et le potentiel touristique de la mer et du littoral ».

L'article 94 du même texte dispose que :

les écosystèmes de mangroves font l'objet d'une protection particulière qui tient compte de leur rôle et de leur importance dans la conservation de la diversité biologique et le maintien des équilibres écologiques côtiers.

L'article 33 du même texte insiste sur le fait que le capitaine ou le responsable de tout navire aéronef, engin, transportant ou ayant à son bord des hydrocarbures ou des substances nocives ou dangereuses et se trouvant dans les eaux maritimes sous juridiction camerounaise, est tenu de signaler par tout moyen, aux autorités compétentes tout événement de mer survenu à son bord et qui est ou pourrait être de nature à constituer une menace pour le milieu marin et des intérêts connexes. Il doit en outre prendre toutes les dispositions nécessaires pour prévenir et combattre toute pollution marine en provenance des navires et des installations sises en mer et/ou sur terre sont fixées par un décret d'application de la présente loi.

De son côté, la loi n° 98/005 du 14 avril 1998 portant régime de l'eau définit le cadre juridique général du régime de l'eau en insistant sur les points suivants :
- la protection de l'eau des différents éléments polluants ;
- la préservation des ressources en eau ;
- la qualité de l'eau destinée à la consommation ; et
- les sanctions dues au non-respect des dispositions de la loi.

Ce texte met en place un ensemble de mesures réglementant l'utilisation des ressources en eau. L'article 18 alinéa 1 de la loi n° 94/12 du 20 janvier 1994 portant régime des forêts, de la faune et de la pêche interdit le déversement dans le domaine forestier national, ainsi que dans les domaines public, fluvial, lacustre et maritime, d'un produit toxique ou déchet industriel susceptible de détruire ou de modifier la faune et la flore. L'alinéa 2 du même article précise par ailleurs que les « unités industrielles, artisanales et autres produisant des produits toxiques ou déchets sont astreintes à l'obligation de traiter leurs affluents avant leur rejet dans le milieu naturel ». L'article 19 du même texte énonce que des mesures incitatives peuvent, en cas de besoin, être prises en vue d'encourager les reboisements, l'élevage des animaux sauvages, des algues et des animaux aquatiques par des particuliers. Et l'article 127 de cette même loi énumère un certain nombre d'actions interdites dans le but de préserver l'environnement et les eaux côtières. Sont ainsi interdits :

a) l'utilisation d'engins traînant sur une largeur de trois milles marins à partir de la ligne de base définie par décret ;

b) l'utilisation pour les types de pêche, de tous les moyens ou dispositifs de nature à obstruer les mailles de filets ou ayant pour effet de réduire leur action sélective, ainsi que le montage de tout accessoire à l'intérieur des filets de pêche, à l'exception des engins de protection fixés à la partie supérieure des filets, à condition que les mailles aient une dimension au moins double du maillage minimum autorisé et qu'ils ne soient pas fixés à la partie postérieure du filet ;

c) l'utilisation dans l'exercice de la pêche sous-marine, fluviale, lagunaire, lacustre de tout équipement tel qu'un scaphandre autonome ;

d) la présence à bord d'un bateau, d'un engin respiratoire tel qu'un scaphandre, une foëne ou une arme dangereuse de pêche, sauf pour des raisons de sécurité ;

e) la pratique de la pêche à l'aide de la dynamite ou de tout autre explosif ou assimilé, de substances chimiques, de poisons, de l'électricité ou de phares, d'armes à feu, de pièges à déclenchement automatique ou de tout autre appareil pouvant avoir une action destructrice sur la faune ou le milieu aquatique ;

f) le développement des grands ouvrages tels que les retenues, les digues, les grands chenaux, ou l'aménagement portuaire, sans avis préalable de l'administration chargée de la pêche ;

g) le déversement de matières toxiques et nocives telles que les polluants industriels, agricoles (pesticides, fertilisants, sédiments) et domestiques (principalement des détergents) dans les milieux aquatiques ;

h) la destruction de l'environnement sur une distance de 50 mètres le long d'un cours d'eau ou sur un rayon de 100 mètres tout autour de sa source ;

i) la présence à bord d'un bateau armé pour la pêche de chalut, de senne ou de tout autre filet traîné ou hâlé sur le fond ou près du fond de la mer, fleuve ou lac, non pourvu d'un maillage réglementaire et de nature à assurer la protection des espèces ;

j) la présence à bord d'un bateau armé pour la pêche, d'engins destructeurs ou de substances pouvant enivrer ou détruire ou obstruer d'une façon ou d'une autre le maillage d'une partie quelconque du filet ;

k) l'exportation des ressources halieutiques sans autorisation préalable de l'administration chargée de la pêche ;

l) l'introduction au Cameroun de ressources halieutiques vivantes étrangères.

Le décret n° 2001/165/PM du 8 mai 2001 et ses deux annexes précisant les modalités de protection des eaux de surface et des eaux souterraines contre la pollution organisent la protection des eaux contre la pollution et fixent les règles spécifiques de protection des eaux contre certains déversements ; le décret n° 2001/165/PM du 8 mai 2001 dans son article 8 (1) dispose que sont interdits, les déversements, écoulements, rejets, infiltrations, enfouissements, épandages, dépôts directs ou indirects dans les eaux, de toute matière solide, liquide ou gazeuse et, en particulier, tout déchet industriel, agricole ou atomique susceptible :

- d'altérer la qualité des eaux de surface ou souterraines ou des eaux de la mer dans les limites territoriales ;
- de porter atteinte à la santé publique, à la faune et à la flore aquatiques ou sous-marines et aux animaux ;
- de mettre en cause le développement économique et touristique des régions ; et
- de nuire à la qualité de la vie et au confort des riverains.

De manière générale, les textes camerounais ne posent pas une interdiction absolue d'altération de la qualité des eaux côtières. Ils visent avant tout le contrôle et la limitation au strict minimum des atteintes susceptibles d'altérer la qualité des eaux côtières.

2.2.2   Un régime tempéré par des autorisations administratives

La démarche commune classique permet de répartir les substances dangereuses par liste en fonction de leur degré de nuisance. À cet effet, le déversement des eaux usées dans un milieu récepteur est soumis à autorisation selon les termes de l'article 8 du décret n° 2011/2585/PM du 31 août 2011 fixant la liste des substances nocives ou dangereuses et le régime de leur rejet dans les eaux continentales camerounaises. Ainsi, sont soumis à autorisation préalable du ministre chargé de l'eau après avis des autres administrations concernées, les déversements, écoulements, rejets, infiltrations, enfouissements, épandages, dépôts directs ou indirects dans les eaux des matières solides, liquides ou gazeuses quand ils garantissent l'innocuité et l'absence de nuisances, compte tenu des caractéristiques de l'effluent et du milieu récepteur. Le même texte précise que tout dépôt de matières polluantes à un endroit pouvant être entraînées par un phénomène naturel ou technologique dans les eaux de surface ou souterraines, dans les égouts publics ou dans les voies artificielles d'écoulement des eaux, est subordonné à l'autorisation préalable du ministre chargé de l'eau. Par ailleurs, l'article 131 (1) de la loi de 1994 portant régime des forêts, de la faune et de la pêche, indique que la mise en place de toute installation aquacole sur le domaine public ou privé de l'État ou sur le domaine national, par déviation d'un cours d'eau, est subordonnée à l'obtention d'une autorisation délivrée par l'administration chargée de la pêche, dans les conditions fixées par décret. En outre, l'article 34 de la loi-cadre de 1996 sur l'environnement précise que l'administration chargée des domaines peut accorder, sur demande, une autorisation d'occupation du domaine public[8] maritime et fluvial, à des installations légères et démontables à l'exclusion de toute construction en dur ou à usage d'habitation.

Certains textes d'applications apportent également des précisions quant à l'utilisation et à l'exploitation des ressources en eau au Cameroun. À cet égard, les prélèvements des eaux de surface ou souterraines à des fins industrielles ou commerciales doivent être précédés d'une étude d'impact permettant d'évaluer leurs incidences sur l'environnement. Ils doivent également être soumis à une autorisation

---

8   L'occupation effectuée en vertu de cette autorisation ne doit entraver ni le libre accès aux domaines publics maritime et fluvial, ni la libre circulation sur la grève, ni être source d'érosion ou de dégradation du site.

préalable et au payement d'une redevance dont le taux, l'assiette et le mode de recouvrement sont fixés par la loi des finances. Ainsi, les prélèvements des eaux de surface ou des eaux souterraines à des fins industrielles ou commerciales sont soumis à une autorisation préalable.[9] Toutefois, les sociétés concessionnaires d'un service public d'exploitation et de distribution d'eau potable en sont exemptées.[10]

Au Cameroun, c'est le ministre chargé de l'environnement qui est, entre autres, chargé de l'examen des dossiers relatifs à l'immersion des déchets et à la délivrance des permis en liaison avec les administrations concernées.[11] Il n'existe pas encore de sites réglementaires ou décharges contrôlées susceptibles d'accueillir tous les déchets industriels spéciaux au Cameroun.[12] Néanmoins, tout exploitant qui procède à l'immersion directe ou indirecte des déchets dans la mer au Cameroun est tenu de procéder au minimum une fois par mois à un échantillonnage de ses eaux pour s'assurer de leur conformité aux normes. L'analyse des échantillons se fait par un laboratoire agréé et les résultats sont consignés dans un registre.[13]

La mise en place du système des autorisations de pollution au Cameroun permet de contrôler permanemment le niveau de pollution de l'eau avant la délivrance de nouvelles autorisations et présente l'avantage de permettre des mises à jour périodiques et d'assurer un caractère évolutif à l'application des normes. Toutefois, nous

---

9   Article 2 du décret n° 2001/164/PM du 8 mai 2001 précisant les modalités et conditions de prélèvement des eaux de surface ou des eaux souterraines à des fins industrielles ou commerciales.

10 En prolongement à cette loi, divers textes d'application précisent les aspects spécifiques de gestion ou de l'utilisation de l'eau parmi lesquels : le décret n° 2001/162/PM du 8 Mai 2001 fixant les modalités de désignation des agents assermentés pour la surveillance et le contrôle de la qualité des eaux. L'objectif est de faire appliquer la réglementation et réprimer les contrevenants ; le décret n° 2001/163/PM du 8 Mai 2001 réglementant les périmètres de protection autour des points de captage de traitement et de stockage des eaux probabilisables ; et le décret n° 2001/164/PM du 8 Mai 2001 et son annexe précisant les modalités de prélèvement des eaux de surface et des eaux souterraines à des fins industrielles ou commerciales, etc.

11 Article 47 de la loi-cadre.

12 Dans les grandes villes, les ordures collectées sont soit stockées simplement dans des dépotoirs, soit enfouies. A Douala par exemple, les déchets ont été stockés et comblés dans les sites de Bépanda voirie, Dogbong, Makepe ancienne carrière. Actuellement ces déchets sont enfouis dans le site de PK10 (ravinement à combler). Au Cameroun, il n'existe pas d'opérateurs spécialisés dans la pré collecte et la collecte des déchets hospitaliers solides. Dans la plupart des formations sanitaires, la pré collecte est faite par les agents d'entretien et les usagers à l'aide des sacs plastiques, des seaux, des paniers, cartons, etc. Le tri sélectif est rarement fait à la source. La collecte et le transport des déchets hospitaliers solides se font par les particuliers et par les opérateurs privés. Certains opérateurs collectent ces déchets et les acheminent vers les décharges publiques. Dans la plupart des formations sanitaires, le dispositif de stockage provisoire des déchets est accessible aux personnes et aux animaux. Voir République du Cameroun (2006:76-80).

13 Article 10 du décret fixant la liste des substances nocives ou dangereuses et le régime de leur rejet dans les eaux continentales.

pensons que l'autorisation à polluer délivrer devrait en réalité tenir compte de l'impact réel des substances dangereuses sur l'environnement marin et côtier, des quantités et des concentrations des produits et des caractéristiques du site de réception. Il est dès lors opportun de faire une analyse au cas par cas dans certaines circonstances. Mais la question que l'on peut se poser est celle de savoir pourquoi il faut accorder des autorisations de pollution à certains industriels agissant pour leur propre compte et exposant, du même coup, l'environnement marin à des dangers inhérents à l'immersion de déchets. À notre sens, l'immersion des déchets devrait obéir au principe de précaution qui signifie qu'« en cas de risque d'endommagement complet ou irréparable, l'incertitude scientifique ne peut pas être la raison de ne pas prendre des mesures afin d'empêcher la dégradation environnementale »[14] Ainsi, seules les substances présentant une toxicité bénigne devraient être immergées dans le milieu marin. Même s'il semble très difficile de rapporter la preuve de l'innocuité d'une substance, il apparaît néanmoins très intéressant que cette possibilité soit envisagée en lieu et place de l'autorisation légale ou des rejets volontaires de certaines substances dans la mer.

2.2.3   L'aménagement des sanctions

Toutes les atteintes ou dégradations des eaux côtières camerounaises entraînent à la fois la responsabilité civile et des sanctions pénales à l'encontre des personnes contrevenantes. Dans cet esprit, l'article 16 de la loi de 1998 relative à l'eau punit d'un emprisonnement de 5 à 15 ans et d'une amende de 10 à 20 millions de FCFA, toute personne qui pollue et altère la qualité des eaux. Cette peine est doublée en cas de récidive. Ces sanctions sont complétées par celles contenues dans le Code pénal et dans la loi cadre de 1996 sur l'environnement. En effet, ce dernier texte prévoit une amende d'un million à cinq millions de FCFA et d'une peine d'emprisonnement de six mois à un an ou de l'une de ces deux peines seulement, toute personne qui pollue, dégrade les sols et sous-sols, altère la qualité de l'air ou des eaux, en infraction aux dispositions de la présente loi. De son côté, l'article 32 de la loi-cadre de 1996 relative à la gestion de l'environnement dispose qu'en cas d'avaries ou d'accidents survenus dans les eaux maritimes sous juridiction camerounaise à tout navire, aéronef, engin ou plate-forme transportant ou ayant à son bord des hydrocarbures ou des substances nocives ou dangereuses et pouvant créer un danger grave et imminent au milieu marin et à ses ressources, le propriétaire dudit navire, aéronef, engin ou plate-forme est mis en demeure par les autorités maritimes compétentes de remettre en

---

14   République du Cameroun (2006:29).

l'état le site contaminé en application de la réglementation en vigueur. Dans le cas où cette mise en demeure reste sans effet ou n'a pas produit les effets attendus dans le délai imparti, les autorités prennent les mesures nécessaires aux frais de l'armateur, de l'exploitant ou du propriétaire et en recouvrent le montant du coût auprès de ce dernier.

3 Les organes en charge de la protection des eaux côtières au Cameroun

Les années 1990 marquent le début d'une sensibilisation croissante à haut niveau sur les problèmes d'environnement suite au sommet de Rio. C'est ainsi qu'en 1992, le Ministère de l'environnement et des forêts (MINEF) est créé par décret n° 92/069 du 9 avril 1992 afin de prendre en charge la mise en œuvre de la politique environnementale nationale. En même temps, la publication de la loi-cadre sur l'environnement pousse la plupart des administrations publiques sectorielles et des opérateurs économiques, y compris ceux du secteur pétrolier à incorporer de façon formelle et officielle les risques environnementaux consécutifs à leurs activités dans leurs programmes d'action. Ainsi, un important dispositif institutionnel est déployé pour répondre aux problèmes posés par la multiplicité des sources de pollution des eaux côtières. Il s'agit à la fois des organes relevant de la compétence de l'État et des organismes d'ordre privé, dont l'origine est soit interne, soit internationale et des organisations internationales.[15]

3.1 Les organes à compétences générales

Aux termes du préambule de la Constitution camerounaise in fine, « l'État veille à la défense et à la promotion de l'environnement ». À cet égard, la protection des eaux côtières est une politique publique dont la réalisation est confiée à la collectivité étatique[16] c'est-à-dire à des organismes publics qu'il met en place et à qui il confie des compétences résiduelles ainsi que par les collectivités territoriales décentralisées. Il appartient alors à l'État d'assurer ses missions régaliennes de protection et de sauvegarde des eaux côtières si précieuses aussi bien pour les populations riveraines que pour la nation tout entière. Le rôle de l'État dans cette entreprise ne semble pas aisé,

---

15 Dans la mesure où la coopération institutionnelle internationale dans le domaine de la préservation de l'environnement s'est imposée du fait de la nature même de la tâche. Autant les problèmes environnementaux ne connaissent pas de frontières telles que définies par le droit international classique, autant les solutions doivent être nécessairement transfrontalières.
16 Debbasch et al. (2001:160).

il est même qualifié d'insolite,[17] car celui-ci doit intervenir dans un contexte maritime sous régional dominé par des conflits liés à l'appropriation des espaces maritimes[18] exacerbés par la découverte et l'exploitation des ressources pétrolières dans la région de l'Afrique centrale.[19] Il a donc pour mission d'entreprendre des actions de prévention en vue de lutter efficacement contre les pollutions et nuisances, ainsi que d'éradiquer toutes sortes de risques majeurs qui menacent la stabilité et la fragilité de cet environnement.

Le cadre institutionnel global regroupe particulièrement de nombreux ministères[20] ayant la plupart du temps leurs démembrements dans les régions littorales. À ce titre, les mécanismes institutionnels de la gestion de l'environnement côtier mettent en exergue de nombreuses institutions très impliquées dans les différents secteurs d'activités intéressants la côte camerounaise. Parmi celles-ci, des ministères interviennent directement ou indirectement parfois à travers des agences spécialisées ou organismes publics dotés d'une large autonomie.

Pendant de nombreuses années, la protection du milieu marin et des zones côtières était absente de l'organigramme des institutions publiques au Cameroun. En effet, malgré la création du MINEF, aucune mention n'était faite expressément à la sécurité du milieu marin ou à la préservation des eaux côtières. Ainsi la gestion institutionnelle de cet espace était constamment renvoyée à des structures de moindre envergure cantonnées dans les zones maritimes, dont les compétences étaient extrêmement limitées. Ce qui traduisait la négligence par les autorités étatiques de cet environnement pourtant essentiel pour le pays. Cependant, cette situation va connaître une évolution au fil du temps grâce notamment à l'avènement de la loi-cadre sur l'environnement du 5 août 1996.[21] Cette évolution va s'accentuer avec la scission en deux départements ministériels distincts de l'ancien Ministère de l'environnement et

---

17 Le mot est de Savadogo (1997:167) qui parle de l'intervention des États sans littoral dans le transport maritime comme une « pratique insolite mais grandissante ».
18 Kamga (2006:17).
19 (ibid.:18-19).
20 En dehors du Ministère de l'environnement de la protection de la nature et du développement durable, il y a au Cameroun d'autres ministères dont le domaine d'action touche directement à l'environnement marin. Il s'agit entre autres, du Ministère des transports, du Ministère des mines et de l'énergie, du Ministère des pêches et des industries animales, du Ministère de l'administration territoriale et de la décentralisation, de la Délégation générale à la sûreté nationale, de la Direction de la protection civile, du ministère des forêts et de la faune. La liste des ministères qui gèrent de manière directe ou indirecte l'environnement marin n'est pas exhaustive, nous nous contentons de relever ceux dont le rôle paraît essentiel dans ladite gestion.
21 D'après la loi-cadre du 5 août 1996 relative à l'environnement au Cameroun, « le Président de la République définit la politique nationale de l'environnement. Sa mise en œuvre incombe au Gouvernement qui l'applique, de concert avec les collectivités territoriales décentralisées, les communautés de base et les associations de défense de l'environnement ».

des forêts[22] par le décret présidentiel du 8 décembre 2004.[23] Les besoins de coordination institutionnelle et surtout le souci d'apporter une plus grande clarté dans la gestion des questions relatives à l'environnement au Cameroun, ont contribué à la mise en place du Ministère de l'environnement et de la protection de la nature depuis 2004 chargée de l'exécution au quotidien des missions de protection de l'environnement.[24] L'ex-Ministère de l'environnement et des forêts avait créé en son sein, le Secrétariat permanent à l'environnement dont les missions étaient essentiellement de connaître les questions liées à l'environnement. Avec la réorganisation du Gouvernement intervenue en 2004, ce Secrétariat a été transféré à la nouvelle institution désormais chargée des questions environnementales. Ce dernier est chargé entre autres, de l'élaboration des stratégies de gestion durable des ressources naturelles et de la prévention des pollutions.

Par ailleurs, par le décret n° 2012/431 du 1er octobre 2012, le Président de la République du Cameroun a annoncé la création d'un nouveau département ministériel dénommé Ministère de l'environnement, de la protection de la nature et du développement durable (MINEPDED) se substituant ainsi à l'ex-MINEP dont les missions ont été grandement élargies pour répondre aux enjeux majeurs tant de protection de la nature que du développement économique du Cameroun. Celui-ci a principalement pour mission : la définition des modalités et des mesures de gestion environnementales et des principes de gestion rationnelle et durable des ressources naturelles ; l'élaboration des plans directeurs sectoriels de protection de l'environnement ; la coordination et le suivi des interventions des organismes de coopération régionale ou internationale en matière d'environnement ; le suivi de la conformité environnementale dans la mise en œuvre des grands projets ; l'information du public en vue de susciter sa participation à la gestion, à la protection et à la restauration de l'environnement et de la nature, etc.

Toutes ces attributions sont coordonnées au quotidien par le Secrétariat permanent à l'environnement qui comporte en son sein trois divisions et par d'autres structures plus ou moins impliquées dans la gestion environnementale au Cameroun.

---

22 En effet, le décret du 22 août 2002 réorganisant le Gouvernement avait attribué au MINEF la charge des questions environnementales. Mais les missions assignées à cette structure (forêt et environnement), ne permettaient sans doute pas d'accorder une attention particulière aux problèmes environnementaux. Car il semblait ardu de concéder à une seule et même administration à la fois la gestion des forêts, sources d'importants revenus pour l'économie camerounaise et surtout source de grandes convoitises de la part des pays industrialisés, et celle de la protection de l'environnement, dans une optique de développement durable.

23 Le décret n° 2000/099 du 6 avril 2000, qui portait organisation du Ministère des forêts et de la faune a été modifié et complété par le décret n° 2005/495 du 31 décembre 2005.

24 Les attributions du MINEP, en matière environnementale, sont précisées à l'article 5 alinéa 19 du décret n° 2004/320 du 8 décembre 2004, portant organisation du Ministère de l'environnement et de la protection de la nature.

Comme précédemment souligné la protection du littoral camerounais concerne principalement les autorités environnementales en premier lieu, mais tout autant celles de l'urbanisme, de la planification et de l'aménagement du territoire et même ainsi que de la pêche et du transport maritime.

3.2 Les organismes spécifiques de protection des eaux côtières

Dans le cadre de l'approche décentralisée, les politiques, stratégies et actions spécifiques ont été identifiées par le PNGE pour les grands écosystèmes camerounais, parmi lesquels la zone côtière et maritime. Ces structures sont donc chargées d'assurer une gestion efficace des questions posées par le milieu marin et les zones côtières. Au Cameroun, il n'existe aucun organisme spécifique chargé de lutter contre les pollutions des eaux côtières. Les seules structures mises en place sont chargées de lutter uniquement contre les pollutions marines par les hydrocarbures. Toutefois, de nombreux organes interviennent quotidiennement dans la préservation du milieu marin et des zones côtières.

3.2.1 Les organes de lutte contre la pollution par les hydrocarbures

On compte aujourd'hui une dizaine d'opérateurs principaux des secteurs pétroliers et gaziers intervenant sur la côte camerounaise. Parmi elles, la Société nationale d'hydrocarbures (SNH)[25] et les sociétés privées pétrolières. Afin d'assurer la conformité des activités menées avec les normes et la réglementation nationale de protection de l'environnement, elle assure la tutelle du Projet de renforcement des capacités de protection en matière de l'environnement dans le cadre du secteur pétrolier au Cameroun.

Ce projet a été initié par le gouvernement camerounais et la banque mondiale au cours des années 1990 à la suite des dénonciations médiatiques portant sur les risques environnementaux liés à l'installation du projet d'exportation du pétrole tchadien sur le sol camerounais (pipeline Tchad-Cameroun). Le Projet de renforcement des capacités de protection en matière de l'environnement dans le cadre du secteur pétrolier au Cameroun a pour missions principales, le développement et la mise en place des

---

25 La SNH dépend de la Présidence de la République et gère les activités de recherche, de production, de transport et de distribution des hydrocarbures au Cameroun. Elle veille à la sauvegarde des intérêts de l'État en rentrant dans des partenariats d'exploration et de production du pétrole et de gaz avec les compagnies pétrolières étrangères intervenant dans chaque secteur.

textes réglementaires prévus par la loi-cadre sur l'environnement et relatifs à la préservation de l'environnement. Le renforcement des capacités d'intervention des administrations dans le domaine de la santé publique et la préservation et l'exécution d'un plan de contrôle national en cas de déversement des hydrocarbures. C'est dans cette optique que le Plan national de lutte contre les déversements accidentels d'hydrocarbures (PNLDAH)[26] a prévu une réponse institutionnelle à ces préoccupations. Selon ce plan, l'impact environnemental d'un déversement d'hydrocarbures dans l'environnement marin dépend d'un grand nombre de facteurs tels que la composition chimique du pétrole, les conditions météorologiques locales, des courants de mer qui déterminent largement le transport et le sort des hydrocarbures déversés, du volume du pétrole déversé ainsi que sa proximité à des écosystèmes marins vulnérables.

Pour répondre efficacement à ces préoccupations environnementales, le PNLDAH prévoit, selon son mode d'emploi, la mise en place de nombreuses structures dont le rôle est d'assurer une meilleure gestion des événements de mer impliquant les hydrocarbures au Cameroun. Ce plan confie au Comité de pilotage et de suivi des pipelines (CPSP) la coordination des interventions de l'État en cas de déversement d'une ampleur nécessitant le déclenchement de ce Plan, et le rôle d'interface entre l'administration et les opérateurs pétroliers exerçant au Cameroun. À cet effet, la CPSP est chargée de la vulgarisation et de mise en œuvre du PNLDAH auprès de toutes les cibles concernées, aussi bien les administrations, les sociétés pétrolières que les populations. Elle a également pour mission de mettre en place des centres de gestion des pollutions par les hydrocarbures à Kribi, Douala, Limbé, Bélabo et Dompta et de renforcer les capacités des personnels impliqués dans la mise en œuvre du plan national de lutte contre les déversements accidentels d'hydrocarbures. Selon ce plan, il faut apporter une réponse graduée en fonction du degré de gravité de l'incident. Ainsi, trois niveaux[27] d'incidents sont définis et à chacun d'eux correspondent des schémas d'alerte, de notification et de mobilisation de l'État camerounais, appropriés et proportionnés, en fonction de l'ampleur de l'incident. En fonction

---

26 Par décret du Président de la République signé le 29 octobre 2009, le Cameroun a adopté le Plan national de lutte contre les déversements accidentels d'hydrocarbures (PNLDAH) et son manuel d'exécution. Élaboré par le CPSP dans le cadre du Projet de renforcement des capacités de gestion environnementale dans le secteur pétrolier au Cameroun en collaboration avec toutes les administrations concernées.
27 Niveau 1 : Incident de faible ampleur doit être géré par des moyens locaux par l'opérateur responsable de l'incident ou par les secours publics si le pollueur n'est pas identifié. Niveau 2 : Incident de moyenne ampleur doit être traité par l'opérateur responsable de l'incident par des moyens régionaux, et coordonné par l'administration ou géré par l'État à l'aide de moyens nationaux si le pollueur n'est pas identifié. Niveau 3 : Incident de grande ampleur doit être géré par l'État avec le support de moyens et d'experts internationaux, et avec l'appui de l'opérateur responsable de l'incident s'il est identifié.

de la gravité de l'incident, différents organes interviennent dans la gestion de la crise. Ainsi, pour une gestion des crises majeures au niveau national, c'est le Comité national de crise qui est chargé d'en organiser les alertes et de gérer les opérations, notamment la mobilisation des organes et des fonds nécessaires à la gestion de l'incident et de la clôture de la crise et son évaluation[28]. Pour les autres crises de moindre ampleur, ce sont d'autres organes, tels que la cellule nationale d'experts, le comité national de gestion des incidents ou même les services déconcentrés du Ministère de l'Environnement qui sont chargés de gérer les opérations menées par l'État camerounais pour venir à bout de l'incident causé par le déversement accidentel d'hydrocarbures.

Il apparaît important de préciser au regard de ce qui précède, qu'à l'heure actuelle, la pollution pétrolière au Cameroun ne fait réellement l'objet d'aucun suivi particulier par un ou plusieurs organismes indépendants capable d'identifier les menaces et de réagir en temps réel. De plus, le rôle et les fonctions de chacun des membres de la cellule de crise devraient être revus en détail pour plus d'efficience. Les plans d'urgence particuliers élaborés par les sociétés pétrolières qui opèrent en mer sont certes transmis au Centre d'information pétrolière de la SNH, mais ceux-ci restent encore très ciblés techniquement et institutionnellement et par conséquent insuffisamment diffusés auprès des autres parties impliquées dans la gestion environnementale que sont les administrations publiques compétentes et les organisations riveraines. Malgré l'exigence des études d'impacts environnementaux imposées aux compagnies pétrolières, la prise en compte de la biodiversité marine reste marginale comparée au poids accordé à la prospection et à l'exploitation des ressources minérales qui justifient leur présence.

3.2.2   Les autres organes de protection des eaux côtières

Il a été créé par le décret n° 2001/161/PM du 8 mai 2001 un Comité national de l'eau au Cameroun. Il s'agit d'une structure interministérielle dont l'objet principal est d'étudier et de proposer au Gouvernement toutes les mesures ou actions visant à assurer la conservation, la protection et l'utilisation durables de l'eau et d'émettre un avis sur les questions ou problèmes relatifs à l'eau dont il est saisi par le Gouvernement.[29]

---

28   À ce niveau, le Comité doit approuver les différentes propositions faites, vérifier que le retour d'expérience de la crise est organisé et surtout contrôler que les plans nationaux sont actualisés régulièrement.

29   Voir article 2 du décret n° 2001/161/PM du 8 mai 2001 fixant les attributions, l'organisation et le fonctionnement du Comité national de l'eau au Cameroun.

Le décret n° 2007/290 du 1er novembre 2007 portant organisation et conduite de l'action de l'État en mer et sur les voies navigables organisent l'action et la mise en œuvre des moyens des administrations agissant en mer et sur les voies navigables afin d'en optimiser le rendement. Parmi ses missions, on retrouve la protection de l'environnement et la lutte contre les pollutions en mer. L'action de l'État en mer et sur les voies navigables comporte en outre les missions de police générale et de souveraineté et porte entre autres sur la surveillance maritime, fluviale et lacustre ; la sécurité, les contrôles, la lutte contre les trafics illicites ainsi que le maintien et le rétablissement de l'ordre sur les espaces. L'accomplissement de ces missions en mer se fait par une multitude de structures et implique toutes les administrations intervenant en mer et sur les fleuves et les lacs.[30] Il s'agit des organes de l'échelon national, qui sont chargés d'orienter la réflexion, de coordonner et de diriger les actions que sont le comité national de la mer, la délégation générale à la mer et la conférence maritime nationale. Il s'agit également des organes de l'échelon local, parmi lesquels se trouvent : le comité local de concertation, de conduite et de coordination de l'action de l'État en mer ou sur les fleuves et les lacs ; de la conduite de l'action de l'État en mer par le commandant des forces de surface de la marine nationale. Il s'agit enfin, du Commandement des forces de surface de la marine nationale qui est chargé de la conduite de l'action de l'État en mer en ce qui concerne la mise en œuvre des moyens de la défense.

À côté de ces organes, on note la présence du Comité national de sûreté maritime qui est un organe consultatif appelé à émettre des avis et formuler des suggestions sur toutes questions se rapportant à la conception et à la mise en œuvre de la politique nationale en matière de sûreté maritime.[31] À ce titre, le comité national de sûreté est chargé de veiller à la mise en application des dispositions pertinentes du Code international sur la sûreté des navires et installations portuaires (Code ISPS) au Cameroun et de prendre des mesures correctives adéquates. Il est également chargé d'élaborer des plans d'action et de sensibilisation de tous les intervenants en matière de sécurité maritime et d'assurer la vulgarisation du Code ISPS.[32]

La Constitution du 18 janvier 1996 modifiée le 14 avril 2008 consacre l'exclusivité de la compétence étatique en matière environnementale.[33] À cet effet, l'État confie par le biais de la décentralisation territoriale une partie de ses responsabilités qui seront assumées par ces structures décentralisées, soit en collaboration, soit sous le contrôle de l'État. Par ce procédé l'État camerounais assure la mise en

---

30 Article 4 du décret de 2007.
31 Voir article 2-2 du décret n° 2008/237 du 17 juillet 2008 portant création et fonctionnement du comité national de sûreté maritime.
32 (ibid.).
33 Voir article 1er de la loi n° 96/06 du 18 janvier 1996 portant révision de la constitution de 1972.

œuvre du droit de l'environnement. Il est important de relever que la compétence environnementale a été très tôt, l'un des domaines privilégiés de cette technique juridique nouvelle de gestion de l'administration au Cameroun. Ainsi, le constituant camerounais met clairement en exergue la protection de l'environnement et les objectifs de développement durable lorsqu'il énumère les compétences des collectivités territoriales décentralisées.[34] Le processus de décentralisation au Cameroun a consacré deux niveaux de collectivités territoriales :[35] les régions[36] et les communes[37] qui sont désormais qualifiées pour produire, distribuer et gérer les installations hydrauliques et les services divers. Ils ont des attributions en matière de préservation et de protection de l'environnement, ainsi que dans l'élaboration des plans et schémas locaux d'actions pour la gestion des ressources naturelles. Et le décret n° 2012/0882/PM du 27 mars 2012 fixant les modalités d'exercice de certaines compétences transférées par l'État aux communes en matière d'environnement prévoit la compétence des communes dans l'élaboration des plans d'action d'environnement et la lutte contre l'insalubrité, les pollutions et les nuisances.

L'attribution de ces compétences aux autorités décentralisées paraît intéressante, car elle est plus susceptible d'apporter plus de cohérence dans la gestion institutionnelle des questions environnementales au Cameroun du fait de l'existence d'un cadre fédérateur au niveau local. Par exemple, elles assurent les activités de collecte et de stockage des déchets ménagers et élaborent des plans communaux ou intercommunaux de gestion des déchets en liaison avec les services compétents de l'État.[38] Cette solution pourrait en effet instaurer un cadre propice à une gestion apaisée et durable des ressources naturelles, ceci d'autant plus que les enjeux qui s'organisent autour de l'accès à ces ressources semblent de plus en plus problématiques.

Pour un meilleur suivi de leurs missions, les collectivités territoriales décentralisées devraient rechercher des appuis auprès d'autres institutions publiques ou privées qui œuvrent tous aux côtés des organismes spécialisés à la protection de l'environnement côtier.[39] En effet, de nombreux organismes d'appui technique et fi-

---

34 Voir article 55 de la Constitution camerounaise du 18 janvier 1996 modifiée le 14 avril 2008.

35 On peut ajouter à ces collectivités locales décentralisées, les nombreuses chefferies traditionnelles situées dans la zone côtière qui, bien que faiblement représentées sur l'échiquier des pouvoirs institutionnels, n'en sont pas moins des références sociologiques locales.

36 Voir, titre III, chapitre I, de la loi n° 2004/019 du 22 juillet 2004 fixant les règles applicables aux régions.

37 Voir article 16 de la loi n° 2004/018 du 22 juillet 2004 fixant les règles applicables aux communes.

38 Voir les articles 4 et 5 du décret n° 2012/2809/PM du 26 septembre 2012 fixant les conditions de tri, de collecte, de stockage, de transport, de récupération, de recyclage, de traitement et d'élimination finale des déchets au Cameroun.

39 Pour plus de précisions à ce sujet, voir l'article 15 de la loi n° 2004/017 du 22 juillet 2004 portant la loi d'orientation de la décentralisation.

nancier œuvrent à la réalisation des projets touchant au domaine de l'environnement marin au Cameroun. Il s'agit entre autres du Centre spécialisé de recherche sur les ecosystèmes marins (CERECOMA) ; de la Station spécialisée de recherche halieutique et océanographique de Limbé ; de la Mission de développement de la pêche artisanale maritime ; de la Caisse de développement de la pêche artisanale maritime ; de la Mission d'études et de l'aménagement de l'océan, etc.

Toutefois, il est à noter que l'absence des actions consensuelles constitue un des problèmes majeurs de la gestion des eaux côtières au Cameroun. Il est également important de relever que le fait que les actions ne sont pas coordonnées permet d'assister à un double emploi des activités. Dans ces conditions, la mise en œuvre par chaque organe des missions qui lui reviennent en matière environnementale risque de générer des conflits de compétence susceptibles d'entraver la lisibilité et l'efficacité des politiques environnementales définies par l'État et surtout d'embarrasser une gestion concertée des ressources naturelles. Ce risque de conflit est d'autant plus grand que les cadres de prévention et de constatation des infractions de pollution sont dans certains cas cloisonnés. Le défaut d'actions consensuelles dû à l'inexistence d'un cadre de concertation entre les différentes institutions impliquées dans la gestion de la zone côtière au Cameroun constitue un problème et un obstacle majeur à la gestion intégrée de ladite zone accentué par l'absence d'activités de suivi et d'évaluation des actions des projets ou programmes en cours de réalisation et la carence d'un mécanisme efficace ou structure opérationnelle de coordination.

Par ailleurs, le Cameroun dépend beaucoup de l'appui des bailleurs des fonds et dispose très peu de financements propres (inscrits dans les budgets étatiques et effectivement débloqués) en faveur des activités liées à la gestion de l'écosystème côtier. Or, pour une gestion durable des eaux côtières, il serait judicieux de mettre en place des instruments adéquats de prévention visant la protection et la lutte contre les diverses formes de dégradations des eaux côtières. En effet, celles-ci représentent un pôle de convergence des intérêts multiples parfois mêmes contradictoires ou conflictuels. Les enjeux politiques, économiques, sociaux et géostratégiques, de ce milieu particulièrement sensible, sont tels qu'il semble urgent de le doter d'un instrument rigoureux de gestion capable de superviser la répartition des responsabilités entre les différents organes affectés à la préservation et à la protection des eaux côtières.

4   Conclusion

En définitive, le droit camerounais semble jusqu'à présent porter un intérêt minimal aux questions posées par la gestion des eaux côtières. En effet, s'il existe bien de nombreux textes susceptibles de s'y appliquer, aucun texte spécifique ne semble aborder la question sous un angle global. La gestion des eaux côtières et marines continue d'être dominée par les préoccupations liées à la pêche et à la navigation. Par ailleurs, il n'existe aucun organe central chargé spécifiquement de la préservation des eaux côtières. Une telle carence est regrettable, car l'existence d'un comité de suivi et de contrôle de la gestion des eaux côtières au Cameroun pourrait faciliter la mise en place des actions cohérentes dans la protection et la surveillance de ces eaux. À cet égard, un accent particulier devrait être mis sur le renforcement de l'efficacité des contrôles des eaux résiduaires urbaines et l'utilisation des produits à base de nitrate. À cet effet, une harmonisation des activités de surveillance existantes s'impose à l'échelle de l'ensemble de la zone maritime du golfe de Guinée pour permettre d'établir des liens entre l'enrichissement en nutriments et les phénomènes d'eutrophisation c'est-à-dire de déséquilibre qui résulte d'un apport excessif de nutriments. Il s'agit d'une forme singulière mais naturelle de pollution de certains écosystèmes aquatiques qui se produit lorsque le milieu reçoit trop de matières nutritives assimilables par les algues entraînant la prolifération de ces dernières. Les travaux de modélisation des différents scénarii de réduction des pollutions marines devraient se mettre en place en parallèle à des études spatiales et à des expériences de laboratoire menées par les organismes spécifiques tels le CERECOMA et la Station spécialisée de recherche halieutique et océaographique de Limbé afin de fournir les données nécessaires permettant de saisir l'ampleur des dégradations de l'environnement côtier. Les ressources financières étant souvent limitées au niveau national et sous régional, il serait important de mettre en place un programme de surveillance et d'évaluation simple, efficace et concentré sur la prise en charge des activités maritimes représentant un plus grand risque de pollution pour l'environnement marin. La poursuite des recherches s'impose afin de comprendre la dynamique des rapports éventuels avec l'eutrophisation, la production des toxines par le phytoplancton et l'accumulation des toxines dans les crustacés et mollusques et autres organismes marins. Ces études devraient également s'étendre à l'examen des effets négatifs des rejets d'hydrocarbures à la mer.

Bibliographie indicative

Andela, JJ, 2009, Les implications juridiques du mouvement constitutionnel du 18 janvier 1996 en matière d'environnement au Cameroun, 4 *RJE*, 431.

Debbasch, C, J Bourdon, JM Pontier & JC Ricci, 2001, *Lexique de politique*, 7e édition, Paris, Dalloz.

Kamga, M, 2006, *Délimitation maritime sur la côte atlantique africaine*, Bruxelles, Editions Bruylant.

République du Cameroun, 2016, *Stratégie nationale de gestion des déchets au Cameroun* (période 2007-2015), Yaoundé, MINEP.

Savadogo, L, 1997, *Essai sur une théorie générale des États sans littoral. L'expérience africaine*, Paris, L.G.D.J.

CHAPITRE 25 :
L'ENCADREMENT JURIDIQUE DES ACTIVITÉS DE PÊCHE AU CAMEROUN

Georges Francis MBACK TINA

1   Introduction

La gestion des ressources naturelles en général, et des ressources halieutiques en particulier est une question sérieuse. L'écho que trouve cette problématique auprès des pouvoirs publics s'atteste de son inscription tant dans les outils transversaux et référentiels que dans des instruments sectoriels. S'agissant des premiers, le Document de stratégie de réduction de la pauvreté (DSRP) et le Document de stratégie pour la croissance et l'emploi (DSCE) en sont l'illustration. Quant aux seconds, la loi sur les forêts, la préparation d'une loi spécifique à la gestion des ressources halieutiques en constituent des marqueurs pertinents. L'importante activité normative déployée par les autorités camerounaises, à travers ces documents et les programmes qu'ils soustendent, traduit la volonté d'une quête de durabilité dans la gestion des ressources halieutiques.

La production de cette durabilité, en congruence avec les grandes orientations internationals,[1] s'effectue à travers l'édiction des normes et la mise en place des institutions spécifiquement ordonnées à permettre une gestion durable des stocks de poissons et autres produits dont regorgent les eaux camerounaises. Si l'amorce de réglementation des activités de pêche au Cameroun en vue d'une pérennisation des ressources halieutiques est remarquable, c'est fautivement que l'on se dissimulerait les scories qui ne cessent de ralentir la pleine actualisation de la gestion durable au Cameroun.

---

[1]   Depuis la période post Rio de 1992, ces orientations ont été systématisées sous la figure idéalisée des Objectifs du millénaire pour le développement (OMD) et plus récemment, c'est-à-dire depuis le Sommet de Paris sur les changements climatiques en 2016, sous les traits vertueux des Objectifs pour le développement durable (ODD).

2 Les dispositifs régulateurs de l'exploitation durable des ressources halieutiques

Les ressources halieutiques sont d'une importance avérée aussi bien pour l'État du Cameroun que pour les citoyens. Si le premier en escompte des devises, les seconds y trouvent une source de protéine à côté de la viande souvent moins accessible pour un pouvoir d'achat modeste. L'importance de ces ressources nécessite une prise en charge normative et institutionnelle en vue d'en assurer une gestion durable.

2.1 Les dispositifs normatifs du secteur halieutique

Le Cameroun est un État partie à la Convention de Montego Bay sur le droit de la mer. À ce titre, il bénéficie du régime juridique institué pour l'accès à la mer ainsi qu'à ses ressources halieutiques. C'est donc à partir d'une base juridique concomitamment constituée du Traité sur le droit la mer[2] et la loi n° 2000/02 du 17 avril 2000 relative aux espaces maritimes de la République du Cameroun[3] que se structure l'encadrement juridique des activités de pêche en vue d'une gestion durable des stocks de ressources halieutiques.

2.1.1 Les zones maritimes sous juridiction camerounaise : une cartographie de la réappropriation nationale des ressources halieutiques

L'exigence critériologique de communication libre et naturelle posée par le droit international entre étendues d'eau salée à travers le globe[4] n'entame en rien la volonté humaine de réappropriation privative caractéristique des États, par-delà la nature humaine. Ce désir de réappropriation privative n'a eu de pendant que la structuration d'un droit de mer ordonné à réguler et borner les appétits (de puissance) des États. Formidable ressource, la mer est, elle-même, un gisement de ressources de diverses natures convoitées par les États. En vue de prévenir les conflits y relatifs, deux ins-

---

2   Il s'agit de la Convention des Nations unies sur le droit de la mer du 10 décembre 1982, autrement appelée Convention de Montego Bay.
3   La toute première disposition de cette loi stipule que ladite loi a pour objet de fixer les limites des espaces maritimes de la République du Cameroun et de mettre sa législation en conformité avec ses engagements internationaux dans ce domaine. Sur ces précisions ayant trait à la domestication du droit international de la mer par la République du Cameroun, cf. les articles 1 et 2 de la loi n° 2000/02 du 17 avril 2000 relative aux espaces maritimes de la République du Cameroun.
4   Daillier et al. (2009:1276 et 1277).

truments juridiques ont été élaborés, à savoir la Convention de Genève sur le droit de la mer d'une part, et la Convention de Montego Bay d'autre part ; cette dernière étant la plus récente et la plus aboutie. De manière schématique, le Droit de la mer objectivé par ces deux instruments consacre l'existence de zones maritimes sous juridiction nationale et les zones maritimes non soumises à juridiction nationale. Seules les premières intéressent la présente élaboration.

Comme la majorité des nations civilisées, le Cameroun ne s'est pas tenu en marge de l'entreprise de bornage de la mer. En tant que partie à la Convention de Montego Bay, cet État d'Afrique centrale ayant une large ouverture sur la mer s'est vu reconnaitre les privilèges attachés à sa double qualité de haute partie contractante et d'État côtier. La matérialisation de ces privilèges est la reconnaissance de sa juridiction nationale, et donc de son emprise souveraine, sur des portions de mer. Il s'agit notamment des segments ci-après :

Les eaux intérieures camerounaises : elles désignent les eaux baignant les côtes de l'État camerounais et situées en deçà de la ligne de base de la mer territoriale.[5] Elles comprennent les rades, les ports, les havres, les échancrures, les bais, ainsi que les sols et sous-sols de ces zones et l'espace aérien surjacent. Ces eaux sont complètement assimilées au territoire du Cameroun, les ressources halieutiques qui s'y trouvent tombant alors sous l'imperium de cet État.

La mer territoriale du Cameroun est constituée par la zone maritime adjacente aux eaux intérieures sur laquelle s'étend la souveraineté de l'État.[6] En regard des dispositions de la Convention de Montego Bay, reprenant elle-même celle de Genève, l'État camerounais y exerce des compétences exclusives aussi bien du point de vue économique qu'en matière de police. S'agissant des compétences en matière économique, la pêche et l'exploitation des ressources minérales relèvent du droit camerounais. Quant à la police, la navigation, la douane, la santé publique, la sécurité, la protection de l'environnement, elles relèvent aussi de la juridiction nationale camerounaise.

La zone économique exclusive (ZEE) est au cœur des appétits territoriaux des États côtiers.[7] Si le compromis qui l'objective n'autorise pas le Cameroun à y exercer sa souveraineté, cet État y a tout de même des droits souverains.[8] Comme tous les États, le Cameroun jouit dans la ZEE du droit d'explorer et d'exploiter les ressources économiques qui s'y trouvent. Les droits souverains qu'il y exerce lui sont donc re-

---

5   Cf. article 8 de la Convention de Montego Bay.
6   Les articles 3, 4, 5, 6, 7 et 8 de la loi camerounaise sur les espaces maritimes fixent le régime juridique de la mer territoriale camerounaise.
7   L'une des illustrations de ces appétits territoriaux est la fermeture par le Nigéria de sa ZEE aux navires de pêches camerounais dès l'institutionnalisation de cette ZEE par la Convention de Montego Bay.
8   Pour davantage d'édification sur le régime juridique de la ZEE, lire les articles 11 et 12 de la loi camerounaise sur les espaces maritimes.

connus aux fins d'exploration et d'exploitation, de conservation et de gestion des ressources naturelles, biologiques ou non biologiques, des eaux surjacentes aux fonds marins, des fonds marins et leurs sols, ainsi qu'en ce qui concerne d'autres activités tendant à l'exploration et à l'exploitation de la zone à des fins économiques, telle que la production de l'énergie à partir de l'eau, des courants et des vents. L'on peut prendre acte de l'importance avérée des droits de l'État côtier qu'est le Cameroun sur sa ZEE, en dépit de ce que cette dernière ne soit pas une zone de souveraineté. Rapportée à la présente réflexion, cette importance s'atteste du privilège reconnu au Cameroun de règlementer la pêche et de fixer lui-même le volume des prises halieutiques autorisées dans sa ZEE. Il lui revient par ailleurs, concernant la gestion des stocks de poissons, de prendre des mesures appropriées pour en éviter la surexploitation.[9]

Le plateau continental camerounais renvoie à la plate-forme bordant, sous la mer les côtes camerounaises, s'inclinant en pente douce et s'arrêtant à l'endroit où l'eau qui la recouvre atteint une profondeur de 200 mètres en moyenne.[10] Ainsi défini, il peut atteindre des centaines de kilomètres de large. Cette portion de mer est d'un intérêt économique certain pour le Cameroun en regard des richesses naturelles qu'elle contient, notamment celles halieutiques. Les droits du Cameroun y sont souverains, et donc exclusifs ; l'essentiel des ressources qui s'y trouvent n'étant pas renouvelables.

L'intérêt de l'acquisition d'une telle territorialité maritime n'a de pendant que les gains envisageables à travers l'exploitation des ressources énergétiques et halieutiques dont regorgent les fonds marins. C'est que l'appropriation des portions de mer est consubstantielle à la monopolisation des ressources et donc de consolidation de position politique en termes de puissance. D'où le travail gouvernemental de mise en coupe réglée des activités d'extraction des ressources halieutiques sous leurs diverses formes.

2.1.2 La détermination légale des zones d'exploitation des ressources halieutiques : pêches maritime, continentale et aquaculture

Identifier, sérier, homologuer est éminemment un travail de mise en carte, et donc de mise en ordre pour un meilleur contrôle. Le droit est l'instrument privilégié d'une telle entreprise menée par les autorités camerounaises en vue de maîtriser les stocks de ressources dont regorgent les eaux camerounaises. Les catégories juridiquement objectivées sous les figures respectives des notions de 'pêche maritime', 'pêche con-

---

9   Article 61 de Convention de Montego Bay.
10   La prise en charge normative nationale du plateau continental camerounais est assurée à travers les articles 13 et 14 de la loi camerounaise sur les espaces maritimes.

tinentale' et 'aquaculture' participent d'une telle mise en coupe réglée régalienne des produits halieutiques en vue de leur gestion durable. La loi du 20 janvier 1994 portant régime des forêts, de la faune et de la pêche fournit les moyens d'une telle entreprise. Sur les acteurs de chacune des catégories ainsi créées par le droit camerounais pèse une obligation d'exploitation durable des ressources halieutiques.

La pêche industrielle maritime est pratiquée sur le plateau continental camerounais, au-delà de trois miles marins. Les bateaux qui sont utilisés à cette fin ont une capacité comprise entre 50 et 250 tonneaux de jauge brute (TJB). L'ensemble de la flottille de la pêche industrielle maritime varie dans le temps, en passant par exemple de 41 bateaux en 1981/1982 à 62 bateaux en 1995/1996, pour se stabiliser autour de 70 unités de pêche dans les années 2000.

La pêche continentale a cours dans les eaux intérieures, notamment dans les fleuves et les rivières, les barrages et les retenues. Le réseau hydrographique, de ce point de vue offre des opportunités de pêche considérables, avec plusieurs sites. L'on a par exemple les barrages de Lagdo, Mbakaou, Mbapé, Bamendjin, entre autres. Par ailleurs les fleuves Sanaga, Nyong, Ntem, Logone sont aussi des zones de pêche continentale. La production annuelle dans ce secteur de pêche se situe aux environs de 75,000 tonnes.

L'aquaculture a été introduite au Cameroun dès les années 1950, avec la construction de 5,000 barrages et étangs dans le Centre et l'Est du pays. Récemment, un état des lieux réalisé dans le cadre de l'élaboration du Plan de développement de l'aquaculture au Cameroun renseigne sur ce que la pratique de la pisciculture est généralisée sur l'étendue du territoire national. La production annuelle dans ce secteur est estimée à 1,000 tonnes.

Ce travail de segmentation des activités de pêches mené par les pouvoirs publics camerounais permet une meilleure prise en charge normative du secteur en vue d'une régulation favorable à la gestion durable des ressources halieutiques. Des contraintes spécifiques pèsent ainsi sur les acteurs de chacun des secteurs ainsi définis pour atteindre l'objectif de durabilité dans l'exploitation des ressources.

En fait, le Cameroun internalise le principe 8 de la Déclaration de Rio pour garantir une gestion durable de ses ressources halieutiques. Cette disposition stipule notamment que : « afin de parvenir à un développement durable et à une meilleure qualité de vie pour tous les peuples, les États devraient réduire et éliminer les modes de production et de consommation non viables... ». C'est dans cette perspective que des normes strictes sont édictées pour encadrer les activités de pêche.

Ces règles de gestion durable des ressources halieutiques interdisent le droit de pêche dans certains secteurs d'une part, et prohibent certaines techniques de pêche d'autre part.

S'agissant de la protection des ressources par détermination de zone d'interdiction de pêche, un texte réglementaire précise les limites à partir desquelles elle est comptée. Elle est matérialisée à partir des repères suivants :[11]

- Rade de la rivière Akwa-Yafé, à partir de la pointe de Bakassi jusqu'à la pointe de Hanley, puis de cette pointe jusqu'à la pointe de Sandy, enfin, de celle-ci jusqu'à la pointe de l'Est ;
- Embouchure du Rio del Rey, du cap Bakassi jusqu'à la pointe Betika ;
- Baie Bebundi, depuis la pointe Madale jusqu'au cap Debunscha ;
- Baie Ambas, à partir du cap de Limboh jusqu'à la pointe sud de l'île d'Ambas, puis de cette pointe jusqu'au cap Nachtigal ;
- Baie du navire de guerre, du cap Nachtigal au cap Bimbia ;
- Embouchure de la Bimbia, depuis le cap Bimbia jusqu'au point d'intersection de la côte avec le méridien international 90° 21 40'' est ; et
- Estuaire du Cameroun, à partir du point d'intersection de la côte avec le méridien international 90° 21 40'' est jusqu'à la pointe de Souellaba.

Dans la zone ainsi objectivée, lorsque les ressources halieutiques intégralement protégées[12] sont capturées, déclaration[13] de leur capture doit être faite au ministre chargé de la pêche.[14] L'animal doit être remis à l'eau en cas de survie possible. Dans le cas contraire, et avant toute utilisation, un certificat d'origine est sollicité par le pêcheur qui est tenu de payer les droits y afférents tels que fixés par la loi des finances.[15]

Quant à la protection de ressources halieutiques par détermination des techniques de pêche, un acte réglementaire du ministre chargé de la pêche en donne la mesure. Cet instrument normatif fixe le repos biologique, interdit certains engins et méthodes de pêche et fixe la taille et le poids minima des espèces cibles.

D'abord, l'arrêté du ministre de l'élevage, des pêches et des Industries animales dispose qu'il est institué dans l'ensemble des eaux sous juridiction camerounaise un repos biologique correspondant à la période de reproduction, de croissance des juvéniles d'une espèce ou d'un groupe d'espèces cibles.[16] Concrètement, le repos biologique ainsi institué se traduit par une délimitation des zones de pêche, une réduction

---

11   Article 23, alinéa 2 du décret n° 95/413/PM du 20 juin 1995 fixant certaines modalités d'application du régime de la pêche.
12   La liste des ressources halieutiques intégralement protégées est fixée par arrêté du ministre chargé de la pêche.
13   Doivent être indiqués la zone, le sexe, la taille, la quantité de l'espèce capturée.
14   Article 24, alinéa 1 du décret n° 95/413/PM du 20 juin 1995 fixant certaines modalités d'application du régime de la pêche.
15   (ibid.:article 24, alinéa 2).
16   Article 3 de l'arrêté n° 0002/MINEPIA du 1er août 2001 fixant les modalités de protection des ressources halieutiques.

du nombre d'unités de pêche par zone, un arrêt total de l'activité de pêche dans la zone concernée.[17]

Ensuite, le texte ministériel indique les engins et méthodes de pêche prohibés en vue d'une gestion durable des ressources halieutiques. Est ainsi interdit sur tout le territoire national, l'usage de : senne de plage, filet épervier, nasse et paniers filets dont le maillage est inférieur à 40 mm, ligne d'hameçon non appâté, barrages à travers le lit d'un cours d'eau. Par ailleurs, l'usage d'engins pour la pêche artisanale dans les eaux sous juridiction camerounaises doit respecter les normes suivantes :

- les filets maillants de fond doivent avoir un maillage minimal de 40 mm ;
- les filets maillants de surface doivent avoir un maillage minimum de 40 mm ; et
- le maillage minimal des filets à crevettes est de 40 mm.[18]

Pour la pêche maritime industrielle, les mailles des filets de pêche dans les eaux maritimes sous juridiction camerounaise sont fixées ainsi qu'il suit :

- le maillage minimal des chaluts classiques à panneaux est de 70 mm ;
- le maillage minimal des chaluts à crevettes côtières est de 50 mm ; et
- les chaluts à crevettes profondes doivent avoir maillage minimal de 50 mm.[19]

Enfin, la taille et le poids minima des espèces ciblées sont aussi déterminés par l'acte réglementaire. Il est notamment stipulé l'interdiction de pêcher, faire pêcher, procéder au transbordement, de garder, d'acheter, de vendre ou de faire vendre, de transporter et d'employer pour un usage quelconque les poissons et crustacées qui ne seraient pas parvenu aux dimensions et poids fixés par la réglementation en vigueur. À cet effet, les dimensions des poissons protégés sont mesurées de l'extrémité du museau à l'extrémité de la nageoire caudale.[20] Pour les crevettes roses, ne peuvent être pêchées celles qui ont un poids égal ou inférieur à 11 grammes.[21]

L'examen du dispositif normatif d'encadrement des activités de pêche au Cameroun donne à prendre acte d'un volontarisme avéré de prise en charge de la gestion des ressources halieutiques nationales dans une perspective de gestion congruente aux normes et aux objectifs de développement durable. Ces normes sont à la fois le produit et les cadres d'interaction entre divers acteurs impliqués dans le secteur de la pêche au Cameroun.

---

17   (ibid.:article 4).
18   (ibid.:article 7).
19   (ibid.:article 8).
20   (ibid.:article 13, alinéa 1).
21   (ibid.:article 13, alinéa 2).

2.2 Les institutions de gestion durable des ressources halieutiques au Cameroun

Les institutions de gestion durable des ressources halieutiques au Cameroun sont principalement constituées de partenaires techniques et financiers d'une part et des différentes administrations publiques camerounaises d'autre part.

2.2.1 Les partenaires techniques et financiers

Les partenaires techniques et financiers sont surtout des acteurs extérieurs désireux d'imprimer une orientation de durabilité dans la gestion des ressources halieutiques au Cameroun. Les plus significatifs sont d'extraction occidentale.

L'une des principales agences de standardisation des politiques publiques axées sur une pêche responsable, et donc une gestion durable des ressources halieutiques au Cameroun est l'Agence américaine pour le développement international (USAID). Cette institution est le principal bras séculier à travers lequel les États unis s'investissent dans la protection de l'environnement en Afrique centrale en général et au Cameroun en particulier. Outre la protection des forêts et de la biodiversité, cette institution est préoccupée par la question de la pêche au Cameroun. Elle contribue par ce fait à la promotion du référentiel de pêche responsable. La volonté de cette institution de contribuer à la gestion durable des ressources halieutiques au Cameroun à travers la vulgarisation de l'aquaculture est clairement exprimée par le principal responsable de la représentation américaine à Yaoundé. En effet, Michael Hoza, alors ambassadeur des USA au Cameroun, déclarait :[22]

> Nous avons avec le Cameroun une longue collaboration et un solide partenariat au développement de l'aquaculture. Actuellement, nous explorons les voies par lesquelles nous pouvons progresser, aussi bien en matière de promotion d'une pêche responsable sur les côtes camerounaises que dans le domaine de l'aquaculture.

Les États d'Europe occidentale participent aussi à la gestion durable des ressources halieutiques au Cameroun à travers leur instance communautaire qui se positionne comme l'un des partenaires techniques et financiers les plus importants en la matière. En prenant en charge les problèmes liés à la protection des écosystèmes humides dont font partie le milieu côtier et marin ainsi que la mangrove, l'Union européenne participe directement à la protection des ressources halieutiques à travers de nombreux programmes dont l'un des plus importants est le Programme ACP FISH II. La principale agence européenne de standardisation d'une pêche responsable au Cameroun, à travers ce programme, entend renforcer la gestion durable de la pêche au Ca-

---

22 www.investiraucameroun.com, consulté le 3 janvier 2017.

meroun afin de lutter contre la pauvreté et améliorer la sécurité alimentaire dans ce pays comme dans les autres pays d'Afrique centrale d'ailleurs. C'est dans le cadre d'un appui technique que ce programme a organisé du 26 au 29 août 2014 à Kribi un atelier de renforcement du personnel des Administrations des pêches des pays d'Afrique centrale en matière de suivi des pêcheries artisanales maritimes.[23] L'importance de ce programme s'atteste du volume substantiel du budget y afférent, à savoir trente millions d'euros.

2.2.2 Les services publics camerounais

L'Administration publique camerounaise est impliquée à divers niveaux afin de promouvoir et garantir que les activités de pêche menées sur le territoire national soient encadrées de manière à permettre une prise en compte des intérêts des générations futures. Le Ministère de l'elevage, des pêches et des industries animales (MINEPIA) et divers services déconcentrés sont au cœur de ce travail de production de durabilité dans la gestion des ressources halieutiques.

Le MINEPIA est le principal agent normateur du secteur de la pêche au Cameroun. Selon les dispositions du décret n° 2005/152 du 4 mai 2005 portant organisation du MINEPIA, cette agence de régulation a pour mission « l'élaboration, la mise en œuvre et l'évaluation de la politique du Gouvernement en matière d'élevage, des pêches et du développement harmonieux des industries animales ». À cet effet, il est chargé :

- de l'application de toutes mesures visant à la conservation, au développement et à l'exploitation des animaux domestiques et leurs produits ;
- de la formation des pêcheurs, de la protection des ressources maritimes et fluviales, de l'amélioration de la production, du contrôle sanitaire et des statistiques en matière de pêches maritime, fluviale et piscicole ; et
- des études et des recherches en vue du renouvellement des ressources halieutiques et piscicoles, en liaison avec le ministère chargé de la recherche scientifique.

En vue de bien accomplir sa mission, le MINEPIA dispose d'une administration centrale qui a des compétences en matière de pêches, et dont l'action structurante est significative. La plus importante direction de cette administration centrale dédiée à la pêcherie est la Direction des pêches et de l'aquaculture (DPA). Placée sous l'autorité d'un Directeur, cette structure centrale assure :

---

23 www.investiraucameroun.com, consulté le 3 janvier 2017.

- l'élaboration, l'exécution, le suivi et l'évaluation de la politique gouvernementale en matière de pêche et d'aquaculture ;
- la gestion et le développement durable des ressources halieutiques ;
- la protection des ressources halieutiques maritimes, fluviales et lacustres ; et
- le suivi des engins de capture et des unités de pêche.

La DPA comprend : la Sous-direction de la pêche industrielle et artisanale, la Sous-direction de l'aquaculture, la sous-direction des technologies de pêche et des industries halieutiques, la Brigade de contrôle et de surveillance et des activités de pêche.

L'agence de régulation qu'est le MINEPIA mène une importante activité de structuration normative et institutionnelle du secteur de la pêche au Cameroun depuis plus d'une quarantaine d'années. Le tableau synthétique suivant, d'ailleurs non exhaustif, permet de prendre la mesure de son déploiement.

Tableau 1 : actes réglementaires du MINEPIA dans le domaine de la pêche au Cameroun au 30 janvier 2015

N°	ACTES	OBJET
1	Arrêté du 16 février 2000	Interdiction de la technique de pêche au chalut-bœuf
2	Arrêté du 1er août 2001	Modalités de protection des ressources halieutiques
3	Arrêté du 11 avril 2002	Modalités d'inspection des navires de pêche industrielle, d'observation scientifique et de surveillance des activités de pêche
4	Arrêté du 24 avril 1998	Conditions techniques applicables aux navires de pêche
5	Arrêté du 1er avril 2000	Création du bureau de contrôle de la qualité des produits halieutiques
6	Note de service du 12 août 1987	Explicitation des fonctions de moniteurs de pêche
7	Arrêté du 29 septembre 1987	Organisation et fonctionnement des centres de pêche

Source : compilation de l'auteur

Dans un souci de gestion de proximité efficace, le MINEPIA dispose de services déconcentrés qui tiennent en des Délégations régionales, des Délégations départementales et des Délégations d'arrondissement auxquelles il faut ajouter les services rattachés.

Placée sous l'autorité d'un Délégué, la Délégation régionale du MINEPIA (DREPIA) est chargée de :

- l'animation, la coordination, du contrôle et de l'évaluation à l'échelle de la région des activités de l'ensemble des services du Ministère ;
- la coordination et de la mobilisation des ressources et des acteurs du secteur de l'élevage, des pêches et des industries animales ;
- la mise en place de la carte épidémiologique ;
- suivi de la mise en œuvre des programmes prioritaires ;
- la production des rapports périodiques d'activités ;

- développement des relations avec les différents acteurs intervenant dans le secteur de l'élevage, des pêches, et des Industries animales ; et
- suivi et du contrôle de l'application de la législation et de la réglementation relatives à l'exercice des professions et activités de l'élevage, des pêches et des industries animales.

Les délégations régionales se déploient sur le terrain à travers les délégations départementales, les délégations d'arrondissement, les Centres d'alevinage et de contrôle de pêches.

Les services rattachés sont les structures sur lesquelles le MINEPIA assure la tutelle en milieu rural en vue du développement des activités relevant de son ressort. Il s'agit d'une part des stations d'élevage et des pêches, des stations aquacoles et des pêches, et des caisses de développement de l'élevage et des pêches.

Le MINEPIA dispose, depuis les années 1960, de 22 stations publiques aquacoles et de pêche dont les efforts ont été significativement renforcés par la mise en place d'un service de vulgarisation qui a accompagné la création par les paysans de près de mille étangs ruraux et barrages.[24] Par la suite, un réseau de 32 stations de pisciculture et d'alevinage a été aménagé en vue d'assurer l'approvisionnement de tous les aménagements ruraux en alevins. Il ressort en fait que les stations aquacoles et de pêche ont pour missions :

- la production des alevins et des poissons de tables ;
- le stockage des géniteurs ;
- l'encadrement des pisciculteurs ; et
- l'organisation des journées aquacoles.

En 2008, le MINEPIA, à travers la Caisse de développement de la pêche maritime s'est engagé dans un processus de réhabilitation de certains de ces centres et stations. Ces efforts sont justifiés par la volonté gouvernementale de faire de constituer ces structures en centres de production et de mise à disposition des alevins de qualité accessibles aux pêcheurs.

Une autre catégorie de services rattachés dévolue à des missions d'exécution est constituée des Caisses de developpement de l'élevage et de la peche. Sur l'étendue du territoire national, il en existe trois. Elles ont été créées pour renforcer les actions de développement des activités de pêche à travers la réalisation des infrastructures comme les débarcadères.

L'on a enfin comme dernier service rattaché, la Mission de développement de la pêche au Cameroun. Il s'agit d'un établissement public, à caractère industriel et commercial, créé en 1977 par décret n° 77/363 du 9 septembre 1977. Ce service est

---

24 République du Cameroun (2011).

chargé du soutien technique et logistique aux projets des opérateurs privés artisanaux. À ce titre, il :

- construit et équipe les infrastructures de pêche ;
- fournit et entretien le matériel de pêche ; et
- ravitaille les pêcheurs.

Tel se décline de manière synoptique le dispositif normatif et institutionnel d'encadrement des activités de pêche élaboré au Cameroun afin de réaliser une gestion durable des ressources halieutiques. Si ces dispositifs se donnent immédiatement à voir comme des lois et des règlements, ils sont aussi avant tout porteurs de politiques publiques destinées à être mises en œuvre.

3   La mise en œuvre du dispositif régulateur des ressources halieutiques

L'activation des dispositifs normatif et institutionnel d'encadrement des activités de pêche au Cameroun donne à voir la mise en œuvre de programmes destinés à permettre la durabilité des ressources halieutiques. Même si cette mise en œuvre révèle la perfectibilité du processus de gestion durable des stocks de ressources dont regorgent les eaux camerounaises.

3.1   Les programmes de gestion durable

L'une des priorités constantes des pouvoirs publics camerounais est de développer le secteur de la pêche et d'en sécuriser les ressources en même temps pour une gestion durable. Cette orientation est appuyée par une volonté d'associer les populations à la gestion desdites ressources en vue d'éviter les dérives dans la pratique des activités d'exploitation des ressources.

3.1.1   Le programme de développement et de sécurisation des produits halieutiques

L'État du Cameroun entend atteindre un niveau de développement permettant un épanouissement de ses citoyens. Une telle ambition se découvre à la lecture du document de stratégie pour la croissance et l'emploi, dont le Document de stratégie du sous-secteur de l'élevage, des pêches et des industries animales est l'une des déclinaisons pertinentes.

À partir de ces deux documents, les pouvoirs publics camerounais entendent accroître significativement la production nationale des pêches et de l'aquaculture afin de contribuer à la sécurité alimentaire, à la création des revenus et des emplois au profit des jeunes camerounais. La stratégie envisagée par le Gouvernement pour y parvenir consiste alors à lever les contraintes qui empêchent la gestion responsable de la pêche et le développement durable de l'aquaculture. Les indicateurs de résultats à suivre sont les quantités de produits de capture débarqués et accessibles aux camerounais et celles des produits d'aquaculture disponibles.

Le dessein est alors de passer d'une production annuelle en pêche de 176,000 tonnes à 255,000 en 2015 et 290,000 tonnes en 2020 ; de 1,000 tonnes de production aquacole en 2010 à 8,000 tonnes en 2015 et 80,000 tonnes en 2020. Les pouvoirs publics envisagent dans cette perspective d'engager un certain nombre d'actions prioritaires en vue d'accroître, de diversifier et d'intensifier les productions halieutiques. Les principales actions prioritaires sont :

- le développement de la pêche ;
- le développement de l'aquaculture ; et
- l'amélioration de l'information sur la situation et les tendances sur les pêches de capture.

Les autorités camerounaises se montrent conscientes de ce la durabilité des ressources halieutiques nationales n'est tributaire de la seule mise en place d'un programme de développement des ressources. Elles sont attentives à la nécessité de protéger concrètement lesdites ressources. C'est dans cette veine qu'en 2007, avec le concours de la FAO, le Cameroun élabore un plan d'action national visant à prévenir, à contrecarrer et à éliminer la pêche illicite, non déclarée et non réglementée (Inion N). Ce plan INN du Cameroun dresse un constat des maux qui minent l'exploitation des ressources halieutiques nationales. Il rend compte en termes de : pêche illégale dans les secteurs industriel, semi-industriel et artisanal. Que l'on s'arrête sur la pêche illégale pour prendre la mesure du travail de sécurisation des ressources halieutiques par les pouvoirs publics camerounais.

S'agissant du secteur industriel, le plan INN relève : a) la présence de navire-pirate opérant sans licence dans la ZEE camerounaise, b) une situation d'insécurité en haute mer, c) l'usage d'engins de pêche illégaux tels que les filets à maillage non conformes et le chalut-bœuf.

Quant aux secteurs semi-industriel et artisanal, le constat y fait : d'un déploiement d'engins de pêche non conformes, de transbordements et de débarquements frauduleux, de la présence de pirogues non immatriculées et opérant sans licence de pêche, de la coupe non contrôlée de palétuviers pour le fumage de poisson.

C'est dans le but de juguler ces dérives qu'est créée et mise en place la Brigade de contrôle et de surveillance des activités de pêche (BCSAP). Elle établit les déclarations de capture au niveau de Douala.

Si la sécurisation des ressources halieutiques est un aspect important pour en assurer la durabilité, la gestion en est un autre dont la qualité est toute aussi essentielle. D'où le choix d'une orientation pluraliste dans la gestion desdites ressources.

3.1.2 L'institution progressive d'une cogestion des ressources halieutiques

L'implication des populations dans la gestion des ressources naturelles en vue d'en garantir la durabilité est un principe posé lors de la grande concertation de Rio de Janeiro en 1992 et depuis lors régulièrement réaffirmé. Le secteur des ressources halieutiques est un site d'actualisation de ce principe au Cameroun. L'on y parle alors de la 'cogestion des ressources halieutiques'.

Par cogestion des ressources halieutiques, il est fait référence à une approche en termes de gestion participative congruente à l'idée de gestion démocratique des ressources naturelles, donc des ressources halieutiques. Il s'indique par-là une ferme volonté des pouvoirs publics camerounais à transcender les seuls acteurs gouvernementaux pour prendre en compte et impliquer d'autres parties prenantes issues de divers secteurs dans la formulation, la mise en œuvre et l'évaluation des politiques de pêche durable au Cameroun.

C'est à partir des années 2000 que les pouvoirs publics camerounais commencent à promouvoir une gestion participative des ressources halieutiques sur l'ensemble du territoire national. À travers le Programme pour des moyens d'existence durables dans la pêche (PMEDP), le MINEPIA introduit progressivement la cogestion dans trois sites de pêche au Cameroun. Il s'agit respectivement des retenues de la Mapé et de Maga.[25] La cogestion démarre dans la retenue de la Mapé en mars 2002 et implique différentes parties prenantes. Prennent alors part à la gestion des ressources halieutiques : l'administration des pêches, les autorités administratives que sont les Sous-préfets de Bankim et de Magba, les forces de maintien de l'ordre, les représentants des services déconcentrés des autres ministères concernés, les collectivités territoriales décentralisées de Bankim et de Magba, les acteurs primaires que sont les pêcheurs, les transformateurs, les transporteurs et les commerçants.

Le processus de cogestion financé par le PMEDP reposait alors sur cinq activités essentielles, à savoir : 1) la formation des parties prenantes à la cogestion et la mise en place du Comité de démarrage, 2) l'animation des campagnes de communication sociale, 3) l'organisation des communautés, 4) la réalisation des études complémentaires, 5) l'organisation des rencontres entre les parties prenantes pour la conclusion d'accords de cogestion.

---

25   Belal & Baba (2006).

Le processus de cogestion ainsi implémenté a pour effet de permettre un respect plus scrupuleux de la règlementation sur les pêches, l'élaboration des plans de développement renforcés, renforcement des capacités des participants en matière de bonne gouvernance, la diminution de la capture de poissons immatures, entre et autres. Ensuite au niveau de la retenue de Maga, la cogestion y est introduite à partir de décembre 2003. Y sont conviés : les sous-préfets de Maga et Kai-Kai, les forces de maintien de l'ordre, les représentants des services déconcentrés des autres ministères concernés, les autorités municipales de Kai-Kai et de Maga, les acteurs primaires que sont les pêcheurs, les transformateurs, les transporteurs et les commerçants. L'introduction de la pêcherie décentralisée dans la retenue de Maga a abouti à un respect de la réglementation sur les pêches, une baisse significative de capture des poissons immatures, à une meilleure cohésion sociale, à un dialogue constructif entre les différentes parties prenantes, une meilleure implication des communautés dans le processus de développement local.

Ces succès n'autorisent pourtant pas à se dissimuler les contraintes qui pèsent sur la cogestion des pêches au Cameroun, entravant ainsi sa pleine actualisation et donc son efficacité. Aussi bien dans la retenue de la Mapé qu'au niveau de la retenue de Maga, la mauvaise connaissance scientifique sur l'état des ressources de la retenue, l'insuffisante documentation en matière de cogestion et le taux d'analphabétisme assez important des communautés locales sont parmi les facteurs limitant les plus significatifs de la cogestion.

3.2   Une gestion durable perfectible

La gestion durable des ressources halieutiques telle qu'envisagée et consacrée dans les textes y relatifs en vigueur au Cameroun n'a pas encore atteint sa pleine actualisation dans les pratiques des acteurs de la filière. C'est qu'il s'y donne à voir une persistance des comportements répréhensibles qui débouche sur une amorce d'insécurité alimentaire au Cameroun.

3.2.1   La résilience de la délinquance écologique

La notion de 'délinquance écologique' renvoie à un certain nombre de pratiques qui nivellent vers le bas les standards de gestion durable des ressources halieutiques au Cameroun. Cette délinquance écologique est nourrie par les ajustements volontairement approximatifs des acteurs de la filière pêche aux normes de durabilité.

Ainsi que vu plus haut, la réglementation en vigueur au Cameroun en matière de pêche interdit l'usage de certaines techniques de pêche nuisibles autant à la durabilité des ressources qu'à la qualité des produits de pêche mis à la disposition des consommateurs camerounais. Les récriminations relatives à la qualité du poisson disponible sur l'un des principaux marchés de Douala en témoignent.

Le marché Youpwè de Douala[26] voit progressivement s'installer depuis quelques années une certaine psychose chez les commerçants et les consommateurs. C'est que les pêcheurs qui ravitaillent ce marché font usage de pesticide dans leurs activités de capture des espèces. Le produit utilisé ici par les pêcheurs est communément appelé roténone. Ce produit chimique est régulièrement jeté dans les eaux laissées par les marées dans les zones de mangroves et les criques, empoissant ainsi tous les poissons qui s'y trouvent. Gagnant du terrain, cette méthode illicite se généralise à telle enseigne qu'elle n'est plus l'apanage du seul marché de Youpwè, mais s'étend progressivement de Limbé à Kribi.

Un responsable du MINEPIA relève, pour la déplorer, la malice des pêcheurs. Il indique que ces derniers, sachant pertinemment le caractère illégal de leurs méthodes de capture, pratiquent leurs activités de pêche dans la nuit et préfèrent débarquer leurs produits avant 4 heures du matin pour échapper aux inspections des services compétents. Non seulement l'usage de produit toxique n'est pas sans risques pour la santé des consommateurs, elle est surtout nocive à la gestion durable des écosystèmes marins en général et des ressources halieutiques en particulier. En, effet, le responsable du centre vétérinaire de Youpwè précise que la zone où un produit toxique a été versé reste sans vie au moins pendant 5 ans, ce qui constitue un dommage pour la reproduction des ressources halieutiques.

À ces pratiques des petits pêcheurs s'ajoutent les comportements déviants des acteurs de la filière industrielle. Les pêcheurs étrangers opérant dans le secteur industriel s'investissent régulièrement dans la pêche sans autorisation. Les captures résultant de leurs activités illicites sont alors souvent transbordées sur des navires frigorifiques et mélangées à des prises légales puis débarquées et vendues dans les ports de pêche. Le cas de deux bateaux battant pavillon chinois arraisonnés en 2010 et 2017 en fournit une illustration. Il s'agit de deux navires portant le même nom, les 'Da lianYu 15027' arraisonnés au large des côtes camerounaises pour pêche illicite par la Brigade de contrôle maritime. Les deux bâtiments de pêche sont pris en flagrant délit de pêche illicite dans les eaux territoriales camerounaises, à une centaine de kilomètres du port autonome de Douala.[27] Ne disposant ni de licence de pêche, de livret maritime, ni d'une autorisation des pouvoirs publics camerounais leur permettant de

---

26   Le Centre de pêche de Youpwè est situé dans le Département du Wouri, dans la ville de Douala. C'est un centre qui bénéficie d'un accès facile, car situé en pleine zone urbaine. Il est de ce fait favorable au développement du commerce des produits halieutiques. Il est d'ailleurs considéré comme le principal port d'attache des embarcations en provenance des villages essentiellement situés dans l'estuaire du fleuve Wouri. Les principaux campements de pêche qui ravitaillent le marché de Youpwè sont : Cap Cameroun, Kombo Moukoko et Kooh.

27   Lembe (2015).

mener leurs activités de pêche dans les eaux territoriales nationales, l'équipage pratique la technique du chalut en bœuf pourtant formellement interdite par la réglementation camerounaise en matière de pêche.

Les activités de ces entrepreneurs expatriés de pêche industrielle illicite, dont les ressortissants chinois sont les plus représentatifs, sont d'autant plus réprouvées que les incriminés ciblent prioritairement et abusivement les espèces à forte valeur ajoutée, emploient des techniques particulièrement destructrices comme le chalutage de fond ou le chalut en bœuf, les filets à mailles fines conçus pour la pêche à la crevette, capturant ainsi les poissons non encore matures. Les pêcheurs locaux s'en trouvent alors privés de ressources et il en résulte un problème d'insécurité alimentaire.

3.2.2   Le spectre d'une insécurité alimentaire systémique

L'une des conséquences majeures et dommageables de la résilience de la délinquance écologique est la faiblesse de l'offre des produits halieutiques sur le marché. La hausse des prix des produits halieutiques sur le marché camerounais qui en résulte et le pouvoir d'achat très modeste de la majorité des Camerounais confinent à une amorce d'insécurité alimentaire systémique induite par la raréfaction des produits de pêche.

Par 'insécurité alimentaire systémique', l'on désigne l'impossibilité pour les citoyens de se procurer les denrées alimentaires dans tous les secteurs par effet d'entrainement dû à la hausse des prix qu'induit la raréfaction des produits de pêche sur le marché national.

En 2013 en effet, d'avis d'experts, il se donne à voir sur toute l'étendue du territoire national une inflation des prix des produits alimentaires ; cette inflation étant imputable à la pénurie du poisson-maquereau[28]. L'Institut national de la statique indique, en effet, que les prix des produits alimentaires ont grimpé de 3.6% au cours de l'année 2013. La flambée de 7.4% des prix des poissons découlerait de la forte augmentation des prix observée au niveau des poissons congelés (10%) et des poissons frais (9%). Les poissonneries n'ayant pas été suffisamment ravitaillées en poissons-maquereau, la pénurie a engendré une hausse du prix de 15% pour ce produit, et des hausses respectives de 5% et 6% pour les poissons-bars et les poissons machoirons congelés.[29] La tendance n'est pas inversée pour l'année suivante.En effet, les statisticiens relèvent, pour la confirmer, pour l'année 2014 une hausse générale des prix des denrées alimentaires imputables à la pénurie de poisson-maquereau.[30]

---

28   INS (2013).
29   (ibid.).
30   Voir INS (2014) aussi pour les nombres suivants.

L'augmentation des prix des poissons et des fruits de mer découlerait de l'importante augmentation des prix observée au niveau des poissons fumés (10%), frais (6%) et congelés (4%). Par ailleurs, les activités de construction du Complexe Industrialo Portuaire de Kribi, la demande locale de poisson frais ont engendré une forte hausse du prix poisson-bar, de l'ordre de 7%. Sur l'étendue du territoire national, les poissonneries demeurent mal ravitaillées en poisson-maquereau, avec pour conséquence une hausse de 4% sur le prix de ce poisson, et 10% sur le prix du poisson fumé.

Cette situation de pénurie, d'inflation et d'amorce d'insécurité alimentaire se justifie par une baisse du rendement des navires de pêche imputable à une surexploitation des stocks liée à une augmentation excessive de l'effort de pêche dans la pêche maritime industrielle. Les chalutiers poissonniers et crevettiers pêchent exclusivement dans l'estuaire du Cameroun. Non seulement ces navires se rapprochent de plus en plus de la zone côtière interdite de pêche industrielle, mais aussi, ils capturent la friture, c'est-à-dire les divers petits poissons de toutes espèces impropres à la pêche. Ce qui est de nature à induire à la longue un effondrement des stocks de poissons. Ce qui tend à confirmer l'hypothèse que la pêche industrielle pratiquée au Cameroun constitue encore une menace sur la durabilité des ressources halieutiques.

Bibliographie indicative

Belal, E & MO Baba, 2006, *La cogestion des pêches au Cameroun : une analyse des politiques qui la soustendent*, Yaoundé, MINEPIA, http://www.ntiposoft.com/domaine_200/pdf/cameroon_policy.pdf, consulté le 18 février 2018.

Bignoumba, GS, 2007, Coopération internationale et exploitation des ressources halieutiques au Gabon, 4 *Les Cahiers d'Outre-Mer*, 393, http://journals.openedition.org/com/2581?file=1, consulté le 17 février 2018.

Bignoumba, GS, 2017, Les pêches maritimes en Afrique centrale : les préalables à l'exploitation durable des ressources, *www.noris.revue.org*, consulté le 3 janvier 2017.

Daillier, P, M Forteau & A Pellet, 2009, *Droit international public*, 8e édition, Paris, LGJD.

Doufissa, A, 2007, *Recueil des textes régissant l'élevage, les pêches et les industries animales*, 2ème édition réactualisée, Yaoundé.

Folack, J, 1996, *Étude pour une gestion durable des écosystèmes marins et côtiers du Cameroun*, Rapport final du plan national de gestion durable de l'environnement au Cameroun.

INS / Institut nationale de la statistique du Cameroun, 2013, *Évolution de l'inflation au cours de l'année 2013*, www.statistics-cameroon.org, consulté le 24 février 2017.

INS / Institut nationale de la statistique du Cameroun, 2014, *Évolution de l'inflation au cours de l'année 2014*, www.statistics-cameroon.org, consulté le 24 février 2017.

Lembe, AJ, 2015, *Pêche maritime et développement durable dans les États côtiers d'Afrique centrale : des dysfonctionnements à l'exploitation durable des ressources halieutiques*, Thèse pour le Doctorat en Géographie, Université de Nantes.

MINEPAT / Ministère de l'économie, de la planification et de l'amenagement du territoire, 2008, *Autosuffisance et sécurité alimentaires au Cameroun : une analyse basée sur la flambée des prix des produits alimentaires de première nécessité*, Yaoundé, MINEPAT.

MINEPIA / Ministère de l'elevage, des pêches et des industries animales, 2009, *Enquête-cadre et étude socio-économique auprès des communautés de pêche de la façade maritime du Cameroun*, Rapport, Yaoundé, MINEPIA.

Ngono, LB, 2010, *Les accords de pêche conclus par les États de la CEMAC riverains de l'Océan Atlantique : vers une dynamique de développement du*rable, mémoire de Master 2 recherche en droit international public, Université de Douala.

Njock, JC, 1994, Œuvrer pour le développement des activités de pêche à Limbe, 23 *The IDAF NEWSLETTER*.

PMEDP / Programme pour les moyens d'existence durable dans la pêche / DFID-FAO, 2012, *Contribution de la recherche aux moyens d'existence durables des communautés vivant de la pêche artisanale en Afrique centrale : étude de cas du Cameroun*, document de travail, Yaoundé, PMEDP.

République du Cameroun, 2011, *Document de stratégie du sous-secteur de l'élevage, des pêches et des industries animals*, Yaoundé, Ministère de l'élevage, des pêches et des industries animals.

Standing, A, 2008, *La corruption et la pêche industrielle en Afrique*, https://www.cmi.no/publications/3205-la-corruption-et-la-peche-industrielle-en-afrique, consulté le 14 février 2018.

SECTION 9

MINING AND ENERGY

L'EXPLOITATION MINIÈRE ET L'ÉNERGIE

CHAPITRE 26 :
LE DROIT MINIER CAMEROUNAIS

Michel NYOTH HIOL

1   Introduction

À l'image de certains pays d'Afrique noire, le secteur minier est devenu au Cameroun, le cadre d'une activité économique majeure. À l'origine de ce '*boom* minier', la richesse du sous-sol. En effet, le pays regorge de gisements miniers d'importance mondiale.[1] On y dénombre une grande variété allant du manganèse, du diamant, de l'or, au cobalt etc.[2] Ajoutée à cette carte minière attrayante, des réformes entreprises par le législateur minier et soutenues par des donateurs, en l'occurrence les institutions de Bretton Woods au secours des économies sinistrées. En effet, pour relancer l'activité économique sinistrée dans les années 90, le sous-sol se présenta comme l'une des parades. C'est dans ce sens que les codes et règlements du secteur minier de certains États ont subi des changements majeurs au cours des dernières décennies.[3] Ces réformes avaient pour but d'attirer davantage d'investissements directs étrangers par une réduction de la réglementation des politiques sociales sur le travail libéralisé, des régimes fiscaux et de propriété plus favorables au secteur privé.

Dans le cas particulier du Cameroun, la loi n° 001/2001du 16 avril 2001 portant Code minier fut adoptée et son décret d'application promulgué le 26 mars 2002. Quelques années plus tard, dix-sept articles de la loi de 2001 ont été modifiés par la loi n° 2010/011 du 29 juillet 2010 qui elle aussi vient d'être abrogée par la loi n° 2016/017 du 14 décembre 2016. Ces textes abrogent l'ancien texte minier dans sa rédaction issue de la loi fédérale de 1964,[4] et des textes qui l'ont complété ou modifié à

---

1   Le Cameroun a un potentiel minier énorme. Il constitue la deuxième réserve mondiale de rutile après la Sierra Léonne, et cinquième réserve mondiale de bauxite. Il regorge également plus de huit cents millions de tonnes de fer.
2   Furon (1944).
3   30 États ont adopté de nouvelles législations entre 1990 et 2000, Hetherington (2000).
4   A la suite de ce texte, d'autres ont vu le jour tels : le décret d'application n° 64/DF/163 du 26 mai 1964, fixant les conditions d'application de la loi n° 64/LF/3 du 6 avril 1964 portant régime des substances minérales de la République Fédérale du Cameroun, la loi n° 74/372 du 19 avril 1974 fixant les conditions d'application de la loi n° 73/16 du 7 décembre 1973 portant régime des eaux de source et des eaux minérales ; la loi n° 74/411 du 24 avril 1974 réglementant l'exploitation artisanale de l'or ; la loi n° 78/24 du 29 décembre 1978 fixant l'assiette, les

l'exception de quelques dispositions. Le Code minier vise entre autres à encourager l'activité minière, à relancer l'investissement, et à lutter contre la pauvreté. Pour cela, il redéfinit le rôle et les fonctions de l'État,[5] dans le but de créer un environnement propice à l'activité minière, et un jeu libre des forces du marché. L'on peut dès lors s'interroger sur le régime juridique de la gestion des ressources minières au Cameroun appartenant à l'État[6] du Cameroun qui détermine ainsi les modalités de leur exploitation. D'où la question d'accès aux ressources minières au Cameroun et la sécurité pour l'opérateur minier ? Cette étude vise à démontrer que le cadre juridique d'accès à l'activité minière au Cameroun est attrayant. Il reste tout de même à améliorer la gestion du contentieux, au regard des objectifs de développement visés à travers l'exploitation des ressources minières.

2   Le cadre juridique d'exercice de l'activité minière au Cameroun

La législation sur la gestion des questions minières au Cameroun est très dense et étoffée et poursuit un objectif de sécurisation des ressources minières. Cela se vérifie par la qualification des substances susceptibles d'être exploitées et l'intervention de l'administration à toutes les étapes de l'exploitation pour en préciser les modalités.

2.1   Une diversification des substances relevant de l'exploitation minière au Cameroun

Le Code minier camerounais en son article 4 organise l'activité minière qui regroupe les « opérations de reconnaissance, de développement, d'exploitation, de traitement, d'enrichissement, de transport, de stockage, de chargement de commercialisation, de réhabilitation et de fermeture des sites d'exploitation des substances minérales ».

---

taux et modes de recouvrement des droits fixes et redevances et taxes minières ; la loi n° 90/1477 du 9 novembre 1990 portant réglementation de l'exploitation des carrières ; la loi n° 90/1478 du 9 novembre 1990 modifiant et complétant certaines dispositions du décret n° 81/277 du 17 juillet fixant les modalités d'acquittement de la taxe à l'extraction des produits de carrière et n° 96/337/PM du 30 mai 1996 réglementant l'exploitation artisanale et semi-industrielle, la collecte et la commercialisation des substances précieuses.

5   En effet, deux rôles majeurs sont assignés à l'État : Il est partenaire obligatoire des entreprises minières car l'octroi d'un permis d'exploitation donne lieu à l'attribution à titre gratuit à l'État de 10% des parts ou actions d'apport de la société d'exploitation. Il perçoit les impôts relatifs à l'exploitation minière et régule le secteur minier. Cette situation ambivalente est de nature à générer des conflits d'intérêts entre les différentes fonctions de l'État.

6   L'article 5 (1) du Code minier rappelle effectivement que « les substances minérales contenues dans le sol et le sous-sol du territoire de la République du Cameroun, ses eaux territoriales et son plateau continental sont la propriété de l'État qui exerce ses droits souverains ».

Pour exploiter la mine, il faut déjà identifier la substance, c'est pour cette raison que ce texte organise les ressources minières en deux composantes a savoir les carrières et les mines ainsi que les eaux minérales thermo minérales et les gites géothermiques.

2.1.1 Les carrières et les mines industrielles et artisanales

Les substances minières dont l'exploitation est organisée concernent en priorité les mines et les carrières.

Le Code minier définit la mine comme étant

> les gites de substances minérales non classées dans les carrières, à l'exception des hydrocarbures liquides ou gazeux ou lieu d'exploitation de substances minérales, à ciel ouvert ou souterrain, y compris les installations et le matériel mobilier ou immobilier affectés à l'exploitation.

La définition proposée ne mentionne plus les eaux ni le gaz.[7] Par contre la mine peut être un minerai ou encore une substance minérale potentiellement exploitable sous forme solide liquide ou gazeuse qui survient de manière naturelle sur ou sous la terre. Elle peut être exploitée de manière industrielle ou artisanale et englobe même la petite mine dont la qualification tient compte d'un certain tonnage du produit commercialisable, peu importe la forme dont la quantité est limitée par voie réglementaire[8].

Les carrières par contre sont, selon l'article 4 du même texte, un ensemble de matériaux de construction ou minéraux industriels des phosphates et des installations y dédiées. Elles sont plus connues et très proches des populations qui les utilisent énormément dans le domaine des travaux de bâtiments à travers le sable, la pousoulante, le gravier, etc. Les carrières peuvent faire l'objet d'une exploitation artisanale, industrielle, domestique ou d'intérêt public.[9] L'article 66 du Code minier classe les carrières en quatre groupes à savoir : les carrières artisanales, artisanales semi-mécanisées, d'intérêt public et les carrières industrielles. Comme on le constate, l'appellation mine et carrière renvoie à des matériaux solides qu'on peut exploiter de manière artisanale ou industrielle.

---

7   Les mines étant entendues « comme toute substance minérale sous forme liquide ou gazeuse qui survient de manière naturelle sur ou sous la terre, mais ne comprenant ni l'eau ni le gaz ». Il s'agit de la définition proposée par l'article 2 de la loi n° 001 du 16 avril 2001 telle que modifiée le 29 juillet 2010 portant Code minier.

8   Article 4.

9   Article 64 et ss.

2.1.2   Les eaux minérales thermo-minérales et les gîtes géothermiques

Le Code minier n'a pas limité l'exploitation minière aux seules substances solides, il a étendu l'exploitation aux substances liquides en intégrant les eaux et les gîtes. L'article 4 du Code minier ne donne pas une définition du terme 'eau', mais se limite de lister les différentes sortes d'eaux pouvant faire l'objet d'une exploitation minière. C'est le cas des eaux minérales et des eaux thermo-minérales.

Par eau minérale, on entend une eau d'origine naturelle contenant en solution soit des sels minéraux, soit des gaz ou les deux à la fois et ayant des propriétés thérapeutiques. Cette eau fait l'objet d'une exploitation industrielle et contribue à la lutte contre les maladies hydriques. En revanche l'eau thermo-minérale est une eau minérale à température élevée au point de résurgence.

À côté de l'eau se trouvent les gîtes qui constituent une concentration de substances minérales dans une zone déterminée de l'écorce terrestre. Les gîtes peuvent être géothermiques c'est-à-dire des gîtes enfermés au sein de la terre dont on peut extraire de l'énergie sous forme thermique notamment par l'intermédiaire des eaux chaudes et vapeurs souterraines qu'il contient.

Au demeurant le Code minier camerounais recense plus de cinquante[10] substances minérales susceptibles d'être exploitées, l'énumération de ces substances est une innovation[11], même si le code laisse le pouvoir à l'administration d'inclure ou d'exclure certaines substances minérales du champ d'exploitation.[12] Toujours est-il qu'aucune exploitation minière ne peut être effective sans l'autorisation de l'administration.

2.2   L'obligation d'obtenir un titre administratif

Les mines ainsi que les substances naturelles situées au niveau de la surface terrestre et maritime appartiennent à l'État et sont ainsi sa propriété exclusive. L'article 5 (1) du Code minier soutient effectivement que « les substances minérales contenues dans le sol et le sous-sol du territoire de la République du Cameroun, ses eaux territoriales et son plateau continental sont la propriété de l'État qui y exerce des droits souve-

---

10   Lire article 9.
11   Depuis la loi de 1964 et jusqu'au Code minier de 2001 tel que modifié en 2010 il n'y avait pas une énumération des substances minérales. Il fallait dès lors se référer à la pratique et dans certaines études pour recenser les substances minérales exploitables. Voir Ntep Gweth (2001:49-120) ; Ebang Mve (2015:98).
12   Le classement d'une substance en mine ou carrière peut faire l'objet d'un déclassement par le Ministre des mines. Article 7 (3).

rains ».[13] Le Cameroun s'est inspiré du régime minier français qui détache les ressources minières de la propriété foncière qui maintient les droits à leur propriétaire[14] et rompt avec la pratique américaine qui confère la propriété des mines aux propriétaires des droits fonciers. Ainsi il est à noter qu'aucune activité minière ne saurait être effective sans que l'État se prononce, même s'il faut regretter l'expansion de l'exploitation artisanale primaire.

Toutefois, l'exploitation minière nécessite de lourds investissements qui peuvent être supportés par l'État et de plus en plus par les investisseurs étrangers. Pour ce dernier cas, il faut obtenir un titre minier, l'article 11 du Code minier a institué cinq titres miniers : l'autorisation d'exploitation artisanale, l'autorisation d'exploitation artisanale semi-mécanisée, le permis de recherche, le permis d'exploitation de la petite mine et le permis d'exploitation de la mine industrielle. Dans l'obtention de ce titre, il faut déterminer l'autorité administrative compétente et les modalités de délivrance du titre minier.

2.2.1 La détermination de l'autorité compétente

Pour obtenir un titre minier en fonction de la phase de l'exercice de l'activité minière, on peut se référer à la Présidence de la République, du ministère des mines et des services d'appui.

2.2.1.1 La Présidence de la République

L'article 55 (1) du Code minier précise que « le permis d'exploitation de la mine industrielle est accordé par décret du Président de la République ». Ce texte reprend les prérogatives dévolues au Président de la République par l'article 5 (2) de la loi constitutionnelle n° 96/06 du 18 janvier 1996 qui reconnaît au Président de la République le devoir de veiller au respect de la constitution. En sa qualité de chef de l'administration, il dispose des pouvoirs d'intervention directe sur la titratisation minière. Le texte souligne que le président délivre par décret le permis d'exploitation minière, un acte qui vient sanctionner un dossier entièrement monté par le ministre en charge des mines.

---

13 Le principe selon lequel l'État est propriétaire des ressources naturelles s'étend dans le domaine du pétrole article 3 (1), du gaz article 38 et suivants du Code gazier de 2002 modifiée en 2012 et repris par les articles 10, 41 et suivants et l'eau article 2 (1) de la loi portant régime de l'eau.
14 Il existe ainsi une séparation.

2.2.1.2   Le ministère en charge des mines

L'administration centrale en charge de la titratation minière est le ministère des mines. La réorganisation du gouvernement intervenue en 2011 l'appelle désormais le ministère des mines, de l'industrie et du développement technologique.[15] Ce département ministériel est chargé du suivi du secteur pétrolier en amont et pour le cas du secteur minier, il est responsable de la valorisation des ressources naturelles. L'organisation technique du ministère des mines comprend la direction des mines et de la géologie. Deux organes interviennent dès lors dans la titratation minière à savoir : le ministre en charge des mines et le conservateur minier.

Le ministre en charge des mines attribue le permis de reconnaissance ainsi que le permis de recherche.[16] Il se charge en outre de préparer le dossier d'attribution du permis d'exploitation. De même le renouvellement du permis d'exploitation est de sa compétence ainsi que l'autorisation d'exploitation des carrières[17] et le permis d'exploitation[18] de la petite mine.

Le conservateur minier est une autorité unique agissant sur tout le territoire national qui a pour attribution d'établir et de tenir un registre des titres miniers. Il reçoit les demandes d'attribution et de renouvellement des titres miniers qu'il instruit. Il gère également le cadastre minier qui permet de fournir les informations précises sur les zones de permis miniers attribués ou en cours d'attribution.

Le rôle de l'administration centrale est complété par les services déconcentrés qui interviennent dans la titratation minière notamment le délégué régional des mines qui délivre des titres miniers pour des opérations minières artisanales telles que la carte individuelle de prospecteur et l'autorisation minière artisanale.

2.2.1.3   Les services d'appui

L'administration centrale est appuyée par les cellules d'appui qui sont pour la plupart des outils de suivi, de facilitation et d'aide à la décision. Ils cherchent à rationaliser l'exploitation minière pour assurer un meilleur contrôle. Deux services nous intéressent :

---

15   Décret n° 2011/408 du 9 décembre 2011 portant organisation du gouvernement tel que modifié le 2 octobre 2015.
16   Article 36.
17   Article 75 (1).
18   Article 50 (1).

- Le Cadre d'appui et de promotion de l'artisanat minier (CAPAM)[19] qui constitue un cadre d'appui rattaché au Ministère des mines qui contribue à faciliter l'accès des petits exploitants à l'activité minière à travers les autorisations d'exploitation artisanale. Il s'emploie à ce que les produits issus de l'exploitation artisanale soient écoulés dans les circuits formels.[20]
- La cellule de suivi du projet d'exploitation du gisement de fer Mballam ou encore du comité de coordination et de suivi du projet de développement des gisements de bauxite de mini martap et Ngaoundal.[21]

La détermination de l'autorité administrative compétente débouche logiquement sur la délivrance du titre minier.

2.3 Les modalités de délivrance du titre minier

La participation à l'exploitation minière est subordonnée par l'obtention d'un titre minier qui peut être selon l'article 1 : l'autorisation d'exploitation artisanale, l'autorisation d'exploitation artisanale semi-mécanisée, le permis de recherche, le permis d'exploitation de la petite mine et le permis d'exploitation de la mine industrielle.

L'énumération des titres miniers faite par le Code minier nous amène en réalité en se basant sur le classement proposé par une doctrine récente[22] à distinguer les titres miniers d'exploration des titres miniers de mise en valeur avant d'examiner la procédure de délivrance.

2.3.1 L'identification des titres miniers

Nous insisterons sur le titre minier d'exploration et de mise en valeur. Par titre minier d'exploration, il faut entendre une autorisation administrative qui permet à un investisseur de procéder aux opérations de reconnaissance et recherche pouvant aboutir ou non à l'exploitation minière. Il englobe dès lors le permis de reconnaissance et le permis de recherche.

---

19 Le cadre d'appui et de promotion de l'artisanat minier créé par décision ministérielle n° 228/MINMEE/CAB du 1er Avril 2003.
20 Eban Mve (2015:88.).
21 Article 1er de l'arrêté n° 076/CAB/PM du 4 Avril 2011 portant création, organisation et fonctionnement d'un comité de coordination et de suivi du projet de développement des gisements de bauxite de mini martap et Ngaoundal.
22 Eban Mve (2015:91.).

Le permis de reconnaissance[23] est l'acte juridique délivré par le ministre en charge des mines à une personne morale de droit camerounais pour mener des investigations systématiques et itinérantes de surface par des méthodes géologiques ou géophysiques ou autres faisant appel à de vastes superficies dans le but de déceler des indices ou des concentrations de substances minérales utiles sur une surface ne pouvant excéder 1,000 km². Il est valable pour une durée d'un an renouvelable et il accorde à son titulaire :

- le droit non exclusif et non transmissible de mener des opérations de reconnaissance à l'intérieur du périmètre de reconnaissance ;
- le droit d'entrer dans le périmètre de reconnaissance et d'ériger sous réserve du respect de la législation foncière et domaniale en vigueur, des installations appropriées.

Le permis de recherche[24] par contre est l'acte juridique par lequel le Ministre en charge des mines autorise une personne morale de droit camerounais à mener des investigations destinées à localiser et évaluer les gisements minéraux et en déterminer les conditions d'exploitation commerciale. La durée initiale maximale de trois ans renouvelable pour une période de deux ans sur une superficie ne pouvant excéder 500 km². Le permis de recherche est une transition vers l'exploitation, c'est la raison pour laquelle, il est exigé une convention minière avec l'État.[25]

Les titres miniers de mise en valeur sont des actes juridiques qui accordent à son auteur le droit d'exploiter les substances minières ou des carrières découvertes. On y retrouve l'autorisation d'exploitation artisanale[26] qui est prévue à l'article 22 du Code minier délivré par le délégué régional en charge des mines[27], qui accorde aux personnes physiques camerounaises d'extraire des substances minérales en utilisant les méthodes et moyens manuels peu mécanisés. L'objectif de l'administration est de combattre l'exploitation illégale et donner ainsi la possibilité aux petits artisans de participer à l'exploitation minière. La durée de l'autorisation est de deux ans renouvelables sur une superficie de 100 m².

On y retrouve également le permis d'exploitation. Il est accordé en cas d'exploitation de la petite mine[28] et l'exploitation minière de petite taille, perma-

---

23   Article 31 et ss.
24   Article 36, 37 et ss.
25   Article 40.
26   La délivrance de cette autorisation d'exploitation artisanale nécessite entre autres conditions la détention de la carte individuelle d'artisan. Articles 24 et ss.
27   Le texte ne le mentionne pas expressément et se limite à parler de l'administration en charge des mines, mais le Code minier de 2001 revu en 2010 l'a relevé par contre. Il faut juste souligner que le ministre en charge des mines intervient pour les autorisations d'exploitation artisanale semi-mécanisé.
28   Article 3.

nente, fondée sur la justification de l'existence d'un gisement, utilisant les règles de l'art, des procédés semi-industriels ou industriels et dont la production annuelle ne dépasse pas un certain tonnage du produit commercialisable sous forme de minerai, concentré ou métal, fixé pour chaque substance par voie réglementaire. Elle est une étape entre la mine artisanale et industrielle. De ce fait l'investisseur doit justifier du permis d'exploitation selon l'article 50 (2). Il confère à son titulaire le droit d'extraire les substances minérales, par tout procédé ou méthode conformes aux règles de l'art afin d'en retirer les substances utiles. Il est délivré par le ministre en charge des mines pour une durée de cinq ans renouvelable par période de trois ans. Le permis d'exploitation de la petite mine obéit au même régime juridique du permis d'exploitation de la mine industrielle en raison de la signature de la convention minière et de la détention par l'État de 10%[29] du capital social de l'exploitant minier.

Il peut également être accordé dans le cadre d'exploitation de la mine industrielle. L'article 55 le définit comme étant un titre qui confère à son titulaire le droit d'extraire de la terre ou sous la surface de la terre, des substances minérales, par tout procédé ou méthode conforme aux règles de l'art, afin d'en retirer les substances utiles. Il est accordé pour une durée initiale de 20 ans au plus renouvelable pour une ou plusieurs périodes de dix ans chacune. Pour bénéficier du permis d'exploitation, il faut une convention minière avec l'État du Cameroun et l'obligation pour l'investisseur de céder 10% des actions de son capital à l'État.

2.3.2   La procédure de délivrance des titres miniers

La délivrance des titres miniers est exclusivement administrative et les conditions d'octroi de ces titres tiennent compte de l'existence de la structure, de sa capacité financière et du respect des normes environnementales sans qu'un délai soit imposé à l'administration.

3   Les régimes juridiques d'exploitation des ressources minières et la gestion du contentieux

La mise en œuvre de l'exploitation minière obéit à un régime d'exploitation et peut donner lieu à un contentieux dont les modalités de gestion doivent être déterminées.

---

29   Article 54 (1).

3.1 Une diversification des régimes juridiques d'exploitation des ressources minières

L'exploitation minière au Cameroun est soumise au régime de la concession et du permis d'exploiter.

3.1.1 L'exploitation soumise au régime de la concession

La concession[30] est le régime juridique auquel le Cameroun recourt depuis plusieurs années pour tirer profit des ressources naturelles en confiant leur exploitation aux entreprises étrangères, l'État ne disposant pas assez de moyens financiers pour en assurer l'exploitation. Le régime de la concession existe dans les domaines des hydrocarbures liquides,[31] des hydrocarbures gazeux[32] et dans le régime d'eau et du gaz.[33] L'exploitation minière au Cameroun nécessite une convention minière entre le titulaire du permis de recherche et L'État[34] qui est la base de l'exploitation minière. Il est vrai que le régime de la concession est principalement réservé aux hydrocarbures liquides et gazeux, hors les mines renvoient beaucoup plus aux substances solides et dont non concessibles et ne saurait être soumis a la concession. Mais le code en soumettant l'exploitation des eaux minérales et gîtes qui sont des substances concessibles au régime des mines admet tacitement la concession comme mode de gestion des ressources minières. Cela est d'autant plus vrai que même les substances concessibles, dès leur extraction feront l'objet d'un transport ou d'une transformation, activités soumises à la concession. Ainsi la concession qui est un mode de gestion acceptée entre l'État et l'exploitant minier impartit au concessionnaire, une série d'obligations contenues dans le cahier des charges. De même, elle confère à l'État d'importants bénéfices. Au regard de l'importance des substances minières accordées au minerais, il convient d'examiner la place du permis d'exploiter.

---

30 Sur la question de la concession voir Liet-Veaux (1968:715) ; Abane Engolo (2011).
31 Ce mode d'exploitation concédée au tiers par l'État lui permet d'extraire les hydrocarbures à des fins commerciales et secondaires telles que l'organisation de l'abandon des puits et des gisements des hydrocarbures. Voir Ebang Mve (2015:105).
32 Cela concerne principalement les opérations de transport et de la distribution, même si la transformation, le stockage, l'importation et l'exportation sont soumis au régime de la licence. Essaga (2013:19).
33 L'eau peut être soumise au régime de la concession et de l'affermage.
34 Articles 40 et ss.

3.1.2 L'exploitation soumise au régime du permis d'exploiter

L'exploitation minière particulièrement les substances concessibles se fait sur la base du permis d'exploiter comme le rappelle le Code minier de 2016. En effet, les articles 50 et 55 de ce texte soumettent l'exploitation minière à l'obtention du permis d'exploiter. Il s'agit en fait d'un acte administratif unilatéral délivré par le ministre en charge des mines pour les mines industrielles et la petite mine ou par le délégué régional pour la mine artisanale.

Le permis d'exploiter se distingue de la concession en ce que la durée initiale de la concession est de 25 ans tandis que celle du permis d'exploiter est fluctuante et varie entre cinq ans renouvelables par période de trois ans pour la petite mine ou 20 ans renouvelables pour une période de dix ans à chaque période pour la mine industrielle. De même la concession offre une relation contractuelle qui permet non seulement de procéder aux installations nécessaires pour faire l'extraction et le traitement des mines et le droit de mener toute autre action appropriée pour la réalisation des opérations d'exploitation.

En revanche, le permis d'exploiter est accordé de manière unilatérale laissant penser à un contrat d'adhésion[35] même si la convention minière vient établir une relation contractuelle qui contient des clauses relatives qui vont de l'étude de la faisabilité à la production commerciale de la mine. L'exploitation minière faite sous le régime de la concession ou du permis d'exploiter prévoit les modalités de gestion du contentieux.

3.2 La gestion du contentieux minier

Le contentieux[36] minier renvoie à une opposition de prétentions juridiques relative à l'exercice de l'activité minière entre deux ou plusieurs parties qui est soumise au tribunal. Compte tenu de la complexité du contentieux, il faut identifier les poches de conflits miniers et les mécanismes de leur gestion.

---

35 En raison des obligations sans discussions préalables qui s'imposent à l'exploitant. Il s'agit d'accorder à l'État une participation dans le capital à hauteur de 10% (article 54 (1)), obligation de commencer les travaux dans un délai maximum de deux ans (article 52 (4)), etc.

36 Cornu (2009:174) ; Jeammaud (2001:17).

3.2.1 L'identification des poches des conflits miniers

Le conflit minier a une nature juridique variable pouvant relever du droit public[37] ou du droit privé[38] en fonction des intérêts objet de la contestation. Il peut également relever du droit international[39] et le droit national. Au-delà de la densité des conflits miniers, il va de soi que les poches de conflits miniers sont axées sur trois points : le conflit foncier et domanial, le conflit de l'exploration et le conflit de l'exploitation.

3.2.1.1 Le conflit entre le foncier, le domanial et le minier

Il existe un lien entre l'exploitation minière et les problématiques foncières. En effet l'extraction minière ne se déroule pas uniquement dans les mines, elle se déroule aussi souvent à la surface terrestre sans que le souterrain ne soit touché. Il est dès lors important de définir les différents rapports de droit qui peuvent exister entre le sol[40] et les mines en tant que droits réels. Le législateur minier accepte l'exploitation minière sur la propriété foncière en imposant certaines servitudes ou en expropriant le concessionnaire foncier pour faciliter l'exploitation minière.

---

37 Le conflit minier peut opposer l'État aux collectivités territoriales décentralisées : sur l'empiètement de leur domaine privé. Il peut s'agir aussi du contentieux fiscal minier et enfin de la protection des populations de la collectivité affectée par l'activité minière. Il relève du droit administratif en cas de collisions d'intérêts en raison de l'intervention des organismes publics tels la société nationale des hydrocarbures (SNH) pour un avis motivé quant au renouvellement du titre minier, de l'Institut de recherches géologiques et minières IRGM créée qui peut sur la base des recherches contredire les résultats des opérateurs miniers ayant des permis de recherches. Voir Boré (1997) ; Gballou (2001:17).

38 Le conflit de droit privé oppose l'exécution des clauses résultant du contrat de concession, de la régie, la sous-traitance, les conflits entre opérateurs miniers dans la gestion de la mitoyenneté des titres miniers, les réclamations des populations riveraines contre les opérateurs miniers, etc.

39 Le cas de la pollution marine due au transport ou à l'extraction des ressources minérales, les oppositions sur les ressources minérales en partage dans le cas de l'unité de gisement, les conflits d'exploitations entre les États côtiers ayant des ressources communes. Ebang Mve (2015:191) ; Nyoth Hiol (2017:9).

40 La gestion du sol est organisée par plusieurs instruments juridiques qui classent les terres en domaines public, privé et naturel. voir Les ordonnances 74/01 et 74/02 du 6 juillet 1974 et leurs textes modificatifs (loi de 1980 portant répression des atteintes à la propriété foncière et domaniale, loi du 26 novembre 1983 modifiant les dispositions de l'article 5 de l'ordonnance 74/01 du 6 juillet 1974 etc.) ; la loi n° 76/25 du 14 décembre 1976 portant organisation du cadastre ; le décret n° 76/165 du 27 avril 1976 fixant les conditions d'obtention du titre foncier modifié et complété par le décret 2005/481 du 16 décembre 2005 qui procède à une décentralisation de la gestion foncière ; le décret n° 76/166 du 27 avril 1976 fixant les modalités de gestion du domaine national ; la loi n° 85/09 du 4 juillet 1985 relative à l'expropriation pour cause d'utilité publique.

Le principe d'intérêt général et de propriété de l'État sur les ressources naturelles est l'explication objective de la primauté du titre minier sur le titre foncier. Il existe dès lors un conflit évident, car malgré l'ancienneté d'une population sur une zone donnée, les conflits entre les personnes qui se prévalent des droits fonciers[41] et celles qui se prévalent des droits miniers aboutissent généralement à l'avantage des secondes avec des mesures compensatoires pour les premières.

Dans la gestion du conflit foncier, le législateur adopte l'expropriation pour cause d'utilité publique pour faciliter l'exploitation minière. Cette procédure n'est ouverte que pour les travaux miniers déclarés d'utilité publique et ce, après la signature d'une convention minière[42] pour l'exploitation industrielle et pour la petite mine. Pour les mines artisanales et semi-mécanisées, l'utilisation du sol peut nécessiter le recours aux contrats de bail, de concession ou d'occupation temporaire.[43] Dans le cas contraire, la loi laisse la possibilité aux détenteurs des droits fonciers de trouver un accord avec l'exploitant minier et se référer à l'administration pour arbitrage en cas de conflit.

En cas d'expropriation pour cause d'utilité publique, il existe trois cas de conflits qui opposent l'administration et l'exploitant minier, l'administration et les populations et enfin l'exploitant minier et les populations.[44]

3.2.1.2   Le conflit de l'exploitation minière

L'exploitation minière est la phase la plus importante de l'activité minière qui regroupe le développement, l'exploitation, le traitement, le transport jusqu'à la commercialisation des mines. Cette phase comprend la recherche et la reconnaissance et nécessite absolument une autorisation. Le contentieux peut renvoyer aux conditions d'obtention du titre minier, aux modalités de renouvellement du titre minier qui en principe est un droit lorsque l'exploitant réunit les conditions et si les textes le permettent.[45] De même le contentieux peut naître du non-respect des obligations qui incombent à l'exploitant minier bénéficiaire de l'autorisation. C'est le cas notamment des travaux d'une reconnaissance effectuée au-delà du délai imparti et sans avoir ob-

---

41   Bambi Kabashi (2012:19).
42   Article 106.
43   Article 114.
44   Les conflits majeurs sont relatifs à la détermination du montant de l'indemnisation, à la libération de l'espace exproprié, à la délimitation de la surface de la terre objet de l'expropriation des revendications du montant de l'indemnisation, du défaut ou retard de libération de la terre expropriée. Voir Nyoth Hiol (2016).
45   Voir par exemple la correspondance n° 803/SNH/DG/DEX-A/DPM/CE-Dg/11 du 16 décembre 2011 relatif au renouvellement de la période initiale de la phase de recherche du permis Ngosso Addax, opérateur.

tenu un renouvellement. Il va de soi que les opérations citées ne peuvent être effectives que si l'exploitant minier dispose d'un titre minier qui respecte ses obligations contenues dans la convention minière et beaucoup plus dans la pratique par le cahier de charges. On peut recenser les hypothèses du conflit minier à deux niveaux :

D'abord dans la mise en œuvre de l'exploitation minière c'est-à-dire aux conditions à remplir pour débuter les opérations d'extraction de la mine. Le Code minier soumet ses opérations à l'obtention du titre minier qui peut être source du conflit lors de l'octroi du titre minier ou du renouvellement.

Quant à l'obtention du titre minier, les conditions de délivrance en attendant que les modalités de délivrance soient fixées par voie réglementaire, tiennent compte du statut de l'investisseur qui doit absolument être une personne morale de droit camerounais[46] ayant des capacités techniques et financières pour les mines, même si les personnes physiques[47] peuvent exploiter les carrières. Il peut donc arriver que l'investisseur qui se voit refuser un titre et qui dispose pourtant des capacités saisisse le juge pour exiger la délivrance du titre minier.

Quant au renouvellement du titre minier, il faudrait que la durée du titre accordé arrive à expiration. Cette durée varie selon qu'il s'agit des mines ou des carrières. Pour le cas de la mine industrielle, le permis d'exploitation est accordé pour 20 ans renouvelables pour une ou plusieurs périodes n'excédant pas dix ans.[48] Cette durée est de cinq ans renouvelables par période de trois ans pour la petite mine.[49] En revanche pour l'exploitation des carrières l'autorisation est accordée pour une durée de deux ans.[50] Le Code minier ne précise pas les modalités de renouvellement du titre minier et renvoie aux dispositions réglementaires. Le défaut de renouvellement du titre minier pour un exploitant qui n'a pas commis de faute et qui a fait des investissements peut être à l'origine du conflit.

Ensuite dans l'opérationnalisation de l'activité minière, il s'agit de veiller au respect du contenu du titre minier qui impose les obligations à l'exploitant relativement aux modalités d'exploitation des mines et les atteintes portées à la surveillance administrative telles que la non-transmission des rapports au ministre en charge des mines.[51]

---

46 Article 36.
47 Article 69.
48 Article 56.
49 Article 51.
50 Article 70.
51 Voir arrêté n° 00547/MINIMIDT/SG/DMG/SDAM portant retrait d'un permis d'exploitation de carrière de pierre.

3.2.2   La détermination des mécanismes de résolution des conflits miniers

Le contentieux minier est organisé par le titre dix du Code minier précisément dans les articles 202 et suivants. Le texte consacre les dispositions sanctionnant les fautes constatées dans l'exploitation minière pour non-respect de la règlementation applicable. Ce texte consacre la primauté de la justice étatique dans la résolution du contentieux minier. Seulement l'exploitation minière faisant partie du domaine des affaires, la résolution du contentieux minier passe également par les autres modes de résolution des litiges.

3.2.2.1   Le recours prioritaire aux juridictions étatiques

La procédure de résolution des litiges de l'exploitation minière est principalement judiciaire. Deux faits le justifient :

D'une part, l'exploitation minière se déroule sur le territoire camerounais, les mines demeurent la propriété de l'État. De ce fait, l'application du principe de la lex locci delictis impose que les faits qui se sont déroulés sur le territoire camerounais pendant les opérations d'exploitation minière relèvent de la compétence exclusive des juridictions camerounaises. C'est le cas par exemple des litiges fonciers résultant de l'exploitation minière pour cause d'utilité publique régie par la loi du 4 juillet 1985 relative à l'expropriation pour cause d'utilité publique et aux modalités d'indemnisation ;[52] le cas également de la contestation de la titratisation pour non-renouvellement qui constitue un contentieux administratif, le titre minier étant un acte administratif unilateral.[53] De même, le titre minier peut faire l'objet d'une suspension, d'un retrait tout comme l'administration peut sanctionner ses agents en cas de conflits d'intérêts.[54] Toutes ces hypothèses constituent des sanctions administratives[55] qui ne peuvent être remises en cause que devant les tribunaux étatiques. Il peut en outre s'agir des infractions[56] portées a l'encontre des décisions administratives organisant l'activité minière. La particularité des infractions réside dans le fait que la répression fait intervenir le juge répressif et le droit international[57] a consacré le principe de la compétence mineure des États en matière de répression des infractions.

---

52   Article 12 de la loi de 1985.
53   Owona (1985:189).
54   Article 237.
55   Article 208.
56   Article 216 et ss.
57   Jacquet et al. (2007).

Enfin la compétence des tribunaux camerounais peut être fondée sur le lieu de situation du débiteur exploitant minier. En effet, le législateur réserve l'exclusivité de l'activité minière aux personnes morales ou physiques de droit camerounais. Ainsi, ces exploitants dont le siège se trouve au Cameroun conservent leur patrimoine au Cameroun qui peut supporter les dettes. Ainsi en cas de contentieux miniers les juridictions camerounaises se révèlent compétentes.

D'autre part, la compétence des tribunaux relevant de la volonté des parties. Les parties peuvent décider[58] elles-mêmes en cas de conflit minier d'attribuer compétence à une juridiction d'un État. Cette faculté est exercée par l'insertion, dans le contrat, d'une clause attributive de juridiction ou de compétence par laquelle, les parties décident à l'avance devant quelle juridiction sera porté leur litige dès qu'il sera né.[59] Elle doit être licite, c'est-à-dire intervenir dans une matière où le droit l'autorise et ne doit pas faire échec à la compétence impérative d'une juridiction camerounaise. Une clause attributive de juridiction valable fait échec à la compétence de toute autre juridiction. Le choix de la juridiction camerounaise dépend de la nature du litige et des parties en conflits qui laisse la compétence au tribunal administratif ou de droit privé.[60]

3.2.2.2   Le recours aux modes alternatifs de résolution des différends (MARD)

Le mode alternatif de règlement des conflits (MARC) encore appelé *alternative dispute resolution (ADR)* est une forme de justice dont l'organisation est laissée à la disposition des parties. Il est devenu une pratique courante et qui est le résultat d'une désaffection avérée des acteurs économiques pour une justice étatique trop lente, trop chère et bien souvent complexe.[61]

Le recours aux modes alternatifs de règlement est consacré expressément par le Code minier. En effet, les articles 231 et 232 de ce texte précisent que les parties peuvent recourir à l'arbitrage, à la conciliation ou à la médiation pour résoudre les litiges relatifs à l'application ou à l'interprétation d'une convention minière. Le choix du législateur vers ce mode non juridictionnel de résolution du contentieux confirme l'idée selon laquelle, il est gage de simplicité, de souplesse, de célérité et discrétion. Les parties ayant le choix entre la transaction, la conciliation et l'arbitrage.

---

58 Article 232 du Code minier.
59 Nyoth Hiol (2016:312).
60 N° 2006/022 du 29 décembre 2006 fixant l'organisation et le fonctionnement des tribunaux administratifs ; sur l'article 2 de la loi n° 2006/022 Keutcha Tchapnga (2007:24-29).
61 Pougoue et al. (2000).

La transaction est une convention par laquelle les parties mettent fin à un litige né ou à naître en effectuant des concessions réciproques. Ce mode de résolution a l'autorité de la chose jugée entre les parties pour lesquelles elle est donc obligatoire. Elle est prévue à l'article 232 du Code minier et le juge administratif camerounais l'admet dans la résolution du litige minier en ne se prononçant pas à l'encontre d'un constat d'une transaction faite entre les parties.[62]

La conciliation est un mode de règlement des différends par accord des parties obtenu avec l'aide d'un tiers appelé conciliateur. Cet accord est le plus souvent concrétisé dans un procès-verbal de conciliation signé par les parties et le conciliateur. Elle est obligatoire en droit des affaires de l'Organisation pour l'harmonisation en Afrique du droit des affaires (OHADA) dans la procédure de recouvrement des créances par injonction de payer[63] et dans le droit social en matière du contentieux social.[64] En raison du caractère informel et souple de sa procédure, la conciliation s'introduit efficacement dans le droit des ressources naturelles avec l'article 115 du Code minier et aujourd'hui avec l'article 232 du Code minier.

L'arbitrage peut être défini comme une procédure par laquelle les parties soumettent leur litige à un tiers, personne physique en dehors des juridictions étatiques, pour le voir tranché par ce tiers. Il s'agit d'une juridiction qui a une procédure bien élaborée et prend fin par une sentence arbitrale qui a valeur juridictionnelle et s'impose aux parties. Prévu par l'article 232, du Code minier l'arbitrage s'introduit comme un moyen de résolution efficace du conflit minier. L'acte uniforme du 11 mars 1999 relatif au droit de l'arbitrage permet aux États[65] d'être parties à l'arbitrage à condition qu'il ait été prévu une convention d'arbitrage[66] avant ou lors du litige.

4   Conclusion

La reforme minière intervenue avec la loi n° 2016/017 du 14 décembre 2016 portant Code minier dans la République du Cameroun dénote de la volonté de l'État d'accélérer l'exploitation des ressources minières à travers un cadre juridique at-

---

62   Affaire *MOLUH Seydou c/ État du Cameroun CS/CA* jugement n° 26 du 23/02 (1977).
63   Articles 12 et 26 de l'Acte uniforme OHADA portant procédure simplifiée et de recouvrement des créances.
64   Toute contestation née de l'exécution du contrat de travail ne peut être portée devant le juge judiciaire que si l'inspecteur du travail a été préalablement saisi pour une tentative de conciliation. Nyama (2012:400) ; Bodo (2006:212).
65   Article 2 (2) de l'Acte uniforme de 1999 relatif au droit de l'arbitrage.
66   La convention d'arbitrage peut être une clause compromissoire ou le compromis d'arbitrage. Pougoué et al. (2000:5).

trayant, reste juste à espérer que le volet réglementaire attendu contribuera à atteindre cet idéal.

Bibliographie indicative

Abane Engolo, PE, 2011, Le contentieux des contrats de concession de service publics, séminaire sur le contentieux des contrats administratifs, Kribi, 29 novembre 2011.

Bambi Kabashi, A, 2012, *Le droit minier congolais à l'épreuve des droits fonciers et forestier*, Paris, l'Harmattan.

Bodo, E, 2006, *Le droit du travail par l'exemple*, Yaoundé, SOPECAM.

Boré, L, 1997, *La défense des intérêts collectifs par les associations devant les juridictions administratives et judiciaires*, Paris, LGDJ.

Bouvet, JP, 2004, *L'unité de gisement. Hydrocarbures et autres matières minérales, logiques juridiques*, Paris, l'Harmattan.

Cornu, G, 2009, *Vocabulaire juridique*, 8e edition, Paris, Association Henri Capitant, PUF.

Ebang Mve, UN, 2015, *L'encadrement juridique de l'activité minière au Cameroun*, Paris, l'Harmattan.

Essaga, S, 2013, *Droit des hydrocarbures en Afrique*, Recueil commenté de textes, Paris, l'Harmattan.

Furon, R, 1944, *Les ressources minérales de l'Afrique*, 2e edition, Paris, Payot.

Gballou, J, 2001, *Mine et régionalisation-les conditions d'un développement des régions minières en Côte d'ivoire*, CFSG.

Hetherington, R, 2000, *Exploration and mining titles in Africa: an introductory review*, Hetherington Exploration and Mining Title Services Willloughby NSW, https://www.smedg.org.au/hethnew.pdf, consulté le 3 février 2018.

Jacquet, JM, P Delebecque & S Corneloup, 2007, *Droit du commerce international*, Paris, Précis Dalloz.

Jeammaud, A, 2001, Conflit, differend, litige, 34 *Droits – Revue francaise de théorie, de philosophie et de culture juridiques*, 15.

Keutcha Tchapnga, C, 2007, La réforme attendue du contentieux administratif au Cameroun, 70 *Juridis Périodique*, 27.

Liet-Veaux, G, 1968, L'identification de la concession de service public, *Revue Administrative*, 715.

Ntep Gweth, P, 2012, *Ressources minérales du Cameroun*, Sopecam, Yaoundé.

Nyama, JM, 2012, *Droit et contentieux du travail et de la sécurité sociale au Cameroun*, Presse de l'UCAC, Yaoundé.

Nyoth Hiol, M, 2016, *Le contrat de sous-traitance internationale*, Paris, PUE.

Nyoth Hiol, M, 2016, *Le règlement des litiges fonciers résultant de l'exploitation minière et agricole*, intervention aux 5e journées des Matières premières, Douala, inédit.

Nyoth Hiol, M, 2017, *Le déversement accidentel des hydrocarbures en mer dans le droit de la CEMAC*, Paris, l'Harmattan.

Owona, J, 1985, *Droit administratif spécial de la République du Cameroun*, Paris, EDICEF.

Pougoué, PG, JM Tchakoua & A Fénéon, 2000, *Droit de l'arbitrage dans l'espace OHADA*, Yaoundé, PUA.

CHAPITRE 27 :
LES COMPENSATIONS ENVIRONNEMENTALES FACE AU DÉVELOPPEMENT DE L'INDUSTRIE EXTRACTIVE AU CAMEROUN

Edwige JOUNDA

1 Introduction

La forte richesse prouvée du sous-sol africain (or, bauxite, alumine, aluminium, cobalt, cuivre, diamant, uranium, manganèse et pétrole entre autres), attire dans le continent les plus grandes compagnies minières au monde.[1] Cette forte attraction des grandes multinationales en Afrique s'explique par le fait que l'industrie extractive génère une rente exceptionnelle pour les groupes et les États. L'industrie pétrolière par exemple constitue la principale source de revenus pour des pays comme le Cameroun, le Gabon ou la République du Congo. De l'autre côté, entre 2001 et 2010, le commerce mondial de minerais a été multiplié par cinq pour frôler les 150 milliards d'euros, ce qui fait de lui le poste le plus dynamique du commerce international. Le seul minerai de fer représente la moitié de ces échanges, et a vu son commerce multiplié par 40 sur la même période.[2] Or, l'exploitation pétrolière comme l'extraction des minerais sont des activités ayant le plus fort impact environnemental. Ils regroupent aujourd'hui l'essentiel des impacts sur l'environnement et sur une biodiversité riche et variée, mais déjà très menacée. Ces impacts se traduisent entre autres par : l'ouverture de routes et la déforestation pour atteindre les sites d'exploitation ; la destruction des sols, le détournement de cours d'eau et l'assèchement de nappes phréatiques pour les besoins en eau ; l'affaissement de terrains à cause de l'extraction des ressources du sous-sol ; les pollutions sonores, de l'air, de l'eau et des sols.

Au Cameroun, la mine solide étant devenue une des clés de l'émergence visée à l'horizon 2035, en moins d'une décennie, 101,882 km² ont été attribués en exploration et exploitation minière, représentant environ 20% du territoire national (475,600 km²). On dénombre ainsi 171 permis miniers, parmi lesquels 5 permis d'exploitation délivrés pour le calcaire et le marbre, le nickel-cobalt et le diamant. Pourtant, le Ca-

---

1   Campbell (2010).
2   Duthoit (2012).

meroun manque encore d'expérience et d'expertise dans ce secteur porteur de menaces pour les écosystèmes. On se demande dès lors comment concilier les besoins de développement du pays avec les multiples enjeux de conservation, de protection de l'environnement et de maintien du tissu social. De surcroît, si la mise en place du dispositif juridique appliqué à l'industrie extractive en général et à la conservation de la diversité biologique s'est faite bien avant le démarrage de ce secteur d'activités, ce dispositif intègre-t-il tout de même toutes les modalités de gestion des impacts qui en découleraient, a fortiori les compensations environnementales, garantissant alors le respect des objectifs de conservation visés par le pays.

En effet les compensations environnementales, mieux perçues en anglais sous l'appellation *environmental offsets* pour désigner les mesures compensatoires de l'environnement, désignent l'ensemble des mesures visant à compenser les impacts environnementaux négatifs d'un projet, lorsqu'on a échoué à les éviter[3] ou à les réduire.[4] Les impacts auxquels s'applique la compensation sont alors appelés impacts résiduels du projet, dans le respect de la hiérarchie d'atténuation. La compensation environnementale est dans ce sens l'étape ultime d'une séquence d'atténuation : éviter, réduire, compenser (voir figure 1).

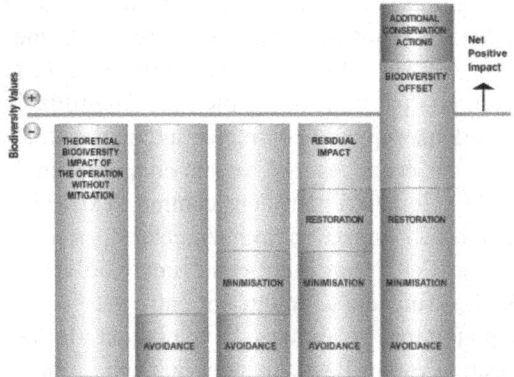

Figure 1 : Éviter, réduire et compenser les atteintes à la biodiversité, Source : Ambatovy Sustainability Report 2013

---

3   Evitement : mesures prises dès l'origine du projet afin d'éviter tout impact négatif sur certaines composantes de la biodiversité, tels qu'un agencement prudent des différents éléments d'infrastructure dans l'espace et le temps. Elles résultent généralement d'une évaluation environnementale.

4   Réduction : mesures prises afin de réduire la durée, l'intensité et/ou l'ampleur des impacts (y compris les impacts directs, indirects et cumulés le cas échéant) lorsque leur évitement total n'est pas réalisable en pratique.

En effet les études d'impact environnemental (EIES) et les plans de gestion assortis permettent de se rendre compte qu'il y a des impacts qui sont d'une telle ampleur qu'ils ne peuvent permettre la remise en état du site affecté. La pollution carbone, l'extinction d'une espèce (flore ou faune) en voie de disparition, ou la radioactivité (exploitation de l'uranium) sont quelques exemples. La compensation environnementale qui intervient après que toutes les possibilités d'atténuation aient été épuisées, permet alors de prendre des mesures visant à restaurer[5] des habitats dégradés, en arrêter ou prévenir les dégradations, à protéger des zones où une perte de biodiversité est imminente ou pressentie. Ces mesures doivent être prises au mieux sur le même site, pour permettre alors d'atteindre le résultat d'aucune perte nette ou l'équivalence écologique (le point où les impacts liés au projet sur la biodiversité sont équilibrés par des mesures prises pour compenser les impacts résiduels, le cas échéant, à une échelle géographique appropriée), sinon sur un autre site. Exceptionnellement, l'entreprise peut réaliser volontairement des mesures additionnelles, pour atteindre un gain net de biodiversité. Ce résultat s'obtient grâce à la mise en œuvre des programmes sur le terrain, pour améliorer l'habitat, et protéger et préserver la biodiversité). Par ailleurs, la conception du mécanisme de compensation de la biodiversité doit se faire en toute transparence et de manière participative, ce qui requiert par conséquent la prise en considération des droits des communautés indigènes et locales, leur consultation effective, et la connaissance ainsi que le respect des pratiques locales et coutumières.

Ainsi, les mesures compensatoires de l'environnement tirent leur importance du fait que contrairement aux pratiques des années 70 où la compensation écologique portait sur la restauration des populations végétales et des habitats fauniques, aujourd'hui le concept a évolué, et on est passé de la seule restauration à la récupération des fonctions écologiques liées au fonctionnement des écosystèmes. Elle consiste dans ce sens à réhabiliter ou protéger une zone présentant les mêmes caractéristiques que la zone dégradée par l'activité.

Il s'agit donc d'un outil de gestion de l'environnement qui dans le contexte Camerounais en particulier est encore perfectible.

---

5   Réhabilitation/restauration : mesures prises afin de réhabiliter des écosystèmes dégradés ou de restaurer des écosystèmes détruits à la suite d'impacts qui ne pourraient pas être totalement évités et/ou réduits.

2   Les compensations environnementales : un outil de réparation de l'impact des industries extractives sur l'environnement

Les compensations environnementales ont été mise en œuvre ou envisagées au Cameroun dans le cadre de deux projets extractifs spécifiques, à savoir le projet pipeline Tchad-Cameroun et le projet de fer de Mbalam.

2.1   Un échec observé dans le cadre du projet pipeline Tchad-Cameroun

Un des projets de compensation volontaire les plus notoires est le projet d'oléoduc Tchad-Cameroun, du consortium Exxon, Shell et Elf, lancé en 2000, et construit pour acheminer le pétrole du Tchad aux ports du Cameroun.[6] A cet effet, l'accord de prêt entre l'État du Cameroun et la Banque mondiale imposait au gouvernement le respect des Directives de la Banque mondiale et de la Société financière internationale (SFI) sur les questions environnementales et sociales, et à la Banque le contrôle de la mise en œuvre de ces Directives. Après les interventions des ONG environnementales et sociales, les partenaires du projet : ExxonMobil, Petronas, et Chevron, ainsi que la Banque mondiale ont travaillé avec le Gouvernement du Cameroun à la mise en place de deux nouveaux parcs nationaux pour atténuer une partie des dommages environnementaux résultant du projet, de 3.7 milliards de dollars américains. Les compagnies pétrolières ont par la suite versé 1.4 et 1.5 millions de dollars américains pour la création et la gestion respectivement d'un parc national dans le Campo Ma'an une réserve près de la région de l'Atlantique du Cameroun et d'un nouveau parc national, Mbam et Djerem, à l'ouest de la forêt de Deng Deng. Cette compensation était gérée par un fonds de conservation : la Fondation pour l'environnement et le développement au Cameroun (FEDEC). Le financement de ce programme de conservation compensatoire a été jugé très insuffisant pour assurer à long terme le financement de la gestion des parcs, et malgré les déclarations à cet effet d'organisations non gouvernementales nationales et internationales, le montant n'a pas été augmenté. De plus, la mise en place de la FEDEC a été retardée. En conséquence la gestion du parc a été entravée. Une société forestière a été en mesure de construire une route d'accès à travers le parc national de Campo Ma'an afin de mieux accéder à sa concession forestière, et à cause de cette voie ouverte, les deux parcs souffrent aujourd'hui de problèmes de gestion (exploitation forestière illégale, braconnage, etc.). Dès lors, la compensation de l'oléoduc Tchad-Cameroun est largement considérée comme un échec. Par ailleurs, le projet a occasionné en moins d'une décennie, deux

---

6   http://vertigo.revues.org/9535?lang=en, consulté le 15 février 2018.

déversements de pétrole dans la mer, au large de la station balnéaire de Kribi (2010), et aucune mesure de réparation n'a jusqu'ici été envisagée. Il s'agit de pollutions des eaux, de destruction d'espèces marines, dans une zone dont l'activité principale est la pêche.

2.2 Les mesures compensatoires prévues dans le cadre du projet de fer de Mbalam

Un autre exemple est le projet de fer de Mbalam, dans lequel s'est lancée depuis 2005 la société australienne Sundance Resources. Le projet qui couvre une superficie de 937 km², porte sur : la construction d'une mine à ciel ouvert d'une durée de vie de plus de 25 ans, située près du parc naturel de Nki ; la construction d'un terminal minéralier dans la zone du port en eau profonde de Kribi ; la construction d'une ligne de chemin de fer dédiée au transport du minerai extrait.

Au titre des impacts environnementaux, et sur la biodiversité en général, cette ligne va ouvrir un nouveau couloir de transport, mais risque aussi d'accroître et de faciliter l'accès des braconniers l'interzone TRIDOM (Trinational Dja-Odzala-Minkebe).[7] Cette ligne traverse aussi les plantations agroindustrielles de HEVECAM et pourrait traverser jusqu'à cinq Unités forestières d'aménagement (UFA) attribuées. Ceci permet d'entrevoir les potentiels conflits entre les différents détenteurs de titres d'exploitation de diverses ressources naturelles. Le gisement de Mbalam est localisé en plus dans la zone considérée comme le château d'eau de toute la zone transfrontalière Cameroun – Congo-Gabon (TRIDOM). Aussi, le mode d'exploitation minière à ciel ouvert prévu aura comme conséquence directe la déforestation complète de toute la zone d'emprise minière, suivi du creusage des vastes étendues. Cela entraînera de fortes perturbations du régime des eaux aériennes et souterraines et par conséquent le dessèchement de tous les cours d'eau qui prennent leurs sources aux pieds des collines minières, ainsi que des perturbations des biotopes de différentes espèces animales et végétales.[8]

Concernant les mesures de gestion environnementale dans le document d'EIES, il est noté en ce qui concerne le respect des textes de lois qu'en l'absence de dispositions camerounaises dans certains domaines, la société applique ses propres normes de performance environnementale, en ligne avec les exigences des normes australiennes pertinentes. Or, aucun contenu, ni aucune référence ne sont donnés ni sur les

---

7   Le TRIDOM est un complexe transfrontalier d'aires protégées du Bassin du Congo, le Cameroun (Dja), le Congo (Odzala) et le Gabon (Minkebe) se sont engagés à promouvoir la conservation, l'utilisation rationnelle des ressources naturelles et le développement durable, en vue de contribuer à la réduction de la pauvreté des communautés locales.

8   Pa'ah (2010).

normes internes de Cam Iron, ni sur les normes australiennes pertinentes, ni sur les champs auxquels ils sont appliquées en préférence à la législation camerounaise. Les mesures prises par la société émanent donc plus d'une volonté à compenser, dans les limites voulues, que d'une contrainte imposée par l'État, d'autant plus que la législation camerounaise comporte plusieurs vides et insuffisances sur cette question. Cela n'a pas empêché qu'en août 2014 Cam Iron obtienne son certificat de conformité environnemental approuvé par le Ministère de l'environnement et du développement durable (MINEPDD).

Pour ce qui est des compensations écologiques, elles visent essentiellement la biodiversité et les émissions de carbone. La mesure de compensation écologique la plus significative vise à sécuriser en zone de conservation l'Unité forestière d'aménagement (UFA) 10-034 (163,952 hectares) de Ngoyla Mintom (l'une des dernières zone de forêt encore intactes au Cameroun) jouxtant le site minier proposé et le canton de Mbalam. La société a reçu l'accord du gouvernement concernant cette proposition en juillet 2012.

Or, pour la compensation de la biodiversité, aucun mécanisme clair ne démontre l'équivalence entre la compensation prévue par l'entreprise et la perte en biodiversité subie. Par ailleurs, l'UFA 10-034 que la société propose de protéger comme mesure compensatoire est une forêt déjà sous l'emprise de la menace (braconnage, sciage sauvage, agriculture itinérante, culture de rente, exploitation artisanale de l'or...) ; on se demande si elle suffit à compenser la perte en biodiversité de tous les aspects du projet : mine, chemin de fer, terminal minéralier, voire les impacts transfrontaliers.

Quand-à la compensation carbone, une analyse a été réalisée en 2014 par Akworth axée sur les compensations environnementales de Cam Iron, avec un focus sur les compensations carbone. L'objectif de cette analyse était de vérifier les arguments et les méthodes utilisés dans l'EIES et PGES pour calculer la valeur réelle de la compensation et toute différence entre la compensation présumée de Sundance et sa valeur réelle. Elle vise également à estimer le coût d'opportunité de la non exploitation, c'est-à-dire ce que le Cameroun gagne ou perd en acceptant l'option d'attribution de l'UFA 10-034. Au terme de cette étude, l'auteur critique les propositions de compensation carbone de Cam Iron, et conteste les résultats de ses calculs. A titre d'exemple, l'EIES dit qu'en évitant l'exploitation forestière, 200 millions de tonne de carbone seront protégées dans l'UFA 10-034. Or, il n'est pas dit parallèlement en compensation de quelle quantité de carbone émis cette compensation est prévue. De plus, une autre société minière, Compagnie miniere de cameroun (détenue par Minerals Afrique de l'Ouest Corporation), détient un permis d'exploration de fer à Djadom, entièrement situé dans cette même UFA 10-034. On peut relever aussi le coût d'opportunité élevé de la non attribution de cet espace à la compagnie Australienne. En effet l'offre financière de Cam Iron pour la conservation de l'UFA 10-034 (645,971 dollars américains par an pendant la phase de développement et 968,956 dollars américains par an pendant la phase de production) sur 25 ans s'élève au total à 23,254,952 dollars américains. Or, le coût d'opportunité total de la non exploitation de l'UFA 10-034 et de la conversion des terres à d'autres fins pendant la durée de vie du projet sur 25 ans s'élève d'après les calculs de l'auteur à 91,933,275 dollars américains, soit une estimation 68,678,323 dollars américains représentant le manque gagner pour le Cameroun.

Le projet de compensations environnementales tel que prévu par le projet de fer de Mbalam sera ainsi un autre exemple de projet voué à l'échec.

3   Les compensations environnementales sont un outil perfectible

Les réflexions spécifiques sur la compensation écologique sont relativement récentes et souvent soumises à controverses. En effet, la légitimité du principe de remédiation environnementale est l'une des questions les plus débattues par l'éthique environnementale, car la compensation écologique sous-tend que l'homme se considère en capacité de recréer à l'identique un milieu qu'il a détruit,[9] ce qui s'avère souvent difficile en raison de la complexité des écosystèmes.[10]

Elle semble de surcroît donner au prélèvement de ressources un blanchiment qui grève toute durabilité et rompt avec le principe de solidarité intergénérationnelle.[11] La compensation serait-elle alors un permis de détruire ? Gobert renvoit ici à la fameuse question d'exploitation ou non des ressources non renouvelables. Il s'agit pourtant de l'option prescrite par les lois de nombreux pays aujourd'hui, comme par les standards internationaux de la SFI, et qui a déjà été mise en œuvre avec échec au Cameroun, dans le cadre du projet pipeline Tchad-Cameroun.

Certains considèrent par ailleurs que la compensation écologique ferait écho au colonialisme. Les pays développés ont majoritairement dégradé leur environnement au profit du développement économique et de leurs populations, et la majorité d'entre eux ont en plus des dispositions très contraignantes en matière de compensations environnementales. La pratique des compensations environnementales en Afrique par des institutions étrangères pourrait freiner le développement des pays les plus pauvres, ce qui maintiendrait les inégalités Nord-Sud.[12]

A côté de ces éléments de controverse, il convient de souligner qu'en plus d'être un outil volontaire, il est quasiment impossible de généraliser un tel mécanisme au Cameroun.

---

9   Katz (1991).
10   Plumwood (2002).
11   Gobert (2010).
12   Gersberg & Quétier (2014).

Une étude de l'UICN fait une catégorisation du mécanisme de compensation fondée sur le caractère contraignant donné à ce mécanisme par les États.[13] Dans plus d'une trentaine de pays, les mesures compensatoires de l'environnement ont un caractère obligatoire, comme aux États-Unis, en Australie, au Canada, dans les 27 États de l'Union européenne, en Suisse, en Nouvelle-Zélande, au Brésil, en Afrique du Sud, au Mexique et en Chine. A titre d'exemple, au cours de la dernière décennie, plusieurs projets ont été retardés de plusieurs mois en France après l'identification d'une ou plusieurs espèce(s) protégée(s).[14]

La majorité des mesures compensatoires mises en œuvre dans le monde sont pourtant issues d'engagements volontaires. Dans ce deuxième cas, les maîtres d'ouvrage choisissent volontairement de compenser au-delà de leurs simples obligations réglementaires. Ces actions de compensation écologique volontaires peuvent alors pour ceux-ci, entrer dans le cadre de la mise en place de bonnes pratiques pour leur stratégie de conservation de la biodiversité. Même si elles peuvent fournir une certaine forme de réparation pour les impacts négatifs d'un projet sur la biodiversité, elles n'atteignent pas le résultat d'une perte nette de biodiversité. Cette seconde catégorie est celle qui est mise en œuvre au Cameroun.

4   La compensation de la biodiversité dans la législation camerounaise : un cadre limité

La loi n° 96/12 du 5 août 1996 portant loi-cadre relative à la gestion de l'environnement, rappelle concernant l'exploitation des ressources minières, qu'elle doit se faire d'une façon écologiquement rationnelle, prenant en compte les considérations environnementales (forêts classées réserves nationales, parcs nationaux, etc. (article 67 (1)). Concernant le mécanisme de compensation de la biodiversité, l'article 19 (2) qui décrit les mentions obligatoires de toute étude d'impact, précise

---

13   UICN- France (2011).
14   On peut citer dans l'Hérault et le Gard, le consortium privé Oc'Via, titulaire du contrat de partenariat pour la réalisation du contournement ferroviaire de Nîmes et Montpellier, qui a ainsi dû déployer 1,800 hectares (acquisitions ou surfaces conventionnées) pour les seules mesures compensatoires, soit le double du foncier nécessaire à l'infrastructure elle-même : un chiffre qui a enflé au fil du projet. Toujours dans l'Hérault, dans le cadre de la réalisation d'une nouvelle autoroute sur 25 km au sud de Montpellier, Vinci Autoroutes a mis en place des mesures compensatoires, avec la mise en pépinière d'espèces de flore en 2014 puis, en 2015, leur transplantation sur 60 hectares, sur le site des garrigues à Fabrègues. Selon Salvador Nunez, directeur d'opérations, la construction d'autoroutes nouvelles sur des dizaines de kilomètres n'est plus envisageable en France à l'avenir, notamment « *du fait des mesures de protection de l'environnement* », voir https://www.lesechos.fr/03/02/2016/LesEchos/22121-087-ECH_la-compensation-ecologique-fait-debat.htm#U6C2crTlvlmhmI2e.99, consulté 18 février 2018.

que toute étude doit comporter obligatoirement l'énoncé des mesures envisagées par le promoteur pour supprimer, réduire et, si possible, compenser les conséquences dommageables du projet sur l'environnement, et l'estimation des dépenses correspondantes. Tel qu'il ressort des dispositions de la loi, le titulaire minier doit compenser « si possible » son impact, dans l'ordre normal de la séquence d'atténuation. La loi ne dit toutefois pas à quoi est rattachée cette possibilité ou impossibilité de compenser, ni de qui elle dépend. En se montrant si peu contraignant et précis, le législateur laisse ainsi aux promoteurs de projets une large marge de manœuvre quant à la compensation écologique.

Dans la loi n° 2016/017 du 14 décembre 2016 portant Code minier, les obligations des titulaires de titres miniers vis-à-vis de l'environnement sont prévues par les articles 135 et suivants, logés au chapitre V intitulé « de la protection de l'environnement ». Il s'agit à l'article 136 de l'obligation de restauration, de réhabilitation et de fermeture des sites miniers. La réhabilitation est définie par le texte comme la remise des anciens sites d'exploitation dans les conditions de sécurité, de productivité rurale, et d'aspect visuel proches de leur état d'origine, de façon durable et d'une manière jugée adéquate et acceptable par les administrations chargées des mines et de l'environnement. Si à travers cette définition le législateur tend à garantir une productivité agro-sylvo-pastorale à la fermeture du site, ou même l'aspect visuel (paysage), rien n'est dit toutefois concernant la récupération des valeurs écologiques de façon spécifique. La loi est muette aussi en ce qui concerne la gestion des impacts régionaux ou transfrontaliers des projets miniers. Aussi, l'évaluation de la qualité de remise en état des sites miniers est laissée à la seule appréciation des administrations suscitées, dont la compétence dans un secteur minier encore embryonnaire au Cameroun est incertaine. De plus, l'article 140 situe le début de la mise en œuvre de ces mesures après l'arrêt des activités minières. Or, la mesure compensatoire doit être conçue pour être mise en œuvre dès le début de la réalisation du projet, par phase et par composante, et un suivi doit être opéré au fur et à mesure de cette mise en œuvre.

Enfin, il est créé à l'article 235 un Fonds de restauration, de réhabilitation et de fermeture des sites miniers et des carrières, destiné à financer les activités de mise en œuvre du programme de préservation et réhabilitation de l'environnement affecté par la réalisation des projets miniers, et alimenté par les titulaires de titres, en fonction des coûts prévisionnels tel que défini dans l'étude d'impact environnemental et social. On peut voir dans cette disposition un penchant du législateur camerounais pour la méthode de fonds de compensation. Or, contrairement au système d'*offset* ou conservation compensatoire qui vise la récupération écologique, l'objectif du fonds de compensation n'est pas la recherche de l'équivalence écologique, mais simplement la contribution aux activités de conservation de la zone impactée par le projet ou pire, d'une autre zone, d'un écosystème différent.

Au regard de ces textes, on pourrait peut-être comprendre pourquoi plusieurs investisseurs étrangers, a fortiori les juniors minières se sentent plus à l'aise à venir exploiter en Afrique que dans leurs pays d'origine : ils profitent des faiblesses des institutions et des vides juridiques, et ne respectent en général même pas le minima établi sur leurs propres territoires en termes de protection de l'environnement. Comme les sections suivantes montrent, les compensations environnementales ne peuvent être généralisées.

4.1 Du fait du manque d'espace

La construction d'un mécanisme de compensation peut se butter à l'indisponibilité d'espace permettant la réalisation de l'objectif d'équivalence écologique.

Au Cameroun, comme on peut le voir sur le schéma ci-dessous, près de 50% de la superficie totale du territoire (475,600 km²) est attribué en exploitation minière (101,882 km²), en exploitation forestière (67,854,64 km²),[15] ou occupée par des aires protégées (40,000 km²). Ce schéma n'intègre pas les projets d'agro industries, de barrages hydroélectriques, d'infrastructures, ou l'espace réservé à l'urbanisme (habitat). En intégrant ces autres espaces, il n'existe donc quasiment plus d'espace disponible au Cameroun pour mettre en place un nouveau projet de compensation environne-m(

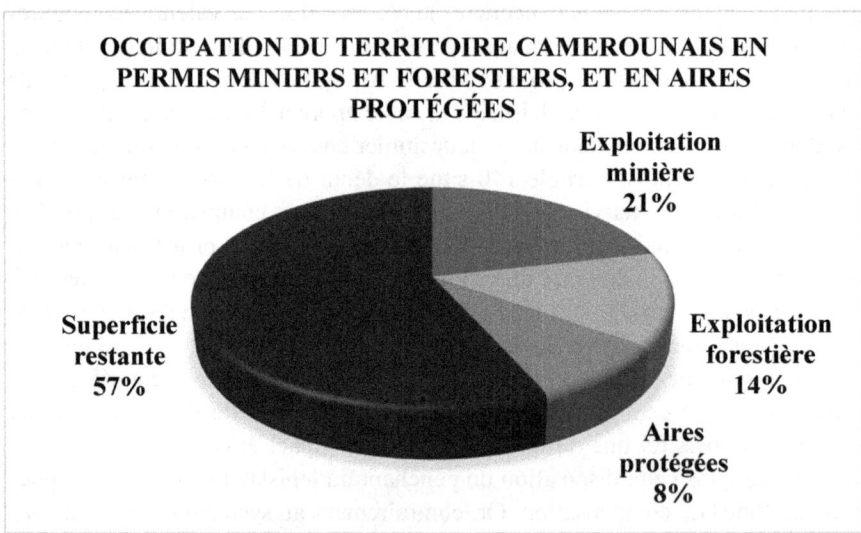

Figure 2 : Occupation du territoire camerounais en permis miniers et forestiers, et en aires protégées. Source : L'auteur.

---

15   WRI & MINFOF (2014).

4.2   Manque de moyens financiers des investisseurs

Comme nombreux pays d'Afrique, le Cameroun est bondé de juniors minières[16] qui viennent sur le continent non pour exploiter, mais pour faire des spéculations, sur la base desquelles ils tirent de gros profit sans même qu'un gramme de minerai ne sorte jamais du sous-sol. Il s'agit d'entreprises peu expérimentées, et dotées de moyens financiers très limités pour ce secteur d'activités, mais qui maîtrisent par contre les ruses nécessaires pour s'y enrichir illégalement. Si Exxon peut payer pour la création de deux aires protégées pour compenser ses impacts sur l'environnement, ou Sundance Resources pour la conservation d'une UFA, celles-là par contre ne disposent ni de moyens et encore moins de volonté pour seulement mener à bien une étude d'impact environnementale.

4.3   Les risques sociaux

S'il est important, voire capital de prévoir et de mettre en œuvre des compensations environnementales, il faut reconnaître que paradoxalement, celles-ci sont source de nombreux conflits sociaux. La mise en œuvre d'un projet extractif donne lieu déjà à l'expropriation des communautés riveraines, locales comme autochtones, ou à la limitation de leurs droits. Ce premier phénomène crée automatiquement de gros conflits entre les populations concernées et l'entreprise. Si doublée, à cela, pour le même projet, il faille au compte des compensations environnementales geler de grandes surfaces occupées par des communautés ou les convertir en aires protégées, il est évident que cela aggravera les conflits existants ou en créera davantage. Dans le parc de Boumba Beck et Nki créé pour compenser les impacts environnementaux du projet pipeline Tchad-Cameroun précité par exemple, les peuples autochtones Bakas ont vu leurs droits d'accès aux espaces forestiers (où ils menaient leurs activités traditionnelles de chasse, cueillette, ramassage, repos, culte, etc.), réduits par les services de conservation. Par conséquent, les Bakas ne mangeaient plus à leur faim, et ne pouvaient plus utiliser les ressources de la forêt pour répondre à leurs problèmes ponctuels au quotidien ; leur mode de vie était considérablement menacé et sa pérennité remis en cause. Les populations se sont alors trouvées obligées d'entrer clandestinement dans les espaces forêts des parcs, avec la peur d'être attrapées et molestées par les services de conservation, ce qui a créé une psychose généralisée dans leurs esprits.

---

16   http://www.lesafriques.com/l-arnaque-des-juniors-minieres-en-afrique/l-arnaque-des-juniors-minieres-en-af.html?Itemid=342?articleid=16512, consulté le 15 février 2018.

5 Conclusion

Au vu du rythme d'attribution des permis extractif, dans quelques décennies, le Cameroun n'aura plus ni ressources dans son sous-sol (ressources non renouvelables de surcroit), ni ressources financières (du fait des mauvaises négociations) ni biodiversité exceptionnelle (du fait des faiblesses des textes en matière de conservation et de gestion de l'environnement), et se trouvera donc entièrement mendiant de ses propres ressources passées aux mains d'autres.

Fort heureusement, l'industrie extractive est encore peu développée dans le massif (peu de projets entrés en phase d'exploitation), mais plusieurs projets d'exploration sont en cours, isolés ou chevauchant les uns sur les autres, ou sur les aires de conservation. S'ils entrent dans la phase d'exploitation, ces projets auront des impacts extrêmement difficiles à réparer sur cet environnement si fragile mais pourtant si convoité. Or, de même que le pays dispose d'espace insuffisants pour permettre de compenser ces impacts, et de textes juridiques encore faibles pour garantir une réparation des écosystèmes dégradés, de même les juniors minières qu'il laisse entrer sur son territoire ne dispose pas d'assez de moyens ni de volonté pour mettre en œuvre des compensations environnementales. Il est dès lors capital que le pays prennent des décisions tendant vers la renonciation à l'exploitation ou à son report à un horizon où les conditions de formation et renforcement des institutions, de révision et amélioration des dispositions environnementales légales, et enfin de meilleure connaissance des écosystèmes seront réunies.

Bibliographie indicative

Campbell, B, 2010, *Ressources minières en Afrique. Quelle réglementation pour le développement ?*, Ottawa, PUQ.

Duthoit, A, 2012, *Mining Groups-World*, Paris, Xerfi Global.

Gersberg, M & F Quétier, 2014, *La compensation écologique dans le Bassin du Congo*, Étude prospective sur l'applicabilité des mécanismes de compensation écologique (biodiversity offsets) dans le bassin du Congo, https://www.cofortips.org/content/download/4187/31856/, consulté le 15 février 2018.

Gobert, J, 2009, Compromis compensatoires : une régulation socio-politique des conflits environnementaux en Allemagne ?, 41 (3) *Revue d'Allemagne et des pays de langue allemande*, 379.

Katz, E, 1991, Restoration and redesign: the ethical significance of human intervention in nature, 9 (2) *Restoration and Management Notes*, 91.

Pa'ah, PA, 2010, *Droits des communautés confrontées aux zones minières exclusives transfrontalières: cas des communautés transfrontalières des mines de fer et d'or de Mbalam au Cameroun*, http://g3forest.org/userfiles/file/G3/CaseStudies/GACFCasestudies/CameroonLocalRights.pdf, consulté le 15 février 2018.

Plumwood, V, 2002, *Environmental culture: the ecological crisis of reason*, London, Routledge.

UICN / Union internationale pour la conservation de la nature, 2011, *La compensation écologique : etat des lieux et recommandations*, Paris, UICN.

WRI / World Resources Intitute & MINFOF / Ministry of Forestry, 2014, *Cameroon's forest estate 2014*, Yaoundé, WRI & MINOF, http://www.wri.org/sites/default/files/uploads/CMR_Poster_2014_english.pdf, consulté le 15 février 2018.

CHAPITRE 28 :
LE DROIT CAMEROUNAIS DE L'ÉNERGIE

Michel NYOTH HIOL

1   Introduction

L'énergie est la capacité d'un système à produire un travail entraînant un mouvement, de la lumière ou de la chaleur. Étudier les énergies, revient à opérer la distinction entre énergie primaire[1], énergie secondaire et énergie finale[2] et à montrer
l'importance de l'énergie qui est considérée comme étant une vie, une prospérité et
un formidable moteur de productivité.[3] L'encadrement juridique de l'énergie date
depuis la période coloniale et les mutations énergétiques permettent à l'État de poursuivre celle-ci en adaptant la construction normative[4] aux exigences de la mondiali-
sation. Le droit de l'énergie, au côté duquel se greffe le droit de l'électricité, est
l'ensemble des règles régissant les rapports entre les usagers du service public de
l'électricité[5] applicable dans un pays.

L'énergie est un bien de première nécessité dont l'accès au Cameroun est reconnu
comme un droit. Elle est devenue indispensable à la vie courante et constitue une
composante essentielle de la compétitivité des entreprises. Par conséquent, il n'y a
pas de développement économique ni de progrès social sans une énergie électrique
disponible et accessible en quantité et en qualité.[6] Considérant cette réalité impla-

---

1   Énergie humaine et animale, énergie hydraulique, énergie des marées, hydrocarbures, biomasse, nucléaire, énergie solaire.etc.
2   Eclairage, froid, chauffage.
3   Sapy (2013:19).
4   La réforme de 1998 et l'amélioration du cadre institutionnel avec la privation du secteur de
l'électricité et la mise en oeuvre d'un plan de développement du secteur électrique, visant la
création à l'horizon 2012, de trois barrages hydro-électriques et d'une centrale thermique pour
une puissance cumulée supplémentaire de 800 MW.
5   Sablière (2015:6).
6   Le Cameroun a mis en place le Plan d'action national énergie pour la réduction de la pauvreté
(PANERP) pour améliorer la qualité de service rendu par les secteurs prioritaires dans la lutte
contre la pauvreté (éducation, santé, développement rural, etc.). Le bilan de la consommation
énergétique au Cameroun indique encore 65% d'énergie traditionnelle, 21% pour les produits
pétroliers et 14% pour l'électricité. Quelques chiffres révélateurs de la situation. Santé : 45%
des centres de santé en zones rurales sont approvisionnés. Éducation : 31% des structures sont
approvisionnées etc. Voir PNUD (2014:162).

cable, le gouvernement camerounais fait de l'électricité l'une des priorités de son action en multipliant les organes de gestion de l'électricité et en diversifiant les sources de production, de transport et de distribution de l'énergie.[7] En nous focalisant sur la loi n° 2011/022 du 14 décembre 2011 régissant le secteur de l'électricité au Cameroun, il sera question de montrer que le législateur camerounais facilite l'accès à l'énergie et améliore la gestion du contentieux.

2 Le régime juridique d'accès à l'exploitation énergétique

La loi n° 2011/022 du 14 décembre 2011 régissant le secteur de l'électricité au Cameroun fixe les conditions d'accès a l'exploitation de l'énergie et le régime juridique d'exploitation. Pour cela, les sources de l'énergie sont diverses au Cameroun et concernent la mer, la biomasse, géothermique, solaire photovoltaïque, éolienne et solaire thermique.[8]

2.1 L'identification des conditions d'accès à l'exploitation énergétique

L'accès à l'activité énergétique nécessite la maîtrise préalable des différentes phases d'exploitation de l'énergie avant les précisions sur les modes d'exploitation.

2.1.1 La maîtrise préalable des phases de l'exploitation énergétique

L'exploitation des sources énergétiques englobe trois phases : la production, le transport et la distribution.

La production[9] est la première phase de l'exploitation énergique et renvoie à la génération d'électricité par tout moyen. L'énergie est produite par une personne physique ou morale titulaire du droit d'exploitation d'une installation destinée à générer de l'électricité à partir de toute source d'énergie qui vend et fournit sa production

---

7   Voir par exemple le décret n° 2012/501 du 7 novembre 2012 portant organisation du ministère de l'énergie et de l'eau, le décret n° 99/125 du 15 juin 1999 portant organisation et fonctionnement de l'agence de régulation du secteur de l'électricité le décret n° 99-193 du 8 septembre 1999 portant organisation et fonctionnement de l'agence d'électrification rurale, le décret n° 2006/406 du 29 novembre 2006 portant création de la société electricity development corporation.

8   Article 5.

9   RACE (2011:26). Les sources de production de l'énergie sont : Biomasse 53%, électricité 4.3%, produits pétroliers 42.7%, soit un total : 8,521 ktep (1 tep (tonne d'équivalent pétrole) = 11,628 kWh).

d'électricité à des tiers. La Production de l'énergie peut être décentralisée lorsqu'il s'agit d'une unité de production d'électricité destinée à satisfaire les besoins en électricité des usagers situés loin des réseaux interconnectés et ne pouvant s'y raccorder à moyen terme. La fonction de production de l'énergie au Cameroun est assurée principalement[10] par la société Eneo Cameroun. Sa nouvelle appellation de la société en charge de la gestion de l'électricité appartenant au groupe ACTIS qui a bénéficié du renouvellement de la concession privée le 23 mai 2014 reprenant les actions de la société d'AES-SONEL et de ses sœurs KPDC et DPDC AES-Sirocco Limited, une filiale de AES Corporation qui contrôlait alors 51% du capital conformément à la concession signée le 17 juillet 2001 entre le gouvernement camerounais et le groupe AES corporation. La loi de 2011 détermine les conditions d'établissement et d'exploitation des installations de production d'électricité, des conditions pour être opérateurs producteurs d'électricité, la procédure d'instructions des dossiers d'opérateur de production d'électricité, le régime juridique applicable.[11]

Le transport de l'énergie est la deuxième opération de l'exploitation de l'énergie et consiste en l'acheminement de l'électricité de très haute tension en vue de sa délivrance aux distributeurs, exportateurs, grands comptes ou pour ses propres besoins. Il est assuré par une personne morale titulaire d'une concession de transport d'électricité et responsable de l'exploitation, de la maintenance, et si nécessaire, du développement de ladite concession de transport et de ses interconnexions avec d'autres réseaux. Actuellement l'opération de transport de l'énergie est assurée par Eneo bénéficiaire du renouvellement de la concession de 2001 qui avait entre autres missions la gestion du réseau de transport.[12] Toutefois, le Président de la République par décret n° 2015/454 du 8 octobre 2015 a créé la Société nationale de transport de l'énergie (SONATREL) qui est une entreprise appartenant à l'État ayant pour mission d'assurer sur le territoire national, le transport de l'énergie et la gestion du réseau de transport. L'entrée en fonction de cette entreprise mettra dès lors un terme[13]

---

10   Il existe également la société GAZ du Cameroun Sa, anciennement appelée Rodeo Developpement une filiale de la société Victoria Oil and Gas qui produit et distribue le gaz naturel sous forme d'électricité industrielle auprès de plusieurs entreprises situées dans la ville de Douala.
11   Article 11 de la loi soumet l'exploitation énergétique au régime de la déclaration, d'autorisation, de la concession de la licence et de la liberté.
12   Le réseau de transport est constitué des lignes haute tension (HT), moyenne tension (MT) et basse tension (BT), soit 43,236 km selon, voir rapport MINEE (2012).
13   *L'article 2 alinéa 1er du décret, précise que la SONATREL* « a pour objet le transport de l'énergie électrique et la gestion du réseau de transport, pour le compte de l'État ». Le conseil d'administration par résolution n° 005/2017/CAO/SONATREL du 28/02/2017 tenue le 28 février a désigné les membres et l'État du Cameroun lance le processus de transfert des actifs de Eneo à la SONATREL.

au transport de l'énergie effectué par la société Eneo qui se limitera ainsi à la production et à la distribution de l'énergie.

La distribution est la dernière étape dans le circuit d'exploitation de l'énergie, car c'est la phase de la commercialisation de l'énergie. Elle est l'établissement et l'exploitation des réseaux électriques de moyenne et basse tension en vue de la vente de l'énergie au public. Cette opération est assurée par toute personne morale ou physique qui établit et / ou exploite des réseaux électriques de moyenne et de basse tension et qui vend et / ou fournit de l'électricité aux usagers. En vertu du contrat de concession de 2001, cette mission est principalement assurée par la société Eneo.

2.1.2   La définition des différents modes d'exploitation énergétique

L'exploitation ou la distribution de l'énergie suppose que l'on identifie les principaux modes de production de l'énergie au Cameroun. Si l'énergie au Cameroun peut être produite par la mer, la biomasse, géothermique, solaire photovoltaïque, éolienne et solaire thermique, il faut souligner que les principales sources de production de l'énergie sont les barrages hydroélectriques et les centrales thermiques.

2.1.2.1   Les barrages hydroélectriques

Les barrages hydroélectriques constituent à ce jour la principale[14] source de production de l'énergie au Cameroun. Ils renvoient aux réservoirs implantés dans les courants d'eaux et dont la transformation aboutit à la production de l'énergie. Ils occupent 26% de la production de l'énergie et le Cameroun compte plusieurs barrages parmi lesquels le barrage de Song Loulou, le barrage d'Edéa[15] et le barrage de Lagdo. À ces barrages en activité, l'État du Cameroun a entamé la construction des barrages de Lom Pangar, de Memve' ele (190 MW, river Ntem), Mbakou, de Mape et d'autres barrages sont en projet tels que le barrage de Kikot, de nachtigall de Njock (130 MW, river Nyong) du Noun / Bangangte (44 MW, river Noun) et de Bini-el-Warak (75 MW, RIN). Le recours a la construction des barrages poursuit l'objectif d'accroître l'offre en énergie.

---

14   Le Forum minier de 2009.
15   Le barrage d'Edéa produit 265 MW, celui de Songloulou : 396 MW et celui de Lagdo 72 MW soit 733 MW. À ces barrages de production, il faut ajouter les barrages de retenue d'eau que sont Mbakaou : 2.6 milliards de m3 de Bamendjin : 1.8 milliards de m3 et Mape : 3.2 milliards de m3 pour une production totales 7.6 milliards m3 de retenue. Voir MINEE (2012:26).

2.1.2.2   Les centrales thermiques

Les barrages ne sont pas les seules sources de production de l'énergie au Cameroun et la crise énergétique découverte dans les années 2000 après la privatisation de la société nationale d'électricité a contraint l'opérateur à construire les centrales thermiques pour améliorer l'offre en énergie. Aussi, l'État du Cameroun a mis en place deux centrales à savoir :

- la centrale de Yassa au fuel lourd avec une capacité de 88 MW dont 44 MW en activité depuis 2009 ; et
- la centrale à gaz de Kribi pour une production de 216 MW extensible à 330 MW et également opérationnelle depuis 2012.[16]

2.2   Les conditions liées au régime d'exploitation énergique

L'exploitation énergétique au Cameroun est soumise principalement au régime de la concession. Mais à côté de ce régime, la loi prévoit le recours à d'autres régimes d'exploitation.[17]

2.3   La prééminence du régime de concession

La concession[18] est le régime juridique auquel le Cameroun recourt depuis plusieurs années pour tirer profit des ressources naturelles en confiant leur exploitation aux entreprises étrangères, l'État ne disposant pas assez de moyens financiers pour en assurer l'exploitation. Le régime de la concession existe dans les domaines des hydrocarbures liquides[19], des hydrocarbures gazeux[20] et dans le régime d'eau et du gaz.[21] Il importe de déterminer l'autorité compétente ainsi que les modalités de délivrance.

---

16   Sur le Parc de production d'électricité, les infrastructures du secteur de l'électricité comprennent : trois centrales hydroélectriques, trois barrages-réservoirs de régularisation du fleuve Sanaga, cinq centrales thermiques connectées au réseau Sud ; une centrale thermique connectée au réseau Nord au niveau de Djamboutou ; une centrale thermique connectée au réseau Est au niveau de Bertoua. Une trentaine de petites centrales « diesel » isolées dans le pays ; une centrale thermique de Yassa Dibamba, Les auto-producteurs et un groupe de trois centrales thermiques de 60 MW (Bamenda, Mbalmayo et Ebolowa) mises en œuvre en 2011 à la faveur du Programme thermique d'urgence (PTU), auquel il faut ajouter une centrale de 40 MW en location (Yaoundé-Ahala). Sur la question voir PNUD (2014:40).

17   Article 11.

18   Sur la question de la concession voir, Liet-Veaux (1968:715) ; Abane Engolo (2011:4).

19   Ce mode d'exploitation concédée au tiers par l'État lui permet d'extraire les hydrocarbures à des fins commerciales et secondaires telles que l'organisation de l'abandon des puits et des gisements des hydrocarbures.

2.3.1   La détermination de l'autorité compétente

Le droit de l'énergie est intimement lié, au régime politique de l'État considéré. Pour le cas particulier du Cameroun, caractérisé par un régime présidentialiste fort, le poids du Président de la République, dans la prise des décisions stratégiques et souveraines concernant le service public d'électricité est une réalité. C'est ainsi que la décision finale de cession des actifs d'AES SONEL à ACTIS est revenue au Président de la République. Il nous semble aussi important de relever par ailleurs que les techniques du régime parlementaire rationalisé ont conduit à effriter le rôle du Parlement dans la reconnaissance constitutionnelle de l'activité énergétique comme relevant du domaine législatif. De même, dans le cadre de l'élaboration de la vision et la stratégie nationale de développement de l'électricité et du contrôle parlementaire des activités électriques, on ne ressent véritablement pas l'action efficace d'un système parlementaire bicaméral, doublé d'un système politique et démocratique fortement critiqué.

À la faveur du décret n° 2012/501 du 7 novembre 2012 portant organisation du Ministère de l'eau et de l'énergie, ce département ministériel est devenu un acteur important dans l'exploitation des ressources énergétiques au Cameroun. L'article 1er précise que le Ministère de l'eau et de l'énergie est placé sous l'autorité d'un ministre et a pour mission d'élaborer, de mettre en œuvre et d'évaluer la politique du gouvernement en matière de production, de transport et de distribution de l'énergie et de l'eau.

Il assure la tutelle des établissements et des sociétés de production, de transport, de stockage et de distribution de l'électricité, du gaz, du pétrole et de l'eau, il délivre les autorisations, etc.

Le ministère comprend la direction de l'électricité qui a sa tête un Directeur. L'article 23 de la loi précise que la Direction de l'électricité est chargée de :

- la conception, de la formulation et de la mise en œuvre des stratégies dans le secteur de l'électricité ;
- la promotion des activités du secteur de l'électricité ;
- du contrôle des activités de production, de transformation, de transport, d'importation, d'exportation et de vente de l'électricité en liaison avec les administrations et organismes concernés ;
- la promotion, de la maîtrise et de la valorisation des énergies renouvelables ;

---

20   Cela concerne principalement les opérations de transport et de la distribution, même si la transformation, le stockage, l'importation et l'exportation sont soumis au régime de la licence. Essaga (2013:19).
21   L'eau peut être soumise au régime de la concession et de l'affermage.

- la planification et du développement de l'électrification, en liaison avec les institutions et organismes compétents ;
- l'élaboration des standards techniques et des règles de sécurité dans le secteur de l'électricité, en liaison avec les ministères et organismes concernés ;
- du contrôle de la conformité des équipements et installations électriques ;
- l'analyse des rapports d'activités techniques des établissements publics et des sociétés à capital public du secteur de l'électricité ; et
- la tarification de l'électricité, en liaison avec les ministères et organismes concernés.

L'Agence de régulation du secteur de l'électricité est créée par décret n° 99/125 du 15 juin 1999 portant organisation et fonctionnement de l'Agence de régulation du secteur de l'électricité. L'article 2 dudit texte précise que l'Agence est placée sous la tutelle de l'Administration chargée de l'électricité qui, à ce titre, définit la politique de l'État dans le secteur concerné. Les missions de l'agence sont déterminées par l'article 3 et consistent à assurer la régulation, le contrôle et le suivi des activités des exploitants et des opérateurs du secteur de l'électricité. À ce titre, l'Agence est chargée notamment de :

- participer à la promotion du développement rationnel de l'offre d'énergie électrique ;
- veiller à l'équilibre économique et financier du secteur de l'électricité et à la préservation des conditions économiques nécessaires à sa viabilité ;
- veiller aux intérêts des consommateurs et d'assurer la protection de leurs droits pour ce qui est du prix, de la fourniture et de la qualité de l'énergie électrique ;
- promouvoir la concurrence et la participation du secteur privé en matière de production, de transport, de distribution, d'importation, d'exportation et de vente de l'énergie électrique dans les conditions objectives, transparentes et non discriminatoires ;
- soumettre à la signature de l'autorité compétente, après avis conforme, les contrats de concession, ainsi que les demandes de licence et d'autorisation ;
- mettre en œuvre, suivre et contrôler le système tarifaire établi, dans le respect des méthodes et procédures fixées par les lois et règlements en vigueur ;
- assurer dans le secteur de l'électricité le respect de la législation relative à la protection de l'environnement ;
- veiller au respect, par les opérateurs du secteur, des conditions d'exécution des contrats de concession, des licences et des autorisations ;
- veiller à l'accès des tiers aux réseaux de transport d'électricité, dans la limite des capacités disponibles ;
- suivre l'application des standards et des normes par les opérateurs du secteur de l'électricité ;

- veiller à l'application des sanctions prévues par la loi ;
- élaborer, de concert avec les professionnels de l'électricité, les standards et normes applicables aux activités et aux entreprises du secteur et de les soumettre à l'homologation de l'Administration chargée de l'électricité ;
- veiller également au respect du principe d'égalité de traitement des usagers par tout exploitant ou opérateur du secteur de l'électricité ; et
- contribuer à l'exercice de toute mission d'intérêt public que pourrait lui confier le Gouvernement pour le compte de l'État dans le secteur de l'électricité.

L'Agence d'electrification rurale (AER) est créée par le décret n° 99/193 du 8 septembre 1999 portant organisation et fonctionnement de l'AER. L'article 1er de la loi précise que L'Agence est un établissement public administratif doté de la personnalité juridique et de l'autonomie financière qui siège à Yaoundé même si ledit siège être transféré en tout autre lieu du territoire national, sur délibération du conseil d'administration.

Cette organisation, précise l'article 2 du décret, est placée sous la tutelle de l'administration chargée de l'électricité qui, à ce titre, définit la politique de l'État dans le secteur concerné. Elle est chargée de promouvoir l'électrification rurale. À ce titre, elle accorde aux opérateurs et aux usagers l'assistance technique et éventuellement financière, nécessaire au développement de l'électrification rurale.

L'*Electricity Development Corporation* (EDC) est créé par décret n° 2006/406 du 29 novembre 2006, la société EDC a pour objet de :
- gérer, pour le compte de l'État, le patrimoine public dans le secteur de l'électricité ;
- d'étudier, de préparer ou de réaliser tout projet d'infrastructures dans le secteur de l'électricité qui lui est confié par l'État ; et
- participer à la promotion des investissements publics et privés dans le secteur de l'électricité.

Par ailleurs elle est chargée :
- d'assurer la conservation du patrimoine public dans le secteur de l'électricité et à cet effet de prendre en inventaire les biens financés par l'État ou revenant à l'État au cours ou à la fin de toute concession, d'en assurer, en ce qui la concerne, la gestion comptable et financière et de négocier, le cas échéant, les conditions financières de la mise en exploitation desdits biens ;
- de prendre et de suivre, éventuellement, des participations au capital d'entreprises opérant dans les domaines de la production, du transport, de la distribution, de la vente, de l'importation et de l'exportation de l'électricité ;
- de conduire ou de participer à des études de toute nature relatives à la mise en valeur des ressources énergétiques du pays et au développement général du secteur de l'électricité ;

- d'assurer la construction et l'exploitation des ouvrages de régularisation des eaux de bassins et notamment du barrage-réservoir de Lom Pangar, ainsi que l'exportation directe des barrages réservoir de Mbakou, de Bamendji et de Mape conformément aux dispositions pertinentes des contrats de concession existant entre l'État et certains opérateurs du secteur ;
- d'intervenir directement à titre transitoire, comme opérateur ou exploitant, dans le but exclusif d'assurer la continuité du service public en cas de défaillance d'un opérateur ou d'un exploitant, ou en attendant la désignation de celui-ci ; et
- d'exercer toutes activités ou opérations industrielles, commerciales, financières, mobilières ou immobilières au Cameroun ou à l'étranger, sous quelque forme que ce soit, dès lors que ces activités ou opérations peuvent se rattacher directement ou indirectement à son objet social ou à tous objets similaires, connexes ou complémentaires.

2.3.2 Les modalités d'obtention de la concession

La loi de 2010 soumet les activités de stockage d'eau établi sur le domaine public, pour la production d'électricité, de production notamment hydroélectrique, établie sur le domaine public, de gestion du réseau de transport d'électricité et distribution d'électricité au régime de concession.

La concession est accordée par le Président de la République à l'opérateur ayant satisfait aux exigences administratives et techniques définies par l'avis d'appel d'offre et qui a été sélectionné par la commission présidée par le ministre des mines, de l'eau et de l'énergie. En l'absence de la procédure d'appel d'offres[22], le Président de la République valide tout de même le choix d'un opérateur fait par le ministre des mines, de l'eau et de l'énergie. La concession passe par la signature d'un cahier de charges et détermine la durée ainsi que les modalités de son renouvellement.

2.3.3 Le recours vers d'autres mécanismes d'autorisation d'accès à l'énergie

L'exploitation énergétique en dehors de la concession est soumise à d'autres mécanismes d'autorisation que sont : la licence, l'autorisation, la déclaration et la liberté. La licence est un acte administratif qui occupe une place de choix dans l'exploitation énergétique. Elle encadre la production indépendante de l'énergie, la vente de

---

22   Articles 13 et 14.

l'électricité de très haute, haute et moyenne tension, l'importation et l'exportation de l'électricité.[23] La licence est délivrée par le ministre en charge de l'eau et de l'énergie après avis de l'Agence de régulation du secteur de l'électricité qui reçoit les demandes.[24]

L'autorisation est un autre acte administratif qui permet l'accès à l'exploitation énergétique qui intéresse les installations électriques et l'exploitation des lignes électriques. L'autorisation est accordée dans le cas où il y a carence du service public de l'électricité, en raison de l'inexistence ou de l'insuffisance dans la région concernée des moyens de production, de transport et de distribution d'énergie électrique.[25] L'autorisation n'est accordée que dans les hypothèses suivantes :

- les installations d'autoproduction d'une puissance supérieure à 1 MW ;
- l'établissement et l'exploitation d'une distribution d'énergie électrique en vue de fournir directement ou indirectement une puissance inférieure ou égale à 100 KW ; et
- l'établissement de lignes électriques privées utilisant ou traversant une voie publique ou un point situé à moins de dix mètres de distance horizontale d'une ligne électrique, téléphonique ou télégraphique existante sur le domaine public.

L'investisseur du secteur de l'électricité peut également être soumis au régime de la déclaration. Cette exigence concerne le propriétaire des installations lorsque la puissance d'autoproduction est supérieure à 100 KW et inférieure à 1 MW. Il doit faire une déclaration préalable avant toute mise en service auprès de l'Agence de régulation du secteur de l'électricité.[26]

Le régime de la liberté concerne les opérations énergétiques lorsque les ouvrages sont entièrement implantés sur une propriété privée. L'article 40 qui le prévoit subordonne le bénéfice de la liberté à deux conditions : les lignes ne doivent pas empiéter sur la voie publique et les conducteurs ne doivent pas être situés à moins de dix mètres de la distance horizontale d'une ligne électrique, téléphonique ou télégraphique existante sur le domaine public.[27]

---

23   Article 29.
24   Articles 30 et ss.
25   Article 38.
26   Article 39.
27   Articles 40 et ss.

3   L'unicité des règles juridiques aménageant la gestion du contentieux

Le contentieux de l'exploitation énergétique mérite que l'on identifie les poches de conflits tout en recourant aux modes de droit commun de résolution des conflits.

3.1   L'identification des poches de conflits

Les principales poches de conflits liés à l'exploitation énergétique concernent les litiges entre opérateurs et usagers devant le régulateur, les litiges entre l'opérateur et l'administration et les litiges entre différents opérateurs.

3.1.1   La persistance des conflits fonciers et domaniaux

L'exploitation de toutes les ressources naturelles a un lien avec les problématiques foncières. L'énergie n'échappe pas à cette règle en ce que si l'activité de production de l'énergie se déroule dans les eaux les opérations de transport et de commercialisation intéressent la surface terrestre. Il est dès lors important de définir les différents rapports de droit qui peuvent exister entre le sol[28] et l'énergie. Le législateur accepte l'exploitation énergétique sur la propriété foncière en imposant soit des servitudes[29] ou en expropriant le concessionnaire foncier pour faciliter l'exploitation. Cette situation est à l'origine du conflit entre l'exploitant énergétique et le propriétaire foncier et qui à priori est au bénéfice de l'exploitant. En effet, dans l'exploitation des ressources naturelles, le principe de l'intérêt général consacré par le caractère d'utilité publique réduit le titulaire du titre foncier à la perception des dédommages et intérêts. Le principe d'intérêt général et le principe de propriété de l'État sur les ressources

---

28   Le sol dont il est question renvoie à la propriété foncière dont la gestion est organisée par plusieurs instruments juridiques qui classent les terres en domaines public, privé et naturel. Ces mêmes textes consacrent le droit à la propriété foncière et leur éviction au moyen de l'exploitation pour cause d'utilité publique. La Constitution qui proclame dans son préambule l'attachement du Cameroun au droit de propriété et à sa protection, les ordonnances 74/01 et 74/02 du 6 juillet 1974 et leurs textes modificatifs (loi de 1980 portant répression des atteintes à la propriété foncière et domaniale, loi du 26 novembre 1983 modifiant les dispositions de l'article 5 de l'ordonnance 74/01 du 6 juillet 1974 etc.) ; la loi n° 76/25 du 14 décembre 1976 portant organisation du cadastre ; le décret n° 76/165 du 27 avril 1976 fixant les conditions d'obtention du titre foncier modifié et complété par le décret 2005/481 du 16 décembre 2005 qui procède à une décentralisation de la gestion foncière ; le décret n° 76/166 du 27 avril 1976 fixant les modalités de gestion du domaine national ; la loi n° 85/09 du 4 juillet 1985 relative à l'expropriation pour cause d'utilité publique.

29   Le droit de passage pour l'entretien des moyens de transports des fils électriques, par exemple. Voir Nyoth Hiol (2006).

naturelles sont l'explication objective de la primauté de l'exploitant sur le titre foncier si bien que même l'ancienneté d'une population sur une zone donnée et qui se prévaut des droits fonciers[30] ne peut constituer un obstacle à l'exploitation énergétique et ne peut prétendre qu'aux mesures compensatoires.

Dans la gestion du conflit foncier, le législateur adopte l'expropriation pour cause d'utilité publique comme dans l'exploitation minière. Cette procédure nécessite que les travaux soient déclarés d'utilité publique, et ce, après la signature d'une concession pour l'exploitation industrielle. Pour la gestion administrative des installations, l'utilisation du sol peut nécessiter le recours aux contrats de bail de droit commun.[31]

En cas d'expropriation pour cause d'utilité publique, il existe trois cas de conflits qui opposent l'administration et l'opérateur, l'administration et les populations et enfin l'opérateur électricien et les populations.[32]

3.1.2   La multiplication des conflits dans les différentes phases d'exploitation de l'énergie

L'exploitation énergétique regroupe la production, le transport et la distribution. Il va de soi que les opérations citées ne peuvent être effectives que si l'exploitant dispose d'une concession, d'une licence, d'une autorisation, d'une déclaration qui respecte ses obligations contenues dans la pratique par le cahier de charges. On peut recenser les hypothèses du conflit énergétique à trois niveaux :

D'abord dans la production énergétique qui est l'étape indispensable dans l'exploitation énergétique, la loi de 2011 soumet cette opération aux régimes de concession et de licence qui peuvent être source de confit lors de l'octroi du titre ou du renouvellement.

Quant à l'obtention de la concession, l'article 13 subordonne celle-ci à la sélection à la suite d'une procédure d'appel d'offres qui sous-tend le dépôt des plis dans les conditions et délais fixés par l'avis d'appels d'offres. Il va de soi que la sélection d'un opérateur tient compte du statut de l'investisseur qui doit absolument être une personne morale de droit camerounais ayant des capacités techniques et financières. Il peut donc arriver qu'après la soumission à l'appel d'offre l'investisseur ne soit pas

---

30   Bambi Kabashi (2012:19).
31   Voir article 100 et suivants de l'Acte uniforme OHADA portant droit commercial general qui parle du bail a usage professionnel. Voir Ngoue (2009:8).
32   Les conflits majeurs sont relatifs à la détermination du montant de l'indemnisation, à la libération tardive de l'espace exproprié, à la délimitation de la surface de la terre objet de l'expropriation des revendications du montant de l'indemnisation, du défaut ou retard de libération de la terre expropriée. Voir Nyoth (2016b).

sélectionné disposant pourtant des capacités requises dans l'appel d'offre, il peut saisir le juge pour contestation.

Quant au renouvellement de la concession, il faut souligner que les modalités de renouvellement sont précisées dans le cahier de charges. Celles-ci tiennent généralement compte de la durée de la concession et des obligations à la charge de l'opérateur qui consiste à veiller au respect des modalités d'exploitation des ressources énergétiques et les atteintes portées à la surveillance administrative telle que la non-transmission des rapports au ministre en charge des mines.[33] Le défaut du renouvellement de la concession pour un exploitant qui n'a pas commis de faute et qui a fait des investissements conformément au cahier de charges peut être à l'origine du conflit.

Ensuite, quant au transport de l'énergie, l'exploitant doit justifier d'une concession. On peut donc envisager un conflit portant sur le non-respect des obligations contenues dans le cahier de charges et le défaut de renouvellement de ladite concession. Mais l'opération de transport étant désormais confiée à la société nationale de transport de l'électricité SONATREL, le conflit peut naître du défaut d'entretien des installations de transport électrique causant des préjudices énormes aux usagers tels que la perte des vies humaines pour électrocution, destruction des habitations ou des cultures, etc.

Le conflit peut également naître du défaut de paiement des loyers auprès des populations lorsque l'opérateur a conclu un contrat de bail pour assurer le transport de l'énergie. Enfin, l'opération de distribution qui renvoie à la commercialisation de l'énergie est l'étape dans laquelle, il existe une multitude de conflits. En dehors des conflits entre opérateurs et l'État relativement aux régimes juridiques d'accès à l'énergie définis à l'article 5 et aux modalités de renouvellement, il existe une multitude de conflits entre l'opérateur et les usagers.

Ces conflits portent sur l'offre de l'énergie dont les conditions sont imposées unilatéralement par l'opérateur. Cette énergie dont l'offre est insuffisante est généralement suspendue sans communication préalable. Cette suspension soudaine entraîne la détérioration des biens mobiliers des usagers et impacte négativement le rendement économique. Les conflits portent également sur les conditions de facturation des services rendus aux usagers, notamment le prix de l'électricité qui est laissée à l'appréciation du concessionnaire sur avis du gouvernement camerounais.[34] Ils por-

---

33 Voir arrêté n° 00547/MINIMIDT/SG/DMG/SDAM portant retrait d'un permis d'exploitation de carrière de pierre.

34 Article 5 de la concession de 2001 ; l'arrêté ministériel n° 00000013/MINEE du 26 janvier 2009 portant le règlement du service de distribution et de vente de l'électricité au Cameroun. Voir Bikidik (2001:12).

tent en outre sur le vol de l'énergie à travers les branchements illégaux, le défaut de paiement de la consommation au préjudice de l'opérateur.

3.2 Le maintien des procédés de droit commun de résolution des litiges

3.2.1 La prééminence des modes alternatifs de règlements des différends

Le mode alternatif de règlement des conflits (MARC) encore appelé *alternative dispute resolution* (ADR) est une forme de justice dont l'organisation est laissée à la discrétion des parties, est devenue une pratique courante et qui est le résultat d'une désaffection avérée des acteurs économiques pour une justice étatique trop lente, trop chère et bien souvent complexe.[35]

Le recours aux modes alternatifs de règlement est consacré expressément par le Code minier. En effet, les articles 85 et suivants de ce texte précisent que les parties peuvent recourir à L'Agence de régulation du secteur de l'électricité comme instance arbitrale ou pour conciliation à condition que le litige né ne soit pas prescrit, c'est-à-dire que les faits ne remontent pas à plus de cinq ans après leur survenance. Le choix du législateur vers ce mode non juridictionnel de résolution du contentieux confirme l'idée selon laquelle, il est gage de simplicité, de souplesse, de célérité et discrétion. Les parties ayant le choix entre la transaction, la conciliation et l'arbitrage.

La conciliation est un mode de règlement des différends par accord des parties obtenu avec l'aide d'un tiers appelé conciliateur. Cet accord est le plus souvent concrétisé dans un procès-verbal de conciliation signé par les parties et le conciliateur. Elle est obligatoire en droit des Affaires OHADA (l'Organisation pour l'harmonisation en Afrique du droit des affaires) dans la procédure de recouvrement des créances par injonction de payer[36] et dans le droit social en matière du contentieux social.[37] En raison du caractère informel et souple de sa procédure, la conciliation s'introduit efficacement dans le droit des ressources naturelles avec l'article 85 de la loi de 2011 comme cela a été le cas dans le Code minier.

L'arbitrage peut être défini comme une procédure par laquelle les parties soumettent leur litige à un tiers, personne physique en dehors des juridictions étatiques, pour le voir tranché par ce tiers. Il s'agit d'une juridiction qui a une procédure bien élabo-

---

35 Pougoue et al. (2000).
36 Articles 12 et 26 de l'Acte uniforme OHADA portant procédure simplifiée et de recouvrement des créances.
37 Toute contestation née de l'exécution du contrat de travail ne peut être portée devant le juge judiciaire que si l'inspecteur du travail a été préalablement saisi pour une tentative de conciliation. Nyama (2012:400) ; Essono Bodo (2016:212).

rée et prend fin par une sentence arbitrale qui a valeur juridictionnelle et s'impose aux parties. Prévu par l'article 86 alinéa 1 de la loi de 2001, l'arbitrage s'introduit comme un moyen de résolution efficace du conflit opposant non seulement l'opérateur aux usagers, mais aussi l'opérateur a l'État dans la résolution du conflit né de l'exécution ou de l'interprétation des clauses résultant de la concession, de la licence, de la déclaration, etc. La reforme du droit OHADA avec l'adoption de l'Acte uniforme du 11 mars 1999 relatif au droit de l'arbitrage accepte que les États[38] soient parties à l'arbitrage à condition qu'il ait été prévu une convention d'arbitrage[39] avant ou lors du litige.

3.2.2   Le recours aux juridictions étatiques

Le droit camerounais de l'énergie attribue compétence aux juridictions camerounaises en cas d'infraction dans l'exploitation des ressources énergiques.[40] Ce droit insiste sur les fautes commises par les opérateurs du secteur de l'électricité et ne fait pas mention des infractions commises par les usagers telles que le vol, les branchements illicites, etc. ces infractions sont réprimées par le Code pénal qui attribue compétence aux juridictions répressives camerounaises en application du principe de la lex locci delictis qui impose que les faits qui se sont déroulés sur le territoire camerounais pendant les opérations d'exploitation énergétique relèvent de la compétence exclusive des juridictions camerounaises. C'est le cas par exemple des litiges fonciers résultant de l'exploitation énergétique déclarée d'utilité publique régie par la loi du 4 juillet 1985 relative à l'expropriation pour cause d'utilité publique et aux modalités d'indemnisation.[41] De même, la concession peut faire l'objet d'une suspension,

---

38   Il ressort de l'alinéa 2 de l'article 2 de l'acte uniforme de 1999 relatif au droit de l'arbitrage que : « Les États et les autres collectivités publiques territoriales ainsi que les établissements publics peuvent également être parties à un arbitrage, sans pouvoir invoquer leur propre droit pour contester l'arbitrabilité d'un litige, leur capacité à compromettre ou la validité de la convention d'arbitrage ».

39   La convention d'arbitrage peut être une clause compromissoire lorsqu'elle est insérée dans le contrat, par les parties qui s'engagent à soumettre leur litige à naître à l'arbitrage ou le compromis d'arbitrage lorsque les parties à un contrat décident de soumettre leur litige déjà né à l'arbitrage. Pougoue et al. (2000:5).

40   Articles 95, 96 et 97.

41   Voir l'article 12 de cette loi qui dispose :
« 1) En cas de contestation sur le montant des indemnités, l'exproprié adresse sa réclamation à l'administration chargée des domaines. 2) S'il n'obtient pas satisfaction, il saisit, dans un délai d'un mois, à compter de la date de notification de la décision contestée, le tribunal judiciaire compétent du lieu de situation de l'immeuble. 3) Conformément à la procédure et sous réserve des voies de recours de droit commun, le tribunal confirme, réduit ou augmente le montant de

d'un retrait tout comme l'administration peut sanctionner ses agents en cas de conflits d'intérêts. Ces différentes hypothèses constituent des sanctions administratives qui ne peuvent être remises en cause que devant les tribunaux étatiques.

De même la compétence des tribunaux camerounais peut être fondée sur le lieu de situation de l'opérateur au Cameroun et qui conserve son patrimoine au Cameroun susceptible de supporter les dettes. Ainsi en cas de contentieux pour inexécution du contrat, les juridictions camerounaises se révèlent compétentes.

Enfin, la compétence des tribunaux relevant de la volonté des parties. Les parties peuvent décider elles-mêmes en cas de conflit d'attribuer compétence à une juridiction d'un État par l'insertion, dans le contrat, d'une clause attributive de juridiction ou de compétence. Il s'agit d'une clause par laquelle, les parties décident à l'avance devant quelle juridiction sera porté leur litige dès qu'il sera né[42] et qui fait perdre à l'État le bénéfice de l'immunité de juridiction lorsqu'elle est insérée dans la concession.

4 Conclusion

Il est clair qu'il existe aujourd'hui un corps de normes applicables dans le domaine de l'énergie, qui pourraient être améliorées avec plus de clarté sur les conditions de facturation[43] par exemple et sur la mise en mouvement du plan de développement du secteur énergétique.

Bibliographie indicative

Abane Engolo, EP, 2011, *Le contentieux des contrats de concession de service publics*, séminaire sur le contentieux des contrats administratifs, Kribi.

Bambi Kabashi, A, 2012, *Le droit minier congolais à l'épreuve des droits fonciers et forestier*, Paris, l'Harmattan.

Bikidik, PG, sans date, *Analyse du secteur de l'énergie électrique au Cameroun, bilan des actions de plaidoyers et système de tarification de l'électricité*, http://www.ladiaconie.net/asdeg.net/images/stories/ducuments/focus_sur_le_secteur_de_lelectricite_au_cameroun_.pdf, cosulté le 6 mars 2018.

Essaga, S, 2013, *Droit des hydrocarbures en Afrique*, Recueil commenté de textes, Paris, l'Harmattan.

---

l'indemnité suivant les modalités d'évaluation fixées dans la présente loi et ses textes d'application ».
42 Nyoth Hiol (2016a:312).
43 Bikidik (2001:12).

Essono Bodo, E, 2006, *Le droit du travail par l'exemple*, Yaoundé, SOPECAM.

Liet-Veaux, G, 1968, L'identification de la concession de service public, *Revue Administrative*, 715.

MINEE / Ministère de l'eau et d'énergie, 2012, *La situation energetique du Cameroun*, rapport 2011, Yaoundé, MINEE.

Ngoue, W, 2009, *Pratiques du bail commercial dans l'espace OHADA*, Douala, PUL.

Nyama, JM, 2012, *Droit et contentieux du travail et de la sécurité sociale au Cameroun*, Yaoundé, Presse de l'UCAC.

Nyoth Hiol, M, 2006, *La problématique des servitudes légales en droit positif camerounais*, Mémoire DEA, Université de Douala, inédit.

Nyoth Hiol, M, 2016a, *Le contrat de sous-traitance internationale*, Paris, PUE.

Nyoth Hiol, M, 2016b, *Le règlement des litiges fonciers résultant de l'exploitation minière et agricole*, intervention aux 5emes journées des matières premières, Douala juin 2016.

PNUD / Nations unies pour le développement 2014, *Cameroun – contribution a la préparation du rapport national pour la formulation du livre blanc régional sur l'accès universel aux services énergétiques intégrant le développement des énergies renouvelables et de l'efficacité énergétique*, rapport final, Yaoundé, PNUD, https://www.seforall.org/sites/default/files/Cameroon_RAGA_FR_Released.pdf, consulté le 6 mars 2018.

Pougoue, PG, JM Tchakoua & A Feneon, 2000, *Droit de l'arbitrage dans l'espace OHADA*, Yaoundé, PUA.

Réseau associatif des consommateurs de l'énergie au Cameroun, 2001, *Rapport de 2001*, Yaoundé, RACE.

Sablière, P, 2015, *Droit de l'énergie*, Paris, Dalloz.

Sapy, G, 2013, *La transition énergétique, pourquoi et comment elle va changer notre vie ?*, Paris, l'Harmattan.

CHAPTER 29:
THE STATE OF ELECTRICITY PRODUCTION AND DISTRIBUTION IN CAMEROON

Durando NDONGSOK & Oliver C. RUPPEL

1   Introduction

Access to energy and the human development index (HDI) of the United Nation's Development Programme (UNDP) are connected, because access to energy gives access to information, to health, to human security, to wealth etc. fueling human development in general. The more energy per capita a country consumes, the more developed it is. All the 17 Sustainable Development Goals (SDGs) of the United Nations are connected to or influenced by access to energy. Goal 7 is all about 'affordable and clean energy', while Goals 4 and 12 explicitly talk about energy. For other Goals,

> although not explicitly mentioned in targets or indicators of many development goals, energy services and technologies contribute to their achievement by facilitating and enabling relevant development processes.[1]

The more energy one consumes, the less one pays. A study of the US based social investor Acumen shows that cost of energy reduce drastically from (i) the use of 3 stones-stoves for cooking and kerosene lanterns for lighting that costs are extremely high to (ii) the combined use of improved cooking stoves and solar lanterns that cost $2/kWh, (iii) the home systems like solar that cost $0.6/kWh, (iv) mini-grid and off-grid systems that can cost $0.2/kWh and finally (v) the combination grid connection and the use of LPG can cost as low as $0.1/kWh to end user.

According to the 2015 International Energy Agency report on energy and climate change, energy participates to around 70% of global greenhouse gas emissions.[2] Clean energy may save the world from climate change catastrophes, by helping to keep the temperature variation on earth surface below 2 degrees by the end of this century.

---

1   See https://energypedia.info/wiki/Energy_and_the_Sustainable_Development_Goals, accessed 18 February 2018.
2   IEA (2015).

Table 1: Facts and figures on energy in Cameroon

Some Relevant Facts	
Energy consumption per capita per year (2010)	0.30 toe
Total installed electricity capacity (2016)	1 600 MW
Electricity consumption per capita per year (2016)	281 kWh
Part of renewable energy in the electricity mix (2015)	<1%
Electrification rate (2016)	54% (national) 88% (urban) 17% (rural)

Electricity, though not always the form of energy the most used, is actually the most 'seen' and powers our daily activities from the household level to industries. After a brief presentation of the energy mix of Cameroon, this subchapter will put more focus on making (clean) electricity available and affordable to the majority of Cameroonians.

2   The energy mix of Cameroon

The main energy source used in Cameroon is still biomass. For cooking and heating purposes, the majority of Cameroonians still rely on biomass, which is abundant and to certain extents renewable and affordable. Electricity and gas are still very lowly used, mostly because of non-availability and non-accessibility, especially in the rural areas. According to a report on the energetic situation of Cameroon (SEC) in 2011, the energy consumption mix was 73% biomass, 20% oil and gas products and 7% electricity totalling around 6,000 ktoe (Kilo tons of oil equivalent) for the whole country and converted to about 0.3 toe (tons of oil equivalent) per capita.[3] A quick comparison with the world average per capita consumption of about 2toe shows that access to energy in Cameroon is still extremely low.

3   Access to electricity and the electricity mix of Cameroon

Like energy as a whole, access to electricity in Cameroon is at the lowest compared with other countries of the world. World Bank's data indicate that the world's yearly average electricity access is above 3,000 kWh per capita, compared to Cameroon's 281 kWh per capita.[4] According to the 2016 World Energy Outlook, only 54% of the Cameroonian population has access to electricity, with an average of 88% in urban

---

3   MINEE (2011).
4   See https://data.worldbank.org/indicator/EG.USE.ELEC.KH.PC, accessed 6 February 2018.

areas versus only 17% in rural areas.[5] There is still a lot to be done in order to connect all Cameroonians to good and affordable electricity sources.

The electricity mix of Cameroon is dominated by hydraulic power. As much as 57% of the electricity produced is from hydro and the rest from thermal sources based on fuel (heavy and light) and very recently from gas with the installation of the Kribi Power Development Corporation (KPDC) that is injecting 216 MW electricity from gas into the grid since 2013.[6] There is, however, a high volume of own electricity generation using diesel generators. Many companies and individuals produce their own electricity, because of the non-availability. Considering that, the electricity mix becomes 45% from hydro, 18% thermal, and as much as 35.5% own production onshore and 1.5% offshore totaling around 1,600 MW of electricity capacity installed.[7] The own production is usually relatively expensive, and any alternative will contribute companies and individuals to reduce their production costs and eventually create more wealth for the society.

4   The untapped electricity potential of Cameroon

Cameroon is blessed with enormous and varied resources for electricity production. The hydraulic potential is estimated at 20,000 MW[8] – of which only about 5% is exploited – the second largest in Africa after the Democratic Republic of the Congo. This hydraulic potential is sovereign, as all the rivers that can be used are within the frontiers of Cameroon and not shared with any neighbouring country. The gas potential is also enormous and can produce 5,000 MW electricity for more than 150,000 years. To date, only one gas power plant is installed and producing 216 MW electricity connected to the grid in Kribi. The average solar radiation ranges from around 4.5 kWh/m²/day in the southern part of the country to around 5.7 kWh/m2/day in the northern part of Cameroon, with the highest values in the far north region.[9] In comparison, Germany which has just an average 1.7 kWh/m²/day has more than 40,000 MW solar energy capacity installed. That is to say, the solar potential is really enormous in Cameroon.

The wind potential of Cameroon is relatively low. Proven resources can produce in total around 400 MW in the Mount Bamboutos in the western region of Cameroon. But, what is more important is that Cameroon does also have an enormous po-

---

5   IEA (2016).
6   MINEE (2015).
7   (ibid.).
8   (ibid.).
9   (ibid.).

tential to develop off-grid solutions, which can help achieve electrification with clean and affordable sources within a short period of time. This can occur by producing directly in off-grid areas instead of spending a lot of money – and time – to take the electricity grid everywhere. A recent study called 'Invest'Elect' financed by the European Union and conducted by the National Electricity Regulation Agency (ARSEL) indicated an interesting electricity off-grid potential of 262 micro hydro sites and 25 small biomass sites, totalling 284 MW. Solar that has also a good potential is not included, but there are many solar off-grid and home systems projects ongoing. The most known are the ongoing HUAWEI financed projects of 166 micro solar plants in rural communities of Cameroon totalling 11.2 MW.[10]

5 Institutional set up to facilitate access to electricity

Cameroon has put in place many institutions, enough to make electricity production, transmission and distribution very fluid if they work efficiently. At the head of these institutions is the Ministry of Water Resources and Energy (MINEE).

Table 2: Relevant Institutions

Abbreviation	Name	Role/responsibility
MINEE	Ministry of Water Resources and Energy	Elaborates and monitors the implementation of a national energetic policy under the control of the Presidency of the Republic of Cameroon; defines electricity tariffs. The Direction of Electricity manages the electricity sector. The newly created Direction of Renewable Energy and Energy Efficiency ensures the promotion of RE and EE.
ARSEL	Electricity Sector Regulation Agency	Regulates operators and electricity operations. Defines electricity tariffs.
EDC	Electricity Development Corporation	Develops state-owned hydroelectricity projects.
AER	Rural Electrification Agency	Promotes rural electrification by elaborating and monitoring State projects while supervising private operators in the rural sector.
SONATREL	National Electricity Transmission Company	Manages the electricity transmission network for the State.
ENEO	Electricity of Cameroon	The main private electricity producer. ENEO had the monopoly for electricity production until 1000 MW, which has been reached already.

---

10 See http://e.huawei.com/za/case-studies/global/2017/201707101504, accessed 6 February 2018.

For the moment, SONATREL, created only in 2015 with a Director appointed in October 2016, has not really started its operations. The production, transportation and distribution are still done by the privately-owned operator ENEO, but when SONATREL will become fully functional, ENEO will be an independent power producer (IPP) like any other producer. IPPs are still struggling to get authorisation through power purchase agreements (PPAs) to start producing electricity and injecting into the grid, though ENEO has already surpassed the 1,000 MW installed capacity by which its production monopoly automatically ended, as stipulated in its contract with the government of Cameroon. To date, only two IPPs, the Kribi Power Development Company (KPDC, 216 MW gas-fired plant) and the Dibamba Power Development Company (DPDC, 88 MW oil-fired plant) have PPAs with ENEO (and the PPAs will normally be transferred to SONATREL). The arrival of SONATREL will certainly facilitate the signature of PPAs with more IPPs since SONATREL will be more impartial than ENEO, which understandably cannot facilitate access to the grid to other IPPs, considered as competitors.

6   Country orientation towards electricity access

In the document Cameroon Vision 2035, the target of Cameroon is to « double energy production by 2035 and increase energy consumption per unit GDP from 27.7% to 45% ».[11] Besides this guiding document, Cameroon developed already in 2007 the Poverty Reduction Energy Plan (PANERP), whereby energy is seen as the main driver for development. Then, an Electricity Sector Development Plan (PDSE) was developed in 2010 and updated in 2014. The PDSE indicates electricity production scenarios with the lowest at about 4,000 MW by 2035 and highest at 6,000 MW. Jumping from around 1,500 MW installed capacity today to any of those scenarios in 2035 requires accelerating the thinking in electricity production.

The Rural Electrification Master Plan was developed in 2008 and guides the actions of the Rural Electrification Agency. Cameroon recognised through the development of this master plan that it is impossible to have all parts of the country connected to one electricity grid until 2035 and therefore promotes the development of off-grid solutions. Also, this master plan emphasises the importance of the use of renewable energies to reach rural electrification. As indicated by the Minister of Water Resources and Energy in March 2017 and reported in the online magazine 'Business in Cameroon', the objective set in the plan is to have 10,000 towns connected to the electricity grid by 2035. To achieve this, 50,000 connections to the power grid per

---

11   Republic of Cameroon (2009).

year are planned over a period of 20 years, totalling one million connections.[12] The government calls this master plan participative in a sense that the private sector is invited to actively participate in achieving it.

Regarding renewable energies, Cameroon, in its (Intended) Nationally Determined Contribution (NDC) to reduce greenhouse gas as part of the COP21 (leading to the Paris Agreement) decided to have 25% renewable energy in the electricity mix by 2035[13], from less than 1% today.

7 Existing legal framework

The legal framework supporting the development of energy in Cameroon is rather light. Although various relevant legal texts exist, the main and most important ones are still missing. Tariffs are not yet clearly defined and rules for signing PPAs are also not clear. Also, with the importance that renewable energies are gaining worldwide, there is no renewable energy law in Cameroon so far. A renewable energy law was proposed by the Ministry of Water Resources and Energy since 2013 but it has never been signed by the President.

For the moment, one law supporting the renewable energies is the finance law of 2012 giving a value-added tax levy for importers of solar and wind-related equipment. Also, the private investment law of 2013 (Law No. 2013/004 of 18 April 2013[14]) gives more advantages to investors in RE, ranging from duty levies on the importation of equipment to tax holidays of up to 10 years.

While waiting for tariffs definition and clear and fair rules for signing PPAs (the latter will most likely be one of the first agendas of SONATREL), independent producers of electricity for own use do not need any specific agreement if the total capacity is less than 1 MW. They can even sell the surplus electricity to an industry in their neighbourhood, at a price negotiated by the two parties.

---

12 See http://www.businessincameroon.com/electricity/0704-7039-the-cameroonian-government-has-a-rural-electrification-plan-for-10-000-towns-by-2035, accessed 6 February 2018.
13 See http://www4.unfccc.int/ndcregistry/PublishedDocuments/Cameroon%20First/CPDN%20CMR%20Final.pdf, accessed 6 February 2018.
14 See https://www.prc.cm/fr/actualites/actes/lois/170-loi-n-2013-004-du-18-avril-2013-fixant-les-incitations-a-l-investissement-prive-en-republique-du-cameroun, accessed 6 February 2018.

8   Making energy available and affordable to the majority of Cameroonians

Several actions need to be implemented to transform the enormous electricity potential of Cameroon into clean, available and affordable electricity for households and industries. Those actions include:

- The institutional set up needs to be improved. Although existing institutions seem to be equipped with clearly defined roles, there is a need for acceleration of transfer of transmission competences from ENEO to SONATREL. Until there is a clear breakdown of roles between producers, transporter(s) and distributors, there will always be confusion infringing the development of the sector.
- The legal framework needs to be improved. One needs to start by making work what exists already. Yet, a law on renewable energy would definitely spur the sector.
- A clear definition of tariffs is needed.
- Apply demand side management through EE measures. ARSEL with funding from the EU developed National Energy Efficiency Plan, which has indicated for example that good actions can lead to up to 30% efficiency in electricity consumption per year by 2025. This is converted into 2,250 GWh electricity saved per year, or avoiding the construction of a 450 MW electricity plant.[15] Loosing so much capacity when the demand is met by 50% only is too much.
- Train local banks to enter this new business. For the moment, apart from the Rural Electrification Fund – that has not yet financed any project – put in place to finance rural electrification project and managed by the AER, there is no other funding possibility in the market. The National Investment Company put back in 2008 a renewable energy fund to finance clean projects, but it died off because there was no project and probably no understanding on how to transform this idea into reality. It is important to put local financing vehicles in place and/or build the capacity of local banks to develop new business lines in financing (renewable) energy. After a feasibility study to finance renewable energies and energy efficiency projects in Cameroon through local banks, the French cooperation has launched a call to recruit consultants that will manage a fund dedicated to that purpose. The African Development Bank conducted a similar study in 2016, but there is no clear sign in the market of putting in place a financing vehicle dedicated only to Cameroon.

---

15   EUEI (2014).

- The use of climate finance is also possible to finance renewable energies, but that, in turn, requires a more substantive understanding of the subject matter. For example, there is the Green Climate Fund (GFC), which is supposed to have more than USD 10 billion available to finance climate resilient projects in developing countries. Cameroon has not yet even attracted the 1 million USD available for readiness, while Senegal has already secured funding for 3 projects out of the 58 financed worldwide as of October 2017. The GCF, through readily available money, needs projects to go through some stringing steps that need certain preparation and a solar institution framework which Cameroon does not yet have. The African Development Bank is financing a lot in energy production in African countries through programmes like the Sustainable Energy Fund for Africa. Cameroon has attracted funding through this vehicle for the financing of a 72 MW solar plant in Mbalmayo, Center Region, but more could be attracted.

9   Investment

Many challenges and opportunities in unlocking Cameroon's potential are related to investment. While the level of investment in renewable energy is still marginal, the gains made so far are still a long way off providing electricity to all. To unlock its potential, Cameroon has to contend with some of the challenges undermining the growth of the sector. Like many other African countries, Cameroon must attract more investment in new energy solutions. This, in turn, will require political support, competence and courage in making foreign investment as attractive as it needs to be. A favourable investment climate is essential. Various factors, however, lead to an unfavourable investment climate. These *inter alia* include poor governance, institutional failures, macroeconomic policy imperfections and inadequate infrastructure, as well as corruption, bureaucratic red tape, weak legal systems and a lack of transparency in government departments. Key risks for private-sector investors are often linked to political and/or regulatory instabilities, insecurity of property rights, lack of knowledge of (or contradictory application of) legal systems, currency risks and the instability and uncertainty of the regulatory and policy environment, including, for example, the longevity of incentive programmes. In this light, the most appropriate approach for achieving the aforementioned is adherence to and promotion of the rule of law while creating incentive structures for investors to act sustainably, to meet the requirements of corporate social (and environmental) responsibility and to respect national social development goals, empowerment policies, labour standards and human rights. There is most probably no other way to attract local and foreign investors into the 'juicy' business of energy.[16]

10   Cameroon as energy exporter to neighbouring countries

Despite the huge potential, Cameroon is still struggling to meet the fast-increasing demand of electricity that will power its path to become an emerging economy by 2035 as envisioned by the country.

But then, Cameroon is surrounded by countries like Nigeria that do not have the same energy potential and have a huge population. Cameroon could export energy and make good revenue from it.

Also, Cameroon is part of the Central African Power Pool (CAPP), a pool of the Economic Community of Central African States (ECCAS) working to implement a common energy policy and monitor studies and construction of infrastructures while organising the transfer of electricity and related services throughout these states where the total electrification has not yet reached 20%. CAPP was created in 2003 and is headquartered in the Republic of Congo. Once fully interconnected and operational, Cameroon can through CAPP commercialise electricity exports to the other nine ECCAS countries of the pool.

11   The time for standalone solar systems

The ideal situation is to have the whole population connected to a national grid. Cameroon has the potential to give enough electricity to the increasingly growing population and sell for good revenue electricity to neighbouring countries. There is an acceleration in putting in place institutional and legal frameworks which could make this possible. There are international financial windows that the country could benefit from. But, in any ideal circumstance favourable to Cameroon, electricity will still take decades to connect every single household to the grid. In the meantime, kerosene lanterns will continue to be used whilst off-grid populations continue to struggle to get their mobile phone (re-)charged, which is a barrier to sustainable development. A study conducted by SNV Cameroon in 2013 and confirmed by several studies in other countries show that a rural household spends around USD 100 per year for lighting and phone recharging.[17] Moreover, kerosene lamps, for instance, are

---

16   Ruppel (2016a & b).
17   SNV Cameroon (2012).

not only associated with indoor air pollution and risk of fires but also associated with the reduction of greenhouse gas emissions.

The problem with standalone solar systems is the acquisition cost. The government of Cameroon can effect different financial incentives to importers of such systems given that the imported systems meet for instance Lighting Global Quality Standards – the best quality available in the market supported by the World Bank – and eventually subsidise the price to end-users instead of subsidising the kerosene as it is currently the case. Countries like Kenya, Ghana, and Nigeria etc. have applied different mechanisms and millions of standalone solar systems are already distributed there. Cameroon should do the same whilst continuing the work to give access to grid electricity everywhere.

References

EUEI / European Union Energy Initiative, 2014, *Policy, strategy and national action plan for energy efficiency in the electricity sector of Cameroon*, at http://www.euei-pdf.org/sites/default/files/field_publication_file/140605_euei_factfile_cameroon_rz_01_web.pdf, accessed 12 February 2018.

IEA / International Energy Agency, 2015, *Energy and climate change*, Paris, IEA, at https://www.iea.org/publications/freepublications/publication/WEO2015SpecialReportonEnergyandClimateChange.pdf, accessed 12 February 2018.

IEA / International Energy Agency, *World energy outlook 2016*, Paris, IEA, at https://www.iea.org/newsroom/news/2016/november/world-energy-outlook-2016.html, accessed 12 February 2018.

MINEE / Ministry of Water Resources and Energy, 2011, *Energetic situation of Cameroon*, Yaoundé, MINEE.

MINEE / Ministry of Water Resources and Energy, 2015, *Energetic situation of Cameroon*, Yaoundé, MINEE.

Republic of Cameroon, 2009, *Cameroon Vision 2035*, Yaoundé, Ministry of Economy, Planning and Regional Development, at http://cm.one.un.org/content/dam/cameroon/docs-one-un-cameroun/2017/vision_cameroun_2035%20(1).pdf, 11 February 2018.

Ruppel, OC, 2016a, Protection of international investments: selected contemporary aspects, in: Strydom, H (ed.), *International law*, Cape Town, Oxford University Press Southern Africa, 477-502.

Ruppel, OC 2016b, Foreign direct investment protection for improved energy security in southern Africa: the examples of SADC and Namibia, in: Ruppel, OC, B Althusmann (eds), 2016, *Perspectives on energy security and renewable energies in sub-Sahara Africa – practical opportunities and regulatory challenges*, Windhoek, MacMillan Education Namibia, 239-271.

SNV / Netherlands Development Organization, 2012, *Value chain analysis of lighting and telephone recharging options in off-grid Cameroon*, SNV, at http://www.light4allcameroun.org/uploads/File/Conference%20SNV%20Research%20Pico%20PV%20Cameroon.pdf, accessed 12 February 2018.

CHAPITRE 30 :
LES ÉNERGIES RENOUVELABLES DANS LE CHAMP POLITIQUE ET LEGAL DE L'ÉNERGIE AU CAMEROUN

Robert MBIAKE, M.J. Carolle ATONTSA epse NDEMÉFO &
Jean Marcial BELL

1   Introduction

Depuis la nuit des temps, l'énergie accompagne au quotidien l'homme dans son épanouissement. C'est ainsi qu'il s'en sert pour s'éclairer, se nourrir et mener des activités génératrices de revenus qui engendrent le développement. Avec la période post industrielle, la forte demande en énergie a orienté les recherches énergétiques vers le charbon, le pétrole et le nucléaire. Les conséquences effroyables du changement climatique dont l'énergie fossile est la principale cause aujourd'hui établie, obligent la communauté internationale à faire recours aux énergies dites 'propres', particulièrement les énergies renouvelables.

Le Cameroun signataire de tous les accords internationaux sur la protection de l'environnement, s'est totalement engagé dans la mise en œuvre de toute action qui viserait à réduire les effets du changement climatique, en l'occurrence l'exploitation des énergies renouvelables. Ce d'autant plus que ce pays regorge d'immenses potentialités en gisement solaire, éolien, hydraulique et biomasse.

Cet engagement ressort clairement dans son Document stratégique de croissance et de l'emploi (DSCE) dans lequel sont expliqués :
* le Plan de développement du secteur électrique du Cameroun à l'horizon 2030 (PDSE 2030) ; et
* le Plan national énergie pour de réduction de la pauvreté (PNERP).

80% des nouvelles sources d'approvisionnement en énergie pour ces deux plans sont d'origines renouvelables, principalement hydraulique, solaire et biomasse.

2   Politique énergétique

La définition des différentes formes d'énergie est importante dans la compréhension de la politique énergétique à cours et à long termes du Cameroun. Il en est de même de la contribution à l'atténuation de la production des gaz à effet de serre (GES). Vu leurs effets sur l'environnement, on classe actuellement les énergies en deux grandes catégories : énergies polluantes ; et énergies propres.

2.1   Énergies polluantes

Toute énergie qui au cours de son utilisation ou son exploitation rejette dans l'atmosphère des gaz ou particules matières susceptibles d'affecter la qualité de l'air et porter atteinte à la santé de l'homme et / ou à l'environnement est dite énergie polluante. La capacité de pollution d'une énergie est évaluée en équivalent carbone. Cela veut dire, lorsqu'un KWh d'énergie est produit sous quelques formes que ce soit, il rejette une certaine quantité (x) g de CO_2 dans l'atmosphère. Cette grandeur est appelée l'Eq. gCO_2/KWh. L'équivalent carbone des différentes sources d'énergie est consigné dans la table 1.[1]

Table 1 : Énergies polluantes et leur $eqCO_2$/KWh

Sources polluantes	Eq gCO_2/KWh
Centrale thermique à Gaz haut fourneau	1,265
Centrale thermique à Gaz turbine de combustion	1,676
Centrale thermique à fioul lourd	998
Charbon 250 MW	1,036
Charbon 600 MW	962
Diesel	854

2.2   Énergies propres

En se basant toujours sur la notion d'équivalent carbone, on peut définir comme énergie propre, toute énergie dont son $EqCO_2$/KWh est en dessous d'une certaine valeur ou seuil. La table 2 donne une famille d'énergies que l'on peut qualifier de propre.

Table 2 : Énergies propres et leur $eqCO_2$/KWh

Sources polluantes	Eq gCO_2/KWh
Hydraulique à pompage	141
Hydraulique à retenue	5
Hydraulique à fil de l'eau	5
Photovoltaïque	97
Nucléaire	5
Éolienne	3

---

1   Source : EDF (2004), coefficients 2004 calculées de données.

On distingue néanmoins deux types d'énergies propres : énergies propres dangereuses (nucléaire) ; et énergies renouvelables.

2.2.1   Énergies dangereuses

Bien que qualifiée de propre, l'énergie nucléaire est surtout dangereuse. Dans le cas des centrales nucléaires, tout incident qui y survient a des conséquences effroyables (Tchernobyl et Fukushima). Actuellement, il se pose le problème du degré de dangerosité du gaz de schiste. C'est sa détermination qui permettrait de la classer définitivement parmi les énergies dangereuses.

2.2.2   Énergies renouvelables

Si la législation camerounaise ne dispose pas d'une définition des énergies renouvelables, en se fondant sur l'étymologie et le projet de loi portant sur les énergies renouvelables[2], l'on peut considérer comme renouvelable, l'ensemble de filières diversifiées dont la mise en œuvre n'entraîne en aucune façon l'extinction de la ressource initiale. Cependant, il faut admettre qu'elle n'est renouvelable qu'à l'échelle humaine. Les principales sources naturelles d'énergies renouvelables exploitables sont sous la forme de :

- énergie hydroélectrique résultant du cycle de l'eau ;
- énergie solaire, exploitable sous forme d'énergie photovoltaïque et d'énergie thermique haute et basse température ;
- énergie éolienne tirée du vent qui dépend du mouvement de rotation de la terre autour du soleil ;
- bioénergie résultant des déchets organiques, exploitable sous forme de biocarburant, de bagasse ; et
- géothermie qui dépend du différentiel positif de la chaleur interne de la terre.

De toutes ces définitions, que dispose le Cameroun dans toute cette famille d'énergie ? Mais avant de répondre à cette question, une brève présentation du Cameroun s'avère importante.

---

2   Projet de loi portant sur les énergies renouvelables.

3   Présentation du Cameroun

3.1   Position géographique du Cameroun

Avec une population de près de 25 millions d'habitants répartie sur 475,650 km², le triangle national camerounais légèrement au-dessus de l'équateur s'étire en longueur de la 2e à la 14e latitude Nord, sur une largeur allant de la 8e à la 16e longitude Est. Compte tenu de la variété du climat et de la végétation que l'on y retrouve, le Cameroun qui appartient aux quatre zones suivantes : la zone soudano-sahélienne, la savane, la zone côtière et la forêt tropicale, font de lui, une Afrique en miniature.

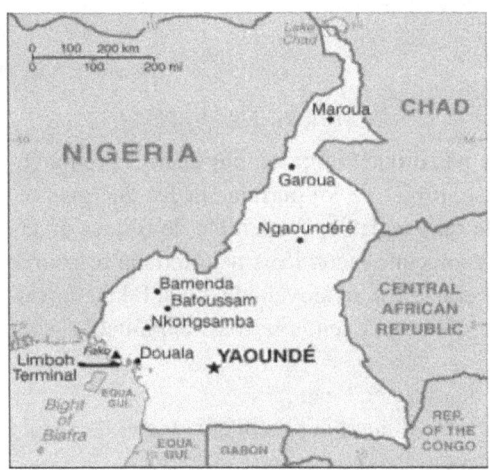

Figure 1 : Carte géographique du Cameroun

Sa forêt dense au-dessus de l'équateur qui couvre largement le sud, base du triangle national, s'étire vers le Nord en se transformant progressivement en savane dans les plateaux de l'Adamaoua avant de prendre la forme de steppe et de semi-désert dans l'extrême Nord (Garoua – Kousseri).

En largeur, avant de se perdre dans l'océan atlantique le long d'une côte de près de 700 km (Kribi – Douala – Limbé), cette forêt dense se conserve sur tout son flan Est, et évolue à Ouest vers de vastes savanes très herbacées qui arpentent progressivement collines et montagnes (Bafang – Dschang – Nkongsamba) et culminent au Mont Fako d'une 4,100 m.

3.2 Potentiels en énergies renouvelables

La description géographique ci-dessus est prélude de l'immensité des niches de ressources en énergies renouvelables qui sont en adéquation avec la morphologie, la végétation et le climat des sites.

3.2.1 Énergies hydrauliques

L'énergie hydraulique peut être utilisée pour produire de l'électricité. Cette hydroélectricité survient lorsqu'une quantité d'eau importante, naturelle ou artificielle, tombe d'une certaine hauteur sur des turbines et les entraîne dans un mouvement de rotation, lequel produit alors de l'électricité. Si la première source de production de l'électricité est le nucléaire, l'hydroélectricité en est la seconde. Cependant, elle est avec plus de 78%, la première ressource d'énergie renouvelable qui est transformée en électricité.

Avec ses nombreuses chutes auxquels correspond un potentiel hydroélectrique de 294 TWh/an, le Cameroun possède le second potentiel hydroélectrique de l'Afrique Subsaharienne après la République Démocratique du Congo[3] et pourrait transformer 115 TWh/an[4] de ce potentiel s'il disposait d'équipement adéquat.

L'intensité de l'énergie hydraulique étant fortement dépendante du régime des cours d'eau et de ces différentes chutes, le Cameroun en dispose à travers un réseau hydraulique bien réparti dont les principaux courants sont regroupés en deux grandes familles :[5]

- la famille des fleuves qui se déversent dans l'Océan Atlantique ;
- la famille des fleuves qui sont tributaires du Niger et du Lac Tchad.

3.2.1.1 Les fleuves se jetant dans l'atlantique

Au Cameroun, les trois grands fleuves qui se jettent dans l'Océan Atlantique sont :

- l'ensemble des fleuves côtiers du flanc Ouest du territoire ;
- le fleuve de la Sanaga ; et
- l'ensemble des fleuves côtiers du flanc Sud du Cameroun.

---

3   MINEE (2015).
4   (ibid.).
5   Olivry (1986).

Fleuves côtiers du flanc Ouest : Ils sont au nombre de trois :

- Le Wouri est constitué de deux affluents, la Makombé qui est alimentée par plusieurs petits cours d'eau et le Mkam qui prend naissance dans les monts Bamboutos à près de 2,000 m d'altitude. Le Wouri se jette dans le Golfe de Guinée par un immense estuaire de 11,000 km^2 de bassin versant ;
- le Mungo qui dispose d'une très forte pente dans sa partie supérieure se jette dans le Golfe de Guinée par son bassin versant de 4,000 km^2 ; et
- la Dibamba est beaucoup plus alimentée par plusieurs rivières avant de se jeter dans le Golfe de Guinée par son bassin versant de 2,700 km^2.

Le fleuve de la Sanaga : La Sanaga est le plus grand fleuve du Cameroun. Il est alimenté par trois principaux affluents : Le Djérem, le Lom et le Mbam :

- Le Djerem qui prend naissance à 1,100 m dans les plateaux de l'Adamaoua au Nord de Meïganga, s'étire sur 180 km avec une forte pente vers l'Ouest. Il est alimenté par deux autres affluents le Vina venant des montagnes à l'est de N'gaoundéré et le Béli (Meng) qui prend sa source vers 2,000 m d'altitude au Nord Nord-est de Banyo. Il rejoint le Djérem après 30 km de parcours ;
- Le Lom prend naissance à 1,200 m d'altitude en Oubangui, au Sud-est de l'Adamaoua et n'a pour affluent que le Pangar qui le rejoint à 35 km ;
- Le Mbam dont la source se trouve à 1,900 m d'altitude dans les montagnes frontalières avec le Nigéria prend la direction Nord-Sud. Il reçoit sur près de 100 km plusieurs petits affluents. Après le confluent du Noun, deux importants affluents s'y déversent, le Kim sur sa rive gauche et le Noun sur sa rive droite. Après 400 km, le Mbam se jette dans la Sanaga par son bassin versant de 40,000 km^2 de superficie.

Sur son parcours de la zone quasi désertique du Nord à la large galerie forestière du Sud, la Sanaga dispose des chutes et des rapides dont les plus spectaculaires sont celles de Nachtigal, d'Herbert et d'Edéa. Elle se jette dans le Golfe de Guinée par son bassin versant de 140,000 km^2 de superficie.

Les fleuves côtiers au Sud du Cameroun : Au Sud du Cameroun, les fleuves côtiers qui se jettent dans l'Océan Atlantique sont Ntem, du Nyong, de la Lokoudjé, de la Kienké et de la Lobé :

- le Ntem est le plus grand de ces fleuves. Prenant sa source à 11,000 m d'altitude au Gabon, il longe cette frontière sur près de 30km dans la direction Ouest et Nord-Ouest où il se divise en Bongola et Campo pour se reconstituer à 360 km plus loin avant de se jeter dans l'Océan Atlantique par son bassin versant de 31,000 km^2 ;
- le Nyong avec 520 km de longueur est le second fleuve important du Sud avec une faible pente. Il prend naissance à l'Est d'Abong Mbang à 700 m d'altitude et se dirige vers l'Ouest Sud Ouest jusqu'à M'Balmayo. Il dispose

de deux chutes importantes, celles de Makak et de Njock. Le Nyong se jette dans l'océan Atlantique par son bassin versant de 29,000 km^2 ;

- la Sangha est alimentée par deux grands affluents le Dja et la Kadéi ;
- le Dja prend naissance à 800 m d'altitude dans le plateau au Sud d'Abong-Mbang et s'étend sur près de 200 km avant de se jeter dans la Sangha sous le nom de Ngoko ;
- la Kadéi prend naissance dans le contre fort Sud-Est de l'Adamaoua à 1,000 m de côte et serpente la savane sur 50 km avant de se jeter dans la Sangha ; et
- la Lokoudje, la Kienke et la Lobe sont de petits fleuves. La Lobé possède une chute spectaculaire au Sud de Kribi.

3.2.1.2 Les fleuves tributaires du Lac Niger et du Lac Tchad

- la Benoue est un bassin soudanien de faible pente qui tarit généralement pendant la saison sèche. Elle est alimentée de temps en temps par le Logone. Il prend sa source dans les monts Mbang à 1,300 m d'altitude au Nord de N'Gaoundéré et s'écoule comme ruisseau en direction du Sud-Est Nord-Ouest. La Bénoué possède deux affluents le Kébi et le Faro. Le Kébi est constitué d'une série continue de lacs et d'étang dont les plus importants sont ceux du Fiana et du Tikem ; le Faro est une rivière de l'Adamaoua qui serpente le plateau avec une série de cascades et rapides spectaculaires. Le Déo est son principal affluent. Le faro se déverse dans la Bénoué par son bassin versant de 29,000 km^2 ;
- le Logone est une branche de la Vina au Nord de N'Gaoundéré qui se dirige vers la paline du Tchad suivant la direction Est Nord-est. Il a sur sa rive droit le Mbéré et le Ngou comme affluents après lesquels il descend par de très belles cascades avant d'atteindre les chutes de Lancrenton de 150 m de dénivellation ;
- au niveau de Yagoua, les Petits Mayo de la région de Maroua sont très similaires à ceux du mayo Kébi. Le plus important de ses affluents est la Tsanga qui vient de Mokolo ; et
- l'El Beid est un drain du grand Yaere qui s'oriente vers le Tchad. Il est alimenté particulièrement pendant la saison des pluies et lorsqu'il y a cru sur le Logone.

Cette description exhaustive du réseau hydraulique du Cameroun témoigne de sa richesse et met en exergue les chutes ou rapides que nous consignons dans la table II et qui sont déjà ou pourront faire l'objet de construction des centrales ou des microcentrales hydroélectriques pouvant atteindre les 5 MW. Ceci, au niveau des rivières et fleuves ayant de faibles chutes et, des centrales hydroélectriques beaucoup puissant au niveau des fleuves ayant de véritables chutes, comme clairement indiqué dans le DSCE.

Table 3 : Caractéristiques des principaux cours d'eau du Cameroun

	Noms du Fleuve	Principaux Affluents et leur altitude de leur source	Affluents secondaires	Longueur (km)	Superficie du bassin versant (km²)	Chutes
Familles des fleuves se jetant dans l'Océan Atlantique						
Fleuves côtiers du flan Ouest se jetant par le Golfe de Guinée	Wouri	Le Nkam (2,600 m)		920	11,500	d'Ekom
		La Makombé (2,000 m)				
		La Dibombé				
	Mungo				4,000	
	Dibamba	Ebo			2,700	
		Ekem				Bonépoupa
Fleuve central s'étirant tout le Cameroun	Sanaga	Djérem (1100 m)	La Vina (1,600 m)		140,000	Nachtigal
			Le Beli (2,000 m)			Herbert
		Lom (1200 m)	Pangar			Idéa
		Mbam (1900 m)	Le Kim (1,300 m)			
			Le Noun (2,000 m)			
			Le Djim (380 m)			
Fleuves côtiers du Flan Sud se jetant directement dans l'océan atlantique	Sangha	Dja (800 m)		200	76,000	Cholet
		Kadéi (1000 m)			23,800	
	Ntem	Bongola		60	31,000	
		Campo				
	Nyong			520		Makak Njock
	Lokoundjé			160		
	Kienké					
Familles des fleuves Tributaire du Niger et du Lac Tchad						
Fleuves tributaire du fleuve Niger	Bénoué (1,300 m)	Le Kebi (2,600 m)	Fiana		29,000	
			Tikem			
		Le Faro	Déo			
Fleuve tributaire du lac Tchad	Le Logone	Le Béré				
		Le Ngou				
	Les Petits Mayo	La Tsanga				
	L'El Beid					

3.2.2   Les énergies solaires

Le rayonnement émis par le soleil peut servir à produire de l'électricité soit à partir des cellules photovoltaïque soit à partir des centrales thermique solaires.[6] Ce rayonnement peut également servir, au travers des concentrateurs à basses températures, à la production d'eau chaude sanitaire, ou encore à assurer le séchage des produits agricoles. Donc, l'énergie solaire présente trois possibilités d'exploitation : le photovoltaïque, le solaire thermique à haute température et le solaire thermique à basse température.

Il est établi que les zones désertiques et celles de latitudes proches de l'équateur sont les plus favorables à l'énergie solaire. Ceci justifie pourquoi l'Afrique possède le plus important potentiel solaire dans le mode avec une puissance total de 6,640 TW (Terawatt). Malheureusement moins de 0.1% de l'électricité vendu sur le marché africain provient des centrales solaires.[7]

Il ressort des évidences ci-dessus que le Cameroun de par sa position géographique (pays africain situé légèrement au-dessus de l'équateur) possède un potentiel solaire considérable. Les deux paramètres sont l'irradiation solaire et l'ensoleillement. Pour les déterminer dans le cas du Cameroun, les études se sont basées sur plus de dix années d'enregistrement de l'ensoleillement par la Direction nationale de la meteorologie (DNM) dont les résultats sont consignés dans la table 2 (ci dessus) et ont tenu compte de sa forme étirée allant de la latitude ~ 3°N et à la latitude ~ 14°N qui permet de distinguer trois régions solaires :

• la région subtropicale de climat humide ;
• la région tropicale de climat humide ; et
• la région semi-sahélienne de climat sec.

A chacune de ces régions correspond un potentiel solaire clairement établi à partir de données de la DNM, illustré la figure 2 qui illustre la répartition annuelle de l'irradiation moyenne mensuelle.[8]

Table 4 : Ensoleillement mesuré des villes de Douala Garoua et Yaoundé

		Garoua	Douala	Yaoundé
Durée annuelle de l'ensoleillement (heures)		2,947.9	1,754.5	1,664.6
Ensoleillement journalière (heures)	moyenne	8	4.8	4.5
	maximum	11.6	10.2	9.4

---

6   McKinnon (2007).
7   Performance Management Consulting (2011).
8   Mbiaké & Beya Wakata (2017).

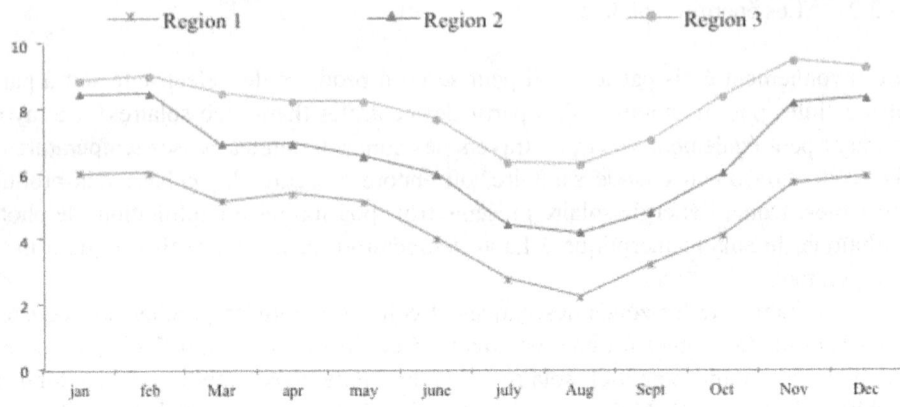

Figure 2 : Courbe de répartition annuelle de l'irradiation moyenne mensuelle au Cameroun

La dynamique de l'État qui dans sa politique d'approvisionnement de l'énergie fait de l'énergie solaire un pilier fondamental, se traduit parfaitement par la mise en place d'un cadre législatif incitatif avec pour ambition d'augmenter à près de 2% de la production du solaire.

3.2.3   Les énergies éoliennes

L'énergie éolienne est produite lorsque les vitesses du vent atteignent les 4m/s. Elles mettent en mouvement des aérogénérateurs qui produisent alors de l'électricité. Une importante quantité d'électricité de source éolienne peut être produite à partir de parcs savamment agencés dans des régions ventées. L'énergie éolienne est actuellement après l'hydraulique, la seconde source de production d'électricité renouvelable avec une contribution de 11.4% (534.3 TWh).[9]

Dans le cas particulier de l'Afrique, une étude a montré qu'au sud du Maroc le long de la côte saharienne, une installation sur moins de 2,000 km d'un parc d'aérogénérateurs d'une densité d'environ 2.4 MWh/km² produirait plus de 1,000 TWh/an.

Comme bien d'autres pays, la République du Cameroun devrait considérer l'énergie éolienne comme une solution aux délestages et insuffisances en approvisionnement dont il fait face. Avec ses 402 km de côte et ses hautes terres constituées

---

9   MINEE (2015).

des monts Cameroun, Bamboutos et Mandara atteignant parfois les 4,000 m d'altitude, le Cameroun dispose là, des conditions naturelles qui présagent d'une disponibilité certaine d'un réel potentiel éolien rentable qu'il pourrait exploitée si une bonne évaluation est effectuée.

A partir des données collectées sur une période de 1991 à 1995 par la DMN, William a mené en 2008, une étude sur les fréquences des vitesses de vent des villes de Garoua, Maroua Salack et N'Gaoundéré à partir desquelles le potentiel éolien d'un site est déterminé.

Dans la table 5 ci-dessous, se trouve les vitesses moyennes déterminées pour chaque classe. Dans la table 6 se trouve la durée des vents de chaque classe. Ainsi pour la ville de Salack, pour une fréquence de 31,07% des vitesses de vent de la classe 1, correspond une durée de 16,337.85 heures de vent à une vitesse v<1m/s sur les 52,548 heures correspondant aux six années de données. Enfin dans la table 7 sont regroupées les classes pour lesquelles les vitesses de vent permettaient de produire de l'énergie électrique.

De cette étude, on note que les vitesses moyennes annuelles des vents sont respectivement de 6.78 m.s^{-1}, 4.95 m.s^{-1} et 2.76 m.s^{-1} pour les villes de Maroua Salack, Garoua et N'Gaoundéré.

Au vu de ces résultats par rapport au minimum de vitesse de vent (4 m.s^{-1}) nécessaire pour que les aérogénérateurs soient mis en marche pour produire de l'électricité, il est clair que pour les villes Maroua avec 6.78 m.s^{-1} et Garoua avec 4.95m.s^{-1} le Cameroun y dispose d'un réel potentiel éolien.

Pour rendre exploitable ce potentiel, le Cameroun sur le plan institutionnel devrait mettre sur pieds un programme de recherche dont l'objectif serait de collecter des informations sur la fréquence des vitesses des vents relevées sur des sites bien précis et cadrer à travers des projections de ces données sur le long terme.

Grâce à cette collecte et analyse des données, à la prise en compte des risques et les contraintes liées à toute installation éolienne, l'État devrait alors pouvoir organiser le secteur éolien à travers un test de loi qui définirait de manière légale ce que l'on conviendrait d'appeler Zone Développement Éolien (ZDE). Il reviendrait dès lors à l'autorité locale (préfectorale par exemple) de se fonder sur la base de données collectées de manière rigoureusement scientifique, pour motiver toute décision permettant d'autoriser exploitation du potentiel éolien de sa circonscription administrative.

Table 5 : Vitesses moyennes du vent déterminées pour chaque classe à Maroua Salack, Garoua et N'Gaoundéré entre 1991 et 1995[10]

Classe	1	2	3	4	5	6	7	8	9	10	Moyenne
Maroua Sa-lack	31.07	0.12	8.86	17.42	14.39	16.65	4.84	2.93	2.19	1.68	6.72
Garoua	41.33	0.17	11.57	14.67	10.45	8.86	3.48	1.81	0.80	0.80	4.95
N'Gaoundéré	70.56	0.28	14.43	8.62	3.22	2.22	0.40	0.16	0.92	0.03	2.76

Table 6 : Durée des vents de chaque classe à Maroua Salack, Garoua et N'Gaoundéré entre 1991 et 1995[11]

Classe	1	2	3	4	5	6	7	8	9	10
Maroua Salack	16,337	63	4,558	9,160	7,567	8,755	2,545	1,541	1,152	883
Garoua	24,888	89	6,084	7,730	5,495	4,659	1,830	952	473	421
N'Gaoundéré	37,103	147	7,588	4,533	1,693	1,167	210	84	484	16

Table 7 : Classes de vitesses de vent pouvant produire l'énergie électrique[12]

Classe	5	6	7	8	9	10
Maroua Salack	7566.84	8755.24	2545.07	1540.71	1151.59	883.41
Garoua	5495.03	4658.94	1829.92	951.77	473.26	420.67
N'Gaoundéré	1693.20	1167.36	210.34	84.13	483.77	15.76

3.2.4 La biomasse

La biomasse représente l'ensemble de la matière organique, elle peut être soit d'origine végétale soit d'origine animale. La biomasse végétale est l'ensemble de la matière organique issue de la flore à savoir le bois, la paille et les rébus des cultures. La biomasse animale quant à elle constitue l'ensemble de la matière organique issue de la faune c'est-à-dire des effluents d'élevage.[13]

Le Cameroun possèderait un potentiel également énorme en biomasse autant végétale qu'animale. Sa superficie qui est à 46.3% recouverte de forêt, et ses terres cultivées représentaient 4.7 millions d'hectares soit 9.89% de la superficie totale et plus de 90 millions d'animaux étaient en élevage en fin 2013.[14] A l'heure actuelle, le potentiel de biomasse animale n'est pas quantifié. On peut avoir une idée de ce potentiel à partir des quantités de bétail en élevage au Cameroun et disponible au Ministère de l'élevage, des pêches et industries animales (MINEPIA).[15]

---

10 Source : Ngnié William (2008).
11 (ibid.).
12 (ibid.).
13 MINEE (2015).
14 (ibid.).
15 MINEPIA (2011).

3.2.5   Les énergies géothermiques

L'énergie géothermique est une énergie thermique provenant de l'intérieur de l'écorce terrestre, généralement sous forme d'eau chaude ou de vapeur.

Le potentiel géothermique camerounais est également encore à évaluer. Mais le pays est traversé par une ligne volcanique de 1,600 km allant de sa côte littorale jusqu'au septentrion, en passant par les régions de l'Ouest, du Nord-Ouest, de l'Adamaoua et du Nord. Ce qui évidemment, indique un potentiel géothermique et sûrement pas des moindres.

4   La quintessence d'une politique sur les énergies renouvelables

Considérant la potentielle contribution des énergies renouvelables à un développement durable du Cameroun, il est possible de déceler les raisons et les motivations conduisant à la promotion de ce sous-secteur par le gouvernement en analysant les documents tels que la vision 2015, le Document stratégique pour la croissance et l'emploi (DSCE) et la Charte des investissements.

4.1   Les énergies renouvelables dans la vision d'émergence à l'horizon 2035

Cette vision formulée en 2009 et intitulée « Document stratégique pour la croissance et l'emploi », incorpore des objectifs généraux qui peuvent être atteints avec la contribution des énergies renouvelables. Il s'agit de :
- l'accélération de la croissance ;
- la baisse significative de la pauvreté ; et
- la réduction du chômage.

L'accélération de la croissance interpelle prioritairement le grand secteur énergétique, dont la fourniture en constitue une condition sine qua non de même qu'en vue de l'amélioration des conditions de vie des populations. Une population qui, avec un taux de croissance moyen de 2.5%, est censée dépasser 30 millions en 2035. A cet effet, la vision est claire et va même jusqu'à donner des indications chiffrées en termes de production et consommation énergétique à savoir « …doubler la production énergétique, soit une évolution de la consommation d'énergie par unité de PIB de 27.7% actuellement, à 45% à l'horizon de la vision. Les principales cibles intermédiaires sont : 35.5% en 2015, 40% en 2025 et 45% en 2035… ».

La production énergétique est en effet passée de 1,000.7 MW en 2010 à 1,354 MW en 2014, mais il reste évident que l'objectif intermédiaire de 2015 n'a pas été atteint et la contribution des énergies renouvelables dans cette fourniture demeure à moins de 1%. Une contribution par contre très réalisable au regard de leur énorme potentiel. Il en est de même avec la lutte contre la pauvreté et le chômage, en considérant l'entrepreneuriat et l'employabilité dans les projets de ce sous-secteur.

4.2 Les énergies renouvelables dans le Document de stratégie pour la croissance et l'emploie

Le Document de stratégie pour la croissance et l'emploie élaboré en 2009, est le cadre de mise en œuvre de de la vision 2035 et constitue de ce fait la 'boussole' de l'action gouvernementale pour la période 2010-2020. Il interpelle fortement le secteur énergétique et indique clairement la nécessité absolue de valoriser, à titre préventif, le potentiel des énergies alternatives en vue d'une amélioration significative de la production et de l'offre énergétique. Celle-ci devrait ainsi atteindre 13% en 2020, soit le quadruple de l'année de référence 2010. La stratégie de développement des infrastructures énergétiques qui a par la suite été élaborée renforce l'intention de promotion des énergies renouvelables tout en rationalisant la consommation du bois de feu.

4.3 L'articulation des énergies renouvelables dans les politiques sectorielles

L'objectif primordial ici est la relance et l'accélération du développement du patrimoine énergétique national, avec la diversification des sources d'approvisionnement et le respect de l'environnement. Concernant l'énergie électrique, la production totale en 2014 a été estimée à 7,688.45 GWh avec les proportions suivantes : 57.56% d'hydroélectricité, 21.6% de thermique publique, 20.79% d'autoproduction thermique (onshore et offshore) et 0.06% d'énergies renouvelables.[16]

Les énergies renouvelables ne sont pas en reste. Une évolution très appréciable a été enregistrée dans le domaine du solaire passant de 0.18 MWc de capacité totale installée en 2009 à 1.75 MWc en fin 2014.

4.3.1 La politique d'investissement et énergies renouvelables

L'exploitation de l'énorme potentiel énergétique camerounais en vue de l'augmentation de la production et de l'offre énergétique en général et de l'énergie renouvelable en particulier, exige des investissements financiers et technologiques

---

16 MINEE (2015).

considérables. C'est ainsi que la charte des investissements et la loi du 18 avril 2013 fixant incitations à l'investissement privé au Cameroun reconnaissent le caractère prioritaire des énergies et entrevoient des mesures spécifiques aux acteurs désirant se mouvoir dans ce secteur. Ainsi, les investissements suivants ont été effectués dans le secteur des énergies renouvelables :

- électrification de 166 localités rurales non connectées au réseau national dont les capacités nominales seront de 15 kW, 30 kW, 80 kW, 150 kW et 200 kW pour une capacité totale de 11.2 MW ;
- construction d'une unité de production d'énergie éolienne de 40 MW extensible à 80 MW sur les hauteurs des Monts Bamboutos dans la région de l'Ouest ; et
- le projet de construction d'une petite centrale hydroélectrique de 2.9 MW à Rumpi dans la région du Sud-Ouest Cameroun.

4.3.2   Les politiques de développement et énergies renouvelables

Afin de combler les aspects économiques, sociaux et environnementaux, l'objectif visé en termes de promotion des énergies renouvelables est d'assurer une fourniture énergétique suffisante en quantité, compétitive sur le marché, croissante et constante dans son offre et pas nocive pour l'environnement.

Sur le plan économique, il est clair que le développement des énergies renouvelables constitue une niche importante en termes de création d'entreprises et d'emplois. Ce qui va sans doute contribuer à l'amélioration du secteur industrielle, fortement limité par des périodes d'arrêts forcés à cause de délestages. Les secteurs tels que l'agriculture, le transport, la communication et les télécommunications n'attendent que cette fourniture constante d'énergies pour s'épanouir. Évidemment, une incidence sur la croissance du PIB n'en serait qu'une conséquence évidente.

L'amélioration de l'offre énergétique en quantité et en qualité en utilisant les sources renouvelables, devra avoir une incidence significative sur la vie des populations urbaines et rurales. Ceci au-travers d'une baisse du taux de mortalité infantile en combinaison d'une hausse du taux d'alphabétisation. Des indicateurs au niveau d'une cuisson améliorée des aliments et de leur conservation peuvent être mesuré et mis en relation avec la baisse de la malnutrition.

Les enjeux liés à la déforestation par les populations doivent être gérés avec la capitalisation du grand potentiel des énergies renouvelables au Cameroun. Au regard du taux de plus 82%[17] encore élevé de l'utilisation de combustibles solides par les

---

17   (ibid.).

populations, celles-ci doivent davantage êtres incitées à l'utilisation rationnelle du bois de feu au travers par exemple des alternatives tels les foyers améliorés à base de matériaux locaux. Il est indéniable que la promotion du biogaz, de l'éolien et du solaire auront également une conséquence notable allant dans ce sens.

Des discussions publiques récentes[18], ont permis de relever qu'un cadre juridique adéquat serait une condition sine qua none à une promotion efficace des énergies à source renouvelable. Ceci en lien avec les éléments suivants :

- mise en place d'une plateforme identificatrice des acteurs clés ;
- études sur les sources d'énergie et leur impact socioéconomiques ;
- étude sur l'évaluation du potentiel de la biomasse ;
- éducation et sensibilisation des populations sur le sujet des énergies renouvelables ; et
- augmentation des financements dans le secteur des énergies renouvelables.

5   Le cadre d'implémentation de la politique des énergies renouvelables

Le Cameroun, comme la plupart des pays en voie de développement, est confronté à des défis cruciaux dans divers domaines. Celui du secteur énergétique tant en zone rurale qu'en zone urbaine[19] demeure crucial. Le regain d'intérêt croissant pour ce secteur découle de la crise du secteur énergétique caractérisée entre autres par la hausse des prix de l'énergie et de l'impérieuse nécessité de trouver de nouvelles sources énergétiques.[20] Ce secteur a un impact considérable sur la préservation de l'environnement, car les énergies fossiles les plus répandues et couramment utilisées nécessitent beaucoup de matières premières non renouvelables et constituent une importante source de pollution.[21] Face à ces conséquences négatives, les politiques se tournent désormais vers des alternatives en accord avec la vision du développement durable qui préconise une utilisation rationnelle des ressources dans l'optique de pouvoir répondre aux besoins des générations présentes et futures. La majorité des politiques dans le monde opte de nos jours pour la promotion et l'utilisation des

---

18   Discussion organisée par la Fondation Konrad Adenauer sur les biocarburants le 23 août 2017 à Yaoundé.

19   En effet, moins de 10% des populations rurales ont accès à l'électricité et en zone urbaine, on assiste à des coupures fréquentes et intempestives de courant électriques, désorganisant de ce fait la vie économique et sociale du pays. Climatdeveloppement.org, consulté le 21 mars 2017.

20   Kapseu et al. (2012:17).

21   A ce sujet, Adam Amin Directeur Général de l'Agence internationale des énergies renouvelables affirme que : « Les deux tiers des émissions de CO_2 sont liées à la production, à la distribution et à la consommation d'énergie, donc décarbonner le secteur de l'énergie est probablement le moyen le plus rapide de décarbonner le monde », source : irena.google.cm/ amp/.la.croix.com/amp/1375176, consulté le 24 mars 2017.

énergies renouvelables. Il s'agit de ces formes d'énergie dont le taux de génération est supérieur ou égal au taux de consommation[22] (par opposition à une énergie non renouvelable dont le stock est épuisable à l'exemple du pétrole, du charbon). A ce sujet, le Cameroun s'est aligné à ce mouvement et s'intéresse au développement des énergies renouvelables dont les principales sont : l'énergie éolienne,[23] énergie solaire photovoltaïque,[24] l'énergie géothermique,[25] énergie hydraulique, [26] l'énergie de la biomasse[27]. La biomasse à elle seule représente 2/3 de la consommation totale des ménages en Afrique.[28]

Encore appelées énergies vertes ou énergies propres, leur exploitation engendre très peu de déchets et d'émission polluantes, ce qui impacte positivement dans la préservation de l'environnement, donc également dans la lutte contre les changements climatiques. Toutefois, ce secteur soulève au Cameroun des interrogations quant à l'aménagement de son cadre légal. Que reflète l'état des lieux actuels du cadre juridique et institutionnel des énergies renouvelables au Cameroun ? Au regard des failles observées dans ce système, quelles pistes explorer aux fins d'une meilleure promotion ?

5.1 Le cadre juridique

Le secteur des énergies renouvelables a commencé à se développer au Cameroun sous peu. C'est un domaine à l'état embryonnaire, et l'on note l'existence de quelques textes juridiques nationaux qui s'y rapportent tantôt implicitement parfois explicitement. Ils sont inspirés de textes juridiques internationaux en la matière signés ou ratifiés par le Cameroun.

5.1.1 Les instruments juridiques internationaux

L'État du Cameroun s'est approprié plusieurs instruments juridiques internationaux en rapport direct ou indirect avec le secteur énergétique.

---

22 Kapseu et al. (2012).
23 Article 5 de loi n° 2011/022 du 14 décembre 2011 régissant le secteur de l'électricité au Cameroun.
24 (ibid.).
25 (ibid.).
26 L'énergie hydraulique est directement obtenue par l'eau, que ce soit à partir des barrages, des marées et courants marins, des vagues ou des sources d'eau douces ou d'eau salées.
27 Énergie produite par effet de la combustion des matières organiques sur un fluide avec pour but la production de la vapeur devant entraîner les turbines.
28 Fondja (2007).

De prime abord, au plan international, plusieurs rencontres marquent l'intérêt pour ce secteur, par exemple : le Sommet mondial pour le développement durable (Johannesburg 2002), la Conférence internationale sur les énergies renouvelables (Bonn 2004), le Sommet mondial sur les changements climatiques (Durban 2011). Plusieurs instruments juridiques internationaux traitent de façon assez explicite de la question des énergies renouvelables dans leurs dispositifs. Dans ce registre on peut évoquer : le programme de l'Agenda 21, la Convention des Nations unies sur les changements climatiques (1992), le Protocole de Kyoto (1997), la Déclaration de Harare sur l'énergie solaire et le développement durable (1996), la Déclaration de Durban (2011), l'Accord de Paris (2015), la Convention sur les pollutions atmosphériques de longues portées (1979) et la Convention sur la lutte contre la désertification (1994).

Le Programme de l'Agenda 21 : proposé par la conférence des Nations unies sur l'environnement et le développement a pour objectif dans ce cadre : la mise en œuvre du concept de développement durable, qui prône une utilisation rationnelle des ressources disponibles. Sa mise en œuvre effective limiterait de façon considérable l'utilisation des énergies fossiles. Il faut relever ici que la mise en œuvre de ce programme se déploie plus au niveau des collectivités locales qui doivent s'en approprier afin de les implémenter sur le terrain.

La Convention des Nations unies sur les changements climatiques et le Protocole de Kyoto en la matière, visent une action à l'échelle internationale de réduction des gaz à effet de serre. Le secteur énergétique s'y prête parfaitement étant donné le taux de pollution croissant qu'engendre l'utilisation des énergies fossiles (responsable en grande partie des émissions de gaz à effet de serre) et la diminution des ressources. Ils visent la recherche, promotion, mise en valeur et utilisation accrue de sources d'énergie renouvelables, de technologies de piégeage du dioxyde de carbone et de technologies écologiquement rationnelles et innovantes. La Déclaration de Harare sur l'énergie solaire et le développement durable qui vise la mise en œuvre d'un programme d'activité solaire à l'échelle du globe, afin de réduire la dégradation de l'environnement. C'est un texte majeur dans ce domaine, car il permet de contrôler les émissions des gaz à effet de serre. La Déclaration de Durban quant à elle vise le développement des politiques, stratégies et programmes de développement durable à travers la promotion d'une économie verte. L'Accord de Paris est l'un des textes les plus récents dans le domaine. Il ambitionne de réduire, sinon stabiliser le réchauffement climatique en augmentant la consommation des énergies propres. Il mentionne explicitement, parmi les solutions à mettre en œuvre par les États parties pour lutter contre le réchauffement climatique, la promotion et la consommation massive des énergies vertes. La Convention sur les pollutions atmosphériques de longues portées et la Convention sur la lutte contre la désertification s'inscrivent également dans ce registre, mais de façon plus implicite.

5.1.2   Les instruments juridiques nationaux

Certains sont généraux dans leur formulation et d'autres assez explicites dans leurs contenus.

5.1.2.1   Les textes nationaux implicites

Il s'agit principalement de la constitution et de la loi n° 96/12 du 5 août 1996 portant loi-cadre relative à la gestion de l'environnement et ses décrets d'application par exemple.

La constitution révisée du 18 janvier 1996 : norme fondamentale de l'État, elle reconnaît à tous le droit de vivre dans un environnement sain. Implicitement elle encourage toutes les initiatives susceptibles de concourir à la préservation de l'environnement et au développement durable. C'est le cas notamment des énergies renouvelables, au vu des impacts positifs qu'elles ont sur la rationalisation des ressources et la lutte contre les pollutions. La Constitution camerounaise confie au pouvoir législatif la compétence en matière de ressources naturelles (article 26 (d) (5)).

La loi n° 96/12 du 5 août 1996 portant loi-cadre relative à la gestion de l'environnement : c'est elle qui fixe le cadre juridique général de la gestion de l'environnement au Cameroun. Elle institue en son article 11 un Fonds National de l'environnement et du développement durable dont l'un des objectifs est d'« appuyer les programmes de promotion des technologies propres ».[29] Ce texte assure la protection des ressources (renouvelables ou non) du sol et sous- sol contre toutes formes de dégradation (article 36 alinéa 1).

5.1.2.2   Les textes nationaux explicites

De prime abord, il faut noter qu'il n'existe pas encore au Cameroun de textes purement spécifiques régissant le domaine des énergies renouvelables. Toutefois, le texte majeur ayant pris en compte ce secteur est la loi n° 2011/022 du 14 décembre 2011 régissant le secteur de l'électricité au Cameroun.

D'autres textes qui traitent de ce sujet l'accompagnent, notamment le décret n° 2012/2806/PM du 24 septembre 2012 portant application de certaines dispositions de la loi n° 2011/022 du 14 décembre 2011 précité, la loi n° 2013/004 du 18 avril 2013 fixant les incitations à l'investissement privée au Cameroun, le Projet de loi

---

29   Le fonds en question a été créé par décret n° 2008/064 du 4 février 2008, cependant les actions concrets générés grâce à son soutien sont peu visibles.

portant promotion et développement des énergies renouvelables au Cameroun (2014) et la décision n° 000000185/MINEE/SG/DERME/ du 1er avril 2014 portant création d'un groupe de travail technique chargé de l'élaboration de la loi portant réglementation générale des énergies renouvelables au Cameroun.

La loi n° 2011/022 du 14 décembre 2011 régissant le secteur de l'électricité au Cameroun. Elle vient abroger toutes les dispositions de la loi n° 98/022 du 24 décembre 1998 régissant le secteur de l'électricité et comble quelque peu ses lacunes.[30] En effet, elle consacre toute une section au secteur des énergies renouvelables et propose une définition de chacune d'entre elles, tout en reconnaissant leur utilité. En son article 66, elle ouvre la voie à l'investissement dans ce secteur par de potentiels producteurs d'électricité issue des énergies renouvelables ; notamment en faisant peser sur tout opérateur de service public d'électricité, l'obligation de raccorder au réseau tout producteur d'électricité issue des énergies renouvelables qui en fait la demande. Cette loi encourage également l'essor des dites énergies par des avantages fiscaux et douaniers qu'elle prévoit pour les produits, les biens et les services destinés à ce secteur, dont la loi des finances pour l'exercice 2012 qui en son article 128 alinéa 17 dispose que « sont exonérés de la taxe sur la valeur ajoutée…les matériels et équipements d'exploitation des énergies solaire et éolienne ».[31] Enfin, elle prévoit la création d'une agence en charge de la promotion et du développement des énergies renouvelables qui reste encore attendu. Ces dispositions concourent à la promotion et au développement des énergies vertes, bien qu'il subsiste des failles qu'il importe de combler.

La loi n° 2013/004 du 18 avril 2013 fixant les incitations à l'investissement privée au Cameroun dont le but est de favoriser les investissements productifs permettant d'atteindre des objectifs prioritaires parmi lesquels la lutte contre les pollutions, la protection de l'environnement et le développement de l'offre énergétique. Ce texte est d'autant plus important qu'il régit un domaine en pleine expansion qui nécessite d'importants financements pour un développement à grande échelle. Le Projet de loi portant promotion et développement des énergies renouvelables au Cameroun, qui ambitionne d'augmenter la part des énergies renouvelables de 25% d'ici 2035 dans l'approvisionnement des énergies au Cameroun. Il faut regretter à ce niveau le retard observé quant à l'adoption de ce projet de loi.

---

30   En effet, la loi de 98 abrogé n'avait pas prévu de dispositions majeures en faveur du développement des énergies renouvelables. Au contraire, celle-ci était limitative par rapport à la précédente loi qu'elle a abrogée (précisément la loi n° 20 du 26 Novembre 1983 portant régime de l'électricité qui prévoyait déjà que l'électricité puisse être obtenue à partir des sources d'énergie renouvelables).

31   Circulaire n° MINFI/DGI/LC/L du 30 janvier 2012 précisant les modalités d'application des dispositions fiscales de la loi n° 2011/020 du 14 décembre 2011 portant loi de finances de la République du Cameroun pour l'exercice 2012.

En marge à ces textes, on peut mentionner l'existence des plans,[32] qui sont tout aussi importants, car ils constituent des feuilles de route à mettre en œuvre par les différents organismes impliqués dans ce secteur, dans l'optique d'atteindre leurs objectifs en matière de promotion, de production et de consommation des énergies vertes. Le développement des énergies renouvelables et la mise en œuvre des politiques édictées dans ce secteur au Cameroun font intervenir une diversité d'acteurs.

5.2   Le cadre institutionnel

L'intérêt croissant porté au domaine des énergies renouvelables a conduit à l'émergence d' une diversité d'acteurs dans la sphère. Ils appartiennent pour les uns au secteur public et pour les autres au secteur privé. Le cadre institutionnel des énergies renouvelables renvoie dans un sens strict, à l'ensemble des institutions officielles qui jouent un rôle majeur dans le secteur. Il a été élargi à quelques autres établissements publics qui dans la conduite quotidienne de leurs activités, induisent une influence notable sur l'essor des énergies renouvelables au Cameroun.[33]

5.2.1   Les acteurs relevant du secteur public

Dans ce volet, on retrouve les différents ministères et organismes publics impliqués directement ou non dans le secteur énergétique. Ceux-ci sont coiffés par le Ministre clé en charge des questions énergétiques au Cameroun.

5.2.1.1   Le Ministère de l'eau et de l'énergie

Ce ministère « est responsable de l'élaboration et de la mise en œuvre de la politique du Gouvernement en matière de production, de transport, de distribution de l'eau et de l'énergie ».[34] Il comprend, en rapport direct avec le domaine des énergies propres, une Direction des énergies renouvelables et de la maitrise des énergies (DERME) d'une part, et une sous-direction des énergies renouvelables d'autre part.

---

32   Le Plan énergétique national (1990) ; le Plan directeur d'électrification rurale ; le Plan national d'énergie pour la réduction de la pauvreté (2005), le Plan de développement du secteur de l'électricité à l'horizon 2030 (2006), actualisé en 2014 dans la perspective 2035, le Document stratégique pour la croissance et l'emploi (2010) dans son objectif 157.
33   Global Village Cameroon (2012:60).
34   Article 2 du décret n° 2012/501 du 7 octobre 2012 portant organisation du Ministère de l'eau et de l'énergie.

En ce qui concerne la DERME, elle est placée sous l'autorité d'un Directeur, et est chargée entre autres de : la conception, la formulation et la mise en œuvre des politiques et stratégies du domaine des énergies renouvelables et de la maîtrise de l'énergie ; la promotion, la valorisation, la vulgarisation, la prospection et l'inventaire des ressources d'énergies renouvelables ; la recherche appliquée et le transfert des technologies dans le domaine des énergies renouvelables ; la définition et le suivi des actions à mener en vue de prendre en compte la gestion des implications environnementales dans tous les grands projets relevant du domaine de l'énergie ; et de l'application des mesures de sécurité dans les installations de production et d'utilisation des énergies renouvelables.

La DERME est accompagnée dans ses missions par la sous-direction des énergies renouvelables, chargée entre autres de la conception et de la mise en œuvre du programme de développement et de promotion des énergies alternatives, de la mise en œuvre des projets pilotes dans le domaine des énergies renouvelables, de l'identification et du suivi des organismes et des opérateurs du domaine d'énergies renouvelables, de la valorisation énergétique des déchets des établissements ménagers, agro-pastoraux et industriels, de l'identification et de la vulgarisation des meilleures techniques d'utilisation des ressources énergétiques renouvelables. Ces deux entités sont au cœur des politiques élaborées et de la mise en œuvre des projets,[35] dans le domaine des énergies renouvelables. Elles travaillent en liaison avec les organismes et administrations concernées tels que le Ministère de la recherche scientifique et de l'innovation, le Ministère de l'enseignement supérieur, le Ministère de l'environnement de la protection de la nature et du développement durable.

Il existe d'autres structures du Ministère de l'eau et de l'énergie qui interviennent également dans ce secteur à savoir l'Agence de régulation du secteur de l'électricité,[36] à travers son projet Invest-Elec (identification des sites de petits hydro et biomasse, renforcement des capacités des petites et moyennes entreprises). Il y a également l'Agence d'électrification rurale en charge de la promotion de l'efficacité énergétique et du développement des énergies renouvelables en zone rurale et *Electricity Development Corporation* qui a mis sur pied plusieurs projets de centrales solaires. Le Comité de pilotage énergie,[37] est une cellule de réflexion, d'appui et de su-

---

35 Cas du projet dénommé Projet 166 conçu et mis en œuvre par la Direction des énergies renouvelables. Celui-ci vise l'électrification d'une centaine de zone rurale à base des énergies propres. Actuellement dans sa première phase, le projet a déjà été implémenté dans certaines localités de la région de l'ouest, et sur le long terme, il s'agira de couvrir mille zones rurales sur l'ensemble du territoire camerounais. Il existe aussi dans ce secteur, le projet de production du biogaz avec la coopération néerlandaise.
36 De manière générale, elle œuvre pour la promotion de l'efficacité énergétique dans le secteur électrique au Cameroun et assure la régulation du secteur de l'électricité.
37 Crée par décret n° 2003/243 du 12 décembre 2003.

pervision des stratégies de gestion des situations de crise énergétique et de finalisation du plan énergétique national. Le Comité national du conseil mondial de l'énergie,[38] avec pour mission principale de préparer et d'assurer la participation du Cameroun aux travaux du Conseil mondial de l'énergie et de suivre l'application des recommandations dudit Conseil au Cameroun.

5.2.1.2   Les autres ministères concernés

Plusieurs autres départements ministériels interviennent en matière de promotion et de développement d'énergies renouvelables au Cameroun.

Le Ministère de l'environnement de la protection de la nature et du développement durable, qui intervient à plus d'un titre dans le domaine des énergies vertes, à l'exemple du volet de la valorisation énergétique des déchets ménagers et industriels ou encore dans le domaine de la production des foyers améliorés à Maroua,[39] et les projets de mécanismes de développement propres. Ce ministère comporte d'ailleurs une Direction de promotion du développement durable, qui prend en compte les énergies renouvelables. Le Ministère de l'agriculture et du développement rural à travers des incidences notamment dans la vulgarisation des cultures concourant à la production de biocarburants. Le Ministère des forêts et de la faune et l'Agence nationale de forêts, à travers le projet de carbonisation à l'Est. Le Ministère de la recherche scientifique et de l'innovation, et le Ministère de l'industrie, des mines et du développement technologique à travers les orientations de la recherche et des technologies à développer. Le Ministère de l'emploi et de la formation professionnelle et le Ministère de l'enseignement supérieur, à qui il incombe la charge de développer des programmes théoriques et pratiques dans des centres de formation et établissements scolaires dans le secteur des énergies renouvelables. D'autres ministères tels que le Ministère de l'agriculture et du développement rural, le Ministère des domaines, du cadastre et des affaires foncières, le Ministère de l'industrie, des mines et du développement technologique et le Ministère du travail et de la sécurité sociale sont également impliqués.

Les collectivités territoriales décentralisées ont un rôle majeur à jouer à travers les communes d'arrondissement et communautés urbaines qui interviennent au niveau des localités afin d'implémenter la politique élaborée.

---

38   Créé par décret n° 96/036/PM du 21 février 1996.
39   Kapseu et al. (2012).

5.2.2   La société civile

Il s'agit d'individus et de groupes, organisés, qui agissent de manière concertée dans le domaine social, politique et économique et auxquels s'appliquent les règles et lois formelles ou informelles.

Ils constituent de véritables partenaires de mise en œuvre des politiques publiques et œuvrent de manière générale au niveau de l'information, la sensibilisation, la formation, la communication, la recherche, le développement et la promotion de ces nouvelles sources d'énergies, la mise en œuvre des micro-projets dans le domaine des énergies propres et, pour certains, le plaidoyer pour l'amélioration du cadre politique et juridique du secteur des énergies renouvelables au Cameroun. Parmi les Organismes de la société civile actifs dans ce domaine, on retrouve l'Association action pour un développement équitable, intégré et durable, l'Organisation néerlandaise de développement, le Service de la coopération allemande, *Global village Cameroon*, et *African centre for renewable energy and sustainable technology*. Il faut aussi relever en marge, la présence des partenaires techniques et financiers qui sont des partenaires de grande importance dans l'essor de la filière. C'est le cas notamment de l'Organisation des Nations unies pour le développement industriel,[40] la Banque mondiale, l'Union européenne, la Banque africaine de développement et la Banque islamique de développement. Malgré les problèmes de financement auxquels ils se heurtent, les entreprises relevant du secteur privé tendent à se multiplient dans ce domaine.

5.2.3   Les entreprises privées

Elles interviennent de manière générale au niveau de la fourniture du matériel et des services techniques liés aux énergies renouvelables. Parmi celles-ci, on note la présence de : Hygiène et salubrité Cameroun qui œuvre pour la promotion de la production du biogaz à partir de la méthanisation des déchets dans ses décharges, l'entreprise Total Cameroun qui depuis 2011 se démarque dans la promotion et la commercialisation des lampes solaires rechargeables. D'autres entreprises marquent également leurs actions dans ce secteur, à savoir : diffuselec, FIDES Gestion, Filiale Camerounaise de Général, Ingenium Solar, ou Solar Africa. Malgré l'aménagement

---

40   L'Organisation des Nations unies pour le développement industriel, en partenariat avec le MINEE ont signé une convention de financement à hauteur de six milliards FCFA pour un programme de développement des énergies renouvelables dans les régions de l'Ouest et du littoral. Il s'agit d'une expérience pilote de production d'énergie éolienne. Voir https://wwwcamerpost.com/, consulté le 27 février 2018.

du cadre légal des énergies renouvelables au Cameroun, on note la présence des facteurs qui entravent son essor.

5.3 Les entraves à l'essor du cadre légal des énergies renouvelables au Cameroun et les solutions envisageables

Il incombe dans un premier temps de recenser les obstacles qui freinent l'essor du cadre légal des énergies renouvelables au Cameroun, afin de proposer des pistes et solutions pour les contourner dans un second temps.

5.3.1 Les obstacles recensés

Ils sont analysables sous plusieurs angles.

5.3.1.1 Sur le plan juridique et politique

Sur le plan purement juridique, il existe un vide quant à l'existence d'un texte spécifique sur les énergies renouvelables au Cameroun ; son cadre juridique est appréhendé essentiellement sous le prisme des textes régissant le secteur de l'électricité ; or la notion d'énergie va bien au-delà de l'électricité et recouvre d'autres aspects. En dépit des efforts du législateur qui consacre toute une section aux énergies renouvelables dans la loi de 2011 précité, il subsiste des lacunes quant à l'aménagement des énergies renouvelables. Ce texte régit les activités de production, or parmi les énergies renouvelables il y en qui rentrent dans un processus d'auto production. Certes il existe depuis 2014 un Projet de loi portant sur la promotion et le développement des énergies renouvelables au Cameroun, mais ce texte jusqu'ici n'a pas encore été adopté.

Sur le plan institutionnel, on note l'absence de politique formelle en matière d'énergie verte. En effet le cadre général de cette politique est actuellement en cours, et reste un frein notable quant à l'essor de cette filière, car c'est elle qui permettrait entre autres de définir les axes et orientations prioritaires adéquats visant l'atteinte des objectifs (dont la réduction de manière significative de la production et la consommation des énergies fossiles et l'augmentation de la consommation d'énergies durables). Toujours dans ce volet, il faut noter les lourdeurs administratives et les lenteurs au niveau des réformes politiques. Ces lacunes s'observent également quant à la non priorisation des enjeux énergétiques et à l'inapplication des mesures incitatives[41] dans le secteur des énergies renouvelables.

5.3.1.2   Sur le plan institutionnel

Comme facteurs de faiblesse dans ce volet, on note un déficit en ressources humaines compétentes dans le domaine. En effet, étant un domaine encore embryonnaire au Cameroun, il existe actuellement peu de personnes qui sont formées et/ou spécialisées dans les thématiques liées aux énergies renouvelables. Il serait difficile de s'attaquer de manière efficace à un problème que l'on ne maîtrise pas. Il existe aussi une insuffisance de collaboration étroite entre les acteurs. Il est question ici d'une thématique qui nécessite que soient posés des actes concrets sur le terrain. Ce qui sous-entend une implication de tous les acteurs à quelque niveau que ce soit dans le processus. En guise d'illustration, les collectivités locales concernées au premier rang par la majorité des projets actuellement en cours, ne sont pas toujours impliquées suffisamment dans les projets. Le retard observé au niveau de la création de l'agence chargée des énergies renouvelables constitue un véritable handicap à l'essor de cette filière.

5.3.1.3   Sur le plan financier, technique et technologique

La principale difficulté relative au cadre financier est celle liée à l'insuffisance des moyens financiers pour le développement et la mise en œuvre de la politique en matière d'énergies renouvelables. Les entreprises en voie d'investissement dans les énergies vertes au Cameroun, se heurtent à l'épineux problème de fonds et au final proposent des prix élevés (représentant parfois le double du prix en énergie fossile) qui sont hors de la portée du consommateur moyen. Plusieurs facteurs justifient ce coût élevé : l'importation des équipements, les lourdes impositions fiscales et douanières, etc.

La maîtrise technologique est un préalable pour le développement des énergies renouvelables. Or les volets techniques et technologiques font état d'une insuffisance au niveau du transfert de technologie appropriée, des infrastructures et équipements adaptés, des déficits de centres de formation et des modules de formation relatifs aux

---

41   A ce propos, il est temps d'adopter des textes spécifiques portant sur la réduction des taxes d'importation sur les équipements pour les énergies renouvelables tel que prescrit par le Programme solaire mondial auquel a souscrit le Cameroun.

énergies renouvelables dans les établissements scolaires. Fort heureusement, des pistes sont explorées afin de résoudre la majeure partie de ces difficultés.

5.3.2 Les solutions envisageables

Elles seront examinées du point de vue juridique et politique, institutionnel, financier, technique et technologique.

5.3.2.1 Sur le plan juridique et politique

Il est urgent de mettre sur pied un véritable arsenal juridique spécifique à ce domaine, en commençant par l'adoption de l'avant-projet de loi initié en 2014.

Sur le plan politique, il est important de définir une politique formelle en matière de promotion et de développement des énergies propres ; d' élaborer une politique plus incitative pour encourager les investissements directs étrangers de grande ampleur ; et appropriés à l'endroit des promoteurs et utilisateurs de ces énergies. Par la suite il serait opportun d'alléger les procédures administratives et être prompt au niveau de l'adoption des réformes à initier. Enfin, inscrire le développement des énergies renouvelables comme axe prioritaire des secteurs de développement (des plans communaux de développement) et de les respecter.

5.3.2.2 Sur le plan institutionnel

Il convient de combler le déficit en ressources humaines compétentes dans le domaine, d'encourager une collaboration étroite entre les différents acteurs du secteur et de vulgariser la politique du secteur au niveau des acteurs impliqués à travers les plateformes de réflexion, forum et autres. Un aspect notable dans ce volet est celui de la création d'une agence de développement des énergies renouvelables et l'implication de tous les acteurs intervenant dans ce domaine.

5.3.2.3 Sur le plan technologique, technique et financier

Une ensemble de solutions sont proposées dans ce volet : mobiliser les sources de financement des projets relatifs aux énergies renouvelables, encourager la coopération Nord-Sud, renforcer les capacités des acteurs du secteur en la matière, développer des modules de formation et des mini guides sur les énergies renouvelables et les rendre accessible à tous, développer des stratégies efficaces favorisant le transfert de technologie dans le domaine (en insérant par exemple des clauses de transfert de technologies dans les contrats de partenariat) ; adapter le développement de filière au contexte local (par exemple à travers la production locales des plaques solaires photovoltaïques), imposer aux compagnies d'électricité des normes de panachage d'énergies et les obliger de recourir à des combustibles non fossiles.

6   Conclusion

A l'analyse, le secteur des énergies renouvelables au Cameroun est à l'etat embryonnaire. Son cadre légal est caractérisé par un vide juridique quant à l'existence d'une loi spécifique encadrant ce secteur. On note également une diversité d'acteurs peu outillés dans le domaine. Au vu des enjeux en présence (déficit énergétique, taux de pollution des énergies fossiles, aggravation des changements climatiques, fort potentiel des énergies renouvelables, etc.) la recommandation forte serait d'adopter urgemment le projet de texte spécifique relatif à ce secteur et partant, se doter d'acteurs et d'outils (juridiques, financiers, technologiques et techniques) aptes à répondre de manière efficace et efficiente aux attentes et besoins réels sur le terrain tant dans les zones rurales, que dans celles urbaines et péri urbaines. Car si le développement passe par le développement du secteur énergétique, le développement durable passe de manière incontournable par la valorisation des énergies renouvelables.

Bibliographie indicative

EDF / Électricité de France, 2004, *Coefficients de l'équivalent carbone EqCO$_2$/KWH calculés sur les données des filières de 2002.*

Fondja, Y, 2007, *Le Cameroun et la question énergétique*, Paris, l'Harmattan.

Global Village Cameroon, 2012, *État des lieux du cadre réglementaire du secteur des énergies renouvelables au Cameroun*, Yaoundé, Global Village Cameroon, https://www.ansole.org/download/article1.pdf, consulté le 3 février 2018.

Kapseu, C, N Djongyang, EG Nkeng, M Petsoko & MED Ayuk, 2012, *Energies renouvelables en Afrique Subsaharienne*, Paris, l'Harmattan.

Mbiaké, R & A Beya Wakata, 2017, *The relationship between global solar radiation and sunshine duration in Cameroon*, Présentation de Conférence à la Friedrich-Ebert-Stiftung (FES), Yaoundé 6-7 Juillet 2017.

Mc Kinnon, JT, 2007, Nevada Solar One, World Watch Institute, *État Planète Magazine*.

MINEE / Ministère de l'eau et de l'energie, 2015, *Rapport sur la situation énergétique du Cameroun*, Yaoundé, MINEE.

MINEPIA / Ministère de l'élevage, des pêches et des industries animales, 2011, *Document de stratégie du sous-secteur de l'élevage des pêches et industries animales*, Yaoundé, Division des Études, des Statistiques et de la Coopération.

Ngnié W & R Mbiaké, 2008, *Energie éolienne : Source : Alternative et Complémentaire à fort potentiel au Cameroun*, Conférence débat Faculté du Génie Industrielle (FGI) Université de Douala, juillet 2008.

Nguédia, AM & C Noula, 2012, *La politique du Gouvernement camerounais en matière de production et de distribution d'énergie électrique. Zoom sur le potentiel énergétique de la société sucrière du Cameroun,* Yaoundé, ARTAS/AFCAS.

Olivry, JC & H Pelleray, 1986, *Fleuves et rivières du Cameroun*, Paris, MESRES-ORSTROM, http://horizon.documentation.ird.fr/exl-doc/pleins_textes/pleins_textes_6/Mon_hydr/25393, consulté le 3 février 2018.

Performance Management Consulting, 2011, L'énergie solaire dans le monde et en Afrique : Acteur de la transformation des économies africaines.

Steedman, C, 1979, *L'énergie renouvelable au Cameroun : Possibilités et projets*, Yaoundé, USAID.

SECTION 10

CLIMATE CHANGE

CHANGEMENT CLIMATIQUE

CHAPTER 31:
ASPECTS OF INTERNATIONAL CLIMATE CHANGE LAW AND POLICY FROM AN AFRICAN PERSPECTIVE[1]

Oliver C. RUPPEL

1   Introduction

Climate change poses enormous challenges on mankind, *de facto* and *de iure*. Various intersections of law are related to climate change and an interdisciplinary approach to climate change is required to cope with the challenges ahead, as there is no clearly demarcated field of climate change law. Intersections can be found between environmental law, human rights law, the law of the sea and world trade law among others. Without doubt, the endless ramifications of climate change preclude any claim to exhaustiveness. However, many major legal issues have emerged, and build up what can be considered as an international framework for climate change law and policy. Developments in the past years reflect that climate change is playing a more dominant role, especially in the field of policy making and national planning. Based on local and national commitment and efforts to deal with the risks and challenges related to climate change and on international cooperation, a broad variety projects in the field of climate change have been and are being initialised and emphasise the importance of climate change mitigation and adaptation.

During the past centuries the world's population increased rapidly to over 7.6 billion in 2017 and a global population of 9.7 billion people is projected for the year 2050.[2] The expansion of mankind, both in numbers and per capita exploitation of the earth's resources, has been astounding. In an age primarily shaped by people, the so-called *Anthropocene*,[3] the depletion of natural resources, the transformation of land

---

1   This chapter is partially based on Ruppel (2016).
2   According to the 2017 Revision of the United Nations World Population Prospects, UNDESA (2017).
3   The term has initially been coined in 2000 by the famous atmospheric chemist and Dutch Nobel Prize winner Paul Crutzen and has ancient Greek roots: *anthropo* meaning *human* and *cene* meaning *new*. In 2000 Crutzen realised that we live in an age primarily shaped by people and that anthropogenic drivers have become major factors regarding the changes of our planet Earth. Crutzen suggested this age be called *Anthropocene* – "the age of man". See Crutzen & Stoermer (2000).

surface by human action, and the increase in atmospheric concentrations of carbon dioxide are some of the impacts of human activity on Earth and atmosphere.

2   Why is Africa particularly vulnerable to the impacts of climate change?

The African continent, in particular sub-Sahara Africa, is one of the poorest in the world despite being richly endowed with natural resources. Approximately 45% of the total SADC population lives on US$1 per day. In 2016, the prevalence of under-nourishment across Africa is around 16.2%, ranging from less than 5% to over 47% in some African countries. The prevalence of stunting among children under 5 years of age amounts to 33% across Africa and over 50% in some African countries. The incidences of malaria per 1,000 population amounted to 222 in 2013. Infant mortality rates remain above 50 per 1,000 births across Africa.[4] These figures are indicative of the harrowing and impoverished conditions afflicting most peoples on the continent and especially in sub-Sahara Africa.

Various regions of Africa have experienced changes in weather patterns over recent years, especially concerning the occurrence of droughts and floods. This has led to property destruction, loss of crops, livestock and settlements, as well as to forced human displacement, all of which have exacerbated already grinding poverty. Vulnerability to climate change[5] relates not only to a change in the frequency or duration of climatically unusual conditions, but also to the capacity to respond adequately to such conditions. Two aspects of vulnerability can be distinguished. The first concerns the likelihood that an individual or group will be exposed to and adversely affected by altered climatic conditions. The second aspect of vulnerability relates to the capacity to anticipate, cope with, resist and recover from the impacts of climate change. This capacity to adapt to climate change obviously varies among regions and socio-economic groups, in the sense that those with the least capacity to adapt are generally the most vulnerable to the impacts of climate change. This, to a great degree, speaks to the nature and abundance of the resources available to a given group, individual or region, to mitigate, overcome or adapt to altered climate conditions. Climate change has an impact on socio-economic development, and it affects various sectors crucial to such development – water availability, forestry, agriculture, biodiversity, food security and human health. Human vulnerability has become a key focus of human rights discussions, which now also tend to focus on how flooding, dev-

---

4   All figures from AfDB (2017).
5   The IPCC defines vulnerability as the "propensity or predisposition to be adversely affected. Vulnerability encompasses a variety of concepts and elements including sensitivity or susceptibility to harm and lack of capacity to cope and adapt." IPCC (2014:128).

astated housing, changes in the supply of fresh and irrigation water, contagious diseases, prolonged droughts, forced migration, deforestation, soil denudation, etc., will impact on human lives.

Projected consequences of continued temperature increases include a rise in sea levels, changes in precipitation patterns, and the resultant threat to food security and sustainable development in general, with more people pushed into and caught in poverty, especially in developing countries with fragile economies. It is expected that the 'water side' of climate change is likely to generate a significant impact on national and global economies; and it is not unlikely that this will result in increased local and international conflict, particularly in Africa.[6] This may also affect the energy production sector, as water is closely connected to the generation of electricity. An important question repeatedly posed is whether an increase in hydro-electric and nuclear electricity generation will have the required effect of a decrease in greenhouse gas emissions. In fact, the increased water requirements of these kinds of energy generation – to run turbines and for cooling – might exacerbate pressures on already strained water reserves and create new constraints. The interconnectedness and interdependence of water, energy, national welfare and international economies becomes clearer as climate change progresses around the world.

Moreover, the potential consequences of climate change and a decrease in fresh water also pose challenges for animal and plant species and biodiversity,[7] which in turn is likely to influence the human food chain.[8] All these considerations call for global level scrutiny and perhaps for a new and global green deal[9] that reassesses development in a carbon-constrained[10] and water-stressed world.

Various studies highlight the vulnerability of Africans that depend primarily on natural resources for their livelihoods, indicating that their resource base – already severely stressed and degraded by overuse – is expected to be further adversely affected by climate change.[11] Populations already vulnerable as a result of their status – women, children, the aged, minorities and the disabled – will be feeling the effects of climate change the hardest.[12]

Women in Africa are especially exposed to climate change related risks due to existing gender discrimination, inequality and inhibiting gender roles.[13] Elderly women and girls are expected to be most severely affected. Women are vulnerable to gender-

---

6   Scholtz (2010).
7   Hinz & Ruppel (2010).
8   Erens et al. (2009:207).
9   Barbier (2010).
10   Palosuo (2009).
11   (ibid.:85); Leary et al. (2006).
12   Ruppel (2010a).
13   Ruppel (2010b).

based violence during natural disasters and during migration, and girls are more like-ly to drop out of school when household incomes and resources come under stress. Rural women are expected to bear the brunt of considerable negative effects on agri-culture and deteriorating living conditions in rural areas. This vulnerability is exacer-bated by factors such as unequal property rights, exclusion from decision-making and difficulties in accessing information and financial services.

With regard to African children, climate change is expected to increase existing health risks and to undermine support structures that protect children from harm. Ex-treme weather conditions and scarcity of safe drinking water are major causes of malnutrition and infant and child mortality in Africa. Likewise, increased stress on livelihoods will make it more difficult for children to attend school. Girls will be par-ticularly adversely affected as traditional household chores, such as collecting fire-wood and water, require more time and energy when resources are scarce.

Climate change also poses a threat to indigenous peoples in Africa, who often live in marginal lands and fragile ecosystems, which are particularly sensitive to changes in weather.[14] Climate change could become a driver of migration and population dis-placement and it is acknowledged that indigenous people living in dry-lands are among the most vulnerable communities, as a result of water scarcity. Indigenous peoples have been voicing their concerns about the impacts of climate change on their rights as distinct peoples, and the importance of giving them a voice in policy-making on climate change at both national and international levels; further, to take into account and to build on their traditional knowledge. Customary law[15] and indig-enous knowledge should therefore be incorporated into climate change policies in order to foster the development of cost-effective, participatory and sustainable adap-tation strategies.[16]

Populations whose rights are poorly protected are likely to be less well-equipped to understand or prepare for climate change; they would be less able to lobby effec-tively for Government or international action; and are more likely to lack the re-sources needed to adapt to expected change in their environment and economic situa-tion. The efforts that have been made so far to place rights at the centre of any future climate change-mitigating dispensation have not been human rights focused. Howev-er, human rights impacts are a relevant concern. To mobilise the policy value, and indeed the legal force, of human rights in the construction of a climate change miti-gating dispensation, requires the assessment of likely human rights impacts and out-comes of climate change. The specific rights potentially affected by climate change, such as rights to food, water, shelter, and health or rights associated with gender,

---

14   Cf. studies on biodiversity in Hinz & Ruppel (2008).
15   Ruppel (2010c).
16   Mfune et al. (2009).

children and indigenous peoples, must be addressed in context. Each of the human rights[17] affected by climate change need to be identified and addressed in order to infuse relevance into on-going consultations, political negotiations, global cooperation discussions and other actions, whether internationally, regionally and nationally.

Rights and responsibilities regarding the utilisation of environmental resources need to be distributed with greater equity among communities, both globally and nationally. In this context, political participation, access to information and broad public involvement are just as important to the realisation of human rights as the development of quality climate change related education and interdisciplinary research of high standard. In order to become a winner – rather than a loser in the face of climate change – Africa needs more highly skilled experts in this field in order to meet future demand and to be in a position to adequately negotiate around its international interests in a growing and complex, knowledge-based global economy.[18]

3   The Intergovernmental Panel on Climate Change (IPCC)

It is the ultimate role of the IPCC to assess – on a comprehensive, objective, open and transparent basis – the scientific, technical and socioeconomic information relevant to understanding the scientific basis of risk of human-induced climate change, its potential impacts and options for adaptation and mitigation.

In 2014, the IPCC has launched its *5th Assessment Report (AR5) on Climate Change*,[19] with the contribution by Working Group I on *The Physical Science Base*, the contribution by Working Group II on *Impacts, Adaptation and Vulnerability*, and the contribution by Working Group III on *Mitigation of Climate Change*. In its report, the IPCC has again most rigorously reviewed and assessed the most recent scientific, technical and socioeconomic information produced worldwide relevant to the understanding of climate change.

The aforementioned reports are of great relevance with regard to all aspects of climate change and contain a solid base for further debate on this important topic. A general message from the reports can be summarised as follows: there is no doubt that we live in a world which is altered by climate change, one of the greatest challenges of the 21st century. Climate change poses risks to human and natural systems and has the potential to impose additional pressures on the various aspects of human security.[20] The risks and impacts related to climate change can be reduced by im-

---

17 Ruppel (2008a and b).
18 Ruppel (2010a).
19 Report available from http://www.ipcc.ch/report/ar5/, accessed 28 May 2018.
20 Adger & Pulhin (2014:760).

proving society to decrease vulnerability and hand down the overall risk level (adaptation[21]) and by reducing the amount of climate change that occurs, particularly by decreasing emissions (mitigation[22]). AR5 concludes that[23]

> human influence on the climate system is clear, and recent anthropogenic emissions of greenhouse gases are the highest in history. Recent climate changes have had widespread impacts on human and natural systems.

Evidence shows that the atmosphere and ocean have warmed, the amounts of snow and ice have diminished and sea level has risen and there is no doubt that human influence has been the dominant cause of the warming observed since 1950.[24] Climate change has caused widespread and consequential impacts on all continents and across the oceans and poses a broad range of future risks for human and natural systems.[25] The IPCC's analysis of observed climate trends and future projections reveals that that it is very likely that mean annual temperature has increased over the past century over most of the African continent,[26] and that temperatures on the continent will rise faster than the global average increase during the 21st century.

3.1   The IPCC's main findings for Africa

Selected Executive Summary Statements of the IPCC AR5 Africa Chapter[27]

Evidence of warming over land regions across Africa, consistent with anthropogenic climate change, has increased (high confidence). Decadal analyses of temperatures strongly point to an increased warming trend across the continent over the last 50 to 100 years.

Mean annual temperature rise over Africa, relative to the late 20th century mean annual temperature, is likely to exceed 2°C in the Special Report on Emissions Scenarios (SRES) A1B and A2 scenarios by the end of this century (medi-

---

21   Adaptation is defined as "The process of adjustment to actual or expected climate and its effects. In human systems, adaptation seeks to moderate or avoid harm or exploit beneficial opportunities. In some natural systems, human intervention may facilitate adjustment to expected climate and its effects." See IPCC (2014:118).

22   Mitigation of climate change is defined as "A human intervention to reduce the sources or enhance the sinks of greenhouse gases." See IPCC (2014:125).

23   See IPCC (2014:2).

24   (ibid.).

25   (ibid.:6).

26   With the exception of areas of the interior of the continent, where the data coverage has been determined to be insufficient. See Niang & Ruppel (2014:1206).

27   Taken from Niang & Ruppel (2014:1202-1204).

um confidence). Warming projections under medium scenarios indicate that extensive areas of Africa will exceed 2°C by the last 2 decades of this century relative to the late 20th century mean annual temperature and all of Africa under high emission scenarios.

A reduction in precipitation is likely over northern Africa and the southwestern parts of South Africa by the end of the 21st century under the SRES A1B and A2 scenarios (medium to high confidence). Projected rainfall change over sub-Saharan Africa in the mid- and late 21st century is uncertain.

African ecosystems are already being affected by climate change, and future impacts are expected to be substantial (high confidence). There is emerging evidence on shifting ranges of some species and ecosystems due to elevated carbon dioxide (CO_2) and climate change, beyond the effects of land use change and other non-climate stressors (high confidence). Ocean ecosystems, in particular coral reefs, will be affected by ocean acidification and warming as well as changes in ocean upwelling's, thus negatively affecting economic sectors such as fisheries (medium confidence).

Climate change will amplify existing stress on water availability in Africa (high confidence). Water resources are subjected to high hydro-climatic variability over space and time, and are a key constraint on the continent's continued economic development. The impacts of climate change will be superimposed onto already water-stressed catchments with complex land uses, engineered water systems, and a strong historical socio-political and economic footprint. Strategies that integrate land and water management, and disaster risk reduction, within a framework of emerging climate change risks would bolster resilient development in the face of projected impacts of climate change.

Climate change will interact with non-climate drivers and stressors to exacerbate vulnerability of agricultural systems, particularly in semi-arid areas (high confidence). Increasing temperatures and changes in precipitation are very likely to reduce cereal crop productivity. This will have strong adverse effects on food security.

Climate change may increase the burden of a range of climate-relevant health outcomes (medium confidence). Climate change is a multiplier of existing health vulnerabilities (high confidence), including insufficient access to safe water and improved sanitation, food insecurity, and limited access to health care and education. Climate change is projected to increase the burden of malnutrition (medium confidence), with the highest toll expected in children.

In all regions of the continent, national governments are initiating governance systems for adaptation and responding to climate change, but evolving institutional frameworks cannot yet effectively coordinate the range of adaptation initiatives being implemented (high confidence). Progress on national and subnational policies and strategies has initiated the mainstreaming of adaptation into sectoral planning. However, incomplete, under-resourced, and fragmented institutional frameworks and overall low levels of adaptive capacity, especially competency at local Government levels, to manage complex socio-ecological change translate into a largely ad hoc and project-level approach, which is often donor driven. Overall adaptive capacity is considered to be low. Disaster risk reduction, social protection, technological and infrastructural adaptation, ecosystem-based approaches, and livelihood diversification are reducing vulnerability, but largely in isolated initiatives. Most adaptations remain autonomous and reactive to short-term motivations.

Growing understanding of the multiple interlinked constraints on increasing adaptive capacity is beginning to indicate potential limits to adaptation in Africa (medium confidence). Climate change combined with other external changes (environmental, social, political, technological) may overwhelm the ability of people to cope and adapt, especially if the root causes of poverty and vulnerability are not addressed.

There is increased evidence of the significant financial resources, technological support, and investment in institutional and capacity development needed to address climate risk, build adaptive capacity, and implement robust adaptation strategies (high confidence). Funding and technology transfer and support is needed to both address Africa's current adaptation deficit and to protect rural and urban livelihoods, societies, and economies from climate change impacts at different local scales. Strengthening institutional capacities and governance mechanisms to enhance the ability of national governments and scientific institutions in Africa to absorb and effectively manage large amounts of funds allocated for adaptation will help to ensure the effectiveness of adaptation initiatives (medium confidence).

Climate change and climate variability have the potential to exacerbate or multiply existing threats to human security including food, health, and economic insecurity, all being of particular concern for Africa (medium confidence). Many of these threats are known drivers of conflict (high confidence). Causality between climate change and violent conflict is difficult to establish owing to the presence of these and other interconnected causes, including country-specific socio-political, economic, and cultural factors. For example, the degradation of natural resources as a result of both overexploitation and climate change will contribute to increased conflicts over the distribution of these resources. Many of the interacting social, demographic, and economic drivers of observed urbanization and migration in Africa are sensitive to climate change impacts.

3.2   Impacts of climate change in Africa

AR5 presents strong evidence that the impacts[28] of climate change in Africa are already being felt across various sectors. Climate change poses challenges to economic

---

28   Impacts of climate change are the "effects on natural and human systems of extreme weather and climate events and of climate change. Impacts generally refer to effects on lives,

growth and sustainable development and to the various facets of human security. Although detection of and attribution to climate change are often difficult given the role of drivers other than climate change, there are substantially more impacts in recent decades now attributed to climate change.[29] Various examples show, however, that climate change exerts extensive pressure on different ecosystems such as terrestrial, freshwater, and coastal/ocean ecosystems.[30] The health, livelihoods and food security of people in Africa are all affected by climate change. And as "Africa as a whole is one of the most vulnerable continents due to its high exposure and low adaptive capacity",[31] innovation and technology, smart policy making, high levels of Government attention, effective diplomacy, and international cooperation are required in order to effectively address the current and future challenges related to climate change.

3.3   Future risks

The AR5 states that[32]

> climate change will amplify existing risks and create new risks for natural and human systems. Risks are unevenly distributed and are generally greater for disadvantaged people and communities in countries at all levels of development.

Risk is "the potential for consequences where something of value is at stake and where the outcome is uncertain, recognizing the diversity of values."[33] Risk results from the interaction of vulnerability, exposure, and hazard. Risks from a changing climate in general come from a lack of preparedness making people vulnerable and the exposure of people or assets to harm, overlapping with triggering climate events (hazards). Key risks are potentially severe impacts of climate change and are considered key due to the high intensity of hazard or the high vulnerability of societies and systems exposed, or both. One major finding of AR5 is that the higher the increase in warming is, the higher is the risk.[34]

---

livelihoods, health, ecosystems, economies, societies, cultures, services, and infrastructure due to the interaction of climate changes or hazardous climate events occurring within a specific time period and the vulnerability of an exposed society or system. Impacts are also referred to as consequences and outcomes. The impacts of climate change on geophysical systems, including floods, droughts, and sea level rise, are a subset of impacts called physical impacts." IPCC (2014:5).

29   IPCC (2014:7).
30   See Niang & Ruppel (2014:1214).
31   Niang & Ruppel (2014:1205).
32   IPCC (2014:13).
33   (ibid.:5).
34   Niang & Ruppel (2014:1238).

Particular challenges for less developed countries and vulnerable communities, given their limited ability to cope are the key risks as identified in AR5 as risks with high confidence, spanning sectors and regions, including but not limited to the following:[35]

- risk of death, injury, ill-health, or disrupted livelihoods in low-lying coastal zones and small island developing states and other small islands, due to storm surges, coastal flooding, and sea-level rise;
- risk of severe ill-health and disrupted livelihoods for large urban populations due to inland flooding in some regions;
- systemic risks due to extreme weather events leading to breakdown of infrastructure networks and critical services such as electricity, water supply, and health and emergency services;
- risk of mortality and morbidity during periods of extreme heat, particularly for vulnerable urban populations and those working outdoors in urban or rural areas;
- risk of food insecurity and the breakdown of food systems linked to warming, drought, flooding, and precipitation variability and extremes, particularly for poorer populations in urban and rural settings;
- risk of loss of rural livelihoods and income due to insufficient access to drinking and irrigation water and reduced agricultural productivity, particularly for farmers and pastoralists with minimal capital in semi-arid regions;
- risk of loss of marine and coastal ecosystems, biodiversity, and the ecosystem goods, functions, and services they provide for coastal livelihoods, especially for fishing communities in the tropics and the Arctic; and
- risk of loss of terrestrial and inland water ecosystems, biodiversity, and the ecosystem goods, functions, and services they provide for livelihoods.

For Africa in particular, the following key risks have been highlighted:[36]

- risks of stress on water resources;
- sea level rise and extreme weather events;
- shifts in biome distribution;
- degradation of coral reefs;
- reduced crop productivity;
- adverse effects on livestock;
- vector- and water-borne diseases;
- under nutrition; and
- migration.

---

35   IPCC (2014:13).
36   See Niang & Ruppel (2014:1237).

4 Opportunities for effective action to reduce the risks associated to climate change

The risks associated with climate change need to be reduced by limiting the rate and magnitude of climate change. AR5 reveals that risks are reduced substantially under the assessed scenario with the lowest temperature projections. Furthermore, reducing climate change can also reduce the scale of adaptation that might be required.

In order to manage the risks of climate change, various approaches for adaptation come into consideration. Risk reduction strategies used in African countries to offset the impacts of natural hazards on individual households, communities, and the wider economy include early warning systems, emerging risk transfer schemes, social safety nets, disaster risk contingency funds and budgeting, livelihood diversification, and migration. Various adaptation approaches can be overlapping and are often pursued simultaneously. Most national governments in Africa are initiating governance systems for adaptation. Efforts to reduce vulnerability include disaster risk management, adjustments in technologies and infrastructure, ecosystem-based approaches, basic public health measures, or livelihood diversification.

Building more resilient societies is another means to cope with the challenges associated with climate change. Climate change, along with land-use change, degradation of ecosystems, poverty and inequality is one of the stressors that impinge on resilience. Climate resilient pathways have to be identified by decision-makers that lead to a more resilient world, *inter alia* through adaptive learning, increasing scientific knowledge, effective adaptation and mitigation measures, and other choices that reduce risks.

5 International legal mechanisms to address climate change

The intersections of international climate change law and multiple overlapping regulatory bodies reflect the fragmentation of global climate change governance in the absence of a universal climate change regime. This makes international climate change law extremely complex and global climate governance not very orchestrated. This overlapping complexity in the different climate change (related) regimes can be observed in various United Nations conventions, the international human rights regime, the world trade order under the World Trade Organization (WTO), multilateral environmental agreements (MEAs) and other international legal instruments that (directly or indirectly) deal with climate change, such as the Vienna Convention on

Ozone Depletion, the Montreal Protocol,[37] the Convention on Biodiversity, the London Dumping Convention, the Convention on International Trade in Endangered Species of Wild Fauna and Flora (CITES), the RAMSAR Convention on Wetlands of International Importance and the Convention on the Conservation of Migratory Species of Wild Animals, among others.

The international legal climate change regime is a product of international law, which has developed rapidly over the past few decades, especially since the dawn of the United Nations (UN), when rules and norms regulating activities carried on outside the legal boundaries of nations were developed. Numerous international agreements – bilateral, regional or multilateral – have been concluded and international customary rules, as evidence of a general practice accepted as law, have been established. For the purpose of this article, the following sections shall, however, only reflect on the most pertinent climate regimes, namely those around the UNFCCC.

6 The UN Framework Convention on Climate Change and its protocols[38]

The UNFCCC and the Kyoto Protocol are treaties in terms of international law and Article 2.1(a) of the Vienna Convention on the Law of Treaties. International oversight and implementation of the climate regimes are only possible through an array of institutions under the UNFCCC and Kyoto regimes.[39] The COP is the supreme body of the UNFCCC, which regularly reviews the implementation of the Convention and any related legal instruments that the COP may adopt to promote the effective implementation of the Convention.

---

37 The 1987 Montreal Protocol introduced a series of effective steps to phase out the global production and consumption of ozone-depleting substances in the 1980s. The Protocol and successor agreements are not only regarded as highly successful examples of international environmental regulatory cooperation, there are also lessons to be learned from the ozone layer experience in dealing with climate change. The Montreal Protocol has made a substantial commitment to climate goals, and there are substantial proposals on the way to increase this. Having phased out 97% of almost 100 ozone-depleting substances (ODSs) it placed the ozone layer on a path to recovery. "Because many ODSs are also potent greenhouse gases (GHGs), their phase-out under the Montreal Protocol has provided an often overlooked bonus for climate mitigation: by the end of the decade, the Montreal Protocol will have done more to mitigate climate change than the initial Kyoto Protocol reduction target, reducing emissions in terms of carbon dioxide (CO_2), equivalent to 135 billion tonnes between 1990 and 2010 and delayed climate impacts – including abrupt and irreversible impacts – by about 12 years". See http://www.igsd.org/initiatives/montrealprotocol/ (also for further references), accessed 10 February 2018.
38 This section is largely based on Ruppel (2013).
39 Depledge & Yamin (2009).

The mandate of the COP to amend the UNFCCC and the Kyoto Protocol, or adopt a new legal instrument that either supplements or replaces the Kyoto Protocol, is broadly limited by the UNFCCC's objective and guiding principles. The UNFCCC, however, only provides a general framework to combat climate change. Parties have a responsibility to protect the climate system in accordance with their common but differentiated responsibilities and respective capabilities.[40]

The Convention is a framework document, identifying two major areas of action required to address climate change, namely mitigation and adaptation. Moreover, the Convention as a legal instrument identifies a wide range of measures (see, e.g., the diversity of measures in Article 4.1) to address climate change through other activities such as scientific and technical cooperation, technology transfer, finance etc. The UNFCCC allows any state to become a party, and as at 2018 has 197 parties, making it a global instrument. Within this framework of global participation, actual obligations of parties differ substantially between industrialised and developing countries. The UNFCCC enshrines a number of key principles (Article 3) including the principles of *equity* and *common but differentiated responsibilities and respective capabilities*. Today's accumulated greenhouse gas emissions originate mainly from over 150 years of carbon-based industrial activity in developed states. Therefore, the UNFCCC recognises that all countries have a common responsibility to tackle climate change, but places a heavier burden on industrialised states to fulfil their historic responsibility of addressing climate change.[41]

These principles are reflected in the obligations established for developed and developing countries in the Convention, including those relating to mitigation, adaptation, technology transfer, finance as well as communication of information relating to the Convention. The Convention goes further to make provision for countries in special situations, including particularly vulnerable countries, least-developed countries and countries undergoing transition to a market economy. Article 4 (4) UNFCCC, for instance, states:

> The developed country parties ... shall assist the developing country parties that are particularly vulnerable to the adverse effects of climate change in meeting costs of adaptation to those adverse effects.

The UNFCCC allows for the introduction of protocols to the Convention. The first of these is the Kyoto Protocol. This agreement came into force on 16 February 2005. A number of global initiatives are being implemented to assist in the operationalisation of the UNFCCC. For example, the Global Environment Facility (GEF) serves as an operating entity of the UNFCCC financial mechanism and has been supporting the

---

40   For more details, see AMCEN (2011).
41   Boisson de Chazourne (2008).

national capacity self-assessment process at national level for some time. This is aimed at providing countries with an opportunity to articulate their own capacity needs in implementing the UNFCCC, the other two Rio Conventions and other non-Rio Conventions (e.g. chemicals). The ultimate objective of the UNFCCC is to stabilise greenhouse gas concentrations at a level that would prevent dangerous anthropogenic interference with the climate.[42] Such a level – and this is generally regarded by developing countries as an integral part of the aforementioned objective – should be reached within a timeframe, which allows ecosystems to adapt naturally to climate change while guaranteeing that food production is not at risk and that development occurs in a sustainable manner.

The Kyoto Protocol shares the objectives and the institutions of the UNFCCC. The major distinction between the two is that while the UNFCCC only encourages industrialised countries to stabilise greenhouse gas emissions, the Kyoto Protocol obliges them to do so. Just like the UNFCCC, the Kyoto Protocol imposes a heavier burden on developed nations under the principle of common but differentiated responsibilities. This group of countries must first and foremost take domestic action to address climate change, but the Kyoto Protocol allows them a certain degree of flexibility in satisfying their emissions commitments.

Under the Kyoto Protocol, actual emissions have to be monitored – each party must keep a national register to show measures carried out under the Kyoto Protocol instruments. The secretariat keeps an independent transaction log to verify that operations are consistent with the rules of the Kyoto Protocol. The most important aspect of the Kyoto Protocol is arguably the creation of an aggregate target for the developed countries (Article 3) as well as legally binding and quantified individual targets set out in Annex B. It should also be noted that there are significant commitments for reporting, review, independent assessment and compliance (Articles 5, 7, 8 and 18).[43]

Under the adaptation objective, the Kyoto Protocol, like the UNFCCC, is designed to support countries in adapting to the inevitable effects of climate change and to facilitate the development of techniques that can help increase resilience to climate change impacts. An Adaptation Fund was set up to help with concrete adaptation projects in developing countries. The Adaptation Fund is a solidarity fund in which a proportion of the revenue of CDM projects in developing countries is contributed to a fund to assist adaptation projects in other developing countries.

---

42 See Article 2 of the UNFCCC.
43 For further information see https://unfccc.int/process/the-kyoto-protocol, accessed 10 February 2018.

In the course of the United Nations Climate Change Conference held in Cancun, Mexico in 2010, a set of agreements were reached, building on the Bali Road Map[44] and the Copenhagen Accord,[45] which clearly reflect that the parties to the UNFCCC and the Kyoto Protocol had taken up the issue of climate justice. Three decisions have resulted from the Cancun Conference: one decision by the COP to the UN-FCCC[46] and two decisions by the COP serving as the meeting of the Parties to the Kyoto Protocol.[47] The reduction of greenhouse gas emissions and the support for developing nations to deal with climate change are at the core of the Cancun agreements. In order to advance action regarding the aim of the reduction of greenhouse gas emissions in a mutually accountable way, national plans are formally captured at international level under the banner of the United Nations Framework Convention on Climate Change. Support for developing nations is provided for in the Cancun agreements and includes financial, technology and capacity-building support, which is to be realised through various mechanisms: nationally appropriate mitigation actions (NAMA); reducing emissions from deforestation and forest degradation (REDD+); the Clean Development Mechanism (CDM); the Cancun Adaptation Framework (CAF); the technology mechanism; and the Green Climate Fund (GCF).

At the COP18 to the UNFCCC and the MOP8 to the Kyoto Protocol held in Doha, Qatar in 2012, a second commitment period under the Kyoto Protocol has been launched, with 2020 as the end date. Unfortunately, several countries that had previously participated in the Kyoto Protocol have not joined the second commitment period, such as Russia, Canada, New Zealand and Japan.

The major outcome of COP21 in Paris in 2015 was the Paris Agreement. After the Kyoto Protocol, the Paris Agreement is considered to be a landmark agreement as it paves the way into a sustainable low carbon future. The Paris Agreement entered into force on 4 November 2016 and contains the following cornerstones: As a long-term goal it is envisaged to keep global warming well below two degrees and to pursue efforts to limit the temperature increase even further to 1.5 degrees. The Paris Agreement provides for a system of Nationally Determined Contributions (NDCs). These

---

44   The Bali Road Map emerged from the 2007 Bali Climate Change Conference and includes the Bali Action Plan (Decision 1/CP.13), which launched a "comprehensive process to enable the full, effective and sustained implementation of the Convention through long-term cooperative action" along with a number of other decisions and resolutions.
45   Agreed upon by the UNFCCC Conference of the Parties, in Copenhagen on 18 December 2009 by way of Decision 2/CP.15.
46   Decision 1/CP.16 The Cancun Agreements: Outcome of the work of the Ad Hoc Working Group on Long-term Cooperative Action under the Convention.
47   Decision 1/CMP.6 The Cancun Agreements: Outcome of the work of the Ad Hoc Working Group on Further Commitments for Annex I Parties under the Kyoto Protocol at its fifteenth session; and Decision 2/CMP.6 The Cancun Agreements: Land use, land-use change and forestry.

are voluntary commitments by states to climate change mitigation and adaptation, which are defined in a self-determined national process and are subject to review every five years. Financial commitments from developed countries, especially to the least developed countries, which suffer most from climate change have been laid down just as provisions on loss and damage from climate change, whereas state liability or any form of interstate damages have explicitly been excluded in the agreement.

7 Africa in the international climate negotiations

African countries are particularly vulnerable to and suffer most from the impacts of climate change, while their GHG emissions are the lowest in the world. Thus, Africa's voice in the international climate negotiations should be louder. However, it seems that the driving seats in international climate negotiations are predominantly occupied by those countries which have contributed most to global warming. For Africa one way out of this dilemma is to consolidate positions and to speak with a strong common and unified African voice at international climate negotiations. Several approaches and initiatives have been going in this direction, such as the African Group of Negotiators (AGN), an alliance of African states supported to ensure effective participation in the climate change negotiations by providing technical and legal assistance as well as administrative support. However, the process remains challenging due to the heterogeneity of African countries, interests and expectations.

References

Adger, WN, JM Pulhin, 2014, Human security, in CB Field, VR Barros, DJ Dokken, KJ Mach, MD Mastrandrea, TE Bilir, M Chatterjee, KL Ebi, YO Estrada, RC Genova, B Girma, ES Kissel, AN Levy, S MacCracken, PR Mastrandrea, LL White (eds), *Climate change 2014: impacts, adaptation, and vulnerability. Contribution of working group II to the Fifth Assessment Report of the Intergovernmental Panel on Climate Change*, Cambridge, Cambridge University Press, 755-791.

AfDB / African Development Bank, 2017, *Indicators on gender, poverty, the environment and progress toward the sustainable development goals in African countries*, Abdjan, African Development Bank, https://www.afdb.org/fileadmin/uploads/afdb/Documents/Publications/GENDER_ Poverty_and_Environmental_Indicators_on_African_Countries-2017.pdf, accessed 10 February 2018.

AMCEN / African Ministerial Conference on the Environment, 2011, *Addressing climate change challenges in Africa – A practical guide towards sustainable development*, https://www.reeep. org/guide-book-addressing-climate-change-challenges-africa, accessed 10 February 2018.

Barbier, EB, 2010, *A global green new deal. Rethinking the economic recovery*, Cambridge, Cambridge University Press.

Boisson de Chazourne, L, 2008, The United Nations Framework Convention on Climate Change, http://legal.un.org/avl/ha/ccc/ccc.html, accessed 10 February 2018.

Crutzen, PJ & EF Stoermer, 2000, The Anthropocene, 41 *Global Change Newsletter*, 12-13.

Depledge, J / F Yamin, 2009, The global climate regime: a defence, in Helm, D & C Hepburn (eds), *the economics and politics of climate change*, Oxford, Oxford University Press, 433-453.

Erens, S, J Verschuuren & K Bastmeiijer, 2009, Adaptation to climate change to save biodiversity: lessons learned from African and European experiences, in Richardson, BJ, Y le Bouthillier, H McLeod-Kilmurray, S Wood (eds), *Climate law and developing countries. Legal and policy challenges for the world economic order*, Cheltenham, Edward Elgar, 207-231.

Hinz, MO & OC Ruppel (eds), 2008, *Biodiversity and the ancestors: challenges to customary and environmental law. Case studies from Namibia*, Windhoek, Namibia Scientific Society.

Hinz, MO & OC Ruppel (eds), 2010, Biodiversity conservation under Namibian environmental law, in Schmiedel, U, N Jürgens & T Hoffman (eds), *Biodiversity in southern Africa – Volume 2: patterns and processes at regional scale*, Göttingen & Windhoek, Klaus Hess Publishers, 190-194.

IPCC / Intergovernmental Panel on Climate Change, 2014, *Climate change 2014: synthesis report – contribution of working groups I, II and III to the Fifth Assessment Report of the Intergovernmental Panel on Climate Change*, RK Pachauri & LA Meyer (eds), Geneva, IPCC, http://www.ipcc.ch/pdf/assessment-report/ar5/syr/SYR_AR5_FINAL_full.pdf, accessed 10 February 2018.

Leary, N, J Adejuwon, W Bailey, V Barros, M Caffera, S Chinvanno, C Conde, A de Comarmond, A de Sherbinin, T Downing, H Eakin, A Nyong, M Opondo, B Osman, R Payet, F Pulhin, J Pulhin, J Ratnasiri, E Sanjak, G von Maltitz, M Wehbe, Y Yin, G Ziervogel, 2006, *For whom the bell tolls: vulnerabilities in a changing climate*, AIACC / Assessments of Impacts and Adaptations to Climate Change Working Papers, Washington, DC, AIACC.

Mfune, JK, OC Ruppel, NE Willemse, AW Mosimane, 2009, *Proposed climate change strategy and action plan*, Windhoek, Versacon Earthwise Consulting and Ministry of Environment and Tourism.

Niang, I & OC Ruppel, et al. 2014, Africa, in: CB Field, VR Barros, DJ Dokken, KJ Mach, MD Mastrandrea, TE Bilir, M Chatterjee, KL Ebi, YO Estrada, RC Genova, B Girma, ES Kissel, AN Levy, S MacCracken, PR Mastrandrea & LL White (eds), *Climate change 2014: impacts, adaptation, and vulnerability.* Contribution of Working Group II to the Fifth Assessment Report of the Intergovernmental Panel on Climate Change, Cambridge, Cambridge University Press, 1199-1265.

Palosuo, E (ed.), 2009, *Rethinking development in a carbon-constrained world. development cooperation and climate change*, Helsinki, Ministry of Foreign Affairs of Finland.

Ruppel, OC, 2008a, Third-generation human rights and the protection of the environment in Namibia, in Horn, N & A Bösl (eds), *Human rights and the rule of law in Namibia*, Windhoek, Macmillan Education, 101-120, http: //www.kas.de/proj/home/pub/8/2/-/dokument_id-16045/index.html, accessed 20 August 2017.

Ruppel, OC, (ed.), 2008b, *Women and custom Namibia: Cultural practice versus gender equality?*, Windhoek, Macmillan Education, http://www.kas.de/proj/home/pub/8/2/dokument_id-15086/index.html, accessed 20 September 2017.

Ruppel, OC, 2010a, Der Klimawandel trifft Frauen und Kinder besonders hart, *Allgemeine Zeitung*, 30 August 2010.

Ruppel, OC 2010b, Women's rights and customary law in Namibia: A conflict between human and cultural rights?, *Basler Afrika Bibliographien BAB Working Paper 2010/2*, http://www.baslerafrika.ch/upload/files/WP_2010_2_Ruppel.pdf, accessed 20 January 2018.

Ruppel, OC, 2010c, The Namibian ascertainment of customary law project and the Human Rights and Documentation Centre, in Hinz, MO (ed.), 2010, *Customary law ascertained. Volume I. The customary law of the Owambo, Kavango and Caprivi communities in northern* Namibia, Windhoek, Namibia Scientific Society.

Ruppel, OC, 2016, Setting the scene: Human vulnerability and findings of the Intergovernmental Panel on Climate Change, in: Ruppel, OC & K Ruppel-Schlichting, *Environmental law and policy in Namibia – towards making Africa the tree of life,* Windhoek, Hanns-Seidel-Foundation, 281-290.

Scholtz, W, 2010, The promotion of regional environmental security and Africa's common position on climate change, 10 *African Human Rights Law Journal,* 1-25.

UNDESA / United Nations Department of Economic and Social Affairs, 2017, *World population prospects: the 2017 revision,* https://esa.un.org/unpd/wpp/Publications/Files/WPP2017_ KeyFindings.pdf, accessed 10 February 2018.

CHAPITRE 32 :
SITUATION DES CHANGEMENTS CLIMATIQUES AU CAMEROUN – LES ÉLÉMENTS SCIENTIFIQUES, INCIDENCES, ADAPTATION ET VULNERABILITÉ

Joseph Armathé AMOUGOU

1   Introduction

Les changements climatiques risquent d'être un obstacle majeur dans la réalisation des objectifs nationaux à moyen terme de développement au Cameroun.[1] Comme dans de nombreux pays du monde, les manifestations desdits changements climatiques (multiplication des situations météorologiques extrêmes, diminution des précipitations et de la ressource en eau, perturbation de la distribution spatiale et temporelle des pluies, perturbation des rythmes saisonniers, augmentation des températures moyennes, etc.) se multiplient dans les différentes zones agro écologiques (ZAEs) du Cameroun. Aussi la prise en compte des perturbations climatiques dues à ces changements climatiques dans la mise en œuvre des stratégies de développement des secteurs économiques prioritaires (l'agriculture, l'élevage, la gestion des conflits, l'eau et l'énergie), pourra être exécutée selon des protocoles 'écologiquement conviviaux' en apportant des ajustements utiles et nécessaires dans les plans de développement.

Par ailleurs, le Cameroun qui est une 'Afrique en miniature', caractérisée par une grande diversité géo climatique, donne à travers ses cinq ZAEs, une bonne et grande opportunité d'appréhender les manifestions, les impacts, ainsi que les réponses qu'apportent un pays en voie de développement aux changements climatiques en termes d'adaptation aux effets néfastes et de réduction des émissions de gaz à effet de serre. C'est dans cet esprit que ce chapitre se propose de présenter : succinctement les caractéristiques des cinq zones agro écologiques, l'analyse de l'évolution de la pluviométrie dans les cinq ZAE du Cameroun pendant 50 ans, la vulnérabilité et les impacts des changements climatiques sur les différents secteurs de développement et les écosystèmes, les réponses du Gouvernement du Cameroun à cette situation sur le triple plan politique, institutionnel et programmatique.

---

1   République du Cameroun (2009).

2 Quelques traits caractéristiques des zones agro écologiques du Cameroun

De par son extension en latitude et sa position au creux du golfe de Guinée, le Cameroun présente une très grande diversité sur le plan climatique. L'étalement en latitude est à l'origine de la répartition zonale des pluies et des régimes pluviométriques variés. En revanche, la fenêtre sur l'océan atlantique au niveau du golfe de Guinée impose la diminution progressive des quantités de pluies dues à la continentalité, d'Ouest à l'Est en fonction du cheminement de la mousson océanique. Le tableau 1 présente les caractéristiques des zones agro-écologiques du Cameroun.

Tableau 1 : Quelques caractéristiques des différentes zones agro-écologiques du Cameroun

Stations	Zone agroécologique	Région	Position géographique des stations	Altitude des stations
Maroua	Soudano-sahélienne	Extrême-Nord	Latitude : 10° 27' N Longitude : 14° 15' E	423 m
Ngaoundéré	Hautes savanes	Adamaoua	Latitude : 7° 21' N Longitude : 13° 33' E	1,113 m
Yaoundé	Forestière à pluviométrie bimodale	Centre	Latitude : 3° 50' N Longitude : 11° 31' E	760 m
Bafoussam	Hauts plateaux	Ouest	Latitude : 5° 28' N Longitude : 10° 25' E	1,460 m
Manfé	Forestière à pluviométrie monomodale	Sud-Ouest	Latitude : 4°42' N Longitude : 009°17' E	126 m
Douala	Côtière et littorale à pluviométrie monomodale	Littoral	Latitude : 4° 01' N Longitude : 9° 44' E	5 m

3 Évolution de la pluviométrie dans les cinq ZAEs du Cameroun

3.1 Évolution de la pluviométrie à Maroua dans la zone Soudano-sahélienne

Les quantités de précipitations enregistrées diminuent graduellement pendant les saisons sèches et pluvieuses (figure 1a). En ce qui concerne l'évolution du nombre des jours des pluies, la même figure indique une tendance à la diminution des précipitations pendant la saison des pluies, tandis qu'elles augmentent pendant la saison sèche. Cette observation est similaire à celle élaborée par Amougou et al.[2] dans la partie septentrionale du Cameroun. Les auteurs signalaient une chute générale de la pluviométrie dans cette partie du Cameroun, sur la période 1945 à 2000. Par ailleurs, la figure (1b) indique que l'évolution des précipitations et du nombre de jours des pluies présente des cas de compensation pour les deux saisons observées. Il ressort

---

2 Amougou et al. (2012).

pour ces deux variables pluviométriques que, lorsque la saison des pluies est en augmentation, on devrait s'attendre à une saison sèche en diminution, et vice versa. Ce balancement régulier des saisons sèches et pluvieuses est un bon indicateur de prévision desdites saisons. C'est ainsi que pour une saison sèche moins arrosée, on s'attendrait à une saison des pluies plus approvisionnées. Pareillement, lorsque la saison des pluies a été longue, on s'attendrait à une saison sèche plus étalée.

À l'échelle annuelle, l'évolution de la pluviométrie (figure 1c) indique une diminution continue des quantités de pluies et du nombre de jours des pluies à Maroua sur la période de l'étude. La moyenne annuelle est de 785 mm de pluies étalées sur 71 jours. A l'exception des années 1960, 1976, 1989 et 1994 qui totalisent respectivement 1,035 mm, 1,079 mm, 1,980 mm et 1,194 mm de pluies, les totaux pluviométriques des autres années n'ont pas dépassé 900 mm de pluies sur les cinquante années d'observation. L'année 2004 qui est la moins arrosée avec 373 mm de pluies, reçoit un déficit de 430mm de pluies par rapport à la moyenne annuelle. Des recherches similaires menées par Albergel et al.[3] dans d'autres pays d'Afrique soudano-sahélienne soulignent une très forte diminution des quantités de précipitations journalières supérieures à 40 mm, suivie d'une descente en latitude des isohyètes interannuelles pour la décennie 1970-1980 de presque 2 degrés.

Les différents résultats obtenus indiquent clairement que la diminution de la pluviométrie observée à Maroua est la résultante d'une perturbation qui touche toute la bande soudano-sahélienne de l'Afrique tropicale, y compris la zone soudano-sahélienne du Cameroun.

---

3   Albergel et al. (1984).

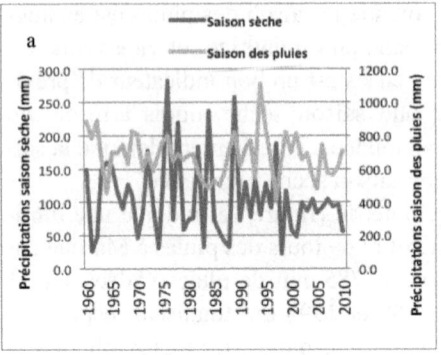
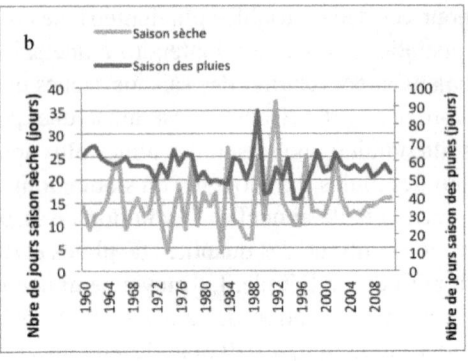
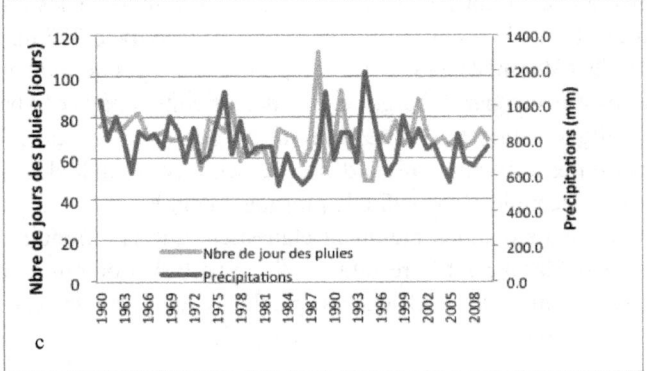

Figure 1 : Évolution des précipitations (a) et du nombre de jours des pluies (b) pendant les saisons sèches et pluvieuses (c) évolution annuelle des précipitations et du nombre de jours de pluies à Maroua de 1960 à 2010.

3.2 Évolution de la pluviométrie à Ngaoundéré en la zone de hautes savanes guinéennes du Cameroun

Les précipitations diminuent progressivement au même titre que le nombre de jours des pluies enregistrées à Ngaoundéré pendant les saisons sèches et pluvieuses (figures 2a et 2b). Les moyennes enregistrées sont respectivement de 1,450 mm étalées pendant 143 jours pendant la saison des pluies et de 50 mm de pluies étalées sur six jours pendant la saison sèche.

À l'échelle annuelle (figure 2c), les précipitations annuelles et le nombre de jours des pluies diminuent simultanément. Les moyennes respectives sont de 1,500 mm de pluies étalées sur 149 jours. Par ailleurs, avec un total de 1,788 mm de pluies, l'année 1978 a été la plus arrosée, mais elle n'a pas la plus étalée (144 jours), tandis que les années 1966 ; 1973 ; 1999 et 2009 ont été les plus étalées (160 jours pour chacune) avec respectivement 1,595 mm (1966) ; 1,420 mm (1973) ; 1,679 mm (1999) et 1,455 mm (2009).

Les résultats obtenus dans la zone des hautes savanes indiquent une baisse tendancielle des volumes pluviométriques à Ngaoundéré. Par ailleurs, l'évolution de la hauteur des quantités de pluies enregistrées ne coïncide pas toujours avec l'étalement desdites pluies, traduisant ainsi des perturbations dans la distribution et l'étalement des pluies enregistrées.

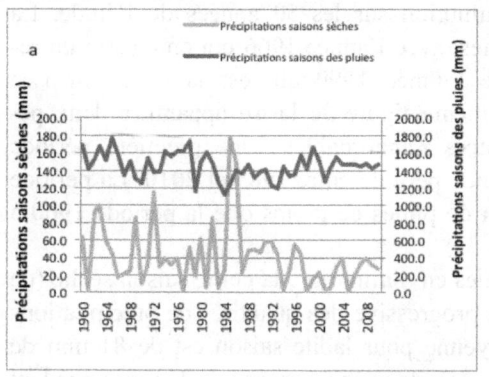
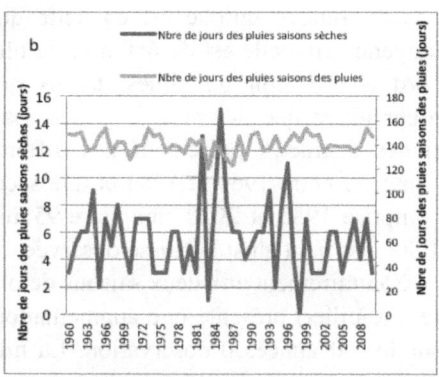
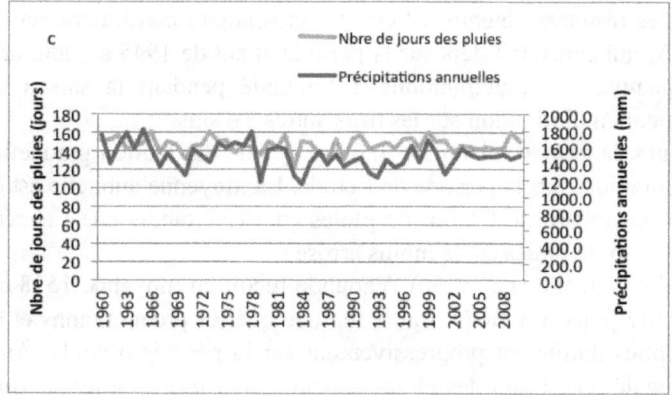

Figure 2 : Évolution des précipitations (a) et du nombre de jours des pluies (b) pendant les saisons sèches et pluvieuses (c) évolution annuelle des précipitations et du nombre de jours des pluies à Ngaoundéré de 1960 à 2010.

3.3   Évolution de la pluviométrie à Yaoundé en la zone de forêt à pluviométrie bimodale

La figure 3a présente une évolution des quantités de précipitations pendant les saisons (sèches et pluvieuses) à Yaoundé de 1960 à 2010. Il ressort de cette figure 3 que la grande saison sèche est en permanente régression, la moyenne annuelle est de 187 mm de pluies. Par ailleurs, l'année 1985 qui enregistre un record de 280 mm de pluies est considérée comme la plus arrosée. Au même moment, l'année 2001 qui enregistre 124 mm de pluies est la moins arrosée. D'autre part, la période comprise entre 1985 à 2010 a été la moins arrosée, avec en moyenne 2 mm de pluies par an, en moins que la période qui va de 1960 à 1984.

En ce qui concerne la petite saison des pluies (figure 3c), l'évolution des tendances indique qu'elle est en nette diminution sur les 50 années de l'étude. La moyenne annuelle est de 660 mm de pluies, avec l'année 1966 qui enregistre un record de 965 mm de pluies, tandis que l'année 1990 qui est la moins arrosée n'enregistre que 444 mm de pluies. La même figure 3c laisse apparaître deux périodes distinctes présentant des différences remarquables : une première période comprise entre 1960 et 1984 et une seconde période entre 1985 et 2010. La période comprise 1985 et 2010 enregistre 95 mm de pluies de moins que la période 1960 à 1984 justifiant ainsi la baisse observée.

Contrairement aux deux saisons de pluies en diminution, la petite saison sèche (de juin à juillet) présente une augmentation progressive des quantités de précipitations sur les 50 années d'observation. La moyenne pour ladite saison est de 81 mm de pluies, avec l'année 2002 qui a été la plus arrosée avec un record de 315 mm pendant la saison. Ces résultats obtenus à l'échelle saisonnière confirment ceux obtenus par Mena (2005) qui constatait déjà sur la période allant de 1945 à 2000, une augmentation des quantités de précipitations à Yaoundé pendant la saison sèche, tandis qu'elles étaient en diminution sur les trois autres saisons.

Par ailleurs, la grande saison sèche présente une diminution graduelle des quantités de précipitations sur la période de l'étude. La moyenne annuelle est de 20 mm de pluies, avec un record de 69 mm de pluies en 1970, tandis que l'année 1989, avec moins de 10 mm de pluies est la moins arrosée.

À l'échelle annuelle (figure 3c), Yaoundé reçoit en moyenne 1578 mm de pluies étalées sur 147 jours. La même figure indique que les précipitations et le nombre de jours des pluies diminuent progressivement sur la période d'étude. Ainsi, deux périodes d'inégale répartition des pluies apparaissent : une première période qui est la plus arrosée et en même temps la plus étalée entre 1960 à 1985. Une seconde période qui présente un déficit de 149 mm de pluies entre 1986 et 2010, par rapport à la période 1960 à 1985. Pour cette période, l'année 1966 reste la plus arrosée (2,142 mm de pluies, étalées sur 160 jours).

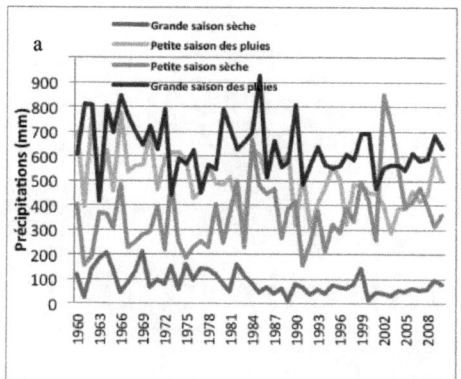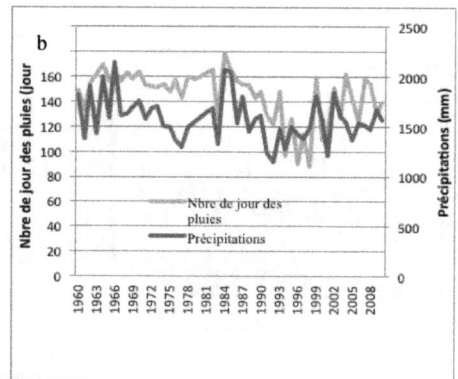

Figure 3 : Évolution des précipitations à l'échelle saisonnière (a) et annuelle (b) à la station météorologique de Yaoundé

3.4   Évolution de la pluviométrie à Bafoussam dans la zone des hautes terres du Cameroun de 1960 à 2010

La figure 4 (a et b) présente les évolutions saisonnières des quantités de pluies et du nombre de jours des pluies par saison, enregistrées à Bafoussam entre 1960 et 2010. Il ressort de cette figure une nette augmentation des quantités de précipitations enregistrées pendant la saison des pluies, tandis qu'elles diminuent considérablement pendant la saison sèche. Cette observation confirme le constat de l'augmentation desdites précipitations fait à l'échelle annuelle. Subséquemment, l'augmentation à l'échelle annuelle des quantités de pluies serait en majorité due à la saison des pluies qui augmente significativement. D'autre part, le nombre de jours augmente pour les deux saisons (sèches et pluvieuses). Cette augmentation est le plus visible sur la période 1990 à 2010 qui enregistre un surplus de deux jours par an par rapport à la période 1960 à 1989.

À l'échelle annuelle, Bafoussam enregistre en moyenne 1,753 mm de pluies, étalées sur 139 jours (figure 4c). L'évolution annuelle des tendances indique une augmentation croissante des quantités de précipitations et du nombre de jours des pluies sur la période de l'étude.

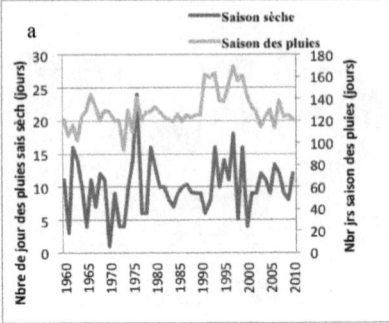
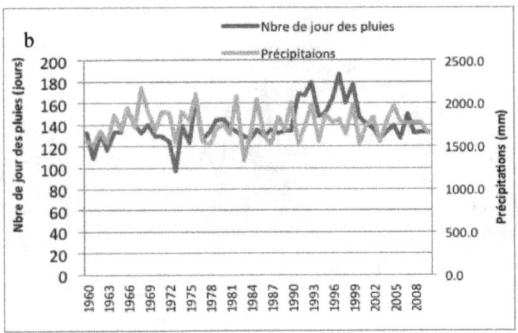

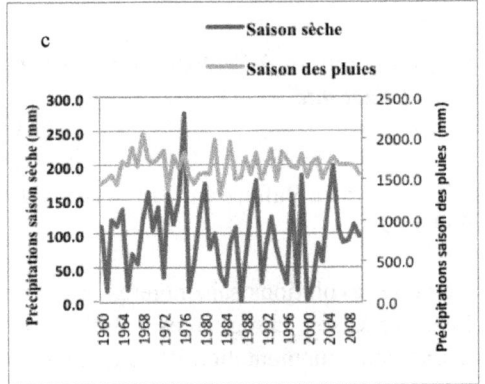

Figure 4 : *Évolution saisonnière des précipitations (a) et du nombre de jour des pluies (b) et (c) évolution des précipitations annuelles et du nombre de jours des pluies annuelles à Bafoussam de 1960 à 2010.*

3.5   Évolution de la pluviométrie à Douala en la zone côtière et littorale du Cameroun

La figure 5 ci-dessous indique que les quantités des pluies enregistrées par an et le nombre de jours des pluies par an diminuent progressive à Douala entre 1960 et 2010. La moyenne annuelle est de 3,700 mm de pluies, étalées sur 205 jours. En outre, l'année 1964 qui totalise 4,871 mm de pluies reste la plus arrosée, alors que l'année 1984 qui n'a pas dépassé 2,596 mm de pluies est la moins arrosée. L'évolution du nombre de jours de précipitations indique que l'année 2007 est la moins étalée, sur 98 jours, tandis que l'année 1974 qui enregistre un record de 266 jours de pluies reste la plus étalée. Pour ce qui est de la distribution des quantités de pluies, deux périodes distinctes sont observées sur la période de l'étude : la période comprise entre 1960 et 1981, qui est la plus arrosée avec en moyenne 4,043 mm de pluies par an. La seconde période va de 1982 à 2010. Cette période enregistre un déficit de 21.3 mm de pluies en moyenne par an par rapport à la première période. D'autre part, entre 1983 et 2010, Douala enregistre en moyenne 188 jours de pluies par an, soit une diminution de 1.3 jours de pluies en moyenne par an par rapport à la période qui va de 1961 à 1982. Les différences observées confirment que Douala située en zone côtière littorale du Cameroun présente une perturbation remarquable de sa pluviométrie.

L'évolution à l'échelle saisonnière de la pluviométrie de Douala indique une baisse tendancielle et simultanée des précipitations et du nombre de jours des pluies pendant les saisons sèches et pluvieuses (Figure 6a et b). Une compensation régulière, comme une sorte de vase communiquant est observable entre les deux saisons de l'année. Aussi l'augmentation des précipitations ou du nombre de jours des pluies pendant la saison des pluies entraine souvent une diminution pendant la saison sèche. Simultanément une diminution pendant la saison des pluies entraine une augmentation pendant la saison sèche. Ce comportement pendant les saisons sèches et pluvieuses serait un élément utile à prendre en compte pour la prévision des saisons sèches et pluvieuses à Douala. Ainsi la connaissance du comportement de l'une des deux saisons permettrait à aider à prédire le comportement de l'autre saison. De pareilles conclusions ont aussi été attribuées dans le Littoral Camerounais par Amougou et al. en 2006, qui signalent la décroissance des moyennes des précipitations mensuelles, saisonnières et annuelles. Le même auteur remarque aussi une augmentation des précipitations pendant les petites saisons sèches, tandis qu'en général, les saisons sèches et les saisons des pluies des stations de Douala enregistrent de moins en moins des précipitations.

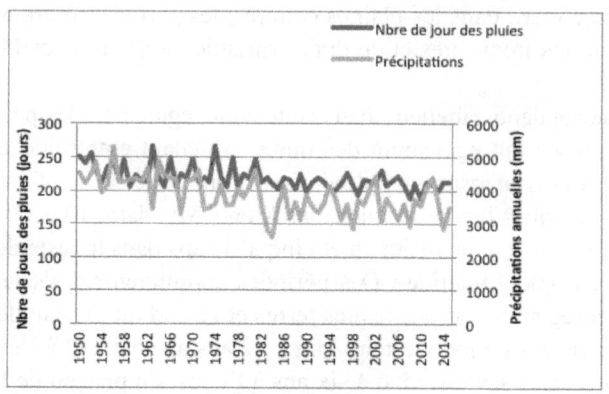

Figure 5 : Evolution des quantités de précipitations par an et du nombre de jours des pluies par an à Douala de 1960 à 2010.

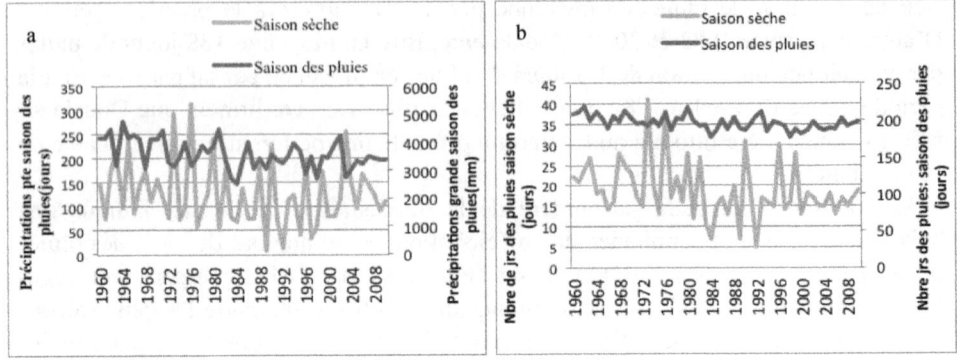

Figure 6 : Evolution saisonnière des précipitations (a) et du nombre de jours des pluies (b) à Douala de 1960 à 2010.

4   Détection des périodes anormalement sèches ou anormalement humides et typologie des précipitations dans les cinq zones agro écologiques

4.1   Périodes anormalement sèches ou anormalement humides

L'analyse des périodes anormalement sèches a été faite selon les différents domaines géographiques, en considérant l'indice de Gaussen P= 2t pour déterminer le mois sec.

- Domaine côtier : dans les plaines côtières, les périodes anormalement sèches ont été moins fréquentes et de durée variable ; entre trois et 11 ans selon les stations.
- Domaine soudano-sahélien : dans cette zone, également les périodes anormalement sèches ont également des durées s'étalant entre cinq et 11 ans avec cependant des interruptions pluvieuses d'une à deux ans. Ces périodes sont séparés de trois à quatre ans dans les Monts Mandara, 10 à 11 ans le long du cordon dunaire Yagoua-Limani et cinq à six ans dans le reste de la zone.
- Domaine tropical humide : Des périodes anormalement sèches ont été également enregistrées sur les hautes terres et au sud du plateau de l'Adamaoua. La durée de ces périodes atteint huit à 12 ans au centre et à l'est dans la zone de contact forêt-savane, cinq à six ans à l'ouest du plateau de l'Adamaoua et trois à quatre ans dans les Hautes Terres de l'Ouest.
- Domaine subéquatorial : c'est le domaine climatique où est survenu le plus grand nombre de périodes anormalement sèches (trois à six cas). Elles sont séparées de quatre à 11 ans.

- Domaine équatorial : Ce domaine a connu au plus trois cas de périodes anormalement sèches. Elles sont distantes de quatre à cinq ans, voire 11 ans aux environs d'Eséka et de Kribi.

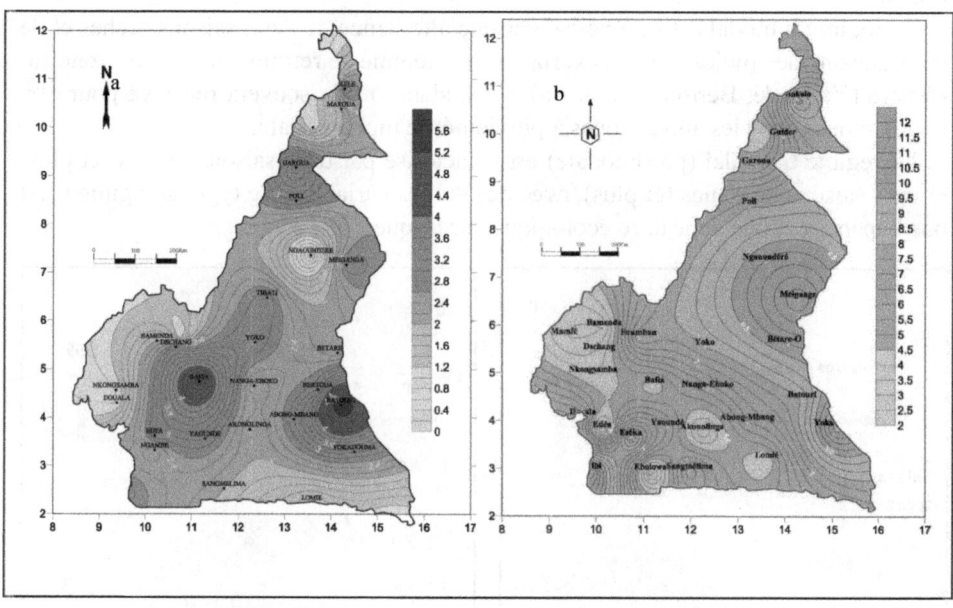

Figure 7 : Nombre des périodes anormalement sèches (a) et distances entre les périodes anormalement pluvieuses (b).

4.2 Typologie des régimes pluviométriques dans les cinq zones agro écologiques du Cameroun

L'analyse des différents histogrammes permet d'identifier les perturbations possibles observées dans les cinq ZAEs du Cameroun. L'observation des différentes formes d'histogrammes indique qu'ils ne sont pas toujours homogènes entre 1960 et 2010 dans les zones agro écologiques étudiées. Il ressort des 50 années analysées que pour chaque zone trois types de régimes des précipitations sont observables : le type monomodal, le type bimodal et le type trimodal ou encore plurimodal (figure 8). L'importance des types de régimes est fonction du rythme et de la distribution de la pluviométrie, sa position géographique de la zone et des interrelations entre les différentes zones climatiques et la dynamique du système climatique global.

Le régime monomodal est typique des zones soudano-sahéliennes (Maroua et Garoua), de la zone des hautes savanes guinéennes (Ngaoundéré), de la zone côtière et littorale (Douala), de la zone forestière à pluviométrie monomodale (Mamfé), de la zone des hauts plateaux (Bafoussam, Bamenda) avec des nuances (en termes de distribution dans le temps et dans l'espace des volumes des quantités de précipitations, de la longueur des dites précipitations, des dates des débuts et fins des dites précipitations).

Le régime bimodal est caractérisé par une alternance de deux saisons sèches et de deux saisons des pluies à durées variables. Ce régime se retrouve le plus en zone forestière (Yaoundé, Bertoua, Ebolowa). Cependant, on l'a souvent retrouvé pour certaines années dans les autres zones à pluviométrie monomodale.

Le régime trimodal (plurimodale) est caractérisé par trois saisons sèches (et plus) et trois saisons de pluies (et plus), avec des durées variables. Ce type de régime n'est pas l'apanage d'une zone agro écologique spécifique.

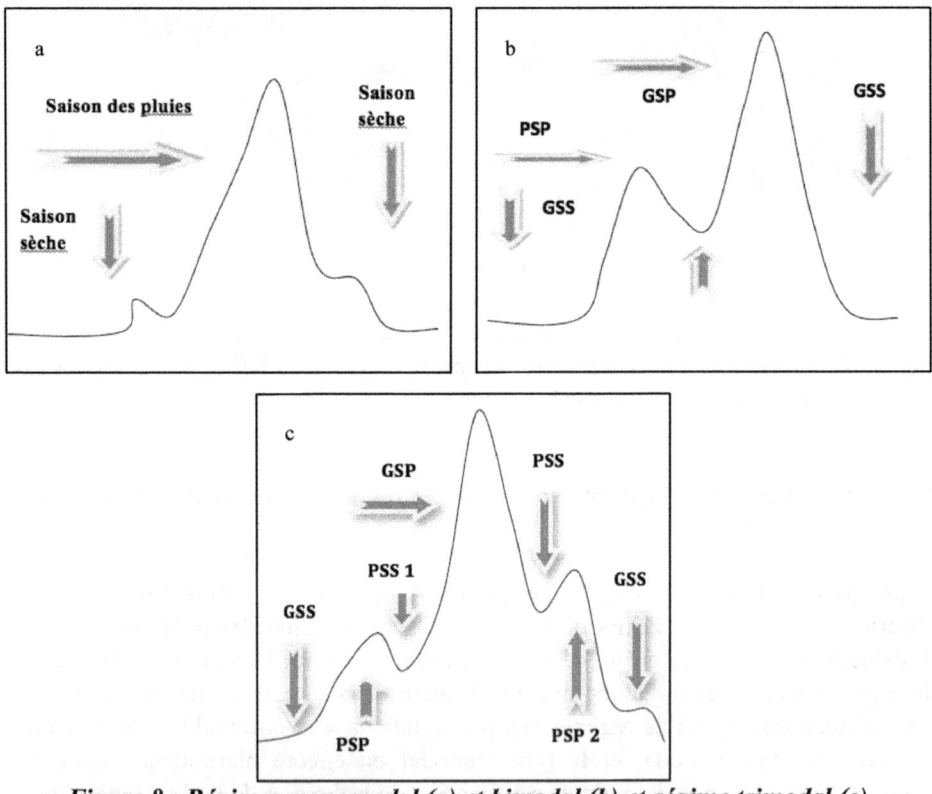

Figure 8 : Régimes monomodal (a) et bimodal (b) et régime trimodal (c).

Le tableau 2 présente la répartition des régimes pluviométriques dans les cinq zones agro-écologiques du Cameroun. Il ressort de ce tableau que chaque ZAE du Cameroun conserve son régime de précipitations qui lui est propre, malgré certaines variations observées pour chaque zone.

Maroua présente 40 années à régime monomodal et dix années avec des régimes bimodaux. L'évolution des régimes pluviométriques indique que sur la décennie 1960 et 1970, seule l'année 1964 est de type bimodal ; entre 1970 et 1980, sept années sont de régime monomodal et trois années (1971, 1976 et 1978) de régime bimodal ; entre 1980 et 1990, sept années sont de régime monomodal et trois années (1982, 1984 et 1987) de régime bimodal ; entre 1990 et 2000, neuf années de régime monomodal et une année (1995) de régime bimodal et enfin entre 2000 et 2010, sept années sont de régime monomodal et trois années (2005, 2008 et 2009) de régime bimodal.

Ngaoundéré présente un régime monomodal dominant. Sur les 50 années, 30 années sont de régime monomodal dominant et représentent 68% des cas étudiés ; 12 années sont de régime bimodal, ce qui représente 24% et ; quatre années de régime plurimodal et représentent 8% des cas sur les 50 années étudiées. Par ailleurs, la décennie 1960 à 1970 présente trois années à régime bimodal (1960, 1962 et 1966); pour la décennie comprise entre 1970 et 1980, seule l'année 1978 est de régime bimodal, tandis que la décennie 1980 et 1990 ne présente que trois années (1885, 1989 et 1991) à régime bimodal et une année (1984) à régime plurimodal. Entre 2000 et 2010, seules les années 2005 et 2009 sont de régime bimodal, les autres huit années sont de régime monomodal.

En ce qui concerne Yaoundé, le régime des précipitations dominant est de type bimodal, il représente à lui seul 82% des régimes identifiés. Le second régime est de type trimodal et représente 16%, tandis que le régime monomodal ne sera identifié qu'en 1997 et représente 2% des régimes observés. La distribution des régimes des formes de pluies par décennies indique ce qui suit :

- entre 1960 et 1970, l'année 1968 est de régime trimodal ;
- entre 1970 et 1980, l'année 1980 est de régime trimodal ;
- entre 1980 et 1990, l'année 1986 est de régime trimodal ;
- entre 1990 et 2000, trois années (1992, 1994 et 1999) sont de régime trimodal ; et
- entre 2000 et 2010, seule l'année 2009 est de régime trimodal.

L'observation de la distribution des régimes pluviométriques à Bafoussam indique que 28 années sur les 50 sont de régime monomodal, et représente 56% des régimes observés ; dix années sont de régime bimodal (20%) et 12 années de régime plurimodal, ce qui représente 24% sur les 50 années. À l'échelle décennale :

- entre 1960 et 1970, deux années (1967 et 1969) sont de à régime monomodal, quatre années (1960, 1962, 1963 et 1968) sont de régime bimodal et quatre années (1961, 1964, 1965 et 1966) sont de régime trimodal ;
- entre 1970 et 1980, trois années (1970, 1972 et 1979) sont de régime monomodal ; quatre années de régime bimodal (1971, 1973, 1974 et 1976) et deux années de régime plurimodal (1975 et 1977) ;

- entre 1990 et 2000, sept années à régime monomodal (1990, 1992, 1993, 1994, 1996, 1997 et 1998), deux années de régime plurimodal (1991 et 1995) et seule l'année 1999 est de régime bimodal ;
- entre 2000 et 2010, huit années à régime monomodal (2000, 2001, 2002, 2003, 2004, 2007, 2008 et 2010) ; une année (2009) à régime bimodal et une année (2005) de régime plurimodal.

En ce qui concerne Douala, le régime monomodal est resté majoritaire sur la période de l'étude. Sur les 50 années observées, 37 années sont restées de régime monomodal, représentent 74% ; 11 années de régime bimodal, représentant 22% des 50 régimes étudiées et deux années de régime plurimodal, ce qui représente 4%. À l'échelle décennale, on observe :

- dix années (1960, 1961, 1962, 1963, 1963, 1966, 1967, 1969 et 1970) entre 1960 et 1970 à régime monomodal et une seule l'année (1965) à régime bimodal ;
- huit années (1971, 1972, 1974, 1975, 1976, 1977, 1977, 1978, 1978, 1979 et 1980) à régime monomodal et seule année (1973) à régime plurimodal entre 1970 et 1980 ;
- huit années à régime monomodal (1981, 1982, 1983, 1986, 1987, 1988, 1989 et 1990), l'année 1985 a un régime bimodal et l'année 1984 un régime plurimodal entre 1980 et 1990 ;
- cinq années sont de régime monomodal (1994, 1995, 1996, 1997 et 1998), quatre années sont de régime bimodal (1991, 1992, 1999 et 2000) et seule l'année 1993 est de régime plurimodal entre 1990 et 2000 ; et
- sept années de régime monomodal (2001, 2002, 2003, 2004, 2005, 2006, 2007 et 2008) et trois années de régime bimodal (2003, 2009 et 2010), au cours de la décennie comprise entre 2000 et 2010.

Tableau 2 : Répartition des régimes des précipitations dans les cinq ZAE du Cameroun

Régions	Régimes	Monomodal	Bimodal	Trimodal	Total
Maroua	Nombre d'années	39	11	0	
	%	80%	20%	0%	100%
Ngaoundéré	Nombre d'années	34	12	4	
	%	68%	24%	8%	100%
Yaoundé	Nombre d'années	1	41	8	
	%	2%	82%	16%	100%
Bafoussam	Nombre d'années	32	10	12	
	%	56%	20%	24%	100%
Douala	Nombre d'années	28	13	6	
	%	60%	27%	13%	100%
Nombre total des années = 50 ans					

5   Les émissions des GES au Cameroun

La Seconde communication nationale sur les changements climatiques indique clairement que le Cameroun est un faible émetteur de GES. Le résultat sur le bilan national des inventaires des GES (tableaux 3 et 4) est dominé par les absorptions par rapport aux émissions. Celles-ci s'élèvent à 76,582 Gg CO_2 contre les émissions qui sont de 2,990 Gg CO_2, 473 Gg de $CH4$ et 54 Gg de N_2O pour les émissions directes et de 4,824 Gg de CO_2, 192 Gg de COVNM, 109 Gg de NOx et 8 Gg de SOx pour ce qui est des émissions indirectes.

Ces résultats confirment que le Cameroun demeure globalement un puits de carbone avec une capacité d'absorption de 46,983 Gg EQ CO_2 en 2000. En effet les émissions de GES (UTCATF exclus) sont estimées à environ 29,571 GgEq CO_2. Y compris le secteur UTCATF, les émissions s'élèvent à 29,599 Gg Eq CO_2 et les absorptions sont d'environ 76,582 Gg Eq CO_2 (-76,582 Gg Eq CO_2), soit une absorption nette de 46,983 Gg Eq CO_2 (-46,983 Gg Eq CO_2).

Tableau 3 : Bilan national des émissions et absorptions de GES en 2000 (Gg)[4]

Catégorie des sources/ puits des émissions	Emission CO$_2$	Absorp-tion CO$_2$	CH$_4$	N$_2$O	NOx	CO	COVNM	Sox
Total des émissions et absorptions nationales	2,990	-76,582	473	54	109	4,824	192	8
1. Energie	**2,800**	**0**	**79**	**1**	**51**	**1,501**	**177**	**6**
A. Combustion de combustibles (méthode sectorielle)	2,800		78	1	51	1,501	175	4
1. Industries énergétiques	229		0	0	1	8	0	1
2. Industries manufacturières et construction	296		1	0	4	105	2	0
3. Transport	1,777		0	0	18	106	20	3
4. Autres secteurs	498		76	1	27	1,282	152	1
B. Emissions fugitives de combustibles	0		1		0	0	2	1
1. Combustibles solides			NO		NO	NO	NO	NO
2. Pétrole et gaz naturel			1		0	0	2	1
2. Procédés industriels	**190**	**0**	**0**	**0**	**0**	**13**	**16**	**2**
A. Produits minéraux	45				0	0	15	0
B. Industrie chimique	0		0	0	0	0	0	0
C. Production de métal	146		0	0	0	13	0	1
D. Autre production	0		0	0	0	0	1	0
E. Production HFCs et SF$_6$								
F. Consommation HFCs et SF$_6$								
3. Utilisation des solvants et autres produits	**NE**			**NE**	**NE**	**NE**	**NE**	
4. Agriculture			**311**	**52**	**57**	**3,299**	**0**	**0**
A. Fermentation entérique			165					
B. Gestion du fumier			8	0			0	
C. Riziculture			11				0	
D. Sols agricoles				50			0	
E. Brûlage dirigé des svanes			125	2	56	3,278	0	
F. Brûlage sur place : résidus agricoles			1	0	1	21	0	
5. Utilization des terres, changement d'affection des terres et foresterie	**0**	**-76,582**	**1**	**0**	**0**	**11**	**0**	**0**
A. Changement dans les forêts et autres stocks de biomasse ligneuse	20,763	0						
B. Conversion des forêts en prairies	471	0	1	0	0	11		
C. Abandon de terres exploitées		-107672						

---

4   Source : MINEPDEP, Calculs : ENERGECO Consulting/ Experts Nationaux Note : NO, Non Occurent (ne se produit pas) ; NE : Non Estimé.

Catégorie des sources/ puits des émissions	Emission CO₂	Absorption CO₂	CH₄	N₂O	NOx	CO	COVNM	Sox
D. Emission et absorption du CO2 : sol	9,856	0						
E. Autres	0	0	0	0	0	0		
6. Déchets			**82**	**1**	**0**	**0**	**0**	**0**
A. Mise en décharge : déchets solides			68		0		0	
B. Traitement des eaux usées			14	1	0	0	0	
C. Incinération des déchets				0	0	0	0	0
D. Autres			0	0	0	0	0	0
Pour mémoire								
Soutes internationaux	203		0	0	2	1	0	0
Aérien	119		0	0	1	0	0	0
Maritime	85		0	0	2	1	0	0
Emissions de CO2 résultant de la biomasse	14,886							

En appliquant les PRG relatifs à chaque GES à savoir 1 pour le CO₂, 21 pour le CH4 et 310 pour le N₂O, ces émissions et absorptions sont converties equivalent CO₂ (Eq. CO₂).

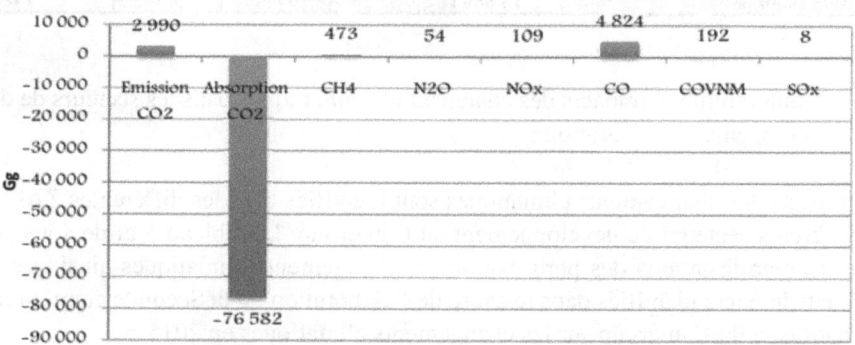

Figure 9 : Bilan national des émissions et absorptions par type de GES[5]

Le tableau ci-après récapitule les émissions / absorptions des GES directs en Gg Eq.CO₂.

---

5   Source : MINEPDEP ; Calculs : ENERGECO Consulting/ Experts Nationaux.

Tableau 4 : Bilan national agrégé des émissions et absorptions de GES directs en GG Eq. CO_2[6]

Catégorie des sources/ puits des émissions	Emission CO_2	Absorption CO_2	CH_4	N_2O	TOTAL
Total des émissions et absorptions nationales UTCAFT inclus	2 990	-76 582	9 934	16 674	-46983
Total des émissions et absorptions nationales UTCAFT exclu	2 990	0	9 909	16 672	29 571
1. Energie	2 800		1 661	348	4 809
2. Procédés industriels	190		0	0	190
3. Utilisation des solvants et autres produits				NE	NE
4. Agriculture			6 523	15 998	22 521
5. Utilisation des terres, changement d'affection des terres et foresterie (UTCATF)	0	-76 582	26	3	-76 554
6. Déchets			1 724	326	2 051
Pour mémoire					
Soutes internationaux	203		0	1	204
Aérien	119		0	1	120
Maritime	85		0	0	85
Emissions de CO2 résultant de la biomasse	14 886				14886

6   Vulnérabilité et impacts des changements climatiques dans les secteurs de développement au Cameroun

Les impacts des changements climatiques sont identifiés dans les différentes ZAEs et les différents secteurs de développement au Cameroun. Le tableau 5 ci-dessous présente les manifestations des perturbations et changements climatiques ainsi que les différents impacts identifiés dans le cadre de l'élaboration de la Seconde communication nationale du Cameroun sur les changements climatiques en 2015.

---

6   (ibid.).

Tableau 5 : Impacts du changement climatique sur les secteurs socio-économiques (Seconde Communication sur les changements climatiques au Cameroun, 2015).

	EFFETS DU CHANGEMENT CLIMATIQUE (CC)				
	SOUDANO-SAHÉLIENNE	ADAMAOUA (SAVANE HUMIDE)	HAUTES TERRES DE L'OUEST	PLATEAU SUD CAMEROUNAIS	ZONE CÔTIÈRE
MANIFESTATIONS MAJEURES DU CC	Sècheresse ; Vents violents ; Vagues de chaleur ; Hausses de température ; Inondations ; Raréfaction des ressources naturelles (eau et pâturage) et dégradation de la biodiversité	Sècheresse ; Erosion ; Hausses de température ; Raréfaction des ressources naturelles (eau et pâturage) et dégradation de la biodiversité	Erosion ; Sècheresse ; Glissements de terrain ; Raréfaction des ressources naturelles (eau et pâturage) et dégradation de la biodiversité	Pluies tardives ; Hausses de température ; Inondations ; Erosions ; Perturbation et dégradation de la biodiversité	Elévation du niveau de la mer ; Précipitations extrêmes ; Inondations ; Hausses de température
AGRICULTURE	Diminution drastique de la production agricole	Prolongation des saisons de croissance ; Augmentation de la productivité ; Augmentation des invasions d'insectes et ravageurs de culture ; Baisse de rendement des cultures irriguées ; Diminution de l'efficacité des herbicides et pesticides ; Opportunités pour de nouvelles cultures	Prolongation des saisons de croissance ; Augmentation de la productivité ; Augmentation des invasions d'insectes et ravageurs de culture ; Baisse de rendement des cultures irriguées ; Diminution de l'efficacité des herbicides et pesticides ; Opportunités pour de nouvelles cultures	Baisse de rendement ; Raccourcissement des cycles végétatifs et floraison précoce	Baisse de rendement ; Destruction des exploitations
ÉLEVAGE	Baisse du cheptel ; Baisse de rendement de la production animale	Baisse du cheptel ; Baisse de productivité des exploitations pastorales	Diminution des pâturages et terres de parcours	NA	NA
PÊCHE ET AQUACULTURE	Baisse des stocks halieutiques ; Diminution des plans d'eau	Baisse de productivité ; Destruction des exploitations	Baisse de productivité ; Destruction des exploitations	Baisse de productivité ; Destruction des exploitations	Accroissement de la production de crevettes

	EFFETS DU CHANGEMENT CLIMATIQUE (CC)				
	SOUDANO-SAHÉLIENNE	ADAMAOUA (SAVANE HU-MIDE)	HAUTES TERRES DE L'OUEST	PLATEAU SUD CAMEROUNAIS	ZONE CÔ-TIÈRE
EAU/ ASSAINISSE-MENT	Dessèchement des cours d'eau	Paludisme en hausse	Diminution de la qualité de l'eau	Augmentation des maladies hy-driques ou celles causées par la contamination de l'eau	Pollution des sources d'eau
ÉNERGIE	Baisse de l'offre en énergie propre	Réduction du po-tentiel hydroélec-trique	Réduction du po-tentiel hydroélec-trique		

7 Les actions du Cameroun pour lutter contre les changements climatiques

Conscient des conséquences des effets néfastes des changements climatiques sur son processus de développement socio-économique, le Cameroun mène plusieurs actions visant non seulement à atténuer les émissions de GES, mais aussi à s'adapter aux conséquences des changements climatiques.

7.1 Actions menées dans le domaine de l'atténuation des GES au Cameroun

Plusieurs actions sont menées par le Cameroun dans l'optique de concilier sa vision d'émergence à sa volonté de réduire son empreinte carbone. Ces actions sont d'ordre politique, institutionnel et programmatique.

Sur le plan politique et programmatique, l'engagement du gouvernement came-rounais a été traduit à travers :

- la ratification de la CCNUCC en 1994 ;
- l'adhésion au Protocole de Kyoto en juillet 2002 ; et
- la ratification de l'Accord de Paris sur les changements climatiques en 2016 et la soumission de sa Contribution determinee au niveau national (CDN).

Au travers de sa CDN, le Cameroun entend réduire l'empreinte carbone de son déve-loppement sans ralentir sa croissance, en privilégiant des options d'atténuation pré-sentant des Co-bénéfices élevés, de renforcement de la résilience du pays aux chan-gements climatiques ; de mise en cohérence ses politiques sectorielles et de renfor-cement de son dispositif et ses outils de mise en œuvre pour faciliter l'atteinte de ces objectifs et enfin en mobilisant à cet effet tous les moyens pertinents (financements, transferts de technologies et renforcement de capacités). Cette CDN a ainsi pour objectif la réduction des émissions de gaz à effet de serre de 32% d'ici à 2035.

7.1.1   Adhésion à l'initiative REDD+

Apres l'élaboration et la validation de sa Readiness Project Idea entre 2008 et 2009 et de sa *Readiness Preparation Proposal* entre 2009 et 2013, le Cameroun a officiellement lancé le processus d'élaboration de sa stratégie nationale REDD+ en juin 2014. Dans la vision du Cameroun, le REDD+ est un outil de développement socio-économique pour le Cameroun.

Le Secrétariat technique REDD+ (ST-REDD+), organe d'exécution pleinement opérationnalisé en mars 2016, élabore progressivement la stratégie nationale en satisfaisant aux 4 composantes du processus, soit l'organisation et la consultation, la préparation de la Stratégie REDD+, l'élaboration d'un niveau d'émission de référence national des émissions et le système de Suivi National.

Par ailleurs, le pays a enclenché la phase deux du processus ou phase de démonstration en ayant accès au Programme d'investissement forestier au courant de 2015, en voyant valider sa proposition pour le *Central African Forest Initiative* en 2016. Son programme de réduction des émissions a été introduit dans le circuit du fonds de carbone forestier en juin 2016 l'inscrivant ainsi dans la phase 3 du processus ou phase de paiement basé sur les résultats, en plus des projets test du Programme national de developpement participatif (PNDP).

Ce processus est conduit progressivement autour des composantes nécessaires à l'élaboration de la stratégie nationale REDD+ à savoir :

- l'arrangement institutionnel national pour la REDD+ ;
- le partage d'informations et le dialogue avec les parties prenantes ;
- la consultation et participation des parties prenantes ;
- l'évaluation de l'utilisation de la terre, la politique forestière et la gouvernance ;
- les options stratégiques pour la REDD+ ;
- le cadre de mise en œuvre de la REDD+ ;
- les impacts sociaux et environnementaux de la mise en œuvre de la REDD+ ;
- l'élaboration d'un niveau d'émissions de référence national de référence des émissions ;
- le système national de suivi forestier ; et
- la conception d'un système d'information sur les avantages multiples, les autres impacts, la gouvernance et les garanties.

7.1.2 Promotion du Mécanisme pour un developpement propre (MDP) du Protocole de Kyoto

En 2006, le Cameroun a mis en place son Comité national pour le mécanisme de développement propre (CN-MDP) en charge de la règlementation et de la promotion du MDP. A ce jour, deux projets MDP sont opérationnels dans le domaine des déchets et réduisent le méthane issu des déchets organiques produits à Douala et Yaoundé.

7.1.3 Création du Ministère de l'environnement de la protection de la nature et du développement durable (MINEPDED)

Après le sommet de la terre à Rio en 1992 le Cameroun a élevé l'environnement du rang d'un service à celui d'un Secrétariat permanent a l'environnement dans le cadre du Ministère de l'environnement et des forets (MINEF). En Décembre 2004 La création d'un ministère spécialisé dédié à l'environnement a été effective sous l'appellation du Ministère de l'environnement et de la protection de la nature (MINEP). Le MINEP a été transformé en Ministère de l'environnement de la protection de la nature et du developpement durable (MINEPDED) le 1 octobre 2012. La création au sein de l'Assemblée nationale d'un groupe thématique de parlementaires et d'un réseau d'actions de parlementaires sur la question du changement climatique et de la gestion durable des forêts.

7.1.4 Création de l'Observatoire national sur les changements climatiques

Sur le plan institutionnel, l'engagement du gouvernement camerounais a été traduit à travers la création et l'opérationnalisation de l'Observatoire national sur les changements climatiques (ONACC). Ainsi, annoncé en 2007 à la tribune des Nations unies par le Président de la République du Cameroun, l'ONACC a été créé en 2009 et a été rendu opérationnel en novembre 2015 par des décrets présidentiels. En créant l'ONACC, le Cameroun s'est doté d'une institution opérationnelle pour lutter contre les changements climatiques dont la mission est : « de suivre et d'évaluer les impacts socioéconomiques et environnementaux des changements climatiques et de proposer des mesures de prévention d'atténuation et/ou d'adaptation aux effets néfastes et risques liés à ces changements ».

D'autres mesures ont également été prises par le Cameroun, notamment : l'adoption et la mise en œuvre de la loi n° 96/12 du 5 août 1996 portant loi-cadre relative à la gestion de l'environnement et le développement durable ; la publication de ses communications nationales sur les changements climatiques ; la relance de l'opération sahel vert qui contribue à la restauration des terres dégradées et à l'adaptation aux effets néfastes des changements climatiques ; l'adoption en 2009 de la vision à long terme du Cameroun ayant un axe stratégique relatif à la préservation de l'environnement et de lutte contre les effets néfastes des changements climatiques sur la période 2010 à 2019.

7.2   Actions prévues dans le domaine de l'adaptation au Cameroun

Plusieurs actions sont menées par le Cameroun dans l'optique de s'adapter aux effets néfastes des changements climatiques. Ces actions sont :

7.2.1   L'adhésion à l'Organisation mondiale de la météorologie (OMM) et l'engagement dans le processus du Cadre mondial pour les services climatiques (CMSC)

En ce qui concerne le CMSC, le Cameroun a élaboré son Plan d'actions pour le Cadre national des services Climatologiques (CNSC) pour la période 2016 à 2020. Le Plan d'actions du Cameroun a pour objectif principal d'optimiser la gestion des risques liés à la variabilité et à l'évolution du climat et de promouvoir dans une dynamique fédérative des contributions des divers acteurs et fournisseurs des services météorologiques et climatologiques, l'adaptation aux changements climatiques à tous les niveaux, par la production d'informations et de prévisions scientifiquement fondées et leur prise en compte dans les processus de planification et d'élaboration des politiques et de mise en pratique en vue du développement et l'amélioration du bienêtre des populations. Ses finalités sont :

- le meilleur déploiement des acteurs pour une bonne préservation de l'environnement, une maîtrise des phénomènes climatiques, un renforcement de la veille à l'amélioration de l'utilité sociale et économique des services hydrométéorologiques, ainsi qu'une meilleure fourniture desdits services climatologiques ;
- l'accroissement dans la dynamique d'investissement dans les systèmes nationaux de prévision et d'alerte ;
- l'optimisation de la gestion des risques liés à la variabilité et à l'évolution du climat et la promotion des activités et des produits résultant de l'adaptation aux changements climatiques à tous les niveaux, notamment l'information, les prévisions scientifiques fondées pour une prise en compte efficiente dans les processus de planification, d'élaboration des politiques et de mise en pratique dans les processus de développement ; et

- l'accès plus large des acteurs et utilisateurs aux services de prévision et d'information climatologiques découlant des récents progrès de la climatologie et des techniques y afférentes, et d'en tirer meilleur parti.

7.2.2 Le Programme d'adaptation aux changements climatiques

L'élaboration du Programme d'adaptation aux changements climatiques (PACC) en 2008 inclut des projets d'adaptation aux changements climatiques.

7.2.3 Le Plan national d'adaptation aux changements climatiques

L'élaboration et la validation du Plan national d'adaptation aux changements climatiques (PNACC) en 2015 constitue le document de base de sa politique d'adaptation aux changements climatiques et l'opérationnalisation de l'ONACC. Le PNACC propose des actions d'adaptation aux effets néfastes des changements climatiques qui s'échelonnent de 2015 à 2020. Celles-ci vont dans le sens de : l'amélioration du système de prévision climatique et d'alerte précoce ; l'intégration des changements climatiques dans la gouvernance et dans les politiques sectorielles ; la mise en œuvre d'un plan d'intervention en cas d'aléas climatiques ; la prise en compte des risques climatiques dans l'actualisation du Plan d'affectation des terres ; l'information et la sensibilisation de tous les acteurs sur l'adaptation aux changements climatiques ; l'opérationnalisation du fonds d'urgence ; le renforcement des capacités d'adaptation du système de santé nationale face aux changements climatiques ; le renforcement, la sécurisation de l'accès aux ressources en eau ; la diversification de l'offre énergétique dans un contexte des changements climatiques et intégration de l'analyse genre dans la vulnérabilité aux changements climatiques.

8 Conclusion

La position géographique du Cameroun et sa grande diversité traduite par cinq zones agro écologiques offrent une excellente opportunité à la communauté internationale d'observer les manifestations et les impacts des changements climatiques en Afrique. Dans ce cadre il est observé que l'évolution de la distribution des quantités de pluies et du nombre de jours des pluies indique une perturbation générale dans les cinq zones agro-écologiques du Cameroun. Cette perturbation varie différemment d'une zone agro-écologique à une autre. Dans la zone soudano-sahélienne, les quantités de précipitations enregistrées diminuent graduellement pendant les saisons sèches et pluvieuses. À l'échelle annuelle, l'évolution de la pluviométrie indique une diminution continue des quantités de pluies et du nombre de jours des pluies à Maroua sur la période de l'étude. Dans la zone des hautes savanes guinéennes, les précipitations diminuent graduellement au même titre que le nombre de jours des pluies enregistrées pendant les saisons sèches et pluvieuses. À l'échelle annuelle, les précipitations annuelles et le nombre de jours des pluies diminuent simultanément.

Dans la zone forestière à pluviométrie bimodale, les quantités de précipitations pendant les grandes saisons (sèches et pluvieuses) régressent graduellement entre 1960 à 2010. Par ailleurs, en ce qui concerne la petite saison des pluies, l'évolution des tendances indique qu'elle est en nette diminution sur les 50 années de l'étude alors que les petites saisons sèches présentent une augmentation significative des quantités des précipitations enregistrées pendant cette période de l'année. À l'échelle annuelle, les précipitations et le nombre de jours des pluies diminuent progressivement sur la période d'étude.

D'autre part, dans la région côtière et littorale du Cameroun, les quantités des pluies enregistrées par an et le nombre de jours des pluies par an diminuent progressivement entre 1960 et 2010. L'évolution saisonnière de la pluviométrie indique une baisse tendancielle et simultanée des précipitations et du nombre de jours des pluies pendant les saisons sèches et pluvieuses.

Les perturbations climatiques observées dans les cinq zones agro-écologiques du Cameroun ne facilitent pas la réalisation des objectifs nationaux à moyen terme de développement au Cameroun. Les impacts desdites perturbations climatiques se traduisent par de nombreux impacts observés dans les écosystèmes et les secteurs de développement tels que l'agriculture, l'élevage, l'eau et les énergies, etc. Aussi, en respectant permanemment le prinçipe de « la Responsabilité commune mais différenciée » de la CCNUCC, le Cameroun mène des actions d'adaptation et prend des mesures résilientes visant à réduire l'impact de ces perturbations climatiques sur les activités de développement économique et sur les écosystèmes.

L'analyse des émissions de gaz à effet de serre montre que grâce à sa politique de gestion durable des Forêts, le Cameroun séquestre plus de carbone qu'il n'en émet. Par ailleurs, le Cameroun contribue à la réponse globale à ce défi planétaire, à travers des mesures et des actions qui participent à la réduction des émissions des GES. La ratification de l'accord de Paris avec un engagement de réduction des GES à hauteur de 32% en 2035. Ainsi, que ce soit pour l'adaptation ou pour l'atténuation, le Cameroun a pris des mesures politiques, juridiques institutionnelles et programmatiques dans le cadre de la lutte contre les changements climatiques.

Mais de nombreux défis demeurent notamment : l'intégration opérationnelle des changements climatiques dans les processus de développement, afin de traduire cette question en coût économique et social au Cameroun ; la mise en place d'un système cohérent et robuste de suivi des émissions des GES et de séquestration du carbone, ainsi que des bénéfices non carbones de la gestion durable des écosystèmes forestiers.

Bibliographie indicative

Abdoulaye, B, C Bouka Biona, A Mbanghoguinan, I Adoum & L Baohoutou, 2014, Impact de la variabilité pluviométrique et de la sècheresse au sud du Tchad : effet du changement climatique, 23 *Rev. Ivoir. Sci. Technol.*, 13.

Amougou, JA & RAS Batha, 2013, Dynamique du climat et impacts sur la production du maïs dans la région de l'ouest du Cameroun, 21 & 22 *Rev. Ivoir. Sci. Technol.*, 209.

Amougou, JA & RAS Batha, 2014, Dynamique spatio-temporelle des précipitations de 1960 à 2010 et essai d'élaboration d'un calendrier agricole dans la zone des hauts plateaux du Cameroun, 23 *Rev. Ivoir. Sci. Technol.*, 153.

Amougou, JA, SA Abossolo, M Tchindjang & RAS Batha, 2015, Variabilité des précipitations à Koundja et à Ngaoundéré en rapport avec les anomalies de la température de l'océan atlantique et El Niño, 25 *Rev. Ivoir. Sci. Technol.*, 110.

Balme, M, S Galle & T Lebel, 2005, Démarrage de la saison des pluies au Sahel : variabilité aux échelles hydrologique et agronomique, analysée à partir des données EPSAT-Niger, 16 (1) *Sécheresse* 2005, 15.

GIEC / Groupe d'experts intergouvernemental sur l'évolution du climat, 2007, *Rapport d'évaluation sur impacts, adaptations et vulnérabilité*, Cambridge, Cambridge University Press.

Hervieu, J, 1977, *La variation du climat en Afrique*, Notes techniques du Centre ORSTOM de N'DJAMENA.

Lubes, H, JM Masson, E Servat, JE Paturel, B Kouame & JF Boyer, 1994, *Caractérisation de fluctuations dans une série chronologique par applications de tests statistiques, Programme ICCARE*, Rapport n° 3 ORSTOM, http://www.hydrosciences.fr/sierem/produits/iccare/bibliographie/rap_statistique.htm, consulté le 15 février 2018.

Ojuku, T, GB Enchaw & M Tsalefac, 2010, Climate change, impacts and peasant farmers adaptation strategies in the western Cameroon high plateau, 1 (11) *Annals of the Faculty of Arts, Letters and Social Sciences*, University of Yaoundé I, 341.

République du Cameroun, 2009, *Cameroun Vision 2035*, Yaoundé, Ministry of Economy, Planning and Regional Development, at http://cm.one.un.org/content/dam/cameroon/docs-one-un-cameroun/2017/vision_cameroun_2035%20(1).pdf, 11 February 2018.

Sopdji, E, 2010, *Variabilité climatique et adaptation de l'agriculture paysanne dans l'arrondissement de Foumbot*, Mémoire de Master II, Université de Yaoundé I.

Suchel, JB, 1988, *Les climats au Cameroun*, Thèse de Doctorat Université de Bordeaux.

Tchiadeu, G, M Tsalefac & R Mbayi, R, 1999, Délimitation de la saison des pluies dans le Nord-Cameroun (6°-11° Nord), *GéoProdig*, portail d'information géographique, consulté le 15 février 2018, http://geoprodig.cnrs.fr/items/show/90725.

Tsalefac, M, 1983, *L'ambiance climatique des hautes terres Cameroun*, Thèse de Doctorat en géographie, Université de Yaoundé I.

van Vyve, N, 2006, *Caractérisation de la variabilité spatio-temporelle de la pluie au Niger*, Habilitation à Diriger les Recherches (HDR) en agronomie, université catholique de Louvain la neuve, presse universitaire de France.

CHAPITRE 33 :
LE CADRE JURIDIQUE DU CHANGEMENT CLIMATIQUE AU CAMEROUN[1]

Joseph Armathé AMOUGOU, Patrick Mbomba FORGHAB &
Oliver C. RUPPEL

1   Introduction

La protection de l'environnement est une prérogative constitutionnelle de l'État du Cameroun. Le préambule de la constitution dispose à cet effet que « Toute personne a droit à un environnement sain. La protection de l'environnement est un devoir pour tous. L'État veille à la défense et à la promotion de l'environnement ». Le texte précise que « [L]'État assure à tous les citoyens les conditions nécessaires à leur développement ». Pourtant, il est désormais admis que les changements climatiques d'origine anthropique résultent de l'intervention de divers acteurs dans plusieurs secteurs de développement appuyés sur des choix stratégiques sectoriels, et un encadrement légal. De même, divers secteurs de développement, sans que leurs activités contribuent significativement aux émissions de Gaz à effet de serre (GES), sont parfois vulnérables, en tout ou en partie, aux impacts actuels et à venir des changements climatiques.

L'engagement du Cameroun, par la voix du Chef de l'État, son Excellence Paul Biya, à la tribune des Nations unies en 2009, est suffisamment explicite sur les raisons de l'engagement réitéré du pays, aux côtés des autres nations du monde, pour la lutte contre le changement climatique. Ainsi fixe-t-il le cadre de l'engagement du pays dans les termes suivants :[2]

> S'agissant notamment des changements climatiques, l'Afrique, à l'instar des autres continents, en expérimente durement les effets, quand bien même sa participation à l'émission des gaz à effet de serre demeure faible. Le réchauffement climatique qui en est le fait le plus marquant a des conséquences dans nombre de secteurs socio-économiques, dont l'énergie, la santé, l'agriculture, l'élevage et les écosystèmes, sans parler de la désertification galopante....Une chose est certaine les pays africains prennent individuellement et collectivement toute leur part

---

1   Ce chapitre est basé sur ONACC (2016); voir aussi KAS (2018).
2   Voir http://www.cameroon-info.net/article/le-discours-du-chef-de-letat-a-lonu-120438.html, consulté le 3 février 2018.

dans les actions requises, tant aux plans national et sous régional qu'au plan international, pour apporter des réponses concrètes aux défis du changement climatique.

Le Cameroun s'est engagé avec la communauté internationale, panafricaine et de la sous-région Afrique centrale, ainsi que la communauté nationale, à protéger l'environnement dans ses diverses dimensions. Ces engagements se traduisent par la signature, l'adhésion et la ratification des instruments juridiques aux niveaux international, africain et de la sous-région Afrique centrale, lesquels sont diversement matérialisés dans les politiques, stratégies et lois nationales. L'adhésion, la signature et la ratification de ces divers instruments créent des obligations impératives pour le gouvernement du Cameroun. La signature d'une convention ou d'un de ses protocoles équivaut à une approbation préliminaire, mais elle necessite une ratification après. La Convention de Vienne sur le droit des traités, conclu à Vienne le 23 mai 1969 précise que la ratification ou l'adhésion, pour leur part sont des actes juridiques par lesquels l'État choisi et accepte d'être juridiquement lié par les dispositions de la convention. La différence entre les notions de signature, de ratification et d'adhésion repose sur les procédures qu'elles suivent. Ainsi, lorsque le Cameroun a au préalable signé le traité, l'accord ou la convention, il le ratifie par la suite. Mais dans les cas où le pays n'a pas pris part à la signature, son adhésion vaut à la fois signature et ratification. Au Cameroun, la procédure de ratification ou d'adhésion par le président de la république, passe par l'autorisation préalable du parlement et du sénat. En effet, aux termes de l'article 43 de la constitution du Cameroun du 18 janvier 1996, les traités et accords internationaux qui concernent le domaine de la loi définis à l'article 26 sont soumis avant ratification à l'approbation en forme législative par le parlement. Lorsqu'ils sont approuvés ou ratifiés, les traités ou accords internationaux ont, dès leur publication, une autorité supérieure à celle des lois, sous réserve de leur application par les autres parties.

2   Les dispositifs politique, juridique et institutionnel au niveau international

Le tableau 1 ci-dessous présente de façon globale les engagements du Cameroun aux conventions internationales directement et/ou potentiellement liées aux changements climatiques dans sa relation au processus de développement. Il ressort de ce tableau que le Cameroun s'est engagé dans la plusieurs conventions. Ainsi, après le Protocole de Kyoto, ratifié le 28 août 2002, lequel a pris fin en 2012, le Cameroun a signé, puis ratifié l'Accord de Paris sur le climat, du 12 décembre 2015.

Tableau 1 : Conventions internationales signées et ratifiées par le Cameroun

Dispositif politique et juridique	Adoption	Signature /Adhésion	Ratification	Entrée en force
Déclarations d'acceptation des obligations contenues dans la Charte des Nations unies - Admission d'États à l'Organisation des Nations unies conformément à l'article 4 de la Charte	24.10.1945	20.9.1960 (adoption)	20.9.1960	-
Déclaration de Rio sur l'environnement et le développement	6/1992	-	-	-
CCNUCC	9.5.1992	14.6.1992	19.10.1994	17.1.1995
Protocole de Kyoto	11.12.1997	-	28.8.2002	16.2.2005
Accord de Paris	12.12.2015	22.4.2016	29.7.2016	-
La Convention de Vienne pour la protection de la couche d'ozone	22.3.1985	30.8.1989	-	22.9.1988
Convention de Stockholm sur les polluants organiques persistants	22.5.2001	5.10.2001	26.5.2005	17.5.2004
Convention sur la diversité biologique	5.6.1992	14.6.1992	19.10.1994	29.12.1993
Protocole à la Convention sur la pollution atmosphérique transfrontière à longue distance, de 1979, relatif aux polluants organiques persistants	24.6.1998	-	-	23.10.2003
Protocole de Montréal sur les substances qui appauvrissent la couche d'ozone	16.9.1987	30.8.1989	-	1.1.1989
Accord de Kigali sur la réduction des gaz hydrofluorocarbures HFC (amendement de Kigali au Protocole de Montréal)	10/2016	10/2016	-	-
Convention relative à l'aviation civile internationale, dite de Chicago	7.12.1944	-	-	4.4.1947
Convention des Nations unies sur la lutte contre la désertification dans les pays gravement touchés par la sécheresse et/ou la désertification, en particulier en Afrique	14.10.1994	14.10.1994	29.5.1997	27.8.1997
Protocole de Carthagène sur la prévention des risques biotechnologiques relatifs à la convention sur la diversité biologique	-	9.2.2001	-	-
Protocole à la Convention sur l'évaluation de l'impact sur l'environnement dans un contexte transfrontière, relatif à l'évaluation stratégique environnementale	21.5.2003	-	-	11.7.2010
Convention de Vienne pour la protection de la couche d'Ozone	-	-	-	-
Convention de Bâle sur le contrôle des mouvements transfrontières de déchets dangereux et de leur élimination	22.3.1989	-	-	5.5.1992
Déclaration de Quito	9/2015	-	-	-
Déclaration Habitat 3	-	-	-	-

Le Cameroun est membre des organisations internationales en charge de la gestion et de la mise en œuvre des conventions internationales en lien au climat auxquelles il a adhéré. Ainsi, il est membre de la Convention cadre des nations unies sur le changement climatique (CCNUCC), du Groupe intergouvernemental sur l'évolution du climat (GIEC), et de l'Organisation mondiale de la météorologie (OMM). Le Cameroun est également engagé dans le processus du Cadre mondial pour les services climatiques (CMSC), une initiative onusienne dont l'objectif est de coordonner les efforts déployés au niveau mondial pour la fourniture de services climatologiques axés sur les besoin des utilisateurs, et pour l'aide à la décision dans les domaines de l'énergie, agriculture et sécurité alimentaire, santé, réduction des risques de catastrophes, et eau.

L'adhésion à ces organisations a donné lieu à la mise en place des points focaux nationaux en charge d'assurer la liaison avec les institutions nationales. Ainsi, les points focaux de la CCNUCC et du GIEC sont logés au sein du Ministère de l'environnement, protection de la nature et du développement durable (MINEPDED). Le Point focal de l'OMM pour sa part est rattaché au ministère des transports qui abrite la Direction de la météorologie nationale (DMN).

3   Les dispositifs politique, juridique et institutionnel au niveau africain

Le Cameroun est engagé auprès des États africains, à la protection du patrimoine naturel en général. La protection du climat en tant que contribution au processus de développement durable repose sur un ensemble de conventions, chartes et accords pris par les États africains, sous la bannière de l'Union africaine (UA).

Tableau 2 : Dispositifs politiques et juridiques au niveau africain ratifiés par le Cameroun

Dispositif politique et juridique	Adoption	Signature /Adhésion	Ratification	Entrée en force	Dépôt
Convention africaine sur la conservation de la nature et des ressources naturelles	15.9.1968	15.09.1968	18.7.1977	16.6.1969	29.9.1978
Convention africaine sur la conservation de la nature et des ressources naturelles (2) (révisée)	11.7.2003	-	-	10.7.2016	
Convention de l'OUA régissant les aspects propres aux problèmes des refugies en afrique	10.9.1969	10.9.1969	7.9.1985	20.6.1974	10.1.1986
Convention de Bamako sur l'interdiction d'importer en Afrique des déchets dangereux et sur le contrôle des mouvements Transfrontières et la gestion des déchets dangereux produits en Afrique	30.6.1991	1.3.1991	11.7.1994	31.5.2013	21.12.1995
Convention de la commission africaine de l'énergie	11.7.2001	25.7.2006	26.6.2007	2.7.2013	26.5.2009

Dispositif politique et juridique	Adoption	Signature /Adhésion	Ratification	Entrée en force	Dépot
Charte africaine de la statistique	4.2.2009	-	-	8.2.2015	-
Constitution de la commission africaine de l'aviation civile – cafac (version révisée)	16.12.2009	30.7.2014	-	11.5.2010	-
Convention de l'union africaine sur la protection et l'assistance aux personnes déplacées en Afrique (convention de Kampala	23.10.2009	-	6.4.2015	6.12.2012	24.5.2017
Accord portant création de l'institution de la mutuelle panafricaine de gestion risques (arc)	23.11.2012	-	-	-	-

Les conventions régionales se situent au niveau africain. En effet, le Cameroun est membre de l'Union africaine (UA) depuis sa création en 2002, et de ses différents organes, y compris les comités techniques spécialisés en charge entre autres de l'agriculture, du développement rural, de l'eau et de l'environnement. Il en va de même de la conférence des ministres en charge de l'environnement et des différents autres secteurs de développement. Ainsi, le Cameroun est engagé dans cet accord d'intégration politique en qualité de membre depuis la création de l'Organisation pour l'unité africaine en 1963. Le Cameroun participe aux diverses Conférences des Ministres sur l'environnement (AMCEN) ; sur la réduction des risques de catastrophes ; et celle des ministres en charge de la météorologie en Afrique (AMCOMET) créée en 2010. L'AMCOMET est une instance permanente, dont la mission est d'assurer la direction et l'orientation à un haut niveau, ainsi que les actions de sensibilisation dans le domaine de la fourniture des services climatologiques et météorologiques qui répondent aux besoins de sécurité, de développement socio-économique et de lutte contre la pauvreté au niveau panafricain. Le centre Africain pour les applications de la météorologie au développement (ACMAD), dispose également d'une compétence africaine dans le domaine de la fourniture des informations climatiques et la promotion du développement durable en Afrique à travers l'*African Regional Climate Centre.*

4   Les dispositifs politique, juridique et institutionnel au niveau régional de l'Afrique centrale

De nombreuses conventions sous régionales en Afrique centrale encadrent la gestion des ressources naturelles en général et la protection de l'environnement en particulier. Alors que certaines sont des déclinaisons des conventions internationales et africaines sus-évoquées, d'autres émanent d'une volonté sous régionale propre. Il en va de même des organisations intervenant dans les domaines de la protection de l'environnement en Afrique centrale. La protection concertée de l'environnement en Afrique centrale prend sa source dans la déclaration de Yaoundé du 17 mars 1999. Cette déclaration a posé les bases qui ont abouti au Traité relatif à la conservation et à la gestion durable des écosystèmes forestiers d'Afrique centrale et instituant la Commission des forêts d'Afrique Centrale (COMIFAC) à l'occasion de la conférence tenue à Brazzaville le 5 février 2005.

Tableau 3 : Dispositifs politiques et juridiques d'Afrique centrale signés par le Cameroun

Dispositif politique et juridique	Adoption	Signature /Adhésion	Ratification
Déclaration de Yaoundé sur la gestion des ressources naturelles	17.3.1999	-	-
Traite relatif à la conservation et à la gestion durable des écosystèmes forestiers d'Afrique centrale et instituant la commission des forêts d'Afrique centrale (COMIFAC)	5.2.2005	-	-
Plan de Convergence COMIFAC	02/2005	-	-
Directive de la COMIFAC sur l'implication des OSC et des peuples autochtones dans le Bassin du Congo	-	-	-
Charte de l'eau du Bassin du Lac Tchad	30.4.2012	30.4.2012	31.12.2014

La décision n° 31/CEEAC/CCEG/XIII/07 de la Conférence des chefs d'État d'Afrique centrale tenue le 30 octobre 2007 fait de la COMIFAC un organisme spécialisé de la CEEAC. Elle devient ainsi l'institution sous régionale de référence en matière d'harmonisation et de suivi des politiques forestières et environnementales pour Afrique centrale. Elle dispose en son sein de Groupes de travail, parmi lesquels, le Groupe de travail climat (GT-C). De même, l'Organisation mondiale de la météorologie a créé, avec l'accord de la Conférence des Ministres de la CEEAC, le Centre d'application et de prévision climatologique de l'Afrique centrale (CAPC-AC), lequel est considéré comme le Centre climatologique régional (CCR) pour l'Afrique centrale.

Enfin, le Cameroun associé à cinq autres pays, dans le cadre de la Commission du bassin du Lac Tchad (CBLT). Il s'agit d'une Commission mise en place le 22 mai 1964 avec le mandat d'assurer la gestion durable et équitable du Lac Tchad et des autres ressources en eau partagées du Bassin. Il assure également la paix et la sécurité transfrontalière dans le bassin du Lac Tchad. La CBLT est coiffée par le Sommet des Chefs d'État. Elle dispose d'un observatoire du Bassin.

Tableau 4 : Organisations du domaine climatique en Afrique centrale et l'adhésion du Cameroun

Organisations sous régionales	Adoption	Adhésion	Ratification
CEEAC			
COMIFAC (GT-CLIMAT)			
Centre Régional Climatique d'Afrique Centrale	25.5.2015		
Agence Intergouvernementale pour le développement de l'information environnementale (ADIE)			
Centre d'application et de prévision climatologique de l'Afrique centrale (CAPC-AC)			
Commission du Bassin du Lac Tchad (CBLT)	22.5.1964		
Agence Africaine de biotechnologie	16.9.1992		4.2.2003
Observatoire économique et statistique d'Afrique Sub-saharienne (AFRISAT)	21.9.1993		

5 Le cadre politique de la lutte contre les changements climatiques au Cameroun

Les engagements sus évoqués du Cameroun ont fait naître un ensemble d'obligations à l'égard du pays. La protection de l'air et la stabilisation des concentrations de GES, ainsi que l'adaptation aux conséquences liées aux changements dans l'environnement, sont encadrés par des textes qui répondent pour l'essentiel aux schémas des processus internationaux. C'est dans la perspective de s'acquitter de ses engagements climatiques que le Cameroun a élaboré ses deux premières communications nationales, son document PNACC, et s'est engagé à réduire ses émissions à travers le Mécanisme pour un développement propre (MDP), et la réduction des émissions issues de la déforestation et de la dégradation forestière à travers le mécanisme REDD+. L'ensemble de ces documents s'inscrivent dans la vision à l'horizon 2035 ainsi que le Document de stratégie de croissance et de l'emploi (DSCE).

5.1 Les communications nationales sur les changements climatiques

La première Communication nationale du Cameroun[3], a été soumise en janvier 2005 et la seconde en mars 2016.[4] La Communication nationale sur les changements climatiques fait un état des circonstances nationales, l'inventaire national des émissions de GES par secteurs conformément aux recommandations du GIEC. Elle présente les éléments de vulnérabilité du Cameroun aux effets néfastes du Changement clima-

---

3   MINEF (2005).
4   (ibid.).

tique, les actions d'adaptation qui sont mises en œuvre pour y faire face et les technologies adéquates et les axes de renforcement des capacités utiles aux actions de développement. Il fait également un inventaire des mesures d'atténuation de GES. Ce document est élaboré par les experts nationaux, sous la supervision du point focal de la CCNUCC, et avec l'appui financier du Fonds pour l'environnement mondial et du Programme des Nations unies pour le développement (PNUD).

5.2   Le Plan national d'adaptation aux changements climatiques (PNACC)

Le Plan national d'adaptation aux changements climatiques (PNACC), découle de la COP de Bali de 2007 durant laquelle les États se sont accordés sur le besoin de combiner aux actions d'atténuation, des stratégies d'adaptation des sociétés aux impacts des changements climatiques. L'élaboration du PNACC du Cameroun, définitivement validé et soumis à la CCNUCC en 2015, est le résultat d'une approche participative d'experts nationaux, avec le soutien financier du Gouvernement Japonais dans le cadre de l'initiative *Cool Earth Partnership*. Il s'agit d'un document de stratégie et de planification nationale qui permet de suivre la mise en œuvre, dans les cinq zones agro-écologiques (ZAE), des activités prioritaires dans les secteurs clés. Il a pour objectif la réduction de la vulnérabilité du pays aux incidences des changements climatiques à travers le renforcement de la capacité de résilience et d'adaptation ; et faciliter une intégration cohérente de l'adaptation dans les politiques, programmes et travaux en cours, ainsi que dans les processus et stratégies de planification du développement dans tous les secteurs concernés et à différents niveaux. Le PNACC s'intéresse principalement aux secteurs de l'agriculture ; l'élevage ; la pêche et aquaculture ; la forêt, sylviculture et faune ; l'eau assainissement et santé ; l'énergie, mines et industries ; développement urbain et travaux publics ; et tourisme. De tous ces secteurs, les études réalisées dans le cadre de l'élaboration de ce PNACC montrent que les secteurs les plus vulnérables sont l'agriculture, et l'eau, l'assainissement et la santé. Les ZAE les plus vulnérables sont la ZAE soudano sahélienne, et la ZAE Côtière à pluviométrie monomodale.

5.3   La stratégie nationale REDD+

Dans le cadre de la réduction des émissions issues de la déforestation et de la dégradation des forêts, le Cameroun s'est engagé à réfléchir sur une stratégie nationale qui prenne en compte la diversité de ses situations nationales et qui n'infléchisse pas la courbe de la contribution du secteur forêt au développement socio-économique national. Le processus d'élaboration en cours, se déroule sous la supervision générale du MINEPDED, à travers le secrétariat technique REDD+ (ST-REDD+) du Comité national de pilotage de la REDD+, mis en place par décret présidentiel en 2012. Ce travail en cours traduit l'engagement du Cameroun à réfléchir sur les options stratégiques appropriées pour contribuer par cet effort à l'atteinte de ses engagements tels que prévus dans le Document de contribution nationale déterminée soumis avant la COP21. L'élaboration de la stratégie nationale REDD+ du Cameroun s'inscrit dans le cadre du Fonds de partenariat pour le carbone forestier, avec le soutien financier de la Banque mondiale, de la *KfW* (*Kreditanstalt für Wiederaufbau*) via le fonds commun du Programme sectoriel forêt environnement, et de l'Agence française de développement via les fonds 2e contrat désendettement et développement versé au programme national de développement participatif. Il bénéficie également du soutien technique et financier direct et indirect de nombreux acteurs nationaux et internationaux.

5.4 La Contribution prévue déterminée au niveau national (CPDN)

Les Contributions prévues déterminées au niveau national (CPDN) constituent un nouvel instrument de la CCNUCC. La signature de l'Accord de Paris leur confère désormais le statut de Contributions déterminées au niveau national (CDN). Il s'agit d'un document dans lequel chaque partie à la CCNUCC s'engage par la communication de son intentions de réduction d'émissions de GES après la période 2020. La CDN du Cameroun a été officiellement adressée au secrétariat de la CCNUCC, le 28 septembre 2015 conformément aux décisions 1/CP.19 et 1/CP.20 de la Conférence des parties qui invitaient toutes les parties à les communiquer au Secrétariat de la convention avant la COP21. La CDN contient entre autres, des informations quantifiables sur l'année de référence considérée, le calendrier et la période de mise en œuvre, l'envergure et la couverture des efforts envisagés, le processus de planification, les hypothèses, et les approches méthodologiques choisies pour le monitoring des réductions des émissions de GES. Le caractère ambitieux de la contribution envisagée doit également apparaître dans le document.

5.5 Le Cadre national pour les services climatiques (CNSC)

Le Cameroun n'est pas en marge de ces phénomènes et fait partie des pays qui ont convenu de la nécessité de la mise en place d'un Cadre mondial pour les services climatologiques (CMSC), déclinés au niveau national des pays par des Cadres nationaux pour les services climatologiques. Le plan pour la mise en place d'un cadre national pour les services climatiques (CNSC) a été pré-validé en Octobre 2016. L'objectif de l'alignement au CMSC est l'amélioration de l'accès à l'information climatologique et sa prise en compte dans les processus décisionnels internationaux et nationaux. La Direction de la météorologie nationale (DMN), qui est en outre le Représentant permanent de l'Organisation mondiale de la météorologie (OMM) porteur de l'initiative, porte ce processus avec l'accompagnement financier du PNUD et des partenaires techniques nationaux impliqués.

5.6 Le Ministère de l'environnement protection de la nature et développement durable (MINEPDED) via l'Observatoire national sur les changements climatiques (ONACC)

Le suivi de la lutte contre le changement climatique relève de la compétence du Ministère de l'environnement protection de la nature et développement durable (MINEPDED). Le décret n° 2012/431 du 1 octobre 2012 qui l'organise, précise notamment en son article 2, qu'il est en charge non seulement de la définition des mesures de gestion environnementale, mais qu'il le fait en liaison avec les départements ministériels intéressés. C'est lui également qui assure la négociation des conventions et accords internationaux, ainsi que la coordination et le suivi des interventions des organismes de coopération régionale ou internationale sur les questions environnementales. Le MINEPDED Coordonne l'ensemble des ministères sectoriels impliqués dans la protection de l'environnement, dans le cadre du Comité interministériel de l'environnement créé par décret n° 2001/718/PM du 3 septembre 2001, et modifié puis complété à la faveur du décret 2006/1577/PM du 11 septembre 2006. Il assure la tutelle sur l'Observatoire national des changements climatiques (ONACC). Le décret de création de l'ONACC oblige à opter pour la deuxième perspective dans cet exercice qui consiste à faire un inventaire des acteurs clés du domaine des changements climatiques au Cameroun, de leurs missions, et des opportunités de collaboration, qui existent ou pourraient se construire, entre l'ONACC et ces acteurs de sorte à faciliter la décision politique et la mise en œuvre des options choisies par le Cameroun pour répondre aux changements climatiques en ce qui concerne aussi bien l'atténuation que l'adaptation. Une telle approche oblige à considérer, les acteurs étatiques, d'une part, mais également les acteurs non étatiques, qu'ils soient nationaux ou internationaux, d'autre part. En s'engageant dans son CDN soumis au titre de la CCNUCC à la veille de l'Accord de Paris, le gouvernement du Cameroun a clairement identifié les secteurs de développement sur lesquels des actions devaient être menées en matière d'atténuation du changement climatique, mais également en ce qui concerne l'adaptation au changement climatique.

Aux termes du décret « l'observatoire a [globalement] pour mission de suivre et évaluer les impacts socio-économiques et environnementaux des changements climatiques et de proposer des mesures de prévention, d'atténuation et/ou d'adaptation aux effets néfastes et risques liés à ces changements ». Plus spécifiquement, l'ONACC a pour missions :

- d'établir les indicateurs climatiques pertinents pour le suivi de la politique environnementale ;
- de mener des analyses prospectives visant à proposer une vision sur l'évolution du climat à court, moyen et long termes ;
- de suivre l'évolution du climat, de fournir des données météorologiques et climatologiques à tous les secteurs de l'activité humaine concernée et de dresser un bilan climatique annuel du Cameroun ;
- d'initier et de promouvoir des études sur la mise en évidence des indicateurs des impacts et des risques liés aux changements climatiques ;
- de collecter, analyser et mettre à la disposition des décideurs publics, privés ainsi que des différents organismes nationaux et internationaux, les informa- tions de référence sur les changements climatiques au Cameroun ;
- d'initier toute action de sensibilisation et d'information préventive sur les changements climatiques ;
- de servir d'instrument opérationnel dans le cadre des autres activités de ré- duction de gaz à effet de serre ;
- de proposer au gouvernement des mesures préventives de réduction d'émissions de gaz à effet de serre, ainsi que des mesures d'atténuation et/ou d'adaptation aux effets néfastes et risques liés aux changements climatiques ;
- de servir d'instrument de coopération avec les autres observatoires régionaux ou internationaux opérant dans le secteur climatique ;
- de faciliter l'obtention des contreparties dues aux services rendus au climat par les forêts à travers l'aménagement, la conservation et la restauration des écosystèmes ; et
- de renforcer les capacités des institutions et organismes chargés de collecter les données relatives aux changements climatiques, de manière à créer, à l'échelle nationale, un réseau fiable de collecte et de transmission desdites données.

5.7 Le cadre juridique de collecte et de gestion de l'information météorologique et climatologique

Le système de collecte, de traitement et de diffusion de l'information météorologique et incidemment climatologique est organisé par un ensemble de textes dont les prin- cipaux sont :
- le décret n° 75/781/1975 portant statut particulier du corps du personnel de la météorologie ;
- le décret n° 93/700/PM du 11 novembre 1993 fixant les tarifs des renseigne- ments et ouvrages météorologiques ;

- le décret n° 75/506 du 5 juillet 1975 autorisant la publication des bulletins et ouvrages météorologiques ;
- l'arrêté n° 95/016/CAB/MINT/ du 5 juin 1995 portant réaménagement des structures de collecte des données météorologiques ;
- la décision n° 00114/D/MINT/DM/SDEM du 8 février 1996 portant création de postes climatologiques ;
- l'arrêté n° 003/CAB/MINT du 3 février 1998 portant modification de l'article 2 de l'arrêté n° 95/016/CAB/MINT/ du 5 juin 1995 portant réaménagement des structures de collecte des données météorologiques ;
- la décision n° 00187/D/MINT/SG/DMN/CMN/SR du 27 janvier 2009 portant création de postes climatologiques ; et
- le décret n° 2012/250 du 1er juin 2012 portant organisation du Ministère des transports.

Il ressort de ces textes et plus précisément du décret de 1993 qu'au Cameroun, l'accès à tout renseignement et ouvrage météorologique est soumis au paiement de ces prestations auprès de la Direction de la météorologie nationale (DMN). A ce propos, le chef service de la climatologie et de la banque des données est chargé de la promotion et de la commercialisation des données météorologiques. Cependant, la diffusion à l'intention du grand public, des prévisions en général, du temps, et des avis des phénomènes dangereux, ne donne lieu à aucun paiement. Les organismes publics, parapublics ou privés peuvent signer des contrats particuliers avec la DMN pour la fourniture de renseignements dont la nature est définie d'accord parties. Le décret de 1993 distingue quatre types de renseignements météorologiques :

- les données brutes d'observations consignées dans les documents de base ;
- les renseignements spéciaux qui ne figurent pas dans les documents de base, et dont l'élaboration nécessite un travail de recherche ou un traitement spécial ;
- les bulletins périodiques (décadaires, mensuels ou annuels) ; et
- les ouvrages spécialisés tels que les monographies, les résultats de recherche, les thèses, mémoires et autres travaux de recherche.

5.8   Le cadre juridique large de la lutte contre le changement climatique

Le cadre juridique national de la lutte contre le changement climatique s'inscrit dans le champ fixé par la loi n° 96/12 du 5 août 1996 portant loi cadre relative à la gestion de l'environnement. Cette loi dispose en effet en son article 2 du caractère d'intérêt général de la protection et la gestion rationnelle des ressources que la géosphère, l'hydrosphère et l'atmosphère offrent à la vie humaine. Le Gouvernement dispose dès lors des prérogatives en matière d'établissement des normes en ce qui concerne la qualité de l'air, l'eau, le sol et toutes les normes nécessaires à la sauvegarde de la santé humaine et de l'environnement, et établi les rapports, entre autres, sur la pollution.

Tableau 5 : Lois, décrets et circulaire en rapport avec le changement climatique au Cameroun

	Cadre juridique
1	Loi n° 96/12 du 5 août 1996 portant loi cadre relative à la gestion de l'environnement
2	Loi n° 96/117 du 5 août 1996 relative à la normalisation
3	Loi n° 86/016 du 6 décembre 1986 portant réorganisation générale de la protection civile au Cameroun
4	Loi n° 94/01 du 20 janvier 1994 portant régime des forêts, de la faune et de la pêche
5	Loi 2004/017 du 22 juillet 2004 portant orientation de la décentralisation
6	Loi 2004/018 fixant les règles applicables aux communes
7	Loi n° 00211/008 du 6 mai 2011 d'orientation pour l'aménagement et le développement durable du territoire au Cameroun
8	Décret n° 2011/2582/PM du 23 août 2011 fixant les modalités de protection de l'atmosphère
9	Décret n° 2001/165/PM du 8 mai 2001 précisant les modalités de protection des eaux de surface et des eaux souterraines contre la pollution
10	Décret n° 2011/2581 du 23 août 2011 portant réglementation des substances chimiques nocives et/ou dangereuses
11	Décret n° 2003/243 du 12 décembre 2003 portant création du comité de pilotage energie
12	Décret n° 2012/2809/PM du 26 séptembre 2012 fixant les conditions de tri, de collecte, de stockage, de transport, de récupération, de recyclage, de traitement et d'élimination finale des déchets
13	Décret n° 2005/0577/PM du 23 février 2005 fixant les modalités de réalisation des études d'impact environnemental
14	Décret n° 98/031 du 9 mars 1998 portant organisation des plans d'urgence et des secours en cas de catastrophe ou de risque majeur
15	Décret n° 2008/064 du 4 février 2008 fixant les modalités de gestion du Fonds national de l'environnement et du développement durable
16	Arrêté n° 002/MINEPDED du 15 octobre 2012 fixant les conditions spécifiques de gestion des déchets industriels (toxiques et/ou dangereux)
17	Arrêté conjoint n° 0046/98/MINEE/MINOIC du 3 juillet 1998 portant homologation des spécifications des produits pétroliers vendus au Cameroun
18	Arrête n° 0070/MINEP du 22 avril 2005 fixant les différentes catégories d'opérations dont la réalisation est soumise à une étude d'impact environnemental
19	Arrêté n° 0000120/A/MINATD/DPC/CEP/CEA2 du 17 septembre 2010 portant création, organisation et fonctionnement de la Plate-forme nationale pour la réduction des risques de catastrophes
20	Arrêté n° 100/PM du 11 août 2006 portant création d'un comité interministériel de facilitation pour l'exécution du programme sectoriel forêts/environnement
21	Circulaire n° 008/PM du 12 novembre 2010 relative aux processus d'élaboration des programmes nationaux de normalisation
22	Instruction présidentielle n° 005/CAB/PR du 24 août 1987 portant sur les veilles en vue de la sécurité de la Nation
23	Document position camerounaise sur les discussions internationales concernant les changements climatiques (novembre 2009)
24	Décret n° 2009/410 du 10 Décembre 2009 portant création, organisation et fonctionnement de l'Observatoire national sur les changements climatiques

C'est sur ces dispositions générales de la loi cadre de 1996 que repose le décret n° 2011/2582/PM du 23 août 2011 fixant les modalités de protection de l'atmosphère. Ce texte s'intéresse principalement aux polluants atmosphériques contrôlés (PAC) émanant de divers secteurs de développement que l'annexe du texte cite de façon exhaustive. Le texte précise l'ensemble des polluants atmosphériques contrôlés émis par les divers secteurs d'activités au Cameroun. Il organise également l'implantation des stations de mesure de contrôle de la qualité de l'air et mets à la charge des ministères de l'environnement et des transports, de fixer à travers un arrêté conjoint les modalités d'installation, de fonctionnement et de contrôle des mesures de la qualité de l'air (article 5). Le Ministère de l'environnement en concertation avec les autres administrations, fixent les limites d'émissions atmosphériques suivant les normes fixés par l'organisme chargé de la normalisation et de la qualité, notamment l'ANOR pour le Cameroun. Il est notamment prévu que pour chacune des catégories d'industries polluantes, un décret du ministre de l'environnement fixe les limites d'émissions de PAC. La loi n° 96/117 du 5 août 1996 relative à la normalisation en fixe le cadre relativement à la protection de l'environnement. Aux termes de cette loi, la normalisation est l'établissement des exigences, des spécifications ou des règles techniques applicables aux produits, biens ou services. Ainsi, l'article 5 de ce texte prévoit que le système national de normalisation comprend entre autres « les normes de protection de l'environnement ». Il est de principe que lorsqu'elles sont élaborées, expérimentées, adoptées, homologuées, révisées et publiées, les normes sont d'application facultative. Toutefois,

> si des raisons d'ordre, de défense nationale, de protection de la santé, de l'environnement,... rendent une telle mesure nécessaire, l'application d'une norme homologuée et publiée peut être rendue obligatoire par arrêté du Ministre chargé de l'Industrie et , le cas échéant, des autres ministres intéressés, sous réserve des dérogations particulières.

Pour l'heure, la loi forestière de 1994 n'inclut pas encore dans son dispositif les services climatiques rendus par les forêts. Toutefois la révision en cours pourrait intégrer cet aspect avec l'engagement du pays dans le processus REDD+. Un ensemble d'autres textes législatifs et réglementaires, sans s'y rapporter directement, engagent également le Cameroun à la lutte contre le changement climatique par des prescriptions régulières d'attitudes sectorielles spécifiques de nature à aider à maîtriser les sources d'émissions et à s'adapter aux impacts des changements climatiques. Un processus est d'ailleurs en cours, sous la coordination du Ministère de l'économie, de la planification et de l'aménagement du territoire (MINEPAT) et visant l'élaboration d'un outil d'intégration multisectoriel du Changement climatique et de la gestion des risques de catastrophes dans les politiques, les programmes et projets. Le groupe de travail à cet effet est créé par la décision n° 0638/D/MNEPAT/SG/DAJ du 16 août 2016 portant création, organisation et fonctionnement du Groupe de Travail chargé de l'élaboration d'un outil d'intégration du changement climatique et de la gestion des risques de catastrophes dans le cadre de l'IDA 18.

5.9 La législation nationale en lien aux changements climatiques du Cameroun

La législation nationale en lien aux changements climatiques du Cameroun, qu'il s'agisse des communications nationales, du PNACC, de la stratégie nationale REDD+, ou de l'INDC, traduit un ensemble d'engagements qui ont une incidence directe sur les missions de l'ONACC, et qu'il convient de présenter. Ces engagements se regroupent autour de sept thématiques à partir desquelles l'analyse sera faite. Ces groupes ont été constitués comme suit :

- le suivi de l'évolution du climat ;
- la fourniture de l'information climatique ;
- la réduction des émissions de GES ;
- l'adaptation au changement climatique ;
- la coopération internationale et nationale sur les changements climatiques ;
- le financement de la lutte contre le changements climatiques ; et
- l'amélioration de la gouvernance climatique nationale.

5.10 Les engagements au titre de la fourniture de l'information climatique

Les engagements du Cameroun dans le cadre de la fourniture de l'information climatique découlent de l'adhésion aux conventions et organisations sus-évoquées. Il ressort en effet des engagements étudiés que ceux-ci s'inscrivent aussi bien dans la dimension nationale qu'internationale. L'accès à l'information reste une question largement discutée au niveau national dans le contexte de la transparence tel que posé par l'article 9 de la loi cadre sur l'environnement qui dispose notamment qu'en vertu du principe de participation, « chaque citoyen doit avoir accès aux informations relatives à l'environnement, y compris celle relative aux substances et activités dangereuses ». Ce principe de participation est également hérité de la déclaration de Rio de 1992. Pourtant, on note bien qu'en dehors du principe posé par loi cadre suscitée, le Cameroun ne dispose pas de loi spécifique relative à l'accès à l'information, notamment l'information publique. Le pays n'a pas ratifié la Convention d'Aarhus sur l'accès à l'information, la participation du public au processus décisionnel et l'accès à la justice en matière d'environnement (signée le 25 juin 1998 et entrée en vigueur au niveau international depuis le 30 octobre 2001). Il se dégage toutefois quelques engagements du Cameroun de produire et d'échanger, avec certains acteurs, des informations spécifiques dans des conditions particulières qui découlent du cadre politique, légal et institutionnel international. Toutefois, la mise en œuvre de cet engagement connait quelques difficultés en l'absence d'un cadre clair de l'accès à l'information environnementale dans le contexte camerounais. Un document produit par l'organisation forêt et développement rural (FODER) dans ce cadre et entériné par le MINEPDED, pose les linéaments pour l'élaboration d'une politique d'accès à l'information dans REDD+. Ce manuel pourrait inspirer tout effort dans l'organisation de l'accès à l'information climatique.

5.11 Les engagements au titre de la réduction des émissions de GES

En signant, ratifiant et adhérant à diverses conventions et traités internationaux en matière de réduction des émissions, le Cameroun a souscrit à un certain nombre d'engagements. Les engagements du Cameroun pris au titre de la réduction des émissions de GES sont principalement inscrits au niveau national dans la soumission de la Contribution déterminée au niveau national (CDN). En effet, en soumettant sa note au secrétariat de la CCNUCC, le Cameroun s'est engagé à une réduction de ses émissions de l'ordre de 32% à l'horizon 2035.

5.12 Les engagements au titre de l'adaptation au changement climatique

Le Cameroun fait partie des pays dont la diversité des zones agro écologiques et leur sensibilités oblige également à penser en termes d'adaptation, notamment dans les zones sahéliennes et dans les zones côtières. L'engagement principal du pays auprès de la CCNUCC découle une fois de plus de la CDN. Le document précise que dans le cadre de son plan d'action national d'adaptation aux changements climatiques, le Cameroun s'engage pour qu'à l'échéance de 2035

> les changements climatiques dans les cinq zones agro-écologiques du Cameroun sont complè-
> tement intégrés au développement durable du pays, réduisant ainsi sa vulnérabilité, et transfor-
> mant même le problème des changements climatiques en une solution / opportunité de déve-
> loppement. Ainsi les Camerounais – particulièrement les femmes, les enfants et les personnes
> vulnérables – et les secteurs économiques du pays acquièrent une plus grande résilience et une
> plus grande capacité d'adaptation aux impacts négatifs des changements climatiques.

5.13 Les engagements au titre de la coopération internationale et nationale sur les changements climatiques

La coopération internationale dans le cadre de la lutte contre le changement climatique s'adosse sur la politique du pays en matière de relations internationales. En effet, la constitution du Cameroun pose le principe d'une coopération fondée sur des relations pacifiques et fraternelles conformément aux principes formulés par la charte des nations unies. Pour cela, le pays opte pour le non-alignement. La constitution précise que c'est le Président de la République qui est garant du respect des traités et accords internationaux (article 5(2)). Dans le domaine spécifique du changement climatique, le Cameroun a désigné des points focaux en charge d'assurer la représentation de ses intérêts au sein des conventions internationales que sont notamment l'OMM, le GIEC et la CCNUCC.

5.14 Les engagements au titre du financement de la lutte contre le changement climatique

Les engagements au titre du financement de la lutte contre le changement climatique tels qu'ils découlent des conventions signées restent cependant encadrés par la logique tirée de la position nationale exprimée par le pays, en 2009, relativement aux négociations internationales sur les changements climatiques. Il ressort de cette position que

> du fait de l'usage excessif des énergies fossiles par ces pays [industrialisés], ils sont en premier considérés comme responsables des perturbations climatiques actuelles. Par conséquent, réduire les émissions actuelles passe d'abord par eux et ensuite par l'assurance aux pays en développement d'un soutien financier, technologique et un appui en formation pour s'adapter aux effets néfastes des changements climatiques.

Cette position s'adosse sur celle issue du sommet des Chefs d'État de la CEEAC, ainsi que la position du groupe africain, adoptée à Addis-Abeba en octobre 2009.

5.15 Les engagements au titre de l'amélioration de la gouvernance climatique nationale

La gouvernance climatique repose sur un ensemble de principes, notamment la décentralisation, la transparence, la participation, la reddition des comptes. Ces dimensions telles qu'elles découlent des conventions signées par le Cameroun. Pour améliorer son contexte de gouvernance nationale, le Cameroun a mobilisé un Programme national de gouvernance (PNG) en deux phases dont la deuxième portait sur la période 2006-2010. Aux termes de la déclaration d'approbation de la révision du premier PNG datant du 29 novembre 2005, l'idée d'un tel programme était de « répondre aux interpellations de la communauté internationale pour laquelle la mise en œuvre des programmes de gouvernance crédibles est devenue la référence dans la définition des politiques de développement et pour la mobilisation des ressources ». Ce programme définit le cadre d'action et d'interactions entre l'État, le secteur privé, et la société civile. Ce faisant, il visait à réintroduire l'État dans la stratégie de développement économique et social du pays. Le PNG promeut à cet effet, les valeurs, d'efficacité, d'efficience, et d'économie, telles que voulues dans les théories du nouveau management public. Le domaine de l'environnement n'a pas échappé à ce vent de réforme.

Joseph Armathé AMOUGOU, Patrick Mbomba FORGHAB & Oliver C. RUPPEL

Bibliographie indicative

KAS / Konrad-Adenauer-Stiftung, 2018, La science, l'économie et la politique du changement climatique, Yaoundé, KAS.

ONACC / Observatoire national sur les changements climatiques, 2016, *Rapport sur le cadre politique et juridique des changements climatiques au Cameroun*, Yaoundé, ONACC.

MINEF / Ministère de l'environnement et des forêts, 2005, *Première communication nationale du Cameroun sur les changements climatiques*, Yaoundé, MINEF, http://unfccc.int/resource/docs/natc/cmrnc1f.pdf, consulté le 5 février 2018.

MINEF / Ministère de l'environnement et des forêts, 2015, *Deuxième Communication nationale du Cameroun sur les changements climatiques*, MINEF, Yaoundé.

CHAPITRE 34 :
DROIT DES RESSOURCES NATURELLES ET EFFICACITÉ CLIMATIQUE AU CAMEROUN

Samuel NGUIFFO

1 Introduction

Identifié comme un problème global, nécessitant les efforts conjoints de l'ensemble de la communauté internationale, le changement climatique a fait son entrée sur la scène diplomatique internationale à l'occasion du processus menant au Sommet de Rio Janeiro, en 1992, et n'a plus quitté la liste des priorités de la société internationale depuis cette date.[1] Paradoxalement, les États africains, principales victimes des effets du changement climatique, ne se retrouvaient pas toujours dans les termes dans lesquels la problématique climatique était posée, à savoir comme étant un effort de réduction des émissions des gaz à effet de serre, responsables du réchauffement de la planète. Les États africains, pour la plupart d'entre eux, n'étaient alors de grands producteurs de gaz carbonique, principal coupable de la catastrophe annoncée. Ils avaient amorcé une réflexion sur la nécessité de mettre en place une convention sur la désertification, perçue comme un défi plus conforme aux réalités du continent. Les instruments juridiques mis en place après le Sommet de Rio (Protocole de Kyoto notamment) confinaient, dans la pratique, la plupart des États africains dans un rôle de spectateurs, ou au mieux de bénéficiaires.

La question de la réduction des émissions liées à la déforestation et à la dégradation des forêts[2] (REDD, suivant son acronyme en anglais), a été mise à l'ordre du jour de la 11e Conférence des parties à la Convention des Nations unies sur le changement climatique (2005), à l'initiative du Costa Rica et de la Papouasie Nouvelle Guinée, agissant au nom et pour le compte d'une coalition d'États forestiers de la

---

1   Voir Maljean-Dubois & Wemaere (2010). La première véritable conférence diplomatique mondiale sur le climat s'est tenue en février 1979 à Genève. Elle rassemblait les principales institutions météorologiques de la planète, qui s'inquiétaient (déjà !) de la contribution du gaz carbonique au réchauffement de la planète. Voir sur ce point Kempf (2017).

2   La contribution de la forêt aux émissions de gaz à effet de serre est estimée à un chiffre situé entre 12 et 29% du volume total des émissions de la planète. Voir Fearnside (2000) ; Myers (2007). Cette proportion rend incontournable la prise en compte des émissions provenant des changements d'usage des terres forestières.

planète.[3] La demande consistait à solliciter de la communauté internationale une prise en considération de la réduction des émissions liées à la déforestation dans les pays en développement, comme une mesure d'atténuation du changement climatique. Grâce à un accueil enthousiaste de la communauté internationale, les négociations sur cette initiative ont rapidement évolué, et le dispositif REDD et REDD+ ont été finalement mis en place entre 2013 et 2015. Pour une fois, le régime international du climat définissait un rôle central pour les États africains dans la lutte contre le réchauffement de la planète.

Le Cameroun n'a pas échappé à la fascination inédite exercée par le carbone forestier dans les pays du Bassin du Congo. Pourtant, le taux de déforestation au Cameroun reste l'un des plus élevés du Bassin du Congo,[4] et le Cameroun a été particulièrement actif dans la conception de plans et stratégies destinées à assurer l'organisation de la contribution de la sous-région Afrique centrale à la lutte globale contre le changement climatique. Plus d'une dizaine d'années plus tard, la question centrale reste, ici, celle de l'efficacité de ces politiques, plans, programmes et projets de la réduction des émissions de carbone, notamment dues à la déforestation, ou à l'organisation d'une séquestration plus importante de gaz à effet de serre. Les éventuels bénéfices financiers que les États du sud (y compris le Cameroun) attendent de ce processus peuvent parfois occulter les retombées positives pour les conditions de vie des populations, trop dépendantes des aléas climatiques dans leurs modes de production, et peu préparées à faire face aux conséquences dramatiques du réchauffement planétaire.

Le Dictionnaire Larousse définit l'efficacité comme étant l'aptitude à produire « le maximum de résultats avec le minimum d'efforts, de moyens ». L'efficacité climatique pourrait donc être entendue comme la capacité à produire le maximum de résultats dans la contribution à la réduction des émissions ou le stockage d'un volume le plus élevé possible de gaz à effet de serre. Pour les besoins de la présente étude, le droit des ressources naturelles sera entendu comme l'ensemble des règles de droit positif applicables au Cameroun dans les domaines foncier, forestier, minier, et de l'environnement. Il s'agira des seuls textes nationaux, et les conventions internationales ratifiées ne seront pas prises en compte.

Comment réduire les émissions de carbone dues à la déforestation au Cameroun ? Les études réalisées sur la question au Cameroun ont surtout mis un accent sur les aspects techniques et institutionnels (identification des moteurs de la déforestation,

---

3   Ces deux pays avaient soumis un document intitulé Reducing Emissions from Deforestation in Developing Countries: Approaches to Stimulate Action UNFCCC (2005).

4   FAO (2011). La FAO annonce un taux de déforestation de plus de 1% par an, et estime à 75% la superficie de forêt ayant fait l'objet d'une exploitation et pouvant être considérée comme des forêts dégradées.

comptabilisation du carbone forestier, MRV, etc.), ou procédé à une évaluation des projets pionniers dans ce secteur.[5] Les aspects juridiques sont restés marginaux dans ces travaux. Pourtant au Cameroun le débat sur l'élaboration des stratégies REDD a coïncidé avec une période d'intense activités de réforme des textes législatifs et réglementaires relatifs à la gestion des ressources naturelles et des espaces (mines, forêts, foncier, pastoralisme, code rural, etc.), à la préparation de deux processus politiques d'envergure (l'adoption de la stratégie nationale de développement rural, et le schéma national d'aménagement du territoire) et la révision quinquennale du Document stratégique pour la croissance et l'emploi (DSCE). La question climatique aurait pu fournir l'opportunité d'une fertilisation croisée de l'ensemble de ces processus, et amorcé l'indispensable effort d'harmonisation entre ces politiques.

La présente étude propose une analyse sommaire de la législation camerounaise sur les ressources naturelles,[6] examinée à l'aune de l'efficacité climatique, et formule quelques propositions visant à améliorer la contribution des forêts à la lutte contre le changement climatique.

2 Un droit peu sensible aux impératifs climatiques

La législation nationale sur les ressources naturelles n'a pas été conçue en tenant compte des enjeux climatiques. Elle est en général construite sur un triple pilier tentant d'assurer, à la fois, la génération des revenus tirés de l'exploitation de la ressource, la création d'emplois et, dans une certaine mesure, la protection de l'environnement. L'absence de la question climatique dans ces objectifs de la législation s'explique par le caractère récent de son intrusion dans le champ politique des pays du sud, mais n'a pas empêché la présence de dispositions favorables, de manière incidente, à la séquestration du carbone dans les textes en vigueur au Cameroun. L'analyse s'intéressera aux dispositions relatives à la gestion (2.1) et à celles organisant la propriété (2.2) des ressources naturelles.

2.1 Le régime de la gestion des ressources naturelles est globalement favorable aux émissions de gaz à effet de serre

Le régime de la gestion des ressources naturelles a pour principale finalité, depuis l'époque coloniale, l'organisation de l'exploitation à des fins commerciales de la ri-

---

5   Assembe Mvondo et al. (2013) ; Awomo et al. (2014) ; Dkamela (2010) ; Fobissie et al. (2012) ; Freudenthal et al. (2011).
6   Seront donc exclus de l'analyse les textes sur l'énergie, la construction, les transports, etc.

chesse naturelle du territoire. L'avènement de l'indépendance n'a pas fondamentalement modifié cette tendance. Et malgré l'introduction progressive de dispositions protectrices de l'environnement, dont certaines sont susceptibles de contribuer à la séquestration de gaz à effet de serre (2.1.1), le droit des ressources naturelles ne semble pas encore être en mesure de permettre à l'État d'atteindre les objectifs ambitieux qu'il s'est fixé dans ce domaine (2.1.2).[7]

2.1.1 Quelques dispositions éparses sont favorables de manière incidente au climat

Bien que les objectifs de protection du climat n'aient pas été prioritaires dans le processus de préparation de la législation au Cameroun, une série de dispositions sont susceptibles de limiter les émissions de gaz carbonique.

2.1.1.1 L'exigence sélective de l'aménagement forestier

L'aménagement forestier est, au sens de la loi de janvier 1994[8]

> la mise en œuvre, sur la base d'objectifs et d'un plan arrêté au préalable, d'un certain nombre d'activités et d'investissements, en vue de la *production soutenue* de produits forestiers et *de services, sans porter atteinte à la valeur intrinsèque*, ni compromettre la productivité future de ladite forêt.

Dans les forêts de production, l'aménagement garantit des prélèvements sélectifs, excluant toute coupe rase. Il est intéressant de relever que la définition de la loi camerounaise ouvre la possibilité à la prise en compte du carbone dans les objectifs de l'aménagement. L'aménagement forestier n'est toutefois pas exigé dans toutes les forêts du territoire national, et sur les ventes de coupe par exemple, il reste possible de procéder à l'exploitation à grande échelle du bois d'œuvre sans que l'aménagement forestier préalable soit exigé. De plus, en raison d'une conjonction de facteurs, rela-

---

7   La Contribution nationale déterminée du Cameroun prévoit une réduction des émissions de gaz à effet de serre à hauteur de 32% par rapport à un scénario de référence pour l'année cible (2035), et conditionnée au soutien de la communauté internationale sous forme de financement, d'actions de renforcements de capacités et de transfert de technologies. La réduction de 32% en 2035 est du même ordre ou supérieure à celle proposée par des pays comparables ou de la sous-région. Ce niveau d'engagement tient compte des efforts accomplis ou en cours pour réduire les émissions / augmenter les puits de carbone (reboisement, gestion durable des forêts). Voir le site http://www4.unfccc.int/ndcregistry/PublishedDocuments/Cameroon%20 First/CPDN%20CMR%20Final.pdf , consulté le 8 janvier 2018.

8   Article 23 de la loi du 19 janvier 1994 fixant le régime des forêts, de la faune et de la pêche. C'est nous qui soulignons.

tifs aux faibles capacités de l'administration et des collectivités décentralisées, au déficit de gouvernance dans la gestion du secteur forestier et à l'imprécision et la méconnaissance des textes, le dispositif n'a pas suffisamment bien fonctionné pour permettre une protection efficace de la forêt camerounaise.

2.1.1.2   L'institution de zones de protection

Le régime des forêts institue des zones de protection dans lesquelles le défrichement et l'exploitation ne sont pas autorisés. On peut distinguer ainsi les zones mises en défens, qui concernent des sites dans lesquels « le maintien du couvert forestier est reconnu nécessaire à la conservation des sols, la protection des berges d'un cours d'eau, la régulation du régime hydrique ou la conservation de la biodiversité »[9] et les forêts domaniales, notamment les aires protégées.[10]

2.1.1.3   Les interdictions

La loi forestière du 20 janvier 1994 pose pour principe l'interdiction de provoquer des feux susceptibles de causer des dommages à la végétation du domaine forestier national.[11] Le feu est souvent utilisé soit comme moyen de défrichement (feu tardif), soit à des fins de pâturage (feu précoce), l'herbe fraîche repoussant rapidement après le passage du feu. Le décret n° 95/531/PM du 23 août 1995 fixant les modalités d'application du régime des forêts précise les mesures de lutte contre les incendies de forêt. Il prévoit à cet effet deux catégories de mesures : (1) des mesures préventives, qui mettent à contribution les autorités administratives locales, les responsables locaux de l'administration des forêts, les maires et les communautés villageoises dans la création et le fonctionnement d'équipes de surveillance et de centres de lutte contre les feux de brousse.[12] Il prescrit également l'obligation pour toute forêt sous aménagement d'être dotée d'un système de surveillance et de lutte contre les incendies de forêts ;[13] (2) des mesures curatives, qui incluent la réquisition de toute personne ou tout bien pour contribuer à la lutte contre des incendies déclarés dans un massif forestier. Il est également prévu que l'administration fasse exécuter les opérations de lutte contre les feux de brousse aux frais des propriétaires ou concession-

---

9   Article 17.1 de la même loi.
10   Article 24.1 de la même loi.
11   Voir l'article 14.1 de la même loi.
12   Article 7.1 du décret n° 95/531/PM du 23 août 1995 fixant les modalités d'application du régime des forêts.
13   Voir l'article 8.1 du même décret.

naires des forêts, pour pallier toute défaillance de leur part.[14] Le principe de l'interdiction des feux de brousse est toutefois atténué dans deux cas : soit sur autorisation préalable de l'administration qui peut alors s'assurer de la mise en place de mesures destinées à cantonner l'incendie dans les limites strictes de la zone concernée,[15] soit dans certaines aires de récréation, où les feux de camp peuvent être autorisés sur des sites précis, dans le strict respect de prescriptions relatives au calendrier, à la nature et aux mesures prises pour prévenir l'extension des feux au-delà des limites autorisées.[16]

La seconde interdiction concerne le défrichement des forêts, défini par la loi de 1994 comme étant « le fait de supprimer les arbres ou le couvert de la végétation naturelle d'un terrain forestier, en vue de lui donner une affectation non forestière, quels que soient les moyens utilisés à cet effet ».[17] Les textes en vigueur soumettent le défrichement d'une forêt à une série de conditions, toutes destinées à assurer une protection optimale de la forêt. La forêt doit avoir été déclassée pour cause d'utilité publique, après qu'une étude d'impact ait confirmé la possibilité du défrichement.[18] Le déclassement, préalable au défrichement, ne sera pas possible s'il aura pour conséquence de « a) porter atteinte à la satisfaction des besoins des populations locales en produits forestiers ; b) compromette la survie des populations riveraines dont le mode de vie est lié à la forêt concernée ; c) compromettre les équilibres écologiques ; d) nuire aux exigences de la défense nationale ».[19]

Ces dispositions ont pour effet de protéger l'intégrité du couvert forestier, et assurent, de manière collatérale, la séquestration du carbone dans les espaces considérés. On peut toutefois relativiser la portée de cette protection, les mécanismes qu'ils prévoient n'étant pas toujours fonctionnels (notamment en ce qui concerne la prévention et la gestion des feux de brousse),[20] ni respectés (en ce qui concerne la réalité du classement des forêts et, partant, l'obligation de déclasser pour permettre un défrichement).

---

14   Voir l'article 8.3 du même décret.
15   Voir l'article 6.1 du même décret.
16   Article 8.1 du même décret.
17   Voir l'article 15 de la loi du 19 janvier 1994 fixant le régime des forêts, de la faune et de la pêche.
18   Article 9.1 du décret du 23 août 1995 fixant les modalités d'application du régime des forêts.
19   Article 9.3 du même décret.
20   La question de la gestion des feux de brousse revient ainsi parmi les axes de développement des programmes visant à renforcer l'adaptation du Cameroun aux changements climatiques. Voir République du Cameroun (2015:12).

2.1.1.4 L'introduction d'incitations dans le régime forestier

La législation contient enfin des incitations à reboiser, ou à conserver sur pied des arbres existants. L'article 19 de la loi de janvier 1994 ouvre la possibilité pour l'administration de prendre des mesures incitatives « en vue d'encourager les reboisements » par des particuliers. De même, la loi de 1994 instaure la foresterie urbaine, en imposant à chaque commune urbaine le respect d'« un taux de boisement au moins égal à 800 mètres carrés d'espaces boisés pour 1000 habitants ».[21] Pour parvenir à cet objectif, le décret d'août 1995 proscrit l'abattage ou la mutilation d'arbres se trouvant sur le domaine public sans autorisation préalable du Maire de la commune urbaine concernée.[22]

Malgré l'existence de ces dispositions favorables à la protection ou à la restauration des espaces forestiers, on remarque que l'essentiel des textes relatifs aux ressources naturelles autorisent des activités se traduisant par des émissions non contrôlées de gaz à effet de serre.

2.1.2 Les règles générales de gestion sont favorables aux émissions de gaz à effet de serre

La législation en vigueur organise la gestion des ressources naturelles en se préoccupant des modalités de l'exploitation ou de la protection, mais sans référence implicite ou explicite au carbone. La séquestration du carbone ne fait ainsi pas partie des objectifs retenus par le législateur, comme le montre l'examen sommaire du droit des espaces et des ressources, et du régime de la propriété foncière.

2.1.2.1 Le droit des espaces et des ressources n'est pas favorable à la séquestration du carbone

Au Cameroun, et depuis l'époque coloniale, les droits traditionnels cohabitent avec le droit écrit, qui a vocation à encadrer l'accès à la terre et aux forêts, et à déterminer le régime de leur propriété. Les révisions successives des textes nationaux n'ont fondamentalement pas changé cette architecture générale, largement reprise par l'État indépendant. Les règles en vigueur dans ces domaines sont susceptibles d'avoir, de

---

21 Article 33 de la loi du 19 janvier 1994 fixant le régime des forêts, de la faune et de la pêche.
22 Voir l'article 12.1 du décret du 23 août 1995 fixant les modalités d'application du régime des forêts. L'autorisation à laquelle se réfère cet article ne peut-être accordée que pour cause d'utilité publique, ou en raison d'un danger susceptible d'être causé par l'arbre concerné.

manière incidente, une influence sur les possibilités de séquestration du carbone par les forêts du territoire. La mise en œuvre au Cameroun du processus REDD, qui vise à réduire les émissions de gaz à effet de serre liées à la déforestation et à la dégradation des forêts, et plus généralement la construction d'une stratégie de lutte contre les changements climatiques, auraient justifié une analyse de l'impact de la législation actuelle sur l'efficacité climatique.

2.1.2.2   Le régime des immatriculations de terres encourage les émissions

Depuis la réforme foncière de 1974, les terres du territoire national sont réparties en trois grandes catégories : le domaine public ; les terres privées, faisant l'objet d'un titre foncier au nom d'une personne physique ou morale ; et le domaine national, composé de terres ne rentrant dans aucune des deux catégories précédentes. Le domaine national est lui-même subdivisé en deux catégories : les dépendances de première catégorie, qui comprennent « les terrains d'habitation, les terres de culture, de plantation, de pâturage et de parcours dont l'occupation se traduit par une emprise évidente de l'homme sur la terre et une mise en valeur probante » ;[23] et les terres libres de toute occupation effective, qui sont les dépendances de deuxième catégorie. C'est sur les terres du domaine national que se retrouvent le plus grand nombre de villages et communautés, qui se considèrent comme des 'propriétaires' coutumiers de terres sur lesquelles la législation ne les considère que comme de simples possesseurs. Selon des estimations récentes faites par la Banque africaine de développement (BAD)[24], seuls environ 15% de la superficie totale du territoire camerounais faisaient l'objet d'un titre foncier[25], et le domaine national représente donc plus de 85% du territoire camerounais. L'un des enjeux principaux de la gestion du domaine national est celui de sa conversion en terres privées, par la procédure de l'immatriculation. L'État jouit de la latitude d'établir à son bénéfice des titres fonciers sur des terres du domaine national. Il peut aussi le faire au bénéfice des collectivités territoriales décentralisées. Les individus et les communautés titulaires de droits coutumiers essaient d'obtenir l'immatriculation de leurs terres. Ils doivent se soumettre aux conditions de mise en valeur prescrites par l'ordonnance n° 74/1 du 6 juillet 1974, qui exige la preuve d'une mise en valeur pour les propriétaires coutumiers. Cette mise en valeur suppose la destruction par le défrichement des forêts naturelles. Avec la crois-

---

23   Article 15 de l'ordonnance n° 74/1 du 6 juillet 1974 fixant le régime foncier.
24   Voir BAD (2013).
25   Il y aurait environ 125,000 titres fonciers au Cameroun, situés prioritairement en zone urbaine. Voir USAID (sans date:3). Soit un titre foncier pour 20 foyers, en comptant, pour une population totale d'environ 20 millions d'habitants, environ huit personnes par foyer, ce qui ferait 2.5 millions de foyers.

sance démographique et l'augmentation sensible des demandes de terres qui créent un risque de pénurie foncière, les membres des communautés villageoises sollicitent de plus en plus des immatriculations, et procèdent à des défrichements anticipés de zones de forêts, pour marquer leur propriété, et accélérer leurs demandes d'immatriculation. On remarque ainsi, dans les localités situées autour des grands centres urbains, une prolifération de demandes d'immatriculations portant sur des superficies de plus en grandes, au bénéfice d'individus.[26]

Le régime des indemnisations constitue également un encouragement aux immatriculations des terres rurales, les promoteurs de projets ne prévoyant pas d'indemnisations pour les terres lorsqu'elles ne font pas l'objet d'un titre de propriété.

2.2 Le régime de la propriété des forêts par les personnes privées encourage les émissions de gaz à effet de serre

Comme en matière foncière, les communautés disposent de droits coutumiers sur les espaces et ressources de la forêt. Alors que la loi cantonne ces droits à la seule catégorie des droits d'usage,[27] les communautés, ici également, se considèrent comme propriétaires. La législation forestière crée deux catégories susceptibles d'encadrer ces revendications des communautés : les forêts des particuliers, qui sont « des forêts plantées par des personnes physiques ou morales et assises sur leur domaine acquis conformément à la législation et à la réglementation en vigueur » ;[28] et les forêts communautaires, espaces de forêts n'excédant pas 5,000 hectares, sur lesquels l'État transfère la propriété des ressources[29] à une communauté qui en fait la demande et qui apporte la preuve de sa capacité à la gérer dans le respect de la législation en vigueur.[30] La législation impose toutefois à l'administration d'apporter aux communautés un appui technique gratuit.[31] Si les forêts communautaires sont attribuées sur des espaces naturels, il n'en est pas de même pour les forêts des particuliers, pour lesquelles deux conditions cumulatives doivent être remplies : il faut que le bénéficiaire

---

26 La situation des indemnisations des terres pour la construction du port en eau profonde de Kribi illustre bien cette situation : plus d'un tiers de la valeur totale des montants initialement prévus pour les indemnisations ont finalement été économisés par le gouvernement, du fait de l'annulation d'immatriculations de terres jugées frauduleuses par la mission d'enquête du Ministère des domaines, du cadastre et des affaires foncières. Voir Mbodiam (2014:5).

27 Voir l'article 8 (1) de la loi du 19 janvier 1994 fixant le régime des forêts, de la faune et de la pêche.

28 Voir article 39 de la même loi de 1994.

29 Article 37.3 de la même loi.

30 Voir les articles 37 et suivants de la même loi.

31 Voir l'article 37.1 de la même loi.

établisse qu'il a procédé à la plantation d'arbres sur un terrain ayant fait l'objet d'une immatriculation préalable. Le particulier doit donc disposer d'un titre foncier sur l'espace, ce qui suppose qu'il ait, dans le processus d'enregistrement de ses droits fonciers, prouvé une mise en valeur de la forêt, par le défrichement.

Les droits commerciaux sont cédés à des compagnies pour permettre l'exploitation des ressources naturelles, généralement en procédant à un défrichement de la forêt qui libère le gaz carbonique séquestré dans les arbres. Le zonage forestier prévoit deux catégories d'espaces dans lesquelles l'exploitation du bois d'œuvre n'est pas la principale justification de l'affectation des terres : les aires protégées et les zones de chasse. Dans le premier cas, c'est l'importance de la biodiversité dans la zone qui guide la volonté de préserver l'espace pour les générations futures. La séquestration du carbone n'est qu'un résultat induit de l'action de conservation. Dans le second cas, et en dehors des zones de chasse situées dans la partie septentrionale du pays, on observe une superposition entre ces espaces et les concessions forestières, attribuées ou non. Les deux catégories d'activités peuvent en effet cohabiter, si la planification de l'exploitation forestière est connue par le guide de chasse, il peut facilement s'organiser, chaque année, pour éviter de se retrouver dans les assiettes de coupe accueillant les opérations d'abattage.

Il n'existe pas, dans le droit camerounais, un régime des concessions de conservation, dont la finalité serait de séquestrer le carbone ou de protéger d'autres fonctions utiles de la forêt. La gestion du massif forestier de Ngoyla-Mintom est révélateur de la propension d'une large frange des décideurs du secteur forestier à exploiter le bois d'œuvre.[32] Après une période au cours de laquelle les attributions de concessions forestières sur cette zone forestière d'environ 900,000 ha étaient gelées du fait de pressions et de promesses des partenaires au développement de l'État, le Ministère des forets et de la faune avait décidé, en avril 2012, de procéder à un appel d'offres public pour les neuf concessions situées dans la zone. Une particularité était toutefois à relever : contrairement à la pratique des appels d'offres publics pour l'attribution des concessions forestières, le Ministère des forets et de la faune avait décidé, dans ce cas, d'accepter des soumissions de concessions d'exploitation et ou de conservation, malgré le silence des textes nationaux en vigueur sur le régime de la concession de conservation : il n'existait pas de critère pour évaluer l'offre d'un soumissionnaire intéressé par une concession de conservation, et les outils existant n'étaient pertinents que pour les concessions d'exploitation du bois. La seule concession de conservation attribuée l'avait été à une société minière, CamIron, qui en avait fait une compensation environnementale de ses futures opérations minières. L'attribution avait été par la suite annulée par les autorités camerounaises. Aujourd'hui, alors que la stratégie

---

32   Voir sur ce point Ongolo & Badoux (2017).

REDD+ et les plans d'investissements y afférents sont rapidement mis en place au Cameroun, le droit en vigueur ne prévoit toujours pas la possibilité d'obtenir des concessions de conservation. Ce silence des textes limite les possibilités d'innovation et de solution climato-compatible dans la gestion des espaces et des ressources.

Pourtant, malgré l'absence de règles, le Cameroun a attribué à une compagnie active dans l'agro-industrie des droits sur le carbone, sans que les contours d'une politique soient définis. L'article 4.14 de la convention d'établissement entre le Cameroun et la société SGSOC, sollicitant des droits sur la terre pour l'exploitation du palmier à huile dans le sud-ouest du Cameroun, prévoyait la possibilité pour la compagnie de disposer des crédits de carbone. Le gouvernement s'engageait en effet à fournir promptement, à la demande de SGSOC « *all certificates, consents, authorisation and other support* ». Le prix du loyer de la terre variait entre ½ dollar et 1 dollar par hectare et par an, très loin de la valeur du carbone séquestré par un hectare de forêt.[33]

Le Cameroun ne dispose pas encore d'un outil de planification de la gestion des espaces et des ressources couvrant l'ensemble du territoire national. Seul le secteur forestier dispose, pour le moment, d'un plan d'affectation des terres, institué en 1995, et ne tenant pas compte de toutes les autres ressources. Il faut dire qu'au moment de la préparation et de l'adoption de la loi forestière de 1994, les autres secteurs ne suscitaient pas encore l'intérêt qu'ils connaissent aujourd'hui de la part des investisseurs.[34] On note depuis quelques années une augmentation nette des demandes de terres, pour les grandes infrastructures, l'exploitation forestière, les industries extractives, l'agro-industrie.

Les processus d'attribution des droits ou d'affectation des terres et des ressources ne prévoient pas une analyse des coûts d'opportunité économique et climatique des choix opérés. La question qui se pose est la suivante : dans un contexte où les demandes de terres se multiplient, quels sont les critères auxquels l'État doit se référer pour déterminer la meilleure décision d'attribution des terres ? Ces critères devront pouvoir assurer la conformité des décisions avec les objectifs de développement de l'État, de même que ses engagements dans le domaine de l'environnement et, de manière plus spécifique, en matière de climat.

---

33 Voir sur ce point Ferrando (sans date).
34 Les agro-industries représentaient environ 350,000 ha, et il n'y avait que deux permis miniers, contre 171 en 2012 14.5 millions d'hectares). Voir par exemple Nguiffo & Sonkoue (2015).

3   Pistes pour une réforme climato-compatible du droit des ressources naturelles

La menace climatique sera sans doute à l'origine de profonds bouleversements dans la gestion des ressources naturelles sur le continent. On a ainsi vu émerger de nouvelles stratégies nationales, sectorielles ou plus globales, visant à assurer la contribution du Cameroun à la riposte mondiale au changement climatique. Ces stratégies n'insistent pas suffisamment sur la contribution du droit à la réduction des émissions de gaz à effet de serre, et ne suggèrent donc pas les réformes qui seraient pourtant nécessaires. Comment adapter la législation nationale à la contrainte climatique ? Au Cameroun, le chantier de la réforme des principales législations sur les ressources naturelles a coïncidé avec la réflexion sur les stratégies de changement climatique. Cette concomitance offrait au législateur camerounais une opportunité unique d'harmonisation de la législation sur les terres et les ressources naturelles, et de mise en cohérence de la politique sur le climat. L'adoption récente de quelques-uns de ces textes[35] n'épuise pas forcément la réflexion, et on peut à cet égard envisager au moins deux pistes pour améliorer la place du droit dans ce contexte : réformer le droit des ressources naturelles, et imposer de nouvelles règles de gestion des espaces.

3.1   Réformer le régime de la propriété des espaces

S'il semble illusoire d'arrêter la création des plantations villageoises et la croissance urbaine, qui colonisent des espaces toujours plus vastes de forêts, il est possible d'améliorer l'efficacité de ces conversions par les populations, en rendant sans objet les défrichements destinés non pas à un usage imminent, mais à l'expression de prétentions à la propriété de la terre. Cette pratique est encouragée par la législation foncière, qui exige une mise en valeur préalable à l'immatriculation. Autoriser l'immatriculation de terres non mises en valeur, mais relevant de la propriété coutumière du bénéficiaire semble être une piste à envisager dans la réforme foncière en cours. L'on pourrait objecter que cette mesure présente de nombreux risques, notamment d'accaparement des terres rurales par des élites nationales et locales qui, n'ayant plus à apporter la preuve d'une mise en valeur, n'auraient plus de limite à leur boulimie foncière. Il faut reconnaître que la mise en œuvre d'une telle mesure devrait impliquer un renforcement du pouvoir des communautés locales et autorités traditionnelles dans le processus d'immatriculation des terres rurales, à défaut d'avoir un système reconnaissant au village la propriété collective sur son terroir traditionnel inaliénable, et géré sous le contrôle de l'administration.[36] Dans ce cas, les défriche-

---

35   C'est le cas de la loi n° 2016/017 du 14 décembre 2016 portant Code minier.
36   CED (2013).

ments de terres forestières ne porteraient que sur les espaces dont les bénéficiaires ont besoin, et un délaissement prolongé de ces terres les remettraient à l'état de forêts. De toute évidence, ce schéma idyllique ne serait pas possible partout, en raison de la pression foncière déjà très forte dans certaines régions.

La foresterie communautaire au Cameroun est loin d'avoir tenu la promesse des fleurs. Depuis l'entrée en vigueur de la loi de 1994 et, surtout, du Manuel de procédures pour la gestion des forêts communautaires en 2002, les forêts communautaires attribuées, représentent un peu plus de 2 millions d'hectares. C'est de loin le mécanisme mettant les plus vastes superficies de terres et de ressources sous le contrôle des communautés. Le dispositif actuel semble être conçu pour destiner les forêts communautaires à l'exploitation du bois d'œuvre, tâche difficile et peu rentable pour les communautés qui s'y sont risquées à ce jour. Les institutions de gestion des forêts communautaires ne correspondent pas toujours avec celles qui, traditionnellement, assument ces responsabilités. De plus, elles n'obéissent pas toujours au mode de gestion des 'communs', et apparaissent comme une forme nouvelle d'accaparement des terres. La réforme pourrait, ici, consister à attribuer la propriété de la forêt communautaire (terres et ressources) aux communautés, mais en la faisant coïncider, autant que possible, avec l'ensemble du terroir traditionnel du village considéré. Au lieu du seul pouvoir de gestion, la communauté recevrait alors la pleine propriété de son terroir traditionnel, sans obligation de l'exploiter pour conserver ses droits. La perspective de rester propriétaire, ainsi que le caractère inaliénable de ces terres, pourrait considérablement réduire la pression sur ces espaces, et limiter les velléités de mise en valeur ou d'exploitation effrénée par les membres des communautés, dans le seul but d'affirmer une propriété individuelle.[37] Cette réforme serait ainsi conforme avec le droit forestier en vigueur actuellement, qui veut que toutes les forêts dont la gestion est soumise à l'approbation d'un plan d'aménagement fassent l'objet d'un classement comme forêt domaniale (i.e relèvent du domaine forestier permanent), et donnent lieu à la délivrance d'un titre foncier au profit du bénéficiaire (État et commune jusqu'ici, et proposition d'extension aux communautés, avec la nouvelle réforme). Un effet immédiat de cette mesure serait son apport dans la résolution de la crise climatique. Des études récentes réalisées dans la forêt amazonienne montrent en

---

37 La propriété communautaire des terres et des ressources forestières poserait d'importants défis à la gestion durable des forêts, du fait de communautés locales parfois enclines à favoriser l'exploitation du bois dans le but de tirer des revenus financiers rapides. Cette proposition reste toutefois séduisante, en ce sens qu'elle pourrait être envisagée d'abord pour des communautés situées dans des zones de forêts dégradées ou de savane, qui pourraient alors être reboisées, ce qui laisserait un répit de quelques décennies à la communauté, pendant elle apprendrait à gérer sa propriété. Pour les communautés de zones de forêts disposant encore de ressources exploitables, la possible de coupler la propriété communautaire avec d'importantes restrictions dans l'exploitation et un contrôle strict de l'administration pourrait être envisagée.

effet que les espaces relevant de la propriété privée collective des communautés sont mieux gérés que ceux sous le contrôle de l'État, garantissant ainsi une meilleure séquestration du carbone.[38] Un rapport récent de *World Resources Institute* a ainsi examiné la valeur des terres forestières sur lesquelles les communautés autochtones ont des droits de propriété reconnus, en Colombie, au Brésil et en Bolivie. Les résultats indiquent que les terres forestières appartenant aux autochtones génèrent des milliards de dollars en termes de carbone séquestré, de pollution réduite, de purification de l'eau, et d'autres services environnementaux.[39]

Céder en pleine propriété de vastes étendues de terres aux communautés présenterait l'avantage de leur donner une sécurité foncière renforcée, ce qui pourrait être un facteur de prospérité et d'apaisement dans les zones rurales, où la présence d'acteurs extérieurs dans la gestion des espaces et des ressources est bien souvent une source de conflits. La multiplication des espaces sous la propriété collective des communautés réduira cependant les espaces susceptibles d'être affectés à de grands projets d'infrastructure ou d'exploitation des ressources naturelles. Cette nouvelle donne renforcerait simplement l'obligation d'efficacité dans les cessions de terres à grande échelle, ce qui serait bénéfique au climat.

3.2   Imposer des règles nouvelles de gestion des espaces et des ressources

Les nouvelles règles de gestion des espaces et des ressources concerneraient la mesure des impacts environnementaux des grands projets, et la prise en compte du volume (et du coût) des émissions de gaz carbonique dans le processus d'évaluation de l'opportunité de la conduite de projets sollicitant les espaces et ressources du territoire.

3.2.1   Imposer une analyse de l'impact sur le changement climatique dans toutes les études d'impact environnemental des grands projets

Le Cameroun dispose en ce moment de trois outils principaux pour analyser l'opportunité de la conduite de projets, et réduire leur impact sur l'environnement : l'étude d'impact environnemental et social et le plan de gestion de l'environnement, qui s'appliquent aux projets quelle que soit leur localisation, et le plan

---

[38]   Il existe une abondante littérature sur cette question ; voir par exemple RAISG (2015) ; Ding et al. (2016).
[39]   Ding et al. (2016).

d'aménagement, plus spécifique aux forêts du domaine permanent.[40] Les études d'impact environnemental et social (EIES) « visent à déterminer les effets favorables et défavorables susceptibles d'être causés par un projet sur l'environnement ».[41] Avec les plans de gestion environnementale et sociale qui les accompagnent, ils tentent d'atténuer, d'éviter, d'éliminer ou de compenser les effets néfastes sur l'environnement. L'étude d'impact environnemental et social « est réalisée une seule fois dans la vie d'un établissement ».[42] En dehors de celle concernant le projet d'exploitation du fer à Mbalam, préparé par la société CamIron, les autres EIES ne tiennent pas compte du volume des émissions de carbone prévus par les activités évaluées. L'analyse de cet impact, absent des EIES précédentes, pourrait ne pas être réalisée *a posteriori*, à moins que l'entreprise ne procède à une extension de ses activités, ou à une rénovation,[43] l'EIES n'étant imposée qu'une fois dans la vie d'un projet. Les options économiques de l'État, qui prévoient une croissance économique soutenue, et envisage de réduire l'empreinte carbone de son développement sans ralentir sa croissance supposent que soient bien surveillés les impacts des projets envisagés dans les secteurs des infrastructures, de l'exploitation des ressources extractives, de l'exploitation du bois d'œuvre, et de l'agro-industrie. L'objectif de réduction de l'empreinte carbone passera par une amélioration de l'efficacité des activités de production, avec un rendement accru sur des espaces réduits. Les règles relatives aux EIES devront être plus spécifiques pour exiger des opérateurs la présentation de l'empreinte carbone de leur projet, et les mesures d'atténuation prévue. L'analyse tiendra compte de l'ensemble des composantes des projets (exploitation, transport, etc.), afin de donner une perception complète du volume des émissions escomptées.[44]

---

40 Les forêts communautaires sont les seuls espaces situés dans le domaine forestier non permanent à être soumis à l'obligation d'aménagement.

41 Voir l'article 2 du décret n° 2013/0171/PM du 14 février 2013 fixant les modalités de réalisation des études d'impact environnemental et social.

42 Article 3.2 du même décret.

43 (ibid.).

44 Cette approche avait été exigée de la Banque mondiale en 2010, dans son évaluation du projet pétrolier et d'oléoduc entre le Tchad et le Cameroun : une coalition d'ONG demandait que soient étudiés les impacts du projet sur le changement climatique. L'argument principal des ONG était que la combustion du volume de pétrole existant dans les réserves en cours d'exploitation dans le monde était suffisante pour augmenter la température à un niveau qui rendrait la terre non vivable. La demande des ONG était que la Banque mondiale cesse de financer les projets pétroliers. La Banque mondiale a finalement adopté cette position lors de la réunion de Paris sur le climat du 12 décembre 2017. Voir le communiqué de presse de la Banque mondiale (2017).

3.2.2 Imposer une analyse du volume des émissions dans le processus de prise de décision : aménagement des forêts, attribution des permis miniers et d'agro-industrie

En plus de l'analyse de l'empreinte carbone des projets particuliers, la législation pourrait imposer la prise en compte du volume de carbone à émettre parmi les critères permettant de déterminer le coût d'opportunité d'un projet. On retrouve bien souvent, au Cameroun et dans quelques autres pays du Bassin du Congo, de nombreux cas de superposition de projets et permis portant sur les mêmes espaces mais pour des droits différents et parfois mutuellement exclusifs.[45] Cette situation s'explique par la faiblesse de la collaboration et de la coordination entre les différents ministères compétents en matière de gestion des ressources naturelles et des espaces. L'absence de plan d'aménagement du territoire est souvent évoquée comme étant l'une des causes de cette superposition de droits. La véritable question semble être celle de l'absence de critères servant à déterminer, pour un site donné, l'affectation la plus efficace en fonction des objectifs de développement économique, de protection de l'environnement et de promotion sociale guidant la politique de l'État. Un tel dispositif n'existe pas encore au Cameroun, où il devrait pourtant être utilisé dans le processus de prises des décisions d'affectation des terres dans le cadre du zonage national amorcé en 2016. Une liste de critères dotés d'indicateurs précis semble constituer un solide outil d'arbitrage entre usages différents proposés sur les mêmes espaces forestiers. L'ambition ici n'est pas de déterminer l'ensemble des critères, mais de s'intéresser à la nécessité de mettre en place, parmi ceux qui devraient finalement être retenus, une variable relative au volume des émissions que chacun des projets envisagés serait susceptible de produire au cours de son développement. La question pourrait se poser dans les termes suivants : quels sont les critères à prendre en compte pour déterminer la meilleure décision d'attribution d'un espace de forêt donné ? Le Centre international pour le recherche forestiere a conduit des études étudiant les différentes options sous le prisme de la seule rentabilité financière, fournissant des indications qui permettent de faire des choix, en s'en tenant ce seul critère.[46] L'idée serait d'étendre l'exercice à d'autres catégories de critères pour couvrir l'ensemble des objectifs et engagements de l'État, en relation avec la gestion des ressources naturelles. La détermination du volume des émissions s'accompagnerait alors d'une estimation de leur valeur financière. Et les offres de soumission devraient tenir compte de la valeur financière du carbone. Si cette démarche était adoptée, on constaterait que de nombreux projets conduits actuellement représentent une perte financière pour l'État, les revenus tirés par l'État de ces opérations étant inférieurs à la va-

---

45 Voir Hoyle et al. (2012).
46 Lescuyer et al. (2014).

leur du carbone émis. C'est donc pour éviter cette situation de subvention de fait à des projets d'exploitation des ressources naturelles qu'il serait utile de recourir à cette solution : les revenus de l'État seraient susceptibles de connaître une hausse sensible, et l'on pourrait assister à un nivellement progressif par le haut des standards d'opération des compagnies investissant dans ces secteurs au Cameroun.

4   Conclusion

La complexité des exigences du régime international du climat, et les engagements volontaires consentis par le Cameroun imposent une refonte en profondeur des textes législatifs et réglementaires sur les ressources naturelles et les terres. Au-delà de ces secteurs, il faudrait procéder à un véritable audit de l'ensemble de la législation nationale, afin de procéder aux ajustements qui s'imposent. Les textes relatifs à la production de l'énergie, aux normes de construction, à l'organisation des transports, à la production et la consommation des produits agricoles, devraient être révisés. Pour une fois, le retard technologique et de développement du Cameroun est un atout, en ce sens que les ajustements impliqueront des décisions moins radicales et moins douloureuses que si le niveau de développement était plus élevé. L'efficacité de la riposte dépendra aussi de la capacité des pouvoirs publics à percevoir le défi pour le droit dans toute sa complexité, et à concevoir la réponse la plus appropriée, avec le juste équilibre entre interdictions et incitations pour forger au sein de la société camerounaise le comportement susceptible de garantir, à long terme, une contribution optimale aux stratégies d'atténuation et d'adaptation du Cameroun.

Bibliographie indicative

Assembe Mvondo, S, M Brockhaus & G Lescuyer, 2013, Assessment of the effectiveness, efficiency and equity of benefit sharing schemes under large scale agriculture. Lessons from land fees in Cameroon, 25 *European Journal of Development and Research*, 641.

Awomo, A, O Somorin, R Eba'a Atyi & P Levang, 2014, Tenure participation in local REDD+ projects. Insights from southern Cameroon, 35 *Environment Science and Policy*, 76.

BAD / Banque africaine de développement, 2013, *Projet d'appui à la modernisation du cadastre et au climat des affaires (PAMOCCA)*, Tunis, BAD, https://www.afdb.org/fileadmin/uploads/afdb/Documents/Project-and-Operations/Cameroun_-_Projet_d'appui_à_la_modernisation_du_cadastre_et_au_climat_des_affaires_-_Rapport_d_évaluation.pdf, consulté le le 7 janvier 2018.

Banque mondiale, 2017, Communiqué de presse, http://www.banquemondiale.org/fr/news/press-release/2017/12/12/world-bank-group-announcements-at-one-planet-summit, consulté le 18 mars 2018.

CED / Centre pour l'environnement et le développement, 2013, *Proposition des chefs traditionnels pour la réforme du foncier rural au Cameroun*, Yaoundé, http://www.cedcameroun.org/wp-content/uploads/2015/01/122013_Proposition-des-chefs_FR.pdf, consulté le 8 janvier 2018.

Ding, H, PG Veit, A Blackman, E Gray, K Reytar, JC Altamirano & B Hodgdon, 2016, *Climate benefits, tenure costs: the economic case for securing indigenous land rights in the Amazon*, Washington DC, World Resources Institute, https://www.wri.org/sites/default/files/Climate_Benefits_Tenure_Costs.pdf, consulté le 6 mars 2018.

Dkamela GP, 2010, *The context of REDD+ in Cameroon: drivers, agents and institutions*, Occasional Paper, Bogor, Center for International Forestry Research.

FAO / The Food and Agricultural Organization, 2011, *The state of the forests in the Amazon Basin*, Congo Basin and Southeast Asia, Rome, FAO.

Fearnside, P, 2000, Global warming and tropical land-use change: Greenhouse gas emissions from biomass burning, decomposition and soils in forest conversion, shifting cultivation and secondary vegetation, 46 *Climatic Change*, 115.

Ferrando, T, sans date, *Analysis of some contested legal issues regarding the herakles farms/sgsoc's oil palm plantation project in Cameroon*, Paris, The Land and Investments Group - Sciences Po Law Clinic, https://www.sciencespo.fr/ecole-de-droit/sites/sciencespo.fr.ecole-de-droit/files/Analysis%20of%20Some%20Contested%20Legal%20Issues%20Reviewed%20FINAL%20VERSION.pdf, consulté le 8 janvier 2018.

Fobissie, BK, EP Essomba, N Sonne, SN Ndobe & V Retana, 2012, *Social safeguards and the rights of indigenous people in the REDD+ process in Cameroon: Lessons from experiences in natural resources management*, Technical Report, Yaoundé, Worldwide Fund for Nature in Partnership with the Centre for Environment and Development.

Freudenthal, E, S Nnah Ndobe & J Kenrick, 2011, REDD and rights in Cameroon: a review of the treatment of indigenous people and local communities in policies and projects, London, Forest People Program.

Hoyle, D, B Schwartz & S Nguiffo, 2012, *Tendances émergentes dans les conflits liés à l'utilisation des terres au Cameroun : Chevauchements des permis des ressources naturelles et menaces sur les aires protégées et les investissements directs étrangers*, Document de travail, World Wildlife Fund for Nature (WWF).

Kempf, H, 2017, *Tout est prêt pour que tout empire. 12 leçons pour éviter la catastrophe*, Paris, le Seuil.

Lescuyer, G, JN Poufoun, A Collin & RI Yembe-Yembe, 2014, *Le REDD+ à la rescousse des concessions forestières ? Analyse financière des principaux modes de valorisation des terres dans le Bassin du Congo*, Bogor Barat, Cirad-Cifor, http://www.cifor.org/publications/pdf_files/WPapers/WP160Lescuyer.pdf, consulté le 6 mars 2018.

Maljean-Dubois, S & M Wemaere, 2010, *La diplomatie climatique : les enjeux d'un régime international du climat*, Paris, Pedone.

Mbodiam, B, 2014, Kribi : hold-up foncier sur le site du port en eau profonde, 1 *Le Plus de Répères*, 5.

Myers, EC, 2007, Policies to reduce emissions from deforestation and degradation (REDD) in tropical forests, *Resources Magazine*, 7.

Nguiffo, S & M Sonkoue, 2015, *Investissements dans le secteur agro-industriel au Cameroun : acquisitions de terres à grande échelle depuis 2005*, Londres, International Institute for Environment and Development.

Ongolo, S & M Badoux, 2017, Gouverner par la ruse : l'État camerounais face aux exigences internationales de conservation de la biodiversité, dans : Compagnon, D & E Rodary, Les politiques de la biodiversité, Paris, Presses de Sciences Po, 127.

RAISG / Red Amazónica de Información Socioambiental Georreferenciada, 2015, *Deforestación en la Amazonía (1970-2013)*, São Paulo, Instituto Socioambiental.

République du Cameroun, 2015, *Contribution prévue déterminée au plan national*, Yaoundé, MINEPDED, http://www4.unfccc.int/ndcregistry/PublishedDocuments/Cameroon%20First/ CPDN%20CMR%20Final.pdf, consulté le 6 mars 2018.

Tafou, M, 2013, Projet REDD+ : le Cameroun va gagner 250 milliards de francs CFA, *La Météo*, 27 février 2013.

UNFCCC / United Nations Framework Convention on Climate Change, 2005, *Reducing Emissions from Deforestation in Developing Countries: Approaches to Stimulate Action*, Montréal, UNFFCCC, http://unfccc.int/resource/docs/2005/cop11/eng/misc01.pdf, consulté le 6 mars 2018.

USAID, sans date, *Country Profile Cameroon, Property Rights and Resource Governance*, Washington, USAID.

CHAPITRE 35 :
JUSTICE CLIMATIQUE AU CAMEROUN

Paul Guy HYOMENI

1   Introduction

Les dernières décennies ont connu la création de nombreuses industries à travers le monde. Cette révolution industrielle a pour conséquence l'émission dans l'atmosphère d'une importante quantité de gaz à effet de serre. Ces gaz contribuent à un fort pourcentage au changement climatique que le monde connait depuis mi XXème siècle. Le changement climatique a des conséquences très néfastes sur la vie humaine. Comme l'affirmait Kerber, le changement climatique est- la plus grande menace qui pèse sur les sociétés humaines à moyen et à long terme.[1] Cette menace a amené l'humanité à se poser des questions sur son existence à court, moyen et long terme. De cette réflexion est né le concept de justice climatique qui s'impose comme une question existentielle présente et future de l'humanité. Il est donc constant que le changement climatique impose une question de justice. Malgré cela, cerner les enjeux de justice que pose le changement climatique n'est pas simple.[2] Nous essayerons de cerner les contours de la justice climatique dans le monde et d'analyser comment le Cameroun intègre ce concept.

2   La justice climatique : un concept en pleine évolution à l'échelle mondiale

La recherche a démontré que les processus naturels prendront environ 1,000 ans à retirer le CO_2 émis dans l'atmosphère par les activités humaines, ce qui signifie que le réchauffement induit est là pour longtemps.[3] Il est donc évident que les gaz à effet de serre émis actuellement vont impacter la vie de plusieurs générations futures. L'ancien Secrétaire général de l'Organisation des Nations unies Ban Ki-Moon avait

---

1   Kerber (2012).
2   Beau (2011).
3   Dessler (2015:130).

identifié le changement climatique comme une menace grave pour la réalisation des Objectifs du millenaire pour le developpement.[4]

Même si les pays développés sont les plus grands pollueurs, ce sont les populations des pays en voie de développement et celles des pays les moins avancés qui souffrent le plus des conséquences du changement climatique. L'on constate également que même à l'intérieur d'un même pays, toutes les catégories sociales ne sont pas affectées de la même manière. Par exemple les femmes, les enfants et les handicapés subiront plus. Par ailleurs, les pauvres parce qu'économiquement moins garnis ou pas du tout auront une faible capacité d'adaptation ou de résistance.

Le constat selon lequel le changement climatique s'accompagne d'injustices est devenu une évidence. Le besoin d'une justice est un donc un impératif. La justice devrait être considérée au plan formel et substantiel. Selon Platon, la justice au plan formel renvoie à la vertu qui donne à chacun sa part et au plan substantiel selon le même auteur, la justice permet de dire quelle est la part de chacun. Parler de justice en matière de changement climatique revient à définir quelle est la part de chacun en termes de causes et de conséquences, bref d'établir des responsabilités et de prévoir des mécanismes de réparation. Il est important de clarifier les responsabilités et les obligations en ce qui concerne le changement climatique. Cet exercice n'est pas du tout facile. Les effets du changement climatique ne se limitant pas seulement dans le territoire du pays où les gaz à effet de serre sont émis, la justice climatique devrait être considérée aux niveaux du monde, des États et des individus.

La communauté internationale a pris conscience de la nécessité d'établir des responsabilités dans l'émission des gaz à effet de serre, mais aussi de celle de remédier.[5] S'il est établi par exemple que pour son développement, l'humanité a contribué à la production de gaz à effet de serre, il est compliqué de répondre à la question de savoir vis-à-vis de qui l'humanité a des obligations du fait de sa responsabilité dans le changement climatique ?[6]

S'il est établi que la plupart des pays ont des responsabilités dans le changement climatique, il est tout aussi évident que certains pays ont plus de responsabilités que d'autres. Ainsi, les pays développés ont une plus grande responsabilité causale que ceux émergents et ceux sous-développés. Les pays du Sud estiment que ceux du Nord ont une plus grande responsabilité historique pour avoir émis dans la nature une grande quantité de gaz à effet de serre. Cette situation d'après les pays du Sud compromet leur capacité de développement. Ces pays considèrent cette situation comme une injustice pour laquelle les pays du Nord leur doivent réparation. Les pays du Nord eux conçoivent la justice climatique comme une question de lutte contre le ré-

---

4   Stueckelberger (2008:48).
5   Miller (2001).
6   Beau (2011).

chauffement climatique et qu'à ce titre, tous les États doivent contribuer sans prendre en compte la responsabilité historique de qui que ce soit. Depuis le sommet de Rio, la notion de responsabilité a été abordée notamment au principe 7 de sa déclaration :

> les pays développés admettent la responsabilité qui leur incombe dans l'effort international en faveur du développement durable, compte tenu des pressions que leurs sociétés exercent sur l'environnement mondial et des techniques et des ressources financières dont ils disposent.

La Convention cadre des Nations unies sur le changement climatique a opté pour des responsabilités communes, mais différenciées. Ce concept des responsabilités communes, mais différenciées prend en considération deux indicateurs importants, la contribution des États et leurs capacités respectives. Il incombe donc aux pays développés d'être en avant-garde de la lutte contre le changement climatique et de leurs effets néfastes.[7]

Le changement climatique a des répercussions sur des individus. De par le monde, l'on se rend compte que des populations sont privées d'eau, de nourriture, d'habitats et autres du fait du changement climatique. Ces conséquences ne sont pas subies de la même façon par les personnes démunies que celles qui sont nanties. Il faut aussi noter que dans la lutte contre le réchauffement de la planète, des décisions sont prises pour interdire certaines populations d'accéder à certaines ressources qui leur sont pourtant vitales. L'on se retrouve ainsi au plan individuel face à des injustices qu'il faut résoudre, car des individus ont le droit de vivre et pour ce faire doivent pouvoir dans l'équité accéder aux ressources qui, elles, ne sont pas infinies.

La justice climatique est au centre de la vie humaine présente et future. Elle est une question à la fois internationale, intergénérationnelle et intragénérationnelle. Les pays y ont un rôle important à jouer. L'article 3.1 de la Convention cadre des Nations unies sur le changement climatique énonce : « Il incombe aux Parties de préserver le système climatique dans l'intérêt des générations présentes et future ».

Parler de justice climatique impose non seulement la réduction des émissions de gaz à effet de serre, mais aussi des sanctions et des voies de recours (pour les États et les individus) en cas de violations des engagements internationaux. Des exemples dans le monde montrent que des populations se mobilisent pour obtenir réparation des préjudices causés du fait des changements climatiques liés aux activités de certaines entreprises. Le 8 décembre 2016, la Commission des droits de l'homme des Philippines a décidé de faire droit à la demande formulée notamment par Greenpeace et d'ouvrir des investigations contre les entreprises accusées de participer au dérèglement climatique. Parmi elles les entreprises françaises Total et Lafarge. Des auditions des dirigeants de ces entreprises devraient avoir lieu à compter du mois d'avril 2017.

---

7   Voir article 3 de la Convention-cadre des Nations unies sur les changements climatiques.

La CCNUCC ne précisant pas les engagements chiffrés des États parties encore moins les sanctions, la communauté internationale a décidé d'adopter le protocole à la CCNUCC encore appelé Protocole de Kyoto. Ce protocole dont l'adoption a eu lieu le 11 décembre 1997, représente un pas en avant important dans la lutte contre le réchauffement planétaire, car il contient des objectifs contraignants et quantifiés de limitation et de réduction des gaz à effet de serre.

Le Protocole de Kyoto a prévu trois mécanismes importants en vue d'atteindre ses objectifs qui sont de « réduire d'au moins 5% les émissions de gaz à effet de serre par rapport au niveau de 1990 »[8] durant la période d'engagement 2008-2012 sont la réduction à moins de 5% dont le Mécanisme de développement propre (MDP), le commerce d'émissions et l'application conjointe.

Le MDP est instauré par l'article 12 du protocole. Le MDP[9]

permet qu'un pays industrialisé de l'Annexe 1 du Protocole finance un projet dans un pays en développement afin de réduire les émissions de GES de ce dernier tout en contribuant à son développement durable. En contrepartie, le pays porteur du projet (ou l'investisseur ressortissant de ce pays) reçoit des crédits d'émissions qu'il pourra utiliser pour respecter son propre engagement de réduction.

L'article 17 du même protocole a institué le commerce d'émissions. Ce dernier est un commerce de carbone qui permet[10]

aux pays ayant épargné des unités d'émissions (nommées émissions permises, mais non utilisées) de vendre cet excès aux pays ayant dépassé leurs objectifs d'émissions. Le marché du carbone est ainsi appelé, car le dioxyde de carbone (CO_2) est le gaz à effet de serre le plus largement produit et aussi parce que les émissions des autres GES sont enregistrés et comptabilisés en termes d'équivalent carbone. Ce marché est flexible, mais réaliste.

L'application conjointe quant à elle est établie par l'article 6 du Protocole de Kyoto. Cette application[11]

permet aux pays développés d'atteindre une partie des réductions de gaz à effet de serre qui leur sont requises en finançant des projets qui réduisent les émissions dans d'autres pays industrialisés. Concrètement, ces projets consistent à construire des installations dans les pays d'Europe de l'Est et de l'ex-Union soviétique également appelés économies en transition. Les gouvernements offrant leur appui reçoivent des crédits qui peuvent être utilisés pour leurs objectifs d'émissions. Les pays receveurs gagnent en investissement étranger et en technologie avancée, mais pas en crédit pour leurs objectifs d'émissions. Ils doivent les acquérir par eux-mêmes.

---

8   Article 3 du Protocole de Kyoto.
9   Réseau Action Climat France (2007:7).
10   UNFCCC, Le commerce d'émissions, voir http://unfccc.int/portal_francophone/essential_back ground/feeling_the_heat/items/3295.php, consulté le 2 février 2018.
11   UNFCCC, L'application conjointe, voir http://unfccc.int/portal_francophone/essential_back ground/feeling_the_heat/items/3298.php, consulté le 2 février 2018.

Une autre avancée importante en ce qui concerne la justice climatique est la création d'un mécanisme de contrôle ou d'observance. Ce mécanisme est établi afin « de faciliter, de favoriser et de garantir le respect des engagements découlant du Protocole de Kyoto ».[12]

Le comité d'observance prévu par le protocole de Kyoto comporte deux branches dont celle de coercition en charge de sanctionner le non-respect des dispositions du Protocole. Les sanctions prévues sont la suspension du droit de vendre des permis d'émissions, déduction de son autorisation à émettre pour la période suivante de 1.3 fois le nombre de tonnes avérées en dépassement, obligation de mettre en place un plan permettant de respecter, sous 3 ans, l'engagement souscrit.[13] Outre la procédure d'observance, il est prévu d'autres voies de recours que les États peuvent actionner en cas de différends.[14] La CCNUCC fait ressortir à cet effet deux types de recours : ceux juridictionnels et ceux non juridictionnels de l'ordre judiciaire ou non.

En cas de préjudice causé au climat en violation des dispositions de la CCNUCC ou du Protocole de Kyoto, les États peuvent utiliser des voies non judiciaires (négociation, commission de conciliation et arbitrage) pour requérir la condamnation des auteurs et réparations. De même, l'on peut recourir à un juge judiciaire plus précisément la Cour internationale de justice comme le prévoit l'article 14 de la CCNUCC.

Pour une justice climatique efficace, il faut bien être capable d'engager la responsabilité internationale d'un état et d'obtenir effectivement réparation du préjudice.

La 21ème conférence des États parties à la CCNUCC a débouché sur l'adoption par 195 pays de l'Accord de Paris en décembre 2015. Cet accord est le premier des textes relatifs aux changements climatiques qui introduit la notion de justice climatique. Même si cette notion y est mentionnée, d'un de vue juridique, l'Accord de Paris n'est pas contraignant puisqu'il ne prévoit pas de sanctions judiciaires ou administratives encore moins de juridiction compétente en matière de non-respect par les États de leurs engagements. Il faut tout de même mentionner que des instruments visant à renforcer la transparence et le respect des engagements des États y ont été introduits. Nous pouvons citer entre autres le cadre de transparence[15], le Comité d'experts du mécanisme.[16]

L'on se rend bien compte que le concept de justice climatique est davantage présent dans les politiques et programmes de lutte contre le réchauffement climatique. Il faut tout aussi constater que la justice distributive qui porte sur la manière dont les acteurs doivent se répartir les charges et les bénéfices en matière de lutte contre le

---

12   Maljean-Dubois & Wemaere (2010:26).
13   Réseau Action Climat France (2007:7).
14   Mashini Mwatha (2013:30).
15   Accord de Paris, articles 13 et 16.
16   Article 15 de l'Accord de Paris.

changement climatique semble être l'option prise par la communauté internationale. La CCNUCC affirme comme un des principes qu'il

> incombe aux Parties de préserver le système climatique dans l'intérêt des générations présentes et futures, sur la base de l'équité et en fonction de leurs responsabilités communes, mais différenciées et de leurs capacités respectives.

3 Le Cameroun et la justice climatique

Le Cameroun comme la plupart des pays du monde n'est pas en marge du phénomène du changement climatique, phénomène qui se caractérise par une instabilité du climat. Cette instabilité entraine des conséquences néfastes dans plusieurs domaines dont l'agriculture et l'élevage (la baisse des rendements agricoles ; la multiplication des feux de brousse ; la dégradation des sols ; la raréfaction des pâturages, etc.), l'eau et de la biomasse (la raréfaction de la ressource en eau ; la dégradation des eaux de surface et des eaux souterraines ; la montée des eaux salées, etc.), l'énergie hydroélectrique (la réduction du débit des grands fleuves en période d'étiage), la santé (recrudescence des épidémies : paludisme, le rhume, la typhoïde, la grippe, des maladies cardiovasculaires, des maladies infectieuses et respiratoires et des maladies hydriques (choléra, amibiase, gastro-entérite, etc.) et la biodiversité (modification ou disparition des écosystèmes).

Ces conséquences qui se font de plus en plus pressantes se manifestent de différentes façons dans les cinq zones agro-écologiques du pays (ZAE). En prenant individuellement chaque ZAE, l'on se rend bien compte que les impacts des changements climatiques sur la vie des populations varient d'une zone à l'autre, et dans une même ZAE, d'un secteur d'activité à l'autre. Ainsi donc les zones les plus vulnérables sont celles soudano-sahéliennes (régions du Nord et de l'Extrême-Nord) et la zone côtière à pluviométrie monomodale (Littoral et Sud-Ouest).[17] Pour ce qui concerne les secteurs, ceux les plus vulnérables sont l'agriculture et l'eau l'assainissement et la santé.

Une illustration du phénomène du changement climatique est le cas du Lac Tchad dont la superficie est passée de 25,000 km^2 à près de 1,500 de nos jours. En outre, la déforestation et la désertification ont contraint les populations lointaines à migrer vers le lac ce qui engendre des conflits. Cette situation impacte donc négativement la vie de millions de personnes qui sont dépendantes du lac pour leurs moyens de subsistance. L'on estime aujourd'hui à près de cinq millions le nombre de personnes qui ont besoin d'une assistance alimentaire et plus de 200,000 enfants de moins de cinq

---

17 Voir par example Nkeng Peh & Mouack (2013) ; et aussi http://pfbc-cbfp.org/actualites/items/étude-giz-fr.html pour de plus amples informations.

ans qui souffrent de malnutrition aigüe. En fait cet assèchement du lac ce qui engendre des conflits. Il y a donc urgence de prendre des mesures appropriées soit pour l'atténuation soit pour s'adapter aux changements climatiques et ce sans compromettre la vie des générations futures. Aborder la question de justice climatique au Cameroun revient à établir les responsabilités en matière de production des GES et d'analyser le dispositif national de la justice climatique.

3.1   Responsabilités en matière d'émission des GES

Il est aujourd'hui établi que les pays développés le sont devenus en émettant dans la nature une quantité importante de GES. Ces gaz n'ayant pas de frontière, ils ont contribué aux changements climatiques y compris dans un pays comme le Cameroun. C'est ce qui est appelé la responsabilité historique de ces pays. Au-delà de cette responsabilité historique, il y a une autre catégorie de responsables que sont les industries implantées au niveau national et qui polluent l'atmosphère avec les GES qu'elles émettent. Plusieurs entreprises opèrent au Cameroun et contribuent à la pollution de l'atmosphère.

Le territoire national voit arriver tous les jours un nombre croissant des voitures dites d'occasion importées. Du fait de leurs faibles revenus, bon nombre de Camerounais désirant se doter d'un véhicule, portent leurs choix sur des véhicules de seconde main importés de l'occident. Ces voitures sont non seulement moins chères, mais aussi ont déjà une longue durée de vie et par conséquent sont de grandes pollueuses.

En termes de responsabilité dans le changement climatique, l'on se rend bien compte qu'il y a une responsabilité qui incombe aux pays développés et une autre qui revient au Cameroun.

3.2   Dispositif national en matière de justice climatique

Face aux conséquences néfastes du changement climatique, le Cameroun a mis en place un dispositif constitué de textes et de programmes et organes.

3.2.1   Textes relatifs à la justice climatique au Cameroun

L'engagement du Cameroun dans la justice climatique peut être analysé à travers ses engagements internationaux et l'intégration de la justice climatique à travers les politiques et les programmes.

3.2.1.1   Les engagements internationaux du Cameroun

Dans le souci de répondre aux défis du changement climatique, la communauté internationale a élaboré des instruments qui ont été soumis à la signature et à la ratification par les États. Ainsi donc pour ce qui concerne le changement climatique, trois principaux instruments peuvent être mentionnés dont la Convention cadre des Nations unies sur les changements climatiques (CCNUCC), le Protocole de Kyoto et l'Accord de Paris.

3.2.1.1.1 La CCNUCC

Adoptée le 9 mai 1992 à New York, la CCNUCC a été ouverte à la signature lors de la Conférence des Nations unies sur l'environnement et le développement (CNUED) tenue à Rio de Janeiro le 4 juin 1992, elle est entrée en vigueur le 21 mars 1994.

L'article 4 de la CCNUCC précise les engagements mis à la charge de chaque États parties. Ces engagements doivent tenir compte des responsabilités communes, mais différenciées ainsi que de la spécificité des priorités nationales et régionales de développement, des objectifs et de la situation chaque État partie.[18] Outre les engagements généraux, la CCNUCC a prévu des engagements selon que l'on est un pays de l'Annexe I, de l'Annexe II ou non visé par l'Annexe I.

Le Cameroun a ratifié la CCNUCC en 19 octobre 1994. Le pays appartient à la catégorie des parties non visées par l'Annexe I. Le pays n'a donc souscrit à aucune obligation contraignante d'émission de GES. De ce fait, le Cameroun peut s'engager dans la réduction des GES sur une base volontaire ou à travers des mécanismes de flexibilité. Le pays est toutefois tenu par les engagements généraux de la CCNUCC. Au-delà de cette ratification, le Cameroun a fait partie des quatre pays en compagnie du Pakistan, Antigua et Estonie choisis par le Groupe d'experts intergouvernemental sur l'évolution du climat (GIEC) pour la réalisation d'une étude pilote visant la mise en application de la méthodologie du GIEC, méthodologie qui avait pour objectif d'évaluer les impacts des changements climatiques et les mesures d'atténuation. Le pays a également réalisé une étude d'inventaire des GES dans les secteurs de l'énergie, de l'industrie, de l'agriculture, des déchets et l'utilisation des terres. Cette étude a été réalisée avec l'appui financier du Stockholm Environnement Institute. L'article 4 (1) a) de la CCNUCC fait l'obligation aux États parties une communication nationale qui est un rapport dans lequel l'État fait le point sur la mise en œuvre de la CCNUCC. Le Cameroun s'est acquitté de cette obligation en élaborant sa pre-

---

18   Article 4 de la CCNUCC.

mière Communication nationale initiale sur les changements climatiques en 2005 et la deuxième en 2014. La première communication a bénéficié de l'appui financier du Fonds de l'environnement mondial (FEM).

3.2.1.1.2 Le Protocole de Kyoto

Il a été adopté le 11 décembre 1997. Le Protocole de Kyoto à la CCNUCC est un instrument juridique contraignant au sens de la Convention de Vienne sur le droit des traités de 1969. Ce protocole « représente un pas en avant important dans la lutte contre le réchauffement planétaire, car il contient des objectifs contraignants et quantifiés de limitation et de réduction des gaz à effet de serre ».[19] Le Protocole de Kyoto a fixé des objectifs chiffrés de limitation et de réduction des émissions de GES tant pour les pays industrialisés que pour les pays en transition vers une économie de marché. Le protocole a établi un mécanisme pour un développement propre. L'objet du mécanisme pour un développement propre est d'aider les Parties ne figurant pas à l'annexe I à parvenir à un développement durable ainsi qu'à contribuer à l'objectif ultime de la Convention, et d'aider les Parties visées à l'Annexe I à remplir leurs engagements chiffrés de limitation et de réduction de leurs émissions prévus à l'article 3.[20] Le Cameroun a ratifié le protocole de Kyoto le 28 août 2002.

Afin d'opérationnaliser le MDP, le Cameroun a engagé de la réforme de son arsenal juridique notamment la décision ministérielle n° 0009/MINEP/CAB du 16 janvier 2006 portant création, organisation et fonctionnement du Comité national chargé de la mise en œuvre du Mécanisme pour un développement propre et la loi n° 96/12 du 5 août 1996 portant loi-cadre relative à la gestion de l'environnement.

La décision ministérielle de janvier 2006 fixe les critères d'évaluation des projets. Ces critères sont sociaux, économiques, technologiques et environnementaux. Ces critères sont accompagnés d'indicateurs qui font référence entre autres à la création d'emplois directs et indirects, la création d'activités économiques et l'accès aux services sociaux, l'absence d'incitation de conflits entre les communautés locales, l'apport des investissements du secteur privé et l'apport des investissements étrangers.

La loi-cadre sur l'environnement de 1996 quant à elle est en droite ligne de l'esprit de la CCNUCC et du Protocole de Kyoto. Cette loi fixe un certain nombre de principes qui relèvent de la justice climatique notamment ceux de pollueur-payeur et de

---

19 Synthèse du Protocole de Kyoto sur les changements climatiques fait par l'Union européenne http://eur-lex.europa.eu/legal-content/FR/TXT/HTML/?uri=LEGISSUM:l28060&from=FR, consulté le 2 février 2018.
20 Protocole de Kyoto, article 12 alinéas 1 et 2.

responsabilités y compris la responsabilité civile et pénale accompagnée de sanctions pour crimes et délits.

Le Cameroun a bénéficié de l'appui de certains partenaires pour la mise en œuvre de ses projets et activités de lutte contre le changement climatique dans le cadre du MDP.[21] Ceci en conformité avec l'article 4 (3) de la CCNUCC qui recommande aux pays développés et aux pays et les parties de l'Annexe II des ressources financières aux pays en développement. Nous pouvons citer entre autres :

Le projet PFBC-MDP de la Coopération française. Ce projet qui visait deux objectifs dont le renforcement des capacités des pays du bassin du Congo pour exploiter les opportunités du MDP dans les filières 'Forêt' et 'Bioénergie' et l'accompagnement à la création d'un réseau d'experts nationaux permettant l'émergence d'une force de proposition régionale dans le cadre de la CCNUCC et du Protocole de Kyoto.

Le projet *Carbon Funds, Carbon Facilities* de la Banque mondiale. Cette facilité finance quelques programmes qui généreront des crédits carbone principalement après 2012. La *Forest Carbon Partnership Facility* supporte des initiatives nationales REDD. Des projets MDP peuvent être soumis à l'unité *Carbon Finance* sous la forme d'une Note d'intention de projet. Si un projet est accepté, la Banque mondiale peut préfinancer tout ou une partie de l'instruction du dossier, ces frais étant généralement déduits des paiements des crédits carbones futurs.

Le programme de renforcement de capacités *Africa Assist* de la Banque mondiale. Il a appuyé les cadres nationaux dans le montage de projets ou toute autre forme de renforcement de capacité.

La coopération allemande est engagée à plusieurs niveaux dans la lutte contre les changements climatiques. Pour le cas précis du MDP, dans le cadre des activités de son antenne régionale de l'Est, le programme Pro PSFE de la *Gesellschaft für Internationale Zusammenarbeit (GIZ)* s'est engagé dans un appui aux partenaires privés pour la cogénération d'électricité à partir de déchets industriels de bois et pour le développement des biocarburants de deuxième génération.

L'initiative CASCAD (Crédits carbone pour l'Agriculture, Sylviculture, Conservation et Action contre la Déforestation). Le projet PFBC-MDP a été relayé sur le volet MDP en 2008 par cette initiative gérée par le Programme des Nations unies pour l'environnement et financée par le Fonds français pour l'environnement mondial. Cette initiative apporte un soutien aux porteurs de projets atténuant les émissions de gaz à effet de serre dans les secteurs de l'agriculture, de la bioénergie et de la forêt. Elle vise à faire participer ces projets au MDP, à travers l'accompagnement de porteurs de projets déjà identifiés sous forme de fiches PIN, pourla formulation et

---

21 L'ensemble des données présentées dans ce paragraphe sont tirées du Rapport national sur la situation de la mise en œuvre du MDP au Cameroun de Mars 2009.

la validation des PDD, et la mise en relation de ces porteurs avec des partenaires (financiers acquéreurs de crédits carbone ou acteurs du marché volontaire).

3.2.1.1.3 L'Accord de Paris

Lors de la 21ème conférence des Parties à la CCNUCC tenue à Paris, la communauté internationale est parvenue à un accord qualifié d'historique en matière de lutte contre les changements climatiques : l'Accord de Paris.

Le Cameroun a ratifié l'Accord de Paris le 12 juillet 2016. Conformément aux dispositions de l'article 4 (2) de cet accord, « Chaque Partie établit, communique et actualise les contributions déterminées au niveau national successives qu'elle prévoit de réaliser. Les Parties prennent des mesures internes pour l'atténuation en vue de réaliser les objectifs desdites contributions ». Le Cameroun a élaboré et a soumis sa contribution prévue déterminée au plan national.

L'on se rend bien compte qu'au niveau international, le Cameroun est partie aux principaux instruments de promotion de la justice climatique et essaie, autant que possible, de remplir son cahier de charge. Ceci à travers la soumission des rapports, mais aussi l'adoption des textes nationaux pertinents.

Les textes à eux seuls ne pouvant être suffisants pour la lutte contre les changements climatiques, il est intéressant d'apprécier la prise en compte de la justice climatique dans les programmes, plans et projets au niveau du Cameroun.

3.2.2 La justice climatique dans les plans et organes

La collaboration avec les mécanismes internationaux de la justice climatique est importante, mais ne saurait à elle seule suffire pour établir la justice climatique. Les engagements pris par le Cameroun en la matière doivent aussi être traduits dans les politiques, programmes et plans de développement. La CCNUCC encourage les États parties à protéger les systèmes climatiques contre les perturbations d'origine humaine par l'élaboration et l'intégration dans les programmes nationaux de développement.[22]

Nous analyserons la prise en compte de la justice climatique dans le Document stratégique de croissance et de l'emploi, le Plan d'action national pour les changements climatiques et le Plan d'action national de promotion et de protection des droits de l'homme.

22　Article 3 CCNUCC.

3.2.2.1   Le Document de stratégie pour la croissance et de l'emploi 2010-2020

Le Cameroun dans son souci de lutte contre la pauvreté a élaboré un document cadre de référence pour l'action gouvernementale pour la période 2010-2020, dénommé Document stratégique pour la croissance et l'emploi (DSCE).[23]

Le DSCE comprend quatre objectifs généraux, dont la réduction de la pauvreté à un niveau acceptable et l'atteinte du stade de nouveau pays industrialisé.

Pour l'atteinte de l'objectif portant sur la réduction de la pauvreté, six objectifs spécifiques ont été fixés dont la réduction des écarts entre les riches et les pauvres par l'amélioration des systèmes de redistribution. Il est démontré que même si les pauvres sont les moins pollueurs, les conséquences du changement climatique leur sont plus néfastes. La troisième enquête camerounaise auprès des ménages a estimé que la pauvreté frappe près de 40% de la population camerounaise. Selon la même enquête, entre 2001 et 2007, la pauvreté a nettement reculé en milieu urbain de l'ordre de 5 points notamment dans les villes de Douala et Yaoundé et que par ailleurs, en milieu rural, l'incidence de la pauvreté s'est aggravée de près de 3 points. Ce surtout dans les campagnes des régions septentrionales. Ces données montrent bien que les populations des villes de Douala et Yaoundé qui comptent parmi les plus grands pôles de pollution atmosphérique sont également celles qui ont le plus de moyens pour s'adapter aux changements climatiques et que les populations des zones rurales qui polluent moins en subissent les plus grandes conséquences. En améliorant le système de redistribution, l'on renforce la capacité des pauvres à résister ou s'adapter aux conséquences du changement climatique. Ce qui est des objectifs de la justice climatique. Cette justice climatique se veut aussi être une justice sociale. La justice climatique vise à tout faire pour que le réchauffement du climat n'accroisse pas les inégalités sociales.

Atteindre le stade de nouveau pays industrialisé comme le veut l'un des objectifs généraux du DSCE implique la création de nombreuses industries qui de manière certaine contribueront à augmenter la quantité de GES dans l'atmosphère.

Le DSCE vise la croissance et dans la stratégie de croissance préconisée, figure entre autres le développement des infrastructures dans plusieurs secteurs dont celui de transport. Dans ce secteur, la priorité a été accordée à l'aménagement des infrastructures ferroviaires et portuaires pour accompagner les projets prioritaires porteurs de croissance.[24] La pollution atmosphérique par les véhicules par exemple contribue pour une part importante dans l'émission des GES. Même si des actions gouvernementales vont dans le sens de la justice climatique pour les utilisateurs de véhicules, la portée est moindre que si elle avait été intégrée dans le DSCE. Au titre de l'action

---

23   République du Cameroun (2013).
24   (ibid.:16).

gouvernementale pour la lutte contre la pollution atmosphérique par les véhicules, l'on peut citer la circulaire n° 001/C/MINFI du 28 décembre 2016 du Ministre des finances portant instructions relatives à l'exécution des lois de finances, au suivi et au contrôle de l'exécution du budget de l'État, des établissements publics administratifs, des collectivités territoriales décentralisées et des autres organismes subventionnés, pour l'exercice 2017. Cette circulaire mentionne que les véhicules de plus de dix ans (véhicules de tourisme à moteur à explosion) et de plus de 15 ans (véhicules de transporteur en commun, véhicules utilitaires et tracteurs, excepté des tracteurs agricoles) sont assujettis aux droits d'accise. Par ailleurs, les véhicules de moins de dix ans sont dorénavant exonérés du paiement des droits d'accise. Il s'agit là d'une mesure qui vise à faire payer plus les plus grands pollueurs. Cette mesure, pour rentrer entièrement dans le cadre de la justice climatique, doit être orientée vers les catégories sociales les plus vulnérables aux changements climatiques or la circulaire ne précise pas la destination exacte de ces fonds qui sont versés au trésor public et peuvent servir à bien d'autres choses.

Le DSCE s'aligne aux Objectifs du millenaire pour le developpement (OMD) comme le mentionne le Premier Ministre du Cameroun dans la préface du DSCE, réaffirme aussi la volonté du Gouvernement de poursuivre la réalisation des OMD dans leur ensemble. Il est établi que les OMD n'avaient pas fait des changements climatiques, et ce de manière claire, une priorité de développement encore moins de la justice climatique. Il est tout aussi clair que les changements climatiques représentent une menace sérieuse à l'atteinte des objectifs de développement. La non prise en compte de manière claire des changements climatiques dans l'élaboration du DSCE et l'intégration des objectifs de justice climatique sont deux facteurs importants qui risquent de contribuer sérieusement à la non-atteinte des objectifs du DSCE voir pire d'aggraver la pauvreté des populations. Le DSCE a été élaboré pour la période 2010-2020 donc longtemps avant l'Accord de Paris qui dans son préambule évoque la notion de justice climatique. Si cet argument peut être considéré comme valable pour la justice climatique, il ne saurait tenir la route pour les changements climatiques d'autant plus que la CCNUCC et le Protocole de Kyoto ont été ratifiés par le Cameroun en 1994 et 2002 respectivement. C'est-à-dire avant l'adoption du DSCE.

3.2.2.2   Le Plan national d'adaptation aux changements climatiques

En conformité avec ses engagements internationaux et à sa volonté de faire face aux changements climatiques, le Cameroun a adopté le 24 juin 2015 son Plan national d'adaptation aux changements climatiques (PNACC). Le Plan a été élaboré pour permettre au peuple camerounais de faire face à cet important challenge (changements climatiques), alors que son bien-être économique et social est grandement tributaire de la viabilité des principaux secteurs de développement. Le PNACC s'est doté d'une vision, d'un objectif général et des axes stratégiques. Même si cette vision, cet objectif et ces axes stratégiques ne font pas directement mention de l'expression justice climatique, ils intègrent les groupes vulnérables que sont les femmes ; les enfants et autres. L'axe stratégique troi par exemple est focalisé sur la réduction de la vulnérabilité aux changements climatiques dans les principaux secteurs et ZAE. En ciblant la réduction de la vulnérabilité, le PNACC contribue à réduire les inégalités liées aux changements climatiques donc contribue à la réalisation de la justice climatique.

Le PNACC comprend quatre axes stratégiques couvrant 12 secteurs et se décline en un ensemble de 5 projets transversaux et de 15 projets sectoriels. Pour chacun des 12 secteurs, le Plan après une brève analyse du contexte, a entre autres, fixé un objectif d'adaptation, des axes stratégiques, et des mesures à mettre en œuvre pour l'atteinte de l'objectif.

Si nous prenons par exemple le secteur six : énergie, mines et industries, l'on constate que l'un des axes stratégiques en relation avec les industries est formulé de manière à présenter uniquement les industries comme une victime des changements climatiques et non comme un acteur d'émission des GES. La justice climatique s'appuie aussi sur le principe pollueur payeur. En présentant les industries comme uniquement des victimes des changements climatiques, le Plan crée une injustice. Il en de même des mesures qui sont prévues pour l'atteinte de cet objectif où il n'a pas été fait cas des efforts à faire par les industries pour réparer le préjudice lié à la pollution de l'atmosphère par leurs activités.

Le Secteur 12 qui lui est relatif au Genre, population vulnérable, protection sociale et solidarité nationale dont l'objectif est de réduire la vulnérabilité des populations fragiles, vulnérables ou marginalisées, et renforcer leurs capacités, leur autonomie et leur indépendance. Assurer un système de protection sociale et encourager la solidarité nationale. Il a prévu parmi les mesures, la mise ne place d'un fonds de solidarité nationale d'appui aux sinistrés lors des catastrophes climatiques. Même si les sources d'approvisionnement de ce fonds ne sont pas encore précisées, nul doute qu'il permettre s'il est bien géré à soutenir les populations victimes des effets des changements climatiques.

L'on constate que le PNACC comme sa dénomination l'indique est focalisé sur l'adaptation aux changements climatiques. L'adaptation étant comme le définit le GIEC « l'ajustement des systèmes naturels ou humains en réponse à des stimuli climatiques ou à leurs effets, afin d'en atténuer les effets néfastes ou d'en exploiter les opportunités bénéfiques ». Même si le Plan a mentionné une différence au niveau de la vulnérabilité tant des cinq ZAE que des différentes couches sociales ; il ne fait cas de la contribution des ménages, des secteurs d'activités et des régions dans la lutte contre les changements climatiques. L'industrie camerounaise est géographiquement concentrée dans la zone du Littoral notamment à Douala, Limbe, Kribi et Edéa où l'on trouve près de 80% des industries. Les autres unités industrielles sont dispersées dans le reste du pays, avec une concentration locale au niveau de Yaoundé au Centre du pays, Bafoussam dans l'Ouest et Garoua dans le Nord.

Le PNACC même s'il fait ressortir des éléments qui relèvent de la justice climatique, n'en fait pas un élément central de son action. L'intégration du concept de justice climatique dans l'élaboration du PNACC renforcera à coup sûr son efficacité et la pérennisation des résultats obtenus.

3.2.2.3 Le Plan d'action national de promotion et de protection des droits de l'homme

L'État du Cameroun s'est doté en 2015 d'une boussole en matière de promotion et de protection des droits de l'homme : le Plan d'action national de promotion et de protection des droits de l'homme (PANPPDH). Ce Plan programmé pour être mis en œuvre pour la période 2015-2019 ambitionne de participer à l'ancrage de la culture des droits de l'homme dans la société camerounaise. Il est question pour le PANPPDH de contribuer à l'intégration de l'approche fondée sur les droits humains dans tous les secteurs de la vie nationale y compris dans la lutte contre les changements climatiques. Les actions du PANPPDH s'articulent autour de certains droits dont le droit à un environnement sain. Au Cameroun environ 320,000 personnes sont annuellement exposées aux catastrophes naturelles avec des conséquences sur leurs droits de l'homme, dont le droit à la santé, le droit à la vie, le droit à l'alimentation, le droit à un niveau de vie suffisant, etc.

Le PANPPDH a prévu 23 activités en vue du renforcement du droit à un environnement sain. Aucune de ces activités n'est directement en relation avec la réparation des inégalités liées aux changements climatiques encore moins ne cible les groupes les plus vulnérables. Parmi ces 23 activités, 2 sont des études dont une sur la construction des décharges contrôlées dans quatre villes, chef-lieu de région autre que Douala et Yaoundé et l'autre sur l'élaboration des plans locaux de gestion des déchets urbains. Ces études sont des opportunités pour intégrer des éléments liés à la justice climatique. Il est donc clair que le PANPPDH n'a pas pris en compte le concept de justice climatique.

4   Conclusion et recommandations

Au regard des conséquences des changements climatiques sur la vie des populations présentes et futures, le Cameroun s'est résolument engagé dans la lutte contre les changements climatiques. Cet engagement est matérialisé par des actions comme la ratification des instruments internationaux de lutte contre le changement climatique, la participation aux conférences mondiales sur les changements climatiques, l'élaboration des rapports, l'adoption des plans et des textes nationaux pertinents.

La plupart de ces textes plans nationaux ont été adoptés avant l'apparition du concept de justice climatique. Il en résulte que même si l'on peut observer dans certains plans et textes de lutte contre les changements climatiques des actions et mentions se rapportant de la justice climatique, des efforts doivent encore être faits pour une intégration de ce concept dans les plans, programmes et organes de lutte contre les changements climatiques y compris le PNACC.

Les recommandations suivantes peuvent être formulées :

- prendre en compte dans les politiques de lutte contre la pauvreté les changements climatiques ;
- mener des études sur le lien entre la pauvreté et les changements climatiques par ZAE et par catégories sociales ;
- créer un fonds pour la justice climatique ;
- intégrer la justice climatique dans les plans de développement des collectivités territoriales décentralisées ;
- garantir l'accès aux ressources pour les plus démunis ;
- tenir compte de l'intérêt des générations futures dans les politiques et programmes de lutte conte les changements climatiques ;
- produire chaque année un rapport sur le climat et la lutte contre les changements climatiques ;
- mettre en place un mécanisme d'incitation envers les pollueurs qui s'engagent dans la justice climatique ;
- motiver les industries qui s'engagent dans la justice climatique ;
- exiger des industries et des entreprises qui mettent en œuvre des projets de développement de mener des études d'adaptation aux changements climatiques ;
- doter le PNACC d'un plan de mobilisation des ressources pour la mise en œuvre des projets.

Bibliographie indicative

Afeissa, HS, 2007, *Éthique de l'environnement. Nature, valeur, respect*, Paris, Vrin.

Gossement, A, 2015, Climat : les points clés de l'Accord de Paris adopté le 12 décembre 2015 à la COP 21, http://www.arnaudgossement.com/archive/2015/12/13/cop-21-analyse-juridique-de-l-accord-de-paris-5730276.html, consulté le 2 février 2018.

Barboza, MJ, 1995, *Onzième rapport sur la responsabilité internationale pour les conséquences préjudiciables découlant d'activités qui ne sont pas interdites par le droit international*, *http://legal.un.org/ilc/documentation/french/a_cn4_468.pdf, consulté* le 2 février 2018.

Barthe, C, 2003, Réflexions sur la satisfaction en droit international, 49 *Annuaire français de droit international*, 105.

Beau, R, 2011, Justice climatique : questions d'échelles, *Implications philosophiques*, http://www.implications-philosophiques.org/semaines-thematiques/justice-climatique/justice-climatique-questions-dechelles/, consulté le 2 février 2018.

Boisson de Chazournes, L, 2000, De Tokyo à la Haye en passant par Buenos aires et Bonn : la régulation de l'effet de serre aux forceps, 1 *Annuaire français de relations internationals*, 716.

Chemillier-Gendreau, M, 1998, Les enjeux de la Conférence de Kyoto : marchandisation de la suivie planétaire, *Le Monde Diplomatique*, 3.

Delord J & L Sébastien, 2010, Pour une éthique de la dette écologique, 10 *VertigO – La revue en sciences de l'environnement*, http://vertigo.revues.org/9509, *consulté* le 2 février 2018.

Dessler, A, 2015, *Introduction to modern climate change*, Cambridge, Cambridge University Press.

Doumbé-Billé, S, 2005, La mise en œuvre du droit international de l'environnement par le juge national, dans : *Conférence des Présidents de Cours Suprêmes des États francophones d'Afrique sur la contribution du droit au développement durable*, Paris.

Dupuy JP, 2010, Catastrophes et fortune morale, *Hors-Sol*, http://hors-sol.net/revue/jean-pierre-dupuy-catastrophes-et-fortune-morale/, *consulté* le 2 février 2018.

Cournil, C & C Colard-Fabregoule, 2010, *Changements climatiques et défis du droit*, Bruxelles, Bruyllant.

Flipo, F, 2009, Les inégalités écologiques et sociales : l'apport des théories de la justice, 60 *Mouvements, 59*.

Fuchs, O, 2003, *Pour une définition communautaire de la responsabilité environnementale (comment appliquer le, principe pollueur-payeur ?)*, Paris, l'Harmattan.

Galanter, M, 1974, Why the "haves" come out ahead: speculations on the limits of legal change, 9 (1) *Law & Society Review*, 95.

Godart, O, 2015, *Justice climatique mondiale*, Paris, La Découverte.

Guillot, P, 2010, *Droit de l'environnement*, 2ème édition, Paris, Ellipses.

Guihal, D, 2000, *Droit répressif de l'environnement*, 2ième édition, Paris, Economica.

Imperiali, C, 1998, *L'effectivité du droit international de l'environnement : contrôle de la mise en œuvre des conventions internationales*, Paris, Economica.

Institut Economique Molinari, 2006, *Les coûts économiques et l'inefficacité du protocole de Kyoto, Note Economique*, Bruxelles, IEM.

Jonas, H, 1990, *Le principe responsabilité. Une éthique pour la civilisation technologique*, Champs, Essai.

Kerber, G, 2012, Climate change and climate justice. An ecumenical ethical approach, in: Andrianos, LA, JW Sneep & KS Kenanidis (eds), *Ecological Theology and Environmental Ethics. Vol 2*, Kolympari, Institute of Theology and Ecology – Orthodox Academy of Crete (OAC), 236.

Lavielle, JM, 1999, *Conventions de protection de l'environnement : secrétariats, conférences des parties, comités d'expert*, Limoges, Presses Universitaires du Limousin.

Maljean-Dubois, S, 2007, *Changements climatiques : les enjeux du contrôle international*, Marseille, CERIC.

Maljean-Dubois, S, & M Wemaere, 2010, *La diplomatie climatique : les enjeux d'un régime international du climat*, Paris, Pedone.

Mashini Mwatha, C, 2013, *Les engagements internationaux des états face aux changements climatiques, mythe ou réalité*, Master 2 en droit international de l'environnement, Université de Limoges.

Mashini Mwatha, C, 2013, *La responsabilité internationale de l'État en cas de dommages causés à l'environnement : cas des atteintes au climat sous la Convention cadre des Nations unies sur les changements climatiques*, Mémoire de Master Complémentaire en Droit International, Université Catholique de Louvain (UCL).

Mouze, L, 2001, La justice ou la nature des choses selon Platon, dans : Samama, G (ed.), *La justice*, Paris, Ellipses, 25-40.

Ngwanza Owono, J, 2008, *La mise en œuvre de la convention cadre des Nations unies sur les changements climatiques au Cameroun : cas du mécanisme pour un développement propre*, Master Droits de l'homme et action humanitaire, Yaoundé, Université Catholique d'Afrique Centrale.

Nkeng Peh, E & P Mouack, 2013, *Atelier de restitution et de validation des résultats de l'étude sur la vulnérabilité des communes de la région de l'Extrême Nord aux effets du changement climatique*, Yaoundé, GIZ.

Olinga Olinga, E, 2005, *Le juge camerounais et la répression des atteintes à l'environnement*, Mémoire de Master Droits de l'homme et action humanitaire, Yaoundé, Université Catholique d'Afrique Centrale.

Prieur, M, (ed.) 2003, *La mise en œuvre nationale du droit international de l'environnement dans les pays francophones*, Limoges, PULIM, AUF.

Rawls, J, 1997, *Théorie de la justice*, Seuil, Points Essais.

République du Cameroun, 2013, *Document de strategie pour la croissance et l'emploi*, https://www.paris21.org/sites/default/files/Cameroon_DSCE2010-20.pdf, consulté le 2 février 2018.

Réseau Action Climat France, 2007, *Dix ans du Protocole de Kyoto : Bilan et perspectives pour les négociations de l'après-2012*, Paris, Réseau Action Climat France.

Solère-Queval, S, 2013, Justice, dans : *Dictionnaire des concepts philosophiques*, Paris, Larousse.

Stueckelberger, C, 2008, Who dies first? who is sacrificed first? ethical aspects of climate justice, at https://www.christophstueckelberger.ch/wp-content/uploads/2017/07/climatejustice.pdf, consulté le 2 février 2018.

Tamo, D, 2005, *La répression des atteintes à l'environnement au Cameroun*, Mémoire de Master Droits de l'homme et action humanitaire, Yaoundé, UCAC.

Tcheuwa JC, 2006, L'environnement en droit positif camerounais, 1 *Revue Juridique de l'environnement*, 21.

Thireau, R, 1999, *Analyse de la Convention cadre des Nations unies sur les changements climatiques et du Protocole de Kyoto, et les implications des changements climatiques en droit international*, Mémoire de Master en droit, Université de Laval.

Torre-Schaub, M, Changement climatique : la société civile multiplie les actions en justice, The Conversation 23 mars 2017, https://theconversation.com/changement-climatique-la-societe-civile-multiplie-les-actions-en-justice-74191, consulté le 2 février 2018.

Walgrave, L, 2009, La justice restauratrice et les victimes, 1 (4) *Journal International de Victimologie*, http://www.justicereparatrice.org/mount/www.restorativejustice.org/articlesdb/articles/3942, consulté le 2 février 2018.

SECTION 11

TRADE AND THE ENVIRONMENT

COMMERCE ET ENVIRONNEMENT

CHAPTER 36:
INTERNATIONAL TRADE, ENVIRONMENT AND SUSTAINABLE DEVELOPMENT[1]

Oliver C. RUPPEL

1 Introducing the international trade, environment and development debate

Issues related to international trade and the environment undoubtedly are of significance to developing countries like Cameroon because they argue that developed countries have depleted resources and indulged in environmentally harmful practices during the past century, in order to achieve unprecedented high standards of living.[2] The developing countries therefore demand a general but differentiated responsibility, seeking open trade and compensation for adopting environmentally restraining policies.[3] Upon further reflection on the link between economic growth activities, environmental protection and social development, the triangular debate on these topics will be highlighted briefly, by introducing the various perspectives.[4]

1.1 The trade perspective

Trade creates the wealth, which increases human well-being. Trade can be good for the environment because it creates wealth that can be used for environmental improvement, and the efficiency gains from trade can mean fewer resources used and less waste produced. Increased economic growth leads to more environmental protection and a higher standard of living. The exchange of goods introduces new technologies, which reduce emissions and save raw materials and natural resources.

---

1   This chapter is partially based on Ruppel (2016a).
2   Ruppel (2009b; 2010c, e).
3   Goyal (2006:11).
4   For further reading see: Goyal (2006) and UNEP (2005d).

1.2 The environmental perspective

The environment actually represents a higher order than trade and the *status quo* seriously threatens the earth's eco-systems. Developing countries try to protect themselves against costly environmental demands. In contrast, the wealth created by trade will not necessarily result in environmental improvements. Trade liberalisation is deemed to cause greater harm, leading to exports of natural resource allocation to other countries and thereby causing increased environmental degradation.[5]

1.3 The development perspective

Developing countries' top priority should be to reduce poverty. Openness to trade (market liberalisation) and investment may be a key to doing so by increasing exports, even though the link between market liberalisation and economic growth does not happen automatically. Developed countries protect their industries with subsidies, special trade rules and tariff systems which place exporters at a disadvantage in developing countries. Demands that developing countries comply with the environmental standards of developed countries are unfair, particularly if they are not accompanied by technical or financial assistance. Priorities differ; in Africa, for example, clean water is paramount and, historically, developed countries caused most of the environmental damage in the first place.

1.4 Sustainable development: the answer to the dilemma?

Principle 11 of the 1972 Stockholm Declaration states that

> [t]he environmental policies of all States should enhance and not adversely affect the present or future development potential of developing countries, nor should they hamper the attainment of better living conditions for all, and appropriate steps should be taken by States and international organisations with view to reaching agreement on meeting the possible national and international economic consequences resulting from the application of environmental measures.

In its 1987 report *Our Common Future*, the Brundtland Commission defined sustainable development as "development that meets the needs of the present without compromising the ability of future generations to meet their own needs".[6] Since the 1992 UN Conference on Environment and Development in Rio de Janeiro, the principle of sustainable development has influenced a broad number of international instruments,

---

5   For a detailed discussion see UNEP (2005d:3ff).
6   The World Commission on Environment and Development.

both of legal and non-legal in nature. It aims at embracing and balancing ecology, economy, conservation and utilisation and has become a worldwide governing political *Leitmotiv* for environment and development. It can be broadly understood as a concept that is characterised by (i) the link between the policy goals of economic and social development and environmental protection; (ii) the qualification of environmental protection as an integral part of any developmental measure, and vice versa; and (iii) the long term perspective of both policy goals, that is the States' intergenerational responsibility.[7]

Apart from the question, whether the principle of sustainable development actually enfolds normative quality,[8] the concept reflects the idea of distributive justice and can play an important role in the process of bridging the North-South divide in international and developmental relations.[9] Sands formulated an "integration approach", where economic and social development must be an integral part of environmental protection, and vice versa.[10]

Although many African countries are classified as least-developed countries, the southern African region is endowed with numerous natural resources, fisheries, and minerals. In turn, environmental challenges include among other things, land degradation, poor land use and land management, exploitation of natural resources, water scarcity, bio-diversity loss and climate change. In this regard poverty and challenges of governance often collide with different interests in society and political pressures.[11]

The former executive Director of the United Nations Environmental Programme (UNEP), Klaus Töpfer, stated that "sustainable development cannot be achieved unless laws governing society, the economy, and our relationship with the Earth connect with our deepest values and are put into practice internationally and domestically." The problem continues to lie, however, in that such laws "must be enforced and complied with by all of society, and all of society must share this obligation".[12] But how can the law work for everyone equitably (developing and developed countries), reduce poverty, retain wealth and at the same time protect the environment? The Commission on Legal Empowerment of the Poor came up with an analysis and a few reasonable suggestions in its 2008 report:[13]

> Transforming a society to include the poor requires comprehensive legal, political, social, and economic reforms....Legal empowerment is not a substitute for other important development

---

7   Beyerlin (1996).
8   Cf. Sands (2003:254).
9   Beyerlin (1996) with further references.
10 Sands (2003:263).
11 Kameri-Mbote & Odote (2009:37).
12 Klaus Töpfer in the Preface to Zaelke *et al.* (2005).
13 Commission on Legal Empowerment of the Poor (2008:1ff.).

initiatives, such as investing more in education, public services, and infrastructure, enhancing participation in trade, and mitigating and adapting to climate change: instead, it complements such initiatives, multiplying their impact by creating the conditions for success....While the government is the key responsible actor, the 'duty bearer' in human rights terms ... the United Nations and the broader multilateral system can help by lending their full support. The international non-governmental community can do the same....regional political organisations, regional banks, and regional UN institutions; civil society and community-based organisations; the business community; religious communities and indigenous spiritual traditions; and various professional associations .... The world as a whole will benefit as more and more states undertake the reforms needed to empower the poor....Who can deny that we all share a responsibility to protect: one which we are far from meeting? Whether for climate change, trade, migration, or security, the world will expect fair rules for the 21 century, rules offering protection and opportunity for all in accordance with shared human rights obligations.

It is also important to acknowledge that not only rests the responsibility on national governments and international organisations but also on corporate businesses to enter into a new era of sustainable development. The importance of a harmonised interplay between trade and sustainable development is well reflected in the universally applicable (to all countries, not just developing nations and emerging economies) sustainable development goals (SDGs), which are universally applicable (to all countries, not just developing nations and emerging economies).

At the United Nations Sustainable Development Summit on 25 September 2015, world leaders adopted the 2030 Agenda for Sustainable Development, which includes a set of 17 Sustainable Development Goals (SDGs) to end poverty, fight inequality and injustice, and tackle climate change by 2030. The Sustainable Development Goals, otherwise known as the Global Goals, build on the Millennium Development Goals (MDGs), eight anti-poverty targets that the world committed to achieving by 2015. The MDGs, adopted in 2000, aimed at an array of issues that included slashing poverty, hunger, disease, gender inequality, and access to water and sanitation. Enormous progress has been made on the MDGs, showing the value of a unifying agenda underpinned by goals and targets. Despite this success, the indignity of poverty has not been ended for all.[14]

The SDGs, and the broader sustainability agenda, go much further than the MDGs, addressing the root causes of poverty and the universal need for development that works for all people. All 17 SDGs are relevant to Cameroon. The SDGs put significant emphasis on the role that trade can play in promoting sustainable development and in this context, the World Trade Organization (WTO) with its 164 mem-

---

14   See http://www.undp.org/content/undp/en/home/mdgoverview/post-2015-development-agenda.html, accessed 9 November 2017.

bers[15] has an important role to play. The SDGs directly refer to WTO activities in some of the formulated goals, such as:

- SDG 2 on hunger, food security, nutrition and sustainable agriculture;
- SDG 3 on healthy lives and wellbeing;
- SDG 8 on economic growth, employment and work;
- SDG 10 on inequalities within and among countries;
- SDG 14 on oceans, seas, and marine resources; and
- SDG 17 on strengthening the global partnership for sustainable development, which contains a section on trade, including a commitment to promoting a "universal, rules-based, open, non-discriminatory and equitable multilateral trading system" under the WTO.[16]

1.5 The role of trade for sustainable development and the reduction of poverty in Africa[17]

Human rights and good governance have an impact on the domestic investment climate, which contributes to growth, productivity and the creation of jobs, all factors essential for economic growth and sustainable reductions in poverty. The furtherance of economic development, reduction of poverty and the promotion of human rights in fact go hand in hand. The aforementioned relationship has grown closer over the past few years due to increasing discussions in the world community on related matters and issues. The connection can be seen as a two-way relationship insofar as economic development is obliged to respect human rights in a democratic society. Conversely, human rights can be given more effect through economic growth, as a possible outcome of economic growth is the increasing availability of resources, resulting in the reduction of poverty and a higher standard of living.[18] Both human rights and good governance have an impact on the investment climate, which again contributes to productivity and the creation of jobs, all essential for economic growth, sustainable development and the reduction of poverty.[19]

The evidence of African poverty and growth rates leaves little room for doubt about the need for financial assistance and an improved trade climate. China, for example, is providing substantial funds for investment and development in many African countries. China follows a 'purely capitalist' approach, not attempting to assist in

---

15   As at 31 January 2018.
16   See https://www.wto.org/english/thewto_e/coher_e/sdgs_e/sdgs_e.htm, accessed 17 January 2018.
17   The following passages are largely based on Ruppel (2010b, 2012).
18   Cf. Ruppel (2009a; 2010a); Ruppel & Bangamwabo (2008).
19   Ruppel (2009b).

the facilitation of social or political change through the pursuit of wealth and although this approach seems appealing to many African leaders,[20] it is questionable because it does not attempt to improve social welfare in the targeted countries.[21]

Far more than any unconditional investment and development aid, trade can prove to be the catalyst, given favourable conditions, to uplift millions of people from poverty. African countries could gain disproportionately from further global trade reform but it is widely acknowledged that a level playing field does not yet exist in the current world trade system, at least not to the required extent. Developing countries still face
numerous hurdles, including high tariffs against their exports and subsidised competition. Nevertheless, the participation of developing countries in the global trading system is the most effective way of encouraging development and helping to alleviate poverty. A key objective of the on-going round of WTO negotiations, the Doha Development Round, is to assist developing countries more fully to reap the benefits of international trade. The liberalisation of agriculture in particular is hoped to provide significant benefits to developing countries in Africa.[22] In this light, free trade agreements (FTAs) can bring about economic benefits by reducing barriers to trade and investment between participating parties. They can open markets faster than would otherwise be possible through the WTO and build on the commitments already agreed in the WTO. Over two-thirds of WTO members are developing and least-developed countries. Members could gain access to a range of special provisions and assistance contained in the rules of the WTO. The WTO's Committee on Trade and Development and its Sub-Committee on Least-Developed Countries monitor the implementation of provisions designed to assist developing and least-developed countries. The committees also monitor the substantial amount of training and technical assistance provided to developing countries by the WTO.[23] Yet, the design of the multilateral trade regime needs to shift from one which overemphasises a market access perspective to one which prioritises enabling (or at least not disabling) the domestic policy space available to developing countries to make a range of diverse, including unorthodox, policy choices and pursue the concomitant strategies. It should also not be evaluated on the basis of whether it maximises the flow of goods and services, but on whether trade arrangements, current and future, maximise possibilities for human development, especially in developing countries. An implication is that multilateral trade rules will need to adjust 'one-size-fits-all' solutions that really

---

20 Politicians often receive so-called 'signature bonuses' for approving resource or other investment deals.
21 Keenan (2009:125).
22 Khor & Hormeku (2006); Ruppel (2010c).
23 (ibid.).

only suit a few powerful members. The global trade governance framework requires additional asymmetric rules in favour of the weakest members. In the long run, such rules will be beneficial for both developed and developing countries. Trade rules therefore have to allow for diversity in national institutions and standards. Countries should have the right to protect their own institutions and development priorities where necessary, and no country has the right to impose its institutional preferences on others. In order to create a trade regime friendly to poverty reduction and human development, governments must have the space to design appropriate policies.[24]

Article 11 of the International Covenant on Economic, Social and Cultural Rights, is concerned with the right to food and advocates "taking into account the problems of both food importing and food exporting countries, to ensure an equitable distribution of world food supplies in relation to need. Between the weak and the strong, poor and the rich, liberty is the oppressor and the law is freedom."[25] Negotiating and implementing such rules is the WTO's basic mission, and its primary vocation in so doing is to regulate, and not to deregulate, as is often thought. It also presupposes the existence of social policies, whether to secure redistribution or provide safeguards for the men and women whose living conditions are disrupted by changes in the international division of labour. It does not suffice unless it is accompanied by policies designed to correct the imbalances between winners and losers; and the greater the vulnerability of economies, societies or individuals, the more dangerous the imbalances. It does not suffice unless it goes hand in hand with a sustained international effort to assist developing countries to build the capacity required to take advantage of open markets.[26]

Trade can be a powerful source of economic growth. Trade liberalisation is not automatically or always associated with economic growth, let alone poverty reduction or sustainable development. Signing up to unbalanced agreements has the potential to lead to violations of economic and social rights of people.[27] Economic Partnership Agreements (EPA) negotiations between various states in Africa and the EU have proven that trade and investment liberalisation is not always linked with development strategies,[28] let alone with mechanisms which guarantee labour and other human rights. Moreover, regional integration[29]

> ... can only be meaningful if it facilitates the integration of existing economic blocs in Africa by promoting intra-regional trade and encouraging diversification and the establishment of linkages between production units across the continent, thus effectively creating a larger regional

---

24   Cf. Ruppel (2012).
25   Lamy (2009).
26   (ibid.).
27   Cf. Dessande (2010); Ruppel (2010b).
28   Ruppel (2012:156).
29   Ukpe (2010:231).

market. The resulting increased productivity and product competitiveness will place Africa on a better footing to participate gainfully in reciprocal inter-regional trade. To the extent that the current EPA process undermines Africa's regional integration initiatives, it will not further the integration of African countries into world trade.

2   The WTO and the North-South Divide

Helping developing and least-developed countries secure a share in the growth of international trade commensurate with the needs of their economic development has steadily gained importance in recent years. Developing and least-developed country members can gain access to a range of special provisions and assistance contained in the rules of the WTO – in general, referred to as special and differential treatment. The WTO provides no explicit definition as to which country is considered to be a developing country. The status of a member as a developing country is to a large extent based on self-selection and members announce whether they consider themselves developing countries. In some cases, the developing country status is part of the accession negotiations.[30] Least-developed countries, being those that have been designated as such by the United Nations,[31] benefit from additional special and differential treatment.

Altogether, over two-thirds of WTO members are developing and least-developed countries. In recent years, they have participated more actively and efficiently in WTO negotiations and decision-making. In the course of recent negotiations, developing countries, including least-developed countries, have been able to make their voice heard and their concerns considered.[32] Developing countries are represented in several (sometimes overlapping) negotiating groups, such as the African group or the group of least-developed countries. These groups aim to speak with one voice using a single co-ordinator or negotiating team and have gained in influence in WTO negotiations and decision-making. The standard procedure for decision-making in the WTO is based on consensus. Under WTO rules, this means that "the body concerned shall be deemed to have decided by consensus on a matter submitted for its consideration, if no member, present at the meeting when the decision is taken, formally objects to the proposed decision."[33]

Where consensus is not possible, the WTO agreement allows for taking decisions by voting on the basis of one country, one vote, and with a vote being won with a majority of the votes cast. This, however, is implemented only very exceptionally.

---

30   Van den Bossche & Zdouc (2013:105).
31   Which is currently the case for 48 countries. See UNCTAD (2014b).
32   Van den Bossche & Zdouc (2013:148).
33   See footnote 1 to Article IX of the WTO Agreement.

There is a broad variety of provisions granting special and differential treatment to developing countries.[34] GATT for example contains a special section on trade and development. In very general terms, the WTO framework includes provisions allowing developed countries to treat developing countries more favourably than other WTO members, and provisions granting extra time for developing countries to fulfil their commitments under certain WTO agreements. Other provisions are designed to increase developing countries' trading opportunities through greater market access, or require WTO members to safeguard the interests of developing countries when adopting domestic or international legislation. Moreover, provisions on technical assistance for developing countries are part of WTO efforts in favour of developing countries. Legal assistance and training of government and other officials are special fields of support to developing countries In sum, it can be stated that the WTO's legal framework contains numerous provisions for special and differential treatment for developing countries. Technical support forms an important pillar for dealing with the special needs of developing countries.

Concerns have been raised with regard to the effectiveness of the numerous provisions on special and differential treatment for developing countries, which have been considered as best-endeavour provisions that are not enforceable.[35] Nevertheless, some of the developing countries do play an increasingly important and active role in the WTO as they become more important in the global economy. Integrating developing economies into the global trading system is an important and controversially discussed issue at multilateral trade negotiations, and remains one of the challenges facing the WTO. As to the challenges between sustainable development and trade, these are notably driven by advanced economies as well as civil society. For the time being, developing countries are wary of potential agreements on trade and the environment. The on-going negotiations on climate change are exemplary in this regard.

A very important factor in the current discussions on development, and on special and differential treatment in the WTO, is the Doha Development Round of negotiations. It was officially launched at the WTO's Fourth Ministerial Conference in Doha, Qatar, in November 2001 and is currently at a crossroads. One fundamental objective of the Doha Development Agenda is to improve the trading prospects of developing countries. Although its future remains uncertain owing to controversies among members on many items on the agenda, one major step forward was the Bali Package concluded at the Ninth Ministerial Conference of the WTO in December 2013. The main issues of this conference included measures to support least-developed WTO member countries and a review mechanism for the special and dif-

---

34 For a comprehensive compilation of the special and differential treatment provisions, and their use, see WTO (2015).
35 Keck & Low (2004).

ferential treatment provisions applicable to least-developed countries and developing countries in all WTO agreements. Part II of the Bali Package relates to the work under the Doha Development Agenda. With regard to development and least-developed country issues, Part II of the Bali Package includes among others preferential rules of origin for least-developed countries; duty-free and quota-free market access for least-developed countries; and a monitoring mechanism on special and differential treatment. These are important achievements with regard to the Doha Development Round. However, an enormous amount remains to be accomplished (especially an encompassing agreement on agriculture) and the implementation of decisions remains a major challenge. As it is not unlikely that some issues, and in particular the issue of agriculture, is not going to be resolved in the current round, the focus of attention is shifting to mega-regional trading arrangements.

It is hoped that the outcomes of the on-going Doha negotiations will reflect the beneficial role that world trade could play in sustainable development and the reduction of poverty. A key objective of the on-going round of WTO negotiations is to assist developing countries more fully in reaping the benefits of international trade. The liberalisation of agriculture, in particular, is hoped to provide significant benefits to developing countries. Trade can be a powerful source of economic growth. But trade liberalisation is not automatically or always associated with economic growth – let alone poverty reduction or sustainable development.

In December 2013, WTO members concluded negotiations on a Trade Facilitation Agreement at the Bali Ministerial Conference, as part of a wider 'Bali Package'. Since then, WTO members have undertaken a legal review of the text. In line with the decision adopted in Bali, WTO members adopted on 27 November 2014 a Protocol of Amendment to insert the new Agreement into Annex 1A of the WTO Agreement.

The TFA entered into force on 22 February 2017, following its ratification by two-thirds of the WTO membership. A full implementation of the TFA could reduce trade costs significantly with the biggest gains in the poorest countries – especially in Africa.[36] To date, 19 African countries have ratified the TFA.[37]

The TFA will help the movement, release and clearance of goods, including goods in transit. It will also improve cooperation between customs and other appropriate authorities on trade facilitation and customs compliance issues. These are all areas in which most African countries have significant challenges.[38] The Trade Facilitation

---

36 See https://www.wto.org/english/news_e/news17_e/ddgra_08may17_e.htm, accessed 18 February 2018.
37 See https://www.tfadatabase.org/ratifications, accessed 18 February 2018.
38 See https://www.wto.org/english/news_e/news17_e/ddgra_08may17_e.htm, accessed 18 February 2018.

Agreement is expected to provide significant advantages for developing countries to couple intra-regional trade with infrastructure development efforts and to boost considerable growth potential that has so far largely remained untapped in Africa.[39]

3   The WTO and the environment

Today, the WTO sees itself primarily as a forum for governments where international trade agreements are negotiated. The WTO provides a system of trade rules covering goods, services and intellectual property, as well as a legal and institutional framework for the implementation and monitoring of these agreements, and a venue for settling disputes arising from the interpretation and application of WTO agreements. Administering WTO trade agreements, monitoring national trade policies, providing technical assistance and training for developing countries and co-operating with other international organisations are further functions of the WTO.[40] More specifically, the WTO's main activities are:

- negotiating the reduction or elimination of obstacles to trade (import tariffs, other barriers to trade) and agreeing on rules governing the conduct of international trade (e.g. anti-dumping, subsidies, product standards, etc.);
- administering and monitoring the application of the WTO's agreed rules for trade in goods, trade in services, and trade-related intellectual property rights;
- monitoring and reviewing the trade policies of members, as well as ensuring transparency of regional and bilateral trade agreements;
- settling disputes among members regarding the interpretation and application of the agreements;
- building capacity of developing country government officials in international trade matters;
- assisting the process of accession of some 30 countries who are not yet members of the organisation;
- conducting economic research and collecting and disseminating trade data in support of the WTO's other main activities; and
- educating the public about the WTO, its mission and its activities.[41]

The WTO's founding and guiding principles remain the pursuit of open borders, the guarantee of the most-favoured-nation principle and non-discriminatory treatment by

---

39   Cf. WTO website for the latest version of the Agreement (WT/L/931, previously issued under WT/PCTF/W/27).
40   See Article III of the Agreement Establishing the WTO.
41   See http://www.wto.org/english/thewto_e/whatis_e/what_we_do_e.htm, accessed 30 January 2014.

and among members, and a commitment to transparency in the conduct of its activities. The opening of national markets to international trade, with justifiable exceptions or with adequate flexibilities, will encourage and contribute to sustainable development, raise people's welfare, reduce poverty, and foster peace and stability. At the same time, the liberalisation of markets must be accompanied by sound domestic and international policies which contribute to economic growth and development according to each member's needs and aspirations.[42]

Although the the WTO is primarily concerned with reducing trade barriers and eliminating discriminatory treatment in international trade, nowadays world trade law is also framed by the concept of sustainable development. Although environmental issues have not been negotiated as a separate topic during the Uruguay Round, the agreement establishing the WTO (unlike the General Agreement on Tariffs and Trade (GATT)) has anchored the objective of sustainable development and the need to protect and preserve the environment within its Preamble:

> Recognizing that their relations in the field of trade and economic endeavour should be conducted with a view to raising standards of living, ensuring full employment and a large and steadily growing volume of real income and effective demand, and expanding the production of and trade in goods and services, while allowing for the optimal use of the world's resources in accordance with the objective of sustainable development, seeking both to protect and preserve the environment and to enhance the means for doing so in a manner consistent with their respective needs and concerns at different levels of economic development.

Although this statement in the Preamble is more of a policy goal than a binding principle, it has significant weight in decision-making and dispute resolution and can make an important difference to the agreement's operation in practice. The importance of the citation of sustainable development in the Preamble has, for example, been highlighted by the WTO's Appellate Body in the so-called Shrimp – Turtle Case.[43] However, trade regulations are not, and cannot be, a substitute for environmental regulations. Nowadays, the world trade order is *de facto* closely related to international environmental policy and its institutions. Environmental degradation and pollution are largely induced by economic activities and international trade flows.

But what is the WTO's relationship to the environment? At first glance, the WTO provides a forum for negotiating agreements aimed at reducing obstacles to international trade and ensuring a level playing field for all, thus contributing to economic growth and development.[44] The WTO is not an environmental protection agency. So far, its competence in the field of trade and environment is limited to trade policies

---

42 (ibid.).
43 WT/DS58 Appellate Body Report, adopted on 21 November 2001, available at http://www.wto.org/english/tratop_e/dispu_e/cases_e/ds58_e.htm, accessed 28 April 2018. This case will be sketched below in the subsection on relevant WTO disputes.
44 WTO (2015:9); VanGrasstek (2013:3); Van den Bossche & Zdouc (2013:84).

and to the trade-related aspects of environmental policies that have a significant effect on trade. However, in addressing the link between trade and environment, the two fields can complement each other. Overall, the GATT/WTO rules already provide significant scope for members to adopt national environmental protection policies. The right of governments to protect the environment is confirmed by WTO agreements under certain conditions. This is regulated by way of exceptions that allow governments under certain conditions to implement policies to protect the environment but which affect trade. Trade liberalisation for developing country exports, along with financial incentives and technology transfers, are necessary to help developing countries generate the necessary resources to protect the environment and work towards sustainable development. Improved co-ordination on trade- and environment-related issues at the national level between trade and environmental officials, as well as increased co-ordination at the international level, could enhance mutual support between the trade and environmental regimes.

4   The Committee on Trade and Environment

The WTO's Committee on Trade and Environment (CTE) was established in 1994 by the Marrakesh Ministerial Decision on Trade and Environment.[45] As subsidiary body of the General Council of the WTO, the CTE is responsible for implementing the mandate the council was given by the Decision on Trade and Environment. The CTE meets several times a year and membership is open to all WTO Members. Observer governments and observers from inter-governmental organizations are invited to participate in CTE meetings. Originally, the CTE was endowed with broad mandates to identify the relationship between trade measures and environmental measures in order to promote sustainable development and[46]

> to make appropriate recommendations on whether any modifications of the provisions of the multilateral trading system are required, compatible with the open, equitable and non-discriminatory nature of the system....

The CTE was *inter alia* mandated to discuss:[47]

- the relationship between the provisions of the multilateral trading system and trade measures for environmental purposes, including those pursuant to multilateral environmental agreements;

---

45   See http://www.wto.org/english/docs_e/legal_e/56-dtenv_e.htm, accessed 10 November 2017.
46   See 1994 Marrakesh Ministerial Decision on Trade and Environment at http://www.wto.org/english/docs_e/legal_e/56-dtenv_e.htm, accessed 10 November 2017.
47   See WTO 2017 Report of the Committee on Trade and Enviroment, WT/CTE/24.

- the relationship between environmental policies relevant to trade and environmental measures with significant trade effects and the provisions of the multilateral trading system;
- the relationship between the provisions of the multilateral trading system and charges and taxes for environmental purposes;
- the relationship between the provisions of the multilateral trading system and requirements for environmental purposes relating to products, including standards and technical regulations, packaging, labelling and recycling;
- the provisions of the multilateral trading system with respect to the transparency of trade measures used for environmental purposes and environmental measures and requirements which have significant trade effects;
- the relationship between the dispute settlement mechanisms in the multilateral trading system and those found in multilateral environmental agreements;
- the effect of environmental measures on market access, especially in relation to developing countries, in particular to the least developed among them, and environmental benefits of removing trade restrictions and distortions;
- the issue of exports of domestically prohibited goods;
- the relevant provisions of the Agreement on Trade-Related Aspects of Intellectual Property Rights;
- the work programme envisaged in the Decision on Trade in Services and the Environment; and
- input to the relevant bodies in respect of appropriate arrangements for relations with intergovernmental and non-governmental organizations referred to in Article V of the WTO.

Some of the items contained in the original ten items programme are being negotiated in the course of the Doha negotiations.[48] Considering its mandates and the items of its work programme, the CTE is an important institution to find a balance between trade and environment in general, and more particularly between legal implications of the trading system and multilateral environmental agreements.

Such is for instance the use of eco-labels (i.e. labelling products according to environmental criteria) by governments, industry and non-governmental organizations (NGOs) increasing. However, concerns have been raised about the growing complexity and diversity of environmental labelling schemes:[49]

---

48 For further information see http://www.wto.org/english/tratop_e/envir_e/cte00_e.htm, accessed 10 November 2017.

49 See https://www.wto.org/english/tratop_e/envir_e/labelling_e.htm, accessed 20 February 2018.

This is especially the case with labelling based on life-cycle analysis, which looks at a product's environmental effects from the first stages of its production to its final disposal. These requirements could create difficulties for developing countries, and particularly small and medium-sized enterprises in export markets. WTO members generally agree that labelling schemes can be economically efficient and useful for informing consumers, and tend to restrict trade less than other methods. This is the case if the schemes are voluntary, allow all sides to participate in their design, based on the market, and transparent. However, these same schemes could be misused to protect domestic producers. For this reason, the schemes should not discriminate between countries and should not create unnecessary barriers or disguised restrictions on international trade. A particularly thorny issue in the eco-labelling debate has been the use of criteria linked to processes and production methods (PPMs).

5 The 2001 Doha Declaration and the environment

The 2001 Doha Declaration envisages trade, the environment and sustainable development to as mutually supportive. The declaration was adopted at the Doha Ministerial Conference in 2001 emphasising the relationship between existing WTO rules and specific trade obligations set out in multilateral environmental agreements (MEAs). The negotiations shall be limited in scope to the applicability of such existing WTO rules as among parties to the MEA in question. The negotiations shall not prejudice the WTO rights of any member that is not a party to the MEA in question; procedures for regular information exchange between MEA Secretariats and the relevant WTO committees, and the criteria for the granting of observer status; the reduction or, as appropriate, elimination of tariff and non-tariff barriers to environmental goods and services. The Committee on Trade and Environment was instructed, in pursuing work on all items on its agenda within its current terms of reference, to give particular attention to the effect of environmental measures on market access, especially in relation to developing countries, in particular the least-developed among them, and those situations in which the elimination or reduction of trade restrictions and distortions would benefit trade, the environment and development; the relevant provisions of the Agreement on Trade-Related Aspects of Intellectual Property Rights; and labelling requirements for environmental purposes. The importance of technical assistance and capacity building in the field of trade and environment to developing countries, in particular the least-developed among them was stressed.[50]

Agenda 21 promulgated that international trade and environmental laws should be mutually supportive. In this context, the relationship of the WTO rules and MEAs is

---

50 The Doha Ministerial Declaration is available at http://www.wto.org/english/thewto_e/minist_ e/min01_e/mindecl_e.htm, accessed 10 November 2017.

not always clear.[51] Of the many MEAs currently in existence, over 20 incorporate trade measures to achieve their goals. Such trade-restricting measures may conflict with WTO rules (this problem is reflected in the Chile – Swordfish case).[52]

The relationship between MEAs and WTO regulation is monitored by the CTE and is mostly not so problematic in cases, where all WTO members concerned are at the same time parties to the specific MEA in question. Then the case can be dealt with under the general obligations of public international law. WTO regulations will in general terms not hinder members, which are parties to an MEA to apply it accordingly. More problematic are cases in which one of the parties concerned is not a WTO member, respectively not a party to the MEA in question.[53]

6 WTO Agreements and their environmentally relevant provisions

6.1 The General Agreement on Tariffs and Trade (GATT)

The General Agreement on Tariffs and Trade (GATT) covers international trade in goods. The workings of the GATT agreement are the responsibility of the Council for Trade in Goods (Goods Council) which is made up of representatives from all WTO member countries. GATT 1994, Articles I and III deal with non-discrimination. One component of the principles of non-discrimination is the most-favoured-nation (MFN) clause (Article I). It regulates that WTO members are bound to treat the products of other members not less favourable than accorded to the products of any other country. No country may give special trading advantages to another or to discriminate against it. This means that all members are on an equal footing, and all share the benefits of any move towards lower trade barriers. The MFN principle ensures that developing countries and others with little economic leverage are able to benefit freely from the best trading conditions, whenever and wherever they are negotiated. Another principle of non-discrimination is the national-treatment (NT) principle (Article III); it regulates that once goods have entered a market they must be treated no less favourably than equivalent domestically-produced goods.

---

51 E.g. the 1998 Rotterdam Convention on the Prior Informed Consent Procedure for Certain Hazardous Chemicals and Pesticides in International Trade; the 2001 Stockholm Convention on Persistent Organic Pollutants (POPs); the 1989 Basel Convention on the Control of Transboundary Movements of Hazardous Wastes and their Disposal; the 1985 Vienna Convention for the Protection of the Ozone Layer; the 1987 Montreal Protocol on Substances that Deplete the Ozone Layer; the 1992 Bonn United Nations Framework Convention on Climate Change and its 1997 Kyoto Protocol; and the 1992 Rio Convention on Biological Diversity, to name but a few of the most prominent MEAs.

52 Discussed in below in Section 8 of this chapter.

53 Stoll & Schorkopf (2006:258).

Non-discrimination in terms of environmental concerns ensures to prevent the abuse of environmental policies and of their usage as disguised restrictions on international trade.

Moreover, GATT Article XI provides for an elimination of quantitative restrictions. Article XI has been violated in the context of a number of environmental disputes in which countries have imposed bans on the importation of certain products; it therefore has relevance for trade and environment discussions. Most importantly, Article XX grants general exceptions from the aforementioned GATT rules. Article XX(b) lists measures necessary to protect human, animal or plant life and health; Article XX(g) lists measures relating to the conservation of exhaustible natural resources. WTO members may be exempted from GATT rules in specific instances. However, measures must be necessary (necessity-test). If the conditions set by Article XX are fulfilled, they must still pass the test of the introductory clause (Chapeau) of Article XX. According to the Chapeau measures may not be pronounced as arbitrary and unjustifiable discrimination between countries where the same conditions prevail and they may not constitute a disguised restriction on international trade. GATT rules provide significant scope for members to adopt national environmental protection policies. GATT rules impose only one requirement in this respect, that of non-discrimination. WTO members are free to adopt national environmental protection policies provided that they do not discriminate between imported and domestically produced like products (NT principle), or between like products imported from different trading partners (MFN clause). Non-discrimination is one of the main principles on which the multilateral trading system is founded. It shall secure predictable access to markets, protect the economically weak from the more powerful, and guarantee consumer choice.[54]

6.2   The General Agreement on Trade in Services (GATS)

The General Agreement on Trade in Services (GATS) is among the World Trade Organisation's most important agreements. The agreement, which came into force in January 1995, is the first and only set of multilateral rules covering international trade in services. It has been negotiated by the member governments, and sets the framework within which firms and individuals can operate. The GATS has two parts: the framework agreement containing the general rules and disciplines; and the national schedules which list individual countries' specific commitments on access to

---

54   On the trade and environment negotiations see https://www.wto.org/english/tratop_e/envir_e/ envir_negotiations_e.htm, accessed 10 November 2017.

their domestic markets by foreign suppliers.[55] GATS contains a general exceptions clause in Article XIV, similar to that of GATT Article XX. In addressing environmental concerns, GATS Article XIV(b) allows WTO members to maintain policy measures inconsistent with GATS if this is necessary to protect human, animal or plant life or health. This must not result in arbitrary or unjustifiable discrimination and may not constitute disguised restriction on international trade. GATS Article XIV Chapeau is identical to that of GATT Article XX.

6.3   The Agreement on Technical Barriers to Trade (TBT)

The Agreement on Technical Barriers to Trade (TBT) attempts to ensure that regulations, standards, testing and certification procedures do not create unnecessary obstacles. Technical regulations and product standards may vary from country to country. Many differing regulations and standards make life difficult for producers and exporters. If regulations are set arbitrarily, they could be used as an excuse for protectionism.[56] The TBT aims to avoid unnecessary obstacles to trade. Product specifications, whether mandatory or voluntary (known as technical regulations and standards), as well as procedures to assess compliance with those specifications (known as conformity assessment procedures), should not create unnecessary obstacles to trade. Article 2.2 provides for legitimate objectives for countries to pursue protection of human health or safety; protection of animal or plant life; and protection of the environment.

6.4   The Agreement on Sanitary and Phyto-sanitary Measures (SPS)

The Agreement on Sanitary and Phyto-sanitary Measures (SPS) deals with the following problem: How do we ensure that our country's consumers are supplied with food that is safe to eat and safe by the standards considered appropriate? And at the same time, how can we ensure that strict health and safety regulations are not being used as an excuse for protecting domestic producers?[57] The SPS Agreement is very similar to the TBT Agreement, but covers a narrower range of measures. It covers measures taken by countries to ensure the safety of foods, beverages and feedstuffs from additives, toxins or contaminants, or for the protection of countries from the

---

55   See http://www.wto.org/english/tratop_e/serv_e/gats_factfiction1_e.htm, accessed 10 November 2017.
56   See http://www.wto.org/english/tratop_e/tbt_e/tbt_e.htm, accessed 10 November 2017.
57   See http://www.wto.org/english/tratop_e/sps_e/sps_e.htm, accessed 10 November 2017.

spread of pests or diseases. It recognises the right of members to adopt SPS measures but stipulates that they must be based on a risk assessment, should be applied only to the extent necessary to protect human, animal or plant life or health, and should not arbitrarily or unjustifiably discriminate between countries where similar conditions prevail. The SPS objectives aim to protect human or animal life from risks arising from additives, contaminants, toxins or disease-causing organisms in their food, beverages and foodstuffs.

6.5 The Agreement on Trade-Related Aspects of Intellectual Property Rights (TRIPS)

The Agreement on Trade-Related Aspects of Intellectual Property Rights (TRIPS) introduced intellectual property rules into the multilateral trading system for the first time. Ideas and knowledge are an increasingly important part of trade. Most of the value of new medicines and other high-technology products are contained in the amount of invention, innovation, research, design and testing involved. Films, music recordings, books, computer software and on-line services are bought and sold because of the information and creativity they contain, not because of the plastic, metal or paper used to make them. In the past, products were traded as low-technology commodities now contain a higher proportion of invention and design in their value; for example, branded clothing or new varieties of plants. Creators can be given the right to prevent others from using their inventions, designs or other creations and to use that right to negotiate payment in return for others using them. These are intellectual property rights. They take a number of forms. For example books, paintings and films are protected under copyright; inventions can be patented; brand names and product logos can be registered as trademarks; and so on. Governments and parliaments have given creators these rights as incentive to produce ideas that will benefit society as a whole. The extent of protection and enforcement of these rights varies around the world; as intellectual property became more important in trade, these differences became a source of tension in international economic relations. New internationally agreed upon trade rules for intellectual property rights were seen as a way to introduce more order and predictability, and for disputes to be settled more systematically.[58] TRIPS stipulates patents are available for inventions in all fields of technology. It however also regulates the permissible exceptions thereto in Section 5, Article 27.

---

[58] From http://www.wto.org/english/thewto_e/whatis_e/tif_e/agrm7_e.htm, accessed 10 November 2017.

6.6   The Agreement on Subsidies and Countervailing Measures (SCM)

The Agreement on Subsidies and Countervailing Measures (SCM) disciplines the use of subsidies, and it regulates the actions countries can take to counter the effects of subsidies. Under the agreement, a country can use the WTO's dispute-settlement procedure to seek the withdrawal of the subsidy or the removal of its adverse effects. Alternatively, a country can launch its own investigation and ultimately charge extra duty (countervailing duty) on subsidised imports found to be detrimental to domestic producers.[59] The Agreement on Subsidies and Countervailing Measures applies to non-agricultural products and is designed to regulate the use of subsidies. Certain subsidies referred to as 'non-actionable' are generally allowed. Under Article 8 of the Agreement on non-actionable subsidies, direct reference had been made to the environment. Amongst the non-actionable subsidies that had been provided for under that Article were subsidies used to promote the adaptation of existing facilities to new environmental requirements (Article 8.2 (c)). However, this provision expired in its entirety at the end of 1999. It was intended to allow members to capture positive environmental external factors when they arise.

6.7   The Agreement on Agriculture

The Agreement on Agriculture was negotiated in the Uruguay Round (1986-1994) and is a significant first step towards fairer competition and a less distorted sector. WTO Member governments agreed to improve market access and reduce trade-distorting subsidies in agriculture. It seeks to reform trade in agricultural products and provides the basis for market-oriented policies. In its Preamble, the Agreement reiterates the commitment of Members to reform agriculture in a manner which protects the environment. Under the Agreement, domestic support measures with minimal impact on trade (known as green box policies) are excluded from reduction commitments (contained in Annex 2 of the Agreement). These include expenditures under environmental programmes, provided they meet certain conditions. The exemption also enables members to capture positive environmental external factors.

6.8   The Environmental Goods Agreement (EGA)

In 2014, various WTO members launched plurilateral negotiations for an Environmental Goods Agreement (EGA). The negotiations relate to promoting trade and in-

---

59   See http://www.wto.org/english/tratop_e/scm_e/scm_e.htm, accessed 10 November 2017.

vestment that is needed to protect the environment, and to developing and disseminating relevant technologies. The first phase of the negotiations aims to eliminate tariffs or customs duties on a range of environmental goods. The next phase could address the bureaucratic or legal issues that could cause hindrances to trade and environmental services.[60] The talks aim at securing a tariff-cutting deal on selected environmental goods, and they build on a list[61] of specific environmental goods put together by countries of the Asia-Pacific Economic Cooperation forum. Included are goods such as wind turbines, air quality monitors and solar panels. Meanwhile, several participating countries have presented indicative lists of product nominations related to cleaner and renewable energy, as well as energy efficiency, among others. The talks on an Agreement on Environmental Goods are ongoing and the outcomes remain to be seen. In any event, the talks will contribute to the movement of sustainable development and environmental concerns towards the centre of discourse among WTO members who are engaged in seeking to eliminate tariffs on a number of important environment-related products. These include products that can help achieve environmental and climate protection goals, such as generating clean and renewable energy, improving energy and resource efficiency, controlling air pollution, managing waste, treating waste water, monitoring the quality of the environment, and combatting noise pollution.[62]

7   The WTO's Dispute Settlement Body (DSB)

The Dispute Settlement Body (DSB) is the WTO's judicial body. The dispute settlement mechanism of the WTO, one of the pillars of the multilateral trading system, is governed by Articles XXII and XXIII of GATT, and the Dispute Settlement Understanding (DSU). In simplified terms, the full dispute settlement process can be subdivided in four phases:[63] The process begins with consultations between the countries in dispute. If consultations fail, the process enters the second stage, the panel. Panels consist of three or five experts from different countries who examine the evidence and issue a report. The report becomes the Dispute Settlement Body's (DSB) ruling or recommendation unless a consensus rejects it. The third stage of the dispute settlement process is an appeal to the Appellate Body, if so requested by one or both parties to the dispute. The respective appeals report has to be accepted or rejected by

---

60   See https://www.wto.org/english/news_e/news14_e/envir_08jul14_e.htm, accessed 14 April 2017.
61   List available at http://www.apec.org/Meeting-Papers/Leaders-Declarations/2012/2012_aelm/2012_aelm_annexC.aspx, accessed 14 April 2017.
62   See https://www.wto.org/english/tratop_e/envir_e/ega_e.htm, accessed 14 April 2017.
63   For more details see Delich (2002:71ff.).

the DSB. The final stage is that of adoption and implementation of the DSB's rulings and recommendations.

Historically, Africa's involvement in the dispute settlement process of the WTO is rather small. Although the involvement of developing countries in WTO related cases has increased significantly and account for over 40% of the cases, it is mostly the large Asian and Latin American countries which are making use of the dispute settlement process. While African countries have been respondents in nine cases (Egypt in four cases and South Africa in five cases), no African country has so far initiated proceedings under the DSU.[64] The participation as third party is slightly higher, as 18 African countries have participated in proceedings as third parties.[65]

The reasons for Africa's minor role in the proceedings under the DSU are manifold.[66] Although Africa's share in world trade is growing,[67] its share (2.8% of world exports and 2.5% of world imports in the decade from 2000 to 2010)[68] is still small compared to that of other regions. With a narrow range of primary export products (mainly fuels and mining products),[69] it is understandable that the participation of African countries in the dispute settlement system is currently limited.[70]

Further reasons for Africa's limited participation through litigation under the DSU are the agreements granting preferential access to key trade markets, such as the Lomé Conventions and the Cotonou Agreement, European Partnership Agreements (EPAs) or the United States' African Growth and Opportunity Act (AGOA). Moreover, African priorities at this stage are focused on market access negotiations rather than on taking disputes to the WTO's judicial body. However, it is predictable that the African share of world trade will increase, and as such, there may be need to resolve disputes that arise. With increasing economic development and regional integration strengthening the position of African economies, combined with a growing base of legal expertise in trade related issues, the participation of African countries in the dispute settlement system will undoubtedly improve.

---

64 See https://www.wto.org/english/tratop_e/dispu_e/dispu_maps_e.htm; accessed 11 November 2017.

65 African countries which have participated as third parties are Benin, Cameroon, Chad, the Ivory Coast, Egypt, Ghana, Kenya, Madagascar, Malawi, Mauritius, Namibia, Nigeria, Senegal, South Africa, Swaziland, Tanzania, Zambia and Zimbabwe. See http://www.wto.org/english/tratop_e/dispu_e/dispu_by_country_e.htm#respondent, accessed 1 November 2017.

66 Horlick & Fennell (2013:164); Zunckel & Botha (2012:3); Alavi (2007:25-42).

67 UNCTAD (2014a:9).

68 See UNCTAD (2013:11).

69 See WTO Database on International Trade and Market Access Data; Profile for Africa at http://webservices.wto.org/resources/profiles/MT/TO/2012/AFR_e.pdf; accessed 30 January 2018.

70 See World Bank (2011:xiii); Rugwabiza (2012).

8   Selected environmental case references

A few of the environment-related cases that have been brought before the GATT/WTO dispute settlement mechanism are outlined in brief below.

8.1   United States – Canadian Tuna (1982)[71]

An import prohibition was introduced by the United States after Canada seized nineteen fishing vessels and arrested US-fishermen for harvesting Albacore tuna, without authorisation from the Canadian government, in waters considered by Canada to be under its jurisdiction. The United States did not recognise this jurisdiction and introduced an import prohibition to retaliate against Canada under the Fishery Conservation and Management Act.

The Panel found that the import prohibition was contrary to GATT Article XI:1, and was not justifiable under Articles XI:2 and Article XX(g).[72]

8.2   Canada – Salmon and Herring (1988)[73]

Under the 1970 Canadian Fisheries Act, Canada maintained regulations prohibiting the exportation or sale for export of certain unprocessed herring and salmon. The United States complained that these measures were inconsistent with GATT Article XI. Canada argued that these export restrictions were part of a system of fishery resource management aimed at preserving fish stocks, and therefore were justified under Article XX(g).

The panel found that the measures maintained by Canada were contrary to GATT Article XI:1 and were justified neither by Article XI:2(b), nor by Article XX(g).[74]

---

71   See http://www.wto.org/english/tratop_e/envir_e/edis01_e.htm, accessed 10 November 2017.
72   United States – Prohibition of Imports of Tuna and Tuna Products from Canada, adopted on 22 February 1982.
73   See http://www.wto.org/english/tratop_e/envir_e/edis02_e.htm, accessed 10 November 2017.
74   Canada – Measures Affecting Exports of Unprocessed Herring and Salmon, adopted on 22 March 1988.

8.3   United States – Tuna (Mexico) (1991, not adopted)[75]

The US Marine Mammal Protection Act (MMPA) required a general prohibition of the 'taking' and importation into the United States of marine mammals, except when explicitly authorised. The Act governed, in particular, the taking of marine mammals incidental to harvesting, yellow fin tuna in the Eastern Tropical Pacific Ocean (ETP), an area where dolphins are known to swim above schools of tuna. Under the MMPA, the importation of commercial fish or products from fish which were caught using commercial fishing technology which results in the incidental killing or injury of ocean mammals in excess of US standards, were prohibited. In particular, the importation of yellow fin tuna harvested with purse-seine nets in the ETP was prohibited (primary nation embargo), unless the competent US-authorities established that the government of the harvesting country had a programme regulating the taking of marine mammals, comparable to that of the United States, and the average rate of incidental taking of marine mammals by vessels of the harvesting nation was comparable to the average rate of such taking by US vessels. The average incidental taking rate (in terms of dolphins killed each time in the purse-seine nets) for that country's tuna fleet were not to exceed 1.25 times the average taking rate of US vessels in the same period.

Imports of tuna from countries purchasing tuna from a country subject to the primary nation embargo were also prohibited (intermediary nation embargo). Mexico claimed that the import prohibition on yellow fin tuna and tuna products was inconsistent with Articles XI, XIII and III. The United States requested the panel to find direct embargo was consistent with Article III and, the alternative, was covered by Article XX(b) and (g). The United States also argued that the intermediary nation embargo was consistent with Article III and, the alternative, was justified by Article XX(b), (d) and (g) because the tuna was caught in a manner harmful to dolphins.

The panel found that the import prohibition under the direct and the intermediary embargoes did not constitute internal regulations within the meaning of Article III, were inconsistent with Article XI:1 and were not justified by Article XX(b) and (g). Moreover, the intermediary embargo was not justified under Article XX(d). Allowing the American import measures, the import prohibition, would undermine the multilateral trading system.[76]

---

75   See http://www.wto.org/english/tratop_e/envir_e/edis04_e.htm, accessed 10 November 2017.
76   United States – Restrictions on Imports of Tuna, circulated on 3 September 1991, not adopted.

8.4   United States – Gasoline (1996)[77]

Following the 1990 amendment to the Clean Air Act, the US Environmental Protection Agency (EPA) promulgated the Gasoline Rule on the composition and emissions effects of gasoline, in order to reduce air pollution in the United States. The Gasoline Rule permitted only gasoline of a specified cleanliness ("reformulated gasoline") to be sold to consumers in the most polluted areas of the country. In the rest of the country, only gasoline no dirtier than that sold in the base year of 1990 ("conventional gasoline") could be sold. The Gasoline Rule applied to all US refiners, blenders and importers of gasoline. It required any domestic refiner which was in operation for at least six months in 1990 to establish an individual refinery baseline, which represented the quality of gasoline produced by that refiner in 1990. EPA also established a statutory baseline, intended to reflect average US 1990 gasoline quality. The statutory baseline was assigned to those refiners who were not in operation for at least six months in 1990, and to importers and blenders of gasoline. Compliance with the baselines was measured on an average annual basis.

Venezuela and Brazil claimed that the Gasoline Rule was inconsistent, *inter alia*, with GATT Article III, and was not covered by Article XX. The United States argued that the Gasoline Rule was consistent with Article III, and, in any event, was justified under the exceptions contained in Article XX(b), (g) and (d).

The panel found that the Gasoline Rule was inconsistent with Article III, and could not be justified under paragraphs (b), (d) or (g). The appeal on the panel's findings on Article XX(g), the Appellate Body found that the baseline establishment rules contained in the Gasoline Rule fell within the terms of Article XX(g), but failed to meet the requirements of the Chapeau of Article XX.[78]

8.5   Chile – Swordfish (WTO/ITLOS, 2000)[79]

Swordfish migrate through the waters of the Pacific Ocean. During their extensive journeys, swordfish cross jurisdictional boundaries. For ten years, the European Community and Chile were engaged in controversy over swordfish fisheries in the South Pacific Ocean, resorting to different international law regimes to support their positions. However, the European Community decided in April 2000 to bring the

---

77   See http://www.wto.org/english/tratop_e/envir_e/edis07_e.htm, accessed 10 November 2017.
78   United States – Standards for Reformulated and Conventional Gasoline, Appellate Body Report and Panel Report, adopted on 20 May 1996.
79   See http://www.wto.org/english/tratop_e/dispu_e/cases_e/ds193_e.htm; http://www.wto.org/english/tratop_e/envir_e/envir_wto2004_e.pdf, accessed 10 November 2017.

case before the WTO, and Chile before the International Tribunal for the Law of the Sea (ITLOS) in December 2000.

With regard to the proceedings at the WTO on 19 April 2000, the European Community requested consultations with Chile regarding the prohibition on the unloading of swordfish in Chilean ports established on the basis of the Chilean Fishery Law. The European Community asserted that its fishing vessels operating in the South East Pacific were not allowed, under Chilean legislation, to unload their swordfish in Chilean ports. The European Community considered that, as a result, Chile made transit through its ports impossible for swordfish. The European Community claimed that the above-mentioned measures were inconsistent with GATT 1994, and in particular Articles V and XI. On 12 December 2000, the Dispute Settlement Body (DSB) established a panel further to the request of the European Community. In March 2001, the European Community and Chile agreed to suspend the process for the constitution of the panel (this agreement was confirmed in November 2003).

Proceedings started on 19 December 2000 at the ITLOS by Chile and the European Community. Chile requested, *inter alia*, the ITLOS to declare whether the European Community had fulfilled its obligations under UNCLOS:

- Article 64 calling for cooperation in ensuring conservation of highly migratory species;
- Articles 116-119 relating to conservation of the living resources of the high seas;
- Article 297 concerning dispute settlement; and
- Article 300 calling for good faith and no abuse of right.

The European Community requested, *inter alia*, the Tribunal to declare whether Chile had violated:

- Articles 64, 116-119 and 300 of UNCLOS;
- Article 87 on freedom of the high seas including freedom of fishing, subject to conservation obligations; and
- Article 89 prohibiting any State from subjecting any part of the high seas to its sovereignty.

On 9 March 2001, the parties informed the ITLOS that they had reached a provisional arrangement concerning the dispute and requested that the proceedings before the ITLOS be suspended. This suspension was recently confirmed. The case therefore remains on the docket of the Tribunal.

8.6   United States – Shrimp: Initial Phase (1998)

To date, seven species of sea turtles have been identified worldwide. They spend their lives at sea, where they migrate between their foraging and their nesting grounds. Sea turtles have been adversely affected by human activity, either directly (exploitation of their meat, shells and eggs), or indirectly (incidental capture in fisheries, destruction of their habitats, pollution of the oceans). In early 1997, India, Malaysia, Pakistan and Thailand brought a joint complaint against a ban imposed by the United States on the importation of certain shrimp and shrimp products. The US Endangered Species Act of 1973 (ESA) listed as endangered or threatened the five species of sea turtles that occur in US waters and prohibited their take within the United States, in its territorial sea and the high seas. Pursuant to ESA, the United States required that US shrimp trawlers use 'turtle excluder devices' (TEDs) in their nets when fishing in areas where there is a significant likelihood of encountering sea turtles. Section 609 of Public law 101-102, enacted in 1989 by the United States, provided, *inter alia*, that shrimp harvested with technology that may adversely affect certain sea turtles may not be imported into the United States, unless the harvesting nation was certified to have a regulatory programme and an incidental take-rate comparable to that of the United States, or that the particular fishing environment of the harvesting nation did not pose a threat to sea turtles. In practice, countries having any of the five species of sea turtles within their jurisdiction and harvesting shrimp with mechanical means had to impose on their fishermen requirements comparable to those borne by US shrimpers, essentially the use of TEDs at all times, if they wanted to be certified and to export shrimp products to the United States.

The Panel considered that the ban imposed by the United States was inconsistent with Article XI and could not be justified under Article XX. The Appellate Body found that the measure at stake qualified for provisional justification under Article XX(g), but failed to meet the requirements of the Chapeau of Article XX, and, therefore, was not justified under Article XX of GATT 1994.[80]

8.7   United States – Shrimp: Implementation Phase (2001)

Malaysia introduced an action pursuant to Article 21.5 of the Dispute Settlement Understanding (DSU), arguing that the United States had not properly implemented the findings of the Appellate Body in the Shrimp – Turtle dispute. The implementation dispute revolved around a difference of interpretation between Malaysia and the

---

80   United States – Import Prohibition of Certain Shrimp and Shrimp Products, Appellate Body Report and Panel Report, adopted on 6 November 1998.

United States on the findings of the Appellate Body. In Malaysia's view, a proper implementation of the findings would be a complete lifting of the US ban on shrimps. The United States disagreed, arguing that it had not been requested to do so, but simply had to revisit its application of the ban. In order to implement the recommendations and rulings of the Appellate Body, the United States had issued Revised Guidelines for the Implementation of Section 609 of Public Law 101-162 Relating to the Protection of Sea Turtles in Shrimp Trawl Fishing Operations (the Revised Guidelines). These Guidelines replaced the ones issued in April 1996 that were part of the original measure in dispute. The Revised Guidelines set forth new criteria for certification of shrimp exporters. Malaysia claimed that Section 609, as applied, continued to violate Article XI:1 and that the United States was not entitled to impose any prohibition in the absence of an international agreement allowing it to do so. The United States did not contest that the implementing measure was incompatible with Article XI:1, but argued that it was justified under Article XX(g). It argued that the Revised Guidelines remedied all the inconsistencies that had been identified by the Appellate Body under the Chapeau of Article XX.

The implementation panel concluded that the protection of migratory species was best achieved through international cooperation. However, it found that the Appellate Body had instructed the United States to negotiate (not necessarily to conclude) an international agreement for the protection of sea turtles with the parties to the dispute. The panel found that the United States had indeed made serious *bona fide* efforts to negotiate such an agreement and ruled in favour of the United States. Malaysia subsequently appealed against the findings of the implementation Panel. It argued that the panel erred in concluding that the measure no longer constituted a means of "arbitrary or unjustifiable discrimination" under Article XX. Malaysia asserted that the United States should have "negotiated and concluded" an international agreement on the protection and conservation of sea turtles before imposing the import prohibition. The Appellate Body upheld the implementation panel's finding and rejected Malaysia's contention that avoiding "arbitrary and unjustifiable discrimination" under the Chapeau of Article XX.[81]

---

81   United States – Import Prohibition of Certain Shrimp and Shrimp Products, Recourse to Article 21.5 by Malaysia, Appellate Body Report and Panel Report, adopted on 21 November 2001.

8.8 Brazil – Measures Affecting Imports of Re-treaded Tyres (2007)[82]

On 20 June 2005, the European Community (EC) requested consultations with Brazil on the imposition of measures that adversely affect exports of re-treaded tyres from the EC to the Brazilian market. The EC addressed the following measures:

- Brazil's imposition of an import ban on re-treaded tyres;
- Brazil's adoption of a set of measures banning the importation of used tyres, which are sometimes applied against imports of re-treaded tyres, despite the fact that these are not used tyres;
- Brazil's imposition of a fine of 400 BRL per unit on the importation, as well as the marketing, transportation, storage, keeping or keeping in deposit or warehouses of imported, but not for domestically re-treaded tyres; and
- Brazil's exemption of re-treaded tyres imported from other MERCOSUR[83] countries from the import ban and from the above-mentioned financial penalties, in response to the ruling of a MERCOSUR panel established at the request of Uruguay.

The EC considered that the foregoing measures are inconsistent with Brazil's obligations under Articles I:1, III:4, XI:1 and XIII:1 GATT 1994.

- Brazil justified its foregoing by Articles XX(b) and (d), XXIV GATT 1994;
- upon Brazil's acceptance Argentina joined the consultations on 20 July 2005; and
- on 6 March 2006, the European Communities requested the Director-General to compile the panel.

The Panel decided that the measre was considerd to be necessary. The prohibition on the importation of re-treaded tyres contributes to the objective pursued by Brazil, as it can lead to a reduction in the overall number of waste tyres generated in Brazil because re-treaded tyres have a shorter lifespan than new tyres. This can in turn reduce the potential for exposure to the specific risks to human, animal, plant life and health. The Panel is of the view that alternative measures to the import ban (measures to reduce the number of waste tyres; measures to improve the management of waste tyres; other disposal methods e.g. land filling; stockpiling) were not reasonably available to Brazil in light of the level of protection Brazil pursues in relation to the health risks concerned. Stockpiled waste tyres pose similar types of risks such as mosquito-borne

---

82 See http://www.wto.org/english/tratop_e/dispu_e/cases_e/ds332_e.htm, accessed 10 November 2017.

83 MERCOSUR (Spanish: Mercado Común del Sur; Portuguese: Mercado Comum do Sul; English: Southern Common Market) is an economic and political agreement between Argentina, Brazil, Paraguay and Uruguay.

diseases and tyre fires to those posed by the accumulation of waste tyres in general and thus cannot constitute an alternative to the import ban.

The Panel ruled that the import ban was applied in a manner that resulted in discrimination because it gave rise to discrimination between MERCOSUR and non-MERCOSUR countries. Furthermore, the Panel saw a discrimination in favour of tyres re-treaded in Brazil using imported casings, to the detriment of imported re-treaded tyres.

In conclusion, the Panel, by applying the two-tier test of Article XX[84], found that the importation of used tyres through court injunctions resulted in the import ban being applied in a manner that constitutes a means of unjustifiable discrimination and a disguised restriction to trade within the meaning of the Chapeau of Article XX. In light of this conclusion, the Panel found that the measure at issue was not justified under Article XX GATT 1994.

8.9 China – Measures related to the exportation of various raw materials

The case was initiated by a request for consultations by the United States on 23 June 2009[85], deals with China's restraints on the export from China of various forms of raw materials. The consultations were joined by Canada[86], the European Communities[87], Mexico[88] and Turkey[89]. The dispute deals with certain measures imposed by China affecting the exportation of certain forms of bauxite, coke, fluorspar, magnesium, manganese, silicon carbide, silicon metal, yellow phosphorous, and zinc. China is a leading producer of each of the raw materials which are used to produce everyday items as well as technology products. Four types of export restraints imposed on the different raw materials at issue have been challenged, namely export duties, export quotas, minimum export price requirements, and export licensing requirements.

The DSB established a Panel and Argentina, Brazil, Canada, Chile, Colombia, Ecuador, the European Union, India, Japan, Korea, Mexico, Norway, Chinese Taipei,

---

84 In order to be justified under Article XX, a GATT 1994-inconsistent measure must go through a two-tier test: The measure at issue must fall under one of the exceptions – sub-paragraphs (a) to (j) – listed under Article XX; each sub-paragraph concerns different objectives and contains different requirements; and, the measure must be applied in a manner that satisfies the requirements of the Chapeau of Article XX, which means that measures must not be "applied in a manner which would constitute a means of arbitrary or unjustifiable discrimination between countries where the same conditions prevail, or a disguised restriction on international trade".
85 WT/DS394/1.
86 WT/DS394/4.
87 WT/DS394/2.
88 WT/DS394/5.
89 WT/DS394/3.

Turkey and Saudi Arabia reserved their third-party rights. The United States considered that China was in violation of Articles VIII, X, and XI of the GATT 1994; and several provisions of the Protocol on the Accession of the People's Republic of China (the Accession Protocol) by imposing temporary duties on exports of bauxite, coke, fluorspar, magnesium, manganese, silicon metal, and zinc; and by furthermore subjecting exports of yellow phosphorus to a duty in excess of the *ad valorem* rate listed for item No. 11 in Annex 6 to the Accession Protocol. The European Union claimed that China has violated the obligation assumed under the note to Annex 6 to consult "with other affected WTO Members prior to the imposition" of the export duties on bauxite, coke, fluorspar, magnesium, manganese, silicon metal, and certain forms of zinc.

Article XX of the GATT 1994 and in particular its provisions relating to environmental matters play a major role in this case. China[90] *inter alia* argued that the export duty applied to fluorspar was justified pursuant to Article XX(g) because it is a measure relating to the conservation of an exhaustible non-renewable mineral resource, and is applied together with restrictions on domestic production and consumption. The export duties applied to coke, magnesium metal, and manganese metal are justified pursuant to Article XX(b) because they are necessary for the protection of human, animal, and plant life or health by virtue of their contribution to the reduction of the polluting and energy-intensive production of coke, magnesium metal, and manganese metal.

On 5 July 2011, the Panel[91] ruled in favour of the claimants and found that the wording of the Accession Protocol did not allow China to use the general exceptions in Article XX of the GATT 1994 to justify its WTO-inconsistent export duties and that even if China were able to rely on certain exceptions available in the WTO rules to justify its export duties, it had not complied with the requirements of those exceptions. The Panel recommended that China bring its export duty and export quota measures into conformity with its WTO obligations such that the series of measures do not operate to bring about a WTO-inconsistent result.

Upon appeal the Appellate Body[92] upheld the Panel's finding that there is no basis in China's Accession Protocol to allow the application of Article XX of the GATT 1994 to China's obligations under Paragraph 11.3 of the Accession Protocol. The Appellate Body report and the panel report, as modified by the Appellate Body report

---

90   See WT/DS394/R/Add.1, WT/DS395/R/Add.1 and WT/DS398/R/Add.1.
91   WT/DS394/R; WT/DS395/R; WT/DS398/R.
92   WT/DS394/AB/R, WT/DS395/AB/R, WT/DS398/AB/R.

have been adopted by the DSB[93] and China informed the DSB of its intention to implement the rulings and recommendations and rulings.

8.10 China – Measures related to the exportation of rare earths, Tungsten and Molybdenum[94]

On 13 March 2012, the US,[95] Japan[96] and the EU[97] requested consultations with China under the WTO's dispute settlement system. Canada has also requested to join the consultations.[98] The case deals with China's restrictions on the export of various forms of rare earths,[99] as well as tungsten and molybdenum. Rare earths feature unique magnetic, heat-resistant and phosphorescence properties and are used, inter alia, to produce highly efficient magnets, phosphors, optical and battery materials. These materials are key components of products such as helicopter blades; wind-power turbines; energy-efficient light bulbs; motors for electric and hybrid vehicles; flat screens and displays; hard drives; medical equipment; and many others. Although reserves of rare earth elements are dispersed throughout the world with China holding only 50% of the world's reserves, China has a near-monopoly position with more than 97% of the world's rare earth production.[100] The country has curbed output and exports since 2009 to conserve mining resources and protect the environment. The complaint relates to China's restrictions in the form of export duties; export quotas; minimum export price requirements; export licensing requirements; and additional requirements and procedures in connection with the administration of the quantitative restrictions. The complainants claim that China's measures are inconsistent with Articles VII, VIII, X and XI of GATT 1994 and several provisions of

---

93 At its meeting on 22 February 2012, see WT/DS394/16, WT/DS395/15, WT/DS398/14 (24 February 2012).

94 Panel Report at http://www.wto.org/english/tratop_e/dispu_e/431_432_433r_e.pdf, accessed 18 February 2018. On this case, see also Baroncini (2012).

95 WT/DS431/1; G/L/982, http://www.wto.org/english/tratop_e/dispu_e/cases_e/ds431_e.htm, accessed 30 January 2018.

96 WT/DS433/1; G/L/984, http://www.wto.org/english/tratop_e/dispu_e/cases_e/ds433_e.htm, accessed 30 January 2018.

97 WT/DS432/1; G/L/983, http://www.wto.org/english/tratop_e/dispu_e/cases_e/ds432_e.htm, accessed 30 January 2018.

98 WT/DS431/4; WT/DS432/4; WT/DS433/4.

99 A set of 17 chemical elements, usually referred to as rare earths. These include 15 lanthanides (lanthanum, cerium, praseodymium, neodymium, promethium, samarium, europium, gadolinium, terbium, dysprosium, holmium, erbium, thulium, ytterbium and lutetium) as well as scandium and yttrium. The request specifically refers to certain materials falling under but not limited to a vast number of Chinese Customs Commodity Codes.

100 Humphries (2013).

China's Protocol of Accession. It is argued that China administers export restrictions on various forms of rare earths, tungsten, and molybdenum, and that the requirements and procedures in connection with these export restrictions are administered in a manner that is not uniform, impartial, reasonable, or transparent.

On 29 August 2014, the DSB adopted the Panel and Appellate Body reports, which found that China's export restrictions on rare earths, tungsten and molybdenum were in breach of China's WTO obligations and were not justified under the GATT exceptions.

9   Multilateral environmental agreements (MEAs)

International environmental treaties or Multilateral Environmental Agreements (MEAs) as they are commonly referred to, regulate the relationships between states pertaining to the environment. Generally, the first objective of any MEA is the protection and conservation of the environment. International trade agreements focus on the exchange of goods, services and capital across international borders. That there is *de facto* a close interrelationship between trade and the environment can be taken from the respective legal documents: Environmental agreements contain trade measures and trade agreements provide for measures for environmental protection, as has been sketched in the previous section. This close relationship and a call for mutual supportiveness of trade and environment agreements with a view to achieving sustainable development has been emphasised by Chapter 2 of Agenda 21 and various environmental and trade agreements.

Different trade measures are provided for in MEAs, which are taken to protect the environment and have an impact on international trade flows. The most direct such measure is to prohibit or restrict trade in certain goods or products. Trade measures may be imposed in different forms, such as import or export licences, product standards, labelling, certification systems, notification procedures, taxes or subsidies. By applying trade measures, environmental agreements typically either aim to control and monitor trade activities with regard to the over-exploitation of natural resources, or to combat trade activities considered being sources of pollution.

The 1973 Convention on International Trade in Endangered Species (CITES) for example contains several trade measures to control the trade of species in danger of extinction or which might become endangered. The species to which the trade measures are applicable are specified in the annexes to CITES. Trade measures here include export and import licenses, quotas and certificates on the country of origin.

The 2000 Cartagena Protocol on Bio-Safety, agreed upon by the Parties to the 1992 Convention on Biological Diversity, is another important example of MEAs that have an impact on international trade flows. The Protocol provides for specific steps states may take to regulate trade in genetically modified organisms (GMOs) in order to ensure safety of international transfers and of the use of any living GMOs resulting from biotechnology as trans-boundary movements of GMOs may have adverse effects on the conservation of biological diversity. The import of living GMOs may thus be restricted as part of a detailed risk management procedure. The Protocol establishes trade control measures based on a compulsory procedure of notification by the exporting country.

The 1985 Vienna Convention for Protection of the Stratosphere was developed as a framework convention establishing general objectives and a basis for cooperation on ozone layer protection. In order to achieve the elimination of the production of ozone depleting substances, the 1987 Montreal Protocol on Substances that Deplete the Stratospheric Ozone Layer, established trade restriction measures. Certain substances are listed as ozone depleting and all trade in those substances is generally banned between parties and non-parties. Bans may also be implemented against parties as part of the Protocol's non-compliance procedure.

Whereas the 1992 United Nations Framework Convention on Climate Change (UNFCCC) does not provide for specific trade measures, the 1997 Kyoto Protocol contains more detailed obligation related to the reduction of greenhouse gases and provides for trade affecting techniques such as tax impositions on carbon dioxide emissions, the adoption of certain treatment or emission rules for greenhouse gas emissions not covered by the Montreal Protocol or the elimination of subsidies adversely affecting the objective of the UNFCCC.

Aiming to protect human health and the environment against the adverse effects which may result from the production and management the 1989 Basel Convention on the Control of Trans-Boundary Movement of Hazardous Wastes and their Disposal contains trade measures establishing a notification and consent procedure for any envisaged trans-boundary movement of hazardous and other wastes. The Convention acknowledges the sovereign right of states to ban the entry of hazardous wastes in their territories and contains obligations concerning transport, disposal, packaging and labelling. Parties may only export a hazardous waste to another party that has not banned its import and that gives written consent to the import. In general, parties may not import from or export to a non-party. Parties are also obliged to prevent the import or export of hazardous wastes if there is an indication that the wastes will not be treated in an environmentally-sound manner at their destination.

The above examples of trade measures in MEAs show that measures generally designed to protect the environment may have a direct impact on the freedom of international trade. Although the provisions in the fields of trade and environment should mutually complement each other according to Agenda 21 and many other international rules, it may occur that MEAs and trade agreements address the same issues differently whereby conflicts between the two fields of international law may arise. In such instances, disputes may be resolved according to the procedures as described in the respective MEA. However, disputes on trade measures in MEAs could also be taken to the WTO's DSB, especially, if the Party affected by the trade measure is not a party to the MEA, but a member of the WTO. So far, MEAs have not been challenged directly under the WTO's DSU. However, conflicts may arise between WTO rules and trade related measures where trade restrictions provided for in MEAs are used by a party to the MEA against a non-party to the MEA if both parties are members of the WTO. In such cases, the MFN and national-treatment principles, as well as provisions on eliminating quantitative restrictions are potentially infringed.[101] Neither the WTO's legal framework nor the wordings of MEAs claim to be hierarchically superior to the other. On the contrary, the concept of mutual supportiveness of trade and environment agreements is emphasised by both regimes without offering express solutions to solve possible conflicts resulting from the coexistence of trade and environment agreements. Generally, it can be stated that in case of a conflict between MEAs and WTO rules, the rules of treaty interpretation under the Vienna Convention on the Law of the Treaties and general rules of interpretation would have to be applied in order to determine which rules would take precedence over others.[102] So far, trade measures within MEAs have not been in the centre of attention of international trade proceedings. However, WTO members may choose to take a case relating to trade measures in MEAs to the DSB of the WTO. Included in the Doha development agenda, and thus subject to ongoing negotiations, is the task of clarifying the relationship between trade measures in MEAs and WTO rules, the responsibility for which has been given to the WTO's Committee on Trade and Environment.

10　Cameroon's global and regional trade ties

The public authorities have fixed as a goal making Cameroon an emerging economy by 2035. Cameroon's "Vision 2035" gives trade an important role and considers it to be a powerful catalyst for creating wealth and promoting development. At the internal level, the Government's objectives for boosting trade consist of ensuring regular supplies in the domestic market under healthy conditions of competition and, at the international level, seeking new markets for Cameroon's goods and services, particularly those with high value added.[103]

Cameroon is a member of the Organization for the Harmonization of Business Law in Africa (OHADA), which was established by the Treaty on the Harmonization of Business Law in Africa (OHADA) signed on 17 October 1993 in Port-Louis

---

101　For more details see UNEP (2005d:65ff.).
102　For a detailed discussion see Goyal (2006:356ff.).
103　For more information see http://cm.one.un.org/content/dam/cameroon/docs-one-un-cameroun/ 2017/vision_cameroun_2035%20(1).pdf, accessed 20 February 2018.

(Mauritius Ireland) and revised in Quebec (Canada) on 17 October 2008. The Treaty's main objective is to address the legal and judicial insecurity in Member States and to harmonise business law in Africa in order to guarantee legal and judicial security for investors and companies.[104] 17 States are currently members of the Organization for the Harmonization of Business Law in Africa: Benin, Burkina Faso, Cameroon, Central African Republic, Côte d'Ivoire, Congo, Comoros, Gabon, Guinea, Guinea Bissau, Equatorial Guinea, Mali, Niger, the Democratic Republic of Congo (DRC), Senegal, Chad and Togo. Through its membership of OHADA, Cameroon also has an arbitration mechanism, the Common Court of Justice and Arbitration. In addition, the Groupement Inter-Patronal du Cameroun (GICAM) has its own arbitration centre.[105]

Cameroon joined the Commonwealth in 1995.[106] According to the Commonwealth Secretariat Strategic Plan 2017/18-2020/21[107] the Commonwealth aims for more inclusive economic growth and sustainable development. In this light, the Commonwealth Strategic Plan explicitly promotes increased trade, increased access to trade, employment and business growth, as well as sustainable development of marine, other natural resources, including blue economies.[108]

Cameroon is an original Member of the WTO.[109] In addition to the WTO, it belongs to several regional trade groupings, including the African Union, the associated African Economic Community (AEC), the the Central African Economic and Monetary Community (CEMAC) and the Economic Community of Central African States (ECCAS).

CEMAC is composed of six Central African States, namely: Cameroon, Republic of the Congo, Gabon, Equatorial Guinea, Central African Republic, and Chad. Its main mission is to promote peace and the harmonious development of its member States by establishing an economic union and a monetary union. The CEMAC countries are founder members of the African Union (AU), successor to the Organization of African Unity (OAU). The creation of CEMAC in 1994 was intended to reinvigorate this integration process. To achieve its goals, CEMAC has set up five institutions and several bodies. The institutions include: the Central African Economic Union (UEAC), the Central African Monetary Union (UMAC), the Community Parlia-

---

104   See http://www.ohada.org/index.php/en/ohada-in-a-nutshell/general-overview, accessed 22 January 2018.
105   See http://www.legicam.cm/cag/, accessed 22 November 2017.
106   See http://thecommonwealth.org/our-member-countries/cameroon, accessed 18 March 2018.
107   See http://thecommonwealth.org/sites/default/files/inline/CommonwealthSecretariatStrategic_Plan_17_21.pdf, accessed 18 February 2018.
108   Regarding trade and maritime developments in the African blue economy, see Ruppel & Biam (2016).
109   See WT/TPR/S/285.

ment, the Court of Justice, and the Court of Auditors. Each of these institutions is governed by a convention. CEMAC's main decision-making bodies are the Conference of CEMAC Heads of State, the UEAC Council of Ministers (Council of Ministers), the UMAC Ministerial Committee (Ministerial Committee), the CEMAC Commission, the Bank of Central African States (BEAC), the Development Bank of Central African States (BDEAC), and the Central African Banking Commission (COBAC). The Central African Monetary Union aims to consolidate the achievements of monetary cooperation based on a common currency, the CFA franc, and a common central bank, the BEAC.[110]

CEMAC represents a market of 42.4 million people spread over an area of more than 3 million km2. Nearly half of this market (47.2%) is located in Cameroon, which is also responsible for a substantial proportion of regional GDP (28.6%).[111] More than half of the population live in rural areas. CEMAC's diversity of its climate (Sahelian in the north, hot and wet tropical in the south and along the coast) makes it a region suitable for agriculture and livestock raising. It has huge resources in arable and grazing land. Moreover, CEMAC is partly covered by the forests of the Congo Basin, the world's second largest tropical forest zone, which provides exceptional ecological diversity. The CEMAC countries form a heterogeneous whole, in terms of both level of development and economic structure. The Central African Republic and Chad, landlocked countries of the sub-region, belong to the "least developed country" (LDC) group and are also classified as "low-income countries" on the basis of the gross national income per capita. Cameroon, the Republic of the Congo and Gabon are middle-income countries, with Gabon in the upper tier.

All the CEMAC countries also belong to the ECCAS. In addition to the CEMAC countries, ECCAS includes Burundi and the Democratic Republic of the Congo (members of the Economic Community of the Great Lakes Countries), as well as Angola and Sao Tomé and Principe. ECCAS is one of the eight Regional Economic Communities (RECs) designated by the African Union as pillars for the implementation of the African Economic Community. At ECCAS level, the organization of a Conference of Ministers responsible for the forests of Central Africa in 2000 provided a framework for harmonization initiatives. This followed the "Declaration of Yaoundé", in which the ECCAS Heads of State proclaimed, among other things, their support for the preservation of biodiversity and the sustainable management of tropical forests. These commitments were institutionalized in 2005 in the form of a treaty on the conservation and sustainable management of forest ecosystems and the estab-

---

110   WT/TPR/S/285.
111   (ibid.).

lishment of the Central African Forests Commission (COMIFAC).[112] COMIFAC is the body responsible for formulating, harmonising and monitoring forestry and environmental policies in Central Africa.[113]

The CEMAC countries are all parties to the main international investment guarantee arrangements. With the exception of Equatorial Guinea, the CEMAC countries are for instance all signatories to the Convention of the International Centre for Settlement of Investment Disputes (ICSID), a centre which provides facilities for the conciliation and arbitration of investment disputes between member States and nationals of other member States. [114] Cameroon is not only a member of ICSID, but also the Multilateral Investment Guarantee Agency (MIGA) and has signed the United Nations Convention on the Recognition and Enforcement of Foreign Arbitral Awards (the New York Convention).[115] According to UNCTAD, Cameroon has signed bilateral investment treaties with 15 countries.[116]

With the exception of Equatorial Guinea, all the CEMAC countries are former contracting parties to the GATT 1947. However, they joined the WTO at different times: Cameroon, Gabon and the Central African Republic acceded in 1995, Chad in 1996, and the Congo in 1997. Equatorial Guinea has observer status and applied for accession on 19 February 2007. The WTO grants "least developed country (LDC)" status to the Central African Republic and Chad. This makes them eligible for the Enhanced Integrated Framework (EIF). The CEMAC countries are not parties to any of the plurilateral agreements concluded under the aegis of the WTO. They grant at least MFN treatment to all their trading partners and have not been party to any dispute under the WTO as either complainant or respondent. Cameroon and Chad were third parties in the disputes European Communities – Regime for the Importation, Sale and Distribution of Bananas and United States – Subsidies on Upland Cotton, respectively. [117]

Owing to its geographic location, the structure and size of its economy, Cameroon is the driver of trade in the CEMAC zone. Cameroon's economy accounts for close to 40% of CEMAC's GDP, 16.8% of its exports and 38.8% of its imports. Its population represents close to 60% of CEMAC's. Despite the volume of Cameroon's trade with CEMAC / ECCAS countries and Nigeria, there are many lingering obstacles to

---

112 Treaty on the conservation and sustainable management of Central African forest ecosystems and establishing the Central African Forests Commission.
113 Article 5 of the Treaty on the conservation and sustainable management of Central African forest ecosystems and establishing the Central African Forests Commission. Viewed at http://www.comifac.org/lacomifac-1/traite-constitutif, accessed 16 February 2018.
114 WT/TPR/S/285.
115 UNCTAD (2012).
116 (ibid.).
117 WT/TPR/S/285.

the efficient use of this trade potential. The Douala Port, which is the hub of the country's external trade and the access point for operators from landlocked neighboring countries (Chad and Central African Republic) is suffering from several malfunctions, including notably the long delays in customs clearance operations and silting. In addition, the inter-state transit corridors with landlocked countries are not functional owing to the proliferation of tariff and non-tariff barriers.[118]

11   Concluding remarks

Economic activities in Cameroon heavily depend on natural resource exploitation. Natural resources represent a significant and growing share of world trade, and properly managed, provide a variety of products that (continue to) contribute greatly to the quality of human life. They, however, also represent challenges for policy makers. Natural resources are scarce, economically useful, distributed unevenly and exhaustible. Their production, trade and consumption can have negative externalities[119] on people and the environment. Natural resources are dominated by national economies, they are highly volatile.[120]

The 'curse' of natural resources, climate change, water stress, food security and the prevalence of poverty *inter alia* remain challenges for Africa. All of these are also linked to international trade and certainly go hand in hand with poverty reduction, self-reliant sustainable development and the rational use of Africa's natural resources.

With regards to trade, over-exploitation of natural resources, widespread dumping of sub-standard products and services, second-hand and re-conditioned machinery, including of transport goods to increase the share in exports in organically-grown agricultural products to create technical data bases on a wide range of exportable products, implementing and monitoring plans for detection of heavy metals, pesticides, microbiological and contaminants in food items are issues that need to be addressed. Another remaining challenge in terms of the WTO and the environment (e.g. biodiversity) is to control the transfer of genetically modified goods, including when delivered as food aid.[121]

The balancing act of bringing the interests of trade, environmental protection and sustainable development in line with each other can only succeed with a joint effort

---

118 See WT/TPR/S/285.
119 An example of such negative externality would be when a production or mining process results in pollution affecting the health of people who live nearby, or that damages the natural environment, animal or plant life or reduces the livelihood of people.
120 WTO (2010).
121 See http://www.uneca.org/, accessed 22 November 2017.

from all relevant stakeholders. On the occasion of the twentieth anniversary of the WTO, Director-General Roberto Azevêdo said:[122]

> twenty years ago the founders of the WTO saw clearly that the well-being of habitats, societies, and economies are not separate. Rather, they are inextricably linked. Their vision was of global cooperation in trade as a means to unleash growth, alleviate poverty, raise living standards and ensure full employment, while also protecting the environment... In the 20 years since then, the connections between trade and the environment have grown significantly. We must therefore do more to ensure that trade and environmental policies work better together, both at national and international levels.

Although various legal provisions in the framework of the WTO provide a solid foundation for modern-day trade to fully embrace the concept of sustainable development and preservation of the environment, there is still ample scope for state and organisational practice to exploit its full potential in this regard. In the implementation of pro-poor policies and sustainable development, natural resources management, integrated reporting, environmental planning, environmental impact assessment and the overall policy review remain part of the on-going African working agenda. Moreover, new technologies, environmentally friendly goods and services need to be promoted and the protection and preservation of traditional knowledge, agriculture and species is important, especially in the African context. All of that requires national commitment, international cooperation, adequate technical assistance, capacity building and investment.[123]

References

Alavi, A, 2007, African countries and the WTO's dispute settlement mechanism, 25 (1) *Development Policy Review*, 25-42.

Baroncini, E, 2012, The China rare earths WTO dispute: A precious chance to revise the China-raw materials conclusions on the applicability of GATT Article XX to China's WTO Accession Protocol, 4 (2) *Cuadernos de Derecho Transnacional*, 49.

Beyerlin, U, 1996, The concept of sustainable development, in: Wolfrum, R, *Enforcing environmental standards: economic mechanisms as viable means?* Berlin, Springer, 95-121.

Commission on Legal Empowerment of the Poor, 2008, *Making the law work for everyone*, New York, Commission on Legal Empowerment of the Poor, at http://www.undp.org/content/dam/ aplaws/publication/en/publications/democratic-governance/legal-empowerment/reports-of-the-commission-on-legal-empowerment-of-the-poor/making-the-law-work-for-everyone---vol-ii---english-only/making_the_law_work_II.pdf, accessed 10 April 2018.

---

122 See https://www.wto.org/english/news_e/spra_e/spra56_e.htm, accessed 22 November 2017.
123 For more information on the relevance of investment, see Ruppel (2016a); Ruppel & Borgmeyer (2017).

Dessande, BH 2010, *Trade policy implications of Economic Partnership Agreements (EPAs) between the European Union (EU) and Namibia*, unpublished thesis submitted in partial fulfilment of the degree of Master of Laws, University of Namibia.

Goyal, A, 2006, *The WTO and international environmental law. Towards conciliation*, Oxford, Oxford University Press.

Horlick, GN & K Fennell, 2013, WTO dispute settlement from the perspective of developing countries, in Lee, YS, GN Horlick, WM Choi & T Broude (eds), *Law and development perspective on international trade law*, Cambridge, Cambridge University Press, 164.

Humphries, M, 2013, *Rare earth elements: the global supply chain*, Congressional Research Service, at http://www.fas.org/sgp/crs/natsec/R41347.pdf, accessed 30 January 2018.

Kameri-Mbote, P & C Odote, 2009, Courts as champions of sustainable development: lessons from east Africa, 32 *Sustainable Development Law and Policy*, 31-37.

Keck, A & P Low, 2004, *Special and differential treatment in the WTO: why, when and how?* World Trade Organization Economic Research and Statistics Division Staff Working Paper ERSD-2004-03, Geneva, WTO.

Keenan, PJ, 2009, Curse or cure? China, Africa, and the effects of unconditioned wealth, *Berkley Journal of International Law*, at http://works.bepress.com/cgi/viewcontent.cgi?article=1003&context=patrick_keenan, accessed 10 April 2018.

Khor, M & T Hormeku, 2006, *The impact of globalization and liberalization on agriculture and small farmers in developing countries: the experience of Ghana*, Paper prepared in the context of the programme on impact of globalisation and trade liberalisation on poor rural producers – evidence from the field and recommendations for action, at https://www.google.com/search?client=safari&rls=en&q=The+impact+of+globalization+and+liberalization+on+agricultur e+and+small+farmers+in+developing+countries:+the+experience+of+Ghana&ie=UTF-8&oe=UTF-8#, accessed 10 April 2018.

Lamy, P, 2009, *Globalization and trade opening can promote human rights*, speech held at the University of Geneva during its celebration of its 450th anniversary on 5 June 2009, at http://www.wto.org/english/news_e/sppl_e/sppl128_e.htm, accessed 10 April 2018.

Rugwabiza, V, 2012, *Africa should trade more with Africa to secure future growth*, speech by the WTO's Deputy Director General at the University of Witwatersrand in Johannesburg, South Africa on 12 April 2012, at http://www.wto.org/english/news_e/news12_e/ddg_12apr12_e.htm, accessed 10 April 2018.

Ruppel, OC, 2009a, The Southern African Development Community (SADC) and its Tribunal: reflexions on a regional economic communities' potential impact on human rights protection, 2 *Verfassung und Recht in Uebersee*, 173-186.

Ruppel, OC 2009b, Regional economic communities and human rights in east and southern Africa, in: Bösl, A & J Diescho (eds), *Human rights in Africa*, Windhoek, Macmillan Education, 273-314, at http://www.kas.de/upload/auslandshomepages/namibia/Human_Rights_in_Africa/9_ Ruppel.pdf, accessed 10 April 2018.

Ruppel, OC, 2010a, Der Klimawandel trifft Frauen und Kinder besonders hart, *Allgemeine Zeitung*, 30 August 2010.

Ruppel, OC, 2010b, *The role of world trade and economic development in the reduction of poverty and the promotion of economic, social and cultural rights in Africa*, Unpublished conference paper presented at the Stakeholders Conference on the Optional Protocol to the International Covenant on Economic, Social and Cultural Rights held by the Konrad Adenauer Foundation's Rule of Law in Sub-Sahara Africa Programme and the Network of African National Human Rights Institutions (NANHRI) at the Sarova Whitesands Beach Hotel, Mombasa, Kenya, 1 to 4 September 2010.

Ruppel, OC 2010c, SACU 100: The Southern African Customs Union turns 100, 2 (2) *Namibia Law Journal*, 121-134, at http://www.namibialawjournal.org/pnTemp/downloads_upload/ Journal_Vol2_Iss2/NLJ_section_7.pdf, accessed 10 April 2018.

Ruppel, OC, 2010d, *Legal aspects of mitigation and adaptation strategies to climate change in Namibia from a human rights perspective,* unpublished conference paper presented at the 2010 Conference of the RAEIN Africa held at the Birchwood Hotel and OR Tambo Conference Centre, Johannesburg, South Africa, 23 to 25 March 2010.

Ruppel, OC, 2012, The WTO chairs programme and the role of world trade and economic development for regional integration, the reduction of poverty and the promotion of economic, social and cultural rights in Africa, 1 *Recht in Africa*, 143-156.

Ruppel, OC, 2016a, Protection of international investments: selected contemporary aspects, in: Strydom, H (ed.) *International law*, Cape Town, Oxford University Press Southern Africa, 477-502.

Ruppel, OC, 2016b, Trade, environment and sustainable development, in: Ruppel, OC & K Ruppel-Schlichting (eds), *Environmental law and policy in Namibia – towards making Africa the tree of life*, Windhoek, Hanns-Seidel-Foundation, 389-440.

Ruppel, OC & FX Bangamwabo, 2008, The mandate of the SADC Tribunal and its role for regional integration, in: Bösl, A, K Breytenbach, T Hartzenberg, C McCarthy & K Schade (eds), *Yearbook for regional integration*, Stellenbosch, Trade Law Centre for Southern Africa, 179-221.

Ruppel, OC & DJ Biam, 2016, Taking back the seas: Prospects for Africa's blue economy, Institute for Security Studies Paper 290, Pretoria, Addis Ababa, Dakar, Nairobi, at https://issafrica.s3.amazonaws.com/site/uploads/Paper290-3.pdf, accessed 10 April 2018.

Ruppel, OC & T Borgmeyer, 2017, The BRICS partnership from a South African perspective: sustainable development space in a new global governance, in: Ndulo, M & S Kayizzi-Mugerwa (eds), *Financing innovation and sustainable development in Africa,* Cambridge, Cambridge Scholars Publishing, 292-306.

Sands, P, 2003, *Principles of international environmental law*, 2nd edition, Cambridge, Cambridge University Press.

Stoll, PT & F Schorkopf, 2006, *WTO – world economic order,* Leiden, Boston, Martinus Nijhoff Publishers.

Ukpe, AI, 2010, Will EPAs foster the integration of Africa into world trade?, 54 (2) *Journal of African Law*, 212-231.

UNCTAD / United Nations Conference on Trade and Development, 2012, *Investment instruments online,* bilateral investment treaties, Geneva, at http://www.unctadxi.org/templates/ DocSearch.aspx?id=779, accessed 22 January 2018.

UNCTAD / United Nations Conference on Trade and Development, 2013, *Economic development in Africa,* New York, UNCTAD, at http://unctad.org/en/PublicationsLibrary/ aldcafrica2013_en.pdf, accessed 15 September 2017.

UNCTAD / United Nations Conference on Trade and Development, 2014a, *UNCTAD handbook of statistics*, New York, UNCTAD, at http://unctad.org/en/PublicationsLibrary/tdstat39_en.pdf, accessed 11 September 2017.

UNCTAD / United Nations Conference on Trade and Development, 2014b, *The least developed countries report,* New York, UNCTAD, at http://unctad.org/en/PublicationsLibrary/ ldc2014_en.pdf, accessed 10 March 2017.

UNEP / United Nations Environment Programme, 2005, *Environment and trade – a handbook*, 2nd edition, Nairobi, Division of Technology, Industry and Economics and Trade Branch and the International Institute for Sustainable Development (IISD).

Van den Bossche, P & W Zdouc, 2013, *The law and policy of the World Trade Organization*, 3rd edition, Cambridge, Cambridge University Press.

VanGrasstek, C, 2013, *The history and future of the World Trade Organization*, Geneva, WTO.

World Bank, 2011, *The Africa competitiveness report*, Geneva, World Economic Forum, at http://siteresources.worldbank.org/INTAFRICA/Resources/The_Africa_Competitiveness_Report _2011.pdf, accessed 30 November 2017.

WTO / World Trade Organisation, 2010, *World trade report, trade in natural resources*, Geneva, WTO.

WTO / World Trade Organization, 2015, *Understanding the WTO*, 5th edition, Geneva, WTO, at https://www.wto.org/english/thewto_e/whatis_e/tif_e/understanding_e.pdf, accessed 10 April 2018.

Zaelke, D, D Kaniaru & E Kružíková, 2005, *Making law work: environmental compliance and sustainable development*, London, International Law Publishers, at http://www.inece.org/ mlw/makinglawwork_toc.html, accessed 10 November 2018.

Zunckel, HE & L Botha, 2012, *The BRICS, South Africa and dispute settlement in the WTO*, 9 SAFPI Policy Brief.

CHAPITRE 37 :
DROIT ET POLITIQUE DU COMMERCE AU CAMEROUN ET PROTECTION DE L'ENVIRONNEMENT

Emma Marie Solange NGONDJE SONGUE

1 Introduction

Le droit commercial au Cameroun est régi par l'Acte uniforme révisé de l'Organisation pour l'harmonisation en Afrique du droit des affaires (OHADA) portant droit commercial général[1] en son article 1 qui renvoie, aux lois non contraires à l'Acte iniforme applicables dans l'État partie où se situe l'établissement ou le siège social du commerçant ou de l'entreprenant. Ce droit dont la finalité pour les principaux acteurs que sont les commerçants est la recherche du profit et pour l'État le développement économique ne saurait ignorer d'autres finalités importantes pour tous. Il s'agit des questions environnementales dont les nombreuses messes démontrent l'urgence de veiller à leur protection gage de la survie des écosystèmes de la planète. Ainsi, l'étendue de la protection de l'environnement au Cameroun en matière commerciale est visible au niveau constitutionnel[2] législatif et réglementaire[3] entre autres.

---

1   Adopté le 15 décembre 2010 à Lomé (Togo) publié dans le Journal officiel n° 23 du 15 février 2011.
2   Le préambule de la Constitution du 18 janvier 1996 dispose que « Le peuple Camerounais [est] résolu à exploiter ses richesses naturelles afin d'assurer le bien-être de tous....Toute personne a droit à un environnement sain. La protection de l'environnement est un devoir pour tous. L'État veille à la défense et la promotion de l'environnement ».
3   En matière législative et réglementaire, plusieurs dispositions faisant référence à la protection de l'environnement en matière commerciale existent. On peut citer la loi-cadre relative à la gestion de l'environnement et les lois sectorielles régissant l'environnement au Cameroun et concernant de manière directe ou indirecte les commerçants. Il s'agit entre autres de : la loi n° 98/005 du 14 avril 1998 portant régime de l'eau ; la loi n° 2001/014 du 23 juillet 2001 relative à l'activité semencière ; la loi n° 94/01 du 20 janvier 1994 portant régime des forêts, de la faune et de la flore ; la loi n° 2003/003 du 21 avril 2003 portant protection phytosanitaire ; la loi n° 2003/007 du 10 juillet 2003 régissant les activités du sous-secteur engrais au Cameroun ; la loi n° 89/09 du 27 novembre 1989 portant sur les déchets toxiques et dangereux ; la loi n° 2003/006 du 21 avril 2003 sur des règles régissant la biodiversité ; la loi n° 2000/02 du 17 avril 2000, relative aux espaces maritimes de la République du Cameroun ; la loi n° 2000/17 du 19 décembre 2000 portant réglementation de l'inspection sanitaire ; la loi n° 2001/02 du 17 avril 2001 portant Code minier ; la loi n° 98/015 du 14 juillet 1998 relative aux établissements

La cohabitation des activités commerciales avec la protection de l'environnement constitue une véritable équation : la commercialisation et la distribution des biens et services portent atteinte à l'homme, et à l'environnement. Elles sont pourtant présentées comme inévitables dans le processus du développement du pays. Comment résoudre ce dilemme ? La solution simple serait de supprimer les activités qui dérangent ; mais elle semble utopique dans le contexte actuel du Cameroun. La solution pragmatique serait d'organiser une cohabitation des activités grâce au droit. Les solutions juridiques actuelles permettent-elles de concilier les activités commerciales avec le souci de protection de l'environnement ?

La préoccupation est intéressante à plusieurs égards. Sur le plan purement technique, rechercher des éléments de réponse est un appel à revisiter les textes dans plusieurs domaines de l'activité commerciale et environnementale pour identifier les contradictions, et les régler, afin d'impulser une synergie facilitant un aménagement intégré du territoire susceptible d'inscrire la gestion de ces domaines dans la perspective du développement durable.

En matière sociale, elle permet de mentionner que les enjeux économiques et financiers ne doivent pas occulter le souci de protection de l'environnement : le développement du secteur commercial ne devrait pas être perçu comme une fin en soi, mais comme un outil au service du développement et du bien-être des populations.

Concernant la protection de l'environnement, elle permet de rappeler que les impératifs environnementaux sont tellement importants qu'ils ne doivent être dilués que pour un juste motif et en l'absence d'une solution de substitution.

En matière économique, elle permet de se souvenir qu'une exploitation commerciale sécurisée est respectueuse des lois, des enjeux de développement et de l'avenir.

---

classés dangereux, insalubres ou incommodes ; le décret n° 99/818/PM du 9 novembre 1999 fixant les modalités d'implantation et d'exploitation des établissements classés dangereux, insalubres ou incommodes ; le décret de 2001 sur le prélèvement des eaux de surface et des eaux souterraines à des fins industrielles ou commerciales ; le décret de 2001 précisant les modalités de protection des eaux de surface et des eaux souterraines contre la pollution ; l'arrêté n° 0070/MINEP du 8 mars 2005 fixant les différentes catégories d'opérations dont la réalisation est soumise à des études d'impacts et audits environnementaux ; l'arrêté n° 00001/MINEP du 3 février 2007 définissant le contenu général des termes de référence des études d'impacts environnementaux (EIE) ; l'arrêté n° 00004/MINEP du 3 juillet 2007 fixant les conditions d'agrément des bureaux d'étude à la réalisation des études d'impacts environnementaux ; le décret n° 2011/2583/PM du 23 août 2011 portant réglementation des nuisances sonores et olfactives ; l'arrêté conjoint n° 004/ Minepded/Mincommerce du 24 octobre 2012 portant réglementation de la fabrication, de l'importation et de la commercialisation des emballages non biodégradables ; l'arrêté conjoint n° 005/Minnepded/Mincommerce du 24 octobre 2012 fixant les conditions spécifiques de gestion des équipements électriques et électroniques ainsi que de l'élimination des déchets issus de ses équipements ; le décret n° 2013/0171/PM du 14 février 2013 fixant les modalités de réalisation des études d'impact environnemental et social ; le décret n° 2012/0172/PM du 14 février 2013 fixant les modalités de l'audit environnemental et social.

Elle suggère une prise en compte impérative des externalités environnementales dans le coût des opérations commerciales.

Concernant la technique juridique, l'étude permet de savoir si dans les rapports parfois conflictuels entre les enjeux commerciaux et écologiques, le législateur camerounais a préféré la hiérarchie ou le souci de conciliation, et de suggérer des choix réalistes, adaptés au contexte camerounais. Pour rechercher des éléments de réponse à ces préoccupations, cette réflexion a été structurée d'une manière particulière. Les législations des activités commerciales à incidence environnementale étant nouvelles, sont présentées avant de mettre en relief les conflits et leur gestion.

2 Législations régissant les activités commerciales à incidence environnementale

Les législations régissant les activités commerciales à incidence environnementale sont éparses, mais, ont la particularité de présenter les politiques de protection de l'environnement en matière commerciale au Cameroun.

2.1 Présentation des politiques de protection de l'environnement en matière commerciale

Le législateur camerounais soucieux de veiller à la protection de l'environnement a adopté des textes en matière commerciale allant dans ce sens. Les autorités étatiques lui ont emboité le pas en prenant des textes réglementaires étayant les lois existant en la matière en vue de leur implémentation effective.

2.1.1 Prise en compte de certains principes environnementaux

Plusieurs décrets, arrêtés et lois relatifs à certaines activités commerciales font ressortir des principes environnementaux à prendre en compte par les commerçants dans le but de protéger l'environnement. Il s'agit des principes d'information, de précaution, de protection, d'action préventive, de correction, de pollueur payeur, de responsabilité, de participation, de subsidiarité et d'interprétation.

Par rapport au principe d'information, la loi-cadre sur la gestion de l'environnement fait peser cette responsabilité d'information relativement aux problèmes environnementaux sur les institutions publiques et privées. Ainsi, les entreprises commerciales sont concernées.[4] Toute entreprise commerciale propriétaire d'installations susceptibles d'entrainer la pollution des eaux est[5]

> sous réserve des règles liées à la confidentialité, tenue d'informer le public sur les effets de la production, la détention, l'élimination ou le recyclage des déchets sur l'eau, l'environnement et la santé publique, ainsi que sur les mesures destinées à en prévenir ou à en compenser les effets préjudiciables.

Ce principe d'information doit également être observé par les producteurs et les distributeurs d'équipements électriques et électroniques. Ils doivent informer les utilisateurs de ces équipements sur « des effets potentiels sur l'environnement et la santé humaine de la présence des substances dangereuses dans les équipements électriques et électroniques ».[6]

Le principe de protection renvoie au fait que les consommateurs ont droit à la protection de la vie, de la santé, de la sécurité et de l'environnement dans la consommation des technologies, biens ou services.[7] Sachant que les technologies, biens ou services qu'utilisent les consommateurs leur sont fournis par des commerçants ou entreprenants, il est de leur responsabilité d'implémenter ce principe. Cette protection passerait par l'observation d'autres principes comme le principe de précaution, d'action préventive et de correction, de pollueur payeur, de responsabilité, de participation, et de subsidiarité.[8] Ces différents principes énumérés par la loi-cadre sur la gestion de l'environnement concernant toutes les personnes y compris les commerçants se retrouvent sous forme de règles imposées à ces derniers dans différents textes régissant certains aspects de l'activité commerciale et que nous mentionnerons dans cette étude. Parmi ces règles figurent l'interdiction de certaines activités et actions et la mise hors du commerce de certains biens.

---

4   Selon l'article 6 alinéa 1 « Toutes les institutions publiques et privées sont tenues, dans le cadre de leur compétence, de sensibiliser l'ensemble des populations aux problèmes de l'environnement ». Loi n° 96/12 du 5 aout 1996 portant loi-cadre relative à la gestion de l'environnement.

5   Article 6 de la loi n° 98/005 du 14 avril 1998 portant régime de l'eau.

6   Article 8 de l'arrêté conjoint n° 005/MINEPDED/MINCOMMERCE du 24 octobre 2012 fixant les conditions spécifiques de gestion des équipements électriques et électroniques ainsi que de l'élimination des déchets issus de ces équipements.

7   Article 3 (a) de la loi-cadre n° 2011/012 du 12 mai 2011 portant protection du consommateur au Cameroun.

8   Article 9 de la loi n° 96/12 du 5 août 1996 portant loi-cadre relative à la gestion de l'environnement.

2.1.2 Interdiction de certaines activités et actions et mise hors du commerce de certains biens

Pour une meilleure perception des interdictions imposées aux commerçants, nous évoquerons tour à tour les activités, les biens et les actions.

2.1.2.1 Les activités interdites aux commerçants

A la lecture des textes relatifs aux activités commerciales réglementant les aspects environnementaux, certaines activités sont interdites aux commerçants dans un souci de protection de l'environnement. Ainsi est interdite toute activité de nettoyage et d'entretien « des véhicules à moteur, des machines à combustion interne et d'autres engins similaires à proximité des eaux ».[9] Elle est interdite à proximité des eaux parce que les eaux usées issues de cette activité peuvent polluer les eaux souterraines ou de surface. Est également interdite « l'importation ou l'exportation des végétaux ou produits végétaux, sols et milieux de culture contaminés par des organismes nuisibles ».[10] Ainsi, aucun commerçant ne pourrait exercer cette activité compte tenu des effets néfastes que peuvent occasionner les organismes nuisibles sur l'environnement. A ce titre le principe de précaution est convoqué.[11] Dans la même lignée, « la vente des produits phytosanitaires en vrac ou à l'étalage est interdite ».[12] Toujours parmi les activités interdites se trouvent la fabrication, l'importation la détention, la commercialisation ou la distribution à titre gratuit des emballages plastiques non biodégradables à basse densité inférieure ou égale à 60 microns d'épaisseur (1 micron vaut 1/1,000 mm) ainsi que les granulés servant à leur fabrication.[13]

---

9   Article 6 alinéa 3 de la loi n° 98/005 du 14 avril 1998 portant régime de l'eau.
10 Article 9 alinéa 1 de la loi n° 2003/003 du 21 avril 2003 portant protection phytosanitaire.
11 Le principe de précaution est celui « selon lequel l'absence de certitudes, compte tenu des connaissances scientifiques et techniques du moment, ne doit pas retarder l'adoption des mesures effectives et proportionnées visant à prévenir un risque de dommages graves et irréversibles à l'environnement à un coût économiquement acceptable ». Article 9 (a) de la loi n° 96/12 du 5 août 1996 portant loi-cadre relative à la gestion de l'environnement.
12 Article 24 alinéa 1 de la loi n° 2003/003 du 21 avril 2003 portant protection phytosanitaire.
13 Article 7 alinéa 1 de l'arrêté conjoint n° 004/MINEPDED/MINCOMMERCE du 24 octobre 2012 portant réglementation de la fabrication de l'importation et de la commercialisation des emballages non biodégradables. Lire également l'article 11 (4) de l'arrêté n° 001/MINEPDED du 15 octobre 2012 fixant les conditions d'obtention d'un permis environnemental en matière de gestion des déchets.

Ainsi que la chasse de certains animaux qui peut être fermée temporairement sur tout ou partie du territoire national.[14] Il faut relever que les décharges contrôlées ne peuvent être autorisées à proximité de certaines zones comme les zones sensibles, les zones d'interdictions, les parcs nationaux, les aires protégées, etc.[15] Pour des raisons d'intérêt général, certaines régions peuvent être classées zones fermées aux opérations pétrolières.[16] À côté des activités interdites aux commerçants se greffent des biens exclus du commerce.

2.1.2.2   Les biens exclus du commerce

En matière forestière, faunique et halieutique, certaines espèces sont mises hors du commerce temporairement ou définitivement en fonction de l'objectif environnemental poursuivi. Ainsi certaines espèces sont protégées et ne peuvent être commercialisées, mais seulement utilisées à titre personnelles.[17] Dans le même sens « [L]'administration chargée des forêts peut marquer en réserve tout arbre qu'elle juge utile de l'être, pour des besoins de conservation et de régénération, sur une superficie concédée en exploitation ».[18] Ces arbres sont exclus du commerce pendant un certain temps. D'autres biens sont totalement interdits d'exploitation. Selon la loi portant régime des forêts de la faune et de la pêche,[19]

> la mise en défens ou le classement des terrains en forêts domaniales tels que prévus à l'alinéa (1) ci-dessus entraînent l'interdiction de défricher ou d'exploiter les parcelles auxquelles ils s'appliquent.

L'alinéa 1 fait référence au fait que[20]

> lorsque la création ou le maintien d'un couvert forestier est reconnu nécessaire à la conservation des sols, à la protection des berges d'un cours d'eau, à la régulation du régime hydrique ou à la conservation de la diversité biologique, les terrains correspondants peuvent être, soit mis en défens, soit déclarés zone à écologie fragile, ou classés, selon le cas, forêt domaniale de protection, réserve écologique intégrale, sanctuaire ou réserve de faune, …

---

14   Article 79 de la loi n° 94/01 du 20 janvier 1994 portant régime des forêts de la faune et de la pêche.

15   Articles 25-26 du décret n° 2012/2809 du 16 septembre 2012 fixant les conditions de tri, de collecte de stockage, de transport de récupération, de recyclage, de traitement et d'élimination finale des déchets.

16   Article 8 alinéa 2 de la loi n° 99/013 du 22 décembre 1999 portant Code pétrolier.

17   Article 8 alinéa 1 de la loi n° 94/01 du 20 janvier 1994 portant régime des forêts de la faune et de la pêche.

18   Article 43 de la même loi.

19   Article 17 alinéa 2 de la même loi.

20   Article 17 alinéa 1 de la même loi.

Autrement dit, lorsqu'une parcelle de terre contribue par ses caractéristiques à la préservation de l'environnement, elle n'est pas commercialisable. C'est aussi le cas de certaines espèces de la faune intégralement protégées qui ne peuvent être abattues et commercialisées.[21] Si certaines activités peuvent faire l'objet de commerce, certaines actions liées à ces activités cependant sont interdites aux commerçants.

2.1.2.3   Les actions interdites aux commerçants

Si certaines actions interdites aux commerçants sont vagues, il faut souligner que d'autres sont plus précises.

Pour les actions vagues, mentionnons l'interdiction à toute personne y compris les commerçants de poser des actions susceptibles de causer la pollution atmosphérique[22], d'altérer la qualité des eaux de surface ou souterraines, de porter atteinte à la santé publique ainsi qu'à la faune et la flore sous-marine,[23] tout fait susceptible de provoquer la dégradation des eaux superficielles ou souterraines en modifiant les caractéristiques physiques, chimiques biologiques ou bactériologiques,[24] l'immersion, l'incinération ou l'élimination par quel que moyen que ce soit des déchets dans les eaux continentales et/ou maritimes sous juridiction camerounaise,[25] les émissions de bruits et odeurs susceptibles de nuire à la santé de l'homme, de constituer une gêne excessive pour le voisinage ou de porter atteinte à l'environnement,[26] « tout procédé de chasse, même traditionnel, de nature à compromettre la conservation de certains animaux peut être interdit... ».[27]

Pour les actions interdites aux commerçants plus précisément, notons l'interdiction d'abandonner dans la nature, le brulage à l'air libre des produits pharmaceutiques, des laboratoires médicaux et/ou des cliniques/pharmacies vétérinaires et de tout autre produit avarié, périmé ou saisi dans le cadre de la lutte contre la contrebande et la contrefaçon,[28] et celle « d'introduire, de détenir, de transporter sur le

---

21   Article 78 alinéa 2 de la même loi.
22   Articles 21-24 de la loi n° 96/12 du 5 août 1996 portant loi-cadre relative à la gestion de l'environnement.
23   Articles 4-5 de la loi n° 98/005 du 14 avril 1998 portant régime de l'eau.
24   Articles 29-31 de la loi n° 96/12 du 5 août 1996 portant loi-cadre relative à la gestion de l'environnement.
25   Article 49 de la même loi.
26   Articles 60-61 de la même loi.
27   Article 81 de la loi n° 94/01 du 20 janvier 1994 portant régime des forets de la faune et de la pêche.
28   Article 33 du décret n° 2012/2809 du 16 septembre 2012 fixant les conditions de tri, de collecte de stockage, de transport de récupération, de recyclage, de traitement et d'élimination finale des déchets.

territoire national, des organismes de quarantaine, quel que soit leur stade de développement »,[29] celle de « bruler les plastiques à l'air libre, de les jeter dans la nature ou de procéder à leur enfouissement »,[30] enfin celle de détenir « des produits phytosanitaires obsolètes ».[31]

Ainsi, les commerçants et les entreprenants sont contraints de respecter toutes ces interdictions qui préservent l'environnement. Pour les mêmes raisons, certaines activités commerciales sont soumises à une réglementation particulière.

2.1.3   Réglementation particulière de certaines activités commerciales

La réglementation de certaines activités commerciales à incidence environnementale fait principalement référence à l'obtention préalable par le commerçant ou l'entreprenant d'une autorisation ou d'un permis environnemental ou d'une étude à réaliser.

Pour les autorisations, l'exploitation des ressources génétiques à des fins commerciales doit se faire après avoir obtenu l'autorisation.[32] Il en est de même pour l'affectation et l'aménagement des sols à des fins agricoles, industrielles, urbanistiques ou autres, ainsi que les travaux de recherche ou d'exploitation des ressources du sous-sol susceptibles de porter atteinte à l'environnement qui ne peuvent se faire qu'après avoir reçu une « l'autorisation préalable de chaque Administration concernée et après avis obligatoire de l'Administration chargée de l'environnement ».[33] L'activité d'enfouissement des déchets dans le sous-sol se fait après l'obtention d'une autorisation conjointe des administrations compétentes.[34]

En matière phytosanitaire « toute personne physique ou morale désirant exécuter des traitements phytosanitaires à titre professionnel, doit être préalablement agréée par l'autorité compétente » ;[35] celle qui désire également « exercer une activité professionnelle portant sur les produits phytosanitaires notamment en matière de fabrica-

---

29 Article 8 de la loi n° 2003/003 du 21 avril 2003 portant protection phytosanitaire.
30 Article 9 de l'arrêté conjoint n° 004/MINEPDED/MINCOMMERCE du 24 octobre 2012 portant réglementation de la fabrication de l'importation et de la commercialisation des emballages non biodégradables.
31 Article 24 alinéa 1 de la loi n° 2003/003 du 21 avril 2003 portant protection phytosanitaire.
32 Article 12 de la loi n° 94/01 du 20 janvier 1994 portant régime des forets de la faune et de la pêche.
33 Article 38 de la loi n° 96/12 du 5 août 1996 portant loi-cadre relative à la gestion de l'environnement.
34 Article 51 de la même loi.
35 Article 20 de la loi n° 2003/003 du 21 avril 2003 portant protection phytosanitaire.

tion…de distribution doit au préalable être agréée ».[36] En matière d'équipements électriques, on peut noter :[37]

> la fabrication, l'importation la détention en vue de la vente et la mise à la disposition du consommateur des équipements électriques et électroniques (…) sont soumis à l'obtention d'un visa technique préalable en vue de réguler, de réduire ou le cas échéant d'interdire les équipements non conformes aux dispositions des conventions internationales relatives à la protection de l'environnement.

Pour les permis environnementaux et les études d'impact et de danger, tout promoteur ou maître d'ouvrage de tout projet d'aménagement d'ouvrage, d'équipement ou d'installation qui risque en raison de sa dimension, de sa nature ou des incidences des activités qui y sont exercées sur le milieu naturel, de porter atteinte à l'environnement a l'obligation de réaliser une étude d'impact environnemental.[38] Cette obligation est exigée au titulaire dont les opérations pétrolières sont susceptibles de porter atteinte à l'environnement.[39] L'étude des dangers est requise du responsable de l'établissement industriel ou commercial classé lors de l'ouverture dudit établissement.[40]

Certains commerçants doivent justifier de l'obtention d'un permis environnemental avant d'exercer leurs activités. C'est le cas pour toute personne physique ou morale qui procède à la collecte, au transport et au stockage des déchets industriels (toxiques et / ou dangereux),[41] des déchets médicaux et pharmaceutiques.[42] C'est aussi le cas pour « toute personne physique ou morale désireuse de mener l'activité de recyclage, de traitement et d'élimination finale des déchets »,[43] du transporteur des déchets,[44] des importateurs des produits de la brocante des équipements électriques et électroniques,[45] des fabricants, importateurs, commerçants ou distributeurs

---

36 Article 25 de la même loi.
37 Article 4 de l'arrêté conjoint n° 005/MINEPDED/MINCOMMERCE du 24 octobre 2012 fixant conditions spécifiques de gestion des équipements électriques et électroniques ainsi que de l'élimination des déchets issus de ces équipements.
38 Article 17 de loi n° 96/12 du 5 août 1996 portant loi-cadre relative à la gestion de l'environnement.
39 Article 83 de la loi n° 99/013 du 22 décembre 1999 portant Code pétrolier.
40 Article 55 de la loi n° 96/12 du 5 août 1996 portant loi-cadre relative à la gestion de l'environnement.
41 Article 9 du décret n° 2012/2809 du 16 septembre 2012 fixant les conditions de tri, de collecte de stockage, de transport de récupération, de recyclage, de traitement et d'élimination finale des déchets.
42 Article 14 du même décret.
43 Article 27 du même décret.
44 Article 6 de l'arrêté n° 002/MINEPDED du 15 octobre 2012 fixant les conditions spécifiques de gestion des déchets industriels.
45 Article 22 de l'arrêté n° 001/MINEPDED du 15 octobre 2012 fixant les conditions d'obtention d'un permis environnemental en matière de gestion des déchets.

des emballages non biodégradables.[46] Cette exigence s'applique également aux organismes chargés de la collecte des déchets d'équipement.[47] L'exigence d'un permis
environnemental, d'une étude d'impact aux commerçants se justifie pour des besoins
de traçabilité des biens produits ou commercialisés (emballages non biodégradables),
de protection des caractéristiques essentielles de l'environnement et pour éviter les
incidences néfastes des activités qui sont exercées sur le milieu naturel. Toutes
choses qui imposent aux commerçants des obligations.

2.1.4 Obligations environnementales des commerçants et contrôle des autorités compétentes

La loi portant régime de l'eau impose à toute personne physique ou morale, propriétaire d'installations susceptibles d'entraîner la pollution des eaux, de prendre toutes
les mesures nécessaires pour limiter ou en supprimer les effets.[48] Selon la même
loi :[49]

> Toute personne qui produit ou détient des déchets doit en assurer elle-même l'élimination ou le
> recyclage, ou les faire éliminer ou les faire recycler dans des installations agréées par
> l'Administration chargée des établissements classés, après avis obligatoire de l'Administration
> chargée de l'environnement.

La loi régissant les activités du sous-secteur engrais au Cameroun fait peser sur toute
personne physique ou morale publique ou privée possédant une exploitation agricole
utilisant intensivement les engrais l'obligation de procéder régulièrement à
l'évaluation d'impact des engrais sur l'exploitation et l'environnement.[50]
L'obligation d'information à l'autorité phytosanitaire compétente, incombe à toute
personne physique ou morale qui, sur un fonds lui appartenant ou exploité par elle,
ou sur des produits végétaux ou articles qu'elle détient en magasin, constate ou sus-
pecte la présence d'un organisme de quarantaine ou tout autre organisme nuisible.[51]

Dans le secteur minier, « les titulaires de titres miniers ou de titres de carrières
sont tenus à l'obligation de remettre en l'état les sites exploités ».[52] Ils sont soumis

---

46 Article 11 du même arrêté.
47 Article 6 de l'arrêté conjoint n° 005/MINEPDED/MINCOMMERCE du 24 octobre 2012 fi-
    xant conditions spécifiques de gestion des équipements électriques ainsi que de l'élimination
    des déchets issus de ces équipements.
48 Article 6 alinéa 1 de la loi n° 98/005 du 14 avril 1998 portant régime de l'eau.
49 Article 6 alinéa 2 de la même loi.
50 Article 7 de la loi n° 2003/007 du 10 juillet 2003 régissant les activités du sous-secteur engrais
    au Cameroun.
51 Article 15 de la loi n° 2003/003 du 21 avril 2003 portant protection phytosanitaire.
52 Article 37 de la loi n° 96/12 du 5 août 1996 portant loi-cadre relative à la gestion de
    l'environnement.

aux obligations environnementales prévues par le contrat pétrolier en plus de celles prévues par la réglementation en vigueur.[53] Le titulaire (société pétrolière ou consortium de sociétés commerciales)[54]

> doit réaliser les opérations pétrolières de telle manière que soit assurée, en toutes circonstances, la conservation des ressources naturelles, notamment celle des gisements d'hydrocarbures et que soient dûment protégées les caractéristiques essentielles de l'environnement.

Il doit aussi se soumettre aux mesures qui peuvent lui être édictées en vue de prévenir ou de faire disparaitre les causes de danger que ses opérations feraient courir à l'environnement.[55] Il faut relever que la renonciation totale d'une autorisation de recherche par son titulaire n'est acceptée que s'il a rempli l'ensemble des obligations prescrites par le contrat pétrolier notamment en matière de protection de l'environnement.[56]

Concernant la gestion de déchets, « toute personne qui produit les déchets ou les détient doit en assurer elle-même l'élimination ou le recyclage »,[57] les concessionnaires du domaine public ont l'obligation d'éliminer, de faire éliminer ou de recycler les déchets qui s'y trouvent.[58] L'obligation de tenir un registre dans lequel est consigné les types, nature, quantité, caractéristiques de dangers et origine des déchets dangereux produits, stockés, transportés récupérés ou éliminés pèse sur tout générateur, collecteur, transporteur ou destructeur de déchets industriels.[59] Tout commerçant ou entreprenant exerçant les activités de collecte, de transport et d'élimination finale des déchets doit soumettre lesdites activités au contrôle périodique des autorités des administrations compétentes.[60] « En cas de suspension de l'activité de recyclage, de traitement, ou d'élimination finale des déchets, l'exploitant ou le propriétaire assure la sécurisation du site ».[61] Tout commerçant désirant exporter les déchets dangereux transmet au moins 45 jours avant le début de l'opération une notification écrite.[62]

Concernant les emballages, « tout fabricant, importateur ou distributeur d'emballages non biodégradables autorisé est responsable de la gestion de ses dé-

---

53   Article 12 (n) de la loi n° 99/013 du 22 décembre 1999 portant Code pétrolier.
54   Article 82 de la même loi.
55   Article 78 alinéa 2 de la même loi.
56   Articles 21 alinéa 3, 22, 34 de la même loi.
57   Articles 43, 47 de la loi n° 96/12 du 5 août 1996 portant loi-cadre relative à la gestion de l'environnement.
58   Article 50 de la même loi.
59   Articles 11, 29 du décret n° 2012/2809/PM du 16 septembre 2012 fixant les conditions de tri, de collecte de stockage, de transport de récupération, de recyclage, de traitement et d'élimination finale des déchets.
60   Article 30 du même décret.
61   Article 28 du même décret.
62   Article 17 du même décret.

chets ».[63] Il a l'obligation d'élaborer et de mettre en œuvre un plan de gestion de ses déchets.[64] Le fabricant, importateur ou distributeur des emballages en verres ou en métal doit mettre en place un système de récupération dans des conditions écologiquement rationnelles.[65]

Pour les déchets pharmaceutiques, médicaux et industriels, « tout générateur des déchets médicaux et pharmaceutiques est responsable du processus de gestion de ses déchets ».[66] D'autres obligations lui sont imposées.[67] Le transporteur des déchets qu'ils soient pharmaceutiques, médicaux ou industriels doit tenir un manifeste de traçabilité.[68] Le destinataire des déchets avant de les réceptionner doit respecter certaines consignes,[69] et également le faire après leur réception.[70] Tout exploitant d'une installation qui génère annuellement plus de deux tonnes de déchets industriels est soumis à des obligations vis-à-vis de l'administration en charge de l'environnement.[71]

L'observation de ces obligations par les commerçants se fait à travers un contrôle des autorités des administrations compétentes. Ainsi, elles procèdent au contrôle et à la surveillance des substances chimiques nocives et / ou dangereuses qui présentent ou sont susceptibles de présenter un danger pour la santé humaine le milieu naturel l'environnement en général lorsqu'elles sont produites, importées sur le territoire national ou évacuées dans le milieu.[72]

Elles le font aussi de manière périodique pour les activités de collecte, de transport et d'élimination finale des déchets,[73] pour des végétaux, produits végétaux, sols ou milieu de culture, organismes de lutte biologique ainsi que les produits phytosani-

---

63 Article 3 de l'arrêté conjoint n° 004/MINEPDED/MINCOMMERCE du 24 octobre 2012 portant réglementation de la fabrication de l'importation et de la commercialisation des emballages non biodégradables.

64 Article 5 du même arrêté.

65 Articles 10-11 du même arrêté.

66 Article 5 de l'arrêté n° 003/MINEPDED du 15 octobre 2012 fixant les conditions spécifiques de gestion des déchets médicaux et pharmaceutiques.

67 Articles 12-13 de l'arrêté n° 003/MINEPDED du 15 octobre 2012 fixant les conditions spécifiques de gestion des déchets médicaux et pharmaceutiques ; articles 2, 6-8 de l'arrêté n° 002/MINEPDED du 15 octobre 2012 fixant les conditions spécifiques de gestion des déchets industriels.

68 Articles 10-11 du même arrêté.

69 Article 15 du même arrêté.

70 Article 20 du même arrêté.

71 Article 3 du même arrêté.

72 Articles 57, 59 de la loi n° 96/12 du 5 août 1996 portant loi-cadre relative à la gestion de l'environnement.

73 Article 30-31 du décret n° 2012/2809/PM du 16 septembre 2012 fixant les conditions de tri, de collecte de stockage, de transport de récupération, de recyclage, de traitement et d'élimination finale des déchets.

taires,[74] pour toute semence commercialisée au Cameroun,[75] pour toute technologie, bien produit localement ou importé.[76] Le non-respect de ces obligations entraine des sanctions.

2.1.5 Sanctions en cas de non-respect des exigences environnementales

Le non-respect des obligations environnementales par les commerçants engage leur responsabilité. C'est le cas des opérateurs mis en cause en matière des déchets médicaux pharmaceutiques, et industriels.[77] En plus de cette responsabilité, des sanctions sont infligées aux contrevenants aussi bien sur le plan civil,[78] que sur le plan pénal.[79]

S'il est vrai que des considérations environnementales sont prises en compte dans le secteur commercial camerounais, il faut aussi relever qu'est né un conflit entre les intérêts commerciaux et environnementaux.

2.2 Le conflit entre activité commerciale et protection de l'environnement

Pour cerner ce conflit, il faut partir de la définition juridique de l'environnement. Il désigne :[80]

> l'ensemble des composantes d'un milieu déterminé que la législation de protection désigne a contrario par référence à la commodité du voisinage, à la santé, à la sécurité et la salubrité publique, à l'agriculture et à la nature, enfin à la conservation des sites et monuments.

---

74 Articles 28-30 de la loi n° 2003/003 du 21 avril 2003 portant protection phytosanitaire.
75 Article 11 alinéa 2 de la loi n° 001/014 du 23 juillet 2001 relative à l'activité semencière.
76 Article 16 de la loi-cadre n° 2011/012 du 12 mai 2011 portant protection du consommateur au Cameroun.
77 Article 16 de l'arrêté n° 003/MINEPDED du 15 octobre 2012 fixant les conditions spécifiques de gestion des déchets médicaux et pharmaceutiques ; article 10 de l'arrêté n° 002/MINEPDED du 15 octobre 2012 fixant les conditions spécifiques de gestion des déchets industriels.
78 Article 33 de la loi n° 2003/003 du 21 avril 2003 portant protection phytosanitaire ; articles 77-78 de la loi n° 96/12 du 5 août 1996 portant loi-cadre relative à la gestion de l'environnement ; article 14 de la loi n° 98/005 du 14 avril 1998 portant régime de l'eau.
79 Articles 34-36 de la loi n° 2003/003 du 21 avril 2003 portant protection phytosanitaire ; articles 79-87 de la loi n° 96/12 du 5 août 1996 portant loi-cadre relative à la gestion de l'environnement ; articles 17-19 de la loi n° 2003/007 du 10 juillet 2003 régissant les activités du sous-secteur engrais au Cameroun ; articles 19-20 de la loi n° 001/014 du 23 juillet 2001 relative à l'activité semencière ; articles 15-21 de la loi n° 98/005 du 14 avril 1998 portant régime de l'eau.
80 Cornu (2005).

Sa protection est primordiale dans les ordres international et interne. Dans l'ordre international, plusieurs traités et déclarations universelles et régionales comportent des principes et actions de protection de l'environnement.[81] Dans l'ordre interne, outre la Constitution qui fait de la protection de l'environnement une priorité, la loi n° 96/12 du 5 août 1996 portant loi-cadre relative à la gestion de l'environnement, fait de l'environnement une préoccupation primordiale dans deux articles principaux. D'après l'article 2 :

> L'environnement constitue en République du Cameroun un patrimoine commun de la nation. Il est une partie intégrante du patrimoine universel. Sa protection et la gestion rationnelle des ressources qu'il offre à la vie humaine sont d'intérêt général. Celles-ci visent en particulier la géosphère, l'hydrosphère, l'atmosphère, leur contenu matériel et immatériel, ainsi que les aspects sociaux et culturels qu'ils comprennent.

L'article 5 dispose que « les lois et règlements doivent garantir le droit de chacun à un environnement sain et assurer un équilibre harmonieux au sein des écosystèmes entre les zones urbaines et les zones rurales ».

Le conflit entre la loi-cadre et les lois organisant les activités commerciales provient de ce que les nouvelles contiennent des règles relatives à la protection de l'environnement qui ne sont pas toujours une reprise simple de la loi-cadre. On a parfois l'impression, à la lecture de ces lois à vocation 'économique' évidente, que la préoccupation du législateur a été, de faciliter l'exploitation des ressources économiques, les exigences environnementales apparaissant, comme une contrainte, voire une formalité pour l'opérateur économique, sans que l'efficacité dans ce domaine soit impérative.

Dans la loi n° 99/013 du 22 décembre 1999 portant code pétrolier, tout le chapitre 2 du titre V est consacré à la protection de l'environnement. L'article 82 impose au titulaire de l'autorisation d'exploitation de réaliser les opérations pétrolières de manière à assurer en toute circonstance, la conservation des ressources naturelles, notamment celle des gisements d'hydrocarbures, et à protéger les caractéristiques de l'environnement.[82] On peut entendre cette obligation comme imposant au concessionnaire pétrolier de garantir la préservation des fonctions essentielles du milieu dans lequel il opère.

---

81 On peut citer la déclaration universelle des droits de l'homme du 10 décembre 1948, l'Agenda 21 adopté au sommet de Rio de 1992 précisant les objectifs à atteindre pour parvenir à un développement durable pour le 21e siècle, la déclaration de Rio sur l'environnement et le développement durable qui énumère les 27 grands principes d'une gestion durable des ressources de la planète ; le Traité relatif à la conservation et à la gestion durable des écosystèmes forestiers d'Afrique centrale ratifiée au Cameroun par la loi n° 2/2006 du 25 avril 2006.

82 C'est l'auteur qui souligne. La formulation de cet article est inhabituelle, et impose des efforts certains de l'opérateur pétrolier pour s'y conformer. Elle impose une obligation de résultat (préserver les caractéristiques essentielles du milieu), et les performances du concessionnaire devraient être facilement vérifiables.

Il doit prendre toutes les mesures destinées à préserver la sécurité des personnes et des biens et à protéger l'environnement et les milieux récepteurs. Quant à l'article 83, il impose au titulaire dont les opérations sont susceptibles de porter atteinte à l'environnement, en raison de leur dimension, de leur nature ou de leur incidence sur le milieu naturel, une étude d'impact environnemental. Or, la loi-cadre a pour objet la protection globale de l'environnement et, loi générale, elle est plus contraignante en matière d'étude d'impact que la loi pétrolière. C'est un conflit qu'il faut régler surtout qu'il est un principe de droit que la loi spéciale déroge à la loi générale.

L'étude d'impact sur l'environnement apparaît comme l'outil essentiel d'identification des dommages susceptibles d'être causés à l'environnement par les opérations extractives, et constitue le socle sur lequel est construit le plan de gestion de l'environnement. À l'observation, on a réalisé que les règles en vigueur dans le secteur minier sous l'ancien code étaient plus détaillées que le décret de 2005 fixant les modalités de préparation des études d'impact sur l'environnement et ses textes d'application, en ce qui concernait la forme et le contenu attendu en matière d'étude d'impact environnemental. Les articles 124 à 129 du décret du 26 mars 2002 fixant les modalités d'application de l'ancien code minier contenaient des indications précises, sur lesquelles les auteurs des études d'impact environnemental et des plans de gestion de l'environnement minier étaient tentés de se focaliser, en négligeant les questions non mentionnées de manière précise dans les autres textes en vigueur. Il est à espérer qu'il n'en sera pas de même avec le décret d'application du nouveau Code minier.

De plus, les études d'impact environnemental ne sont exigibles qu'à l'occasion de la demande du permis d'exploitation, ce qui laisse en dehors de tout contrôle les opérations de reconnaissance et de recherche, qui peuvent déjà avoir un impact environnemental irréversible.

De même, les règles du code minier relatives à la réalisation des études d'impact sont perfectibles : celles applicables à la réalisation des études d'impact environnemental des permis miniers étaient indiquées par l'article 124 du décret de 2002 portant application de l'ancien code minier. Il s'agissait des dispositions pertinentes de l'ancien code minier, de la loi-cadre sur l'environnement et de ses textes d'application « ainsi que de toute autre norme agréée d'accord partie ». Cette dernière disposition pouvait être interprétée comme limitant le pouvoir de décision de l'administration dans ce domaine, en soumettant l'application de nouvelles normes environnementales au consentement de l'opérateur minier. Il est à espérer qu'il n'en sera pas de même dans le décret d'application du nouveau code minier.

On note un paradoxe entre la précision des exigences en matière financière et administrative, d'une part, et le caractère peu contraignant des obligations en matière sociale et environnementale d'autre part.

La convention minière entre le Cameroun et C&K Mining est révélatrice de ces faiblesses du dispositif camerounais. Elle contient des dispositions vagues, dont la mise en œuvre est difficilement mesurable : « C&K Mining s'engage à respecter le code de l'environnement, les lois connexes et leurs textes d'application » ; C&K Mining s'engage à se soumettre au contrôle des inspections de l'administration en charge de l'environnement conformément aux mesures prévues dans le plan de gestion environnemental, suivant un calendrier préétabli et approuvé par le ministre chargé des Mines.[83]

Enfin, le Code minier prévoit que l'opérateur minier fournira à l'administration des mines un rapport présentant les détails complets sur tous travaux entrepris en rapport avec le permis (production, gestion de l'environnement, rapports avec les populations, etc.).[84] Ces rapports sont confidentiels, et ne peuvent être mis à la disposition de personnes étrangères à l'administration chargée des mines[85], privant ainsi les citoyens de l'accès à l'information, et les populations et administrations localisées dans la périphérie immédiate du permis considéré d'un moyen de contrôle de la qualité de l'information diffusée par l'entrepreneur. Rien ne semble justifier la confidentialité de ces rapports ne présentant, a priori, aucun caractère de secret commercial ou industriel.

Un conflit similaire apparaît à la lecture de la loi 2016/017 du 14 décembre 2016 portant code minier qui dans les articles 135 et suivants, traite de la protection de l'environnement. Cette loi spéciale censée être plus protectrice de l'environnement que la loi-cadre, en ce qu'elle organise une protection spécifique à une activité plus polluante comporte des dispositions moins contraignantes que celles de la loi-cadre. La lecture des articles 137 et suivants laissent croire que la protection environnementale n'est pas un impératif, mais un vœu à exaucer. L'article 137 dispose que :

afin d'assurer une exploitation rationnelle des ressources minières et de carrières en harmonie avec la protection de l'environnement, les titulaires de titres miniers et de carrières doivent veiller à :
- la prévention des géo-risques et géo-catastrophes ;
- la prévention ou la minimisation de tout déversement dans la nature ;
- la protection de la faune et de la flore ;
- la promotion ou le maintien de la bonne santé générale de la population ;
- la diminution des déchets.

---

83   Article 11 de la convention minière entre le Cameroun et C&K Mining. Ces dispositions sont vagues (de quels textes connexes ou d'application s'agit-il ? Quelles sont les sanctions prévues en cas de non-respect ? Quelles sont les voies de recours des tiers s'ils constatent des situations de non-conformité ? Que se passera-t-il si, une fois la convention signée le calendrier des inspections environnementales n'est pas soumis à l'administration des mines ? Ou s'il est soumis, mais pas accepté ? etc.).

84   Articles 35, 41, 49 et 76 du Code minier ; article 11 de la Convention minière entre le Cameroun et C&K Mining.

85   Articles 41 alinéa 3 du Code minier.

On est loin de la protection de l'environnement comme obligation imposée aux personnes conformément à la loi-cadre relative à la protection de l'environnement de 1996. C'est également une difficulté à régler.

Enfin, on remarque qu'il n'existe pas, dans le dispositif juridique camerounais relatif aux études d'impact environnemental et aux mesures d'atténuation, de mécanisme visant à prendre en compte les impacts imprévus pendant la préparation du projet minier. Il s'agit pourtant d'opérations prévues pour des durées relativement longues, et il est probable que des impacts inattendus surviendront. Bien plus, il n'existe pas de sanctions dissuasives pour non-respect du plan de gestion de l'environnement. Le code minier de 2016 prévoit des amendes et / ou des peines d'emprisonnement pour conduite d'activités minières contraires aux règles relatives à la protection environnementale et, spécifiquement, le refus de se soumettre aux injonctions de l'administration en ce qui concerne, la préservation et la gestion de l'environnement. Le dispositif répressif ne prévoit pas l'arrêt des travaux. En conséquence, ces conflits entre les intérêts économiques et environnementaux dans le dispositif juridique camerounais méritent d'être résolus.

3 Règlement des conflits nés de la prise en compte de la protection de l'environnement en matière commerciale

Il passe préalablement par une étude critique du système de règlement des conflits portant sur la protection de l'environnement et ensuite par la formulation des recommandations.

3.1 Étude critique du système de règlement des conflits portant sur la protection de l'environnement en matière commerciale

Nous nous attarderons sur le conflit existant entre l'exploitation minière commerciale et la protection de l'environnement. Il doit tenir compte de ce que l'exploitation minière est inévitable pour cause de développement et de lutte contre la pauvreté, mais ne doit en aucun cas négliger la protection de l'environnement. Les lois doivent s'articuler autour de ces deux impératifs contradictoires. Les lois camerounaises permettent-elles un tel résultat ? L'analyse de la loi n° 96/12 du 5 août 1996 portant loi-cadre relative à la gestion de l'environnement et de la loi n° 2016/017 du 14 décembre 2016 portant code minier révèlent que si le législateur a cherché à concilier ces deux impératifs, des efforts restent à faire.

3.1.1   Les points positifs

Sur plusieurs points les législations environnementales et minières camerounaises s'articulent autour de la nécessité de concilier exploitation minière et protection de l'environnement.

Le premier point est la recherche de la complémentarité. Intervenant après la loi-cadre, la loi minière tout en rappelant l'importance de la protection de l'environnement, renvoie à la loi-cadre pour les mesures de protection. L'article 137 qui dispose que :

> Afin d'assurer une exploitation rationnelle des ressources minières et de carrières en harmonie avec la protection de l'environnement, les titulaires de titres miniers et de carrières doivent veiller à :
> - la prévention des géo-risques et géo-catastrophes ;
> - la prévention ou la minimisation de tout déversement dans la nature ;
> - la protection de la faune et de la flore ;
> - la promotion ou le maintien de la bonne santé générale de la population ;
> - la diminution des déchets.

Ceci doit être lu avec l'article 135 qui indique que « outre les dispositions de la présente loi, toute activité minière et de carrières entreprises doit respecter la législation et la réglementation en vigueur en matière de protection et de gestion durable de l'environnement ». Ainsi la protection de l'environnement est organisée de manière minutieuse et englobante par la loi n° 96/12 du 5 août 1996 portant loi-cadre relative à la gestion de l'environnement qu'il est inutile pour une autre loi de le faire sans courir le risque de s'alourdir ou de négliger son réel objet. Cette technique de législation par renvoi permet une coordination entre les lois.

Le deuxième point est l'adaptation par la loi minière des mesures environnementales prévues par la loi-cadre en matière d'études d'impact environnemental. On désigne par cette expression, d'après l'article 4 de la loi-cadre, « l'examen systématique en vue de déterminer si un projet a ou n'a pas un effet durable sur l'environnement ». Adoptées respectivement en 1996 et en 2016, les deux lois se complètent sur ce point. La loi-cadre pose un principe que la loi minière adapte à la situation particulière de l'activité minière.[86] Sur ce point de l'utilisation de l'étude d'impact environ-

---

86   D'après l'article 17 de la loi-cadre, le promoteur ou le maître d'ouvrage de tout projet d'aménagement, d'ouvrage, d'équipement ou d'installation qui risque, en raison de sa dimension, de sa nature ou des incidences des activités qui y sont exercées sur le milieu naturel, de porter atteinte à l'environnement est tenu de réaliser, selon les prescriptions du cahier des charges, une étude d'impact permettant d'évaluer les incidences directes ou indirectes dudit projet sur l'équilibre écologique de la zone d'implantation ou de toute autre région, le cadre de vie et la qualité de vie des populations et des incidences sur l'environnement en général. Elle doit comporter conformément à l'article 19 de la loi-cadre, l'analyse initiale du site et de son environnement, l'évaluation des conséquences prévisibles de la mise en œuvre du projet sur le

nemental comme outil de diagnostic, la loi minière est un complément efficace de la loi-cadre relative à la protection de l'environnement.

Le troisième point concerne l'obligation de remise en l'état des sites après l'exploitation minière. D'après l'article 32 de la loi-cadre, les titulaires des mines ou des titres de carrières ont l'obligation de remettre en l'état les sites exploités. Toutefois, ils peuvent choisir de payer le coût financier y relatif. Les sommes correspondantes sont reversées au fonds prévu par la loi-cadre et ne peuvent recevoir aucune autre affectation. Le nouveau code minier de 2016 a réitéré cette obligation de remise en état par le détenteur du titre minier excluant par la même occasion la possibilité de payer le coût financier y relatif (article 136) comme c'était le cas dans le code minier de 2001 (article 113 alinéa 2 de décret d'application du code minier de 2001). Il a donc opté pour une obligation de résultat et non de moyen. Il s'agit là d'une évolution appréciable du nouveau code minier qui pourrait avoir des résultats probants en matière de remise en l'état des sites exploités s'il est pris en compte (comme c'était le cas dans le décret d'application de l'ancien code (article 120)) le programme descriptif de réhabilitation du site au fur et à mesure de l'exploitation. Cette formule impose des investissements graduels et évite, en cas de fermeture prématurée des opérations que l'ensemble des opérations de remise en l'état soient à refaire. Mais à côté de ces points positifs, l'articulation des législations minières et environnementales en vue d'une cohabitation profitable comporte des points à améliorer.

3.1.2   Les points à améliorer

On se serait attendu à ce que, intervenant successivement, la loi-cadre sur l'environnement et le code minier soient complémentaires sur tous les points. Il n'en est rien. Trois points au moins sont à améliorer.

---

site et son environnement naturel et humain, l'énoncé des mesures envisagées par le promoteur ou maître d'ouvrage pour supprimer, réduire, si possible, compenser les conséquences dommageables du projet sur l'environnement et l'estimation des dépenses correspondantes, la présentation des autres solutions possibles et des raisons pour lesquelles, du point de vue de la protection de l'environnement le projet a été retenu. L'étude d'impact environnemental est préalable au démarrage de toute activité d'exploitation ; et, si elle a été méconnue ou la procédure non respectée en tout ou en partie, l'Administration compétente ou, en cas de besoin, l'administration chargée de l'environnement requiert la mise en œuvre des procédures d'urgence appropriées, permettant de suspendre l'exécution des travaux envisagés ou déjà entamés. (article 20 de la loi-cadre). Ces contraintes sont-elles méconnues, modifiées ou simplement reprises par la loi minière adoptée vingt ans plus tard ? Un élément de réponse se trouve dans l'article 135 de la loi n° 2016/017 du 14 décembre 2016 portant code minier qui fait de l'étude d'impact environnemental un élément de recevabilité de tout dossier de demande de permis d'exploitation minière.

Relativement à la détermination de la priorité entre la protection environnementale et l'exploitation minière, la lecture des deux lois laisse planer un conflit de priorité. Dans l'article 5 de la loi-cadre du 5 août 1996, on peut lire : « les lois et règlements doivent garantir à chacun un environnement sain et assurer un équilibre harmonieux au sein des écosystèmes et entre les zones urbaines et les zones rurales ». Ce texte indique clairement que la protection de l'environnement doit primer sur toute autre préoccupation, de sorte que les lois et règlements doivent en tenir compte. Ainsi, on ne devrait pas concevoir de conflit entre la loi protectrice de l'environnement et une autre loi en termes de priorité. Mais la lecture de l'article 2 de la loi n° 2016/017 du 14 décembre 2016 portant code minier ne corrobore pas ce point de vue.

La lecture de ce texte laisse apparaître l'exploitation minière comme un enjeu primordial du pays. Il y a finalement inversion de priorité au profit de l'exploitation minière commerciale. L'analyse de l'article 137 qui a pour ambition d'assurer une exploitation rationnelle des ressources minières en harmonie avec la protection de l'environnement corrobore ce point de vue. En le faisant, le législateur laisse penser que la protection environnementale est une préoccupation secondaire, qui ne doit pas, mais peut être prise en compte par les titulaires des titres miniers. Cette fâcheuse impression est confirmée par la lecture d'autres dispositions du Code minier.

Il en est de même pour la décision d'exclusion, qui rend indisponible un terrain pour les opérations minières. Elle doit se faire « dans l'intérêt de l'État » (article 8 du Code minier). L'article 2 de la Constitution de 1996 rappelle à cet égard que la protection de l'environnement est « d'intérêt général ». On peut donc penser qu'en invoquant des motifs de protection de l'environnement, le gouvernement pourrait procéder à l'exclusion de sites sensibles des recherches et d'exploitations minières. Il s'agit là d'une soumission de l'intérêt général aux intérêts économiques particuliers d'une entreprise. De même, la soumission du droit minier aux mesures de protection de l'environnement devrait être une obligation, compte tenu du caractère d'intérêt général de la préservation du milieu. Dans ce contexte, les parcs et autres aires protégées devraient être exclus des opérations minières, sans qu'il soit besoin d'une dérogation légale.

Le deuxième point se situe au niveau de la protection environnementale organisée par chacune des lois. On trouve des dispositions organisant la protection environnementale aussi bien dans la loi-cadre relative à la protection de l'environnement que dans la loi minière. Au lieu de s'articuler, elles sont plutôt en conflit. A la lecture des définitions des termes terrain et périmètre (article 4 du code minier) tout terrain, y compris l'eau qui s'étend sur ledit terrain est disponible pour l'attribution des titres miniers. La loi minière qui pourtant a été élaborée après la loi-cadre entre en contradiction avec celle-ci et la contredit sur plusieurs points : elle contredit l'article 27 qui pose que « les plaines d'inondation font l'objet d'une protection particulière. Cette protection tient compte de leur rôle et de leur importance dans la conservation de la diversité biologique ». Mais le conflit le plus flagrant oppose l'article 2 alinéa 1 de la loi minière à l'article 63 de la loi-cadre.

D'après le premier texte, la loi minière et ses textes d'application visent à « favoriser, à encourager et à promouvoir les investissements dans le secteur minier susceptibles de contribuer au développement économique et social du pays ». La formulation sans nuances de ce texte laisse auguer d'un oubli de l'objectif général de protection des ressources exploitables posé par l'article 63 de la loi-cadre qui stipule que : « les ressources naturelles doivent être gérées rationnellement de façon à satisfaire les besoins des générations actuelles sans compromettre la satisfaction de ceux des générations futures ».

Le troisième point concerne le moment de l'étude d'impact environnemental. Selon la loi minière, c'est au stade de l'exploitation qu'il y a une obligation d'étude d'impact environnemental. Aucune exigence de cette nature n'est imposée pendant l'étude d'une demande de permis de recherche ou d'exploration. On peut le comprendre pour le permis de recherche, mais dès les opérations d'exploration, des atteintes environnementales sont possibles et imposent une étude d'impact. L'idéal serait d'imposer l'étude dès le stade de l'exploration minière. Sur la base de ces différentes critiques, les recommandations peuvent être formulées.

3.2 Recommandations relativement à la protection de l'environnement dans le domaine commercial

Les recommandations ici visent à améliorer les points qui ont été mis en exergue.

3.2.1 Sur la détermination de la priorité entre l'exploitation minière et la protection de l'environnement et le moment de l'étude d'impact

La lecture des textes ne laisse apparaître des éléments clairs de réponse. Les affirmations de la primauté de l'environnement sont contredites par les textes sur les industries extractives. Ainsi la recommandation est de clarifier la situation en indiquant que la sauvegarde de l'environnement est prioritaire sur toute autre considération et que même si des atteintes à celui-ci peuvent être tolérées dans l'intérêt des industries extractives, elles doivent être étroitement encadrées. Au lieu d'émettre des vœux, les textes doivent imposer des véritables obligations de protection de l'environnement aux exploitants miniers. Ainsi, l'article 137 de la loi minière doit être corrigé pour imposer des obligations, sanctionnées en cas d'inobservation.

La primauté de l'environnement s'exprimera par le renforcement des exigences liées à la conduite des études d'impact environnemental. Il faudrait aussi définir des critères de rejet d'un projet sur la base de l'importance de son impact environnemental.

3.2.2 Relativement à l'hamonisation des règles environnementales

Les textes organisant l'exploitation des ressources extractives et la protection de l'environnement devraient avoir une meilleure articulation entre eux. La recommandation ici est que les articles 2 et 4 (en ce qui concerne les définitions de terrain et périmètre) de la loi minière soient reformulés avec des nuances permettant de rendre à l'environnement la place centrale que la Constitution camerounaise et la loi-cadre sur l'environnement lui donnent.

3.2.3 En ce qui concerne l'obligation de remise en l'état des sites

Il est souhaitable que des dispositions y relatives ne soient contenues dans la nouvelle loi minière et dans son décret d'application que si elles sont plus protectrices de l'environnement que celles de la loi-cadre qui sont plus générales et que si elles ne gênent pas l'application de cette dernière. La remise en l'état ne concerne que les opérations d'exploitation. On constate pourtant des perturbations pendant les phases de reconnaissance ou de recherche, et il faudrait imposer à l'opérateur une obligation de remise en l'état des sites considérés.

La recommandation ici est de supprimer dans la loi minière toutes les dispositions qui gênent l'application de la loi-cadre ; et d'y introduire des dispositions dérogatoires plus contraignantes pour les exploitants miniers compte tenu des atteintes spécifiques à l'environnement provenant de l'activité minière.

Cette recommandation se prolonge par des sanctions imposées aux explorateurs et exploitants (assorties de la déchéance du droit à l'exploitation minière ou à l'exercice d'une activité économique sur le territoire camerounais s'ils n'exécutent pas leurs obligations de remise en l'état du site exploré et / ou exploité).

4 Conclusion

L'essor des activités commerciales est présenté comme une aubaine pour l'économie nationale. Elle pourrait effectivement l'être si au moins trois conditions étaient remplies.

Un contrôle strict de l'impact des opérations commerciales sur l'environnement et les populations. Ceci suppose que les règles soient améliorées, et que les administrations concernées se dotent des moyens de contrôle coordonnés de leur mise en œuvre.

Une optimisation des revenus tirés par l'État de ces opérations. On a l'impression que le secteur pourrait être bien plus rentable qu'il ne l'est actuellement, et que la fiscalité pourrait être considérablement améliorée, dans ce contexte marqué par une forte croissance de la demande mondiale en ressources naturelles. Une contribution décisive au développement local et national, par une utilisation adéquate et transparente des revenus.

Une plus grande cohérence entre le secteur économique et les autres secteurs (forêt, foncier, et aménagement du territoire notamment). L'enjeu est aujourd'hui d'éviter que le commerce ne donne lieu à la reproduction de la malédiction des ressources.

Bibliographie indicative

Cornu, G, 2005, *Vocabulaire juridique*, 3e edition, Paris, Association Henri Capitant, PUF.

SECTION 12

HUMAN RIGHTS, JUSTICE AND THE ENVIRONMENT

DROITS DE L'HOMME, JUSTICE ET L'ENVIRONNEMENT

CHAPITRE 38 :
ENVIRONNEMENT ET DROITS DE L'HOMME AU CAMEROUN

Frédéric FOKA TAFFO

1 Introduction

Il est apparu pendant longtemps une réelle méconnaissance de la nécessité de protéger l'environnement. Alors qu'au lendemain de 1945, le système de protection des droits de l'homme bâti sur le socle de la Charte des Nations unies consacrait et affirmait de nombreux droits intangibles et inaliénables, le droit de l'environnement et par ricochet le droit à un environnement sain demeurait absent des traités et conventions majeures portant sur les droits de l'homme. Il semblait alors, au-delà de cette ignorance assumée pour la protection de l'environnement, qu'il existait une réelle cloison infranchissable et imperméable entre les droits de l'homme et l'environnement. Fort heureusement, les Conférences internationales de Stockholm en 1972, puis de Rio en 1992, sont venues abattre les murs de cette insouciance collective en établissant clairement le besoin urgent de protéger l'environnement. Les déclarations issues de ces Conférences indiquent sans équivoque le double besoin de protéger l'environnement *per se* en tant milieu naturel et de protéger l'environnement parce qu'étant le milieu de vie des êtres humains et duquel dépend la réalisation de leurs droits fondamentaux.[1]

L'une des passerelles inébranlables entre environnement et droits de l'homme a été établie en 1993 par l'Organisation mondiale de la santé (OMS) dans sa résolution qui saisit la Cour internationale de justice (CIJ) pour avis consultatif. Elle y attire « l'attention sur les effets de la dégradation de l'environnement sur la santé ».[2] Bien que cette résolution ne prospère pas, la CIJ a tout de même l'occasion de se prononcer, en avis consultatif, sur la question le 8 juillet 1996. Elle indique alors que « l'environnement n'est pas une abstraction, mais bien l'espace où vivent les êtres humains et dont dépendent la qualité de leur vie et leur santé, y compris pour les gé-

---

1   Voir à ce sujet la Déclaration de Stockholm, paragraphe 1 du préambule et principe 1. Voir aussi la Déclaration de Rio, principe 1.
2   OMS, Effets des armes nucléaires sur la santé et l'environnement, 46e Assemblée mondiale de la santé, 8 mai 1993, paragraphe 5.

nérations à venir ».[3] L'on voit à partir de ces éléments qu'il existe un lien intangible entre environnement et droits de l'homme de telle sorte que les droits de l'homme ne pourraient pas s'exercer dans un environnement hostile. La Déclaration de Stockholm le rappelle à suffisance en ces termes :[4]

> L'Homme a un droit fondamental à la liberté, à l'égalité et à des conditions de vie satisfaisantes, dans un environnement dont la qualité lui permette de vivre dans la dignité et le bienêtre. Il a le devoir solennel de protéger et d'améliorer l'environnement pour les générations présentes et futures.

Il en ressort donc clairement que de la protection de l'environnement dépend non seulement la vie des êtres humains, mais aussi la pleine et effective jouissance de tous leurs droits fondamentaux. Nous partirons donc de ces prémisses pour interroger le cadre juridique camerounais qui régit les interactions entre environnement et droits de l'homme.

2 Le cadre juridique du droit à un environnement sain

La Constitution du Cameroun, tenant dument compte des engagements internationaux de l'État, consacre et reconnaît le droit de tous à un environnement sain et met à la charge de tous le devoir de protéger l'environnement.

2.1 La garantie au plan national du droit à un environnement sain

De nombreuses dispositions constitutionnelle, légales et réglementaires consacrent un cadre de protection de l'environnement au Cameroun et, ce faisant, affirment le droit de tous à un environnement sain. La Constitution du Cameroun reconnaît expressément dans son préambule le droit de tous à un environnement sain. Elle fait alors de la protection de l'environnement, conformément aux engagements internationaux du Cameroun, un devoir à la charge non seulement de l'État mais aussi et surtout de tous les citoyens.[5] Ce devoir est repris par la loi-cadre sur l'environnement qui dispose que l'environnement relève du patrimoine commun de la nation et fait partie intégrante du patrimoine universel. Elle fait de la protection de l'environnement un impératif commun et partagé et consacre à son tour le droit à un

---

3   Licéité de la menace ou de l'emploi d'armes nucléaires, Avis consultatif, C.I.J. Recueil 1996, 226, para. 29.
4   Déclaration de Stockholm, principe 1.
5   Loi n° 96/06 du 18 janvier 1996 portant révision de la Constitution du 2 juin 1972, préambule. Suivant l'article 66 de ladite loi, le préambule fait partie intégrante de la Constitution.

environnement sain.[6] « Ce droit vise à protéger le cadre de vie des êtres humains afin de leur garantir des conditions de vie satisfaisantes pour protéger leur santé »[7] et leurs autres droits.

A côté de ces textes à caractère généraux qui consacrent le droit à un environnement sain et affirment la nécessité et le devoir de tous de protéger l'environnement, de nombreux autres textes sectoriels viennent compléter cet arsenal juridique afin de donner corps à la protection de l'environnement au Cameroun. On peut entre autres évoquer la loi n° 001/2001 du 16 avril 2001 portant Code minier qui dispose que toute activité minière doit obéir à la législation et à la réglementation en matière de protection et de gestion de l'environnement.[8] La protection de la qualité et de l'intégrité de l'environnement doit donc s'inscrire comme préoccupation majeure des industries extractives, au même titre que la transparence qui est attendue d'elles et le souci de faire du profit.

Au surplus, l'on peut citer des textes tels que la loi n° 89/27 du 29 décembre 1989 portant sur les déchets toxiques et dangereux ; la loi n° 94/01 du 20 janvier 1994 portant régime des forêts, de la faune et de la pêche ainsi que son décret d'application du 23 août 1995 ; la loi n° 95/08 du 30 janvier 1995 portant sur la radioprotection ; la loi n° 98/005 du 14 avril 1998 portant régime de l'eau ; la loi n° 2003/2006 du 21 avril 2003 portant régime de sécurité en matière de biotechnologie moderne au Cameroun ; et la loi n° 2016/007 du 12 juillet 2016 portant Code pénal. Cet abondant dispositif juridique prévoit un cadre de protection de l'environnement suffisamment dense et touchant quasiment tous les secteurs.

2.2 La protection internationale du droit à un environnement sain

De nombreux instruments internationaux de protection du droit à un environnement sain ont été ratifiés par le Cameroun. On peut entre autres citer la Convention des Nations Unies sur le droit de la mer[9] qui assure la protection de l'intégrité de l'environnement marin, la Convention de Bâle ou la Convention sur le contrôle des mouvements transfrontières de déchets dangereux et leur élimination[10] et la Convention de Bamako sur l'interdiction d'importer des déchets dangereux et le contrôle de leurs mouvements transfrontières en Afrique.[11] Ces deux dernières conventions vi-

---

6   Loi n° 96/12 du 5 août 1996 portant loi-cadre relative à la gestion de l'environnement, articles 2 et 5.
7   Foka (2008:170).
8   Loi n° 001/2001 du 16 avril 2001 portant Code minier, article 85 (1).
9   Ratifiée par le Cameroun le 19 novembre 1985.
10   Ratifiée par le Cameroun le 11 février 2001.
11   Ratifiée par le Cameroun le 22 octobre 1993.

sent à préserver l'environnement en interdisant tout déversement des déchets dangereux dans la nature et en disposant largement sur la gestion et l'élimination desdits
déchets. Le Cameroun est par ailleurs partie au Traité relatif à la conservation et la
gestion durable des écosystèmes forestiers d'Afrique centrale, la Convention-cadre
sur les changements climatiques, le Protocole de Kyoto, la Convention de Vienne
pour la protection de la couche d'ozone, le Protocole de Montréal, et le Protocole de
Carthagène sur les risques biotechnologiques.

En plus de ces instruments internationaux, le Cameroun est partie à la Charte africaine des droits de l'homme et des peuples[12] dont l'article 24 stipule que : « Tous les
peuples ont droit à un environnement satisfaisant et global, propice à leur développement ».[13] La Commission africaine des droits de l'homme et des peuples, interpré-
tant ce droit comme étant le droit à un environnement sain, estime dans la célèbre affaire *SERAC c. Nigéria* que ce droit est violé lorsque des activités se déroulant sur le
territoire d'un État résulte dans la contamination de l'air, de l'eau et du sol, et lorsque
des études ne sont pas suffisamment menées pour évaluer les risques éventuels ou réels des industries extractives sur l'environnement.[14] Ce faisant, elle souscrit entièrement aux propos de Alexander Kiss qui déclare que :[15]

> En fait, un environnement dégradé par la pollution et par la destruction de toute beauté et varié-
> té est aussi contraire à des conditions de vie satisfaisantes et au développement, que
> l'effondrement de l'équilibre écologique fondamental est néfaste à la santé physique et morale.

La préservation du droit à un environnement sain dès lors passe par l'adoption de
mesures raisonnables et de toutes les mesures pertinentes pour prévenir la pollution
et la dégradation écologique, favoriser la préservation de l'environnement et garantir
un développement écologiquement durable et l'utilisation des ressources naturelles.[16]
Ceci suppose donc clairement qu'aucune activité d'exploitation des ressources naturelles, qu'elles soient minières, forestières, halieutiques ou autres, ne peut se faire au
mépris de l'impératif de protéger l'environnement de toute souillure durable. De
même, aucun développement ne peut être réalisé sans sauvegarde de
l'environnement. La Commission reconnaît par ailleurs l'importance d'un environnement propre et sain et souligne que celui-ci est étroitement lié à la satisfaction des
droits économiques et sociaux, pour autant que l'environnement affecte la qualité de
la vie et la sécurité des individus.[17]

---

12 Ratifiée par le Cameroun le 20 juin 1989.
13 Charte africaine des droits de l'homme et des peuples, article 24.
14 Social and Economic Rights Action Center (SERAC) and Center for Economic and Social
    Rights (CESR) v. Nigéria, ACHPR, 155/96, para. 50.
15 (ibid.:para. 51).
16 (ibid.:para. 52).
17 (ibid.:para. 51).

2.3 Les exigences internationales de l'État au titre du droit à un environnement sain

Dans l'affaire SERAC, la Commission affirme de manière non équivoque non seulement l'indivisibilité des droits de l'homme mais démontre aussi à suffisance comment la violation d'un droit, le droit à un environnement sain, peut avoir des conséquences largement néfastes sur la jouissance de tous les autres droits, avec au premier chef le droit à la santé. Elle en profite pour indiquer ce que l'on attend généralement des gouvernements en vertu de la Charte africaine eu égard aux droits qu'elle consacre. Ainsi, tous les droits, civils et politiques, sociaux et économiques, créent au moins quatre niveaux d'obligations pour un État qui s'engage à adopter un régime de droits, notamment le devoir de respecter, de protéger, de promouvoir et de réaliser ces droits. Ces obligations s'appliquent universellement à tous les droits et imposent une combinaison de devoirs négatifs et positifs.[18]

Le droit à un environnement sain et l'ensemble des droits qui en dépendent obligent les gouvernements à cesser de menacer directement la santé et l'environnement de leurs citoyens. Le respect de ces droits par l'État exige de lui un comportement largement non interventionniste, notamment l'obligation de ne pas exercer, sponsoriser ou tolérer toute pratique, politique ou mesure légale violant l'intégrité de l'individu.[19] Au-delà de ces devoirs négatifs, le droit à un environnement sain impose à l'État des devoirs positifs. Ainsi, le respect du droit à un environnement sain par les gouvernements inclut également le fait d'ordonner ou au moins de permettre la surveillance scientifique indépendante des environnements menacés, d'exiger et de publier des études sur l'impact social et environnemental avant tout développement industriel majeur ; d'entreprendre la surveillance appropriée et d'informer les communautés exposées aux activités et produits dangereux et d'offrir aux individus la possibilité d'être entendus et de participer aux décisions relatives au développement affectant leurs communautés.[20]

2.4 Les titulaires et débiteurs du droit à un environnement sain

Selon le préambule de la Constitution camerounaise, le droit à un environnement sain est un droit individuel. A ce titre, il est un droit dont la jouissance est *intuiti personae*. Par conséquent, tout individu pris isolément peut introduire une revendication portant sur la destruction de l'environnement dans lequel il vit. La loi-cadre sur

---

18   (ibid.:para. 43 et 44).
19   (ibid.:para. 52).
20   (ibid.:para. 53).

l'environnement abonde dans le même sens en faisant de l'individu l'ultime détenteur et titulaire du droit à un environnement sain. L'article 5 de cette loi prévoit clairement « le droit de chacun à un environnement sain ». Toutefois, bien que ce droit soit étroitement lié à l'individu, il n'en demeure pas moins qu'objectivement il est un droit dont la jouissance ou la violation est collective. Il est en effet difficile d'imaginer un individu vivant en autarcie dans une portion du territoire camerounais ; de même qu'il est encore plus difficile d'imaginer que la dégradation de l'environnement, fusse-t-elle au plan local, n'aura des effets que sur un seul individu.

C'est compte tenu de cette dimension immanquablement collective du droit à un environnement sain que le législateur camerounais dans l'article 2 de la loi-cadre sur l'environnement fait partie du « patrimoine commun de la nation ». On peut dès lors percevoir sa dimension collective. Cette dimension collective est irrévocablement consolidée par la Charte africaine qui de façon très laconique présente le droit à un environnement sain comme un droit des peuples, autrement dit un droit dont la jouissance s'exerce mieux dans un cadre collectif. Ceci correspond parfaitement à la définition de l'environnement comme cadre de vie des individus. Cependant, au-delà de cette futile querelle sur le titulaire du droit à un environnement sain, l'on peut retenir que ce sont les êtres humains qui, pris individuellement ou en tant que collectivité, en sont les titulaires. Il ne s'agit pas seulement des générations présentes mais aussi des générations futures. C'est pour cette raison que les ressources naturelles doivent être gérées rationnellement de façon à satisfaire les besoins des générations actuelles sans compromettre la satisfaction de ceux des générations futures.[21]

Une fois que les titulaires du droit à un environnement sain sont identifiés, la question dès lors est celle de savoir qui en sont les débiteurs. Il est constant que le respect et la garantie des droits de l'homme incombe au premier chef à l'État. La Commission africaine le rappelle à suffisance dans l'affaire SERAC. La Constitution du Cameroun, rappelant cette obligation fondamentale, fait toutefois de la protection de l'environnement un devoir partagé. En effet, en stipulant que l'État veille à la défense et à la promotion de l'environnement, elle fait également de la protection de l'environnement un devoir de tous, y compris donc aussi un devoir des individus. Par conséquent, autant le droit à un environnement sain est un droit individuel et/ou collectif, autant il incombe aussi aux individus et aux collectivités de sauvegarder leur environnement. La loi-cadre dispose à ce propos qu'il est du devoir des pouvoirs publics et de chaque citoyen de veiller à la sauvegarde du patrimoine naturel.[22] Sur ce substrat, le Président de la République définit la politique nationale de l'environnement ; et sa mise en œuvre incombe à différents acteurs, notamment le

---

21 Voir loi n° 96/12 du 5 août 1996 portant loi-cadre relative à la gestion de l'environnement, article 63.
22 (ibid.:article 62).

gouvernement, les collectivités territoriales décentralisées, les communautés de base et les associations de défense de l'environnement.[23]

2.5   Le devoir de mener une étude d'impact préalable

L'une des exigences fondamentales à observer dans l'optique de la protection du droit à un environnement sain est relative à l'obligation de mener une étude d'impact avant la réalisation de tout projet susceptible de causer des dommages irréparables à l'environnement. D'après la Commission africaine dans l'affaire SERAC, l'État doit non seulement exiger que ces études soient faites, mais doit également s'assurer qu'elles sont effectivement faites, les publier et veiller à ce que les communautés affectées par la réalisation d'un projet soient informées et qu'elles aient l'occasion de se prononcer sur ledit projet. S'agissant de l'exigibilité de l'étude d'impact préalable, l'État du Cameroun dispose à suffisance dessus et en fait une condition de validité de toute action de développement ou d'exploitation des ressources naturelles quelque soit le secteur pris en compte. La législation camerounaise impose cette obligation sous différentes appellations, à savoir : étude d'impact, étude d'impact socio-économique, étude des dangers, étude de faisabilité ou évaluation environnementale.

S'agissant de l'étude d'impact, la loi-cadre sur l'environnement prévoit que le promoteur ou le maître d'ouvrage de tout projet d'aménagement, d'ouvrage, d'équipement ou d'installation qui risque, en raison de sa dimension, de sa nature ou des incidences des activités qui y sont exercées sur le milieu naturel, de porter atteinte à l'environnement est tenu de réaliser, une étude d'impact permettant d'évaluer les incidences directes ou indirectes dudit projet sur l'équilibre écologique de la zone d'implantation ou de toute autre région, le cadre et la qualité de vie des populations et des incidences sur l'environnement en général. L'exigence ne se limite pas à l'obligation de mener une étude d'impact mais se prolonge à l'obligation d'assurer la publicité de ladite étude.[24] L'étude d'impact qui est ici exigée doit être conforme aux prescriptions du cahier des charges avec pour conséquence que la non-conformité au cahier des charges entraînera la nullité de l'étude réalisée. En outre, lorsque l'étude d'impact a été méconnue ou la procédure d'étude d'impact non respectée en tout ou en partie, cela peut provoquer la suspension de l'exécution des travaux envisagés ou déjà entamés.[25]

---

23   (ibid.:article 3). Voir aussi l'article 46 de la même loi-cadre.
24   (ibid.:article 17).
25   (ibid.:article 18). Voir aussi l'article 20 (2). Voir également l'article 19 pour les catégories d'opérations dont la réalisation est soumise à l'étude d'impact, les conditions de publicité de l'étude d'impact et les éléments à retrouver dans l'étude d'impact. Les éléments d'une étude d'impact environnemental sont en outre à retrouver aux articles 4 et 5 du décret

La loi-cadre sur l'environnement fait aussi obligation au responsable d'un établissement industriel ou commercial classé de procéder à l'ouverture dudit établissement à une étude des dangers. Ces dangers sont ceux qui peuvent affectés la santé, la sécurité, la salubrité publique, l'agriculture, la nature et l'environnement en général, ou qui présentent des inconvénients pour commodité du voisinage. Cette étude des dangers doit comporter entre autres le recensement et la description des dangers suivant leur origine interne ou externe ; les risques pour l'environnement et le voisinage ; et la justification des techniques et des procédés envisagés pour prévenir les risques, en limiter ou en compenser les effets.[26] Dans le secteur minier, toute convention minière conclue entre l'État et toute personne titulaire d'un permis de recherche en vue du développement et de l'exploitation d'une découverte minière doit impérativement comporter une étude de faisabilité. Cette étude de faisabilité qui est préparée par le titulaire du permis de recherche doit prévoir notamment la protection appropriée de l'environnement à travers une étude d'impact et un plan de gestion ainsi que l'impact socio-économique de l'exploitation minière.[27]

Le secteur agricole n'échappe pas à l'obligation de conduire une évaluation de l'impact de l'activité sur l'environnement. Par conséquent, l'utilisation intensive d'engrais dans une exploitation agricole est soumise à une évaluation préalable de l'état physique et chimique du sol. Au surplus, toute personne physique ou morale, publique ou privée, possédant une exploitation agricole et utilisant intensivement les engrais en tenue de procéder régulièrement à une évaluation de l'impact des engrais sur l'exploitation et l'environnement.[28] Ces différentes études préalables à la réalisation des diverses activités humaines pouvant résulter à un dommage sur l'environnement permettent au-delà de protéger l'intégrité et la qualité de l'environnement, d'assurer la protection des autres droits de l'homme. La protection du droit à un environnement sain ne se limite pas à ces études préalables, mais se poursuit pendant et après le déroulement desdites activités et passe notamment par une concertation continuelle avec les populations susceptibles d'être affectées par les pollutions et la dégradation de l'environnement découlant des activités humaines.

---

n° 2005/0577/PM du 23 février 2005 sur les modalités de réalisation des études d'impact environnemental.

26   (ibid.:articles 54 et 55).
27   Loi n° 001/2001 du 16 avril 2001 portant Code minier, articles 16 et 46.
28   Loi n° 2003/007du 10 juillet 2003 régissant les activités du sous-secteur engrais au Cameroun, articles 6 et 7.

3 Droit à un environnement sain et indivisibilité des droits de l'homme

L'affaire SERAC dont il a été fait mention ci-haut, nous a permis de montrer à suffisance qu'il existe un lien inusable entre le droit à un environnement sain et les autres droits de l'homme, de telle sorte que la violation du premier emporte automatiquement violations des autres droits.

3.1 Le droit à la santé

Il est aujourd'hui incontestable que les différentes formes de pollution et de dégradation de l'équilibre écologique ont un effet fortement dommageable sur le droit à la santé. Dès lors, la sauvegarde d'un environnement sain vise au premier chef à protéger le droit à la santé des populations. Ainsi, en élaborant les politiques de l'environnement et en coordonnant leur mise en œuvre, le gouvernement doit établir les normes de qualité pour l'air, l'eau, le sol et toutes normes nécessaires à la sauvegarde de la santé humaine et de l'environnement. En outre, il doit établir des rapports sur la pollution, initier des recherches sur la qualité de l'environnement, et initier et coordonner les actions qu'exige une situation critique, un état d'urgence environnemental ou toutes autres situations pouvant constituer une menace grave pour l'environnement.[29] Par ailleurs, les autorités compétentes, notamment le ministre de la santé publique, ont la charge de créer et de délimiter des zones sensibles en vue de limiter ou de prévenir un accroissement prévisible de la pollution atmosphérique à la suite notamment de développements industriels et humains, d'assurer une protection particulière de l'environnement, ainsi que de préserver la santé de l'homme. Des procédures d'alerte à la pollution atmosphérique peuvent alors être instituées dans ce cadre.[30]

S'agissant des déchets, ceux-ci doivent être traités de manière écologiquement rationnelle afin d'éliminer ou de réduire leurs effets nocifs sur la santé de l'homme.[31] Dans le secteur minier, il est mis à la charge des exploitants de prendre toutes les mesures nécessaires afin de protéger la santé des populations.[32] La santé des populations est également assurée à travers la garantie d'une alimentation suffisante et de qualité. C'est ainsi que l'État assure la protection des sols contre toute forme de dégradation. Il prévoit à cet effet des conditions particulières de protection destinés à lutter contre

---

29 Loi n° 96/12 du 5 août 1996 portant loi-cadre relative à la gestion de l'environnement, article 10.
30 (ibid.:article 22).
31 (ibid.:article 42).
32 Loi n° 001/2001 du 16 avril 2001 portant Code minier, articles 30 et 87.

la désertification, l'érosion, les pertes des terres arables et la pollution du sol et de ses ressources par les produits chimiques, les pesticides et les engrais. Conséquemment, l'État assure la régulation des engrais, des pesticides et autres substances chimiques dont l'utilisation est autorisée ou favorisée dans les travaux agricoles. Il assure aussi la régulation des quantités autorisées et des modalités d'utilisation afin que les substances ne portent pas atteinte à la qualité du sol et des autres milieux récepteurs.[33]

La garantie du droit à la santé des populations passe également par le contrôle qui peut être exercé sur la qualité des engrais. Ce contrôle est exercé en amont à travers l'inspection des usines de production, de conditionnement et des dépôts de distribution des engrais, et le prélèvement des échantillons pour des analyses en laboratoire. En aval, le contrôle porte sur la conformité des conditions de commercialisation des engrais aux normes définies et est entre autres assuré par les services du ministère de la santé publique. Ce contrôle se poursuit également au sein des exploitations agricoles utilisant intensivement des engrais.[34] Au plan phytosanitaire, la protection du droit à la santé se fait notamment à travers l'interdiction des produits phytosanitaires pouvant constituer un danger pour la santé humaine, animale et pour l'environnement. Par conséquent, les traitements chimiques doivent être exécutés dans le respect des bonnes pratiques agricoles afin de préserver la santé humaine et animale et de protéger l'environnement des dangers provenant de la présence ou de l'accumulation de résidus de produits phytosanitaires. Par ailleurs, les méthodes de traitement des denrées stockées doivent garantir l'absence ou la présence à des teneurs tolérées, des résidus des produits phytosanitaires, et préserver les qualités organoleptiques des produits traités.[35]

3.2   Le droit aux loisirs et aux espaces verts

Dans un contexte d'urbanisation anarchique et de déforestation galopante, la nature est complètement lésée et de nombreux espaces verts se transforment très vite, trop vite, en amas de béton et de fer. On passe ainsi sans transition de charmants espaces verts à des paysages dénaturés où se bousculent des constructions non normées et peu soucieuses de l'environnement. De cet état de chose critique résulte le désordre urbain rencontré aujourd'hui, le changement climatique et l'errance des populations en quête d'espaces de loisirs et d'espaces de fraîcheur. Cette situation est contraire au

---

33   Loi n° 96/12 du 5 août 1996 portant loi-cadre relative à la gestion de l'environnement, article 36.

34   Loi n° 2003/007du 10 juillet 2003 régissant les activités du sous-secteur engrais au Cameroun, articles 9, 10 et 12.

35   Loi n° 2003/003 du 21 avril 2003 portant protection phytosanitaire, articles 2 et 19.

droit qui prévoit que les plans d'urbanisme et les plans de lotissement publics ou privés prennent en compte les impératifs de protection de l'environnement dans le choix des emplacements prévus pour les zones d'activités économiques, résidentielles et de loisirs. Ces plans doivent, préalablement à leur application recueillir l'avis obligatoire du ministère en charge de l'environnement.[36]

Deux éléments ressortent de ces exigences. En premier lieu, il est fait obligation aux agglomérations de comporter des terrains à usage récréatif et des zones d'espace vert, selon une proportion harmonieuse qui tient notamment compte des superficies disponibles, du coefficient d'occupation du sol et de la population résidentielle. En second lieu, la délivrance des permis de construire doit dûment tenir compte de la présence des établissements classés et de leur impact sur l'environnement. Par conséquent, ils peuvent être refusés ou soumis à des prescriptions spéciales si les constructions envisagées sont de nature à avoir des conséquences dommageables pour l'environnement.[37] Pour donner effet à ces exigences, les communes urbaines sont tenues de respecter, dans les villes, un taux de boisement au moins égale à 800 m^2 d'espaces verts boisés pour 1,000 habitants.[38] Ces espaces peuvent prendre la forme d'une forêt de recréation, à savoir une forêt dont l'objet est de créer et/ou de maintenir un cadre de loisir, en raison de son intérêt esthétique artistique, touristique, sportif ou sanitaire.[39]

3.3 Les autres droits économiques et sociaux

De nombreux autres droits économiques et sociaux peuvent être fragilisés du fait de dégradation ou de l'exploitation anarchique de l'environnement. L'État et les personnes privées ou morales qui s'engagent dans la modification de l'environnement ou l'exploitation des ressources naturelles, doivent veiller à ce que ces droits soient préservés, au même moment qu'ils doivent garantir une exploitation saine et durable de l'environnement. Il est indiscutable que l'exploitation des ressources naturelles concourt au développement économique de l'État. Cependant, ce développement ne doit pas se faire au mépris de la vocation sociale qui est celle de l'État, car il n'y a pas de démocratie en l'absence d'un État social. Dans le domaine des industries extractives par exemple, l'exploitation des ressources minérales doit pouvoir concourir

---

36 Loi n° 96/12 du 5 août 1996 portant loi-cadre relative à la gestion de l'environnement, article 40 (1).
37 (ibid.:articles 40 (2) et 41).
38 Loi n° 94/01 du 20 janvier 1994 portant régime des forêts, de la faune et de la pêche, article 33.
39 Décret n° 94/436/PM du 23 août 1995 fixant les modalités d'application du régime des forêts, article 3 (4).

non seulement au développement économique et social du pays, mais aussi et surtout, concourir à la lutte contre la pauvreté.[40] La lutte contre la pauvreté ne doit pas demeurer un simple et vague slogan creux et ornemental dans nos législations, mais elle doit pouvoir obtenir un contenu concret susceptible d'être évalué.

Atteindre l'objectif de lutte contre la pauvreté suppose la mise en place effective de stratégies claires et lisibles orientés vers la création d'emploi, l'autonomisation des individus et le renforcement des ressources humaines que ce soit sur le plan éducatif, sanitaire ou autre. L'ensemble de ces stratégies vise à concrétiser ce que le Pacte international sur les droits économiques et sociaux consacre en ses articles 4 et 11 respectivement sous le vocable de droit au bien-être général et à un niveau de vie suffisant. C'est ainsi qu'en matière d'exploitation forestière par exemple, les charges financières imposées aux exploitants sont constituées outre le paiement d'une patente, de l'obligation de contribuer à la réalisation des œuvres sociales au profit des populations riveraines. Ces œuvres sociales désignent notamment les routes, les ponts, les centres de santé et les écoles.[41] Par conséquent, dans l'évaluation du plan d'aménagement qui indique les obligations du concessionnaire vis-à-vis de l'administration, l'administration en charge de forêts vérifie outre l'application des mesures de réduction d'impact environnemental, le respect des droits d'usage et surtout la réalisation des œuvres sociales ou du programme d'infrastructures convenu lors de l'élaboration du plan d'aménagement.[42]

Les plans d'aménagement ne se limitent pas à la réalisation des œuvres sociales, mais intègrent d'autres droits qui sont tout aussi intiment lié à la protection de l'environnement. Ainsi, au-delà de prévoir des mesures de protection de l'environnement, d'exploitation à faible impact, ils prévoir aussi des normes d'intervention en milieu forestier. Ces normes s'appliquent à toute exploitation forestière et vise à minimiser les impacts de l'exploitation sur l'environnement, à travers notamment la protection des rives et plans d'eau et surtout la protection de la qualité de l'eau.[43] Il ne serait pas superflu ici de rappeler que l'eau est un droit inaliénable de tous et de chacun. C'est à ce titre qu'elle est présentée comme un bien du patrimoine commun de la Nation au même titre que l'environnement ou le patrimoine culturel. L'État a donc la charge d'en assurer la protection et la gestion et doit en faciliter l'accès à tous.[44] Garantir le droit à l'eau passe donc immanquablement par la protec-

---

40 Loi n° 001-2001 du 16 avril 2001 portant Code minier, article 1.
41 Loi n° 94/01 du 20 janvier 1994 portant régime des forêts, de la faune et de la pêche, articles 66 et 61 (3).
42 Arrêté n° 0222/A/MINEF/25 mai 2002 fixant les procédures d'élaboration, d'approbation, de suivi et de contrôle de la mise en œuvre des plans d'aménagement des forêts de production du domaine forestier permanent, article 53.
43 (ibid.:article 11).
44 Loi n° 98/005 du 14 avril 1998 portant régime de l'eau, article 2.

tion de la qualité de l'eau contre toute forme de pollution, d'autant plus que l'eau est un élément fondamental du droit à l'alimentation.[45]

3.4   Le droit à la vie et au respect de la dignité humaine

Le droit à la vie est l'un des droits qui est directement mis en péril par un environnement dégradé. Comme il a été rappelé ci-haut avec Alexander Kiss, un environnement dégradé par la pollution et la destruction est contraire à des conditions de vie satisfaisantes. De même, comme il a déjà été précédemment mentionné, de nombreux projets peuvent présenter des éléments de dangerosité susceptible de porter atteinte à l'intégrité physique ou à la vie des individus. Dans ces cas, l'État et les exploitants des ressources naturelles ont l'obligation de prendre toutes les mesures nécessaires afin de préserver l'intégrité et la vie des personnes. En matière d'exploitation minière, l'État doit s'assurer que la convention minière conclue avec l'exploitant comporte des dispositions relatives aux règles d'hygiène et de sécurité spécifiques aux opérations proposées ainsi que des dispositions relatives aux relations avec les communautés affectées. Les exploitants doivent par conséquent garantir la sécurité des sites de travaux dans le périmètre d'exploitation et mener leurs activités de façon à garantir la sécurité des personnes et des biens.[46]

Pour rendre ces mesures effectives et efficaces, les exploitants doivent, avant d'entreprendre des travaux de recherche ou d'exploitation, élaborer un règlement relatif à la sécurité et à l'hygiène pour les travaux envisagés. Ce règlement est par la suite soumis à l'approbation des autorités compétentes et une fois qu'il est approuvé, l'exploitant est tenu de s'y conformer. Par ailleurs, tout accident survenu ou tout danger identifié dans un chantier, une mine, une carrière ou dans leurs dépendances doit être porté à la connaissance desdites autorités. Au surplus, en cas de péril imminent ou d'accident dans un chantier ou une exploitation, toutes les autorités concernées peuvent prendre toutes les mesures nécessaires pour faire cesser le danger et en prévenir la suite. S'il y a urgence ou en cas de refus des exploitants de se conformer auxdites mesures, les autorités concernées exécutent d'office les mesures visées aux frais des exploitants. Enfin, les exploitants doivent utiliser des méthodes et techniques adaptées afin de protéger la sécurité des travailleurs et des populations riveraines.[47]

Il est donc constant ici que non seulement toutes les parties, publiques ou privées, ont la charge de la protection des droits des personnes, mais qu'il revient au premier

---

45   (ibid.:articles 4 à 7).
46   Loi n° 001/2001 du 16 avril 2001 portant Code minier, articles 16, 30 et 84 (1).
47   (ibid.:articles 84 (3-5) et 85 (2)).

chef à l'État de s'assurer que des mesures ont été effectivement prises afin de protéger la sécurité des personnes travaillant ou vivant à proximité des sites. On peut donc en conclure que la protection de la vie humaine est l'objectif ultime de la protection de l'environnement. C'est dans ce sens que l'administration a l'obligation de prendre toutes les mesures nécessaires pour protéger les personnes et / ou leurs biens lorsque certains animaux, même protégés, constituent un danger pour ces personnes ou sont de nature à leur causer des dommages. Ces personnes sont elles-mêmes autorisées dans ces cas à prendre toutes les mesures nécessaires et raisonnables pour se défendre, défendre leur cheptel et / ou leurs cultures. Les personnes qui agissent en pareilles situations ne peuvent faire l'objet d'aucune sanction pour acte de chasse contre un animal protégé, étant entendu qu'il s'agit ici d'un acte de légitime défense commis dans la nécessité immédiate de leur défense ou celle de leur cheptel domestique et/ou de leurs cultures.[48]

3.5   Le droit à l'information et le droit à la participation

Le droit à l'information et le droit à participation sont des corolaires de l'obligation d'étude d'impact environnemental et social. Ensemble, ils forment le noyau dur de la protection de tous les autres droits. Le droit à l'information revêt en particulier deux facettes, à savoir : le droit d'être informé sur les problèmes environnementaux et le droit d'être informé sur les effets nocifs desdits problèmes. En premier lieu, l'État et toutes les institutions publiques et privées sont tenues, chacun dans le cadre de ses compétences, de sensibiliser l'ensemble des populations aux problèmes environnementaux. Ces acteurs doivent, par conséquent, intégrer dans leurs activités des programmes permettant d'assurer une meilleure connaissance de l'environnement. A ce titre, l'enseignement de l'environnement doit être introduit dans les programmes d'enseignement du cycle primaire jusqu'au cycle universitaire. En second lieu, chaque personne a le droit d'être informée sur les effets préjudiciables pour la santé, l'homme et l'environnement des activités nocives, ainsi que sur les mesures prises pour prévenir ou compenser ces effets.[49]

Pour matérialiser ce droit, l'État a l'obligation de publier et de diffuser les informations relatives à la protection et à la gestion de l'environnement ; de mettre en place un système d'information environnementale comportant une base de données sur différents aspects de l'environnement, au niveau national et au niveau internatio-

---

48   Loi n° 94/01 du 20 janvier 1994 portant régime des forêts, de la faune et de la pêche, articles 82 et 83.
49   Loi n° 96/12 du 5 août 1996 portant loi-cadre relative à la gestion de l'environnement, articles 6, 7, 72 et 73.

nal ; et de publier les études d'impact environnemental.[50] En outre, les personnes physiques ou morales dont l'activité est susceptible de porter atteinte à la santé de l'homme est tenu d'assurer l'information du public à ce propos. Par exemple, en ce qui concerne la gestion des déchets, toute personne qui produit ou détient des déchets est tenue d'assurer l'information du public sur les effets sur l'environnement et la santé publique des opérations de production, de détention, d'élimination ou de recyclage des déchets, ainsi que sur les mesures prises pour en prévenir ou en compenser les effets préjudiciables.[51] De même, tout exploitant d'un établissement classé est tenu d'établir un plan d'urgence propre à assurer l'alerte des autorités compétentes et des populations avoisinantes en cas de sinistre ou de menace de sinistre, l'évacuation du personnel et les moyens pour circonscrire les causes du sinistre.[52]

Le droit à l'information est la condition *sine qua non* de l'exercice du droit à participation. Ce droit implique la participation des populations aux décisions les affectant directement ou indirectement à travers leur milieu de vie. Ce droit prend racine sur le principe de participation selon lequel chaque citoyen doit avoir accès aux informations relatives à l'environnement, chaque citoyen a le devoir de veiller à la sauvegarde et à la protection de l'environnement, et les décisions concernant l'environnement doivent être prises après concertation avec les secteurs d'activités ou les groupes concernés, ou après débat public lorsqu'elles ont une portée générale.[53] Sur ce substrat juridique, la participation des populations à la gestion de l'environnement doit être fortement encouragée, à travers notamment le libre accès à l'information environnementale ; des mécanismes consultatifs permettant de recueillir l'opinion et l'apport des populations ; et la représentation des populations au sein des organes consultatifs en matière d'environnement.[54]

C'est ainsi qu'en matière d'exploitation forestière, la proposition de la carte d'affectation incluse au plan d'aménagement doit être porté à la connaissance du public par voie d'affichage auprès de la sous-préfecture pendant une période de 45 jours. Ceci laisse le temps aux populations riveraines et toute autre personne intéressée de formuler des observations avant l'approbation du plan d'aménagement.[55] La place du droit à l'information ne se dispute plus tant c'est ce droit qui permet l'accès aux éléments nécessaires pour pouvoir évaluer les actions entreprises par les différentes acteurs, publics ou privés, impliqués dans l'exploitation des ressources natu-

---

50 (ibid.:articles 10, 15 et 17).
51 (ibid.:article 43 (1)).
52 (ibid.:article 56 (1)).
53 (ibid.:article 9).
54 (ibid.:article 72).
55 Arrêté n° 0222/A/MINEF/25 mai 2002 fixant les procédures d'élaboration, d'approbation, de suivi et de contrôle de la mise en œuvre des plans d'aménagement des forêts de production du domaine forestier permanent, article 6.

relles et la gestion de l'environnement. C'est également le libre accès à l'information qui permet le contrôle des activités menées ainsi que la conformité de ces activités aux normes nationales et internationales et, en cas de violation, de pouvoir activer les recours disponibles.

3.6   Le droit de recours et à la réparation

Le droit de recours dont il est ici question va bien au-delà du droit d'accès au juge. Il s'agit en effet du droit d'avoir un recours vers qui se tourner en cas de violation du droit à un environnement sain ou de l'un des droits qui lui sont étroitement liés. Ces recours peuvent donc être aussi bien des recours juridictionnels que des recours non juridictionnels, notamment des recours administratifs. Le droit de recours est la maté-rialisation du devoir de protéger qui incombe à l'État eu égard à la protection des droits de l'homme. Comme le rappelle bien la Commission africaine, « l'État est tenu de protéger les détenteurs de droits contre d'autres individus, par la législation et la mise à disposition de recours effectifs. »[56] La Constitution donne effet à ce droit en affirmant dans son préambule que : « La loi assure à tous les hommes le droit de se faire rendre justice ». Ce droit participe du droit à l'égale protection de la loi qui est aussi reconnu dans la Constitution et est consacré de nombreux instruments in-ternationaux dûment ratifiés par le Cameroun et que la Constitution insère dans son corpus en affirmant l'attachement du Peuple camerounais à ces instruments.

Seule la validité, la mise en œuvre effective et la mise en mouvement efficace de ces deux droits permet de garantir le plein exercice du droit à réparation, notamment en cas de violation du droit à un environnement sain. Ce droit s'appuie sur le principe de responsabilité qui est clairement défini dans la loi-cadre sur l'environnement au Cameroun. Selon ce principe, toute personne qui, par son action, crée des conditions de nature à porter atteinte à la santé de l'homme et de l'environnement, est tenu d'assurer ou d'en faire assurer l'élimination dans des conditions propres à éviter les-dits effets.[57] La lecture de ce principe nous laisse croire que la responsabilité s'arrête à la remise en l'état des sites pollués. Cette lecture est toutefois incomplète, car la responsabilité intègre aussi le droit à réparation en faveur des victimes. Il est donc du devoir de l'État de s'assurer que des personnes physiques ou morales ne mettent pas en péril le droit à un environnement sain, mais aussi qu'en cas de péril, l'État a l'obligation d'amener ces personnes à réparer, ou à réparer lui-même et exercer par la

---

56   *Social and Economic Rights Action Center (SERAC) and Center for Economic and Social Rights (CESR) v. Nigéria*, ACHPR, 155/96, para. 46.

57   Loi n° 96/12 du 5 août 1996 portant loi-cadre relative à la gestion de l'environnement, article 9.

suite à l'égard desdites personnes une action récursoire. La non-satisfaction de ces obligations place l'État dans une position de complicité ou d'encouragement par omission, ce qui constitue, au regard du droit international, un fait internationalement illicite. La Cour africaine des droits de l'homme et des peuples a précisé, à l'occasion de nombreuses affaires, que les violations des droits de l'homme constituent un fait internationalement illicite que l'État est tenu de réparer.[58]

Pour donner effet à ces droits, la loi-cadre sur l'environnement reconnaît le *locus standi* à toutes les communautés de base et associations ayant pour objet la protection de l'environnement afin d'exercer les droits reconnus à la partie civile pour toute infraction en matière environnementale et causant un préjudice direct ou indirect aux intérêts collectifs qu'elles ont pour objet de défendre.[59] Ces communautés ou associations peuvent par exemple porter les réclamations des populations affectées par une exploitation minière étant entendu qu'elles ont en la matière un droit à compensation.[60] Ces plaintes peuvent naître lorsque les exploitants miniers ne se soumettent pas à l'obligation indérogeable de remettre en l'état les sites exploités.[61] Elles peuvent également naître en cas d'occupation du sol d'une propriété pour des travaux d'exploitation ou de recherche étant entendu que la propriété du sol reste au détenteur des droits fonciers ; et en cas de dommages causés à une propriété ou à des constructions par des travaux d'exploitation minière.[62]

4   Environnement et protection spécifique des populations autochtones

De nombreuses raisons justifient le fait qu'en matière environnementale, les populations autochtones aient droit à une protection spécifique. Comme le souligne Jensen :[63]

> Partout, la terre est pour les peuples autochtones le fondement de la vie et de la culture. L'absence de droits et d'accès à leurs terres ou aux ressources naturelles mine la spécificité des cultures des peuples autochtones, ainsi que leur capacité à déterminer eux-mêmes leur développement et leur avenir.

---

58   Ayants droits de feus *Norbert Zongo et al. c/ Burkina Faso* (arrêt portant sur les réparations), AfCHPR, 013/2011, para. 20-30 ; et *Lohé Issa Konaté c/ Burkina Faso* (arrêt portant sur les réparations), AfCHPR, 004/2013, para. 15-18.
59   Loi n° 96/12 du 5 août 1996 portant loi-cadre relative à la gestion de l'environnement, article 8 (2).
60   Loi n° 001-2001 du 16 avril 2001 portant Code minier, article 89.
61   Loi n° 96/12 du 5 août 1996 portant loi-cadre relative à la gestion de l'environnement, article 37.
62   Loi n° 001/2001 du 16 avril 2001 portant Code minier, articles 73 et 75. Voir aussi l'article 76 pour les différentes formes de réparation.
63   Jensen (2005:7).

Ce constat est d'autant plus prégnant en Afrique centrale où la situation des droits territoriaux des peuples autochtones reste très précaire.[64]

4.1   Droit de propriété sur les terres

Le droit de propriété est un droit reconnu et garanti par la Constitution dans son préambule. Il ne saurait être exercé contrairement à l'utilité publique, sociale ou de manière à porter préjudice à la sûreté, à la liberté, à l'existence ou à la propriété d'autrui. Cette disposition ne souffre d'aucune contestation. Sauf que, dans le même temps, la Constitution reconnaît et garanti également la préservation des droits des populations autochtones et, comme il a été mentionné ci-dessus, le droit à la terre est l'un des droits fondamentaux des populations autochtones. Il naît donc un conflit du fait que le droit à la propriété ne saurait faire obstacle à l'utilité publique ou à l'intérêt général et de la nécessité d'accorder une protection spéciale aux populations autochtones, y compris la préservation de leurs droits et leur accès à leurs terres et à leurs ressources naturelles.

In limine litis, il nous est utile de préciser la notion de populations autochtones. Bien qu'elle consacre cette notion, la Constitution ne la définit pas. De même, cette notion n'a pas encore trouvé une définition claire dans la Charte africaine et, de façon générale, en droit international. Par conséquent, au Cameroun comme ailleurs, cette notion a donné lieu à des débats vifs et passionnés. La Commission africaine le reconnaît dans l'affaire Endorois mais souligne cependant que :[65]

> [S]'il est vrai que les termes peuples et communautés autochtones suscitent des débats passionnés, il n'en demeure pas moins que certains groupes marginalisés et vulnérables en Afrique souffrent de problèmes spécifiques ... Elle est consciente que beaucoup de ces groupes n'ont pas été pris en compte par les paradigmes dominants de développement et que dans la plupart des cas ils sont victimes des principales politiques de développement et estime[nt] que leur droits sont bafoués.

Ainsi, loin du débat doctrinal et politique sur la définition des peuples, populations ou communautés autochtones, la Commission africaine a choisi une approche pratique en reconnaissant la nécessité d'une protection spécifique pour certains groupes. Cette protection spécifique porte en premier lieu sur le droit à la propriété qui comprend non seulement le droit d'avoir accès à sa propriété et empêcher l'invasion et l'empiètement de ladite propriété, mais aussi le droit à une possession, et une utilisation ainsi qu'un contrôle en toute tranquillité de cette propriété. Ce droit comprend

---

64   (ibid.:12-13).
65   *Centre for Minority Rights Development (Kenya) and Minority Rights Group (on behalf of Endorois Welfare Council) v. Kenya,* ACHPR, 276/03, para. 148.

également les ressources économiques et les droits sur les terres communautaires de ces groupes.[66] La Commission africaine note que certains de ces groupes en Afrique font face à la dépossession de leurs terres et rappelle que des mesures spéciales sont nécessaires pour assurer leur survie, conformément à leurs traditions et coutumes. La première étape de cette protection est[67]

> [L]a reconnaissance du fait que les droits, intérêts et bénéfices de ces communautés dans leurs territoires traditionnels constituent la « propriété » selon la Charte, et des mesures spéciales peuvent être prises pour assurer de tels « droits de propriété ».

La deuxième étape est sans aucun doute la reconnaissance de l'existence ces communautés et la reconnaissance à certaines communautés le statut de communautés autochtones, de telle sorte que l'échec de reconnaissance d'un groupe autochtone ou tribal devient une violation du droit à la propriété.[68]

En ce qui concerne le droit à la propriété, la législation camerounaise satisfait à ces deux exigences en ce que, bien qu'elle ne les définit pas, elle reconnaît non seulement qu'il existe des populations autochtones ou riveraines, suivant les différentes appellations qu'elle leur confère, mais aussi que ces populations riveraines ou communautés villageoises sont titulaires d'un droit de propriété sur les espaces qu'elles occupent. Ainsi, une forêt peut faire l'objet d'un acte de classement comme forêt communale et donner droit à l'établissement d'un titre foncier au profit d'une commune. L'acte de classement fixe les conditions d'exercice du droit d'usage des populations autochtones. Ces populations autochtones ou communautés villageoises perçoivent le prix de vente des produits tirés des forêts dont elles sont propriétaires.[69]

Il découle donc de ce qui précède que les populations autochtones via leurs communes peuvent se voir attribuer des forêts dans lesquelles elles exercent leurs droits. L'un de ces droits est, conformément à la Commission africaine dans l'affaire Endorois, le droit de bénéficier des ressources économiques tirées de ces forêts et le droit de faire établir un titre foncier ou tout au moins, une possession traditionnelle ayant des effets équivalents à ceux d'un titre de propriété octroyé par l'État.[70] Pour concrétiser ces droits, un droit de préemption est accordé à la communauté villageoise riveraine la plus proche en cas d'érection d'une forêt en forêt communautaire. Ce même droit de préemption leur est accordé en cas d'aliénation des produits naturels compris

---

66   (ibid.:para. 186).
67   (ibid.:para. 187).
68   (ibid.:para. 192).
69   Loi n° 94/01 du 20 janvier 1994 portant régime des forêts, de la faune et de la pêche, articles 30 et 67.
70   *Centre for Minority Rights Development (Kenya) and Minority Rights Group (on behalf of Endorois Welfare Council) v. Kenya*, ACHPR, 276/03, para. 209.

dans leurs forêts.[71] La question demeure cependant quant à savoir si cette propriété comprend à la fois les ressources du sol et celles du sous-sol. D'après le Code minier, tandis que la propriété des carrières reste liée à celle du sol, celle des mines est cependant dissociée de celle du sol.

Quel qu'en soit le cas, il n'en demeure pas moins que les restrictions des droits de propriété des populations autochtones par l'octroi de concessions sur leur territoire ne constituent pas la négation de leur survie en tant que tribu. Toutefois, l'État est au moins tenu de respecter trois niveaux d'obligations. Premièrement, il doit assurer la participation effective des membres de la communauté, selon leurs us et coutumes, par rapport à tout projet de développement, d'investissement, d'exploration ou d'extraction sur leur territoire. Deuxièmement, l'État doit garantir que ces communautés bénéficieront raisonnablement des retombées d'un tel projet. Et troisièmement, l'État doit s'assurer qu'aucune concession ne sera accordée sur le territoire de ces communautés tant que des entités indépendantes et techniquement capables, avec la supervision de l'État, n'ont pas effectué une étude d'impact environnemental et social préalable.[72]

4.2   Droit à une protection spécifique et droits d'usage

Au-delà de la garantie du droit de propriété, les populations autochtones doivent bénéficier d'un ensemble d'autres mesures visant à leur accorder une protection spécifique. Dans l'affaire Endorois, la Commission africaine note avec acuité que les membres des communautés autochtones et tribales ont besoin de mesures spéciales qui garantissent le plein exercice de leurs droits en vue de sauvegarder leur survie physique et culturelle.[73] Ces droits sont généralement consacrés sous le vocable de droits d'usage et visent à leur conférer une autonomie sur les plans économique, culturel ou médicinal. Pour que cette protection soit effective et efficace, l'État doit mettre en place un cadre de gouvernance participative des espaces sur lesquels vivent les populations autochtones. L'État est ainsi appelé à renforcer les actions visant à accroître la consultation et la participation des populations rurales dans la planifica-

---

71   Arrêté n° 0518/MINEF/CAB fixant les modalités d'attribution en priorité aux communautés villageoises riveraines de toute forêt susceptible d'être érigée en forêt communautaire, articles 1-3.
72   *Centre for Minority Rights Development (Kenya) and Minority Rights Group (on behalf of Endorois Welfare Council) v. Kenya*, ACHPR, 276/03, para. 227.
73   (ibid.:para. 197).

tion et la gestion durable des écosystèmes et réserver des espaces suffisants pour leur développement économique.[74]

Ce droit de consultation préalable s'applique notamment à toute opération d'exploitation des carrières ou d'exploitation minière.[75] A cet effet, une commission consultative a été mise sur pied dans chaque département.[76] Les mesures spéciales portent également sur la protection de l'habitat des populations autochtones. C'est ainsi que la Commission africaine a conclu que la confiscation et le pillage de la propriété ainsi que l'expropriation ou les destructions des terres et des maisons des communautés autochtones sont contraires à ces mesures spéciales.[77] C'est pour prévenir et remédier ce type de violations que le Code minier met un accent particulier sur la protection de l'habitat et des lieux sacrés des populations autochtones. Il le fait en établissant notamment des zones de protection.[78]

Sur le plan socio-économique, les populations autochtones ont droit à la reconnaissance et à la protection de leurs droits d'usage sur tous les produits qui contribuent à sauvegarder leur mode de vie et à perpétuer leur survie physique et culturelle. Le droit d'usage ou coutumier est, selon la loi, celui reconnu aux populations riveraines d'exploiter tous les produits forestiers, fauniques et halieutiques à l'exception des espèces protégées en vue d'une utilisation personnelle. Ce droit résulte du droit de propriété reconnu à ces communautés.[79] Ce droit d'usage renvoie notamment aux activités de pâturage, pacage, abattage, ébranchage ou mutilation des espèces protégées.[80] Il renvoie aussi aux activités traditionnelles telles que la collecte des produits forestiers secondaires ou les produits alimentaires, la collecte du bois de chauffage ou de construction, ainsi que les activités de chasse et de pêche.[81] La garantie de ce droit d'usage est assuré au moyen de nombreuses mesures, y compris la mise sur pied de zones tampons entre les espaces protégées et les villages où vivent les communautés autochtones.[82] Les droits d'usage sont définis dans le plan d'aménagement de concert avec les populations autochtones après des études socio-économiques et

---

74 Traité relatif à la conservation et la gestion durable des écosystèmes forestiers d'Afrique centrale, article 1.
75 Loi n° 001/2001 du 16 avril 2001 portant Code minier, articles 16 et 54.
76 Décret n° 94/436/PM du 23 août 1995 fixant les modalités d'application du régime des forêts, article 19.
77 *Centre for Minority Rights Development (Kenya) and Minority Rights Group (on behalf of Endorois Welfare Council) v. Kenya*, ACHPR, 276/03, para. 191.
78 Loi n° 001/2001 du 16 avril 2001 portant Code minier, articles 62 et 63.
79 Loi n° 94/01 du 20 janvier 1994 portant régime des forêts, de la faune et de la pêche, articles 7 et 8.
80 (ibid.:articles 30 et 36-38).
81 Décret n° 94/436/PM du 23 août 1995 fixant les modalités d'application du régime des forêts, articles 26 et 32.
82 (ibid.:article 44).

consultation de celles-ci. Ce plan indique les obligations du concessionnaire avec comme point d'orgue le respect des droits d'usage.[83]

4.3 Droits culturels

La garantie des droits culturels des populations autochtones passe inéluctablement par la protection de leur environnement et de leur patrimoine culturel et par le respect de leur droit coutumier. Sur ce dernier point, le principe de subsidiarité veut qu'en l'absence d'une règle de droit écrite, générale ou spéciale en matière de protection de l'environnement, la norme coutumière identifiée d'un terroir donné et avérée plus efficace pour la protection de l'environnement s'applique.[84] Ce principe est intéressant en ce qu'il reconnaît la possibilité de l'existence d'un droit coutumier plus efficace en matière de protection de l'environnement. Cependant, il n'est pas suffisant d'en faire une norme subsidiaire et optionnelle. Il serait en effet plus indiqué si ce principe prenait en compte des cas de concurrence entre la loi et le droit coutumier, auquel cas, bien qu'il n'est pas disputé que le droit l'emporte, il ne serait toutefois pas étrange de voir dans quelle mesure le droit coutumier peut être pris en compte, de manière à limiter la rigueur de la loi. Ceci ressemble quelque peu à la place de l'équité en droit *Common Law*.

Concernant les autres aspects liés aux droits culturels, le droit camerounais pose de façon non équivoque le devoir de protéger l'environnement et le patrimoine culturel. Ce devoir doit être expressément mentionné dans la convention minière.[85] Par conséquent, des zones de protection de dimensions quelconques à l'intérieur desquelles la recherche et l'exploitation peuvent être restreintes ou soumises à certaines conditions peuvent être établies pour la protection d'édifices, lieux culturels et de sépultures, parcs nationaux et tout autre lieu jugé nécessaire pour la protection de l'environnement et de la culture des populations autochtones. A cet effet, aucun travail de prospection, de recherche ou d'exploitation ne peut être fait sans autorisation à l'entour des propriétés bâties, villages, groupements d'habitations, parcs nationaux, puits, édifices religieux, lieux de sépulture et lieux considérés comme sacrés, sans le consentement des populations autochtones.[86]

---

83 Arrêté n° 0222/A/MINEF du 22 mai 2002 fixant les procédures d'élaboration, d'approbation, de suivi et de contrôle de la mise en œuvre des plans d'aménagement des forêts de production du domaine forestier permanent, articles 6 et 53.
84 Loi n° 96/12 du 5 août 1996 portant loi-cadre relative à la gestion de l'environnement, article 9.
85 Loi n° 001-2001 du 16 avril 2001 portant Code minier, article 16.
86 (ibid.:articles 62 et 63).

5 Conclusion

Il ne fait plus l'ombre d'un doute que la division entre les catégories de droit est purement artificielle, les droits étant intrinsèquement liés entre eux de telle sorte que la violation de l'un entraîne immanquablement la violation des autres. L'affaire des populations Ogoni au Nigeria devant la Commission africaine des droits de l'homme et des peuples en est la parfaite illustration. En réalité, toutes les littératures produites sur le droit à la santé s'accordent, quelle que soit leur origine, à dire que l'environnement est un déterminant de santé. A ce titre, toute pollution de l'environnement entraîne irrémédiablement des atteintes à la santé des personnes, voire des atteintes à leur intégrité physique et même psychologique. Dès lors, la recherche en environnement ne peut donc plus occulter son large affect droits-de-l'hommiste de même que la protection des droits de l'homme ne peut plus s'imaginer sans intégrer la protection de l'environnement comme socle de toute action politique, scientifique ou juridique.

Au Cameroun, ces domaines restent perçus notamment par le politique comme deux domaines distincts et obligeant à un cloisonnement sectoriel des départements ministériels en charge de leur protection. Loin de se limiter à appeler à la création d'un grand ministère chargé de la protection des droits de l'homme et de l'environnement, le curseur doit être aujourd'hui mis sur le droit à la réparation qui, en tant que droit fondamental de tout être humain, doit aussi prendre corps en droit de l'environnement. Par conséquent, toute personne ou toute collectivité dont le droit à un environnement sain ou des droits connexes ont été violés, doit pouvoir engager des actions en réparation et obtenir justice. Seule la mobilisation de pareils outils et procédures de réparation permettra une meilleure prise en compte de l'environnement et de la nécessité de le sauvegarder et de le protéger en tant que droits humains fondamentaux.

Bibliographie indicative

Ambomo, M, 2016, De la lutte contre les changements climatiques à la protection des droits de l'homme, dans : *Cahier africain des droits de l'homme 13, Développement durable en Afrique*, Yaoundé, Presses de l'UCAC, 71-91.

Conseil de l'Europe, 2012, *Manuel sur les droits de l'homme et l'environnement*, Strasbourg, Conseil de l'Europe.

Jensen, MW, 2005, Présentation, dans : Groupe international de Travail pour les peoples autochtones, *Droits territoriaux des peuples autochtones*, Paris, l'Harmattan, 7-14.

Kromarek, P (ed), 1987, *Environnement et droits de l'homme*, Paris, PUF, UNESCO.

Morand-Deviller, J, 1996, *Droit de l'environnement*, Paris, ESTEM.

Ruppel, OC, 2016, Human rights and the environment, in: Ruppel, OC and K Ruppel-Schlichting, 2016, *Environmental law and policy in Namibia. Towards making Africa the tree of life,* 3rd edition, Windhoek, Hanns Seidel Foundation, 481-497.

Spijkers, O, 2016, A human right to development for future generations? on the history of the relationship between human rights and sustainable development, in *Cahier africain des droits de l'homme 13, Développement durable en Afrique,* Yaoundé, Presses de l'UCAC, 25-46.

CHAPTER 39:
CONSERVATION OF BUFFER ZONES, HUMAN RIGHTS AND THE ENVIRONMENT UNDER CAMEROONIAN LAW

Christopher F. TAMASANG & Kaspa K. NYONGKAA

1   Introduction

For close to four decades now, humans have discovered that their environment holds the potential on which efforts towards the attainment of sustainable development could be anchored.[1] To this effect, it has been consciously and unanimously accepted as a matter of policy in Goal 15 of the Sustainable Development Agenda for Post 2015 that, there is urgent need to "protect, restore and promote sustainable use of terrestrial ecosystems, sustainably manage forests, combat desertification, and halt and reverse land degradation and biodiversity loss." And to ensure that all human beings fulfil their potential in dignity and equality, the international community is more than ever before determined to protect the planet from degradation. This may also include efforts to ensure sustainable consumption and production, sustainable natural resource management and taking urgent action on climate change in order to support the needs of the present and future generations. To fulfil the above, international legal engagements have echoed the needs for humans to rethink, strategise, and put forth common behavioural patterns which can ensure and maintained a harmonious relationship with nature.[2]

While it has been commonly accepted that a healthy and productive human life can be attained only by ensuring a harmonious relationship with nature, states have in

---

1   This was articulated in the Johannesburg Summit on Sustainable Development (2002) which saw the adoption of the Johannesburg Declaration and its Plan of Implementation. Again, in the Post 2015 Development Agenda which was captioned 'Transforming Our World: The 2030 Agenda for Sustainable Development' there was a renewed determination to protect the planet from degradation, including through sustainable consumption and production, sustainably managing its natural resources and taking urgent action on climate change, so that it can support the needs of the present and future generations.

2   Paragraph 1, Preamble of the 1972 Declaration of the United nations Conference on the Human Environment, (Stockholm Declaration); also considered in Paragraph (a), Preamble of the World Charter for Nature (1982), in which humans are aware that they form part of nature and that their life depends on the uninterrupted functioning of natural systems. Also see Principle 1 of the 1992 Rio Declaration on Environment and Development (Rio Declaration).

accordance with the principles of international law and in agreement with the United Nations Charter, been accorded the sovereign right to exploit their own resources pursuant to their own environmental and development policies.[3] Thus, what better way exists through which humans including the state can protect nature and natural habitats, yet ensuring that human well-being and development is maintained and promoted? Carving out portions of territories still endowed with an abundance of nature considered to be in its 'natural state' on which activities recognised to be at the basis of environmental degradation could be controlled and forbidden remains an option.[4] This, in other words, is conservation through protected areas (PAs).[5] Statistics point to the fact that by January 2009, it was estimated that some 122,512 nationally designated terrestrial and marine protected areas in 235 countries and territories were included in the World Database on Protected Areas.[6] These areas have been found to cover some 21,242,195 km² or about 12.1% of the earth's surface.[7] In sub-Saharan Africa alone, there exists well over 1,100 national parks of which 36 are designated World Heritage Sites,[8] and ever since 1970, the total PA coverage in Africa has increased nearly two-fold, and now encompasses 3.06 million km² of terrestrial and marine habitats.[9] Perhaps, the concern about the creation of PAs in Cameroon came up as a result of the need for sustainable development which is a product of the 1987 Brundtland Report and the 1992 Rio Earth Summit. From this perspective, the Came-

---

3   See the 1945 United Nations Charter; Principle 21 of the Stockholm Declaration; Article 3 of the 1992 United Nations Convention on Biological Diversity (CBD); common Article 1 of the United Nations International Covenant on Civil and Political rights (ICCPR) and International Covenant on Economic, Social and Cultural Rights (ICESCR), both 1966.

4   It may be important to note that as the first decade of the 21st century draws to a close, most countries of the world have established protected areas. Virtually all such areas enjoy some form of legal protection. Growth in protected areas has continued to trend upward since the 1960s, when data showed only about 1.5% of the earth's surface covered. Today, more than 12% of the earth's surface is part of some type of formal protected area.

5   In 1994, the IUCN gave a standard definition to protected area to include: "An area of land/sea scape especially dedicated to the protection and maintenance of biological diversity and of natural and associated cultural resources and management through legal or any effective means". Such an area has been placed into six main categories: I. strict nature reserves/wilderness area managed mainly for science or strict wilderness protection; II. National parks, managed for the protection of ecosystem and recreation; III. Natural monuments including areas protected for safeguarding particular features; IV. Habitats/species management areas; V. protected landscape and seascapes and VI. Managed resources protected areas mainly for sustainable use of natural ecosystems. Also see Section 2 (1) of Decree No. 95/466/PM of 20 July 1995 to lay down the Conditions for the Implementation of Wildlife Regulations in Cameroon.

6   IUCN World Parks Congress (2003).

7   (ibid.).

8   Newmark (2008); two national heritage sites are located in Cameroon, namely the Dja Faunal Reserve and the Sangha Trinational, a transboundary site located in Cameroon, the Central African Republic and Congo, see http://whc.unesco.org/en/list/, accessed 8 February 2018.

9   Newmark (2008).

roonian Government re-enforced legislation on Nature Reserves. In 1992, the Ministry of Environment and Forestry was created in Cameroon. Two years later, Law No. 94/01 of 20 January 1994 to regulate forestry, wildlife and fisheries resources was enacted to become what was known as the 1994 Forestry Law. A year later, Decree No. 95/466 PM of 20 July 1995 established conditions of wildlife regulations while in 1996, the National Environment Management Plan (NEMP) was created which was aimed at conserving more resources in the country by increasing the number of protected areas from 20 to 30% so that all the major biomes in the country could be represented. Thus, the national parks and protected areas, cover a surface area of more than 633,000 ha.[10] To be more precise, there exist 30 identified PAs in Cameroon as illustrated in the table below.

Table 1: General list of protected areas in Cameroon[11]

Number and name of protected area		Surface area (ha)	Year of creation	Text of creation
1	Limbe Zoological Garden	0.5	1885	
2	Douala-Edea Game Reserve	160,000	1932	Decree of 19.11.1932 Colonial Governor, (hunting reserve)
3	Dja Reserve	526,000	1950	Decree No. 75/50 of 25.4.1950
4	Mvog Beti Zoological Garden Yaoundé	4.07	1951	
5	Kimbi Game Reserve	5,625	1964	
6	Mbi Crater Game Reserve	370	1964	
7	Garoua Zoological Garden	1.5	1966	
8	Santchou Reserve	7,000	1967	mountainous and low altitude forest
9	Benoué National Park	180,000	1968	Decree No.120/SEDR of 5.12.1968
10	Bouba-Ndjida National Park	220,000	1968	Decree No. 120/SEDR of 5.12.1968
11	Kalamaloué National Park	4,500	1968	Decree No. 7 of 4.2.1972
12	Mozogo Gokoro National Park	1,400	1968	Decree No. 120/SEDR of 5.12.1968
13	Waza National Park	170,000	1968	Decree No. 120/SEDR of 5.12.1968
14	Lake Ossa Game Reserve	4,000	1968	Decree No. 538 of 194
15	Faro National Park	330,000	1980	Decree No. 80/243 of 8.7.1980
16	Korup National Park	125,900	1986	Decree No. 86/1283 of 30.10.1986
17	Mbanyang-Mbo Sanctuary	66,000	1996	Decree No. 96/119/PM of 12.3.1996

---

10   Lambi et al. (2012).
11   See Republic of Cameroon (2012:144).

Number and name of protected area	Surface area (ha)	Year of creation	Text of creation
18	Campo-Ma'an National Park	264,064	2000	Decree No. 2000/004/PM of 6.1.2000
19	Mbam and Djérem National Park	416,512	2000	Decree No. 2000/005/PM of 6.1.2000
20	Lobéké National Park	217,854	2001	Decree No. 1002/107/CAB/PM of 19.3.2001
21	Mpem and Djim National Park	97,480	2004	Decree No. 2004/0836/PM of 12.3.2004
22	Mbéré Valey National Park	77,760	2004	Decree No. 2004/0352/PM of 4.2.2004
23	Boumba Bek National Park	238,255	2005	Decree No. 2005/3284/PM of 6.10.2005
24	Nki National Park	309,362	2005	Decree No. 2005/3283/PM of 6.10.2005
25	Bakossi National Park	29,320	2007	Decree No. 2007/1459/PM of 28.11.2007
26	Takamanda National Park	67,599	2008	Decree No. 2008/2751 of 21.11.2008
27	Kagwene Sanctuary	1,944	2008	Decree No. 2008/0634/PM of 3.4.2008
28	Mengame Gorilla Sanctuary	27,723	2008	Decree No. 2008/2207 of 14.7.2008
29	Mont Cameroun National Park	58,178	2009	Decree No. 2009/2272/PM of 18.12.2009
30	Deng Deng National Park	52,347	2010	Decree No. 2010/0482/PM of 18.3.2010

The issue of controlling activities carried out on natural areas especially forested zones seems to go beyond merely protecting nature to include human interests. The idea of enhancing human interests in protected area agendas started as early as kings and other national rulers in Europe during the renaissance period set aside special areas for hunting reserves. In Africa, these areas were considered as sacred groves.[12]

One of the major outcomes of the Rio Conference, namely the Statement of Principles for a Global Consensus on the Management, Conservation and Sustainable

---

12 For a short history of protected areas see Eagles et al. (2002:5).

Management of all Types of Forests (Forest Principles), refers to the use of forests in the following words:[13]

> Forestry issues and opportunities should be examined in a holistic and balanced manner within the overall context of environment and development, taking into consideration the multiple functions and uses of forests, including traditional uses, and the likely economic and social stress when these uses are constrained or restricted, as well as the potential for development that sustainable forest management can offer.

This statement of the Forestry Principles goes ahead to highlight the very essence for conservation by mentioning that sustainable management of forests must go a long way to meet the social, economic, ecological, cultural and spiritual needs of present and future generations. Needs which are considered to be directly related to meeting the water, food, fodder, medicine, fuel, shelter, employment, recreation, habitats for wildlife, landscape diversity, carbon sinks and reservoirs, and for other forest products of populations especially communities living at the periphery of conservation areas. These, however, form the basis for consolidating human rights and dignity.[14]

The argument sustained in this chapter is one which seeks to underline the fact that conservation efforts geared at protecting and sustainably managing natural resources found within conservation areas often appear to exclude human interests notably those of the communities harbouring such strict conservation areas. To this effect, most governments especially African governments including Cameroon have been seeking ways through which human rights could be considered a key issue in conservation efforts.[15] In order not to compromise the very objectives for which nature is conserved, most environmentalists have ever since the adoption of the Seville Strategy and Network on Conservation hammered on the creation of buffer zones around conservation areas as key for limiting human pressure on core conservation areas.[16] To them, "the environmental conditions of conservation areas depend upon the way land is used around such areas."[17] An assertion which needs to be sustained given that, communities whose rights have been restricted due to the creation of conservation areas within their territory, look forward to the protection of such rights within the buffer zones in which they might have been relocated, resettled or confined. The questions seeking for an answer in this chapter include:

---

13 Paragraph (c), Preamble, Non-Legally Binding Authoritative Statement of Principles for a Global Consensus on the Management, Conservation and Sustainable Development of all Types of Forests. Annex III, Report of the United Nations Conference on Environment and Development (1992).
14 Article 3 of the 1948 Universal Declaration of Human Rights.
15 As recommended in the 1974 UNESCO Man and Biosphere Programme.
16 Notably Bennett & Robinson (2000); Craven & Wardojo (1993) and Wells & Brandon (1992).
17 Tassi (1984).

- To what extent has conservation buffer zones been a response to the adequate enjoyment of human rights violated within conservation areas?
- Are the views of local communities taken into consideration in the creation, management and implementation of national action plans for the conservation of nature in Cameroon?
- Do communities around conservation areas enjoy the benefits and fruits of conservation initiatives?

From the above, it is certain that all governments of the world are coming to terms with the assertion that man owes a special responsibility to safeguard and wisely mange the heritage of wildlife and its habitat, which have been gravely imperilled by a combination of adverse factors. This is the reason why humans have turned to adopt a 'stewardship' approach towards environmental conservation.[18] While doing so, it has been ascertained and should be remembered that man has the fundamental right to freedom, equality and adequate conditions of life, notably in an environment of a quality which permits a life of dignity and well-being.[19] Within this prism, the Cameroonian government has committed itself in a series of international legal instruments as spelt out in the Constitution[20] aimed at conserving nature for the enhancement of human rights.[21] In the Preamble of the Constitution, it has been laid down that natural resources of the State including environmental resources should be harnessed in order to ensure the well-being of every citizen without discrimination not only by raising living standards but also ensuring the right to a healthy environment which is the cornerstone of the right to development.[22]

---

18 Chapin et al. (2015).

19 See Principle 1 of the United Nations Declaration on the Human Environment, (Stockholm Declaration, 1972).

20 Articles 43, 44 and 45 of Law No. 2008/1 of 14 April 2008 to amend and supplement some provisions of Law No. 96/6 of 18 January 1996 to amend the Constitution of 2 June 1972.

21 It should however be noted that, while Cameroon encompasses nearly 0.5 million square kilometer spanning some 10 degrees of latitude just north of the equator, almost a third of tis territory is covered by tropical moist forests. With this, the humid forest of the littoral zone, the lowland forest of the southeastern part and the humid mountainous areas of the southwest support some of the most concentrated and diverse population of large mammals (elephant, forest ungulates, great apes) recorded in west and central Africa. Also, the elephant and bovid migrations provides ecological links between the forest and savanna mosaics of southeastern part of the country adjacent to the regions of the Central African Republic and Congo. This helps to maintain the population of the keystone species that determine the ecological character of this vast region.

22 This is the reason why in 1987 a detailed review was made on the Tropical Forest Action Plan permitting the government to draft a new forestry law for the country, which became included as part of conditionality for the grant of the structural adjustment loan in 1989. While the Forestry Department engaged studies in 1992, by 1994 a Forestry Law was adopted for the country with an implementation Decree No. 94/436 of 23 August 1994. Also, a Decree entitled *Regime de la faune* regulating the establishment of protected areas was adopted.

2 The conception of conservation buffer zones

Generally, forests stand as the world's largest repository of terrestrial biodiversity, offering the opportunities for global climate change mitigation, hence, contributing to soil and water conservation in many fragile ecosystems. Christened as 'Africa in miniature', Cameroon has over 30 protected areas with at least one in each region of the country consisting of forest reserves, wildlife sanctuaries, national parks and zoos.[23] In order to reduce the pressure likely to be meted on forests by nearby or riparian communities, there is a necessity to create conservation buffer zones around protected areas.[24] This means that buffer zones serve the dual goals of conservation and development. This dual goal is most appropriately reflected in Wild and Mutebi's concept of buffer zones as:[25]

> Any area, often peripheral to a protected area, inside or outside, in which activities are implemented or the area managed with the aim of enhancing the positive and reducing the negative impacts of conservation on neighbouring communities and neighbouring communities on conservation.

The crafting of the forestry legislation in Cameroon marked the beginning of reflection on the need to create buffer zones around conservation areas.[26] In this regard, Section 1 of the law is to the effect that

> ...law and the implementing instruments thereof lay down forestry, wildlife and fisheries regulations. With a view to attaining the general objectives of the forestry, wildlife and fisheries policy, within the framework of an integrated management ensuring sustainable conservation and use of the said resources and of the various ecosystems.

This is clearly in consonance with the objective of the guiding principles reached at in the UNESCO's Programme on Man and Biosphere (MAB) which is to the effect that, biosphere reserves should be akin to the realisation of three main goals including the conservation function in the preservation of genetic resources, species, ecosystems and landscapes; a development function, to foster sustainable economic and human development, and a logistic support function, to support demonstration projects, environmental education and training, and research and monitoring related to local, national and global issues of conservation and sustainable development. To this effect, it has been envisaged that biosphere reserves should generally contain one

---

23   Tchindjang & Fogwe (2009).
24   At the Fourth World Congress on National Parks and Protected Areas, held in Caracas, Venezuela, in February 1992, the world's protected-area planners and managers adopted many of the ideas (community involvement, the links between conservation and development, the importance of international collaboration) that are essential aspects of biosphere reserves.
25   Wild & Mutebi (1996).
26   See Section 20 (3) Law No. 94/01 to lay down Regulations on the Forestry, Wildlife and Fisheries Resources in Cameroon.

or more core areas, which are securely protected sites for conserving biological diversity, monitoring minimally disturbed ecosystems, and undertaking non-destructive research and other low-impact uses (such as education). Also, there should be a clearly identified buffer zone, which usually surrounds or adjoins the core areas, and is used for co-operative activities compatible with sound ecological practices, including environmental education, recreation, ecotourism and applied and basic research; and a flexible transition area, or area of co-operation, which may contain a variety of agricultural activities, settlements and other uses and in which local communities, management agencies, scientists, non-governmental organisations, cultural groups, economic interests and other stakeholders work together to manage and sustainably develop the area's resources.

In addition to the above demands, the government of Cameroon, relying on present constitutional dispensation on the right to a healthy environment, has engaged in the conservation of the country's rich biodiversity.[27] This, for the most part, is an indication that the government is conscious not only of the intrinsic and ecological values of biological diversity but is equally cognizant of the social, economic, scientific, educational, cultural, recreational and aesthetic values of biological diversity and its components. It therefore remains incumbent on the government to double efforts and initiatives towards the crafting of robust national legislation capable of integrating the respect, preservation and maintenance of knowledge, innovations and practices of indigenous and local communities embodying traditional lifestyles relevant for the conservation and sustainable use of biological diversity and promote their wider application with the approval and involvement of the holders of such knowledge, innovations and practices and encourage the equitable sharing of the benefits arising from the utilisation of such knowledge, innovations and practices.[28] This has however been a difficult task as the involvement of indigenous and local communities through their traditional practices and knowledge of indigenous or local communities has remained ineffective and at best passive although articulated in national law.[29] There is need, therefore, to examine how the law and practices governing conservation in Cameroon have evolved over the years in keeping with international commitments.

---

27 Cameroon's commitment to the conservation and sustainable use of its rich biodiversity resulted in the ratification of the Convention on Biological Diversity (CBD) in 1994, the Cartagena Protocol on Biosafety in 2004, and the Nagoya Protocol in 2014.

28 Article 8 (j) CBD, which is confirmed in Article 10 (c) calling upon Contracting States to "protect and encourage customary use of biological resources with traditional cultural practices that are compatible with conservation or sustainable use requirements".

29 This can be seen as Article 4 of the Ordinance No. 74/2 of 6 July 1974 to establish rules governing state lands, reiterated in Ordinance No. 77/2 of 10 January 1977 which considers as artificial public property of the State chiefdoms and their related properties including land deemed to be occupied and those not occupied.

2.1   The evolution of the buffer zone paradigm

In Cameroon, conservation norms were and still remain inherited from former foreign administrators with very few contextual modifications. Under foreign administration, it was convenient for the purpose of mass resource capture to deny that Africans owned the lands that they and their ancestors had controlled, lived upon and used. Land, including conservation parcels, were merely declared to be the dominion of the State, and traditional owners held in law to be no more than permissive occupants and users. This phenomenon affected virtually all of sub-Saharan Africa.[30] Worse still, protected areas in the form of wildlife sanctuaries, forest reserves, zoos and national parks remain a nightmare to adjacent communities in Cameroon. This is so due to the fact that many unanswered questions which linger in the minds of the villages or adjacent communities which continue to embitter them are swept under the carpet by the institutions that preach and enforce conservation of the rich natural heritage in Cameroon.[31] From the outset, possessions of naturally collective properties or *res communis* like forests and rangelands remained at risk, as not visibly cultivated or settled.[32]

From the above analysis, post-independence, across most African countries including Cameroon have for so long been complacent of a sustained colonial system which has favoured State's role as landlord concerning natural resources ownership and management. At the same time, the land law of the country extended the opportunities for individuals to convert their customary interest into the private property system which however was introduced only to serve the colonial masters during their reign.[33] A system which goes against the notion of collective ownership visibly propounded by the dispositions of related human rights international legal instruments.[34]

The national land legislation further empowers the government at the detriment of the rights of local communities living at the edge of conservation areas to convert any part of what is considered as 'national lands' into the private property of the state at any time. In such situation, customary land ownership is simply terminated. The

---

30   Wily (2011:9).
31   See Lambi et al. (2012).
32   Article 15 of Ordinance No. 74/1 of 6 July 1974 which establishes the global scope of national land to be divided into: land occupied with houses, farms, plantations, grazing lands or any land manifesting human presence. Also included in this category are lands free of any effective occupation.
33   See Article 2.
34   See Chapter 26, Agenda 21 Plan of Action of the 1992 United Nations Conference on Environment and Development; Articles 25, 26, 27 and 28 of the 2007 United Nations Declaration on the Rights of Indigenous Peoples; 1993 Vienna Declaration and Programme of Action (Part 1, Paragraph 30) adopted by the World Conference on Human Rights (A/CONF.157/24 (Part 1), Chapter III.

supposedly modern forest law of 1994 adopted this with alacrity, in establishing that any decree or order declaring a State forest also serves as a land certificate.[35] In these lands and other non-forested areas brought under the private property of the State, customary landowners have moved from being permissive occupants and users of national land, to be the tenants of government, or of the private owners, leaseholders or licensees to whom the government has allocated 'their' lands. A good example is the Decree of 1968, creating national parks for the conservation of plants and animals in the Sudano-Sahelian Region of North Cameroon.[36] The indigenous people in this water-stressed environment, with their low rainfall and only short cycle grain crops like maize, millet and sorghum are grown are caught up in this tenuous web. While the population is not allowed to hunt the animals from the parks by dint of the protection, hungry animals from the park invade neighbouring farmlands, damaging crops thereby aggravating the meagre rural livelihoods. When the amount of rainfall drops significantly in these areas, the meagre grain harvests are threatened. With an adverse climate on the one hand and nature conservation of wildlife on the other, man is at risk as he suffers from a double tragedy of the destruction of crops by animals and the exposure to famine and also the threats of crop failure by a capricious climate. Consequently, the right to food and hence to a healthy environment is jeopardised.

It is for the foregoing reasons that there is a need to undertake a fresh and innovative approach to protected areas and their role in broader conservation and development agendas, an approach which demands the maintenance and enhancement of conservation goals, equitably integrating them with the interests of all affected people. This way, the synergy between conservation, the maintenance of life support systems and sustainable development would be forged. Yet, with regards to Cameroon, the Constitution has offered the possibilities for the government to sign and domesticate international legal instruments including those relating to the conservation and protection of nature. This offers the opportunities for conceiving human rights in conservation efforts much acclaimed in the current global legal dispensation. More so, it has been affirmed that conservation and protected areas can be the most effective way towards the realisation of the Sustainable Development Goals (SDGs) and meeting commitments under the biodiversity-related conventions, the UNFCCC, the UNCCD and other global agreements[37] to which Cameroon is a party.[38] This, therefore, means that conservation of nature must be tailored to issues

---

35 In this light see Sections 7, 64, Forestry, Wildlife and Fisheries Law (1994); Wily (2011:13).

36 See Decree No. 120/SEDR of 5 December 1968, creating the Benue, Bouba-Ndjida, Mozogo Gokoro and the Waza National Parks in the northern zones of the country.

37 This kind of assumption has been drawn in the Durban Accord on Protected Areas (2005).

38 Cameroon has adhered to most of the international legal instruments in the field of the environment: The Basel Convention on the Transboundary Movements of Dangerous Waste and their Disposal in February 2001; Convention on Biological Diversity in 1992 (ratified on 29

around the enjoyment of human rights but also development issues. The only way for maintaining this is by building a harmonious relationship between nature conservation and human rights protection which could is more feasible through the creation of buffer zones around protected areas. The concept of buffer zones has however evolved from merely serving as zones protecting humans and their crops from damage by animals leaving conservation areas through saving conservation areas from negative human influences to simultaneously minimising human impacts on conservation areas and addressing the socio-economic needs of the affected population.

The World Bank which has over the years remained one of the major donors, financing development efforts in developing countries including Cameroon is increasingly revising its strategies for financing forest conservation which exclude human intervention in all its forms, to one which gives a wider consideration for conservation.[39] To this end, the IUCN category VI protected area concept has been adopted.[40] This was the beginning of a change of strategies for conservation which takes into consideration the interest of local communities henceforth considered as making significant contributions to the preservation of biodiversity, carbon sequestration, and other environmental services. This has however been embraced as a start in consideration for setting up through zoning[41] areas around protected areas which could entertain human intervention though strictly managed under State law.[42] Thus, under the Cameroonian forestry legislation, all such areas fall under State regulation as Article 24 (2) stipulates that the "...decree shall lay down rules of the various types of State forests."

August1994); United Nations Framework Convention on Climate Change in 1992 (ratified on 19 October 1994) and the Kyoto Protocol (adherence in 2002); United Nations Convention to combat Desertification in 1994 (ratified on 29 May 1997); The Vienna Convention on the Protection of the Ozone Layer and its Montreal Protocol on Ozone Layer Depleting Substances; The United Nations Convention on the Law of the Sea in 1982 in Montego Bay (ratified on 1 March 1983); The Bamako Convention in 1990; Convention on International Trade in Endangered Wild Fauna and Flora Species (adherence on 5 June 1981); Bonn Convention on Wild Migratory Species (ratified on 7 September 1981).

39   Before 2005, the Banks performance in the forestry sector was unsatisfactory as its 1991 Forestry Strategy and the 1993 Forest Policy were hinged on the 'do no harm' stance on natural forests in the tropics, which largely exclude local communities' interests.

40   Protected Areas that embraces the concepts of IUCN Category VI is one which considers meaningful conservation to be one in which: "areas containing predominantly natural systems are managed to ensure long-term protection and maintenance of biological diversity while providing at the same time a sustainable flow of natural products and services to meet community needs".

41   Naughton (2007).

42   Section 24 (1) (a) (vi) of the Forestry and Wildlife Law (1994).

2.2   The establishment of conservation buffer zones: legal and administrative procedures in Cameroon

There is no gainsaying that biodiversity incarnates the foundation of human livelihood on earth, reason why the creation of protected areas for its conservation seem to appear top on the development agenda of many governments Cameroon inclusive.[43] Since the goals of biodiversity conservation may hardly be attained without adequate assurance for the enjoyment of basic human rights especially that of members of such communities peripheral or adjacent to conservation areas, there is hope that the creation of conservation buffer zones can sufficiently be the platform upon which such fears can be overcome. But then, what set of administrative/legal procedures have the Cameroonian government envisaged for the establishment of biodiversity conservation buffer zones?

To begin with, by virtue of Article 14 (1) of the July 1974 Ordinance on land tenure governance in Cameroon, it has been made clear that all lands both 'private and public' as of the date of entry into force of the law have become national lands, hence constituting the integral property of the State. While this is so considered, Article 17 (1) on its part stresses that such lands may by virtue of decrees be leased out or allocated for proper administration on behalf of the State in such a way as to ensure rational use thereof. The above dispositions therefore have turn not only to foster the already overwhelming grip the State had exercised over natural resources, but has equally confirmed the fact that biodiversity protection and conservation falls within the ambits of State power. This has gained momentum in the 1994 Forestry Law. In this regard, Article 7 of the law has recognized that the State, local councils, local communities and even private individuals may enjoy rights over forest resources including biodiversity, though such rights may be limited or controlled through the conservation paradigm. Thus, in a bid to ensure that buffer zones effectively ensures biodiversity conservation and human rights protection, its establishment by virtue of Section 16 (2) of the 1994 forestry law must be in consonance and subjected to prior environmental studies, reason why its creation has been under the supervisory authority of the Ministry of Forestry and Wildlife.[44]

---

43   Ebregt & De Greve (2000).
44   See Section 104, Law No. 94/01 of 20 January 1994, to lay down the Forestry and Wildlife Regime in Cameroon.

2.2.1   Environmental and social impact assessment (ESIA)

The establishment of conservation buffer zones which turn to limit human activities and pressure upon conservation areas bear the shocks of human's development quests. According to Law No. 96/12 of 5 August 1996, human developmental activities deemed to affect the environment or conservation areas can only be permitted on the grounds that such activities do not go against the conservation objectives.[45] This is the reason why Article 65 (1) of this law stipulates that the scientific exploration and exploitation of biological and genetic resources must be carried out through strict collaboration and guide of national research institutions while taking into consideration the interests of local communities. To ensure that this rule is complied with, there must be an ESIA which brings out the initial nature of project sites, reason for the choice of such a site, environmental and human consequences of such projects, identified measures to curb or eliminate such consequences upon humans and the environment and reasons why in spite of such consequences the project could not be suspended.[46] While the respect of the above rules remain important for environmental protection and assurance of the enjoyment of human rights especially around conservation areas, or within conservation buffer zones, Cameroon is in other words respecting the exigencies of its international commitment.[47]

2.2.2   Zoning

Participatory zoning can be used as a tool for balancing conservation and development within a landscape, though such efforts might be afflicted with serious political and institutional challenges. Zoning comes in to consideration given that the aims of conservation areas today goes beyond mere conservation of nature into improving human well-being and providing economic benefits across multiple scales. As such, the 1994 law highlights the need to divide State forest into management units with a management plan adopted for each unit. In this light, Section 26 (1) goes further to lay emphasis on the need to take into account the social environment of local population whose rights needs to be protected. However, such rights can be terminated if they are found to be contrary to conservation objectives. At this juncture, the population can be compensated. Sometimes, the trumpeted compensations are hard to come

---

45   Article 17, Law No. 96/12 of 5 August 1996.
46   See Article 19 (1) and (2) Cameroonian Environmental Legislation (1996).
47   This falls in line with the required standard of international environmental impact assessment document as previewed in Article 4 and Appendix II of the Espoo Convention on Environmental Impact Assessment in Transboundary Context (1991). See to this effect, Paragraphs (a) to (i).

by, leaving local people evicted in the name of conservation. These evictions can destroy both the lives of tribal peoples and the environment they have shaped and cared for over millennia.[48]

2.2.3   Sourcing for funds

When a government earmarks any project including that of creating a conservation area, what immediately follows is the issue of financing the project. The United Nations General Assembly in its Resolution 44/228 of 22 December 1989 called on the United Nations Conference on Environment and Development to seek and identify ways and means of providing new and additional financial resources, particularly to developing countries, for environmentally sound development programmes and projects in accordance with national development objectives, priorities and plans. This has further been reechoed in Chapter 33 of the Agenda 21 Plan of Action. However, the 1996 Law on Environmental Management in Cameroon envisages the creation of a special fund (National Fund for the Environment and Sustainable Development) for the protection of the environment.[49] Today, this fund is operational but simply as a chapter under the National Forestry Fund and not as a separate entity with its own personnel and autonomy.

Besides, the 1994 Forestry and Wildlife Law provides that the public administration shall be guarantor of funds for biodiversity conservation, though such funds can be devolved to other public, community and private bodies by sub-contracting certain management activities.[50] To add, funds for the implementation of conservation initiatives especially within conservation buffer zones could be gotten through the conclusion of forest exploitation contracts. These contracts may generate funds as provided for by the general national tax code. However, the assessment of such taxes may be based on the annual forestry fees assessed on the basis of surface area as will be fixed by the financial law.[51]

---

48   Sukdev (2013).
49   Articles 11 and 12 of Law No. 96/12 of 5 August 1996.
50   See Section 64, Law No. 94/01 of 20 January 1994, to lay down the Forestry and Wildlife Regime in Cameroon.
51   (ibid.:Sections 66-70).

2.2.4   Establishment of a comprehensive conservation management plan

In order to obtain satisfactory system of nature conservation, the Forestry Law of 1994 recommends the establishment of a management plan for every forest. A management plan for meeting conservation objectives in Cameroon should be one which conforms to the conditions found within the environmental legislation for the country.[52] A comprehensive environmental management plan therefore must be one which holds human rights issues at the centre. Within the CBD, a link has been established between protected areas and surrounding landscapes. In Article 8, the Convention calls upon Parties to set up a system of protected areas to "promote the protection of ecosystems, natural habitats and the maintenance of viable populations of species in natural surroundings" (Article 8(d)), and to "promote environmentally sound and sustainable development in areas adjacent to protected areas with a view to furthering protection of these areas" (Article 8(e)). The CBD Programme of Work on Protected Areas, adopted in 2004,[53] goes further by setting a target for broad integration of all protected areas into their wider landscape and seascape, as follows:

> By 2015, all protected areas and protected area systems are integrated into the wider land- and relevant sectors, by applying the ecosystem approach and taking into account ecological connectivity and the concept, where appropriate, of ecological networks.

The ecosystem approach mentioned in the CBD program and in the Millennium Ecosystem Report alludes to consideration of all interests including basic human rights of the local people around protected areas. This must be translated into practical reality in Cameroon.

2.3   Approaches to the management of buffer zones

There are various approaches to buffer zone management related to the specific approaches in and opportunities for nature conservation. Buffer zones management can take the approaches of land use planning (LUP), ICDP as well as the Man and Biosphere approach (MAB).

---

52   The government is responsible for establishing environmental management plan for the country which is subjected for revision every five years, while taking into consideration the economic, social and cultural situations within such plans.

53   CBD COP 2004 VII/28, Programme Element 1.

2.3.1   The land use planning approach (LUP)

In many countries including Cameroon, the land is generally owned by the State. The creation of conservation areas, therefore, will entail the expulsion of people found to have settled on such lands. Until 2000, little progress was made in Cameroon in this direction.[54] Conservation organisations and the government had done almost nothing in Cameroon to implement their international commitments to protect community rights in their conservation projects. Most of the new standards to which they had agreed remained unknown at the local level. Yet, it is conservation and especially government staffs at the local level that are in most need to be informed about these new standards and be given support to implement them.[55] In addition to being impeded by a persistent lack of information and support, local government officials, in particular, are also constrained by their duty to implement outdated laws which contradict the government's international commitments.[56] To this effect, while asserting that, the land belongs to the State, its management, especially concerning conservation areas, should be devolved to the local communities and government overseeing.

2.3.2   Integrated conservation and development projects (ICDP)

Though the concept of ICDPs is considered to be new, they represent a shift away from traditional approaches to park management, which was hinged on penalties for illegal use, to increased emphasis on promoting the participation of local resource users in conservation activities. In practice ICDPs usually target both the protected area (by strengthening management) and local communities (by providing incentives such as rural development opportunities to reduce pressure on natural habitats and resources). In most countries including Cameroon, ICDPs started as small NGO efforts, but most major donors have now embraced the ICDP model; many build on earlier, more traditional conservation efforts to strengthen park protection and management. ICDPs range in size and scope from initiatives that seek to empower and benefit local communities, through projects designed for poverty alleviation around protected areas, to major programmes which attempt to integrate conservation with regional and national development.

---

54   Venant (2009).
55   (ibid.).
56   (ibid.).

3   The conceptualisation of conservation buffer zones in environmental legal frameworks

Protected areas (PAs) have been, and continue to be, the predominant units for the conservation of biodiversity.[57] While these areas may vary considerably in shape and size as well as in habitat and species,[58] what seems to be common is the fact that its primary concern is biodiversity conservation. This approach has been found to be based on the 'wilderness preservation' philosophy which originated in the United States in the late 1800s, giving birth to a movement of national park establishment with the purpose of preserving areas of scenic beauty and natural wonders free from human exploitation, for the recreational enjoyment of visitors. The North American conservationism model rapidly spread throughout the world, creating the dichotomy of 'parks versus people' – which may have devastating effects on local populations whose relation with nature can hardly be undermined.[59] This therefore calls for the need to scrutinise how such inspirations have been enshrined within some legislative initiatives undertaken both at the international and national levels using Cameroon as a yardstick.

This therefore calls for the need to scrutinise how such inspirations have been enshrined within some legislation both at the international and national levels using Cameroon as a yardstick.

3.1   Scrutiny of international policies and legal framework

Whether accepted or not, there is a need to foster the already existing links between conservation and the knowledge system and livelihood of communities that live at the edge of conservation areas. This entails a holistic approach to conservation initiatives which is sustainable, realistic, and resilient. Conservation therefore should seek to enhance the land rights of communities, their culture and livelihood.

---

57   Nelson (2003); Le Saout et al. (2013).
58   Colchester (2004).
59   Brower (1995).

3.1.1   Declaration of the United Nations Conference on the Human Environment (1972)

At the Stockholm Conference,[60] world leaders showed prove that nature preservation can no longer be possible especially at a time when human population growth started witnessing a rise. This means that, while nature continue to be needed for intellectual, moral, social and spiritual growth by humans, a mechanism is needed to ensure that this does not go against the very rights sought to be protected. This marks the beginning in bridging the gaps between environmental preservation and human rights protection. Yet, the quest for conservation and human rights protection can only be synergised more effectively within conservation buffer zones. By implication therefore, this was the very foundation for perceiving the need for the establishment of conservation buffer zones around conservation areas. After all, it has been accepted that[61]

> ...of all things in the world people are the most precious. It is the people that propel social progress, create social wealth, develop science and technology and, through their hard work, continuously transform the human environment. Along with social progress and the advance of production, science and technology, the capability of man to improve the environment increase with each passing day.

Furthermore, from the very acceptance that humans have the rights to adequate conditions of life, add impetus to the need for an environment of quality which permits a life of dignity and well-being constitutionally protected in most countries in the world including Cameroon. While such can only be realistic within conservation buffer zones, humans have been accorded the responsibility to protect and improve the environment for present and future generations through careful planning or management.[62]

3.1.2   UNESCO's Man and Biosphere Programme (1974)

Biosphere reserves[63] are designed to deal with one of the most important questions the world faces today, that of how to reconcile the conservation of nature with its

---

60   The United Nations Conference on the Human Environment was convened at Stockholm, the Swedish capital from 5 to 16 June 1972 with the need to forge a common outlook for the enhancement of the human environment.
61   See Paragraph 5 of the Proclamations of the Stockholm Declaration (1972).
62   Principles 2, 4, 8, 15 and 18 of the Stockholm Declaration.
63   Biosphere reserves can be considered as areas of terrestrial and coastal/marine ecosystems which are internationally recognised under UNESCO's Man and the Biosphere (MAB) Programme; they constitute ideal sites for research, long-term monitoring, training, education and

use.[64] The strategies developed by the biosphere programme in which there is a recommendation that, biosphere strategies should be integrated within plans for protected areas, and in the national biodiversity strategies.[65] This seeks to strengthen the views of the CBD which states that:[66]

> Each contracting party shall, in accordance with its particular conditions and capabilities develop national strategies, plans and programmes for the conservation and sustainable use of biological diversity... and integrate as far as possible and as appropriate, the conservation and sustainable use of biological diversity into relevant sectoral and cross-sectoral plans, programmes and policies.

Following this vision, there is need to lay emphasis on the fact that, the biosphere programme highlights the need to ensure better harmonization and interaction among the different biosphere reserve zones, including buffer zones which are hosts to full range of interests such as agriculture, forestry, hunting and extracting, water and energy supply, fisheries, tourism, recreation and research.

3.1.3   Convention on Biological Diversity (1992)

From its objectives,[67] the CBD incarnates the legal foundation for the needs of establishing conservation buffer zones around conservation areas. This has been elaborately articulated by encouraging and promoting environmentally sound and sustainable development in areas adjacent to protected areas with a view of fostering the protection of these areas.[68] Also, Article 8 (i) goes further to recommend that contracting parties should provide the necessary conditions needed for "compatibility between present uses and the conservation of biological diversity", condition necessary for the enhancement of human rights within conservation buffers. To strengthen this, there is need to respect, preserve, and maintain the knowledge, innovations and practices of indigenous and local communities for the conservation and sustainable use of biolog-

---

the promotion of public awareness while enabling local communities to become fully involved in the conservation and sustainable use of resources.

64   The concept of biosphere reserves originated from a Task Force of UNESCO's Man and the Biosphere (MAB) Programme in 1974. The biosphere reserve network was launched in 1976 and, as of March 1995, had grown to include 324 reserves in 82 countries. The network is a key component in MAB's objective of achieving a sustainable balance between the sometimes-conflicting goals of conserving biological diversity, promoting economic development, and maintaining associated cultural values. Biosphere reserves are sites where this objective is tested, refined, demonstrated and implemented.

65   Objective 1.2 of the Biosphere Strategies of the MAB.

66   See CBD, Article 6 (a) and (b).

67   Article 1 CBD.

68   Article 8 (e) CBD.

ical diversity. However, such knowledge, innovations and practices should be the bedrock for equitable sharing of benefits arising from the utilization of such knowledge, innovations and practices.[69] In this light, Cameroon has elaborated a National Strategy on Access to Genetic Resources and the Fair and Equitable Sharing of Benefits Arising from their Utilisation (ABS). This document harnesses and projects the country's ambition to weave biodiversity conservation with the enjoyment of human rights especially at a time when the country had ratified the Nagoya Protocol on Benefit Sharing and is strategising on with other countries of the COMIFAC zone on defining modalities for access and the fair and equitable sharing of benefits from their utilisation.

3.1.4 World Summit on Sustainable Development's Action Plan for the Achievement of 2010 Biodiversity Targets (2002)

While considering conservation buffer zones as effective tool for the enhancement of conservation areas with special consideration on human rights, the World Summit on Sustainable Development (WSSD)[70] affirmed that, indigenous people have a vital role to play in sustainable development.[71] This has been endorsed within the key commitments, targets and timetable of the implementation plan of the summit in what has been entitled "management of natural resource base". This concurred with the target that was set forth to achieve by 2010 a significant reduction in the rate of loss of biological diversity. Hardly could this have been attained without ensuring collaboration with local communities, a path traced within the objectives of the CBD. This section highlights the need to access and sustainably use biodiversity components. The identification of this need has been reflected within National Biodiversity Strategic Plan II (NBSAP II) adopted by the Ministry of Environment, Nature Protection and Sustainable Development in 2012. In this light, while acknowledging the international strategy for conservation of biodiversity and streamlining conservation efforts towards the protection of human rights, the country has adopted its own biodiversity strategic goals and targets.

---

69 Articles 8 (j), 10 (c), (d) & (e) CBD.
70 From 26 August to 4 September 2002, eighty-two Heads of State and Government, thirty Vice-Presidents and Deputy Prime Ministers, seventy-four Ministers, royalty and other senior officials, and thousands more official representatives came together with observers from civil society, academia, the scientific community, local communities, and the private sector at the Sandton Convention Centre in Johannesburg, South Africa for the World Summit on Sustainable Development (WSSD).
71 Paragraph 26.1 of Agenda 21 Plan of Action.

3.1.5   The Nagoya Protocol (2010)

Many environmentalists consider protected areas as cornerstones of biodiversity and species conservation. For most species, protected areas will be the single most important way to ensure their long-term survival. To this effect, conservationists are advocating for a landscape or ecosystem approach towards conservation which entails the need to work with local communities within and around protected areas, to further conservation objectives while ensuring the enjoyment of human rights. Indeed, many in the conservation community believe that wildlife conservation and protected areas in poorer countries are doomed to failure unless local communities become an integral part of conservation efforts and benefit economically from those efforts. Benefitting from conservation initiatives now constitutes the focus of the third objective of the CBD (the fair and equitable sharing of benefits arising out of the utilisation of genetic resources). By 2010, the Nagoya Protocol was adopted as an implementing mechanism of this CBD objective also reechoed in Article 15 (2) and (3) of same.[72]

However, at the domestic level, though the country's environmental legislation does not effectively catalogue how human rights issues should be dealt with in conservation buffer zones in an explicit manner, one can trace through the 1994 Forestry Law some initiatives that have been taken by the State so far, even though some of these have been highlighted above.

3.2   National policies and buffer zones management

The Cameroonian government has taken the engagement within the constitution to respect the rights of its citizens without discrimination. While others will ask where particularly these rights should be protected as they are considered to be foundationally dubious and lacking in cogency.[73] It is a matter of policy that natural resources are harnessed for the well-being of all citizens and to ensure their development. To crown these, it has been held sacrosanct that "every person has the right to a healthy environment".[74] It is with this clairvoyance that most environmental legal instruments including the 1994 Forestry Law have been adopted. Within this optic, the environmental legislation in a bid to ensure that human rights are protected within con-

---

72 See Articles 5, 6, 7 and 12 of the Nagoya Protocol on Access to Genetic Resources and the Fair and Equitable Sharing of Benefits Arising from their Utilization to the CBD.
73 Sen (2004:549).
74 Preamble of Law No. 2008-1 of 14 April 2008 to amend and supplement some provisions of Law No. 96/6 of 18 January 1996 to amend the Constitution of 2 June 1972.

servation buffer zones, certain key commitments have been undertaken including determination of land ownership, involvement of local people in environmental management as a whole, while giving room for compensation when human rights are violated as spelt out in most international legal instruments relating to or having implications on the subject under study.

3.2.1   The determination of land ownership

Land in Cameroon is systematically owned by the State. This is in line with the technical assumption of Article 1 (2) of the 1974 Ordinance establishing rules governing land tenure in the country which is to the effect that, "the State shall be the guardian of all lands". Environmental policies simply come to confirm this as Section 24 (1) (a) and (b) of the 1994 Forest Law spells out the contour of State forests to include areas protected for wildlife and forest reserve proper. The State, therefore, depends upon such broad definition of state forest to guarantee land certificates on such lands to its self (Section 25 (1) and (2)). In addition to this, the State through the Constitution doubles as guarantor of human rights. So the question here therefore is, if all forests belong to the state and all lands owe belonging to the state equally and the State is in charge of creating conservation areas, depriving local people of access to natural resources in the country, how can the State turn to reconcile these seemingly contradictory goals? Yet, Article 10 (1) and (2) of the 1996 environmental management law of Cameroon gives the government authority to define environmental politics of the nation and see to its implementation and enforcement.

While conservation buffer zones have been considered to fall within the context of State lands as seen in Section 24 above, it becomes very easy for the State, therefore, to set out laws for its management while enforcing the rights of all communities found in such. To this effect, Article 9 of the 1996 Environmental Law sets out the principles which must be respected in the exercise of rights within these zones. These principles include that of precaution, preventive action, polluter-pays as well as environmental responsibility. From this point, the State can, therefore, accord lands to private persons and other entities with much assurance as to environmental respect, especially the protection of conservation areas through the permission of human activities within surrounding buffer zones which are considered sustainable and in line with conservation objectives.[75]

---

75   Section 26 (2) of the 1994 Forest Law.

3.2.2 Involvement of local communities in conservation buffer zones management

The 1996 environmental law has articulated the need to involve populations in environmental management. In this light, the national ABS strategic plan recognises the need to strengthen capacity building of persons, institutions and communities on the access to genetic resources and benefit sharing within the framework of the implementation of the Nagoya Protocol on ABS.[76] Here it is strongly believed that such involvement in capacity strengthening can be possible through effective access to information, continues consultation and exchange of views, representation at decision-making levels, availability of information as well as sensitisation, training, research and environmental education.[77] The open nature of the Cameroon legislation to local communities living around conservation areas is plausible, though in concrete terms it largely remains on paper. The government has been charged with the duty of elaborating an environmental management plan which is revised every five years. This is accompanied by a bi-annual report on the state of the environment submitted to an inter-ministerial commission on the environment.[78]

4 Benefits of conservation buffer zones

Even though many authors turn to think that the conservation drives in Africa have been the replication of western ideas and stereotypes, Ngwasiri[79] on his part considers that the "conceptions of the primitive drive the modern and the post-modern across a wide range of fields including environmental conservation". Thus, calling for the inclusion of local participation and community development as part of a comprehensive strategy for nature conservation in Africa especially in conservation buffer zones. This has however been ubiquitous with organisations ranging from the World Bank to grassroots human rights activists.[80] This is more evident even as the World Bank lending policy of recent years has been oriented towards integrating "forest conservation projects with macroeconomic goals" and the need to involve "local people in forestry and conservation management".[81] However, while the relationship between local communities and the government has been characterised by scepticism, local people have turned to see parks as government-imposed restrictions

---

76 See Chapter 2.1 National ABS Strategic Document (2012).
77 See Article 72 of the 1996 Environmental Legislation.
78 Articles 14, 15 and 16, 1996 Environmental Legislation.
79 Ngwasiri (1995).
80 See Cleaver (1993); KIPOC (1992); Fombat (1997).
81 See Neumann (2000:222).

on their traditional rights. This is even made worse as governments including that of Cameroon turn to consider them as primary forces for environmental degradation.[82] This kind of conflict between conservationists and local communities can be resolved through the buffer zones paradigm, otherwise known as 'new conservation approach.'[83]

4.1   Buffer zones: a new approach to conservation

The establishment of conservation buffer zones can be viewed as an effective tool for balancing nature conservation with human rights protection. This explains why for the past fifteen years, the World Bank and United Nations Development Programme with funding from the Global Environment Facility (GEF) have embarked more on landscape approach towards conservation which lays emphasis on the need to work beyond park boundaries. The needs to work with local communities and other stakeholders to further conservation objectives have been recognised. This approach was emphasised in the 'Beyond Boundaries' theme of the 2003 World Parks Congress and is also recognised in the GEF's 3 and 4 Biodiversity Strategic Priorities.

The benefits that this has brought to local communities include those directly related to wildlife management which, according to Egbe[84] include wages, income, bushmeat; social services and infrastructure which include clinic, schools and roads as well as political empowerment through institutional development and legal strengthening of local land tenure. To sustain this, Tamasang[85] has posited that "the *Kwihfon* plays a preponderant role in the management of land and forest resources through injunctions". He goes ahead to enumerate such injunction orders to include "no farming in the forest, no cutting of wet trees, no grazing in the forest, no harvesting of *prunus* barks, no fire, no hunting of protected species" among others. While these may be beneficial to the society or community involved, it goes a long way to foster nature conservation.

4.2   A kinder, gentler conservation approach

Despite the fact that land alienation and local impoverishment seem to continue apace, there is growing sympathy in the treatment of local land rights as well as ben-

---

82   IUCN (1991); IUCN, UNEP, WWF (1991).
83   Baskin (1994); Fletcher (1990).
84   Egbe (1998).
85   Tamasang (2007).

efit sharing by buffer zones proponents. At first, nature conservation was equivalent to eviction as there exists no such thing as wilderness. This means that most protected areas especially land-based have been carried out on the ancestral homeland of tribal people. In the name of conservation, such people were evicted from their lands. For local communities, eviction is a catastrophe, as when they are evicted they have their self-sufficiency taken away from them. Where once they thrived on their land, all too often they are forced to begging or receiving government handouts in resettlement areas. Furthermore, when these guardians of the land are removed, their former environment can also suffer, as poaching, over-harvesting and wildfires increase along with tourism and big businesses.[86]

To resolve these worries, the concept of buffer zones has brought in a lot to improve upon the livelihood and well-being of local communities. For instance a buffer zone project has been implemented of recent around the Selou Game Reserve in Tanzania, being the largest in Africa with close to 50,000 km². With the creation of the buffer zone, management by the park's authorities have been liaised with the need to consult and to jointly manage with local communities.

4.3   Participatory integrated conservation and development projects

ICDPs offer new approaches to conservation that, if properly implemented, are likely to be an effective means of conserving wild lands and their biodiversity. This is so given that, almost 80% of the world's biodiversity is found on the lands of tribal peoples and the vast majority of the 200 most biodiverse places on earth are tribal peoples' territories.[87] More so, by developing ways to live sustainably on the land they cherish, tribal peoples have often contributed sometimes over millennia towards the high diversity of species around them.[88] The question here is: can conservation initiatives succeed without these communities? This has been concluded by affirming that, future success of conservation therefore critically depends on tribal peoples. Thus, "when the rights of communities are respected, they are far more effective than governments or the private sector in protecting forests".[89]

---

86   Sukdev (2013).
87   Oviedo & Maffi (2000).
88   Prance (1997:135-143).
89   (ibid.).

5 Challenges of buffer zone management and impacts on the enjoyment of human rights

In theory, it remains that buffer zones exist in order to ensure the effective conservation of protected areas and on the other hand, guarantee the rights of nearby communities. Yet, in practice, the conservation objectives while highly pursued by most governments, human rights is still lagging. This makes one to wonder why human rights of communities deprived, chased out or ousted from conservation areas, relocated and sometimes seeking refuge in buffer zones near to their former homelands will be neglected, rendering them victims of double abuse. This may find answer in the presumption that the "conceptual foundation of human rights remains soft and mushy".[90] This dismissal of human rights is often comprehensive and is aimed against any belief in the rights that people can have unconditionally simply by virtue of their humanity (rather than having them contingently, on the basis of specific qualifications, such as citizenship or legal entitlement). Some critics, however, proposed a discriminating rejection as they accept the general idea of human rights but exclude, from the acceptable list specific classes of proposed rights, in particular, the economic and social rights, or welfare rights.[91] These rights, which are sometimes referred to as second-generation rights, such as common entitlement of subsistence or to medical care, have mostly been added relatively recently to earlier enunciation of human rights, thereby vastly expanding the claimed domain of human rights.[92] It is therefore time for humans to change thoughts on how to protect human rights through various rubrics including environmental issues.[93] This proactive stance has had its colossal appeal of the idea of human rights to confront intense oppression or great misery even without waiting for the theoretical air to clear. Thus, for human rights ideas to command reasoned loyalty and to establish secure intellectual standing in conservation initiatives, some conceptual doubts must be cleared.

5.1 The challenge of articulating customary land right

One of the greatest challenges faced by most African governments including that of Cameroon has been one of ensuring that nature is integrally conserved, but also that such conservation should not be opposed to the very principles of human rights preached and privileged in most domestic policy documents. The question of the land

---

90 Sen (2004); Bentham (1792).
91 Ivan (2002).
92 Razzaque (2002).
93 Westra (2009).

tenure system is conspicuous. The Cameroon's 1994 Forestry Law was enacted with the objective of involving communities in the management and protection of forest resources. Although it constitutes an important aspect of the democratisation and liberalisation process initiated by the State in the early 1990s, it has not defined the rights to land as an important resource. Yet, the 1994 law and its 1995 Enabling Instrument on Wildlife (Wildlife Decree) recognise traditional custodians of wildlife resources as partners in the resources management exercise. They were enacted on the assumption that, resources are better managed when their local custodians have shared or exclusive rights to make decisions over and make benefits out of their use. Even the 1974 and 1976 land tenure legislation of the country have devolved limited or rather 'mere paper' rights to local communities to land ownership. Systematically though, all lands are owned by the State.

Whereas it has been recognised that bringing decision-making close as possible to citizens, joint resource management is seen as integral to good governance,[94] to succeed in such strive, there is need for negotiation processes on shared rights and privileges (including tenure and decision-making powers) by multiple stakeholders and the recognition of this by government and other wide range of resource users.

5.2 Overwhelming State power versus local community(ies) rights

The State incarnates the owner and overall determinant of how natural resources should be owned and managed including forest and biodiversity found to constitute major sources of livelihood to communities that harbour conservation areas. This power has been legitimised under the United Nations Charter and other international legal policies which turned to shove the sovereign right to exploit and control their natural resources. Systematically, major international environmental legal instruments have been streamlined within this same pattern.[95] At this juncture, one needs to know the position of local communities in the management of their natural resources as articulated in the United Nations Declaration on Indigenous People, Agenda 21 as well as the Durban Accord besides others.

However, for the purpose of the 1994 Law and the 1995 Enabling Instrument, a community must be a recognised legal entity. Yet, to obtain this status, a community needs to demonstrate proof of its existence to the government. With this, *de facto* village councils and traditional institutions are not recognised legal entities under the 1974 Law on the Organisation of Councils, the 1977 Law on the Organisation of

---

94 Egbe (2001).
95 For instance, see Principle 21, Stockholm Declaration; Principle 2 Rio Declaration; Article 3 CBD among others.

Chieftaincy as well as Article 55 (2) of the 1996 Constitution. Whereas these are deeply involved in determining how resources are managed within local communities, they still need to show proof of their existence to obtain status as public law corporate bodies (*personne morales de droit public*) for the purpose of managing their own natural resources including conservation buffer zones.[96] Even if recognised, there has been the confusion about the use of terms such as village 'community(ies),' 'community,' 'neighbouring community,' one or 'many communities' and the members of the said community. Like Egbe, one wonders if the term 'community' includes strangers (non-indigenes), women, youths, or socially stigmatised groups such as the Baka pigmies; does it mean village, tribes, ethnic group or clan; does it assume a traditional, politico-administrative, or geographical dimension?

6   Concluding remarks and moving forward

There is no single boiler-plate formula for implementing a buffer zone management approach. Any conservation area needs a tailor-made buffer zone, which will have a specific size, format, management, and land use pattern which works best for that area. The development of a buffer zone follows a process which is slow. It is perhaps for this reason that few conservation areas with fully operational and effective buffer zones have been identified. Most often, the government, in the quest for establishing conservation areas, simply strip local communities of their rights to livelihood, which is difficult to be established somewhere else.

Due to the complexity and long duration of buffer zone establishment, as a result of perhaps cumbersome human rights demands, many of the buffer zone initiatives have not, or have not yet, succeeded in achieving their ultimate goals. Thus, buffer zones approach demands solving the conflict between nature conservation and rural development, while taking a participatory approach. For the government to set up buffer zones with a clear community-based view there is need to adopt a holistic approach which is based on performance, stability, sustainability, equity, and productivity.

However, buffer zone establishment should be that unique opportunity which Cameroon government should not miss in order to reconcile itself with marginalised forest communities. This may be very easy to articulate given that there is already in existence a national biodiversity conservation strategic goal which vision centres mainly on the establishment of a sustainable relationship between biodiversity and human-wellbeing by 2035. As such, if the interest of these communities is taken on a

---

96   Ngwasiri (1995); Tamasang (2007).

serious note as pointed out, they may turn to see buffer zone management, not as government impose laws, but rather as means by NGOs, and their community leaders to enhance their interests.

The Government should equally intensify training of its personnel on participatory resource management. Participatory resource management requires stakeholders to work together in establishing objectives and programs to meet these. For instance, as members of the Land Consultative Board (which manages national lands) and as mediators of local disputes, District Heads, Senior Divisional Officers and Divisional Officers are crucial stakeholders in this participatory process. Thus, building confidence for dialogue between administrative officials and traditional custodians of forest and wildlife resources might help to reduce pressure as a result of competition for immediate and unsustainable resource exploitation.

References

Baskin, Y, 1994, There is a new wildlife policy in Kenya: use it or loose it, 265 *Science*, 733.

Bennett, E & J Robinson, 2000, *Hunting of wildlife in tropical forests. implications for biodiversity and forest peoples*, Environment Department Papers 76, Washington DC, The World Bank.

Bentham, J, 1792, *Anarchical fallacies, being and examination of the declaration of rights issued during the French revolution*, Edinburgh.

Brower, R, 1995, Baldios and common property resource management in Portugal, 46 (1) *Unasylva*, 180.

Chapin, FS, STA Pickett, ME Power, SL Collins, JS Baron, DW Inouye & MG Turner, 2015, Earth stewardship: an initiative by the ecological society of America to foster engagement to sustain planet earth, in: Rozzi, R et al. (eds.), *Earth stewardship, ecology and ethics* 2, Cham, Springer International Publishing Switzerland.

Cleaver, K, 1993, *A strategy to develop agriculture in sub-Saharan Africa and a focus for the World Bank*, World Bank Technical Paper Number 203, Washington DC, The World Bank.

Colchester, M, 2004, Conservation policy and indigenous peoples, 281 *Cultural Survival Quarterly*, 17.

Craven, I & W Wardojo, Gardens in the forest, in: Kemf, E (ed.), 1993, *The law of the mother*, San Francisco, Sierra Club Books, 23–38.

Eagles, PFJ, SF McCool & CD Haynes, 2002, *Sustainable tourism in protected areas: guidelines for planning and management*, Gland, IUCN.

Ebregt, A & P De Greve 2000, *Buffer zones and their management policy and best practices for terrestrial ecosystems in developing countries*, Wageningen, Forests, Forestry and Biological Diversity Support Group, http://edepot.wur.nl/118089, accessed 7 February 2018.

Egbe, S, 1998, *The range of possibilities for community forestry permitted within the framework of current Cameroonian legislation*, Yaoundé, Consultancy Report for the Community Forest Development Project.

Egbe, S, 2001, *The law communities and wildlife management in Cameroon*, Yaoundé, Rural Development Forestry Network.

Fletcher, S, 1990, Parks, protected areas and local populations: new international issues and impera-tives, 19 *Landscapes and Urban Planning*, 197.

Fombat, C, 1997, The effectiveness of environmental protection measures in Cameroon's 1994 Law laying down forestry, wildlife and fisheries regulations, 9 (7) *Journal of Environmental Law* 9, 57.

Ghimire, K, 1994, Parks and people: livelihood issues in national park management in Thailand and Madagascar, 25 (1) *Development and Change*,195.

IUCN / The World Conservation Union, 1991, *Protected areas of the world: a review of national systems*, Volume 3 Afrotropical, Glands, IUCN.

IUCN / The World Conservation Union World Parks Congress, 2003, *Recommendation Volume 22: Building a global system of marine and coastal protected area networks*, Fifth IUCN World Parks Congress, Durban, South Africa, 8–17 September 2003, at http://cmsdata.iucn.org/downloads/recommendationen.pdf, accessed 15 October 2017.

IUCN / The World Conservation Union, UNEP / United Nations Environment Programme & WWF / World Wildlife Fund, 1991, *Caring for the earth: a strategy for sustainable living*, Glands, IUCN.

Ivan, H, 2002, Social rights as foundational human rights, in: Bob, H (ed.) *Social and labour rights in global context*, Cambridge, Cambridge University Press.

KIPOC / Korongoro Integrated Peoples Oriented to Conservation, 1992, *The foundation pro-gramme: programme, profile and rationale*, Principal document No. 4, Loliondo, KIPOC.

Lambi, M, K Ndzifon, G Kometa & T Sunjo, 2012, The management and challenges of protected areas and the sustenance of local livelihoods in Cameroon, 2 (3) *Environment and Natural Re-sources Research*.

Naughton, L, 2007, *Collaborative land use planning: zoning for conservation and development in protected areas*, Tenure Brief No. 4, Land Tenure Centre, USAID.

Nelson, J, 2003, After the world parks congress: rights of indigenous communities still at stake in Central Africa, 4 *Indigenous Affairs*, 14.

Neumann, RP, Primitive ideas: protected area buffer zones and the politics of land in Africa, in: Broch-Due, V & RA Schroeder, *Producing Nature and Poverty in Africa*, Stockholm, Nordiska Afrika Institutet, 220-242.

Newmark, WF, 2008, Isolation of African protected areas, 6 (6) *Frontiers in Ecology and the Environment*, 321.

Ngwasiri, C, 1995, *Advocacy for separate land legislation for the rural areas of Cameroon*, Yaoun-dé, PVO-NGO/NRMS Cameroon Publication.

Oviedo, G & L Maffi, 2000, Indigenous and traditional peoples of the world and ecoregion conser-vation: an integrated approach to conserving the world's biological and cultural diversity, WWF & Terralingua, http://www.terralingua.org/wp-content/uploads/downloads/2011/01/EGin G200rep.pdf, accessed 29 October 2017.

Prance, G, 1997, The ethnobotany of the Amazon Indians as a tool for the conservation of biology, 5 *Monografías del Jardín Botánico de Córdoba*, 135.

Razzaque, J, 2002, *Human rights and the environment: the national experience in south Asia and Africa*, Joint UNEP-OHCHR Expert Seminar on Human Rights and the Environment, Back-ground Paper No. 4, http://eprints.uwe.ac.uk/18403/1/Joint%20UNEP%20-%20Razzaque.pdf, accessed 8 February 2018.

Republic of Cameroon 2012, *National biodiversity strategy and action plan*, Version II, Yaoundé, MINEPDED, https://www.cbd.int/doc/world/cm/cm-nbsap-v2-en.pdf, accessed 8 February 2018.

Sen, A, 2004, Elements of a theory of human rights, 32 (4) *Philosophy and Public Affairs*, 315.

Sukdev, D, 2013, Park needs peoples: the global movement for tribal peoples' rights, *Survival International Report*, https://www.survivalinternational.org/articles/3376-corry-parks-need-peoples, accessed 8 February 2018.

Tamasang, C, 2007, *Community forest management entities as effective tools for local-level participation under Cameroonian law: case study of Kilum/Ijim Mountain Forest*, Thesis submitted and publicly defended in partial fulfilment of the requirement for the award of a PhD in Law, Faculty of Law and Political Sciences, University of Yaoundé II, Cameroon.

Tassi, F, 1984, Reconciling the interests of wildlife and people in Abruzzo National Park, Italy, in: MacNeely, JA & KR Miller (eds), *National parks, conservation, and development: the role of protected areas in sustaining society*, Bali, Smithsonian Institution Press, 446-449.

Tchindjang, M & Z Fogwe, 2009, Ecotourism in protected areas of Cameroon: trends, problems and prospects, in: Lambi, CM (ed.), *Cameroon – a country at crisis crossroads: an anthology in the social sciences*, Bamenda, Nab Ventures, 197-221.

Venant, M, 2009, *Securing indigenous peoples' rights in conservation: reviewing and promoting progress in Cameroon*, Moreton-in-Marsh, Forest Peoples Programme, available at https://www.forestpeoples.org/sites/default/files/publication/2010/04/wcccameroonpareviewjul09eng.pdf, accessed 8 February 2018.

Wells, M & K Brandon, 1992, *People and parks: linking protected area management with local communities*, Washington, World Bank, WWF-US & USAID.

Westra, L, 2009, Ecological integrity and biological integrity: the right to life and the right to health in law, 18 (3) *Transnational Law and Contemporary Problems*, 3.

Wild, R & J Mutebi, 1996, *Conservation through community use of plant resources*, People and Plants Working Paper No. 5, Paris, United Nations Educational, Scientific and Cultural Organization.

Wily, LA, 2011, *Whose land is it? the status of customary land tenure in Cameroon*, London, Centre for Environment and Development, FERN, the Rainforest Foundation UK.

CHAPITRE 40 :
LES LITIGES ENVIRONNEMENTAUX DEVANT LES JURIDICTIONS CAMEROUNAISES

Emmanuel D. KAM YOGO & Eric KOUA

1 Introduction

Les litiges nés de la mise en œuvre des règles de protection de l'environnement peuvent revêtir une dimension nationale ou une dimension internationale selon l'étendue spatiale de l'impact des actes en cause ou du préjudice causé, selon l'origine des acteurs ou selon les règles invocables.

Généralement lorsqu'une mesure en cause et un préjudice causé ont un impact qui se limite sur un territoire national, la dimension de ce contentieux est aussi nationale même si la juridiction nationale qui le connaît fait usage de certaines règles internationales comme c'était le cas dans l'affaire Erika (arrêt n° 3439 du 25 septembre 2012 de la chambre criminelle de la Cour de cassation en France) où un juge national français avait appliqué d'une part la convention des Nations unies sur le droit de la mer pour fonder sa compétence et d'autre part la convention internationale de 1992 sur la responsabilité civile pour les dommages dus à la pollution par les hydrocarbures pour déterminer les diverses responsabilités.

Le contentieux camerounais de l'environnement est marqué par la pratique de la transaction dans la quasi-totalité des secteurs environnementaux entre l'administration et les mis en cause et par l'intervention effective ou virtuelle du juge administratif ou du juge judiciaire pour les cas où la transaction n'a pas prospéré ou n'a pas été utilisée. Le Code civil (article 2044) définit la transaction comme une « convention par laquelle les parties, au moyen de concessions réciproques, terminent une contestation née ou préviennent une contestation à naître ». La pratique de la transaction est observable en matière fiscalo-douanière, et en matière d'assurance. Elle est prévue dans la loi n° 96/12, dans la loi n° 94/01 et dans d'autres lois encore portant sur divers secteurs de l'environnement.

2 Le contentieux de l'environnement devant le juge administratif

Tout acte administratif faisant grief (hormis les actes de gouvernement par exemple) peut faire l'objet d'un recours devant le juge administratif. Dans le domaine de l'environnement, l'administration peut prendre des actes de portée générale ou individuelle qui sont susceptibles de recours devant le juge administratif après un recours gracieux préalable auprès de l'autorité auteur de l'acte (article 17 de la loi n° 2006/022 du 29 décembre 2006). Le recours devant le juge administratif peut concerner le sursis à exécution, le recours pour excès de pouvoir, ou le recours en responsabilité.

2.1   Le sursis à exécution

Le recours gracieux contre un acte administratif ne suspend pas son exécution. Cependant, lorsque son exécution est de nature à causer un préjudice irréparable et que la décision attaquée n'intéresse ni l'ordre public, ni la sécurité ou la tranquillité publique, le président du tribunal administratif peut, s'il est saisi d'une requête, et après communication à la partie adverse et conclusion du Ministère public, ordonner le sursis à exécution. L'ordonnance prononçant le sursis à exécution devient caduque si, à l'expiration du délai de 60 jours à compter de la décision de rejet du recours gracieux, le tribunal administratif n'est pas saisi de la requête introductive d'instance. La Chambre administrative de la Cour suprême a déjà eu à prendre des ordonnances de sursis à exécution dans l'affaire *SFH et compagnie c/ État du Cameroun* (ordonnance n° 01/OSE/PCA/CS/2002/2003 et ordonnance n° 02/OSE/PCA/CS/2002/2003) pour suspendre l'exécution des sanctions administratives (des amendes) décidées par le Ministère de l'environnement et des forêts (MINEF) en 2002 à l'encontre de la Société Hazim.

2.2   Le recours pour excès de pouvoir

Selon l'article 2 (3a) de la loi n° 2006/22 l'excès de pouvoir concerne : le vice de forme, l'incompétence, la violation d'une disposition légale ou réglementaire, le détournement de pouvoir. Les actes administratifs relatifs à la gestion de l'environnement peuvent se retrouver dans certaines de ces irrégularités et leur annulation entraînera des effets sur le plan juridique.

2.2.1   Les perspectives du recours pour excès de pouvoir en matière environnementale

Avec l'évolution de la décentralisation qui se caractérise par un transfert d'importantes compétences aux collectivités territoriales décentralisées en matière d'environnement, il est envisageable que des cas d'incompétence puissent être signalés dans l'avenir au niveau des autorités préfectorales qui ne se seront pas bien imprégnées des nouvelles attributions des mairies ou des régions. Par ailleurs, la législation et la réglementation en matière environnementale étant instables et parfois ciblées sur des objectifs précis, il peut parfois avoir un mélange de rôles des différents ministères pouvant aboutir à l'intervention des uns dans le domaine de compétence des autres.

Les vices de forme sont aussi envisageables en perspective. Car plusieurs textes législatifs et réglementaires préconisent des consultations des populations, de la société civile, des organisations non gouvernementales dans le processus de prise de certaines décisions dans le domaine de l'environnement (étude d'impact environnemental, forêt, urbanisme, etc.). Les actes administratifs qui seront donc pris en ignorant l'exigence de la consultation prescrite soit par une loi, soit par un décret d'application pourront être considérés comme irréguliers. Par ailleurs, une sanction administrative basée sur un procès-verbal irrégulier est peut-être annulée pour vice de forme ; ce dernier cas est illustré dans le jugement n° 103/2005-2006 du 14/6/2006 de la Chambre administrative de la Cour Suprême (voir 26e et 27e rôles).

La violation des dispositions légales ou réglementaires est aussi envisageable dans la mesure où plusieurs lois et règlements dans le domaine de l'environnement sont récents et leur maîtrise par certaines autorités investies du pouvoir réglementaire n'est pas évidente.

Enfin le détournement de pouvoir est le fait pour l'administration d'utiliser un pouvoir à des fins autres que celles pour lesquelles il lui a été confié. Il est envisageable qu'une autorité administrative utilise ses compétences en matière environnementale pour atteindre des objectifs qui ne sont pas la protection de l'environnement.

2.2.2   L'effet de l'annulation

2.2.2.1   Principe d'opposabilité *erga omnes* de l'annulation d'une décision administrative

Dans l'arrêt n° 28/P du 27 mai 2010 (affaire Hazim) la Cour Suprême du Cameroun rappelle qu'« il est de principe jurisprudentiel que l'annulation d'une décision administrative pour excès de pouvoir est opposable erga omnes ».

Dans l'arrêt n° 98/Civ du 22 mars 2012 (Société forestière Hazim contre État du Cameroun) la Cour Suprême indique entre autres que l'annulation pour excès de pouvoir est revêtue d'une autorité de la chose jugée d'une façon absolue, qu'elle est faite dans l'intérêt de la légalité qui est le bien de tous, qu'elle a un caractère d'utilité publique (voir 23e et 24e rôles).

2.2.2.2   L'effet rétroactif de l'annulation

Les actes annulés pour excès de pouvoir sont réputés n'être jamais intervenus. À ce propos, la Cour Suprême reprend une position doctrinale dans l'arrêt du 22 mars 2012 (voir du 31e rôle au 32e rôle). Même la formule exécutoire est annulée (voir 33e rôle).

Il faut noter que le juge administratif hésite à recevoir les recours de la société civile contre les actes administratifs qui sont pris en violation de la loi. Ces recours sont souvent rejetés pour défaut d'agrément de la part des organisations de la société civile.[1] Pourtant le juge administratif a la possibilité de recevoir ces recours en se fondant sur le devoir de protéger l'environnement assigné à tout citoyen par la constitution.[2] Dans le cadre de ce devoir constitutionnel, le citoyen ne devrait donc pas rester passif lorsque les règles de protection de l'environnement sont violées dans la nation, il lui revient de saisir la justice même s'il n'a aucun intérêt personnel, pour que celle-ci dise le droit pour mettre fin à l'illégalité.

2.2.3   Le contentieux de la responsabilité administrative

2.2.3.1   Les perspectives en matière environnementale

La responsabilité de l'administration peut être engagée, dans le domaine de l'environnement pour :

- faute pour délivrance d'un certificat de conformité environnementale en violation de la réglementation ;
- faute pour délivrance d'une autorisation d'exploitation d'une installation classée assortie de prescriptions insuffisantes ;
- faute pour avoir délivré un permis de construire dans une zone inappropriée à la construction ;
- faute pour avoir autorisé le déversement de déchets sans tenir compte du milieu récepteur ; et
- abstention de faire respecter une réglementation existence (faute par omission).

---

1   Voir le Jugement n° 88/QD/16 du 26 mai 2016, Tribunal administratif du Littoral, affaire : Association club HSE (hygiène-sécurité- environnementale) c/ Ministère de l'environnement, de la protection de la nature et du développement durable (MINEPDED) et gaz du Cameroun.

2   « La protection de l'environnement est un devoir pour tous », affirme la constitution de 1996 dans son préambule.

La responsabilité de l'État peut aussi être engagée pour faute de son agent (article 153 de la loi n° 94/001 du 20 janvier 1994)

> Les administrations chargées des forêts, de la faune, et de la pêche sont civilement responsables des actes de leurs employés commis dans l'exercice ou à l'occasion de l'exercice de leurs fonctions. Dans ce cas, elles disposent, en tant que de besoin, de l'action récursoire à leur encontre.

Il y a aussi les perspectives de la responsabilité sans faute (cas de la responsabilité pour risque c'est-à-dire par exemple, l'exposition de certaines personnes à des risques, des dommages des travaux publics, des ouvrages publics dangereux, des dommages causés par une activité dangereuse comme la destruction d'un immeuble insalubre).

2.2.3.2   Les implications de la responsabilité de l'administration

Une des implications est l'indemnisation. Dans les conditions normales, le montant de la réparation répond aux règles classiques. Le préjudice doit être réparé intégralement en évitant toute exagération. Ensuite, il y a la remise en l'état du site dégradé.

3   Les litiges relatifs à l'environnement devant le juge judiciaire camerounais

Le juge judiciaire est celui qui est chargé en principe de trancher les différends entre particuliers, et à titre exceptionnel, ceux mettant en cause des personnes publiques[3], sur la base des règles du droit privé. Il est soit civil, soit pénal (répressif).

Dans la tradition juridique française en vigueur dans les États francophones d'Afrique, ce juge apparaît comme le gardien par excellence de la propriété. L'environnement faisant partie de la propriété (publique ou privée), selon les cas, son intervention aux fins de résolutions des litiges environnementaux constitue une évidence juridique.

Cette intervention est régie par des lois de procédures et celles de fond. Les textes de procédures les plus usuels ici, sont : le Code de procédure pénale et le Code de

---

[3]   Lorsque cette dernière agit selon les procédés de droit commun (voir la théorie des actes de gestion privée de l'administration en droit administratif) et de manière assez exceptionnelle bien qu'elle ait agi en usant des prérogatives de puissance publique, en cas d'emprise ou de voie de fait administrative. De ce point de vue, le juge judiciaire camerounais est en droit de statuer sur la responsabilité de l'administration pour ses actes présumés portaient atteinte à l'environnement, et que le juge administratif en l'occurrence la Chambre administrative (article 14, loi n° 2006/022) de la Cour suprême, a qualifié au préalable d'emprise ou de voie de fait. Toutefois les cas d'emprise et de vois de fait fournis par la jurisprudence administrative camerounaise jusqu'ici, ne concernent pas la matière environnementale.

procédure civil et commercial. L'épine dorsale normative de fond quant à elle, est constituée du Code pénal et des textes d'incrimination sectoriels : loi n° 94/01 du 20 janvier 1994 portant régime des forêts, de la faune et de la pêche, la loi-cadre de l'environnement au Cameroun, etc.

Les ressorts juridictionnels choisis pour mener cette étude sont : le Centre, le Littoral, l'Ouest et le Sud. Le choix des trois premiers ressorts est logique puisqu'il s'agit des trois plus grandes juridictions nationales sur le plan de l'abondance du contentieux, toute matière comprise. Le ressort de la Cour d'appel du Sud a été choisi compte tenu de sa localisation géographique : la forêt équatoriale. Cette dernière en effet, abrite la plupart des ressources fauniques objet de certains différents environnementaux devant le juge judiciaire.

En référence au classicisme méthodologique juridique, le point présentement sous analyse aurait imposé l'étude des litiges environnementaux devant le juge civil d'une part, et le juge pénal d'autre part. Vu que, concernant la susdite étude, les mêmes remarques peuvent être faites relativement à l'office de ces deux juges, au sujet des matières, des protagonistes et de l'évaluation de la pertinence des sanctions, cette approche traditionnelle ne sera pas retenue ici.

Subsidiairement, il faut noter que, dans la plupart des cas, la victime d'une violation du droit de l'environnement préfère agir au pénal pour bénéficier du soutien du ministère public le cas échéant, et faire d'une pierre deux coups en se constituant partie civile. Ainsi, ce qu'il aurait pu obtenir chez le juge civil dont l'office est assez long et coûteux, il l'obtient devant le juge répressif, en plus d'une éventuelle condamnation au pénal de la personne ayant porté atteinte à l'environnement.

Fort de toutes ces observations, il conviendra dès lors de s'appesantir sur les ponts suivants : la nature des litiges, les protagonistes et les solutions rendues par le juge judiciaire en matière environnementale.

3.1   Les matières récurrentes

Pour des raisons de clarté, l'on va examiner ces matières, d'une part, devant le juge pénal, et d'autre part au niveau du juge civil.

3.1.1   Devant le juge pénal

Les affaires impliquant des personnes morales se règlent de manière générale par voie de transaction administrative et celles impliquant des individus parviennent très souvent à l'office du juge.

La répression des atteintes à l'environnement par le juge répressif se fonde sur le Code pénal et diverses lois sectorielles.[4] Ces instruments juridiques comportent des incriminations en matière environnementale, assorties des sanctions y afférentes. Bien évidemment dans l'élan de répression des infractions à la législation environnementale, en cas de contradiction entre une loi spécifiquement environnementale dans son objet, et le Code pénal, c'est la première citée qui l'emporte, en vertu du principe de la dérogation du spécial au général.

Les matières dominantes ici, sont :

- la destruction d'une aire protégée : (Tribunal de première instance (TPI) de Dschang, Jugement n° 668/Cor du 25 juin 1996, *Affaire ministère public (MP) et ministère de l'Environnement et Forêt c/ Tsafac et consorts* ;
- la détention et la commercialisation illégales des animaux (TPI Yaoundé Centre administratif, Jugement n° 628/00 du 12 novembre, *Affaire MP et Administration chargée de la faune c/ Kiaripou Andrée*) ;
- abatage d'animaux protégés sans permis de chasse : TPI de Yabassi, Jugement n° 48/ Cor. du 4 novembre 2003 du TPI de Yabassi, *Affaire MP c/ Bakon Samuel* ;
- la circulation des dépouilles d'animaux protégés ;
- exploitation forestière non autorisée : TPI de Ngoumou, Jugement n° 93/Cor/ du 10 novembre 2007, *Affaire MP c/ Tsougui Élie*) ; et
- l'infraction de coaction de défaut de certificat d'origine, défaut de permis de capture, défaut de permis de chasse et permis de détention d'animaux (TPI, Douala, Jugement n° 1718/Cor du 12 juillet 2010).

3.1.2   Devant le juge civil

Le contentieux civil de l'environnement, au Cameroun, a pour fondement le Code civil en ses articles 1382 à 1384 et les lois sectorielles en matière environnementale et la loi-cadre sur l'environnement de 1996.[5]

De la lecture combinée de ces différents textes, la responsabilité civile en matière environnementale peut être avec ou sans faute.[6] Ici, la faute peut résulter d'un acte de

---

4   Relatives aux domaines minier, forestier et extractif, etc.
5   En l'occurrence son article 77 (1).

pollution tenant à la violation par le pollueur de la législation environnementale, ou d'un acte d'imprudence ou de négligence de sa part.[7] Quant à la responsabilité sans faute, elle pourrait résulter des choses ou animaux placés sous la garde de la personne mise en cause[8] ou du risque de l'activité menée par ce dernier. Fort de ce qui précède, il est à penser que le contentieux civil environnemental devrait être protéiforme. Mais, à l'observation, ce contentieux procède le plus souvent du trouble de voisinage.[9]

En effet, la responsabilité civile pour trouble de voisinage peut être engagée dès lors que l'écho ou l'acuité des nuisances[10] a dépassé le seuil légalement tolérable. Ainsi, en l'espèce *Atangana c/ P.Z*, le premier cité se plaignait de l'émission des odeurs nauséabondes par la société de traitement des peaux située dans son voisinage, et qui rendait sa maison inhabitable. Dans l'affaire *Moise Nkouendjin c/ Maetur et Exarcos*, le juge décida que le constructeur de la chaussée (ces deux derniers), n'avait pas par négligence ou imprudence, prévu la stagnation du système d'eau à l'entrée de la maison du plaignant ; d'où il avait conclu à l'existence d'un dommage.

3.2 Les protagonistes au procès en matière environnementale devant le juge judiciaire

Comme dans la structuration traditionnelle du procès (pénal en l'occurrence), le contentieux de l'environnement a trois acteurs principaux : l'accusé, le Ministère public (MP), et la partie civile.[11]

3.2.1 L'accusé

À s'en tenir à l'article 1 du Code pénal : « la loi pénale s'impose à tous ». Toutefois, à l'observation, il est à constater une rare présence des personnes morales devant le prétoire pénal camerounais. La résolution par transaction donnant lieu aux paiements

---

6   La responsabilité sans faute est celle qui fondée sur un comportement non fautif du mis en cause, mais qui cause un préjudice à autrui. C'est le cas d'une activité dangereuse qui expose autrui.
7   Oumba (2014).
8   (ibid.).
9   (ibid.).
10   D'après l'article 4 (s) de la loi-cadre relative à la gestion de l'environnement, la nuisance est l'ensemble des facteurs d'origine technique ou sociale qui compromettent l'environnement et rendent la vie malsaine ou pénible. Il peut s'agir des bruits anormaux, des égouts, des odeurs, etc., émis par le voisinage ou une installation voisine de la victime.
11   Les interventions volontaires sont presque inexistantes.

des amendes au Trésor public par les personnes morales épinglées pour atteinte à l'environnement par les administrations compétentes, semble être l'explication la plus plausible de cet état de fait. En effet, par pragmatisme, et probablement plus avisés que des particuliers grâces à leurs services de conseils juridiques, les entreprises préfèrent s'acquitter[12] des frais d'amendes fixés par le Ministère de l'environnement et de la protection de la nature ou le Ministère de la forêt et de la faune, pour mettre fin au litige que d'être mises en cause devant le juge.[13] Ainsi que le rappelle un adage « mieux vaut un bon arrangement qu'un mauvais procès ».

Sous ce rapport, il est indéniable que la transaction est une cause de l'extinction de l'action publique en matière environnementale.[14] Il faut noter que, dans la majeure partie des matières contentieuses pouvant entraîner le renflouement des caisses publiques[15], la transaction est le principal mode de règlement des litiges opposant l'État aux mis en cause, sauf lorsque ceux-ci semblent ne pas être disposés à s'y soumettre. Régie par les articles 2044 à 2058 du Code civil, elle est définie comme une convention par laquelle les parties au moyen des concessions réciproques, terminent une contestation née ou à naître.

En matières environnementales, les administrations ayant la qualité de police judiciaire à compétence spéciale peuvent transiger. Ce qui constitue une exception notable au principe interdisant aux personnes publiques de transiger. Le pouvoir de transiger des administrations compétentes en matière environnementale a pour fondement l'article 91 (1)[16] de la loi-cadre sur l'environnement. À noter que la transaction sous peine de nullité doit intervenir avant toute procédure judiciaire, rappelle l'article 91 (3) de la loi-cadre précitée.

L'application de la transaction par les différentes administrations précitées a le mérite d'être pragmatique, d'éviter la pression psychologique et les coûts liés aux honoraires des conseils lors des procès. Seulement, le risque ici est qu'elle pourrait favoriser des cas de concussion : des transactions informelles entre des agents publics véreux et certains mis en cause. Elle est aussi de nature à favoriser les atteintes à l'environnement dès lors qu'on sait que rien de grave n'adviendra tant qu'on a les moyens financiers nécessaires à la transaction. Plus fortement, étant obligatoirement

---

12 À travers des cautions fournies avant certaines activités économiques à l'instar de l'exploitation forestière, des dépôts des sommes d'argent sous forme d'avances ou de paiement de l'intégralité de ce qui est exigé au Trésor public.

13 Pour s'en convaincre, lire le Communiqué n° 031/MINFOF/CAB/BNC du 5 juillet 2005, publié dans Cameroon tribune du 15 juillet 2005.

14 Article 169 du Code de procédure pénale.

15 La fraude ou l'évasion fiscale, le contentieux de l'imposition douanière, et certains litiges entre le MINFOF et certains exploitants forestiers, du domaine national, etc.

16 Cet article dispose que : « Les administrations chargées de la gestion de l'environnement ont plein pouvoir pour transiger ».

antérieure à la procédure judiciaire, elle dépouille au juge la possibilité de construire par voie jurisprudentielle, le droit camerounais d'environnement.

3.2.2   La partie civile / demanderesse

Devant le juge civil, la partie demanderesse est généralement un particulier. Cela est à l'opposé de la configuration du procès environnemental pénal. Ici, c'est la personne publique qui dans la plupart des cas, est la partie civile (demanderesse). Ce qui démontre à suffisance, en référence à cet état de fait, du respect par l'État de son devoir constitutionnel d'assurer aux citoyens un environnement sain, consacré par le préambule de la Constitution camerounaise actuelle.

Dans l'hypothèse où l'entité demanderesse est une personne publique, en règle générale, c'est le Ministère de forets et de la faune (MINFOF) ou le département ministériel en charge de l'environnement et de la protection de la nature qui officie comme partie demanderesse. En matière pénale, le contentieux environnemental étant dominé par des affaires ayant trait à la flore et à la faune, c'est le MINFOF qui agit le plus en cette qualité que le Ministère de l'environnement et de la protection de la nature. La règle de la spécialité fonctionnelle qui régit même l'action des organisations internationales protégeant l'environnement,[17] justifie pleinement la qualité de demandeur du MINFOF pour les litiges relatifs à la chasse, à la commercialisation et à la circulation illégale des espèces fauniques et aux violations du droit pénal forestier.

Outre ces deux départements ministériels, la qualité de demandeur et par ricochet de partie civile dans le procès environnemental pourrait aussi être revêtue par les administrations en charge de l'urbanisme, des affaires foncières et par des collectivités locales. La rareté de ces entités comme plaignant devant le juge judiciaire en matière environnementale donne à penser que les autres administrations dont l'activité a trait en partie à l'environnement ne connaissent pas des cas d'atteintes à celui-ci. N'existe-t-il pas des situations d'occupations illégales des forêts communautaires ou communales que les collectivités locales porteraient à la censure du juge judiciaire ?

Il est fondamental de relever que le droit de l'environnement comprend non seulement le droit des ressources naturelles comme la forêt, l'eau ou l'air, mais aussi le droit de l'urbanisme, le droit rural, le droit de l'énergie, le droit de la consommation, et celui de l'aménagement du territoire. Sous ce rapport, il devrait être porté au juge judiciaire par les départements ministériels visés dans cette liste, des situations d'atteintes à l'environnement. Mais, de l'examen des minutes des juridictions choi-

---

17   Voir à cet égard, l'avis de la Cour internationale de justice sur la licéité des essais nucléaires, 1996, concernant l'Organisation mondiale de la santé.

sies, par rapport à la période de référence, il s'extirpe que, c'est le MINFOF (principalement) et le Ministère de l'environnement qui le plus souvent, sont demandeurs au nom de l'État. C'est la raison pour laquelle dans les minutes de ces juridictions, le contentieux environnemental dominant est celui relatif à la flore et à la faune, suivi de l'environnement d'une manière générale. Les agents publics centraux en charge des domaines susmentionnés, ayant compétence pour constater les infractions environnementales. Les personnes privées demanderesses sont aussi assez rares. Les différends environnementaux dans lesquels des particuliers sont demandeurs représenteraient à peine 15%.

3.2.3 Quelques remarques sur les solutions prononcées par le juge judiciaire en matière environnementale au Cameroun

Dans l'application de la loi aux prévenus pour atteinte à l'environnement, le juge pénal camerounais s'assure généralement de la réunion de l'ensemble des éléments constitutifs de l'infraction : légal, matériel et moral[18] (l'article 74 du Code pénal). Ainsi, si ce dernier fait défaut, alors que les deux autres sont établis, il relaxe le prévenu pour défaut d'intention coupable. L'on note aussi la requalification des faits. Au départ qualifié de troubles de jouissance, le juge peut les requalifier en atteinte aux zones protégées (voir TPI Dschang, troisième point du dispositif). On constate le caractère peu dissuasif des peines privatives de liberté prononcées et le niveau assez élevé des sanctions pécuniaires.

L'analyse des minutes des juridictions choisies pour cette étude a permis de constater le caractère peu dissuasif des peines d'emprisonnement infligées aux atteintes à l'environnement. En matière de faune ou de flore par exemple, les sanctions oscillent généralement entre un mois et deux ans de prison fermes. À titre d'illustration, dans l'affaire *MP et Administration chargée de la faune c/ Oumarou Haman*, celui-ci, pour détention illégale de pointes d'ivoire et commercialisation des trophées, avait écopé d'une peine privative de liberté de 30 jours (voir TPI Yaoundé Centre administratif : 2003, 3e rôle). De même, mis en cause devant les tribunaux d'instance d'Ebolowa pour vente illégale d'animaux intégralement protégés, Sieur Ango Jacques Désiré avait reçu une peine privative de liberté de deux mois. En l'espèce *Ministère public contre Bakon Samuel Désiré*, ce dernier s'est vu infligé six mois d'emprisonnement et 200,000 FCFA d'amendes. Dans l'affaire *Ministère public c/ Amiah Awudu, Osei Solomon et Amiah Yeboa Eric*, celui-ci, après la relaxe des deux

---

18 Ainsi dans l'affaire *Ministère public et Ministère de l'environnement et des forêts c/ Tsafack Maurice et autres*, le juge a déclaré Wandji Emmanuel et Mbogning Gaspard « non coupables de destruction d'une aire protégée…pour défaut d'intention coupable ».

autres pour culpabilité non établie, avait été condamné à deux ans de prison sans amendes, pour défaut de certificat d'origine, défaut de permis de capture, défaut de permis de chasse et permis de détention d'animaux (TPI de Douala, jugement n° 1718/cor. du 12/07/2010).

Si les peines d'emprisonnement sont faibles, tel n'est pas le cas des sanctions pécuniaires (amendes ou dommages et intérêts). Ces sanctions sont en règle générale assez élevées. Ainsi, dans l'affaire Ministère publique et l'administration des forêts contre Fontsa Pierre, ce dernier a été condamné à verser 2,370,000 FCFA (TPI de Mbouda : 2007, 2e rôle). En l'espèce le *MP et ministère des forêts et de la faune c/ Keng Mbunda*, ce dernier (le prévenu) a été condamné à 1,383,750 FCFA pour détention illégale des trophées (TPI Douala Bonajo : 2011, 5e rôle). À titre illustratif complémentaire, dans l'affaire *Atangana* précitée, la mise en cause avait été condamnée à verser à ce dernier, 8,500,000 FCFA à titre de dommages et intérêts.

La sévérité des sanctions civiles en matière environnementale, lorsque l'État est partie civile, semble démontrer que le juge, statuant en matière de dommages et intérêts, est assez conscient de la gravité du préjudice que certaines infractions à l'environnement peuvent causer à ce dernier. Pour preuve irréfragable, dans l'espèce *Kiaripo André* précitée, le juge écrit :[19]

> la faune est importante pour l'humanité, qu'à cet effet la capture, la détention et la commercialisation des espèces animales protégées affecte la biodiversité et cause un immense préjudice non seulement à l'Administration des faunes, mais aussi à la biosphère.

Cet attendu donnerait à penser que le juge judiciaire camerounais semble avoir intégré la logique du principe de la responsabilité. Sauf qu'à la lumière de la jurisprudence, l'application du principe de la responsabilité par le juge judiciaire (civil) camerounais, semble plus privilégier la réparation pécuniaire. En effet, l'examen des minutes des juridictions sélectionnées pour cette étude n'offre pas un exemple de condamnation s'analysant en une remise en l'état, dans le contentieux environnemental judiciaire au Cameroun. Or, selon le principe de la responsabilité (en matière spécifiquement environnementale), toute personne qui, par son action, crée des conditions de nature à porter atteinte à la santé de l'homme et à l'environnement, est tenu d'en assurer ou d'en faire assurer l'élimination dans des conditions propres à éviter lesdits effets (article 9 (d), loi-cadre sur l'environnement).

Déjà, l'essentiel des affaires à coloration environnementale soumises au juge judiciaire camerounais se rapporte au contentieux environnemental de la réparation. Les situations contentieuses dans le domaine de l'environnement permettant au juge

---

19   Affaire *Kiaripo*, 7e rôle.

d'appliquer les principes de nature anticipative[20] ne sont pas encore nombreuses au niveau des juridictions de droit commun au Cameroun.

Selon certains auteurs,[21] c'est l'absence de spécialisation du juge pénal camerounais sur des questions environnementales qui explique la petitesse des peines privatives des libertés prononcées par ce dernier. Car, selon eux, cette absence de spécialisation le rend moins sensible aux atteintes environnementales. Par ailleurs, ceci le conduit à accorder des circonstances atténuantes aux mis en cause. Ce fut notamment le cas dans l'affaire *Tsafac* précitée où le juge accorda des circonstances atténuantes pour bonne foi à plusieurs prévenus qui étaient coupables de la destruction de 3.5 hectares d'aires protégées à Santchou.

Cependant, il faut tout de même reconnaître que, la non- spécialisation décriée plus haut, peut aussi pousser le juge à devenir un distributeur automatique des peines. À la vérité, le souci de conformité du juge à la légalité peut aussi conduire ce dernier, en matière environnementale, à prononcer des peines d'emprisonnement relativement faibles aux personnes ayant porté atteinte à l'environnement, notamment lorsque le législateur a prévu des peines souples.

Autrement dit, ce que la doctrine considère comme une mansuétude du juge judiciaire camerounais à l'encontre des prévenus en matière environnementale, peut être justifiée en partie, par la soumission de celui-ci au principe de la légalité des délits et des peines, si cher à Beccaria.[22] Conformément à ce principe, c'est le législateur qui fixe les incriminations et les sanctions y afférentes. Beccaria écrit à ce propos : « les lois seules peuvent fixer la peine des crimes, et que ce droit ne peut résider que dans la personne du législateur ».[23]

Pour être véridique, à l'analyse des textes camerounais régissant le domaine environnemental, il y a deux catégories d'infractions ici. D'une part (les plus nombreuses), les infractions relevant de la catégorie des délits dont les peines privatives de liberté prévues oscillent généralement entre six mois et deux ans et atteignent exceptionnellement cinq ans.[24] D'autre part (et vraiment rares dans la législation environnementale nationale), les infractions assimilables aux crimes, comme l'introduction des déchets toxiques sur le territoire national, passible d'une peine privative de liberté à perpétuité (article 80, loi-cadre sur l'environnement).

Quoi qu'on en dise, quel que soit le type d'infraction, en matière environnementale au Cameroun, le législateur semble avoir privilégié la sanction pécuniaire dont le quantum, au vu du niveau de vie national, est assez élevé. La plupart des infractions

---

20   Le principe de prévention et celui de précaution.
21   Oumba (2014).
22   Lire à ce propos Beccaria (1764).
23   Beccaria (1764:22).
24   Pour s'en convaincre, lire des articles 79 à 84 de la loi-cadre sur l'environnement.

consacrées dans le Chapitre 2 du titre 5 de la loi-cadre sur l'environnement, sont punies d'amendes allant de 500,000 FCFA, d'un ou deux millions, cinq millions, dix millions ou 50 millions, à respectivement deux millions, cinq millions concernant les deuxième et troisième références, à 50 et 500 millions pour ce qui est des deux dernières.

Bien plus, les peines privatives de liberté et les amendes dans les différents cas précités ne sont pas cumulables : soit l'une, soit l'autre, pourrait-on dire. Le juge ne saurait les prononcer cumulativement. Ce qui éloigne le droit pénal spécial environnemental fondé sur la loi-cadre de 1996 du droit pénal général. Il faut noter qu'en droit pénal général, l'énonciation textuelle de la peine privative de liberté est jointe à celle de l'amende par la conjonction de coordination « et » pour marquer l'accumulation des peines s'imposant au juge. Or, en matière d'incrimination des atteintes environnementales par cette loi-cadre, le droit pénal spécial de l'environnement envisage l'application alternative de l'amende et de la peine privative des libertés. Cette alternative procède de l'usage de « ou » dans l'énonciation des peines (amendes et peines privatives des libertés). La lecture des articles 79 à 84 de la loi-cadre de 1996 permet de s'en convaincre.

Petit bémol toutefois, des lois sectorielles à l'instar de celle sur la forêt, prévoient des peines cumulatives. Ainsi dans l'affaire *MP et MINFOP c/ Kiaripo André* précitée, le tribunal de céans, en plus des dommages et intérêts et des dépens, a, au plan pénal, condamné le prévenu à deux mois d'emprisonnement ferme et à 200,000 FCFA d'amendes, pour détention et commercialisation d'animaux sauvages de classes B sans permis de collecte, ni certificat d'origine. Dans le même registre, en l'espèce *MP et MINEF c/ Njoya Kassinou* citée plus haut, ce dernier avait été condamné à deux mois d'emprisonnement et à 50,000 d'amendes. Il faut remarquer que, dans les espèces susmentionnées et autres non relevées ici, le juge avait prononcé cumulativement la peine d'amende et de privation des libertés sur la base des articles 98, 101, 158 de la loi n° 94/01 du 20 janvier 1994.

Il n'est pas surabondant d'asséner qu'en marge des sanctions pénales principales infligées au prévenu, le juge peut aussi, sur le fondement de certaines lois environnementales sectorielles, prononcées des peines accessoires à son égard : confiscation du corps du délit, saisies, etc. À titre d'exemple, dans l'affaire *MP c/ Fontsa Pierre Marie*, ce dernier pour détention illégale des trophées, après avoir bénéficié des circonstances atténuantes en raison de sa qualité de délinquant primaire, avait écopé de trois ans d'emprisonnement avec sursis, une amende de 300,000 FCFA et de la contrainte par corps des articles 564 et suivants du code de procédure pénale en sus de ces sanctions (principales) infligées à Fontsa Pierre Marie, le juge ordonna la confiscation du canon de fusil et la peau de panthère sous scellée pour vente aux enchères publiques. Les dommages et intérêts que le prévenu devait verser à la partie civile (l'Administration des forêts et de la faune) s'élevaient dans cette affaire à deux millions trois cent soixante-dix mille francs (TPI Yaoundé Centre Administratif : 2008, 3e rôle).

Cela dit, du point de vue de la théorie du droit pénal, la remarque forte à faire partant des deux espèces qui viennent d'être évoquées, est le prononcé par le juge d'une condamnation avec sursis. Une fois de plus, cela était possible parce que le juge n'agissait pas sur la base de la loi-cadre sur l'environnement de 1996 qui en son article 87, interdit les circonstances atténuantes et le sursis dans la répression des infractions qu'elle consacre.

On le voit bien, au sein du droit pénal spécial de l'environnement camerounais, il existe deux régimes en matière de répression des infractions environnementales. D'une part, celui basé sur les lois sectorielles environnementales, qui est plus proche du Code pénal camerounais. Et, d'autre part, le régime consigné dans la loi-cadre sur l'environnement de 1996, qui déroge à certains égards au régime de répression en la matière, consigné dans le susdit code. Cette dérogation, il faut le préciser, procède de ce que cette loi cadre en son article 87 interdit le sursis et la reconnaissance des circonstances atténuantes à la répression des infractions qu'elle consacre. Cette différence de régime est de nature à créer une certaine inégalité devant la loi pénale environnementale, bien que justifiée par la possibilité pour le spécial (cette loi-cadre) de déroger au général (le Code pénal).

Bien entendu, sous l'impulsion du législateur, le juge pourra accorder aux auteurs des infractions précitées et autres prévues dans les textes sectoriels, des excuses atténuantes. Certaines d'elles sont d'ordre général, car consacrées dans le Code pénal : la contrainte matérielle, la démence, l'état de nécessité[25], etc. D'autres en revanche, sont spéciales puisque prévues dans la législation spécifiquement dédiée à la matière environnementale. À titre illustratif, l'auteur du rejet des substances nocives dans le milieu marine sous juridiction camerounaise et des hydrocarbures, ayant agi sous le coup de l'état de nécessité, a droit à une réduction des peines prévues, sans toutefois que le minimum de l'amende puisse être inférieur à un million (article 83 alinéa 2, loi-cadre sur l'environnement).

Au sortir de ces illustrations, il faut noter concernant les incriminations de la loi-cadre de 1996 sur l'environnement, à l'exception du cas d'introduction des déchets sur le territoire camerounais, que la sévérité des amendes susmentionnées contraste de manière austère avec le caractère modeste des peines privatives des libertés pour la même infraction. Exemple : l'article 79 de la loi-cadre de 1996, dispose que l'absence de réalisation de l'étude d'impact environnemental donne lieu à une peine privative de liberté de six mois à deux ans alors que l'amende y afférente est de deux millions à cinq millions. De même, l'infraction de pollution est passible d'une

---

25   Article 84 (1), loi-cadre de 1996 sur l'environnement.

amende d'un million à cinq millions, pendant que la peine de privative de liberté correspondante oscille entre six mois et un an (article 82, loi-cadre de 1996).

À noter que, les sanctions des atteintes à l'environnement de nature infractionnelle prévues par la loi-cadre de 1996, sont doublées dans leurs montants maximaux en cas de récidive. Sauf qu'en règle générale, nonobstant ce doublement, ces peines privatives de liberté demeurent peu dissuasives. Or, le vœu du législateur était de faire du juge en matière environnementale, un distributeur de peine. Si cette assertion pouvait se justifier par l'interdiction des circonstances atténuantes dans le contentieux environnemental en liaison avec la loi-cadre sur l'environnement de 1996, elle est aussi en partie non justifiée, vu que, pour prononcer les peines à l'issue d'un procès, le juge est enfermé dans un cadre légal bien déterminé. Bien plus, dans le contentieux environnemental fondé sur des lois sectorielles à l'instar de celle ayant trait à la forêt et à la faune, le juge peut accorder des circonstances atténuantes aux prévenus. À titre illustratif, dans l'affaire *Bakon* précitée, le juge a accordé des circonstances atténuantes à ce dernier en raison de sa qualité de délinquant primaire (voir dispositif du jugement y afférent).

Si la qualité de délinquance primaire est la principale raison d'octroi des circonstances atténuantes par le juge dans le contentieux environnemental fondé sur des textes sectoriels, il est à constater d'autres motifs les justifiant. Sous ce rapport, l'examen des minutes des juridictions choisies en matière environnementale, permet de constater des situations où le juge accorda des circonstances atténuantes aux personnes qui étaient en infraction avec la loi sur la faune et la forêt, pour bonne foi, bonne tenue au prétoire (TPI Douala Bonajo : 2010, Affaire *MP et c/ Bate Valentin OSONG et Nkengoung Dieudonné* ou de son choix de plaider coupable (TPI Mbouda, Jugement n° 511/Cor. 2007, 3e rôle), devant la barre.

Par voie d'implication, sans suggérer l'atrocité des peines en matière environnementale, l'on met l'emphase sur la nécessité d'accroître leur quantum, quid au juge en fonction de son pouvoir de modulation des châtiments pénaux, de l'adapter à la situation de chaque prévenu. Il faut souligner que le juge, embrigadé dans l'intervalle de sanctions prescrites par le législateur, accorde à certains prévenus des circonstances atténuantes débouchant parfois à l'altération du caractère dissuasif de la sanction pénale.

Bien entendu, dans un contexte où l'idée du développement durable n'est pas encore ancrée dans les esprits, la modestie des peines infligées aux atteintes à l'environnement ne favorise pas le recul des agressions à la nature par des particuliers véreux et parfois ignorants. La crainte du gendarme étant le commencement de la sagesse, si le législateur avait prévu des peines suffisamment dissuasives en matière environnementale, il est certain que des personnes éprouveraient de plus en plus la crainte d'y porter atteinte. Quoi qu'on en dise, la réécriture des lois d'incriminations camerounaises en matière environnementale est souhaitable afin de renforcer la protection de l'environnement.

4 Conclusion

Les litiges environnementaux connus par les juridictions camerounaises concernent en majorité le secteur forestier et faunique. Ceci peut s'expliquer par le fait que c'est ce secteur qui a été le tout premier à faire l'objet d'une législation et d'une réglementation dans l'ensemble du domaine de l'environnement. Par ailleurs, le contrôle de l'État dans le secteur forestier et faunique est mieux organisé et mieux structuré que dans les autres secteurs environnementaux et s'appuie parfois sur une approche participative. Les litiges concernant les secteurs non forestiers et fauniques comme la pollution y compris le respect du droit à l'environnement sont rares, mais ne vont pas tarder à se multiplier compte tenu de la prise de conscience grandissante des problèmes environnementaux au sein de la société camerounaise.

Bibliographie indicative

Anoukaha, F, 2003, Le droit à l'environnement dans le système africain de protection des droits de l'homme, 3 *Revue juridique et politique*, 267.

Beccaria, C, 1764, *Traité des délits et des peines*, traduction de JF Bastien, Paris, Librairie de la Bibliothèque nationale.

Oumba, P, 2014, La contribution du droit administratif à la réparation des atteintes à l'environnement au Cameroun, *Revue de droit administratif*, 197.

SECTION 13

CUSTOMARY LAW AND THE ENVIRONMENT

LE DROIT COUTUMIER ET L'ENVIRONNEMENT

CHAPTER 41:
THE SIGNIFICANCE OF CUSTOMARY LAW FOR ENVIRONMENTAL CONSERVATION IN CAMEROON

Andreas KAHLER

1 Introduction[1]

Cameroon's diversity has given reason to call it 'Africa in one country' or 'Africa in miniature'. And it is true; Cameroon largely reflects the continent's ecosystems: coast, mountains, desert, savannah, and rainforest. In terms of forests, Cameroon – like the Democratic Republic of Congo, the Republic of Congo, the Central African Republic, Equatorial Guinea and Gabon – makes up the important Congo Basin. Forests build an extremely important part of Cameroon's landscape. Deforestation is, at the same time, still a challenge.

Natural physical characteristics contribute to significant geographical differences between on the one hand the Sahel and the Northern parts (i.e. the Far North, North and Adamaoua regions), the tropical, well-wooded regions in the South (Eastern, Southern and Central regions) on the other regions. But also the linguistic difference, for instance, between the Anglophone (North and South West regions) and the mainly French-speaking regions mark significant cultural differences. Beyond its official languages, English and French, Cameroon's populations speak more than 250 local languages, likewise marking enormous cultural and ethnic differences.

Beside the Christian majority, Cameroon is also home to millions of Muslims (24% of the population), and there are also many people believing in so-called Animist faiths.

Considering today's customary law, the country provides striking cases for the significance of land use rules in the context of the environment. Land matters in general, and especially for indigenous people like the so-called Pygmies or the Mbororo minorities. On the ground, resilience cannot be built if local communities are not strengthened in their management of resources, which depends to a major degree on customary rules and regulations. Beside of forest, forest animals, fishes, water man-

---

1 The author likes to thank the experts interviewed and especially Samuel Nguiffo for his valuable advice in preparing this chapter.

agement are also referred to when discussing the environmental relevance of customary law[2] in Cameroon.

The present article proceeds in two steps: firstly, the country's living customary law is presented by identifying some core elements of the system and the dynamic of its practice. Secondly, Cameroon's customary law is discussed from an environmental governance point of view. An increasing relevance of customary rules in recent environmental policies as well as in ongoing legal review has been observed during the course of this research.

2   Customary law in Cameroon

The country's diversity is mirrored in its plurality of law. Common law jurisdiction, on the one hand, civil law on the other, make Cameroon's legal system a bijural one. It comprises both the modern positive law as well as customary law, including Muslim law, thus being better characterised as a plural system.[3]

---

2   Customary law, according to the Central African Network of Traditional Leaders, (ReCTrad), is composed of the "standards regulating life in a community. It includes, subject to other rules of law, the right to property, processing and marketing of natural resources, the right of access and residence in their land, as well as the right to carry out any activity in connection with the custom under the authority of traditional rulers, including cults and rites practiced in natural forests and ecosystems." (ReCTrad (2014)). In other, more universal terms, *« les lois coutumières sont un aspect essentiel de l'identité même des peuples autochtones et des communautés locales. Elles définissent les droits, les obligations et les responsabilités des membres sur des aspects importants de leur vie, de leur culture et de leur conception du monde : utilisation des ressources naturelles et accès à celles-ci ; droits et obligations en matière foncière, d'héritage et de biens ; conduite de la vie spirituelle ; entretien du patrimoine culturel et des systèmes de connaissances ; et bien d'autres questions. (...) Le droit coutumier se compose d'un ensemble de coutumes, d'usages et de croyances qui sont acceptés comme des règles de conduite obligatoires par les peuples autochtones et les communautés locales. Il fait partie intégrante de leurs systèmes socioéconomiques et de leur mode de vie. Ce qui caractérise le droit coutumier est précisément le fait qu'il se compose d'un ensemble de coutumes qui sont reconnues et partagées collectivement par une communauté, un peuple, une tribu, un groupe ethnique ou religieux, contrairement au droit écrit émanant d'une autorité politique constituée, dont l'application est entre les mains de cette autorité, généralement l'État. »* (OMPI (2016:63)).

3   Cameroon's legal system might be characterised as dual or plural : *« En matière de tenure, c'est la rencontre et la cohabitation de plusieurs régimes de tenure (i.e. le régime moderne et le régime de tenure coutumier, explication d'auteur). Ce qui fait deux ou plusieurs régimes, d'où le dualisme ou le pluralisme. Ce dualisme/pluralisme est légal parce que chacun des régimes est fondé sur une base juridique qui lui est propre. »* (Oyono (2009:3)). Although outside of our article's focus, we might hint at the problem, how to assure peaceful coexistence between the positive and customary law. The complex relationship becomes evident, when for example looking at the legal provision on how to 'translate' marriage by custom into marriage according to positive law: *« ... les mariages coutumiers doivent être transcrits dans les regis-*

With about 85% of land under customary law governance, following an estimation by major national think tanks working on land right issues[4], customary law is still of great significance in contemporary Cameroon. It has proven wrong believes that its coexistence would only be a temporary arrangement, as once planned in several countries.[5] On the contrary, custom as a source of law seems to be a stable reality in Cameroon.[6]

Again, there is diversity within customary law. From an anthropologically analytical point of view, it might be said that there are as many customary regimes as peoples or ethnic groups, thus about 250 different ones.[7] Consequently, the differences within the customary system are also an obstacle.[8] Even traditional chiefs themselves realise challenges due to the differences within customary regimes in Cameroon and respond to them by means of implementing their project of a national inventory of customary rules.[9]

When mapping customary rules in Cameroon, one can, however, also identify similarities in customary regimes without wrongly generalising, notwithstanding significant differences in the way and degree in which customary law is practiced in various parts of the country. The differences in the power and competences of traditional rulers are not identical with the division into either Anglophone (South Western and North Western) or Francophone regions (all the other eight regions), though it

---

tres d'état civil du lieu de naissance ou de résidence de l'un des époux », mais *« toutefois, le Président de la République peut, par décret, interdire sur tout ou partie du territoire, la célébration des mariages coutumiers »* (l'ordonnance du 29 juin 1981, titre VII), Bokalli (1997). For the coexistence between modern and customary law see Mvondo (2013:35).

4   IIED et al. (2017).

5   *« Quelques etats (i.e. francophones d'Afrique Noire, explication d'auteur) ont maintenu, á titre transitoire le système de la dualité de juridictioins et de ce fait ils ont accordé un sursis aux tribunaux traditionnels. Ce sont : le Cameroun, Congo, Benin, Gabon, Niger, RDC, Tchad, Congo-Kinshasa, Mauritanie, Burkina Faso, Togo. »*, Melone (1986:328).

6   "Hence, instead of destroying customary laws, it would be judicious and a welcomed measure to promote a kind of complementarity which would result in a symbiosis of the two. Customs, notwithstanding its limitations, remain a concept to be discovered." Bokalli (1997:37).

7   Téodyl Nkuintchua Tchoudjen says *« Si on parle d'un système coutumier, c'est un abus de langage, parce qu'il a plusieurs systèmes. Au Cameroun nous comptons plus de 250 groupes ethniques, et chaque groupe a des particularismes »* Kahler (2017b).

8   *« Cette diversité des coutumes fragilise le droit qui en résulte et le rend par conséquent difficilement applicable par les tribunaux, d'autant plus qu'il n'est pas écrit. C'est pour pallier cet inconvénient que des tentatives ont été faites en vue de consigner certaines coutumes dans des documents. »;* Bokalli (1997:66).

9   On occassion of the issue of womens' land rights, the National Council of Traditional Chiefs in Cameroon confesses not being aware of all regional differences in customary law: *« La situation pourrait être différente dans d'autres régions du Cameroun, et le Conseil National des Chefs Traditionnels envisage de poursuivre le dialogue avec des femmes des autres régions du Cameroun dans le but d'approfondir son diagnostic de la situation … »,* CNCTC (2013:6).

stands for two distinct legal systems, either common law or civil law.[10] But the authority of traditional chiefs and their practising of customary law depend on the respective historic political context of the place.

Moreover, structural differences between customary regimes in certain places are reflected in the difference of the positions local chiefs hold. Thus, a chief's relationship with local administration representatives, e.g. the prefect, varies according to the place. And in some places chiefs have many subjects, in others few.

Both comprise strongholds of traditional chiefdoms, the so-called Great North (*les régions septentrionales*) as well as Grassland (Western and North-western region), despite all their contrasts. In the Great North, covering the three regions of Adamawa, North and Far North, chiefdoms resemble ancient kingdoms and are traditionally strongholds of customary law. A chief's power over land is as strong as his authority over his subjects. The chief rules local conflicts. Many traditional rulers in the Great North and its 'Northern' system are Muslim, called Lamido (plural: Lamibe). Here traditional Sharia law also has its influence in those parts of the country. But there are also Animist or Christian chiefs.

In the Southern, Eastern and Central regions, traditional chiefs are less powerful, as most chiefdoms have been created by the public administration. In the three remaining regions, South Western, North Western and Littoral, again other particularities are notable, especially the high relevance of symbolic power. The competence of the chief concerning land is stronger than his power over his subjects when it comes to other legal matters.[11]

Notwithstanding local differences, chiefs generally still play an important role, and so does customary law. Traditional leaders act as custodians, exercising legal customary authority. The State assures legal unity within the customary system since customary institutions are "chiefdoms, recognised by Territorial Administration".[12] The Ministry of Territorial Administration and Decentralisation keeps the national chiefdoms record, i.e. the directory of traditional chiefdoms.[13]

---

10   "The Customary courts ordinance cap 142 of 1948 applicable to Anglophone Cameroon defines customary law as 'the native law and custom prevailing in the area of the jurisdiction of the court so far as it is not repugnant to natural justice, equity and good conscience, nor incompatible either directly or by natural implication with the written law for the time being in force'. The Southern Cameroons High Court Law of 1955 directs the High Court (and, a fortiori, inferior courts) to observe and enforce the observance of customary law. The interpretation section of this law provides that 'native law and custom' includes 'Moslem Law ''; Baaboh (undated).

11   Following Tchoudjen, Kahler (2017b).

12   RecTRad (2014:Section 10/1)).

13   The directory is available online at http://minatd.cm/gov/site/en/intranet2/annuaire2/annuaire-des-chefferies-traditionnelles, accessed 21 February 2018.

Customary courts serve as a first instance jurisdiction for settling domestic cases. They are not without alternative: In principle, customary courts may exercise jurisdiction only with the consent of both parties. So, either party has the right to have a case heard by a statutory court and can appeal an adverse decision to the statutory courts. Yet, countless citizens are ignorant of their rights under statutory law and believe that they must abide to customary law.

The crucial reference for the work of traditional organs and rulers is decree No. 77/245 of 15 July 1977, which deals with the organisation of traditional chiefdoms. It states that the *collectivités traditionnelles* are organised as chiefdoms according to territorial and hierarchic principles. So, there are chiefdoms and chiefs of three different levels, each implying other competences. The decree also provides for a chief's job description (§§ 19 – 21): Auxiliaries of public administration, chiefs are supposed to assist state authorities and, specifically, they are responsible to communicate orders by state authorities to their subjects and to supervise the execution of them. Moreover, the decree tasks them to uphold the public order, to contribute to economic, social and cultural development in all regions, and to assist in tax collection or to carry out any other special mission as requested by a competent public authority. Finally, in a more traditional way, according to § 21:

> *Les chefs traditionnels peuvent, conformément à la coutume et lorsque les lois et règlements n'en disposent pas autrement, procéder à des conciliations ou attributions ou arbitrages entre leurs administrés.*

It is remarkable that this task, which might be considered as the core responsibility of chiefs, is only granted as a further option, which shows a certain bias towards traditional governance. The way how traditional ruling is recognised or not respected has been subject to various debates.[14]

Essential competencies concern land rights. When land disputes are to be settled, even local government representatives like the sub-prefect must not act without advice and backing of the customary authorities.[15]

---

14 Subsequent decrees have since than updated some provisions, however not the highlighted essential points, but mainly rules on the allowances payed to traditional rulers. *Le Président de la République, Chef de l'État, Son Excellence Paul BIYA a signé le décret n° 2013/332 du 13 septembre 2013 modifiant et complétant certaines dispositions du décret n° 77/245 du 15 juillet 1977 portant organisation des Chefferies traditionnelles, 16 septembre 2013.*

15 *« Il faut souligner que les chefs traditionnels et leurs notables de toutes les Régions du Cameroun sont impliqués dans les Commissions administratives de gestion des affaires foncières au Cameroun »*, according to Chinmoun, Kahler (2017). Ordinnance 74/1 of 6 July 1974 (Part III, Article 16) states that traditional chiefs belong to the consultative bodies managing public lands.

In accordance, not only with its historic meaning, but also regarding its current function, most research and critical debate on customary law in Cameroon deals with land rights.[16]

Historically, that is before colonial rule imposed administrative land titles and other instruments under positive law, the customary tenure system ruled the land, and its passing over from one generation to another. Much literature deals with the modalities of the handing over of land, e.g. according to *le droit de hache*, i.e. being the very first occupant, but not in an individualistic sense:[17]

> *Seules les autorités traditionnelles étaient compétentes pour connaitre des litiges sur la base du postulat selon lequel la terre appartient aux premiers occupants qui en ont fait la mise en valeur à travers les cultures vivrières et les cultures de rente. Dans le but de vivre de manière paisible, ce droit d'occupation non écrit était transmis de génération en génération, avec les chefs traditionnels comme garants.*[18]

Then, German, British and French colonialism disempowered customary regimes when occupying the territory and attempting "to abolish these customary laws by replacing them with imported law".[19] We can, for the sake of illustration and argument, refer to the German Emperor's Order concerning the legal affairs in the Protectorates of Cameroon and Togo (*Verordnung, betreffend die Rechtsverhältnisse in den Schutzgebieten von Kamerun und Togo*) from July 1888, where § 21 regulates among others the occupation (*Besitzergreifung*) of unoccupied/vacant land (*von herrenlosem Land*),[20] despite the known fact that customary ruled land was rarely unoccupied/vacant. The introduction of the German land register (*Grundbuch*) was one

---

16   *« Au Cameroun, le 'droit' foncier coutumier fait référence aux règles et aux procédures (généralement non écrites) par le biais desquelles une communauté rurale réglemente les relations foncières entre ses membres, ainsi qu'avec les communautés voisines ou associées. Ces règles et procédures, ainsi que leurs effets, ont marqué les communautés utilisant d'autres systèmes de régimes fonciers coutumiers sur l'ensemble du continent africain, et même au-delà »*, Wily (2011:45).

17   "...African customary law is originally communal or 'usufructuary', meaning that land rights are not rested in any individuum but in some corporate group such as a clan, community or family. ...One belongs to a group, one belongs to the land, the land belongs to us. ...You must belong to the land if you want the land to become a little bit yours", Mvondo (2013:31). The reference to an 'ancestral origin' justifying quasi genuine ownership is clearly analysed among others by Peter (2014).

18   According to Salomon Chimoun, Kahler (2017a).

19   Bokalli (1997).

20   *Verordnung, betreffend die Rechtsverhältnisse in den Schutzgebieten von Kamerun und Togo*, in: *Dt. Reichsgesetzblatt Bd.* 1888, No. 31, 211-215 (Version 2 July 1888), compare Oyono (2009:11*): « ... les autorités coloniales ont trouvé que les vastes terres et forêts conquises etaient vacantes et sans maître. »*

means (in the interest of the colonial regime), which disempowered customary law and contributed to changes of the political position of traditional leaders.[21]

It is worth noting that in the Germano-Douala Treaty of 12 July 1884, the Chiefs of the Cameroonian coast clearly expressed, among other things, vital concerns.[22] Since the Chiefs wanted to keep control on their land, clearly associated to their livelihood, the Treaty states: "Our cultivated ground must not be taken from us". It is important to remind that during pre-colonial Cameroon, access to and management of land were solely governed by customary laws. However, the German colonial administration, followed by the British and the French embedded selective compliance with their contractual commitments: they decided to modify the rules governing land management, while allowing the coexistence of a dual system for issues not related to land and natural resources (e.g. marriage). Later, the German administration changed the rules for land allocation and property, only recognising customary property on a limited size of land to native individuals (decree of 15 June 1896).

After the colonial times, customary land rights remained abolished during the land reforms in 1974 and 1976:[23]

> *Cette réforme, qui reconduit d'ailleurs pour l'essentiel le droit colonial, se caractérise par l'accaparement juridique systématique des espaces vacants et sans maîtres .... Par ailleurs, le droit de propriété privé des biens immobiliers n'est désormais établi que par un titre foncier d'immatriculation minutieusement réglementée. Ceci pose en fait le principe de la négation de toute valeur au mode coutumier d'acquisition de la propriété immobilière, en l'occurrence la possession ou l'usucapion. ... Seule l'immatriculation confère le droit de propriété. ... Il ne possède donc sur la terre qu'il occupe qu'un simple droit d'usage et de jouissance qu'il ne peut céder parce que n'étant pas propriétaire. ...Le propriétaire coutumier, c'est-à-dire en fait la quasi- totalité de nos paysans qui occupent ou exploitent des terres sur lesquelles il n'existe pas de titre de propriété au sens de la réforme foncière de 1974, se trouve dans une situation précaire.*

---

21 It is striking how the land administrative order 74/1 of 6 July 1974 (Part II Article 2) lists various legal categories under private property following the three former Colonial legal sources, French, English and German: « les terres immatriculées ; les freehold lands ; ...les terres consignées au *Grundbuch* ». We need to be aware that the notion of customary law itself has not been present before colonial times: "The inception of colonial rule in Africa introduced the notion of customary law and tenure system and this brought about changes in power relations as local chiefs were bestowed with the rights to control land. Customary land tenure did not only emerge through the economic changes brought about by the colonial system, but also through the political alliances." Peter (2014:50).

22 Sandjè (2016).

23 Bokalli (1997:46f.). The 1974 land reform act, again, abolished customary tenure systems, transferring land allocation competences at the subdivision level, with the sous-prefets (compare Peter (2014:75)). When customary rights are recognised as use rights, but not as granting property per se, the legal bias against traditional community rights continues. To convert customary regulated land into property through the establishment of a land title requires complicated, costly procedures.

Practically speaking, customary practices have graduately been marginalised, equally as some minorities.[24] Evidence for the marginalisation of minorities is provided by many reports, for instance by the UN Human Rights Council's expert on minority issues, who has been witnessing minorities' discrimination in terms of land rights:[25]

> Land issues were frequently cited as being a core concern of minority and indigenous peoples that have extremely strong and long-standing connections to land and territory, which they occupy and govern according to their customary practices, culture and traditions. Consequently, issues relating to access to and the use, occupation or ownership of land and displacement from lands featured prominently in consultations with the Independent Expert. The right to land is fundamental to the preservation of the identity, lifestyles, livelihoods and well-being of many minority and indigenous communities and to the enjoyment of a wide range of other human rights.

Not surprisingly, a good portion of research has been devoted to the land problem of local communities, indigenous, particularly autochthone minorities like 'the forest peoples'.[26] Case studies[27] have been carried out to examine minorities' exclusion and deprivation due to land rights mechanisms.[28] Advocating for customary law means defending the interests and rights of minority groups.

---

24 *« Les lois du Cameroun apportent une certaine sécurité d'occupation aux fermes et parcelles non enregistrées, mais seulement dans la mesure où une indemnité (limitée) est versée afin de compenser la perte permanente de récoltes ou d'infrastructures lorsque le gouvernement réquisitionne ces terres à d'autres fins. Ces terres non enregistrées (ce qui est le cas de la plupart des terres du Cameroun) peuvent notamment être cédées en pleine propriété, à bail, ou dans le cadre de licences d'occupation exclusives au profit de bûcherons, de mineurs, de propriétaires de ranch, d'entrepreneurs dans le secteur des biocarburants ou des aliments, ou au profit du gouvernement (sous la forme de forêts domaniales) »*, Wily (2011:11). According to the author, limits to acknowledge customary land-holding, as well as the difficulty for customary landowners to formally register their holdings to secure their property, has rendered rural Cameroonians' access to land insecure.

25 UN (2014:6).

26 For the question of the status of autochthone peoples, compare for instance IPCC 2014, 5th Assessment Report: They not only live in the most vulnerable territories, but depend also much more than other social groups on the natural resources and their environment. Another reference is the UN Declaration on the Rights of Indigenous Peoples, Articles 27 and 32.2. For the Cameroonian and central African region, the 2004 guidelines by COMIFAC are especially relevant: *Directives sur le participation des peuples autochtones à la gestion durable des forêts d'Afrique centrale.*

27 E.g. Oyono (2009).

28 Oyono carried out an action research in the customary forest domains within the protected forest zones of Bambuko, Mbalmayo, Ottotomo et Deng-Deng: *« confirment l'antériorité des territoires claniques par rapport au classement des massifs forestiers en réserves »*, Oyono (2009:11). *« La question de la dépossession des terres claniques et de la disqualification aveugle de la propriété et de la classification domaniale coutumières est reconnue comme étant le facteur catalyseur du conflit des droits et du conflit de langage sur la propriété des massifs forestiers ... »*, Oyono (2009:15).

3   Revival of customary law?

The call for more recognition of customary governance has been recognised in Cameroon and the central African region. Favourable to customary law's revival is the willingness to involve stakeholders from marginalised groups. The regional Commission of Central African Forests (COMIFAC) serves as an example. Its guidelines on the participation of local communities and indigenous peoples from 2010 recognise customary ownership as a means to determine who has access rights and the right to regulate internal use patterns within forests. It also provides for a right to customary preference clause.[29] Observers have pointed out that the COMIFAC guidelines must be better applied by means of strengthening participatory planning and monitoring.[30] Herein one can observe a revival of the customary law regime.

However, it is also unavoidable to mention some negative features. Where customary rule violates human rights, it cannot remain ignored and must be corrected. Treatment of witchcraft allegations, for example, might be a point to be questioned; illegal arrests if they happen, are not acceptable.[31] Same applies for any discriminatory customary practices against women.[32]

The revival of customary law can only sustain if the traditional leaders, hand in hand with the other legislative instances respond to the momentum by updating the traditional law. Two examples might illustrate the potential for advancement; one dealing with gender and the initiative for a national codification. The critical gender aspect seems to be under review, which is important, since, according to customs, land is passed mainly from father to son, women do not own land, although they might cultivate their husband's land for instance.[33] However, the national traditional

---

29   Mvondo (2013:30).
30   Joiris et al. (2014); Mvondo (2013:34).
31   Still, some rulers are said to run private prisons though not in accordance with standards of rule of law (https://www.state.gov/j/drl/rls/hrrpt/2010/af/154335.htm). The last annual report on the state of human rights by the National Human Rights Commission highlights that the prohibition of torture also applies to traditional leaders (CNDHL (2017:20)), but does not comment on specific cases or observations.
32   See for instance Ruppel (2008).
33   Tonyei et al. (1993:153-160). Discrimination against women by traditional systems is generally noted in Africa (compare AU et al. (2010:14)). For the case of Cameroon: « *Une observation attentive des coutumes camerounaises permet de mettre en évidence que certains droits fondamentaux ...ne sont pas toujours pris en considération. ... S'agissant du sexe, le droit coutumier pose comme principe l'inégalité entre l'homme et la femme. Le premier a toujours été considéré comme étant supérieur à la seconde. La femme est en fait prise comme une donnée négligeable....Ceci, à l'évidence, est contraire aux principes fondamentaux inscrits dans la Déclaration universelle des Droits de l'homme et la Charte des Nations Unies et réaffirmés dans toutes les constitutions successivement adoptées par le Cameroun depuis son accession à la souveraineté internationale.* » Bokalli (1997:57).

chiefs' committee (CNCTC) acknowledged the need for review when it comes to women's land rights. In their view, the inacceptable discrimination has to do with an application problem, but does not correspond to the customs *per se*: « *Les coutumes originelles dans les zones forestières du Cameroun sont protectrices des droits des femmes* ». Even if their view might be questioned, the chiefs reflect readiness to review existing customary realities in order to find a remedy to gender-based rights violations.[34]

So far, only one exception to the oral nature of customary law can be found in Cameroon, namely in the Kingdom Bamoun. In 1895 Sultan Njoya not only created his own alphabet and dictionary but also transcripted and codified the legal rules of his kingdom. The Sultan also built a printing press and a royal library with legal documents. Both will soon be displayed in the new Bamoun Museum in Foumban.[35] At the national level, a codification initiative has started in early 2017. Traditional leaders, associated as National Council, decided to advance a national codification of customary laws, taking all necessary steps to draft the planned customary code inventory, the so-called 'Customary Rule Book'.[36]

4   Customary law and the environment

Evidently, research on customary law in Cameroon paid much more attention to questions of access to land than on the conservation of natural resources.[37] It has to be born in mind, however, that environmental politics is a rather recent practice in Cameroon.[38] Yet, summarising recent critical research confirms the new accent on local community rights:[39]

> ... [t]hese articles have questioned how the legal and normative framework of public participation in environmental decision-making in Cameroon as informed by international law can be adjusted to provide tribal and indigenous peoples with the ability to meaningfully participate in decision-making that affects their lives.

From the available research, it can also be concluded that the environmental relevance of customary law in Cameroon is most adequately understood in terms of

---

34   CNCTC (2013:6th Element); the revision of customary law will be discussed below.
35   According to Chinmoun, Kahler (2017b).
36   See Hayatou (2017).
37   Kahler (2017b); see for instance Freudenthal et al. (2009).
38   Cameroon's law on forestry, wildlife and fisheries was adopted in 1994 (Law No. 94/01 of 20 January 1994), and its law referring to environmental management in 1996 (Law No. 96/12 of 5 August 1996).
39   (Sama 2014:3).

(subsidiary) land governance.[40] Traditional rights on land (traditionally, *droit d'usufruit*, right of usufruct) are most instrumental when it comes to environmental protection.[41] In this light, customary law does not deal with ecological conservation as an isolated venture for its own sake, but it implies that the protection of nature is intrinsic in the sense that it ensures sustainable local livelihoods.

4.1 Environmental law and customary rules

At the international level, the UN Rio Earth Summit has firmly defined the critical link between environment and development in 1992. Guided by the idea and goal of sustainable development,[42] the international community, including Cameroon, agreed to the terms of the Rio Declaration and the Rio Conventions. According to the concept "economics and ecology interact", the awareness has grown since 1992, also in local contexts.[43] The concept of sustainable development articulates different levels implied in the relevant processes; from the global down to the local level of action (Agenda 21). In line with the spatial dimension, local, indigenous communities and their customary rules or regimes are also addressed therein. The UN action plan Agenda 21, which has been reasserted by the UN Sustainable Development Summit in 2015, places special emphasis on the local level with the prominent role of indigenous peoples and their communities. This is equally reflected in Principle 22 of the Rio Declaration:[44]

---

40 "Land governance refers to the processes by which decisions regarding access to, and use of, land are made, the manner in which those decisions are implemented, and the way in with conflicting interests in land are resolved or reconciled. Land governance is thus a techno-legal, procedural and political exercise." AU et al. (2010:20).

41 I.e. use of forest products by the forest peoples living inside or next to the forests for the purpose of subsistence, to satisfy their needs, without any further commercialisation by the users is the customary use concept which entered legislation, i.e. *décret d'application du regime des forêts au Cameroun de 1995*, Article 26 (2), Tchomnou (2006).

42 Sustainable development: development that meets the needs of the present without compromising the ability of future generations to meet their own needs.

43 This point is already made in the expert commission's report establishing the theoretical and conceptual base of the Rio Conventions, WCED (1987).

44 "Tribal and indigenous peoples will need special attention as the forces of economic development disrupt their traditional life-styles - life-styles that can offer modern societies many lessons in the management of resources in complex forest, mountain, and dryland ecosystems. Some are threatened with virtual extinction by insensitive development over which they have no control. Their traditional rights should be recognized and they should be given a decisive voice in formulating policies about resource development in their areas." WCED (1987:§46.) The UN Convention on Biodiversity (CBD) claims to protect customary management of natural resources and has been signed by Cameroon in 2004 (compare Wily (2011:178)).

> Indigenous people and their communities and other local communities have a vital role in envi-
> ronmental management and development because of their knowledge and traditional practices.
> States should recognize and duly support their identity, culture and interests and enable their ef-
> fective participation in the achievement of sustainable development.

Reclaiming recognition of customary law facilitates to take action for sustainable development, for it includes at local level the otherwise marginalised and repositions
them as responsible actors. Local communities, for instance, the so-called forest peoples in the Centre, Southern and Eastern Region of Cameroon, are most dependent on
and exposed to their natural environment. The connection with 'their' natural environment fosters their vulnerability towards damages like deforestation or the degradation of soil. In fact, they reflect the two sides of the same coin.

Cameroon has established the National Plan for Environmental Management,
which is considered as a national action plan for sustainable development. With this
environmental framework law of 1996, Cameroon does justice to the local level and
its customary law in terms of the principle of subsidiarity:[45]

> *Selon lequel, en l'absence d'une règle de droit écrit, générale ou spéciale en matière de protec-
> tion de l'environnement, la norme coutumière identifiée d'un terroir donné et avérée plus effi-
> cace pour la protection de l'environnement s'applique.*

This law formally recognises the function of customary rules in the management of
the environment and natural resources, as it gives effect to the principle of subsidiarity. Customary norms of a given location apply when offering a more effective protection to the environment. At the same time, the framework law does not further
specify the extent or character of the role customary rules play, leaving space for
case by case interpretation.

Similarly, the forestry law (No. 94/01 of 20 January 1994), undergoing review for
some years, grants a place to customary law, though confusing it with use rights
(*droits d'usage*). Because the law's recognition of forest communities and their customary rules remain without any further formality or precision, a Ministry's draft
points out new specifications.[46] Such states Article 17 (2) of the Ordinance No. 74/1
of 6 July 1974, allowing to establish rules governing land tenure states:

> Provided that customary communities members thereof, and any other person of Cameroonian
> nationality, peacefully occupying or using land (...) shall continue to occupy or use the said
> lands (...).

---

45 Environmental Framework Law, Article 9.
46 Especially the draft modifications of Articles 8 and 10 are worth noting, since participatory
   rights of local communities in the management of natural resources and environment are
   bound to their current customary laws (Ministry of Forestry and Wildlife's draft law of 13 December 2012).

Additionally, Article 17 (3) confirms that hunting and fruit picking rights are also recognised to communities on land with no evidence of development until such land is allocated to any legal entity under positive law.

Communities' customary uses of the land are therefore recognised and protected, and the law provides for the possibility of acquiring property rights on land, even if the process is perceived expensive and cumbersome by the communities, as mentioned above.

It has been suggested to take advantage of the current forest and land law revision.[47] Presenting examples of communal forests or community protected forests it is argued that customary rights need to be better protected since sustainable governance must not depend on ownership established through the exploitation of natural resources alone.

4.2 Environmental aspects of customary law: taking communities' rights serious

Henceforward, two examples on how customary law appears in current regulations and ongoing political debates will be discussed. In the first case, the way environmental management involves customary law is going to be analysed. In the second case, two recent advocacy papers by Cameroon's traditional leaders, revisioning national policies in the light of customary law are being presented. However, beforehand, a short preliminary remark situating the author's perspective on traditional law and the environment is to be made.

Though ecological benefits of customary rules are probably substantial, there is little evidence from research in view of contemporary Cameroon. Therefore one needs to be careful not to romanticise the reality, as if the heritage of the forest peoples' supposed harmony with their environment automatically provided good governance over natural resources. Where the collective existence is still bound to 'its' nature as it seems to be true for many indigenous communities, a traditional connectivity with nature might still be intact, while traditional chiefs still adhere to the narrative of an original unity between man and nature.[48] And, according to customs, i.e.

---

47 Wily (2011:107).
48 Majesty Essounga N Auguste, a village chief in Ngwei, Littoral, adheres to it, saying: « *La communion entre l'homme et la nature, c'est Dieu!* », Kahler (2017c); In the context of the so called forest people or Pygmees, Baka, the affiliation with the land and forest is religiously affiliated with their god *Kel Koumba* according to Nkuintchua, Kahler (2017b). Compare also Peter (2014) about the ancient customary concept of land: "Land was therefore seen not just as a resource for the cultivation of crops but also as a natural gift and asset created by God and put at the disposal of the community....It is still considered as something given by God to the people to use, keep and pass it onto future generations. Land comprised not only the soil but all that which is found in the biosphere (water, forest, animals, etc.)", Peter (2014:30).

heritage, specific spatial adherence and particularities of the local institutions, many traditional relationships between humans and forests are still determined by the principle of holy places and holy trees.[49] In Cameroon, one can, for instance, identify six types of holy woods, e.g. the Baobab with the Bandjoun people in the Western region.

But one must be careful in generalising and idealising the situation on the ground.[50] For the practising of the customary rule in certain places certainly relies on factual dependencies, socioeconomic conditions, practical conduct and institutional capacities. No doubt, traditional rule itself does not guarantee perfect – sustainable – harmony between man and nature. From an anthropological point of view, one must distinguish between the counterfactual « *vision romantique qui dit que toutes les populations autochtones ne sont que respectueuses de l'environment* » and existing spiritual or social connections with the environment due to which bare destruction of environment might be more unlikely.[51]

4.2.1 Natural resource management: the Campo Ma'an National Park

In the realm of natural resources management, one can witness the involvement of a variety of non-local actors in Cameroon. Historically, the colonial arrival was one of the main reasons for the gradual replacement of customary laws by state law. Ironically, international voluntary norms nowadays tend to insist on compliance with customary norms as best practices in natural resources management. Several international processes involving such voluntary norms can be mentioned in this regard.[52]

« *Depuis des temps immémoriaux, ces droits ont été régis par des coutumes, pratiques et traditions bien développées. À la base de leur existence, les peuples autochtones ont entretenu une relation particulière à leurs terres. Ils sont donc attachés à des terres traditionnelles particulières et non à des morceaux de n'importe quelle terre. Celles où ils vivent depuis des générations et auxquelles ils sont attachés ont un sens spirituel et culturel.* », Wachira (2012).

49   Logo (2012:2-29).
50   Illustration provides this case from Latin America, see Dahl & Rose (2012): « *Très récemment, des collectivités et communautés autochtones ont fait revivre le concept de 'Terre Mère'. Celui-ci, venu des autochtones des Amériques, contient des éléments religieux mais, d'abord et avant tout, il représente des valeurs culturelles et un désir de prendre en charge les générations futures. Lui est liée la notion du 'Vivre Bien' qui exprime l'étroite relation des êtres vivants avec la nature et se relie au passé de l'autodétermination autochtone, avant l'invasion et la conquête. La notion de 'Vivre bien' est à l'opposé de l'exploitation des ressources, de la commercialisation et de l'oppression, elle donne la priorité à la subsistance, à l'usage renouvelable et durable de la nature. Elle représente une forme alternative et autochtone de développement face au développement capitaliste occidental dominant.* »
51   According to Nkuintchua, Kahler (2017b).
52   For example, the REDD+ process or the Round Table for Sustainable Palm Oil.

Like other countries of the Congo Basin, Cameroon faces the threat of deforestation and poaching, and these are threats not only for the existence of the rainforest but also its residents. Therefore, indigenous groups are increasingly included into community-based resource management, although protected areas have equally been perceived as threatening these communities:[53]

> In Cameroon, the incentive for creating protected areas has been the goal of covering 30 per cent of national territory by protected areas by 2010. This represents a specific threat for indigenous peoples.

A key point has been the missing free, prior and informed consent of indigenous people, for instance in the creation of the Campo Ma'an National Park. The park management attracted public criticism especially because of access and hunting restrictions:[54]

> *Mais ce nouveau statut de parc national veut dire que les communautés Bagyeli de chasseurs-cueilleurs qui habitent cette région depuis des temps immémoriaux peuvent être poursuivies si elles continuent à profiter de la forêt, leur seul moyen de vie.*

The development of the Campo-Ma'an National Park's management was instructive, for it represents an appealing case of how public discourse and critical monitoring can stimulate policy advancement. The formerly so-called *reserve de faune de Campo* and *site prioritaire* has been transformed into a National Park, where the park management tries at the same time to conserve biodiversity and to include the indigenous Pygmées people called Bagyéli. The park's development plan (from 14 September 2006) counts as « *une innovation majeure dans les politiques et pratiques de gestion des aires protégées au Cameroun et en Afrique centrale* » because one respects « *la nécessité de reconnaître le droit des peoples autochtontes à continuer de jouir de certaines ressources naturelles* ».[55]

Under the Memorandum of Understanding between the autochthone communities and the government, signed in November 2011, the government and state recognises that the customary way of land and resource use by the Bagyéli has always been a matter of survival and never threatening nature's biodiversity of Campo-Ma'an.[56]

4.2.2 Two collective chiefs' papers

Since 2008, there is a reform process going on regarding legislation over natural resource governance (land, minerals, forest, environment). This process provides op-

---

53   As stated in an important CSO alliance in May 2010, see CED et al. (2010:23).
54   Mouvement Mondial pour les Forêts Tropicales (2005:40).
55   Logo (2012:2-48).
56   (ibid.).

portunities for input by various stakeholders, among them traditional authorities and community leaders. Key references are the 1994 land and forest laws.

Cameroon does not have a constitutional national or regional body of traditional rulers, apart from those represented in the Senate and the Council of Traditional Leaders. Traditional chiefs usually find different ways of gathering for political and deliberative reasons. Altogether it can be said, however, that chiefs' networks like the Council of Traditional Rulers in Cameroon or the regional Central African network of Traditional Rulers for the Conservation of Biodiversity and the Sustainable Management of Forest Ecosystems within the Congo Basin (ReCTrad) are of specific relevance. This is particularly true with regards to their commitment to both internal review of customary codes and to national legislative processes.

4.2.2.1 NCTRC / CNCTC paper on land law reforms (2013)

In its paper, which appears to be the first chiefs' policy statement of its kind in Cameroon, the National Council of Traditional Rulers in Cameroon[57] engages the government to review the country's legal land regime by strengthening the implication of customary law. Herein, the traditional chiefs advocate for « *la validité du droit coutumier* » in land management. The key idea of the proposal is the recognition of the social entity of the village as collective land owner, beside of the three other levels of the municipality, region and state; an element which might be considered part and parcel of the country's decentralisation process.

What is remarkable about the traditional chiefs' proposal, are two points: firstly, it articulates their intention to reform traditional law. Secondly, it reflects a limited awareness of environmental concerns. Sustainable development is widely perceived as the state's responsibility, as if land use at the village level could be reformed apart and independent from an overall long-term development policy. When they account for their understanding of land use, the traditional rulers value the role of the land in « *la stabilisation sociale, la preservation de la paix et l'impulsion du développement local et national* », yet, they do not reflect on its ecological sustainability aspect. If the customary rule is meant to become sustainable it must, among other aspects, also imply sustainable land management, conserving e.g. soil quality. But does customary law imply a soil-sustainable land use?[58]

---

57 National Council of Traditional Rulers in Cameroon (2013).
58 One could suppose that the weakness of environmental policy reflection is due to the fact that we also cannot find any ecological aspect within the chiefs' official, i.e. public job description (see above).

4.2.2.2 ReCTrad paper on forest law reforms (2014)

Another, perhaps even more substantial advocacy paper has been published by ReC-Trad, under the title: Why should the draft law on forestry and wildlife regulations be adopted?[59] ReCTrad's paper on forest reforms follows up on the CNCTC position on land tenure reforms.

The common ground of the two chiefs' papers is clear and distinct; calling for recognition of village ownership and a return to customary rights systems. And the ReCTrad group of traditional chiefs situates its proposal on how to revise the 1994 forestry law within the law reform processes since 2008. Therein the chiefs state as their environmental motif:

> We are guided by a sole concern: the effective efficient and sustainable management of the forest and its resources, so that development does not destroy the forest.

In the first place, the chiefs acknowledge the achievements by the draft forest law of 2008: it allowed to manage community lands according to customary law, to own "land and resources within permanent forest domains of State land", and it provided, for instance, for the possibility to create community protected areas over community customary land, managed in compliance with local customs.

In the following, the chiefs advocate for further changes of the forest law. Among others they claim:

- to widen the scope of the right to community forests to all regions in Cameroon;
- to grant land title deeds to communities all over;
- to recognise the execution of customary law where land titles are given;
- to prohibit selling or donation of village lands;
- to specify minority rights (i.e. of the Mbororo and the Pygmies);
- to assure consistency between forest law and other regulations; and
- to enhance land use and resources management in favour of community rights to facilitate land use balancing commercial, conservation and community interests.

In response to ReCTrad, an *ad hoc* commission has been installed by the Premier Ministre on 8 January 2015 (arrêté No. 001/PM) in order to assess the chiefs' reform proposals, involving all concerned ministries.[60]

Both aforementioned interventions by traditional leaders in Cameroon provide evidence on the dynamics in today's customary rule, as traditional leaders make input to emerging national legislation while revisiting 'their' existing customary law.

---

59   ReCTrad (2014).
60   Tchiako (2015).

5 Outlook

Customary law in Cameroon is alive. Modern and imported law has never completely replaced it. And despite recurrent predictions of its "death", one can even witness elements of revival. The practising of traditional law is evolving, since customary law is neither static nor homogenous. No doubt, referring to the customary rules alone cannot ensure good governance of the environment and natural resources. Among the prerequisites is the integrity of traditional leadership, and how compliant they are with customary rules. When traditional chiefs or communities' members nowadays tend to privatise and sell portions of land for their own profit, one finds frequent contradictions with the customary rules. Changes in the context, like an increase in demand for land and in the value of resources in many areas of Cameroon, cannot go without effect on practising customs and traditional ruling, yet requiring a certain degree of revision.

In the end, the author notes some desiderata, as crucial questions still require more research. The domain of customary law in Cameroon is not profoundly analysed, especially regarding environmental concerns. As said in the beginning, the country's diversity is also reflected in its legal affairs. Perhaps one interesting approach would comprise a comparative assessment or ascertainment of concurrent national customary regimes. Missing is a mapping of customary law in praxis, demonstrating to which extent it facilitates sustainable behaviour promoting environmental protection.

So far, we still know little about the evolution of customary law in Cameroon. Thus, empirical studies should investigate its diachronic changes. We do not know whether such hermeneutic research can reconstruct any 'original' principles guiding traditional regimes concerning, for example, gender issues or land use. But, what surely can be identified are at least some driving factors for changes in customary regimes; for instance, in the allocation of land or other resources due to increased scarcity or due to local population growth. Ultimately, while being ambiguous regarding sustainability or human rights, environmental governance in Cameroon cannot ignore living customary regimes.

References and recommended readings

AU / African Union, ECA / Economic Commission for Africa, AfDB / African Development Bank, 2010, *Framework and guidelines on land policy in Africa. Land policy in Africa: a framework to strengthen land rights, enhance productivity and secure livelihoods*, Addis Ababa, AU, ACA & AfDB, https://www.uneca.org/sites/default/files/PublicationFiles/fg_on_land_policy_eng.pdf, accessed 21 February 2018.

Baaboh, FH, (undated), *Cameroon legal system*, at https://www.hg.org/article.asp?id=7155, accessed 12 January 2018.

Bokalli, VE, 1997, La coutume, source de droit au Cameroun, 28 (1) *Revue générale de droit*, 37, at https://www.erudit.org/en/journals/rgd/1997-v28-n1-rgd02421/1035707ar.pdf, accessed 10 January 2018.

CED / Centre for Environment and Development, RACOPY / Réseau Recherches Actions Concertées Pygmées & FPP / Forest Peoples Programme, 2010, *Indigenous peoples' rights in Cameroon*, Supplementary report submitted in connection with Cameroon's second periodic report, Yaoundé, CED.

CNCTC / Conseil national des chefs traditionnels du Cameroun, 2013, Une proposition des Chefs Traditionnels pour la réforme du foncier rural au Cameroun. Validée lors de l'Atelier de reflexion des Chefs Traditionnels et leaders autochtones sur le foncier rural au Cameroun, Yaoundé, CNCTC, at http://www.foei.org/wp-content/uploads/2017/04/IMG-pdf-proposition-des-chefs-traditionnels-du-cameroun-pour-la-reforme-du-foncier-rural-au-cameroun1.pdf, accessed 8 January 2018.

Dahl, J & G Rose (eds), 2012, Editorial, in: GIPTA / Groupe International de Travail pour les Peuples Autochtones, *Développement et droit coutumier* - IWGIA (International Work Group for Indigenous Affairs – Groupe International de Travail pour les Questions Autochtones), Paris, GIPTA.

Descola, P, 2008, A qui appartient la nature ?, *La vie des idées.fr*, http://www.laviedesidees.fr/A-qui-appartient-la-nature.html, accessed 21 February 2018.

Dumez, R, M Roué & S Bahuchet, 2014, Conservation de la nature : quel rôle pour les sciences sociales ? Vers une anthropologie de la conservation, 6 *Revue d'ethnoécologie*, http://journals.openedition.org/ethnoecologie/2089, accessed 21 February 2018.

Freudenthal, E, S Nnah & J Kenrick, 2011, *REDD and Rights in Cameroon: A review of the treatment of indigenous peoples and local communities in policies and projects*, Moreton-in-Marsh, Forest People Programme, http://www.redd-monitor.org/wp-content/uploads/2011/02/redd-cameroon-report-final-online.pdf, accessed 21 February 2018.

Fuo, ON, & SM Semie, 2011, Cameroon's environmental framework law and the balancing of interests in socio-economic development, *The balancing of interests in environmental law in Africa*, 75.

Hayatou, AG, 2017, National unity. Traditional rulers advocate togetherness, *Cameroon Tribune*, 17 January 2017, at https://www.cameroon-tribune.cm/articles/4362/fr/national-unity-traditional-rulers-advocate-togetherness, accessed 10 January 2018.

Hinz, MO, 2016, Customary Law and the Environment, in: Ruppel, O & K Ruppel-Schlichting (eds.), *Environmental law and policy in Namibia*, 3rd edition, Windhoek, Hanns-Seidel-Foundation, 441.

IIED / Institut international pour l'environnement et le développement, CED / Centre pour l'environnement et le développement, RELUFA / Réseau de lutte contre la faim, 2017, Sécuriser les droits liés aux terres et aux ressources et améliorer la gouvernance au Cameroun, (Project brochure), at http://pubs.iied.org/pdfs/G04129.pdf, accessed 21 February 2018.

Inter Pares, 2015, *Touche pas à ma terre, c'est ma vie!*, Ottawa, Inter Pares.

Joiris, DV, PB Logo & SC Abega, 2014, La gestion participative des forêts en Afrique centrale, *Revue d'ethnoécologie*, at http://ethnoecologie.revues.org/1960, accessed 10 January 2018.

Kahler, A, 2017a, Interview with Salomon Chinmoun (Yaoundé, 6 November 2017), unpublished.

Kahler, A, 2017b, Interview with Téodyl Tchoudjen Nkunitchua (Bangui, 16 December 2017), unpublished.

Kahler, A, 2017c, Interview with Majesté Auguste N Essounga (Kribi, 25 December 2017), unpublished.

Kouassigan, GA, 1966, *L'homme et la terre : droits fonciers coutumiers et droit de propriété en Afrique Occidentale,* Paris, ORSTOM, at http://horizon.documentation.ird.fr/exl-doc/pleins_textes/divers11-03/07147.pdf, accessed 21 February 2018.

Logo, PB, 2012, La valorisation des connaissances traditionnelles et locales dans l'aménagement forestier et la conservation de la biodiversité en Afrique centrale, dans : IFDD / Institut de la Francophonie pour le développement durable, *Forêts et humains, une communauté de destins,* Chapitre 2 : Les services culturels sociaux et spirituels de la forêt, 2, Quebec, IFDD.

Melone, S, 1986, Les juridictions mixtes de droit écrit et de droit coutumier dans les pays en voie de développement. Du bon usage du pluralisme judiciaire en Afrique : l'exemple du Cameroun, 38 (2) *Revue internationale de droit comparé,* 327.

Mouvement Mondial pour les Forêts Tropicales, 2005, *Les peules indigènes. Leurs forêts, leurs luttes et leurs droits,* Montevideo, Mouvement Mondial pour les Forêts Tropicales.

Mvondo, SA, 2013, Local communities and indigenous peoples rights to forests in central Africa: from hope to challenges, 1 *Africa Spectrum,* 31.

NCHRF / National Commission for Human Rights and Freedoms, 2017, Report on the state of human rights in Cameroon 2016, at http://www.cndhl.cm/sites/default/files/SHR%202016%20NCHRF_opt.pdf, accessed 10 January 2018.

Nguiffo, S, PE Kenfack & N Mballa, 2009, *L'incidence des lois foncières historiques et modernes sur les droits fonciers des communautés locales et autochtones du Cameroun,* Moreton-in-Marsh, Forest Peoples Programme, at http://www.forestpeoples.org/sites/fpp/files/publication/2010/05/cameroonlandrightsstudy09fr.pdf, accessed 21 February 2018.

OIT / Organisation Interntional du Travail, 2015, *Les peuples autochtones au Cameroun, guide à l'intention des professionels des medias,* Geneva, BIT.

OMPI / Organisation Mondiale de la Propriété Intellectuelle, 2016, *Droit coutumier et savoirs traditionels,* Dossier d'Information 7, Geneva, OMPI.

Oyono, PR, 2009, Les forêts domaniales et jeux des droits dans le Cameroun méridional. Le réveil d'un vieux débat sans issue ou la croisée des chemins ? Un paquet d'arguments et d'outils de négociation en support à l'initiative des droits et des ressources et à la prise de décision, Yaoundé, CED.

Oyono, PR, MB Biyong & S Kombo, 2009, *Les nouvelles niches de droits forestiers communautaires au Cameroun : Effets cumulatifs sur les moyens de subsistance et les formes locales de vulnérabilité,*
Yaoundé, RRI, CIFOR.

Pazos, A, 2006, Par-delà nature et culture (Philippe Descola), 1 (1) *Revista de Antropología Iberoamericana,* 186.

Peter, TA, 2014, *Contesting land and identity: the case of women cultivators and Fulani cattle herders in Wum, Northwest region of Cameroon,* Master Thesis, University of Leiden.

ReCTrad / Réseau des Chefs traditionnels pour la conservation de la biodiversité et la gestion durable des écosystèmes du bassin du Congo, 2014, Why should the draft law on forestry and wildlife regulations be adopted? Position of the traditional Authorities of Cameroon, A proposal ratified by the brainstorming workshop by traditional rulers and indigenous leaders on the reform process to lay down forestry, wildlife and fisheries regulations, 19 November 2014, Yaoundé, at http://loggingoff.info/wp-content/uploads/2015/09/831a.pdf, accessed 10 January 2018.

Ruppel, OC (ed), 2008, *Women and custom Namibia: cultural practice versus gender equality?,* Macmillan Education Namibia, Windhoek, http://www.kas.de/namibia/en/publications/15086/, accessed 10 May 2018.

Sama, SM, (undated), *Environmental law in Cameroon*, University of Ottawa, at http://www.iucnael.org/en/documents/1193-environmental-law-in-cameroon/file, accessed 8 January 2018.

Sandjé, RN, 2016, Le traité Germano-Douala du 12 Juillet 1884 : Étude contemporaine sur la formation des contats dans l'ordre juridique intemporel, 29 (1) *Revue Québécoise de droit international*.

Tchiako, M, 2015, Réformes forestières et foncières : Le gouvernement camerounaise à l'écoute des chefs traditionnelles (29 January 2015), blog, at https://mireilletchiako.wordpress.com/2015/01/29/reformes-forestiere-et-fonciere-le-gouvernement-camerounais-a-lecoute-des-chefs-traditionnels/, accessed 12 January 2018.

Tchomnou, B, 2006, *Implication des communautés forestières dans l'exploitation des ressources forestières*, Master II Thesis, University of Limoges, at www.memoireonline.com/05/10/3501/m_Le-droit-des-communaute--un-environnement-sain5.html, accessed 8 January 2018.

Tchoumba, B, 2005, *Indigenous and tribal peoples and poverty reduction strategies in Cameroon*, Geneva, ILO.

Tonyei, J, C Meke-Me-Ze & P Titi-Nwel, 1993, Implications of national land legislation and customary land and tree tenure on the adoption of alley farming, 22 (2) *Agroforestry Systems*, 153.

Tsanga, R, G Lescuyer, & PO Cerutti, 2014, What is the role for forest certification in improving relationships between logging companies and communities? Lessons from FSC in Cameroon, 16 (1) *International Forestry Review*, 14.

UN / United Nations, Human Rights Council, 2014, *Report of the independent expert on minority issues, Rita Izsák, Annex: Report of the independent expert on minority issues on her mission to Cameroon* (2 - 11 September 2013), A/HRC/25/56/Add.1.

Wachira, GM, 2012, En Afrique : application du droit coutumier autochtone à la protection des droits territoriaux, dans : GIPTA / Groupe International de Travail pour les Peuples Autochtones, *Développement et droit coutumier*, Paris, GIPTA.

WCED / UN World Commission on Environment and Development, 1987, *Our common future*, Oxford, Oxford University Press, at http://www.un-documents.net/ocf-ov.htm#1.2, accessed 22 January 2018.

Wily, LA, 2010, *Who Owns Africa? Looking through the lens of community based tenure*, Washington DC, Rights and Resources.

Wily, LA, 2011, *A qui appartient cette terre ? Le statut de la propriété foncière au Cameroun*, London, CET, FER, The Rainforest Foundation.

CHAPTER 42:
REDD+ IMPLEMENTATION IN CAMEROON'S ENVIRONMENTAL LAW: THE ROLE OF INDIGENOUS PEOPLES AND LOCAL COMMUNITIES

Christopher F. TAMASANG & Gideon NGWOME FOSOH

1   Introduction and background

International climate change negotiations have recognised the value of forest ecosystems in terms of their carbon sequestration and carbon storage potential with climate change mitigation (CCM) relevance. There is ample literature showing that human development quest has increased the concentration of greenhouse gases (GHGs) in the atmosphere thereby causing global warming that causes climate change.[1] Emerging global payment for environmental services (PES) mechanisms such as REDD+[2] are seen as cost-effective, immediate and efficient CCM mechanisms with the potential to achieve some social and environmental objectives and are gaining widespread global attention. REDD+ seeks to create a financial value for the carbon stored in forests, offering incentives for developing countries to reduce forest-based GHG emissions and invest in low-carbon paths to sustainable development.[3] Initially conceived as a scheme focusing narrowly on reducing deforestation, the initiative has evolved over the past years to include forest degradation, and the latter includes the role of conservation, sustainable management of forests and enhancement of forest carbon stocks. Thus, in addition to reducing emissions from deforestation and forest degradation, REDD+ also sets out to reward actions that enhance carbon storage through forest restoration, rehabilitation or afforestation/reforestation (AR).[4] REDD+ could enormously reward indigenous peoples and local communities depending on the forest (IPLCs) participating in forest management. In fact, research has under-

---

1   See Robles (2015:6); WWF (2013:ii); Barquín et al. (2014:19); Springer & Larsen (2012:3).
2   REDD+ stands for Reducing Emissions from Deforestation and Degradation, conservation of forest carbon stocks, enhancement of forest carbon stocks and sustainable forest management. See Paragraph 70 of Decision 1/CP.16 (the Cancun Agreements) which sets out the scope of REDD+.
3   See for instance, Robles (2015); WWF (2013); Barguin et al. (2014); Springer & Larsen (2012).
4   See Doherty & Schroeder (2011:66).

scored the potentials of involving IPLCs in REDD+ implementation but Cameroon's environmental law rarely responds to the needs of IPLCs. This legal lapse has resulted in their exclusion despite the historical acknowledgement that they were the first occupants of forests.[5]

REDD+ has sparked concerns about possible adverse impacts on IPLCs' rights and livelihoods, such as restrictions on land and resource rights, 'land grabs' that dispossess them, increased centralisation of forest management which may slow down formal tenure recognition by governments and inequitable benefit-sharing to the likely detriment of IPLCs and efforts to halt the trends of forest loss.[6] Due to the financial value attached to forest carbon stock, we fear that REDD+ implementation could generate potential social and environmental costs with unprecedented risk of marginalisation and exclusion of poor forest-dependent communities, if forest governance is not properly addressed. In response to such concerns, international guidance[7] on REDD+ implementation urges and directs states to ensure that REDD+ does not harm, but benefits IPLCs. REDD+ 'safeguards' have been adopted under the United Nations Framework Convention on Climate Change (UNFCCC)[8] with the aim to ensure broader positive social and environmental outcomes beyond forest carbon objectives and that risks are minimised or avoided. At the 16th Conference of Parties (COP16) to the UNFCCC in Cancun in 2010, social and environmental safeguards were developed to avoid the negative impacts of REDD+ actions including "respect for the knowledge and rights of indigenous peoples and members of local communities", and "the full and effective participation of relevant stakeholders, in particular indigenous peoples and local communities".[9] However, the COP decisions such as the one containing the REDD+ safeguard are not legally binding instruments or mandatory. The safeguards are not defined well enough to be meaningfully implemented. In many instances, IPLCs' rights are weak, ambiguous and their meaningful participation in REDD+ design and implementation lag behind. However, fostering REDD+ safeguard principles as universal norms will provide ample pressure on national governments "not to deviate too far".[10]

While states still own the greatest chunk of forests worldwide, the last two to three decades have seen a gradual shift in forest management from states to local commu-

---

5   See Chia et al. (2013:499-506); Tassa et al. (2010:3); Assembe-Mvondo (2013:37).
6   See Roe & Nelson (2009:12); Ituarte-Lima & McDermott (2017:1 and 4); Moore et al. (2012:84); UNEP (2015:1); Costenbader et al. (2015:1).
7   See REDD+ safeguards frameworks defined by the UNFCCC, FCPF, UN-REDD and REDD+ SES.
8   United Nations Framework Convention on Climate Change 11771 UNTS 107 (1992) (UN-FCCC).
9   See Paragraphs 2 (c) and (d) of UNFCCC Decision 1/CP.16 (Cancun Agreement), Appendix I.
10 See Ribot & Larson (2012:236).

nities through decentralised models known very broadly as Community-Based Natural Resource Management. In Cameroon, the 1994 Forestry Law has enabled community associations to acquire rights to manage and exploit up to 5,000 hectares of community forest (CF), under a 25 years contract,[11] resulting in the allocation of hundreds of CFs across the national territory. However, even if the law appears fair, IPLCs always face severe implementation challenges due to poor governance. The participation of the IPLCs in REDD+ implementation is critical for its success. The looming question that begs for an answer is how will REDD+ strategies take IPLCs' needs and aspirations into account? If REDD+ is well designed, it could contribute to strengthening community land and resource rights, empower community-based forest management and diversify livelihoods through their participation in REDD+ activities. For this to happen, the government will need to create incentives at the local level for IPLCs to participate effectively in forest management.

It is iterated in the Readiness Preparation Proposal (R-PP) that the current forestry and related legislation will guide the implementation of REDD+ in Cameroon.[12] In this chapter, evidence from Cameroon's environmental law is examined to argue that the full and effective participation of IPLCs are unlikely to work unless their meaningful participation is increased by ensuring more legal guarantees and effective implementation. Cameroon has ratified the UNFCCC[13] and is fully engaged in the process of developing the necessary technical, policy and institutional competencies for REDD+ implementation since 2005 and is, therefore, challenged to ensure that REDD+ safeguards on the effective participation of IPLCs are respected. If REDD+ must achieve its primary objective of CCM and other social and environmental objectives, the participation of the IPLCs in the design and implementation of the mechanism is critical. Given that the implementation of the current legislation have yielded little in terms of responding to the need of IPLCs in previous PES initiatives, REDD+ implementation might suffer the same fate. Thus, REDD+ presents both opportunities and challenges for IPLCs.

In line with the theories of participation and subsidiarity in environmental and natural resource governance, this chapter underscores the importance of IPLCs' participation in REDD+ implementation in Cameroon by acknowledging that existing legal frameworks on which REDD+ hinges have not given special attention to the participation of IPLCs in REDD+ implementation. Studies conducted so far on REDD+ in Cameroon are instructive but are not focused on the assessment of the legal frameworks as they enhance the effective participation of IPLCs. The topic is ex-

---

11   See Sections 37, 38 and 39 of Law No. 94/01 of 20 January 1994 to lay down Forestry, Wildlife and Fisheries Law.
12   FCPF (2013:18).
13   Cameroon ratified the UNFCCC on 19 October 1994.

amined with a twofold objective: to evaluate the legal frameworks with respect to the effective participation of IPLCs in REDD+ implementation in Cameroon; and to suggest legal measures for their effective participation. The two questions guiding this sub-chapter are: to what extent does Cameroon's environmental law purporting to guide the implementation of REDD+ in Cameroon guarantee the effective participation of IPLCs and what legal measures may be taken to guarantee their effective participation. The sub-chapter offers a new approach to assessing the legal framework for REDD+ implementation with respect to the participation of IPLCs and proffers an array of opportunities that the government can use to overcome current legal hurdles affecting IPLCs' effective participation in the implementation of REDD+ in Cameroon. The thrust is thus to demonstrate that the participation of IPLCs in REDD+ implementation is critical for CCM. More critical is the fact that the majority of REDD+ projects will be implemented on lands used by IPLCs and that taking away such lands from them will not only bring about social and economic hardships which the Cancun safeguards seek to prevent but also run the risk of undermining REDD+ success in Cameroon.

2   The legal framework for IPLCs' participation in REDD+ implementation in Cameroon: opportunities and challenges

REDD+ is already being translated into actions on the ground in Cameroon. Experiences from past PES schemes however demonstrate that failure to respect IPLCs' rights and adequately consider their views and effective participation can undermine the success of REDD+. Clear legal frameworks are crucial tools to ensure their effective
participation in line with human rights principles and international environmental legal instruments (e.g. the UNFCCC, the Convention on Biological Diversity (CBD),[14] and the United Nations Convention to Combat Desertification (UNCCD)).[15] International and national legal frameworks exist prescribing the participation of IPLCs in REDD+ implementation. International legal frameworks for REDD+ implementation are applicable in Cameroon by virtue of Article 45 of the 1996 Constitution.[16]

---

14   Convention on Biological Diversity, 5 June 1992, 1760 U.N.T.S. 79 (entered into force 29 December 1993).
15   The United Nations Convention to Combat Desertification (UNCCD) was adopted in June 1994 and entered into force on 26 December 1996.
16   Article 45 of Law No. 96/06 of 18 January 1996 pertaining to the Constitution of the Republic of Cameroon provides that duly approved or ratified treaties and international agreements shall override national laws.

2.1 International legal framework for IPLCs' participation in REDD+ implementation

The international community generally under the auspices of the UN has deployed significant efforts aimed at reversing the state of environmental degradation challenges evident in the increasing number of Multilateral Environmental Agreements (MEAs) containing provisions prescribing the participation of IPLCs in environmental management in general and REDD+ implementation in particular. [17]

2.1.1 Global legally binding instruments: anchore points for IPLC in REDD+ implementation

The UNFCCC, CBD and UNCCD, the three MEAs most pertinent to climate change provide for the participation of IPLCs in REDD+ implementation. The UNFCCC COP's decisions arrived at during negotiations on climate change also make references to some conventions that define and protect the rights of IPLCs in natural resource and environmental management such as the ILO Convention 169 of 27 June 1989 Concerning Indigenous and Tribal Peoples in Independent Countries and the United Nations Declaration on the Rights of Indigenous Peoples (UNDRIP).[18] Although there are no specific provisions for IPLCs within the UNFCCC under which the REDD+ mechanism is essentially being negotiated, Article 6 which calls for education, training, awareness and public participation may be interpreted broadly to include support for their participation. The Kyoto Protocol[19] does not make specific provisions for carbon sequestration schemes by IPLCs but certainly does not preclude it. There is opportunity for them to participate in the Clean Development Mechanism (CDM) through AR sink projects.[20] There is however a strong argument that the CDM has been a failure, due to technical, economic and political constraints posed by the CDM framework.[21] There is an opportunity to redress this failure in the design and implementation of REDD+. The CBD specifically recognises the potential role of IPLCs in biodiversity conservation under Articles 8 (j), 10 (c), 10 (d) and 11. Some of the areas covered by these articles include maintenance of traditional

---

17 Tamasang (2014:29).
18 See United Nations Declaration on the Rights of Indigenous Peoples, G.A. Res. 61/295, UN Doc.A/RES/61/295 (13 September 2007).
19 See the Kyoto Protocol to the UNFCCC, Kyoto, 11 December 1997, UN Doc.FCCC/CP/1997/L.7/add.1.
20 See Tamasang (2009:174).
21 See Bond (2009:98).

knowledge, benefit-sharing and protection of customary rights which can equally apply in the case of REDD+.

The participation of IPLCs is also emphasised in Article 3 (a) of the UNCCD which enjoins parties to ensure that decisions on the design and implementation of programmes to combat desertification and/or mitigate the effects of drought are taken with the participation of populations and local communities. The UNCCD places considerable emphasis on capacity building of IPLCs for sustainable land and resource management.[22] Annex 1 of the Regional Implementation for Africa suggests that national desertification action plans should include measures to delegate more management responsibility to local communities; diversify rural incomes and employment opportunities; improve institutional organisation through decentralisation and the assumption of responsibility by local communities; and amend the institutional and regulatory framework to provide security of land tenure for local populations.[23] Thus, there is a strong case for the UNCCD favouring the participation of IPLCs in REDD+ implementation. The primary purpose of ILO Convention 169 is to ensure the respect of the identity and wishes of the indigenous peoples; to guarantee respect for their integrity; to empower and provide for the increased consultation with, and participation by these populations in development projects and decisions affecting them, ensuring their representation; respect of their customs and tradition; and ensuring equal benefits and rights with the other members of the population.[24] Hence, there is also a strong case for this Convention favouring the participation of IPLCs in REDD+ implementation.

2.1.2 Some non-legally binding instruments on IPLCs' participation in REDD+ implementation

Soft law instruments[25] especially the UNFCCC COP's decisions arrived at during negotiations on climate change and other international declarations to which these decisions refer also provide guidance on the engagement and participation of IPLCs in REDD+ implementation. The Bali Action Plan adopted in 2007 at COP13 identifies the need to address the needs of IPLCs when taking actions to reduce emissions. The Cancun Agreements further provide that the implementation of REDD+ should

---

22   Article 19.
23   See generally Article 8 (2) and (3) of Annex 1.
24   See generally Articles 2 to 8 of the Convention.
25   The so-called soft laws are non-legally binding instruments, simply reflecting the commitment of states to move in certain directions.

promote and support a set of social and environmental safeguards (SES), including the following two safeguards that are relevant to the rights of IPLCs:[26]

> (c) Respect for the knowledge and rights of indigenous peoples and members of local communities, by taking into account relevant international obligations, national circumstances and laws, and noting that the United Nations General Assembly has adopted the United Nations Declaration on the Rights of Indigenous Peoples;
>
> (d) The full and effective participation of relevant stakeholders, in particular, indigenous peoples and local communities in REDD+ activities.

The Cancun SES seeks to ensure that REDD+ implementation minimises risks and protects social and environmental values. Thus, addressing and respecting these safeguards is an undisputed REDD+ requirement.[27] However, the COP decisions such as the one embodying the Cancun safeguards are generally not binding and non-mandatory. They are quite vague in their requirements and legal consequences with however, two partial exceptions in this respect.[28] The first is the reference to the UNDRIP whose core element often emphasised in the context of REDD+, is the well-defined procedural requirement for free, prior and informed consent from IPs before conducting activities that affect their rights. The second exception is a general reference to human rights enjoining UNFCCC parties to ensure that all climate change related actions fully respect human rights. A Safeguard Information System (SIS) further expect parties to provide transparent and consistent information periodically on whether and how safeguards are being addressed and respected via national communications submitted to the UNFCCC.[29] It is submitted that without the full implementation of the safeguards, the risks are potentially high for IPLCs and the success of REDD+.

Paragraph (q) of Decision X/33 on Biodiversity and Climate Change stresses on the need to take into account the need to ensure the full and effective participation of IPLCs in relevant policy-making and implementation processes, where appropriate; and to consider land ownership and land tenure, in accordance with national legislation.[30] The UN-REDD Programme and the Forest Carbon Partnership Facility have developed joint guidelines on stakeholder engagement in REDD+ readiness, with a focus on the participation of IPLCs, calling on REDD+ activities to avoid potentially

---

26   Cancun (2010) decision 1/CP.16, Paragraphs 2 & 72 and Appendix I, Paragraphs 2 (c) and (d). For the full text of the Cancun safeguards, see the Report of the COP on its sixteenth session' (29 November to 10 December 2010) (2011) FCCC/CP/2010/7/Add.1.
27   REDD+ Safeguards Working Group (2014:2).
28   See Ituarte-Lima & McDermott (2017:10).
29   UNFCCC Decision 2/CP.17, paragraph 2; Decision 1/CP.16, Paragraph 71(d); Decision 9/CP.19, Paragraph 4.
30   See 10th meeting of the COP Convention on Biological Diversity (COP10), Nagoya, Japan, 2010.

harmful impacts on IPLCs, and to minimise or compensate them for any unavoidable negative impacts.[31] Principle (e) includes the statement that: clarifying and ensuring their rights to land and carbon assets, including community (collective) rights, in conjunction with the broader array of indigenous peoples' rights as defined in applicable international obligations, and introducing better access to and control over the resources will be critical priorities for REDD+ formulation and implementation. On its part, the UNDRIP is comprehensive on the duty of states to consult with indigenous peoples on decisions affecting them.[32] As part of the global trend to grant IPLCs rights and genuine powers over the management of natural resources, the Central African Forest Commission[33] adopted the Sub-regional Guidelines on the Participation of Local Communities and Indigenous Peoples and NGOs in Sustainable Forest Management in Central Africa in 2010.[34] Although these are all non-binding instruments, they can bring pressure to bear on states to act accordingly. Cameroon being a party to the UNFCCC, has and continues to participate in COP meetings and in consequence, has been guided by COP Decisions in designing projects, programmes, plans and strategies for implementation REDD+ initiatives.

2.2 Opportunities and challenges for IPLCs' participation in REDD+ implementation under domestic law: experiences from Cameroon

Environmental and natural resources law and governance are evolving rapidly, with significant implications for IPLCs especially in the context of REDD+. It is advocated that local stakeholders should enjoy genuine rights to manage land and natural resources after decades of centralised and poor governance by post-colonial administrations, with some timid measures adopted in Cameroon.[35] Although the REDD+ processes have gained momentum in Cameroon with an initial draft REDD+ strategy submitted to the World Bank in November 2015[36], there is no legislation governing REDD+ in Cameroon. REDD+ pilot projects are being governed by various existing

---

31 See FCPF & UN-REDD Programme (2012).
32 See UNDRIP, Articles 10 (no relocation without free, prior and informed consent), 11 (2) (redress and potentially restitution if taking of property or violation of customs without free, prior and informed consent), 19 (free, prior and informed consent before legislative or administrative decisions affecting them), 28 (right to redress for land or resources taken). See generally Articles 10, 11, 15, 17, 19, 28, 29, 30, 32, 36 and 38.
33 See the Central African Forest Commission (COMIFAC) Treaty established in 1999.
34 See *Directives sous-régionales sur la participation des populations locales et autochtones et des ONG à la Gestion durable des forêts d'Afrique Centrale*, at www.comifac.org/Members/webmaster/dir-popaut.pdf, accessed 10 October 2017.
35 See Assembe-Mvondo (2013:33).
36 IUCN (2016:11).

national forestry and related legislation and policies as iterated in the R-PP of Came-roon.[37] Relevant domestic legislation for REDD+ implementation include the envi-ronmental impact assessment (EIA) legislation,[38] forestry legislation,[39] the 1996 Framework Law on Environmental Management[40] and the land tenure legislation,[41] which all have implications for IPLCs' participation in REDD+ implementation. Other pieces of REDD+ related legislation[42] also have implications for IPLCs' par-ticipation.

The land and territories of IPLCs in most developing countries including Came-roon, on which they depend and exploit constitute a large part of forested lands likely to be targeted by REDD+ actions making them a major stakeholder in the REDD+ process and necessitating that REDD+ programmes build on the understanding of this forest dependency. Conservation initiatives such as REDD+ are more likely to succeed if they build on the interest of IPLCs rather than if they conflict with their in-terests.[43] Their participation in activities and decision-making correlates with more equitable outcomes and greater achievement of forest conservation. Their rights, views and values need to be incorporated into all the stages of the REDD+ process.[44] However, this is only possible if they are granted genuine ownership and control

---

37   R-PP (2013:18).
38   Decree No. 2005/0577 /PM of 23 February 2005, Arête No. 0070/MINEP of 22 April 2005, Arête No. 0001/MINEP of 3 February 2007, all on EIA.
39   See the 1994 Forestry Law; Law No. 96/237/PM of 10 April 1996, fixing the modalities of the functioning of the special fund for Forestry, Wildlife and Fisheries; Decree No. 95/531/PM of 23 August 1995 setting the terms and conditions of application of the forest regime; Decree No. 2000/092/PM of 27 March 2000 amending Decree No. 95/531/PM of 23 August 1995 set-ting the terms and conditions of application of the forest regime; Order No. 0222/A/MINEF of 25 May 2001 on Procedures for preparing a Forest Management Plan; Joint Order No. 122 of 29 April 1998 issued to lay down conditions for the use of revenue derived from forestry fees; Joint Order No. 76/MINADT/MINFI/MINFOF of 26 June 2012 to lay down conditions for the planning, use and monitoring of the management of forest and wildlife revenue allocated to councils and local communities.
40   Law No. 1996/12 of 5 August 1996 relating to environmental management in Cameroon (1996 Framework Law on Environmental Management).
41   See Ordinance No. 74/2 of 6 July 1974 to Establish Rules Governing State Lands; Ordinance No. 74/1 of 6 July 1974 to Establish Rules Governing Land Tenure; Decree No. 76/165 of 27 April 1976 to establish the conditions for obtaining land certificates as amended and supple-mented by Decree No. 2005/481 of 16 December 2005; Decree No. 2005/481 of 6 December 2005, modifying and completing certain provisions of Decree No. 76/165 of April, 1976 laying down conditions for obtaining land titles.
42   See Order No. 103/CAB/PM of June 13, 2012 pertaining to the creation, the organisation, and the operation of the REDD+ Steering Committee.
43   Because most of rural people in Africa rely more heavily on subsistence agriculture and explo-itation of forest resources for their livelihoods, REDD+ implementation must provide suffi-cient incentive for IPLCs to maintain natural forest cover. See Chia et al. (2013:505) and Mboh et al. (2012:35).
44   Viana et al. (2012:59).

rights. Any policy which excludes these components will frustrate the goal of making IPLCs effective stakeholders in resource management. REDD+ implementation presents opportunities and risks to IPLCs in Cameroon. The risk factors include unclear tenure rights, weak institutions, corruption and often weak legal and policy frameworks act as disincentives. Actors with secure property rights to land, forests and forest products will likely be better positioned to capture benefits than those without rights or with insecure rights.[45] If IPLCs gain secure rights over their land and forests, they would be well-positioned to participate in REDD+ actions and capture benefits. If, however, local lands and forests come under the control of government or elites, IPLCs' rights would be undermined and forest benefits siphoned from them.[46] Inability to reconcile conservation and the livelihood of IPLCs goals has led to conflicts and mistrust between managers of protected areas and IPLCs.[47] The REDD+ process must learn from these previous experiences.

2.2.1 Key elements of the legal framework for IPLCs' participation in Cameroon

Effective decentralisation and devolution of forest management power to IPLCs, clarification of land and forest ownership and use rights, carbon rights, benefit-sharing mechanisms at all levels, fair allocation and disbursement of funds, adequate access to information, monitoring, access to justice, etc., are all key elements of an effective strategy to promote IPLCs' participation and ensure their supports for REDD+.

2.2.1.1 Land and forest tenure rights and security

Land and forest tenure rights and security are a crucial component of IPLCs' empowerment and participation in REDD+ implementation. Tenure in this sub-chapter is defined as a system that determines who owns and can use what resources for how long, and under what conditions while, tenure security refers to certainty that rights to land and forest is recognised, respected and protected.[48] Tenure rights arise from two sources, including customary and statutory law. Customary or community tenure refers to a system derived from traditional or ancestral occupancy and use of lands and resources which derive from and are sustained by the community itself, while

---

45 See Loft et al. (2015:1053); Costenbader et al. (2015:11).
46 Veit et al. (2012:12).
47 See Huynh et al. (2016:878).
48 See Springer & Larsen (2012:4).

statutory tenure refers to rights formally enshrined in the laws of a state.[49] Many customary and statutory systems overlap, with unrecognised or vulnerable customary rights with the result that the vast majority of IPLCs have no formal legal title to their customary lands (which the state claims ownership over). Since most of the carbon rich forests are found in areas where land and forest ownership are unclear due to weak tenure, the potential increases in the financial value of forests for their carbon price and uncertainties about who will benefit create more potential for tenure conflict and corruption that will be detrimental to IPLCs.

While tenure is often equated with ownership, it constitutes a bundle of rights that may include various combinations of: ownership, access, management, exclusion and alienation rights and in some cases, a single user may command all of these rights, while in other cases, different users may claim some subset of these rights associated with the same area of forest.[50] For example, the state can claim ownership of forest lands, while at the same time a community may have the right to live in and use the same forest, even where the state has given permits to a private company to carry out other activities. These rights are often poorly defined, weakly enforced, overlapped and/or contradictory, generating tenure conflicts in these areas.[51] Cameroon's land and forest tenure laws create a certain degree of uncertainty regarding land ownership and tenure rights. In particular, customary tenure is not recognised under the land legislation as all land without a registered land title is treated as state land[52] implying that customary landholdings are also treated as state-owned land. Under this scenario, without a land certificate one cannot claim ownership of land or forest no matter how long one has been living on the land. In fact, most forested areas in Cameroon are classified as national land despite centuries-old claims by IPLCs, with limited contributions of state-controlled forests to local livelihoods.[53] Section 17 of the Land Tenure Ordinance gives customary communities occupying land since August 1974 the right to apply for a land certificate but obtaining land certificates is expensive, cumbersome and subject to corrupt procedures. Although Section 8 (1) of the

---

49   (ibid.).
50   UNEP (2015:45 & 46). See also Barquín et al. (2014:67).
51   Korwin (2016:17). See also Blomley (2013:11); WWF (2013:30).
52   Cameroon land tenure is under-pinned by Ordinance No. 74/1 of 6 July 1974 to establish rules governing land tenure, the 1995 Indicative Land Use Framework, and the local cultural and traditional land tenure systems and according to the 1974 Land Ordinance, all uninhabited forestland without land title is owned by the state which abolishes ancestral rights that were recognised in the pre-independence period, making registration the only way to gain ownership and places all unregistered lands under state control. Land certificate is the official certificate of real property rights according to Article 1 of Decree No. 6/165 of 27 April 1976 to establish the conditions for obtaining land certificates as amended and supplemented by Decree No. 2005/481 of 16 December 2005.
53   Springer & Larsen (2012:3).

1994 Forestry Law recognises customary rights of the local population to harvest forest, wildlife and fisheries products freely for their personal use, except the protected species, it precludes any sale of those products.

The bundle of rights which could be of particular relevance to REDD+ include: ownership rights which are often exclusive; use or *usufruct* rights which is more limited than ownership rights and can pertain to a different actor than the owner; individual and collective rights; tangible rights pertaining to physical land and resources (such as trees) and intangible rights (such carbon). An analysis of existing statutes in Cameroon reveals that the bundle of rights available for IPLCs tend to be more limited such as to access, management and use and often for a limited periods of time (e.g., 25 years for CF).[54] They are also often limited to a specific resource (forests) rather than taking a more integrated or holistic approach such as focusing on management of carbon in the context of REDD+. Here, tenure rights take a weaker form for IPLCs as they are granted limited and revocable *usufruct* rights to forest products while economically valuable resources (minerals, timber and wildlife) are expropriated by the state and its commercial allies and local exploitation criminalised. Land and forest resource management under state control is unfair, making IPLCs tenants of the state, subject to the whims of state planning and regulation.

While Cameroon has not yet established a coherent policy to address the rights of IPLCs, certain *ad hoc* policies have been introduced for individual programmes in response to pressure from international organisations. For example, to meet the World Bank operational policies on indigenous peoples, the Pygmy Peoples Development Plan was established as part of the Forest and Environment Sector Programme to facilitate the access of Pygmies to CF and to ensure fair distribution of the annual forestry fees (RFA)[55] and the wildlife tax.[56] Indeed, their tenure rights were established long before the state was formed. The importance of resolving tenure challenges and ensuring IPLCs engagement is well recognised under REDD+. It has become a standard operating assumption that clear and secure land tenure is a prerequisite for participation in REDD+ projects, to reduce risks.[57] Without secure tenure, forest users have few incentives and often lack legal status to invest in protecting forests.[58] These risks are of particular concern in Cameroon where participation of IPLCs in forest management is low due to the fact that existing tenure rights and governance are weak.

---

54   See Article 37 of the 1994 Forestry Law.
55   *Redevance forestière annuelle in its French acronyme.*
56   See Viana et al. (2012:29).
57   See Naughton-Treves & Day (2012:iv, 1 and 3); Chia et al. (2013:506); Moore et al. (2012:83).
58   See Springer & Larsen (2012:11); Sam & Shepherd (2011:11); Day & Naughton-Treves (2012:3).

Community tenure has received substantial attention in REDD+ discussions for several reasons. Tenure security will safeguard against risks of involuntary resettlement; will guarantee IPLCs' participation in REDD+ activities; will support more effective forest stewardship; will support the exercise of traditional knowledge and practices; will influence the distribution of REDD+ potential benefits; will influence carbon rights; and tenure is itself a benefit. Rewarding these communities for conserving forests is a more effective conservation strategy than state institutions.[59] It is very critical that IPLCs be allowed to exercise their rights of ownership, otherwise, they may resist REDD+ projects fearing that such projects will violate their land rights, threaten agricultural practices and traditional livelihoods with the Kilum-Ijum Mountain Biodiversity Conservation project being a good example.[60] Thus, the recognition of the customary land ownership and resource rights of IPLCs will be ideal for the REDD+ process to guarantee its success. Formal recognition via a legal instruments can contribute to legitimacy and support for REDD+. Good forest projects should be more about recognising the rights of IPLCs, rather than claiming ownership and control of their territory.[61]

Effective decentralisation of forest management when combined with strong support of IPLCs can prove effective at inducing better management of forest resources. The 1994 Forestry Law guarantees the protection of the rights of IPLCs through CF[62] which is an opportunity for local forest communities to improve livelihoods while promoting conservation. With more complete bundle of rights, CF could enhance better protection of standing forests and restoration of degraded forests. Local participation is more meaningful and effective when local populations are involved not as cooperating forest users but forest managers and even owners.[63] Thus, there are lessons and linkages between CF and REDD+. CF should thus be included as a strategic option in the national REDD+ strategy. However, CF in different parts of Cameroon have also resulted in some negative experiences such as confiscation of the process by elites in complicity with economic operators and therefore low involvement of IPLCs, resulting in mismanagement of revenues and conflict.[64] Moreover, CF in Cameroon is slow as the procedure for applying for an award of CF are cumbersome and costly for local communities to afford.

---

59   Lastarria-Cornhiel et al. (2012:102).
60   The government of Cameroon in its effort to maintain the natural biodiversity of this mountain forest, entered into a contract with the NGO BirdLife International to conserve the forest. This decision was taken without involving the inhabitants who were all asked to quit the forest, especially those who grazed their animals there. The decision was never implemented due to resistance from the local population.
61   Awung & Marchant (2016:20).
62   See generally Sections 37 and 38 of the 1994 Forestry Law.
63   Sam & Shepherd (2011:9).
64   Fobissie et al. (2012:15). See also Roe et al. (2009:121).

To ensure that REDD+ does not increase the marginalisation and vulnerability of IPLCs, good practices include: adopting a simple, low-cost and verifiable procedures for legalisation of CF agreements and management planning which integrate all legitimate stakeholders and zoning and land use planning for different land uses. The 2011 orientation law on zoning provides an opportunity to adjust and secure IPLCs' interests and also avoid conflicts among IPLCs, conservation, agriculture, mining and forestry concessions; facilitating the process of obtaining collective land titles for IPLCs; and co-management agreement with IPLCs over protected forest. There is also the need to ensure that rights cannot be arbitrarily revoked.[65] The Development Law Service of the FAO has produced guidance on the statutory recognition of customary land rights based on an analysis of cases in Africa, highlighting seven key steps including:[66] creating local tenure structures that consider local and customary land management structures while also being low cost and easily accessible; establishing administrative processes and dispute resolution mechanisms that are simple, clear, streamlined, local, and easy to use; establishing appropriate checks and balances between customary/local leadership and state officials; safeguarding against intra-community discrimination against women and other vulnerable groups; protecting community land claims while allowing for responsible investment in rural areas; and ensuring enforcement of laws and setting up dispute resolution mechanisms. Though essential, tenure recognition and reform may take decades of struggle to achieve[67] and trying to formalise tenure too quickly can lead to the exclusion of IPLCs and may constitute a threat to REDD+.

2.2.1.2   Carbon ownership rights and benefits

REDD+ creates a new resource known as carbon sequestered and stored in forests with an undefined and unclear ownership rights in most countries. Carbon rights, i.e., the bundle of legal rights to carbon sequestered, present a set of theoretical and practical challenges. Since Cameroon has no legislation on carbon rights to date, its legal system does not equally make a distinction between rights over the tree storing carbon and the carbon itself. This elusiveness of legal clarity is problematic as different interpretations of the law lead to competing claims among stakeholders who hold different property rights over forest and land resources. In addition to land and forest tenure, Cameroon will also need to define and clarify rights over sequestered carbon. Rights over carbon can belong to an individual, a group, such as a community or the

---

65   Springer & Larsen (2012:15).
66   See UNEP (2015:49). See also Lastarria-Cornhiel et al. (2012:105).
67   Costenbader et al. (2015:10).

state, depending on national legislation.[68] According to the 1994 Forestry Law which puts in place a system of different use rights in state and national forests, the state as owner of most of the forest land will by implication be the main beneficiary of any carbon rent obtained under REDD+. Consequently, the right to carbon as a property would belong to the state where it is a state forest while the right to carbon on community and private forests would belong to the owners of these forests,[69] and the carbon on council forests and national land would respectively belong to councils[70] and to the nation managed by the state. However, ownership over natural resources in private forests is limited by Section 39 (4), according to which forest products under Section 9 (2) (which classifies various products or resources as special, belong to the state).[71] Such special products may be extended to include carbon stored in trees. Under this legal construct, most carbon credits realised from REDD+ will belong to the state with the significant risk that IPLCs will not reap adequate financial rewards, stifling incentives to support conservation efforts.

Carbon rights, whether explicitly or implicitly defined, may be linked to the property rights over land and forests in which the carbon is stored, or use and management rights related to forests.[72] However, the right to own a forest does not necessarily confer a right to benefit from it.[73] Carbon rights may be assigned independently of land rights as in New Zealand and Australia.[74] Thus, claims would not necessarily be based on tenure, but could also include ancestral rights, management rights, use rights or capital investment.[75] Clarification is required as to whether a communal title to a forest area also grants the title holder the right to the carbon. Good practice requires devolving carbon rights to IPLCs, along with other forest rights.

---

68 Angelsen (2009:144).
69 Natural resources found within a private forest are owned by the individual as defined by Section 39 (1) of the 1994 Forestry Law as read with the 1974 Land Tenure Ordinance.
70 See Article 32 (3) of the 1994 Forestry Law which states that forest products of all kinds resulting from the exploitation of council forest shall be the sole property of the council concerned.
71 Section 9 (2) of the 1994 Forestry Law classifies various products as special and belonging to the state: namely, ebony, ivory, wild animal horns, certain plants and medicinal species or those which are of particular interest.
72 Ministry of Environment, Water and Natural Resources Republic of Kenya (2013:109).
73 (ibid.).
74 Day & Naughton-Treves (2012:3).
75 Loft et al. (2015:1044).

2.2.1.3 Fair and equitable benefit allocation and distribution

Benefit-sharing[76] has been highlighted as a key aspect of REDD+ but questions as to who will benefit at the national and subnational levels and how such benefits might be allocated and shared among different actors in REDD+ countries remain largely unresolved. An effective and equitable distribution of benefits can incentivise and empower IPLCs and facilitate the positive outcome of carbon projects[77] while inequitable distribution is a threat to IPLCs' participation in REDD+ schemes. The risks of capture of readiness preparation funds designed for local forest-dependent stakeholders by vested interests have been highlighted in Cameroon,[78] meaning that benefit-sharing is not necessarily pro-poor in nature as is often thought.[79] Diversion of these revenues can lead to perverse incentives to continue degrading forests, or result in the exclusion of vulnerable groups, compromising the achievement of REDD+ objectives. A national REDD+ benefit-sharing scheme needs to be established and it needs to be clarified who will be the eligible recipients. In designing benefit-sharing mechanisms, particular attention must be given to IPLCs, especially their marginalised and vulnerable groups such as women, older members and youths.

Cameroon's approach to REDD+ benefit-sharing is based on previous revenue sharing mechanisms such as the redistribution mechanism of RFA.[80] Under relevant legislation, any financial benefits resulting from the exploitation of forest resources are subject to the payment of royalties to the state.[81] In turn, the state distributes royalties collected thus: 50% to the state, 40% to the councils, and 10% to the local population.[82] The management of the RFA at the community level has been very controversial because of large-scale misappropriation. While the meager 10% share was originally meant to be paid directly to the community level, a joint administrative decision of the Ministry of Economy and Finance and of the Ministry of Territorial Administration on 29 April 1998 provided for the management by local governments. A widespread lack of implementation of these tax allocations to concerned

---

76   In the context of REDD+, benefit-sharing refers to how financial incentives transferred from international funds or carbon markets are shared between actors within a country.

77   Fair and equitable benefit-sharing allows IPLCs to become partners in projects and potentially empowers them, encouraging local level stewardship of natural resources and leads to decreased pressure on forest ecosystems.

78   Korwin (2016:18).

79   See Sam & Shepherd (2011:31).

80   See FCPF (2013:72). According to the R-PP, REDD+ benefit-sharing hinges on Cameroon's existing revenue sharing mechanisms such as the RFA.

81   Decree No. 96/642/PM of 17 September 1996, fixing the amount and the modalities of tax recovery and the rights of royalties and tax relative to forestry activities.

82   See Decree No. 96/237/PM of 10 April 1996 defining the conditions for the functioning of special funds provided in the 1994 Forestry Law.

villages is common, including no consultation process with the IPLCs before fixing the percentage allocated to them.

The way in which REDD+ financial flows will be monitored is currently unclear and if such monitoring system is not developed, including substantial improvements in governance, significant corruption, misappropriation and diversion of REDD+ funds will be detrimental to IPLCs given the inherent weaknesses in current benefit-sharing scheme in Cameroon. There is genuine concern that governments or brokers will appropriate revenues from REDD+ activities.[83] It is critical to consider to link the IPLCs involved in REDD+ activities to the international carbon funds and market without going through government. One option being tested in Brazil is to use commercial banks to transfer payments from the voluntary carbon market to farmers and community organisations.[84] Apart from direct cash flow, the payment of REDD+ benefits could also be made by building social infrastructure for IPLCs to promote community development and poverty reduction activities. In this respect, Sections 50 and 61 (3) and (4) of the 1994 Forestry Law require the project participant to undertake to carry out industrial installations, developmental works, and provide social amenities for the benefit of the local population. While there is no single formula for equitable benefit-sharing, a transparent and participatory process that is based on legitimate tenure rights likely has the best chance of success.[85]

2.2.1.4   Equity issues

Concerns have grown regarding the equity implications of REDD+ for IPLCs.[86] Equity in the context of REDD+ embodies a wide variety of theoretical parameters including most notably the following elements: equitable compensation according to which all participants' rewards match contributions towards realising REDD+; equal opportunity which involves safeguards to ensure poor and marginalised groups have equal chance to participate; poor targeted requiring poor communities are actively involved, provide equal voice to all participants; and poverty alleviation in which participation and rewards are prioritised to those in greatest need, irrespective of contribution or ability to perform.[87] In this respect, it would be equitable to prioritise the participation of IPLCs and to ensure that they adequately reap the benefits of REDD+ implementation.

---

83   Katerere et al. (2009:19).
84   Bond (2009:103).
85   See UNEP (2015:57).
86   See Costenbader et al. (2015:2) and Ituarte-Lima & McDermott (2017:4).
87   See Mboh et al. (2012:34).

2.3   Access to information, decision-making and participation

Access to information is vital to environmental and natural resource management.[88] The rights to access to information and to full and effective participation in decision-making are crucial for a legitimate and successful REDD+ implementation. Robust freedom of information laws are an important foundation on which to build.[89] In line with international guidance, access to environmental information in Cameroon is enshrined in the 1996 Framework Law on Environmental Management.[90] Under the 1994 Forestry Law, public information, consultation and participation is required under Articles 8 (2), 51 (2), 61 and 142 (3). The preamble of Cameroon's Constitution equally provides for public participation in environmental matters. The 2005 EIA laws also make public consultation and hearings mandatory during EIA processes. Information, decision-making and participation is supposed to involve all concerned stakeholders, but sometimes, there are no consultations with IPLCs when granting concessions over their land. Given that freedom of information laws exists in Cameroon, the government should provide the necessary institutional support for implementation.

2.3.1.1   Access to justice (effective dispute resolution mechanism)

The right of access to justice is crucial for the successful implementation of REDD+. In fact, a well-functioning justice mechanism is critical for the success of any system. REDD+ has the potential to create conflicts among the various actors hoping to benefit from it. Adequate access to justice is a critical component of effective forest governance structures without which, stakeholders will be unable to enforce and protect their rights, rendering forest governance ineffective. Poor dispute settlement mechanism can undermine efforts to ensure the accountability of the use and distribution of funds and is likely to reinforce tenure insecurity, which may weaken the chance of effective participation especially for IPLCs. There is the need for strong, independent dispute resolution mechanisms with the capacity to identify and deal with grievances. Avenues such as administrative procedures, judicial forums, traditional authorities, and arbitration provided for through environmental laws, Forestry Law and other

---

88   See Principle 10 of the 1992 Rio Declaration.
89   UNEP (2015:33).
90   See generally Articles 6, 7 and 9.

natural resource laws[91] are all available for settling disputes. These avenues however need to be strengthened in order to respond to the exigencies of REDD+.

2.3.2 A critic of the legal framework with respect to the effective participation of IPLCs

Cameroon's environmental law and related natural resources laws give less rights to IPLCs and the implementation of the weak protection systematically hinder these groups from enjoying adequate forest benefits. Provisions of these national laws and their implementation on the effective participation of IPLCs in REDD+ implementation fall below international standards on this subject in Cameroon. In comparison with legally and non-legally binding international instruments, there is a limited guarantee for IPLCs' participation in REDD+ implementation in Cameroon. Despite a theoretical transfer of powers to local level stakeholders in line with the theories of participation and subsidiarity, the practical forestry management reinforces strongly central stakeholders' power with strong political and economic incentives for elites to consolidate their control over natural resources. Because international instruments are sometimes ratified for political reasons, many of the treaties do not have the necessary mechanisms and direct authority to sanction states for non-compliances, which constitutes a weakness in the implementation of treaties at the national level.[92] There is great limitation with respect to land ownership rights and access to resources for IPLCs. For instance, the 1994 Forestry Law provides for CF but puts in place very stringent conditions and procedures for communities to access, posing a major constraint for IPLCs. Genuine devolution of power involves a real transfer of rights and responsibilities, which the state is reluctant to effect as those who have the power to effect the change have a strong interest in resisting these changes.

Furthermore, administrative bottlenecks and corruption render access to environmental information very difficult or almost impossible for IPLCs; very few have been involved in environmental projects. Although they are key players in the implementation of REDD+, they are either not consulted or largely sidelined and relegated to the background. This can be detrimental to the success of the REDD+ scheme. The current benefit-sharing arrangements in Cameroon allocating only 10% of revenue to IPLCs often fall prey to elite capture as a result of the top-down preferences of central and local governments on communities.[93] Thus, owing to poor en-

---

91 The 1996 Framework Law on Environmental Management, 1994 Forestry Law, 1998 Water Law, 2001 Mining Code, 2003 Biosafety Law and the 1974 Land Tenure Laws.
92 See Suksuwan et al. (2015:15).
93 See Murphree & Taylor (2009:109).

forcement of existing laws because of weak governance, institutional capacity, lack of political will, vested interests and absence of rule of law or impracticable legislation, there is often a vast gap between policy rhetoric and on the ground practice.[94] Providing secure and enforceable rights, accompanied by simple and affordable procedures for the exercise of such rights that are within the reach of IPLCs, is critical. The current legal framework on which it hinges must be revised to clearly define the role that the IPLCs will play in REDD+ implementation. The law should clearly identify the various activities and levels at which IPLCs will participate; the incentives and institutional frameworks that will facilitate their participation should also be clearly spelled out for best outcomes.

The duty to adopt effective national legislation and to enforce laws to meet international legal obligations is well recognised, but hardly practised.[95] Evaluation of REDD+ readiness preparation processes in Cameroon indicates insufficient attention to these international REDD+ legal frameworks providing important tools for IPLCs' participation. The involvement and participation of stakeholders, especially the most vulnerable IPLCs, are essential elements for the success of natural resource management initiative such as REDD+. However, the effectiveness of the rights granted to IPLCs will largely depend on the political will of the state and quality of their enforcement.

3   Enhancing the participation of IPLCs in REDD+ activities

The engagement of IPLCs in REDD+ implementation can be enhanced by allowing them to participate in REDD+ activities such as carbon schemes and monitoring activities. REDD+ processes, if well institutionalised and realigned with community-owned forest models, are a potential opportunity for CCM and delivering local social benefits. Emissions reductions and improved forest outcomes have occurred in places where IPLCs have been given enhanced rights to manage forest resources.[96] Participation can reduce the vulnerability of IPLCs through income diversification generated from small scale carbon offset schemes and other mitigation activities.[97] As such, the government may consider as part of an emissions reduction strategy, the need to devolve management rights to IPLCs through appropriate legislation in order to fully recognise customary tenure systems, as has been the case in India and Vietnam.[98]

---

94   See Dkamela (2010:47); Roe et al. (2009:128).
95   See Assembe-Mvondo (2013:38 and 40).
96   See UNEP (2015:52).
97   See Chia et al. (2013:499).
98   See UNEP (2015:52).

4   Activities and levels of IPLCs' participation in REDD+ implementation

REDD+ has grown within international climate negotiations to include a suite of forest sector CCM actions involving five activities identified under paragraph 70 of Decision 1/CP.16.[99] In line with these, the major key aspects of IPLCs' participation include: undertaking carbon sequestration and conservation projects through for example agroforestry, AR and other carbon services such as participation in monitoring activities, decision making, etc. Enhancement of the carbon concessions concept is fundamental for IPLCs' participation.[100] The government can allocate degraded and barren land for forest regeneration or tree planting which would require interested IPLCs to apply for concessions. Climate-smart agriculture (CSA)[101] is also important. Examples of CSA include agroforestry system and improved grassland management. IPLCs can also play a vital function in accurate data collection given their traditional knowledge and relationship with the forest.[102] The UNFCCC Subsidiary Body on Scientific and Technical Advice recognises the need for the engagement of local communities with their local knowledge in the monitoring and reporting of activities related to REDD+.[103] Studies suggest that community information is often as cost-effective as that collected by professionals and sometimes more cost effective.[104] Community forest user groups in Nepal have for example included provisions for community forest monitoring and compliance with local rules into their operational plans.[105] Cameroon could replicate and incorporate similar provisions into its monitoring plans as a way to enhance monitoring. IPLCs can also participate in information gathering for safeguard information requirements as they are most present in forests and therefore often most able to observe them.

---

99 One of the Cancun Agreements, Decision 1/CP.16, that resulted from UNFCCC 2010 COP16 encourages developing country Parties to contribute to mitigation actions in the forest sector by undertaking any of the following five activities as deemed appropriate and in accordance with their respective capabilities and national circumstances: (a) Reducing emissions from deforestation; (b) Reducing emissions from forest degradation; (c) Conservation of forest carbon stocks; (d) Sustainable management of forests; and (e) Enhancement of forest carbon stocks.

100 See Alemagi et al. (2014:1).

101 CSA is an approach for addressing food security challenges under the new realities of climate change, which identifies synergies and tradeoffs among food security, adaptation and mitigation as a basis for reorienting agricultural policies and practices in response to climate change. See Alliance for a Green Revolution in Africa (2014:16).

102 UNEP (2015:18).

103 See Kusaga (2010:17).

104 See MacFarquhar & Goodman (2015:9); Bradley (2012:69).

105 UNEP (2015:56).

5　　Enabling institutional and governance environment for IPLCs' participation

Statutory rights do not automatically guarantee to the IPLCs the exercise and benefit thereof. Their effective realisation requires that supportive institutional and governance frameworks be in place at multiple levels with enabling procedures.[106] An enabling institutional environment is needed to support project development, certification, negotiate deals with buyers on IPLCs' behalf and ensure benefits reach them.[107] There is the need to develop and reform legal frameworks to facilitate and enhance IPLCs' participation in REDD+ implementation, by specifying clear legal rules and procedures allowing them to acquire and register lands and forests on which to carry out carbon schemes. With REDD+ strategy yet to be fully developed, opportunities exist for these challenges to be addressed.

6　　Conclusions and recommendations

6.1　　Conclusions

It is clear from the foregoing that local people's ability to manage the lands and resources they depend on has been disrupted. Governments have signed and/or ratified numerous international instruments of legally binding and non-legally binding nature that, among other things, recognise IPLCs' rights to land and resource management which have been incorporated into national legislation, but these have rarely been implemented. Cameroon's environmental law and related legal frameworks and the way they are implemented continue to be disadvantageous for IPLCs, demonstrating the multiple and competing interests and goals of different stakeholders and the weaker power of IPLC who consistently lose out in favour of the state, conservation organisations and investors. Authorities who implement and enforce laws systematically create multi-layered barriers for IPLCs to exercise their rights. State overall ownership and control over land and forest is detrimental to IPLCs' participation in REDD+ implementation. Therefore, in addition to limited statutory rights, IPLCs must also have the minimum guarantees to exercise these rights which only take effect when implemented – a political process that will likely challenge vested interests.

In light of the generally weak implementation of decentralisation and devolution policies, REDD+ may lead to recentralisation of forest management or be implemented through exclusionary approaches that would restrict local uses or result in

---

106　Springer & Larsen (2012:16). See also Roe & Nelson (2009:9).
107　Katerere et al. (2009:19 and 20).

land grabs triggered by large sums involved in REDD+ implementation. It is no surprise that the UNFCCC safeguards speak against adverse impacts on IPLCs and emphasise respect for their rights. REDD+'s threats on IPLCs are evident, but it has much potential in showcasing the opportunity it holds if carried out through a bottom-up approach where IPLCs are the main stakeholders and managers of the initiative. Tenure needs to recognise customary tenure systems where communal ownership is recognised alongside state ownership via legislation. The legal clarification of allocating and issuance of permits for carbon projects, who holds the rights and obligations to carbon is a necessary step in the implementation of REDD+ which will in turn determine the sharing of benefits from REDD+ activities. The analysis of the current legal framework in Cameroon reveals that explicit legal provisions are lacking to secure effective participation by IPLCs with implications for their dispossession. Compliance with the weak legal framework is still far from satisfactory, with key weaknesses being the lack of genuine political will and poor governance. As such, the land and forest governance challenges faced by the IPLCs over the past decades will need to be addressed in the context of REDD+ implementation. A core conclusion is that IPLCs will only be empowered if REDD+ implementation prioritises local interests and capacities. The findings of this sub-chapter make more prominent the understanding of the vulnerability of IPLCs in the context of REDD+ implementation in Cameroon, underscoring the need for legislative reforms to scale-up IPLCs' participation by bringing their voices and active role into the REDD+ process.

6.2   Recommendations

The land tenure, forestry, zoning laws and other related legislation and policy that make up part of Cameroon's environmental law need to be reformed to provide for greater and effective IPLCs' participation by responding to the following concerns: what rights should be allowed for IPLCs and what the clear requirements and procedure for acquiring such rights are. This will facilitate the participation of IPLCs in REDD+ activities and projects. Specifically, the law reform and clarity to be carried out by the government should:

- conduct an analysis on the land and forest rights regimes;
- recognise the collective property rights of IPLCs and finalise legislation on customary tenure on community lands which allows customary right holders to engage in REDD+ processes, and protect their rights to carbon benefit-sharing; the customary tenure should be more resilient, inviolable and unassailable;
- simplify and facilitate the procedure for the acquisition of customary tenure titles over land;

- identify the IPLCs' potential in contributing to CCM through forestry activities; and
- simplify and facilitate the procedure for the acquisition of permits for the establishment of forestry or REDD+ projects.

These recommendations are based on the premise that the effective restitution of rights over land and forests is necessary for the effective participation of IPLCs in REDD+ implementation. This will, however, require strong legal and institutional frameworks which will be possible only with the genuine political commitment of decision-makers. It is hoped that policy makers will consider and incorporate the above findings into strategies formulated to advance the implementation of REDD+ in Cameroon.

References

Alemagi, D, PA Minang, M Feudjio & L Duguma, 2014, REDD+ readiness process in Cameroon: an analysis of multi-stakeholder perspectives, *Climate Policy*, at http://dx.doi.org/10.1080/14693062.2014.905439, accessed 10 October 2017.

AGRA / Alliance for a Green Revolution in Africa, 2014, *Africa agriculture status report: climate change and smallholder agriculture in sub-Saharan Africa*, Issue No. 2, Nairobi, at https://www.climateinvestmentfunds.org/sites/default/files/aasr-2014climate-change-and-smallholder-agriculture-in-ssa.pdf, accessed 11 October 2017.

Angelsen, A, (ed.), 2009, *Realising REDD+: National strategy and policy options*, Bogor Barat, CIFOR.

Assembe-Mvondo, S, 2013, Local Communities' and Indigenous Peoples' Rights to Forests in Central Africa: From Hope to Challenges, 1 *Africa Spectrum*, 25.

Awung, NS & R Marchant, 2016, Investigating the Role of the Local Community as Co-Managers of the Mount Cameroon National Park Conservation Project, 36 (3) *Environments*, 1, at www.mdpi.com/journal/environments, accessed 12 October 2017.

Barquín, L, M Chacón, SN Panfl, A Adeleke, E Florian, & R Triraganon, 2014, *The knowledge and skills needed to engage in REDD+: a competencies framework*, Arlington, Conservation International, Centro Agronómico Tropical de Investigación y Enseñanza, International Union for the Conservation of Nature, Regional Community Forestry Training Center.

Binot, A, T Blomley, L Coad, F Nelson, D Roe & C Sandbrook, 2009a, The origins and evolution of community-based natural resource management in Africa, in: Roe, D, F Nelson & C Sandbrook, (eds), 2009, *Community management of natural resources in Africa: impacts, experiences and future directions*, Natural Resource Issues No. 18, London, International Institute for Environment and Development, 13-54.

Binot, A, T Blomley, L Coad, F Nelson, D Roe & C Sandbrook, 2009b, What has CBNRM achieved in Africa? The '3Es' – empowerment, economics, environment, in: Roe, D, F Nelson & C Sandbrook, (eds), 2009, *Community management of natural resources in Africa: impacts, experiences and future directions*, Natural Resource Issues No. 18, London, International Institute for Environment and Development, 55-94.

Blomley, T, 2013, *Lessons learned from community forestry in Africa and their relevance for REDD+*, Washington, DC, USAID-supported Forest Carbon, Markets and Communities (FCMC) Program.

Bond, I, 2009, CBNRM as a mechanism for addressing global environmental challenges, in: Roe, D, F Nelson & C Sandbrook, (eds), 2009, *Community management of natural resources in Africa: impacts, experiences and future directions*, Natural Resource Issues No. 18, London, International Institute for Environment and Development, 95-104.

Bradley, A, 2012, Does community forestry provide a suitable platform for REDD? a case study from Oddar Meanchey, Cambodia, in: Naughton-Treves, L & C Day (eds), 2012, *Lessons about land tenure, forest governance and REDD+: case studies from Africa, Asia and Latin America*, Wisconsin, UW-Madison Land Tenure Center, 61-72, available at www.rmportal.net/landtenureforestsworkshop, accessed 17 October 2017.

Bushley, BR & DR Khanal, 2012, Selling the carbon commons: decentralization, commercialization, forest tenure and carbon trading in Nepal's community forestry, in: Naughton-Treves, L & C Day (eds), 2012, *Lessons about land tenure, forest governance and REDD+: case studies from Africa, Asia and Latin America*, Wisconsin, UW-Madison Land Tenure Center, 33-48, available at www.rmportal.net/landtenureforestsworkshop, accessed 17 October 2017.

Chia, EL, OA Somorin, DJ Sonwa & AM Tiani, 2013, Local vulnerability, forest communities and forest-carbon conservation: case of southern Cameroon, 5 (8) *International Journal of Biodiversity and Conservation*, 498-507, at http://www.academicjournals.org/IJBC, accessed 12 October 2017.

Climate Focus, 2015, *Progress on the New York Declaration on Forests – An assessment framework and initial report: Technical Annexes*. Goal 10: Strengthen forest governance, transparency and the rule of law, while also empowering communities and recognizing the rights of indigenous peoples, especially those pertaining to their lands and resources. Prepared by Climate Focus, in collaboration with Environmental Defense Fund, Forest Trends, Global Alliance for Clean Cookstoves, Global Canopy Program and The Sustainability Consortium, at www.forestdeclaration.org, accessed 17 October 2017.

Costenbader, J, (ed.), 2009, *Legal frameworks for REDD: Design and implementation at the national level*, Gland, IUCN.

Costenbader, J, P Keenlyside & J Broadhead, 2015, *Equity in forests and REDD+: an analysis of equity challenges as viewed by forestry decision-makers and practitioners in Cambodia*, Lao PDR and Vietnam, Bangkok, RECOFTC - The Center for People and Forests.

Day, C, & L Naughton-Treves, 2012, Lessons from early efforts to secure land tenure within forest carbon management projects, in: Naughton-Treves, L & C Day, (eds), 2012, *Lessons about land tenure, forest governance and REDD+: Case Studies from Africa, Asia and Latin America*, Wisconsin, UW-Madison Land Tenure Center, 1-10, at www.rmportal.net/landtenure forestsworkshop, accessed 17 October 2017.

Dkamela, GP, 2010, *The context of REDD+ in Cameroon: drivers, agents and institutions*, occasional Paper 57, Bogor Barat, CIFOR.

Doherty, E & H Schroeder, 2011, Forest tenure and multi-level governance in avoiding deforestation under REDD+, 11 (4) *Global Environmental Politics*, Massachusetts Institute of Technology, 66-88, at http://admin.biblioteca.alianza-mredd.org/uploads/archivos/f45f92e8288e442b2 e85e0fbb7bb7510638d1e1e.pdf, accessed 11 October 2017.

Duchelle, AE, C de Sassi, P Jagger, M Cromberg, AM Larson, WD Sunderlin, SS Atmadja, IAP Resosudarmo, & CD Pratama, 2017, Balancing carrots and sticks in REDD+: implications for social safeguards, 22 (3) *Ecology and Society*, 2, at https://doi.org/10.5751/ES-09334-220302, accessed 17 October 2017.

Evans, T, M Arpels & T Clements, 2012, Pilot REDD activities in Cambodia are expected to improve access to forest resource use rights and land tenure for local communities, in: Naughton-Treves, L & C Day (eds), 2012, *Lessons about land tenure, forest governance and REDD+: case studies from Africa, Asia and Latin America*, Wisconsin, UW-Madison Land Tenure Center, 73-82, at www.rmportal.net/landtenureforestsworkshop, accessed 17 October 2017.

Fobissie, BK, EP Essomba, N Sonne, SN Ndobé & V Retana, 2012, Social safeguards and the rights of indigenous peoples in the REDD+ process of Cameroon: Lessons from experiences in natural resources management, Yaoundé, WWF.

FCPF / Forest Carbon Partnership Facility, 2011, *Readiness fund common approach to environmental and social safeguards for multiple delivery partners*, at https://www.forestcarbon partnership.org/sites/forestcarbonpartnership.org/files/Documents/PDF/Nov2011/FCPF%20 Readiness%20Fund%20Common%20Approach%20_Final_%2010-Aug-2011_Revised.pdf, accessed 10 October 2017.

FCPF / Forest Carbon Partnership Facility Cameroon, 2013, *Readiness Preparation Proposal*, at https://www.forestcarbonpartnership.org/sites/forestcarbonpartnership.org/files/Documents/PDF/ Feb2013/Cameroon%20final%20R-PP-English-January%202013.pdf, accessed 8 February 2018.

FCPF / Forest Carbon Partnership Facility & UN-REDD Programme, 2012, *Guidelines on stakeholder engagement in REDD+ readiness - with a focus on the participation of indigenous peoples and other forest-dependent communities*, at http://www.unredd.net, accessed 17 October 2017.

Huynh, HTN, LL De Bruyn, J Prior & P Kristiansen, 2016, Community participation and harvesting of non-timber forest products in benefit-sharing pilot scheme in Bach Ma National Park, Central Vietnam, 9 (2) *Tropical Conservation Science*: 877-902, at www.tropicalconservation science.org, accessed 17 October 2017.

Ituarte-Lima, C & CL McDermott, 2017, Are more prescriptive laws better? transforming REDD+ safeguards into national legislation, *Journal of Environmental Law*, 1–32, Oxford University Press, at https://academic.oup.com/jel/article-abstract/doi/10.1093/jel/eqx020/4084724/Are-More-Prescriptive-Laws-Bet, accessed 17 October 2017.

IUCN / The World Conservation Union, 2016, *Towards pro-poor REDD (phase II), mid-term review final report*, at https://www.iucn.org/sites/dev/files/midterm_review_of_toward_pro-poor_redd_phase_ii_project_-_final_report.pdf, accessed 11 October 2017.

Katerere, Y, PA Minang & H Vanhanen, 2009, Making sub-Saharan African forests work for people and nature: policy approaches in a changing global environment, Nairobi, Special Project on World Forests, Society and Environment (WFSE) of the International Union of Forest Research Organizations (IUFRO), World Agroforestry Centre (ICRAF), the Center for International Forestry Research (CIFOR) and the Finish Forest Research Institute (METLA).

Korwin, S, 2016, *REDD+ and corruption risks for Africa's Forests: case studies from Cameroon, Ghana, Zambia and Zimbabwe*, Country Reports by Transparency (TI) International Cameroon, Ghana Integrity Initiative, TI Zambia and TI Zimbabwe.

Kusaga, MM, 2010, *Participatory forest carbon assessment in Angai Village Land Forest Reserve in Liwale District, Lindi Region, Tanzania*, Master Degree Dissertation, University of Agriculture, Morogoro, Tanzania.

Lastarria-Cornhiel, S, MM Feijóo, L Naughton-Treves & L Suárez, 2012, Efforts to secure indigenous communal land rights in Northwest Ecuador – a vital foundation for direct incentive forest conservation programs, in: Naughton-Treves, L & C Day (eds), 2012, *Lessons about land tenure, forest governance and redd+: case studies from Africa, Asia and Latin America*, Wisconsin, UW-Madison Land Tenure Center, 101-112, at www.rmportal.net/landtenureforestsworkshop, accessed 17 October 2017.

Loft, L, R Ashwin, FG Maria, TP Thu, APR Ida, A Samuel, GT Jazmín, M Esther & A Krister, 2015, Taking stock of carbon rights in REDD+ candidate countries: concept meets reality, 6, *Forests*, 1031-1060, at www.mdpi.com/journal/forests, accessed 11 October 2017.

MacFarquhar, C & L Goodman, 2015, *Demonstrating 'respect' for the UNFCCC REDD+ safeguards: the importance of community-collected information*, Oxford, Global Canopy Programme, Analytical Paper.

Mboh, C, D Skole, M Dieng, C Justice, D Kwesha, L Mane, M El Gamri, V von Vordzogbe & Virji, 2012, *Challenges and prospects for REDD+ in Africa: desk review of REDD+ implementation in Africa*, Copenhagen GLP Report No. 5 GLP-IPO.

Ministry of Environment, Water and Natural Resources Republic of Kenya, 2013, *Forest Governance, REDD+ and Sustainable Development in Kenya, Final Legal Report*, Nairobi, Ministry of Environment, Water and Natural Resources.

Moore, C, T Hansel & A Johnson, 2012, REDD+ in Lao PDR: is it also a "plus" for forest-dependent communities? a case study from the Nam Et Phou Louey National Protected Area, Lao, PDR, in: Naughton-Treves, L & C Day (eds), 2012, *Lessons about land tenure, forest governance and REDD+: case studies from Africa, Asia and Latin America*, Wisconsin, UW-Madison Land Tenure Center, 83-92, at www.rmportal.net/landtenureforestsworkshop, accessed 17 October 2017.

Murphree, M & R Taylor, 2009, CBNRM in Africa: current constraints and opportunities, in: Roe, D, F Nelson & C Sandbrook, (eds), *Community management of natural resources in Africa: Impacts, experiences and future directions*, Natural Resource Issues No. 18, London, International Institute for Environment and Development, 105-120.

Naughton-Treves, L & C Day (eds), 2012, *Lessons about land tenure, forest governance and REDD+: case studies from Africa, Asia and Latin America*, Madison, Wisconsin, UW-Madison Land Tenure Center, at www.rmportal.net/landtenureforestsworkshop, accessed 17 October 2017.

Ndaki, PM, 2014, *Climate change adaptation for smallholder farmers in rural communities: the case of Mkomazi Sub-Catchment, Tanzania*, PhD Thesis, University of Oldenburg.

Poffenberger, M, 2012, Land tenure and forest carbon in India: A Khasi approach to REDD+ project development, in: Naughton-Treves, L & C Day (eds), *Lessons about land tenure, forest governance and REDD+: case studies from Africa, Asia and Latin America*, Wisconsin, UW-Madison Land Tenure Center, 49-60, at www.rmportal.net/landtenureforestsworkshop, accessed 17 October 2017.

REDD+ Safeguards Working Group, 2014, *REDD+ safeguards information system (sis) what should further guidance deliver?* Submission, by the REDD+ Safeguards Working Group, at http://reddplussafeguards.com, accessed 10 October 2017.

Ribot, J & AM Larson, 2012, Reducing REDD risks: affirmative policy on an uneven playing feld, 6 (2) *International Journal of the Commons*, 233, at http://www.thecommonsjournal.org, accessed 10 October 2017.

Robles, FF, 2015, *Climate change and forestry legislation in support of REDD+*, FAO Legal Papers No. 92, FAO, at www.fao.org/legal/, accessed 17 October 2017.

Roe, D & F Nelson, 2009, The origins and evolution of community-based natural resource management in Africa, in: Roe, D, F Nelson & C Sandbrook, (eds), *Community management of natural resources in Africa: impacts, experiences and future directions*, Natural Resource Issues No. 18, London, International Institute for Environment and Development, 5-12.

Roe, D, F Nelson & C Sandbrook, (eds), 2009, *Community management of natural resources in Africa: Impacts, experiences and future directions*, London, Natural Resource Issues No. 18, International Institute for Environment and Development.

Sam, T & G Shepherd, 2011, *Community forest management*, Background Paper for the United Nations Forum on Forests Secretariat UNFF: Forests for People, Livelihoods and Poverty Eradication, held at the United Nations headquarters in New York City, from 24 January to 4 February 2011.

Springer, J & PB Larsen, 2012, *Community tenure and REDD+*, Gland, WWF, at Community Tenure and REDD+, accessed 8 February 2018.

Suksuwan, S, D Hoyle, P Ramani, M Senior & R Smalley, 2015, *Consulting study 10: overview of existing regulatory mechanisms and relevant actors, The High Carbon Stock Science Study Consulting Report 10*, at http://www.simedarbyplantation.com/sites/default/files/sustainability/high-carbon-stock/consulting-reports/socio-economic/hcs-consulting-report-10-overview-of-existing-regulatory-mechanisms-and-relevant-actors.pdf, accessed 8 February 2018.

Tamasang, CF, 2009, The clean development mechanism and forestry projects in Africa: the case of forestry projects in Cameroon, in: R Mwebaza & LJ Kotzé, (eds), *Environmental governance and climate change in Africa: legal perspectives*, Pretoria, Institute for Security Studies, 171-195.

Tamasang, CF, 2014, Constructing synergies for the conservation and wise use of wetlands in the central African sub-region: legal and institutional pathways, 3 (5) *Revue Africaine de Droit Public* (RADP), 25.

Tassa, DT, R Da Re & L Secco, 2010, Benefit sharing mechanisms and governance issues in participatory forest management-REDD related projects: a community forest case-study in Tanzania, Berlin Conference on the Human Dimensions of Global Environmental Change, Berlin, 8-9 October 2010.

UNEP / United Nations Environment Programme, 2015, *REDD+ implementation: a manual for national legal practitioners*, Nairobi, UNEP.

Veit, PG, D Vhugen & J Miner, 2012, Threats to Village Land in Tanzania: Implications for REDD+ beneft-sharing arrangements, in: Naughton-Treves, L & C Day (eds), *Lessons about land tenure, forest governance and REDD+: case studies from Africa, Asia and Latin America*, Wisconsin, UW-Madison Land Tenure Center, 11-22, at www.rmportal.net/landtenure forestsworkshop, accessed 17 October 2017.

Vhugen, D & J Miner, 2012, Carbon rights in Mozambique harmonizing land and forest laws to conform with REDD+, in: Naughton-Treves, L & C Day (eds), *Lessons about land tenure, forest governance and REDD+: case studies from Africa, Asia and Latin America*, Wisconsin, UW-Madison Land Tenure Center, 23-32, at www.rmportal.net/landtenureforestsworkshop, accessed 17 October 2017.

Viana, VM, AR Aquino, TM Pinto, LMT Lima, A Martinet, F Busson & JM Samye, 2012, *REDD+ and community forestry: lessons learned from an exchange between Brazil and Africa*, Manaus, The World Bank/Amazonas Sustainable Foundation.

World Agroforestry Centre, 2017, *Corporate strategy 2017-2026: transforming lives and landscapes with trees*, Strategy Report, Nairobi, World Agroforestry Centre.

WWF, 2013, *Guide to building REDD+ strategies: a toolkit for REDD+ practitioners around the globe*, Gland, WWF Forest and Climate Initiative.